BIBLIOTHECA SINICA

DICTIONNAIRE BIBLIOGRAPHIQUE

DES OUVRAGES

RELATIFS A L'EMPIRE CHINOIS

PAR

Henri CORDIER

PROFESSEUR A L'ÉCOLE SPÉCIALE DES LANGUES ORIENTALES VIVANTES, ET A L'ÉCOLE LIBRE DES SCIENCES POLITIQUES,
MEMBRE DU COMITÉ DES TRAVAUX HISTORIQUES ET SCIENTIFIQUES, MEMBRE DU CONSEIL DE LA SOCIÉTÉ ASIATIQUE,
MEMBRE DE LA COMMISSION CENTRALE DE LA SOCIÉTÉ DE GÉOGRAPHIE,
CORRESPONDING MEMBER OF THE CHINA BRANCH OF THE ROYAL ASIATIC SOCIETY,
SOCIO DELLA R. DEPUTAZIONE VENETA DI STORIA PATRIA.

Cet ouvrage a obtenu à l'Institut le prix Stanislas Julien en 1880.

SUPPLÉMENT

FASCICULE IER

PARIS

ERNEST LEROUX, ÉDITEUR

LIBRAIRE DE LA SOCIÉTÉ ASIATIQUE DE PARIS
DE L'ÉCOLE DES LANGUES ORIENTALES VIVANTES, ETC.
28, RUE BONAPARTE, 28

1893.

PUBLICATIONS

DE

L'ÉCOLE DES LANGUES ORIENTALES VIVANTES

TROISIÈME SÉRIE. — VOL. XV.

BIBLIOTHECA SINICA

PAR H. CORDIER.

ARS IN LITTERIS

BIBLIOTHECA SINICA

DICTIONNAIRE BIBLIOGRAPHIQUE

DES OUVRAGES

RELATIFS A L'EMPIRE CHINOIS

PAR

Henri CORDIER

PROFESSEUR A L'ÉCOLE SPÉCIALE DES LANGUES ORIENTALES VIVANTES, ET A L'ÉCOLE LIBRE DES SCIENCES POLITIQUES
MEMBRE DU COMITÉ DES TRAVAUX HISTORIQUES ET SCIENTIFIQUES, MEMBRE DU CONSEIL DE LA SOCIÉTÉ ASIATIQUE
MEMBRE DE LA COMMISSION CENTRALE DE LA SOCIÉTÉ DE GÉOGRAPHIE
HONORARY MEMBER OF THE ROYAL ASIATIC SOCIETY OF GREAT BRITAIN AND IRELAND
CORRESPONDING MEMBER OF THE CHINA BRANCH OF THE ROYAL ASIATIC SOCIETY,
SOCIO DELLA R. DEPUTAZIONE VENETA DI STORIA PATRIA

Cet ouvrage a obtenu à l'Institut le prix Stanislas Julien en 1880.

SUPPLÉMENT

PARIS

ERNEST LEROUX, ÉDITEUR

LIBRAIRE DE LA SOCIÉTÉ ASIATIQUE DE PARIS
DE L'ÉCOLE DES LANGUES ORIENTALES VIVANTES, ETC.
28, RUE BONAPARTE, 28

1895.

PREMIÈRE PARTIE

LA CHINE PROPREMENT DITE

I. — OUVRAGES GÉNÉRAUX.

Col. 1.

— L'vniversale Fabrica del Mondo, overo Cosmografia Dell' Ecc. Gio. Lorenzo d'Anania, Diuisa in quattro Trattati : Ne' quali distintamente si misura il Cielo, e la Terra, & si descriuono particolarmente le Prouincie, Città, Castella, Monti, Mari, Laghi, Fiumi, & Fonti. Et si tratta delle Leggi, & Costumi di molti Popoli : de gli Alberi, & dell' Herbe, & d' altre cose pretiose, & Medicinali, & de gl' Inuentori di tutte le cose. Di nuouo ornata con le figure delle quattro parti del Mondo in Rame : Et dal medesimo Auttore con infinite aggiuntioni per ogni parte dell' opera, ampliata. Con privilegio. In Venetia, Presso il Muschio. MDLXXXII. Ad instanza di Aniello San Vito di Napoli, in-4, pp. 402 + 28 ff. prél. pour le titre, la dédicace, la préf. au lecteur, la table, etc.

Bibliothèque de M. Ch. Schefer.

Col. 1—2.

B. DE ESCALANTE.

— ¶ A discourse of the na- ‖ uigation which the Por- ‖ tugales doe make to the Realmes ‖ and

(1575—1579.)

Prouinces of the East partes of ‖ the worlde, and of the know- ‖ ledge that growes by them of the ‖ great thinges, which are ‖ in the Dominions of ‖ China. ‖ Written by Barnardine of Escalanta, of ‖ the Realme of Galisia Priest. ‖ Translated out of Spanish into English, ‖ by Iohn Frampton. ‖ ¶ Imprinted in London at ‖ the three Cranes in the Vine- ‖ tree, by Thomas Dawson. ‖ 1579, pet. in-4, de 48 ff. en tout chiffrés de la façon la plus irrégulière : 1—13, 16 (D_2), 15 (D_3), 14 (D_4), 17 (C)—24, 1 f. (G) sans chif., 26 (G_2), 25, 28, 29 (H)—36, 33 (K), 38 (K_2), 35, 40—41 (L_1), 45 (L_2), 43 (L_3), 47, 45 (P)—46 (P_2), 46 (recto, short discourse; verso, tab.), 1 f. n. c. (recto, fin de la table et colophon; verso, blanc) = 48 ff. — Le titre orné forme le f. 1; lettres ornées; très rare; l'ex. du British Museum, C. 32. f., m. r., plats ornés.

Col. 3.

— Libro y relacion ‖ de las grandezas del ‖ Reyno de la China. Hecho por vn Frayle des- ‖ calço de la orden de sant Francisco, de seys ‖ que fueron pressos en el dicho

(1579—1585.)

46

Reyno, ‖ en la isla de Haynam. en el ‖ año
de. 1585. in-4, de ff. 28 c., sans titre.

British Museum, 1312, b. 1.

JUAN GONZALEZ DE MENDOÇA.

— Historia de las Cosas mas notables, ritos,
y costvmbres del gran reyno de la China,
sabidas assi por los libros de los mesmos
Chinas, como por relacion de Religiosos, y
otras personas que han estado en el dicho
Reyno. Hecha, y ordenada por el muy R. P.
Maestro fray Ioã Gonçalez de Mendoça,
de la Orden de S. Augustin, y Penitenciario Apostolico, a quien la Magestad Catholica embio con su real carta, y otras cosas
para el Rey de aquel Reyno, el año 1580.
Al illvstrissimo S. Fernando de Vega, y
Fonseca, del Consejo de su Mag. y su Pre-
sidente en el Real de las Indias. Con vn Itinerario del nueuo mundo. Impressa en Valencia, con licencia de su Excellencia, a
costa de la compañia. Pet. in-8, pp. 526 +
16 ff. n. ch. prél. pour le titre; tab. etc. A la
fin : *Impressa en Valencia con licencia, en
casa de la viuda de Pedro de Huete, en la
plaça de la yerua. Año 1585.*

Très rare; British Museum, 9056, aa. 8.

— Historia de las cosas mas notables, ritos y
costumbres del gran Reyno de la China...
Con vn Itinerario del Nueuo Mundo. Impressa en Madrid, En casa de Querino Ge-
rardo Flamenco. 1586. A costa de Blas de
Robles librero. pet. in-8, 11 f. n. c. pour le
titre, les licences, dédicace, etc., 368 ff.
de texte et 8 f. n. c. pour la table.

Bibliotheca Americana, Supp. No. 1, Nov. 1881. Paris, Maisonneuve, 1881, No. 2780.

— Historia de las cosas mas notables, ritos,
y costvmbres del grã Reyno de la China.
Con vn Itinerario del nueuo Mundo, sabidas por los libros de los mesmos Chinas,
como por relacion de Religiosos, y otras
personas q hã estado en dicho Reyno. Hecha
por el M. R. P. Maestro Fray Iuan Gonçalez de Mendoça, dela Orden de S. Agustin,
y Penitenciario Apostolico, a quien la Magestad Catolica imbio con su real carta, y
otras cosas para el Rey de aquel Reyno el
año 1580. Al Ilustrissimo Señor Fernando
de Vega y Fonseca, del Consejo de su
Mag. y su Presidēte en el real de las Indias. Aora de nueuo añadida algunas cosas y en muchas partes corregida de cier-
tos hierros. En Çaragoça, Con licencia impressa. En casa de Lorenço, y Diego de

(MENDOÇA.)

Robles ermanos. Año M.D.LXXXVII. A costa
de Pedro de Yuarra mercader de libros, y
vendense en su casa, en la Cuchilleria, pet.
in-8, pp. 556 s. l. tab., etc.

Dr. Court (153), m. r., fr. 21. — Bib. de la Ville d'Avignon.

Col. 4.

— Dell' Historia della China descritta dal
P. M. Gio. Gonzalez di Mendozza ......
Alla Santita di N. S. Papa Sisto V. Con pri-
vilegio et licenza de' Svperiori. In Roma.
Appresso Vincentio Pelagallo, M.D.LXXXVI,
in-4, pp. 379 s. l. tab., etc.

— Dell' Historia della China descritta dal
P. M. Gio. Gonzalez di Mendozza .... Alla
Santita di N. S. Papa Sisto V. Con privilegio et licenza de' Svperiori. In Roma. Appresso Giouanni Martinelli, M.D.LXXXVI, in-4,
pp. 379 s. l. tab., etc.

Ces éd., ainsi que celle de B. Grassi, ne sont que des ex. du même
tirage avec des noms différents de libraires; ce qui le prouve,
c'est que la p. 378 est dans tous chif. par erreur 578.

— L'Historia del gran Regno della China,
Composta primieramente in ispagnuolo da
maestro Giouanni Gonzalez di Mendozza,
monaco dell' ordine di S. Agostino : Et poi
fatta vulgare da Francesco Auanzi cittadino Vinetiano. Stampata la terza volta, &
molto più dell' altre emendata. Con due
tauole l'una de' Capitoli, & l'altra delle cose
più notabili. In Vinegia, 1587. Per Andrea
Muschio, in-12, pp. 508 + 40 ff. n. c. à la
fin pour les tab.

Col. 5.

— Dell' Historia della China, Descritta nella lingua Spagnuola,
dal P. Maestro Giouanni Gonzalez di Mendozza, dell' Ord. di
S. Agostino. Et tradotta nell' Italiana, dal Magn. M. Francesco
Auanzo, cittadino originario di Venetia. Parti dve. Diuise in
tre libri, & in tre viaggi, fatti in vari paesi, da i Padri Ago-
stiniani, & Franciscani. Doue si descriue il sito, & lo stato di
quel gran Regno, & si tratta della religione, de i costumi, &
della disposition de' suoi popoli, & d' altri luochi più conosciuti
del mondo nuouo. Con due Tauole, l'una de' Capitoli, & l'altra delle cose notabili. In Venetia, MDLXXXVIII. Appresso Andrea Muschio, pet. in-8, pp. 462 s. l. tab., etc.
— Dell' Historia della China, Descritta nella lingua Spagnuola,
dal P. Maestro Giouanni Gonzalez di Mendozza ...... In
Venetia, Appresso Andrea Muschio. M.D.XC, pet. in-8, pp. 462
s. l. tab., etc.
— Svccinta Notizia del vasto Impero della China; e sua ricchezza,
estratta dalla Istoria della China, Descritta dal P.M. Gio. Gonzalez di Mendozza . . . (Anzi, *Il Genio Vagante*, Parma, 1692,
III, pp. 313/330.)

Col. 6.

— Histoire dv grand royavme de la Chine
...... A Paris, chez Adrian Perier, rue
sainct Iaques au Compas d'Or. 1600. pet.
in-8, ff. ch. 308, s. l. t., etc.

Col. 9.

— D'Historie ofte Be- ‖ schrijvinghe van het
groote ‖ Rijck van China. ‖ Eerst in Spaensch

(MENDOÇA.)

beschreven | door ‖ M. Ian Gonzales van Mendoza, Monick van ‖ d'oorden van S. Augustijn : ende nu uyt het ‖ Italiaensch nieus in Nederlandtsche tale ghe- ‖ bracht. ‖ [marque]. Ghedruckt by Iacob de Meester, Boeckdrucker der Stadt ‖ Alckmaer, ‖ Voor Cornelis Claesz, Boeckvercooper | woo- ‖ nende op't Noordt | in den vergulden By- bel ‖ ‖ tot Hoorn. M. D. XCV, in-8, pp. 197 et les errata au verso dern. f. [p. 198].

∴

Col. 9—10.

— CENTENO. Voir HETOUM, col. 932—936.

Col. 11.

— An exact Discovrse of the Subtilties, Fa- shions, Pollicies, Religion, and Ceremonies of the *East Indians*, as well *Chyneses* as *Iauans*, there abyding and dweling. Toge- ther with the manner of trading with those people, aswell by vs *English*, as by the *Hollanders* : as also what hath happened to the *English* Nation at *Bantan* in the *East Indies*, since the 2. of February 1602. vntill the 6. of October 1605. Whereunto is added a briefe Description of *Iaua Maior*. Written by *Edmund Scott*, resident there, and in other places neere adioyng, the space of three yeeres and a halfe. At London, Printed by W. W. for Walter Burre. 1606, in-4. — A à N par 4 = 52 ff.

Ex. du British Museum, $\frac{582 \cdot e \cdot 3}{4}$.

f°. N . 2. «The *Chyneses* are very craftie people in trading, vsing all kind of cosoning & deceit, etc.»

A la fin [f°. N . 4]. «And if once they cut their Haire, they may neuer returne to their Countrie againe : but their Children may, alwayes prouided, that they neuer cut their Haire.»

On voit que le *Canton Register* n'est guère exact dans sa phrase bizarre, citée par nous, col. 11.

MALDONADO.

— Epitome historial del reyno de la China. Muerte de su Reyna, madre deste Rey que oy viue, que sucedio a treinta de Março, del Año de mil y seiscientos y diez y siete. Sacrificios y Cerimonias de su Entierro. Con la Descripcion de aquel Imperio. Y la Introduccion en el de nuestra Santa Fè Ca- tolica. Por el licenciado don Francisco de Herrera Maldonado, Canonigo de la Santa Iglesia Real de Arbas de Leon, y natural de la Villa de Oropesa. Al excelentissimo señor Don Fernando Aluarez de Toledo, Monroy, y Ayala, Conde de Oropesa, Mar- ques de Xarandilla, Conde de Beluis, Conde de Deleytosa, Señor de Cebolla, y de Vil-

(MENDOÇA. — 1620.)

lalua, &c. En Madrid, Por Andres de Parra, Año 1620. A costa de Andres de Carras- quilla. Vendese en la Calle Mayor, y en Palacio, pet. in-8, ff. 136 + 7 ff. n. c. pour les auteurs cités et la Table.

Col. 12.

Maldonado ... au lieu de pp. 130, lire ff. 136.

Col. 13.

MICHEL BAUDIER.

— Histoire Generale dv Serrail, et de la Covr dv grand Seigneur, Empereur des Turcs. Où se voit l'Image de la Grandeur Ottho- mane, le Tableau des passions Humaines, & les exemples des inconstantes Prosperi- tez de la Cour. Ensemble l'Histoire de la Cour du Roy de la Chine. Par le Sieur Mi- chel Bavdier, de Languedoc. A Roven, Chez Iean Berthelin, tenant sa boutique dans la court du Palais. — M.DC.XLII, pet. in-8, pp. 368 + 7 ff., prél. n. c. p. le tit., la préf., etc. + 8 ff. n. c. à la fin pour la table; la Chine suit avec une pagination à part et un titre : Histoire de la Covr dv Roy de la Chine. Par le Sieur Michel Bavdier de Lan- guedoc. A Roven, Chez Iean Berthelin, te- nant sa boutique dans la Court du Palais. M . DC . XLII.

— HISTOIRE GENERALE DV SERRAIL, ET DE LA COUR DV GRAND Seigneur Empereur des Turcs. *Où se void l'image de la grandeur Otthomane, le tableau des passions hu- maines, & les exemples des inconstantes prosperitez de la Cour.* Ensemble l'Histoire de la Cour du Roy de la Chine, par le Sieur Michel Bavdier, de Languedoc. A Lyon, Chez Clavde La Riviere, en ruë Merciere. à la Science. M.DC.LII, in-12, pp. 335 + 10 ff. n. ch. en tête pour le front. grav., le tit., la préf., et le sommaire + 6 ff. n. ch. en queue pour la table.

La Chine occupe les pp. 257/335 et a un titre spécial : Histoire de la Covr dv Roy de la Chine. Par le Sieur Michel Bavdier de Languedoc. A Lyon, Chez Clavde La Riviere, en ruë Merciere, à la Science. M . DC . LII.

— L'histoire de la Cour dv Roy de la Chine, des princes, des ministres et des dames qvi la composent. Avec les Secrets de Medecine d'où les Chinois se guerissent. Par un nouveau Voya- geur François. A Grenoble. Chez François Champ, Marchand Libraire à la Place S. André. Avec Permission 1699, in-12, pp. 127—135 + 3 ff. n. c. pour la table des mat.

Les 127 premières pages comprennent l'ouvrage de Baudier; les 135 dernières pages renferment les *Secrets de la Médecine* qui avaient paru en 1671. Ceci n'est pas une nouvelle édition, mais bien la même, sous son titre spécial, l'avis, etc. Il est pro- bable que l'éd. de 1671 ne s'étant pas vendue, on aura relié à la suite de la nouv. édit. de Baudier. Voir notre chapitre *Sciences médicales*.

(MICHEL BAUDIER.)

46*

C'est donc par erreur que l'*Hist. de la Cour* a été attribuée à L. F. Allemand ou Alemand.

Bibliothèque de Grenoble O. 3820.

— THE HISTORY OF THE IMPERIALL ESTATE OF THE *Grand Seigneurs : Their Habitations, Liues, Titles, Qualities, Exercises, Workes, Reuenewes, Habit, Discent, Ceremonies, Magnificence, Judgements*, Officers, Fauourites, Religion, Power, Gouernment *and Tyranny*. — Translated out of *French* by E. G. S. A. — LONDON, Printed by *William Stansby*, for *Richard Meighen*, next to the middle Temple in Fleetstreet, 1635, pet. in-4, pp. 248 + 4 ff. prél. n. ch. pour le tit., préf., etc.

La Chine occupe les pp. 195/248 et elle a un titre spécial : The History of the Covrt of the King of Chjna. Written in French by the Seigneur Michael Baudier of Languedoc. Translated by E. G. London, Printed by William Stansby.

E. G. = Edward Grimeston.

— Istoria della Corte del Rè della China scritta nella lingua Francese dal Signor Michel Badier di Lingvadoca. (Anzi, *Il Genio Vagante*, Parma, 1693, IV, pp. 483/494.)

.˙.

Col. 14.

ALVAREZ SEMEDO.

— Relatione della grande Monarchia della Cina del P. Alvaro Semedo Portvghese della Compagnia di Giesv'.... In Roma, Et In Bologna : 1678. Per Gio : Recaldini. Con licenza de' Superiori. 2 parties in-12, pp. 506 + 6 ff. prél. n. ch. pour le faux tit., tit., tab. et préf. — 260 (ch. 160 par erreur).

Ce vol. rarissime renferme le texte de l'éd. italienne, Rome, 1643, mais n'a pas le portrait et la table des principales matières contenus dans cette première édition.

.˙.

Col. 15.

— Abentheur von Allerhand Mineralien | Wurtzeln | Kräutern | Stauden | Blumen | Rohren vnd Bäumen : Von Thieren | Würmen | Vögeln vnd Fischen : Von Bergen | Höhlen | Brunnen vnd Flüssen : Von Gebäwen | Sitten vnd Geschichten | welche in dem vhralten Königreich Sina | auch in Europa gefunden werden : Von dem Einfall der Orientalischen Tartarn in Sina | grosser Verräthercy vnd Veränderung | wie das folgende Blatt Summarischer weisz andeutet : Sampt einem völligen Register | vnd Schlüssel die angezogene Geschichten | Namen vnd Wörter zu erklären. Durch A. P. F. B. Franckfurt am Mayn | In Verlegung Wilhelm Serlin vnd Georg Fickwirth. Im Jahr MDCLVI, in-4, 7 ff. + 1054 + 15 ff. (tab.) + pp. 174.

(BAUDIER. — SEMEDO. — 1676.)

Front grav. signé And. Fröhlich.

C'est une olla-podrida qui parle un peu de tout, même du Temple de Jérusalem, mais qui est surtout consacrée à une comparaison entre la Chine et l'Europe ; le dernier chap. comprend la guerre des Tartares contre les Chinois.

Col. 16.

— Kircher en anglais ; voir John Ogilby, col. 1137.

Col. 17.

— L'Estat présent . . .

Voir la note au chap. des MISSIONS CATHOL., col. 355.

— Erasmi Francisci Ost= und West=Indischer wie auch Sinesischer Lust= und Stats=Garten | Mit einem Vorgespräch Von mancherley lustigen Discursen ; In Drey Haupt=Theile unterschieden. Der Erste Theil Begreifft in sich die edelsten Blumen | Kräuter | Bäume | Meel= Wasser= Wein= Artzney= und Gifft=gebende Wurtzeln | Früchte | Gewürtze | und Specereyen | in Ost=Indien | Sina und America : Der Ander Theil Das Temperament der Lufft und Landschafften daselbst ; die Beschaffenheit der Felder | Wälder | Wüsteneyen ; die berühmten natür= und künstliche Berge | Thäler | Hölen ; imgleichen die innerlichen Schätze der Erden und Gewässer ; als Mineralien | Bergwercke | Metallen | Edelgesteine | Perlen und Perl = Fischereyen ; folgends unterschiedliche wundersame Brunnen | Flüsse | Bäche | lust=reiche Seen | schau= würdige Brücken ; allerley Meer=Wasser | abentheurliche Meer=Wunder ; Lust= Spatzier= Zier=Kauff= und Krieg=Schiffe : Der Dritte Theil Das Stats=Wesen | Policey = Ordnungen || Hofstäte | Paläste | denckwürdige Kriege | Belägerungen | Feldschlachten | fröliche und klägliche Fälle | Geist= und Weltliche Ceremonien | merckwürdige Thaten und Reden der Könige und Republicken daselbst. Wobey auch sonst viel leswürdige Geschichte | sinnreiche Erfindungen | verwunderliche Thiere | Vögel und Fische | hin und wieder mit eingeführet werden. Aus den fürnemsten | alten und neuen | Indianischen Geschicht= Land= und Reisbeschreibungen | mit Fleisz zusammengezogen | und auf annehmliche Unterredungs=Art eingerichtet. Nürnberg | In Verlegung Johann Andreae Endters | und Wolfgang desz Jüngern Sel. Erben. Anno M.DC.LXVIII, in-fol., pp. 1762 à 2 col., s. les ff. prél. et la tab. de la fin ; front. gravé, nombreuses pl.

— Neu=polirter Geschicht= Kunst= und Sitten= Spiegel ausländischer Völcker | fürnemlich

(1676—1678.)

Der Sineser | Japaner | Indostaner | Java-
ner | Malabaren | Peguaner | Siammer |
Peruaner | Mexicaner | Brasilianer | Abys-
siner | Guineer | Congianer | Asiatischer
Tartern | Perser | Armenier | Türcken |
Russen | und theils anderer Nationen mehr:
welcher | in sechs Büchern | sechserley
Gestalten weiset; als I. Mancher seltsamer
Geschichte | anmercklicher Fälle | wie auch
etli= | cher wundersamer Berge | Hölen | und
Flüsse : II. Der Policey= und Kriegs=Ord-
nungen | Gebräuchen | Sitten | und Ge-
wohnheiten | Tugenden und Laster : III.
Der Geistlichen Ceremonien und Kirchen=
Gebräuchen, aberglaubischer Gottes=dien-
sten | Götzen=Bilder | prächtigen Tempel;
standhaffter Bekenntnissen und feindlicher
Verfolgungen Christliches Glaubens | wie
auch wahrer und falscher Märtyrer : IV.
Der heidnischen Wissenschafften | Kün-
sten | und Handwercken | wie auch Lust=
und Freuden=Spiele | so heutiges Tages |
unter oberzehlten Völckern | getrieben wer-
den : V. Der Asiatischen und Americani-
schen Jagten | imgleichen mancher wilden
Thiere | nebenst andren dahin zielenden
Discursen : VI. Der letzten Ehren=Dienste |
Leich=Begängnissen | Grab=Besuchungen |
etlicher alter Monumenten | fürnemer und
gemeiner Gräber : Dem Schau=begierigem
Leser dargestellt von Erasmo Francisci.
Nürnberg | In Verlegung Johann Andreae
Endters | und Wolfgang desz Jüngern Seel.
Erben. Anno M. DC. LXX, in-fol., pp. 912 à
2 col. s. l. ff. prél.; front. gravé, pl.

Col. 18.

D. F. NAVARRETE.

Le *Memorial Apologetico* est du P. Jean Cortes Ossorio, S. J.
(Sommervogel, *Anon.*, p. 577).

Col. 19.

Un second ex. du vol. II des *Tratados* de Navarrete : *Controver-*
sias antiguas a figuré en 1882 à la vente Sunderland à Londres ;
il a été acheté par Quaritch, qui l'a remis en vente dans un
de ses catalogues (No. 24 de la Rough list, No. 61) au prix de
liv. 12 (avec le 1er vol.). — L'ex. est en tous points pareil
à celui de Grenville et fait maintenant partie de notre collection particulière.

Col. 20.

— Trattato Istorico, Politico, e Religioso della Monarchia della
China Dal P. M. Fra' Domenico Fernandez Navarrete Dell' Ordine de Predicatori scritto il lingua spagnuola. Madrid, 1670,
in-fol. (Anzi, *Il Genio Vagante*, Parma, 1693, IV, pp. 495/511).

Col. 21.

— Reisen des Navarrete durch China, im Jahre 1658. Aus dem
Spanischen übersetzt (J. J. Schwabe, *Allg. Hist. der Reisen*,
Bd. V, 1749, pp 403/427).

∴

Col. 22.

— Das mächtige Kayser=Reich Sina | und
die Asiatische Tartarey vor Augen gestellet.
| In ausführlicher Beschreibung Der Kö-
nigreiche | Provinzien | Land=schafften |
Städte | Flüsse | Berge | Gewächse | Bäume
| Früchte | Thiere | Gevögel | Fische | c.
so in diesen weit=entlegenen Welt-Gegen-
den sich finden. Wie auch solcher Völcker
Landes=Regierung | Ehren=Stellen | Götzen=
Dienst | ungeheure Götzen=Bilder | präch-
tige Tempel | Wissenschafften | Künste und
Handwercker | Sitten | Gebräuche | letzte
Ehren = Dienste | und Leich = Begängnüs-
sen; neben vielen andern wunderseltsamen
Merckwürdigkeiten; von Johann Christoph
Wagnern | Norib. Aus den berühmtesten
alten und neuen Reisz= und Land=Beschrei-
bern | unterschiedlichen Sprachen | mit
Fleisz zusammen gezogen | und gezieret
mit accuraten Land=Charten | und wahr-
hafften Kupffer=Abbildungen der vornehm-
sten Städte | Gebäue | Götzen = Tempel |
Kleidungen | Thiere | Gewächse | c. Samt
zweyen nutzlichen Registern. Deme als
dem vierdten Theil dieser Orientalischen
Länder-Beschreibung | zu Fortsetzung der
in vorigen Theilen angefangenen Historie
desz annoch währenden Türcken=Kriegs
angehänget Eine umständliche Beschreibung der ungemeinen herrlichen Victorien
| welche Kayserliche Majestät und dero
hohe Alliirte Anno 1686 . und 1687. in Un-
garn | Pohln | Moscau | Morea und Dal-
matien | wider den Erbfeind siegreich erhal-
ten. Augspurg | Gedruckt und verlegt durch
Jacob Koppmayer. Anno M. DC. LXXXVIII, in-
fol., pp. 168 à 2 col. s. l. ff. prél. + 2 ff.
n. ch. pour la tab. à la fin + pp. 84 à 2 col.
[pour la Hongrie], front. gravé; nomb. pl.

* Vergel de plantas e flores da Provincia da
Madre de Deos, dos Capuchos Reformados,
composto pello M. R. P. M. Fr. Jacinto de
Deos, Lente de Theologia, primeiro Padre
da mesma Provincia, Ex-Comissario Geral
e Deputado do Santo Officio da Inquisição
de Goa na India Oriental. Offerecido e dedicado ao Exmo Senhor D. Fr. Diogo Her-
nandez de Angulo y Sandoval, Comissario
Geral, que foi de toda a familia de N. P. S.
Francisco, Arcebispo de Sardenha, Gover-
nador e Viz-Rey no espiritual e temporal
na quelle Reyno, e hoje do Concelho da
Magestade Catholica, Bispo de Avila, Em-

bayxador Extraordinario nestes Reynos de Portugal: pello P. Fr. Amazo de Santo Antonio, Ministro Provincial, e primeiro Padre da Provincia da Madre de Deos de Goa. Lisboa : na officina de Miguel Deslandes, impressor de su Magestade. Com todas as licenças necessarias. Anno 1690.

«Un volume in foglio, di 479 pagine. Ove è specialmente da notare un *Trattato storico descrittivo della Cina*, intromesso fra la pagina 149 e 264. Tutto il libro poi è ricco di notizie e documenti interessantissimi delle nostre Missioni nell' Indie Portoghesi, in Cina, in Concincina e nel Tonchino : libro molto raro o ricercatissimo, di cui incontrai un esemplare nella Biblioteca Nazionale di Lisboa, e un altro ne rinvenni dopo molto ricerche al prezzo di 40 franchi; mancante però dal frontispizio e delle prime 11 pagine, che vi furono aggiunte a mano. Del TRATTATO della Cina sono questi i capitoli :

1. *Discriçam do imperio da China.* — 2. *Da grandeza do reyno da China.* — 3. *Da antiguidade do reyno da China.* — 4. *Das letras e lingua da China.* — 5. *Do engenho e habilidade desta nação.* — 6. *Da grande policia deste imperio.* — 7. *Dos edificios e obras publicas deste imperio.* — 8. *Da grande industria desta nação.* — 9. *Da navegação.* — 10. *Da grande abundancia deste imperio.* — 11. *Da nobreza deste imperio.* — 12. *Do admiravel governo desta nação.* — 13. *Do grande imperio da China.*» (*Saggio di Bibliografia San Francescana*, per Fr. M. da Civezza, In Prato, 1879, No. 185, pp. 139/140.)

— Notizie diverse della China ricavatesi da alcuni Scrittori moderni (Anzi, *Il Genio Vagante*, Parma, 1693, IV, pp. 145/155).

Col. 24.

— Der Orientalisch=Indianische ‖ Kunst= ‖ und ‖ Lust=Gärtner ‖ ‖ Das ist: ‖ Eine aufrichtige Beschreibung ‖ Derer meisten Indianischen ‖ als auf Java Major, Malacca und ‖ Jappon, wachsenden Gewürtz=Frucht- und Blumen-Bäume ‖ wie auch ‖ anderer raren Blumen ‖ Kräuter und Stauden-Gewächse ‖ sampt ihren ‖ Saamen ‖ nebst umbständigen Bericht deroselben Indianischen Nahmen ‖ so ‖ wol ihrer in der Medicin als Oeconomie und gemeinem Leben mit sich ‖ führendem Gebrauch und Nutzen; ‖ Wie auch ‖ Noch andere denckwürdige Anmerkungen ‖ was ‖ bey des Autoris zweymahliger Reise nach Jappan, von Java ‖ Major, oder Batavia, längst derer Cüsten Sina, Siam, und rück-‖ werts über Malacca, daselbsten gesehen und fleissig observiret worden; ‖ Auch ‖ Vermittelst unterschiedlicher schöner ins Kupffer gebrachter ‖ Indianischer Figuren ‖ von Bäumen ‖ Gewächsen ‖ Kräutern ‖ ‖ Blumen und Nationen entworffen und ‖ fürgestellet durch ‖ George Meistern ‖ ‖ Dieser Zeit Churft. Sächs. bestallten Indianischen ‖ Kunst= und Lust= Gärtner ‖. Mit Churft. Sächs. Durchl. gnädigstem Privilegio ‖ DRESDEN ‖ In Verlegung des Autoris, ‖ druckts Johann Riedel ‖ Anno 1692, in-4, Port., front. grav., 9 ff. n. c. pour le tit., et la préf. + pp. 310 à 2 col. + 5 ff. n. c. pour la table.

(1690—1692.)

MM. de Möllendorff citent des éd. de Leipzig, 1713 et 1730, in-4. Baillieu, Paris, 1887. Fr. 10.

— Nouveaux mémoires . . . du P. Le Comte.

—Compte-rendu dans : *Journal des Savants*, 1697, p. 28—44. *Acta Eruditorum Lipsiensium*, 1698, p. 375—389. *Bibliotheca librorum novorum collecta* à L. Neocoro. (Trajecti ad Rhenum, 1697, 8°, p. 58—76.)

— Voir col. 361, Hist. de l'Édit. de l'Empereur de la Chine . . . par le P. C. le Gobien.

Col. 26.

— Das heutige Sina, Von dem berühmten Königl. Frantzösischen Mathematico, R. P. Louis le Comte, der Societät JESU ‖ Durch Curieuse An verschiedene ‖ hohe Geist= und weltliche Standes = Personen ‖ Staats=Ministren ‖ und andere vornehme gelährte Leute gefertigte Send=Schreiben ‖ Den Liebhabern seltener Sachen zu sonderbarer Vergnügung vorgestellet. Aus dem Frantzösischen übersetzet. Mit schönen Kupffern. Franckfurt und Leipzig ‖ Bey Christoph Riegeln ‖ Buchh. in Nürnberg zu finden. Druckts Christoph Fleischer ‖ 1699, 2 vol. in-12.

Col. 27.

— Q. F. F. Q. S. ‖ De ‖ Magno ‖ Sinarum ‖ Imperio ‖ Dissertatio; ‖ quam ‖ Permissu Amplissimae Facult. Phi- ‖ losoph. in Regia Academia Upsaliensi, ‖ Praeside ‖ viro clarissimo ‖ Dn. Petro Lagerlööf ‖ ‖ Eloquentiae Prof. Ord. & Histo- ‖ riograph. Regio, ‖ Placido bonorum submittit examini ‖ Ericus Roland, Holm. ‖ In Audit. Gustav. Maj. a. d. [21] Junii ‖ Anni M.DC.XCVII. ‖ Holmiae, Ex Officina Olai Enaei, pet. in-8, pp. 59 + 6 ff. prél.

Un ex. se trouve à l'École des Langues Orientales vivantes, Paris, et dans notre collection particulière ; nous en avons même deux ex. qui varient par les trois premiers ff. qui contiennent des dédicaces différentes. Chose curieuse, 1 f. est consacré à une lettre écrite en français et adressée à Erique Roland par Laurent Flemingh.

Col. 27—28.

— Korte Beschryving . . . door D. Kao . . . .

Voir E. Isbrand Ides, col. 1218.

Col. 28.

T. SALMON.

— Modern History : or, the present state of all nations. Describing their respective Situations, Persons, Habits, and Buildings; Manners, Laws and Customs, Religion, and Policy; Arts and Sciences, Trades, Manufactures and Husbandry; Plants, Animals, and Minerals. By Mr. Salmon. Illustrated with Cuts and Maps, accurately drawn ac-

(1692—1744.)

cording to the Geographical Part of this Work, By Herman Moll. The third edition. With considerable Additions and Improvements, interspersed in the Body of the Work : Also the History and Revolutions of each Country brought down to the present Time. In Three Volumes. London : Printed for T. Longman, etc. MDCCXLIV to MDCCXLVI. 3 vol. in-folio.

Voir dans le Vol. I : The Present State of the Empire of China. — The Present State of Japan. — The Present State of Tonquin. — The Present State of Cochinchina. — The Present State of Siam.

— The Universal Traveller : or, a compleat Description Of the several Nations of the World. Shewing, I. The Situation Boundaries, and Face of the respective Countries. II. Number of Provinces and Chief Towns in each. III. The Genius, Temper, and Habits of the several People. IV. Their Religion, Government, and Forces by Sea and Land. V. Their Trafick, Produce of their Soil, Animals, and Minerals. VI. An Abstract of the History of each Nation. Brought down to the present Time. And Illustrated with a great Variety of Maps and Cuts. By Mr. Salmon. London : Printed for Richard Baldwin, at the Rose in Pater-Noster-Row. M . DCC . LII—LIII. 2 vol. in-folio.

Autre édition de l'ouvrage précédent avec de grandes modifications.

— Lo stato presente di tutti i paesi, e popoli del mondo naturale, politico e morale, con nuove osservazioni, e correzioni degli antichi, e moderni viaggiatori. Volume I. Della China. scritto in Inglese dal signor Salmon, Tradotto in Ollandese, e Francese, Tedesco ed ora in Italiano. Seconda edizione riveduta, corretta e accresciuta. In Venezia, Presso Giambatista Albrizzi Q. Gir. MDCCXL. Con licenza de' superiori, e privilegio, pet. in-4.

— L'édition de Salmon par M. van Goch forme 40 decl, in-8, Amsterdam, 1729—1793.

Col. 29.

— Idée de la Chine, ou Etrennes chinoises, Et coup d'œil-curieux sur la Religion, les Sciences, les Arts, les Usages & les Mœurs des Peuples de la Chine. A Pekin. Et se trouve a Paris, Chez Valleyre l'ainé, rue de la vieille Bouclerie, à l'Arbre de Jessé. in-24, pp. 96. [1775?]

Ce petit vol. du XVIII⁰ s. est extrêmement rare ; je ne connais que mon exemplaire. Ne pas confondre cet ouvrage avec celui de Silhouette.

.·.

(1744—1775.)

— Le Prospectus du P. Du Halde parut dans les *Mémoires de Trévoux*, 1733, pp. 496/524, et dans la *Clef du Cabinet*, Juin, 1733, pp. 379/395.

Col. 31.

— Desc. de la Chine... Par Du Halde. Paris, 1735.

Notices : *Observations sur les écrits modernes* : III, pp. 3/24, 169/192, 337/354 ; — V. pp. 145/165 ; — VI, pp. 269/297 ; — VII, pp. 13/24. — XI, pp. 41/47. *Acta Eruditorum Lipsiensium* : 1736, pp. 145/156. *Mémoires de Trévoux* : 1736, pp. 521/554, 896/933, 1299—1338, 1362/1400, 1859/1894. Ces comptes-rendus sont faits par le P. Castel ; un de ces articles ayant été critiqué dans le *Mercure*, le P. Castel y répondit : Réponse à la lettre écrite dans le *Mercure* (Juin, 2⁰ vol.), 1736, p. 1374) à l'Auteur de l'Article XXXIII des *Mémoires de Trévoux* du mois de Mars 1736 : dans les *Mém. de Trévoux*, 1736, pp. 2208 —2217. Lettre au P. Castel (sur l'ouv. de Du Halde) (Anonyme), *Mém. de Trévoux*, 1737, pp. 1880 et seq.

— Desc. de la Chine .... Par Du Halde. La Haye, 1736.

Notices : *Observations sur les écrits modernes*, XIII. p. 262. — Réponse (à des questions qui ont été faites au sujet de l'éd. hollandaise de l'Hist. de la Chine) par d'Anville. (*Mém. de Trévoux*, 1738, pp. 768/773 ; *Mercure de France*, juin 1738, pp. 1089/1093.)

Col. 33.

— Recueil d'historiettes et de Maximes morales Chinoises, tirees de la description de l'empire de la Chine, du P. Du Halde par Chapuset. A Nuremberg, chez Stein et Raspe, 1746, pet. in-8, pp. 90 + 3 ff. n. c. pour le tit., et la préf.

Col. 35.

— La Bib. imp. de St.-Pétersbourg possède également ces 2 vol. de la trad. russe de du Halde 1774—1777.

.·.

* Nya Historien om Chineserne, Japoneserne, Indianerne, Persianerne, Turkarne, Ryssarne. o. s. w. Traduit du français par J. Rüding. Stockholm, 1758—65, 6 vol. in-8.

Trad. d'une partie de l'ouvrage de Marsy.

Col. 37—39.

— Mémoires concernant .... les Chinois ...

Notices : *Journal Encyclopédique*, 1776, VIII, pp. 246/258. 435/452 ; — 1778, II, pp. 434/447 ; — VI, pp. 270/285, 483/448 ; — 1779, III, pp. 47/57 ; — 1780, III, pp. 240/9, 400/6 ; — 1782, IV, pp. 398/407. *Esprit des Journaux*, 1777, avril, pp. 1/36. *Journal de Feller*, 1777, janvier, pp. 87/93 ; — 1778. juin, pp. 243/249 ; sept., pp. 94/6 ; — 1780, jan., pp. 89/95 ; avril, pp. 515/525 ; — 1782, oct., pp. 243/7 ; — 1784, déc., pp. 490/4 ; — 1785, août, pp. 501/4 ; — 1787, juillet, pp. 317/321. *Journal des Savans*, 1777, pp. 159/164 ; — 1786, pp. 650/6, 735/90 ; — 1788, pp. 395/401.

Col. 39.

— Записки, надлежащія до исторіи, наукъ, художествъ, нравовъ, обычаевъ и прочъ Китайцевъ, сочиненныя проповѣдниками вѣры христіанской въ Пекинѣ. Москва, 1786—1788, 6 vol. in-4.

Cet ex. est celui de M. le Baron d'Osten-Sacken. — Comprend la matière des trois premiers vol. des *Mémoires concernant les Chinois*.

(1733—1788.)

— Abhandlungen Sinesischer Jesuiten, über die Geschichte, Wissenschaften, Künste, Sitten und Gebräuche der Sinesen. Erster Band. Aus dem Französischen; mit Kupfern. Mit Anmerkungen und Zusätzen versehen von Christoph Meiners, Professor der Weltweisheit in Göttingen. Leipzig, 1778, in der Weygand'schen Buchhandlung, in-8, pp. 806 + 2 ff. n. c. pour la tab. et l'errata.

Seul vol. paru.

Meiners dit que la traduction est d'un jeune savant, M. Bergmann, qui la fit à Paris, et qu'elle a été revue par M. Hitzmann, professeur à Göttingue.

Col. 41.

— Essais sur l'architecture des Chinois . . . Paris, 1803.

Sur la feuille de garde d'un ex. de ce livre mis en vente à 50 fr. par la librairie Lehec (Cat. No. 33, 1886, Paris) on trouvait cette note : «M. de la Tour, auteur de cet ouvrage, n'en tira que douze exemplaires. Il en garda un pour lui et donna les onze autres à ses amis. Il me fit l'honneur de me mettre du nombre. M. Messire, astronome de la marine et M. Racine, employé à la Préfecture, furent aussi de ce nombre; je ne connais pas les autres.»

Col. 42.

—Kurze Beschreibung der Städte, Einwohner u. s. w. des Chinesischen Reichs, wie auch aller Reiche, Königreiche und Fürstenthümer, welche den Chinesern bekannt sind; aus der unter der Regierung des jetzigen Chans Kjän' Lun zu Pekin in Chinesischer Sprache gedruckten Chinesischen Reichs-Geographie ausgezogen von dem Herrn Secretair Leontiew. Aus dem Ruszischen des Herrn Secretairs Leontiew ins Deutsche übersetzt von M. Christian Heinrich Hase, Herzogl. Sachs. Weimarischen Consistorialrath und Pastor zu Stadt=Sulza. (Magazin für die neue Historie und Geographie, angelegt von D. Anton Friedrich Büsching, Th. XIV, Halle, 1780, pp. 409/556.)

— Karakter, Sitten und Meinungen der Chineser und Cochin=Chineser, historisch und philosophisch, mit Rücksicht auf ihre Staats= und Religionsverfassung u. d. gl. nach den Berichten der ältern und neuern Reisenden geschildert, von Adam Friedrich Geisler, dem Jüngern. Halle 1782, bey Johann Christian Hendel, in-8, pp. 186 + 3 ff. prél. n. ch. pour le tit. &c.

— Beschreibung der Chinesen. Aus den beszten Reisebeschreibungen gesammelt. Leipzig, bey Weidmanns Erben und Reich, 1784—1785, 4 parties in-8.

Par Valentin August Heinze.

(1778—1785.)

Cet ouvrage forme les 4 dernières parties (V—VIII) de la *Bibliothek der Geschichte der Menschheit* (Leipzig, Bd. I, 1780) publiée d'abord par C. C. L. Hirschfeld, puis par V. A. Heinze.

Col. 43.

— Atlas général de la Chine . . .

Lire 65 au lieu de 63 cartes et pl.

Col. 44.

— Desc. . . . de la Chine . . . par M. l'Abbé Grosier.

Notices : *Année littéraire*, 1775, VII, p. 289 ; — 1786, II, pp. 241/270 ; — III, pp. 193/228. — *Esprit des Journaux*, 1786, sept., pp. 117/138; oct., pp. 150/175.

— Allgemeine Beschreibung des Chinesischen Reichs nach seinem gegenwärtigen Zustande. — Aus dem Französischen des Abbé Grosier übersetzt von G. L. S. Mit Kurfürstlich Sächsischer Freiheit. Frankfurt und Leipzig, 1789, bei Johann Georg Fleischer, 2 vol. in-8.

G. L. S. = Schneitler.

— Bedenkingen over den tegenwoordigen staat van China. *(Verhand. v. h. Batav. Gen.,* IV, 1786, pp. 348/372.)

Col. 45.

— D. D. Dissertatio Historica de Regno Chataja ejusque re sacra et litteraria, — Cujus Particulam Tertiam Nutu Incliti Ordinis Philos. Lundens. Praeside Matth. Norberg, ... pro Laurea, exhibet Johan Myrman, Scanus. In Lyceo Carolino die XVI. Junii, MDCCXCIV. Lundae, Typis Berlingianis, Pièce in-4, pp. 11.

Bib. nat. 0 $\frac{2}{5}$ m.

Voici l'ouvrage complet :

* Matthias Norberg. Dissertatio Historica de Regno Chataja ejusque Metropoli Kambalu. Fasc. 1. Lund, 1790, in-4, pp. 18.

— De Regno Ch. ejusque Magnificentia Imperiali. Fasc. 2. Lund, 1790, in-4, pp. 15.
— De Regno Ch. ejusque Re Sacra et Litteraria. Fasc. 3. Lund, 1794, in-4, pp. 11.
— De Regno Ch. ejusque Re Judiciaria. Fasc. 4. Lund, 1794, in-4, pp. 11.
— De Regno Ch. ejusque Re militari. Fasc. 5. Lund, 1795, in-4, pp. 10.

— Betrachtungen über die Fruchtbarkeit | oder Unfruchtbarkeit | über den vormahligen und gegenwärtigen Zustand der vornehmsten Länder in Asien | von C. Meiners. Lübeck und Leipzig, 1795—1796, 2 vol. in-8.

— La Chine mieux connue, ou les Chinois, tels qu'il faut les voir : Contenant un coup

(1780—1796.)

d'œil général sur la Chine, et des observations intéressantes sur le caractère, les mœurs, les usages, la politique et le gouvernement de ce vaste empire, précédés d'un Voyage à la Chine, etc. Avec des notes curieuses et instructives .... A Paris, chez Ponthieu .... An V (1796 et 1797), 2 vol. in-18, pp. 8—203 et 195.

Le premier vol. contient le voyage de Ghirardini (voir col. 991) avec des notes suivies de remarques sur les *Ambassades européennes à la Chine;* le second vol. est consacré à un *Coup d'œil général sur la Chine,* à un *Précis historique sur Confucius* et à des *Notes.*

— J. G. Grohmann, voir col. 851.

— Tableau topographique et politique de la Sibérie, de la Chine, de la zone moyenne d'Asie et du Nord de l'Amérique. Par M. Cordier de Launay, Intendant de justice, police et finances de sa Majesté très-chrétienne en la province de Normandie, à présent conseiller d'état de Sa Majesté impériale, empereur et autocrateur de toutes les Russies. A Berlin, 1806. in-4, pp. 129.

Au verso de la dernière page : « Imprimé chez Louis Quien à Berlin, aux frais de l'auteur, et tiré au nombre de quatre-cents exemplaires ». Ces ex. sont numérotés et signés de l'auteur.

Col. 46.

— Wilkinson (G.), voir col. 1002.

— Le costume ancien et moderne ou Histoire du gouvernement, de la milice, de la religion, des arts, sciences et usages de tous les peuples anciens et modernes, d'après les monumens de l'antiquité et accompagné de dessins analogues au sujet par le docteur Jules Ferrario. Milan de l'imprimerie de l'éditeur, MDCCCXVI.

Le titre des deux premiers vol. consacrés à l'Amérique est imprimé en français; à partir du vol. 3 qui commence l'Asie le titre court ainsi :

— Il costume antico e moderno o storia del governo, della milizia, della religione, delle arti, scienze ed usanze di tutti i popoli' antichi e moderni provata coi monumenti dell' antichita e rappresentata cogli analoghi disegni dal Dottore Giulio Ferrario. Milano dalla tipografia dell' editore, MDCCCXVI.

Dans ce premier vol. de l'Asie (Vol. III de l'ouvrage), il est traité de la Chine, par le Dr. Giulio Ferrario; de la Corée, du Japon et des îles Liéou kieou, par le prof. Ambrogio Lévati ; on trouvera la suite pays de l'Indo-Chine par le Dr. Giulio Ferrario dans le vol. II de l'Asie. — L'Asie comprend en tout 4 vol.; l'ouvrage complet forme 18 vol. in-4, Milano, 1816—1834. Il y a des ex. sur grand papier. — Une autre éd. a été imprimée, Firenze, 1826—28, 26 vol. in-8, avec un supplément, Firenze, 1833—1837, 3 vol. in-8.

Col. 47.

— Scenes in China, exhibiting the manners, customs, diversions, and singular peculia-

rities of the Chinese, Together with the Mode of Travelling, Navigation, &c. in that vast empire. Taken from the latest Authorities, and including the most interesting particulars in Lord Amherst's recent embassy. London : Printed for E. Wallis, 42, Skinner-street, and J. Wallis, Marine Library, Sidmouth, in-12. S. d. [1820].

Par J. F Davis (voir col. 1179).

Col. 48.

— La Chine avec ses Beautés et ses Singularités, ou Lettres d'un jeune voyageur à sa famille, Sur les Mœurs, les Usages, l'Education des Chinois, La G^de Muraille, les Pagodes, la Tour de Porcelaine, les Montagnes en Terrasse, les Iles flottantes, &c.; Ouvrage orné de seize gravures. A Paris, Chez Delaunay .... MDCCCXXIII, 2 vol. in-18.

— The World in Miniature; edited by Frederic Shoberl. — CHINA, containing illustrations of the Manners, Customs, Character, and Costumes of the People of that Empire. Accompanied by Thirty Coloured Engravings. In two volumes .... London : Printed for R. Ackermann, Repository of Arts, Strand, 2 vol. in-12, pp. XIV-208, et 257. [1827.]

Col. 49.

— Der gegenwärtige Zustand des chinesischen Reichs. [*Jour. des Voy.,* Juin 1828]. (*Das Ausland,* 1828. Nos. 207, 208, 209/210, 211.)

Col. 50.

— Description of China by a Native.

Elle est en latin dans le *Bul. des Sciences historiques, antiquité, philologie,* rédigé par MM. Champollion, XVIII, pp. 296/300 (Paris, 1831) et empruntée à l'*Asiatic Journal.*

— Du génie des peuples anciens, ou tableau historique et littéraire du développement de l'esprit humain chez les peuples anciens, depuis les premiers temps connus jusqu'au commencement de l'ère chrétienne. Par Mme V. de C*********. A Paris, Chez Maradan, M.DCCCVIII, 4 vol. in-8.

Mme V**** de Ch*** = Mademoiselle Victorine de Chastenay.

Vol. I : Livre IV, Chap. IV : De la Chine, des Livres chinois, de Confucius et des Livres qu'il a écrits, pp. 314/339.

Vol. III : Livre XIV, Chap. III : De la Chine, depuis le troisième siècle jusqu'au deuxième avant l'ère chrétienne, pp. 480/494.

— Abbott (Rev. Jacob). China ... (Voir *Bib. Sinica,* IIIe partie. Relations des étrangers . . . I. Ouvrages divers).

— Beschreibung des chinesischen Reichs und Volkes nebst Uebersicht der Geschichte Chinas. Mit Rücksicht auf die Ausbreitung des Christenthums in diesem Länder-Ge-

biet. — Für Leser aus allen Ständen bearbeitet von M. F. Zeller, Pfarrer zu Nel-
lingen und Berkheim. Mit einer Karte des
chinesischen Reichs. Stuttgart, in der Chr.
Belser'schen Buchhandlung, 1836, in-8,
pp. 333.

Col. 51.

—The Chinese: a General Description of China
and its inhabitants. By John Francis Davis,
Esq., F. R. S., &c. Governor of Hong-Kong.
A new edition, enlarged and revised. In
three volumes. London : Charles Knight &
Co., Ludgate Street, 1844, 3 vol. in-12.

Plus un *Supplementary volume*, London : Charles Knight, 1845,
in-12, qui contient les *Sketches of China.*

— The Chinese : a General Description of
the Empire of China and its inhabitants. By
John Francis Davis, Esq., F. R. S., &c. In
two volumes. Illustrated with woodcuts.
New-York : Harper & Brothers, Cliff-Street.
1845-1844, 2 vol. in-12.

Col. 53.

* W. H. Medhurst. China. Toestand en vooruitzigten van dat Rijk;
inzonderh. ten aanzien der Bijbel-verspreid. met berigten omtrent de oudheid, intgestrekth., bevolking, letterk., godsdienst,
enz. d. Chinezen. Rott. Oct. 1854, 2 vol. in-8.

F. Muller, Amst., Cat. Oct. 1854, No. 661.

Col. 53—54.

— A Peep at China, in Mr. Dunn's Chinese
Collection; with Miscellaneous Notices relating to the Institutions and Customs of the
Chinese, and our commercial intercourse
with them. By E. C. Wines. Philadelphia :
Printed for Nathan Dunn. 1839, pet. in-4,
pp. 103.

Notice par D. Abeel, *Chin. Rep.*, VIII, p. 581.

Col. 54.

— Ten Thousand Chinese Things . . . Philadelphia, s. d.

Voir Langdon, W. B., col. 56.

— Ten Thousand Chinese Things. — A Descriptive Catalogue . . . . Philadelphia : Printed for the Proprietor. 1839, in-8, pp. 120.

Les 107 premières pages de ce cat. sont la reproduction du même
s. d. [aussi de 1839]; on a développé à la suite le chap. *Foreign
intercourse with China.*

— Китай, его жители, нравы, обычаи, про-
свѣщеніе. — Изданіе г-жи Мицковой. —
Санктпетербургъ . . . 1840, in-8, pp. VIII-442
+ 1 f. n. c.

— Ueber Pater Hyacinth's Kitai (China). Von W. Schott, (Erman,
Archiv für wiss. Kunde von Russland, I Bd. 1841, pp. 402/422,
461/469.)

(1836—1840.)

— A brief account of the Chinese Empire,
and Chinese Tartary. Calcutta : Printed for
the Publisher. 1840, in-12, pp. 181 + 2 ff.
prél. pour le tit. et la table.

Compilation faite à l'aide de Macartney, Barrow, Du Halde,
Ljungstedt, Gützlaff, etc.

Col. 55.

— Die Chinesen wie sie sind. Neue Uebersetzung und Bearbeitung des Werkes von
T. Lay : *The Chinese as they are.* Nebst
einer Skizze der geographischen Verhältnisse China's und der Geschichte des eng-
lisch-chinesischen Krieges von J. Wilfert.
Mit vielen Bildern. Herausgegeben von
Johann Cramer. Crefeld, 1844, in-18, pp.
XI-336.

Forme le premier vol. de la série : *Das himmlische Reich. Oder
China's Leben, Denken, Dichten und Geschichte. In vier Bänden.
Erster Band : Die Chinesen wie sie sind. Crefeld, 1844. Verlag
der J. H. Funcke'schen Buchhandlung.*

Col. 56.

— Статистическое Описаніе Китайской Имперіи. Съ приложеніемъ географической
карты на пяти листахъ. — Въ двухъ ча-
стяхъ. — Санктпетербургъ, 1842, 2 vol. gr.
in-8, pp. XXXII-278 + 1 tableau, 348 + 1 f. n. c.
et 1 tab. avec une grande carte de la Chine
en 5 feuilles.

Par le Père Iakinf.

— « Ten Thousand Chinese Things. » — A Descriptive Catalogue of the Chinese Collection, now exhibiting at St. George's Place,
Hyde Park Corner, London, with condensed accounts of the Genius, Government,
History, Literature, Agriculture, Arts,
Trade, Manners, Customs and social life of
the people of the Celestial Empire. By William B. Langdon, Esq., curator of the collection. Eighteenth English Edition. Printed for the proprietor, and to be obtained
only at the Chinese collection. 1843, in-8,
pp. X-163.

C'est la collection Dunn, voir col. 54.

— Season 1851. Descriptive Catalogue of the Chinese collection,
(formerly of Hyde Park Corner,) now exhibiting at The Celestial Palace, Albert Gate, Hyde Park, Knightsbridge. An exposition of the Genius, History, Literature, Agriculture, Arts, Manufactures, Industrial habits, Social Life, and Amusements of
the People of the Chinese Empire. By William B. Langdon,
Curator and Co-Proprietor of the Chinese Collection. Two hundred and fortyfifth thousand. London : Printed for the Proprietors, and to be obtained only at the Chinese collection, Albert
Gate, Hyde Park. Price sixpence, in-8, pp. 94.

— Il y a une édition de London [1855].

— China. — Mit besonderer Rücksicht auf
die Verhältnisse der Europäer zu diesem
Reiche und auf den jetzigen Krieg mit Eng-

(1840—1855.)

land nach den neuesten Werken darüber dargestellt von Th. Vockerode. Leipzig, 1842. Carl Friedrich Dörffling, pet. in-8, pp. VIII-330.

Col. 57.

— China, oder Uebersicht der vorzüglichsten geographischen Punkte und Bestandtheile des chinesischen Reichs; nebst einer kurzen Beschreibung der Naturerzeugnisse, der vorzüglichsten Städte und ihrer Merkwürdigkeiten, des Charakters, Gewerbfleisses und Handels, der Künste, Sprache, Wissenschaften, Religion und Gebräuche des Volkes, auch einer kurzen Schilderung der Gesetze, der Regierungsverfassung und der Regenten. Mit Rücksicht auf die neuesten Ereignisse bearbeitet von Dr. F. Bischoff-Widderstein, grossh. sächs. Justizrathe, Ritter erster Classe des grossh. hessischen Ludwigs-Ordens und Mitglied mehrerer gelehrten Gesellschaften. Mit einer Karte von China. Wien, 1843. Verlag von Kaulfuss Witwe, Prandel & Comp., Kohlmarkt. in-8, pp. IV-203 + 6 ff. n. c. pour une petite bibliog. chronologique. Carte.

— L'Empire Chinois illustré d'après des dessins pris sur les lieux, par Thomas Allom. Avec les descriptions des mœurs, des coutumes, de l'architecture, de l'industrie, &c. du Peuple Chinois depuis les temps les plus reculés jusqu'à nos jours, par Clément Pelle, auteur de «Constantinople ancien et moderne». Fisher, fils et Cie. 4 vol. in-4, s. l. n. d.

Frontispice et gravures de l'édition anglaise.

Col. 58.

— The Celestial Empire; or Points and Pickings.

L'auteur de cet ouvrage est George Mogridge.

* The Chinese. By Uncle Adam. [George Mogridge.] London, [1845,] in-8.

Halkett & Laing.

— Rivoluzioni dei popoli della media Asia, Persia, Tartaria, Tibet, China ec. e Cenni intorno la Siberia, ossia Asia settentrionale di A. Jardot prima traduzione italiana di C. Sabattini. Volume unico. Firenze Società editrice fiorentina 1845, in-8, 2 ff. n. c. p. l. tit. et l'int. + pp. 496, carte.

— Scenes in China: or, Sketches of the Country, Religion, and Customs, of the Chinese.

(1842—1852.)

By the late Mrs. Henrietta Shuck, missionary in China. Philadelphia: American Baptist Publication Society, 118 Arch Street. 1852, in-12, pp. 252.

Col. 59.

— The History of China & India, pictorial & descriptive; by Miss Corner . . . London : Dean & Cº. Threadneedle Strt., s. d. [1843], in-8.

— China pictorial, descriptive, and historical. With some account of Ava and the Burmese, Siam, and Anam. With nearly one hundred illustrations. London: Henry G. Bohn, York Street, Covent Garden. MDCCCLIII, pet. in-8, pp. xx-521.

Ce vol. fait partie de *Bohn's Illustrated Library* : «The earlier portion of this Work (to page 265) which relates exclusively to China, was written by MISS CORNER. In the present Edition this has been carefully revised, and the remainder of the volume furnished by a gentleman who has devoted much time to the study of China and the Indo-Chinese nations.» [Advt.]

Col. 60.

— Desultory Notes . . . by T. T. Meadows.

Notice : *Gelehrte Anzeigen, herausg. v. Mitgl. d. k. Bay. Ak. d. Wis.*, München, Nro. 221, 5. Nov. 1847, pp. 738/760, par Neumann.

— China und seine Bewohner, mit Rücksicht auf ältere und neuere Missionsversuche unter diesem Volke, zur Anregung neuer Bestrebungen der Art. Für das deutsche Volk bearbeitet von Dr. Adolf Dammann, In der Buchhandlung der Rettungs-Anstalt zu Düsselthal in Commission. Preis 5 Sgr. Düsselthal, 1847, pet. in-8, pp. 115.

— Китай въ грждaнскомъ и нравственномъ состоянiи. Сочиненiе монаха Iакинѳа . . . . Санктпетербургъ . . 1848, 4 parties in-8, pp. VII-137/8, VII-128/10, 152/2, 177/2 + 1 pl. représentant divers objets chinois.

Col. 61.

— The Middle Kingdom. A Survey of the Geography, Governement, Literature, Social Life, Arts and History of the Chinese Empire and its Inhabitants by S. Wells Williams. L L. D. Professor of the Chinese language and literature at Yale College; Author of Tonic and Syllabic Dictionaries of the Chinese Language. Revised edition, with illustrations and a new map of the empire. New York, Charles Scribner's Sons, 1883, 2 vol. in-8, pp. xxv-836, XII-775.

— The Middle Kingdom. A Survey of the Geography, Government, Literature, Social Life, Arts and History of the Chinese Em-

(1852—1883.)

pire and its Inhabitants by S. Wells Williams. L L. D......
Revised edition, with illustrations and a new map of the Empire. London : W. H. Allen & Co. . . . 1883, 2 vol. in-8, pp. XXV-836, XII-775.

Bib. nat. O $\frac{2}{135}$ n.

$\cdot$ A

Même éd. que celle de New-York.

Notices : *Westminster Review*, XLIX, 241. — (A. P. Peabody), *North Am. Rev.*, LXVII, 265. — (S. F. Smith), *Christian Review*, XIII, 270. — (W. T. Eustis), *New Englander*, VII, 215. — *Democratic Review*, XX, 319.

— Geographie, Statistik und Naturgeschichte des Chinesischen Reichs. Von S. Wells Williams. Aus dem Englischen übersetzt von C. L. Collmann. Mit Illustrationen und einer neuen Karte des Chinesischen Reichs. Cassel, 1854. Verlag von G. E. Vollmann, in-8, pp. xvi-1/292 — (Chap. i-vi).

— Gesetzgebung und Regierung, Erziehung, Sprache und Literatur des Chinesischen Reichs...... Mit dem Bildniss des Confucius und Illustrationen. Cassel, 1854. Verlag von G. E. Vollmann, in-8, pp. 293/612. — (Chap. vii-xii.)

Ces deux Abth. forment un volume.

Col. 62.

— Chinas Handel, Industri och Statsförfattning, jemte underrättelser om Chinesernes folkbildning, seder och bruk, samt Notiser om Japan, Siam M. Fl. Orter, af C. F. Liljevalch. Stockholm, Beckman, 1848, in-8, pp. viii-407.

Port. col. de Tsi-yeng, Vice-Roi de Canton. (Voir col. 1033.)

$\cdot\cdot$

— Il y a des ex. de la première partie (Vol. I) de la Chine de Pauthier *(Univers pittoresque)* qui ne portent pas de date. — Ce vol. forme le tome I de l'Asie dans la Coll. de l'*Univers pittoresque;* le deuxième vol. forme le tome X de cette série.

Col. 63.

— C. Macfarlane. — The Chinese Revolution. [Voir col. 269.]

— Beiträge zur Kunde China's und Ostasiens. Herausgegeben von K. L. Biernatzki. Mit vier Holzschnitten. Kassel, Verlag von G. E. Vollmann, s. d. [1853], in-8, pp. 144.

Vorwort. — Die Chinesen in der Zerstreuung. — Die Batta-er auf Sumatra. — Kleidung und Speisen der Chinesen. — Nachrichten aus Ostasien. — Literatur. — Chinesische Legende. — Aktenstücke und Mittheilungen über die neuesten Vorgänge in China. — Die Mandschu und ihre Heimath. — Ein chinesischer Gerichtshof. — Die Schriftstücke des Gegenkaisers in China.

— China, pictorial, descriptive . . . London, 1853, in-8.

Par Miss Corner; voir col. 59 et col. 1430.

— The Land of Sinim . . . By William Gillespie . . 1854. Voir col. 322.

(1883—1854.)

— Reseña histórica del gran imperio de China. Obra interesante, curiosa y entretenida por las muchas noticias y minuciosos detalles que contiene sobre este antiguo imperio, y util para cuantos gusten saber algo de el con alguna verdad y precision. Escrita y publicada por D. Luis Prudencio Alvarez y Tejero. Dàse en ella una idea bastante clara y exacta de la antiguedad y poblacion de China; carácter, leyes, usos y costumbres de sus naturales; de su lengua y religion, agricultura, è industria; y descríbense las cosas mas notables de poblaciones, edificios y ricas producciones de las mas de las provincias del imperio, etc. etc. Madrid, Imprenta de T. Fortanet, Libertad, 29. 1857, in-8, pp. 384.

— Life in China ... by W. C. Milne ...1857.

2d ed. continued to the Fall of Canton, March, 1858; 3d ed. May, 1858.

— L'Impero celeste. Lettere di un Cinese ad un Europeo pubblicate dal Dottor Antonio Caccia. Milano. Dalla Società tipografica de' Classici Italiani, 1858, in-8, pp. 172 s. la tab., 1 carte.

Col. 64.

* Kina. Land och Folk, Skildradt efter de bista Röllor. Fri öfversättning of Kjellman-Göranson. Cahïer 1—12. Stockholm, 1859. 60. Gr. 8°, pp. 236. Avec 35 gravures.

[D'après Huc et d'autres.]

Col. 65.

— Observations on China and the Chinese. By W. L. G. Smith, late U. S. Consul at Shanghai. New York : Carleton. MDCCCLXIII, in-12, pp. 216.

— Das Interessanteste und Neueste aus China, in religiöser, politischer und socialer Hinsicht ...... Wien, 1863. Mechitharisten-Congregations - Buchhandlung, in - 8, pp. vi-188.

La préface est signée : Dr. Joseph Seitl, k. k. Schlosscaplan.

Col. 66.

— Social Life of the Chinese : with some account of their religious, governmental, educational, and business Customs and Opinions. With special but not exclusive reference to Fuhchau. By Rev. Justus Doolittle, fourteen years member of the Fuhchau mission of the American board. With over One Hundred and Fifty Illustrations. In two vo-

(1857—1867.)

lumes. New York : Harper & Brothers, publishers, Franklin square. 1867, 2 volumes in-12.

Col. 67.

— China. A brief account of the country, its inhabitants, and their institutions. By Samuel Mossman, late editor of the « North China Herald ». With map and illustrations ..... London : Society for promoting Christian Knowledge, s. d. [1867], pet. in-8, pp. v + 1 f. n. c. + pp. 356.

* China and the Chinese ... By the Rev. John L. Nevius. Rev. ed., Philadelphia, Presb. Board of Pub., 1883, in-12, pp. 452, carte et ill.

Pub. Dol. 1.50.

— China : the Country, History, and people. London : the Religious Tract Society, s. d. [1867], pet. in-8, pp. viii-306.

Par W. H. Tregellas.

Col. 68.

— France et Chine ... par M. O. Girard.

Notice par Ch. Chambon dans les *Études religieuses*, pp. 971/3, XIVe. année, 4e série, 1869.

∴

— Notice de Medhurst's *Foreigner in Far Cathay* par le P. M. Desjacques, S. J., sous le titre de « La Chine et ses habitants » dans les *Études religieuses*, pp. 284/295, XVIIIe année, 5e série, 1879.

— Очерки современнаго Китая. М. Венюкова. St Pétersbourg, 1874, in-8, pp. 152.

* Очерки Китая. Aperçu sur la Chine, 1875, par M. C. Skatchkoff.

Col. 69.

* F. Chaulnes. Notes sur la Chine. (*Journal officiel*, Juillet 9, 1876.)

— Stories from China by the Author of « the Story of a Summer Day », « Travellers' Tales », etc. With twenty-five illustrations. Seeley, Jackson, and Halliday, 54, Fleet Street, London, MDCCCLXXVI, pet. in-8, pp. iv-219.

— Chinesische Skizzen von Herbert A. Giles, englischer Consularbeamter in China. In's Deutsche übertragen von W. Schlösser. Berlin, 1878, in-8, pp. 266, s. la préf. et la table.

* Chinesische Skizzen. (*Augsb. Allgem. Ztg.*, Beil. 254—260.)

(1867—1878).

* China. A geographical, statistical and political Sketch. By A. E. Hippisley. Shanghai, 1877, in-4, pp. 27.

∴

— China ... von Richthofen. Zweiter Band. Das Nördliche China. Mit 126 Holzschnitten, einer farbigen Ansicht, 2 Karten und 5 geologischen Profiltafeln. Berlin, D. Reimer, 1882, in-4, pp. xxiv-792.

— Begriff, Ziel und Methode der Geographie und v. Richthofen's China, Bd. I. Von Dr. F. Marthe. (*Zeit. d. Gesch. f. Erdk.*, XII, 1877, pp. 422/478.)

— China ... von Richthofen. II. Bd. Das nördliche China ... Besprochen von G. vom Rath. (*Zeit. d. G. f. Erdk.*, XVIII, 1883, pp. 161/193).

— China ... von Richthofen. Vierter Band. Palaeontologischer Theil. Enthaltend Abhandlungen von Dr. Wilhelm Dames, Dr. Emanuel Kayser, Dr. G. Lindström, Dr. A. Schenk und Dr. Conrad Schwager. Mit 15 Holzschnitten und 54 Tafeln in Steindruck. Berlin, D. Reimer, 1883, in-4, pp. xvi-288 et les pl.

— Atlas von China. — Orographische und geologische Karten von Ferdinand Freiherr von Richthofen zu des Verfassers Werk : China, Ergebnisse eigener Reisen und darauf gegründeter Studien. — Erste Abtheilung : Das Nördliche China (zum zweiten Textband gehörig). Erste Hälfte : Uebersichtsblatt, Vorerläuterungen und Tafeln 1—12. Berlin, Dietrich Reimer, 1885, in-fol. oblong.

— Zweite Hälfte : Tafel 13—26. *Ibid.*, 1885, in-fol. oblong.

— L'opera del barone di Richthofen sulla Cina (IV vol.). Relazione del Prof. F. Porena (*Bol. della Soc. geogr. ital.*, Serie II, Vol. VIII, Giugno 1883, pp. 444—447).

Voir sur les deux premiers vol., *ibid.*, 1882, pp. 733/769, 843/873, 914/949, par le même.

Notices : par Alfred von Gutschmid (*Zeit. D. M. G.*, pp. 183/213). — *Celestial Empire*, Vol. X, Nos. 3—5, 7, 9.

Col. 70.

— China Historical and Descriptive by Charles H. Eden, Author of « India, Historical and Descriptive », &c. With an Appendix on Corea Frontispiece by a Native Artist, numerous Illustrations, and Map. London : Marcus Ward & Co., 67 & 68, Chandos Street and Royal Ulster Works, Belfast, 1877, pet. in-8, pp. 334.

— The Perpetuity of Chinese Institutions. By S. Wells Williams. (*North American Review*, Sept. 1880, pp. 205/222.)

(1877—1880.)

Bib. Soc. Géog. Paris, $C\frac{5}{208}$.
— China : The Country and People. By S. Wells Williams (*J. Am. Geog. Soc.*, New-York, VIII, 1876, p. 269/284).

— Bilder aus dem chinesischen Leben. Mit besondrer Rücksicht auf Sitten und Gebräuche. Von Leopold Katscher. (Mit autorisirter Zugrundelegung eines Theiles des in John Henry Gray's « China : a history of the laws, manners, and customs of the people » niedergelegten Materiales.) Leipzig und Heidelberg, C. F. Winter'sche Verlagshandlung, 1881, in-8, p. xvi-367.

* Hanlin Papers. Essays on the intellectual Life of the Chinese. By W. A. P. Martin, D. D., LL. D., President of the T'ungwen College, Peking. London, Trübner Co.; Shanghai, Kelly & Walsh, 1880.

Notice : *China Review*, IX, pp. 108/111.

— The Chinese. Their Education, Philosophy, and Letters by W. A. P. Martin, D. D., L L. D. President of the Tungwen College, Peking. New York, Harper & Brothers, 1881, in-12, pp. 319 + 3 ff. prél.

— Chine et Japon. Notes politiques, commerciales, maritimes et militaires par M. Alfred Houette, enseigne de vaisseau. Paris, Berger-Levrault, 1881, in-8, pp. 130.

Bib. nat. $\frac{O^2n}{703}$.
— Chine et Japon. Notes politiques, commerciales, maritimes et militaires. Par Houette, enseigne de vaisseau. (*Rev. mar. et col.*, Vol. 66, 1880, pp. 348/402, 445/489; Vol. 67, 1880, pp. 207/237.)

— Étude sur la Chine. Abrégé de son histoire, son état présent et son avenir par l'abbé Gainet chanoine honoraire de Reims, ancien curé de Cormontreuil, curé de Traves. Besançon, imp. et lith. de J. Jacquin ... 1881, in-8, pp. xii-500 + 1 f. n. c.

— Deuxième édition. — Besançon, imp. et lith. de P. Jacquin ... 1883, in-8, pp. xii-500 + 1 f. n. c.

— Bibliothèque de vulgarisation. Ad. F. de Fontpertuis — Chine, Japon, Siam & Cambodge. Paris, A. Degorce-Cadot, éditeur, 1882, in-18, pp. iv-312.

Notice : *Ann. de l'Ext. Orient*, 1882—1883, V, pp. 3/5. (Par Léon Feer.)

— La Chine contemporaine par Ad. F. de Fontpertuis. Paris, Degorce-Cadot, 1883, in-16, pp. 153, grav.

— China. By Robert K. Douglas, of the British Museum, and Professor of Chinese at King's College London. With Map. Published under the direction of the Committee of

General Literature and Education appointed by the Society for Promoting Christian Knowledge. London, 1882, in-8, pp. 400 + 2 ff. prél.

Le même. Boston, D. Lothrop [1885], in-8. Une nouv. éd. est sous presse.

— China, in some of its physical and social aspects. By E. Colborne Baber, Chinese Secretary to H. M. Legation, Peking. (*Proc. of the R. Geogr. Soc.*, London, Vol. V, No. 8, August 1883, pp. 441—458.)

— Allou. — En Chine illustré par de Bar, Scott, Toussaint, etc. Paris, Ch. Delagrave, 1884, in-8, pp. 296.

— Deuxième édition. Paris, Ch. Delagrave, 1886, in-8, pp. 296.

Bib. nat. $\frac{O^2n}{761}$ et $\frac{O^2n}{761A}$.

— The Children of China. Written for the Children of England. By their old friend the author of « the Children of India ». With map and illustrations. London, Hodder and Stoughton, 27. Paternoster row. MDCCCLXXXIV, gr. in-8 carré, pp. viii-312.

— Bits of old China, being a few chapters upon the Customs, Language, & Condition of the Chinese. Green & Son, Beverley. Kent & Co., London, 1884, in-8, pp. 50 + 3 ff. prél. n. ch. pour le tit., la préf. &.

— Chine et Extrême-Orient par le Baron G. de Contenson, ancien attaché militaire en Chine. Paris, Librairie Plon, E. Plon, Nourrit et Cie. 1884, in-18, pp. 294.

Notice : *Ann. de l'Ext. Orient*, 1883—1884, VI, p. 381.

— Les Chinois peints par eux-mêmes par le Colonel Tcheng-ki-tong, attaché militaire de Chine à Paris. Paris, Calmann Lévy, 1884, gr. in-18, pp. x-291 + 1 f. n. c. pour la tab.

L'ouvrage a eu de nombreuses éditions dans le même format.

Notice : *Études religieuses*, XLIII, 1888, pp. 432/54 [par A. Colombel].
— Les Chinois peints par eux-mêmes. Par le Colonel Tcheng-Ki-Tong. (*Ann. de l'Ext. Orient*, 1884—1885, VII, pp. 43/53.) *Extraits.*

— The Chinese painted by themselves. By Colonel Tcheng-Ki-Tong, military attaché of China at Paris. Translated from the French by James Millington. London : Field & Tuer, The Leadenhall Press . . . . pet. in-8, pp. 203.

— China und die Chinesen. Von Tscheng-Ki-Tong, Oberst und Militär-Attaché bei der Kaiserlich Chinesischen Gesandtschaft in

Paris. — Einzige autorisirte Uebersetzung von Adolph Schulze. Leipzig, Verlag von Carl Reiszner. 1885, pet. in-8, pp. ɪv-307.

Cet ouvrage a été aussi traduit en danois.

— Home-Life in China. By Mrs. M. I. Bryson, of the London Mission, Wuchang, China. American Tract Society, New York, in-8, pp. 314.

— Bibliothèque instructive. — La Chine d'après les voyageurs les plus récents par Victor Tissot. Ouvrage illustré de 65 gravures sur bois. — Paris, Jouvet, ᴍᴅᴄᴄᴄʟxxxv, in-16, pp. 336.

Bib. nat. $\frac{O^2n}{774}$.

— La Vie partout. Le Monde chinois par Philippe Daryl. (La nation chinoise et son gouvernement. — L'art. — Les lettres. — Le théâtre. — L'industrie. — Les finances. — Le commerce extérieur. — Tribunaux, procédures et peines. — L'armée de terre

(1885.)

et de mer.) Paris, J. Hetzel, 1885, in-18, pp. ɪv-326.

Philippe Daryl = Paschal Grousset.

— La Cité chinoise, par G.-Eug. Simon, ancien consul de France en Chine, ancien élève de l'institut national agronomique de Versailles. Paris, Nouvelle Revue, 1885, in-12, pp. 389 + 1 f. n. c.

— La cité chinoise. Par Eugène Simon. *(Ann. de l'Ext. Orient,* 1882—1883, V, pp. 97/110.)

* China : its Social, Political, and Religious Life. From the French of G. Eug. Simon. London : Sampson Low, 1887.

Notice : *Lond. & China Teleg.,* Jan. 16, 1888. — *China Review,* XVI, pp. 251/2, par E. J. E[itel].

— English Life in China, by Major Henry Knollys Royal Artillery . . . . . . London, Smith, Elder & Co., 1885, in-8, pp. ɪx-333.

— Paul Antonini. — Les Chinois peints par un Français. Paris, Paul Ollendorff, 1886, gr. in-18, pp. vɪɪ-335 + 1 f. n. c. p. l. tab.

(1885—1886.)

II. — GÉOGRAPHIE.

A. — GÉOGRAPHIE ANCIENNE.

Col. 71.

一 山海經 — Le Chan-Haï-king. Livre des Montagnes et des Mers. — Livre II, Montagnes de l'Ouest. — Traduit pour la première fois sur le texte chinois par Emile Burnouf . . . . Paris, Vᵛᵉ Bouchard-Huzard, 1875, br. in-8, 8 ff.

On lit au verso du titre : Extrait N° 3 du Compte-rendu des travaux de la Session inaugurale du *Congrès provincial des Orientalistes.*

Bib. nat. $\frac{O^2n}{576}$

一 山海經 — Chan-haï-king — le Livre des montagnes et des eaux — antique géographie chinoise traduite pour la première fois sur le texte original par Léon de Rosny. *(Mém. de la Soc. des étud. jap.,* etc., IV, 15 Avril 1885, pp. 81/114, V, Janv. 1886,

(Temps anciens.)

pp. 23/47, Nov. 1886, pp. 232/259, VI, Déc. 1887, pp. 238/249.)

— Names of Western Countries in the *Shiki.* By J. Edkins. *(China Review,* XIII, pp. 251/255.)

— Halah. *(China Review,* XIII, p. 361.)

— Ta-yih. *(China Review,* XIII, p. 431.)

B. — CHINE MODERNE.

Col. 72.

MONTAGNES:

— Celebrated Mountains of China. *(Jour. N. C. B. R. A. S.,* N. S., XVI, Pt. I, 1882, pp. 223/228.)

Ce travail forme l'app. du mémoire du Dr. Bretschneider intitulé *Botanicon sinicum.*

Col. 73.

FLEUVES:

— D'Escayrac de Lauture . . . . Déplacements des deux principaux fleuves de la Chine . . .

(Montagnes.)

Tirage à part : Paris, Imp. de L. Martinet, 1862, br. in-8, pp. 16 et 2 Pl.

— Notes on the Hydrology of the Yang-tse, the Yellow River, and the Pei-ho by H. B. Guppy, M. B., Surgeon H. M. S. «Hornet». *(Journ. N. C. B. R. A. S.*, N. S., XVI, 1881, Part. I, Art. I, pp. 1/12.)

* Rivers of China (H. B. Guppy) *(Nature*, XXII, 486, et *Eclectic Engineering Mag.*, XXIV, 63).

1° LE CHU KIANG.

Lire en français

LE TCHOU KIANG.

Col. 74.

* W. P. Jones, U. S. Consul of Macao. Voyage up the Pearl or Canton river. *(Proceedings of the American Geographical and Statistical Society*, 1863—64, Vol. II, N. 4, pp. 93/109.)

— Three weeks on the West River of Canton. Compiled from the Journals of Rev. Dr. Legge, Dr. Palmer, and Mr. Tsang Kweihwan. Any profits arising from this publication will be given to charitable objects. Hongkong : Printed by de Souza & Co. 1866, in-8, pp. 69.

— The Canton River. By N. B. *(China Review*, VII, pp. 423/424.)

3° LE TSIEN-TANG KIANG.

— A journey up the Ts'ien-T'áng river (錢塘江) from Hangchow to its source. By Dr. A. W. Douthwaite, C. I. Mission. *(Chinese Recorder*, XI, 1880, N° 1, pp. 32/40.)

4° LE TA KIANG.

Col. 78.

— Extraics from Notes taken by a Traveller...

Par le Rev. Griffith John, compagnon de A. Wylie dont le voyage est indiqué col. 1018.

Col. 79.

— Voyage dans la Chine centrale vallée du Yang-tzu fait de Mai à Août 1873 par Francis Garnier, Lieutenant de vaisseau. — Extrait du *Bulletin de la Société de Géographie* (Janvier 1874). — Paris, Ch. Delagrave, 1874, br. in-8, pp. 39, carte.

— Aus den Reiseberichten S. M. S. «Luise», Corv.-Capt. Ditmar. Reise von Shanghai bis Wuhu am Yangtze-Kiang. *(Ann. d. Hydrog.*, V, 1877, pp. 402/407.)

— The blue river. By M. S. *(China Review*, IX, p. 60.)

— The Yang-tse Gorges and Rapids in Hu-pei. By E. H. Parker. *(China Review*, IX, pp. 173/184.)

— The Rapids of the upper Yangtsze. By E. H. Parker. *(China Review*, XI, pp. 347/364.)

— Rapids. By E. H. Parker. *(China Review*, XV, p. 187.)

— The Etymology of the Term «Yang-tsz Kiang». *(China Review*, XI, p. 132.)

— The Kinsha River. *(China Review*, XIII, p. 431.)

(FLEUVES.)

— Fleuve bleu et fleuve jaune. Souvenirs de l'Empire du Milieu. Par M. Jametel. *(Rev. de Géog.*, XIV, 1884, pp. 81/98.)

— Quelques jours au nord du Kiang. Relation du R. P. Havret, de la Comp. de Jésus, miss. au Kiang-nan. *(Miss. Cath.*, XVIII, 1886, pp. 514/5, 520/523, 537/539, 545/548, 561/563.)

— Le cours supérieur du Yang-tzé-kiang. Par le Cte. de Pourtalès. *(Bul. Soc. Géog. com.*, IX, 1886/7, pp. 415/419.)

— Notes on Szechuen and the Yangtse Valley. By Archibald J. Little, Esq. Read 3rd December 1883. *(Journ. N. C. B. R. A. S.*, N. S., XVIII, 1883, Art. VIII, pp. 165/182.)

* Through the Yang-Tse Gorges : or, Trade and Travel in Western China. By Archibald John Little, F. R. G. S. London : Sampson Low, 1888, in-8.

Notices : *Lond. & China Teleg.*, Jan. 30, 1888 et *Lond. & China Express*, Jan. 27, 1888. — *Athenæum*, 24 mars, 1888. — *Academy*, 17 mars, 1888. — *Proc. R. G. S.*, april 1888, p. 252. — *Saturday Rev.*, april 7, p. 414.

— Le Fleuve Bleu . . . par Gaston de Bezaure. Voir col. 1028.

— W. Gill. The River of Golden Sand . . . . Voir YUNNAN province.

Le HAN KIANG.

— Voir col. 1213, Sosnovsky et Piassetsky.

5° LE HOANG HO.

Col. 80.

— Note sur deux cartes chinoises représentant les travaux du fleuve jaune et du grand Canal, et appartenant au dépôt des cartes de la Bibliothèque royale; par M. Ed. Biot. (Extrait du *Journal Asiatique*. — Juin 1845.) Pièce in-8, pp. 4.

Bib. Soc. Géog. Paris, D$\frac{5}{28}$.

Col. 81.

— Double Delta of the Whang ho, or Yellow River in China. By Samuel Mossman. *(Geog. Mag.*, 1878, April, pp. 92/97; June, pp. 152/154.)

— Voyage au bassin supérieur du Fleuve Jaune et dans la région du Loess. Par Léon Rousset. *(Bul. Soc. Géog.*, Oct. 1878, cartes, pp. 289/315.)

— Le Hoang ho et le Grand Canal de la Chine. (Notice de M. James Jackson.) *(Bul. Soc. Géog. com.*, II, 1879/80, pp. 394/397.)

Tirage à part, pièce in-8, pp. 4.

— How to send the Yellow River back to its Old Channel. *(China Review*, XI, p. 132.)

— Forced Labour on the Yellow River. *(China Review*, XIII, p. 121.)

— Inundations. By E. H. Parker. *(China Review*, XIV, p. 259.)

— The Yellow River. By Thomas Paton of B. and F. Bible Society. *(Chin. Rec.*, March 1888, pp. 135/140.)

— Emil Deckert. Der Hoang-ho und seine Stromlauf-Aenderung. *(Globus*, LIII, pp. 129/133.)

(YANG-TZE. — HOANG-HO.)

— Les variations du lit du Hoang-Ho. Par M. Romanet du Caillaud. (*Soc. de Géog.*, Paris, Compte-rendu, Nos. 7 et 8, 1888, pp. 216/7.)

— Les inondations en Chine. Lettre du R. P. Boucher, de la Cie. de Jésus, miss. au Kiang-nan. (*Miss. Cath.*, 1888, pp. 49/50, 61/62.) — Lettre du R. P. Anselmo de Saint-Sauveur, des Mineurs obs., miss. au Chan-tong sept. (*Ibid*, pp. 109/110.)

MERS DE CHINE. — PUBLICATIONS POUR EN FACILITER LA NAVIGATION, ETC.

Col. 82.

— Under the Patronage of the Hon. East India Company. — The British Mariner's Directory and Guide to the trade and navigation of the Indian and China Seas. Containing instructions for navigating from Europe to India and China, and from port to port in those regions, and parts adjacent: with an account of the trade, mercantile habits, manners, and customs, of the natives. By H. M. Elmore, many years a Commander in the Country service in India, and late Commander of the Varuna extra East Indiaman. London: Printed by T. Bensley... and sold by Blacks and Parry, 1802, in-4, pp. xl-342 + 1 f. n. c.

Bib. royale de Munich.

Col. 83.

— The Horn-Book of Storms for the Indian and China Seas. By Henry Piddington, Sub-Secretary to the Asiatic Society, and Curator Museum Economic Geology of India. Calcutta: Bishop's College Press, 1844, in-8, pp. 26 + 4 pl. dont 2 sur de la corne.

JAMES HORSBURGH.

— Memoirs: comprising the navigation to and from China, by the China Sea, and through the various Straits and Channels in the Indian Archipelago; also, the navigation of Bombay Harbour. London: Printed for the author, by C. Mercier and Co. Northumberland-court, Strand. Sold by Messrs. Blacks and Parry,..... 1805, in-4, pp. vi-30, 77, 19.

Ce vol. comprend trois parties, chacune avec une pagination spéciale. Par J. Horsburgh.

— The India Directory, or, Directions for sailing to and from the East Indies, China, Japan, Australia, and the interjacent Ports of Africa and South America. By James Horsburgh, F. R. S., R. A. S., R. G. S. Corresponding member of the Imperial Academy of Sciences, St. Petersburg; and of the Royal Society of Northern Antiquaries,

Copenhagen; Hydrographer to the late Honourable East-India Company. — Corrected and revised according to the most recent surveys by Edward Dunsterville, Commander R. N. Naval assistant to the Hydrographer of the Admiralty. Eighth edition. London: Wm. H. Allen & Co., 1864, 2 vol. in-4.

— Zeemans-Gids naar, in en uit Oost-Indië, China, Japan, Australië, de Kaap de Goede Hoop, Brazilië en tusschenliggende Havens, volgens de laatste engelsche uitgave van Horsburgh's Directory, in het nederlandsch overgebragt, en met aanteekeningen en opnemingen vermeerderd door G. Kuijper Hz., luitenant-ingenieur bij de Koninklijke Akademie voor de Zee- en Landmagt, en D. Boes Lutjens, oud Koopvaardij-Kapitem. Te Amsterdam, Bij C. F. Stemler, 1853, in-4, pp. xxxi-1494 + 6 ff. prél. p. l. f. t., tit., préf. et tab. + 1 f. n. c. fin p. errata.

Col. 84.

ILES DIVERSES.

— Tchousan, Chousan. Voir TCHE KIANG, col. 136—7.

— Formosa. Voir FO KIEN, col. 139—149.

— Pescadores. Voir FO KIEN, col. 137—9.

— Hainan. Voir KOUANG TOUNG, col. 154—155.

— Aus den Reiseberichten S. M. S. « Freya », Kapt. z. See Kupfer. 1) Reise von Hongkong durch die Hainan-Strasse und den Golf von Tongking nach den Paracel-Inseln und Bemerkungen über den Hafen von Hoihow und die Woody-I. (Paracel-In.). — 2) Vorläufige Aufnahmen innerhalb der Paracel-Gruppe. (*Ann. d. Hydrog.*, IX, 1881, pp. 410/5.)

— Aus den Reiseberichten S. M. S. « Freya », Korv.-Kapt. v. Lepel-Gnitz. Vermessungen und Beschreibung der Paracel-Inseln. (*Ann. d. Hydrog.*, IX, 1881, pp. 478/485.)

— Une colonie chrétienne aux îles des Pirates (Chine). Par E. C. Lesserteur. (*Miss. Cath.*, XI, 1879, pp. 190/193.)

Col. 85.

— Notice sur la baie du Peï-ho dans le golfe de Pe-tche-li. — Description de la côte de Chine depuis la rivière de Lau-mu-ho jusqu'à l'embouchure du Ta-tsing-ho, d'après les reconnaissances effectuées par les officiers de la station française de Takou sous le commandement supérieur de S. Bourgois, Capitaine de vaisseau. — Accompagnée de deux grandes cartes et quatre plans. — Paris, Arthus Bertrand, br. in-8, pp. 64.

Extrait de la *Revue coloniale et maritime*.

Col. 86.

— China. — Imperial Maritime Customs. — III. — Miscellaneous Series : No. 10. — Names of Places on the China Coast and the Yangtze River. — First Issue. — Published by order of the Inspector General of Customs. — Shanghai : Statistical Department . . . . . MDCCCLXXXII, in-4, pp. 20.

— Pour les Phares, voir DOUANES IMPÉRIALES, col. 1038 et 1039.

— The word «Typhoon». Its History and Ori-

(MERS DE CHINE.)

gin. By Frederick Hirth, Ph. D. (*J. R. Geogr. Soc.*, L, 1880, p. 260/7.)

— Typhoon. (*China Review*, XIII. p. 129).
— Marc. Dechevrens. Typhoons of the Chinese Seas in 1881. Voir *Observatoire de Zi-ka-wei*, au chap. CLIMAT.

— Notice sur les typhons des mers de Chine et du Japon. Par Baudens, lieut. de vaisseau. (*Rev. mar. et col.*, Vol. 82, 1884, pp. 330/353.)

Voir col. 167.

— Discussions et tables de positions géographiques dans les mers des Indes et de la Chine par M. Caspari, Ingénieur hydrographe. (Extrait des *Annales hydrographiques*, 1er semestre 1886.) Paris. Imprimerie nationale. MDCCCLXXXVI, in-8, pp. 132.

(MERS DE CHINE.)

Col. 85/96.

CARTES PUBLIÉES PAR L'AMIRAUTÉ ANGLAISE

Nº	SIZE	SCALE	TITLE OF THE CHART	PRICE s.	d.
2660 *a, b*	D E	$m = 0.05$	China sea, southern portion, 2 sheets; *corrections a* 1884, *b* 1884. each	2	6
2661 *a, b*	D E	$m = 0.05$	. . . . . northern portion, 2 sheets; *corr. a* 1884, *b* 1885. each	2	6
876	D E	$m = 0.5$ $m = 1.0$	Tong-king Gulf. Hainan strait. (Plan, Inner passage.) *Capt. Napier & Lieut. Carpenter*, 1880; *corr.* 1885	3	6
37	$\frac{D E}{2}$	$m = 2.0$	. . . . . Hoi-how bay (Hainan island). *Capt. Napier*, 1879; *corr.* 1882	1	0
1019	$\frac{D E}{2}$	$m = \begin{Bmatrix} 1.8 \\ 1.6 \end{Bmatrix}$	. . . . . Yu-lin-kan bay. Gaalong bay. Nam-Hoi-Chun and Chue Tau anchorage. Tinhosa anchorage. *French Survey*, 1817—58; *corr.* 1882.	1	6
94	$\frac{D E}{2}$	$m = 0.21$	Paracel islands. (Plan, Woody island.) *German Gov. Survey*, 1883	1	6
270	$\frac{D E}{4}$	$m = 0.18$	Macclesfield bank. *Lieut. Carpenter*, 1881	0	6
2212	A	$m = 0.23$	SHEET 1. Hui-Ling-San harbour to Hong Kong. (Plans, Hui-Ling-San harbour. Namo harbour. Macao harbour. Shitoe bay.) *Admiralty Surveys*; *corr.* 1883	2	0
1262	D E	$d = 2.0$	Hong Kong to gulf of Liau-tung. *Latest authorities* 1876; *corr.* 1885	2	6
96	A	$m = 2.5$	. . . . . . Tihen-pien or Tien-pack harbour. *Lieut. Ross, I. N.*; *corr.* 1868	1	6
1023	$\frac{D E}{4}$	$m = 12.0$	. . . . . Boddam cove. *Staff Com. Reed*, 1868 . .	0	6
1253	$\frac{D E}{2}$	$m = 3.0$	. . . . . Cum-sing-mun harbour. *J. Rees & F. Jauncey, I. N.*, 1840.	1	0

(CARTES DE L'AMIRAUTÉ ANGLAISE.)

N°	SIZE	SCALE	TITLE OF THE CHART	PRICE s. d.	
2562	D E & $\frac{D\ E}{2}$	$m = 0.5$	Canton river (Chu-kiang) with its western branches to Shamsui, &c. *British Surveys*, 1861; *corr.* 1883	3	6
1782	D E	$m = 1.5$	Canton river, Sheet 1 : Lantao to Lankeet islands. *Capt. Sir E. Belcher*, 1840; *corr.* 1881	2	6
1741	D E	$m = 3.0$	. . . . . . Sheet 2 : Lankeet to Tiger islands, with Chuenpee and Bocca channels. *Capt. Sir E. Belcher*, 1840; *corr.* 1865	2	6
1740	D E	$m = 3.0$	. . . . . . Sheet 3 : Tiger island to Second Bar pagoda. *Capt. Bate*, 1857; *corr.* 1881	2	6
1742	D E	$m = 3.0$	. . . . . . Sheet 4 : Second Bar pagoda to Whampoa and Chang-shan island. *Capt. Bate*, 1857; *corr.* 1881	2	6
1739	D E	$m = 3.0$	. . . . . . Sheet 5 : Whampoa channel and Chang-shan island to Canton. *Capt. Bate*, 1857; *corr.* 1883	2	6
2734	D E	$m = 0.7$	. . . . . . Si-Kiang or West river, Kau-Kong to Chau-sun. Sketch by *Lieut. Bullock*, 1859	2	0
2735	D E	$m = 0.7$	. . . . . . Chau-sun to Wu-chau-fu. Sketch by *Lieut. Bullock*, 1859	2	0
362	$\frac{D\ E}{2}$	$m = 1.0$	Pratas reef and island. *J. Richards*, 1858; *corr.* 1882	1	0
1962	$\frac{D\ E}{2}$	$m = 0.24$	SHEET 2 : Hong-Kong to Chelang point. (Plans. Ty-sami. Goat island anchorage.) *Capt. Collinson*, 1845; *corr.* 1883	1	6
1466	D E	$m = 2.4$	. . . . . . Hong-Kong. (Plans. Fotowinoon pass. Kowloon docks.) *Capt. Sir E. Belcher*, 1841; *corr.* 1885	2	6
1459	$\frac{D\ E}{2}$	$m = 10.0$	. . . . . . Hong-kong road. *Admiralty Surveys to* 1883; *corr.* 1885	1	6
1964	$\frac{D\ E}{2}$	$m = 0.8$	. . . . . . Mirs bay. *Capt. Collinson*, 1846; *corr.* 1883	1	6
1963	$\frac{D\ E}{2}$	$m = 0.24$	SHEET 3 : Chelang point to Chauan bay. (Plans. Chino bay. Owick bay.) *Capt. Collinson*, 1845; *corr.* 1881	1	6
811	$\frac{D\ E}{2}$	$\begin{cases} m = 2.0 \\ m = 1.0 \end{cases}$	. . . . . . Anchorages between Black-head and Crab point, including Blakeney pass. Cupchi point anchorage. Breaker point anchorages. *H. M. S. Nassau*, 1877; *corr.* 1881	1	6
2789	$\frac{D\ E}{2}$	$m = 0.7$	. . . . . . Entrance of the river Han, including the port of Swatow. *Capt. Collinson*, 1844; *corr.* 1882	1	6
854	D E	$m = 3.1$	. . . . . . Port of Swatow. *G. Stanley*, 1865; *corr.* 1882	2	6
1957	$\frac{D\ E}{2}$	$m = 0.7$	. . . . . . Namoa island. *Capt. Collinson*, 1846; *corr.* 1885	1	6

(CARTES DE L'AMIRAUTÉ ANGLAISE.)

Nº	SIZE	SCALE	TITLE OF THE CHART	PRICE s. d.
1760	D E	$m = 0.24$	SHEET 4 : Chauan bay to Matheson port, including the Pescadores islands. (Plans, Red bay. Rees pass. Tingtae anchorage.) *Capts. Kellett & Collinson*, 1844; *corr.* 1885	2 6
1958	$\frac{D E}{2}$	$m = 1\cdot0$	. . . . . . Tongsang harbour and Hutan bay. *Capt. Collinson*, 1844; *corr.* 1884	1 6
1767	$\frac{D E}{2}$	$m = 1\cdot0$	. . . . . . Amoy harbour and approaches. *Capts. Kellett & Collinson*, 1843; *corr.* 1885 . . .	1 6
1764	$\frac{D E}{2}$	$m = 6\cdot0$	. . . . . . Inner harbour. *E. Wilds*, 1863; *corr.* 1882	1 6
1959	$\frac{D E}{2}$	$m = 1\cdot0$	. . . . . . Hu-i-tau and Chimmo bays. *Capt. Collinson*, 1844; *corr.* 1883	1 6
1769	$\frac{D E}{2}$	$m = 1\cdot5$	. . . . . . Chinchu harbour. *Capt. Collinson*, 1844; *corr.* 1883	1 6
1961	D E	$m = 0\cdot8$	. . . . . . Pescadores islands. *Capt. Collinson*, 1844; *corr.* 1885	2 6
1968	D E	$m = 0\cdot1$	Formosa island and strait. *Capts. Kellett, Collinson & E. Wilds*, 1867; *corr.* 1885	2 6
2376	Imp.	$m = Various$	. . . . . . Tamsui harbour, Sau-o bay, Koksikon, and Ta-kau-kon ports, 1855—67; *corr.* 1885 . .	1 6
2618	A	$m = 5\cdot0$	. . . . . . Ke-lung harbour. *W. Blakeney*, 1858; *corr.* 1883	2 0
2409	D E	$m = 0\cdot5$	. . . . . . West coast of Formosa, and Pescadores channel, 1867; *corr.* 1885	2 0
2105	$\frac{D E}{2}$	$m = 0\cdot5$	Meiaco-sima islands. (Plan, port Broughton.) *Capt. Sir Edward Belcher*, 1845; *corr.* 1879 . . .	1 6
1761	D E	$m = 0\cdot24$	SHEET 5 : Matheson port to Ragged point. *Capts. Kellett & Collinson*, 1843; *corr.* 1885	2 6
1985	D E	$m = 1\cdot0$	. . . . . . Hai-tan strait. *Capts. Kellett & Collinson*, 1843; *corr.* 1885	2 6
818	$\frac{D E}{2}$	$m = 3\cdot0$	. . . . . . Channels between Red Yit and Ragged island. (Plan. Dwarf anchorage.) *Com. Napier*, 1877; *corr.* 1883 . . · . . .	1 6
817	D E	$m = 3\cdot0$	. . . . . . The narrows of Hai-tan strait. *Com. Napier*, 1877	2 6
2400	D E	$m = 1\cdot2$	. . . . . . Min river from the entrance to Fu-chau-fu. (Plan. Black cliff to Losing island.) *Capts. Kellett, Collinson, J. Richards & Com. Brooker*, 1868; *corr.* 1884	2 6
1754	A	$m = 0\cdot24$	SHEET 6 : Ragged point to Wên-chau bay. *Capts. Kellett & Collinson*, 1843; *corr.* 1884 . . .	2 0
1988	$\frac{D E}{2}$	$m = 0\cdot7$	. . . . . . Sam-sah bay. *Capt. Collinson*, 1846; *corr.* 1876	1 6

(CARTES DE L'AMIRAUTÉ ANGLAISE.)

Nᵒ	SIZE	SCALE	TITLE OF THE CHART	PRICE s. d.
1980	$\frac{DE}{2}$	$m = 1.7$	. . . . . Namquan harbour. *Capt. Collinson*, 1846; *corr.* 1882	1 6
1759	A	$m = 0.24$	SHEET 7 : Wên-chau bay to Kwe-shan islands. *Capts. Kellett & Collinson*, 1843; *corr.* 1884 . . .	2 0
1763	DE	$m = 1.0$	. . . . . . Wên-chau port and approaches (Ou Kiang). *Capt. Napier*, 1878; *corr.* 1880 . .	2 6
1199	DE	$m = 0.25$	SHEET 8 : Kweshan islands to the Yang-tse Kiang, including the Chusan archipelago. *Admiralty Surveys* to 1881; *corr.* 1885.	3 0
1994	$\frac{DE}{2}$	$m = 0.7$	. . . . . San-Mun bay and Sheipu harbour. *Capt. Collinson*, 1843; *corr.* 1881.	1 6
1583	$\frac{DE}{2}$	$m = 0.7$	. . . . . Nimrod sound. *Com. Hastings*, 1843; *corr.* 1879	1 6
1429	$\frac{DE}{2}$	$m = 0.8$	. . . . . Chusan archipelago — south sheet. *Capt. Collinson*, 1844; *corr.* 1867	1 6
1395	$\frac{DE}{2}$	$m = 4.0$	. . . . . . Ting-hae harbour. *Lieut. Collinson*, 1840; *corr.* 1867	1 6
1969	$\frac{DE}{2}$	$m = 0.8$	. . . . . Chusan archipelago — north sheet. *Capt. Collinson*, 1844; *corr.* 1881.	1 6
1770	$\frac{DE}{2}$	$m = 1.2$	. . . . . Kintang channel. *Capt. Collinson*, 1849; *corr.* 1884	1 6
1592	DE	$m = 3.0$	. . . . . Yung river, from the mouth to Ning-po. *Com. Collinson & Lieut. Bate*, 1841; *corr.* 1885	2 6
1453	$\frac{DE}{6}$	$m = 2.0$	. . . . . Chapoo road. *Coms. Kellett & Collinson*, 1842. . . . , ...	0 6
1418	$\frac{DE}{4}$	$m = 2.2$	. . . . . Saddle group, South and East islands of. *Lieut. Nolloth*, 1842; *corr.* 1865	0 6
1602	DE	$m = 0.5$	. . . . . . Entrance to the Yang-tse-Kiang. *Capt. Napier*, 1879—80; *corr.* 1885	2 6
1480	A	$m = 0.2$	SHEET 9 : Yang-tse-Kiang from the sea to Nanking. *Admiralty Surveys* to 1880; *corr.* 1885 . .	2 0
2809	DE	$m = 0.5$	. . . . Shanghaï to Nanking. (Plan, Silver island.) *Various authorities* to 1880; *corr.* 1884 . .	2 6
1601	DE	$m = 3.0$	. . . . . . Wusung or Wongpu river. *Com. Ward*, 1858; *Capt. Napier*, 1880; *corr.* 1885 . . .	2 6
389	A	$m = 10.0$	. . . . . Shanghai harbour. *A. M. Bisbee*, 1875; *corr.* 1881	2 0
2678	DE	$m = 0.5$	. . . . . Nanking to Tung-liu. *Com. Ward*, 1858; *corr.* 1885 . . . . : . . .	2 6
2695	DE	$m = 0.5$	. . . . . Tung-liu to Hankau. *Com. Ward*, 1858; *corr.* 1885	2 6
2840	DE	$m = 0.5$	. . . . . . Hankau to Yo-chau-fu; with Poyang lake,	

(CARTES DE L'AMIRAUTÉ ANGLAISE.)

Nº	SIZE	SCALE	TITLE OF THE CHART	PRICE d.	s.
			and Kan river to Nanchang. *Com. Ward*, 1861; *corr.* 1881	1	6
1115	D. Imp.	$m = 0.5$	Upper Yang-tse Kiang; Yoh-chau-fu to Kwei-chau-fu. *Sub-Lieut. Dawson*, 1870; *corr.* 1877	2	0
115	$\frac{DE}{2}$	$m = 1.9$	. . . . . . Ichang. Sha-sze anchorage. *Sub-Lieuts. Dawson & Palmer*, 1869	1	6
1116 *a, b, c, d, e*	D E	$m = 1.0$	. . . . . . Upper Waters of Yang-tse Kiang, Yoh-chau-fu to Kweichau-fu. *Sub-Lieut. Dawson*, 1871. each	2	0
1255	A	$m = 0.18$	Shantung promontory; Kyau-chau bay to Miau-tau strait. *Com. Ward & E. Wilds*, 1857—66; *corr.* 1884	2	0
857	D E	$m = 1.3$	. . . . . . Kyau-chau bay. *E. Wilds*, 1863; *corr.* 1866	2	6
1256	D E	$m = 0.1$	Pe-chili and Liau-tung gulfs. (Plans, Hope sound, Chifu islands anchorage, Thornton haven, Li-tsin-Ho, and Ta-san-Ho.) *Com. Ward*, 1860; *corr.* 1885	3	0
2823	$\frac{DE}{2}$	$m = 2.0$	. . . . . . Wei-hai-wei harbour. *Com. Ward*, 1860; *corr.* 1868	1	6
1260	$\frac{DE}{2}$	$m = 1.0$	. . . . . . Chifu or Yen-tai harbour. *Com. Ward*, 1860; *corr.* 1881	1	6
2846	$\frac{DE}{2}$	$m = 9.0$	. . . . . . Lung-mun harbour. *Lieut. Bullock*, 1860; *corr.* 1876	1	0
1392	D E	$m = 0.4$	. . . . . . Pe-chili strait, shewing the various channels into the gulf of Pe-chili, and the anchorage of Hope sound. (Plans, Port Arthur. Charybdis harbour.) *Com. Ward*, 1860; *corr.* 1883	1	6
598	D E	$m = 0.19$	. . . . . . Li-tsin-ho to Ning-hai, shewing the Pei-ho to Peking. (Plans, Lau-mu-ho entrance. Ching-ho entrance. Peh-tang-ho entrance. Chi-ho entrance. Tai-cho-ho and Yang-ho entrances.) 1884	2	6
2653	D E	$m = 2.4$	. . . . . . Pei-ho or Peking river, Sheet 1, from the entrance to Koku. *A. E. Ploix, French Navy*, 1858; *corr.* 1880	2	6
2654	D E	$m = 2.4$	. . . . . . Pei-ho or Peking river, Sheet 2, Ko-ku to Tien-tsin 1858; *corr.* 1863	2	0
257	D E	$m = 2.2$	. . . . . . Tien-tsin to Tung-chow. *Lieut.-Col. Wolseley, R. E.* 1860; *corr.* 1876	2	0
258	D E	$m = 2.2$	. . . . Tung-chow to Peking. *Lieut.-Col. Wolseley, R. E.* 1860	2	6
2894	D E	$m = 1.0$	. . . . . . Liau river entrance to Tien-Chwang Tai, including New-chwang. *Com. Ward*, 1860; *corr.* 1882	2	0
2833	D E	$m = 1.0$	. . . . . . Port Adams. Hulu-shan bay, *Com. Ward*, 1860; *corr.* 1874	2	6

(CARTES DE L'AMIRAUTÉ ANGLAISE.)

No	SIZE	SCALE	TITLE OF THE CHART	PRICE s. d.
2827	$\frac{DE}{2}$	$m = 1\cdot0$	. . . . . . Ta-lien-whan bay. Odin cove. *Com. Ward*, 1860; *corr.* 1877	1 6
2847	$\frac{DE}{2}$	$m = 3\cdot0$	. . . . . . Hai-yun island, including Thornton haven. *Lieut. Bullock*, 1860; *corr.* 1880	1 0
1257	Imp.	$m = 0\cdot6$	. . . . . . Ping Yang inlet. Tatong river approach. *Coms. Febiger & Shufeldt. U. S.* 1867—68; *corr.* 1882	1 6
1258	D E	$m = 0\cdot3$	. . . . . . Approaches to Séoul, with Sir James Hall group and Tatong river. *Lieut. Hoskyn*, 1885	3 0
104	D E	$m = 0\cdot16$	Korean archipelago, southern portion 1845 and 1863; *corr.* 1883.	2 6
1280	$\frac{DE}{2}$	$m = 3\cdot0$	. . . . . . Port Hamilton. *Capt. Sir E. Belcher*, 1845; *corr.* 1880.	1 0
2710	D E	$m = 3\cdot0$	. . . . . . Tsu-sima sound. *Com. Ward; corr.* 1871	2 0
874	$\frac{DE}{2}$	$m = 3\cdot0$	. . . . . . Ajiro bay. Itsuhara and Asu harbours. *Japanese Survey*, 1875; *corr.* 1879	1 0
1259	D E	$m = 2\cdot0$	. . . . . . Tsau-liang-hai (Chosan harbour) with adjacent coast of Tchao-sian. *Com. Ward*, 1859; *corr.* 1885.	2 0
54	$\frac{DE}{3}$	$\left\{\begin{array}{l} m = 0\cdot58 \\ m = 1\cdot50 \end{array}\right\}$	Port Lazaref. Shin Po anchorage. Chagu Chien Dogu anchorage. Chiku Piyon bay. *Russian, French, and Japanese Surveys* to 1878; *corr.* 1882. . . .	1 0
2412	D E	$m = 0\cdot05$	The islands between Formosa and Japan, with the adjacent coast of China. 1868; *corr.* 1884	2 6
2416	$\frac{DE}{2}$	$m = 0\cdot17$	Liu Kiu islands, southern portion. (Plans, Tubootch and Suco harbours. Shah bay. Kerama channel and anchorages.) *Various authorities* to 1855; *corr.* 1883	1 6
990	$\frac{DE}{2}$	$m = 3\cdot0$	. . . . . . Napha-Kiang roads. *Japanese Survey*, 1875; *corr.* 1880	1 6
2436	$\frac{DE}{2}$	$m = 3\cdot4$	. . . . . . Port Oonting. *French Survey*, 1846; *corr.* 1880.	1 6
873	D E	$m = 0\cdot17$	Oö-sima group. (Plans, Nazo harbour. Oö-sima strait.) *Latest authorities* to 1873; *corr.* 1882	1 6
771	$\frac{DE}{2}$	$m = 3\cdot5$	. . . . . . Hancock bay. *Messrs. Stuart & Ogel*, 1872—3; *corr.* 1882	1 0

Col. 95/6.

ABBREVIATIONS SHOWING THE SIZE, AND THE SCALE.

		INCHES.
Ant.	Antiquarian	53×31
D. Imp.	Double Imperial	44×30
Imp.	Imperial	30×22
A	Atlas	34×27

(CARTES DE L'AMIRAUTÉ ANGLAISE.)

INCHES

D E	Double Elephant	40 × 27
$\frac{D E}{2}$	Half of ditto	20 × 27
$\frac{D E}{3}$	Third of ditto	27 × 13 $^1/_3$
$\frac{D E}{4}$	Quarter of ditto	20 × 13 $^1/_2$
$\frac{D E}{8}$	Eighth of ditto	10 × 13 $^1/_2$
d	Degree of latitude.	
m	Geographic or Nautical mile.	

The Figures signify inches and tenths of an inch.

Thus, $\frac{D E}{4}$ m 1·5 implies that the Chart is printed on a quarter of a sheet of double elephant paper, and that its scale is one and a half inches to a minute of Mid-Latitude.

From Sect. XIII, p. 125, pp. 126/132, of «Admiralty Catalogue of Charts, Plans, and Sailing Directions. Published by order of the Lords Commissioners of the Admiralty. London; July 1885», in-8, pp. 215.

LIVRES PUBLIÉS PAR L'AMIRAUTÉ ANGLAISE.

— China Sea Directory, Vol. 1, Containing, Approaches to the China Sea, by Malacca, Singapore, Sunda, Banka, Gaspar, Carimata, Rhio, Varella, and Durian, straits. — *Staff Com. King* and *Reed*, 1867, 2nd edition, 1878.   4. 6.

— Supplement, 1884.   1. 0.

— Vol. 2, Directions for the China sea between Singapore and Hong-Kong. — *Staff Com. King* and *Reed*, 1868; 2nd edition, 1879.   3. 6.

— Supplement, 1884.   1. 0.

— Vol. 3, Comprising the coasts of China from Hong-Kong to the Korea; north coast of Luzon, Formosa island and strait; the Babuyan, Bashee, and Meiaco Sima groups. Yellow sea, gulfs of Pe-chili and Liau-tung. Also the rivers Canton, West, Min, Yung, Yang-tse, Yellow, Pei Ho, and Liau Ho; and Pratas island. — *Capt. Bullock*, 2nd edition, 1884.   6. 0.

— Vol. 4, Comprising the coasts of Korea, Russian Tartary, Japan islands, gulfs of Tartary and Amur, and the sea of Okhotsk; also the Meiaco, Liu-Kiu, Linschoten, Mariana, Bonin, Saghalin, and Kuril islands. — *Staff Com. Jarrad*, 2nd edition, 1884.   7. 6.

(Admiralty Catalogue, July 1885, pp.157/8.)

Col. 97/106.

CARTES PUBLIÉES PAR LE DÉPÔT DES CARTES ET PLANS DE LA MARINE ARRANGÉES PAR ORDRE CHRONOLOGIQUE.

Nᵒ		FORMAT.	ÉCH. EN MILL.
440	Baie de Lyeoung-Soy (côte Sud). — A. de Kergariou, capitaine de vaisseau. — 1817. Pub. 1819	$^1/_2$	$m = 45$
441	Baie de Gaalong (côte Sud). — A. de Kergariou, capitaine de vaisseau. — 1817. Pub. 1819	$^1/_2$	$m = 45$
442	Baie d'Yu-lin-Kan et mouillage de Sanghia (côte Sud). — A. de Kergariou, capitaine de vaisseau. — 1817. Pub. 1819	$^1/_2$	$m = 45$
563	Côte de la Tartarie russe, improprement nommée baie de Ternaï. — La Pérouse. — 1787. Corr. 1880	$^1/_2$	$m = 55$
564	Baie de Langle (côte Ouest de l'île Saghalien). — La Pérouse. — 1787. Pub. 1797	$^1/_2$	$m = 45$

(CARTES DE L'AMIRAUTÉ ANGLAISE.)

Nº		FORMAT.	ÉCH. EN MILL.
565	Baie d'Estaing (côte Ouest de l'île Saghalien). — La Pérouse. — 1787. Pub. 1797	$\frac{1}{2}$	$m = 35$
957	Côtes orientales de Chine. — Pub. 1842. Corr. 1880	1	$d = 37$
1030	Baie d'Avastcha, au Kamtschatka. — De Tessan, ing. hyd. (Vénus). — 1837. Corr. 1870	$\frac{1}{2}$	$m = 25$
1035	Rivière de Canton. — Ville de Canton. — Passe de Bocca-Tigris. — Macao. — Mouillage de Hong-Kong. — Pub. 1844. Corr. 1879	1	$m = 10$
1149	Carte des îles Mariannes et des terres environnantes (îles Philippines, Formose, Madjico-Sima, Lou-Chou, Bonin-Sima). — L'Astrolabe et la Zélée. — Vincendon-Dumoulin. — Pub. 1847. Corr. 1878	1	$d = 32$
1173	Presqu'île de Corée. — De la Roche-Poncié, ing. hyd. — Pub. 1848. Corr. 1883	1	$d = 24$
1174	Archipel Lou-Tchou et partie Sud du Japon. — De la Roche-Poncié, ing. hyd. — 1846. Corr. 1877	1	$d = 135$
1434	Mer de Chine : 3ᵉ feuille, de Haïnan à Namoa. — J. de la Roche-Poncié, d'après les cartes anglaises. — Corr. 1884	1	$d = 128$
1435	Mer de Chine : 4ᵉ feuille, détroit de Formose. — J. de la Roche-Poncié, d'après les cartes anglaises. — Corr. 1878	1	$d = 128$
1436	Côtes orientales de la Chine : de Formose au Yang-Tse-Kiang. — J. de la Roche-Poncié, d'après les cartes anglaises. — Corr. 1883	1	$d = 135$
1693	Canal Nord de Lantao (rivière de Canton). — Mouchez, lieutenant de vaisseau. — Pub. 1856. Corr. 1873	1	$m = 60$
1708	Embouchure du Tigre. — Souzy et Mouchez, lieutenants de vaisseau. — Corr. 1884	1	$m = 15$
1810	Plan de la baie de Barracouta (Manche de Tartarie). — Montaru, enseigne de vaisseau. — Corr. 1878	$\frac{1}{2}$	$m = 70$
1844	Carte d'une partie des côtes de Chine et de Cochinchine (golfe du Tonkin et détroit de Haïnan). — Cartes anglaises et françaises. — Corr. 1884	1	$d = 122$
2041	Havre de Thornton (île Haï-Youn-Tao). — Entrée du Ta-San-Ho ou Ta-Ko-Ho. — Entrée et barre du Li-tsin-Ho. — Canal de Hope (îles Mia-Tao). — Port de Wei-Hai-Wei. — Plans anglais. — 1860. Corr. 1875	$\frac{1}{4}$	*diverses.*
2048	Golfes de Pé-Tché-Li et de Liao-Tong, partie de la mer Jaune (Chine). — Cartes anglaises. — 1860. Corr. 1883	1	$d = 130$
2106	Carte de la rivière du Peï-Ho (golfe de Pé-Tché-Li). — E. Ploix, ingénieur-hydrographe. — 1858. Corr. 1885	1	$m = 59$
2174	Mer d'Okhotsk. — Pub. 1865. Corr. 1882	1	$d = 35$
2183	Iles Tambelan (mer de Chine). — Crique Tambelan. — Cartes anglaises	$\frac{1}{2}$	
2197	Baie San-Moon et port Sheipoo (côte orientale de la Chine). — Plan anglais. — Corr. 1875	$\frac{1}{2}$	$m = 18$
2200	Port Tong-Sang et baie Hutaû. — Plan anglais. — 1844. Corr. 1879	$\frac{1}{2}$	$m = 25$

(Cartes du dépôt des cartes et plans.)

Nº		FORMAT.	ÉCH. EN MILL.
2232	Port Chinchew et baie Chimmo. — Plan anglais. — 1843, 1844. Corr. 1873	¹/₂	$m = 63$
2234	Baie Mirs. — Plan anglais. — 1845. Corr. 1878	¹/₂	$m = 21$
2235	Rivière Min : de l'embouchure à Fu-Chau-Fu. — Passe de Goa. — Plan anglais. — 1843—1862. Corr. 1884	¹/₂	$m = 29$
2236	Baie d'Amoy et baie de Hoo-E-Tow, île Quemoy (côte orientale de la Chine). — Plans anglais. — 1863. Corr. 1885	¹/₂	$m = 20$
2237	Ile Namoa, entrée de la rivière Han, et port de Swatow, baie Hope et baie Hai-Mun (côte orientale de la Chine). — Cartes anglaises. — 1844, 1865. Corr. 1877	1	$m = 16$
2238	Port d'Amoy. — Plan anglais. — 1863. Corr. 1880	¹/₂	$m = 150$
2239	Atterrages et entrée de la rivière Min (rivière de Fu-Chau-Fu). — Plan anglais. — 1843—1862. Corr. 1884	1	$m = 29$
2244	Chenal Kintang (archipel des Chusan). — Plan anglais. — 1865. Corr. 1876	¹/₂	$m = 30$
2245	Archipel des Chusan (partie Sud). — Cartes anglaises. — 1844. Corr. 1877	¹/₂	$m = 21$
2246	Archipel des Chusan (partie Nord). — Cartes anglaises. — 1844. Corr. 1877	¹/₂	$m = 21$
2257	Rivière Yung ou de Ning-Po. — Entrée de la rivière Yung. — Plan anglais. — 1862. Corr. 1873	¹/₂	*diverses.*
2260	Les Anambas, les Natunas et îles environnantes (mer de Chine). — Divers. — Corr. 1883	1	
2319	Port de Swatow (entrée de la rivière Han). — Plan anglais. — 1865. Pub. 1866. Corr. 1879	1	$m = 72$
2329	Rivière de Canton ou Chou-Kiang (1ᵉ feuille) : de l'île Lankeet à Pottinger. — Plan anglais. — Pub. 1868. Corr. 1881	1	$m = 48$
2330	Rivière de Canton ou Chou-Kiang (2ᵉ feuille) : de l'île Pottinger à Canton. — Plan anglais. — Pub. 1866. Corr. 1881	1	$m = 48$
2335	Côtes orientales de la Chine : des îles Taichow à l'île Tung-Ying. — Cartes anglaises. — 1848. Corr. 1884	1	$m = 6$
2336	Côtes orientales de la Chine : de l'île Tung-Ying aux îles Ockseu. — Cartes anglaises. — 1843. Corr. 1884	1	$m = 5$
2361	Côtes orientales de la Chine : des îles Ockseu aux îles Lamock; îles Pescadores. — Cartes anglaises. — 1844—1845. Corr. 1884	1	$m = 5$
2362	Côtes orientales de la Chine : des îles Saddle aux îles Taichow. — Cartes anglaises. — 1843. Corr. 1884.	1	$m = 6$
2365	Côtes méridionales de la Chine : des îles Lamock à Hong-Kong. — Cartes anglaises. — 1843. Corr. 1881	1	$m = 5$
2557	Mouillage de Kang-Hôa (côte occidentale de Corée). — Humann and Suenson, lieutenants de vaisseau. — 1866. Pub. 1867. Corr. 1868	¹/₂	$m = 369$
2604	Port de Ty-Sami; baie Chino; entrée de Hai-Mun; passe Rees; baie Rouge. — Plans anglais. — Pub. 1867. Corr. 1880	¹/₁	$m = 25$
2646	Rivière de Wousong, entre le Yang-Tze-Kiang et Shang-Haï. —		

Nᵒ		FORMAT.	ÉCH. EN MILL.
	Mouillage de Wousong. — Manen, ing.-hyd., et plan anglais. — 1860—1865. Corr. 1880	1	*diverses.*
2745	Rivière de Kanghoa ou Rivière Salée. — Rivière Han-Kang ou de Séoul. — Bochet, capitaine de frégate. — 1866. Corr. 1880	1	$m = 30$
2776	Baie de Saint-Wladimir. — Plan anglais. — 1859. Pub. 1869 . .	1	$m = 75$
2782	Baie Tsau-Liang-Haï (hâvre Chosan ou port Fusan) et côte adjacente de Tchao-Sian (Corée). — Plan anglais. — 1859. Corr. 1883 .	1	$m = 55$
2839	Baie Siau-Vu-Hu. — Plan anglais. — 1869. Pub. 1870	1/4	$m = 69$
2842	Baie Olga (port Michael Seymour). — Plan anglais. — Pub. 1870	1/8	$m = 38$
2855	Tsu-Sima Sound (détroit de Corée). — Plan anglais. — 1863. Pub. 1870. Corr. 1872	1	$m = 75$
2856	Détroit Hamelin (Eastern-Bosphorus) dans la baie de Pierre-le-Grand (côte de Mantchourie). — Plan russe. — 1862. Pub. 1870. Corr. 1881	1/2	$m = 64$
2857	Détroit de Tartarie et embouchure du fleuve Amour. — Cartes russes. — Pub. 1870. Corr. 1879	1	$m = 5,5$
2860	Baie Saint-Valentin et baie Tchenya. — Plans anglais. — Pub. 1870	1/8	$m = 74$
2861	Mouillages à la côte Ouest de Kasakavitch. — Plan anglais. — Pub. 1870	1/8	$m = 50$
2876	Baie Nokhodka (baie América). — Baie Wrangle (baie América). — Baie Rasboïnik (baie Strelok). — Port de Gaidamac (baie Vostok). — Plans anglais et russes. — 1861. Pub. 1878	1/4	*diverses.*
2883	Côte de la Tartarie russe, entre la baie Saint Wladimir et la baie Strelok. — Cartes anglaises et russes. — 1859—1863. Corr. 1879	1	$m = 6,3$
2899	Croquis de l'anse Ping-Yang (côte occidentale de Corée). — Plan américain. — 1868. Corr. 1872	1/4	$m = 14,5$
2900	Entrée de la rivière Ta-Tong. — Plan américain. — 1867. Corr. 1872	1/4	$m = 13$
2929	Port Aian. — Petit détroit de Kuril. — Plan russe. 1852. — Plan anglais. — Pub. 1870. Corr. 1880	1/8	*diverses.*
2930	Entrée et approches de la rivière Liau. — Plan anglais. — 1860. Corr. 1880	1/2	$m = 15$
2981	Partie de la côte de Chine : de Ning-Hau à Chi-Kau. — Cartes anglaises et françaises. — 1858—1860. — Corr. 1879	1/2	$m = 5$
3002	Carte de la mer de Chine. — Pub. 1872. Corr. 1884	1	$d = 30$
3004	Détroit de Pe-tche-li et ses divers chenaux. — Carte anglaise. — 1860. Corr. 1882	1/2	$m = 9$
3015	Détroit de Rhio (mer de Chine). — Carte anglaise. — 1865—1868. Corr. 1881	1	$m = 15$
3159	Iles Kokiensang et Patchung. — Plan anglais. — 1845. Corr. 1878	1/2	$m = 12,5$
3160	Anse Boddam (îles Ladrones) (côtes méridionales de la Chine, rivière de Canton). — Plan anglais. — 1868. Corr. 1883	1/4	$m = 30$
3162	Port Cung-Sin-Mun (rivière de Canton). — Plan anglais. — Pub. 1873	1/8	$m = 35$

(CARTES DU DÉPÔT DES CARTES ET PLANS.)

Nº		FORMAT.	ECH. EN MILL.
3163	Côte O. de Formose et canal des Pescadores (Chine). — Carte anglaise. — 1844–1867. Pub. 1872. Corr. 1885	$\frac{1}{2}$	$m = 85$
3164	Iles Lou-Tchou et îles environnantes. — Chenal et mouillage du groupe Kerama. — Baie Shah (grande Lou-Tchou). — Plans américains. — 1855. Corr. 1880	$\frac{1}{2}$	$m = 265$
3167	Ile Koumi, baie Broughton, îles Typinsan et Erabou (archipel Majico-Sima). — Plans anglais. — Pub. 1873. Corr. 1878 . . .	$\frac{1}{8}$	*diverses.*
3175	Ile et récif Pratas. — Plan anglais. — 1858. Pub. 1873	$\frac{1}{4}$	$m = 20$
3183	Plan du port de Namo. — Plan anglais. — 1807. Pub. 1873 . . .	$\frac{1}{8}$	$m = 40$
3185	Port de Tihen-Pien ou Tien-Pack. — Plan anglais. — 1807. Pub. 1873	$\frac{1}{4}$	$m = 40$
3186	Plan du port de Hui-Ling-San. — Plan anglais. — 1807. Pub. 1873	$\frac{1}{4}$	$m = 40$
3260	Archipel de Corée (partie Sud). — Cartes anglaises. — 1871. Corr. 1884	1	$d = 242$
3614	Baie de Hancock, dans l'île Oö-Sima, entre le Japon et les Lou-Chou (mer de Chine). — Dussaud, Revertégat et Simon, officiers du *Laclocheterie*	$\frac{1}{4}$	
3626	Chenal Brown (baie Olga) (côte de Mantchourie). — Bain de la Coquerie, lieutenant de vaisseau. — 1877. Pub. 1878	$\frac{1}{8}$	$m = 360$
3671	Mouillage de la pointe Dwarf à l'extrémité S. E. de l'île Haïtan. — Plan anglais. — 1877. Pub. 1878	$\frac{1}{8}$	$m = 98$
3705	Cap Chantung, entre les îles Miau-Tau et la baie Kyau-Chau. — Cartes anglaises. — 1857—1866. Corr. 1882	1	$d = 248$
3710	Chenaux entre l'île Yit-rouge et l'île Rugged (entrée Sud du détroit de Haïtan). — Plan anglais. — 1877. Corr. 1883	$\frac{1}{2}$	$m = 75$
3725	De Black-Head à la pointe Crab, comprenant la passe Blakeney. — Plan anglais. — 1877. Pub. 1879	$\frac{1}{2}$	$m = 48$
3732	Chenaux intérieurs du détroit de Haïtan. — Plan anglais. — 1877. Pub. 1879	1	$m = 70$
3733	Mouillage de la pointe Cupchi. — Mouillage de la pointe Breaker. — Plans anglais. — 1877. Corr. 1881	$\frac{1}{4}$	$m = 24$
3746	Port de Shanghaï dans la rivière de Wousong. — Plan anglais. — 1875. Pub. 1880	$\frac{1}{2}$	$m = 238$
3772	Baie Shallow. — Route conduisant à Pékin. — Fournier, lieutenant de vaisseau. — 1879. Pub. 1880	$\frac{1}{4}$	*diverses.*
3804	Baie de Castries. — Plan russe. — 1868. Pub. 1880	$\frac{1}{4}$	$m = 49$
3809	Groupe Oö-Sima. — Port Naze. — Détroit Oö-Sima. — Plans américains et japonais. — 1855—1873. Pub. 1880	$\frac{1}{8}$	*diverses.*
3815	Du golfe America au cap Kolokolzev. — Golfe de Pierre-le-Grand. — Cartes russes. — Pub. 1881. Corr. 1885	1	$d = 321$
3820	Golfe de Tartarie. — Ile Saghalien. — Cartes anglaises. — Pub. 1880. Corr. 1884	1	$d = 118$
3839	Détroit de Haïtan. — Plan anglais. — 1848—1877. Pub. 1881. Corr. 1884	1	$m = 26$

(CARTES DU DÉPÔT DES CARTES ET PLANS)

N°		FORMAT.	ECH. EN MILL.
3840	Atterrages de la rivière de Séoul et de la rivière Salée. — Cartes françaises et anglaises. — 1866—1876. Pub. 1881. Corr. 1883	1	$m = 10$
3857	Mouillage de Nankin. — Mouillage de Tinhosa (côte S. E.). — Schmitz et Costet, enseignes de vaisseau. — 1881. Pub. 1881 .	$^1/_4$	$m = 119$
3884	Baie Hoi-Hao (côte Nord). — Plan anglais. — 1879. Pub. 1882 .	$^1/_2$	$m = 49$
3917	Détroit d'Haïnan (partie orientale). — Passage intérieur. — Cartes anglaises. — 1880. Pub. 1882	1	diverses.
3959	Havre Majoribanks. — Entrée du Shoal Gulf. — Baie Caroline. Baie Joachim. — Baie Deception (côte Ouest de Corée). — Montaru, enseigne de vaisseau. — 1883.	$^1/_2$	
4034	Mouillage de Hiong-Po (île de Haïnan. — Mer de Chine). — Favé, sous-ingénieur hydrographe. — 1884.	$^1/_4$	
4038	Ile de Hong-Kong (Chine). — Plan anglais. — 1884.	1	
4055	Lu-Chun-Ko ou port Arthur (côte Nord de Chine). — Rouvier, lieutenant de vaisseau. — 1885.	$^1/_2$	
4057	Partie occidentale du détroit de Haïnan (mers de Chine). — Travaux français et anglais. — 1885.	1	
4101	Les Paracels (mer de Chine). — Carte allemande. — 1885. . .	$^1/_2$	
4105	Entrée du Yang-Tse-Kiang (côte Est de Chine). — Carte anglaise. — 1885.	1	

Col. 105/6.

Avis. — Le chiffre des échelles donne, en millimètres, soit la longueur du degré moyen de latitude, soit la longueur du mille marin. L'initiale *d* ou *m*, qui précède le chiffre, fera connaître à laquelle des deux mesures s'applique la longueur exprimée.

Le millésime qui accompagne le nom de l'auteur ou la nationalité d'une carte indique l'année du levé, à son défaut l'année de la publication. On a mentionné aussi la date de la dernière correction.

Le format des cartes est indiqué dans la troisième colonne par les chiffres 1, $^1/_2$, $^1/_4$, $^1/_8$, suivant qu'il est grand-aigle, demi-grand-aigle, etc.

Prix des cartes :

Feuille dite grand-aigle	. . . .	2ᶠ »
Demi-feuille	. . . .	1 »
Quart de feuille	. . . .	» 75
Huitième de feuille	. . . .	» 50
Feuille dite colombier	. . . .	1 50
Demi-colombier	. . . .	» 75

D'après le « Catalogue par ordre géographique des cartes, plans, vues de côtes, mémoires, instructions nautiques, etc. qui composent l'hydrographie française. Paris. Imprimerie nationale. MDCCCLXXXIII », in-8, N° 657 ; — et le « Catalogue chronologique des cartes, plans, vues de côtes, mémoires, instructions nautiques, etc., qui composent l'hydrographie française. Paris. Imprimerie nationale. MDCCCLXXXVI », in-8, N° 684.

Col. 105/107.

OUVRAGES PUBLIÉS PAR LE DÉPÔT DES CARTES ET PLANS[1].

609. Notice météorologique sur les mers comprises entre la Chine et le Japon. — 3. 60.

J. Revertégat, lieutenant de vaisseau. In-4, 1879.

1. *Amirauté allemande.* — Nachrichten für Seefahrer . . . . Berlin :

— 1877 : Nos 668, 647, 706, 64. 648, 238, 602, 579, 580, 581, 855, 565, 456, 759, 239. 796, 87, 797. 886, 457. 582, 496, 566, 567, 954.

— 1878 : Nos 661, 795, 796, 647, 954, 538, 915, 694, 695, 311, 770, 884. 885, 886, 696, 697, 887, 916, 28, 699, 682, 1066, 535, 536, 364. 534. 1067, 1068, 662, 102. 929, 102. 626. 931, 625. 930, 131, 305, 203. 561, 491, 562, 563, 663, 683, 1069, 917, 402, 54, 820, 771, 49. 616, 204.

— 1879 : Nos 1226, 958, 954, 1252. 15, 447, 763, 16, 1081, 878, 1892. 1162, 879, 317, 853, 854, 880, 881, 992, 993, 994, 995, 882, 183, 762, 384. 128, 129, 47, 502, 955, 1805, 1253, 1463, 1023, 1024, 1464, 1306, 1465, 1466.

— 1880 : Nos 824, 175, 176, 589. 590. 591, 752, 592. 892. 1198, 108, 593, 594, 595. 1267, 1084, 788. 789, 1201, 239. 518, 705, 975, 208, 207. 261, 58, 92. 1062. 623, 690, 896. 976, 78. 421, 109, 089, 209, 1085, 1086, 210, 626, 1069, 933, 26, 860, 706. 1036, 897.

(CARTES ET PLANS.)

Col. 107.

OUVRAGES DE GÉOGRAPHIE GÉNÉRALE.

Col. 108.

— Descriptio chorographica regni Chinae.

Carte du XVII° s. On voit à gauche dans un cartouche : Matthaeus Ricius, et en bas à gauche et à droite également dans des cartouches un Chinois et une Chinoise.

— Paradigma XV Provinciarum et CLV urbium capitalium sinensis imperij cum templis quoe Cruce † Signantur et Domiciliis S. I. Carte pet. in-folio, signée :

— 1881 : Nos 531, 380, 582, 448, 533. 534. 733, 77. 258, 1433, 734, 155. 607. 735, 101, 813, 147. 959. 148. 41. 331. 600. 819, 1226, 1159. 958. 280. 646, 149, 1010, 647, 155. 607, 1160. 1186, 1318, 129, 702, 81, 1264, 253. 981, 1126, 1127, 1187, 254. 1128, 648, 150, 649.

— 1882 : Nos 911, 320, 548, 1185, 20, 90. 1050, 715. 1051, 1226, 163. 242, 498. 116, 356, 1227, 747, 293, 716. 1164. 1228, 511. 1542, 202. 1477. 1521, 21. 267. 549, 814. 830 (826). 912. 1229, 1421, 1073, 117, 118, 119, 1230, 204, 205, 22. 1522, 1307. 1523, 1231, 748, 783, 815, 1017, 522, 120. 1232, 138. 1233. 1432. 1234, 1309, 324, 550, 225, 551, 1266, 717.

(GÉOGRAPHIE GÉNÉRALE.)

P. Philippus Couplet S. J. Sinensis Missionis Procurator.

Cartes des Pères de la Compagnie de Jésus.

Les *Mémoires de Trévoux*, 1704, p. 155, disent que le P. Bouvet travailla avec le P. Thomas à la carte d'un canton de la Chine.

Col. 114.

— Missionary manual, a Key to the missionary maps, designed to assist pastors and superintendents in the monthly concert and Sabbath school. By O. B. Bidwell, New-York : Published by W. H. Bidwell, No 120, Nassau Street. 1847, in-12, pp. 96.

Col. 115.

II. Fritsche. Geographische, magn. etc. Bestimmungen etc. Voir col. 688-689.

Col. 116.

— Approximate Determination of Positions in South-Western China. By G. [sic] Colborne Baber. (*J. R. Geog. Soc.*, XLIX, 1879, pp. 421/433.)

— The Cities and Towns of China. A Geographical Dictionary by G. M. H. Playfair of Her Majesty's Consular Service in China. Hongkong. Printed by Noronha & Co. 1879, gr. in-8, pp. XII + 417 à 2 col. + pp. 31 à 2 col. + pp. lviii à 2 col. + 3 ff. n. c. p. les corrigenda.

Les dernières pages contiennent l'*appendix :* I. Synoptical Table of the Administrative Cities of China arranged alphabetically under their provinces, pp. 31. — II. Radical Index, pp. III. — Corrigenda, pp. liii/lviii.

«The following work is in the main a Revisal of Biot's «Dictionnaire des Villes Chinoises» supplemented by a catalogue of the more important minor towns of the Empire, inserted in their proper alphabetical places.» (Preface.)

— Ueber zwei chinesische Kartenwerke. Von K. Himly. (*Zeitschr. d. G. f. Erdk.*, XIV, 1879, pp. 181/196.)

1. Einiges über das Kuang Yü Thu. — 2. Han-kiang-i-pei-sz'-shöng-pien-yü-thu. Karte der Gränzen der vier nördlich vom Han-Strome belegenen Provinzen.

— Einiges über türkische, mongolische und chinesische Ortsnamen und andere in Büchern über Erdkunde vorkommende Ausdrücke. Von K. Himly. (*Zeitschr. d. G. f. Erdk.*, XVI, 1881, pp. 40/47.)

— Ueber die Schreibung chinesischer geographischer Namen. Von Dr. O. F. v. Möllendorff. (*Ibid.*, XV, 1880, pp. 249/262.)

— Name of a Prefecture in Yuan Dynasty. (*China Review*, XI, p. 62.)
— Names of Cities in Chinese. (*Ibid.*, XI, p. 268.)
— «Ch'ing Yuan», where is the port so named. (*Ibid.*, XII, p. 513.)
— Chinese Names of foreign countries. By F. R. G. S. (*Ibid.*, XII, p. 513.)
— Territorial divisions. By E. H. Parker. (*Ibid.*, XV, p. 54.)
— Changing Territorial Names. By E. H. Parker. (*Ibid.*, XV, p. 250.)
— Topographical Terminology. By E. H. Parker. (*Ibid.*, XVI, p. 186.)

(1847—1886.)

— La frontière sino-annamite. Description géographique et ethnographique. D'après des documents officiels chinois traduits pour la première fois par G. Devéria, membre correspondant de l'École spéciale des langues orientales vivantes. Paris, Ernest Leroux, 1886, gr. in-8, pp. XVII-182.

Forme le 1er vol. de la 3e série des *Publications de l'École des langues orientales vivantes.*

L'ouvrage se compose de deux parties : I. Notes géographiques. — II. Notes ethnographiques.

* Aperçu géographique de l'Empire chinois. Par Z. Matoussovsky. St. Pétersbourg, 1888, gr. in-8, pp. 445 [en russe].

Avec une carte, 4 feuilles (1/5, 250.000e).

Grande Muraille.

— La grande muraille de la Chine. (*Ann. de l'Ext. Orient*, 1880—1881, III, p. 185.)

Note à propos de M. Vudauk.

— Die Grosse Mauer von China. Von Dr. O. F. von Möllendorff. (*Zeitschr. D. M. G.*, XXXV, 1881, pp. 75/131.)

— Observations du Dr. von Möllendorff sur la Grande Muraille de la Chine. (*Bul. Soc. Géog. de l'Est*, IV, 1882, pp. 143/145.)

— The Great Wall. (*China Review*, XIII, p. 431.)

* Great Wall of China. (*Once a Week*, VI, 668.)

— Analysis of Brick, from the Great Wall of China. By J. S. Brazier. (*Journ. C. B. R. A. S.*, XXI, N. S., 1886, p. 252.)

— La grande muraille de Chine ou il est prouvé que cette muraille telle qu'elle est communément décrite non seulement n'existe pas, mais même n'a jamais existé. Suivi d'un article sur la barrière de pieux du Léao-tong. Par M. l'abbé Larrieu Curé de Lamothe-Pouyloubrin (Gers), ancien missionnaire apostolique en Chine. Ancien directeur de la mission à Suen-hoa-fou (Province de Pékin . . .) Paris, Ernest Leroux, 1887, br. in-8, pp. 23.

Ce travail avait d'abord paru dans la *Rev. de l'Ext. Orient*, III, pp. 347/361.

— Une excursion à la Grande Muraille de Chine, par C. Imbault-Huart. (*Magasin pittoresque*, 30 juin 1888, dessins de A. de Bar, Lancelot, Vuillier.)

— La grande muraille de Chine, voir col. 1329.

Col. 123.

DESCRIPTION PARTICULIÈRE DES PROVINCES.

1° *TCHE LI.*

— Reisen und topographische Aufnahmen in

der nord-chinesischen Provinz Dshy-li. Von Dr. O. F. von Möllendorff. (*Zeitschr. d. G. f. Erdk.*, XVI, 1881, pp. 91/141.)

Avec deux cartes.

— Von Möllendorff's Travels in North-East China. (*Proc. R. Geog. Soc.*, N. S., vol. III, 1881, pp. 101/102.)

— Einige Bemerkungen zu den in der *Zeitschrift der Gesellschaft für Erdkunde* (Bd. XV, S. 241 ff. XVI-91) erschienenen Aufsätzen des Herrn O. von Möllendorff über seine Arbeiten in China. Von Dr. H. Fritsche in Peking. (*Zeitschr. d. G. f. Erdk.*, XVI. 1881, pp. 425/7).

— Entgegnung gegen Dr. H. Fritsche's Kritik meiner Aufsätze über Nord-China. Von Dr. O. F. von Möllendorff. (*Zeitschr. d. G. f. Erdk.*, XVII, 1882, pp. 253/256.)

* Routes in the Chinese Province Dshy-li, and Environs of Tientsin, from surveys of Dr. O. F. von Möllendorff, drawn by Dr. Richard Kiepert: Scale 1 : 1,000.000. Berlin: Dietrich Reimer. Hong-Kong and Shanghai: Kelly & Walsh. 1881. — Original Map of the Hill Country North and West of Peking, from surveys of Dr. O. F. von Möllendorff, drawn by Dr. Kiepert. Scale I : 333.333. Same Publishers.

Notice : China Review, IX, p. 393.

— Explorations in Southern Chihli. By Rev. D. Z. Sheffield. (*Chin. Rec.*, XVII, March 1886, p. 122.)

— Voir sur cette province la vie de Monseigneur Dubar, col. 519.

PE KING.

Col. 124.

— Geographisch-historische Beschreibung der sinesischen Residenzstadt Peking. (*Neue Nordische Beyträge*, II. Bd., 1781, pp. 208/232.)

« Elle est tirée du manuscrit d'un jésuite et diffère en quelques points de celle qu'a publiée Delisle.» (*Biog. univ.*)

Col. 125.

— Grundplan und Beschreibung der Stadt Peking nebst Bemerkungen über die Anlage der chinesischen Gärten. — Abdruck aus der Allgemeinen Bauzeitung. Wien, 1860. L. Förster's artist. Anstalt, br. in-4, pp. 28 à deux col. et plan en deux feuilles.

* Excursion to Pekin in 1861. (*St. James's Mag.*, XV, 474).

* Peking in China, door Natalis Rondot, te Parijs. Rotterdam. 1861, br. gr. in-8, pp. 42. Trad. holl. par S. Bleekrode.

— Воспоминанія о Пекинѣ. Par le Prof. Vasiliev. St. Pétersbourg, 1861, br. in-8, pp. 43.

Extrait de l'*Abeille du Nord*.

— La Chine et Pékin. Par le Dr. Morache. (*Bul. Soc. Géog. com.*, Bordeaux, 1885, pp. 214/217.)

D'après L'*Avenir de la Dordogne*.

— Notes on a Cave and Coal pit near Peking, by S. Wells Williams. (*Am. Jour. Sc.*, XXXVIII, 1864, pp. 119/121.)

Col. 126.

— Institut de France Académie des sciences. — Recueil de Mémoires, Rapports et Do-

(Tome LI. — Pe king.)

cuments relatifs à l'observation du passage de Vénus sur le Soleil. Tome II. 1re Partie. Paris, Gauthier-Villars, m dccc lxxviii, in-4.

Mission de Pékin, pp. 1—257. Avec six planches.

La mission était composée de MM. Fleuriais, lieutenant de vaisseau, chef de mission; Blarez, lieutenant de vaisseau, chargé des opérations photographiques; Lapied, enseigne de vaisseau, chargé des observations à l'équatorial de six pouces, Huet, quartier-maitre de timonerie.

Col. 127.

— Publications de l'école des langues orientales vivantes. — Recherches archéologiques et historiques sur Pékin et ses environs par M. le Docteur E. Bretschneider. — Ouvrage couronné par l'Académie des inscriptions et belles-lettres. — Traduction française par V. Collin de Plancy, Interprète de la Légation de France à Pékin. — Paris, Ernest Leroux, 1879, in-8, pp. 133, plus 1 f. n. c. pour la tab.

Forme le vol. XII des *Publications de l'École des langues orientales vivantes*.

— Rochechouart. Pékin, voir col. 1027.

— A visit to Peking, with some notice of the imperial worship at the altars of Heaven, Earth, Sun, Moon and the Gods of the Grain and the Land. By Rev. A. P. Happer, D. D. Shanghai : American Presbyterian Mission Press, 1879, br. in-8, pp. 27.

— A visit to Peking. (*With some particular notice of the worship of Heaven, Earth, Sun and Moon &c.*) By Rev. A. P. Happer, D. D. (*Chin. Rec.*, X, 1879, Nº 1, pp. 23/47.)

* In and about Pekin (N. B. Dennys) (*Galaxy*, X, 461).

* Supper Party at Pekin. (*London Society*, XXXV, 452.)

— How the Catholics got possession of a Cemetery near Peking. By Rev. Ch. Piton. (*Chin. Rec.*, X, 1879, Nº 5, pp. 369/372.)

— A Ride to Peking. By H. S. Ashbee. Printed by W. Lindsey & Co. 1881, in-8, pp. 10.

* Ride to Pekin (H. S. Ashbee) (*St. James's Mag.*, XLIX, 458).

— The Metropolis of the Manchus. br. in-8, pp. 39. (By H. S. Ashbee, London, 1882.)

— Notes of a Journey to the Imperial Mausolea, east of Peking. By Frederick S. A. Bourne, of H. M. Consular Service in China. (*Proc. R. Geog. Soc.*, N. S., Vol. V, 1883, pp. 23/31.)

* Pilgrimage to Pekin. (E. W. Syle) (*Putnam's Monthly Mag*, XVI, 545).

* Pekin and its People. (*Dublin University Mag.*, LXXXI, 384.)

* Peking und seine Umgebung. (*Globus*, XXX, 8—14.)

— Établissements chrétiens de Péking. (*Miss. Cath.*, XVI, 1884, pp. 619/620.)

— Report of the opium refuge at Peking for 1878-79. (*Chin. Rec.*, XI, 1880, Nº 3, pp. 196/207.)

— The rainfall of Peking in connection with the Sunspot Theory. By Alex. Hosie. (*China Review*, VII, pp. 345/347.)

— The amount of precipitation (rain and snow) of Peking. By H. Fritsche. (*China Review*, X, pp. 120/123.)

— On the Climate of Peking. By Dr. Fritsche, Director of the Russian Meteorological Observatory and Professor of Astronomy in the T'ung-wen Kwan. (*Chin Rec.*, X, 1879, Nº 4, pp. 297/302.)

(Pe king.)

— The Status of the Governor of Peking. (*China Review*, XII, p. 137.)

— «Where Chinese drive.» English Student-Life at Peking. By a Student Interpreter. — With examples of Chinese Block-printing, and other illustrations. — London : W. H. Allen & Co., 1885, in-8, pp. 275.

— Peking. By R. K. D.[ouglas]. (*Encycl. Britannica*, 9ᵗʰ ed., XVIII, 1885, pp. 469/470.)
— La vie à Pékin. (*Ann. de l'Ext. Orient.*, 1884—1885, VII, pp. 349/350.)
D'après le *Times*.
— Le premier chemin de fer chinois. (*Ann. de l'Ext. Orient*, 1885—1886, VIII, pp. 350/351.)
Petit chemin de fer à Peking dans le palais.
— Le nouveau palais d'été à Péking. Par M. Castonnet des Fosses. (*Soc. de Géog.*, Compte-rendu, Nᵒ 6, 1887, pp. 180/185.)
— Le nouveau palais d'été à Pékin. (*Ann. de l'Ext. Orient*, 1886—1887, IX, pp. 379/380.)
* Peking and the People. (*Leisure Hour*, XV, 45.) — Visit to Peking. (*Ibid.*, X, 117/133.)
* C. F. Gordon Cumming. Glimpses of Peking. (*Lippinc. Mag.*, XXXV, 341.) — Lama Temple at Peking. (*Gent. Mag.*, N. S., XXXV, 481; *Overland Monthly*, N. S., VI, 383 ; *Littell's Liv. Age*, CLXVII, 300.) — Summer Palace. (*Belgravia*, LV. 294; *Littell's Liv. Age*, CLXIV, 434 ; *Ecl. Mag.*, CIV, 373.) — Temple of Heaven. (*London Quart.*, LXIV, 87 ; *Littell's Liv. Age*, CLXVI, 233.)
* C. Wood. Temple of Heaven. (*Lippinc. Mag.*, XXX, 279.)

— Pékin. — Souvenirs de l'Empire du Milieu par Maurice Jametel chargé du cours de langue chinoise à l'école des Langues orientales. Paris, Plon, 1887, in-18, pp. 305 + 1 f. n. c.

Voir *Revue de Genève*, fév. 1886.
— L'argot pékinois et le King-ping-mei par Maurice Jametel. Chargé du cours de chinois moderne à l'École spéciale des langues orientales vivantes. (*Le Lotus, Mém. Soc. Sinico-Japonaise.* VII, Avril 1888, pp. 65/82.)
Tirage à part sur papier de Chine, br. in-8, pp. 18 : Paris, Maisonneuve, 1888.

— Journal of the Peking-Oriental Society. — Peking, Pei-t'ang Press. 1885.

Volume I. Number 1. — Allusions to China in Pliny's Natural History by J. Edkins, D. D., in-8, pp. 1/16. 1885.
N. 2. — I. Ancient Roman Coins from Shansi, by S. W. Bushell. — II. Parallels in Greek and Chinese Literature, by C. Arendt, in-8, pp. 17/63. 1886.
N. 3. — I. Chinese Porcelain before the present dynasty, by S. W. Bushell, M. D. — II. Discourse on the study of Chinese History, by Dr. W. A. P. Martin. — III. Some additional Remarks on the History and Historians of China. By C. Arendt. 1886, pp. 65/151.
N. 4. — I. Local Value in Chinese arithmetical notation, by J. Edkins, D. D. — II. Modern Theatricals in Turkey. — III. Notes taken on a Journey to K'ai-yu-sz', by J. Rhein. — IV. The Past and Future of the Peking Oriental Society. 1886, pp. 153/193.
Volume II. N. 1. — The Evolution of the Chinese Language as exemplifying the Origin and Growth of Human Speech, by Joseph Edkins, D. D. 1887, pp. 1/91, une table.
N. 2. — I. On Martin Martini. By Dr. Schrameier (an abstract). — II. The Cartesian Philosophy before Descartes, by Dr. W. A. P. Martin. — III. A Sketch of the growth of science and art in China to the Ming Dynasty, by Dr. J. Edkins. 1888, pp. 99/154.
N. 3. — I. Address of Mr. Shioda, on taking his seat as president of the society. — II. Movement of the Population in China, by Mr. P. S. Popoff. — III. Remarks on the same subject, by Mr. T. L. Bullock, Dr. J. Edkins, Dr. Dudgeon, and Mr. Jordan. — IV. Discussion of astronomical Records in ancient Chinese Books, by Prof. S. M. Russell. 1888, pp. 155/200.
.* *Macmillan's Mag.*, III, 248. — *Littell's Living Age*, LXVII, 628. — *Chambers' Jour.*, L, 308, et *Eclectic May.*, LXXXI, 331, et *Every Saturday*, XIV, 666.
— Université de Peking, voir col. 1270.

(PE KING.)

2° CHAN TOUNG.

Col. 128.

— Translation of the Inscription upon a Stone Tablet commemorating the repairs upon the Ch'eng Hwang Mian or Temple of the Tutelary Deity of the City (In the handwriting of Chên Pan-kiau, Magistrate of the City and district at Wei hien [District of Wei] in the department of Lai-chôu, in the Province of Shantung. A. D. 1752) by D. B. Mc. Cartee, A. M., M. D. Read before the Society on 11th April. 1871. (*Jour. N. C. B. R. A. S.*, 1869/70, N. S. Nᵒ VI, Art. XI, pp. 173 et seq.)

Col. 129.

— T'ai san — its temples and worship. By Rev. C. W. Mateer. (*Chin. Rec.*, X, 1879, Nᵒ 5, pp. 361/369.)
— Notes from Shantung. By C. R. M. (*Ibid.*, XI, 1880, Nᵒ 1, pp. 53/56.)
— Mission work in central Shantung. By John L. Nevius. (*Ibid.*, XI, 1880, Nᵒ 5, pp. 357/364.)
— Excursion au Tai-chann et au tombeau de Confucius. Par le Dr. Cauvin. (*Rev. Géog. intern.*, 1884. août-sept., nov. ; 1885, janv., avril, mai, août-sept., nov. ; 1886, janvier, pp. 19/21, *fin.*)
— Secret sects in Shantung. By Rev. D. H. Porter, M. D. (*Chin. Recorder*, Vol. XVII, Jan. 1886, pp. 1/10, Feb. 1886, pp. 64/73.)
— La Famine en Chine. Chien-Chien, 30 juin 1876, par X. Edel, S. J. (*Etudes religieuses*, 20ᵉ année, 5ᵉ Sér., X, 1876, pp. 601/7.) Lettres de Mgr. Cosi [Chantoung] et Mgr. Pagnucci, etc. [Chen si] (*Miss. Cath.*, X, 1868, pp. 374/7.) — La famine aux Indes et en Chine et la S. Congrégation de la Propagande. (*Osservatore romano*, juin 1878 ; trad. dans la *Liberté*, de Fribourg, et dans les *Miss. Cath.*, X, 1878, pp. 878/9.)
— Report of the Shantung Famine Relief Committee. (*N. C. Herald*, 28 July 1877.)
— Notes on the mineral resources of Eastern Shantung. By H. M. Becher, Assoc. M. Inst. C. E., F. G. S. (*Journ. C. B. R. A. S.*, 1887, pp. 22/38.)
— H. Cordier. *Grande Encyclopédie.*
— Ancient sculptures in China. By Robert K. Douglas. Voir HISTOIRE. Antiquités. *Ouv. divers.*

3° CHAN SI.

— A record of the famine relief work in Lin-Fen Hien. Translated by David Hill. (*Chin. Rec.*, XI, 1880, Nᵒ 4, pp. 260/269.)
— The famine in North China. By J. Dudgeon, M. D. (*Ibid.*, XI, 1880, Nᵒ 5, pp. 349/357.)
— A record of Famine Relief Work in Lin-fen hien, Ping-yang Fu, Shansi Province, China. (*Ibid.*, XI, 1880, Nᵒ 6, p. 464.)
— The Nomad Pastures of Shan Si. (*China Review*, XIII, p. 121.)
— The salt Lake of Shan Si. (*Ibid.*, XIII, p. 123.)
— Lettre du R. P. Hugolin de Doullens, des Mineurs Observantins, à MM. les Directeurs de l'Œuvre de la Prop. de la Foi. Ké-léao-kéou, 19 oct. 1886. (*Miss. Cath.*, XIX, 1887, pp. 78/75.)
Destruction partielle de la capitale par une inondation.
— Kwie hwa ch'en, Mongolia. By Rev. G. W. Clark. (*Chin. Rec.*, July, 1887, pp. 275/7.)

— Days of Blessing in Inland China, being an account of meetings held in the Province of Shan-si, &c. With an introduction by J. Hudson Taylor.... London, Morgan & Scott, MDCCCLXXXVII, pet. in-8, pp. 199.

— S. W. Bushell. Roman Coins. Voir col. 1471.
— H. Cordier. *Grande Encyclopédie.*

4° HO NAN.

— Ho-nan. La Famine [Lettres de Mgr. Volonteri]. (*Miss. Cath.*, X, 1878, pp. 255/6, XI, 1879, pp. 86/88.)

— The Famine in China. Illustrations by a Native Artist with a translation of the Chinese text. Issued by the Committee of the China famine relief fund. London, C. Kegan Paul & Co., 1878, br. in-8, pp. 38.

Cet ouvrage se compose d'une préface du comité et d'un petit ouvrage chinois traduit en anglais : «Pictures illustrating the terrible famine in Honan that might draw tears from iron». Translation by the Rev. Jas. Legge, D. D., L. L. D .... La trad. anglaise est donnée au verso des pages et une image chinoise au recto.

— Famine in China and Results [E. R. Barrett] *(Congregationalist,* VIII, 721).

5° *KIANG SOU.*

Col. 130.

— Kiang-nan. *(Miss. Cath.,* IV, 1872, pp. 449/451.)

Avec une carte.

— Non-Chinese Races. By E. H. Parker. *(China Review,* XIV, p. 224.)

— Fragmens d'un voyage dans l'intérieur de la Chine. Par C. Imbault-Huart, Interprète du Gouvernement Français. *(Journ. N. C. B. R. A. S.,* N. S., XVIII, 1883, Art. IV, pp. 55/139.)

I. — Excursion à la ville de Sou-tchéou, capitale de la province du Kiang-sou, pp. 55/99.

II. — Les environs de Sou-tchéou, pp. 100/139.

— Soochow: The Capital of Kiangsu. «*Heaven above; below, Soochow.*» By Rev. Hampden C. Du Bose. *(Chin. Rec.,* XIX, May, 1888, pp. 197/207; June, 1888, pp. 269/278, etc.)

KIANG-NING ou NAN-KING.

Col. 131.

— Nanking. By E. H. Parker. *(China Review,* XIV, p. 225.)
— Nanking in the sixth Century. By Joseph Edkins. *(Ibid.,* XV, pp. 366/369).
— L'ancien observatoire de Nanking. Notice du R. P. Auguste Colombel, de la Cie. de Jésus, miss. au Kiang-nan. *(Miss. Cath.,* XX, pp. 102/105.)

— The Porcelain Pagoda of Nanking. Translation of the Historical portion of a Pictorial sheet engraved and published by the Buddhist High Priest in charge of the Pao-ēn Temple. By H. E. Hobson. — Translation of the Devotional Portion. By W. A. P. Martin. *(Jour. China Br. R. As. Soc.,* Vol. XXIII, N. S., N° 1, 1888, pp. 31/38.)

— Ming Graves. By G. Schlegel *(T'oung Pao,* Vol. II, 1891, p. 102).

A propos d'un art. de C. F. Caspari, dans le *Globus,* N° 17.

CHANG HAI.

— Aus der Geschichte von Schanghai. Von C. Schmidt. *(Mitth. d. deutsch. Gesellsch. f. Nat.- u. Völkerk. Ostas.* 4 tes Heft. Januar, 1874, pp. 20/23. *Ibid.,* 5 tes Heft. Juli 1874, pp. 13/16.)

Col. 133.

— Report of the Foundling Hospital at Shánghái, translated from the original for the *Chinese Repository.* (By W. Lockhart.) *(Chin. Rep.,* XIV, pp. 177/195.)

(Cet Hôpital a été d'abord ouvert la 49e année de Kang-hi.)

— The Foundling Hospital at Shanghai. Translated from the Original Reports in the Chinese Language. *(Ch. & Jap. Rep.,* Jan. 1865. — March 1865.)

In the second year of Yung-ching.

(KIANG SOU. — CHANG HAÏ.)

— Une ville chinoise [Chang-haï, par Henri Cordier]. *(Jour. des Débats,* 1 Oct. 1879.)
— H. Cordier, *Grande Encyclopédie.*
— The Climate of Shanghai. Its meteorological condition. — By The Rev. Father M. Dechevrens, S. J., Director of the Zi-ka-wei Observatory. *(Journ. N. C. B. R. A. S.,* N. S., XVI, 1881, Part I, Art. IV, pp. 231/246.)

Chang hai (environs).

— Le Pou tong. Par le P. Desjacques. *(Miss. Cath.,* VI, voir col. 519).

— La Sibérie poutonnaise. Un coin de la mission du Kiang-nan (Chine). Let. du R. P. Deffond, de la Cie. de Jésus, miss. au Kiangnan, au R. P. Gilbert, S. J. *(Miss. Cath.,* N° 995, 29 juin 1888, pp. 308/311; 996, 6 juillet 1888, pp. 322/324, etc.)

6° *NGAN HOUEI.*

Col. 134.

— Le Pays de Ning-ko (Kiang-nan) par le R. P. Ravary, S. J. *(Miss. Cath.,* VIII, 1876) : I. Les deux préfectures de Ning-ko-fou et de Kouang-tée-tcheou, pp. 2/5, 14/17, 26/28. — II. Mœurs, pp. 38/42, 50/53, 62/64. — III. Religion, pp. 74/77, 86/89, 98/100, 110/114. — IV. Les Rebelles, pp. 122/125, 134/138. — V. L'immigration, pp. 146/148, 158/161.

— Itineration in the province of Nganhuei. By Edward Pearse. *(Chin. Rec.,* X, 1879, N° 5, pp. 379/383. *Ibid.,* XI, 1880, N° 3, pp. 208/213.)

— The Re-Population of An Huei. *(China Review,* XII, p. 136.)
— The Cultivable Land in An Hwei. *(Ibid.,* XIII, p. 118.)

7° *KIANG SI.*

— Geographical Notes on the Province of Kiangsi. By H. Kopsch. *(China Review,* VI, pp. 115/120, 191/195, 259/264, 316/322; VII, pp. 47/51, 98/103, 149/156.)

— Kiangsi. *(Miss. Cath.,* VII, pp. 71/72.)

Avec une carte.

— The Rice Tax of Kiang Si. *(China Review,* XII, p. 137.)
— From Kiukiang to Shaowu. By Rev. J. E. Walker. *(Chin. Rec.,* X, 1879. N° 2, pp. 129/136.)

8° *TCHE KIANG.*

Col. 135.

— Ueber den Berg Hoei-ki. Von dem w. M. Hrn. Dr. Pfizmaier. *(Sitzungsber. d. Phil-Hist. Cl. d. Akad. d. Wiss. zu Wien,* XXIX, 1858, pp. 10/16.)

— Tché - Kiang. Description géographique avec une carte dressée sous la direction de Mgr. Guierry, de la congrégation de St. Lazare, Vic. ap. du Tché-Kiang. *(Missions Catholiques,* VI, 1874, pp. 171/2.)

— Ché Kiang Customs Junks. *(China Review,* XI, p. 403.)
— The Loes of China. *(Ibid.,* XIII, pp. 224/225.)

— A Journey in Chêkiang. By E. H. Parker, Esq., of H. B. M.'s Consular Service. *(Jour. China Br. R. As. Soc.,* N. S., XIX, Pt. I, 1884, Art. II, pp. 27/53.)

(NGAN HOUEI. — KIANG SI. — TCHE KIANG.)

Voir *ibid.*, XX, N° 2, 1885, pp. 55/7, des critiques par A. E. M.

— The Flag-Stones and Conglomerates of Ning-Kong Jow in Northern Chehkiang. By Thos. W. Kingsmill. (*Chin. Rec.*, XVII, March, 1886, pp. 85/90.)

— Protestant Missions in the Cheh-Kiang Province. By Rev. John Butler. (*Ibid.*, XI, 1880, N° 4, pp. 284/291.)

— Cheh-Kiang Mission. By A. E. Moule. Voir col. 586.

— A. David. Sur le Tche-kiang, voir col. 209.

— Ningpo. By T. L. B. (*China Review*, XIII, p. 123.)

HANG TCHEOU.

Col. 136.

— Translation of Inscription on Tablet at Hang-chow. recording the changing the T'ien Chu Tang (Roman Catholic Church, into the T'ien Hao kung). (Art. II, *Journal N. C. B. R. A. S.*, N° IV, Dec. 1867, — N. S. — pp. 21 seq.) By C. T. Gardner.

— The Hangchow Sea Wall. Extracts from a Report by Major Edwards, R. E. (Read before the Asiatic Society, 5th August, 1864.) (*N. C. Herald*, N° 22, 1877, p. 484.)

— Formation of Hangchow Bay. By M.[oule]. (*Jour. China Br. R. As. Soc.*, Vol. XXIII, N. S., N° 1, 1888, pp. 39/40.)

— Notes on Hangchow past and present. S. d., br. in-8, pp. 27.

By G. E. Moule. Hangchow, June 1889. — Kelly & Walsh, Printers, Shanghai. — Read at the Meeting of the Hangchow Missionary Association and printed for private circulation.

— A Roman Catholic Cemetery near Hangchow. By Rt. Rev. G. E. Moule. (*Chin. Rec.*, Nov. 1890, pp. 509/512.)

— Marco Polo.

— Odoric.

ILES CHOUSAN.

— James Cunningham, F. R. S. Physician at Chusan in China. Account of his voyage thither : the island Chusan, the several sorts of Tea, the Fishing and Agriculture of the Chinese, &c. (*Phil. Trans.*, 1702, IV, p. 693. — Harris' *Voyages*, I, p. 852.)

Col. 137.

* Aperçu géologique sur l'île Tschou-san (Tché-Kiang). Par Natalis Rondot. Reims, 1846. Broch. in-8, pp. 8.

— Promenades d'un naturaliste dans l'archipel des Chusan et sur les côtes du Chekiang (Chine), par Mr. Albert-Auguste Fauvel . . . Ext. des Mém. de la Soc. nat. des Sc. nat. et math. de Cherbourg, T. XXII et XXIII. Cherbourg, Imp. Ch. Syffert, 1880, in-8, pp. 259.

Sur la couv. ext. on lit Tome 1er, et la date 1881.

— The first english settlement in Chusan. By Demetrius Boulger. (Demetrius Boulger, *The Asiatic Quarterly Review*. April, 1887. Vol. III, N° 6, pp. 292/330.)

— Les fêtes de Noël dans l'île de Tçu-kin-tsien. Let. de Mgr. Reynaud, vic. ap. du Tche-kiang. (*Miss. Cath.*, n° 1038, 26 avril 1889, pp. 194/197.)

— H. Cordier, *Grande Encyclopédie*.

ILES CHOUSAN, POUTOU.

— C. Gützlaff. Remarks on Buddhism ; together with brief notices of the Island of Poo-to. Voir col. 309.

* Excursion à l'île de Pou-tou (province de Tché-kiang). 7 et 8 octobre, 1845, par M. Natalis Rondot. 2 lithographies. Reims, 1846. Broch. in-8, pp. 40.

— Pootoo ancient and modern. *A Lecture delivered before the Ningpo Book Club*, January, 29, 1879. By Rev. John Butler. (*Chin. Rec.*, X, 1879, N° 1, pp. 108/124.)

(FO KIEN.)

9° *FO KIEN*.

Col. 138.

— Voir Gully and Denham, col. 1154.

— Zur Topog. d. Prov. Fukiän. (*Zeit. f. Allg. Erd.*, Juni 1857.) Par K. L. Biernatzki.

— A Journey in Fukien. By E. H. Parker, Esq., of H. B. M.'s Consular Service. (*Jour. Chin. Br. R. As. Soc.*, N. S., XIX, Pt. I, 1884, Art. III, pp. 54/74.)

Avec une carte.

— A Journey from Foochow to Wenchow, through Central Fukien. By E. H. Parker Esq. (*Ibid.*, Art. IV, pp. 75/93.)

— A visit to the «dogheaded barbarians» or hill people. 山宅, near Foochow. By Rev. F. Ohlinger. (*Chin. Rec.*, XVII, July 1886, pp. 265/8.)

— A Glimpse of Fuh-Kien Mountains and Mountaineers. By Rev. J. E. Walker. (*Chin. Rec.*, XIX, April 1888, pp. 149/158.) Dated from Foochow, July 1887.

— Fuh-kien Mission. By Eug. Stock. Voir col. 587.

Col. 139.

* Missionary Map of Amoy and the neighbouring Country ; by Rev. Carstairs Douglas, Edinburgh, 1873. Lithographié.

Citée dans le *Chin. Rec.*, VII, 1876, p. 115.

FOU TCHEOU.

* A Map of the City and Suburbs of Foochow, China, including the Foreign Settlement. By Rev. E. Wentworth, DD. Foochow. Grande feuille.

Citée : *Chin. Rec.*, VII, 1876, p. 259.

— La bonzerie de Kou-chan, près de Fou-tcheou-fou (Fokien) (Chine). [Par un dominicain, du couvent de Lyon, ancien miss. en Chine, 3 janvier 1870.] (*Miss. Cath.*, X, 1878, pp. 81/83.)

— Early Reminiscences of Foochow. By Stephen Johnson. (*Chin. Rec.*, XI, 1880, N° 2, pp. 94/103.)

— List of Ferns found in the Valley of the Min River, Foochow. By G. C. Anderson. (*Journ. N. C. B. R. A. S.*, N. S., XVI, 1881, Part I., p. 247.)

— The Chao Chung Temple at Pagoda Anchorage. By R. W. Hurst. (*China Review*, XVI, pp. 177/179.)

— Reminiscences of Foochow. (*Cornhill Mag.*, LI, 52.)

— Street Scene in Foochow. (*All the Year Round*, XLVIII, 129.)

PESCADORES.

— A few notes from The Pescadores. By Rev. W. Campbell, F. R. G. S. Formosa. Printed by A. A. Marcal, Amoy. 1886. Br. in-8, pp. 18.

Notice : *China Review*, XV, pp. 259/260. Par E. J. E[itel].

— Pescadores. By E. H. Parker. (*China Review*, XV, p. 249.)

— L'Archipel des Pescadores. Par F. Romanet du Caillaud. (*Bul. Soc. géog. com.*, VII, 1884/5, pp. 495/6.)

TAI OUAN *(Formose)*. 1° *Ouvrages divers.*

— Sibellius. voir col. 1130/1131.

— Verhaal van de verovering van't Eiland Formosa, door de Sinezen ; door J. V. K. B. vertaalt. [Marco Polo, trad. hol. Glazemaker, Amst., 1664, 'in-4, voir col. 926.]

Col. 141.

— Archief voor de Geschiedenis der Oude Hollandsche Zending. — Utrecht, C. van Bentum, 1884—1890, 5 vol. in-8.

(FO KIEN.)

I. Aanteekeningen uit de Acta der Provinciale Synoden van Noord-Holland. 1884. — II. Aanteekeningen uit verschillende Synodale en classicale Acta. 1885. — III. Formosa. 1628—1643. 1886. — IV. Formosa. 1643—1661. Met Register op de vier deelen. 1887. — V. De Molukken, 1603—1624.

— Notes on the Dutch occupation of Formosa. By Geo. Phillips. *(China Review,* X, pp. 123/128.)

— Dutch Trade in Formosa. By the same. Voir col. 1134.

— The Life of Koxinga. By G. P. *(China Review,* XIII, pp. 67/74, 207/213.)

* Le Monnier. Eine vergessene holländische Colonie. (Formose.) *(Revue Coloniale Internationale.* Nov. 1885.)

— The maritime Wars of the Manchus. By E. H. Parker. *(China Review,* XVI, N° 5, March-April 1888, pp. 276/285.)

Conquête de Formose.

— Histoire de la conquête de Formose par les Chinois en 1683. Traduite du chinois et annotée, par M. Imbault-Huart. Paris, Ernest Leroux, 1890, br. in-8, pp. 60, carte.

Tirage à part du *Bulletin de géographie historique et descriptive,* du Ministère de l'Instruct. publique. — D'après Ouéï-yuan.

— Une description inédite de Formose. *(Rev. de Géog.,* XVI, 1885, pp. 290/301.)

Renferme un Mémoire de Ph. Vieillard, consul de France à Canton, publié par Girard de Rialle; c'est le document signalé par moi, col. 141, comme se trouvant aux arch. du dép. des affaires étrangères.

— M.-C.-Malte-Brun à Napoléon. Mémoire sur la colonisation de l'île Formosa (1809). *(Rev. de Géogr.,* XVIII, 1886, pp. 1/7.)

Publ. d'après une copie faite par M. Louis Barbier, ancien conservateur-administrateur de la bib. du Louvre d'un ms. de cette bib. aujourd'hui brûlée. Ce ms. porte le n° 806 du vol. de Louis Paris : *Les manuscrits de la bibliothèque du Louvre brûlés dans la nuit du 23 au 24 mai 1871.*

Col. 142.

— Extrait d'une lettre de Mgr. Alphonse Aguilar, évêque de Thébaste et coadj. du vic. ap. du Fo kien, à MM. les Directeurs de l'Œuvre de la Prop. de la Foi. (Trad. de l'espagnol.) Focheou fou, 8 avril 1861. *(Ann. Prop. Foi,* XXXIV, 1862, pp. 112/117.)

. *.

— Notes on the island of Formosa by Robert Swinhoe, F. G. S., F. Z. S., &c. H. M. Consul at Taiwan. (Read before the British Association at Newcastle, Aug. 1863, and before the Geographical Society.) in-8, pp. 32.

— Additional Notes on Formosa. By R. Swinhoe, Esq. *(Proc. R. Geog. Soc.,* X, 1866, pp. 122/8.)

— Notes on the Aborigines of Formosa. By R. Swinhoe. *(British Ass. for the Advancement of Science,* 1865, *Trans.,* pp. 129/130.)

— Notes on the Ethnology of Formosa. By Robert Swinhoe. Extracted from a Paper read before the Ethnological Society, with Additional Remarks. Read before the British Association, August, 1863, in-8, pp. 16.

— R. Swinhoe. Ein Besuch der Insel Formosa. (Gumprecht, *Zeitschrift f. allg. Erdk.,* VIII, 1860, pp. 207/223.)

— R. Swinhoe. Ornithology of Formosa, voir col. 179. — Formosa Reptiles, voir col. 180.

— R. Swinhoe. Plants of Formosa, voir *Botanique.*

(FORMOSE.)

— Resúmen histórico de las misiones que la provincia del santísimo rosario de Filipinas de la orden de predicadores tuvo en la isla Formosa : de su nueva instalacion en nuestros dias, y principales sucesos ocurridos en ellas hasta el presente. — Estado actual de las misiones que la misma provincia tiene en el imperio de la China, principales sucesos ocurridos desde 1862 hasta el presente. — Ultimas noticias de las misiones que la dicha provincia tiene en el reino de Tunquin. — Con las licencias necesarias. — Manila: Setiembre de 1864. — Establecimiento tipográfico del colegio de santo Tomás, á cargo de D. Babil Saló. in-4, pp. 82 + 42 + XXXX + 71.

Col. 143.

— Les Aborigènes . . de Formose . . . Juin 1868. *Lire* Guérin et Bernard . . . *au lieu de* Guérin et Benard.

— A brief account of the Wild Aborigines of Formosa. By F. White. *(Trans. Ethn. Soc.,* N. S., VII, 1869, pp. 165/6.)

— On the Natives of Formosa. By Dr. Schetelig. *(Trans. Ethn. Soc.,* N. S., VII, 1869, pp. 215/229.)

— Het Eiland Formosa in de Chineesche Zee door Dr. Jos. Bechtinger, doctor in de genees-en heelkunde, verlos-en oogheelkundige, lid van de geneeskundige faculteit te Weenen en Mexico, van verschillende andere geneeskundige vereenigingen........ Batavia, Handelsdrukkerij, Bruining & Wijt, 1871, in-4, à 2 col. pp. 20 + 2 ff. prél. p. le titre, et la préf.

Col. 144.

— Les négritos à Formose et dans l'archipel Japonais; par M. le Dr. E.-T. Hamy. *(Bul. Soc. Anthrop.,* 1872, pp. 843/858.)

— Formosa. By Prof. J. B. Steere. *(Jour. Amer. Geog. Soc.,* N. York, VI, 1874, pp. 302/334, fig. et 1 p. musique.)

Col. 145.

— Zur Strömungsgrenze im Norden von Formosa. Von E. Knipping. *(Mitth. d. deutsch. Gesellsch. f. Nat. u. Völkerk. Ostas.* 6tes Heft. Juli 1874. pp. 27,28.)

* Ein Besuch auf Formosa. Von F. R. (Beilage z. *Wiener Abendpost,* 1876, No. 275.)

— A Description of the Island of Formosa. With some Remarks on its Past History, its Present Condition, and its Future Prospects. By G. James Morrison. *(Geog. Mag.,* 1877, Oct., pp. 260/266; Nov., pp. 293/296; Dec., pp. 319/322.)

* Die Insel Formosa. *(Aus allen Welttheilen,* 10tes Hft., 1878.)

— Some notes on the Geology of Takow, Formosa. By H. B. Guppy, M. B., H. M. S. «Hornet». *(Journ. N. C. B. R. A. S.,* N. S., XVI, 1881, Part I, Art. II, pp. 13/17.)

— Researches into the Geology of Formosa. By George Kleinwächter, Esq. Of the Chinese Imperial Maritime Customs Service. *(Journ. N. C. B. R. A. S.,* N. S., XVIII, 1883, Art. III, pp. 37/53.)

— The history of Formosa under the Chinese government. By Georg Kleinwächter. *(China Review,* XII, pp. 345/352.)

(FORMOSE.)

48*

* Paul Ibis. Auf Formosa. Ethnographische Wanderungen. *(Globus,* XXXI, 2. 5. 10—5.)

— C. F. Duro. Isla Formosa. *(Boletin de la Sociedad geografica de Madrid,* XII, pp. 142/7, feb. 1882.)

— Correspondence between the Rev. K. F. Junor and T. Watters Esq. H. B. M.'s Consul, Tamsui, Formosa, s. l. n. d., (1881), br. in-8, pp. 24.

* W. Joest. Beiträge zur Kenntniss der Eingebornen der Inseln Formosa und Ceram. *(Verhand. der Berlin. Anthrop. Ges.,* 1882, pp. 53/76.)

— A few ideas on the probable origin of the Hill Tribes of Formosa. By John Dodd. *(Jour. Straits Br. R. As. Soc.,* N° 9 & N° 10, Dec. 1882, pp. 195/211.)

— A glimpse at the manners and customs of the Hill Tribes of North Formosa. By J. Dodd. *(Ibid.,* N° 15, 1885, pp. 69/78.)

— Les indigènes de Formose. Par le Dr. Ern. Martin, Ex-médecin de la Légation de France à Pékin. *(Rev. d'ethnographie* I, N° 5, 1882, pp. 429/434.)

— Annales de Formose. Par James Darmesteter. *(Journal des Débats,* 1884. Oct. 10, 20 et 21.)

— A sketch of Formosa. By A. R. Colquhoun and J. H. Stewart-Lockhart. *(China Review,* XIII, pp. 161/207.)

* The Physical Geography and Trade of Formosa. By A. R. Colquhoun. *(Scott. Geogr. Mag.,* 1887, vol. III, pp. 567 et seq.) Notice : Petermann's *Mitt.,* 1888. pp. 70/1 [par Supan].

— Formosan Savages. By E. H. Parker. *(China Review,* XV, p. 187.)

— Kelung. *(Ann. de l'Ext. Orient,* 1884—1885, VII, p. 127.)

— L'île Formose. *(Ibid.,* 1884—1885, VII, pp. 157/158.)

— Le commerce de Formose. *(Ibid.,* 1884—1885, VII, p. 191.)

— Le Nord de Formose et ses charbons d'après MM. David Tyzack et G.-A. Lebour. *(Ibid.,* 1884—1885, VII, pp. 225/232.)

— Gîtes de charbon de Formose. *(Rev. mar. et col.,* Vol. 88, 1886, pp. 355/357, d'après les *Annales des mines.)* D'après les renseignements de David Tyzack.

— L'île Formose. Par R. Allain. *(Rev. de Géogr.,* XVI, 1885, pp. 44/50.)

— Formose et ses habitants. Par M. Girard de Rialle. *(Revue d'Anthropologie,* 1885, VIII, pp. 58/78, 247/281.)

— Notes on the Aborigines of South Formosa. *(China. — Imp. Mar. Customs. — Medical Reports for the half year ended 30th Sept.* 1884, pp. 39 et seq.)
Ces notes qui font partie du rapport du Dr. W. W. Myers. Médecin des douanes à Takao sont dues à la collaboration de ce savant avec Mr. Geo. Taylor, « chief Lightkeeper at South Cape ».

— Savage priestesses in Formosa. By G. Taylor. *(China Review,* XIV, pp. 14/16.)

— Aborigines of Formosa. By G. Taylor. *(Ibid.,* XIV, pp. 121/126, 194/198, 285/290.)

— H Formosa is rising. By G. Taylor. *(Ibid.,* XV, p. 128.)

— Tortoise Hill, Formosa. By G. Taylor. *(Ibid.,* XV, pp. 305/306.)

— Spiritualism in Formosa. By Mo Sih Chiu. *(Ibid.,* XV, pp. 304/305.)

— Ethnology of Formosa. *(Nature,* XXXII, 346.)

— Savages of Formosa [A. Hancock]. *(Good Words,* XXVI, 373.)

(FORMOSE.)

— Les gages nécessaires (Yun-nan, estuaire du Yang-tse, Hainan, Formose) par E. Raoul, Secrétaire Général — Adjoint de la Société Française de Colonisation. Première partie, *Formose.* Brest, imprimerie Gadreau; Paris, Challamel aîné, 1885, in-8, pp. 101.
Sur la couverture. on lit : Les gages nécessaires , Formosa « la belle » par E. Raoul, Pharmacien de 1re classe de la Marine au Corps expéditionnaire de Formose.

— Formosa Notes on Mss., Languages and Races. (Including a note on nine Formosan Mss. By E. Colborne Baber, H. B. M. Chinese Secretary, Peking.) With three plates. By Terrien de Lacouperie ... Hertford : Stephen Austin, 1887, br. in-8, pp. 82.
Rep. from the *Jour. R. As. Soc. Gt. Brit.,* N. S., Vol. XIX, 1887.
Col. 145—146.

PSALMANAZAR (GEORGE).

— An Historical and Geographical Description of Formosa, an Island subject to the Emperor of Japan. Giving an account of the Religion, Customs, Manners &c. of the Inhabitants. Together with a Relation of what happen'd to the Author in his Travels; particularly his Conferences with the Jesuits, and others, in several Parts of Europe. Also the History and Reasons of his Conversion to Christianity, with his Objections against it (in defence of Paganism) and their Answers. To which is prefix'd, a Preface in Vindication of himself from the Reflections of a Jesuit lately come from China, with an Account of what passed between them. By George Psalmanaazaar, a Native of the said Island, now in London. Illustrated with several Cuts. London: Printed for Dan. Brown, at the Black Swan without Temple-Bar; G. Strahan, and W. Davis, in Cornhill; and Fran. Coggan, in the Inner-Temple-Lane. 1704, in-8, pp. XIV-331 (ch. par erreur 131) + 4 ff. prél. p. l. tit. et la préf. + 2 ff. n. c. à la fin pour la tab.

— Herrn Georg Psalmanaazaars eines gebohrnen Formosaners Historische und Geographische Beschreibung der Insul Formosa, nebst beygefügten Ursachen | Warum sich derselbe zur Christl. Religion bekannt. Mit verschiedenen Kupffern. Aus dem englischen übersetzt von Philipp Georg Hübnern. Franckfurt und Leipzig | Verlegts Daniel Walder | Buchhändl. in Augspurg ....
1716, in-8.

— Cf. Nachrichten von einer unter dem Namen Georg Psalmanaazar bekannten Person, aus dem *Gentleman's Magazine;* dans *Neuen Bremischen Magazin* (1766), Vol. I., P. I, [Meusel].

— Beschrijving van het eijland Formosa in Asia; en der regering, wetten, zeden, godsdienst, enz. Uit de godenkschriften van G. Psalmanaazaar. Uit het Fransch. Rotterdam, 1705, in-8.

— Memoirs of ****. Commonly known by the Name of George Psalmanazar; a Reputed Native of Formosa. Written by himself In order to be published after his Death.

(FORMOSE.)

Containing an Account of his Education, Travels, Adventures, Connections, Literary Productions, and pretended Conversion from Heathenism to Christianity; which last proved the Occasion of his being brought over into this kingdom, and passing for a Proselyte, and a Member of the Church of England. Dublin : Printed for P. Wilson, J. Exshaw, E. Watts, S. Cotter, J. Potts, and J. Williams. M,DCC,LXV, in-12, pp. ii-234.

— An Enquiry into the Objections against George Psalmanaazaar of Formosa. In which The Accounts of the People, and Language of Formosa by Candidius, and the other European Authors. and the Letters from Geneva, and from Suffolk, about Psalmanaazaar, are proved not to contradict his Accounts. With Accurate and authentick Maps of Formosa and the Isles adjacent. as far as Leuconia. China, and Japan. With two other very particular Descriptions of Formosa. To which is added, Ggorge [sic] Psalmanaazaar's Answer to Mons. D'Amalvy of Sluice. London : Printed for Bernard Lintott at the Cross-Keys between the two Temple Gates in Fleetstreet, in-8, pp. 78 + 5 ff. prél. p. le tit., l'ép., et les addenda.

2° FORMOSE. *Voyages.*

— Seyger van Rechteren. Voir col. 1129—1130.

— Borts. Voir col. 1131.

Col. 147.

BENIOWSKI.

— The Memoirs and Travels of Mauritius Augustus Count de Benyowsky; Magnate of the Kingdoms of Hungary and Poland one of the Chiefs of the Confederation of Poland, &c., &c. Written by himself. Translated from the Original Manuscript. In two volumes. London : Printed for G. G. J. and J. Robinson, Pater-Noster-Row. M,DCC,LXXXIX, 2 vol. in-4.

Même éd. avec titre différent que celle de 1790.

— Voyages et Mémoires de Maurice-Auguste, Comte de Benyowsky, Magnat des Royaumes d'Hongrie et de Pologne, etc., etc. Contenant ses Opérations militaires en Pologne, son exil au Kamchatka, son Evasion et son Voyage à travers l'Océan pacifique, au Japon, à Formose, à Canton en Chine, et les détails de l'Etablissement qu'il fut chargé par le Ministère François de former à Madagascar. En deux volumes. A Paris, chez F. Buisson, Imprimeur-Libraire, rue Hautefeuille, n° 20, (1791.), 2 vol. in-8, pp. VIII-466, 486.

— Vie et Aventures du comte Maurice-Auguste Beniowski, résumées d'après ses mémoires (années 1767—1786) par N. A. K. Nouvelle édition. Tours. A^d. Maine et Cie. MDCCLXIII, in-12, pp. 187.

Fait partie de la *Bibliothèque de la Jeunesse chrétienne* approuvée par Mgr. l'évêque de Nevers. 4° série, in-12.

— Des Grafen Moritz August v. Beniowski.

(FORMOSE.)

Reisen durch Sibirien und Kamtschatka über Japan und China nach Europa. Nebst einem Auszuge seiner übrigen Lebensgeschichte. — Aus dem Englischen übersetzt. Mit Anmerkungen von Johann Reinhold Forster... Mit Kupfern. Berlin, 1790. Bei Christian Friedrich Voss und Sohn, in-8, pp. XXII-447.

—Des Grafen Moritz August von Benyowsky, Ungarischen und Pohlnischen Magnaten, und Eines von den Hauptern der Pohlnischen Conföderation, Schicksale und Reisen; Von ihm selbst beschrieben. Uebersetzt von Georg Forster, Churfürstl. Mainzischen Hofrath. Leipzig, im Verlage der Dykischen Buchhandlung, 1791, 2 vol. in-8.

Erstèr Band. Dessen Kriegsoperationen in Pohlen und Gefangenschaft in Kamtschatka.

Zweyter Band. Fahrt durch das stille Meer über Japan und Formosa nach China; und Errichtung einer französischen Colonie zu Madagascar.

— Il y a une autre édit. allemande de Benyowsky, Berlin, 1793, in-8.

— Flucht des Grafen Benyowsky aus Kamtschatka nach Franckreich. (Bruchstück aus der Geschichte der geographischen Entdeckungen der Russen von Herrn v. Berg.) (*St. Petersburgische Zeitschrift,* herausg. von Aug. Oldekop, 1, 1822, pp. 56, 108, 163, 193. 256.)

* Historya podróży i osobliwszych zdarzeń sławnego Maurycego Augusta Hr. Beniowskiego szlachcica polskiego i węgierskiego, zawierająca w sobie jego czyny wojenne w czasie konfederacyi barskiéj; wygnanie jego najprzód do Kazanu, potém do Kamczatki; waleczne jego z téj niewoli oswobodzienie się; jego podróż do Kalifornii, potém przez Ocean Spokojny do Japonii, Formozy, Kantonu w Chinach; założenie przez niego osady na wyspie Madagaskarze z zlecenia francuzkiego rządu; jego na téj wyspie wojenne wyprawy, uznanie nareszcie jego najwyższym jég rządcą. Z francuzkiego wydania J. H. Magellana tłumaczona. Warszawa, Lebrun, 1802, 4 vol. in-8.

* Toż. Edycya nowa. Warszawa. w drukarni Gazety Warszawskiéj i sukc. Tomasza Le Brun, 1806, 4 vol. in-8.

* Maur. Augusta hrab. Boňowského památné příhody, na wětssim dile od něho sepsané. we wýtah pak uwedené a přeložené od Sam. Cerhanského. W. Presspurku, 1808, in-8.

Estreicher.

Col. 148.

— Visit to Tok-e-kok, Chief of the Eighteen Tribes, Southern Formosa, By T. F. Hughes, of the Chinese Imperial Customs, Shanghai. (*Proc. R. Geog. Soc.*, XVI, 1872, pp. 265/271.)

— Notes of a Journey through Formosa from Tamsui to Taiwanfu. By Herbert J. Allen. (*Proc. Geog. Soc.*, XXI, 1876/7, pp. 258/266.)

— On a Journey through Formosa from Tamsui to Taiwanfu. By H. J. Allen. (*Geogr. Mag.*, May 1, 1877, pp. 135/136.)

— A trip into the interior of Formosa. By T. L. Bullock. (*Proc. R. Geog. Soc.*, XXI, 1876/7, pp. 266/272.)

— A Tour through Formosa, from South to North. By Arthur Corner. (*Proc. Roy. Geogr. Soc.*, XXII, 1877/8, pp. 53/63.)

(FORMOSE.)

* C. Bridge. — An excursion in Formosa. (*Fortnightly Review*, Aug. 1877.)

— A ramble through southern Formosa. By G. Taylor. (*China Review*, XVI, pp. 137/161.)

— Visit to Formosa. (*United Service Mag.*, 1884, II, 646.)

3° FORMOSE. *Langue.*

* Soulat i A. B. C. u. s. f. Katechismus in Formosanischer Sprache d. Robert Junius. Delft, 1645, in-12, pp. 24.

Cité par Adelung, *Mithridates*, I, p. 578, et d'après lui par Terrien de Lacouperie, *Formosa Notes*, p. 26.

Col. 149.

— Het Heylige ‖ Euangelium ‖ Matthei ‖ en ‖ Johannis ‖ Ofte ‖ Hagnau ‖ Ka d'llig Matiktik, ‖ Ka na sasoulat ti ‖ Mattheus, ‖ ti Johannes appa. ‖ Overgeset inde Formosaansche tale, voor de Inwoonders van Soulang, ‖ Mattau, Sinckan, Bacloan, Tavokan, en Tevorang. ‖ t'Amsterdam, ‖ By Michiel Hartogh, Boeck-verkoper, inde Oude Hooghstraat, ‖ inde Boeck- en Papier-winckel, 1661, in-4, pp. XVI—ff. 87.

— The Gospel of St. Matthew in Formosan (Sinkang Dialect) with corresponding versions in Dutch and English edited from Gravius's edition of 1661 by Rev. Wm. Campbell, M. R. A. S. English Presbyterian Mission Taiwanfoo. London, Trubner, MDCCCLXXXVIII, in-4.

Réimp. de l'ouvrage précédent d'après l'ex. unique conservé à l'Université de Leyde.

— Visit to the Kibalan Village of Sano [*sic*] Bay, North-east Coast of Formosa. Including a Vocabulary of the Dialect. By Dr. Collingwood. (*Trans. Ethn. Soc.*, N. S., VI, 1868, pp. 135/143.) — Vocabulary of inhabitants of Sau-o Bay. (*Ibid.*, pp. 362/3.) Voir col. 147.

— Notes on the language of the Formosan Savages. By G. M. H. Playfair. (*China Review*, VII, pp. 342/345.)

— A Native Writing in Formosa. By Terrien de Lacouperie. (*The Academy*, 9th April 1887.)

— Mittheilungen über die Sprache der Ureinwohner Formosa's von Dr. A. Schetelig. (Abdruck aus der *Zeitschrift für Völkerpsychologie und Sprachwissenschaft*), s. d., in-8, pp. 32.

4° FORMOSE. *Expédition japonaise.*

— L'expédition japonaise à Formose en 1874. Par A. de Saint Quentin, ministre plénipotentiaire. (*Rev. Brit.*, Avril 1884, pp. 265/290.)

10° HOU PÉ.

Col. 150.

— Animal, Fossil, Mineral & Vegetable Products. Consular District of Ichang in the Province of Hupeh, China. By Christopher Thomas Gardner, Esq. H. B. M.'s Consul. (*Jour. China Br. R. As. Soc.*, N. S., XIX, Pt. I, 1884, Art. I, pp. 1/26.)

— The Yang-tse Gorges and rapids in Hu-pei. By E. H. Parker. (*China Review*, IX, pp. 173/184.)

11° HOU NAN.

— Schreiben des Freiherrn Ferdinand von Richthofen über seine Reisen zur Grenze von Korea und in der Provinz Hu-nan. (*Zeit.*

d. G. f. Erdk., V, 1870, pp. 317/331.) — Bericht des Herrn v. Richthofen über die Provinz Hunan. Von W. Koner. (*Ibid.*, pp. 331/339.)

— Chas. H. Judd. Voir col. 1027.

12° KOUANG TOUNG.

Col. 152.

— Lieut. Oliver : Excursions in the South of China. 1) A Visit to Shao-king-fu and the marble rocks. (*Murray's Journal of Travel and Natural History*, Vol. I, N° 6, pp. 346/59.) Voir col. 153.

— From Swatow to Canton : [overland]. By Herbert A. Giles of H. M. Consular Service. Shanghai : 1874, br. in-8, pp. 74.

F. HIRTH.

— Two articles on Chinese Geography by F. Hirth, Ph. D., F. R. G. S. (From Vol. II of the « China Review », 1873—74.) — Contents : 1) — The Peninsula of Leichou. — 2) — The geographical distribution of commercial products in Kwang-tung. Br. in-8.

Bib. Soc. Géog. Paris, $\frac{\text{D } 5}{\text{III}}$.

— Ueber chinesische Quellen zur Geographie von Kuang-tung, mit besonderer Berücksichtigung der Halbinsel Leichou. Von Dr. Fr. Hirth. (Mit einer Karte.) (*Mitt. d. Vereins f. Erdk. z. Leipzig*, 1881, pp. 1/56.)

—Aus China. Mittheilungen von Dr. Friedrich Hirth. — I. Die Mauern der Städte von Kuang-tung. Nach dem *Kuang-tung-t'u-shuo*. (*Deutsche Geogr. Blätter*, 1882, Bd. V, Heft 3, pp. 264/268.) — II. Beschreibung der chinesischen Küste des Continents von der Grenze von Annam bis Tien-pai. Nach chinesischen Quellen. (*Ibid.*, pp. 268/273.)

— Die Provinz Kwang-tung und ihre Bevölkerung. Von J. Nacken. (*Petermann's Geogr. Mitt.*, XXIV, 1878, pp. 419/423, Carte.)

* Map of the Province of Canton according to the Map of the Kwong-tung-t'u-shot, with coast-line taken from Navy charts and details supplied by several Protestant Missionaries. By Rev. J. G. Loercher. Sold at the Basel Mission, Westpoint, Hongkong, 1879.

Notice : *China Review*, VII, pp. 338/9.

— The Army of Kwang-tung. By Z. B. (*China Review*, VII, p. 208.)

— Transit passes in the Province of Kwang-tung. By Hongkong. (*Ibid.*, IX, pp. 212/219.)

— Les léproseries du Kouang-tong. Let. de M. Ferrand. (*Miss. Cath.*, XII, 1880, pp. 232/4.)

— The Llin-nen 亲宁 variation of Cantonese. By A. Don. (*China Review*, XI, pp. 236/247, XII, pp. 474/481.)

— A Chinese Sennachérib. By G. M. H. Playfair. (*Ibid.*, XIV, pp. 294/296.)

— The site of Ma-King. By E. H. Parker. (*Ibid.*, XV, p. 187.)

— Ma-King. By E. H. Parker. (*Ibid.*, XVI, p. 128.)

— Un district chinois. — Le Pou-neng. Par Léandre-Félix Serdet. (*Les Missions catholiques*, 1887, 23 déc., pp. 609/612; 30 déc. pp. 616/7.)

1º Situation géographique. — 2º Rivières. — 3º Climat. — 4º Culture. — 5º Mœurs et usages. — 6º Superstitions. — 7º Divinités. — 8º Travaux de la femme. Son éducation. Sa vie. Son influence dans la famille.

* Kuang-Tung. [Par] E. Kaufmann. (Ersch u. Gruber, *Allgem. Encyclop.*, Sect. II, Bd. 49, pp. 158/163.)

CANTON.

— Description of the city of Canton : with an appendix, containing an account of the Population of the Chinese Empire, Chinese Weights and Measures, and the Imports and Exports of Canton. First published in the Chinese Repository. Canton, 1834, in-8, pp. v-188.

Col. 153.

— Une promenade dans Canton, par M. Natalis Rondot. (Extrait du *Journal asiatique*.) Paris, Imprimerie nationale. M DCCC XLVIII. Broch. in-8, pp. 32.

— The Hiáng Fan, or Echoing Tomb, a Mohammedan Mosque and burying ground near Canton. (*Chin. Rep.*, XX, pp. 77/84.)

* Canton. Un coin du céleste empire, par le Dr. M. Yvan. Paris, 1857. in-32, pp. 232.

— A Reminiscence of Canton, June 1859. London : Printed by Harrison and sons, St Martin's lane. 1866, br. in-8, pp. 58.

La préface est signée P. G. L.

— Canton and the Bogue. By W. W. Mundy. Voir col. 866.
— Statue de Marco Polo. Par Henri Cordier. (*Rev. Ext. Orient*, I, pp. 156/157.)
— Canton. (*Miss. Cath.*, XI, 1879, pp. 106/7.) Avec fig.

— Fourteen months in Canton. By Mrs. Gray. With illustrations. London : Macmillan and Co., 1880, in-8, pp. XIII-444.

— Journal d'un séjour à Canton. (*Rev. Brit.*, 1880, N. S., V, pp. 139/165, 331/352.)

D'après Mrs. Gray.

— The Missions of Canton City and of the central parts of the Canton Province. By Rev. H. V. Noyes. (*Chin. Rec.*, XI, 1880, Nº 4, pp. 297/303.)
* Curiosities of Canton. (*Chambers' Journal*, XLVII, 441.)
* Street Scenes in Canton. (*Good Words*, II, 251.)
* Burial inscriptions on French Island in Canton River, China. (*New England hist. & genealog. Reg.*, XI, 255.)
* New Year's Day at Canton. By C. F. G. Cumming. (*Leisure Hour*, XXIX, 9.) — Rambles in Canton. By the Same. (*Belgravia*, LVIII. 54; réimp. dans Littel's *Living Age*, CLXVII, 683, et dans l'*Eclectic Mag.*, CVI, 38.)
— Run around Canton. (*Leisure Hour*, V, 600.)
— Early frost in Canton, in 1877—8. By Theos. Sampson. (*Chin. Review*, VII, pp. 75/76.)
— Taxes on industries in Canton. By Judas. (*Ibid.*, VII, pp. 201/202.)
— Worship of the Emperor's Tablet. — By Schnupftabacksdose. (*Ibid.*, VIII, p. 61.)
— Sanskrit Characters. By X. Y. Z. (*Ibid.*, VII, p. 352.)

A Canton dans le temple 光孝寺 «Sleeping Buddha Temple».

— Aborigines at Canton and Foochow. (*China Review*, X, p. 74.)
— The Canton prisons. (*Ibid.*, XI, pp. 348/347.)
— Legends respecting Canton. By B. C. H. (*Ibid.*, XII, pp. 134/135.)
— The military Contribution of Canton. (*Ibid.*, XII, p. 136.)

(CANTON.)

— The eight «lions» of Canton. By B. C. Henry. (*Ibid.*, XII, pp. 143/153.)
— Kwang tung v. Canton. (*Ibid.*, XIII, p. 225.)
— The Name Canton. By E. H. Parker. (*Ibid.*, XIV, pp. 223/224.)
— Canton Treasury. By E. H. Parker. (*Ibid.*, XIV, p. 225.)
— Sanitation in Canton. By E. H. Parker. (*Ibid.*, XVI, p. 124.)
— H. Cordier, *Grande Encyclopédie*.

HAI NAN.

— Libro y relacion . . . en el año de 1585 . . . Voir col. 3 et 1410.

Col. 154.

— Journal of the Schooner Cuddalore on the Coast of Hainan 1760. By Alexander Dalrymple, Esq. London : Printed in the Year MDCCLXXI, in-4, pp. 38.

Bib. nat. $\frac{O^2 \text{ n}}{680}$

Voir col. 82.

— Journal of a trip overland from Hainan to Canton in 1819, by J. R. Voir col. 1003.

* Tagebuch einer Landreise durch die Küstenprovinzen China's von Manchao an der Seeküste von Hainan nach Canton. In den J. 1819 u. 1820. Aus dem Engl. von C. F. Leidenfrost, 1822. (XXXI. Bd.. 2. Abth., *Neue Bibliothek der wichtigsten Reisebeschreibungen*, Weimar, 1815—35.)
* Tagebuch einer in den Jahren 1819—1820 gemachten Fussreise von Manchao auf der Insel Hainan nach Canton. Aus dem Engl. (Aus dem *Ethnogr. Archiv*.) gr. in-8, Jena, 1823. Bran. [Engelmann.]
— Dagbok öfver en Resa till fots åren 1819 och 1820, från Manchao, på ön Hainan, Canton. Ofversattning. Stockholm, 1828. in-8, pp. 203.

Traduction de l'Anglais. Préface signée J. R. Supercargör.

— Notice sur l'île de Hai-nan, sur les religieux de la mission de la Chine et sur les Chinois. Par M. de la Roquette. (*Bul. Soc. Géog.*, 1827.)
— R. Swinhoe. Natural History of Hainan, voir col. 180—181. — Ornithology of Hai-nan, col. 180. — Zoology of Hai-nan, col. 177—178.

Col. 155.

— Hakkas in Hainan. (*N. C. Herald*, XXII, 1879, pp. 204, 255, 422.)
— Notes on Hainan and its Aborigines. By J. Calder. (*China Review*, XI, pp. 42/50.)

— L'île de Hainan. (*Rev. mar. et col.*, Vol. 80, 1884, pp. 234/242.)

D'après le *Recueil consulaire belge*.

— Hainan. (France and Tongking . . . by J. G. Scott . . . Lond., 1885, pp. 329 et seq.)
— The close of a journey through Hainan. By B. C. Henry. (*China Review*, XII, pp. 109/124.)
— Voir sur Hai-nan . . . Ling-nam . . . by B. C. Henry . . . Lond., 1886, au chap. des *Voyages modernes* dans le sup. de la *Bib. Sinica*.
* Die Insel Hainan nach B. C. Henry. (*Deutsche Geographische Blätter*, 1887, pp. 125/142.)
— The Island of Hainan. (*Chin. Rec.*, XVII, July 1886, p. 275.)

13º KOUANG SI.

— A few notes of a journey to « Kwang-si ». (*Chin. Rec.*, IX, 1878, Nº 3, pp. 169/181.)
— Note sur la carte et les voyages du P. Creuse dans la Chine méridionale par J. L. Dutreuil de Rhins. (*Bull. Soc. Géog.*, VIIº Série, III, 1882, pp. 539/547.)
— Le Quang-si par F. Romanet du Caillaud. (*Ibid.*, VIIº Sér., V, 1884, pp. 453/467.)
— 400 lieues à travers le Kouang-si et le Kouy-tcheou. — Journal de M. Chouzy. (*Miss. Cath.*, XVII, 1885, pp. 9, 21, 33, 44, 56, 77, 92, 104, 112, 130, 142, 147, 164.)

(HAI NAN. — KOUANG SI.)

* Bericht über eine Reise nach Kwangsi. Von H. Schroeter. Im Herbst 1886 unternommen. Nebst einer Karte. Hongkong, Kelly & Walsh, 1887.

Notice : *China Review*, XVI, p. 132. Par E. J. E[itel].

* The Trade of the Province of Kwangsi and of the city of Woo-chow-foo, a Treaty port of the future. Being an Appendix to «Bericht über eine Reise nach Kwangsi». By H. Schroeter. Translated from the German. With a chart. Canton, 1887.

14° YUN NAN.

— W. F. Mayers. Panthays of Yunnan. (*Fraser's Magazine*, Nov. 1872.) Voir col. 639.

— A Visit to the Valley of the Shueli, in Western Yunnan. (Feb. 1875.) By Ney Elias. (*Jour. R. Geog. Soc.*, XLVI, 1876, pp. 198/227, carte. — *Proc. R. Geog. Soc.*, XX, 1875/6, pp. 234/241.)

— Le cours supérieur des fleuves de l'Indo-Chine. Par l'abbé Desgodins. (*Bul. Soc. Géog.*, Août 1877.)

— Les pays frontières du Thibet, de la Birmanie et du Yunnan. Par le même. (*Ibid.*, Oct. 1877.)

— Territoire de Bathang. Par le même. (*Ibid.*, Déc. 1877.)

— Itinéraire de Ch'ung-Ch'ing à Yunnan-fu. Par E. Rocher. (*Ibid.*, Déc. 1877, pp. 602/642.)

— La province chinoise du Yün-nan par Emile Rocher, de l'administration des douanes impériales de Chine. Paris, Leroux, 1879, 2 vol. gr. in-8, pp. xv-286, 291. Cartes.

Notices : *Athenæum*, N° 2759, 11 Sept. 1880. — L'Islamisme en Chine. Par Henri Cordier. (*Jour. des Débats*, 2 Oct. 1880.)

Cet ouvrage a obtenu le prix Stanislas Julien à l'Acad. des Insc. et Belles-Lettres en 1881.

— Le Yu-nan. Let. de M. Bourgeois, miss. étr. (*Miss. Cath.*, XI, 1879, pp. 293/6, 308/310.)

— The Province of Yünnan. By H. K. (*China Review*, IX, pp. 350/362.)

— Mon district et huit ans de séjour au Yunnan. Récit d'un missionnaire. (*Miss. Cath.*, XIII, 1881, pp. 365/368, 377/380, 390 1, 404/6, 416/7, 427/9, 437/40, 452/4, 463/5, 472/4, 486/9, 501/3, 512/4, 521/4, 534/7, 546/8, 571/3, 585/7, 593/7, 610 12, 617/19; XIV, 1882, pp. 17/20, 29/32, 44/46, 58/60, 66/69, 82/84, 92/93.)

— La Chine. — Huit ans au Yun-Nan. — Récit d'un missionnaire, par M. Pourias, de la Soc. des Missions Etrangères de Paris. Lille, Soc. de St Augustin, in-8. 2 fr.

Notice : *Miss. Cath.*, XX, 1888, p. 252.

— Likin Collection for Yunnan. (*China Review*, XI, p. 263.)

— The opening up of the Yun-Nan Copper Mines. (*Ibid.*, XII, p. 135.)

— Zinc Mines in Yunnan. (*Ibid.*, XIII, p. 224.)

— On the Aboriginal and other Tribes of Yünnan and the Shan Country. By A. R. Colquhoun. (*Jour. Anth Inst.*, XIII, 1884, pp. 3/4.)

* W. G. C[larke]. The Province of Yunnan, Past, Present and Future. Shanghai, 1885.

— Les épidémies au Yun-nan. Par un missionnaire de la Société des Missions Etr. de Paris. (*Miss. Cath.*, XVIII, 1886, pp. 555/7, 573/6.)

— A. Hosie, voir *SE TCHOUAN*, col. 164.

— Voir le P. Creuse, plus loin.

APPENDICE. — Les routes de la Chine par les Indes et l'Indo-Chine.

1° Capt. SPRYE.

Col. 156.

— The British and China Railway, from Rangoon . . . . to the Yunnan Province of China : with Loop-lines to Siam and Cambogia, Tonquin and Cochin-China . . . In a series of letters to the Earl of Malmesbury. London, 1858, in-8.

Privately Printed.

— Correspondence between Captain Richard Sprye, and the Rt. Hon. William-Ewart Gladstone, M. P. for South Lancashire, Chancellor of H. M.'s Exchequer, &c., on the Commercial opening of the Shan States, and Western Inland China, by Railway, direct from Rangoon. With a map. London : 1865. Printed for Private Circulation only, gr. in-8, pp. 63.

La couverture porte la date : London : 1866.

— Trade and Telegraph Routes to China, via Burmah. By Dr. Clement Williams, Late H. M. 68th Lt. Inf'y and agent to the Chief Commissioner, British Burmah, at Mandalay. A Reprint, by permission. [From the *Journal of the Bengal Asiatic Society*.] in-8, s. l. n. d., pp. 37 [1864], 1 carte.

— Through Burmah to Western China being notes of a Journey in 1863 to establish the practicability of a trade-route between the Irawaddi and the Yang-tse-Kiang by Clement Williams formerly assistant-surgeon in the 68th light infantry, and first political agent at Mandalay to the chief commissioner of British Burmah. William Blackwood and Sons, Edinburgh and London, MDCCCLXVIII, in-8, pp. XIV + 1 f. n. c. + pp. 213.

2 cartes et gravures.

2° SLADEN.

— Journal of a voyage up the Irrawaddy to Mandalay and Bhamo, by J. Talboys Wheeler, Secretary to the Chief Commissioner of British Burma. Rangoon : Printed by J. W. Baynes. London; Trubner and Co. —

Calcutta : Newman and Co. Madras : J. Higginbotham and Co, 1871, in-8, pp. 102-II.

— Bhamo Expedition. — Report on the practicability of re-opening the Trade Route, between Burma and Western China. By Captain A. Bowers, R. N. R. Commercial Agent attached to the Expedition under Captain E. B. Sladen, British political Agent at the Court of Mandalay. With an appendix. — Rangoon : American Mission Press. C. Bennett. — 1869, in-8, 3 ff. prél. p. l. tit., déd., etc. pp. 165. Pl. et cartes.

L'app. contient « the Preface to the Administration Report of British Burmah for 1867—68, by Major General A. Fytche, C. S. I. Chief Commissioner, and Agent to the Governor General ».

— Bhamo-Expedition. — Bericht über die Möglichkeit einer Wiedereröffnung der Handelsstrasse zwischen Birma und West-China erstattet vom Capitain A. Bowers, Handelsagenten der unter Capitain Sladen, britischen Bevollmächtigten am Hofe zu Mandalay, ausgerüsteten Expedition. Ins Deutsche übersetzt von Dr. Merzdorf, grossherzogl. Oldenburg. Oberbibliothekar, Berlin. Carl Heymann's Verlag. 1871. in-8. pp. 180.

3° DOUDART DE LAGRÉE & FRANCIS GARNIER.

Col. 157.

Doudart de Lagrée né à Saint-Vincent de Mercuze et non Saint-Vincent de Mercure.

— Sur les obsèques de Doudart de Lagrée. voir le *Courrier de Saïgon*, 5 juillet 1868 ; le *Courrier de l'Isère*, 18 juillet 1868 (oraison funèbre prononcée par le Dr. Dumont).

— Notice sur le voyage d'exploration effectué en Indo-Chine par une Commission française pendant les années 1866-67-68. Par M. Francis Garnier, Lieutenant de vaisseau, chef de la mission. — Extrait de la *Revue maritime et coloniale* (Avril, Juin, Juillet et Août 1869). Paris, Challamel, 1869, gr. in-8, pp. 80. Carte.

— Francis Garnier. — Voyage d'exploration en Indo-Chine effectué par une commission française présidée par le capitaine de frégate Doudart de Lagrée. Relation empruntée au journal « Le Tour du monde » revue et annotée par Léon Garnier. Contenant 211 gravures sur bois d'après les croquis de M. Delaporte et accompagnée de 2 cartes. Paris. Librairie Hachette et Cⁱᵉ 1885, gr. in-8, pp. xv-662.

— Doudart de La Grée, Capitaine de frégate, Chef de l'exploration du Mé-kong et de l'Indo-Chine exécutée en 1866-67-68 par ordre et aux frais du gouvernement français et la question du Tong-king par M. A. — B. de Villemereuil, Capitaine de frégate,

(YUN NAN.)

Membre du Congrès international des sciences géographiques, de la Société de Géographie de Paris et de plusieurs Sociétés des départements. Deuxième édition (avec une carte). Paris, aux bureaux de l'*Explorateur*, 24 et 26 passage Colbert. — Challamel aîné, librairie maritime et coloniale. 1875, br. in-8, pp. 62.

— Lettre du commandant de La Grée. (*Ann. de l'Extr. Orient*, II. pp. 152/153.)

Lettre datée : Arras, le 10 août 1877, du frère de l'explorateur.

— La découverte de la voie commerciale. Vers les provinces du S. O. de la Chine. Par MM. J. Doudart de La Grée, conseiller à la cour d'appel d'Alger, G. Eugène Simon, ancien consul de France en Chine, et J. Dupuis. explorateur du Fleuve Rouge. Communications faites à la Société Académique Indo-Chinoise, dans ses séances des 29 octobre et 29 novembre 1879. (*Ann. de l'Extr. Orient*, II, pp. 236/242, 273/278.)

— Lettre de M. de Villemereuil. (*Ann. de l'Extr. Orient*, II, pp. 316/317.)

Fontainebleau, 20 avril 1880. A propos du Comt. de La Grée.

— Les voyages des Européens des côtes de l'Annam à la vallée du Mé-kong par M. de Villemereuil, capitaine de vaisseau. Rochefort-sur-mer, imprimerie Triaud et Guy, 72, rue des Fonderies, 1881, br. in-8, pp. 15.

— Explorations et missions de Doudart de Lagrée, capitaine de frégate, premier représentant du protectorat français au Cambodge, chef de la mission d'exploration du Mé-kong et du haut Song-koi. — Extraits de ses manuscrits mis en ordre par M. A. B. de Villemereuil, capitaine de vaisseau et publiés avec le concours d'une commission spéciale sous les auspices de la société d'ethnographie. Paris, imprimerie et librairie de Madame Veuve Bouchard - Huzard, Jules Tremblay, gendre et successeur, 1883, in-4, pp. cxiv-684. Portrait, carte et planches.

— Explorations et missions de Doudart de la Grée. Par Léon Feer. (*Ann. de l'Ext. Orient*, 1884—1885, pp. 166/170.)

— Lettres d'un précurseur. — Doudart de Lagrée au Cambodge et en Indo-Chine, par Félix Julien. Deuxième édition. Challamel aîné, éditeur. Paris. 1886, in-12, pp. 221 + 1 f. n. c.

— Le Commandant de Lagrée au Cambodge et son voyage en Indo-Chine d'après sa correspondance. (*Rev. mar. et col.*, Vol. 85, 1885, pp. 260/279.)

A propos des *Lettres d'un précurseur* . . . par Félix Julien.

— Nécrologie. — Félix Julien. — Extrait de la Revue française de l'étranger et des colonies. — Paris, Chaix, 1891, br. in-8, pp. 15.

Brochure signée A. V. — Julien né en 1824 ; † 1ᵉʳ juillet 1890.

Voir col. 160 : Doudart de La Grée.

4° T. T. COOPER.

Col. 158.

— Travels in Western China and Eastern Thibet (*Proc. R. G. S.*, XIV, 1870, pp. 335/356. — Réimp. dans *The Cycle*, 18 fév. 1871.)

— Journal of an overland journey from China towards India. The plains of Hoopeh. By T. J. Cooper, Esq. Calcutta : Office of superintendent of Government printing. 1869, in-8, pp. vi-193, 2 cartes.

(YUN NAN.)

La préf. est signée *Charles Girdlestone, Officiating Under Secretary* [Foreign Office].

Ce T. J. Cooper est le même que T. T. Cooper.

— T. T. Cooper. — Reise zur Auffindung eines Ueberlandweges von China nach Indien. Aus dem Englischen. Mit einem Anhange, die beiden englischen Expeditionen von 1868 und 1875 unter Sladen und Browne, und Margary's Reise betreffend, von H. L. v. Klenze. Illustr. m. Karte. Jena, Costenoble, 1877, gr. in-8, pp. XIII-507.

— T. T. Cooper. (Leslie Stephen's *National Biography*, Vol. XII.) Art. de R. K. Douglas.

Col. 159.

5° DUPUIS.

— Le Cours du Hong-kiang ou Fleuve rouge au Tong-kin d'après les notes et renseignements recueillis par J. Dupuis, négociant français par J. Ducos de la Haille. Extrait du Bulletin de la Société de Géographie (Novembre 1874). Paris, Imprimerie E. Martinet, 1874, br. in-8. pp. 24, avec une carte.

Bib. Soc. Géog. Paris $\frac{D\,5}{258}$.

— La France au Tong-kin. Par Ducos de la Haille. (*L'Exploration*, II, 1877, pp. 49/60.)

— Voyage au Yun-nan. Par J. Dupuis. (*Bul. Soc. Géog.*, Paris, 1877, 6° Sér., XIV, pp. 5/57, 151/185.)

* E. Tessier. J. Dupuis' Forschungen im südlichen China. (Petermann's *Mitth.*, I, 1877.)

* Fr. v. Hellwald. Die Expedition J. Dupuis' und die Erschliessung Tonkins. (*Monatschrift f. d. Orient*, 1877, p. 5.)

* Deux observations au sujet du Tong-king. Par Mr. E. C. Lesserteur. (*Missions Catholiques*, IX, 1877, pp. 207/8.)

Observations sur les communications de M. Dupuis à la Soc. de Géog., etc.

— Réponse à quelques assertions de M. Dupuis. Par le même. (*Ibid.*, pp. 632/4.)

— Le *North-China Herald* du 16 oct. 1873 donne d'après le *Daily Press*, de Hongkong, la traduction anglaise de l'adresse de M. Dierx, Président de la Chambre de Commerce de Saïgon sur l'ouverture du Tong-king.

— Mémoires de la Société académique Indo-chinoise de Paris. Tome deuxième. — L'ouverture du Fleuve Rouge au commerce et les Evénements du Tong-kin 1872—1873. Journal de Voyage et d'Expédition de J. Dupuis, Membre de la Société académique indo-chinoise de Paris. Ouvrage orné d'une carte du Tong-kin d'après des documents inédits et précédé d'une préface par M. le Mis de Croizier, Président de la Société académique indo-chinoise de Paris. Paris, Challamel aîné, 1879. in-4, pp. XIII-324.

Col. 160.

— Une partie du Rapport de Sir B. Robertson [China. N° 2 (1876)] a été reproduite dans le *London & China Telegraph*, Monday, Aug. 21, 1876.

— M. Dupuis' Exploration in Tong-kin and Yunnan. (*Geog. Mag.*, Oct. 1877, pp. 253/5.)

— La Cochinchine française et les Français dans l'Indo-Chine. Par O. S. [*Edinb. Review.*] (*Rev. Brit.*, 1878, N. S., II, pp. 280/318.)

O. S. = Octave Sachot.

— Les routes commerciales du S.-O. de la Chine. Le Tong-kinn. Par Georges Renaud. (*Rev. géog. int.*, oct. 1878, pp. 305/8; janv. 1879, pp. 12/16, fév., pp. 36/39, avril, 88/90, mai, 111/114.)

* The French in Indo-China. (*Edinburgh Rev.*, 1878, N° 301.)

— Voyage au Yun-nan et ouverture du fleuve rouge au commerce par M. J. Dupuis. (*Annales du Musée Guimet*, I, Paris, Ernest Leroux, 1880, pp. 139/201, carte.)

— La question du Tong-kin. Par J. Dupuis. (*Rev. de Géog.*, V, 1879, pp. 423/432.)

— Tong-kinn et Yunn-nan. Par Dupuis. (*Rev. géog. int.*, fév. 1880, pp. 43/45, juin et juillet 188, 157/159.)

— L'intervention du Contre-amiral Dupré au Tong-kin. Par Jean Dupuis. (*Rev. de Géog.*, XVII, 1885, pp. 215/227, 299/314.)

— La conquête du Delta du Tong-king. Texte inédit par M. Romanet du Caillaud. 1873. — Dessins inédits. (*Tour du Monde*, 1877, II, pp. 289/304, 305/320.)

— Histoire de l'intervention française au Tong-king de 1872 à 1874. Par F. Romanet du Caillaud. (Avec une carte et quatre plans.) Paris, Challamel aîné. In-8, 1880, pp. 470.

Notice : *Ann. de l'Ext. Orient*, 1880—1881, III, pp. 122/124. (Par le Vicomte H. de Bizemont.)

— Die französische Eroberung von Tong-kin. (*Globus*, XXXIII, 1878, Nov. 8 et 9.)

No. 1519. — Chambre des Députés, deuxième législature, session de 1879. — Annexe au procès-verbal de la séance du 14 juin 1879. Rapport fait au nom de la 2° commission des pétitions sur la pétition du sieur Jean Dupuis, citoyen français, demeurant à Hankow (Chine). Par M. Emile Bouchet, député. Versailles, Cerf, 1879, gr. in-4, pp. 149.

— Rapport fait au nom de la 2° commission des Pétitions, sur la pétition du sieur Jean Dupuis, citoyen français, demeurant à Han-kou (Chine). Par M. Emile Bouchet, député . . . . (Communication faite à la Société académique Indo-Chinoise, dans sa séance du 31 Juillet 1880, par M. Evariste Pimpeterre.) (*Ann. de l'Ext. Orient*, 1880—1881, III, pp. 129/149.)

— Rapport sur le prix Delalande-Guérineau accordé à Jean Dupuis. (*Comptes-rendus Ac. Sciences*, T. XCII, 14 mars 1881.)

— Jean Dupuis. — La conquête du Tong-kin par vingt-sept français commandés par Jean Dupuis, récit accompagné de son portrait, d'un autographe de lui et d'une carte dressée par lui. Extrait du Journal de Jean Dupuis. Par Jules Gros, Secrétaire de la Société de Géog. com. de Paris. Paris, Dreyfous, 1880, in-12, pp. 316.

— L'expédition Dupuis du Fleuve Rouge. (Souvenirs de mon commandement.) Par Ernest Millot, Second de l'expédition, ... Conférence faite à la Société académique Indo-Chinoise le 31 Mai 1880. (*Ann. de l'Ext. Orient*, 1880—1881, III, pp. 193/223.) Gravures.

— Le Tong-kin et la voie commerciale du Fleuve rouge par Ernest Millot, Second de l'expédition Jean Dupuis, Chevalier de la Légion d'honneur, ancien Président du Conseil d'administration municipale de la concession française de Shang-Haï, membre de la Société académique Indo-Chinoise, etc.

Pages 17—58 (2 cartes) du N° 4 (Déc. 1882) du *Bul. de la Chambre syndicale des Négociants-commissionnaires*.

— Ernest Millot. — Question du Tong-kin. (*Bulletin de la Société de protection mutuelle des voyageurs de commerce*, N° 6, Juin 1887, pp. 3/10.)

Réimp. dans l'*Union nationale du Commerce et de l'Industrie*, 9 juillet 1887.

— Bibliothèque coloniale. — Le Tonkin, son commerce et sa mise en exploitation, par Ernest Millot . . . . Paris, Challamel, 1888, in-12, pp. x-280 + 1 f. n. c., 23 grav. et 1 carte par géol. et minéral., par E. Sarran.

— J. Dupuis et Francis Garnier au Tong-kin par L. Génin, prof. au Lycée de Nancy. (*Bul. Soc. Géog. de l'Est*, IV, 1882, pp. 444/461.)

— Les Français au Tonkin 1787—1883, par Hippolyte Gautier, avec quatre cartes. Et un Portrait de Francis Garnier. Challamel, Paris. 1884, in-12, pp. VII-416.

La couverture *ut supra*. Le titre est : Hippolyte Gautier. Les Français au Tonkin 1787—1883. — Dayot — Dupuis — Senez — Francis Garnier — Amiral Dupré — Rheinart — de Kergaradec — Henri Rivière — J. Harmand — Général Bouet — Amiral Courbet. — Paris, Challamel, 1884.

Cet ouvrage a eu depuis lors cinq éditions.

Not.: *Polybiblion*, mars 1884, (par H. de Bizemont), p. 207; *Rev. pol. et litt.*, 29. mars (par L. Quesnel; *Jour. des Sc. milit.*, Avril, 2e Sér., XIV, pp. 157/160.

Col. 162.

— Francis Garnier. Par G. Derepas. (*Bul. Soc. Géog. com.*, Bordeaux, 1884, pp. 193/198.)

5bis LA FRANCE, L'ANNAM ET LA CHINE.[1]

[1] Nous n'avons pas l'intention de donner ici une bibliographie de la Cochinchine et du Tongking; elle trouvera place dans notre *Bibliotheca Indo - Sinica*. Nous indiquons seulement les ouvrages les plus importants et les articles qui paraissent offrir plus particulièrement de l'intérêt.

On pourra d'ailleurs consulter les travaux bibliographiques suivants :

— Bibliographie annamite. Livres, recueils périodiques, manuscrits, dans par M. V.-A. Barbié du Bocage . . . Col. de la *Revue maritime et coloniale* (février, mai et août 1866). Paris, Challamel aîné, 1867, in-8, pp. 107.

— Liste bibliographique des travaux relatifs au Tong-king publiés de 1867 à 1883 (juillet) dressée par P. Lemosoff. (*Revue de Géog.*, sept. 1883, pp. 210/219.)

On ajoutera à ce dernier travail les bulletins publiés par L. Delavaud dans le Bul. de la Soc. de Géog. de Rochefort.

— Bibliographie de l'Indo-Chine orientale depuis 1880 par A. Landes, Résident-Maire d'Hanoi et A. Folliot, Professeur. Saigon, Imp. Rey & Curiol, 1889, br. in-8, pp. 87.

Nous avons cru faciliter l'intelligence de ce chapitre en donnant le court résumé chronologique que voici :

1874. 15 mars. Traité entre l'Annam et la France,
— 31 août. Traité de Saigon entre l'Annam et la France. (Commerce.)

1883. 19 mai. Mort de Henri Rivière. Harmand, commissaire.
— 20 août. Prise des forts de Thuan-An par l'amiral Courbet.
— 25 août. Traité de Hué (Harmand).
— 16 déc. Prise de So'n-tây par Courbet.

1884. mars. Prise de Bac Ninh.
— 11 mai. Traité entre la France et la Chine à Tien-tsin (Fournier).
— 6 juin. Traité de Hué.
— 23 juin. Affaire de Bac-Lé.
— 23 août. Bombardement de l'arsenal de Fou-tcheou par l'amiral Courbet.
— 1 oct. Prise de Kilong.

1885. 13 fév. Prise de Tuyen-Quan.
— 3 mars. Levée du siège de Tuyen-Quan.
— 28 mars. Affaire de Langso'n.
— 29 mars. Prise des Pescadores, par Courbet.
— 4 avril. Protocole Billot-Campbell.
— 9 juin. Traité de Tientsin (Patenôtre) avec la Chine.
— 11 juin. Mort de l'amiral Courbet.
— 5—6 juillet. Guet-apens de Hué (Général de Courcy).

1886. 25 avril. Convention commerciale de Tien-tsin (F. G. Cogordan).
— 11 nov. Mort de Paul Bert à Hanoi.

1887. 26 juin. Convention additionnelle (Ernest Constans).

ROMANET DU CAILLAUD.

— Notice sur le Tong-king. Par F. Romanet du Caillaud. (*Bull. Soc. Géog.*, Avril 1880, pp. 302/330.)

— Ethnographie du Tong-king. — Réponse aux objections de M. le docteur Harmand, par M. F. Romanet du Caillaud. (*Bull. Soc. Géog.*, VIIe Série, II, Septembre 1881, pp. 252/261.)

Voir *Bul.* de Nov. 1880.

— Origine des Annamites et des sauvages. — Réponse aux objections de M. F. Romanet du Caillaud, par M. le docteur Harmand. (*Bull. Soc. Géog.*, VIIe Série, II, Septembre 1881, pp. 262/267.)

— Ethnographie du Tong-king. — Réponse aux nouvelles objections de M. le docteur Harmand, par M. F. Romanet du Caillaud. (*Bull. Soc. Géog.*, VIIe Série, II, Septembre 1881, pp. 267/271.)

— Les produits du Tong-king et des pays limitrophes. Par M. Romanet du Caillaud. (*Bul. Soc. Géog. com.*, IV, 1881/2, pp. 26/48.)

— Les produits du Tong-king et des pays limitrophes, par F. Romanet du Caillaud. — Extrait du Bulletin de la Société de Géographie commerciale de Paris. — Paris, Challamel aîné, — 1882, br. in-8, pp. 23, carte.

— Notes sur le Tong-king. Par F. Romanet du Caillaud. (*Bull. Soc. Géog.*, VIIe Série, III, 1882, pp. 548/556.)

— Les nouveaux débouchés pour nos tissus de laine. Par F. Romanet du Caillaud. (*Bul. Soc. Géog. com.*, V, 1883/4, pp. 590/4.)

— Solution de la question du Tong-king par une insurrection musulmane en Yûn-nân.

Lettre de F. Romanet du Caillaud, Limoges, 21 janvier 1884, insérée dans la *Gazette du Centre*.

Bib. Soc. Géog. Paris, C. 5 / 281

— Moyens d'accroître l'exportation française en Extrême Orient. Par F. Romanet du Caillaud. (*Bul. Soc. Géog. com.*, VIII, 1885/6, pp. 438/443.)

* F. Romanet du Caillaud. — Les martyrs européens au Tonkin au dix-huitième siècle. (*Le Pèlerin*, Paris, mars 1888.) in-8.

Compte-rendu Soc. Géogr., Paris.

DUTREUIL DE RHINS.

— Notes sur l'Annam. Par J. L. Dutreuil de Rhins. (*Bul. Soc. Géog.*, Paris, Avril 1877.)

— La côte d'Annam entre Tourane et Hué. Résumé d'observations météorologiques faites en 1876—1877. Par J. L. Dutreuil de Rhins. (*Rev. mar. et col.*, Vol. 56, 1878, pp. 426/439.)

— Le royaume d'Annam et les Annamites. — Journal de voyage de J. L. Dutreuil de Rhins. Ouvrage accompagné de cartes et de gravures d'après les croquis de l'auteur. Paris, E. Plon, 1879, in-12, pp. 315 + 1 f. n. c.

Notice : *Ann. de l'Extr. Orient*, II, pp. 141/144.

— Résumé des travaux géographiques sur l'Indo-Chine orientale. Par J. L. Dutreuil de Rhins. Br. in-8, avec une carte de l'Indo-Chine orientale, au $\frac{5000000}{1}$ (Extrait du *Bulletin de la Société de Géographie de France* du 1er Janvier 1880, paru en mars 1880). (*Ann. de l'Ext. Orient*, 1880—1881, III, pp. 321/330.)

— Notes de géographie historique sur le Fleuve Rouge, par J. — L. Dutreuil de Rhins. (*Bull. Soc. Géog.*, Avril 1880, 331/341.)

— Routes entre la Chine et l'Inde par J. Dutreuil de Rhins. (*Bull. Soc. Géog.*, VIIe Série, I, Janvier 1881, pp. 5/60, carte.)

— Une exploration à la frontière de l'Annam et du Laos. Par J. Dutreuil de Rhins. (*Bull. Soc. Géog.*, VIIe Série, II, Juillet 1881, pp. 62/71.)

— Avertissement géographique et orthographique sur la carte de l'Indo-Chine orientale suivi d'un vocabulaire des noms géographiques annamites, par M. J. L. Dutreuil de Rhins. Paris, Imprimerie nationale. MDCCCLXXXI, gr. in-8, pp. 66.

.·.

Dr. P. NEÏS.

— Rapport sur une excursion scientifique faite chez les Mois de l'arrondissement de Baria. Du 15 Mai au 15 Juin 1880. Par le Dr Paul Neïss. (*Excursions et Reconnaissances*, N° 6, 1880, pp. 405/435.)

Daté de Saïgon, le 27 Juillet 1880.

— Voyages du Dr. P. Neïs en Indo-Chine, par le docteur Harmand. (*Bull. Soc. Géog.*, VIIe Série, II, Juillet 1881, pp. 72/74.)
— Explorations chez les sauvages de l'Indo-Chine à l'Est du Mékong. Par le docteur Paul Neïs. Médecin de 1e classe de la marine. (*Bull. Soc. Géog.*, VIIe Série, IV, 1883, pp. 481/504.)
— En Indo-Chine — Siam et Tonkin. — Par M. le Dr. Neïs. (Avec carte.) (*Bul. Soc. Géog. com.*, VII, 1884/5, pp. 5/17.)
— Sur le Laos; par M. Paul Neïs. (*Bul. Soc. Anthrop.*, Paris, 1885, pp. 41/58.)
— Voyage dans le Haut-Laos, par M. le docteur P. Neïs, 1880. — Texte et dessins inédits. (*Tour du Monde*, 1885, II, pp. 1/80.)
Dessins de Eugène Burnand, d'après les croquis et les indications de l'auteur et des photog.
— Voyage au Laos (1883-1884) par le Dr. Paul Neïs, Médecin de la marine. (*Bull. Soc. Géog. Paris*, VIIe Série, VI, 1885, pp. 372/393.)

.·.

— Mon retour au Tong-kin 1883-1884. Par J. Dupuis. (*Rev. de Géog.*, XIV, 1884, pp. 370/374, 431/439; XV, 1884, pp. 19/29, 112/123.
— Du côté de Lao-kai. Conversation de M. Jean Dupuis, explorateur du Fleuve Rouge au sujet de l'établissement définitif de notre protectorat au Tonkin. (*Rev. de Géog.*, XVI, 1885, pp. 215/218.)
— La Pacification du Tong-kin. Par Jean Dupuis. (*Rev. de Géog.*, XIX, 1886, pp. 344/360.)
— L'autonomie du Tong-kin. Par Jean Dupuis. (*Rev. de Géog.*, XVIII, 1886, pp. 284/292, 371/381.)

.·.

— La Cochinchine contemporaine par A. BOÜINAIS, capitaine d'infanterie de marine .... et A. PAULUS, agrégé de l'université .... Avec une carte générale de la Cochinchine, réduction de la carte en vingt feuilles de M. le capitaine de frégate BIGREL, corrigée d'après les documents les plus récents. Paris, Challamel, 1884, in-8, pp. XI-490.

Notice : *Ann. de l'Ext. Orient*, 1883-1884, p. 128.

— L'Indo-Chine française contemporaine — Cochinchine 2e édition revue et augmentée Cambodge, Tonkin, Annam par A. Bouinais .... et A. Paulus ... Avec une carte générale de la Cochinchine et deux cartes particulières du Cambodge et du Tonkin. — Illustré de douze dessins par Gustave Garraud ... Paris, Challamel, 1885, 2 vol. in-8.

(YUN NAN.)

— La France en Indo-Chine, par A. Bouinais, capitaine d'infanterie de la marine, membre de la commission de délimitation des frontières du Tonkin et A. Paulus, agrégé de l'université, professeur d'histoire et de géographie à l'école Turgot. Paris, Challamel aîné, éditeur, 1886, in-12, pp. XV-466.

— Le Protectorat du Tonkin. Par A. Bouinais et A. Paulus. (*Rev. mar. et col.*, 1885, Vol. 84, pp. 280/348, 571/639.)
— Le royaume d'Annam. Par A. Bouinais et A. Paulus. (*Rev. mar. et col.*, Vol. 85, 1885, pp. 527/572.)

A. GOUIN.

* Carte du Tongkin. — Publiée avec l'autorisation de M. le Ministre de la marine et des colonies par M. A. GOUIN, lieutenant de vaisseau, d'après les travaux de MM. les *Ingénieurs* hydrographes de la marine, les *Officiers* de vaisseau, les *Missionnaires* des Missions étrangères et de MM. J. L. DUTREUIL DE RHINS, — J. DUPUIS, — ROMANET DU CAILLAUD, — MALLART, lieutenant d'infanterie de marine, — VILLEROI et d'après les cartes annamites, 1 feuille grand aigle en trois couleurs. Prix : 4 fr., Paris, CHALLAMEL aîné.

Notice : *Ann. de l'Ext. Orient*, 1883-1884, VI, p. 32.

— Notes sur le Tonkin, par A. Gouin, Lieutenant de vaisseau, résident de France à Nam-Dinh. (*Bull. Soc. Géog. Paris*, VIIe Série, VII, 1886, pp. 596/612.)
— Les rivières du Tonkin. Par Gouin, lieutenant de vaisseau résident de France à Nam-dinh. (*Rev. mar. et col.*, Vol. 90, 1886, pp. 5/24.)

— Le Tonkin. Notice géographique, par M. A. Gouin, lieut. de vaisseau, résident de France à Nam-Dinh. (*Bul. Soc. Géog.*, 1er trim. 1886, pp. 141/190.)

— Le Tonkin Muong. par MM. A. Gouin, Lieutenant de vaisseau, résident de France à Nam-Dinh et Moulié Chancelier. (*Bull. Soc. Géog. Paris*, VIIe Série, VII, 1886, pp. 613/651.)
— L'année agricole dans le delta du Tonkin par M. A. Gouin, résident de France à Sontay. (*Bul. Soc. Géog. com.*, IX, 1886/7, pp. 480/488.)
— Le Tonkin, le haut Fleuve Rouge et ses affluents. Par A. Gouin, Lieutenant de vaisseau, Résident à Sontay. (*Bul. Soc. Géog.*, 7e Série, VIII, 1887, pp. 547/565.)
Sontay, 6 Janvier 1887.

.·.

— N°. 507. Dépôt des cartes et plans de la marine. — Annuaire des marées de la Basse Cochinchine pour l'an 1873, par M. G. Héraud, Sous-ingénieur hydrographe. Paris. Imprimerie nationale. MDCCCLXXII. Prix : 75 centimes, in-16, pp. 34.

— N°. 519. .... Annuaire .... pour l'an 1874 .... MDCCCLXXIII .... in-16, pp. 32.
— N°. 547. Dépôt des cartes et plans de la marine. — Annuaire des marées de la Basse Cochinchine pour l'an 1876. — Paris. Imprimerie nationale. MDCCCLXXV. Prix : 75 centimes. in-16, pp. 34.
— N°. 560. .... Annuaire .... pour l'an 1877 .... MDCCCXLVI ... in-16, pp. 36.

(YUN NAN.)

— N°. 580. Dépôt des cartes et plans de la marine. — Annuaire des marées de la Basse Cochinchine et du Tong-kin pour l'an 1878. — Paris, Imprimerie nationale. — MDCCCLXXVII. Prix : 75 centimes. In-16, pp. 43.

—N°. 589.... Annuaire .... pour l'an 1879. — ... MDCCCLXXVIII ... in-16, pp. 43.

— N°. 617.... Annuaire .... pour l'an 1881, par M. G. Héraud, ingénieur hydrographe de la marine. — Paris, Imprimerie nationale. — MDCCCLXXX. Prix : 75 centimes. in-16, pp. 43.

—N°. 632.... Annuaire .... pour l'an 1882 .... MDCCCLXXXI ....
—N°. 644.... Annuaire .... pour l'an 1883 .... MDCCCLXXXII ...
—N°. 656.... Annuaire .... pour l'an 1884 .... MDCCCLXXXIII ...
—N°. 665.... Annuaire .... pour l'an 1885 .... MDCCCLXXXIV ...
—N°. 676.... Annuaire .... pour l'an 1886 .... MDCCCLXXXV ...
—N°. 685.... Annuaire .... pour l'an 1887 .... MDCCCLXXXVI. .
—N°. 694.... Annuaire .... pour l'an 1888 .... MDCCCLXXXVII. .

* Hydrologie de la Cochinchine, du Cambodge et du Ton-king, par M. Lapeyrère. (Archives de médecine navale, juin et juillet 1879.)

Notice : Bul. Soc. Géog. Rochefort, I, 1879—1880, pp. 162/164 (par C. Delavaud.)

— Communication sur le Tong-king. Par M. Lapeyrère. (Bul. Soc. Géog. Rochefort, I, 1879—1880, pp. 278/285.)

.·.

— Rapport sur la reconnaissance du fleuve du Tonkin. Par de Kergaradec, Consul de France à Hanoï. (Rev. mar. et col., 1877, Vol. 54, pp. 321/352; Vol. 55, pp. 20/42.)

— Cochinchine française. — Rapport sur le commerce du port de Haiphong pendant l'année 1880, par M. de Kergaradec, Consul de France à Haiphong. Saigon, Imprimerie nationale, 1881, br. in-8, pp. 18.

Bib. Soc. Géog. Paris, D 5 / 225.

— Le commerce de Haiphong pendant l'année 1880. Par le Cte. de Kergaradec, consul de France à Haiphong. (Annales de l'Ext. Orient, 1881—1882, IV, pp. 129/141.)

.·.

— Étude sur le Tongking. Origine du nom et géographie physique. Par E. Lesserteur. (Missions Cath., Lyon, 1876, pp. 201, 212, 222, 234, 247, 260, 273.)

— Des progrès de la mission catholique au Tongking occidental. Par E. C. Lesserteur. (Miss. Cath., 1877.)

Tirage à part, br. in-8, pp. 16.

— Annam. Le Tong-king méridional. Géographie physique. Par Mourouzier. (Miss. Cath., pp. 82, 94, 117, 129, 141, 154, 176.)

— Voyage au Tonking en 1876. — Chuyên ti Băc-ki năm Ât-hợi (1876). P. J. B. Tru'o'ng-Vĩnh-ký. Saigon, C. Guilland et Martinon. 1881, br. in-8, pp. 32.

Bib. Soc. Géog. Paris, E 5 / 417.

* Tonkin. Von S. E. (Globus. XXX, II, 1877.)

— Extrait d'un rapport du chef du service des douanes au Tonkin. (Période comprise entre le mois de sept. 1875 et la fin de l'année 1876.) Par le Vérificateur, chef du service, Roussel. (Rev. mar. et col., Vol. 55, 1877, pp. 43/56.)

— Le Pays d'Annam. — Etude sur l'organisation politique et sociale des Annamites par E. Luro, Lieutenant de vaisseau, Inspecteur des Affaires indigènes en Cochinchine. Paris, Ernest Leroux, 1878, in-8, pp. 6/252.

Avec une notice sur l'auteur par H. de Bizemont. Luro, né à Sérian (Gers) 2 août 1837; † à Toulon, 1876.

— Huit jours d'ambassade à Hué. (Royaume d'Annam.) Par M. Brossard de Corbigny, lieut. de vaisseau, attaché à la mission. 1875. — Texte et dessins inédits. (Tour du Monde, 1878, I, pp. 33/48, 49/64.)

* Eine Gesandtschaft in Hüe, Nach dem Französischen des Brossard de Corbigny. (Globus, XXXIII, 1878, 22, 23, 24.)

— De Franschen in Indo-China. — Geografisch, administratief en economisch overzicht van Fransch Cochin China, Annam en Kambodja. Met Kaarten en Platen door J. A. B. Wiselius ... Zalt-Bommel, Joh. Noman, 1878, in-8, pp. VIII-291, Carte.

— Etablissement du protectorat français au Cambodge. — Exposé chronologique des relations du Cambodge avec le Siam, l'Annam & la France. Par Charles Lemire .... Paris, Challamel aîné, 1879, br. in-8, pp. IX-48 + 1 f. n. c., carte.

— Ministère de l'agriculture et du commerce. Exposition universelle internationale de 1878, à Paris. Congrès et conférences du palais du Trocadéro. — Comptes-rendus sténographiques publiés sous les auspices du comité central des congrès et conférences et la direction de M. Ch. Thirion, secrétaire du comité, avec le concours des bureaux des congrès et des auteurs de conférences. — Conférence sur le TONG-KING et ses peuples, par M. l'abbé Durand, professeur des sciences géographiques à l'université catholique de Paris, membre de la Société académique indo-chinoise. 27 août 1878. Paris. Imprimerie nationale, MDCCCLXXIX, br. in-8, pp. 19.

Notice : Ann. Ext. Orient, II, pp. 84/6.

— Les Français au Tong-king. (Ann. de l'Extr. Orient, II, pp. 103/107.)

Extraits d'un article du Moniteur Universel, 26 Août 1879.

— Note sur les explorations du Mê-kong et du Song-coï. Par M. Bartet. (Bul. Soc. Géog. Rochefort, I, 1879, pp. 100/106.)

— Etude sur l'Indo-Chine. Par M. Silvestre. (Bul. Soc. Géog. Rochefort, I, 1879—1880, pp. 57/74 [2 cartes : le Pays des Moïs d'après la carte du voyage dans l'Indo-Chine et les renseignements du P. Dourisbourg; Bassin inférieur du Mékong, d'après la carte de M. Aymonier], pp. 107/140 [2 pl. anthrop.].)

— L'Empire d'Annam et le peuple Annamite. Aperçu sur la Géographie, les productions, l'industrie, les mœurs et les coutumes de l'Annam. Publié sous les auspices de l'Administration des colonies, annoté et mis à jour par J. Silvestre .... Avec une carte de l'Annam, hors texte. Paris, Alcan, 1889, in-18, pp. 380.

— Notes sur les Châu lào du Tonkin. Br. in-8, pp. 6.

Extrait des Excursions et Reconnaissances. — Par J. Silvestre, Administrateur principal des affaires indigènes.

— Etudes sur l'Indo-Chine. — Birmanie et Tongkin par Louis Vossion, ancien officier

... Extrait de la *Nouvelle Revue* du 15 janvier 1880. Paris, Challamel, 1880, br. in-8, pp. 32.

— De l'importance de la voie commerciale du Song-koï, par E. Génin, prof. au Lycée de Nancy. (*Bul. Soc. Géog. de l'Est*, II, 1880, pp. 519/533.)

— Etude d'ensemble sur le Tonkin. Par le Dr. G. Maget. (*Rev. de Géog.*, VII, 1880, pp. 161/181, 257/279.)

— Quelques mots sur le Tonkin. Par M. le Dr. Maget. (*Bul. Soc. Géog.*, Rochefort, II, 1880—1881, pp. 188/195.)

— La question du Tong-kin et de l'Annam. (*Ann. de l'Ext. Orient*, 1880—1881, III, pp. 118/121, 249/251.)

— Notice sur l'importance du Song-koï et des richesses du Tong-king, par M. le Vicomte de Bizemont . . . (*Bul. Soc. Géog. de l'Est*, II, 1880, pp. 504/518.)

— L'action française au Tong-king. Par M. le Vicomte de Bizemont. (*Bul. Soc. Géog. de l'Est*, IV, 1882, pp. 743/749.)

— Renseignements sur la province de Lang-Son et la frontière du Tonkin et de la Chine. (*Rev. mar. et col.*, Vol. 71, 1881, pp. 419/421.)

— La France au Tong-kin. Par Georges Renaud, avec 17 grav. (*Rev. géog. int.*, avril et mai 1881, pp. 86/92 et note annexe signée *Un Tong-kinois*, pp. 92/8.)

— Le Tonking. — Les événements de 1873 & 1874. — Causes qui ont amené notre première intervention. Nécessité d'une occupation immédiate et définitive. Par M. Paul Melon, Ancien élève de l'Ecole des Hautes-Etudes et de l'Ecole des Langues Orientales vivantes. En vente chez Rouvier et Logeat, 1881, br. in-8, pp. 40.

— La question du Tongkin devant l'opinion publique (Extrait de l'*Echo du Japon*). (*Annales de l'Ext. Orient*, 1881—1882, IV, pp. 289/311.)

A propos de l'art. de M. Edgar Amé dans la *Revue de France*, janvier 1881.

— Aperçu sur le Tong-king. Par M. Schneider, Cap. d'inf. de la marine. (*Bul. Soc. Géog.*, Rochefort, III, 1881—1882, pp. 137/146.)

— Note sur le climat du Tong-king et l'hygiène que les Européens y doivent observer, par le Dr. Alfred Thèze. (*Bul. Soc. Géog.*, Rochefort, III, 1881—1882, pp. 173/177.)

— Rapports du Tonkin et de la Cochinchine avec la France aux XVIIᵉ et XVIIIᵉ siècles. Par M. Castonnet Desfosses. (*Bul. Soc. Géog. com.*, IV, 1881/2, pp. 321/333.)

— Rapports du Tonkin et de la Cochinchine avec la France aux dix-septième & dix-huitième siècles. — Conférence Faite le 18 Juillet 1882 à la Société de Géographie commerciale de Paris, par M. Castonnet Desfosses, Avocat à la Cour d'Appel. Membre de la Société de Géographie. — Challamel aîné. — 1883, br. in-8, pp. 15.

— Les relations de la France avec le Tong-kin et la Cochinchine d'après les documents inédits des Archives du Ministère de la Marine et des Colonies et des Archives du Dépôt des Cartes et Plans de la Marine, par H. Castonnet Desfosses, Avocat à la Cour d'Appel, Membre de la Société Académique Indo-Chinoise. — Paris, Challamel aîné, 1883, br. in-8, pp. 38.

(YUN NAN.)

Extrait, n° 9 du *Bull. de la Soc. Acad. Indo-Chinoise*, 2ᵉ série, t. II, avril 1882.

— Les rapports de la Chine & de l'Annam. Par M. H. Castonnet Desfosses, Avocat au barreau de Paris, membre de la Société de Géographie de Paris. — Extrait de la *Revue de Droit international* — Bruxelles et Leipzig, C. Muquardt, br. in-8, pp. 70.

— Société bretonne de géographie de Lorient. — L'Avenir colonial de la France. — L'Afrique et le Tonkin. (Extrait du *Bulletin trimestriel* de la Société, N° 3.) Lorient, Imprimerie Louis Chamaillard, 1882, in-8.

— Conférence scientifique d'Abbeville et du Ponthieu. Indo-Chine : Cochinchine, Tongking, Cambodge. Conférence faite par M. Ch. Lemire, au Cirque du Champ-de-Foire, le 24 novembre 1882. (*Pilote de la Somme*, cinq feuilletons.)

Bib. Soc. Géog. Paris, $\frac{\text{D 5}}{249}$.

— Una Misión diplomática en la Indo-China. — Descripción del viaje de la Legacion especial de España al Imperio de Annam y Reino de Siam dando en dos años la vuelta al mundo por el coronel de infantería de marina, teniente de navió de 1ª clase de la armada Don Melchor Ordoñez y Ortega, Jefe de la expresada legacion . . . con un prologo de Don Pedro de Novo y Colson . . . publ. ilustrada . . . Madrid, 1882, pet. in-fol. á 2 col., pp. xxiii-601 + 1 f. n. c. p. l. t.

— D'Obock au Tong-kin à travers Malacca, par A. Delaire, ancien élève de l'école polytechnique. Extrait du *Correspondant*. Paris, Jules Gervais, 1882, br. in-8, pp. 31.

Notice : *Ann. de l'Ext. Orient*, 1882—1883, V, p. 221.

— The Bombardment of Pakhoi. An unrecorded Episode of 1882. By M. M. Playfair. (*China Review*, XV, pp. 100/104, 139/143.)

— Le commerce du Tongkin en 1881. (*Ann. de l'Ext. Orient*, 1882—1883, V, pp. 23/24.)

— Annamites et Chinois au Tong-king. Par Charles Labarthe. (*Rev. de Géog.*, XII, 1883, pp. 37/49.)

— Les limites du Tong-king et de la Chine au cap Paklung. Par Charles Labarthe. (*Rev. de Géog.*, XII, 1883, pp. 321/334.) [Carte.]

— Organisation politique actuelle du Tong-king sous la domination annamite. Par Charles Labarthe. (*Rev. de Géog.*, XII, 1883, pp. 434/443.)

— Ha-noi, capitale du Tong-king en 1883. Par Charles Labarthe. (*Rev. de Géog.*, XIII, 1883, pp. 91/103.) [Plan.]

— Qui-nhon et la province de Binh-dinh. Par Charles Labarthe. (*Rev. de Géog.*, XIII, 1883, pp. 181/189.)

— Les environs de Hanoï et la campagne annamite. Par Charles Labarthe. (*Rev. de Géog.*, XIII, 1883, pp. 258/270.) [Carte.]

— Son-tay et Bac-ninh. Par Charles Labarthe. (*Rev. de Géog.*, XIII, 1884, pp. 428/434.)

— L'œuvre de l'*Alliance française* au Tong-king. Par Charles Labarthe. (*Rev. de Géog.*, XV, 1884, pp. 140/144.)

— Le Tong-king. Esquisse historique et ethnographique. Par Charles Labarthe. (*Rev. de Géog.*, XIV, 1884, pp. 268/284.)

— La frontière nord du Tong-king. Laug-son, Cao-bang, Thai-nguyên. Par Charles Labarthe. (*Rev. de Géog.*, XIV, 1884, pp. 321/334.)

(YUN NAN.)

— L'anniversaire du 25 avril 1882. La prise de la citadelle de Ha-noi, par le commandant Rivière; ses conséquences. Par Charles Labarthe. (*Rev. de Géog.*, XVI, 1885, pp. 379/384, 459/463; XVII, 1885, pp. 58/64.)

— Le Tonkin — Importance de l'établissement d'une colonie française dans ce royaume par Un Diplomate—Sommaire— Préface. — I. Situation géographique du Tonkin. Considérations politiques. — II. Navigation extérieure. — III. Navigation intérieure. — IV. Navigation intérieure et extérieure des Jonques. — V. Services maritimes. — VI. Villes ouvertes au Commerce. — VII. Commerce du Tonkin. — VIII. Importations européennes. — IX. Commerce d'exportation. Production du pays. — X. Le Commerce avec le Yunnan. Mines à exploiter. — Paris, E. Denne, 1883, br. in-8, pp. 31.

— Les routes commerciales du Yunnan province chinoise au nord du Tonkin par V. Hoskiaer, Colonel du génie. — Extrait du *Geographisk Tidsskrift*, publié par la Société Royale danoise de géographie. Paris, Plon, 1883, br. in-8, pp. 32, carte.

— Carte du Tonkin, par Ch. Lassailly, Géographe. Challamel aîné, édit., Paris.

Inséré dans les *Annales de l'Extrême Orient*, 1883—1884, VI, p. 80.

— La guerre avec la Chine — la politique coloniale et la question du Tonkin, par Armand Rivière. Paris, Auguste Ghio, — 1883, br. in-8, pp. 24.

— Zur Karte von Tongking. Von W. Koner. (*Zeit. d. G. f. Erdk.*, XVIII, 1883, pp. 311/319.)

— Le protectorat du Tong-king, par D. Du Pavillon. — Rochefort, Soc. anon. de l'imp. Ch. Thèze. — 1883, in-12, pp. 14.

— La question du Tong-king, par H. Cordier. (*Bul. Soc. Hist. et Cercle St. Simon*, 1883, N° 2, pp. 80/97.)

Conférence faite au Cercle St. Simon, 9 déc. 1883.

— Le Conflit entre la France et la Chine. Etude d'histoire coloniale et de droit international, par Henri Cordier, Directeur de la *Revue de l'Extrême-Orient*. Paris, Léopold Cerf, 1883, br. in-8, pp. 48.

La plus grande partie de cette brochure avait paru dans le journal le *Temps*.

— La colonisation française. Par le comte Meyners d'Estrey. (*Ann. de l'Ext. Orient*, 1883—1884, VI, pp. 257/264.)

— H. Thureau — Le Tong-kin, colonie française — Avec une carte dressée d'après les plus récents documents. Paris, Librairie patriotique, 1883, br. in-8, pp. viii-112.

— Notre colonie, le Tongkin. — Explorations

(YUN NAN.)

et conquêtes. Aperçus géographiques. Les produits naturels. Les ressources commerciales, par H. Thureau. Avec une carte dressée d'après les plus récents documents. Paris, Maurice Dreyfous, 1883, in-18, pp. 272.

Ce vol. reproduit le précédent (qui contient en quatre chap. le résumé des expéditions de Garnier et de Dupuis) avec l'addition d'un chap. sur les événements qui ont précédé, accompagné et suivi la mort du commandant Rivière.

Notices : *Rev. Ext. Orient* [par H. Cordier], II, 1883, p. 421. — *Ann. Ext. Orient*, 1882—3, V, p. 380.

— Un séjour au Tonkin. Journal d'un touriste. Haï-phong et Ha-noï. Par M. Edmond Cotteau. (*Revue politique et littéraire*, 5 mai 1883, pp. 561/567.)

Bib. Soc. Géog., Paris, $\frac{E\,5}{401}$.

— La Question du Tonkin, par Paul Deschanel, Rédacteur au *Journal des Débats*. — L'Annam et les Annamites; Histoire, Institutions, Mœurs. — Origines et développement de la question du Tonkin. — Politique de la France, de l'Angleterre, de la Chine. — Le protectorat français. — Paris, Berger-Levrault, 1883, in-12, pp. vii-505, avec une carte.

Notices : *Ann. Ext. Orient*, 1883—84, VI, pp. 127/8. — *Rev. Ext. Orient* [par H. Cordier], 1883, II, pp. 420/1.

— La route française au Tonkin — Canal de Malaca. — Avant-projet de percement de l'isthme de Kra ou de Malaca, présenté à M. F. de Lesseps, le 1er Mai 1883, adressé à Sa Majesté le roi de Siam le 8 Juin. Conférence faite à la Société académique Indo-Chinoise dans sa séance du 30 Mai 1883, par M. le Comte A. Mahé de la Bourdonnais, ingénieur, explorateur en Birmanie et Siam. Avec une carte. Paris, Challamel aîné, 1883, br. in-8, pp. 16.

— Dix-huit mois à Hué. Impressions et souvenirs par M. A. Auvray, Médecin de la marine. (*Bull. Soc. Géog.*, VIIe Série, IV, 1883, pp. 409/448.)

— Le Tonkin, la Chine et l'Angleterre. Par G. d'Orcet. (*Rev. Brit.*, 1883, IV, pp. 137/164.)

— Le commerce dans l'Extrême-Orient et la question du Tonkin. Par C. Lavollée. (*Rev. des Deux Mondes*, 1er septembre 1883, pp. 188/205.)

C. Lavollée = Charles Hubert Lavollée.

— Les droits de suzeraineté de la Chine sur le Tong-king. Par le Dr. Ch. Em. Martin. (*Rev. de Géog.*, XIII, 1883, pp. 290/293.)

— Création d'un chemin de fer entre Hanoi et la mer. — Avant-projet d'un voyage d'exploration au Tonquin pour étudier le tracé possible entre Hanoï et la mer, d'un chemin de fer susceptible d'être prolongé ultérieurement vers la frontière chinoise. Par Henri Viénot. (*Soc. normande de Géog.*, Rouen, IV, 1882, pp. 296/303.)

— Création d'un chemin de fer entre Hanoï et la Mer. Par Henri Viénot, Avocat à Saïgon, membre du conseil colonial et de la

(YUN NAN.)

société normande de géographie. — Rouen, imprimerie de Espérance Cagniard, Rues Jeanne-Darc, 88, et des Basnage, 5, 1883, br. in-4, pp. 8.

— Voyage au Tonquin, par M. Henri Viénot, membre de la Société normande de Géographie et Albert Schrœder, entrepreneur à Saïgon. (*Soc. normande de Géog.*, Rouen, IV, 1882, pp. 337/351; V, 1883, pp. 1/16.)

— Voyage au Tonquin, par Henri Viénot, Avocat à Saïgon, membre du conseil colonial et de la société normande de géographie et Albert Schrœder, Entrepreneur à Saïgon. Rouen, imprimerie de Espérance Cagniard, Rues Jeanne-Darc, 88, et des Basnage, 5, 1883, br. in-4, pp. 31.

Extrait du *Bulletin de la société normande de géographie*. — Novembre-Décembre 1882. — Janvier-Février 1883.

— Rapport présenté à M. Le Myre de Vilers, Gouverneur de la Cochinchine française, sur le voyage d'études fait au Tonquin. Par MM. Henri Viénot et Albert Schrœder. (*Excursions et Reconnaissances*, N° 16, p. 5, et N° 17, p. 125, 1883 et 1884.)

— Les chemins de fer du Tonkin. (*Rev. mar. et col.*, Vol. 95, déc. 1887, pp. 369/402.)

Rapport de la *Commission technique des chemins de fer du Tonkin;* avait d'abord paru dans le *Journal officiel* du 29 août 1887.

— Mémoire sur l'exploration des gîtes de combustibles et de quelques-uns des gîtes métallifères de l'Indo-Chine. Extrait du Rapport adressé aux Ministres de la Marine et des Travaux publics et au Gouverneur de la Cochinchine. Par M. Edmond Fuchs, Ingénieur en chef des mines, avec la collaboration de M. E. Saladin, ingénieur civil des mines. Paris, Dunod, 1883, in-8, pp. 118, Pl.

Extrait des *Annales des mines*, livraison de sept.-oct. 1882.

— La houille au Tongkong. (*Ann. de l'Ext. Orient*, 1882—1883, V, pp. 174/176.)

D'après le rapport de M. Ed. Fuchs.

— Formation houillère du Tong-king. (*Bul. Soc. Géog. de l'Est*, V, 1883, pp. 132/4.)

D'après la *Revue Britannique*.

— Concession des mines de charbons au Tonkin. (*Bul. Soc. Géog. comm.*, IX, 1886/7, pp. 711/2.)

— Etude sur le Bassin Houiller du Tonkin, suivie de notes sur les gisements métallifères de l'Annam et du Tonkin, et du projet de règlement sur les mines de la colonie, par E. Sarran, ingénieur colonial des mines, Paris, Challamel, 1888, gr. in-8.

Accompagné de 9 pl. techniques coloriées et de 2 pl. de vues.

— Richesses agricoles et forestières du Tonkin, par Elie Alavaill, voyer-architecte, chef du service de la voierie de la province de Hanoï. Paris, Challamel, 1888, br. in-8, pp. VI-48.

— Le commandant Rivière et l'expédition du Tonkin, par Charles Baude de Maurceley,

(YUN NAN.)

avec une préface de Alexandre Dumas fils, Paris, Paul Ollendorff, 1884, gr. in-18, pp. XII-222 + 1 f. n. c. p. l. tab.

Henri-Laurent Rivière, né à Paris, 12 juillet 1827; † 19 mai 1883.

— Le commandant Rivière au Tonkin, par L. Peyrin. Tours, Alfred Cattier, 1886, in-8, pp. 118 + 1 f. n. c. p. l. table.

.·.

— Le voyage dans la presqu'île indo-chinoise et les Productions et le Commerce de cette contrée. Par le Dr. Harmand. (*Bul. Soc. Géog. comm.*, I, 1878/1879, pp. 83/92, carte.)

— La tâche des explorateurs futurs de l'Indo-Chine. Par M. le Dr. J. Harmand. (Avec carte.) (*Bul. Soc. Géog. com.*, II, 1879/80, pp. 281/8.)

— Le Laos et les populations sauvages de l'Indo-Chine, par M. le docteur Harmand. 1877. — Texte et dessins inédits. (*Tour du Monde*, II, 1879, pp. 1/48; 1880, I, pp. 257/320.)

Dessins de Eugène Burnand, d'après les croquis et les indications de l'auteur.

— Les cinq voyages du Docteur Harmand en Indo-Chine 1875—1877. Par E. Génin, prof. au Lycée de Nancy. (*Bul. Soc. Géog. de l'Est*, II, 1880, pp. 272/281.)

— Le commissaire civil de la France au Tongkin. (*Ann. de l'Ext. Orient*, 1883—1884, VI, pp. 29/30.)

J. Harmand, né à Saumur, 23 Oct. 1845.

— Proclamation du Dr. Harmand aux Tongkinois. (*Ann. de l'Ext. Orient*, 1883—1884, VI, pp. 124/125.)

— Le traité de Hué. (*Ann. de l'Ext. Orient*, 1883—1884, VI, pp. 148/151.)

Texte. — 25 Août 1883.

.·.

— Ministère des Affaires étrangères. — Documents diplomatiques. — Affaires du Tonkin. — Première Partie. 1874 — Décembre 1882. Paris. Imprimerie nationale. MDCCCLXXXIII, in-fol., pp. 327.

— Deuxième Partie. Décembre 1882—1883. Paris. Imprimerie nationale. MDCCCLXXXIII, in-fol., pp. 268.

— Affaires du Tonkin. — Exposé de la situation. — Octobre 1883. Paris. Imprimerie nationale. MDCCCLXXXIII, in-fol., pp. 31.

— Affaires du Tongkin. (*Ann. de l'Ext. Orient*, 1883—1884, VI, pp. 136/148.)

D'après les rapports officiels aux Chambres.

— Un livre bleu sur les affaires de Chine. (*Ann. de l'Ext. Orient*, 1885—1886, VIII, pp. 306/309.)

.·.

— Tong-king — De Hanoi à la frontière du Kouang-si (Provinces de Bac-Ninh et Langson), par M. A. Aumoitte, Chancelier du Consulat de France à Hanoi. — Accompagné d'une carte gravée. (Extrait de l'*Exploration*.) Revue géographique. — Paris, Andriveau-Goujon. — 1884, br. in-8, pp. 44, grav. et carte.

— Le Tong-king. Par H. Chotard. (*Revue*

(YUN NAN.)

d'Auvergne, publiée par la Société d'émulation de l'Auvergne, I, 1884, pp. 22/41, 108/126.)

— Les affaires de l'Indo-Chine — Conquête & administration du Tonkin. Paris, Auguste Ghio. — MDCCCLXXXIV, br. in-8, pp. 45.

— Excursion chez les Moïs de la frontière Nord-Est, du 22 avril au 9 mai 1882. Par L. Nouet. (*Excursions et Reconnaissances*, VIII, N° 19, 1884, pp. 5/26.)

— Excursion chez les Moïs indépendants. Par Humann. (*Excursions et Reconnaissances*, VIII, N° 19. — 1884, pp. 27/42.)

— La campagne du Tonkin, par Christian Solar . . . Membre de la Société des Etudes coloniales et maritimes. — Paris, Imp. Dubuisson, 1884, br. in-8, pp. 31.

— La question du Tonkin, solution immédiate, honorable, la moins coûteuse, la plus conforme aux véritables intérêts de la France, par M. L. de Grammont, ancien sous-préfet en Basse-Cochinchine. Prix : 1 fr. 50. Au profit des blessés du Tonkin. Paris, Dentu [et] Chérié, 1884, pet. in-8, pp. 54.

— Renseignements commerciaux sur le Tonkin. (*Bul. Soc. Géog. com.*, Bordeaux, 1884, pp. 559/569.)
Circulaire de M. Félix Faure, Paris, 3 Sept. 1884.
— Système des impôts au Tonkin. Par B. Rossigneux, admin. adj. au Secrétariat général. (*Rev. mar. et col.*, Vol. 81, 1884, pp. 261/268.)
— L'Annam et le Tongkin. (*Ann. de l'Ext. Orient*, 1883—1884, VI, pp. 157/158.)
— Le Laos tonkinois, annamite et siamois. Par E. Moulié. (*Bul. Soc. Géog. com.*, VII, 1884/5, pp. 176/7.)
Ninh-Binh, 16 sept. 1884.
— Voyage dans l'Indo-Chine, par A. Petiton, Ex-ingénieur en chef du service des mines au Tonkin. (*Bul. Soc. Géog.*, Paris, VIIᵉ Série, V, 1884, pp. 364/386.)
— Notes sur quelques peuplades sauvages dépendant du Tong-king, par Le Père Pinabel, De la Société des Missions étrangères. (*Bul. Soc. Géog. Paris*, VIIᵉ Sér., V, 1884, pp. 417/433.)
— Le Tranc-nigne à l'Ouest du Tong-king, par Le Père P. Blanck, De la Société des Missions étrangères. (*Bul. Soc. Géog. Paris*, VIIᵉ Sér., V, 1884, pp. 434/452.)

— Société d'économie politique de Lyon (Séance du 11 janvier 1884). — Le Tonkin et la colonisation française. — Rapport de M. Ulysse Pila. Lyon, Imprimerie A. Bonnaviat, 1884, br. in-8, pp. 45.

Réponse à une conférence de Mr. E. Morel.
Bib. Soc. Géog. Paris, $\frac{C 5}{233}$.

— La France dans l'Extrême-Orient, par Th. Desdevises du Dezert, Professeur de Géographie à la Faculté des Lettres de Caen ... Rouen, Imprimerie de Espérance Cagniard, 1884, br. in-8, pp. 31.

Bib. Soc. Géog. Paris, $\frac{C 5}{235}$.
Avait paru dans le bul. de la *Soc. Normande de Géog.*, Rouen, V, 1883, pp. 401/417.

— Notes d'un Reporter. — L'Exploitation du Tonkin, par Georges Fillion, Correspondant de l'*Agence Havas* au Corps expéditionnaire du Tonkin. Prix : 1 franc 25 cent. Paris, Challamel aîné, Novembre 1884, br. in-8, pp. 31.

— La paix avec la Chine. (*Ann. de l'Ext. Orient*, 1884—1885, VII, pp. 378/379.)
Convention du 11 mai 1884.

— Tonkin or France in the Far East. By C. B. Norman, late Capt. Bengal Staff Corps and 90th Light Infantry, . . . With Maps. London : Chapman & Hall, 1884, in-8, pp. xv-343.

— Le Tonkin ou la France dans l'Extrême-Orient, par C. B. Norman, Ancien capitaine de l'état-major du Bengale et du 90ᵉ régiment d'infanterie. . . . Paris, Hinrichsen . . . 1884, in-12, pp. VI-318.

— The War in Tong-king. — Why the French are in Tong-king, and what they are doing there. — By Lieut. Sidney A. Staunton, U. S. N. Boston : Cupples, Upham and Co. . . . 1884, br. in-4, pp. 45 à 2 col.

— Burma, the Foremost country. A Timely Discourse. To which is added John Bull's Neighbour squaring up; or, how the Frenchman sought to win an Empire in the East. With Notes on the Probable Effects of French Success in Tonquin on British interests in Burma, By the author of «our Burmese wars and relations with Burma», «Ashé Pyee», &c. London : W. H. Allen & Co. Publishers to the India Office, 1884, in-8, pp. XXVIII-146.

— Souvenirs de la campagne du Tonkin — Bac-ninh — Par R. Carteron, Cap. au 1ᵉʳ rég. de zouaves. — Paris, Baudoin, 1888, br. in-8, pp. 39.

— The French in Indo-China. — With a Narrative of Garnier's Explorations in Cochinchina, Annam, and Tonquin. With Thirty-three Illustrations. London : T. Nelson and sons. Edinburgh and New-York. 1884, pet. in-8, pp. 263.

— Tungking, by William Mesny, Major-General in the Imperial Chinese Army. Hongkong : Printed by Noronha & Co. 1884, br. in-8, pp. 115.

Notice par Henri Cordier, *Rev. Extr. Or.*, II, 4, 1884, p. 586.
— Analyse et traduction d'un ouvrage intitulé le Tonkin. Par Gervaise, lieut. de vaisseau. (*Rev. mar. et col.*, Vol. 96, 1888, pp. 35/62, à suivre.)
Trad. de la brochure de Mesny.

— Notre but au Tonkin. — Lettre à M. le Président du Conseil, ministre des affaires étrangères (Mars 1884), par Jules Blancsubé, député de la Cochinchine. (Cette lettre, écrite après la prise de Bac-Ninh, revêt un caractère d'actualité, à la suite de l'affaire de Lang-soon et à la veille d'hostilités possibles avec la Chine.) — Paris, Imp. nouvelle (Ass. ouvrière), 1884, in-12, pp. 15.

— No. 1889. — Chambre des Députés, troisième législature. Session de 1883. — Annexe au procès-verbal de la séance du 10 mai 1883. Rapport fait au nom de la commission chargée d'examiner le projet de loi portant ouverture au Ministre de la Marine et des Colonies, sur l'Exercice 1883 d'un crédit supplémentaire pour le service du Tonkin. Par M. Blancsubé, Député, in-4, pp. 29.

— A propos du Tonkin et de l'Indo-Chine, par Jules Blancsubé, Député de la Cochinchine, Ancien Maire de Saïgon, Conseiller colonial. — Octobre 1886. Paris, Imp. typ. Mayer, MDCCCLXXXVI, in-12, pp. 68.

— No. 1717. — Chambre des députés, quatrième législature. Session de 1887. — Annexe au procès-verbal de la séance du 2 avril 1887. Proposition de loi tendant à la création d'un ministère spécial des colonies et des protectorats. Présenté par M. Blancsubé, Député, in-4, pp. 85.

— Notes sur le Laos, par Etienne Aymonier — Saïgon. Imprimerie du Gouvernement, 1885, br. in-8, pp. 298.

Ext. des *Exc. et Reconnaissances*, No. 20, p. 315; 21, p. 5; 22, p. 255.

— Lieutenant-Colonel Dominé — Journal du Siége de Tuyen-Quan, 23 novembre 1884 — 3 mars 1885. Paris [et] Limoges, Lavauzelle, pet. in-16, pp. 102 et plan.

Avait paru dans le *Journal Officiel* des 10, 14, 16 et 17 mai 1885; et dans la *Revue de l'Extr. Orient*, III, 2, 1885, pp. 281/319.

— Tuyen-Quan pendant le siège, par Th. Boisset, aumônier au corps expéditionnaire du Tonkin. (Extrait de la *Revue chrétienne*.) Paris, Fischbacher — 1885, br. in-8, pp. 30.

— Le choléra et la légion étrangère au Tonkin. Par Th. Boisset. (*Revue chrétienne*, N° 3, 10 mars 1886, pp. 182/192.)

Daté : Phu-Lang-Thuong, 8 nov. 1885.

— Le Siége de Tuyen-Quan du 24 Novembre 1884 au 3 Mars 1885, par Dick de Lonlay. — Illustré de 48 dessins par l'auteur. Deuxième édition. Paris, Garnier Frères, 1887, in-12, pp. 153 + 1 f. n. c.

— Corps expéditionnaire du Tonkin — Marche

(YUN NAN.)

de Lang-son à Tuyen-Quan (1re brigade — Giovanninelli) — Combat de Hoa-Moc — Déblocus de Tuyen-Quan (13 février — 3 mars 1885). Par le Capitaine Lecomte... Berger-Levrault, Paris [et] Nancy, 1888, in-8, pp. 70, 4 cartes.

— La question Tonkinoise avant et après le traité avec la Chine, par J. Pène-Siefert. Paris, Alphonse Lemerre, MDCCCLXXXV, br. in-8, pp. IV-54.

— L'expédition du Tonkin — Les responsabilités. — Par Armand Rivière, député d'Indre-et-Loire. — Prix : 1 Franc. — Paris, en vente chez Elie Bloch, in-12, pp. 133 + 1 f. n. c.

— L'avenir de la France au Tonkin, par un ancien compagnon de Francis Garnier. — Paris, Challamel aîné, 1885, br. in-8, pp. 132, carte de A. Gouin.

Par M. de Trentinian.

— Les gages nécessaires (Yun-nan, estuaire du Yang-tse, Hainan, Formose), par E. Raoul, Secrétaire Général-Adjoint de la Société Française de Colonisation. Première partie, FORMOSE. Brest, imprimerie Gadreau; Paris, Challamel aîné, 1885, in-8, pp. 101.

Sur le titre on lit : Les gages nécessaires. Formosa «la belle», par E. Raoul, Pharmacien de 1° classe de la Marine au Corps expéditionnaire de Formose.

— La guerre au Tonkin. Par P.-A. C***. Extrait du *Journal des Sciences militaires* (Mars 1885). — Paris, L. Baudoin, 1885, br. in-8, pp. 20.

— Les renforts pour le Tonkin. Par A. G. Ancien élève de l'école polytechnique. Paris, L. Baudoin, 1885, br. in-8, pp. 27.

Extrait du *Journal des Sciences militaires* (Avril 1885).

— La cavalerie au Tonkin. — Extrait du *Journal des Sciences militaires* (Février 1885). Paris, L. Baudoin, 1885, br. in-8, pp. 16.

— Notice sur l'Annam. Par L. Schillemans, lieutenant d'infanterie de marine, détaché auprès de M. le Ministre, résident général à Hué. Pièce in-4 à 3 col., pp. 6.

Extrait du *Journal officiel* du 11 juin 1885.

— Lettre du Tonkin. Haï-Phong, octobre 1885. — Paris, Imp. de G. Balitout... 1885, br. gr. in-8, pp. 23.

— Etude stratégique sur le Tonkin — faisant ressortir les dangers d'une paix mal assise et l'urgence de réformer notre organisation et notre éducation militaires «REMEMBER». — Paris, Kéva et Cie., 1885, in-16, pp. 31.

— Le Docteur Bernard, de Cannes — De

(YUN NAN.)

Toulon au Tonkin (Itinéraire d'un transport). — Ouvrage illustré de quatre gravures. — Paris, Laplace, Sanchez et Cie. ...
1885, in-12, 2 ff. n. c. + pp. 364.

— France and Tongking. A Narrative of the
Campaign of 1884 and the occupation
of Further India by James George Scott
(*Shway Yoe*). With Maps and Plans. London, T. Fisher Unwin, 1885, in-8, pp.
xiii-381.

— Communication topographique sur le delta du Tong-king. Par
le Cap. P. A. Conte. (*Rev. de Géog.*, XVII, 1885, pp. 138/146.)
— Le Tonkin, aperçu de politique coloniale. Par Conte, cap. au
1ᵉʳ rég. étranger. (*Bul. Soc. Géog. com.* Bordeaux, 1885, pp.
533/4.)
— La colonisation de l'Indo-Chine. Par Edgar Boulangier, Ingé-
nieur des ponts et chaussées. (*Rev. mar. et col.*, Vol. 85, 1885,
pp. 87/115).
— Décrets impériaux chinois ordonnant la révocation du Prince
Kung et ceux relatifs à la prise de Bac-Ninh. (*Ann. de l'Ext.
Orient*, 1884—1885, VII, pp. 29/30.)
— Les mines du Tongkin et de l'Annam. (*Ann. de l'Ext. Orient*,
1884—1885, VII, pp. 172/174.)
— La puissance chinoise, par C. de Saint-Paul. Orléans, Imprim.
Paul Girardot, 1885. br. in-12, pp. 21.
Article de journal inspiré par les affaires du Tongking.
Bib. nat. 0² n / 769.

— Chine et Tonquin. Par J.-Léon Soubeiran.
br. in-8, pp. 57. Carte. [Montpellier, 1885.]
Extrait du bulletin de la *Société Languedocienne de Géographie*
(1885).
— Notes sur l'organisation de l'Indo-Chine. (*Rev. mar. et col.*,
Vol. 86, 1885, pp. 368/382.)

— Paul Bonnetain. — Au Tonkin. Paris, Victor
Havard, 1885, in-18-Jésus, pp. ii-336.
— Notes de voyage. En route pour le Tonkin. Par Paul Bonnetain.
Cette série d'articles a été commencée dans le *Figaro*, du Mer-
credi, 9 Janvier 1884.

— L'aventure du Tonkin et la Majorité. —
Les complices. Prix : 10 centimes. Paris,
Société anonyme de Publications pério-
diques, 1885, in-16, pp. 39.

— Les Chinois, leur armée, leurs voies d'invasion dans le Tonkin, par Le Capitaine
R ... [Maurice Recoing] Paris, librairie militaire de L. Baudoin et Cᵉ, 1885, br. in-8,
pp. 31.
Extrait du *Journal des Sciences militaires* (Juin 1885).

— Les richesses du Tong-kin, les produits à
y importer et l'exploitation française. —
Guide administratif, commercial, industriel,
agricole, etc., complété à l'aide des derniers
renseignements officiels parvenus au ministère de la marine et des colonies et contenant plusieurs parties neuves essentielles :
Notamment : la liste des ouvrages publiés
sur cette colonie — un vocabulaire des expressions locales les plus employées par
les auteurs — l'exposé par ordre alphabétique des industries à créer, etc., etc. Par

Savigny et Bischoff. Avec une carte entièrement nouvelle du Tong-kin et des Pays
environnants dressée par l'Explorateur
Jean Dupuis. Paris, librairie H. Oudin,
1885, in-12, pp. 203 + 1 f. n. c.
Notice : *Ann. de l'Ext. Orient*, 1884—1885, VII, pp. 351/2.

— La Conquête du Tonkin d'après des documents inédits par A. Gervais. Paris, Bureau des Deux Revues, 1885, pet. in-8, pp.
144.
Extrait de la *Revue Scientifique*.

— La Ferryade ou la guerre du Tonkin par
C. Demellier. Prix : 0.50 cent. Poitiers,
Imp. Marcireau, 1885, br. in-12, pp. 22.

— Le conflit franco-chinois (la guerre et les
traités) d'après les documents officiels, par
E. Guillon, Agrégé de l'Université, Rédacteur en chef du *Réveil du Dauphiné*. Grenoble, Librairie Maisonville, Alexandre
Gratier successeur, éditeur, 1885, br. in-8,
pp. 71.

— Extrait du journal *Le Temps*. — De Paris
au Tonkin (Lettres d'un correspondant
particulier). br. in-4, s. l. n. d., pp. 69 à
2 col.
Par Paul Bourde.
Réimp. avec des modifications sous le titre de :

— De Paris au Tonkin, par Paul Bourde,
Correspondant du *Temps*. Paris, Calmann
Lévy, 1885, gr. in-18, pp. 382 + 1 f. n. c.
p. l. tab.
L'auteur annonçait un autre vol. au verso du faux-titre : *Du
Tonkin à Paris.*

— Campagne de l'«Antilope» en Indo-Chine-
Cochinchine française - Annam - Tonkin-
Siam. Par le Cap. de frégate Foret [1879 —
1881]. (*Soc. Acad. de Brest. Bul. de la Section de Géog.*, Ext. du T. X. [3ᵉ Sér.] du
Bul. de la Soc. Acad., Brest, 1885), br.
in-8, pp. 100.

— The Truth about Tonquin, being *The Ti-
mes* Special Correspondence by Archibald
R. Colquhoun, F. R. G. S., &c. Author of
«Across Chrysê», &c. One Shilling.. Lon-
don : Field & Tuer, Yᵉ Leadenhalle Presse,
E. C. pet. in-8, carré, pp. 157 [1884].
Forme le Nᵒ X de *The Vellum-Parchment Shilling Series of Mis-
cellaneous Literature.*

— Le Tonkin et Madagascar. — Discours
prononcé à la chambre des députés le 21
Décembre 1885 sur la question du Tonkin
et de Madagascar, par Mᵍʳ· Freppel, évêque
d'Angers, député du Finistère. Paris, Société générale de librairie catholique, Victor Palmé, directeur général, Bruxelles,

Société belge de librairie, Genève, Henri Trembley, 1886, br. in-8, pp. 38.

— Chambre des Députés. Extrait du *Journal officiel* du 23 déc. 1885. — Discours prononcé par M. Ballue, Séance du 22 Décembre 1885. — Discussion du projet portant ouverture et annulation de crédits extraordinaires pour le service du Tonkin et de Madagascar. — Paris, Imp. du *Journal officiel*, 1885, br. in-8, pp. 31.

Les discours du Duc de Broglie, 11 déc. 1884, au Sénat : Paris, imp. de la société anonyme de publications périodiques, 1884, in-18 ; de M. Clémenceau, à la Chambre des Députés, 27 nov. 1884 : Paris, aux bureaux du journal «La Justice», 1884, in-12; de M. de Freycinet, au Sénat, 20 déc. 1883 : Paris, imp. du «Journal officiel», 1884, in-8, ont été également imprimés à part sous forme de pièces.

— The French at Foochow, by James F. Roche, L. L. Cowen, U. S. Navy. Shanghai : Printed at the «Celestial Empire» Office, 1884, in-8, pp. 49, fig.

— Combat de Fou-tchéou (23 août); d'après une image vendue en Chine le lendemain de la bataille. (*Miss. Cath.*, XVI, 1884, p. 547.)
— Chinese Account of the French attack upon Pagoda Anchorage. Transl. by E. H. Parker. (*China Review*, XVIII, 1, 1889, pp. 39/40.)
— Les combats de la rivière Min, 1884. Par Ch. Chabaud-Arnault, Capitaine de frégate. (*Rev. mar. et col.*, Vol. 84, 1885, pp. 517/547.)
— Affaire de Sheipoo. Rapport adressé à M. le vice-amiral, commandant en chef l'escadre de l'Extrême-Orient, par M. le cap. de vaisseau Gourdon, sur l'attaque des frégate et corvette chinoises le *Yu-Yuen* et le *Tcheng-king*, dans la nuit du 14 au 15 fév. 1885. (*Rev. mar. et col.*, Vol. 86, 1885, pp. 56/68.)
— Prise des îles Pescadores. Rapport de l'amiral Courbet, Makung, 8 avril 1885. (*Rev. mar. et col.*, Vol. 86, 1885, pp. 218/223.)
— A.-A.-P. Courbet. Vice-Amiral (1827–1885.) (*Rev. mar. et col.*, Vol. 86, 1885, pp. 182/192.)
Notice nécrologique, état de services, etc.
— Discours de l'amiral Galiber à Abbeville. (*Ibid.*, Vol. 87, 1885, pp. 174/175.)

— L'Amiral Courbet d'après les papiers de la marine et de la famille, par Émile Ganneron, secrétaire-rédacteur au sénat. Paris, librairie Léopold Cerf, 1885, in-18, pp. VI-372.

Amédée-Anatole-Prosper Courbet, né à Abbeville, 26 juin 1827; † 11 juin 1885, à bord du *Bayard* à Makong (Pescadores).

— L'amiral Courbet, par un ami de la famille. Abbeville, A. Retaux, imprimeur-éditeur, 84, chaussée Marcadé, 1885, in-18, pp. 110.

— L'escadre de l'amiral Courbet. Notes et souvenirs, par Maurice Loir, Lieutenant de vaisseau à bord de la *Triomphante* .... Paris, Berger-Levrault, 1886, pet. in-8, pp. 370 + les ff. prél. et 1 f. n. c. à la fin.

— Les héros du Tonkin — L'amiral A. Courbet, par A. Gervais, ancien officier. Charavay frères, libraires-éditeurs, Paris, s. d., in-18, pp. 160.

— Dick de Lonlay. — La marine française en Chine. — L'amiral Courbet et le

Bayard. — Récits anecdotiques illustrés de 40 dessins, par l'auteur. Paris, Garnier frères, 1886, in-12, pp. VIII-163 + 1 f. n. c.

— Dick de Lonlay. — L'Amiral Courbet et le «Bayard», Récits souvenirs historiques — Illustrés de 40 dessins par l'auteur. — Paris, Garnier frères, 1886, in-12, pp. VIII-163 + 1 f. n. c. —
Même éd. avec un titre différent.

— Oraison funèbre de l'amiral Courbet, prononcée le 1er Août 1885, à Poitiers dans l'église de Montierneuf devant les Représentants et les Délégués du département de la Vienne, par L'Abbé Frémont, Ancien aumônier de l'Ecole normale de la Seine, Vicaire à S.-Philippe-du-Roule (Paris). Paris, Berche et Tralin, 1886, in-8, pp. 62.

— Félix Julien. — L'Amiral Courbet d'après ses Lettres. Paris, V. Palmé, 1889, in-12, pp. II-314.

— L'unité de l'Indochine, par M. Carabelli, Conseiller Colonial. Maire de Saigon. Saigon, imprimerie Rey et Curiol. — 1886, br. in-12, pp. 18.

— La Société des Missions étrangères pendant la guerre au Tonkin. Paris, Lib. de l'Œuvre de Saint-Paul, 1886, br. in-8, pp. 89 + 1 f. n. c. : p. l. t.

— Histoire ancienne et moderne de l'Annam. Tongking et Cochinchine. Depuis l'an 2700 avant l'ère chrétienne jusqu'à nos jours. Par M. l'abbé Adr. Launay, . . . des Missions étrangères. Paris, Challamel, 1884, in-8, pp. 251.

— Les dépenses de l'expédition du Tonkin. Les comptes du ministère de la marine. Paris, E. Dentu, 1886, br. gr. in-8, pp. 37.

— Lucien Huard. — La guerre illustrée. — Chine-Tonkin-Annam. L. Boulanger, éditeur, Paris, s. d. [1886], gr. in-8, pp. 1216.

— Exploits et aventures des Français au Tonkin, en Chine, en Annam. — Histoire illustrée de l'expédition du Tonkin. — Le Pays. — Les causes de la Guerre. — Les Opérations au Tonkin. — Les Représailles contre la Chine. — La Paix. — La Pacification de l'Annam. — Le Retour des Troupes en France. — Fécamp, lib. Vve P.-L. Ebran, Rue du Hâvre, gr. in-8, pp. 376, s. d. [1886.]

— La Question du Tonkin, par Olivier Martellière, Licencié en droit, Capitaine d'Infanterie de Marine, Ancien Administrateur des Affaires indigènes en Cochinchine, Ancien Résident de France au Tonkin. Novembre 1885. Paris, E. Dentu, 1886, br. gr. in-8, pp. 60.

— Voyage au Tonkin, par Félix Germond, Soldat au 11ᵐᵉ chasseurs à pied. Le Mans, Imp. Beauvais, 1886, br. in-8, pp. 11.

— Au Tonkin. — Par le docteur Challan de Belval, médecin principal d'armée. Paris, A. Delahaye et E. Lecrosnier, 1886, in-12, pp. 108.

— Au Tonkin occidental pour faire suite au journal de *Paris au Tonkin*, récits d'un missionnaire. — Avec la permission des supérieurs. Lons-le-Saunier, Imp. et lith. de J. Mayet, 1886, br. in-8, pp. 117 + 1 f. n. c.

— Historique succinct de l'artillerie au Tonkin pendant les années 1883 et 1884, par G. Humbert, chef d'escadron d'artillerie de la marine, Breveté d'état-major. Paris [et] Limoges . . . Henri Charles-Lavauzelle, 1886, 2 vol. in-16, pp. 144 et 111.

Petite bibliothèque de l'armée française.
— Les ports du Ton-kin. Par J. Renaud. (*Rev. géog. int.*, 1886, avril, pp. 81/4, mai, 105, juin, 129, juillet, 153/1.)
— Les Ports du Tonkin, par J. Renaud, Ingénieur hydrographe. (*Rev. mar. et col.*, Vol. 88, 1886, pp. 381/401.)

— Tonkin. Notes de voyage, mars 1885, de Haïphong à Hanoï, par G. Lieussou. Paris, imp. Chaix, 1886, br. in-12, pp. 34.

— Les ressources de l'Annam central. (*Ann. de l'Ext. Orient* 1885—1886, VIII, pp. 277/279.)
— La famille royale d'Annam. (*Ibid.*, 1885—1886, VIII, pp. 31/32.)
D'après le *Temps*.
— Le commerce au Tonkin. Par Alcide Bleton. (*Ibid.*, 1885—1886, VIII, pp. 142/150, 179/183, 210/214.)
— Les résidents supérieurs à Hué et à Hanoï. (*Ibid.*, 1885—1886, VIII, pp. 251/252.)
Dillon et Vial.
— Convention entre la France et l'Annam sur le régime des mines de l'Annam et du Tonkin. (*Ibid.*, 1885—1886, VIII, p. 282.)
— L'organisation du protectorat en Annam et au Tonkin. (*Ibid.*, 1885—18°6, VIII, pp. 309/313.)
Texte du rapport du 27 janvier 1886.
— En profiterons-nous? Par le Comte Meyners d'Estrey. (*Ibid.*, 1885—1886, VIII, pp. 361/366.)
— Tonkin. (*Ibid.*, 1885—1886, VIII, p. 378.)

— L'Annam ou Tong-king et la Cochinchine, au point de vue historique et philologique, par M. le Marquis d'Hervey de Saint-Denys, membre de l'Institut. — Extrait des Comptes rendus des séances de l'Académie des Inscriptions et Belles-Lettres. Paris. Imprimerie Nationale. — MDCCCLXXXVI, br. in-8, pp. 12.

— Annam et Annamites. Note sur la valeur réelle de ces termes. Par Hervey de Saint-Denys, Membre de l'Académie des Inscriptions et Belles-Lettres. (*Ann. de l'Ext. Orient*, 1885—1886, VIII, pp. 205/210.)
— Au Tonkin, en Cochinchine et au Cambodge. Par Brau de St. Pol Lias. (*Bul. Soc. Géog. com.*, VIII, 1885/6, pp. 11/27.)

(YUN NAN.)

— Le Tonkin et nos anciens élèves. (*Bul. de l'Ass. des anciens élèves de l'école sup. de commerce et de tissage de Lyon*, N° 24, 19 fév. 1887, p. 107.)
Let. de Ulysse Pila, Haï-Phong, 4 déc. 1886.
— History of the war in Tungking. By E. H. Parker. (*China Review*, XIV, pp. 109/110.)
D'après les Chinois.
* Notes explicatives sur les accusations portées contre les missionnaires et les Chrétiens victimes des massacres et les désastres causés par les lettrés en Annam et au Tonkin. Par Mgr. Puginier. (*Revue française.*)
Hanoï, 20 août 1886.

— Dick de Lonlay. Au Tonkin 1883—1885, récits anecdotiques illustrés de 300 dessins par l'auteur. Paris, Garnier frères, libraires-éditeurs, 1886, gr. in-8, pp. VIII-597 + 1 f. n. c.

— Hygiène de l'Européen au Tonkin par le Dr. Albert Lejeune. — Avec une carte du Tonkin. Paris, J. B. Baillière, 1886, br. in-8, pp. 23.

— Au Tonkin et dans les mers de Chine. Souvenirs et croquis (1883—1885). [Par] M. Rollet de l'Isle, Ingénieur de la Marine. Paris, Plon, in-8 carré, s. d. [1887], pp. 338.

Notice : *Spectator*, LXI, 1092.
Pub. à 12 fr.
— Vingt-cinq milles dans la Rivière Noire. Par G. Baudens, Lieutenant de Vaisseau. (*Bul. Soc. Géog. Paris*, VIIᵉ Sér., VII, 1886, pp. 272/280.)

— Deux années au Tonkin 1884—1886. Par G. Baudens, lieutenant de vaisseau. Paris, Baudoin, 1887, br. in-8, pp. 23.

Ext. de la *Revue maritime et coloniale*, octobre 1887.

— Joseph Chailley — Paul Bert au Tonkin — Paris, G. Charpentier, 1887, gr. in-18, pp. 404.

Photog. de Paul Bert, † à Hanoï, 11 nov. 1886.
— Le Tonkin et son commerce, par M. Joseph Chailley, ancien Chef du cabinet de M. Paul Bert. (*Bul. Soc. Géog. com.*, IX, 1886/7, pp. 371/385.)
— Le dernier article de Paul Bert. (*Ann. de l'Ext. Orient*, 1886—1887, IX, pp. 189/190.)
Thuan-An (Annam), 27 septembre 1886. Extrait de *La Nature.*
— Arrêté de M. Paul Bert, constituant une Académie tonkinoise. (*Ibid.*, 1886—1887, IX, pp. 93/94.)

. .

— Rapport sur le passage des rapides du Mékong avec le torpilleur 44. Par Reveillère, cap. de vaisseau. (*Rev. mar. et col.*, Vol. 88, 1886, pp. 462/471.)
— Les rapides du Haut-Mékong. — Rapport adressé à M. le Commandant de la marine à Saïgon, par C. de Fésigny, lieut. de vaisseau, commandant la *Sagaie*. (*Rev. mar. et col.*, Vol. 93, 1887, pp. 499/505.)
— La Cochinchine et le Laos; les principautés du Laos; le pays et les habitans; les mariages, le *peng hoeuon*; les ressources, le commerce et les moyens de transport; la navigation du Mékong; les tentatives du capitaine Reveillère et de M. de Fésigny; le voyage de M. Gauthier; leurs résultats pour l'exportation des produits; l'importation au Laos par le Tonkin; voyage de M. le Consul Pavie. (*Journal des Débats*, Lundi, 25 Juin 1888 : Lettre de Saïgon, le 19 Mai.)

. .

— Diagnoses de Mollusques terrestres et fluviatiles du Tonkin, par L. Morlet. Pièce in-8, pp. 7.

Datée 23 juillet 1886.

(YUN NAN.)

A la fin : Imprimerie Mano et Noble, 3, rue Linné, Paris. Tiré à 100 ex.

⁂

— Le Tong-kin par Edouard Petit, Professeur au lycée Janson de Sailly . . . Paris, Lecène et Oudin, 1887, in-8, pp. 238 + 1 f. p. l. t.

— Un coup d'œil sur le Tong-king méridional en 1886. Notice de M. Frichot, de la Soc. des Miss. étr. de Paris, miss. au Tong-king méridional. (*Miss. Cath.*, XIX, 1887, pp. 260/2, 272/4, 286/8, 322/4.)

— Annam. Par Henri Cordier. (*Grande Encyclopédie*, Paris, Lamirault, Vol. III, pp. 21/29.)

— Encore la rivière noire et les Muongs. (*Bul. Soc. Géog. com.*, IX, 1886/7, pp. 425/429.)

Relation datée 25 janvier 1887 et signée Crozat de Fleury.

— A la Commission de délimitation franco-chinoise. (*Bul. Soc. Géog. com.*, IX, 1886/7, pp. 431/2 ; 607/8.)

Mon-kay (frontière de Chine), 3 janvier [1887] ; Mon-kay, 25 mars 1887.

— Le port de commerce et les voies de communication au Tonkin, avec carte. Par J. Renaud, Ingénieur hydrographe de la marine. (*Bul. Soc. Géog. com.*, IX, 1886/7, pp. 564/575.)

— Les ports du Tonkin : Hai-phong, Quang-yen, Hong-gac, par J. Renaud, Ingénieur hydrographe. (*Bull. Soc. Géog. Paris*, VIIᵉ Sér., VIII, 1887, pp. 352/380.)

— Les limites occidentales du Tonkin et de l'Annam (avec carte). (*Bul. Soc. Géog. com.*, IX, 1886/7, pp. 591/4.)

Lettre signée E, datée Paris, 20 avril 1887.

— Les rives du fleuve rouge et de la rivière noire. (*Bul. Soc. Géog. com.*, IX, 1886/7, pp. 422/425.)

Lettre datée Hanoï, 20 déc. 1886.

— Climat et avenir commercial et industriel du Tonkin. (*Bul. Soc. Géog. com.*, IX, 1886/7, pp. 508/9.)

— Itinéraires en Annam et au Tongking, par M. Paris. (*Bul. Soc. Géog. de l'Est*, 1886, pp. 192 et seq., 381 et seq., 598 et seq.; 1887, pp. 44/49, 259/266.)

— Trade Routes to, and French in Tonquin. (*Quarterly Review*, CLVI, 492).

— Le Tong-king, par C. Paris. (*Ibid.*, 1887, pp. 14/27.)

— Le climat du Tonkin. Par M. d'E. (*Ann. de l'Ext. Orient*, 1886—1887, IX, pp. 165/169.)

— Navigation fluviale au Tongkin. (*Ibid.*, 1886—1887, IX, p. 169.)

— Aperçus coloniaux. Par Emile Delbard. (*Ibid.*, 1886—1887, IX, pp. 298/304.)

— La nouvelle ville de Hanoï. (*Ibid.*, 1886—1887, IX, pp. 306/309.)

— Lettres sur divers produits du Tonkin. (*Bul. Soc. Géog. com.* Bordeaux, 1887, pp. 334/338.)

— Le commerce européen dans l'Annam. (*Ibid.*, Bordeaux, 1887, pp. 540/2.)

— Un voyage au Tonkin, par Paulin Vial. Deuxième édition. Voiron. Imp. et lithog. Baratier et Mollaret, 1887, br. in-8, pp. 56.

— Lettres du Tonkin. De Novembre 1884 à Mars 1885. — Correspondance de René-Alexandre-Louis-Victor Normand, Sous-Lieutenant au 16ᵉ bataillon de Chasseurs (promotion de Saint-Cyr du 1ᵉʳ Octobre 1882). Détaché, sur sa demande, au corps expéditionnaire du Tonkin (bataillon du 111ᵉ de ligne). Tué à Bang-Bô (Chine), le 24 Mars 1885. — Nouvelle édition. — Paris, Paul Ollendorff, éditeur, 1887, in-18, pp. 216.

La première édition de ce livre n'a pas été mise dans le commerce.

— La commission technique des chemins de fer du Tonkin. — Extrait de la *Revue maritime et coloniale*. (Décembre 1887.) Paris, L. Baudoin, 1887, br. in-8, pp. 36.

— Légendes historiques de l'Annam et du Tonkin, traduites du chinois et accompagnées de notes et de commentaires, par G. Dumoutier . . . Hanoi, Imp. typ. F.-H. Schneider, 1887, in-8, pp. 98.

— Les Pagodes de Hanoi. — Etude d'archéologie et d'épigraphie annamites. — Par G. Dumoutier ex-interprète pour l'annamite et le chinois de la résidence générale de la République française à Hanoi, Organisateur et inspecteur des écoles franco-annamites au Tonkin, officier d'académie, etc. Hanoï, Imprimerie typographique F.-H. Schneider, 1887, in-8, pp. 92 + 1 f. p. l. t.

鎮 武 觀 Le Grand-Bouddha de Hanoi. Etude Historique, Archéologique et Epigraphique sur la Pagode de Tran-vu, par G. Dumoutier, Inspecteur de l'enseignement au Tonkin. Hanoi. — Imprimerie typographique F.-H. Schneider — 1888 — gr. in-8, pp. 82 + 38 p. du texte.

— Les commencements de l'Inde-Chine française d'après les Archives de la Marine et des Colonies, les mémoires ou relations du temps par Albert Septans, Cap. d'inf. de marine . . . . Paris, Challamel, 1887, in-8, pp. III-213.

— Notes sur la campagne du 3ᵉ bataillon de la Légion étrangère au Tonkin. Paris-Limoges, Imprim. Henri Charles Lavauzelle, 1888, br. in-8, pp. 64.

* F. Bianconi. — Cartes commerciales . . . . Indo-Chine française. Cochinchine et Cambodge. Paris, 1888, in-4.

Compte-rendu Soc. Géog. Paris.

— Contribution à la Géographie médicale. — Le Tonkin. Par le Docteur H. Rey, Médecin en chef de la marine en retraite. Paris, Octave Doin, 1888, in-8, pp. 810, 3 frcs.

Il y a à la fin une courte bibliographie.

* L'artillerie de la Marine à Formose, par H. de Poyen-Bellisle, colonel d'artillerie de Marine. Paris, L. Baudoin, 1888, in-8, avec planches, 3 f. 50.

— La Vérité sur le Tonkin, l'Annam, le Cambodge et la Cochinchine par J. Laffitte. Paris, Challamel, 1888, br. in-8, pp. 47.

— Histoire chirurgicale de la guerre au Tonkin et à Formosa (1883—1884—1885) par le Dʳ H. Nimier, Médecin-major, professeur agrégé au Val-de-Grace. Paris, G. Masson, 1888, in-8, pp. 178.

— Le Tonkin en 1883. Par Régis, Cap. d'artillerie de marine. *(Rev. mar. et col.,* Vol. 96, janv. 1888, pp. 113/154.)

Tirage à part, Paris, Baudoin, 1888, br. in-8, pp. 44.

— **L'affaire du Tonkin.** — Histoire diplomatique de l'établissement de notre protectorat sur l'Annam et de Notre Conflit avec la Chine. 1881—1885. Par un Diplomate. Paris, J. Hetzel, s. d. [1888], in-8, pp. vɪ-430.

Le Livre IV, *Préliminaire de Paix,* de cet ouvrage, avait déjà été publié dans la *Revue bleue,* Nos. des 10, 17 et 24 déc. 1887.

Notice : *Le Temps,* 17 Avril 1888.

— Souvenirs d'Annam (1886—1890) par Baille, ex-résident de France à Hué. Paris, Plon, 1890, in-18, pp. vɪɪɪ-266.

— Trois lettres sur le Tonkin — I. La situation au Tonkin. II. Les Fléaux du Tonkin. III. Projet de réorganisation des troupes indigènes et de la milice. Paris, *Avenir militaire,* br. in-12, pp. 56.

— L'expansion coloniale de la France. Etude économique, politique et géographique sur les établissements français d'outre-mer par J.-L. de Lanessan, député de la Seine. Avec 19 Cartes hors texte. Paris, Alcan, 1886, in-8, pp. xxɪɪɪ-1016.

— L'Indo-Chine française. Etude politique, économique et administrative sur la Cochinchine, le Cambodge, l'Annam et le Tonkin par J.-L. de Lanessan . . . Avec 5 cartes en couleurs hors texte. Paris, Alcan, 1889, in-8, pp. 760.

— No. 63 — Sénat, session extraordinaire 1888. Annexe au procès-verbal de la séance du 16 novembre 1888. Rapport fait Au nom de la commission chargée d'examiner la loi, adopté par la Chambre des Députés, portant approbation : 1° de la Convention commerciale conclue entre la France et la Chine signée à Tien-tsin, le 25 avril 1886; 2° la Convention additionnelle signée à Pékin, le 26 juin 1887, entre la France et la Chine. Par M. l'Amiral Jaurès sénateur. — Paris, P. Mouillot, 1888, br. in-4, pp. 40, carte.

— L'Annam, le Tonkin et l'intervention de la France en Extrême Orient par Paul Antonini. — Coup d'œil sur l'histoire nationale de l'Empire d'Annam. — L'Indo-Chine physique. — Le Foyer annamite. — Les Chrétiens : les Persécuteurs et les Martyrs. — Mgr. de Behaine et le futur empereur Gialong. — Mgr. Puginier. — Guerre de Chine. — Conquête de l'Indo-Chine. — Paris, Bloud et Barral, s. d. [1889], in-8, pp. 316.

On lit sur la couverture : Au Pays d'Annam par Paul Antonini.

— C. Paris, chargé de la construction du télégraphe en Annam. — Voyage d'exploration de Huê en Cochinchine par la route mandarine. — Avec 6 cartes en couleur et 12 gravures. — Paris, Ernest Leroux, 1889, in-8, pp. vɪ-301.

— 欽定越史通鑑綱目 Les Annales Impériales de l'Annam traduites en entier pour la première fois du texte chinois par Abel des Michels, professeur à l'Ecole spéciale des langues orientales vivantes. — Premier fascicule. — Paris, Ernest Leroux, 1889, gr. in-8, pp. xɪ-60.

— Au Yun-nan par le Tong-king, par M. Henri Leduc. *(T'oung Pao,* No. 1, avril 1890, pp. 41/47.)

— Notes sur un voyage au Yun-nan, par E. Rocher. *(Journal officiel,* 28 janv. 1890; réimp. *T'oung Pao,* No. 1, avril 1890, pp. 47/55.)

— Quatorze mois chez les Thos et les Manstiens. — Souvenirs d'un commandant de poste du Haut-Tonkin par le lieutenant Massy du 2ᵉ bataillon d'infanterie légère d'Afrique. (Extrait du *Bulletin de Géographie historique et descriptive,* tome V.) — Paris, Ernest Leroux, 1891, br. in-8, pp. 54, 2 cartes.

— Jules Ferry. — Le Tonkin et la Mère-Patrie. — Témoignages et documents. Paris, Victor Havard, 1890, in-18 jésus, pp. 406.

Notice par Henri Cordier, *T'oung Pao,* No. 5, fév. 1891, pp. 431/7.

6° Le Col. HORACE BROWNE.

— Extracts from the Diary of the late Margary, from Hankow to Tali-fu. *(Proc. R. G. Soc.,* XX, 1875—6, pp. 184/215.)

* Margary's Journals and Letters. *(Nature,* XIV, 229.)

— Notice sur le Voyage de Margary de Hankow à Ta-li-fu. Par E. Milsom. *(Bul. Soc. Géog.,* Lyon, 1876.)

— Mr. Margary's Journey from Shanghae to Bhamo. (Chambers' *Journal,* Feb. 1876.)

— Die Englische Mission nach Junnan. *(Ausland,* No. 39, 1876.)

— Augustus R. Margary. *(Leisure Hour,* XXVI, 166.)

— Het Journaal van Margary, door N. W. Posthumus. s. l. n. d., br.-in 8, pp. 7.

— P. [1994.] China (No. 3) 1878. — Report on the Route followed by Mr. Grosvenor's Mission between Tali-fu and Momein *(with Maps)* 4 s. 6 d. (Voir col. 1204).

— P. [2393.] China (No. 2) 1878—1879. — Report by Mr. Baber of his Journey to Ta-Chien-Lu. 1 d. (Voir col. 1204.)

— Journey to Ta-chien-lu, en 1878. — Notes on the Route followed by Mr. Grosvenor's Mission through Western Yünnan, from Tali-fu to T'êng-yueh. (Baber, *Travels and Researches in Western China.*)

— Monument en l'honneur de Margary, à Changhai. *(Miss. Cath.,* XII, 1880, pp. 584/5.)

7° OUVRAGES DIVERS.

— Short Survey of the countries between Bengal and China, showing the great commercial and political importance of the Burmese town of Bhanmo, on the Upper Irawady, and the practicability of a direct trade overland between Calcutta and China. — By Baron Otto des Granges. (*Jour. As. Soc. Bengal*, XVII, Feb. 1848, pp. 132/137.)

— Ueber die Handelsstrassen nach China und den unter seiner Botmässigkeit stehenden Ländern, von dem Mönch Kafaroff. (*Mém. de la Soc. de Géog. en Russie*, Vol IV, 1850.)

— Le vie commerciali alla Cina occidentale. Studi, esplorazioni e progetti inglesi. (*Bol. Soc. Geog. ital.*, X, 1873, Part. III, pp. 23/35.

— A Map shewing the various routes proposed for connecting China with India and Europe through Burmah and developing the trade of Eastern Bengal, Burmah & China prepared under the direction of John Ogilby Hay, F. R. G. S. 1875. London : Pub. by Edward Stanford, 55 Charing Cross, Aug. 3, 1875.

— Des communications avec la Chine occidentale par l'Indo-Chine. Par H. Blerzy. (*Rev. des Deux Mondes*, 15 mai 1874.)

Les *Miss. Cath.* ont répondu à cet article : VII, 1876, avril 9, 16 et 23, pp. 175/7, 189/92, 204/5.

— Overland Route to China viâ Assam, Tenga Pani River, Khamti and Singphoo Country, across the Irrawaddi river into Yunnan. By Henri Coltam. (*Proc. Geog. Soc.*, XXI, 1876/7, pp. 590/595.)

— China viâ Tibet. By S. C. Boulger. (*Journ. R. As. Soc. N. S.*, Vol. X, Part I. Art. V. Dec. 1877, pp. 113/130.)

* Der Handelsweg nach Yunnan. (*Ausland*, 15, 16, 1877.)

* F. Toula. Von China nach Indien. (*Wien. Abendpost.* 110/121, 1878.)

— Across China from Chin-kiang to Bhamo, 1877. By J. Mc. Carthy. (*Proc. R. Geog. Soc.*, N. S., Vol. I, 1879, pp. 489/509.)

Avec carte, p. 544.

— S. E. Peal. — Note on the old Burmese route over Patkai viâ Nongyang (viewed as the most feasible and direct route, from India to China). (*J. Asiatic Soc. Bengal.*, Pt. II. No. II. 1879, pp. 69/82.)

* Routes to China, via Assam (S. E. Peal) (*Nature*, XX, 583.)

— Die Ueberlandroute nach China über Assam. (*Ausland*, 1876, 42.) voir col. 163.

— Journey of the Expedition under Colonel Woodthorpe, R. E., from Upper Assam to the Irawadi, and return over the Patkoi Range. By Major C. R. Macgregor, 44th Reg. (Ghurka Light Infantry). (*Proc. R. Geog. Soc.*, N. S., vol. IX, 1887, pp. 19/42.)

Avec carte, p. 68.

— Account of the Pundit's Journey in Great Tibet from Leh in Ladàkh to Lhâsa, and of his Return to India viâ Assam. By Captain H. Trotter, R. E. (*Proc. R. G. S.*, XXI, 1876/7, pp. 325/350.)

.·.

— The Question of an Overland Route to China from India viâ Assam, with some remarks on the source of the Irawadi River. By Charles H. Lepper. (*Proc. R. Geog. Soc.*, N. S., Vol. IV, 1882, pp. 623/4.)

— La route de terre de l'Inde à la Chine par l'Assam, par Char. H. Lepper. (*Ann. de l'Ext. Orient*, 1883—1884, VI, pp. 301/308, 330/340.)

Traduction de l'anglais de C. H. Desgodins, Inspecteur des forêts en retraite. Notice : *Miss. Cath.*, XVIII, 1886, p. 324.

Col. 163.

GILL, WILLIAM J.

— The River of Golden Sand — the Narrative of a Journey through China and Eastern Tibet to Burmah; with illustrations and ten maps from original surveys. By Capt. William Gill, R. E. With an Introductory Essay. By Col. Henry Yule . . . London, John Murray, 1880, 2 vol. in-8.

— The River of Golden Sand being the narrative of a journey through China and Eastern Tibet to Burmah. By the late Captain William Gill, R. E. Condensed by Edward Colborne Baber, Chinese Secretary to H. M.'s Legation at Peking. Edited with a memoir and introductory Essay. By Colonel Henry Yule, C. B., R. E. With portrait, Map and Woodcuts. London : John Murray, 1883, in-8, pp. 332.

Notice : *Nature*, XXII, 26.

— Correspondence respecting the murder of Professor E. H. Palmer, Captain Wm. Gill, R. E. and Lieutenant Harold Charrington, R. N. — *Presented to both Houses of Parliament by Command of Her Majesty*. — London : Printed by Eyre & Wm. Spottiswoode. — 1883. [C. — 3494.] *Price 1 s. 1 d.* In-fol., pp. 99.

— Supplementary Correspondence respecting the murder of Professor E. H. Palmer, Captain Wm. Gill, R. E. and Lieutenant Harold Charrington, R. N. — *Presented to both Houses of Parliament by Command of Her Majesty.* — London : Printed by Eyre and Spottiswoode. — 1883. [C. — 3761.] *Price 2$^{1}/_{2}$ d.* In-fol., pp. 20.

— Travels in Western China and on the Eastern Borders of Tibet. By Capt. W. J. Gill. (*P. R. Geog. S.*, XLVIII, 1878, pp. 57/172. (Carte.) (*Proc. R. Geog. Soc.*, XXII, 1877/8, pp. 255/271 [abrégé].)

.·.

BABER, E. COLBORNE.

— Travels and Researches in the Interior of China. By E. Colborne Baber, Chinese Secretary of Legation, Peking.

Forme le Vol. I. Part I des *Supplementary Papers* de la Royal Geog. Society. London, Murray, 1882, in-8, pp. VIII-201.

Ce vol. contient : I. A. Journey of Exploration in Western Ssüchuan. — II. Journey to Ta-chien-lu, in 1878. — III. Notes on the Route followed by Mr. Grosvenor's Mission through Western Yünnan, from Tali-fu to T'êng-yueh. — IV. On the Chinese Tea-Trade with China.

A. R. COLQUHOUN.

— Exploration through the South China Borderlands, from the Mouth of the Si-kiang to the Banks of the Irawadi. By A. R. Colquhoun. (*Proc. R. Geog. Soc.*, N. S., Vol. IV, 1882, pp. 713/730.)

Avec carte, p. 776.

— Special Supplement to the Chamber of Commerce Journal, containing an Original Paper on the Prospects of Trade Extension between Burmah and South-West China (with Explanatory Maps), by Archibald R. Colquhoun. Nov. 15, 1882. Br. in-4 à 2 vol.

Bib. Soc. Géog. Paris, $\frac{E\ 5}{374}$.

— The Colquhoun and Wahab Expedition through Southern China into Burmah. — Opinions of the Press on the value of the Expedition. London : Printed by Daniel Greenaway, 1882, br. in-8, pp. 36. Avec une carte.

Bib. Soc. Géog. Paris, $\frac{E\ 5}{365}$.

— Across Chrysê, being the narrative of a Journey of exploration through the South China border lands from Canton to Mandalay. By Archibald R. Colquhoun, executive Engineer, Indian Public Works, F. R. G. S., A. M. Inst. C. E. With 3 specially prepared maps, 30 facsimiles of native drawings and 300 illustrations, Chiefly from Original Photographs and Sketches. In two vol. — London : Sampson Low, Marston, Searle, and Rivington, 1883, 2 vol. in-8, pp. xiv-408, xxx-420.

Notices : *Athenaeum*, 1883, I, 663. — *Saturday Review*, LV, 601. — *Spectator*, LVI, 872. — *Literary World*, Boston, XIV, 206.

— Les Pionniers de l'Europe et le Yunnan. [Par R. Colquhoun.] Par G. d'Orat. (*Rev. Brit.*, 1883, IV, pp. 461/502; V, 83/124, 369/404; VI, 115/155, 279/318.)

— Archibald Colquhoun — Autour du Tonkin — La Chine méridionale de Canton à Mandalay. Traduit de l'anglais avec l'autorisation de l'auteur. Par Charles Simond. H. Oudin, lib. éd. Paris — Poitiers. 1884, 2 vol. in-12.

— Amongst the Shans, by Archibald Ross Colquhoun, A. M. I. C. E., F. R. G. S. Author of «Across Chrysê», etc. With upwards of Fifty whole-page Illustrations and an historical sketch of the Shans, by Holt S. Hallett, M. T. C. E., F. R. G. S. Preceded by an introduction on the Cradle of the Shan Race, by Terrien de Lacouperie, Professor of Indo-Chinese Philology, University Coll. Lond., ... London : Field & Tuer... 1885, in-8, pp. iv-392.

Notices : *Spectator*, LVIII, 551. — *Athenaeum*, 1885, I, 273. — *Literary World*, Boston, XVI, 95. — *Saturday Review*, LIX, 797.

— Report on the Railway Connexion of Burmah and China, by Archibald R. Colquhoun, ... and Holt S. Hallett, ... with Account of Exploration-Survey, by Holt S. Hallett accompanied by Surveys, Vocabularies and Appendices. — Submitted to Her Majesty's Government and the British Chambers of

(YUN NAN.)

Commerce. London: Allen, Scott & Co., 30 Bouverie Street, E. C. s. d. [1887], in-fol., pp. 269, avec onze cartes.

.·.

— The River Irawadi and its Sources. By Major J. E. Sandeman, Bengal Staff Corps. (*Proc. R. Geog. Soc.*, Vol. IV, 1882, pp. 257/273.)

Avec carte, p. 328.

— Les routes commerciales de l'Inde au Thibet et à la Chine. (*Bul. Soc. Géog. de l'Est*, IV, 1882, pp. 505/510.)

Par A. Desgodins, ext. du No. du 13 juin 1882, de l'*Englishman*, de Calcutta, et trad. de l'anglais par Mlle. M. Bourguignon.

— La région limitrophe du Thibet, de la Birmanie, de l'Assam et de la Chine. Par A. Desgodins, Provicaire du Thibet. (*Bull. Soc. Géog.*, Paris, VIIe Sér., V, 1884, pp. 278/288.)

A. HOSIE.

Voir col. 1523—1524.

— Trade Routes to Western China. By Alex. Hosie Esq., of H. B. M.'s Consular Service. (*Jour. China Br. R. As. Soc.*, N. S. XIX, Pt. I, 1884, Art. VI, pp. 103/114.)

.·.

— The Golden Road to South-Western China. By Prof. R. K. Douglas. (*Lond. & China Express*, May 22, 1885.)

Conférence faite le 15 mai 1885 à la section indienne de la Society of Arts.

— Notes sur les routes commerciales des Russes, des Anglais et des Français vers les frontières chinoises. Capitaine R***. Paris, librairie militaire de L. Baudoin et Cie. 1885, br. in-8, pp. 32.

Extrait du *Journal des Sciences militaires* (Nov. 1884).

— The Lu River of Tibet; is it the source of the Irawadi or the Salwin? By General J. T. Walker. (*Proc. R. Geog. Soc.*, N. S., Vol. IX, 1887, pp. 352/377.)

Avec carte, p. 398.

— Across China. From Bhamô to Shanghai. By Henry Soltau. (*Scottish Geog. Mag.*, IV, 1888, pp. 83/98.)

— France in the Shan States. (*Saturday Review*, LXI, 602.)

.·.

F. S. A. BOURNE.

— China. No. 1 (1888). — Report by Mr. F. S. A. Bourne of a Journey in South-Western China. Presented to both Houses of Parliament by Command of Her Majesty. June 1888. London, Printed for H. M.'s Stat. office. [C. — 5371.] 4 s. 6 d. in-fol., pp. 92.

Notice by J. Chalmers. (*China Review*, XVII, 1888, pp. 161/170.)

15° KOUEI TCHEOU.

— Kouy-tcheou. Par P. Perny. L'art. de la *Rev. de l'Orient* est reproduit d'après les *Annales de la Prop. de la Foi*, Vol. 31, 1859, pp. 130/141.

— Letters from «W. M.» lire *W. Mesny*, au lieu de W. Mesnier.

— A bord d'une jonque chinoise. — Lettre de M. Chaffaryon, des missions étrangères de Paris, missionnaire au Kouytcheou. (*Missions Cath.*, XII, 1880, pp. 458/462, 470/74, 482/88, 494/97, 500/502, 506/10, 518/22, 530/33.)

Voyage du Kiang à Koueiyang-fou.

— Correspondance du Père J.-B. Aubry,

(YUN NAN. — KOUEI TCHEOU)

des Missions Etrangères, Missionnaire au
Kouy-Tchéou, Docteur en théologie, ancien
Directeur au grand séminaire de Beauvais.
Trézel, lib.-Beauvais. Imp. par la Soc. de
Saint-Augustin ... Lille, in-8, pp. VIII-389.

— 400 lieues à travers le Kouang-si et le Kouy-tchéou. — Jour-
nal de M. Chouzy, voir col. 1486.
— Voir le P. Creuse, col. 1486.
— A. Hosie, voir SE TCHOUAN, col. 1522/4.
— Chas. H. Judd. Voir col. 1027.

16° CHEN SI.

Col. 164.

— Let. du R. P. Amédée Pierre de Mérona, mineur obs., miss.
au Chen-si, au R. P. Marie de Brest. Xe-voin-kou (Chen-si),
8 nov. 1886. (Miss. Cath., XIX, 1887, pp. 241/244.

17° KAN SOU.

— De Tschang-tjia-kheou (Mongolie) à Lan-
tcheou-fou (Kansou). (Miss. Cath., XI, 1879,
pp. 442/44, 452/55, 468/471.)

Voyage de Mgr. Hamer.

— Visite à la lamaserie des 10.000 images. Let. de M. Gueluy,
miss. belge. Soung-chou-tchouang, 13 déc. 1883. (Miss. Cath.,
XVI, 1884, pp. 313/317.)

— Promenade à travers l'Asie centrale de
Liang-tschou (Kan-sou) à Kouldja, par le
R. P. Constant de Deken. (Miss. Cath.,
XVI, 1884, pp. 376/78, 389/92, 399/401.)

Voir un résumé de ce voyage, ibid., p. 65, par le P. André Janssen.

— Gustav v. Kreitner. — Die Chinesische
Provinz Kansu. (Mitth. Deutsch. Ges. Nat.
und Völkerk. Ostasiens, IV, 1888, 39, pp.
339/409, 1 carte.)

18° SE TCHOUAN.

— A missionary tour through the province of Sz'-chu'en. By Rev.
C. Leaman. (Chin. Rec., IX, 1878, No. 2, pp. 85/100.)

— Le Pays de Kien-tchang (Su-tchuen méridional). Par Gourdin, miss. (Miss. Cath.,
XI, 1879, pp. 215/218.)

— Lettre de Mgr. Marc Chatagnon, des Missions Etr. de Paris,
évêque titulaire de Cherson et vic. ap. du Su-tchuen méridional.
(Miss. Cath., XX, 1888, pp. 97/101.)

— Deux ans au Se-tchouan (Chine centrale),
par l'abbé Lucien Vigneron, ancien missionnaire en Chine, membre de la Société
de géographie. Ouvrage orné de gravures
et d'une carte. Paris, Bray et Retaux, libraires-éditeurs, 1881, in-18, pp. x-299.

— A Journey of Exploration in Western Ssü-
chu'an. (Baber, Travels and Researches in
Western China, 1882.)

— Notes on Szechuen and the Yangtse Valley. By Archibald J.
Little, Esq. Read 3rd December 1883. (Journ. N. C. B. R. A. S.,
N. S., XVIII, 1883, Art. VIII, pp. 165/182.)

(CHEN SI. — SE TCHOUAN.)

— China. No. 1 (1883). — Despatch from
Her Majesty's Chargé d'Affaires at Peking,
forwarding a Report by Mr. A. Hosie, Student Interpreter in the China Consular
Service, of a Journey through the provinces of Kueichow and Yünnan. — Presented
to both Houses of Parliament by Command
of Her Majesty. 1883. — London : Printed
by Harrison & Sons. [C. — 3457.] Price
5 d. In-fol., pp. 37.

— China. No. 2 (1884). — Report by Mr.
Hosie of a Journey through the provinces
of Ssu-ch'uan, Yünnan, and Kuei chou :
February 11 to June 14, 1883. — Presented
to both Houses of Parliament by Command
of Her Majesty. 1884. — London : Printed
by Harrison & Sons. [C.—3833.] Price 1 s.
1 d. In-fol., pp. 95.

— China. No. 2 (1885). — Report by Mr.
Hosie of a Journey through Central Ssu-
ch'uan in June and July, 1884. — Presented to both Houses of Parliament by Command of Her Majesty. 1885. — London :
Printed by Harrison & Sons. [C. — 4247.]
Price 5 d. In-fol., pp. 37.

— Trade routes to Western China. By Alex. Hosie, Esq., of H.
B. M.'s Consular Service. (Journ. C. B. R. A. S., N. S., XIX,
Part I, 1884, Art. VI, pp. 103/114.) Voir col. 1522.

— Three years in Western China ; A Narrative of three Journeys in Ssü-ch'uan, Kueichow, and Yün-nan. By Alexander Hosie,
M. A., F. R. G. S., H. B. M. Consular Service, China. With an introduction by Archibald Little, F. R. G. S. London : George
Philip & Son, 1890, in-8, pp. XXXIV-302.

"The following pages are intended to present a picture of Western China as the writer saw it in 1882, 1883, and 1884. Chapter
VII., in a somewhat modified form, was read at a meeting of
the Royal Geographical Society on the 22nd of February, and
published in the Proceedings for June, 1886 ; Chapter XI. was
read at the Aberdeen meeting of the British Association in September, 1885 ; and Chapter XII. was addressed to a special meeting of the Manchester Chamber of Commerce on the 19th of
May, 1886. The remaining Chapters are now published for the
first time, and, if they meet with half the favour bestowed
upon the Parliamentary Papers in which the journeys were
first, and somewhat roughly, described, the writer will consider
himself amply rewarded for the work which want of leisure
has compelled him to neglect so long." (Preface.)

Notices : China Review, XIX, pp. 129/132, by G. M. H. Playfair.
— Chinese Recorder, Feb. 1891, pp. 91/93, by D. J. M.

— A short journey in Sz ch'uan. By E. H. Parker. (China Review, IX, pp. 259/276, 325/343, X, pp. 19/40, 90/119, 150/185,
289/307, 365/384, XI, pp. 15/32.)

— Sz ch'uan plants. By E. H. Parker. (China Review, XI, pp.
330/342.)

— Cave-dwellers. By E. H. Parker. (China Review, XV, p. 53.)

— Chas. H. Judd. Voir col. 1027.

(SE TCHOUAN.)

III. — N O M S.

Col. 163.

— Voir J. E. Fischer, col. 235.

IV. — ETHNOGRAPHIE.

OUVRAGES DIVERS. — ÉTUDES COMPARÉES.

Col. 165.

— Zur Ethnographie China's. *(Zeit. f. a. Erdk.*, 1861, pp. 394/5, signé H(olfft)).

— Notes et renseignements du docteur Fuzier, médecin-major, sur trois têtes mongoles rapportées par lui de la Chine. *(Bul. Soc. Anthrop.*, 1861, pp. 585/588.)

— Sur les origines de la nation chinoise par Léon de Rosny. *(Actes Soc. d'Ethnogr.*, III, 1862, pp. 139/155.)

— A Contribution to the Ethnology of the Chinese. By J. Lamprey, M. B., Surgeon, 67th Regiment. *(Trans. Ethn. Soc.*, N. S., VI, 1868, pp. 101/108.) — Further Remarks. *(Ibid.*, pp. 183/7.)

— On Chinese Charms. By W. H. Black. *(Jour. Ethn. Soc.*, New Series, Vol. I, Session 1868-69, pp. 38/9.)

— On the Chinese Race; their Religion, Government, Social Institutions, and Religion. By C. T. Gardner. *(Jour. Ethn. Soc.*, New Series, Vol. II, Session 1869-70, pp. 5/31.)

— Description of and Remarks upon an Ancient Calvaria from China, which has been supposed to be that of Confucius. By George Busk. *(Jour. Ethn. Soc.*, New Series, Vol. II, Session 1869-70, pp. 73/83.) 1 Pl. — Supplementary Remarks. *(Ibid.*, pp. 156/7.)

Col. 166.

— A. Bacmeister. Zur Völkerkunde der alten Chinesen. *(Das Ausland*, 1872, No. 25, pp. 577/580.)

* Mots principaux des langues de certaines tribus qui habitent les bords du Lan-Tsan-kiang, du Lou-tze-kiang et Irrawady, par l'abbé Desgodins, missionnaire au Thibet. (Yerkalo, 26 mai 1872.) *(Bul. Soc. Géog.*, pp. 144/150, 6e Sér., V, 1873.)

— Ueber die Beschaffenheit der Augenlider bei den Mongolen und Kaukasiern. Eine vergleichend-anthropologische Studie von Elias Metschnikoff, Professor der Zoologie an der Universität zu Odessa. *(Zeit. für Ethn.*, Berlin, 1874, Bd. VI, pp. 153/160.)

— Beschrijving van Chineesche Schedels. Academisch Proefschrift, ter verkrijging van den graad van Doctor in de Geneeskunde, aan de Hoogeschool te Leiden, op gezag van den Rector Magnificus Dr. P. van Geer, Hoogleeraar in de Faculteit der Wis- en Natuurkunde, voor de Faculteit te verdedigen Op Vrijdag den 29sten Juni 1877, des namiddags te 1 uur, door Pieter de Koning, geboren te Zaandam. Leiden, Gebroeders van der Hoek, 1877, gr. in-8, pp. 93, 1 pl. et 1 tab.

— De quelques tribus sauvages de la Chine et de l'Indo-Chine par M. Lesserteur, directeur au Séminaire des Missions Étrangères, à Paris. *(Missions Catholiques*, IX, 1877, pp. 114/5, 125/7, 149/150, 162/3, 173/4, 186/7.) — Les Pan-y (Kouang-si). *(Ibid.*, X, 1878, pp. 297/9.) — Les Tou-jen (Kouang-si). *(Ibid.*, X, 1878, pp. 309/311.)

— The Northern Barbarians in Ancient China. By W. A. P. Martin, President of Tungwen College, Peking, North China. *(Chin. Recorder*, XVII, April 1886, pp. 125/137.)

Réimp. du *Jour. of Americ. Oriental Society*, Vol. XI, No. 2.

— Sur les mensurations de 15 femmes et de 53 hommes tonquinois provenant de Hanoï et de Haïphong. Par M. Breton. *(Bul. Soc. Anthrop.*, 1879, pp. 592/4.)

Suivi des Mensurations de 32 Annamites de Saigon et de 15 Chinois Cantonnais, pp. 595/7.

— The Aboriginal Tribes of Western China. By Mr. Nicholl, of the China Inland Mission. *(Proc. R. Geog. Soc.*, N. S., Vol. II, 1880, p. 702.)

— Monograph on the Relations of the Indo-Chinese and Inter-Oceanic Races and languages. By A. H. Keane, M. A. I. Read before the British Association, Sheffield, August 1879, and reprinted from the Journal of the Anthropological Institute for February, 1880. London: Trübner & Co.1880, in-8, pp. 36.

— Rapports ethnologiques et linguistiques des races indo-chinoises et indo-pacifiques. Par A.-H. Keane. Traduit de l'anglais, par C. G. (*Ann. de l'Ext. Orient*, 1882—1883, V, pp. 238/250, 264/278.) C. G. = Ch. Grémiaux.

— G. Mendoza. Idolo Azteca de tipo Chino. — Idolo Azteca de tipo Japones. (*Anales del Museo Nacional de México*, t. I, pp. 37 à 42 et p. 91.)

Notice : *Revue d'Ethnographie*, II, No. 6, 1883, pp. 538/539. Par E. H[amy].

— Les déformations crâniennes en Chine. Par M. le Dr. Ernest Martin. Ex-médecin de la Légation de France à Pékin. (*Revue d'Ethnographie*, Tome II, no. 6, 1883, pp. 504/506.)

— Notes on the Crania of the Botans of Formosa. By Stuart Eldridge, M. D. (*Trans. As. Soc. Japan*, Vol. V, Pt. I, pp. 158/169).

— Esquisses de l'Ethnographie des Chinois. Conférence faite dans la Société hongroise de géographie le 14 Février 1884. Par Louis de Lóczy. Extrait du Supplément français du Bulletin de la Société hongroise de Géographie (xii, Année, 4. numéro) adapté et rédigé par Paul Király, Secrétaire de la Société. Budapest, 1884. Imprimerie de Joseph Fanda, Váczi-utcza, 20, br. in-8, pp. 15.

— Compression of the Skull. By E. H. Parker. (*China Review*, XIV, p. 220.)

— Pariahs of China. By E. H. Parker. (*China Review*, XIV, p. 359.)

— A Visit to the "dogheaded barbarians" or hill people 山宅, near Foochow. By Rev. F. Ohlinger. (*Chin. Recorder*, XVII, July 1886, pp. 265/268.)

— La frontière sino-annamite. Description géographique et ethnographique. D'après des documents officiels chinois, traduits pour la première fois par G. Devéria, membre correspondant de l'Ecole spéciale des langues orientales vivantes. Paris, Ernest Leroux, 1886, gr. in-8, pp. xvii-182.

Voir la 2ᵉ partie de cet ouvrage : *Notes ethnographiques*, extraites du recueil intitulé *Houang Tsing tche-kong t'ou* 皇清 職貢圖, fait par ordre de l'empereur Kien long. Nombreuses planches de Yao, de Tchouang, de Pa-y, de Lolo, etc.

— Petty independent Tribes of China. By E. H. Parker. (*China Review*, XVI, 1888, pp. 340/8.)

— La perception des couleurs chez les peuples de l'Extrême Orient et l'histoire du sens visuel par C. de Harlez. Louvain, Istas, 1890, br. in-8, pp. 8.

Particulièrement les Mandchous.

— Color-Blindness in China. By G. Schlegel. (*T'oung Pao*, I, Déc. 1890, pp. 335/6.)

A propos d'un article sur le Daltonisme de Miss A. Fielde. (*China Medical Miss. Journal*, June 1890.)

(Divers.)

MIAO TSEU.

Col. 166—167.

— Chinois et Miaotze; par le docteur Ch.-E. Martin . . . (*Bul. Soc. Anthrop.*, 1873, pp. 301/313.)

— The Miao-tsz, or Aborigines of China. By T. P. Crawford. (*Chin. Rec.*, X, 1879, No. 5, pp. 385/387.) Lettre datée de Teng-Chow-foo, 6th October, 1879.

— Sur un crâne de Miao-Tzé et deux crânes d'Orangs-Sakaï; par M. Mugnier. (*Bul. Soc. Anthrop.*, Paris, 1880, pp. 624/630.)

— A Visit to the Miao-tsze Tribes of South China. By Mr. Broumton, of the China Inland Mission. (*Proc. R. Geog. Soc.*, N. S., Vol. III, 1881, pp. 225/6.)

— Translation of a manuscript account of the Kweichau Miao-tzŭ. Written after the subjugation of the Miao-tzŭ, about 1730. Translated by Mr. George W. Clarke, of the China Inland Mission. (A. R. Colquhoun, *Across Chrysê*, II, App., pp. 363/394.)

— Révolte des Miao-tsé. Let. de M. Barrier, miss. ap. Kou-tsin, 29 Mai 1884. (*Miss. Cath.*, XVI, 1884, pp. 421/423.)

— Miao-Tsz. By E. H. Parker. (*China Review*, XIV, pp. 215/216.)

— The Miao-tze in Haïnan by Frank P. Gilman. (*China Review*, XIX, 1890, pp. 59/60.)

HAK-KA.

Col. 167—168.

— Das Evangelium des Matthæus im Volksdialekte der Hakka-Chinesen. — Ma͑ thai͑ tshon͑ fuk͑ yim͑ šu͑ Hak͑ ka͑ syuk͑ wa͑. — Herausgegeben von R. Lechler, Missionar der Baseler Gesellschaft. — Berlin, 1860. Druck der Gebr. Unger'schen Hof-Buchdruckerei, in-8, pp. 91.

— Šin͑ kin͑ tši͑ szo͑ tshot͑ wun͑. Ha͑-ka͑ syuk͑ wa͑. Biblical Histories in the Hakka colloquial. Price Twenty five Cents. Basel 1868, printed for the Evangelical Missionary Society C. Schultze, printer. in-8, pp. 88.

— Ka͑ tšhu͑ šin͑ fun͑ tsho͑ hok͑. šoṅ͑ pun͑. — The four first Rules of arithmetic. First part. Price Seven Cents. Basel 1868, printed for the Evangelical Missionary Society C. Schultze, printer, in-8, pp. 43. — Second Part . . . ., pp. 11.

— The Hakka Chinese. By Rev. R. Lechler. (*Chin. Rec.*, IX, 1878, No. 5, pp. 352/359.)

— Sur cinq crânes d'Hakkas et les origines chinoises par M. Zaborowski. (*Bul. Soc. Anthrop.*, 1879, pp. 557/578.)

— Kouang-tong. Les Akkas. Let. de M. Delavay. (*Miss. Cath.*, XI, 1879, pp. 605/606.)

— Hakkas in Hainan. (*N. C. Herald*, XXII, 1879, pp. 204, 255, 422.)

— Syllabary of the Hakka language or dialect. By Edward Harper Parker. (*China Review*, VIII, pp. 205/217.)

— Remarks on the Syllabary of the Hakka dialect by Mr. E. H. Parker. By Ch. Piton. (*China Review*, VIII, pp. 316/318.)

— Hakka Marriage Customs. (*China Review*, VIII, pp, 318/320.)

— Hakka Proverbs. (*Ibid.*, IX, p. 255.)

— Easy sentences in the Hakka Dialect. With

(MIAO TSEU. — HAKKA.)

a Vocabulary. Translated by J. Dyer Ball. Price: One Dollar. Hongkong : Printed at the "China Mail" Office. 1881, in-8, pp. v-57. Pub. à Dol. 1.

"While engaged in my studies in the Hakka dialect I put the sentences in Giles' *Handbook of the Swatow Dialect* into Hakka. Though I had not the pleasure of his acquaintance, Mr. Giles, with the greatest courtesy and kindness, accorded to me the liberty of publishing this translation of his book. I call it a translation of his book as the phrases are for the most part the same, but I have altered some of them and omitted a few, putting others in their stead. It will also be found that some words have been left out in the Vocabulary, while at the same time more Chinese equivalents are given to certain English words than appear in the Handbook." (Intr.)

— "Easy Sentences in the Hakka Dialect." By J. Dyer Ball. *(China Review, X, pp. 218/220.)*

A propos d'une notice parue dans ce recueil, X, p. 139.
— Hakka Songs. *(China Review, XI, pp. 32/33.)*
— Hakka songs. By E. H. Parker. *(China Review, XII, pp. 507/510, XIII, pp. 20/23.)*
— Hakka folk-lore. *(China Review, XII, pp. 182/188.)*
— Some Hakka-songs. By R. Eichler. *(China Review, XII, pp. 193/195.)*

LOLOS ET SI FAN.

— E. C. Baber. Travels and Researches in the Interior of China, Voir col. 1520.

— On a Lolo MS. written on Satin. By M. Terrien de La Couperie. *(Journ. R. As. Soc., N. S., Vol. XIV, Art. X, January, 1882, pp. 119/123, avec 1 Pl.)*

— T. de Lacouperie. The Lolo and Mosso Writings. *(Proc. R. G. S., 1882, Sup. Pap. I).* — Lolo not connected with Vei Characters. *(Athenaeum, 23 Sept. 1882.)*

— La mission des Lolos. Lettre de M. Henri Maire, miss. ap. au Yun-nan. Pé tchai koù, 8 août 1882. *(Miss. Cath., XIV, 1882, pp. 505/7.)*

— Lettre de W. Mesny [à H. Cordier, sur le Ms. Lolo, de Changhaï], datée Kuei-Hsien, Préfecture de Tchin-tai Fou, Province du Kuang-si, 16 juillet 1883. *(Revue de l'Extr. Orient, II, No. 4, 1884, pp. 582/4.)*

— Lolos. By E. H. Parker. *(China Review, XIV, p. 360.)*

— Report by Mr. F. S. A. Bourne of a Journey in South-Western China. 1888. Contient des Vocabulaires Lolo. Voir col. 1522.

— De la langue et de l'écriture indigènes au Yûn-nân par M. Paul Vial, missionnaire apostolique du Yûn-nân. Paris, Ernest Leroux, 1890, br. in-8, pp. 23.

— Les Lolos et les Miao-tze, à propos d'une brochure de M. P. Vial, missionnaire apostolique au Yun-nan, par M. G. Devéria. *(Jour. Asiatique, Sept.-Oct. 1891, pp. 356 à 369.)*

— A. Hosie, Three Years in Western China, 1890, chap. VI, voir col. 1524.

V. — CLIMAT ET MÉTÉOROLOGIE.

(Voir aussi ASTRONOMIE.)

— Observationer på Magnet-Nålens Inclination, Gjorda under Resan til och från Canton, Åren 1766 och 1767, af Carl Gustaf Ekeberg, Capit. Lieut. vid K. Admiralitet samt Capitaine vid Ost-Indiska Compagniet. *(Kongl. Vetenskaps Academiens Handlingar,* För Månaderne Julius, Augustus, September 1768, Vol. XXIX, pp. 225/228.)

— Observationer, gjorde med Inclinations Compassen, på en Sjöresa ifrån Götheborg til Canton i China och därifrån tilbaka, åren 1770 och 1771, af Carl Gustaf Ekeberg, Capitaine vid K. Admiralitet samt vid Ostindiska Compagniet. *(Kongl. Vetenskaps Academiens Handlingar,* För Månaderne Julius, Augustus, September 1772, Vol. XXXIII, pp. 262/275.)

— Observationer, Gjorde med Inclinations-Compassen, under en Sjö-resa til och från Canton i China, af Carl Gustaf Ekeberg. *(Kongl. Vetenskaps Academiens Handlin-*

gar, För Månaderne October, November, December, 1775, vol. XXXVI, pp. 306/313.)

— Meyen (F. J. F.). Bemerkungen über die klimatischen Verhältnisse des südlichen China's. (Bei der Akademie eingegangen den 11. Mai 1835.) *(Acad. Caes. Leop. Nova Acta,* XVII, 1835, pp. 855/908.)

Col. 169.

— Examination of some Atmospheric Dust from Shanghae, forwarded to the Asiatic Society of Bengal by D. J. Macgowan, Esq. M. D. Ningpo Hospital, by Henry Piddington, Curator Museum of Economic Geology of India. Shower of Ashes or Dust. *(Jour. As. Soc. Bengal,* XVI, 1847, pp. 193/199.)

— Notes on some of the physical causes . . . by J. Henderson . . . .

Des ext. de ce mémoire ont été donnés dans le *N. C. Herald,* No. 672, June 13, 1863.

— C. Friedel. Beiträge zur Kenntniss des Klimas und der Krankheiten Ost-Asiens, gesammelt auf der Preuss. Expedition in den Jahren 1860, 1861 und 1862. Berlin, 1863, in-8.

Col. 170.

— Droughts in China, A. D. 620 to 1643. — By Alex. Hosie, M. A., H. B. M.'s China Consular Service. *(Journ. N. C. B. R. A. S.,* N. S., XII, 1878, Art. III, pp. 51/89.)

D'après le 欽定圖書集成·

— Sunspots and Sun Shadows observed in China, B. C. 28. — A. D. 1617. — By Alex. Hosie, M. A.; H. B. M.'s China Consular Service. *(Journ. N. C. B. R. A. S.,* N. S., XII, 1878, Art. IV, pp. 91/95.)

D'après le *Kin Ting Tou Chou.*

— Floods in China, A. D., 630—1630. By Alex. Hosie. *(China Review;* VII, pp. 371—372.)

— Ueber das Klima Ostasien's, insbesondere des Amur-Landes, China's und Japan's. — Von Dr. H. Fritsche. (Reisen und Forschungen im Amur-Lande von Dr. Leopold v. Schrenck. Band IV, 2, St. Petersburg 1877) in-4.

— The Climate of Eastern Asia. — By Dr. H. Fritsche, Director of the I. Russian Observatory at Peking. *(Journ. N. C. B. R. A. S.,* N. S., XII, 1878, Art. VI, pp. 127/335.)

— On the Climate of Peking. By Dr. Fritsche, Director of the Russian Meteorological Observatory and Professor of Astronomy in the T'ung-wen Kwan. *(Chin. Rec.,* X, 1879, No. 4, pp. 297 to 302.)

— Voir L. v. Schrenck, col. 1533.

— The September Taifuns 1878 with 12 charts and 1 diagramm by E. Knipping, Tokio, Japan. Part I. The Great September Taifun in the China and Japan Seas 1878. *(Mitth. d. deutsch. Gesells. f. Nat. u. Völkerk. Ostas.* 18tes Heft. Sept. 1879, pp. 333 et seq.)

— Periodical Change of Terrestrial Magnetism. By F. W. Schulze. *(Jour. N. C. B. R. A. S.,* N. S., XIII, 1879, Art. II, pp. 37/98 + 1 f. n. c.)

— The Climate of Shanghai. Its meteorological condition. — By The Rev. Father M. Dechevrens, S. J. Director of the Zi-ka-wei Observatory. *(Journ. N. C. B. R. A. S.,* N. S., XVI, 1881, Part I, Art. IV, pp. 231/246.)

— Osservazioni meteorologiche di U-cian-fu (Settembre 1880 — Giugno 1881) del Missionario P. Epifanio Carlassare. *(Bol. Soc. Geog. ital.,* 1881, pp. 664/668.)

— W. Doberck. The Law of Storms in the Eastern Seas. Hongkong, Sept. 1886, in-12, pp. 24, 1 carte.

Tirage à part du *Hongkong Telegraph.*

—— Observations and Researches made at the Hongkong Observatory in the year 1885. Hongkong 1886, in-fol., env. pp. 192.

—— Crepuscular Rays in China, pp. 464.

— — On the Rainfall and Temperature at Victoria Peak, Hongkong, pp. 78.

∴

— Earthquakes in China. By D. J. Macgowan. *(China Review,* XIV, pp. 147/150.)

(DIVERS.)

— Volcanic Phenomena in Kokonor and Manchuria and earthquakes in Chihli and Formosa. By D. J. Macgowan. *(China Review,* XIV, pp. 290/294.)

— Beiträge zur Kenntniss des Klimas von China. Von Dr. Gustav Thirring in Budapest. *(Meteorologische Zeitschrift,* Berlin, 1887, pp. 279/288, 324/333; 1888, 132/134.)

OBSERVATOIRE MÉTÉOROLOGIQUE ET MAGNÉTIQUE DE LA COMPAGNIE DE JÉSUS A ZI-KA-WEI.

Col. 170/2.

— Bulletin mensuel de l'observatoire magnétique et météorologique de Zi-ka-wei, près Changhai *(Chine).* Tome III — Année 1877. Zi-ka-wei, Typographie de la Mission catholique, à l'orphelinat de Tou-sè-wè. 1877, in-4, pp. 201.

— Bulletin mensuel de l'observatoire magnétique et météorologique de Zi-ka-wei, près Chang-hai (Chine), fondé et dirigé par les missionnaires de la Compagnie de Jésus. Tome IV — Année 1878. Zi-ka-wei, Typographie de la Mission catholique, à l'orphelinat de Tou-sè-wè. 1878, in-4, pp. 189.

Ce Bulletin est continué régulièrement. L'année 1889, publiée en 1890, forme le Tome XV.

— Observatoire de Zi-ka-wei près Chang-hai (Chine). Recherches sur les Variations des Vents a Zi-ka-wei, d'après les observations faites de 1873 à 1877, par le P. M. Dechevrens, de la Compagnie de Jésus. Zi-ka-wei, Typographie de la Mission Catholique à l'Orphelinat de Tou-sè-wè, 1877, gr. in-4, pp. 25, tit. lith.

— Recherches sur les principaux phénomènes de Météorologie et de physique terrestre à l'observatoire météorologique et magnétique de Zi-ka-wei, près Chang-hai (Chine) par le R. P. Marc Dechevrens de la Compagnie de Jésus. Versailles, E. Aubert, 1877, in-8, pp. 89.

Extrait de l'*Annuaire de la Société météorologique de France,* Tome XXIV.

— La lumière zodiacale étudiée d'après les observations faites de 1875 à 1879 à l'observatoire de Zi-ka-wei, Chine, par le P. Marc Dechevrens, de la Compagnie de Jésus. Zi-ka-wei, Imp. et lith. de la Mission cath. à l'orphelinat de Tou-sè-wè. 1879, gr. in-4, pp. 28 et pl.

— Observatoire de Zi-ka-wei ..... Le Typhon du 31 juillet 1879 par le P. Marc Dechevrens S. J. Zi-ka-wei, 1879, in-4, pp. 33 + XVII + 1 f. n. c. + les pl.

(COMPAGNIE DE JÉSUS.)

— Zi-ka-wei Observatory.... The Typhoons of the Chinese Seas in the year 1880 by M. Dechevrens S. J. . . . . Zi-ka-wei . . . 1881, in-4, pp. 34 + 1 f. n. c.

— Zi-ka-wei Observatory near Shanghai, China. — The Typhoons of the Chinese Seas in the year 1881 by Marc Dechevrens S. J. Director of the Observatory. Zi-ka-wei, Printed at the Catholic Mission's Press, Tou-sai-wai. 1882. — Kelly & Walsh. Shanghai, in-4, pp. 171 + 8 Pl.

— Zi-ka-wei Observatory ... On the Storms of the Chinese Seas and on the Storm of the 19th and 20th March 1880 by R. F. M. Dechevrens, S. J. . . . Zi-ka-wei, 1880, in-4, pp. 16 + les pl.

— Observatoire météorologique et magnétique de Zi-ka-wei ... Les Typhons de 1882. Première partie. Les Typhons des mois de juillet et août par Marc Dechevrens . . . . Zi-ka-wei, 1884, in-4, pp. 54 + 1 f. n. c.

— Part II. Typhoons in September and October by R. F. Marc Dechevrens . . . Zi-ka-wei, 1884, in-4, pp. 32.

— Zi-ka-wei Observatory ... The Typhoons of the Chinese Seas in the year 1885. Essay on the Atmospheric Variations in the Far East during January 1885. — By the R. F. Marc Dechevrens . . . . Zi-ka-wei, 1885, in-4, pp. 42 + 1 f. n. c. + 16 pl.

— Marc Dechevrens über die Neigung des Windes gegen den Horizont zu Zi-ka-wei. (*Meteorologische Zeitschrift*, 1888, pp. 397 und 399.)

— Observatoire de Zi-ka-wei près Chang-hai, Chine. — Le Magnétisme terrestre à Zi-ka-wei, Chine par Marc Dechevrens S. J. Directeur de l'Observatoire. Zi-ka-wei, 1881, in-4, pp. 53 + 15 pl.

— Observatoire de Zi-ka-wei près Chang-hai, Chine. — Variations de l'aiguille aimantée pendant les éclipses de lune — Régime des vents à Zi-ka-wei 1877—1882. Par le P. Marc Dechevrens de la Compagnie de Jésus, Directeur de l'Observatoire de Zi-ka-wei. Zi-ka-wei, Typographie de la Mission catholique, à l'orphelinat de Tou sè-wè. 1883, in-4, pp. 31 + 1 f. n. c. pour la t.

— L'Inclinaison des Vents, un anémomètre pour mesurer cette inclinaison avec un appendice sur les courants verticaux dans les Cyclones, 2ᵉ Note par le R. P. Marc Dechevrens, S. J. Zi-ka-wei, 1886, in-4.

— Observatoire de Zi-ka-wei ... Sur les Variations de température observées dans les Cyclones, 2ᵉ Note par le R. P. Marc Dechevrens, S. J. Zi-ka-wei, 1887, in-4, pp. 17.

— Observatoire de Zi-ka-wei. Etude sur les orages dans le Kiang-nan en 1889, d'après les observations des missionnaires catholiques. Zi-ka-wei, 1890, gr. in-4, pp. 17.

Avec une Carte du Kiang-nan d'après une carte inédite dressée par le R. P. Pierre. S. J. Echelle de 100 kil.

— M. Dechevrens. — L'Observatoire de Zi-ka-wei fondé et dirigé par les Missionnaires de la Compagnie de Jésus, Mission du Kiang-nan (Chine). (*Etudes relig., philos.*, etc., xliii, 1888, pp. 262/279.)

Col. 171.

VI. — HISTOIRE NATURELLE.

OUVRAGES DIVERS.

Col. 172.

— C. Collingwood : Rambles of a Naturalist . . . .
Notice : *N. C. Herald*, Aug. 8, 1868.

— Reisen und Forschungen im Amur-Lande in den Jahren 1854—1856 im Auftrage der kaiserl. Akademie der Wissenschaften zu St. Petersburg ausgeführt und in Verbin-

dung mit mehreren Gelehrten herausgegeben von Dr. Leopold v. Schrenck. St. Petersburg 1858. — BAND I. *Erste Lieferung.* Einleitung, Säugethiere des Amur-Landes. Mit 9 Tafeln und 1 Karte. St. Petersburg, 1858. — *Zweite Lieferung.* Vögel des Amur-Landes. Mit 7 colorirten Tafeln. St. Petersburg, 1860. — BAND II. *Erste Lieferung.* Lepidopteren. Mit 5 colorirten Tafeln. St.

Petersburg, 1859. — *Zweite Lieferung*. Co-
leopteren. Mit 6 colorirten Tafeln und 1
Karte. St. Petersburg, 1860. — *Dritte Lieferung*. Mollusken des Amur-Landes und
des Nordjapanischen Meeres. Mit 17 colorirten Tafeln und zwei Karten. St. Petersburg, 1867. — BAND III. *Erste Lieferung*.
Die Völker des Amur-Landes. Geogra-
phisch-historischer und anthropologisch-
ethnologischer Theil. Mit 1 Karte, 3 lithogr.
und 5 phototypischen Tafeln. St. Petersburg, 1881. — BAND IV. *Erste Lieferung*.
Meteorologische Beobachtungen im Amur-
Lande und Resultate aus denselben. St.
Petersburg, 1876. — *Zweite Lieferung*.
Ueber das Klima Ostasien's, insbesondere
des Amur-Landes, China's und Japan's von
Dr. H. Fritsche. Mit 13 Isothermenkarten.
St. Petersburg. 1877.

Voir supra, col. 1531.

—Atkinson's Regions of the Upper and Lower
Amoor, 1860. [Voir col. 1329.]

Voir dans l'app. liste des Mammifères, oiseaux, arbres, plantes et
fleurs de la vallée de l'Amour, de la Sibérie, de la Mongolie, etc.

— Animal, etc. Products. By C. T. Gardner. Voir col. 1483.
— Promenades d'un naturaliste dans l'archipel des Chusan . . .
Par A. A. Fauvel, voir col. 1475.

ZOOLOGIE.

Col. 173.

— Doctor Carl Linnaei Bescrifning om Guld-
Fjsken och Sjlfwer-Fjsken. Cyprinus pinna
ani duplici, cauda trifurca. (*Swenska We-
tenskaps Academiens Hadlingar*, För Må-
naderna Julius, Augustus och Septemb.
1740. Vol. I, pp. 403/410, avec grav.)

— *Lyckte-Matken* från China. Ingifven af Ge-
heimerådet Herr Raben. Beskrefven af
Carl Linnaeus. (*Kongl. Svenska Weten-
skaps Academiens Handlingar*, För Månaderne Januar, Februar. och Mart. 1746, Vol.
VII, pp. 60/65, avec add. de Carl de Geer.)

— Beskrifning om en Chinesisk och en in-
låndsk Fjäril; ingifne af H. Geheime-Rådet
Raben, jämte några Anmårkningar öfver
Fjårillarne i gemen. Af Carl De Geer.
(*Kongl. Svenska Vetenskaps Academiens
Handlingar*, För Månaderne Julius, Au-
gustus, September, 1748, Vol. IX, pp. 208
à 230.)

— Manis, Et Ostindiskt Djur, beskrifvit af
Joh. Fredr. Dalman. (*Kongl. Svenska Vetenskaps-Academiens Handlingar*, För Månaderne October, November, December,
1749, Vol. X, pp. 265/269.)

— Beskrifning öfver den *Chinesiska Vigten*.
Gjord af And. Berch. (*Kongl. Svenska Vetenskaps-Academiens Handlingar*, För Månaderne Julius, Augustus och September.
1750, Vol. XI, pp. 210/214.)

— Chinensia Lagerströmiana, praeside D. D.
Car. Linnaeo, Proposita a Johann Laur.
Odhelio, W. Gotho. Upsaliae 1754. Decembr. 23. (Caroli Linnaei *Amoenitates Academicae, Holmiae*, 1759, Vol. IV, Art. LXI,
pp. 230/260.)

Avait paru Stockholm, 1754, in-4, pp. 36.

— Anthropomorpha, Quae, praeside D. D.
Car. Linnaeo, Proposuit Christianus Emmanuel Hoppius, Petropolitanus. Vpsaliae
1760. Septemb. 6. (Caroli à Linné, *Amoenitates Academicae, Holmiae*, 1763, Vol. VI,
Art. CV, pp. 63/76.)

Avait paru, Upsala, 1760, in-4, pp. 16.

— Den Mongoliska Lårkan (*Alauda mongo-
lica*), en rar Fogel från Ostra Siberien, fun-
nen och beskrifven af Peter Simon Pallas.
(*Kongl. Vetenskaps-Academiens Handlingar*, För Månaderne Julius, Augustus, September 1778, XXXIX, pp. 201/203.)

— Beskrifning på 3 : ne Fiskar, af Bengt and
Euphrasén. (*Kongl. Vetenskaps Academiens
Nya Handlingar*, För Månaderne Januarius, Februarius, Martius, 1788, Vol. IX, pp.
51/55.)

— Iter in Chinam quod praeside D. D. Carl
von Linné proposuit Andreas Sparrman,
Uplandus. Upsaliae 1768. Novembr. 30.
(Car. a Linné *Amoenitates academicae*, Vol.
VII, Erlangae, 1789, pp. 497/506.)

— Beschreibung des tangutischen Büffels mit
dem Pferdeschweif, nebst allgemeinen Bemerkungen über die wilden Gattungen des
Rindviehes. Aus dem Französischen im
zweiten Theil des ersten Jahrgangs der
neuen *Acta Acad. Petropolitanae*. (*Nordische Beyträge*, I. Bd., I. St., pp. 1/28.)

Col. 174.

JOHN EDWARD GRAY. — Notice of a Badger
from China : Meles chinensis. (*Proc. Zool.
Soc.*, 1868, pp. 206/9.)

— Note on Ursus lasiotus, a hairy-eared Bear
from North China. (*Ann. Mag. Nat. Hist.*,
XX, 1867, p. 301.)

— On the chinese Pug-nosed Spaniel or Lap-
dog. (*Proc. Zool. Soc.*, 1867, pp. 40/3.)

— Note on the "Hwang Yang", or Yellow

Sheep of Mongolia. (*Proc. Zool. Soc.*, 1867, p. 244/6.)

— Macacus lasiotus, a new ape from China. (*Ann. Mag. Nat. Hist.*, I, 1868, p. 154; *Proc. Zool. Soc.*, 1868, pp. 60/61.)

— Note on Theonella, a new genus of Coralloid Sponges from Formosa. (*Ibid.*, pp. 566/7.)

— The Chinese long-tailed Goat Antelope : Urotragus caudatus. (*Ann. Mag. Nat. Hist.*, VIII, 1871, pp. 371/2.)

— Damonia unicolor, a new species of Water-Tortoise from China. (*Ibid.*, XII, 1873, pp. 77/8.)

— Notes on Chinese Mud-Tortoises (Trionychidae), with descriptions of a new species (Oscaria Swinhoei) and observations on the male organ of this family. (*Ibid.*, pp. 156 to 161.)

Col. 175.

— Die Ueberreste vorweltlicher Riesenthiere in Beziehung zu Ostasiatischen Sagen und Chinesischen Schriften. Von J. Fr. M. v. Olfers. Gelesen in der Akademie der Wissenschaften am 13. Juni und in der öffentlichen Sitzung am 4. Juli 1839. Mit 5 Holzschnitten. Berlin, 1840, in-4, pp. 31.

— Notice of the Kiang. — (With Plate.) By H. Walker. (*Jour. As. Soc. Bengal*, XVII, July 1848, pp. 1/2.)

— Notice on the Coleoptera of Hong Kong, by Capt. Champion, 95th Regt. (Communicated by Dr. J. Mc.Lelland.) (*Jour. As. Soc. Bengal*, XVII, Aug. 1848, pp. 206/209.)

Col. 178.

ROBERT SWINHOE. — On a black Albatross from the China Seas : Diomedea derogata, *n. sp.* (*Proc. Zool. Soc.*, 1873, pp. 784/6.)

Col. 179.

— R. Swinhoe. The Ornithology of Amoy (China). (*Bengal Jour. As. Soc.*, XXIX, 1860, pp. 240/265; *Ibis*, II, 1860, pp. 45 to 68, 130/3.)

Col. 180.

— R. Swinhoe. A few remarks on the Fauna of Amoy. (Newman, *Zoologist*, XVI, 1858, pp. 6222/6231.)

— Description of the small Chinese Lark (Alauda caelivox). (*Ibid.*, XVII, 1859, pp. 6723/6727.)

Voir col. 180.

— Wild Swans on the coast of China. (*Ibid.*, XVIII, 1860, pp. 6923/5.)

— Birds of Amoy. (*Ibid.*, pp. 7102/3.)

— On the Japanese and Formosan Deer. (*Ann. Nat. Hist.*, VIII, 1861, p. 192.)

— A list of the Formosan Reptiles, with notes on a few of the species, and some remarks on a Fish (Orthagoriscus). (*Ibid.*, XII, 1863, pp. 219/226.)

— A list of the Formosan reptiles; with notes on a few of the species, and some remarks on a fish (*orthagoriscus*, sp.). By R. Swinhoe, F. Z. S., F. G. S. &c., H. M. Vice-Consul at Formosa. [From the *Annals and Magazine of Natural History* for sept. 1863], in-8, pp. 8.

— Natural History Notes principally from Formosa. (*Zoologist*, XXII, 1864, pp. 9224 to 9229.)

— Birds and Beast of Formosa. (*Shanghaï Journal*, II, 1865, pp. 39/52; Wien, *Zool. Bot. Verhandl.*, XVI, 1866, *Abh.*, pp. 438 to 447.)

— On a new species of Beech-Marten (Martes chrysospila) from Formosa. (*Ann. Mag. Nat. Hist.*, XVIII, 1866, p. 286.)

— Descriptions of two new species of Sunbirds from the island of Hainan, South China. (*Ibid.*, IV, 1869, p. 436.)

— Descriptions of new species of birds from China. (*Ibid.*, V, 1870, pp. 173/5; VI, 1870, pp. 152/4.)

— On four new species of Asiatic Birds : Pellorneum subochraceum, Poecile baicalensis, Mirafra borneënsis, M. parva. (*Ibid.*, VII, 1871, p. 257.)

— On a new species of Nettapus (Cotton-Teal) from the River Yang-tsze, China : N. Kopschii. (*Ibid.*, XI, 1873, pp. 15/17.)

— On three new species of Birds from Chefoo (North China) : Turdus Campbelli, Hemipodius chrysostomus, Porzana exquisata. (*Ibid.*, XII, 1873, pp. 373/7.)

— On the Water Birds of the Fookien Province. By R. Swinhoe. (*Miss. Recorder*, 1867, Jan.)

— Beiträge zur Schmetterlings-Fauna des nördlichen China's von Otto Bremer und William Grey. St. Petersburg, 1853, br. in-8, pp. 23.

Col. 181.

— Neue Lepidopteren aus Ost-Sibirien und dem Amur-Lande, gesammelt von Radde und Maack, beschrieben von Otto Bremer. (*Bull. Ac. des Sc. St. Pét.*, III, 1861, col. 461/496.)

— Lepidopteren Ost-Sibiriens, insbesondere des Amur-Landes, gesammelt von den Herren G. Radde, R. Maack und P. Wulffius, bearbeitet von Otto Bremer. (Mit 8 colorirten Tafeln.) St. Petersburg, 1864. (*Mém. de l'Ac. des Sc. de St. Pétersb.*, Tome VIII, No. 1, p. 103.)

— Neue Säugethier-Arten aus Ost-Sibirien von Gustav Radde. (*Bull. Ac. des Sc. de St. Pétersb.*, IV, 1862, col. 48/55.)

— Beschreibungen neuer, von den Herren L. v. Schrenck, Maack, C. v. Ditmar u. a. im Amurlande und in Ostsibirien gesammelter Araneïden von Professor Dr. Ed. Grube. (*Bull. Ac. des Sc. de St. Pétersb.*, IV, 1862, col. 161/180.)

— Vorläufige Diagnosen einiger neuer Molluskenarten aus der Meerenge der Tartarei und dem Nordjapanischen Meere, von Dr. Leop. v. Schrenck. (*Bull. Ac. des Sc. de St. Pét.*, IV, 1862, col. 408/413.)

— Bemerkungen über die Säugethierfauna Süd-Sachalin's und der südlichen Kurilen; auf Veranlassung brieflicher Mittheilungen des Hrn. Fr. Schmidt, von Dr. Leop. v. Schrenck. (*Ibid.*, 1862, IV, col. 413/433.)

Voir *supra* Reisen . . . von L. v. Schrenck, col. 1533.

— G. Radde. Ornithologische Skizzen aus Nord-Asien. (Petermann, *Mitth.*, 1864, pp. 342/6.)

* Biernatzki. Zur Fauna von Amoy. (*Z. f. allg. Erdk.*, 1858.)

— О китайскомъ шелководствѣ. составилъ, по китайскимъ источникамъ, Іеромонахъ Антоній. St. Pétersbourg, 1865, in-8, pp. 50.

Ext. des Travaux de la Soc. entomologique de Russie.

— Истребленіе саранчи въ Китаѣ. переводъ съ китайскаго К. Скачкова. St. Pétersbourg, 1865, in-8, pp. 10.

Ext. des Travaux de la Soc. entomologique de Russie.

ARTHUR ADAMS. — Notes on some molluscous animals from the seas of China and Japan. (*Ann. Mag. Nat. Hist.*, XIII, 1864, pp. 140/4.)

— On some new genera and species of Mollusca from the Seas of China and Japan. (*Ibid.*, pp. 307/310.)

PETER BLEEKER. — Description et figure d'une espèce inédite de Rhynchobdella de

Chine : R. sinensis. Amsterdam, Verslag. Acad., IV, 1870 (*Natuurk.*), pp. 249/250.

— Mededeeling omtrent eenige nieuwe vischsoorten von China. (*Ibid.*, pp. 251/3.)

— Description d'une espèce inédite de Botia de Chine (B. elongata), et figures du B. elongata et B. modesta [1869]. (*Ibid.*, pp. 254/6.)

— Description et figure d'une espèce inédite de Hemibagrus de Chine : H. macropterus [1869]. (*Ibid.*, pp. 257/8.)

— Mémoire sur les Cyprinoïdes de Chine. [1869]. (Amsterdam, *Verhand. Acad.*, XII, 1871.)

— Notice sur les peintures chinoises de Cyprinoïdes, déposées au Muséum de l'Université de Groningue par M. J. Senn van Basel. (Amst., Verslag. Akad., VI, 1872, pp. 117/121.)

∴

Col. 182.

— Albert Günther. Report on a collection of fishes from China. (*Ann. Mag. Nat. Hist.*, XII, 1873, pp. 239/50).

— A. Günther. On a collection of fishes from Chefoo, North China. (*Ibid.*, pp. 377/380.)

Col. 183—186.

Abbé ARMAND DAVID. — [Notes sur les habitats de quelques Faisans de la Chine]. (*Proc. Zool. Soc.*, 1868, pp. 210/211.)

— Description of Parus Pekinensis. (*Ibis*, VI, 1870, pp. 154/6.)

— Nouvelle espèce de Crossoptilon : C. cœrulescens. (*Ctes rendus Ac. Sciences*, LXX, 1870, p. 538.)

— On two new species of birds from Moupin, Western Szechuen : Accentor multistriatus, Cinclosoma Artemisiae. (*Ann. Mag. Nat. Hist.*, VII, 1871, p. 256.)

— Sur une espèce nouvelle de Paradoxornis : P. Heudei. (*Ctes rendus Ac. Sciences*, LXXIV, 1872, pp. 1449/1450; *Ann. Mag. Nat. Hist.*, X, pp. 71/72.)

— Observations zoologiques faites dans la province de Tché-Kiang. (*Ctes rendus Ac. Sciences*, LXXV, 1872, pp. 64/65.)

— Natural History of North China, with notices of that of the South, West and North-East, and of Mongolia & Thibet, compiled chiefly from the travels of Père Armand David. Reprinted from the "Shanghai Evening Courier" and "Shanghai Budget", and translated from the "Shanghai Nouvelliste". Shanghai : Printed by Da Costa & Co., at the "Ching-Foong" general Printing Office, 1873, in-4, pp. 45 à 2 col.

— Jour. de mon troisième voyage . . . .

Notice : (par le R. P. T. Pepin) *Etudes religieuses*, V° Sér., VIII, 1875, pp. 929/934.

— Oiseaux de la Chine . . . . David.

C. rendu : *China Review*, VII, pp. 62/64. (Par O. F. von Möllendorff.)

— The Abbé Armand David's Journey in Western China. *(Geographical Magazine*, June 1, 1876, pp. 146/149.)

D'après le *Bull. de la Soc. de Géog.*, Janv.—Mars, 1876.

— The abbé Armand David's travels in China. By Alfred E. Hippisley. *(Geog. Mag.*, Febr. 1877, pp. 28/34.)

— Die Forschungsreisen des französischen Missionärs und Naturforschers Armand David. — Von Carl Berthold. Würzburg, 1878, in-8, pp. 58.

Dans *Katholische Studien*, III. Jahrgang (1877), XII. Heft.

— Faune et Flore chinoises par M. Armand David, Lazariste, ... Les Singes. (*Missions Cath.*, 1889, janv. 11, pp. 21/23; janv. 18, pp. 34/35; janv. 25, pp. 46/48 . . .)

∴

* On Fishes from Peking. (*Nederl. Tijds. vor de Dierkunde*, 1869.)

Col. 187.

— Description of a new genus of Newts from Western Yunan : Tylotriton verrucosus. By Dr. John Anderson. (*Proc. Zool. Soc.*, 1871, pp. 423/5.)

— Catalogue of Animals and Birds in the Shanghai Museum on the 31st December, 1875. Shanghai. Printed at the "North-China Herald" Office, 1876, gr. in-8, pp. 15 [by W. B. Pryer].

Col. 187—188.

— Trouts in China, By O. F. von Möllendorff. *(China Review*, VII, pp. 276/278.)

— Mémoires concernant l'histoire naturelle de l'empire chinois par des Pères de la Compagnie de Jésus. Premier cahier avec 12 planches. — Chang-hai, Imprimerie de la Mission catholique à l'orphelinat de Tou-sè-wè. 1880, gr. in-4. [Mémoire sur les Trionyx.] — Second cahier avec 10 pl. — *Ibid.*, 1882, gr. in-4. [Notes sur les mollusques terrestres de la vallée du Fleuve bleu.] — Troisième cahier avec 10 pl. — *Ibid.*, 1885, gr.

(ZOOLOGIE.)

in-4 [Suite du mémoire précédent]. Ces deux mémoires sont du P. Heude. — Quelques remarques sur les mœurs et habitudes du *Rathouisia leonina*, par le P. C. Rathouis. — Catalogue des cerfs tachetés (Sikas) du musée de Zi-ka-wei, ou notes préparatoires à la monographie de ce groupe, par le P. Heude]. — Tome I; quatrième et dernier cahier. Pl. XXXIII-XLIII. — *Ibid.*, 1890, gr. in-4. [Note sur les Mollusques terrestres de la vallée du Fleuve Bleu, par le P. Heude.] — T. II, premier cahier avec 11 planches. — Zi-ka-wei, imp. de la mission cath. à l'orph. de Tou-sè-wè, 1887, gr. in-4. [Problema Philippinense, seu Cervinorum Craniorum in Philippinis insulis hucusque detectorum, quae ex amicis accepit atque in taxonomicam seriem composuit Petrus Heude, Soc. Jesu presbyter, apud Sinas missionarius, praeviae icones, nec non et eorumdem craniorum parcus index.] — Ce cahier provisoire est supprimé et remplacé par le suivant : Tome II, Premier cahier avec 21 planches. — Changhai, 1888, gr. in-4. [Etudes sur les ruminants de l'Asie orientale. Cerfs des Philippines et de l'Indo-Chine.]

— Crocodiles in China. *(Shanghai Ev. Courier*, 17 March 1869.)

— Alligators in China. By A. A. Fauvel, Imp. Chinese Mar. Customs. (*Jour. N. C. Br. R. As. Soc.*, N. S., XIII, 1879, pp. 1/36 f., planches.)

— Les Alligators de la Chine centrale. — Lettre du R. P. C. Rathouis, de la Comp. de Jésus. Extrait des *Etudes religieuses*. — Lyon, Imp. Pitrat, 1879, br. in-8, pp. 15.

Alligator sinensis.

— Crocodiles. By A. *(China Review*, VI, p. 351.)

* W. Peters. Ueber ein neues Argali-Schaf, *Ovis jubata*, von Nordchina. (*Monatsber.*, Berlin. Acad., Mars 1876.)

— Musk. By E. H. Parker. *(China Review*, XIV, p. 217.)
— Does for Peking. By E. H. Parker. *(China Review*, XIV, p. 224.)
— Elephants in China. By E. H. Parker. *(China Review*, XIV, p. 357).
— The Kite. By E. H. Parker. *(China Review*, XV, p. 373.)
— The Ki-lin identified with the Giraffe. By H. K. *(China Review*, VI, pp. 277.)
— The Giraffe and the Ki-lin. By D. G. *(China Review*, VII, pp. 72/73); T. W. K. *(Ibid.*, p. 137.)
— Bengal K'ilin. *(China Review*, X, p. 72.)
— Giraffes and Zebras sent as Tribute. *(China Review*, X, p. 72.)

— Les sauterelles à Nanking. Par le P. Ravary, S. J. (*Miss. Cath.*, X, 1878, pp. 350/3, 362/5.)

(ZOOLOGIE.)

50*

— Zoology. By X. Y. Z. (*China Review*, VI, p. 420.) By O. F. v. M. (VII, pp. 352/353.)

— A Remarkably Tame Bird. By Theos. Sampson. (*China Review*, VII, pp. 137/138); Jas. B. Coughtric. (*Ibid.*, pp. 206/207.)

— The habitat of the Hedgehog. By J. J. J. (*China Review*, VIII, p. 190.)

— Avicula (Malleus) vulgaris. By J. Dyer Ball. (*China Review*, X, p. 145.)

— A chinese Unicorn. By H. K. (*China Review*, XIII, p. 120.)

— Kangaroos in Central Asia. By O. F. von Möllendorff. (*Jour. China Br. R. A. Soc.*, XXII, N. S., 3 & 4, 1887, p. 229.)

— Poisonous fish and fish-poisoning in China. By D. J. Macgowan, M. D. (*Chin. Recorder*, XVII, Feb. 1886, pp. 45/50, April 1886, pp. 139/140.)

— Птицы ганьсуйскаго путешествія Г. Н. Потанина 1884—1887. Матеріалы по орнитологіи Китая, главнымъ образомъ южной части провинціи Гань-су ... Aves expeditionis Potanini per provinciam Gansu et confinia 1884—1887 Auctoribus M. Berezowski & V. Bianchi. Санкт Петербургъ, 1891, in-4, pp. xl-155 + 3 pl. col.

BOTANIQUE.

Col. 188—189.

— Flora Sinensis . . . . . a R. P. Michaele Boym.

Vend. : Jussieu, 71 fr. — Lib. Mathias, Paris, 1885, 40 fr. — Extrêmement rare.

Col. 189, ligne 6, *appreciatione* pour *apprecatione*.

— Fungus Sinensium Mo-ku-sin descriptus a Rev. P. Cibot apud Sinas Missionar. Academ. Socio. (*Novi Commentarii Academiae Scientiarum Imperialis Petropolitanae*, t. XIX, pro Anno MDCCLXXIV. Petropoli, MDCCLXXV, in-4, pp. 373/8.)

Le ms. de l'original français fait partie du vol. 28 des Mss. de Ste. Geneviève, voir col. 509. — Cf. *Mém. conc. les Chinois*, IV, pp. 500 et seq.

— Amœnitatum exoticarum politico-physico-medicarum Fasciculi V, Quibus continentur Variae Relationes, Observationes & Descriptiones Rerum Persicarum & Ulterioris Asiae, multa attentione, in peregrinationibus per universum Orientem, collectae, ab Auctore Engelberto Kaempfero, D. Lemgoviae, Typis & Impensis Henrici Wilhelmi Meyeri, Aulae Lippiacae Typographi, 1712. in-4, front., 9 ff. prél. n. c. p. le tit., déd., préf. etc. + pp. 912 + 16 ff. n. c. pour l'index. Pl.

Voir à la fin :

Plantarum Japonicarum , quas Regnum peragranti solum natale conspiciendas objecit, nomina & characteres sinicos; intermixtis, pro specimine, quarundam plenis descriptionibus, unà cum Iconibus.

Contient :

Catalogus Plantarum Fasciculi V in quinque Classes distributi, quarum exhibet

Classis 1. Plantas vulgò dictas Bacciferas & Pruniferas.
  »   2. Pl. Pomiferas & Nuciferas.
  »   3. Pl. Oleaceas & Frugiferas.
  »   4. Pl. specioso flore conspicuas.
  »   5. Pl. Miscellaneas.

R. N. 2112.

— Beschreibung eines Chinesischen Schwammes Lingtschi genannt; aus Briefen eines Missionärs in Pekin. (*Neue Nordische Beyträge*, V. Bd., 1793, pp. 105/108.)

Col. 190.

— Herbier . . . des plantes médicinales, par Buc'hoz. 1781, voir col. 692.

Col. 191.

— Icones Plantarum novarum vel imperfecte cognitarum, floram rossicam, imprimis Altaicam, illustrantes, edidit Carolus Fridericus a Ledebour ... Rigae apud I. Deubner, 1829—1834, 5 parties in-folio.

British Museum, 563, g, 27.

Voir col. 1308 : Reise durch das Altai-Gebirge.

— Flora Altaica. Scripsit D. Carolus Fridericus a Ledebour . . . . adiutoribus D. Car. Ant. Meyer et D. Al. a Bunge . . . . Berolini; G. Reimer, MDCCCXXXIX-MDCCCXXXIII, 4 vol. in-8.

— Plantarum Mongholico-Chinensium Decas prima. Auctore Al. Bunge. Casam. 1835. Описаніе новыхъ родовъ и видовъ Китайскихъ и монгольскихъ растеній. br. in-8, pp. 29, 3 pl.

Col. 196.

— Botanical notes. By H. F. Hance. (*China Review*, XX, pp. 248 to 249); E. Bretschneider (*Ibid.*, pp. 317/318); H. Kopsch (*Ibid.*, pp. 318/319).

Col. 197.

— Rhamneae Orientali-Asiaticae. Scripsit C. J. Maximowicz, Socius Academiae. Cum Tabula. St. Petersburg, 1866. (*Mém. de l'Ac. des Sc. de St. Pét.*, T. X, No. 11, pp. 20.)

— Revisio Hydrangeearum Asiae orientalis. Scripsit C. J. Maximowicz, Socius Academiae. Cum 3 Tabulis. St. Pétersbourg, 1867. (*Mém. de l'Ac. des Sc. de St. Pét.*, T. X, No. 16, pp. 48.)

— Rhododendreae Asiae Orientalis. Scripsit tabulisque 4 lapidi incisis illustravit C. J. Maximowicz, Socius Academiae. St. Pétersb. 1870. (*Mém. de l'Ac. des Sc. de St. Pét.*, T. XVI, No. 9, pp. 53.)

— Golowninia, eine neue Gattung der Gentianeen, von C. Maximowicz. (*Bull. Ac. des Sc. de St. Pét.*, IV, 1862, col. 250/255.)

Col. 198.

— Tentamen Florae Ussuriensis oder Versuch einer Flora des Ussuri-Gebietes. Nach den von Herrn R. Maack gesammelten Pflanzen bearbeitet von E. Regel. Mit 12 Tafeln. St. Pétersburg, 1861. *(Mém. de l'Ac. des Sc. de St. Pétersb.*, T. IV, No. 4, pp. XIII-228.)

— C. J. Maximowicz. Aperçu de la flore de l'Amour. *(Belgique horticole*, XXII, 1872, pp. 152/163.)

Col. 199.

— Sertum Tianschanicum. Botanische ergebnisse *au lieu de* ergebrusse ....

— Reisen im Amur-Lande und auf der Insel Sachalin, im Auftrage der Kaiserlich-Russischen Geographischen Gesellschaft ausgeführt von Mag. Fr. Schmidt. Botanischer Theil. Mit 2 Karten und 8 Tafeln Abbildungen. St. Pétersbourg, 1868. *(Mém. de l'Ac. des Sc. de St. Pétersb.*, T. XII, No. 2, pp. 227.)

— List of Plants from the Island of Formosa, or Taiwan. By Robert Swinhoe. Pièce in-8, s. d., pp. 4 [1863].

Col. 200.

— Voir Williamson's Journeys in North-China, Vol. II, App. D.

E. BRETSCHNEIDER. — Notes on some botanical questions connected with the export trade of China, by E. Bretschneider, M. D. S. l. n. d., br. in-8, p. 14.

Peking, 7th December, 1880. Ext. du *North China Herald.*

— On Chinese Silkworm trees, by E. Bretschneider, M. D. S. l. n. d., br. in-8, pp. 9.

Peking, 25th May, 1881. Ext. du *North China Herald.*

— Early European Researches into the Flora of China. By E. Bretschneider, M. D., Physician of the Russian Legation at Peking. Shanghai : American Presbyterian Mission Press. 1881, in-8, pp. 194.

Lu devant la Soc. Asiat. de Changhaï, le 19 nov. 1880. — Extrait du Journal of the *North China Branch of the Royal Asiatic Society*, N. S., XV, pp. 1/194.

— Botanicon Sinicum. Notes on Chinese Botany from Native and Western Sources by E. L. Bretschneider. *(Jour. N. C. B. R. A. Soc.*, N. S., XVI, Pt. I, pp. 18/230.)

Tirage à part : 1882, in-8, pp. 228.

Notice : *Rev. Extr. Orient*, I, p. 323, par H. Cordier.

.·.

— La végétation à Pékin [1866]. Par l'abbé Armand David. *(Belgique horticole*, XIX, 1869, pp. 142/147.)

— Plantae Davidianae ex Sinarum Imperio M. A. Franchet, Attaché à l'herbier du Muséum—Première partie. Plantes de Mongo-

lie du Nord et du Centre de la Chine. Avec 27 planches. — Paris, G. Masson, 1884, gr. in-4, pp. 390. — Seconde Partie. Plantes du Thibet oriental (province de Moupine). Paris, G. Masson, 1888, gr. in-4, pp. 234, 15 Pl.

— Plantae Delavayanae. Plantes de Chine recueillies au Yunnan, par l'abbé Delavay et décrites par A. Franchet, Attaché à l'Herbier du Museum. Paris, Paul Klincksieck, 2 vol. gr. in-8.

Au moment de mettre sous presse (janvier 1889) le *Journal de la Librairie*, No. 3, 19 janv. 1889, nous annonce dans son Feuilleton, p. 122, la publication pour la fin du mois de la première livraison de cet important ouvrage, édité sous les auspices du Ministère de l'Instruction publique. Il formera 2 vol. gr. in-8 de texte, d'environ 800 pages chacun, et un atlas de 300 pl. lithog., noires. Il paraîtra en 20 livraisons (4 à 5 par an) de 80 p. de texte avec 15 pl., à 10 fr. chacune. Prix pour les souscripteurs 200 fr., et après la pub. 250 fr. Le premier fascicule (1889) comprend pp. 80 et 15 pl.

— Abbé Desgodins. Végétation des Sommets au nord de Yerkalo (Chine). *(Bul. Soc. Géog.*, Paris, V, 1873, pp. 332/4.)

— Le *Hei teou.* *(Miss. Cath.*, XIII, 1881, p. 207.)

Plante légumineuse, employée par les Chinois comme succédané de l'avoine, importée en Europe par le P. Leboucq.

— Ula grass — By Ula. *(China Review*, XI, p. 264; *Ibid.*, XII, p. 434.)

— The term Ula. *(China Review*, XIII, pp. 297, 362.)

— Ula Grass. By P. G. von Möllendorff. *(China Review*, XV, pp. 180/181.)

— Ula grass. By J. M. *(China Review*, XV, pp. 247/248.)

— More about "ula". By J. M. *(China Review*, XV, pp. 300/304; XVI, pp. 54/58.)

— Ula. By G. M. H. Playfair. — P. G. von Möllendorff. *(China Review*, XV, pp. 377/378.)

— Ula. By E. H. Parker. *(China Review*, XVI, p. 188.)

— List of Ferns found in the Valley of the Min River, Foochow. By G. C. Anderson. *(Journ. N. C. B. R. A. S.*, N. S., XVI, 1881, Part I, p. 247.)

— Canton and Peking Plants. By T. L. Bullock. *(China Review*, XV, pp. 307/308.)

— Sz ch'uan plants. By E. H. Parker. *(China Review*, XI, pp. 339/342.)

— Canton Plants. By E. H. Parker. *(China Review*, XV, pp. 104 to 119.)

— Mr. Parker's Canton Plants. By G. M. H. Playfair. *(China Review*, XV, pp. 178/179.)

— Cantonese Plants. By E. H. P[arker]. *(China Review*, XV, p. 379.)

— China Rhubarb. *(China Review*, XI, p. 60.)

— Hemp. *(China Review*, XI, p. 60.)

— The Water Chestnut. *(China Review*, XIII, p. 298.)

— Pepper. By E. H. Parker. *(China Review*, XV, p. 251.)

— A zoophytic plant. By E. H. Parker. *(China Review*, XVI, p. 182.)

— Chinese plants in Normandy. By A. A. Fauvel, Membre correspondant du Museum d'histoire naturelle de Paris. *(China Review*, XII, pp. 331/345.)

— E. Fournier. La Botanique des Chinois. *(Revue des Deux Mondes*, Oct. 15, 1883, pp. 907/930.)

— A sweet smelling fungus. By A. A. Fauvel. (*China Review*, XII, p. 512.)

— Chinese Names of Plants. By Augustine Henry, M. A ., ... (*Jour. China B. R. As. Soc.*, N. S., XXII, No. 5, 1887, pp. 233 to 283.)

— An Enumeration of all the Plants known from China Proper, Formosa, Hainan, Corea, the Luchu Archipelago, and the Island of Hongkong, together with their Distribution and Synonymy. By Francis Blackwell Forbes, F. L. S ., ... and William Botting Hemsley, A. L. S .... Assistant for India in the Herbarium of the Royal Gardens, Kew (Map and Plates I—XIV). (*Journal Linnean Society*, Vol. XXIII, 1886, pp. 1 —52.)

Ranunculaceae — Compositae.

— Observations on the Genus *Ficus,* with special reference to the Indo-Malayan and Chinese Species. By G. King .... Superintendent Royal Botanic Garden, Calcutta. (*Journ. Linnean Society*, Vol. XXIV, 1887, pp. 27/44.)

GIN SENG.

Col. 201.

— Mémoire presenté a son Altesse Royale Monseigneur le duc D'Orleans, Regent du Royaume de France : Concernant la Précieuse Plante du Gin seng de Tartarie, découverte en Canada par le P. Joseph François Lafitau, de la Compagnie de Jésus, Missionnaire des Iroquois du Sault Saint Louis. A Paris, Chez Joseph Mongé, ruë S. Jacques, vis-à-vis le Collége de Louis le Grand, à Saint Ignace. M . DCC . XVIII. Avec Approbation & Privilége du Roy, pet. in-8, pp. 88 + 4 ff. n. c. p. l'ap., le priv. et le cat. des livres de Mongé; 1 pl.

Notice : *Mém. de Trévoux*, 1717, pp. 121/124; 1718, pp. 485/509. — *Acta Erudit.*, 1718, pp. 284/6, 522/4. — *Journ. des Savans*, 1718, pp. 397/404. — Nouvelles Observations du R. P. Lafiteau, Jesuite, sur la transparence du Gin-Seng. (*Mém. de Trévoux*, 1718, pp. 509/513.)

— D. O. M. Quaestio Medica, qvodlibetariis Dispvtationibvs manè discutienda, in Scholis Medicorum, die Jovis nono mensis Februarii anni M . DCC . XXXVI. M. Jacobo — Francisco Vandermonde, Doctore Medico, Praeside. *An infirmis à morbo viribus reparandis GIN SENG?* Pièce in-4, de 4 ff. c.

On lit à la fin :

Proponebat Parisiis, Lucas-Augustinus Folliot de Saint Vast, San-Laudaeus-Constantiensis, Baccal. Medicus, A. R. S. H. 1736. a sextâ ad meridiem. — Typis Quillau, Universitatis & Facultatis Medicinae Typographi, 1736.

(BOTANIQUE.)

L'intérét de cette thèse sont les 9 caractères chinois imprimés en marge :

人 Gin 本 Pen 李 Li
生 seng 阜 Sau 時 Tchi
綱 Kan 珍 siu
目 mou

Le caractère 本 est imprimé sens dessus-dessous.

— Du Gin-seng. (Du Halde, *Desc. de la Chine*, III, pp. 460 et seq.)
— Buc'hez, *Hist. naturelle du Thé*, 1806.

THÉ.

Col. 202.

PHILIPPE SYLVESTRE DUFOUR.

— De l'vsage du Caphé, dv Thé, et dv Chocolate. A Lyon, Chez Iean Girin, & Barthelemy Rivière, en ruë Mercière, à la Prudence. M . DC . LXXI. Avec permission des Superieurs, in-12, pp. 188 + 12 ff. n. c. en tête p. l. tit., ép., etc.

Par P. S. Dufour.

— Traitez Nouveaux & Curieux dv Café, du Thé et du Chocolate. Ouvrage également necessaire aux Medecins, & à tous ceux qui aiment leur santé. Par Philippe Sylvestre Dvfovr. — A Lyon. Chez Ican Girin, & B. Rivière, ruë Mercière, à la Prudence. M . DC . LXXXV. Avec Privilege dv Roy. In-12, pp. 445 + 10 ff. n. c. en tête p. l. tit., la déc. etc., + 2 ff. n. c. à la fin p. l. tab.; front. grav., et 1 pl.

* Traitez Nouveau et curieux du Café, du Thé et du Chocolate: ouvrage également necessaire aux medecins et à tous ceux qui aiment leur santé, par Ph.-Sylv. Dufour. A la Haye, chez Adrian Moetjens, 1685, pet. in-12.

— Traitez Nouveaux & curieux du café, du thé et du chocolate. Ouvrage également necessaire aux Medecins, & à tous ceux qui aiment leur santé. Par Philippe Sylvestre Dufour. Seconde edition, A Lyon, Chez Jean Baptiste Deville, ruë Mercière à la Science. M . DC . LXXXVIII. Avec privilege du Roy. pp. 444 + 10 ff. n. c. en tête p. l. tit., la déd., etc., + 5 ff. à la fin p. l. tab. et le priv.

— Traitez Nouveaux & Curieux du café, du thé et du chocolate. Ouvrage également necessaire aux Medecins, & à tous ceux qui aiment leur santé. Par Philippe Sylvestre Dufour. A quoy on a adjouté dans cette Edition, la meilleure de toutes les methodes, qui manquoit à ce Livre, pour composer l'excellent chocolate. Par Mr. St. Disdier. Troisième Edition. A La Haye, Chez Adrian Moetjens, Marchand Libraire prez la Cour, à la Libraire Françoise. M . DC . XCIII, in-12, pp. 404 + 2 ff. à la fin p. l. tab., front. et 1 pl.

— The Manner of Making of Coffee, Tea, and Chocolate. As it is used In most parts of Europe, Asia, Africa, and America. With their Vertues. Newly done out of French and Spanish. London : Printed for William Crook at the Green Dragon without Temple Bar near Devereux Court, 1685, pet. in-8, pp. 116 + 5 ff. n. c. p. le tit. et la préf.

Le traducteur est John Chamberlain; l'ouvrage sur le thé est celui de P. S. Dufour.

— Tractatvs Novi De Potv Caphe; De Chinensivm Thé, et de Chocolata. Parisiis, Apud Petrum Muguet. M . DC . LXXXV, in-12, pp. 202 + 2 ff. n. c. pour la tab.; front. et 1 pl.

(GIN SENG. — THÉ.)

Trad. par Jacob Spon du français de P. S. Dufour.

— Novi Tractatus de Potu Caphe'; de Chinensium The'; et de Chocolata, à D. M. Notis illustrati. Genevae. Apud Cramer & Perachon. M.DC.XCIX, in-12, 3 ff. n. c. + pp. 188; front. et pl. de l'éd. Parisiis, 1685, dont il est une nouv. éd. avec des notes nouvelles.

— Ambrosia asiatica sev De Virtute, & Vsu Herbae *The* sive *Cia*. Nec non de modo adhibendae, & praeparandae eius Potionis iuxta regulas bene Medendi Avctore Simone de Molinariis Genvensi. Genvae, M.DC.LXXII. Typis Antonij Georgij Franchelli. Superiorum permissu, in-12, pp. 227.

— Theae novissima, s. l. n. d. Pièce in-4, 4 ff. n. c.

— Der Thee. Begräbnüss | und Glückliche wieder Aufferstehung. Pièce in-4, s. l. n. d., 4 ff. n. c.

— Johannis Nicolai Pechlini, Med. D. P. Serenissimi Cimbriae Principis Reg. Archiatri, Theophilus Bibaculus Sive De POTU THEAE Dialogus. — Francofurti, Impensis Johannis Sebastiani Riechelii, Bibliopolae Kiloniensis, Anno MDCLXXXIV, in-4, pp. 103 + 4 ff. prél. n. c. p. l. tit. &c.

— A Treatise On the inherent Qualities of the Tea-herb : Being an Account of the Natural Virtues of The Bohea, Green, and Imperial Teas. Collected from MSS. of Learned Physicians. Particularly From a Latin MS. entitul'd, *De Potu Theae*, wrote by the famous J. N. Pechlinus, Principal Physician to the late King of Denmark, celebrated amongst the Learned of his Faculty, for being as ingenious a Piece as this Age has produced. Wherein is clearly demonstrated That this delicious Nectar has all the good Effects of Wine without the ill; a Liquor that warms without Inflammation, and exhilirates without intoxicating; and if drank according to the Directions which will be given, is preferable to all Mineral Waters as being an unspeakable Benefit in most Chronical Diseases : A Discovery well worth the Knowledge of this Nation; It being particularly efficacious in that almost Epedemical Distemper the Scurvy, Which reigns so much in this Kingdom. Compiled by a Gentleman of Cambridge. The second edition. London : Printed for C. Corbett, 1750. in-8, pp. 20 [les 4 dern. pp. sont mal ch.].

— A Treatise On the inherent Qualities of the Tea-Herb . . . . . Compiled by a Gentleman of Cambridge. London : Printed for C. Corbett, MDCCL, in-8, pp. IV-12.

— Dissertatio de Thee, Qvam Gratiosae Facultatis Medicae Consensu, in illustri via-

drina praeside Dn. Bernhardo Albino, Philosoph. et medicinae doctore, hujusq; professore publico ordinario, ac facultatis medicae p. t. decano, patrono, fautore ac praeceptore suo aetatem colendo. Ad diem XI. Julii anni MDCLXXXIV. Horis locoq'; solitis Publico Examini exhibebit A. & R. Johannes Melchior Genge | Francof. Marchicus. Francofurti ad Oderam, Typis Christophori Zeitleri, in-4, pp. 31.

— Dissertatio medica De Potu Theae, Quam Deo benigne adjuvante, sub praesidio Magnifici & Excellentissimi Dn. Joh. Jacobi Waldschmiedt | Serenissimi Hassiaci Principis Medici Cubicularis Famigeratissimi, Medicinae Doctoris, ejusdemque Professoris Primarii, Physices autem Ordinarii, longe Celeberrimi, p. t. Academiae Rectoris, Dn. Praeceptoris, atque Promotoris sui ad cineres usque venerandi, colendi, Publico Eruditorum examini proponendam conscripsit Christianus Kursnerus, Marpurgensis. In Auditorio Medico d. xx. Decembr. MDCLXXXV. h. C. Marbvrgi Cattorvm, Typis Johannis Jodoci Kürsneri, Acad. Typogr., in-4, pp. 24.

— Petri Petiti Philosophi & Doctoris Medici Parisiensis Thea sive de Sinensi herba Thee Carmen ad Petrvm Danielem Hvetivm. Cui adiectae Joannis Nicolai Pechlini Archiatri Holsati de eadem herba Epigraphae, & descriptiones aliae. Lipsiae, apud Mauritium Georgium Weidmannum MDCLXXXV. in-4.

— Petri Francii in laudem Thiae Sinensis Anacreontica duo. Amstelodami, MDCLXXXV. in-4.

— Johannis Gothofredi Herrichen de Thea herba Doricum Meylydrion. in-4.

Ces trois pièces — chacune avec un titre — forment un volume in-4, de 82 pages. La dissertation de Pierre P. contient une pl.

— Petri Petiti Epos de vi & praestantia Thiae Sinensis, quae vulgo *The* dicitur. Accedunt ejusdem argumenti Anocreontica duo Petri Francii, pièce in-8, pp. 25.

— Le bon usage du The, du Caffe' et du Chocolat pour la preservation & pour la guerison des Maladies. Par Mr. De Blegny, Conseiller, Medecin Artiste ordinaire du Roy & de Monsieur, & préposé par ordre de Sa Majesté, à la Recherche & Vérification des nouvelles découvertes de Medecine. A Lyon. Chez Thomas Amaulry, ruë Merciere, au Mercure Galant. M.DC.LXXXVII. Avec Privilege du Roy, in-12, 11 ff. n. c. pour le tit., l'ép. etc. + pp. 357 + 2 ff. n. c. pour la tab. — Pl. en tête, gravée et quelquefois coloriée.

— Wett-Streit Der Chinesischen Thea, mit

dem Warmen Wasser Calida, Worauff Das Hocherfahrne Podagra den Endspruch giebet. Berlin | Zu finden bey Rupert Völckern | Buchhåndlern daselbst, 1686, pièce pet. in-8, 14 ff. n. c.

— Thee-Betråncke Curiret, verursachet aber nicht Die Wassersucht | Dem Hoch-Edel-gebohrnen Herrn | Hn. Eberhard Dauckel-mann | Sr. Churfl. Durchl. zu Brandenburg geheimbten und Estats - Rath | In einem Send - Schreiben bey geführet von Jano Abrahamo à Gehema, Eq. Med. Doct. Berlin | Bey Rupert Völckern | Buchhåndlern. Anno 1688. Pièce in-8, 8 ff. n. c.

— Olai Borrichii de Usu Plantarum, Indigenarum in Medecina, et sub finem, de Clysso Plantarum, & Thee specifico, enchiridion. Hafniae, Literis & Impensis Joh. Phil. Bockenhoffer, Reg. Maj. & Acad. Typogr. Anno 1690. in-4, pp. 99.

— Dissertationes medicae tres De Receptis hodie etiam in Europa Potus Calidi generibus Thée Café Chocolata authore Marco Mappo, Med. D. & P. P. in Academia Argentorat. Argentorati, Literis Joh. Friderici Spoor. MDCXCV. in-4, pp. 52 (ch. par erreur 25).

Col. 203.

— Exercitatio Physico-Medica, de Infusi Veronicae Efficacia praeferenda Herbae Thee, Quam Deo O. M. Adjuvante praeside Friderico Hoffmanno, D. Medicinae & Philosophiae Naturalis P. P. Ordinario, Publicae Eruditorum disquisitioni submittit in Auditorio majori d. xx. Januar. A. O. R. M.DC.XCIV. Christoph. Wilh. Sattler, Grena Gvelpherbyt. Aut. & Resp. Halae Magdebvrgicae, typis Christoph. Andreae Zeitleri, acad. typ., in-4, pp. 24.

— Theae Japonensis historia. (E. Kaempfer, *Am. exot.*, pp. 605 —631.)

— An Essay upon the Nature and Qualities of Tea. Wherein are shown, I. The Soil and Climate where it grows. II. The various Kinds of it. III. The Rules for Chusing what is best. IV. The Means of Preserving it. V. The several Virtues for which it is fam'd.
— By J. Ovington, M. A. Chaplain to His Majesty. London : Printed by and for R. Roberts, 1699, pet. in-8, pp. 39 + 3 ff. n. c. p. l. tit. et la déd., 1 pl.

— An Essay upon the Nature and Qualities of Tea. Wherein are shown, I. The Soil and Climate where it grows. II. The various Kinds of it. III. The Rules for Chusing what is best. IV. The Means of Preserving it. V. The several Vertues for which it is fam'd. By J. Ovington, D. D. Chaplain to Her Majesty. The

Second Edition with Additions . . . . . . London : Printed for John Chantry, without Temple-Bar, and sold by Ben. Bragg, at the Blue Ball in Avemary-Lane. 1705. Price 6d, pet. in-8, pp. 40 + 3 ff. n. c. p. le tit. & la déd., 1 pl.

— Panacea : A Poem upon Tea : In Two Canto's. By N. Tate, Servant to His Majesty. London : Printed by and for J. Roberts. 1700, in-8, pp. 34 + 8 ff. prél. n. c. p. l. tit., déd., + 2 ff. n. c. à la fin p. l. postscript.

— Le Thé de l'Europe, ov les proprietez de la Veronique, tirées Des Observations des meilleurs Auteurs; & sur tout de celles de Mr. Francus Medecin Allemand. A Paris, Chez Jean Boudot, Imprimeur ordinaire du Roi & de l'Academie Roïale des Sciences, ruë S. Jacques, au Soleil d'or. M.DCC.IV. Avec Permission, pet. in-8, pp. 55.

Par Nicolas Andry de Boisregard.
* Le même. Reims, 1746, 1747, in-12.

— Ad virvm illvstrem et excellentissimvm, Dn. Conradvm Bartoldvm Behrens, Magnae Brittanniae Regis archiatrvm, Hildesiensivm medicvm ac senatorem et pl. De Novis et Exoticis Thee et Cafe svccedaneis, Botry Mexicana Ambrosioide, Ambrosia Artemisiae foliis Malab. Capraria Peruviana Agerati foliis, sive Thee de Lima, Herba de Paraguay, Cafe a la Sultane et Oleo Siree aliisque, Dissertatio Epistolica Michaelis Friderici Lochneri, Archiatr. Caesar. in-4, pp. 16.

Norib. 1717. M. F. Lochner.

— Neo-Thea, of nieuwe Theetafel, Opgezocht voor alle Liefhebbers van een gezond, lang, en vrolyk leven : Ofte wel eene naaukeurige Beschryving van de Krachten der in en uitlantsche Kruiden, Bloemen, Wortelen en Planten : Om de zelve als Thee te doen trekken; waar door veelerhande ziektens en pynen, op eene verzekerde wyze kunnen geneezen of voorgekomen worden. Na lang zoeken, eigene ondervindinge, en volgens de vaststellingen, en goedkeuringen der vermaardste en voornaamste Geneesheeren onzes tydts by een gebracht Door den zeer geleerden en wydberoemden Heere, Den Heere Joan Henrik Cohausen. Ampts-Medicus van den Bisschop van Munster en Paderborn. En nu ten dienste zyner Lantsgenooten, uit het Hoog- in het Nederduitsch, vertaalt, en met aantekeningen opgeheldert en vermeerdert, Door den geleerden Heere Henr. Joseph Grasper. T. M. A. D. A. R. G. — t'Amsterdam, By Joannes Oosterwyk, Boekverkooper op den Dam. 1719, pet. in-8, pp. 508 + 12 ff. n. c. prél.

p. l. tit., l'avis, etc., + 18 ff. n. c. à la fin
p. l. tab. et le cat. de l'éditeur.

— Q. D. B. V. Medicae facvltatis decani Jo.
Hadriani Slevogtii M. D. et P. P. Solennis
ad Inauguralem Dissertationem de Polypo-
dio invitatio cvm prolvsione de Thea Romana & Hungarica sive Silesiaca aliisqve
civs svccedaneis. Ienae, Literis Ritterianis.
A la fin : Jenae, d. 4 Maij MDCCXXI, pièce
in-4, pp. 8.

— Leonh. Ferdinand. Meisneri, Med. Doct.
& Prof. Regii, de Caffe, Chocolatae, Herbae
Thee ac Nicotianae Natura, Usu, et Abusu
Anacrisis, Medico-Historico-Diaetetica. No-
rimbergae, Sumpt. Joh. Frider. Rudigeri,
Anno MDCCXXI. pet. in-8, pp. 124, 4 pl.

— Dissertatio Botanico-Medica de Salvia in
infvso adhibenda hvivsqve prae Thea Chinensi praestantia Qvam indvltv gratiosis-
simae facvltatis medicae Praeses Christian.
Godofr. Stentzelivs Torgaviensis Philos. et
Med. Doctor ac pract. Vitenberg. Die XXIII.
Septembris A. MDCCXXIII. In Auditorio Medico horis consvetis respondente Melchior
Theophilo Feyerabend Lvb. Sil. M. C. Pvblicae ervditorvm svbmittit disqvisitioni.
Vitembergae, Literis Viduae Gerdesiae.
in-4, pp. 40.

— Dissertatio inavgvralis medica — De Ve-
ris HERBAE THEE Proprietatibvs et viribvs
medicis — Qvam Deo T. O. Dvce et Av-
spice, Rectore Vniversitatis magnifico, Dn.
Tobia Jac. Reinharth, Jcto, Facvlt. jvrid.
Decano et Assessore, Cod. P. P. Ordin. il-
lvstrissimi S. R. I. Comitis de Gleichen et
Hazfeld Consiliario, nec non ejvsdem can-
cellariae et consistorii Blanckenhain. Directe-
tore, civitatis Erford. sindico et consvle,
Ex consensv et decreto inclytae facvltatis
medicae in per — antiqva hierana, praeside
Dn. D. Ivone Joanne Stahlio, eminentiss.
et sereniss. elect. mog. consil. et archiatr.
anatom. chirvrg. et botan. profess. pvbl. facvlt. med. assess. ord. n. n. civitat. Erford.
consvl. Patrono ac promotore svo colendis-
simo, Pro Gradv Doctoris vna cvm privilegiis atqve immvnitatibvs annexis legitime
adipiscendo, Pvblicae ervditorvm disqvisitioni svbmittet avtor et respondens Abraham Gottlieb Reichel, Bernstad. Lus. Sup.
In avditorio majori collegii majoris, horis
consvetis. Die XXX. Decembr. MDCCXXXIV.
— Erfordiae, Typis Heringii, Acad. Typogr., in-4, pp. 24.

(THÉ.)

— A Dissertation upon Tea, explaining its
Nature and Properties By many New Experiments; And demonstrating From Philosophical Principles, the various Effects it
has on different Constitutions. To which is
added the Natural History of Tea; and a
Detection of the several Frauds used in
preparing it. Also a Discourse on the Virtues of Sage and Water, and an Enquiry
into the Reasons Why the same Food is not
equally agreeable to all Constitutions. In a
Letter to the Right Honourable Mary Lady
Malton. By Thomas Short, M. D. . . . London : Printed by W. Bowyer, for Fletcher
Gyles over-against Gray's-Inn in Holborn.
MDCCXXX, in-4, pp. 120 + 2 ff. prél. p. le tit.
et la déd.

— Discourses on Tea, sugar, milk, Made-wines, spirits, punch,
tobacco, &c. with Plain and Useful Rules for gouty People. By
Thomas Short, M. D. London : Printed for T. Longman, in
Pater-noster-row ; and A. Millar, in the Strand. MDCCL, in-8,
pp. VI + 2 ff. n. c. + pp. 424.

Col. 204.

— Dissertatio inauguralis medica, sistens Observationes ad vires Theae Pertinentes.
Quam annuente summo numine Ex Auc-
toritate Magnifici Rectoris, Bavii Voorda,
J. U. D. Juris civilis et hodierni professo-
ris ordinarii, nec non Amplissimi Senatus
Academici Consensu, & Nobilissimae Facul-
tatis Medicae Decreto, Pro Gradu Docto-
ratus Summisque in Medicina Honoribus
& Privilegiis, rite ac legitime consequendis
Eruditorum Examini submittit Joannes
Coakley Lettsom, Tortola-Americanus. Ad
diem XX. Junii MDCCLXIX. H. L. Q. S. . . . .
. . . . Lugduni Batavorum,
Apud Theodorum Haak, 1769, in-4, pp.
27, 1 pl.

Dans quelques ex. la pl. est coloriée.

— The Natural History of the Tea-tree, with observations on the
Medical Qualities of Tea, and Effects of Tea-drinking. By John
Coakley Lettsom, M. D. F. S. A. London : Pr nted for Edward
and Charles Dilly, in the Poultry. MDCCLXXII, in-4, pp. VIII-64.

— The natural history of the Tea-Tree ; with observations on the
Medical Qualities of Tea. And Effects of Tea-Drinking. By John
Coakley Lettsom. M. D. F. S. A. Dublin : Printed by R. March-
bank, for J. Williams, T. Walker, and C. Jenkins. MDCCLXXII,
in-8, pp. VIII-82.

— The natural history of the Tea-Tree, with observations on the
Medical Qualities of Tea, and on the Effects of Tea-Drinking.
A New Edition. By John Coakley Lettsom, M. D. London :
Printed by J. Nichols ; For Charles Dilly. 1799, in-4, pp. IX-102.

On trouvera, pp. 10/18, une bibliog. du sujet sous le titre de
Authors upon Tea.

— Advice to the Unwary : or, an abstract, of
certain penal laws now in force against
Smuggling in General, and the Adulteration of Tea; with some Remarks, Very necessary to be read by all Persons; that they

(THÉ.)

may not run themselves into Difficulties, or incur Penalties therefrom. London : Printed by E. Cox, Queen-Street, Lincoln's-Inn-Fields; And sold by G. Robinson, Paternoster-Row; MDCCLXXX, in-8, pp. 24.

— Remarks on the Report of the East India Directors, respecting the Sale and Prices of Tea. By Richard Twining. London : Printed for T. Cadell, in the Strand, MDCCLXXXIV, in-8, pp. 76.

— Observations on the Tea and Window Act, and on The Tea Trade. By Richard Twining. London : Printed for T. Cadell, in the Strand. MDCCLXXXIV, in-8, pp. 66.

— Observations on the Tea and Window Act, and on The Tea Trade. By Richard Twining. The third edition . . . . London : Printed for T. Cadell, in the Strand. MDCCLXXXV, in-8, pp. 66.

— An Answer to the Second Report of the East India Directors respecting the sale and prices of Tea. By Richard Twining. To which is added, Mr. Twining's Letter to Robert Preston, Esq.; — London; — Printed for T. Cadell. MDCCLXXXV, in-8, pp. 102.

— The Tea Purchaser's Guide; or, the Lady and Gentleman's Tea Table and Useful Companion, in the knowledge and choice of Teas. Containing Observations on Tea-dealers Of the Judgment of Purchasers The natural History of Tea Method of gathering Tea Process of manufacturing Tea Of the Virtues of Tea Of the Origin of the Use of Tea. Description of Teas, viz. Bohea, Congou, Souchong, Pekoe, Singlo, Bloom, Speckled Leaf, Hyson, Gun-powder, &c. &c. Of damaged Tea, and how made to appear sound Of counterfeit Teas, viz. from Ash, Sloe Leaves, &c. How to detect counterfeit black and green Tea Best Method of making Tea Chinese Mode of ditto Directions in drinking Tea Comparative View of the Strength of each Quality of Tea To which is added, the Art of mixing one quality of tea with another, as practised by Tea-Dealers. By a Friend to the Public, who has been many Years in the East India Company's Service, particularly in the Tea Department. London, Printed for G. Kearsley, at No. 46. Fleet Street. MDCCLXXXV, in-8, pp. VI-48.

— An Essay on the virtues and properties of the Ginseng Tea, by Count Belchilgen, M. D. Formerly Physician to the Empress Queen of Hungary, Knight of St. John of Jerusalem. And J. A. Cope, M. D. and P.

R. B. with observations on the pernicious effects of Tea Drinking in General.—London : Printed for the Author, and sold at Mrs. Randall's Royal Exchange. (Price One Shilling.) Published according to Act of Parliament, May 29, 1786. in-8, pp. 32.

— Dissertations sur l'utilité et les bons et mauvais effets du Tabac, du Café, du Cacao, et du Thé, ornées de Quatre Planches en taille-douce; Par M. Buc'hoz, Médecin de *Monsieur*, Frere du Roi, ancien Médecin de Monseigneur Comte d'Artois, & de feu Sa Majesté le Roi de Pologne, Duc de Lorraine & de Bar, Membre de plusieurs Académies, tant Etrangeres que Nationales. Seconde Edition. Prix trois livres dix sols. A Paris, Chez L'Auteur, rue de la Harpe, no. 109. De Bure, l'aîné, Libraire, rue Serpente, Et la Veuve Tilliard, & Fils, Libraires, rue de la Harpe. 1788. Avec approbation, et privilége du Roi. in-8, pp. 185 + 2 ff. n. c. p. l. tit. et l. préf.

Ces dissertations sont extraites de l'*Histoire Générale & Economique des Plantes* du même auteur.

— Histoire naturelle du thé de la Chine, de ses différentes espèces, de sa récolte, de ses préparations, de sa culture en Europe, de l'usage qu'on en fait, comme boisson, chez différens peuples, principalement en Angleterre, de ses bons et mauvais effets, et de ses propriétés en médecine, dans les cas d'indigestion et de transpiration supprimée; A laquelle on a joint un Mémoire sur le Thé du Paraguay, de Labrador, des Isles, du Cap, du Mexique, d'Oswego, de la Martinique, du Japon, et des Notices sur différentes plantes de l'Europe, propres à remplacer le vrai Thé; suivie d'une Notice sur le Cachou, le Ginseng et l'Huile de Cajeput. Par J. P. Buc'hoz, Médecin. A Paris, Chez la Dame Buc'hoz, épouse de l'Auteur, rue de l'Ecole de Médecine, no. 20. 1806, in-8, pp. 92 + 1 f. n. c. en tête et 2 f. n. c. à la fin pour la liste des ouvrages de Buc'hoz.

— An Account of the Tea-Tree. — By Frederick Pigou Esq. (*Asiatic Annual Register*, 1802, *Miscel. Tracts*, pp. 1/7.)

— Remarques et observations sur Les Inconvéniens de l'abus du Thé; Présentées et soutenues à la Faculté de Médecine de Paris, le 25 août 1810, suivant les formes prescrites par l'article XI de la loi du 19 ventose an XI, conformément à la décision de Son Excellence le Grand-Maître de l'Université impériale du 31 juillet 1810, Par P. Bouin, né à Latillé (Département de la

Vienne), Officier de santé de la Marine. A Paris, de l'imprimerie de Didot Jeune ... 1810, in-4, pp. vi-25.

— Tsiology; a discourse on tea. Being an account of that exotic; botanical, chymical, commercial & medical, with notices of its adulteration, the means of detection, Tea Making, with a brief History of the East India Company, &c. &c.. By a Tea Dealer. In one Vol. London : Published by Wm. Walker, Leather-seller's buildings, London Wall; 1826, in-8, pp. viii-147.

<small>Tea Dealer = Smith, Imprimeur, connected with a Tea Dealer.</small>

Col. 206.

— Nouvelle découverte. — De la culture du thé et de sa préparation en France, à l'instar des Chinois, Par L.-M. Lecoq, Inspecteur des plantations de la ville de Paris, Membre de la Société royale d'Horticulture et autres Sociétés horticoles, honoré de plusieurs médailles; Suivie d'un traité de la confiture d'oseille, autre découverte du même auteur. — Prix 1 fr. 25 c. — Paris, librairie E. Michaud,—1845, br.in-8,pp. 35.

— The Tea Plant : its History and uses. London : J. & I. Tirebuck, 1860, Price six pence, in-16, pp. 32; gravure en tête.

Col. 207.

— Tea, Coffee, and Cocoa : a Practical Treatise on the analysis of Tea, Coffee, Cocoa, Chocolate, Maté (Paraguay Tea) etc. By J. Alfred Wanklyn, M. R. C. S. ... London : Trübner, 1874, in-8, pp. viii-59.

— Tea in Assam. — A pamphlet on the origin, culture, and manufacture of Tea in Assam. With an appendix "Rural life amongst the Assamese"; by Samuel Baildon. Calcutta : W. Newman & Co., 1877, in-8, pp. 65.

— The Cultivation & Manufacture of Tea by Lieut.-Col. Edward Money. An Essay for which the prize of the Grand Gold Medal and Rs. 300 was awarded by the Agricultural and Horticultural Society of India in the year 1872. Third edition corrected and much enlarged. London : W. B. Whittingham, 1878, in-8, pp. xii-189.

— The Tea Cyclopdaeia, a Volume of selections from leading and original articles, correspondence, and papers. Regarding Matters of Permanent Interest and Value concerning Tea and Tea Science, Tea Blights, Soils and Manures, Tea Cultivation, buildings and manufacture miscellaneous tea topics, tea statistics, &c., &c., &c. Collated from the last eight Volumes of the Indian Tea Gazette, and from several other valuable sources, and classified according to subjects : By the Editor of the "Indian Tea Gazette". Illustrated with colored plates on "blights", from drawings by S. E. Peal. 1881. Calcutta : Published for the Proprietor by E. C. Lazarus, at the office of the "Indian Tea Gazette", in-8, pp. viii-355.

<small>L'éd. de 1882, est la même avec un titre différent :</small>

<small>— The Tea Cyclopaedia. Articles on Tea, Tea Science, Blights, Soils and Manures, Cultivation, Buildings, Manufacture, &c. with Tea Statistics. Compiled by the Editor of the "Indian Tea Gazette". Illustrated with coloured plates on "blights". From drawings by S. E. Peal. Office of the "Indian Tea Gazette" .. .. Calcutta and London. London : W. B. Whittingham & Co., 1882, gr. in-8, pp. viii-355.</small>

<small>On trouvera, p. 84 h une Bibliography relative to Tea and Theine comprenant surtout l'indication d'articles parus dans le Jour. Chem. Soc., Jour. Proc. Chem., Ann. Chim. Pharm., Chem. News, Jour. Pharm., Analyst, etc.</small>

— The Tea industry in India. A Review of finance and labour, and a guide for Capitalists and assistants. By Samuel Baildon, author of "Tea in Assam", etc. London : W. H. Allen & Co., Publishers to the India Office. 1882, in-8, pp. iv-248.

— Beverages : Water — Tea — Coffee — Cocoa — &c. By W. J. Sinclair, M. A., M. D., Hon. Physician to the Manchester Southern Hospital for Women and Children. (Health lectures for the people delivered in Manchester. Fourth and Fifth Series. — 1880-81-82. Published by the authority of the Manchester and Salford Sanitary Association. John Heywood. Manchester and London, 1883. Fourth Series, pp. 71/94, in-8.)

— Tea the Drink of pleasure and of health by W. Gordon Stables, C. M., M. D., R. N. ..... London : Field & Tuer, Simpkin, Marshall & Co., Hamilton, Adams & Co., in-12 carré, pp. 111 + 4 ff. n. c. en tête, p. l. f. tit., tit., 1 phot. et l. tab. [1883.]

<small>Pub. à 1 shilling.</small>

— "A cup of Tea," containing a history of the tea plant from its discovery to the present time, including its botanical characteristics, geographical distribution, cultivation and preparation, chemical and medical properties, commercial classification, adulteration and detection, art of testing, blending, statistics, etc. and embracing Mr. William Saunders' Pamphlet on "Tea-Culture — a probable American industry". By Joseph

M. Walsh. Philadelphia : Published by The Author, 1884, in-8, pp. 196.

— Tea and tea drinking. By Arthur Reade, author of "Study and stimulants". London : Sampson Low, Marston, Searle, & Rivington, 1884, in-8, 3 ff. prél. n. c. p. l. tit., etc. + pp. 154.
Gravure en tête.

— A Tea Planter's life in Assam. By George M. Barker. With seventy-five illustrations by the author. Calcutta : Thacker, Spink & Co., Bombay and London. 1884, in-8, pp. viii-247.

— Tea and Tea Blending. London : Eden Fischer & Co. 1886, in-8, pp. viii-117.

— On the Chinese Tea-Trade with Tibet. (Baber, *Travels and Researches in Western China*, 1882.)

—- Le thé. — Par G. Baux. *(Excursions et Reconnaissances*, IX, No. 22. — 1885, pp. 349/358.)

Lettre datée de Shanghaï, le 29 Mai 1885.

— A Substitute for Tea. By Soapy Sam. *(China Review*, IX, pp. 59/60.)

— The wood of the tea boxes. By A. A. Fauvel. *(China Review*, XII, p. 372.)

— Tea. By E. H. Parker. *(China Review*, XV, p. 53.)

* Marlin. Culture du thé vert en Chine. *(Annales Agronomiques*, Mai 1887.)

— Chemistry of Tea and Coffee. (A. B. Prescott.) *(Pop. Sc. Month.*, XX, 359.)

— Chat about Tea. *(Leisure Hour*, I, 28.)

— Cultivation of Tea and Tea Customs in Japan. (F. A. Junker von Langegg.) *(Eng. Illust.*, III, 370.)

— Tea-Drinking. *(Saturday Review*, LVI, 497.)

— Tea Gardens of Shanghaï. *(Leisure Hour*, XIV, 711.)

— Tea Trade *(Leisure Hour*, XXIX, 213.)

GÉOLOGIE ET MINÉRALOGIE.

— Berättelse om *Kien*, ett Nativt Alkali Minerale, från China; ingifven af Johan Abraham Grill Abrahamssohn. (*Kongl. Vetenskaps Academiens Handlingar*, För Månaderne Aprilis, Majus, Junius, 1772, Vol. XXXIII, pp. 170/171.)

— Försök på Förut omtalte Salt eller *Kien*, af Gustav v. Engeström. (*Kongl. Vetenskaps Academiens Handlingar*, För Månaderne Aprilis, Majus, Junius, 1772, Vol. XXXIII, pp. 172/179.)

— Om *Poun-xa* eller Nativ Borax, af Joh. Abraham Grill, Abrahamsson. (*Kongl. Vetenskaps Academiens Handlingar*, För Månaderne October, November, December, 1772, Vol. XXXIII, pp. 321/322.)

— Försök På *Poun-xa* eller Nativ Borax; af Gustaf v. Engeström, Werdie vid Kongl. Myntet. (*Kongl. Vetenskaps Academiens Handlingar*, För Månaderne October, No-

vember, December, 1772, Vol. XXXIII, pp. 322/328.)

— Berättelse Om en sort Malm af Tutanego, som är en naturlig Flos Zinci, ifrån China; af Jean Abrah. Grill, Abrahamson. (*Kongl. Vetenskaps Academiens Handlingar*, För Månaderne Januarius, Februarius, Martius, 1775, Vol. XXXVI, pp. 77/78.)

— Försök På naturlig Flos Zinci ifrån China; af Gust. v. Engeström. (*Kongl. Vetenskaps Academiens Handlingar*, För Månaderne Januarius, Februarius, Martius, 1775, Vol. XXXVI, pp. 78/85.)

— *Pak Fong*, en Chinesisk hvit Metall; beskrefven af Gust. v. Engeström, Assessor i. K. Bergs-Collegio. (*Kongl. Vetenskaps Academiens Handlingar*, för 1776, XXXVII, pp. 35/8.)

— Johann Gadolin. Observationes de cupro albo Chinensium Pe-Tong vel Pack-Tong. (*Nova Acta Regiae Societatis Scientiarum Upsaliensis*, Vol. IX, pp. 137/159, 1827.)

Col. 208.

— Nephrit und Jadeit nach ihren mineralogischen Eigenschaften, sowie nach ihrer urgeschichtlichen und ethnographischen Bedeutung. Von Heinrich Fischer. Mit 131 Holzschnitten und 2 chromolithographischen Tafeln. — Stuttgart. E. Schweizerbart'sche Verlagshandlung (E. Koch). 1875, in-8, pp. XXIV + pp. 412 + 2 ff. n. c.

— Nephrit und Jadeit nach ihren mineralogischen Eigenschaften sowie nach ihrer urgeschichtlichen und ethnographischen Bedeutung. — Einführung der Mineralogie in das Studium der Archaeologie. — Von Heinrich Fischer. — Mit 131 Holzschnitten und 2 chromolithograph. Tafeln. Zweite durch Zusätze und ein alphabetisches Sachregister vermehrte Ausgabe. — Stuttgart. E. Schweizerbart'sche Verlagshandlung (E. Koch). 1880, in-8, pp. xliv-411.

— Les différentes espèces de jades et leur classement au point de vue minéralogique par M. Théodose Morel. (*Cat. du Musée Guimet*, nouvelle édition, Lyon, 1883, pp. 309/315.)

— The Jade Eastern traffic. By Terrien de Lacouperie. (*Babylonian & Oriental Record*, Vol. III, No. 5, April 1889, pp. 99 à 104.)

— Ueber die Ausbringung des Goldes, Silbers und Kupfers in China. Nach dem Russischen von Herrn Chrapowskij, Mitglied der geistlichen Gesandtschaft in Peking.* (Erman, *Archiv f. wiss. Kunde v. Russl.*, XII, 1853, pp. 470/485.)

* *Gorny Jurnal*, 1850, No. 1.

— Etat géologique des côtes méridionales de la Chine. A M. Constant-Prévost, professeur de Géologie à la Faculté des Sciences de Paris (par J. M. Callery). Macao, s. d. (1844). Broch. in-8°, pp. 10.

Col. 211—212.

F. VON RICHTHOFEN. — Geologische Untersuchungen in China. Wien, *Verhandl. Geol.*, 1869, pp. 343/350; 1870, pp. 243/246; *Am. Jour. Sci.*, L.,1870, pp. 410—413 [Ueber die Kohlenlager in der südlichen Hälfte der Provinz Shansi in China.] *Berg- u. Hüttenmann-Zeitg.* XXIX, 1870, pp. 443/444.

— Das Alter der goldführenden Gänge und der von ihnen durchsetzten Gesteine. Halle, *Zeitschr. d. gesammt. Naturwiss.*, XXXV, 1870, pp. 223/226.

— On the existence of the nummulitic formation in China. *Amer. Journ. Sci.*, I., 1871, pp. 110/113.

— On the porcelain rock of China. [1869.] *Amér. Journ. Sci.*, I., 1871, pp. 179/181.

— Ueber den Chinesischen Löss. Wien, *Verhandl. Geol.* 1872, pp. 153/160.

— Geologische Reisenotizen aus China. Wien, *Verhandl. Geol.* 1872, pp. 206/208.

— Account of the geological investigations in China up to 1st March, 1869. *Amer. Acad. Proc.*, VIII, 1873, pp. 111/121.

— The Loess of Northern China, and its relation to the salt-basins of Central Asia. *Brit. Assoc. Rep.*, XLIII, 1873 (Sect.), pp. 86/7.

— [Ueber Geologie von China.] *Deutsche Geol. Gesell., Zeitschr.* XXV, 1873, pp. 760/763.

* Geological Explorations in China. By F. von Richthofen. (*Am. J. Science*, C. 410.)

∴

— Les produits de la nature japonaise et chinoise comprenant la dénomination, l'histoire et les applications aux arts, à l'industrie, à l'économie, à la médecine, etc. des substances qui dérivent des trois règnes de la nature et qui sont employées par les Japonais et les Chinois par A. J. C. Geerts.—Partie inorganique et minéralogique contenant la description des minéraux et des substances qui dérivent du règne minéral. Yokohama, C. Lévy, imprimeur-éditeur —

(GÉOLOGIE.)

1878, in-8, pp. XI-295 + 17 planches et 1 carte.

— 2ᵉ partie. Yokohama, Lévy et Salabelle, 1883, in-8.

Notice : *Ann. Ext. Orient*, 1883-84, VI, pp. 242/9. (Par Em. Lemière) — *China Review*, VIII, pp. 54/55.

L'ouvrage de Geerts contient, pp. 72/80, une «liste des ouvrages européens cités sur l'histoire naturelle et la matière médicale de la Chine et du Japon» et pp. 81/84, une «liste des principaux ouvrages japonais et chinois sur l'histoire naturelle et la matière médicale indigènes».

— Le docteur A. J. C. Geerts. (*Ann. de l'Ext. Orient*, 1883—1884, VI, pp. 134/136.)

† 30 août 1883 à Yokohama.

— Report of Recent earthquakes in Northern Formosa. (*Geol. Soc. Quart. Jour.*, XXIV, 1868, p. 510; *Phil. Mag.*, XXXVII, 1869, p. 154.) By Henry F. Holt.

— Some notes on the Geology of Takow. Formosa. By H. B. Guppy, M. B., H. M. S. "Hornet". (*Journ. N. C. B. R. A. S.*, N. S., XVI, 1881, Part I, Art. II, pp. 13/17.)

— Researches into the Geology of Formosa. By George Kleinwächter, Esq. Of the Chinese Imperial Maritime Customs Service. (*Journ. N. C. B. R. A. S.*, N. S., XVIII, 1883, Art. III, pp. 37/53.)

— The Flag-Stones and Conglomerates of Ning-Kong Jow in Northern Cheh kiang. By Thos. W. Kingsmill. (*Chin. Rec.*, XVII, March 1886, pp. 85/90.)

— W. A. P. Martin. Notes on China, geological and geographical. (*Am. Jour. Sc.*, XLVII, 1869, pp. 98/103.)

— Notes on the mineral resources of Eastern Shantung. By H. M. Becher, Assoc. M. Inst. C. E., F. G. S. (*Journ. C. B. R. A. S.*, 1887, pp. 22/38.)

— Zinc mines in Yunnan (*China Review*, XIII, p. 224.)
— Mines in China. By E. H. Parker. (*China Review*, XIV, p. 172.)
— Mines. By E. H. Parker. (*China Review*, XIV, p. 218.)
— Mines. By E. H. Parker. (*China Review*, XIV, pp. 357/358.)
— Mines. By E. H. Parker. (*China Review*, XV, p. 185.)
— Mining and Engineering. By E. H. Parker. (*China Review*, XVI, pp. 125/126.)

— Les richesses minières de la Chine et du Japon. (*Ann. de l'Ext. Orient*, 1882—1883, V, pp. 61/62.)

D'après le *Shanghai Mercury.*

— Découvertes de mines d'or en Chine. (*Ann. de l'Ext. Orient*, 1885—1886, VIII, p. 95.)

— La Métallurgie à la Chine. Par Maurice Jametel . . . (*Lotus — Mém. Soc. Sinico-Jap.*, VII, Déc. 1888, pp. 193/202.)

— The Elevation of the Highlands of Eastern Asia. By H. H. Howorth. (*The Geological Magazine*, April 1891.)

CHARBON.

Col. 210.

— Ueber den Steinkohlenbergbau in der Nähe von Peking und über die Goldgewinnung in China. Nach dem Russischen von Herrn Kowalewskij.* (Erman, *Arch. f. wiss. Kunde v. Russl.*, XII, 1853, pp. 398/405.)

* *Gorny Jurnal*, 1852, No. 4.

(GÉOLOGIE. — CHARBON.)

* K. L. Biernatzki. Der Kohlendistrict in Tsche-kiang. (Z. f. A. Erdk., 1856.)
* T. E. Gamprecht. Anthracitkohle in China. (Ibid., 1855.)
— Notes on a cave and coal pit near Peking by S. Wells Williams. (Am. Jour. Sc., XXXVIII, 1864, pp. 119/121.)

* Coal Formation of China. By J. S. Newberry. (Am. Jour. Science, XCII, 151.)
— Coal Mines worked in the Ming Dynasty. — The cangue. (China Review, XI, p. 60.)

Col. 214.

VII. — POPULATION.

— The Population of China. By A. P. Happer, D. D. (Chin. Rec., XI, 1880, No. 5, pp. 375/380.)
— The Re-Population of An Huei. (China Review, XII, p. 136.)
— Movements of the population. (Ibid., XIII, pp. 359; 430.)
— Population of China. By H. K. (Ibid., XV, p. 306.)

— Population Statistics of China. By Sir Richard Temple. (Journ. Statistical Society, March 1885, Part I, vol. 48, pp. 1/9, 10/20.)

— Movement of the population in China. By

P. S. Popoff. (Journ. Peking Oriental Society, II, No. 3, 1888, pp. 159/168.)

On the conclusion of Mr. Popoff's paper, the following remarks were made by Mr. T. L. Bullock, (ibid., pp. 168/175), Dr. Elkins (ibid., pp. 175/177), Dr. Dudgeon (ibid., pp. 177/183), and by M. Jordan (ibid., pp. 183/185).

* A. Oppel. — Zur Geschichte und Kritik der Bevölkerungsstatistik in China und Japan. (Globus, LIII, 1888, 24, pp. 378/381.)
* La population de la Chine. (Revue scientifique [rose], 1888, 17, pp. 557/8.)

Col. 215.

VIII. — GOUVERNEMENT.

— Уложеніе Китайской Палаты Внѣшнихъ сношеній. Перевелъ съ Маньчжурсаго Степанъ Липовцовъ .... Санктпетербургъ .... тип. .. деп... народнаго просвѣщенія. 1828, 2 vol. gr. in-4, pp. xxxii—362, 319.

Col. 216.

* Quelques mots sur la Chine et son organisation administrative, par M. Ed. Dalloz fils. Paris, 1847. Broch. in-8, pp. 16.

Col. 217.

— Tschinownik und Mandarin. (Erman, Arch. f. wiss. Kunde v. Russl., VIII, 1850, pp. 231/232.)
— Cte. d'Escayrac de Lauture. L'Administration et les institutions municipales de l'empire chinois. (Moniteur universel, 26 mars 1861.)

* Posting and Post-Offices in China. By Sir Walter H. Medhurst. (Cornhill Mag., July 1878.)

— Couriers. (China Review, X, p. 72.)

(DIVERS.)

— Progrès du génie civil en Chine. (Ann. de l'Ext. Orient, 1882 à 1883, V, pp. 198/206.)
— Le gouvernement chinois, son rôle dans l'état. Par G.-Eug. Simon. (Nouvelle Revue, XXVII, 15 avril 1884, pp. 690/719.)

— Tcheng-Ki-tong. — Les Parlements du monde. — Le «Tou-Tcha-Yang», ou Censure de Chine. (Rev. pol. et litt. (bleue), xliii, 26, pp. 809/12.)

* Eine Staatsprüfung im Reiche der Mitte. (Grenzboten, 1837, No. 41, pp. 86/92.)
— Grain Conveyance. By E. H. Parker. (China Review, XVII, 1888, p. 115.)
— Household Expenses. (Ibid., XIII, pp. 294/295.)
— Funds in Aid. (Ibid., XIII, p. 296.)
— Articles of tribute. (Ibid., XIII, p. 296.)

Col. 218.

— Modern use of ancient territorial titles. (Ibid., XIII, pp. 360/361.)
— Registration. (Ibid., XIII, p. 480.)
— Ha-ta-Kuo-tan. By J. M. (Ibid., XVI, pp. 58/59.)

E. H. PARKER:
— The Term Hoppo. By E. H. Parker. (China Review, XIV, p. 168.)

(DIVERS.)

— Funds in Aid. By E. H. Parker. (*Ibid.*, XIV, p. 168.)
— Red Tape in China. By E. H. Parker. (*Ibid.*, XIV, p. 222.)
— Diplomatic Terminology. By E. H. Parker. (*Ibid.*, XIV, p. 224.)
— Official Presents. By E. H. Parker. (*Ibid.*, XIV, p. 225.)
— Official Correspondence. By E. H. Parker. (*Ibid.*, XIV, p. 226.)
— Confidential reports. By E. H. Parker. (*Ibid.*, XIV, p. 358.)
— Public Office in Peking. By E. H. Parker. (*Ibid.*, XV, pp. 53/54.)
— Famine Stores. By E. H. Parker. (*Ibid.*, XV, p. 54.)
— Tribute Articles. By E. H. Parker. (*Ibid.*, XV, p. 183.)
— Chair privileges. By E. H. Parker. (*Ibid.*, XV, p. 184.)
— Despatch style. By E. H. Parker. (XV, p. 250.)
— The term Sheng. By E. H. Parker. (*Ibid.*, XV, p. 252.)
— Mortgages. By E. H. Parker. (*Ibid.*, XV, p. 375.)
— Tribute. By E. H. Parker. (*Ibid.*, XVI, p. 125.)

∴

COUR IMPÉRIALE.

— The Emperor styled «Brother of the Sun and Moon». By E. J. Eitel. (*China Review*, VII, p. 137.)
— «Respect this». 欽此 By Ossian. (*Ibid.*, VII, p. 207.)
— The Chinese Court. By Flunkey. (*Ibid.*, IX, p. 59.)
— The title of an Abdicated Emperor's Wife. (*Ibid.*, X, p. 222.)
— A point in Court Ceremonial. (*Ibid.*, XI, p. 62.)
— A point in Official Style. (*Ibid.*, XI, p. 132.)
— A Manchu Precedent how to address the Emperor of China. (*Ibid.*, XI, p. 132.)
— Serene or Imperial Highness. (*Ibid.*, XI, p. 261.)
— Imperial Sons-in-Law. (*Ibid.*, XI, p. 263.)
— The Chinese term for Attachés. (*Ibid.*, XI, p. 333.)
— Prince Tun's name and the Terms for Lieut.-Governor. (*Ibid.*, XI, p. 403.)
— Receptions at Court. (*Ibid.*, XIII, pp. 123/124.)
— Silk for the Imperial Household. (*Ibid.*, XIII, p. 224.)
— The Emperor's tutors. (*Ibid.*, XIII, p. 430.)
— Nobility titles. By J. M. (*Ibid.*, XV, pp. 245/247.)
— A curious dukedom. By Rona. (*Ibid.*, VIII, pp. 256.)
— Imperial Seals. By E. H. Parker. (*Ibid.*, XIV, p. 218.)
— Seal of the Empire. By E. H. Parker. (*Ibid.*, XV, p. 53.)
— Taotais addressing the Throne. By E. H. Parker. (*Ibid.*, XV, p. 250.)
— Hereditary titles. By E. H. Parker. (*Ibid.*, XV, p. 253.)
— Diplomatic Etiquette. By E. H. Parker. (*Ibid.*, XVI, p. 243.)

— La Cour de Péking. Notes sur la constitution, la vie et le fonctionnement de cette cour par M. Maurice Courant. Extrait du *Bulletin de Géographie historique et descriptive*, 1891, n° 3. Paris, Ernest Leroux, 1891, br. in-8, pp. 112.

∴

FONCTIONNAIRES.

— The Chinese Government. A Manual of Chinese titles, categorically arranged and explained, with an appendix. By William Frederick Mayers, Chinese Secretary to Her Britannic Majesty's Legation at Peking; author of «The Chinese Reader's Manual,» etc., etc. — Second edition. With additions by G. M. H. Playfair, H. B. M. Acting Vice-Consul, Shanghai. — Shanghai, Hongkong & Yokohama: Kelly & Walsh, limited. London: Trübner, 1886, in-8, pp. lxiv-158.

Notice : *China Review*, XV, p. 61. Par E. J. E[itel].

— List of the higher Metropolitan and Provincial Authorities of China. Compiled by Walter C. Hillier, Chinese Secretary to H. B. M.'s Legation, Peking. — Corrected to December 31st, 1886. Shanghai: Kelly & Walsh, 1887, br. in-4, pp. 26.

Il y en a une nouvelle édition.

Notice: *China Review*, XV, p. 314. Par E. J. E[itel].

— Tabular view of the officials composing the Chinese provincial governments. By Fred. S. A. Bourne. (*China Review*, VI, pp. 351/362.)
— Historical table of the high officials composing the central and provincial governments of China. By F. S. A. Bourne. (*Ibid.*, VII, pp. 314/329.)
— The Share taken by Chinese and Bannermen respectively in the Government of China. By P. (*Ibid.*, VI, 1877, pp. 136/7.)
— Official Usurers. — By Avignon. (*Ibid.*, VIII, pp. 64/65.)
— Forms of Petitions in China. By Squeeze. (*Ibid.*, VIII, p. 185.)
— Concubinage amongst Chinese Officials. By P. S. (*Ibid.*, VIII, p. 185.)
— Record of services of Chinese Officials written by themselves. By J. N. Jordan. (*Ibid.*, IX, pp. 370/375.)
— The six boards at Peking and Nanking. (*Ibid.*, X, p. 74.)
— Prohibition to hold Civil Office in One's Native Province. (*Ibid.*, X, p. 220.)
— Officers selected by the 大挑 Selection. (*Ibid.*, X, p. 222.)
— The Rule of addressing Superiors. (*Ibid.*, X, p. 222.)
— Rotation of Departmental Duty at Peking. By J. N. T. (*Ibid.*, X, pp. 284/285.)
— How naval «tsung-pings» report to a Viceroy. (*Ibid.*, XI, p. 60.)
— The Manchu Element. (*Ibid.*, XI, p. 61.)
— The board of Punishments. (*Ibid.*, XI, p. 61.)
— The Precedency of the Six Peking Boards. (*Ibid.*, XI, p. 132.)
— 照會 — Its use. (*Ibid.*, XI, p. 133.)
— The Seals of the Board of War. (*Ibid.*, XI, p. 132.)
— Order of Precedence among the Officials of Boards and other Departments at Peking. By G. M. H. Playfair. (*Ibid.*, XI, pp. 198/199.)
— Points in Precedence and Dignity. (*Ibid.*, XI, p. 200.)
— Precedence. (*Ibid.*, XIII, p. 225.)
— T'at'an. (*Ibid.*, XI, p. 262.)
— A Knotty Point. (*Ibid.*, XI, p. 263.)
— Sitau. (*Ibid.*, XI, p. 334.)
— Office purchase and its result. (*Ibid.*, XII, p. 136.)
— The payment of «Poor Peking Officials» and Auditor's Charges. (*Ibid.*, XII, pp. 434/435.)
— The new Chin Shih. By J. M. (*Ibid.*, XII, p. 512.)
— The Yang chow Collectorate. (*Ibid.*, XIII, p. 119.)
— Official barbarities. (*Ibid.*, XIII, p. 224.)
— The Squeezer Squeezed. (*Ibid.*, XIII, p. 296.)
— Official disabilities. (*Ibid.*, XIII, p. 430.)
— Number of Military Nobles. (*Ibid.*, XIII, p. 481.)
— Pensions of military nobles. (*Ibid.*, XIII, p. 481.)
— Civil Officers. By E. H. Parker. (*Ibid.*, XV, pp. 250/251.)
— Officialdom. By E. H. Parker. (*Ibid.*, XV, pp. 375/376.)
— Chinese officialdom. By E. H. Parker. (*Ibid.*, XVI, p. 124.)
* Officials in China. (*All the Year Round*, XLV, p. 54.)

— Das Beamtenwesen in China. — Vortrag gehalten am 7. Januar 1882 in der Gesellschaft für Erdkunde zu Berlin von Dr. Friedrich Hirth. — Separat-Abdruck aus den Verhandlungen der Gesellschaft. —

Berlin, 1882. Druck von Kerskes & Hohmann, br. in-8, pp. 17.

Réimp., pp. 170/188, des *Chinesische Studien*, von Friedrich Hirth, J, München, 1890.

— Chinese Views on Civil Service Reform. By J. W. Jamieson. (*China Review*, XIX, 1890, pp. 37/42.)

REVENU.

— The Revenue of China. — A Series of Articles reprinted from the 'China Mail'. — With an appendix. — Hongkong: Printed at the 'China Mail' Office. — 1885, br. in-8, pp. 49.

— An organization for Taxing and Corvée purposes. (*China Review*, X, p. 221.)
— The Corvée System. (*Ibid.*, X, p. 222. — G. J. *Ibid.*, X, pp. 353/354.)
— Corvee Services (*Ibid.*, XIII, p. 430.)
— The land Tax. By Oasis. (*Ibid.*, VII, p. 352.)
— Land tax in China, and how collected by O. P. C. (*Ibid.*, VIII, p. 391.)
— The Rice Tax of Kiang Si. (*Ibid.*, XII, p. 137.)
— Likin. (*Ibid.*, XIII, p. 294.)
— Likin. By E. H. Parker. (*Ibid.*, XVII, 1888, p. 51.)
— The Peking Contingent. (*Ibid.*, XI, p. 62.)
— Provincial revenues. (*Ibid.*, XII, pp. 311/314.)
— Customs Revenues. (*Ibid.*, XII, p. 294.)
— River duties. By J. M. (*Ibid.*, XV, p. 247.)
— Taxation. By E. H. Parker. (*Ibid.*, XIV, pp. 108/109.)
— Revenues of China. By E. H. Parker. (*Ibid.*, XIV, p. 109.)
— Financial Pedantry. By E. H. Parker. (*Ibid.*, XIV, p. 168.)
— Opium Revenue. By E. H. Parker. (*Ibid.*, XIV, p. 168.)
— Financial. By E. H. Parker. (*Ibid.*, XV, pp. 184/185.)
— Financial. By E. H. Parker. (*Ibid.*, XIV, p. 218.)
— Financial. By E. H. Parker. (*Ibid.*, XV, pp. 251/252.)
— Financial. By E. H. Parker. (*Ibid.*, XV, pp. 373/375.)
— Financial. By E. H. Parker. (*Ibid.*, XVI, p. 123.)
— Financial. By E. H. Parker. (*Ibid.*, XVI, pp. 187/188.)
— Cattle taxes. (*Ibid.*, XIII, p. 296.)
— Tax on Rushes. (*Ibid.*, XIII, p. 296.)
— Extra Taxation. (*Ibid.*, XIII, p. 297.)

* Ch. Waternau. Le budget chinois. (*Revue Monde latin*, XIV, 1888, 3, pp. 363/72.)

— The Sources of Revenue and the Credit of China. A Lecture delivered, on 15th April, 1887, before the Central Association for Commercial Geography, etc., in Berlin, by A. H. Exner. (*China Review*, XVII, 1889, pp. 276/291.)

Traduit de:

* Die Einnahmequellen und der Credit Chinas, nebst Aphorismen über die Deutsch-Ostasiatischen Handelsbeziehungen, von A. H. Exner . . . Berlin, Asher, 1887.

GABELLE.

— Notes on the early history of the Salt Monopoly in China. By F. Hirth. (*Journ. China Br. R. As. Soc.*, N. S., XXII, 1887,

pp. 52/66.) — The Salt Revenue of China. By E. H. Parker. (*Ibid.*, pp. 67/80.)

— The tax levied by Hupeh on Sz ch'uan salt. (*China Review*, XI, pp. 58/59.)
— Salt Revenue. (*Ibid.*, XI, p. 262.)
— "Unauthorised Salt." (*Ibid.*, XII, p. 136.)
— Salt revenues. (*Ibid.*, XIII, pp. 295/296.)
— Consumption of Salt. (*Ibid.*, XIII, p. 224.)
— Voir sur le Sel un art. de E. H. Parker. (*Ibid.*, XII, pp. 57/9.)
— The Salt Gabelle. By E. H. Parker. (*Ibid.*, XIV, pp. 167/168.)
— Salt Gabelle. By E. H. Parker. (*Ibid.*, XIV, p. 357.)
— Salt. By E. H. Parker. (*Ibid.*, XV, p. 185.)

— Замѣчанія о соляномъ производствѣ въ Китаѣ. (Заимствованы изъ китайскихъ сочиненій: *Ху-бу-цзэ-ли, Янь-Хуай-янь-фа и Хуанъ-чао-цзинь-ти-ѳэнъ-бянь*). Покойнаго Іеромонаха П. Цеыткова. (Труды Членовъ Россійкой Духовной Миссіи въ Пекинъ. III. St. Pétersbourg, 1857, in-8, pp. 103/118.)

— Bemerkungen über die Salzproduction in China. (Mit Benutzung der chinesischen Werke: *Chu-bu-zse-li, Jan-chuai-jan-fa-tschi* und *Chuan-tschao-zsin-schi-wen-bjan*. Vom verstorbenen Hieromonach P. Zwohtkoff. (*Arbeiten d. k. Russ. Ges. z. Peking*, II, Berlin, 1858, pp. 495/504.)
— Remarks on the Production of Salt in China. By the late Archimandrite P. Zwehtkoff. Retranslated from the German by W. R. Carles. (*Journ. China Br. R. As. Soc.*, N. S., XXII, 1887, pp. 81/89.)

EXAMENS.

— The Kü Jên 舉人 Examinations. By D. H. (*Chin. Rec.*, X, 1879, p. 303.)
— The Triennial Examinations for the Kü Jün Degree. By D. H. (*Ibid.*, pp. 463/4.)
— The Kü Jün Examination. By David Hill. (*Ibid.*, XI, 1880, pp. 143/6.)
— Literary and Military Examinations. By X. Y. Z. (*China Review*, VIII, pp. 185/186.)
— Essay of a Provincial Graduate with Translation. By F. S. A. Bourne. (*Ibid.*, VIII, pp. 352/356.)
— Secretaries and Assistant-Examiners. By O. P. C. (*Ibid.*, VIII, p. 391.)
— Assistant-Examiners at 鄉試. (*Ibid.*, XII, p. 137.)
— Ages of Candidates at Chinese Examinations; Tabular Statement. By E. L. Oxenham. (*Journ. China Br. R. As. Soc.*, N. S., XXIII, 1888, pp. 286/7.)
— Competitive Examinations in China. (*Blackwood's Mag.*, CXXXVIII, 479; réimp. *Littell's Living Age*, CLXVII, 490; *Eclectic Mag.*, CV, 777.) — (*Leisure Hour* [S. Mossmann], XXII, 436.)
— Chinese Examinations. (*Saturday Review*, LXII, 582.)

GAZETTE DE PEKING.

— Slips in the Official Gazette. (*Ibid.*, XI, p. 262.)

— Bibliothèque des Merveilles. — Le Journalisme par Eugène Dubief . . . Paris, Hachette, 1892, in-18.

Voir p. 291.

— Translation of the Peking Gazette . . . .

Continuée en vol. annuels.

Col. 220.

IX. — JURISPRUDENCE.

— Ta-Tsing-Leu-Lee ‖ o sia ‖ Leggi fondamentali ‖ del ‖ Codice penale della China, ‖ stampato e promulgato a Pekin ‖ coll' autorità di tutti gl' Imperatori Ta-Tsing, ‖ della presente dinastìa. ‖ Tradotto dal Chinese ‖ da Giorgio Tommaso Staunton, ‖ Membro della Società reale di Londra. ‖ Versione italiana. ‖ Milano, 1812. ‖ Dalla Stamperia di Giovanni Silvestri, ‖ agli Scalini del Duomo No. 994. 3 vol. pet. in-8.

Col. 221.

— Gerichte in China von Julius Klaproth. (*Mines de l'Orient*, VI, Vienne, 1818, pp. 421/3.)

— Gesetz und Recht im alten China nach Chinesischen Quellen. Von Dr. J. Heinrich Plath . . . . München, 1865, in-4, pp. 118. *Abhand. d. k. Bay. Akad. d. Wiss.* I. Cl., X. Bd. III.ʒAbth.

— Legislation and Law in ancient China, according to Chinese sources. By Dr. J. Heinr. Plath. (*China Review*, VII, pp. 187/193, 285/290.)

(Translated from the *Transactions of the Royal Bavarian Academy of Sciences*, Class I, Volume X, Section III. — Munich, 1865.)

— Constitutional Law of the Chinese Empire. By C. F. Preston. (*China Review*, VI, 1877, pp. 13/29.)

'In a previous volume (II, p. 230) of the *Review*, may be found an article on the "Administration of Chinese Law", in which a short survey was made of the Criminal Code, or the Tai Ts'ing Lut Lai 大清律例. In continuation of the same general subject, it is now proposed to call attention to the Tai T'sing Ui Tien, 大清會典 . .'

— Chinese Rights of Way, etc. By N. Negidius. (*China Review*, VIII, pp. 184/185.)

— The primitive Codification of Chinese Law. (*Ibid.*, X, p. 71.)

— The levirate in China. (*Ibid.*, X, p. 71.)

— A very nice distinction in law and equity. (*Ibid.*, XI, p. 60.)

— A Form of Chinese Oath. (*Ibid.*, XI, p. 133.)

— Endogamy. (*Ibid.*, XIII, p. 121.)

— Hereditary exterritoriality in China. (*Ibid.*, XIII, p. 356.).

— Chinese Laws and Customs. By Christopher Gardner, Esq. (*Journ. R. As. Soc.*, N. S., Vol. XV, Art. VIII, April 1883, pp. 221/236.)

— Versterfrecht, adoptie en pleëgkinderen bij de Chineezen. Behandeling der betrekkelijke artikelen van het wetboek *Tai Tshing Loet Lé*, door J. W. Young. (*Tijdschrift voor indische taal-, land- en volkenk.*, 1886, d. 31, pp. 214/239.)

(Divers.)

DROIT CRIMINEL.

— G. Schlegel. De Chineesche Eed. (*Tijdschft* « Het Regt in Ned. Indie».) Batavia, Mei 1863. — Chineesche Eed. (*Indisch Weekblad van het Regt*, 7 Oct. 1867; *Bataviaasch Handelsblad*, 17, 23 Oct.; 9 Nov. 1867. [Polémique avec M. von Faber.]

— G. Schlegel. Staaltjes van Chineesch-regterlijke scherpzinnigheid, medegedeeld uit den Wijsheidsbuidel. (*Indisch Weekblad van het Regt*, Jrg. 1866, 9 en 23 Juli, 3 Sept., 1 en 29 Oct., 24 Dec.; Jrg. 1867, 15 Jan.)

— Rechtsvergleichende Studien über islamitisches Recht, das Recht der Berbern, das chinesische Recht, und das Recht auf Ceylon. Von J. Kohler. Berlin, 1889.

Voir col. 1571.

— Note sur les mœurs administratives et la législation pénale des Chinois, par M. Ferdinand Duval. Reims, 1848. Broch. in-8, 16 pages.

— Description of an Execution at Canton, by T. T. Meadows, Esq., Translator and Interpreter to Her Majesty's Consulate. (*Jour. Roy. As. Soc.*, XVI, 1856, pp. 54/58.)

— On the Punishment of Crucifixion in China. By James Jones Esq. (*Trans. Ethn. Soc.*, N. S., III, 1865, pp. 138/9.)

— Le Leggi penali degli Antichi Cinesi. Discorso proemiale sul diritto e sui limiti del punire e traduzioni originali dal Cinese dell' Avvocato Alfonso Andreozzi. Firenze, Giuseppe Civelli, 1878, in-8, pp. VIII-193.

— Краткій Историческій Очеркъ уголовнаго законодательства Китая съ древнѣйшихъ временъ до второй половины X вѣка по Р. Х. — П. С. Попова. (*Travaux de la troisième session du Congrès des Orientalistes*, St Pétersbourg, 1876, I, pp. 513/571.)

— Locus Operandi in Flogging. By E. J. Eitel. (*China Review*, VII, pp. 74/75.)

— Translations from the Lü-li, or general code of laws, By G. Jamieson. (*China Review*, VIII, pp. 1/18, 193/205, 259/276, 357/363; IX, pp. 129/136, 343/350; X, pp. 77/99.)

— Punishments under the Chinese penal code. By Breeks. (*Ibid.*, IX, p. 124.)

— The Cangue among the Romans. By Lempriere Junr. (*Ibid.*, IX, p. 397.

— Limit of responsibility for Effects of wounds according to Chinese law. By J. N. T. (*Ibid.*, X, pp. 286/287.)

(Droit criminel.)

— Cases in Chinese Criminal Law. Marriage. By G. Jamieson. (*Ibid.*, X, pp. 358/365.)

Traduit du 形案匯覽.

— Penitential use of the Cangue. (*Ibid.*, X, p. 428.)
— Torture in China. (*Ibid.*, XI, p. 260.)
— Chinese Punishments and superstitions. By Faith. (*Ibid.*, XI, pp. 833/834.)
— Punishment of Bannermen. (*Ibid.*, XII, p. 135.)
— The use of Torture. (*Ibid.*, XII, p. 136.)
— Death warrants. (*Ibid.*, XIII, p. 430.)
— Penal servitude. (*Ibid.*, XIII, p. 431.)
— Changes in the Penal Code. By E. H. Parker. (*Ibid.*, XIV, p. 51.)
— Post mortem Punishments. By E. H. Parker. (*Ibid.*, XIV, p. 171.)
— Compensation in case of Murder. By E. H. Parker. (*Ibid.*, XIV, p. 223.)
— Parricide. By E. H. Parker. (*Ibid.*, XIV, p. 226.)
—Criminals' ears. By E. H. Parker. (*Ibid.*, XIV, p. 357.)
— Decapitation V. Strangulation. By E. H. Parker. (*Ibid*, XVI, p. 182.)
* Crime and Criminals in China. (*Cornhill Mag.*, XII, 235.)
— Punishments. By E. H. Parker. (*China Review*, XVII, 1888, p. 52.)
— Chinese Law. Translations of leading Cases. By J. W. Jamieson. (*Ibid.*, XVIII, 1889, pp. 33/6.)
— Chinese Law. Extracts from the Ta-ching Lu-li. By J. W. Jamieson. (*Ibid.*, XVIII, 1889, pp. 118/124.)

— Das chinesische Strafrecht. — Ein Beitrag zur Universalgeschichte des Strafrechts von Dr. Jos. Kohler, Professor in Würzburg, auswärtigem Mitglied des königlichen Instituts voor de Taal-Land- en Volkenkunde van Nederlandisch-Indie in Haag. Würzburg. Druck und Verlag der Stahel'schen Univers. Buch- & Kunsthandlung, 1886, br. in-8, pp. 51.

Voir col. 1570.

— Les exécutions en Chine. (*Ann. de l'Ext. Orient*, 1886—1887, IX, pp. 350/351.)

— A Chapter of the Chinese Penal Code. — Proefschrift ter verkrijging van den graad van Doctor in de Rechtswetenschap aan de Rijks-Universiteit te Leiden, op gezag van den rector magnificus Dr. S. S. Rosenstein, Hoogleeraar in de Faculteit der Geneeskunde, voor de Faculteit te verdedigen op Woensdag 30 November des namiddags te 3 uren, door Abram Lind Jr., geboren te Amsterdam. — Leiden, E. J. Brill, 1887, in-8, pp. 79-xxv.

Les pp. I-XXV renfermant le texte chinois.

* Heinrich Erdmann. — Grausamkeit im chinesischen Gerichtsverfahren. (*V. Fels z. Meer*, 1887/8, H. 3.)
* Frank G. Carpenter. — Chinese Crime and Fortune. (*New-York World*, March 31, 1889.)

— R. S. Gundry. — Judicial Torture. (*Fortnightly Review*, Mars 1890, pp. 404/420.)

— Photographing Criminals anticipated. By C. H. Brewitt-Taylor. (*China Review*, XVII, No. 6, p. 359.)
— R. K. Douglas. — Coroners' Science in China. (*Nature*, XXVII, April 26, 1883, pp. 612/614.)
— Interprétation des trois caractères composant le titre *Si-yuen-lu*, ouvrage qui traite de la médecine légale et de la jurisprudence médicale. Par le Dr. Martin. (*Revue Ext. Orient*, 1882, No. 2, pp. 316/317.)

— Exposé des principaux passages contenus

dans le Si-YUEN-LU. Par le Dr Ern. Martin. (*Rev. Ext. Orient.*, 1882, No. 3, pp. 333/380; No. 4, pp. 596/625.)

Tirage à part : Paris, E. Leroux, 1884, br. in-8, pp. 78.

— Hu-man-ts'no, a chinese Poison. By H. A. G[iles]. (*Jour. C. B. R. As. Soc.*, XX, No. 2, 1885, pp. 52/3.)

DROIT COMMERCIAL.

— G. Schlegel. Chinesche faillissementen. (*Javabode*, 17 Juli 1867.)
— Bankruptcy in China. By Q. R. S. (*China Review*, VI, 1877, p. 136.)
— Laws of Sale amongst the Chinese. By W. X. Y. (*Ibid.*, VI, 1877, p. 137.)

* The Commercial Law Affecting Chinese; with special reference to Partnership Registration and Bankruptcy Laws in Hongkong. "China Mail" Office, Hongkong, 1882.

Notice : *China Review*, XI, p. 52.

— Chinese Partnerships: Liability of the individual Members. (*Jour. China Br. R. As. Soc.*, N. S., XXII, 1887, pp. 39/52.)

Opinions de MM. C. T. Gardner, Byron Brenan, E. H. Parker, H. A. Giles, C. Alabaster, J. Macintyre, P. G. von Möllendorff, Sü Fu-shêng, Geo. Jamieson.

FAMILLE ET SUCCESSION.

— G. Schlegel. Chinees ch Regt. — Jets over Chineesche Testamenten, Donation en Erfopvolging. (*Tidschrift* «Het Regt in Nederlandsch-Indie», No. 11 en 12, 1863.) Batavia, September 1862.
— G. Schlegel. Wettelyke Bepaling en omtrent de huwelijken in China en beschrijving der duortse gebruikelyke plegtigheden. (*Ibid.*) Batavia. Nov. 1862.

— La puissance paternelle en Chine. Etude de droit chinois par F. Scherzer, Interprète-Chancelier. Paris, Ernest Leroux, 1878, in-18, pp. vii-80. Prix 2 fr. 50.

Forme le Vol. XXIII de la *Bibliothèque orientale elzévirienne.*

Notices : *Gazette des Tribunaux*, 29 janvier 1879. (Par Charles Desmaze.) — *L'Indépendant* [de Douai], 13 février 1879. — *L'Europe diplomatique*, 21 février 1879. — *Memorial de Lille*, 26 février 1879. [Par Gustave de Boursies].

— The Family Law of the Chinese, and its comparative relations with that of other Nations. By P. G von Möllendorff. (*Jour. N. C. Br. R. As. Soc.*, N. S., No. XIII, 1879, Art. III, pp. 99/121.)

Notice : *China Review*, VIII, p. 53.

— Comparative Chinese family law. By E. H. Parker. (*China Review*, VIII, pp. 67—107.)

— Family law. By E. H. Parker. (*Ibid.*, XIV, p. 223.)

* J. L. Grunzel. Das Familienrecht der Chinesen im Vergleiche zu dem der anderen Völker. (*Globus*, Bd. 58, 14, pp. 209—211; 17, pp. 266—270.)

— Grandsons in China. By E. H. P. (*China Review*, VIII, p. 256.)
— A father called uncle. By J. Dyer Ball. (*Ibid.*, XV, p. 176/177.)
— A son-in-law only half a son. By J. D. B. (*Ibid.*, XV, p. 177.)

— The Law of inheritance. By Ch. Alabaster. (*Ibid.*, VI, 1877, suite, pp. 55/6.)

— Inheritance. By X. Y. Z. (*Ibid.*, VII, pp. 280/281.)

— Rules of Inheritance. (*Ibid.*, XI, p. 261.)

— Law of succession. (*Ibid.*, XI, p. 263.)

— Succession in Ancient Times. (*Ibid.*, XIII, p. 119.)

— The Law of testamentary Succession as popularly understood and applied in China. By E. J. Eitel. (*Ibid.*, XV, pp. 150/155.)

— Adoption. By Q. E. D. (*Ibid.*, VII, pp. 281/282.)

— Adoption. — A Case in Point. By E. H. P. (*Ibid.*, IX, pp. 122—123.)

— Adopted sons in China. (*Ibid.*, XIII, pp. 119/120.)

— Adoption. By N. G. Mitchell-Innes. (*Ibid.*, XIV, pp. 199/205.)

— The History of Adoption and its relation to modern Wills. A Lecture delivered at the English Law School in Tokyo. By G. Jamieson. (*Ibid.*, XVIII, 1889, pp. 137—146.)

— Le Divorce en Chine. Par Henri Cordier. (*Jour. des Débats*, 13 avril 1880. — Réimp. dans le *Soleil*, 19 avril 1880; et dans la *Revue de l'Extrême-Orient*, I, No. 2, Avril-Mai-Juin, 1882, pp. 329/331.)

PROPRIÉTÉ TERRITORIALE.

— La Propriété territoriale en Chine, par J. Sacharoff. (*Revue Germanique*, 1ᵉ année, 1858.)

— Leasehold Usage. By Nicodemus. (*China Review*, VII, pp. 283.)

— Land Tenure in China. By Bumbaillif. (*Ibid.*, IX, p. 58.)

— Feudal Allotments of Land. (*Ibid.*, XI, p. 263.)

— The Land question in China. By E. H. Parker. (*Ibid.*, XV, pp. 248/249.)

— The Land Question in China. By E. H. Parker. (*Ibid.*, XVI, p. 243.)

— La propriété en Chine. Par Eugène Simon. (*Annales de l'Ext. Orient*, 1881—1882, IV, pp. 257/269.)

* A Land Purchase at Nankin. By Rev. G. W. Woodall. (*Chin. Rec.*, 1885, oct., XVI.)

— Tenure of Land in China and the condition of the rural population. By George Jamieson. (*Jour. China Branch R. As. Soc.*, XXIII, N. S., No. 2, 1888, pp. 59/174.)

Contient outre l'introd. de M. Jamieson des rapports « on Land Tenure» en Mandchourie et dans les différentes provinces de la Chine par les Rév. John Ross, T. Richards, C. S. Medhurst, B. Bagnall, G. Andrew, W. E. Burnett, Mr. G. Jamieson, Mr. E. L. Oxenham, Rév. F. Boden, Bishop Moule, J. F. Johnson,

(FAMILLE ET SUCCESSION. — PROP. TERRIT.)

Mr. Geo. Phillips, Miss A. M. Fielde, Rév. F. T. Foucar, plus une traduction par Mr. H. B. Morse du traité *De Legali Dominio Praticae Notiones* par le Père Peter Hoang, pub. à Zika-wei en 1882 et la réimp. d'articles parus jadis dans *The Cycle on the tenure and transfer of real property in China and the mode of succession to land.*

— Chinese Law on the Ownership of Church Property in the Interior of China. By Rev. Gilbert Reid, M. A. (*Chinese Recorder*, Sept. 1889, pp. 420/426; oct. 1889, pp. 454—460.)

DROIT INTERNATIONAL.

— Traces of International Law in Ancient China. Condensed Outline of a paper read before the Congress of Orientalists in Berlin, 13. September 1881. By Dr. W. A. P. Martin, President of the Tungwen College, Peking. (*Verhand. d. Vten Int. Orient.-Cong.* II.Th., II Hfte., Berlin, 1882, IV. Ostasiat. Section, pp. 71/80.)

— La Chine et le droit international. Par W. A. P. Martin. (*Revue de droit international*, XVII, 1885, pp. 504/9.)

Sous forme de lettre à M. G. Moynier à Genève, datée Peking, 21 juillet 1885.

— Le droit international dans l'ancien empire Chinois. Par le Comte de Noidans. (*Revue de Belgique*, xlvii, 15 juillet 1884, pp. 308/313.)

— Études sur le droit annamite et chinois. — Le Code Annamite. — Art. 86. Terres et rizières des sujets méritants. Saigon, le 5 décembre 1871, pièce in-4 autographiée, pp. 67.

Par Philastre.

— Art. 84. Vérification sur place des pertes de l'impôt en grain des Rizières causées par des calamités naturelles, pièce in-4 autog., pp. 70.

Par Philastre. Saigon, le 28 nov. 1871.

— Judicial. By E. H. Parker. (*China Review*, XVII, pp. 54, 114.)

(PROP. TERRIT. — DROIT INTERNAT. — CODE ANNAMITE.)

X. — HISTOIRE.

CHRONOLOGIE.

Col. 223.

— Tabula chronologica Monarchiae sinicae a R. P. Philippo Couplet Soc. Jesu concinnata, et Honoribus Illustrissimorum, ac

(CHRONOLOGIE.)

Perillustrium Dominorum In Antiquissima ac Celeberrima Universitate Viennensi promotore R. P. Carolo Granelli Societatis Jesu, AA. LL. & Philosophiae Doctore, ejusdemque Professore Ordinario, primâ AA. LL. & Philosophiae laureâ Condeco-

(CHRONOLOGIE.)

ratorum A Neo-Baccalaureis Condiscipulis Inscripta & dicata Anno M.DCCIII. Viennae, Typis Leopoldi Voigt. pet. in-12, pp. 234 + 3 ff. prél. n. chif., carte de la Chine à la fin.

FRÉRET. — Ant. Gaubil, S. J. Observations sur le Mémoire de M. Fréret, inséré dans le Recueil de l'Académie des Inscriptions, t. XVIII, sur l'antiquité et la certitude de la chronologie chinoise. — Dans le *Magasin encyclopédique*, t. XII (1797), p. 171 s. — Ces observations ont été envoyées par le P. Gaubil à M. de Bougainville, successeur de Fréret dans la place de secrétaire perpétuel de l'Acad. des Insc., en 1753; Gaubil avait reçu les épreuves du mémoire de Fréret en 1753. Voir lettre du P. Gaubil, de Pékin, 25 octobre 1753, VIᵉ des lettres publiées par Klaproth dans le *Journal Asiatique*, X (1832) et reproduites dans les *Lettres édifiantes*, éd. du *Panthéon littéraire*, t. IV.

Col. 226.

— Ligne 5, *lire* col. 259 *au lieu de* col. 258.

Col. 227.

GAUBIL. — Traité sur la Chronologie Chinoise . . .

MS. Bib. roy. de Munich, Cod. Gall. 675, No. 1304 du Cat. latin imprimé, t. VII, Munich, 1858. — In-folio du P. Gaubil, sur papier de Chine, comprenant les trois parties de l'ouvrage, ayant chacune une pagination différente : 1ᵉ Partie, pp. 1/79; 2ᵉ partie, pp. 1/92; 3ᵉ partie, IV p. prél. et pp. 1/70. On lit à la fin de cette troisième partie : à Peking ce 27 7bre 1749 et non pas 23 7bre. C'est l'ouvrage publié en 1814 par Silvestre de Sacy, voir *Bib. Sinica*, col. 227. Ce MS. provient de la Bibliothèque d'Etienne Quatremère.

Col. 227—8.

— The Anglo-Chinese Kalendar and Register, for the year of the Christian Æra 1832. Corresponding with the twenty-ninth year of the Chinese Cycle of Sixty Years, which 29ᵗʰ year commences on the 2ᵈ of February, 1832. With a Companion. Macao, China : Printed at the East-India Company's Press, by G. J. Steyn and Brother. Pet. in-8, pp. 160 + 1 f. d'errata.

By J. R. Morrison.

"A comparative English, Chinese and Malayan Kalendar was contemplated by the late Dr. Milne of the Anglo-Chinese College, a short period previous to his death, but no individual of that institution has, since that much lamented event, fulfilled his intention. The work now published was commenced some months back with a view merely to private distribution; but Mr. Marjoribanks, the President of the Select Committee of the British Factory, having liberally offered the use of the Honorable Company's Press, it is now printed for more general circulation, in the hope that, imperfect as it is, it may prove useful to those who visit the Ports of the Eastern Archipelago and of China."

* The Anglo - Chinese Kalendar for the year of the Christian Era, 1834; corresponding to the year of the Chinese Cycle era 4471, or the 31st year of the 75th cycle of sixty; being the 14th year of the reign of Taoukwang. Printed at the Albion press, Canton, pp. 36.

"This work, the first of the kind ever printed in China, has appeared regularly for three successive years : the edition for 1832 was accompanied by a companion; but the number of Copies being small they were all soon disposed of, and none can now be obtained. To supply this deficiency the compiler has undertaken a "Commercial Guide", which will be published in the course of the summer and before the business of the ensuing season will commence." (*Ch. Rep.*, III, p. 44, May 1834.)

* The Anglo-Chinese Kalendar for the year of the Christian era 1835 : corresponding to the year of the Chinese cycle era 4472, or the 32d of the 75th cycle of sixty; being the 15th year of the reign of Taoukwang. Canton, China : printed at the Register Press.

Notice in the *Ch. Rep.*, III, 535/6. — Edited by the editor of the *Canton Register*, not as formerly by Mr. Morrison.

— An Anglo-Chinese Calendar for the year 1847, corresponding to the year for the Chinese Cycle Era 4484, or the 44ᵗʰ year of the 75ᵗʰ Cycle of Sixty; being the 27ᵗʰ year of the reign of Ta'ukwa'ng. Canton. Printed at the Office of the Chinese Repository. 1847, in-8, pp. 143.

Après le calendrier, &c. on trouve : The Tariff of Duties, Notices of Ningpo, Fuhchau, Amoy, Canton, &c. &c. Commercial Houses.

— An Anglo-Chinese Calendar for 1854. Contents . . . . — Canton : No. 2 Ming qua's Hong, 1854, in-8, pp. 128 + 1 f. à la fin.

— An Anglo-Chinese Calendar for 1855 . . . ., in-8. pp. 134 + 1 f. à la fin.

. · .

— On Chinese Almanachs. By M. Klaproth. (*Asiatic Journal*, VII, pp. 52/56.)

— Dr. L. IDELER. Ueber die Zeitrechnung von Chata und Igur. (*Abh. d. Berliner Akademie*, I, 1832, pp. 271—299.)

Notice de l'ouvrage d'Onlougbeg (XVIᵉ siècle) sur la chronologie des Chinois et des Ouigours.

— Dr. L. IDELER. Ueber die Zeitrechnung der Chinesen. (*Ibid.*, 1837, pp. 199—369.)

— Note sur la chronologie chinoise, écrite par Mgr. l'Evêque de Capse [Bruguière]. (*Ann. Prop. Foi*, IX, 1836, pp. 333/5.) Voir col. 446.

Col. 229.

— Alphabetical list of the dynastic and reign-titles of chinese emperors, (compiled from Mayers' *Chinese Readers' Manual*). Dates are after Christ, unless otherwise indicated. By G. M. H. Playfair. (*Journ. C. B. R. A. S.*, XXI, N. S., 1886, Art. V, pp. 67/88.)

— An Alphabetical List of the Emperors of China and of their Year-titles or Nien-hao 年號 with the date of their reign and duration compiled by J. L. J. F. Ezerman and B. A. J. Van Wettum. (*T'oung Pao*, II, No. 5, Janv. 1892, pp. 357/389.)

— Chinese Researches. First part. Chinese Chronology & Cycles by Thomas Fergusson, member of the Royal Asiatic Society, North China Branch, Consul for the Kingdom of Belgium at Chefoo . . . . Shanghai, China, 1880, in-8, pp. 269 + 4 pp. p. l'App.

Col. 230.

— Notes on an Ancient Chinese Calendar. By E. B. Knobel, Hon. Sec. Royal Astronomical Society. London : Alabaster, Passmore, and Sons . . . 1882, br. in-8, pp. 7.

中 西 歷 日 合 璧 De Calendario Sinico et europaeo. — De Calendario Sinico variae notiones. — Calendarii sinici et eu-

ropaei concordantia. — De Calendario ecclesiastico. — Auctore P. Petro Hoang
sacerdote ex clero Missionis Nankinensis.
Zi-ka-wei, ex typ. Missionis Catholicae,
in orphanotrophio Tou-sè-wè, 1885, in-8,
pp. 2 + 1 f. n. c. + pp. xxvi + pp. 111.

Suivi de :

— A. M. D. G. — Appendix de Calendario
ecclesiastico Methodus ad inveniendam litteram dominicalem, epactam, et diem pa-
schalem auctore P. Petro Hoang Sacerdote
ex clero Missionis Nankinensis. Zi-ka-wei
.... 1885, in-8, 3 ff. n. c + pp. 55 +
3 ff. n. c.

— 覽便歷合洋華 On Chronology
and the Construction of the Calendar with
special regard to the Chinese computation
of time compared with the European by
Dr. H. Fritsche .... St. Petersburg, Lithog.
by R. Laverentz, 1886, in-8, pp. 92, lith.

Notice : *China Review*, XV, pp. 191/192, par E. J. E[itel].
— On the Chinese calendar. By H. Fritsche. (*China Review*, X,
pp. 326/334. Addition, *Ibid.*, p. 432.)

— Das Kalenderwesen bei den Chinesen.
Von Dr. Fr. Kühnert. (*Oester. Monat. f. d.
Orient*, 15 Aug. 1888, Nr. 8, pp. 111/116.)

— Der Chinesische Kalender nach Yao's
Grundlagen und die wahrscheinlichste all-
mähliche Entwicklung und Vervollkomm-
nung desselben. Von Fr. Kühnert. (*T'oung
Pao*, No. 1, Avril 1891, pp. 49/80.)

— Bibliothèque Sinico-Japonaise. VI. — Manuel du Sinologue ou Recueil de renseignements utiles à l'usage des personnes qui
s'occupent de la Chine et de la littérature
chinoise publié par la Société Sinico-Japonaise. Partie I. Paris, Maisonneuve, 1889,
in-8, pp. 64.

Partie chronologique.

— The relationship of the Persian and Chinese Calendars. By
Joseph Edkins. (*China Review*, XVI, pp. 95/98.)
— Designation of the year. By E. H. Parker. (*Ibid.*, XVI, p. 219.)
A. D. 744.
— Chronology. By E. H. Parker. (*Ibid.*, XIV, p. 223.)
— Style of Reign. By E. H. Parker. (*Ibid.*, XIV, p. 223.)
— New Year. By E. H. Parker. (*Ibid.*, XIV, pp. 226/227.)
— Accepting the Sovereign's Calendar. By E. H. Parker. (*Ibid.*,
XV, p. 249.)
— Commencement of the year. By E. H. Parker. (*Ibid.*, XV,
p. 372.)
— The Chinese Almanac. By Rev. A. P. Parker. (*Chin. Rec.*, XIX,
No. 2, Feb. 1888, pp.61/74.)

ORIGINE ET ANTIQUITÉ DES CHINOIS.

— Q. F. F. Q. S. De Antiquitate Sinarum,
suffragante ampliss. ordine philos. sub
praesidio viri amplissimi, Mag. Eliae Trä-

gärd, Philos. Prof. Reg. celeberrimi, in
regia academia Gryphiswaldensi die xxxi
Jan. a. o. r. MDCCLXXII pro gradu Magisterii
publice disputabit auctor alumnus Victori-
nianus Carolus Hwarfner Westro-Gothus,
in auditorio majori horis a. m. solitis. Gry-
phiswaldiae Litteris A. F. Röse Reg. Acad.
Typogr. in-4, pp. 22 plus 1 f. n. c. à la fin.

CORNELIUS DE PAUW.

— Recherches philosophiques sur les Egyp-
tiens et les Chinois. Pour servir de suite aux
Recherches philosophiques sur les Améri-
cains. Par Mr. de P***. Nouvelle Edition
exactement corrigée. A Genève, chez Jean
Samuel Cailler. MDCCLXXIV, 2 vol. in-12,
pp. xxiv-455, 440.

— Philosophische Untersuchungen über die
Aegypter und Chineser. Nebst einer Carte
von der berühmten grossen Mauer in dem
alten Aegypten. Aus dem Französischen
des Hrn. von P***. Uebersetzt von D.
J. G. Krünitz. Berlin, bei George Jacob
Decker. 1774, 2 vol. in-8, pp. xxviii-451,
436.

— Philosophical Dissertations on the Egyp-
tians and Chinese. Translated from the
French of Mr. de Pauw, private Reader to
Frederic II. King of Prussia, by Capt. J.
Thomson. London : Printed by T. Chapman . . . For J. Edwards, Pall-Mall. 1795,
2 vol. in-8, pp. xxiii-339, 320.

.·.

Col. 231.

— On Chinese History and Antiquity by M. Klaproth. (*Asiatic
Journal*, N. S., VII, pp. 31/41.)

Col. 232.

— Traditions chinoises mises en rapport
avec les traditions bibliques par M. Riam-
bourg, avec notes de M. de Paravey. (*Ann.
de Phil. Chrét.*, 1ère série, XII.)

— Traditions primitives . . . .

Lire par le Ch. de *Paravey* au lieu de *Charavey*.

Col. 233.

— China vor 4000 Jahren. — Nach chinesischen Quellen bearbeitet von Dr. Joh.
Hein. Plath. — München, Akademische
Buchdruckerei von F. Straub, 1869, pet.
in-8, pp. 166.

— Die Quellen der alten chines. Geschichte
mit Analyse des Sse-ki und J-sse. Von
Dr. J. H. Plath. München. In Commission
bei G. Franz, 1870, in-8, pp. 104.

Aus den Sitz. d. k. bayer. Ak. d. Wiss., 1870, I, 1 u. 2.

— Les chevaux dans les temps préhistoriques et historiques par C.-A. Piétrement. — Paris, Librairie Germer Baillière et Cⁱᵉ, 1883, in-8, pp. xx-776.

Chap. V. Histoire de la race chevaline mongolique chez les peuples mongoliques de l'Orient, pp. 319/382.

— Early Migrations. — Origin of the Chinese Race, philosophy of their early development, with an inquiry into the evidences of their American Origin; Suggesting the Great Antiquity of Races on the American Continent. By Charles Wolcott Brooks. San Francisco, California: Re-printed from the Proceedings of the California Academy of Sciences. 1876, br. in-8, pp. 30.

Bib. Soc. Géog. Paris, C$\frac{5}{178}$.

— Dr. Hepke: Die kulturgeschichtlichen Beziehungen der alten Chinesen und der Hellenen. (*Verhand. d. Ges. f. Erdk. zu Berlin*, Bd. VI, No. 5, 1879, pp. 171/186.)

— Ch. Guénot. — De l'Origine et de l'Avenir des peuples chinois, persan et égyptien. Limoges, Eugène Ardant, s. d. [1884], in-12, pp. 178 + 2 ff. n. c.

Bib. nat. $\frac{0'n}{751}$

— Solid foundations. By J. Edkins. (*China Review*, XIV, p. 107.)
— Shem. By E. H. Parker. (*Ibid.*, XIV, p. 357.)

— Prehistoric China. By Ernst Faber, Dr. Theol. (*Jour. China Br. R. As. Soc.*, XXIV, N. S., 2, 1889—1890, pp. 141/220.)

* The Origin of Chinese Culture and Civilization. By Prof. R. K. Douglas. (*Lippincott's Monthly Magazine*, June 1890.)

— R. Istituto di Studi Superiori pratici e di Perfezionamento in Firenze. — Carlo Puini. — Le Origini della Civiltà secondo la Tradizione e la Storia dell' Estremo Oriente. Contributo allo studio dei tempi primitivi del genere umano. — Firenze. Coi tipi dei successori Le Monnier. — 1891, gr. in-8, pp. xvɪɪ-258.

TERRIEN DE LACOUPERIE.

— Early History of the Chinese Civilisation. A Lecture by Terrien de Lacouperie, M. R. A. S., de la Société Asiatique de Paris, &c. &c. — With plate. — London: E. Vaton, 1880, br. in-12, pp. 35.

"With the exception of the last few pages, the following paper appeared in the *Journal of the Society of Arts* for July 16th, 1880." [sous le titre de *China and the Chinese, their early history*, &c.].
— Babylonian and Old Chinese Measures. By A. Terrien de Lacouperie. (*Academy*, 10th Oct., 1885.)
— Babylonia and China. By Terrien de Lacouperie. (*The Academy*, Aug. 7, 1886. — No. 744, pp. 91/92.)
— The Shifting of the Cardinal Points, as an illustration of the Chaldaeo-Babylonian Culture, borrowed by the early Chinese. By A. Terrien de Lacouperie. (Abstr. *Academy*, 12th May 1883.)

— The shifted cardinal points. From Elam to early China. By Terrien de Lacouperie. (*Babylonian and Oriental Record*, II, No. 2, Jan. 1888, pp. 25/32.)
— Babylonia and China. I. Western origin of the early chinese civilization. By T. de Lacouperie. (*Ibid.*, I, No. 8, June, 1887, pp. 113/115.)

Tirage à part, pièce in-4, pp. 4, s. d.

— Origin from Babylonia and Elam of the early chinese civilisation. A summary of the proofs. By Terrien de Lacouperie. (*Babylonian and Oriental Record*, III, No. 3, Feb., 1889, pp. 62/69; III, No. 4, March, 1889, pp. 73/91; III, No. 5, April, 1889, pp. 97/110; III, No. 6, May, 1889, pp. 129/141; III, No. 7, June, 1889, pp. 150/164; III, No. 8, July, 1889, pp. 185/192; III, No. 10, Sept., 1889, pp. 217/223.)

Tirage à part, in-8, pp. 27.

— From ancient Chaldea and Elam to early China: an historical loan of culture. By Terrien de Lacouperie. (*Ibid.*, V, No. 2, Feb., 1891, pp. 32/44; *ibid.*, No. 3, March, 1891, pp. 63/70; *ibid.*, No. 4, April, 1891, pp. 79/86.)

— Traditions of Babylonia in early Chinese documents. By Terrien de Lacouperie. [From the *Academy*, Nov. 17, 1883.] Pièce in-12.
— The Chinese Mythical king and the Babylonian canon. By Terrien de Lacouperie. [*The Academy*, 1888.] Pièce in-12.

— The old Babylonian Characters and their Chinese Derivates, by Dr. Terrien de Lacouperie. Professor of Indo-Chinese Philology, University College, London. London: The Babylonian and Oriental Record. David Nutt; Trübner & Co. — Paris, Ernest Leroux. — March, 1888, br. in-8, pp. 27.

Ext. du *Bab. & Or. Rec.*, II, 4, pp. 73 et seq.
— The Old Babylonian Characters and their Chinese Derivates. By A. H. Sayce. (*Nature*, June 7, 1888. — *Bab. & Or. Record*, II, 9, pp. 218/220.)
— The fabulous fishmen of early Babylonia in Ancient Chinese Legends. By Prof. Dr. Terrien de Lacouperie. — September, 1888. London: *Babylonian & Oriental Record*; D. Nutt. — Paris: Ernest Leroux, br. in-8, pp. 6.
— Wheat Carried from Mesopotamia to Early China. By Prof. Dr. Terrien de Lacouperie. July, 1888. London: *Babylonian & Oriental Record*; D. Nutt. — Paris: Ernest Leroux, br. in-8, pp. 9.
— Lettre d'Alph. de Candolle, *Ibid.*, Oct. 1888, p. 266.
— Chips of Babylonian and Chinese Palæography. By Terrien de Lacouperie. (*Babylonian & Oriental Record*, II, No. 11, Oct., 1888, pp. 257/263.)

Tirage à part, br. in-8, pp. 7.

— The Deluge. — Tradition and its remains in ancient China. By Terrien de Lacouperie. (*Babylonian & Oriental Record*, IV, No. 1, Dec., 1889, pp. 15/24; IV, No. 3, Feb., 1890, pp. 49/56; IV, No. 4, Mar., 1890, pp. 79/88; IV, No. 5, April, 1890, pp. 102/111.)

— The Tree of Life and the Calendar Plant of Babylonia & China. — By Prof. Dr. Terrien

rien de Lacouperie. — June, 1888. — London:*"Babylonian & Oriental Record"*; David Nutt. — Paris : Ernest Leroux, br. in-8, pp. 11.

— The Calendar Plant of China, the Cosmic Tree and the Date-palm of Babylonia. By Terrien de Lacouperie. (*Babylonian & Oriental Record*, IV, No. 10, Sept. 1890, pp. 217/231, No. 11, Oct. 1890, pp. 246—251.)

Tirage à part, London, D. Nutt, 1890, br. in-8, pp. 22.

HISTOIRE GÉNÉRALE.

Col. 234.

— Joh. Henrici ‖ Ursini ‖ Sacrorum & Philologicorum ‖ Miscella‖neorum ‖ Libri sex. ‖ I. Theologia Naturalis. ‖ II. Sol Mystagogus. ‖ III. Mundus, & ‖ IV. Animalia Biblica. ‖ V. Sacrificia. ‖ VI. Paegnion, Pediculus Philosophus. ‖ Accedit ‖ Georgii Henrici Ursini ‖ J. H. F. ‖ De ‖ Seribus, sive Sinensibus, ‖ Diatriba. ‖ Norimbergae, ‖ Apud Johannem Andream Endterum, & ‖ Wolfgangi Junioris Haeredes. ‖ Anno M.DC.LXVI, pet. in-8.

Voir à la fin, pp. 860/383, *Diatriba de Scribus* Georgii Henrici Ursini, J. H. Filii. Magnifico Senatui Ratisbon. pro studiorum specimine oblata.

Bib. nat. Inv. $\frac{D2}{3557}$.

Col. 235.

— Éloge de la Chine; comparée au reste de la terre. Par un prétendu Philosophe chinois. Tiré de l'Anglois. (*Journal Encyclopédique*, déc., 1762; *Nouv. Choix de Pièces tirées des anciens Mercures*, CIII, pp. 207 —213.)

— Johann Christoph Gatterers ordentlichen Lehrers der Geschichte zu Göttingen, ... Handbuch der Universalhistorie nach ihrem gesamten Umfange von Erschaffung der Welt bis zum Ursprunge der meisten heutigen Reiche und Staaten. Nebst einer vorläufigen Einleitung von der Historie überhaupt, und der Universalhistorie insonderheit, wie auch von den hieher gehörigen Schriftstellern. Zwote vermehrte und verbesserte Ausgabe. Göttingen im Verlag der Wittwe Vandenhoeck, 1765—1764, 2 Th. in-8.

La deuxième partie du Th. 2 qui a une pagination à part comprend :
Erstes Buch. Geschichte der Chineser. Vom Ursprunge des Chinesischen Reichs, das ist, ungefähr seit dem 2ten Jahrhundert nach der Sündflut bis auf unsere Zeiten, pp. 3/345. — Zweytes Buch. Geschichte der Coreaner und Tibetaner, pp. 346/412. — Drittes Buch. Geschichte der Japaner. Von dem Ursprunge der Nation an, bis auf die neuern Zeiten, pp. 413/522.

— Die Allgemeine Welthistorie die in Eng-

land durch eine Gesellschaft von Gelehrten ausgefertiget worden. — In einem vollständigen und pragmatischen Auszuge. — Von D. Friedrich Eberhard Boysen Ihrer königl. Hoheit der Prinzessinn in Preussen &c. Oberhofprediger, Consistorialrath, ... Mit gnädigster Churfürstl. Sächsis. Freyheit. Halle, bey Johann Justinus Gebauer, 1767—1772, 10 vol. in-8.

Voir dans cet ouvrage : *Alte Historie*, 1771: Drey und zwanzigstes Hauptstück. Geschichte der Chineser, vom Ursprunge ihres Reichs an, bis auf unsre Zeiten : pp. 1/533. — Vier und zwanzigstes Hauptstück. Geschichte der Koreaner, pp. 534/578. — Fünf und zwanzigstes Hauptstück. Geschichte der Tibetaner, pp. 579/609. — Sechs und zwanzigstes Hauptstück. Geschichte der Japaner, pp. 610/730.

Alte Historie, X. und letzter Band, 1772: Beschreibung der grossen Tartarey, pp. 1/25. — Sieben und zwanzigstes Hauptstück. Geschichte der Hunnen, pp. 26/120. — Acht und zwanzigstes Hauptstück. Geschichte der Türken, pp. 121/274. — Neun und zwanzigstes Hauptstück. Geschichte der Mogoln, pp. 275 —498. . . .

— Io. Eberhardi Fischeri Historiarum & Antiquitatum Prof. P. O. Academiaeque Scientiarum, quae Petropoli est, Socii, QVAESTIONES PETROPOLITANAE I. de origine *Ungrorum* II. de origine *Tatarorum* III. de diversis *Shinarum* Imperatoris nominibus titulisque IV. de *Hyperboreis*. — Edidit Avg. Ludovicus Schloezer Academiae Scientiarum Petropol. Socius Historiarumque Prof. P. O. Gottingae & Gothae Impensis Dieterichianis 1770, in-8, pp. 119.

III. De variis nominibvs Imperii Shinarum titvlisqve Imperatorum exercitatio, pp. 77/96.

Col. 239.

— Hist. gén. de la Chine. . . . par de Mailla.

Notices : *Journal de Feller*, 1778, pp. 237/242. — *Journal des Savans*, 1777, pp. 527/536, 588/598.

— Storia generale ‖ della Cina ‖ ovvero ‖ grandi annali cinesi ‖ tradotti dal Tong-kien-kang-mou ‖ dal padre ‖ Giuseppe-Anna-Maria de Moyriac ‖ de Mailla Gesuita Francese Missio- ‖ nario in Pekin. ‖ Pubblicati dall' Abate Grosier ‖ E diretti dal Signor Le Roux des Hautesrayes ‖ Consiglier-Lettore del Re Professore di Lingua ‖ Araba nel Collegio Reale di Francia ‖ Interpretre di Sua Maestà per le Lingue ‖ Orientali. ‖ Traduzione italiana ‖ dedicata a sua Altezza reale ‖ Pietro Leopoldo ‖ principe reale d' Ungheria e di ‖ Boemia arciduca d' Austria ‖ gran-duca di Toscana ec. ec. ec. ‖ — In Siena MDCCLXXVII. ‖ — Per Francesco Rossi Stamp. del Pubb. ‖ Con Licenza de' Sup. — ‖ MDCCLXXXI, 35 vol. in-8.

Col. 240.

— The T'ung-kien-kang-muh Annals. By E. H. Parker. (*China Review*, XV, p. 188.)

— KIA TSEU HOUEI KI. Trad. par le P. A. de la Charme.

Traduction françoise, avec des notes du *Kia tsee houei ki*, qui est un abbrégé des annales chinoises fait par authorité publique sous la dynastie précédente des *Ming* et le règne de *Kia tsing*.

[嘉 靖 × 世 宗, 1522.]

Bib. Roy. Munich, Cod. gall. 659; No. 1302 du T. VII du Cat. imprimé, Munich, 1858. — MS. autog. du P. A. de la Charme, pp. 647 ch. — XVIII⁰ S. Il est complet. Au-dessous du titre *ut supra* on lit : Not. Cet abbrégé commence par la 8⁰ année de l'Emp.ʳ *Hoangti* qui est la 2697⁰ avant Jésus-Christ . . . . .
2 ff. n. c. sont consacrés à l'*avertissement du traducteur* qui débute ainsi : «L'auteur de cet abbrégé que j'ai traduit du chinois vivoit dans le 16ᵉ siècle. Il fut par son employ dans l'Empire l'éditeur des différentes histoires de Chine et estoit très versé dans cette matière. Comme il ne fait gueres qu'indiquer les faits, j'ai cru devoir les éclaircir par des notes que j'ai ajoutées et que j'ai tirées de la grande histoire et d'autres ouvrages authentiques et que je cite.
« Dans ma traduction, je ne m'suis tenu à la lettre que pour ce qui regarde l'ancienne histoire; mais dans la suite, comme il y a plusieurs traits nullement intéressants pour l'Europe, par exemple ce qui regarde la promotion des mandarins, je les ai omis . . . . »
On a collé au verso de la couverture l'antog. suivant : «J'ay lu l'abrégé de l'histoire chinoise composé en françois par le R. P. Alexandre de la Charme. Dans cet abrégé l'auteur a mis, avec gout et netteté ce qui est d'essentiel dans les différentes histoires chinoises, et cet ouvrage me paroit très propre à faire connoitre et estimer la nation chinoise.
A Peking ce 11 7bre 1741.
              Antoine GAUBIL Jes.
              Missionnaire.»

Provient de la Bibliothèque d'Etienne Quatremère.

— **Examen des historiens asiatiques.** (Klaproth, *Mém. rel. à l'Asie*, I, pp. 389/413.)

Col. 241.

— Gützlaff's Geschiedenis van het Chinesche Rijk, van de oudste tijden tot op den Vrede van Nanking. Uitgegeven door K. F. Neumann, en vertaald door K. N. Meppen, Evangeliesch - Luthersch Predikant te 's Gravenhage. Met een voorwoord en slot van Dr. Gützlaff voor deze nederduitsche uitgave. Met eene kaart van China en het Portret van den Auteur. Te's Gravenhage, bij K. Fuhri. 1850, 2 vol. in-8.

Col. 242.

— China: a popular history, with a Chronological Account of the most remarkable events from the earliest period to the present day. By Sir Oscar Oliphant, Kt. London: J. F. Hope, ... James Blackwood, MDCCCLVII, in-8, pp. VIII-231.

Avec un plan de Canton.

— Stray Notes on subjects in connection with the late W. F. Mayers' *Chinese Reader's Manual*. By C. Arendt. (*China Review*, VII, pp. 104/107.)

— Историческій Обзоръ Военной организаціи въ Китаѣ съ древнихъ временъ до воцаренія Манджурской Династіи. — К. А. Скачкова. (*Travaux de la troisième session du Congrès des Orientalistes*, Sᵗ Pétersbourg, 1876, I, pp. 257/290.)

— Chine. Bulletin historique par Henri Cordier. (*Revue historique*, janv.-fév., 1882, pp. 143/170.)

— History of China. By Demetrius Charles Boulger. London, W. H. Allen & Co. I, 1881, pp. VI-604; II, 1882, pp. 557; III, 1884, pp. V-839; 3 vol. gr. in-8.

Notices : *Academy*, 14 Juin, 1885, p. 416. (By R. K. Douglas.) — *The Athenaeum*, 23 août, p. 231. — *Saturday Review*, 23 août, p. 251. — *Edinburgh Review*, Oct., CLX, pp. 525/44. — *Contemporary Review*, Dec., XLVI, p. 901. (By Creighton.)

Bib. Nat. $\frac{O^2n}{711}$

— La Chine contemporaine. Par G. d'Orcet. [*Edinb. Rev.*]. (*Rev. Brit.*, 1885, II, pp. 381/405.)

— Historic China and other sketches. By Herbert A. Giles of H. B. M.'s Consular Service . . . . . London: Thos. de la Rue & Co. 110, Bunhill row. 1882, in-8, pp. VIII —405.

Contient : *Dynastic Sketches.* — *Judicial Sketches.* — *Miscellaneous* : Education in China. The Book Language of China; A Cremation in China; On Chinese Fans; Mesmerism, Planchette and Spiritualism; Wei-ch'i, or the Chinese Game of War; On the Surnames of the Chinese; Freemasonry in China. — *Index*.

— Abriss der Geschichte China's seit seiner Entstehung. Nach Chinesischen Quellen übersetzt und bearbeitet von Sigmund Ritter von Fries, kais. chines. Beamte der Seezollverwaltung. Wien, Wilhelm Frick, 1884, in-8, pp. XII-284 + 1 f. n. c. pour l'er. + 9 cartes.

— Historical Atlas of the Chinese Empire from the earliest times down to the close of the Ming Dynasty, giving in Chinese the names of the chief towns and the Metropolis of each of the chief Dynasties of China. A brief Description in English is also printed on each Map. Shanghai: Kelly & Walsh, 1888, in-fol. oblong, pp. IV-22 cartes.

La préface est signée E. L. Oxenham. C'est un ouvrage dans le genre du 歷代地理沿革圖 publié la onzième année de Toung-tchi.

— Studies on the General History. By Dr. G. G. Zerffi, F. R. S. L., F. R. Hst. S., One of the Lectures of Her Majesty's Department of Science and Art . . . Part I. London: Hirschfeld . . . 1887.

Sauf le commencement, consacré à l'hist. et à la desc. gén. de la Chine; d'ailleurs fort mauvais.

— Sinologues and Chinese History. By Hypercritic. (*China Review*, IX, pp. 321/322.)
— Historical sketches. By G. C. Stent. (*China Review*, IX, pp. 376 —380.)
— The History of Foreigners in China. By John Chalmers. (*Ibid.*, XIV, pp. 189/194.)
— Southern Chinese. By E. H. Parker. (*Ibid.*, XV, p. 187.)
— Historical fragments. By E. H. Parker. (*Ibid.*, XVI, p. 186.)

— Budget of historical tales. By R. W. Hurst. (*China Review*, XVII, No. 3, pp. 137/145, No. 4, pp. 205/212.)

— 聖 訓 *Sheng hiün.* A New historical

Work. [Notice by] J. Edkins. (*Jour. China Br. R. As. Soc.*, XXII, N. S., 3 & 4, 1887, pp. 230/1.)

— Die chinesischen Annalen als Quelle zur Geschichte asiatischer Völker. (*Chinesische Studien*, von Friedrich Hirth, I, pp. 68/75.)

— Programme d'histoire de Chine. Par L. Verhaege de Nayer. (*Journ. Peking Or. Soc.*, Vol. II, No. 5, Peking, 1890, pp. 365 —398.)

HISTOIRE PARTICULIÈRE.
Col. 243.

— The Previous Dynasties of China. (Balfour, *Waifs and Strays*, 1876, pp. 11/22.)
— Early chinese history. By Herbert J. Allen. (*China Review*, XV, pp. 156/158.)

Георгиевскій, С. — Первѣй періодъ ки-тайской исторіи (до императора Цинъ-ши-хуанъ-ди). Спб. лит. по способу М. Алисова, печ. А. Григорьева, 1885, in-8, pp. 322.

— The Northern Barbarians in ancient China. By W. A. P. Martin, President of Tungwen College, Peking, North China. (*Chin. Rec.*, XVII, No 4, April 1886, pp. 125/137.)

— P'an Ku. By Herbert J. Allen. (*China Review*, XIV, pp. 21/28.)

CHIN-NONG 神農.

— Shen-nung and Sargon. By W. St. C. Boscawen. (*Bab. & Or. Record*, II, No. 9, pp. 208/9.)

Cf. *Ibid.*, No. 8, p. 185. — *The Academy*, Nov. 17th, 1883, p. 334, by Terrien de Lacouperie.
— Chin-nong. Par Henri Cordier. (*Grande Encyclopédie*.)

HOANG TI 黄帝.

— The Onomastic Similarity of Nai Hwang-ti of China and Nakhunte of Susiana, by Dr. A. Terrien de Lacouperie, ... London : David Nutt; Luzac & Co., 1890, br. in-8, pp. 10.

Ext. du *Babyl. & Or. Record*, IV, No. 11, Oct. 1890, pp. 256/264.

有熊氏 * 黄帝

Réponse à un mémoire sur la *Chinese Chronology* lu par le Rev. J. Legge à la Victoria Institute, 3 Mars 1890.
— A Territorial Sub-Division of China traced to Hwang-Ti. (*China Review*, XI, p. 403.)

Col. 244.

YAO 堯 et *CHUN* 舜.

— Mémoire sur l'état politique et religieux de la Chine, 2300 ans avant notre ère, selon le *Chou king*, par H. Kurz, br. in-8, pp. 88. Extrait du *Nouveau Journal Asiatique*, voir col. 648.
— Dr. Chalmers view of the Early Shoo. By J. Edkins. (*China Review*, XVI, p. 129.)

— The Story of the Emperor Shun. By Thos. W. Kingsmill. (*Jour. N. C. Br. R. As. Soc.*, N. S., XIII, 1879, Art. IV, pp. 123/132.)

— Yau-tien and Shun-tien. By Joseph Edkins. (*China Review*, XV, pp. 369/370.)
— Chun. Par Henri Cordier. (*Grande Encyclopédie*.)

(HISTOIRE PARTICULIÈRE.)

Col. 245.

— Bamboo Annals. By E. H. Parker. (*China Review*, XIV, p. 224.)

Col. 246.

TABLE DES VINGT-QUATRE HISTOIRES DYNASTIQUES.[1]

1. 史記 *Chi-ki*, par 司馬遷 *Sze-ma Ts'ien* (Depuis l'antiquité jusqu'à 122 av. J.Chr.), Presses de 金陵 *Kin-Ling (Nanking)* 4ᵉ année de 光緒 *Kwang-sü* (A. D. 1878); 130 kiuen en 16 vol. gr. in-8. Wylie, *Notes*, p. 12.

2. 前漢書 *Tsien Han-chou*, «l'Histoire des Han antérieurs» (de 206 avant jusqu'à l'an 24 de notre ère), par 班固 *Pan-kou*. Presses de 金陵 *Kin-ling (Nan-king)* 8ᵉ année de 同治 *Toung-tchi* (A. D. 1869); 120 kiuen en 16 vol. gr. in-8. Wylie, *Notes on Chinese Literature*, p. 14.

3. 後漢書 *Heou Han-chou*, «l'Histoire des Han postérieurs» (A. D. 25 – 220), par 范曄 *Fan-yeh*. Presses de *Kin-ling (Nanking)* 8ᵉ année de *Toung-tchi* (A. D. 1869); 120 kiuen en 14 vol. gr. in-8. Wylie, *Notes*, p. 14.

4. 三國志 *San Kouo-tchi*, «Histoire des trois Royaumes» (A. D. 220—280), par 陳壽 *Tch'in chaou*. Presses de *Kin-ling (Nan-king)* 9ᵉ année de *Toung-tchi* (A. D. 1870); 65 kiuen en 8 vol. gr. in-8. Wylie, *Notes on Chinese Literature*, p. 14.

5. 晉書 *Tsin chou*, «Histoire des *Tsin*» (A. D. 265—419), par 房喬 *Fang kiao* et autres. Presses de *Kin-ling (Nan-king)* 10ᵉ année de *Toung-tchi* (A. D. 1871); 130 kiuen en 20 vol. gr. in-8. Wylie, *Notes*, p. 15.

6. 宋書 *Soung chou*, «Histoire des *Soung*» (A. D. 420—478) par 沈約 *Tchin-yoh*. Presses de *Kin-ling (Nan-king)* 12ᵉ année de *Toung-tchi* (A. D. 1873); 100 kiuen en 16 vol. gr. in-8. Wylie, *Notes on Chinese Literature*, p. 15.

7. 南齊書 *Nan Tsi chou*, «Histoire des *Tsi* méridionaux» (A. D. 479—501) par 蕭

1. Cette table des histoires dynastiques et de leurs dernières éditions est tirée de : *Catalogue d'une petite collection importante de livres chinois en vente chez E. J. Brill*. Leide, E. J. Brill, 1889, br. in-8, pp. 11, rédigé par le Dr. G. Schlegel.

(HISTOIRES DYNASTIQUES.)

子 顯 *Siao-Tsze-hien.* Presses de *Kin-ling (Nan-king)* 13ᵉ année de *Toung-tchi* (A. D. 1874); 59 kiuen en 6 vol. gr. in-8. Wylie, *Notes on Chinese Literature*, p. 15.

8. 梁 書 *Liang chou*, «Histoire des *Liang*» (A. D. 502—556) par 姚 思 廉 *Yaou-Sze-lien.* Presses de *Kin-ling (Nan-king)* 13ᵉ année de *Toung-tchi* (A. D. 1874); 56 kiuen en 6 vol. gr. in-8. Wylie, *Notes on Chinese Literature*, p. 15.

9. 陳 書 *Tch'in chou*, «Histoire des *Tch'in*» (A. D. 556—580) par 姚 思 廉 *Yaou-Sze-lien.* Presses de *Kin-ling (Nan-king)* 12ᵉ année de *Toung-tchi* (A. D. 1873); 36 kiuen en 4 vol. gr. in-8. Wylie, *Notes on Chinese Literature*, p. 15.

10. 魏 書 *Wei chou*, «Histoire des *Wei*» (A. D. 386—556) par 魏 收 *Wei chaou.* Presses de *Kin-ling (Nan-king)* 11ᵉ année de *Toung-tchi* (A. D. 1872); 114 kiuen en 20 volumes. gr. in-8. Wylie, *Notes on Chinese Literature*, p. 16.

11. 北 齊 書 *Pe Tsi chou*, «Histoire des *Tsi* septent.*» (A. D. 550—577) par 李 百 藥 *Li Peh-yoh.* Presses de *Kin-ling (Nan-king)* 13ᵉ année de *Toung-tchi* (A. D. 1874); 15 kiuen en 4 vol. gr. in-8. Wylie, *Notes on Chinese Literature*, p. 16.

12. 後 周 書 *Heou Tcheou chou*, «Histoire des *Tcheou* postérieurs» (A. D. 557—581) par 令 狐 德 棻 *Ling-hou Tih-fun*, et autres. Presses de *Kin-ling (Nan-king)* 13ᵉ année de *Toung-tchi* (A. D. 1874); 50 kiuen en 4 vol. gr. in-8. Wylie, *Notes on Chinese Literature*, p. 16.

13. 隋 書 *Soui chou*, «Histoire des *Soui*» (A. D. 581—617) par 魏 徵 *Wei-tching* et autres. Presses de 淮 南 *Hoai-nan*, 10ᵉ année de *Toung-tchi* (A. D. 1871); 85 kiuen en 12 vol. gr. in-8. Wylie, *Notes on Chinese Literature*, p. 16.

14. 南 史 *Nan chi*, «Historiens du Sud» (A. D. 420—589) par 李 延 壽 *Li Yen-chaou.* Presses de *Kin-ling (Nan-king)* 12ᵉ année de *Toung-tchi* (A. D. 1873); 80 kiuen en 12 vol. gr. in-8. Wylie, *Notes on Chinese Literature*, p. 17.

15. 北 史 *Pe chi*, «Historiens du Nord» (A. D. 386—581) par 李 延 壽 *Li-Yen-chaou.* Presses de *Kin-ling (Nan-king)* 12ᵉ année de *Toung-tchi* (A. D. 1873); 100 kiuen en 20 vol. gr. in-8. Wylie, *Notes on Chinese Literature*, p. 17.

16. 舊 唐 書 *Kieou T'ang chou*, «Les anciens livres de la dynastie des *T'ang*» (A. D. 618—906) par 劉 昫 *Lieou-hii* et autres. Presses de 浙 江 *Tche-kiang*, 11ᵉ année de *Toung-tchi* (A. D. 1872); 214 kiuen en 40 vol. gr. in-8. Wylie, *Notes on Chinese Literature*, p. 17.

17. 新 唐 書 *Sin T'ang chou*, «Les nouveaux Livres de la dynastie des *T'ang*» (A. D. 618—906) par 歐 陽 修 *Ngao-Yang-siou* et 宋 祁 *Soung-khi.* Presses de 浙 江 *Tche-kiang*, 12ᵉ année de *Toung-tchi* (A. D. 1873); 255 kiuen en 40 vol. gr. in-8. Wylie, *Notes on Chinese Literature*, p. 17.

18. 舊 五 代 史 *Kieou Wou-tai-chou*, «Ancienne Histoire des Cinq Dynasties» (A. D. 907—959) par 薛 居 正 *Sie-Kü-tching.* Imprimerie 湖 北 崇 文 *Hou-peh ts'oung-wen*, 11ᵉ année de *Toung-tchi* (A. D. 1872); 150 kiuen en 16 vol. gr. in-8. Wylie, *Notes on Chinese Literature*, p. 18.

19. 新 五 代 史 *Sin Wou-tai-chi*, «Nouvelle Histoire des Cinq Dynasties» (A. D. 907—959) par 歐 陽 修 *Ngao-Yang-siou.* Imprimerie 湖 北 崇 文 *Hou-peh ts'oung-wen*, 11ᵉ année de *Toung-tchi* (A. D. 1872); 74 kiuen en 8 vol. gr. in-8. Wylie, *Notes on Chinese Literature*, p. 18.

20. 宋 史 *Soung chi* «Histoire des *Soung*», (A. D. 960—1279) par 脱 脱 *T'o-t'o.* Presses de 浙 江 *Tche-kiang*, 1ᵉ année de *Kwang-sü* (A. D. 1875); 496 kiuen en 100 vol. gr. in-8. Wylie, *Notes on Chinese Literature*, p. 18.

21. 遼 史 *Liao chi* «Histoire des *Liao*», (A. D. 916—1125) par 脱 脱 *T'o-t'o.* Presses de 江 蘇 *Kiang-sou*, 11ᵉ année de *Toung-tchi* (A. D. 1872); 116 kiuen en 16 vol. gr. in-8. Wylie, *Notes on Chinese Literature*, p. 18.

22. 金史 Kin chi «Histoire des Kin», (A. D. 1115—1234) par 脱脱 T'o-t'o. Presses de 江蘇 Kiang-sou, 12ᵉ année de Toung-tchi (A. D. 1873); 134 kiuen en 20 vol. gr. in-8. Wylie, Notes on Chinese Literature, p. 19.

23. 元史 Yuen chi «Histoire des Mongoux», (A. D. 1206—1367) par 宋濂 Soung-lien et autres. Presses de 江蘇 Kiang-sou, 12ᵉ année de Toung-tchi (A. D. 1873); 210 kiuen en 40 vol. gr. in-8. Wylie, Notes on Chinese Literature, p. 19.

24. 明史 Ming chi «Histoire de la dy-nastie Ming», (A. D. 1368—1643) par 張廷玉 Tchang-T'ing-youh. Imprime-rie 湖北崇文 Hou-peh Ts'oung-wen, 3ᵉ année de Kwang-sü (A. D. 1877); 332 kiuen en 80 vol. gr. in-8. Wylie, Notes on Chinese Literature, p. 19.

1° DYNASTIE HIA 夏紀.
— The Calendar of the Hia Dynasty (with eight plates) Text, translation & notes by Robert K. Douglas, Professor of Chinese (King's College) (Orientalia Antiqua,[1] London, Trübner, 1882, pp. 1—60).

2° DYNASTIE CHANG, 商紀.
— The «Monster» Chow Sin. (China Review, XI, p. 403.)
— Le Calendrier des Yn, par M. E. Cha-vannes, attaché à la légation de France à Peking. — Extrait du Journal Asiatique. Paris. Imp. Nationale, MDCCCXC, br. in-8, pp. 52.

Mr. E. C. le retrouve dans le quatrième traité 曆書 des 史記 de Se-ma Tsien 司馬遷. Avait paru dans le Journ. As., VIIIᵉ Sér., XVI, Nov.-Déc. 1890, pp. 463/510. Notice : China Review, XIX, 4, 1891, by E. H. P[arker].

3° DYNASTIE TCHEOU, 周紀.

Col. 250.
— Wu Wang's Organization of the Empire after the overthrow of the Shang Dynasty. (China Review, XI, pp. 402/403.)
— Mah-t'ien-tsze chuen, or Narrative of the Son of Heaven

[1]. Orientalia Antiqua or Documents and Researches relating to the history of the Writings Languages and Arts of the East. Edited by Terrien de la Couperie. M. R. A. S., &c. &c. Vol. I. Part First. London, Trübner, 1882, in-4, pp. 36 + 2 ff. prél. et 3 Pl.
Ce numéro, le seul paru de ce recueil lithographié — qui devait être bimensuel — contient :
I. Introductory Note by Terrien de La Couperie, M. R. A. S.
II. Early Chinese Texts. — I. The Calendar of the Hia Dy-nasty (with eight plates) Text, translation & Notes by Ro-bert K. Douglas, Professor of Chinese (King's College), pp. 1—60.
III. On the Origin of the Phoenician Alphabet, by G. Bertin, M. R. A. S., pp. 61/96.

(HIA. — CHANG. — TCHEOU.)

[posthumously called] Muh. Translated by E. J. Eitel, Ph. D. (China Review, XVII, No. 4, pp. 323/240; No. 5, pp. 247/258.)
— Tales from Chinese History. By Historicus. (China Review, IX, pp. 254/255.)
— The Chinese confederated States of the 春秋. (China Review, X, p. 73.)
— Date of Investiture of Cheng. By J. Edkins. (China Review, XIV, pp. 105/106.)
— The life of Tsze-ch'an 子産 prime minister of Chäng 鄭 581—521 B. C. By E. R. Eichler. (China Review, XV, pp. 12/23, 65/78.)
— Ethnological sketches from the dawn of history. By T. W. Kingsmill. (China Review, VII, pp. 107/111, 156/161, 382/388.)
— The ancient language and cult of the Chows; Being Notes Critical and Exegetical on the Shi-King, or Classic of Poetry of the Chinese. By Thos. W. Kingsmill, President. (Journ. N. C. B. R. A. S., N. S., No. XII, 1878, Art. V, pp. 97/125, 111.)
— Earl Tsong (奠莊) of Zeng. A Story of Chinese Feudal Times. By Rev. D. L. Anderson. (Chin. Rec., XXI, No. 12, Dec. 1890, pp. 562/568; Ibid., XXII, No. 1, Jan. 1891, pp. 15/21.)
— The end of the Chow 周 dynasty. Sze-ma Ts'ien «versus» Sze-ma Kwang. A historical study on the last entry in the first part of the «Imperial Annals» 資治通鑑綱目 By Ch. Piton. (China Review, X, pp. 403/407.)

4° DYNASTIE TS'IN, 秦紀.
— The six great Chancellors of Ts'in, or the Conquest of China by the House of Ts'in. By Ch. Piton. (China Review, XIII, pp. 102/113, 127/137, 255/263 ; XIV, pp. 1/12.)
— Wei yen and Fan tsü. Two rival statesmen of Ts'in during the period of the «warring states». By Ch. Piton. (China Review, XIII, pp. 305/323.)
— The emperor Cheng, founder of the Chinese empire. By Frederic H. Balfour. (China Review, X, pp. 186/204.)
— «Sui» and «Ts'in». By Ch. Piton. (China Review, X, p. 287.)

— The First Emperor. (Balfour, Chinese Scrapbook,[1] 1887, pp. 1/43.)

—秦始皇帝 Ch'in Shih Hwang-ti, pre-mier souverain de la dynastie des Ch'in, fondateur de l'empire chinois. Episode de l'histoire de la Chine par le Dr. James Legge. (Le Lotus, Mém. Soc. Sinico-Japo-naise, VI, Déc. 1887, pp. 193/215; VIII, Janv. 1889, pp. 39/62.)

Au sujet de ce travail, le Dr. Legge m'écrit : «It was a lecture which I had given here [Oxford] some time before, and I sent it to Paris in its first manuscript. The gentleman engaged to translate it into French was taken ill, and the second part of it was delayed. More and worse than that, my English Manu-script was somehow lost, to my vexation. I am sorry this is all I can tell you about it. I intended it as part of a Collection of historical and other Essays on Chinese Subjects, which have been accumulating for years in my hands.»
— The Burning of the Books. By P. G. von Moellendorff. (China Review, XVII, No. 5, pp. 298/299.)
— The Burning of the Books. By Herbert A. Giles. (China Review, XVII, No. 6, pp. 353/354.)
— The Story of the Burning of the Books. By E. H. Parker. (China Review, XVII, No. 6, pp. 354/355.)
— Precursors of Tien Shi-Hwang. By E. H. Parker. (China Review, XVIII, No. 3, p. 196.)

5° DYNASTIE HAN, 漢紀.
— The fall of the Ts'in dynasty and the rise of that of Han. By Ch. Piton. (China Review, XI, pp. 102/112, 179/187, 217/235.)

[1]. Leaves from my Chinese Scrapbook. By Frederic Henry Bal-four . . . . London : Trübner, 1887, in-8, pp. 215. Fait partie de Trübner's Oriental Series.

(TCHEOU. — TS'IN. — HAN.)

— Une rivalité au palais au temps de la dynastie des Han. — Page d'histoire chinoise. — Par M. Camille Imbault-Huart. *(Revue Ext. Orient*, III, No. 3, Juillet/Sept., 1885, pp. 511/523.)

Trad. des *Che-ki*, de Sse-ma Tsien.

— Die Aufstände Wei-ngao's und Kung-Sünschö's von Dr. A. Pfizmaier, Wirklichem Mitgliede der Kais. Akademie der Wissenschaften. — Wien, Aus der k. k. Hof- und Staatsdruckerei. — In Commission bei Karl Gerold's Sohn, Buchhändler der Kaiserlichen Akademie der Wissenschaften, 1869, br. in-8.

Aus dem Julihefte des Jahrganges 1869 der *Sitzungsberichte der phil.-histor. Cl. der kais. Akademie der Wissenschaften* [lXII. Bd., S. 159] besonders abgedruckt.

— History of the Heung-noo in their relations with China. Translated from the *Tseen-Han-shoo*-Book 94, &c. [By A. Wylie.] *(Shanghai Evening Courier*, May 21, 1873.)

— History of the Heung-noo in their Relations with China. Translated from the *Han shoo*. By A. Wylie. *(Jour. Anthrop. Inst.*, Jan. 1874, pp. 396/451; July 1875, pp. 41—80.)

— Notes on the Western Regions. Translated from the "Tsëen Han Shou", Book 96, Part 1. By A. Wylie, Esq. Br. in-8, pp. 54.

Reprinted from the *Journal of the Anthropological Institute*, August, 1890.

— Notes on the Western Regions. Translated from the "Tsëen Han Shoo", Book 96, Part 2. By A. Wylie, Esq. Br. in-8, pp. 33.

Reprinted from the *Journal of the Anthropological Institute*, november 1881.

— Ethnography of the After Han Dynasty. History of the Eastern Barbarians. Translated from the How Han Shoo, Book CXV. By A. Wylie . . . etc. Voir col. 1268.

— The late Mr. Wylie. By E. H. Parker. *(China Review*, XVIII, 4, 1890, pp. 264/5.)

— The History of Chinese Literature, illustrated by literal translations from Chinese texts. By E. J. Eitel. *(China Review*, XV, pp. 90/95.)

I. Translation of a chapter in section XXVI of the Former Han Books by Pan ku (died A. D. 92).

— The danger of piled up eggs. A chinese historical anecdote. By C. Arendt. *(China Review*, XIV, pp. 65/66.)

— Deposing an Emperor. — A Chinese Cromwell. By C. H. Brewitt-Taylor. *(China Review*, XVII, 6, 1889, pp. 350/360.)

L'empereur Pien 辨 189 ap. J. C., d'après le 三國志 entre 靈帝 Ling Ti et 獻帝 Hien-ti.

— The death of Sun tse (孫策). By C. H. Brewitt-Taylor. *(China Review*, XVIII, 3, 1889, pp. 147/151.)

(HAN.)

LES TROIS ROYAUMES, 三國志.

— The San-kuo (三國志). By C. H. Brewitt-Taylor. *(China Review*, XIX, 3, 1890, pp. 168/178.)

DYNASTIE *TSIN*, 晉紀.

— Aus der Geschichte des Hofes von Tsin. — Von Dr. A. Pfizmaier, wirkl. Mitgliede der kais. Akademie der Wissenschaften. — Wien, 1876. In Commission bei Karl Gerold's Sohn, Buchhändler der kais. Akademie der Wissenschaften, br. in-8, pp. 76.

Aus dem Decemberhefte des Jahrganges 1875 der *Sitzungsberichte der phil.-hist. Classe der kais. Akademie der Wissenschaften* (lxxxI. Bd., S. 543) besonders abgedruckt.

— China during the Tsin 晉 Dynasty, A. D. 264/419. By Ch. Piton. *(China Review*, XI, pp. 297/313, 366/378; XII, pp. 18/25, 154/162, 353/362, 390/402.)

NORD ET SUD, 南北朝.

DYNASTIE *SOUI*, 隋紀.

— Darlegungen aus der Geschichte des Hauses Sui. Von Dr. A. Pfizmaier. Wien 1881. In Commission bei Carl Gerold's Sohn, in-8, pp. 82.

Aus dem Jahrgange 1880 der *Sitzungsberichte der phil.-hist. Classe der kais. Akademie der Wissenschaften* (XCVII. Bd., III. Heft, S. 627) besonders abgedruckt.

— Fortsetzungen aus der Geschichte des Hauses Sui. Von Dr. August Pfizmaier . . . . . Wien, 1882, br. in-8, pp. 82.

Tirage à part der *Sitzungsber. der phil.-hist. Cl. der kais. Akad. der Wissensch.* de Vienne 1882, CI. Bd., I. Heft, p. 187.

DYNASTIE *T'ANG*, 唐紀.

Col. 250—251.

GAUBIL. — Abrégé de l'histoire chinoise de la grande dynastie Tang.

MS. Bib. roy. de Munich, Cod. gall. 658, No. 1301 du T. VII du Cat. latin imprimé, Munich, 1858. On lit en tête sur un f. de garde : «Cet ouvrage est du P. Gaubil. M. de Bougainville l'a remis à M. Deguignes longtemps après l'avoir reçu.» L'ouvrage a été publié dans les *Mém. conc. les Chinois*, voir *Bib. Sinica*, col. 250—251. Ce ms. in-fol. du P. Gaubil a 305 pp. ch.; il portait le No. 1284 dans le cat. de vente de Rémusat; il a passé depuis dans la collection d'Etienne Quatremère et il a été acquis avec une portion de cette dernière par la bibliothèque royale de Munich.

— A waggish emperor. *(China Review*, X, p. 223.)

— A pair of Viziers during the T'ang and Ming Dynasties. *(China Review*, X, p. 223.)

— Characteristics of the regime of the T'ang dynasty. *(China Review*, XIII, pp. 399/401.)

— The Death of Yang Kuei Fei (楊貴妃). By H. A. G[iles]. *(Journ. C. B. R. A. S.*, XX, N. S., 1885, pp. 275/277.)

CINQ DYNASTIES, 五代

— A Page in the History of China, a Sketch of the period commonly called the "five dynasties". By Ch. Piton. *(China Review*, X, pp. 240/259.)

— Barbarities. By E. H. Parker. *(China Review*, XV, p. 182.)

— An Imperial Iconoclast. By E. H. Parker. *(China Review*, XV, p. 188.)

— Episoden aus der "Geschichte der Fürsten-

(TROIS ROYAUMES. — CINQ DYNASTIES.)

thümer zur Zeit der Oestlichen Chou". Aus dem Chinesischen übersetzt und theilweise bearbeitet von C. Arendt. (*Mitth. d. deutsch. Gesells. f. Nat. u. Völkerk. Ostas.* 1878, passim.)

DYNASTIE *SONG*, 宋 紀

Col. 252.

A. Pfizmaier. — Der Stand der Chinesischen Geschichtsschreibung in dem Zeitalter der Sung. Wien, 1878, in-4.

— A Chip from Chinese History, or the last two Emperors of the great Sung dynasty, 1101—1126. By E. L. Oxenham. (*China Review*, VII, pp. 392/399; VIII, pp. 167—176; IX, pp. 100/107; XII, pp. 175/181, 481/498; XIII, pp. 90/101, 264/273; XIV, pp. 151/163; XV, pp. 144/150, 197/206.)

— Contemptible Character of Kwang Tsung of the Southern Sung Dynasty. (*China Review*, X, p. 221.)

— The Vicissitudes of the Southern Sung. (*China Review*, XI, p. 61.)

— Refined Cruelties of the Latter Sung. (*Ibid.*, XI, p. 200.)

— The Southern Sung under the Suzerainty of the Tartars. (*Ibid.*, XI, p. 201.)

— Wong Tak-Yung 王 德 用 [A. D. 979—1058]. By John Chalmers. (*Ibid.*, XIV, pp. 166/167.)

— The term Hing-li. By E. H. Parker. (*Ibid.*, XIV, pp. 359/360.)

— Examinations in A. D. 1071. By E. H. Parker. (*Ibid.*, XV, p. 52.)

— Fan Wen Chen Kung 范 文 正 公. By Rev. A. P. Parker. (*Chin. Rec.*, XX, n° 7, July 1889, pp. 316/327.)

DYNASTIE *YOUEN*, 元 紀

— Sur les Youen, voir col. 1321, Histoire de Gentchiscan . . . . par le R. P. Gaubil.

— Description de la Chine sous le règne de la dynastie Mongole traduite du persan de Rachid-eddin et accompagnée de notes par M. Jules Klaproth. Paris. Imprimerie Royale. — MDCCCXXXIII, pet. in-8, pp. 52.

Extrait du *Nouveau Journal Asiatique* [1833, XI, pp. 335/8, 447/470]. Voir col. 884. — Rachid eddin.

— The rise of the Mongol Dynasty in the Hia Country. (*China Review*, X, p. 220.)

— Kublai Khan and his Statesmanship. (*China Review*, XI, p. 200.)

— Anniversary of the downfall of the Yuen. By Ma. (*Ibid.*, VII, pp. 350/351.)

— Ancient bridal customs compared. By Savage. (*Ibid.*, IX, p. 59.)

DYNASTIE *MING*, 明 紀

Col. 253.

— La Chine sous les Ming. Par H. Castonnet des Fosses. (*Ann. de l'Ext. Orient*, 1886—1887, IX, pp. 97/114, 129/134, 257/266.)

— Hung-wu, the Founder of the Ming Dynasty. (*China Review*, X, p. 220.)

— The Founder of the Ming Dynasty, his Noble character. (*Ibid.*, XI, p. 59.)

— Hung Wu and his treatment of the Mongol Princes. (*Ibid.*, XI, p. 62.)

— Yung-loh of the Ming Dynasty: his cruelties. (*Ibid.*, XI, p. 58.)

— Memorabilia of 項 忠 Heang-chung. (*Indo-Chinese Gleaner*, No. VIII, April 1819, pp. 69/72.)

— Last words. (*China Review*, XI, p. 57.)

— The Captor of the Ming Emperor. (*Ibid.*, XI, p. 62.)

— The horrors of the Downfall of the Ming Dynasty. (*Ibid.*, XI, pp. 199/200.)

— The Fall of the Ming Dynasty. By T. L. Bulloch (Bullock?). (*Ibid.*, XVI, pp. 267/276.)

Read before the Oriental Society at Peking, on 3rd Feb. 1888.

CONQUÊTE DE LA CHINE PAR LES MANDCHOUS.

MART. MARTINI.

— De Bello ‖ Tartarico ‖ Historia; ‖ In quâ, quo pacto Tartari hac no-‖strâ aetate Sinicum Imperium ‖ invaserint, ac ferè totum occu-‖pârint, narratur; eorumq′; mo-‖res breviter describuntur. ‖ Auctore R. P. MARTINO MARTINIO, ‖ TRIDENTINO, ex Provinciâ Sinensi ‖ Societatis IESU in Urbem misso ‖ Procuratore. ‖ Primò Antverpiae in Officina Plantiniana;‖Deindè Viennae Austriae, apud Matthaeum ‖ Cosmerovium 1654. recussa. pet. in-12, pp. 200.

— Histoire ‖ de la gverre ‖ des Tartares, ‖ contre la Chine. ‖ Contenant les revolvtions ‖ estranges qui sont arriuées dans ce grand ‖ Royaume, depuis quarante ans. ‖ Traduite du Latin du P. Martini, de la Com-‖pagnie de Iesvs, enuoyé de la Chine à Rome ‖ en qualité de Procureur de la Prouince ‖ de la Chine. ‖ Seconde Edition augmentée. ‖ A Paris, ‖ Chez Iean Henavlt, Imprimeur & Libraire Iuré, ‖ ruë S. Iacques à l'Ange Gardien, & à l'Image ‖ sainct Raphaël. ‖ M. DC. LVI. ‖ Auec Priuilege du Roy. ‖ in-8, 7 ff. prél. +‿ pp. 182.

— Histori ‖ von dem ‖ Tartarischen Kriege ‖ ‖ in welcher erzelt wird ‖ Wie die Tartaren zu Unserer ‖ zeit in das grosse Reich Sina ‖ eingefallen sind ‖ vnd dasselbe ‖ fast gantz vnter sich gebracht ‖ haben: samt deroselben Sitten ‖ vnd weise kŭrtzlich beschriben: ‖ Durch den Ehrw. ‖ P. Martinvm Martinivm, ‖ ausz Trient ‖ der Societât Jesu ‖ ausz Sina nacher Rom geschick-‖ten Procuratorem. ‖ Amsterdam. ‖ Bey Iohan Blaev. ‖ M DC LIV ‖ in-12, 9 ff. prél. + pp. 217.

Front. gravé et carte.

— La trad. allemande de Martini serait du P. Jean Paulinus. Voir de Backer, II, 1816, 5, qui donne une éd. de Munich, 1655.

— Gverra de Tartari nella China. (Auzi, *Il Genio Vagante*, Parma, 1692, III, pp. 417/465.)

D'après Martin Martini.

* Mart. Martinius. Een liden og kort dog gruelig Historie om de sidste Kriger, som

af den Tartariske Nation er fȯrt imod Si-nenserne; paa Latin sammensat, siden paa det Danske Sprog oversat af Sȯfren Lud-vigsȯn Lem. Kbh., 1706.

Chr. V. Bruun, *Bibliotheca Danica.*

— Abentheur von Allerhand Mineralien.... 1656. Voir col. 1415.

Col. 258.

— Hist. de la Chine .... par le P. Adrien Greslon.

Notice : *Journal des Savans,* 1672, pp. 41/4.

— Istoria della China sotto la Dominazione de Tartari del P. Greslon Giesvita. (Anzi, *Il Genio Vagante,* Parma, IV, 1693, pp. 139/144.)

— Relacam do Estado politico e espiritval do Imperio da China, pellos annos de 1659. atè o de 1666. escrita em latim Pello P. Francisco Rogemont da Cõpanhia de Iesus, Flamengo, Missionario no mesmo Imperio da China. Tradvzida Por hum Religioso da mesma Companhia de Iesus. Lisboa. Na Officina de Ioam da Costa. M.DC.LXXII. Com todas as licenças necessarias, in-4, pp. 229 + 3 ff. prél. n. chif.

On voit par la date que la traduction a été publiée avant l'original latin. Outre l'ouvrage du P. de Rougemont qui se termine p. 206, on a ajouté :

P. 207. Cathalogo de trinta Sacerdotes que no tempo da peraguiçaõ da China, se aprezentâram aos Iuizes na Corte de Pekim.

P. 207. Despois de tradvzida esta relaçam, chegou huma carta do Padre Gabriel de Magalhaens .... cuja materia por continuar cõ o fio desta historia athé o principio do anno de 1669 nos pareceo ajuntar aqui, & o theor della por suas palauras formaes no o que se segue. [Pekin, 2 Janvier 1669.]

P. 226. Copia de ovtra carta que vltimamente chegou por terra a Roma escrita em Machao aos 9 de dezembro de 1670 pello Padre Bertholameu de Espinoza, com a qual se refere o ultimo estado em que ficam as cousas da China, & outras Christandades, & traduzida de Latim em Portuguez diz assim.

Le traducteur de l'ouvrage de Rougemont est le P. Sebastiaõ de Magulhaẽs, né à Tanger.

Col. 259.

— La Conquête ‖ de ‖ la Chine ‖ par les Tartares Mancheoux : ‖ evenement ‖ des plus considérables ‖ de ‖ l'histoire moderne, ‖ Beaucoup mieux detaillé qu'il ne l'a ‖ été jusqu'à présent, ‖ Et enrichi de l'Accord des ‖ Annales de la Chine ‖ avec la Chronologie de ‖ l'Histoire Universelle ‖ Par Mr. V. de Brunem. A Francfort & la Haye, ‖ chez les Van Duuren. ‖ M.DCC.LVII, 2 vol. in-12, 9 ff. n. c. + pp. 345, 318 + 2 ff. p. l. priv.

— Observations du P. Laugier, Jésuite, sur la nouvelle histoire de la conquête de la Chine; dans le *Mercure de France,* janvier 1755, pp. 147—164. — Réponse du sieur Vojeu de Brunem aux observations du P. Laugier; *ibid.,* mars 1755, pp. 91—109.

Col. 260.

ΧΡΥΣΑΝΘΟΥ ΝΟΤΑΡΑ ΚΙΤΑΙΑ ΛΟΥΛΕΥ-ΟΥΣΑ. Conquéte de la Chine par les Tar-

(Conquête.)

tares. (*Bibliothèque grecque vulgaire* publiée par Emile Legrand, III, Paris, Maisonneuve, 1881, pp. 337/441.)

— Die Geschichte der letzten grossen Revoluzion von Schina im Jahr 1644 vom Graf von Wackerbarth. — Hamburg, gedruckt bei Georg Heinrich Mahncke. 1821. Portrait, in-folio, pp. 130 + 1 f. n. c.

— Ueber den Ursprung und Fortgang der im innern Asien gegen die chinesische Regierung ausgebrochenen Revolution. Von J. v. Klaproth. (*Das Ausland,* 1828, Nos. 6, 7, 8.)

— The Manchus in China. By E. H. Parker. (*China Review,* XV, pp. 263/270.)

DYNASTIE DES *TS'ING* 大清朝 聖武記 Cheng Wou ki.

Les Saintes Guerres de la dynastie actuelle. Par 魏源 Ouei yuan. — Cet ouvrage a d'abord paru en 1842 en 14 livres, et il a eu depuis cette époque plusieurs éditions revues et augmentées. Outre la notice de E. C. Bridgman, signalée col. 260, voir M. Jametel, *Revue de l'Extrême Orient,* I, No. 4, Oct.-Nov. Déc., 1882, pp. 572/574.

— Notice sur la vie et les œuvres de Ouei yuan. Par Camille Imbault-Huart. (*Jour. Asiat.,* août-sept. 1881, pp. 263/267.)

— Wei Yūan on the Mongols. By E. H. P[arker]. (*Jour. China Br. R. As. Soc.,* XXII, N. S., 1 & 2, 1887, pp. 101/102.)

Le *Cheng Vou ki* renferme : LIVRE I. — *Histoire de la Conquête de la Chine par la dynastie actuelle.* 4 parties.

Voir John Ross, col. 1597.

LIVRE II. — *De l'insurrection des trois princes feudataires sous le règne de l'empereur Kang-hi.* 2 parties.

Voir col. 1599.

LIVRE III. — *De la pacification de la Mongolie par la dynastie actuelle.* 3 parties.

— *De la Conquête de la Dzoungarie sous le règne de Kang-hi.* 1 partie.

— *Des deux campagnes des armées de l'empereur Young-tcheng contre les Œleuths.*

Voir col. 1599.

LIVRE IV. — *Des diverses expéditions contre les tribus musulmanes sous les règnes de Kien-long et de Tao-kouang.* 5 parties.

— Histoire de l'insurrection des Touganes sous le règne de Tao-kouang (1820—1828). (*Recueil de Documents sur l'Asie centrale* ... Par Camille Imbault-Huart.) ... Paris, Leroux, 1881, gr. in-8. Voir col. 1250.

LIVRE V.

— Histoire de la Pacification du Tibet sous le règne de l'Empereur Kien-long, traduite du chinois par M. Maurice Jametel. (*Revue de l'Extrême Orient,* I, No. 4, 1882, pp. 572/595.)

— Histoire de la Conquête du Népál par les Chinois, sous le règne de Tçie long (1792), traduite du chinois par M. Camille Imbault-Huart. (*Jour. Asiatique,* sér. VII, XII, Oct.-Déc. 1878, pp. 348/377.)

LIVRE VI.

— History of the Treaty between China and Russia. — From the *S'hing-woo-ke,* or "Wars of the Manchus"; by Wei yuen of Shan-yung. [By A. Wylie]. (*N. C. Herald,* 293, 8 March 1866 et seq.; et dans le *Shanghae Miscellany.*)

— Supplementary Remarks on Russian affairs from the *Shingwoo-kee,* or "Wars of the Manchus". (*Ibid.,* 302, 10 May 1856, et dans le *Shanghae Miscellany.*)

— History of Corea Ancient and Modern ... By Rev. John Ross. .. Paisley, [1879], in-8. Voir col. 1386.

— Mémoire sur les guerres des Chinois contre les Coréens de 1618 à 1637. D'après les documents chinois par M. Camille Imbault-Huart. (*Jour. Asiat.,* Oct.-Déc. 1879, pp. 308/340.)

(Ts'ing.)

乾隆征緬甸記. — Histoire de la Conquête de la Birmanie par les Chinois, sous le règne de Tçienn Long (Khien long), traduite du chinois par M. Camille Imbault-Huart. (*Jour. As.*, sér. VII, XI, Fév.-Mars 1878, pp. 135/178.)

— Histoire des relations de la Chine avec l'Annam-Viêtnam ... par G. Devéria . . . Paris, 1880, in-8. Voir col. 1249.

LIVRE VII. — *Histoire de la répression de plusieurs insurrections sous les règnes des empereurs Kien-long, Yong-tcheng, Tao-kouang.* 7 parties.

— *Deux insurrections des Mahométans du Kan-sou (1648—1783), récit traduit du Chinois, par M. Camille Imbault-Huart, Consul honoraire.* (*Jour. Asiatique*, VIIIᵉ S., XIV, Nov.-Déc. 1889, pp. 494/525.)

LIVRE VIII. — *Expédition dans le sud-est du Tsing-haï.* 1 partie.

— *Expéditions dans l'île de Formose, sous le règne de l'empereur Kang-hi.* 3 parties.

Voir Formose, col. 1477.

LIVRES XI, XII, XIII et XIV. — *Considérations sur la stratégie et l'organisation militaire.*

— The Military Organization of China prior to 1842, as described by Wei yüan. Translated by E. H. Parker. (*Jour. China Br. R. As. Soc.*, XXII, N. S., 1 & 2, 1887, pp. 1/21.)

LIVRES XIII et XIV.

— Chinese Account of the Opium War. By E. H. Parker. Shanghai: Kelly & Walsh, 1888, in-8, pp. II—82.

Forme le No. I de *The Pagoda Library*.

Col. 261.

— Geschichte des östlichen Asiens von Dr. Joh. Heinr. Plath. Erster Theil. Die Mandschurey. Göttingen, in der Dieterichschen Buchhandlung. 1830—1831, 2 vol. in-8.

Sur un autre f. un autre titre : *Die Völker der Mandschurey* von Dr. Jo. Heinr. Plath, . . . I & II Bd., 1830—1831, pp. XVI-1/498, 499/1036 + 18 ff. n. c. p. 1. tab.

— Ostasiatische Geschichte vom ersten chinesischen Krieg bis zu den Verträgen in Peking. (1840—1860.) Von Karl Friedrich Neumann. Leipzig, Verlag von Wilhelm Engelmann. 1861, in-8, pp. XX—532.

— The Ta Tsing Dynasty. (Balfour, *Waifs and Strays*, 1876, pp. 5/10.)

— The Manchus, or the reigning Dynasty of China: their Rise and Progress. Maps and Illustrations. By Rev. John Ross. Author of "Corea". Paisley: J. and R. Parlane . . . 1880, in-8, pp. xxxij—751.

Bib. nat. 0²ⁿ. — Voir col. 1307.

— The Same . . Cheaper Edition. London : Elliot Stock, 1891, in-8, pp. xxxij—751.

— Notices of eminent statesmen of the Present Dynasty. By R. W. Hurst. (*China Review*, IX, pp. 95/99, 167/172, 276/281.)

Pris dans le *Kuo ch'ao hsien chêng shih lio*, 國朝先正 事略

KANG HI.

— Portrait historique . . . par le P. Bouvet.

Notice : *Journal des Savans*, 1698, pp. 246/8.

Col. 262.

— Istoria ‖ de ‖ l' imperador ‖ de la Cina ‖ presentata ‖ al re di Francia ‖ Dal Padre ‖

(Ts'ING.)

Giovanni Bovet ‖ Della Compagnia di Gesu', ‖ Missionario de la Cina. ‖ Trasportata dal Francese nell' Italiano ‖ da Franco Cisnocilio. ‖ In Padova, M.DCCX. ‖ Per Giuseppe Corona. ‖ — Ad instanza di Alvise Pavino. ‖ Con Licenza de' Superiori, e Privilegio. pet. in-8, pp. 97 + 1 f. n. c.

Portrait de l'Empereur.

— 't Leven en bedrijf Van den tegenwoordigen Keiser van China, van 't begin sijner 36 jaarige Regeering, tot den Jaare 1698. Benevens een Historische beschrijvinge van 't selve rijk, Behelsende de Persoon des Keisers, sijn Regeering, en Gedrag; *Mitsgaders*, de voornaamste bysonderheden van China: het onderscheide Geloove deser Natie; Als mede Een net, en nooit voor desen beschreven verhaal, over de eere, welke de *Chineesen*, aan den vermaarden *Confucius*, en haare *Dooden* bewijsen, By een gesteld, Voor J. Bouvet en C. Gobien Jesuiten; Zijnde als een Vervolg van P. le Comtes Reisbeschrijvinge door China. Tot Utrecht, By Antony Schouten. 1699, in-4, II. 3 ff. n. ch., pp. 52 et 2 ff. de t. — Puis: Historie van 't Keyzer-ryk China, Benevens een Verklaaringe over de eer-bewijsingen van de Chineesen, aan Confucius en de Dooden. Door Charles le Gobien, Jesuit. S. I. n. d., 6 ff. n. ch., pp. 111, 7 pp. n. ch. de t.

— Estratto da una Lettera del Padre Ferdinando Verbiest Giesvita. Scritta dalla Corte di Pekin, sopra il viaggio intrapreso dall' Imperator della Cina l' anno 1683 nella Tartaria Occidentale. (Anzi, *Il Genio Vagante*, IV, 1693, Parma, pp. 29/38.)

* Fernando de Soto. Relation of the Invasion and Conquest of Florida by the Spaniards under the Command of Fernando de Soto. Written by a Portuguese Gentleman. Now Englished. To which is subjoined, Two Journies of the Present Emperor of China into Tartary. With some Discoveries made by the Spaniards in California. London. 1686, in-8.

Lowndes.

Col. 263.

TOU LI-CHEN.

— Relation chinoise contenant un itinéraire de Peking à Tobol . . . .

Relation de Tou-li-chen, trad. par Gaubil. Voir col. 1328.

— Путешествіе китайскаго посланника къ калмыцкому Аюкѣ Хану съ описаніемъ земель и обычаевъ Россійскихъ. — Перевелъ съ Манжурскаго на Россійской языкъ коллегіи Иностранныхъ дѣлъ Надворной Совѣтникъ Алексѣй Леонтіевъ . . . . St. Pétersbourg, 1788, in-8, pp. 174.

— Les Voyages de Kang-hi ou nouvelles lettres chinoises, par M. de Lévis. A Paris, de l'imprimerie Didot l'aîné, 2 vol. in-12, M.DCCC.X.

— Les Voyages de Kang-Hi ou Nouvelles Lettres chinoises par M. de Levis. Seconde édition. Revue et augmentée de plusieurs lettres. A Paris, de l'imp. de P. Didot l'aîné. M.DCCC.XI, 2 vol. pet. in-8, pp. xxvij-270, 298.

« L'ouvrage que je publie repose sur une double fiction. Un Chinois voyage en Europe avec sa femme. L'époque de son arrivée à Paris est fixée à l'année 1910.» (*Préf.*)

(KANG HI.)

* J. Christ. Schnitscher, Berättelse om Ajuc-kinska Calmuckiet. Stockholm, 1744, in-8, pp. 68.—En allemand dans Müllers *Samm-lung Russischer Geschichte*, IV, p. 275—364.

[Cap. IV. Relation de l'ambassade de Tou-Li-Chen, Schnitscher aurait suivi l'ambassade de Tou-Li-Chen et composé ce livre à Saratov 1715.]

Voir *Sammlung Russ. Geschichte*, II, p. 407.

Un Suédois, officier d'Artillerie, nommé Johan Renarth (Renat ou Reinhardt) aurait composé les notes du livre de Schnitscher.

Renarth. Voir : *Samml. Russ. Gesch.*, IV.

— Sur une ambassade chinoise en Tartarie. (Abel Rémusat, *Mél. As.*, I, pp. 413/430.)

∴

— Campaigns of K'ang-hi, Yung-cheng, and K'ien-lung. By E. H. P[arker]. (*China Review*, XVI, pp. 105/118.)

— Manchu subjugation of the latter three princedoms. By E. H. Parker. (*China Review*, XVI, pp. 232/234.)

— Kang-hi's subjugation of the three satraps. By E. H. Parker. (*Ibid.*, XVI, pp. 235/237.)

— The revolt of the Wu-ch'ang-fu soldiery in K'ang-hi's reign. By E. H. Parker. (*Ibid.*, XVI, pp. 237/238.)

Col. 264.

YOUNG-TCHING.

— Китайскія Поученія, изданныя отъ Хана Юнджена для воиновъ и простаго народа, во 2 году царствованія его (въ 1724). Перевелъ съ Китайскаго на Россійскомъ языкъ секретарь Леонтіевъ. St. Pétersbourg, 1778, in-8, pp. 62.

— Une page de la littérature impériale de la Chine. Édits de l'Empereur Shi-tzong-hien (Yong-tcheng). Par C. de Harlez. (*Verhand. d. VII. Int. Orient. Cong* .... Wien ...1886. *Hochasiat. u. Malayo-polyn. Sect.*, pp. 49/62.)

Col. 266.

KIEN LONG.

— Ligne 5, lire *fabriqué* au lieu de *fahriqué*.

— Minister Liu retiring from Office. By G. C. Stent. (*China Review*, XI, p. 399.)

— Minister Liu and the Grain Officials. By G. C. Stent. (*Ibid.*, XI, pp. 398/399.)

— K'ien Lung on certain objectionable violations of Orthography. By G. M. H. Playfair. (*Ibid.*, XV, pp. 50/51.)

— A Chinese Haroun al Raschid. By G. Taylor. (*Ibid.*, XV, pp. 328/338.)

D'après le *Wan Nien Tsing* 萬年清

Col. 267.

TAO KOUANG.

— Leben des Kaisers Taokuang. Memoiren des Hofes zu Peking und Beiträge zu der Geschichte Chinas während der letzten

fünfzig Jahre. Von Karl Gützlaff. Aus dem Englischen von Julius Seybt. Leipzig. Verlagsbuchhandlung von Carl B. Lorck, 1852, in-8, pp. 190.

— Karl Gützlaff, das Leben des Tao-kuang, verstorbenen Kaisers von China. Nebst Denkwürdigkeiten des Hofes von Peking und einer Skizze der hauptsächlichsten Ereignisse in der Geschichte des chinesischen Reiches während der letzten fünfzig Jahre. Aus dem Englischen. Leipzig. Verlag der Dyk'schen Buchhandlung, 1852, in-8, pp. x—102.

Traductions différentes du même texte anglais.

HIEN FOUNG.

— The fifth prince. (Balfour, *Chinese Scrapbook*, 1887, pp. 50/54.)

— The Empress-regent. (Balfour, *Chinese Scrapbook*, 1887, pp. 44—49.)

— Memorial of Yih yung by S. W. reprinted from the *Chinese Recorder*, June, 1869, in the *S'hai. News' Letter*, June 18, 1869.

— Les funérailles d'une Impératrice de Chine. Par le docteur Ern. Martin. (*Revue d'Ethnographie*, I, n° 3, 1882, pp. 230/4.)

— Funérailles de l'impératrice orientale de la Chine. (*Miss. cath.*, XIV, 1882, pp. 52/54.)

Deuxième femme de Hien-foung, † à Peking, 8 avril 1881. — Détails d'après le *N. C. D. News*.

TOUNG TCHI.

— Un mariage impérial chinois. Cérémonial traduit par G. Devéria, Secrétaire-interprète du Gouvernement .... Paris, Ernest Leroux, 1887, in-12, pp. 186.

Il a été tiré deux ex. de cet ouvrage sur papier de Chine. Ce vol. forme le Vol. LI de la *Bibliothèque orientale elzévirienne*.

— Brautschau und Hochzeit des Kaisers von China. Von Herrn Karl Bismark. (*Zeit. d. G. f. Erdk.*, IX, 1874, pp. 81/98.)

— Le Mariage de l'Empereur de la Chine. Par Justin Améro. (*Le Correspondant*, Janv. 10, 1876, pp. 90/114.)

À propos du voyage de W. Simpson.

— Mort de l'Empereur Tong tché; décrets, etc. (*Missions Catholiques*, VII, pp. 158/160.)

KOUANG SU.

— Perkin Warbeck in China. By G. M. H. Playfair. (*China Review*, VII, pp. 59/62.)

— L'empereur de Chine et sa cour. (*Ann. de l'Ext. Orient*, 1883-1884, VI, pp. 238/242.)

— Trois impératrices de Chine. (*Ann. de l'Ext. Orient*, 1885-1886, VIII, pp. 287/288.)

* W. H. Wilkinson. — The Marriage of the Chinese Emperor. (*Asiatic Quarterly Review*, VIII, 15, pp. 82/93.)

INSURRECTION DES *TAI PING* 太平 (長毛賊)

— Der Aufstand in China von seiner Entstehung bis zur Einnahme von Nanking. Aus dem Französischen des Callery und Yvan von Reinhard Otto. Mit einer topographischen Originalkarte und dem Bildnisse des Thronprätendenten. Braunschweig, Friedrich Vieweg, 1854, in-12, pp. VIII—219.

Col. 269.

— The Chinese Revolution : the causes which led to it — its rapid progress and anticipated result; with abstracts of all the known publications emanating from the insurgents. The whole derived from native proclamations and other documents, missionary narratives — official communications, and the letters of European residents. London : Henry Vizetelly, 1853, in-12, pp. 179.

— Die gegenwärtige politisch-religiöse Bewegung in China. — Dargestellt von Dr. K. L. Biernatzki. Berlin, 1854, Wiegandt & Grieben, in-8, pp. 112.

Col. 270.

— Die Revolution in China in ihrer Entstehung, ihrer politischen und religiösen Bedeutung und ihrem bisherigen Verlauf, nebst Darstellung des auf christlicher Grundlage beruhenden Religionssystems der Insurgenten. Nach Meadows': *The Chinese and their Rebellions* etc., bearbeitet von J. Neumark. Mit einer Karte von China. Berlin, 1857. Verlag von Heinrich Schindler, in-8, pp. xvii—296.

— A. Haussmann, ancien chancelier de la légation de France en Chine, Auteur du Voyage en Chine, Cochinchine, Inde et Malaisie. — La CHINE. Résumé historique de l'insurrection et des événements qui ont eu lieu dans ce pays depuis le commencement de la guerre de l'opium jusqu'en 1857 illustré par Charles Mettais accompagné d'une nouvelle carte de la Chine par A. H. Dufour. Prix : 1 franc 70 centimes. Paris, Gustave Barba, [1858], gr. in-4 à 2 col., pp. 112.

Cette pub. fait partie du *Panthéon populaire*.

Col. 271.

— Voir, pp. 270/330, de Hansard's *Parliamentary Debates*, Vol. 172, 1863, sur la rébellion des Taïping :
July 6, 1863 : Débat commencé par Lord Naas — Sir Harry Verney — Mr. Layard — Mr. Seymour Fitzgerald — Viscount Palmerston. — Col. Sykes — Mr. Gregson — Mr. Whiteside.

— La France en Chine . . . . par P. Giquel. (*Rev. des Deux Mondes*, 15 *juin* et non pas 15 juillet 1864.

— The Taepings as they are. By "One of them". — With an introduction by the Rev. J. W. Worthington, D. D. — London : Arthur Hall, Smart & Allen, 1864, br. in-8, pp. vi—64.

(T'AI PING.)

— Notice sur les campagnes & opérations militaires faites en Chine par M. Tardif de Moidrey, capitaine d'artillerie dans l'armée française, officier de la Légion d'honneur, Général en chef des Armées chinoises et commandant le corps des Franco-chinois d'après des documents officiels par M. Legénissel, Commandant du Génie, Directeur général des établissements militaires de la Chine. — Metz, Typographie de Rousseau-Pallez, 1864, br. in-4, pp. 27. Photog.

Col. 272.

— Life of General Gordon. By the Author of "Our Queen", "New World Heroes", etc. London : Walter Scott, 1884, pet. in-8, pp. viii—319.

— *Ibid.*, 1887, pet. in-8, pp. viii—369.
Même tirage que le précédent avec l'addition de trois chapitres.
— Charles George Gordon. Par G. Valbert. (*Rev. des Deux Mondes*, 1er mai 1884, pp. 199/211.)

* The Mandarin's Daughter, a Story of the Great Taeping Rebellion and Gordon's Ever Victorious Army. By Samuel Mossmann. With Illustrations. London, 1876 [1875], in-8.

— General Gordon's Private Diary of his Exploits in China; amplified by Samuel Mossman, Editor of "The North China Herald" during Gordon's Suppression of the Tai-ping Rebellion. London : Sampson Low, 1885, pet. in-8, pp. xv—302.

— General Gordon.
Notice : *Journ. China Br. R. As. Soc.*, XX, N. S., No. 2, 1885, pp. 59/60. By H. A. G. [îles].

* James Macaulay. — Gordon Anecdotes : a Sketch of the Career, with Illustrations of the Character, of Charles George Gordon. London, 1885. — Nouv. éd., 1887.

* Reg. H. Barnes. — General Charles George Gordon : a Sketch : with Fac-Simile Letter, London, 1885, in-8.

* Abraham Kingdon. — Gordon, the Christian Hero : a Book for the Young. London, 1885, in-12.

* W. E. Lilley. — Life and Work of General Gordon at Gravesend. London, 1885, in-12.

* Rev. S. A. Swaine. — General C. G. Gordon. London, 1885, in-8.
"World's Workers."

* H. W. Gordon. — Events in the Life of Charles George Gordon, from its Beginning to its End. London, 1886, in-8.

(T'AI PING.)

* Major-Gen. Sir William Francis Butler. — Charles George Gordon. London, 1889, pet. in-8.

"English Men of Action."

* Chinese Gordon. A succinct Record of his Life. By Archibald Forbes. G. Routledge, 1886, in-8, 12th ed.

First ed., London, 1884, in-8.

* With Gordon in China : being Letters from Thomas Lyster, Lieut. R. E. Edited by E. A. Lyster. With Portrait. London, T. Fisher Unwin, 1891, in-8, 6/—.

* The Story of Chinese Gordon . . . By A. Egmont Hake. London, Remington, 1884, in-8, pp. 407.

First ed., London, 1883, in-8.

Notices : *Dial* (Chicago), V, 13. — *Spectator*, LVII, 18. — Littel's *Living Age*, CLX, 560, 567.

— Events in the Taeping Rebellion being Reprints of MSS. copied by General Gordon, C. B. in his own handwriting with Monograph, Introduction, and Notes by A. Egmont Hake . . . With Portrait and Map. London, W. H. Allen & Co., 1891, in-8, pp. 531.

Notice : *The Athenaeum*, No. 3349, Jan. 2, 1892, pp. 9/10.

"The book is a reproduction of the original journal kept by the late General Gordon during his campaign in China. The manuscript was given to me by his eldest brother, the late Sir Henry Gordon, who was one of his executors, and who desired me to edit and publish it after the manner of the Khartoum Journals, with the editing of which he had previously entrusted me" . . . . (A. Egmont Hake, dans *The Athenaeum*, No. 3350, Jan. 9, 1892, p. 52.)

— R. H. V. [Col. Veitch], in *Dict. of National Biography*.

Charles George Gordon, né à Woolwich, 28 janv. 1833; tué à Khartoum, 26 janv. 1885.

— Medical Report of the Campaign carried on by Gordon's Anglo-Chinese Contingent, against the Tae-pings, in the province of Keang-soo, in 1863 and 1864 by Assistant-Surgeon A. Moffitt, 67ᵗʰ Regt. Newcastle-upon-Tyne, 1866, br. in-8, pp. 46.

— The Rebel Bible. By Rev. W. T. A. Barber, M. A. (*Chin. Rec.*, XXII, No. 7, July 1891, pp. 305/308.)

Col. 278—279.

— Narrative of a captivity among the Tai-pings. (*Chin. & Jap. Rep.*, March 1865.)

Mark Conroy's statement.

— Livres Chinois à Angoulême. Par J. Beauvais. (*T'oung Pao*, Mai 1892, pp. 181/2).

BIOGRAPHIE.

CONFUCIUS.

Col. 282—284.

— Amiot. — Confucius.

La Vie de Confucius par le P. Amiot dont 24 pl. ont été publiées, comprenait 105 pl. Je les ai vues, appartenant vers 1879 à M. Delance.

(T'AI PING. — BIOGRAPHIE : CONFUCIUS.)

* Eenige voorname Eygenschappen, van de ware deugdt, voorsigtigkeydt, wysheydt en volmaecktheydt, getrocken uyt den Chineschen Confucius en op rijm gebracht door E : P. v. H. Batavia, 1675, in-4. (Par van Hoorn.)

— Di Confvcio Filosofo della China, e de' di lui Dogmi, ed Insegnamenti. (Anzi, *Il Genio Vagante*, Parma, 1692, III, pp. 401/415.)

— Synopsis vitæ et doctrinæ Confucii triginta gnomis comprehensa. Viennæ, Typis Leopoldi Voigt, 1706, in-8. (Par le P. Albert Christian Purgstall, S. J.) (De Backer, II, 2194, 4.)

— Notice sur *Confucius, Essai historique*, par F. Gennevoise. *Miss. Cath.*, VI, pp. 330/1.

— Confucius. (*Putnam's Mag.*, IV, 146. — [M. Dods] *Good Words*, XXII, 274, 315. — [C. R. Dall] *Christ. Examiner*, LXXXIV, 175. — [J. Pyne] *American Church Review*, XXIX, 236.)

— Confucius. [By C. H. Butcher]. (*Edinburgh Review*, april 1868, No. CCIXIV, pp. 303/332 ; réimp. *Littell's Living Age*, CI, 771; et dans *Every Saturday*, VII, 628.)

— Confucius and the Chinese Classics : or Readings in Chinese Literature. Edited and compiled by Rev. A. W. Loomis. San Francisco. A. Roman & Company, in-12, pp. 432.

Les traductions sont extraites de celles du Dr. J. Legge. Voir aussi col. 666.

— Les descendants de Confucius. Par Emmanuel Glaser. (*Rev. géog. int.*, fév. 1877, p. 26.)

— Confucius, der Weise China's. Von Martin Haug, Berlin 1880. Verlag von Carl Habel, br. in-8, pp. 32.

Fait partie de *Sammlung gemeinverständlicher wissenschaftlicher Vorträge*, herausgegeben von Rud. Virchow und Fr. von Holtzendorff. XV. Serie. Heft 338.

— Is Confucius a myth? By Herbert J. Allen. (*Journ. C. B. R. A. S.*, XXI, N. S., 1886, Art. IX, pp. 193/198.)

— Confucianism and Christianity compared. (D. Z. Sheffield.) (*New Englander*, XLVI, 417.)

— Confucius and his Teachings. (G. T. Flanders.) (*Universalist Quarterly*, XIII, 204.)

— Confucius und seine Lehre. Von Georg von der Gabelentz, Prof. der ostasiatischen Sprachen an der Universität zu Leipzig. Leipzig, F. A. Brockhaus, 1888, br. in-8, pp. 52. Front.

Bib. Nat. 0ⁿ/836.

— Confucius and his Teaching. By Georg von der Gabelentz, professor of Eastern Asiatic Languages at the University of Leipzig. (*China Review*, XVII, No. 2, pp. 61/82.)

* The Famous Men of China. By Rev. Ernst Faber, Theolog. Dr. Allgemeine Evangelisch-Protestantische Missionsgesellschaft. Shanghai, 1889.

Notice : *China Review*, XVII, No. 4, pp. 242/243, par E. J. E[itel]).

— Confucius the Great Teacher. A Study by Major-General G. G. Alexander, C. B.

(CONFUCIUS.)

... London, Kegan Paul, Trench, Trübner & Co., 1890, pet. in-8, pp. xx—314.

— Fire at the House of Confucius. By E. H. Parker. (*China Review*, XV, p. 54.)

— Duke Confucius. By E. H. Parker. (*Ibid.*, XV, p. 376.)

— Rousseau and Confucius. By E. H. Parker. (*Ibid.*, XVII, p. 300.)

FO TOU-TCHING.

— Fo-Thou-Tchhing .... par A. Rémusat.

Tirage à part, br. in-8, pp. 15.

HOANG NGAN-CHI 王安石

— Un socialiste chinois au XIᵉ siècle. (*Revue des Deux Mondes*, XXXVII, 15 fév. 1880, pp. 922/934, par C. de Varigny.)

HOANG TCHUNG 王充

— The critical disquisitions of Wang Ch'ung. By A. B. Hutchinson. (*China Review*, VII, pp. 39/46, 85/91, 167/175, 237/242, 305—308, 373/377; VIII, pp. 39/47.)

Mayers, *Manual*, No. 795.

Col. 285.

KUNG MING 孔明

— Brief Sketches from the life of K'ung-ming, By G. C. S. (*China Review*, V, pp. 311/319, 362/367; VI, pp. 83/89, 173/180, 236/242, 374/380; VII, pp. 33/38, 79/84, 219/228, 377/381; VIII, pp. 47/51, 117/122.)

G. C. S. = G. Carter Stent.

LI HAN-TCHANG.

— The Name of Li Hang Chang's Mother. By J. Dyer Ball. (*China Review*, XI, p. 401.)

LI HOUNG-TCHANG 李鴻章

— Modern Biography in China. — The grand secretary Li. By F. B. (*China Review*, IX, pp. 33/36.)

— How Li refers to his Deceased Mother. (*China Review*, XI, p. 383.)

— Un homme d'état chinois — Li Hong-tchang. (*Le Gaulois*, 8 Juin 1888.) Par Kao [Henri Cordier].

— Li Hung-chang, a Chinese General. (*Saturday Review*, LVI, 176; réimp. *Eclectic Mag.*, CI, 680.)

LI TAI-PE 李太白

— On Li T'ai-po, with examples of his poetry, by J. Edkins, D. D. Paper read before the Society, on December 21st 1888. (*Jour. Peking Oriental Soc.*, Vol. II, No. 5, Peking, 1890, pp. 317/364.)

— Li Tai-Po as a poet. By Joseph Edkins. (*China Review*, XVII, No. 1, pp. 35/37.)

LO PING-TCHANG.

Au lieu de || 常 lire || 章

LÜ POU-WEI 呂不韋 (Dyn. Tsin).

— Lü Puh-wei, or from merchant to chancellor. By Ch. Piton. (*China Review*, XIII, pp. 365/374.)

Col. 286.

MENG KO 孟軻

— The mother of Mencius. By C. Arendt. (*China Review*, XII, pp. 314/319.)

(BIOGRAPHIE.)

Col. 287.

PE KU-Y 白居易 ou PE LO-TIEN 白樂天, poète de la dynastie des T'ang (772—846).

— Der chinesische Dichter Pe-lŏ-thien. Von Dr. August Pfizmaier. Wien, 1886, Carl Gerold's Sohn, br. in-4, pp. 80.

Separatabdruck aus dem XXXVI. Bande d. Denkschriften d. Phil.-Hist. Cl. d. Kaiserl. Ak. d. Wissenschaften.

Mayers, *Manual*, No. 546.

SOU TOUNG-PO 蘇東坡

— Su Tung-p'o in Hainan. By J. N. Jordan. (*China Review*, XII, pp. 31/41.)

Col. 288.

TCHENG KI-TONG.

— Foucault de Mondion. — Quand j'étais mandarin. Paris, Savine, 1890 [1889], in-18, pp. 330.

— Le Général Tcheng-ki-tong. Par Henri Bryois. (*Revue illustrée*, Paris, 1 avril 1891, pp. 289/292, Portrait sur la couverture.)

Ce Portrait n'a aucune ressemblance avec l'original.

Col. 289.

TSE TCH'AN 子産.

— Tsz Ch'an of Cheng. (*China Review*, X, p. 70.)

TSENG KI-TSE 曾紀澤

— Extracts from the Diary of Tseng Hou-yeh, Chinese Minister to England and France. Translated by J. N. Jordan. (*China Review*, XI, pp. 135/146.)

— Le Journal d'un diplomate chinois en Europe. [Par Henri Cordier.] (*Journal des Débats*, mardi, 22 mai 1883.)

— J. N. Jordan. — Extracts from the Diary of the Marquis Tseng. (*Nineteenth Century*, Dec. 1883, XIV, pp. 989/1002.)

— The Diary of Marquis Tseng. By Rev. A. P. Parker, D. D. (*Chin. Rec.*, XXII, No. 7, July 1891, pp. 297/304; *Ibid.*, No. 8, Aug. 1891, pp. 345/351.)

Read before the Soochow Missionary Association.

TSENG KOUO-FAN 曾國蕃

— The published letters of the Senior Marquess Tsêng. Translated by E. H. Parker. (*China Review*, XVIII, 6, 1890, pp. 347—365.)

ANTIQUITÉS.

1º ÉPIGRAPHIE.

3º OUVRAGES DIVERS.

Col. 291.

— Explication d'une inscription en caractères Chinois et en caractères Mandchous, gravée

(BIOGRAPHIE. — ANTIQUITÉS.)

sur une plaque de jade qui appartient au Cabinet des Antiques de la Bibliothèque de Grenoble par M. Abel de Rémusat. Pièce in-8 de pp. 4 dont 2 ¹/₂ imprimées.

On lit à la suite de cette explication : *Extrait du Journal du département de l'Isère*, No. 6 de 1812; — et au bas de la p. 3 : A Grenoble, de l'imprimerie de J.-H. Peyronard.

Col. 292.

— On an Ancient Buddhist Inscription at Keu-yung-kwan, in North China. By A. Wylie. (*J. R. As. Soc.*, N. S., Vol. V, Pt. I, 1870, pp. 14/44.)

Facsimile réduit dans le *Marco Polo*, de Yule, 2d ed., I, p. 30. Voir col. 292 et 1340.

— S. Beal, voir FO KIAO, col. 1625.

— Note sur l'inscription bouddhique et la passe de Kiu-young-kouan près de la grande muraille. Par Camille Imbault-Huart. (*Rev. de l'Ext. Orient*, II, No. 4, 1884, pp. 486/493.)

— Rock inscriptions at the North side of Yentai hill. By J. Rhein, esq. (*Jour. N. C. B. R. A. S.*, N. S., XIV, 1879, Art. II, pp. 31/34.)

— Examen de la stèle de Yen-t'aï, dissertation sur les caractères d'écriture employés par les tartares Jou-tchen. Extraite du *Houng-hue-in-yuan*, traduite et annotée par M. G. Devéria. (*Revue de l'Extrême Orient*, I, No. 2, Avr.-Mai-Juin 1882, pp. 173/186.)

— A terra-cotta Vase with supposed Chinese Inscription discovered by Dr. Schliemann at Hissarlik (with illustration). By S. W. Bushell. (*China Review*, VIII, pp. 62/63.)

— Chinese Inscriptions. By A. Terrien de Lacouperie. (*Academy*, 24th Sept. 1881.)

2° NUMISMATIQUE.

Col. 293.

— Beschreibung der Scheide-Münzen von China, Japan, Nord- und Süd-Annam. — Abgedruckt aus dem 14. Hefte der Beschreibung der bekanntesten Kupfermünzen von Josef Neumann . . . Mit 18 Tafeln. Prag . . 1862, br. in-8, pp. 32 et 18 pl.

— On a collection of Chinese Coins. Communicated to the Numismatic Society of London. By H. F. W. Holt, esq. London : 1866, br. in-8, pp. 23, 2 pl.

Tirage à part.

— Coins of the "Ta-ts'ing" dynasty. By James Kirkwood . . as an Appendix to Wylie's *Coins of the Ta Ts'ing Dynasty*. (*China Review*, VII, pp. 162/167, 255/269, 284.) — Note by B. G. (*Ibid.*, p. 283.)

Col. 294.

— Coins of the Present Dynasty of China. By S. W. Bushell, M. D. (*Jour. N. C. Br.*

R. *As. Soc.*, 1880, N. S., No. XV, pp. 195–308.)

— Coins of the Ming. By S. W. B. (*China Review*, VIII, pp. 65/66.)

— The Chinese coinage of Tibet. By S. W. Bushell. (*Ibid.*, VIII, p. 392.)

— A Chinese coin. By S. W. Bushell. (*Ibid.*, VII, p. 76.)

— Ancient Roman Coins from Shansi. By S. W. Bushell, M. D. Physician to H. B. M. Legation, Peking. (Extract from the *Journal of the Peking Oriental Society*.) Peking, Pei-t'ang press, 1886, br. in-8, pp. 11.

— Monnaies romaines en Chine. (*Ann. de l'Ext. Orient*, 1885–1886, VIII, p. 190.)

— The Origin of the Paper Currency (鈔 Ch'ao) of China. By Shioda Saburo. Paper read before the Society on May 30th 1888. (*Journ. Peking Oriental Society*, Vol. III, No. 4, Peking, 1889, pp. 265/307.)

— Specimens of Ancient Chinese Paper Money by S. W. Bushell, M. D. (*Ibid.*, pp. 308/316.)

— On Chinese Currency . . . By W. Vissering . .

Notices : *The Athenaeum*, No. 2611, Nov. 10, 1877. — *N. C. Herald*, July 27, 1880.

— Monograph on the History of Money in China, From the Earliest Times to the Present, By Alexander Del Mar, M. E., Late Director of the United States Bureau of Statistics, ... San Francisco. J. R. Brodie & Co., 1881, in-8, pp. 34.

Avec 2 Planches.

— Coins of the Ming. By 馬. (*China Review*, VII, p. 424.)

— A Porcelain "Coin". By B. G. (*China Review*, VIII, p. 66, 1 pl.) M. E. Rogers. (*Ibid.*, X, pp. 352/353.)

— Chinese Coins. By Ch. Piton. (*China Review*, IX, pp. 57/58.)

— Paper-money of the ninth century and supposed leather coinage of China. By A. Terrien de Lacouperie, M. R. A. S. Reprinted from the Numismatic Chronicle. Vol. II, Third Series, Pages 334 — 341. London 1882, br. in-8, pp. 8.

— Coins and Medals Their Place in History and Art by the Authors of the British Museum Official Catalogues edited by Stanley Lane-Poole. With numerous Illustrations. London : Elliot Stock . . 1885, in-8, pp. x – 286.

Chap. IX. China and Japan. By Prof. Terrien de Lacouperie. M. R. A. S., pp. 190/235.

— On the metallic cowries of ancient China (600 B. C.). By Prof. Terrien de Lacouperie, Ph. & Litt. D. [From the "Journal of the Royal Asiatic Society of Great Britain and Ireland", Vol. XX, Part 3], br. in-8.

— Une monnaie bactro-chinoise bilingue du premier siècle avant notre ère, par M. A. Terrien de Lacouperie, docteur ès-lettres et en philosophie, lauréat de l'Institut. — Extrait des comptes-rendus des séances de l'Académie des Inscriptions et Belles-Lettres. Paris, Imprim. Nationale, MDCCCXC, br. in-8, pp. 14.

— Catalogue of Chinese Coins from the VIIth Cent. B. C., to A. D. 621. including the series in the British Museum. By Terrien de Lacouperie, Ph. D., Litt. D. (Lovan.). Edited by Reginald Stuart Poole, LL. D., Keeper of Coins and Medals, Correspondent of the Institute of France. London : Printed by Order of the Trustees.... 1892, gr. in-8, pp. lxxi-443.

— Древнѣйшія монеты китайцевъ. — С. Георгіевскій. (*Записки .... Русскаго Археологическаго общества...* В. Р. Розена .., I, IV, St. Pétersbourg, 1887, pp. 253/272, 10 pl. + pp. 309/310.)

— Monnaie des Taï-ping (大平), les rebelles en Chine. (Extrait de la *Revue de la numismatique belge*, t. I, 4ᵉ série.) Par P. O. Van der Chijs. Pièce in-8, pp. 2 et 1 pl.

— Siamesische und chinesisch-siamesische Münzen von Prof. G. Schlegel, Leiden. Mit Taf. XVI.

[Separat-Abdruck aus : «Internationales Archiv für Ethnographie» Bd, II, 1889], br. in-4, pp. 14.

— Remarques sur les monnaies frappées dans les premiers siècles de notre ère par les princes Touraniens. Par E. Drouin. (*Jour. As.*, 8ᵉ Sér., XVII, Janv.-Fév. 1891, pp. 143/150.)

Réimp. avec des additions et des changements sous le titre de :

(Antiquités : Numismatique.)

— Les Monnaies touraniennes. Remarques sur les monnaies frappées dans les premiers siècles de notre ère par les princes touraniens. Par E. Drouin. (Extrait de la *Revue numismatique*, 1891.) Paris, Rollin et Feuardent, 1891, br. in-8, pp. 11.

— Sur quelques monnaies turco-chinoises des VIᵉ, VIIᵉ et VIIIᵉ siècles. Par E. Drouin. (*Revue Numismatique*, IVᵉ Sér., IX, 1891, pp. 454/473.)

— La monnaie bilingue de Minoussinsk. Par E. Drouin. (*Bul. de Numismatique*, Mars 1892, pp. 133/5).

3º OUVRAGES DIVERS.

— Ancient Sculptures in China. By R. K. Douglas, M. R. A. S., Professor of Chinese at King's College, London. (*Journ. R. As. Soc.*, N. S. Vol. XVIII, Art. XIX, October 1886, pp. 469/476, avec 9 pl.)

Tirage à part, br. in-8, pp. 8, 9 pl.

"More than usual interest therefore attaches to a set of engravings collected in a Chinese Work entitled *Shih Soh* (1806), in which are represented a series of sculptures which stand on the walls of the sacrificial temple of the Wu family in the neighbourhood of the district city of Kin-seang in the province of Shan-tung. These works of art were executed in A. D. 147, at the cost of the two sons of Wu Liang, whose sacrificial temple they were intented permanently to adorn. By a change in the course of the Yellow River, however, the temple was reduced to ruins, and it was not until the reign of K'ien-lung (1736—1795) that the sculptured stones were dug up and recovered. Their discoverer, Hwang-Yi by name, carefully numbered the stones as they were found, and built the present temple for their reception."

M. Edouard Chavannes met sous presse (août 1892) un travail important sur ces sculptures.

— Heraldic and other designations. By Jejunum. (*China Review*, VIII, p. 65.)

— Китайская пайдза, найденная въ Минусинскомъ округѣ въ 1884 году ... А. Позднѣевъ. (Записки .... *Русскаго Археологическаго общества* .... В. Р. Розена, I, II, St. Pétersbourg, 1886, pp. 1/8.)

(Antiquités.)

XI. — RELIGION.

Col. 295.

*Dissertatio Academica. De idololatria Chinensium ex occasione Simulacrorum in Museo Stobæano. Carolino, quam præses Ebbo Bring, respondens Bernhardus Darin publ. examinand. sistunt. Lund, 1765, in-4, pp. 26, gr.

— Horae Biblicae ... Voir au chap. Jou kiao dans la *Bib. Sinica*, supp, col. 1616.

(Ouvrages généraux.)   (Ouvrages généraux.)

Col. 296.

— Abrisz einer vergleichenden Darstellung der Indisch-Persisch- und Chinesischen Religionssysteme, mit steter Rücksichtsnahme auf die späteren Religionsformen und den Ursprung religiöser Ideen. Für Studierende und Gebildete überhaupt, von Dr. I. C. Kröger.. Eisleben, 1842, in-12, pp. xvı-358, 1 f. n. c. p. l'er.

Col. 297.

— Religion in China .... By Joseph Edkins ... Third edition. London, Trübner, 1884, in-8, pp. xvı-260.

Fait partie de *Trübner's Oriental Series.*

— La religion en Chine. Exposé des trois religions des Chinois suivi d'observations sur l'état actuel et l'avenir de la propagande chrétienne parmi ce peuple par le révérend Dr J. Edkins D. D. missionnaire protestant en Chine. Traduit de l'anglais avec autorisation de l'auteur. Par L. de Milloué, directeur du musée Guimet. (*Annales du Musée Guimet*, IV, Paris, Ernest Leroux, 1882, pp. 61/311.)

— Chinese early mythology. By J. Edkins. (*China Review*, XIII, pp. 406/419.)
— Religious sects in North China. By Rev. J. Edkins, D. D. (*Chin. Recorder*, XVII, July 1886, pp. 245/252.)
— Belief in a Future Life. By J. Edkins. (*China Review*, XVIII, No. 2, pp. 125/127.)

— The Books of the Modern Religious Sects in North China. By Rev. J. Edkins, D. D. Being a paper read at a meeting of the Peking Missionary Association, December 1887. (*Chin. Rec.*, XIX, No. 6, June 1888, pp. 261/268; *ibid.*, No. 7, July 1888, pp. 302—310.)

— Godsdienst en bijgeloof der Chinezen, door J. J. C. Francken. (*Tijdschrift voor indische taal-, land- en volken.*, Batavia, D. XIV, 1864, pp. 38/74.)

— Религіи востока: Конфуціанство, Буддизмъ и Даосизмъ. — Сочиненіе В. Васильева. — St. Pétersbourg, 1873, in-8, pp. 183.

Col. 298.

— Sur la religiosité comme caractéristique par M. Coudereau. (*Bul. Soc. Anthrop.*, 1866, pp. 329/340.)

— Réponse de Henri Martin. (*Ibid.*, pp. 643/4.)

— Sur l'idée de Dieu chez les Chinois et les Japonais. (*Ibid.*, pp. 667/671.)

(OUVRAGES GÉNÉRAUX.)

— On Serpent Worship, Vide a letter by the Rev. Jonathan Lees in the *Shanghai Budget*, p. 597, 1871, and article by *Sinensis*, *ibid*, p. 604.

* Amberley (Viscount). An analysis of religious belief. Vol. I. (Confucius. — Buddha. —Mahomet.—Jésus-Christ.) London, 1876.

— Introduction to the Science of Chinese Religion. A Critique of Max Müller and other authors. By Rev. Ernst Faber, Rhenish Missionary in Canton. Hongkong [&] Shanghai . . . s. d. [1879], pet. in-8, pp. xıı—154.

Notice : *China Review*, VIII, pp. 176/177, 237/244. — Lettre de Rev. E. Faber, *Ibid.*, pp. 250/254.

— Essays zur Allgemeinen Religionswissenschaft von Victor von Strauss und Torney. Heidelberg. Carl Winter's Universitätsbuchhandlung. 1879, in-8, pp. 224.

Contient les essais suivants : Ueber einige Vorfragen zur allgemeinen Religionswissenschaft. — Ueber Laò-tsè und sein System. — Laò-tsè Táo-tĕ-kīng. Der Weg zur Tugend. Aus dem Chinesischen übersetzt und erklärt von Reinhold von Plänckner. — Zur chinesischen Literatur. — Thai-kih-thu, des Tscheu-tsi Tafel des Urprinzipes mit Tschū-hi's Commentare von G. v. d. Gabelentz. — Max Müller und seine Essays. — Buddhismus und Christenthum. — ΔΟΣ ΜΟΙ ΠΟΥ ΣΤΩ. Oratio pro domo.

— Der Altchinesische Monotheismus. Vortrag, gehalten im Evang. Verein zu Berlin am 2. Februar 1885, von D. V. von Strauss und Torney. Carl Winter's Universitätsbuchhandlung in Heidelberg, 1885, br. in-8.

Sammlung von Vorträgen. Herausgegeben von W. Frommel und Friedr. Pfaff. XIII. 9.

— Des croyances et des superstitions des Chinois avant Confucius. Par M. Ymaizoumi. Traduit en français par M. Tomii. (*Congrès provincial des orientalistes*, Lyon — 1878, II, Lyon, 1880, pp. 56/61.)

— Bulletin critique des Religions de la Chine. Par Henri Cordier. (*Rev. Hist. des Religions*, 1e année, T. I, No. 3, Mai-Juin, 1880, pp. 346—356.)

— Musée Guimet. — Catalogue des objets exposés précédé d'un aperçu des religions de l'Inde, de la Chine et du Japon. — Lyon, imprimerie Pitrat aîné, 1880, in-8, pp. 112, 1 pl. et 1 plan.

— Catalogue du Musée Guimet. Première Partie. Inde, Chine et Japon précédé d'un aperçu sur les religions de l'Extrême Orient et suivi d'un index alphabétique des noms des divinités et des principaux termes techniques par L. de Milloué, Directeur du Musée. Nouvelle édition. Lyon, Imprimerie Pitrat aîné, 1883, pet. in-8, pp. lxvııı—323.

— Introduction au Catalogue du Musée Guimet. — Aperçu sommaire de l'histoire des religions des anciens peuples civilisés par

(OUVRAGES GÉNÉRAUX.)

L. de Milloué, Conservateur du Musée Guimet. Paris, Ernest Leroux, 1891, in-12, pp.
159 + 1 f. n. c.

— The Religions of China. Confucianism and
Tâoism described and compared with Chris-
tianity. By James Legge, Professor of the
Chinese Language and Literature in the
University of Oxford. London : Hodder and
Stoughton, M DCCC LXXX, in-8, pp. 310.

Ce vol. se compose de quatre conférences : I & II. Confucianism.
— III. Tâoism. — IV. The Religions of China compared with
Christianity.

— Die altchinesische Reichsreligion vom
Standpunkte der vergleichenden Religionsgeschichte von Julius Happel, Prediger der
reformirten Gemeinde zu Bützow. Leipzig,
Otto Schulze, II, Quer-strasse 11, 1882, br.
in-8, pp. 46.

— La Religion de l'ancien empire chinois
étudiée au point de vue de l'histoire comparée des Religions. Par Julius Happel (de
Bützow, Allemagne). (Rev. de l'Hist. des
Religions, IV, No. 6, 1881, pp. 257/298.)

— Asiatic Studies religious and social. By Sir
Alfred C. Lyall, K. C. B., C. I. E. London,
John Murray, 1882, in-8, pp. XVIII—306.

— Asiatic Studies religious and social. By Sir
Alfred C. Lyall, K. C. B., C. I. E. Second
edition. London : John Murray, 1884, in-8,
pp. XVIII—306.

Chap. VI. Relations between the state and religion in China,
pp. 122/149.

— Bibliothèque de l'histoire du droit et des
institutions. — Etudes sur les mœurs religieuses et sociales de l'Extrême-Orient par
Sir Alfred C. Lyall, Lieutenant-gouverneur
des provinces du Nord-ouest (Inde). — Traduit de l'anglais avec l'autorisation de l'auteur. Paris, Ernest Thorin, 1885, in-8,
pp. LXIV—534 + 1 f. n. c. p. l. tab., etc.

* J. J. M. de Groot. — Jaarlijksche feesten
en gebruiken van de Emoy-Chineezen. Een
vergelijkende bijdrage tot de kennis van
onze Chineesche medeburgers op Java . . .
D. 1. 2. Batavia, Bruining; 's Hage, Nijhoff,
gr. in-8, pp. XIII-644. (Verhandelingen van
het Bataviaasch Genootschap v. Kunsten
en Wetensch., D. 42.)

— Les fêtes annuellement célébrées à Emoui
(Amoy). Etude concernant la religion populaire des Chinois par J. J. M. de Groot,
docteur en philosophie, interprète pour les
langues chinoises au service du gouvernement des Indes orientales néerlandaises, tra-

duite du hollandais, avec le concours de
l'auteur, par C. G. Chavannes. Illustrations
par Félix Régamey. (Annales du Musée
Guimet, XI et XII, Paris, Ernest Leroux,
1886.)

— Les religions de l'Extrême-Orient, leçon
d'ouverture faite à l'école pratique des
hautes-études par Léon de Rosny, Directeur d'Etudes adjoint, Professeur à l'Ecole
des Langues Orientales. Paris, Maisonneuve frères et Ch. Leclerc, éditeurs, 1886,
br. in-8, pp. 36.

— Chrestomathie religieuse de l'Extrême-
Orient publiée par la Société des Etudes
japonaises, chinoises, tartares et indo-chinoises. Paris, Maisonneuve, 1887, in-8,
pp. 52.

— 儒釋道三教 The Dragon, Image,
and Demon, or the three Religions of China
Confucianism, Buddhism and Taoism, giv-
ing an account of the mythology, idolatry
and demonolatry of the Chinese. By Rev.
Hampden C. Du Bose, Fourteen Years a
Missionary at Soochow. London, S. W.
Partridge, 1886, pet. in-8, pp. 468.

儒釋道三教
* The Dragon, Image and Demon, or three religions of China, Con-
fucianism, Buddhism and Taoism, giving an account of the my-
thology, idolatry and demonolatry of the Chinese. By Rev. H.
C. Du Bose, Fourteen years a Missionary at Soochow. New-
York: A. C. Armstrong & Son, 1887.
Notice : China Review, XV, p. 382. Par E. J. E[itel].

✱ Lehrbuch der Religionsgeschichte, von
Chantepie de la Saussaye. 1ter Band. Frei-
burg i. B., Mohr (Siebeck), 1887, in-8, pp.
x-365.

Chinois, pp. 232—261.

Notice : Revue Critique (par Maurice Vernes), No. 9, 27 fév. 1888,
p. 163.

— The Religious Ceremonies of the Chinese
in the Eastern Cities of the United States
by Stewart Culin. An Essay, read before
the Numismatic and Antiquarian Society
of Philadelphia, at its Hall, April 1st, 1886.
— Privately printed. — Philadelphia, 1887,
br. in-4, pp. 23, 2 pl.

Tiré à 100 exemplaires.

— Tree and serpent worship. (Balfour, Chinese Scrapbook, 1887,
pp. 149/152.)

— Animal worship among the Chinese. By
Rev. G. Owen. (Chin. Rec., XVIII, No. 7,
July 1887, pp. 249/255; ibid., No. 9, Sept.
1887, pp. 334/346.)

— The Religions of China. By Rev. George Owen. (Chin. Rec.,
XXI, No. 2, Febr. 1890, pp. 84/87.)

Abridged from the London Missionary Chronicle.

— Scraps from Chinese mythology. By J. Dyer Ball. (*China Review*, IX, pp. 195/212.)

A propos de : A Chinese Notion of Cosmogony and the Genesis of Man. Translated by the late Rev. Dyer Ball, M. A., M. D.; annotated by J. Dyer Ball.

— Scraps from Chinese mythology. The origin of Yuh Wang Shang-ti. Translated by the late Rev. Dyer Ball, M. A., M. D.; annotated by J. Dyer Ball. (*China Review*, XI, pp. 69/86, 203/217, 282/297, 382/390; XII, pp. 188/193, 324/331, 402/407; XIII, pp. 75/85.)

— The Religious Festivals of the Cantonese. A brief sketch of the origin, development, and influence on the people of the most popular of the religious festivals of the Cantonese. By Rev. C. Bone. (*Chin. Rec.*, XX, No. 8, August 1889, pp. 367/371; *ibid.*, No. 9, Sept. 1889, pp. 391/403.)

Read before the Canton Missionary Conference, June 5th, 1889.

— Histoire des religions de l'Extrême-Orient par M. L'abbé J. Peisson. Amiens, Imp. Rousseau-Leroy, 1888, in-8.

1er fasc. 1888, pp. VIII—1 à 53. — 2e fasc. 1889 [par l'abbé Z. (sic) Peisson], pp. 53 à 127. Ces deux fasc. comprennent la première partie de l'ouvrage.

— O Animismo em jeral e sua representação entre os Chineses por G. de Vasconcellos-Abreu. Lisbôa, Imprensa de Lucas Evangelista Torres, 1889, br. pet. in-8, pp. 56.

— Histoire des Religions — III — La Religion Chinoise par A. Réville, Professeur au Collége de France. — 1re Section : jusqu'à la page 400. — IIe Section : Pages 401 à 710. Paris, Librairie Fischbacher, 1889, 2 parties in-8, pp. VII—710.

— La religion en Chine. — A propos du dernier livre de M. A. Reville par M. C. de Harlez. — (Extrait du «Magasin Littéraire et Scientifique».) Gand, Typ. S. Leliaert, 1889, br. in-8, pp. 38.

— Les croyances religieuses des premiers Chinois, par Ch. de Harlez, membre de l'Académie. — (Présenté à la Classe des lettres dans sa séance du 4 juin 1888.) br. in-8, pp. 60.

(Extrait du tome XLI des *Mémoires couronnés et autres Mémoires* publiés par l'Académie royale de Belgique. 1888.)

— Les Religions de la Chine. Aperçu historique et critique par C. de Harlez. Leipzig, W. Gerhard, 1891, gr. in-8, pp. 270 + 1 f. n. c.

Voir *Le Muséon*, X, No. 2, Avril 1891, pp. 145/176, etc.

Notice par G. Devéria. (*Jour. Asiatique*, 8e sér., XIX, No. 2, mars-avril 1892, pp. 349/357.) Voir du même, *ibid.*, pp. 357/361, notice sur : *Le Chang-ti et le T'ien dans l'antiquité*, par P. Antonini. Mémoire présenté au Congrès scientifique international des catholiques (avril 1891).

— Le Traité sur les sacrifices Fong et Chan de Se ma T'sien traduit en français par

Edouard Chavannes. Extrait du Journal of the Peking Oriental Society. Péking, Typographie du Pei-t'ang. 1890, in-8, pp. xxxi—95.

«Le traité sur les sacrifices *fong* et *chan* 封禪書 forme le vingt-huitième chapitre des *Mémoires historiques* (史記) de Se ma T'sien (司馬遷); il est le sixième des huit «traités» (書) qui sont consacrés aux sujets trop généraux pour pouvoir être bien exposés dans le récit chronologique des événements particuliers.» (Introd.)

Notice : *China Review*, XIX, No. 1, 1890, pp. 61/2, By E. J. E[itel].

— In Memoriam. By E. J. Eitel. (*China Review*, X, pp. 348,350.)

En mémoire de S. Johnson, *Oriental Religions*.

— The K'uen shi wan 勸世文 ; or, the Practical Theology of the Chinese. By R. Eichler. (*The China Review*, X, pp. XI, pp. 146/161.)

— The Worship of Landmarks in China. By Ajax. (*China Review*, XI, p. 332.)

— THE RELIGIOUS SYSTEM OF CHINA, Its Ancient Forms, Evolution, History and Present Aspect. Manners, Customs and Social Institutions connected therewith. By J. J. M. de Groot, Ph. D. — Published with a subvention from the Dutch Colonial Government. — Volume I. — BOOK I. DISPOSAL OF THE DEAD, Part I. *Funeral Rites.* — Part II. *The Ideas of Resurrection.* Leyden, E. J. Brill, 1892. gr. in-8, pp. xxiv-360.

Notice : *T'oung Pao*, No. 2, Mai 1892, pp. 201/207 [par G. Schlegel]. «To be published in a dozen stout Volumes. — This Work will consist of seven Books, each Book dealing with a separate part of the *Religious System of China*. The Books to be sold separately. The price will be 12—15 Shillings a Volume, according to the number of sheets and plates.»

JOU KIAO 儒教

Col. 299.

— Horae biblicae. — Printed in the year 1797, in-8, pp. 148.

Par Charles Butler. — Cette éd. n'a pas été mise dans le commerce.

— Horae biblicae. Being a connected Series of Miscellaneous Notes on the original text, early versions, and printed editions of the Old and New Testament. Oxford. J. White, MDCCXCIX, in-8. — Horae biblicae; being a connected series of notes on the text and literary history of the Bibles, or Sacred Books of the Jews and Christians; and on the Bibles, or Books accounted sacred by the Mahometans, Hindus, Parsees, Chinese, and Scandinavians. Part the second, containing a connected series of notes on the Koran, Zend-Avesta, Vedas, Kings and Edda. — The second edition. London : J. White, 1807, in-8.

On trouvera dans cette 2ᵉ partie, pp. 178/188 : *The Kings, or Books accounted sacred by the Chinese.*

— Horae biblicae ou recherches littéraires sur la Bible, Son Texte original, ses Editions & ses Traductions les plus anciennes & les plus curieuses. Ouvrage traduit de l'anglois de Charles Butler. Paris, Garnery, Libraire, rue de Seine, n° 6; Leblanc, Imprimeur-Libraire, Abbaye Saint-Germain-des-Prés, n° 1. 1810, in-8, pp. ii-310.

Trad. par A. M. H. Boulard.

Col. 300.

— Chinese mythology. By J. Chalmers. (*China Review*, XIV, pp. 33/36.)

— Chinese Natural Theology by John Chalmers, M. A., of the London Missionary Society, Canton. (*Travaux de la troisième session du Congrès des Orientalistes*, St. Pétersbourg, 1876, II, pp. 15/40 + 15 pp. de chinois.)

— Chinese Natural Theology by John Chalmers, M. A., of the London Missionary Society, Canton. Tiré du Vol. II des Travaux de la 3ᵉ session du Congrès international des Orientalistes. Leide, E. J. Brill, 1878, br. in-8, pp. 26—XV.

— Confucianism in Relation to Christianity. A Paper read before the Missionary Conference in Shanghai, on May 11th., 1877: By Rev. James Legge, D. D., L. L. D. Professor of the Chinese Language and Literature in Oxford University, England, Formerly Missionary of the London Missionary Society, Hongkong, China, Shanghai: — Kelly & Walsh. London: — Trübner & Co. 1877, br. in-8, pp. 12.

— Christianity and Confucianism compared in their Teaching of the Whole Duty of Man. By James Legge, LL. D., Professor of the Chinese Language and Literature in the University of Oxford, and formerly of the London Missionary Society, author of "The Religions of China" etc. The religious Tract Society, in-8, pp. 36.

Forme le No. 18 de la collection *Present Day Tracts* compris dans le Vol. III de la série [1884].

— Tʻai san — its temples and worship. By Rev. C. W. Mateer. (*Chin. Rec.*, X, 1879, No. 5, pp. 361/369.)

— A Guide to the Tablets in a Temple of Confucius, by T. Watters, H. M's. Consul for Wuhu. Shanghai, China: — Printed at the American Presbyterian Mission press. MDCCCLXXIX, in-8, pp. xx—259.

— A Visit to Peking. (*With some particular notice of the worship of Heaven, Earth, Sun and Moon &c.*) By Rev. A. P. Happer, DD. (*Chin. Rec.*, X, 1879, No. 1, pp. 23/47.)

— The State Religion of China. By Inquirer. Shanghai: American Presbyterian Mission Press. 1881, br. in-8, pp. 44.

Inquirer = A. P. Happer.

(JOU KIAO.)

— St. Giles' Lectures. — Second Series. The Faiths of the World. Lecture III. Religion of China: Confucianism by the Rev. George Matheson, DD. minister of the parish of Inellan. William Blackwood and Sons, Edinburgh and London, br. in-8 [1882].

— Confucianism. By Rev. S. L. Baldwin, D. D., late Superintendent of Foochow mission of the Methodist episcopal Church. (Doomed Religions: A series of essays on great religions of the world; edited by Rev. J. M. Reid, D. D., LL. D., New York : Phillips & Hunt. Cincinnati: Walden & Stowe, 1884. In-8, pp. 378/419.)

— Mémoire sur les doctrines religieuses de Confucius et de l'Ecole des Lettrés, par le marquis d'Hervey-Saint-Denys. — Extrait des mémoires de l'Académie des inscriptions et belles-lettres. Tome XXXII, 2ᵉ Partie. Paris. Imprimerie nationale. — MDCCCLXXXVII, br. in-4, pp. 23.

— Les doctrines religieuses de Confucius. (*Ann. de l'Ext. Orient*, 1885—1886, VIII, pp. 378/379.)

D'après Hervey — St. Denys.

TAO KIAO 道教

— The Taou Sect of China. (*Asiatic Journal*, N. S., V, pp. 97/104.)
— Cong-fou, Cf. *Chinese Recorder*, IV, pp. 281/4, by J. Dudgeon.

Col. 302—304.

— Taoism. By Rev. Virgil C. Hart, B. D. Superintendent of the Central China Mission of the Methodist episcopal Church. (Doomed Religions : A series of essays on great religions of the world; edited by Rev. J. M. Reid, D. D., LL. D., New-York : Phillips & Hunt. Cincinnati: Walden & Stowe, 1884. In-8, pp. 285/339.)

— Lao-tze, le premier philosophe chinois ou un prédécesseur de Schelling au VIᵉ siècle avant notre ère par Ch. de Harlez, Correspondant de l'Académie. — (Présenté à la Classe des Lettres le 13 Octobre 1884.) Bruxelles, imprimerie de l'Académie royale — 1885, br. in-8, pp. 32.

Ext. du t. XXXVII des *Mém. couronnés et autres Mém.* publiés par l'Acad. royale de Belgique. — 1884.

— Le livre du principe lumineux et du principe passif Shang thsing tsing king par Ch. de Harlez, Correspondant de l'Académie. — (Présenté à la Classe des Lettres, dans la séance du 10 octobre 1885.) [Bruxelles. F. Hayez, imprimeur, rue de Louvain, 108.], br. in-8, pp. 12.

(JOU KIAO. — TAO KIAO.)

Extrait du tome XXXVII des *Mémoires couronnés et autres Mémoires* publiés par l'Académie royale de Belgique. — 1885.

— The doubled-up ears of Lao Tsze. (*China Review*, XIII, p. 429.)

— Taoist infatuation. (*Ibid.*, XIII, p. 429.)

— The Taoist patriarch. (*Ibid.*, XIII, p. 429.)

— Religion in China. By E. H. Parker. (*Ibid.*, XIV, pp. 170/171.)

— Tauism. By E. H. Parker. (*Ibid.*, XV, p. 53.)

— Similarity between Buddhism and early Taoism. By Herbert J. Allen. (*Ibid.*, XV, pp. 96/99.)

— The first commentator on Lau tsze. By Joseph Edkins. (*Ibid.*, XV, pp. 242/243.)

— La légende du premier pape des taoistes et l'histoire de la famille pontificale de Tchang. Par M. Camille Imbault-Huart. (*Journ. Asiat.*, VIIIe sér., IV, Nov.-Déc. 1884, pp. 389/461.)

Notice : *China Review*, XIV, p. 210, par E. J. E[itel].

∴

— The remains of Lao tzŭ. By Herbert A. Giles. (*China Review*, XIV, pp. 231/280, 355/356.)

Notice : *Journ. C. B. R. A. S.*, XXI, N. S., 1886, pp. 116/120. Par T. W. Kingsmill.

— Giles' Remains of Lao Tzŭ. By Herbert A. Giles. (*China Review*, p. 243.)

— Giles' Remains of Lao Tsz. By Frederic H. Balfour. (*Ibid.*, XV, p. 132.)

— A critical Notice of the "Remains of Lao Tsze, retranslated", By Mr. Herbert A. Giles. (*Ibid.*, XVI, pp. 195/214.)

— Dr. Legge's Critical Notice of the Remains of Lao Tzu. By Herbert A. Giles. (*Ibid.*, XVI, pp. 238/241.)

— The remains of Lao-tzu. By Herbert A. Giles. (*Ibid.*, XVII, No. 5, pp. 299/300.)

∴

— Ueber die Schriften des Kaisers des Wentschang. — Von Dr. A. Pfizmaier, Wirkl. Mitglied der kais. Akademie der Wissenschaften. — Wien, 1873. In Commission bei Karl Gerold's Sohn, Buchhändler der kais. Akademie der Wissenschaften, br. in-8, pp. 58.

Aus dem Februarhefte des Jahrganges 1873 der *Sitzungsberichte der phil.-hist. Classe der kais. Akademie der Wissenschaften* (LXXIII. Bd. S. 329) besonders abgedruckt.

— Life and Writings of the God of Literature. 文帝全書 By Rev. D. N. Lyon. (*Chin. Rec.*, XX, No. 9, Sept. 1889, pp. 411—420; *ibid.*, No. 10, Oct. 1889, pp. 439/449.)

— Two Gods of literature and a God of barbers. By J. J. M. de Groot. (*China Review*, IX, pp. 188/190.)

— Saints of Literature. By E. H. Parker. (*China Review*, XV, pp. 183/184.)

— Le Tsai-chen ou Dieu des Richesses. Par le P. A. Vasseur, S. J. (*Missions Cath.*, V, 489/490.)

Forme le No. XVII de la *Mosaïque chinoise*, 4 dessins.

— The idol Kwoh shing wang. By J. J. M. de Groot. (*China Review*, VII, pp. 91/98.)

— The God of the Hearth. By Idolater. (*Ibid.*, VII, p. 253.)

— The Kitchen-God. — By D. G. (*Ibid.*, VII, pp. 418/422; VIII, pp. 388/390.)

— Worship of the God of Fire. By J. Edkins. (*Ibid.*, XVIII, No. 2, pp. 124/125.)

— Place of Hwang ti in early Tauism. By Joseph Edkins. (*Ibid.*, XV, pp. 233/239.)

— Medical Deities. By E. H. Parker. (*Ibid.*, XVII, No. 2, p. 115.)

— Ta 'i Shan, the legendary Centre of Tauist belief in a future state. By J. Edkins. (*Ibid.*, XVIII, No. 1, pp. 61/62.)

— The life and teachings of Lao-tse. By Georg von der Gabelentz, professor of Eastern Asiatic languages at the University of Leipzig. (*China Review*, XVII, No. 4, pp. 189—198.)

Trad. de l'*Allgemeine Real-Encyclopädie der Wissenschaft und Kunst*, II. Sect., XLII, 1889.

— Le précurseur du Bouddha en Chine. Par Pierre Bons d'Anty. (*Ann. de l'Ext. Orient*, 1882—1883, V, pp. 370/373.)

— Laò-tsè, en profet bland hedningarne, met ett försök till Kortfattad biblisk Grundläggning för Hans system. — Akademisk Afhandling, som med tillstånd af Vidtberömda teologiska fakulteten i Upsala till offentlig granskning framställes af Adolf Kolmodin, V. D. M. F. och T. K. af Gotlands landskap, å lärosalen No. IV. Tisdagen den 11 September 1888, Kl. 10 f. m. — Stockholm, A. L. Normans, 1888, in-8, pp. 150.

— Taoist Texts, ethical, political and speculative, by Frederic Henry Balfour, Editor of the *North-China Herald*; Author of *Waifs & Strays from the Far East, The Divine Classic of Nanhua, Idiomatic Dialogues in the Peking Colloquial*, etc. — London : Trübner & Co. — Shanghai : Kelly & Walsh, gr. in-8, pp. VI—118.

Contains : Introduction

道德經 Tao Tĕ Ching

陰符經 Yin Fu Ching

胎息經 T'ai Hsi Ching

心印經 Hsin Yin Ching

大通經 Ta T'ung Ching

赤文洞 Ch'ih Wên Tung

清靜經 Ch'ing Ching Ching

鴻烈傳第一段 a chapter from the Hung lieh chuan

素書 Su shu

感應編 Kan ying pien

— The historical characteristics of Taoism. By Ernst Faber. (*China Review*, XIII, pp. 231/247.)

A propos de "A Review of Taoist Texts, Ethical, Political and Speculative", by Frederic Henry Balfour.

— The book of purity and rest. By Frederic Henry Balfour. (*China Review*, IX, pp. 83—85.) 清靜經

— The "T'ai-hsi" King; or the respiration of

the embryo. By Frederic Henry Balfour. (*China Review*, IX, pp. 224/226.)

— Three brief essays. By F. H. Balfour. (*China Review*, IX, pp. 380/382.):

The imprint of the Heart. — The Classic of Universal Understanding. — Classic of Red-Streaked Cave.

— The principle of nature; a chapter from the "History of great light". By Hwai-nan-tsze, prince of Kiang-ling. By Frederic H. Balfour. (*China Review*, IX, pp. 281/297.)

— The "Yin-fu" classic; or, clue to the unseen. By Frederic Henry Balfour. (*China Review*, X, pp. 44/54.)

— Taoist Hermits. (Balfour, *Chinese Scrapbook*, 1887, pp. 135/139.)

— A Taoist Patriarch. (Balfour, *Chinese Scrapbook*, 1887, pp. 140/144.)

— Exégèse chinoise par M. P.-L.-F. Philastre. (*Annales du Musée Guimet*, I, Paris, Ernest Leroux, 1880, pp. 255/318.)

Comprend la trad. du *Yin fou king* 陰符經. Cf. Wylie, *Notes*, p. 173.

— The philosophy, ethics, and religion of Taoism. Chiefly as developed by Chwangtsze. (A comparative Sketch.) By W. P. Mears, M. A., M. D. (*China Review*, XIX, No. 4, 1891, pp. 225/242.)

— The Sacred Books of China. The Texts of Tâoism. Translated by James Legge. PartI. The Tâo Téh King. — The Writings of Kwangz-ze. Books I to XVII. — Part II. The Writings of Kwang-sze. Books XVIII-XXXIII. — The Thâi-Shang Tractate of Actions and their Retributions. Appendixes I—VIII. Oxford, at the Clarendon Press, 1891, 2 vol. in-8, pp. xxii-396, viii-340.

Forment les vols. XXXIX et XL de la collection des *Sacred Books of the East.*

— Ministère de l'instruction publique et des beaux-arts — Annales du Musée Guimet — Tome vingtième — Textes tâoïstes traduits des originaux chinois et commentés par C. de Harlez. Paris, Ernest Leroux, 1891, in-4, pp. vii—391.

Préface. — I. Lao-tze et le Tao-Te-king. — II. Ko-hiuen. — III. Wen-tze. — IV. Han-Fei-tze. — V. Hoei-nan-tze. — VI. Tchuang-tze. — VII. Lie-tze. — VIII. Hoang-ti Nei-king. — IX. Tchang-tze.

TAO TE KING 道德經

— Das vierzehnte Kapitel des Taò-tĕ-kīng von Laò-tsè. Von Victor von Strauss. (*Zeit. D. M. G.*, XXIII, 1869, pp. 473/483.)

James Legge. The Tao Teh King. (*British Quarterly Review*, No. CLV, July 1, 1883, pp. 74—107.)

— Etude de M. Ymaizoumi, sur le livre de la Vertu et de la Voie. (*Congrès provincial*

(TAO KIAO.)

des orientalistes, Lyon, 1878. — II, Lyon, 1880, pp. 82/88.)

— La philosophie du 道德經 Tao-teh king, leçon faite à l'Ecole pratique des Hautes-Etudes par Léon de Rosny. (*Mém. Soc. Et. jap.*, etc., VI, Janv. 1887, pp. 5/24.)

— Le Taoïsme par Léon de Rosny, avec une Introduction par Ad. Franck, Membre de l'Institut. Paris, Ernest Leroux, 1892, in-8, pp. xxxvi—179.

Forme le Vol. I de la *Bibliothèque du Bouddhisme et des religions de l'Extrême-Orient.*

— The Tau te ching. By J. Edkins. (*China Review*, XIII, pp. 10/19.)

— The Tao-te-king. By E. H. Parker. (*China Review*, XVIII, No. 1, p. 56.)

— Tao Te king. Voir Balfour, *Taoists Texts*, col. 1620.

— On the three words "I hi wei", 夷希微. in the *Tau te King*. By Rev. J. Edkins, D. D. (*Chin. Rec.*, XVII, No. 8, August 1886, pp. 306/309.)

— The Tau téh king remains. By E. H. Parker. (*China Review*, XIV, pp. 323/333.)

— The Tao Téh King. By E. H. Parker. (*China Review*, XV, pp. 52/53.)

— Taòtekking von Laòtsee. — Aus dem Chinesischen von Fried. Wilh. Noak. Berlin, Carl Duncker, 1888, in-12, pp. 61.

Bib. Nat. 0²n/843.

TAI CHANG KAN YING PIEN
太 上 感 應 篇
Col. 305.

— The Book of Recompences. By Frederic Henry Balfour. (*China Review*, VIII, pp. 341/352.)

— Voir Balfour, *Taoist Texts*, col. 1620. — Legge, col. 1621.

FO KIAO 佛 教 (Bouddhisme).
Col. 306.

— Historisch-kritischer Versuch über die Lamaische Religion. — Von K. D. Hüllmann, Doktor der Weltweisheit und Privatlehrer der Geschichte auf der Universität zu Frankfurt an der Oder. Berlin, bei Carl Ludwig Hartmann, 1796, in-8, pp. vi—54.

Col. 308.

རྒྱལ་རབྱུང་གི་རིགས་ཚད་

oder der Index des Kandjur. Herausgegeben von der kaiserlichen Akademie der Wissenschaften und bevorwortet von I. J. Schmidt . . . . St. Petersburg, 1845. (In Leipzig bei Leopold Voss), pp. 215 + 2 ff. n. c. p. l. tit. et la préf.

(TAO KIAO. — FO KIAO.)

Col. 309.

— Der Katechismus der Schamanen, oder die Klosterregel der untersten Classe der Buddhistischen Priesterschaft. — Aus dem Chinesischen übersetzt und mit erläuternden Anmerkungen versehen von D. Carl Friedrich Neumann, Professor an der Universität zu München, ... Aus dem vierten Bande der *Zeitschrift für die historische Theologie* besonders abgedruckt. Leipzig, 1834, in-8, pp. 70.

Cf. *Asiatic Journal*, N. S., VI, pp. 260/266.

PHILIPPE EDOUARD FOUCAUX.

Col. 311.

— Le Lalita Vistara — Développement des jeux — contenant l'histoire du bouddha Çakya-Mouni depuis sa naissance jusqu'à sa prédication traduit du sanskrit en français par Ph. Ed. Foucaux, professeur de sanskrit au collége de France, membre du conseil de la société asiatique de Paris et membre correspondant de l'académie de Stanislas de Nancy, de la société asiatique du Bengale, de la société orientale américaine, etc. *Première Partie*, traduction française. (*Annales du Musée Guimet*, VI, Paris, Ernest Leroux, 1884, in-4.) — *Seconde Partie*, notes, variantes et index. *(Ibid.,* XIX, Paris, Ernest Leroux, 1892, in-4.)

— La littérature sanscrite bouddhique. — La tentation du Bouddha par les filles du démon Pâpîyân, texte sanscrit, transcription latine, mot-à-mot et traduction française, par Ph.-Ed. Foucaux, Professeur de sanscrit au Collége de France. (*Mém. Soc. Et. jap., etc.*, VI, Janv. 1887, pp. 25/32.)

— Le Bouddhisme en 1889. Par Ph. Ed. Foucaux, M. T. [*Catéchisme bouddhique* ou Introduction à la doctrine du bouddha Gotama. Extrait, à l'usage des Européens, des livres saints des Bouddhistes du Sud et annoté par Soubhadra Bhikshou. Paris, (Ernest Leroux éditeur) 1889. In 12 elz.] (*Le Lotus*, Juillet 1889, pp. 146/150).

Col. 312.

— Zur Litteratur des chinesischen Buddhismus von W. Schott. Aus den Abhandlungen der königl. Akademie der Wissenschaften zu Berlin 1873. Berlin, 1873, in-4.

(Fo KIAO.)

Col. 313.

— Ueber den Schamanismus. (Erman, *Arch. f. wiss. Kunde v. Russl.*, VIII, 1850, pp. 208 —230.)

— Einige Worte über den Buddhismus. Von Herrn C. F. Köppen. (Erman, *Archiv f. wiss. Kunde v. Russl.*, XI, 1852, pp. 51/81, 250/278, 450/475.)

Col. 315.

— Буддизмъ, его догматы, исторія и литература—часть первая, общее обозрѣніе, сочиненіе В. Васильева... Санктпетербургъ. 1857, in-8, pp. XII—356.

— Herrn Professor Wassiljew's Vorrede zu seiner russischen Uebersetzung von Târanâtha's Geschichte des Buddhismus in Indien, deutsch mitgetheilt von A. Schiefner. — Nachtrag zu der deutschen Uebersetzung Târanâtha's. St. Petersburg, 1869. Commissionäre der kaiserlichen Akademie der Wissenschaften, in-8, pp. 32.

— Буддизмъ, разсматриваемый въ отношеніи къ послѣдователямъ его обитающимъ въ Сибири. Сочиненіе Нина архіепископа Ярославскаго. Санктпетербургъ, 1858, in-8, pp. 386 s. 2 ff. prél.

J. EDKINS.

— Chinese Buddhism : A Volume of Sketches, historical, descriptive, and critical. By Rev. Joseph Edkins, D. D., author of "Religion in China", "Introduction to the Study of the Chinese Characters", "a Mandarin Grammar", etc. London : Trübner & Co., 1880, in-8, pp. xxiii + pp. 2, 453.

Fait partie de *Trübner's Oriental Series.*

— The Nirvana of the Northern Buddhists. By the Rev. J. Edkins, D. D., of Peking. (*Journ. R. As. Soc.*, N. S., Vol. XIII, Art. III, January, 1881, pp. 59/79.)

— Paradise of the Western Heaven. By J. Edkins. (*China Review,* XVII, No. 3, pp. 175/176.)

SAMUEL BEAL.

Né en 1825, à Devonport (Angleterre) ; † 20 août 1889, à Greens Norton, près Towcester (Northamptonshire). — Allibone, *Supp.* by J. F. Kirk, I, 1891. — *Trübner's Record*, No. 246, 3rd Ser. Vol. I. Pt. 4, p. 125, ext. de l'*Academy.*

— Results of an examination of Chinese Buddhist Books in the Library of the India Office. By the Rev. Samuel Beal, B. A. (*Trans. Second Session Int. Cong. of Orientalists*, pp. 132/162.)

(Fo KIAO.)

Col. 317.

— On a Chinese Version of the Sánkhya Kárikā, etc., found among the Buddhist Books comprising the Tripitaka, and two other works. By the Rev. Samuel Beal, M. A. (*Journ. R. As. Soc.*, N. S., Vol. X, Art. XIX, July, 1878, pp. 355/360.)

— The Swastika. By Rev. S. Beal. (*Indian Antiquary*, March 1880, pp. 67/68.)

— The Branchidae. By Rev. S. Beal. (*Indian Antiquary*, March 1880, pp. 68/71.)

— Avalambana. By Rev. S. Beal. (*Indian Antiquary*, March 1880, pp. 85/86.)

— Remarks on the word Sramana. By Rev. S. Beal. (*Indian Antiquary*, May 1880, p. 122.)

— The Tooth-Seal of Asoka. By Rev. S. Beal. (*Indian Antiquary*, March 1880, p. 86.)

— The Sûtra called *Ngan-shih-niu*, i. e. "Silver-White Woman". [Translated from the Chinese, the second part of the Volume indicated by 艮 (Buddhist Tripitaka). 1st Sutra.] By Rev. S. Beal. (*Indian Antiquary*, June 1880, pp. 145/148.)

— Succession of Buddhist Patriarchs. By Rev. S. Beal. (*Indian Antiquary*, June 1880, pp. 148/149.)

— The Buddhist Inscription at Keu-yung-kwan. By Rev. S. Beal. (*Indian Antiquary*, Aug. 1880, pp. 195/196.) Voir col. 1607.

— The eighteen schools of Buddhism. By Rev. S. Beal. (*Indian Antiquary*, Dec. 1880, pp. 299/302.)

— Kwan-yin. By Rev. S. Beal. (*Indian Antiquary*, March 1881, pp. 82/83.)

— The Chong-lun or Pranyamûla-Sâstra-Tika of Nâgârjuna. By Rev. S. Beal. (*Indian Antiquary*, March 1881, pp. 87/89.)

— Two Chinese-Buddhist Inscriptions found at Buddha Gayâ. By the Rev. S. Beal. (*Journ. R. As. Soc.*, N. S., Vol. XIII, Art. XXIII, October 1881, pp. 552/572.)

— The existence of the "Sutta-Nipâta" in Chinese.

Letter of Dr. R. Morris, Wood Green, Nov. 20, 1881 (*The Academy*, 3 Dec. 1881). — Answer of Prof. S. Beal. (*Ibid.*, 10 Dec. 1881.)

— Note on Pl. xxviii, fig. 1, of Mr. Fergusson's "Tree and Serpent Worship", 2nd Edition. By S. Beal, Professor of Chinese, London University. (*Journ. R. As. Soc.*, N. S., Vol. XIV, Art. V, January, 1882, pp. 39/41.)

— Abstract of four Lectures on Buddhist Literature in China delivered at University College, London. By Samuel Beal, Professor of Chinese, Univ. Coll. Lond. London: Trübner, 1882, in-8, pp. xvi + 2 f. n. c. + pp. 185 + 5 Pl.

— The Fo-sho-hing-tsan-king. A Life of Buddha by Asvaghosha Bodhisattva translated from Sanskrit into Chinese by Dharmaraksha, A. D. 420 and from Chinese into English by Samuel Beal. Oxford, at the Clarendon Press, 1883, in-8, pp. xxxvii—380.

Forme le Vol. XIX des *Sacred Books of the East* . . . edited by F. Max Müller.

— Non-Christian Religious Systems. — Buddhism in China. By the Rev. S. Beal, Rector of Wark-on-Tyne, Northumberland. — Published under the direction of the Committee of General Literature and Education appointed by the Society for promoting Christian knowledge. London: Society for promoting Christian knowledge, Brighton. New-York: E. & J. B. Young & Co., 1884, pet. in-8, pp. viii—263.

— A Life of the Buddha: translated from the *P'u yao King*, by the late Prof. Dr. S. Beal (Suite). (*Babylonian and Oriental Record*, III, No. 12, Nov. 1889, pp. 265/274; *ibid.*, IV, No. 1, Dec. 1889, pp. 12/15.)

— SUH-KI LI-LIH-KIU. The Suhŗillekha or 'Friendly Letter', Written by Lung shu (Nâgârjuna), and addressed to King Sadvaha. Translated from the Chinese edition of I-tsing. By the late Samuel Beal, M. R. A. S. With the Chinese Text. London: Luzac, 1892, br. in-8, pp. 51 + pp. 13 de texte chinois.

— A Catalogue of the Chinese Translation of the Buddhist Tripitaka the Sacred Canon of the Buddhists in China and Japan compiled by order of the Secretary of State for India by Bunyiu Nanjio Priest of the temple, Eastern Hongwanzi, Japan, Member of the Royal Asiatic Society, London. Oxford, at the Clarendon Press, MDCCClxxxiii, in-4, pp. xxxvi + col. 480.

Divisé en:

1. 經藏, Kin-tsân, Sutra-pitaka.

2. 律, Lüh-tsân, Vinaya-pitaka.

3. 論, Lun-tsân, Abhidharma-pitaka.

4. 雜, Tsâ-tsân, Samyukta-pitaka.

E. SCHLAGINTWEIT.

— Le Bouddhisme au Tibet précédé d'un résumé des précédents systèmes bouddhiques dans l'Inde par Emile de Schlagintweit, LL. D. Traduit de l'anglais. Par M. L. de Milloué, Directeur du Musée Guimet. (*Annales du Musée Guimet*, III, Paris, Ernest Leroux, 1881, pp. 1/292.)

Forme le Vol. 3 de ces *Annales*.

E. J. EITEL.

Col. 318.

* Handbook of Chinese Buddhism, being a Sanscrit-Chinese Dictionary, with Vocabularies of Buddhist Terms in Pali, Singhalese, Siamese, Burmese, Tibetan, Mongolian and Japanese. By Ernest J. Eitel, M. A., Ph. D. (Tübing), Inspector of Schools, Hongkong.

(Fo KIAO.)   (Fo KIAO.)

Second Edition, Revised and Enlarged.
Hongkong: Lane, Crawford & Co., 1888.

Notice : *Chin. Rec.*, XIX, No. 8, Aug. 1888, by E. F., p. 390.

* Buddhism; its Historical, Theoretical, and
Popular Aspects. In Three Lectures. By
the Rev. E. J. Eitel. Third Edition. London, 1884, in-8, pp. 145.

A. BASTIAN.

— Die Weltauffassung der Buddhisten. —
Vortrag gehalten im wissenschaftlichen
Verein zu Berlin von A. Bastian. Berlin.
Verlag von Wiegandt & Hempel. 1870, in-8,
pp. 40.

— Das Nirvana und die buddhistische Moral. (*Zeit. f. Ethn.*,
Berlin, 1871, Bd. III, pp. 236/253.) Par A. Bastian.
— Der Buddhismus in seiner Psychologie von
A. Bastian. Mit einer Karte des buddhisti-
schen Weltsystems. Berlin, Ferd. Dümmlers
Verlagsbuchhandlung Harrwitz und Goss-
mann 1882, in-8, pp. xxii—366.

LÉON FEER.

— Sur les causes qui ont favorisé la propagation du bouddhisme hors de l'Inde. Par
L. Feer. (*Trans. Second Session Int. Cong.
of Orientalists*, pp. 405/416.)

Col. 319.

* Le Bouddhisme à l'exposition de 1878. —
Par M. Léon Feer, membre du conseil de
la Société académique indo-chinoise. Conférence faite au Palais du Trocadéro pendant l'Exposition universelle de 1878, par
la Société académique Indo-Chinoise, br.
in-8, 1879, Imp. nat. publiée sous les auspices du Comité central des congrès et conférences de l'Exposition.

Notice : *Ann. de l'Extr. Orient*, II, pp. 52/54.

— Analyse du Kandjour, recueil des livres
sacrés au Tibet par Alexandre Csoma, de
Körös hongrois-siclien, de Transylvanie.
Traduite de l'anglais et augmentée de di-
verses additions et remarques par M. Léon
Feer. (*Annales du Musée Guimet*, II, Paris,
Ernest Leroux, 1881, pp. 131/573.)

— Fragments extraits du Kandjour traduits
du tibétain. Par M. Léon Feer. (*Annales
du Musée Guimet*, V, Paris, Ernest Leroux,
1883, pp. 1/577.)

Forme le vol. V de ces *Annales*.

Notice : *Bull. Soc. Acad. Indo-Chinoise*, 2ᵉ sér., III, 1890,
pp. 452/53. Par C.
— La littérature tibétaine. — Le KANDJOUR. (*Ann. de l'Ext.
Orient*, 1883–1884, VI, pp. 129/134.)

(Fo KIAO.)

LÉON DE ROSNY.

— Le Bouddhisme dans l'Extrême Orient.
Cours de M. Léon de Rosny. Ecole des
langues orientales vivantes. (*Revue scientifique*, 20 déc. 1879, pp. 581/585.)

∴

— Нравственный идеалъ буддизма въ его
отношеніи къ христіанству. Соч. А. Гу-
сева. St. Pétersbourg, 1874, in-8, pp. 283.

— L'Ilpon de Mah-lay (légende bouddhiste).
Par J. Ross [*Fraser's Mag.*]. (*Revue Brit.*,
1876, N. S., V, pp. 171/182.)

— A Superficial View of Buddhism. (Balfour, *Waifs and Strays*,
1876, pp. 134/142.)
— La bonzerie de Kou-chan, près de Fou-tcheou-fou (Fokien)
(Chine). [Par un dominicain, du couvent de Lyon, ancien miss.
en Chine, 3 janvier 1870]. (*Miss. Cath.*, X, 1878, pp. 81/83.)
— Prière à Amida Bouddha, Travail de M. Semitani, traduit et
lu par M. Tomii. (*Congrès provincial des Orientalistes*, Lyon —
1878 — II, Lyon, 1880, pp. 112/114.).
— Shidda. Résumé historique de la transmission des quatre ex-
plications données sur le sanscrit. Traduction française de M.
M. Ymaïzoumi et Yamata. (*Annales du Musée Guimet*, I, Paris,
Ernest Leroux, 1880, pp. 319/333.)

— Textes sanscrits découverts au Japon. Lecture faite devant la "Royal asiatic society
of Great Britain and Ireland" par M. F.
Max Müller, membre étranger de l'Institut,
traduit de l'anglais par M. de Milloué,
revu, corrigé et annoté par l'auteur. (*Annales du Musée Guimet*, II, Paris, Ernest
Leroux, 1881, pp. 1/37.)

— O-mi-to-king ou Soukhavati-vyouha-soutra
d'après la version chinoise de Koumarajiva.
Traduit du chinois par M. M. Ymaïzoumi
et Yamata. (*Annales du Musée Guimet*, II,
Paris, Ernest Leroux, 1881, pp. 39/64.)

— Les moulins à prières dans l'Inde, en Chine
et au Japon. Par G. d'Orcet. [*Scribner's
Monthly*]. (*Rev. Brit.*, 1882, N. S., I, pp. 31
—62.)

— A Sculptured Tope on an old Stone at Dras,
Ladak. By William Simpson, F. R. G. S.
(*Journ. R. As. Soc.*, N. S., Vol. XIV, Art. IV,
January 1882, pp. 28/38.)

— St. Giles' Lectures — Second Series. The
Faiths of the World. Lecture II. Religions
of India : Buddhism by the Very Rev. John
Caird, D. D. Principal of the university of
Glasgow. William Blackwood and Sons,
Edinburgh and London, br. in-8 [1882].

* Buddha : his life, his doctrine, his order
(Gemeinde) by Dr. Hermann Oldenberg,
translated by Wm. Hoey, M. A., D. Lit.,
London, 1882.

(Fo KIAO.)

Notice : *Journ. C. B. R. A. S.*, XXI. N. S., 1886, pp. 233/236. Par Joseph Edkins.

* The Life of the Buddha and the early History of his order. Derived from Tibetan Works in the Bkah-hgyur and Bstan-hgyur. Followed by notices on the Early History of Tibet and Khoten. Translated by W. W. Rockhill, Second Secretary U. S. Legation in China. London, Trübner, in-8, pp. x—274.

Fait partie de *Trübner's Oriental Series.*

‹ W. W. Rockhill. Translation of two brief Buddhist Sutras from the Tibetan. (*Am. Or. Soc. Proc.*, Boston, May 1883, pp. xxv—xxviii.)

* Andreozzi, A. — Il Dente di Budda : racconto estratto dalla Storia delle spiagge, e tradotto letteralmente dal chinese. Firenze, Dotti, 1883, in-16. L. 2.50.

— A Buddhist Sheet-tract, Containing an Apologue of Human Life. Translated, with Notes, by Bishop Moule of Hangchow. (*Jour. China Br. R. As. Soc.*, N. S., XIX, Pt. I, 1884, Art. V, pp. 94/102.)

Avec une planche.

— Buddhism. By Erastus Wentworth, D. D., late Missionary of the Methodist episcopal Church to Foochow, China. (Doomed Religions: A series of essays on great religions of the world; edited by Rev. J. M. Reid, D. D., LL. D., New-York : Phillips & Hunt. Cincinnati : Walden & Stowe, 1884. In-8, pp. 243/284.)

— Sur la signification de la croix dite Svastika et d'autres emblèmes de même nature. Par M. Girard de Rialle. (*Bul. Soc. Anthrop.*, Paris, 1880, pp. 13/17.)

— Le Swastika et la roue solaire dans les symboles et dans les caractères chinois par Gustave Dumoutier. (*Revue d'Ethnographie*, T. IV, No. 4, juillet-août 1885, pp. 319—350.)

Tirage à part, br. in-8, pp. 32.

— Non-Christian Religious Systems. — Buddhism: being a Sketch of the Life and Teachings of Gautama, the Buddha. By T. W. Rhys Davids, M. A., Ph. D. of the Middle Temple, Barrister-at-law, author of "Buddhist Birth stories", ' 'Buddhist Suttas", "Hibbert Lectures", 1881, etc. With map. — Published under the direction of the committee of general literature and education appointed by the Society for promoting Christian Knowledge. — Twelfth thousand. Revised throughout. London : Society for Promoting Christian Knowledge, 1887, pet. in-18, pp. iv—252.

(Fo kiao.)

— Non-Christian Religious Systems. — Christianity and Buddhism : A Comparison and a Contrast. Being the Donnellan Lectures for the year 1889—90. Preached in the Chapel of Trinity College, Dublin. By T. Sterling Berry, D. D., Rector of Birr, Diocese of Killaloe. — Published under the Direction of the Tract Committee. — London : Society for Promoting Christian Knowledge, s. d., pet. in-18, pp. 256.

— Langkavatara Sutra 【楞伽經】. By E. H. Parker. (*China Review*, XVIII, No. 1, p. 56.)

— Notice sur le Boudha et sur sa doctrine à propos d'une grande statue boudhique qui se trouve dans les collections de la société de géographie de Rochefort. Par M. Bartet. (*Bul. Soc. Géog.*, Rochefort, VIII, 1886—1887, pp. 266/283.)

— Western China. A Journey to the great Buddhist Centre of Mount Omei. By Rev. Virgil C. Hart, B. D. Fellow of the Royal Asiatic Society. Illustrated. Boston, Ticknor, 1888, pet. in-8, pp. 306.

Bib. Nat. $\frac{O^2n}{859}$.

— The Contrast between Buddhism and Christianity. By Sir Monier M. Williams, K. C. I. E., D. C. L., LL. D., Boden Professor of Sanskrit in the University of Oxford. (Reprinted by request.) (*Chin. Rec.*, XX, No. 10, Oct. 1889, pp. 461/468.)

— Sur une statuette chinoise du Musée de Roubaix, la déesse Pou-ssa par Th^{re} Leuridan. Br. in-8, pp. 18.

Ext. des *Mémoires de la Soc. d'ém. de Roubaix*, t. V. Bib. nat $\frac{O^2n}{693}$.

— The Influence of Buddhism in China. By Rev. Timothy Richard. (*Chin. Rec.*, XXI, No. 2, Feb. 1890, pp. 49/64.)

Read before the Peking Oriental Society, 1889.

— The first Buddhist Temple in China. (*China Review*, XIII, p. 118.)

— Designation of Buddhist Temples. (*China Review*, XIII. p. 225.)

— The A-mi-t'ê ching. By T. Watters. (*China Review*, X, pp. 225/240.)

— The *Ta-yun-lun-ch'ing-yü-ching* 大雲輪請雨經 By T. Watters. (*China Review*, X, pp. 384/395.)

— Buddhism and Christianity in China. By E. H. Parker. (*China Review*, XVI, p. 188.)

— The Sleeping Buddha Temple. By E. H. Parker. (*China Review*, XVI. p. 124.)

— The Yueh-ti and the early buddhist missionaries in China. By Terrien de Lacouperie. (*The Academy*, Dec. 31. 1887, 443/4.)

— How in 219 B. C. Buddhism entered China. By Terrien de Lacouperie. (*Babylonian*

(Fo kiao.)

& Oriental Record, V, No. 5, May 1891, pp. 97/105.)

Tirage à part, br. in-8, pp. 9.

— A Buddhist Repertory in Sanscrit, Tibetan, Mandchu, Mongol and Chinese. By C. de Harlez. (Suite.) (*Babylonian and Oriental Record,* III, No. 3, Feb. 1889, pp. 69/72; *ibid.,* No. 5, April 1889, pp. 116/118; *ibid.,* No. 6, May 1889, pp. 143/144; *ibid.,* No. 9, Aug. 1889, pp. 210/215; *ibid.,* No. 10, Sept. 1889, pp. 232/239; *ibid.,* No. 12, Nov. 1889, pp. 275/282; *ibid.,* IV, No. 3, Feb. 190, pp. 59/63; *ibid.,* No. 5, April 1890, pp. 112 —116; *ibid.,* No. 7, June 1890, pp. 164/168; *ibid.,* No. 8, July 1890, pp. 188/192; *ibid.,* No. 9, Aug. 1890, pp. 213/216; *ibid.,* No. 10, Sept. 1890, pp. 238/240).

— Is Buddhism a Preparation for Christianity? By Dr. W. A. P. Martin. (*Chinese Recorder,* May 1889, pp. 193/203.)

— Militant Spirit of the Buddhist Clergy in China. By J. J. M. de Groot. (*T'oung Pao,* Juin, 1891, pp. 127/139.)

CHRISTIANISME.

HISTOIRE GÉNÉRALE. — ORIGINE. — MÉLANGES.

Col. 320.

MOSHEIM.
— Joh. Laurens van Mosheim. ‖ Raad der Kerke en Kantzelier der Uni-‖versiteit van zyn Groot Brittann. ‖ Majest. te Gottingen.‖ Verhaal ‖ der nieuwste ‖ Chineesche ‖ Kerk geschiedenissen ‖ Uit het Hoogduitsch vertaalt. ‖ Te Amsteldam, ‖ By Hendrik Vieroot. ‖ MDCCLXV, pet. in-8, pp. 90.

— Authentick Memoirs of the Christian Church in China: being A Series of Facts to evidence the Causes of the Declension of Christianity in that Empire. By John Laurence de Mosheim, Chancellor of His Majesty's University of Gottingen. Translated from the German. London: Printed for J. and R. Tonson, and S. Draper. MDCCL, in-8, pp. 60.

— Authentic Memoirs of the Christian Church in China. By John Laurence von Mosheim, D. D., Chancellor of the University of Göttingen. Edited with an introduction and notes, by Richard Gibbings, B. D., Rector of Tessauran, and vicar of Ferbane, in the diocese of Meath. Dublin: Printed at the

University Press. Mᶜ Glashan & Gill, London: Bell & Daldy, 1862, in-8, pp. 111.

Lire R. Gibbings, non R. Gubbings.

∴

Col. 321.

— Indian Church History, or an account of the first planting of the Gospel, in Syria, Mesopotamia, and India: with an accurate relation of The First Christian Missions in China, collected from the best authorities extant in the writings of the oriental and european historians, with genuine and select translations of many original pieces. By Thomas Yeates. London: Printed for A. Maxwell, Bell Yard, Lincoln's Inn. 1818, in-8, pp. VIII-208.

Col. 322.

— Vestiges des principaux dogmes chrétiens . . . par le P. de Prémare . . . . .

Notices : *Etudes religieuses,* par le P. Brücker. — *Annales de Philosophie chrétienne,* par L. de Savigny.

Col. 324.

— Christian Missions: their Agents, and their Results. By T. W. M. Marshall. Second edition. London: Longman, Green, etc., 1863, 2 vol. in-8, pp. 644, 479-xxxvi.

— Review of the Introduction of Christianity into China and Japan, by John H. Gubbins. (*Trans. As. Soc. Japan,* Vol. VI, Pt. I, pp. 1/38 et notes, pp. 42/62.)

— The Rival Evangelisers of China. (Balfour, *Waifs and Strays,* 1876, pp. 113/129.)

— Manichæans. By E. H. Parker. (*China Review,* XVII, No. 2, p. 115.) — Song & Tang Dynasties.

— The Preaching of the Gospel in China. By E. H. Parker. (*China Review,* XVIII, No. 3, pp. 152/177.)

PIERRE DE SI NGAN FOU.

Col. 325.

CASTORANO. — J. M. J. Versio monumenti, seu lapidis sinici, cum notitia de praedicata Religione christiana in Imperio Sinico, litteris seu characteribus sinicis insculpti circa annum Domini N. J. Xti 786, et inventi prope moenia civitatis Si-ngan-fu provinciae Scen-si in imperio Sinarum. Voir col. 563.

"Sono altre 13 pagine, cioè dalla 619 alla 632. "Hanc versionem (egli dice in principio) facere conatus sum ad litteram quantum licuit: parentheses vero addidi sive pro notis, sive etiam ad maiorem claritatem." Ed in fine aggiunge: "Ego Fr. Carolus Horatii a Castorano Regularis Observantiae Sancti P. Francisci, in Sina per triginta continuos annos et amplius Missionarius, in dioecesi Pekinensi Vicarius Generalis, et demum in eadem dioecesi in Tartaria et in regno Coreae Delegatus apostolicus, ex lingua et characteribus sinicis (e papiri folio super ipsummet lapidem originalem impresso) in latinum sermonem fideliter transtuli. Datum Romae in Aracoeli die 14 mensis iulii, anno Domini 1741, manu propria." Non occorre che accenniamo qui l'altissima importanza di questo monumento cinese, del quale si sono occupati tanti distinti ingegni; tra gli altri, de' più antichi, il Kirker nella sua *China illustrata*, e de' più recenti, il valoroso abate Huc nella sua *Histoire du Christianisme en Chine*, ec. Tanto la traduzione che le note del Padre da Castorano crediamo che debbano tenersi in molto conto, essendo stato così pratico della storia e della letteratura cinese." (M. da Civezza, *Bib. Sf.*, p. 108.)

Col. 326.

— Si-ngan-fou. Prüfung dieser Aufschrift. (Scherer, *Nordische Nebenstunden*, 1776, pp. 163/171.)

Col. 327.

— Описаніе древняго христіанскаго памятника, открытаго въ Китаѣ 1625 года, съ присовокупленіемъ гравированнаго изображенія высѣченной на ономъ Китайско-Сирійской надписи; изданное Григоріемъ Спасскимъ, . . . St Pétersbourg, 1826, in-8, pp. 52.

— Памятникъ христіанской вѣры въ Китаѣ, переведенный съ китайскаго языка Захаромъ Леонтьевскимъ. 1834, St Pétersbourg, in-8, pp. 23.

— La Croix de Chine instructive et historique, mise en français par M. C. Marchal de Lunéville. Illustrée de 3 dessins. 1 fr. 50. Paris, chez Lecoffre et Cᵒ, 1853, br. in-8, pp. 55.

Extrait du tome VII, 1853, des *Annales de philosophie chrétienne*.

— Etablissement et destruction de la première chrétienté dans la Chine, par F. Nève, Professeur à l'Université catholique de Louvain. Louvain, chez C. J. Fonteyn, libraire, 1846, br. in-8, pp. 24.

Au verso du titre : Extrait de la *Revue catholique*. Novembre et Décembre 1846.

— Die erdichtete Inschrift von Si ngan Fu. Von Prof. Neumann. (*Zeit. d. D. Morg. Ges.*, IV, 1850, pp. 33/43.)

Col. 328.

— Etude sur les Missions Nestoriennes en Chine au VIIᵉ et au VIIIᵉ siècles d'après l'inscription Syro-Chinoise de Si-ngan-fou. Thèse présentée à la faculté de théologie protestante de Paris pour obtenir le grade de Bachelier en Théologie Et soutenue publiquement le 30 juillet 1880, à 4 h. de l'après-midi par Augustin Cleisz. Paris, Alphonse Derenne, 1880, in-8, pp. 92.

— Supposed mention in Chinese History of the Nestorian Missions to China in the 7th

(PIERRE DE SI NGAN FOU.)

and 8th Centuries. By Geo. Phillips. (*China Review*, VII, pp. 412/415.)

— Nestorians at Canton. By Geo. Phillips. (*China Review*, VIII, pp. 31/34.)

— Nestorians in China. By A. Wylie. (*China Review*, VIII, pp. 190/191.)

En réponse à G. Phillips.

* N. C. Kist. — Blik op de lotgevallen van het Christendom in China; benevens een onderzoek naar de echtheid van het Christelijk-Chineesch-Monument. (Met een Facsimile), in-8, pp. 110.

— The Nestorian Tablet. By A. Terrien de Lacouperie. (*Times*, 4th Feb., 1885.)

The *Times*, 1886, Janv. 21 et 29, Fév. 4, contient des lettres de Frederic H. Balfour, G. W., Terrien de Lacouperie sur l'opportunité de transporter la pierre de Si ngan fou au British Museum.

— The Nestorian Tablet at Si-ngan-fu. By A. Terrien de Lacouperie. (*Times*, 1st Sept. 1886.)

— Prolegomena zu einer neuen Ausgabe der nestorianischen Inschrift von Singan fu. Von Dr. Joh. Heller, S. J. (*Verhand. d. VII. Int. Orient.-Cong.* . . . Wien . . . 1886. *Hochasiatische und Malayo-polyn. Sect.*, pp. 37/48.)

* Joh. Ev. Heller, S. J., Das Nestorianische Denkmal in Singan-fu. (*Zeit. f. katholische Theologie*, Innsbruck, IX. Jahrg. 1885, pp. 74/123.)

— The Nestorian Monument of Hsî-an fû in Shen-hsî, China relating to the Diffusion of Christianity in China in the seventh and eighth Centuries with the Chinese Text of the Inscription, a Translation, and Notes and a Lecture on the Monument With a Sketch of subsequent Christian Missions in China and their present state by James Legge Prof. of the Chinese Language and Literature in the University of Oxford. London, Trübner, 1888, in-8, pp. IV-65.

— The Syriac Part of the Chinese Nestorian Tablet. By T. H. Hall. (*Jour. Am. Or. Soc.*, Vol. XIII, 1889, pp. CXXIV-CXXVI.)

— The Preservation of the Nestorian Tablet and other ancient monuments at Si-an-fu. (*Jour. C. B. R. As. Soc.*, XXIV, No. 1, 1889—90, pp. 136/9.)

Correspondance entre la Société et le Corps diplomatique.

— Notes on the Nestorians in China. By E. H. Parker. (*Journ. C. B. R. A. S.*, XXIV, N. S., 1889—90, No. 3, pp. 289/302.)

Col. 330.

I. MISSIONS CATHOLIQUES.

1° OUVRAGES DIVERS.

— La Historia de la Provincia . . . Escrita por . . . don Fray Diego Aduarte . . . .

La première édition est de Manille, 1640.

(PIERRE DE SI NGAN FOU.)

GIOVAN PIETRO MAFFEI.

* Joannis Petri Maffeii Bergomatis e Societate Jesu Historiarum Indicarum Libri XVI. Selectarum item ex India Epistolarum eodem Interprete. Libri IV. Accessit Ignatii Loyolae vita postremo recognita. Et in opera singula copiosus Index. Florentiae, apud Philippum Junctam. MDLXXXVIII. Ex auctoritate Superiorum. Cum Privilegio, infol., 2 ff., pp. 570, s. l. t. — DE BACKER.

* Selectarum Epistolarum ex India, libri IV, Jo. Petro Maffeio interprete. Ejusdem de LII e Societate Jesu dum in Brasiliam navigant, pro catholica fide interfectis Epistolae II. Item Vita Ignatii Loyolae, lib. III. Eodem Maffeio auctore. Venetiis, 1588, 4°. Cette édition a-t-elle eu aussi les Histor. Ind. lib. XVI? — Historiarum Indicarum lib. XVI. Selectarum item ex India Epistolarum eodem interprete lib. IIII. Accessit Ignatii Loyolae Vita postremo recognita. Et in opera singula copiosus index. Lugduni, ex officina Junctarum, 1589, in-4, pp. 688, s. l. t. — Même titre. Venetiis, apud D. Zenarium, 1589, in-4, 27 et 283 ff. — Omnia ab auctore recognita, et nunc primum in Germania excusa. Item in singula opera copiosus index. Coloniae Agrippinae, in officina Birckmannica, sumptibus Arnoldi Mylii, 1589, in-fol., pp. 514. — Omnia ab auctore recognita, et emendata. In singula copiosus index. Coloniae Agrippinae, in officina Birckmannica, sumptibus Arnoldi Milij, 1590, in-8, pp. 763, s. l. t. — Coloniae Agrippinae, ex officina Birckmannica, 1593, in-fol. — Jo. Petri Maffei, Bergomatis, e Societate Jesu, Historiarum Indicarum libri XVI. Selectarum item ex India Epistolarum libri IV. Accessit liber recentiorum Epistolarum a Joanne Hayo Dalgattiensi Scoto ex eadem Societate nunc primum excusus, cum Indice accurato. Duobus Tomis distributi. Omnia ab Auctore recognita et emendata. In singula copiosus index. Antverpiae, ex officina Martini Nutii, M.DC.V, in-8. Ce volume contient : les tables; Historiarum Indicarum liber primus, etc., pp. 478. Selectarum Epistolarum ex India libri quatuor Joanne Petro Maffeio interprete, pp. 1—202. De quinquaginta duobus e Soc. Jesu, dum in Brasiliam navigant, pro catholica fide interfectis, epistolae duae. Petri Diazii ad Leonem Henricum provinciae Lusitanae pro Societate Jesu

Praepositum, pp. 203—213. La première lettre est datée : Ex Insula Materia XV Kalend. Septemb. M.D.lxx; et la seconde : Olisipone, V Idus Decemb. M.D.lxxi. Emanuelis Acostae Lusitani Historia rerum a Societate Jesu in Oriente gestarum, ad annum usque Christi Domini M.D.lxviii. Recognita et latinitate donata a Joanne Petro Maffeio, Bergomate, Societatis Jesu, Presbytero, pp. 213—279. De Japonicis rebus Epistolae, in editione Veneta praetermissae, quarum lectio Christiano lectori mirifice placebit, pp. 271—359. De rebus Indicis Epistolae, in editione Veneta praetermissae, pp. 360—401, plus l'index. Ensuite vient : Ignatii Loiolae Vita, etc. Le P. Coronelli fait mention de cette édition; D. Clément (Bibl. Cur. I, p. 37), doutait de son existence. — Cadomi, apud Adamum Cavalier, ou Jacob. Mangeant, 1614, in-8, pp. 718, s. l. t. Voir col. 343. — Lugduni, 1689, in-4. — Joannis Petri Maffeii Bergomatis e Societate Jesu Historiarum Indicarum libri XVI. Selectarum Epistolarum ex India libri quatuor. Anno MDCCLII. Viennae Austriae, ex officina Trattneriana sumptibus Augustini Bernardi, Bibliopolae, in-fol., 2 Tom., pp. 366 et 157, s. l. t. Cette édition est moins complète que celle d'Anvers. — Lugduni, apud Ioannem Champion, 1637, in-8, pp. 718. — DE BACKER.

— Le Historie delle Indie Orientali, dei R. P. Giovan Pietro Maffei della Compagnia di Giesù. Tradotte di Latino in lingua Toscana, da M. Francesco Serdonati Fiorentino. Con una scelta di Lettere scritte delle Indie, fra le quali se ne sono molte non più stampate, tradotte dal medesimo. Con due Indici copiosissimi. In Venetia, appresso Damian Zenaro, 1589, in-4, ff. 416, s. l. l.

— Le Istorie ‖ delle Indie ‖ orientali ‖ del Rev. P. Giovan Pietro ‖ Maffei della Compagnia‖ di Giesv. ‖ Tradotte di latino in lingva toscana ‖ da M. Francesco Serdonati Fiorentino. ‖ Con vna scelta di lettere scritte dell' Indie, fra le quali vc ne ‖ sono molte non più stampate, tradotte ‖ dal medesimo. ‖ Con indici copiosi. ‖ In Fiorenza, ‖ — per Filippo Givnti. ‖ M.D.lxxxix. ‖ Con licenza de Superiori e Priuilegio. in-4, 26 ff. n. c. p. l. tit., les tab. + pp. 930 + 3 ff. n. c. p. les errata.

* Le Storie dell' Indie Orientali del P. Gio. Pietro Maffei, tradotte di latino in lingua

Toscana da M. Francesco Serdonati Fiorentino citate come testo di lingua nel vocabulario della Crusca colle lettere scelte scritte dall' Indie, e dal medesimo tradotte. Bergamo, appresso Pietro Cancellotti, 1749, 2 vol. in-4, pp. 551 et 224, sld. et la vie de l'auteur. — DE BACKER.

— Le Istorie dell' Indie orientali del P. Gio. Pietro Maffei Tradotte di Latino in lingua Toscana da M. Francesco Serdonati fiorentino. — Milano, Dalla Società Tipografica de' Classici Italiani, contrada di S. Margherita, N° 1118. Anno 1806, 3 vol. in-8.

Edizione delle opere classiche italiane dedicata a sua eccellenza il signor Melzi d'Eril Cancelliere Guarda-Sigilli della Corona.

* Reggio, 1826, 6 vol. in-12.

* Genova, 1830, 10 vol. in-18.

— Istoria delle Indie Orientali di Giovan Pietro Maffei tradotta da Francesco Serdonati. Milano, Per Antonio Fontana, M.DCCC.XXX, 2 vol. in-8.

Fait partie de la collection : *Biblioteca Storica di tutte le nazioni.* Classe prima. *Storici italiani.*

* Histoire des Indes de Jean Pierre Maffée, où il est traité de leur descouverte, nauigation et conqueste faicte tant par les Portugois que Castillans; ensemble de leurs mœurs, ceremonies, loix, gouuernement, et reduction à la Foy catholique, traduite par F. A. D. L. B. Chanoine de Perigueux. Lyon, J. Pillehotte, 1604, in-8.

François Arnault de la Boirie.

* L'Histoire des Indes Orientales et Occidentales, par Jean Pierre Maffée, traduite du latin en françois par M. M. D. P. (Michel de Pure). Avec deux tables, l'vne des chapitres, et l'autre des matières, tant geographiques qu'historiques. Paris, Robert de Ninville, 1665, in-4, 2 t., 1 vol., 15 ff., pp. 353, et 292, 13 ff.

Les traductions françaises sont peu estimées. (De Backer.)

.·.

Col. 330.

— GLORIOSVS ‖ FRANCISCVS ‖ REDIVIVVS ‖ Sive ‖ CHRONICA ‖ Observantiae ‖ Strictioris, Reparatae. ‖ Redvctae, ac Reformatae; ‖ eiusdem'que per Christianos Orbes, non solùm, sed ‖ & Americam, Perú, Chinas, Iapones, Chichemecas, ‖ Zatachecas; Indos Orientis, & occidui solis, ‖ Turcas, & Barbaras gentes, diffusae, & ‖ Euangelio fructificantis. ‖ Distincta VI. Libris, & 28. figuris aeneis ornata. ‖ Cum Facultate Superiorum. ‖ Ingol-

(CATH. DIVERS : MAFFEI.)

stadii, ‖ Ex officina Wilhelmi Ederi, Anno 1625, ‖ in-4, 28 ff. prél. n. c. + pp. 852 + 7 ff. n. c. p: l'index, etc. Titre gravé.

Un deuxième titre gravé porte :

— MIRABILIA ‖ SERAPHICA ‖ NOVI, ac VE- ‖ TERIS ORBIS ‖ *id est,* ‖ Gesta genvinae ‖ familiae francisca- ‖ nae, Reformatae. ‖ Et Beatorum Ze- ‖ lotum in eâ, iam inde à centum ‖ Annis, & aliquot lustris, argumê- ‖ tosâ veritate, deducta, & ‖ debitè consurata. ‖ F. F. ac Patribus Custodiae Seraphicae ‖ Boiariae Ditionis cooperatoribus ‖ Authore & Compilatore ‖ R. P. MARIANO.

Le P. da Civezza, *Saggio di Bib. S. Francescana,* écrit, p. 372 : «No vidi un bell' esemplare in Parigi, che già appartenne al *Kloster Bildhausen,* e un altro nella Biblioteca del nostro Convento di S. Anna di Monaco in Baviera, in fine del quale sono scritte a mano le parole seguenti: *Author huius libri est R. Pater Marianus Orseoler Gandavus, natione Belgus, olim S. Theologiae et utriusque iuris doctor, mire ab haeresi ad fidem conversus, deinde alumnus Provinciae Bavariae, in fama sanctitatis mortuus die 16. iulii 1539. Vide Martyrolog. R. P. Forunati Hueber ad 16 iulii.»*

Col. 331.

— Salutaris ‖ lux Evangelii ‖ toti orbi per divinam gratiam exoriens, ‖ sive ‖ notitia historico chronologica ‖ literaria et geographica ‖ propagatorum ‖ per orbem totum ‖ christianorum sacrorum: ‖ delineata a ‖ Jo. Alberto Fabricio, ‖ SS. Theol. D. & Professore Publ. in Gymnasio Hamburgensi. ‖ — Accedunt Epistolae quaedam ineditae Juliani Imp. ex. ‖ Bibl. illustrissimi Comitis Christiani Danneshiold de ‖ Samsoa, τε μαχασιτε : & 2) Gregorii Habessini Theologia ‖ Aethiopica, nec non 3) Index Geographicus Episcopatuum Orbis ‖ Christiani, additâ notitiâ Scriptorum, e quibus plerorumque ‖ historia & successio Episcoporum peti potest. ‖ — Hamburgi, Sumtu Viduae Felgineriae, ‖ Typis Stromerianis, A. C. cIɔ Iɔ cc xxxI, in-4, 3 ff. n. c. p. l. préf., + pp. 796 + pp. 234 + 1 f. n. c. p. les addenda; front. gravé.

Les pp. 234 renferment *Index geographicus episcopatuum orbis christiani . . . ., Index locorum et rerum; Index auctorum.*

— Historia general de ‖ Philipinas. ‖ Conqvistas espiritvales y tem- ‖ porales de estos Españoles Dominios, estable- ‖ cimientos Progresos, y Decadencias. ‖ Comprehende ‖ Los Imperios Reinos y Provincias de Islas y Con- ‖ tinentes con quienes há havido Communicacion, ‖ y Comercio por immediatas Coincidencias. ‖ Con ‖ Noticias universales Geographicas Hidrographicas de ‖ Historia Natural de Politica de Costumbres y de Religio- ‖ nes, en lo que deba interesarse tan universal. ‖ Titvlo. ‖ Por El P. Fr. IUAN de la CONCEPCION Recoleto Agusti- ‖ no Descalzo Lector Iubilado Ex-Provincial Exami- ‖ nador Sinodal de el Arzobispado de Manila, y Coronis- ‖ ta de su Provincia de San Nicolas de las Islas ‖ Philipinas. ‖ Socio Numerario de la regia Sociedad de

(CATH. DIVERS : GÉNÉRALITÉS.)

Manila. ‖ — Con permiso de los Svperiores. ‖ — En Man. en la Impr. del Seminar. Conciliar, y Real de S. ‖ Carlos: Por Agustin de la Rosa, y Balagtas. Año de 1788.

— Tomo XIV. ‖ Con permiso de los svperiores. ‖ En el Conv. de Nr̃a Sr̃a de Loreto del Pueblo de Sampaloc: ‖ Por el Hermano Balthasar Mariano, Donado Francisscano. ‖ Año de 1792. 14 vol. in-4.

"Co précieux ouvrage, écrit M. Leclerc (*Cat. de la Bib. Japon.* de M. Mourier, No. 425) est non-seulement la meilleure histoire qui existe des îles Philippines, mais aussi la meilleure chronique des religieux récollets augustins établis dans ces îles depuis leur découverte, ainsi que celle de leurs missions de Chine et du Japon. Le P. *Juan de la Concepcion* était déjà mort lorsque son livre fut donné à l'impression. C'est le P. *Joachin de la Virgen de Sopetran*, Provincial de la province de S. Nicolas, qui le publia."

— Histoire de l'établissement du christianisme dans les Indes orientales, par les évêques français et autres missionnaires apostoliques. Imprimée sur le Manuscrit original inédit; communiquée pendant le cours de l'impression, à M. Sicard, membre de l'Institut national, Instituteur des Sourds-Muets, et dédiée à S. E. Monseigneur le Cardinal Caprara, légat a latere. A Paris, chez Madame Devaux, libraire, rue de Malte, n° 382. — An XI. — 1803, 2 vol. in-12, pp. xxiv-299, 335.

Col. 332.

— Storia universale delle missioni francescane del P. Marcellino da Civezza M. O. della Provincia di Genova. Volume I. Roma, Tipografia Tiberina 1857. — Vol. VI. Prato Tip. di R. Guasti, 1881, 6 vol. in-8.

En cours de publication.

— Resúmen histórico de las misiones que la provincia del santísimo rosario de Filipinas de la orden de predicadores tuvo en la isla Formosa: de su nueva instalacion en nuestros dias, y principales sucesos ocurridos en ellas hasta el presente. — Estado actual de las misiones que la misma provincia tiene en el imperio de la China, principales sucesos ocurridos desde, 1862 hasta el presente. — Ultimas noticias de las misiones que la dicha provincia tiene en el reino de Tunquin. — Con las licencias necesarias. — Manila: Setiembre de 1864. — Establecimiento tipográfico del colegio de Santo Tomás, á cargo de D. Babil Saló. in-4, pp. 82 + 42 + xxxx + 71.

— Copia de vnas | Cartas de algunos padres y herma | nos de la compañia de Iesus que es | criuieron de la India, Iapon, y Bra | sil

(Cath. divers : Généralités.)

a los padres y hermanos de la mis | ma compañia, en Portugal trasla | dadas de portugues en castella | no. Fuerõ recebidas el año | de mil y quinientos y cincuenta y | cinco. Acabaronse a treze dias del mes | de deziember. (Lisboa) Por Ioan | Aluarez. Año m.d.lv. in-4.

L'ex. que nous avons examiné est celui qui figure au No 2723 de *Bibliotheca Americana*. Supp. No I. Novembre 1881. Paris, Maisonneuve, 1881, in-8. Nous ne pouvons mieux faire que de reproduire la notice excellente de ce catalogue fort bien rédigé :

32 fnc., caractères gothiques. Le titre est orné d'une bordure sur bois représentant des fleurs, des oiseaux, un singe, etc. Le premier feuillet commence avec la signature B. Bel exemplaire d'un volume des plus précieux et fort peu connu jusqu'à présent. Le seul bibliographe qui en fasse mention, Innocencio da Silva, en constate lui-même la grande rareté. Cette petite collection de lettres, écrites par les missionnaires de la Compagnie de Jésus à leurs confrères d'Europe, renferme neuf épîtres, à savoir : Carta del hermano Arias Blandõ, que escriuio de Goa (datée du collège S. Pablo de Goa 23 décembre 1554). Dans cette pièce, le P. Arias parle de Fernand Mendez Pinto. — Carta del hermano Hernan Mendez de la compañia de Jesus (datée du collège de Malaca, 5 avril 1554). Cette pièce est du célèbre voyageur Fernand Mendez Pinto, qu'il l'écrivit à l'époque de son noviciat lorsqu'il était dans l'intention d'entrer dans la Compagnie de Jésus. — Carta del padre mestre Melchior que scriuio de Malaca (datée de Malaca 3 décembre 1554). — Carta del hermano Pedro de Alcaceua scripta de Goa en el año de 1554. — Informacion de algunas cosas acerca de las costūbres y leyes del Reyno de la China que vn hōbre que alla estuuo captiuo seis años, cõtó en Malacha en el collegio de la compañia de Jesus. (Ce curieux document est attribué au voyageur Fernand Mendez Pinto.) — *Cartas del Brasil*. Cartas del hermano Pero Correa que scriuio a vn padre del Brasil. (Il y est question des conversions faites par le P. Nobrega parmi les indiens Carijos et Tupiniquines.) — Carta del hermano Joseph que scriuio del Brasil a los padres y hermanos de la compañia de Jesus (mission de la province de Piratininga; conversion des Ibirajaras par le P. Correa; récit de vn del P. Juan de Sosa, le compagnon du P. Correa). — Carta del hermano Joseph (autre lettre du même religieux datée de la mission de Piratininga, 15 mars 1555). — Vna del padre Juan de Aspilcueta (très intéressant récit du voyage de ce religieux dans l'intérieur du Brésil, dans lequel il parle des indiens Tapuyas, Cathiguzu(?), Tamoyas; fêtes des Indiens; fruits et animaux, etc. Cette lettre est datée de Puerto Seguro, jour de S. Jean, 1555).

Col. 334.

* Lettere dell' India Orientale, scritte da' Reuerendi Padri della Compagnia di Giesù. Nouamente stampate, et ampliate. Vinegia, Antonio Ferrari, 1580, pet. in-8.

3 fnc., 342 pp., 1 fnc. Parmi les 25 lettres composant cette collection, nous indiquerons seulement celles relatives au Japon et à la Chine :

Lettre du P. Luis d'Almeida, du Japon, 1566 (pp. 9—48). — Lettre du P. Em. Teixera sur les missions de Chine, 1569 (pp. 77—91). — Lettre du P. Franc. Cabral, supérieur des missions du Japon, Mai 1574 (pp. 176—204). — Du même religieux, lettre de Septembre 1575 (pp. 205—215). — Lettre du P. Melchior Carnero datée de Macone port de la Chine, 1575 (pp. 215—219). — Lettre du P. Gomez Vaz de Macone, 1576 (pp. 219—223). — Lettre du P. Cabral, Septembre 1576 (pp. 224—252). — Lettre du P. Luis Froes, datée de Bungo 1577 (pp. 256—320). — Lettre du P. Organtini datée de Meaco 1577 (pp. 320—327). — Lettre du P. Giov. Franc. Stefanone datée de Meaco 1577 (pp. 327—331). — Autre lettre du P. Cabral datée de Cocinocù 1577 (pp. 332—432). (*Cat. de la Bib. Jap. de M. Mourier*, Paris, 1887.)

— Fernere Zeitung ‖ Ausz Japon | desz ‖ zwey vnnd achtzigsten | drey vnd ‖ achtzigsten | vnd vier vnd ach- ‖ tzigsten Jars. ‖ Sampt ‖ Langstgewünschter Fröli- ‖ cher Bottschafft | ausz der gewalti- ‖ gen | bisz anhero Haydnischen Land- ‖ schafft China | desz 83. vnnd 84. ‖ Jars: Von dem daselbst

(Cath. divers : 1580—1586.)

au-‖gehenden Christen-‖thumb. ‖ Gezogen ausz Briefen der Societet ‖ Iesv │ die zu Rom ankommen. │ in ‖ December desz 1585. Jars.‖ Mit Röm. Kay. Mayestet Freyheit. ‖ Getruckt zů Dilingen │ durch ‖ Joannem Mayer. ‖ — M.D.LXXXVI. pet. in-8, 2 ff. n. c. + 166 ff. c. [le der. ch. 266 par erreur].

Col. 335.

La relation des ambassadeurs japonais avait déjà paru sous le titre de :

— Relationi ‖ della venvta ‖ de gli ambasciatori ‖ giaponesi ‖ à Roma, sino alla partita di Lisbona. ‖ Con vna descrittione del lor paese, e costumi, ‖ e con le Accoglienze fatte ‖ loro da tutti i Prencipi Christiani ‖ per doue sono passati. ‖ Raccolte da Gvido Gvaltieri. ‖ In Venetia ‖ appresso i Gioliti. ‖ MDLXXXVI, in-8, 5 ff. n. c. + pp. 187 + 1 f. n. c.

Col. 336.

— Lettere ‖ del Giapone' ‖ et della Cina ‖ de gl'anni ‖ M.D.LXXXIX. & M.D.XC. ‖ Scritte al R. P. Generale della Com-‖pagnia di Giesv.‖ In Roma, ‖appresso Luigi Zannetti. M.D.XCI. ‖ — Con licentia de' svperiori. ‖ pet. in-8, pp. 214 [chif. par erreur 114].

Contient :

Lettera annale del Giapone delli 24. di Febraio 1589 . . . . Da questa Chiesa nostra di Canzusa à 24. di Febraro 1589, pp. 3/159.

Altri avisi dello medesimo parti del Giapone estratti da vna lettera del P. Luigi Frois al P. V. Prouinciale, data a 22. di Luglio. 1589, ff. 159/168.

Di vn' altra del P. Francesco Perez intorno alla Christianistà della Città di Arie, ff. 168/170.

Del medesimo padro Francesco Perez intorno à quello che auuene in Amangucci dopò la partità de i Nostri Padri da quella Città, ff. 170/181.

Copia d'vna del P. Egidio della Matta scritta al P. General della Compagnia di Giesù dal medesimo Regno del Giapone à 25.di Luglio 1590, ff. 181/187.

Avvisi della Cina cavati da vna del P. Antonio Dalmeida scritta dalla Città di Sciauchieu alli 8. di Settembre 1588. à Macao al P. Duarte di Sande, ff. 187/199.

Di vna del P. Provinciale dell' India al R. P. Generale delli 22. di Nouembre 1589, ff. 199/200.

Copia d'vna del P. Dvarte di Sande Superiore della Casa della Compagnia di Giesv in Macao Porto della Cina scritta al R. P. Generale à 28. di Settembre 1589, ff. 200/214.

— Relacion de vna gravissima perseccuciõ, que vn tyrano de los Reynos de Iapon, llamado Cãbucodono, ha leuãtado contra los christianos, en los años de 88. y 89. Y de las marauillas que ñro Señor ha obrado por medio della. Escrita por los padres de la Compañia de Iesvs que residen en el Iapon. 1591. Con privilegio. En Madrid, por Pedro Madrigal. pet. in-8.

Voir ff. 189 et seq. : Auvva de la China del año de .1589 . escrita desde Macao, por el padro Duarte de Sande. A la fin : Desta ciudad de Macao, de .1589.

(CATH. DIVERS : 1586—1589.)

LONGOBARDI.

— Breve ‖ relatione ‖ del regno ‖ della Cina. ‖ Nella quale si dà particolar conto dello stato ‖ presente di quel Regno, della dispositio-‖ne di quei popoli alla Fede Christiana, & de'loro costumi, studij, & dottrina.‖Scritta di là dal R. P. Nicolo ‖ Longobardi della Compagnia di Giesv. ‖ In Mãtoua, per Francesco Osanna Stampator Ducale. ‖ MDCI. Con licenza de' Superiori. pet. in-8, pp. 32.

Sciauceo 18 Ott. 1598.

— Copia ‖ d'vna breve ‖ relatione ‖ della Christianita ‖ di Giappone, ‖ Del Mese di Marzo del M.D.XCVIII. insino ‖ ad Ottob. del medesimo Anno, ‖ Et della morte di Taicosama Signore ‖ di detto Regno. ‖ Scritta del P. Francesco Pasio, al M. R. P. Claudio ‖ Acquauiua Generale della Compagnia ‖ di Giesv. ‖ Et dalla Portoghese tradotta nella lingua Ita-‖liana del P. Gasparo Spitilli, di Campli ‖ della Compagnia medesima. ‖ In Venetia, ‖ Appresso Gio. Batt. Ciotti Sanese. ‖ M.D.CI. pet. in-8, pp. 98.

Voir pp. 39/72 : Copia d'una lettera del P. Nicolò Longobardi, scritta nel 1598. dalla Cina. [Sciauceo, 18 Ott. 1598.]

— Copia ‖ d'vna breve ‖ relatione ‖ della Christianita ‖ di Giappone, ‖ del mese di Marzo del ‖ M.D.XCVIII. insino ad Ottob. ‖ del medesimo anno, ‖ Et della morte di Taicosama Sign. di detto Regno. ‖ Scritta del P. Francesco Pasio, al M. R. P. Claudio Acqua-‖uiua Generale della Compagnia di Giesv. ‖ Et dalla Portoghese tradotta nella lingua Italiana dal P. Gasparo ‖ Spitilli, di Campli della Compagnia medesima. ‖ In Brescia, ‖ Appresso Pietro Maria Marchetti. ‖ Con licenza de' Superiori. in-8, pp. 93.

Voir pp. 36/60 : Copia d'vna lettera del P. Nicolò Longobardi, scritta nel 1598. della Cina. [Sciauceo, 18 Ott. 1598.]

Col. 337.

— Newe Historische Relation │ ‖ Und sehr gůte │‖ frölicke vnd lustige Bott-‖schafft │ was sich in vilen gewalti-‖gen Königreichen der Orientalischen In-‖ dien │ wie auch inn dem mächtigen Königreich ‖ China │ vnd bey dem grossen König Mogor │ zuuor-‖derst aber in Jappon │ vor vñ nach dem Tod desz ‖ altē Königs Quabacondoni odˉ Taicosame │ im 1598. ‖ vnd 99. Jar │ zůgetragen │ wie jetzt gemelter Ty-‖rann abgeleibet │ vnd Gott der Herr den Patribus ‖ Societatis IESV, grosse gewaltige Thor zů beköh-‖rung der Haidenschafft │ in gemeldten Königrei‖chen │ wunderbarlich er-

(CATH. DIVERS : 1598—1599.)

öffnet. Auch von den ‖ mercklichen Reich-
thumben | seltzamen vner- ‖ hôrten Sitten
vnnd Gebräuchen | so wol in ‖ Religions |
als Politischen Wesen ‖ derselben Königen
vnd ‖ ihrer Reiche. ‖ Alles in etlichen Mis-
siuen obge- ‖ vnd vorge-
melten Jaren ‖ an jhren Hochehrwürdigen
P. Generalem geschri- ‖ ben | vnd thails
ausz dem Lateinischen | thails ‖ ausz dem
Welschen Exemplar in die ‖ Teutsche
Sprach versetzt. ‖ Cum facultate Superio-
rum. ‖ Dilingen | durch Johannes Mayer. ‖
1601. Pet. in-8, 186 ff. c.+1 f. p. l. tit.+
4 ff. n. c. pour les errata, la table des Grands
Prêtres juifs et celle des Papes.

Contient :

F. 1. : Sendschreiben ‖ ausz Jappon P. Francisci ‖ Pasij, an den
Hochehrwürdigen P. ‖ Clavdivm Aqvavivam, der Socie- ‖ tet Iesv
Generalem, den 3. October ‖ Anno 1598.

F. 71 : Newe Histori- ‖ sche Relation | was in den ‖ Orientalischen
Indien | durch die ‖ Patres Societatis Iesv, zur Ehr Gottes ‖
vnd Beförderung desz Christlichen Glaubens ‖ im 1598. vnd
99. sich zü- ‖ getragen. ‖ Von dem Ehrwürdigen P. Nico- ‖ lao
Pimenta gemelter Societet Iesv ‖ Visitatore, geschriben an den
Hochehrwürdi- ‖ gen P. Claudium Aquauiuam, der ‖ obgedachten
Societet Ge- ‖ neraln.

Col. 338.

— Relaçam annval ‖ das covsas qve ‖ fizeram
os padres da com- ‖ panhia de Iesvs na India, & Iapão nos annos ‖ de 600. & 601. &
do processo da conuersaõ, & ‖ Christandade
daquellas partes: tirada das ‖ cartas gêraes
que de lá vierão pel- ‖ lo Padre Fernão Guerreiro ‖ da Companhia de ‖ Iesvs.· ‖ ¶ Vai di-
uidada em dous liuros, hum das cousas da
India, ‖ & outro do Iapam. ‖ ¶ Impressa com
licença do S. Officio, & Ordinario. ‖ Em
Euora, por Manoel de Lyra, Anno 1603.
in-4, de 136 ff.

Le livre est chiffré par feuillet jusqu'au 13ᵉ et par page ensuite ;
la dernière p. est chif. 259.

British Museum 493. h. 15.

— Lettera ‖ della Cina ‖ dell' anno 1601. ‖
Mandata dal P. Valentino Caruaglio ‖ Ret-
tore del Collegio di Macao, ‖ Al M. R. P.
Claudio Acquauiua Generale ‖ della Compagnia di Giesv. ‖ In Roma ‖ Nella Stamperia di Luigi Zannetti. 1603. ‖ Con licenza
de' Superiori. in-8, pp. 108.

— Lettera ‖ della Cina ‖ dell' anno ‖ M.D.CI. ‖
Mandata dal P. Valentino Caruaglio ‖ Ret-
tore del Collegio di Macao, ‖ Al M. R. P.
Claudio Aquauiua Generale ‖ della Compagnia di Giesv. ‖ In Venetia, ‖ Appresso
Gio. Battista Ciotti Senese. 1604. ‖ Con licenza de' Superiori, in-8, pp. 75.

Col. 339.

DIEGO DE PANTOJA.

— Relacion ‖ anval de las cosas qve ‖ han
hecho los padres ‖ de la Compañia de Iesus
en la India Oriental ‖ y Iapon, en los años
de 600. y 601. y del pro- ‖ gresso de la
conuersion y Christiandad ‖ de aquellas partes. ‖ sacada de las cartas generales qve ‖
han venido de ella, por el padre Fernan
Guerrero de la Compañia ‖ de Iesvs, natural de Almodouar de Portugal. ‖ Traduzida de Portvgves en ‖ Castellano por el
Padre Antonio Colaço Procurador ‖ general
de la Prouincia de Portugal, India, Iapon, ‖
y Brasil, de la misma Compañia. ‖ Dirigida
a Don Ivan de Boria Conde ‖ de Ficallo,
del Consejo supremo de Portugal, y del
de Estado ‖ de su Magestad. ‖ Año 1604. ‖
Con privilegio : ‖ En Valladolid, Por Luys
Sanchez. in-4, pp. 539 + 11 ff. prél.

Ou lit p. 539 : *Fin de la relacion annual de las cosas de la India y Iapon, de los años de 600. y 601.*

Au verso de la p. 539 : En Valladolid, ‖ Por Luys Sanchez ‖ Año
M.DC.IIII.

L'ex. que nous venons de décrire est au British Museum, 1309.
b. 83. il contient la matière de l'éd. portugaise de 1603, Evora.
— Dans un autre ex. 867. f. 18, l'ouvrage au lieu de s'arrêter
à la p. 539 continue par une lettre du P. Diego de Pantoja,
au P. Luys de Guzman, Provincial de la Province de Tolède,
de Peking, 9 Mars 1602. Dans cet ex. une nouvelle page 539
est réimprimée et le numérotage des pages va jusqu'à la page 682,
fin de la lettre du père D. de Pantoja; enfin l'ex. se termine
par l'ancienne p. 539 recto et verso comme dans l'ex. précédent. Somme toute, on a intercalé entre les pages 538 et 539
de l'éd. de Sanchez des pages chiffrées 539/682 contenant la
lettre du P. D. de Pantoja.

Col. 341.

— Relaçam annal ‖ das covsas ‖ qve fezeram
os padres da companhia ‖ de Iesvs nas partes da India ‖ Oriental, & no Brasil, Angola,
Cabo verde, Guine, nos annos ‖ de seiscentos & dous & seiscentos & tres, & do pro- ‖
cesso da conuersam, & christandade daquellas par- ‖ tes, tirada das cartas dos mesmos padres ‖ que de là vieram. ‖ Pelo padre
Fernam Guerreiro da mesma ‖ Companhia,
natural de Almodouuar ‖ de Portugal. ‖ Vay
diuidido em quatro liuros. O primeiro de
Iapã ‖ O II. da China & Maluco. O III. da
India. ‖ O IIII. do Brasil, Angola, & Guiné. ‖
Em Lisboa : Per Iorge Rodrigues im- ‖ pres-
sor de liuros. ‖ Anno M.D.CV. 140 ff. (dern.
c. 142 par erreur) + 3 ff. prél. p. l. perm.
et l. errata.

— Historischer Bericht ‖ ‖ Was sich in dem ‖
grossen | vnd nun je longer je mehr ‖ be-
kandten Königreich China | in verkündi-
gung ‖ desz H. Euangelij vnd fortpflantzung

des Catholi- ‖ schen Glaubens | von 1604.
vnd volgenden Ja- ‖ ren | denckwürdigs
zugetragen. ‖ Ausz Portugesischen zu Lisa-
bona ‖ gedruckten Exemplaren ins Teutsch ‖
gebracht. ‖ M.DC.XI. Gedruckt zu Augspurg |
bey ‖ Chrysostomo Dabertzhofer. in-4, 4 ff.
n. c. tit., etc. + pp. 131.

Traduit de F. Guerreiro.

— Relaçam ‖ annal das cov- ‖ sas qve fezeram
os pa- ‖ dres da Companhia de IESVS nas
partes ‖ da India Oriental, & em algũas
outras da ‖ conquista deste reyno no anno
de 606. & ‖ 607. & do processo da conuersaõ, & ‖ Christandade daquel- ‖ las partes. ‖
Tirada das cartas dos mesmos padres que
de là vie- ‖ rão: Pelo padre Fernão Guerreiro da Compa- ‖ nhia de IESV natural de
Almodou- ‖ uar de Portugal. ‖ Vai diuidida
em quatro liuros: ‖ O primeiro da Prouincia
de Iapão & China. ‖ O segundo da Prouincia do Sul. ‖ O terceiro da Prouincia do
Norte. ‖ O quarto de Guiné, & Brasil. ‖ Em
Lisboa. ‖ Impresso cõ licença: Por Pedro
Crasbeeck ‖ Anno M.DCIX, in-4, 204 ff. c. +
1 f. n. c. prél. pour la perm.

.·.

Col. 342.

— Annva della Cina del M.DC.VI..

De Backer cite : In Roma, nella stamperia di Bartolomeo Zannetti
1610, in-8, pp. 47.

— Litterae ‖ Iaponicae ‖ anni M.DC.VI.. ‖ Chinenses ‖ anni M.DC.VI. & M.DC.VII. ‖ Illae à
R. P. Ioanne Rodrigvez, ‖ hae à R. P. Mat-
thaeo Ricci, ‖ Societatis Iesv Sacerdotibus, ‖
transmissae ‖ ad admodum R. P. Clavdivm
Aqvavivam ‖ eiusdem Societatis Praepositum Generalem, ‖ Latinè redditae ‖ à Rhe-
toribus Collegij Soc. Iesv Antuerpie. ‖ Antverpiae, ‖ Ex Officina Plantiniana, ‖ Apud
Viduam & Filios Io. Moreti. ‖ M.DC.XI.
Pet. in-12, pp. 201 + 1 f. n. c.

PP. 131/201 : Litterae Chinenses anni M.DC.VI. & M.DC.VII,
pp. 131/201, E China, XV. Kalend. Nou. anno M.DC.VII.

Col. 343.

— Indianische Newe Relation | ‖ Erster theil. ‖
Was sich in der ‖ Goanischen Prouintz | vnd
in ‖ der Mission Monomatapa | Mogor ‖ ‖ auch
in der Prouintz Cochin | Malabaria | Chi- ‖
na | Pegu vnnd Maluco | so wol in Geist-
lichen ‖ als Weltlichen Sachen | vom 1607.
1608. ‖ vnd folgenden zugetragen. ‖ Vom ‖
R. Patre Fernando Guerreiro, der Societet Iesv, in Portugesischer ‖ Sprach beschri-

(CATH. DIVERS : 1604—1608.)

ben. ‖ Nachmals ausz dem zu Liszbona
ge- ‖ truckten Exemplaren ins Teutsch ‖
gebracht. ‖ Gedruckt zu Augspurg | bey
Chryso- ‖ stomo Dabertzhofer. ‖ — Anno:
M.D.C.XIII, pièce in-4, 4 ff. n. c. p. le tit. etc.
+ pp. 111.

Col. 344.

TRIGAULT.

— De ‖ Christiana ‖ expeditione apvd ‖ Sinas
svscepta ab ‖ Societate Iesv. ‖ ex P. Mat-
thaei Riccii ‖ eiusdem Societatis Commen-
tarijs, ‖ Libri V. ‖ Ad S. D. N. Pavlvm V. ‖
in qvibvs Sinensis Regni ‖ mores, leges,
atque instituta, & nouae illius Eccle- ‖ siae
difficillima primordia accurate & sum ‖ ma
fide describuntur, ‖ avctore ‖ P. Nicolao
Trigavtio Bel ‖ ga ex eadem Societate. ‖
Editio recens ab eodem Auctore multis in
locis aucta ‖ & recognita. ‖ Permissu Superiorum, & Consensu Authoris. ‖ Coloniae, ‖
Sumptibus Bernardi Gvalteri. ‖ — Anno
M.DC.XVII, in-8, 9 ff. n. c. p. le front. grav.,
le tit., déd., etc., tab. + pp. 712 + 11 ff. n. c.
p. l'index.

Col. 345.

— Historie von Einfuehrung . . . .

Le traducteur allemand est *Welser* et non pas *Weser*.

— Entrata ‖ nella China ‖ de' Padri della
Compagnia ‖ del GESV. ‖ Tolta da i Com-
mentarij ‖ del P. Matteo Ricci ‖ di detta
Compagnia. ‖ Doue si contengono i costumi,
le leggi, ‖ & ordini di quel Regno, e i prin-
cipij ‖ difficilissimi della nascente Chiesa, ‖
descritti con ogni accuratezza, ‖ e con molta
fede. ‖ Opera del P. Nicolao Trigauci Padre
di ‖ detta Compagnia, & in molti luoghi ‖ da
lui accresciuta, & reuista. ‖ Volgarizata dal
Signor ‖ Antonio Sozzini ‖ da Sarzana. ‖ In
Napoli ‖ Per Lazzaro Scoriggio. [1622], in-4,
8 ff. n. c. p. le front., déd., tab., etc. +
pp. 504.

.·.

Col. 346.

— Lettere ‖ annve ‖ del Giappone ‖ China,
Goa, ‖ et Ethiopia. ‖ Scritte. ‖ Al M. R. P.
Generale ‖ Della Compagnia di Giesù. ‖ Da
Padri dell' istessa Compagnia ne gli an- ‖ ni
1615. 1616. 1617. 1618. 1619. ‖ Volgarizati
dal P. Lorenzo delle Pozze della ‖ medesima Compagnia. ‖ in Napoli ‖ Per Lazaro
Scoriggio. M.DC.XXI. Pet. in-8, pp. 404 +
2 ff. n. c. p. les errata.

(CATH. DIVERS : 1608—1619.)

Contient :

Lettera annva del Giapone scritta da Padri della Compagnia di Giesù al M. R. P. Generale dell' istessa Compagnia gli anni 1615. e 1616, .. Di Macao 13 di Decembre 1616 . . . [sig.] Gio. Vreman, ff. 3/93.

Lettere annve di Goa, scritto da i Padri della Compagnia di Giesù al molto R. P. Mutio Vitelleschi Generale l'anno 1618. e 1619 . . . . Di Goa li 1. di Febraro 1619 . . . [sig.] Gasparo Luis, ff. 94/109.

Lettera annva di Goa dell' anno 1619. Al Mol. R. P. Mutio Vitelleschi Generale della Compagnia di Giesù, ff. 110/131.

Missione del Mogor . . . . Di Goa li 1.di Feb. 1620 . . . [sig.] Gasparo Luis, ff. 131/137.

Lettera scritta d'Etiopia al M. R. P. Mutio Vitelleschi Generale della Compagnia di Giesù l'anno 1617. dal Padro Pietro Paez della stessa Compagnia . . . ff. 138/147.

Lettera annva della Missione d'Etiopia l'anno 1619. Scritta da Goa al Molto Reuerendo Padre Mutio Vitelleschi Generale della Compagnia di Giesù . . . . Da Goa 18. di Febraro 1620 . . . [sig.] Michele della Pace, ff. 148/172.

Lettera annva scritta al M. R. P. Mutio Vitelleschi Generale della Compagnia di Giesù dalla Cina per ordine del Padre Francesco Viera Visitatore l'anno 1618 . . . Di Macao li 15.di Gennaio 1618 . . . [sig.] Camillo di Costanzo, ff. 173/254.

Lettera della Cina al medesimo R. P. Generale nel 1618 . . . Di Macao 20.di Nouembre del 1618 . . . [sig.] Alfonso Vagnone, ff. 255/276.

Lettera annva del Giapone. Al medesimo Padre Generale, nel 1618 . . . Da Macao a i 28.di Decembre 1618 . . . [sig.] Camillo Costanzo, ff. 277/355.

Relatione d'alcvn' altre cose notabili occorse nel Giapone, ff. 356/363.

Relatione d'alcune cose, che sono accaduto questo anno 1618. nel Giapone raccolte da uarie lettere inuiate da quelle parti alla Città di Maniglia, ff. 365/372.

Lettera annva del Collegio di Macao, Porto della Cina. Al M. R. Padre Mutio Vitelleschi, Generale della Compagnia di Giesù l'anno 1617 . . . Di Macao li 8.di Gennaio 1618 . . . [sig.] Antonio di Sousa, ff. 373/386.

Lettera annvale del Collegio di Macao Al molto Riuerento Padre Mutio Vitelleschi Generale della Compagnia di Giesù l'anno 1618 . . . Da Macao Porto della Cina il di 21.di Gennaio 1619 . . . [sig.] Francesco Eugenio, ff. 387/404.

* Estado, i Svccesso de las cosas de Iapon, China, i Filipinas. Dase cuenta de la cruel persecucion que padece la christiandad de aquellas partes, i del numero de martyres que en ellas â avido de diferentes religiones . . . . Escrito por un religioso de la cōpañia, que assiste en las Filipinas, a otro de Mexico, i de alli embiado en el auiso a los desta ciudad de Seuilla. Sevilla, Francisco de Lyra, 1621, in-4.

Pièce fort rare écrite par les missionnaires de la Compagnie de Jésus et adressée aux Pères de Séville. (Cat. de la Bib. Jap. de M. Mourier, Paris, 1887.)

— Historia ‖ y Relacion ‖ de lo svcedido ‖ en los Reinos de Iapon ‖ y China, en la qual se continua la ‖ gran persecucion que ha auido ‖ en aꝗlla Iglesia, desde el año ‖ de 615. hasta el de 19. ‖ Por el Padre Pedro Morejon de la ‖ Compañia de Iesus, Procurador de ‖ la Prouincia de Iapon, natural ‖ de Medina del Campo. ‖ Año 1621. ‖ Con licēcia en Lisboa por Iuan Rodriguez. in-4, ff. 193 c. [le der. f. c. par erreur 200]+ 2 ff. à la fin [table] et 3 ff. au com.

Col. 347.

— RELATIONE ‖ DELLE COSE | PIV NOTABILI ‖ Scritte ne gli anni 1619. ‖ 1620. & 1621. ‖

(CATH. DIVERS : 1618—1621.)

dalla Cina. ‖ Al molto Reu. in Christo ‖ P. MVTIO VITELLESCHI ‖ Preposito Generale della Com- ‖ pagnia di GIESV. ‖ IN ROMA, Per l'Erede di Bartolomeo ‖ Zannetti. M.DC.XXIV. — Con licenza de' Superiori. in-8, pp. 252.

Contient :

Relatione dell' Anno M.DC.XIX . . . Di Macao 7.di Decembre 1619 . . . [sig.] Emanuele Diaz, ff. 3/61.

Relatione dell' Anno M.DC.XX . . . Di Macao 28. di Nouembre 1620 . . . [sig.] Vinceslao Pantaleone, ff. 62/100.

Relatione dell' Anno M.DC.XXI . . . . Dalla Metropoli Hanciana nel primo anno del nostro Imperatore Thienki, nell' ottauo giorno della Luna Settima, & nell' anno del Signore 1622. a' 24. d'Agosto . . . [sig.] Nicolò Trigaultio, ff. 101/252.

— Rervm ‖ memorabilivm ‖ in ‖ Regno Sinae ‖ gestarvm ‖ Litterae annuae Societatis ‖ Iesv. ‖ Ad Reu. Admodum in Christo Patrem ‖ P. Mvtivm Vitelleschi ‖ Praepositum Generalem eiusdem ‖ Societatis ‖ Antverpiae, ‖ Ex Officina Hieronymi Verdvssii. M.DC.XXV. in-8, pp. 168 s. le dernier f. pour la permission; le dernier f. est chiffré par erreur pages 153/148.

Sous titre à la page 1 : Litterae annvae Societatis Iesv e Regno Sinarvm anni M.DC.XX.

Le volume contient une lettre du P. Nicolas Trigault de Nau king 21 Août 1621 [imprimé par erreur 1261].

«Traduction latine du recueil ci-dessus, 1624, in-8. Elle ne contient, pour la Chine, que la relation du P. Trigault pour l'année 1621, 148 pp.; 1 fac. Ensuite vient cet autre titre : Rerum memorabilium in regno Iaponiae gestarum. Litterae an. 1619, 20, 21, 22, soc. Jesu. Autverpiae, Verdusson, 1625, de 136 et 348 pp. La relation de Yéso, qui se trouve dans la version française à la suite de 1621, n'est pas dans cette traduction latine; en outre cette dernière comprend sous l'année 1622, n'est que la nomenclature des noms de 118 martyrs.» (Cat. de la Bib. Jap. de M. Mourier, Paris, 1887.)

— Voir la traduction française . . . par le P. Pierre Morin, col. 347.

— Kurtze RELATION, ‖ was inn den Königreichen Iapon vnnd ‖ China, In den Jahren 1618. 1619. vnd 1620. mit ‖ auszbreittung desz Christlichen Glaubens sich begeben| Auch was ‖ massen vil Christen | so wol Geistliche als Weltliche | darüber ‖ jhr Blut vergossen vnd die Marter Cron ‖ erlangt.‖ Darbey auch etwas Berichts | was ‖ in den Insuln Filippinen sich ‖ begeben ‖ Alles ausz glaubwürdigen Hispanischen schreiben‖vnd Relationen in die Teutsche Sprach‖ vbergesetzt. ‖ Gedruckt zu Augspurg | bey Sara ‖ Mangin | Wittib. ‖ — M.DC.XXI. pièce in-4, 14 ff. n. c.

Col. 348.

— Lettere ‖ annve ‖ del Tibet ‖ del MDCXXVI ‖ e della Cina ‖ del M.DCXXIV. ‖ Scritte al M. R. ‖ P. Mvtio Vitelleschi ‖ Generale della Compagnia ‖ di Giesv. ‖ In Roma, ‖ Appresso Francesco Corbelletti. 1628. ‖ Con Licenza de' Superiori. in-8, pp. 130.

(CATH. DIVERS : 1619—1626.)

Contient :

L. d'Antonio d'Andrade. — Di Caparangue 15. d'Agosto del 1626. (Voir col. 1363.)

L. de Venceslao Pantaleone. — Di Macao a' 27. d'Ottobre 1625.

— Histoire de ce qvi s'est passé av Royavme de la Chine. En l'année 1624 .... Paris, 1629, in-8.

"Je crois pouvoir attribuer cette traduction au P. Darde [Jean] .... Elle pourrait cependant être du P. J. B. de Machault."

Col. 349.

— Lettere dell' Ethiopia Dell' Anno 1626. sino al Marzo del 1627. E della Cina Dell' Anno 1625. sino al Febraro del 1626. Con vna breue Relatione del viaggio al Regno di Tvnqvim, nuouamente scoperto Mandate al molto Reu. Padre Mvtio Vitelleschi, Generale della Compagnia di Giesv. In Roma, Appresso l'Erede di Bartolomeo Zannetti. 1629.Con licenza de' Superiori, in-8, pp. 133.

Contient :

Lettera d'Ethiopia du P. Manuel de Almeida, Gorgora 17 avril 1627, pp. 1/66.

Lettera della Cina du P. Emanuel Diaz, Kiatim 1ᵉʳ Mars 1626. pp. 67/120.

Relatione del Viaggio di Tvnqvim, Nuouamente scoperto, de Giuliano Baldinotti, ff. 121/133.

— Lettere ‖ dell' Ethiopia ‖ Dell' An. 1626. sino al Marzo del 1627. ‖ E della Cina ‖ Dell' Anno 1625. sino al ‖ Febraro del 1626. ‖ Con vna breue Relatione del viaggio al ‖ Regno de Tvnqim, nuo- ‖ namente scoperto. ‖ Mandato al molto Reuer. Padre ‖ Mvtio Vitelleschi, ‖ Generale della Compagnia di Giesù. ‖ In Milauo, Per Gio. Battista Cerri. ‖ M.DC.XXIX. in-8, pp. 103.

La lettre du P. Diaz (Kiatim 1 mars 1626) est pp. 53/93.

— Histoire ‖ de ce qvi s'est passé ‖ es royav-mes ‖ d'Ethiopie, ‖ En l'année 1626. iusqu'au mois de Mars 1627. ‖ Et de la Chine, en l'année 1625. iusques en ‖ Feburier de 1626. ‖ Auec vne briefue narration du voyage qui s'est fait au ‖ Royaume de Tunquim nouuel-lement descouuert. ‖ Tirées des lettres adres-sées au R. Pere General de la ‖ Compagnie de Iesvs. ‖ Traduites de l'Italien en Fran-çois par vn Pere de la ‖ mesme Compagnie. ‖ A Paris, ‖ Chez Sebastien Cramoisy, rüe sainct ‖ Iacques, aux Cicognes ‖ — M.DC.XXIX. ‖ Avec privilege dv Roy. ‖ pet. in-8, 4 ff. n. c. p. l. tit., déd., etc. + pp. 210.

L'épistre à la Marquise de Gamache est signée D. M. de la Com-pagnie de Iesvs.

Contient :

Histoire de l'Ethiopie, depuis l'année 1626. iusques au mois de Mars 1627 ... De Gorgora le 17. d'Auril 1627 ... [sig.] Emanvel Almeida, ff. 1/107.

Histoire de la Chine, de l'année 1625. iusques au mois de Feu-rier de l'année 1626 ... De Kiatim le 1. de Mars de l'an 1626 .... [sig.] Emanvel Diaz, ff. 108/190.

Relation dv Voyage fait av royavme de Tunquim nouuellement descouuert .... De Macao le 12. de Nouembre 1626 ... [sig.] Ivlien Baldinotti, ff. 191,210.

— Compendio de lo qve escriuen los Religio-sos de la Compañia [de Iesus] en cartas de 1627. de lo que passa en los Reynos de la China. Con licencia, En Madrid por Andres

(CATH. DIVERS : 1626—1627.)

de Parra. Año 1629. Pièce in-folio de 2 ff. n. c.

— Hist. de ce qvi s'est passé av Royaume dv Japon. Paris, 1633.

Lire pp. 485 au lieu de pp. 465.

Col. 350.

— Relatione ‖ Della Prouincia ‖ del Giappone, ‖ scritta dal padre ‖ Antonio Francesco Car-dim ‖ Della Compagnia di Giesv, Procu- ‖ ratore di quella Prouincia. ‖ Alla Santità di Nostro Signore ‖ Papa Innocentio X. ‖ In Roma, Nella Stamperia di Andrea Fei. ‖ M.DC.XLV. ‖ — Con licenza de' Superiori. Pet. in-8, 6 ff. n. ch. p. le tit. etc. + pp. 160.

Voir : P. 5, Della Città, e Collegio di Macao ...... P. 100, Mis-sione dell' Isola di Hainam ....

"Le P. Cardim né à Viana en 1595 [le P. Sommervogel dit 1596], entra au noviciat à l'âge de 16 ans. Envoyé aux Indes comme missionnaire il visita toute l'Indo-Chine et mourut à Macao en 1659. Sa relation écrite en portugais ne fut pas imprimée dans cette langue, quoi qu'en disent les PP. de Backer. La version italienne (Cat. de la Bib. Jap. de M. Mourier, Paris, 1887) est due au P. Giacomo Diacceto."

— Relation de ce qvi s'est passé .....

Il y a une autre traduction française de cette Relation du P. Car-dim, par le P. Fr. Lahier, S. J., Tournay, A. Quinqué, 1645, in-12.

— Itinerario de las Missiones que hizo el Padre F. Sebastian Manriqve Religioso Eremita de S. Agustin Missionario Apostolico treze años en varias Missiones del India Orien-tal, Y al presente Procurador, y Diffinidor General de su Prouincia de Portugal en esta Corte de Roma. Con una Summaria Relacion del Grande, y opulento Imperio del Imperador Xa-zia-han Corrombo Gran Mogol, y de otros Reys Infieles, en cuios Reynos assisten los Religiosos de S. Agustin. Al Eminentiss. Señor, el Señor Cardenal Pallotto Protector de la Religion Agusti-niana. Con privilegio. En Roma, Por Fran-cisco Caballo, MDCXLIX. Con licencia de los Superiores. in-4, pp. 476 à 2 col. + 6 ff. prél.

Col. 351.

— Relation ... Par le P. Iean Maracci .. 1651.

Cette trad. est du P. Jacques de Machault.

— Brevis Relatio .... Auct. M. Martinio, 1654; au lieu de pp. XXVI s. l'ép. etc., lire pp. XXXVI + 3 ff. pour l'ép. et la permission.

* Sehr wehrte und angeneme newe Zeitung Von der Bekehrung zum Catholischen Glauben Dess Jungen Königs in China und anderer Fürstl. Personen Und von Der Le-gation dess Ehrw. P. Michaelis Bovyn (sic) der Societet Iesv Priestern, Polnischer Na-

(CATH. DIVERS : 1627—1654.)

tion, zu Ihrer Päbstl. Heyligkeit nach Rom. Item Von grosser Hoffnung der Bekehrung der Tartaren unnd dess Königreichs Tunquin, welches allein so gross ist, als gantz Frankreich. Auss dem Frantzösischen zu Ryssel und Teutschem getrucktem Exemplar. Nachgetruckt zu München, bey Lucas Straub. Im Jahr, 1653, in-4, pp. 7 n. c.

Co n'est qu'un abrégé de la relation du P. Boym. D'après le titre on voit qu'il y a une édition de cette relation en français à Lille *(Ryssel)* et une en allemand. Je ne les connais pas. — Le P. Stöcklein a aussi abrégé et modifié cette relation dans le *Welt-bott,* t. I, n. 13. (Note particulière du P. Sommervogel.)

— Zeitung auss der newen Welt oder Chinesischen Königreichen. so P. Martinvs Martini der Societet Jesu Priester | ohnlangst auss selbigen Landen in Hollandt anlangendt | mit sich gebracht hat. Gezogen auss den jenigen Brieffen | so jungsthin auss Niderlandt nacher Ingolstatt oberschick worden. Gedruckt zu Augspurg | durch Andream Aperger, Anno M.DC.LIV, in-4, pp. 8 non chiff.

Voir col. 526—7.

— Constitvcio- ‖ nes desta provincia de San ‖ Gregorio de Philipinas de los ‖ Frayles Descalços de la Orden de los Menores de Nuestro ‖ Padre S. Francisco hechas en el Capitulo Prouincial que se ce- ‖ lebro en la Ciudad de Manila el año del Señor de 1655. en veinte ‖ y vno del mes de Henero siendo electo en Ministro Prouincial N. ‖ Chassimo Hermano Fr. Alonso de S. Francisco, Predicador, ... ‖ Con licencia en Manila en el Collegio y Vniuersidad de Santo ‖ Thomas de Aquino, por Buenauentura Lampao año de 1655. pet. in-4, ff. 76 + 4 ff. n. c. pour la tab. et les errata.

British Museum, 1124, g, 18.

Col. 352.

— Relatio ‖ rervm notabilivm ‖ Regni Mogor ‖ In Asiâ: ex ‖ R. P. Henrici Roht Dilingani Soc. Iesv, inde anno ‖ MDCLXIV & in Germaniam, & hinc eodem revertentis, narrationibus coram ‖ Sereniss. Dvce Neoburgico ‖ habitis Neoburgi excerpta. Complectitur ‖ Imperij Mogor ‖ religionem ‖ regionem ‖ regimen: ‖ Tum Ritus varios & inaudita de Regno ‖ Cabvl Christianorum, ‖ Potente Ethnicorum ‖ incognito hactenus: de Christianitatis statu in ‖ Iaponia, China: ‖ Item de Monocerote, Arca Noe, Crocodilis, Faunis, ‖ ac demum Regis Mogor ciusque Liberorum ‖ Tragoedia cruentissima. ‖ — Aschaffenbvrgi ‖ Typis Johannis Michaelis Stravb ‖ MDCLXV, pièce in-4, pp. 15.

(Cath. divers : 1653—1665.)

— Historica Narratio . . . .

Marquée M.DC.LXV.

Dans de Backer, III, 590, art. *Schall,* marquée. M.DC.LV. — Erreur, je pense. Ce serait du P. Jean Forosi (de Backer, I, 1917, 5). — Traduit de l'Italien (??)

Dans le titre de l'édit. 1672, après *Geographica Regni Chinensis* on a omis le mot *Descriptione.* (Note particulière du P. Sommervogel.)

— Geschichte ‖ der ‖ chinesischen Mission unter der Leitung ‖ des ‖ Pater Johann Adam Schall, ‖ Priesters aus der Gesellschaft Jesu. ‖ Aus dem Lateinischen übersetzt und ‖ mit Anmerkungen begleitet ‖ von ‖ Ig. Sch. von Mannsegg. ‖ Wien, 1834. ‖ Druck und Verlag der Mechitaristen - Congregations-Buchhandlung. ‖ in-8, pp. 461 s. l. tit. et la tab.

Voir col. 363/4.

— Innocentia Victrix, 1671. Voir col. 375.

Col. 354 — 355.

Evêques français.

— Breve, e compendiosa Relazione de Viaggi di trè *vescovi* Francesi che dalla S. Mem. di Papa Alessandro VII furono mandati Vicarij Apostolici à i Regni della Cina, Cocincina, e Touchino, con il racconto di quanto anno operato per lo stabilimento delle loro missioni tradotta del Francese. In-8, in Roma per Fabio di Falci, 1669. (Anzi, *Il Genio Vagante,* Parma, 1693, IV, pp. 1/15.)

— A Nosseigneurs de l'Assemblée du Clergé. Pièce in-8, s. l. n. d., pp. 21.

Cette pièce relative au voyage des trois évêques renferme outre une note sur cette mission :

— pp. 7/14 : Récit de ce qui s'est passé à la Présentation des Lettres que Sa Sainteté et Sa Majesté Très-Chrétienne ont écrites au Roy de Siam.
— pp. 15/16 : Lettre du Pape Clément IX au Roi de Siam. Rome, 24 Août 1669 [en latin].
— pp. 17/19 : La même en français.
— pp. 20/21 : Lettre de Sa Maiesté [Louis XIV] au Roy de Siam.

Bib. nat. $\frac{O^2 n}{672}$

— Relation ‖ dv voyage ‖ de Monseignevr l'evéqve ‖ de Beryte ‖ vicaire apostoliqve ‖ dv royavme ‖ de la Cochinchine, ‖ Par la Turquie, la Perse, les Indes, &c. jus- ‖ qu'au Royaume de Siam & autres lieux. ‖ Par M. de Bovrges, Prestre, ‖ Missionnaire Apostolique. ‖ A Paris, ‖ Chez Denys Bechet, rüe S. Iacques, ‖ au Compas d'or & à l'Écu au Soleil. ‖ — M.DC.LXVI. ‖ Avec Privilege du Roy, & Approbation. Pet. in-8, pp. 245+6 ff. au com. p. l. tit., l'ép., l'avis et l'er. +1 f. à l. l. f. p. l. tab., priv. et app.

— Relation ‖ dv voyage ‖ de monseignevr l'evéqve ‖ de Beryte, ‖ vicaire apostoliqve dv royavme ‖ de la Cochinchine, ‖ Par la Turquie, la Perse, les Indes, &c. jus- ‖ qu'au Royaume de Siam, & autres lieux. ‖ Par M. de Bovrges Prestre, Missionnaire Apostolique. ‖ Seconde édition. ‖ A Paris, Chez Denys Bechet, rüe S. Iacques, ‖

(Cath. divers : Evêques français.)

au Compas d'or, & à l'Escu au Soleil. ‖
M.DC.LXVIII. ‖ Avec Privilege du Roy, &
Approbation, in-8, 4 ff. prél. n. c. + pp. 245
+ 1 f. n. c. p. l. tab. etc.

— Naaukeurig ‖ Verhaal ‖ van de ‖ Reis ‖ des
Bisschops van ‖ Beryte. ‖ Uit Frankryk te
Lant en ter Zee ‖ naar China: ‖ Namelijk ‖
Uit Marsilien over de Middelantsche Zee
naar Aleppo, en voort te ‖ lant deur Sy-
rien, Arabien, Persiën, en verscheide ‖
Indiäansche Lantschappen. ‖ Met een naau-
keurige Beschrijving van de Steden en
Plaatsen, Godsdiensten en ‖ Zeden der
Volken; als ook van de Kosten, tot deze
Reis vereïscht, ‖ en van de Munt, in deze
Landen dienstig. ‖ Door M. de Bourges, ‖
Reisgenoot in deze Reis | in de Fransche
Taal beschreven | en van ‖ J. H. Glazemaker
daar uit getrokken en Vertaalt |. ‖ met by-
gevoegde Beschrijvingen van verscheide ‖
voortreffelijke Steden en Landen. ‖ Met veel
kopere Platen verçiert. ‖ t' Amsterdam, ‖
Voor Abraham Wolfgang, Boekverkoper,
aan d'Opgang van ‖ de Beurs, by de tooren
in't Geloof, 1669, in-4, pp. 126.

— Naaukeurig ‖ Verhaal ‖ van de ‖ Reis ‖ des
Bisschops van ‖ Beryte ‖ Uit Frankryk te
Lant en ter Zee ‖ naar China: Namentlijk ‖
Uit Marsilien over de Middelantsche Zee
naar Aleppo, en voort te ‖ lant deur Syrien,
Arabien, Persiën, en verscheide ‖ Indiäan-
sche Lantschappen. ‖ Met een naaukeurige
Beschrijving van de Steden en Plaatsen,
Godsdiensten en ‖ Zeeden der Volken; als
ook van de Kosten, tot deze Reis vereïscht, ‖
en van de Munt, in deze Landen dienstig. ‖
Door M. de Bourges, ‖ Reisgenoot in deze
Reis | in de Fransche Taal beschreven |
en van ‖ J. H. Glazemaker daar uit ge-
trokken en Vertaalt | ‖ met bygevoegde Be-
schrijvingen van verscheide ‖ voortreffelijke Steden en Landen. ‖ Met veel kopere
Platen verciert. ‖ t' Amsterdam, ‖ By Jan
Bouman, Boekverkooper, in de Kalver-
straet; ‖ over de Kapel. 1683, in-4, pp. 126.
Front. gravé.

Même édition avec des titres différents.

.·.

Col. 356.

— COMPENDIOSA ‖ NARRATIONE ‖ Dello Stato
della Missione Cinese, co- ‖ minciädo dall'
Anno 1581. fino al 1669. ‖ Offerta in Roma. ‖
Alli Eminentissimi Signori Cardinali della

Sa- ‖ cra Congregatione de Propaganda
Fide. ‖ Dal P. Prospero Intorcetta della
Compagnia ‖ di Giesù, Missionario, e Procuratore della ‖ Cina: con l'aggiunta de'
Prodigij da ‖ Dio operati; e delle Lettere
ve- ‖ nute dalla Corte di Pekino ‖ con feli-
cissime nuoue. ‖ In Roma Per Francesco
Tizzoni. MDCLXXII, ‖ Con Licenza de' Superiori, pet. in-8, pp. 126 + 1 f. n. c.

Col. 357.

— Epistola P. Ferdinandi Verbiest vice Provincialis Missionis Sinensis, anno 1678, die
15ª Augusti ex Curia Pekinensi in Europam ad Socios missa.

Pièce in-folio de 10 doubles ff. chiffrés. Cette lettre écrite en latin est imprimée sur papier de Chine en lettres cursives à l'aide
de blocs de bois, sur un seul côté du papier à la manière chinoise; l'ex. qui se trouve à la bibliothèque royale de Bruxelles,
parmi les manuscrits, porte le No. 16692.

— Au lieu de lire, col. 357, le P. Carton, lire *l'abbé* Carton.

* Le Progrèz de la religion catholique dans
la Chine. Avec le Bref de N. S. P. le Pape
Innocent XI. Au Père Ferdinand Verbiest
Jesuite, du 3 Decembre 1681. Iouxte la
coppie imprimée à Paris. A Tovlovse, Par
I. Boude, 1681, in-12, pp. 96.

Col. 360.

— Novissima Sinica . . .

Au lieu de *«Icon Regia Monarchae Sinarum»* . . ., lire *«Icon
Regia etc.»*

— Lettre sur les progrez de la religion a la
Chine.

Pièce in-12, pp. 48. s. l. n. d., pas de titre. — A la suite du
titre ci-dessus (recto f. 1) Lettre «à monsieur l'abbé de * *»
qui finit au verso du f. 1 «A Paris le 21 Novembre 1697».

Contient : pp. 1/2 : Lettre à monsieur l'abbé de **. — 3/14. Extrait de la Préface que M. Leibnits, Protestant, Conseiller au-
lique à la cour d'Hannovre, a mise à la tête du Livre qu'il a
fait imprimer, touchant l'Edit que l'empereur de la Chine a
donné en faveur de la Religion Chrétienne. — 14/20. Extrait de
la quatrième Lettre historique de Hollande, imprimée à la Haye
au mois de Février de l'année 1697 [Comprend des ext. des
lettres de la Chine le 21 de Septembre et le 12 Novembre 1695].
— 20/48. Extraits de diverses Lettres du Révérend Père de
Fontanay Jesuite, écrites de la Chine ces dernières années. [Les
destinataires de ces lettres sont indiqués dans des manchettes dont
voici la liste : Lettres écrites au R. P. de la Chaise en 1692,
p. 20. — au même, en 1693, p. 23. — A M. Thevenot, p. 30.
— Au Père Tachard aux Indes, p. 34. — D'une autre lettre à
M. Thevenot, p. 37. — Au Père de la Breuille à Siam, p. 40. —
Au Père Dolu à Bengale, p. 42. — Lettre du Père Gerbillon
au R. Père de la Chaize en 1695, p. 43. — Lettre du Père Provana, écrite de Goa en 1695, p. 48]. — Au bas de la p. 48 :
Avec permission. — [s. n. d'imprimeur ou de libraire.]

On a attribué cette lettre au P. Le Gobien; nous croyons que
c'est une erreur, car il est l'auteur de l'*Histoire de l'Edit*, dont
il est ainsi question dans la lettre du commencement, p. 2 :
«On vient de dire qu'on imprime actuellement une Histoire
fort exacte & fort curieuse de tout ce qui s'est passé au sujet
du fameux Édit que l'Empereur de la Chine a donné en faveur
de la Religion Chrétienne. Je ne manquerai pas de vous l'en-
voier si-tôt qu'elle paroîtra.» Peut-être, ainsi que me le fait
remarquer mon ami, le R. P. Sommervogel, cette phrase au
contraire indiqueroit-elle que le P. Le Gobien est bien l'auteur
de cette lettre; il employeroit ce subterfuge pour rester anonyme.

Très rare. — *Bib. nat.*, $\frac{O^{3n}}{371}$

— Autre édition. Lettre sur les progrès de la Religion a la Chine.

Pièce in-8, pp. 40; pas de titre; à la fin : A Paris, de l'imprimerie d'Antoine Lambin, ruë S. Jacques, au Miroir, 1697. Avec permission.

Bib. nat., $\frac{O^{2}n}{871}$. — Rare aussi. — Contient absolument la même

matière que l'édition s. l. n. d., ni nom d'imprimeur que nous venons de décrire; on remarquera que le format est différent et que le nombre des pages est moindre.

* Fray Gaspar de San Agustin, Conquistas de las islas Philipinas, la temporal, por las armas de Phelipe II; y la espiritual, por los religiosos del orden de San Augustin. Parte primera (y unica). Madrid, Manuel Ruiz de Morga, 1698, in-fol.

«Frontispice gravé, 15 fnc., 544 pp., 4 fnc. Bel exemplaire d'un ouvrage très rare non cité par Antonio. Le premier volume seulement a été imprimé. — L'histoire des missions de l'ordre dans la Chine et le Japon se trouve également dans ce volume.» (Cat. de la Bib. Jap. de Mr. Mourier, Paris, 1887.)

Col. 361.

* Historia de la predicacion del santo Evangelio en China: por el P. Fr. Juan Buenaventura Ibanez de la Provincia de S. Juan Bautista. Impreso en Colonia el año de 1706.

Marcellino da Civezza, No. 294.

* Relacion del imperio de China, y frutos apostolicos de los Misioneros Franciscanos, año de 1712: por el P. Fr. Diego de Santa Rosa de la Provincia de San Pablo.

«Così l'HUERTA (Estado, ce.) dicendo che è una relazione molte estesa e particolareggiata, e che fu messa a stampa in Madrid il 1717 . . . .» (Marcellino da Civezza, No. 651).

* Ortus et progressus sacri Ordinis Fratrum Minorum S. P. Francisci, ultra quinque iam saecula perdurantis: compendiose conscriptus et tam ex Bullis Pontificiis, quam ex probatissimis authoribus extractus a P. Fr. Massaeo Kresslinger, Ord. Min. Strict. Observantiae Lectore Jubilato, ac Provinciae Bavariae iterato Ex-Provinciali. Cum facultate Superiorum. Sumptibus Joan. Andreae de la Haye Bibliopolae Academici Ingolstadii. Monachii, typis Mariae Magdalenae Riedlin. MDCCXXXII, in-8, 15 ff. n. c. + pp. 351.

M. da Civezza, Saggio di Bib. S. Francescana, pp. 256/7.

* Memorial sobre las Misiones de Filipinas y China. Por el Padre Fray Agustin de Madrid de la Provincia de S. Josè. Madrid, Impreso en el año de 1715.

— Herrliche || Tugend-Beyspihl || Der || Von jetzt Regierenden || Sinischen Kayseren || Herstammenden || Und umb Christi willen || Verfolgten || Sunischen Printzen || Ausz unterschidlichen || Und dem Neuen Welt-Botten || Rev. P. Josephi Stöcklein Soc. J. ||

(CATH. DIVERS : 1697—1739.)

Einverleibten Briefen || Zusammen getragen || Und || Mit Geistlichen Sitten-Lehren || Vermehret. || Von einem anderen gemeldter Gesellschafft || Jesu Priestern. || — Augspurg || || In Verlag Mathiä Wolffs Buchhändlers seel. Wittib || nächst U. L. F. Thor. 1739, pet. in-8, 6 ff. n. ch. p. l. t., préf., tab. etc. + pp. 402; front. gravé.

Les leçons de morale sont du P. Michel Kolb, S. J., d'Innsbruck.

— Extrait de plusieurs lettres écrites de Macao icy, au sujet de six Missionnaires prêtres de la Compagnie de Jésus qui ont voulu entrer au Tong-king, et dont 4 ont été arrêtés et condamnés à mort. (Revue Ext. Orient, III, N° 2, 1885, pp. 231/235.)

— La Christiandad de Fogan en la provincia de Fo kien en el Imperio de China cruelmente perseguida de el impiò Cheu Hiokien Virrey de dicha Provincia. Relacion diaria de las prisiones, carceles, y tormentos, que desde el dia 25. de Iunio de 1746. han padecido los cinco Missioneros de N. P. Santo Domingo, que la cuidaban, y muchos Christianos de dicha Christiandad de vno, y otro sexo, con vna breve noticia del Martyrio del V. Illmo Señor D. Fr. Pedro Martyr Sanz, Obispo Mauricastrense, Vicario Apostolico de Fo kien, y Administrador de las Provincias de Che-kiang, y Kiang sy. Escrita en la Carcel por el Illmo, y Rmo Señor D. Fr. Francisco Serrano, Obispo Tipasitano, y al presente Vicario Apostolico de dicha Provincia de Fo kien, vno de los cinco Religiosos Dominicos de la Provincia del SSmo Rosario de Philipinas condenados à deguello. En Manila con las lic. neces. por el Cap. D. Geronimo Corica de Castro, año de 1748. pet. in-4 de 68 ff. chiffrés. — Après le titre une grav. assez fine représentant l'exécution de Pierre Martyr Sanz.

Je ne connais qu'un seul exemplaire de ce petit ouvrage; il est déposé aux Archives nationales, Carton M, 205; sur la couverture brochée on lit cette note manuscrite : «Relation de la persecution du Foukien imprimée à Manille dans laquelle on trouvera pag. 55, No. 22 de la 2e partie l'article qui n'est point dans l'original ce qui a piqué les Jesuites comme on le peut voir dans la lettre du P. de Neuvialle, dont j'ai envoyé copie à Mgr. l'Evêque d'Ecrinée ainsi que la reponse des PP. Dominicains à cette même lettre. Cet exemplaire cy est pour le Séminaire de Paris. Maigrot.»

L'article en question est relatif à la constitution Ex quo singulari de Benoît XIV (1742). Voir col. 411.

— Relacion || de la persecucion, || que padecieron los christianos, || y cinco Religiosos del Orden de Predicadores en la Provincia || de Fokien, Imperio de la China; || con el martirio || del ilustrissimo señor, don Fray Pedro Sanz, || Obispo Mauricastrense, y

(CATH. DIVERS : 1739—1750.)

uno de los cinco: || Escrita en la Carcel || por el Il.ᵐᵒ Señor D. Fray Francisco Serrano, || Obispo Tipasitano, y uno tambien de dichos || Religiosos. || Y un Apendice a dicha Relacion; y al fin la declamacion laudatoria || de N. SS. P. Benedicto XIV. pronunciada en 16. de Setiem-|| bre 1748. sobre el Martirio de dicho Ilustrissimo || Señor Sanz. *A la fin :* Impresso en Manila, Reimpresso en Sevilla, y ultimamente en Valencia || con las licencias necessarias, en la Imprenta de Joseph Garcia, || à la Plaza de Calatrava, Año 1750. Pièce in-4, pp. 84.

Voir pp. 82/84 :

Copia de la carta circular || del ilustrissimo, y reverendissimo señor || Don Fr. Pedro Sanz, || del Convento de Lerida, de la pro-|| vincia de Aragon, Orden de Predicadores, Obispo de || Mauricastro, Vicario Apostolico de la Provincia de || Fokien, del Imperio de la China, Administrador de || las Provincias de Chekian, y Kiang Sy, &c. dirigida à || los RR. PP. Missioneros Apostolicos, que || pertenecen à su jurisdiccion.

Datum Moyang Provinciæ Fokiensis die 22. mens. Julii anno post Christum natum 1745. Loco ✝ Sigilli.

El Original de esta Carta, impresso en Moyang con letra de Estampilla, para en el Archivo del Real Convento de Predicadores de Valencia.

Voir Sanz, col. 576.

— La Christiandad de Fogan, en la provincia de Fokien, en el Imperio de China, cruelmente perseguida del impio Cheu-Hio-kien Virrey de dicha Provincia. Relacion de las prissiones, carceles, y tormentos, que desde el dia 25. de Junio de 1746. han padecido los cinco Missioneros de N. P. S. Domingo, que la cuidaban, y muchos Christianos de uno, y otro sexo, con un tratado del martyrio del Ilmo. y Venerable Señor Don Fray Pedro Martyr Sanz, Obispo Mauricastrense, Vicario Apostolico de Fokien, y Administrador de las Provincias de Chekiang, Kiang-Sy. Natural de la Villa de Ascó en el Principado de Cathaluña, hijo del Convento de Predicadores de la Ciudad de Lerida. Escrita en la carcel por el Ilmo y Rmo. Sr. D. Fr. Francisco Serrano, Obispo Tipasitano, y al presente Vicario Apostolico de Fokien, uno de los cinco Religiosos Dominicos, condenados a deguello. Y al fin la declamacion laudatoria de N. S. P. Benedicto XIV. pronunciada en 16. de Septiembre de 1748. Con un breve Compendio de la Vida, Apostolicas tareas, carceles, y martyrio del Venerable P. Fr. Francisco Gil de Federich, natural de Tortosa, hijo del Convento de Santa Cathalina Virgen, y Martyr de Barcelona, con su compañero el P. Fr. Matheo Leziniana del Orden de Predicadores. *Tercera Impression.* *Barcelona:* En la Imprenta de los Herc-

(CATH. DIVERS : 1750.)

deros de Bartholomè, y Maria Angela Giralt. Año 1750. in-4, pp. 67 à doubles colonnes.

* Noticias fide dignas de lo que obran los Religiosos de nuestro Serafico Padre San Francisco de su mas estrecha Observancia en los reynos de la Gran China y Cochinchina, en cumplimiento de sus empleos de Missioneros Apostolicos, y Ministros evangelicos, enviados por la Magestad Catholica del Rey nuestro Señor a aquellos bastos clymas. Sacase a luz a diligencias del Procurador general de la Santa Provincia de Philippinas: y las dedica en paga de cierta culpa a nuestros charissimos hermanos Provincial y Venerable Diffinitorio de esta Santa Provincia de San Diego de Mexico. Con licencia de los Superiores: en Mexico, por Joseph Bernardo de Hogal, Ministro e Impressor del Real y Apostolico Tribunal de la Santa Cruzada en todo este reyno. Año de 1739.

«Sono 30 pagine in-4, di fitta lettera; ed è stampa rarissima. L'esemplare ch'io posseggo mi venne inviato da' nostri Padri di Manila. Importantissimi poi sono i documenti che contiene, per la vera storia di quelle Missioni.» (Marcellino da Civezza, p. 429.)

Col. 362.

* Mision Seraphica Española de Xan-tung en este imperio de la Gran China de la Provincia de San Gregorio. Nomina de los lugares donde hay christianos y los que en ellos conservan la fee este año de 1757. Apuntase la distancia de unos lugares a otros. Madrid 1760.

«Sono sei fogli di stampa, preziosi e rarissimi, che appartenevano alle celebre Biblioteca *Salvà,* acquistata poi da un Conte di Madrid. Lo visitai, pregandolo di lasciarmi pigliar nota di questo ed altri interessantissimi documenti che vi sono: n'ebbi belle promesse; ma in verità non ne potei conseguir nulla !» (Marcellino da Civezza, p. 404.)

— Noticia || historico natural || de los gloriosos triumphos || y felices adelantamientos || conseguidos en el presente siglo || por los religiosos del orden || de N. P. S. Agustin || en las missiones que tienen || à su cargo en las Islas Philipinas, y en el || grande Imperio de la China. || Dase individual noticia de aquellas || Naciones, de sus usos, costumbres, supersticiones, modo || de vivir, y medicinas que usan en sus dolencias, || con otras noticias curiosas. || Compuesto || por el R. P. Fr. Antonio Mozo, || de la misma Orden, Secretario, y Difinidor que ha sido || de la Provincia de Philipinas, y actual Comissario, || y Difinidor General de la misma. || Quien le dedica a esta pro-

(CATH. DIVERS : 1750—1760.)

vincia || de Castilla del mismo Orden. || Con las licencias necessarias. || — En Madrid, por Andrès Ortega, Calle de las Infantas. || Año de 1763. in-4, 8 ff. prél. n. c. p. l. f. tit., tit., etc. + pp. 247.

— Relazione o sia lettera Scritta da un Missionario abitante in Macao nella Cina, in cui si danno recenti Notizie dell' accaduto ne i Regni di Siam, del Pegu, di Bracma, o sia di Bengala, di Concinkina, di Tunkin, e l'Impero stesso della Cina. Pekino nella Cina 24. Decembre 1767. Pièce in-4, 2 ff. n. c.

A la fin : In Roma MDCCLXVIII. Nella Stamperia Chracas, presso S. Marco al Corso.

— Die Jesuiten in China, oder das Aufkommen, der Fortgang und ietzige Zustand der christlichen Religion in diesem Reiche, und was solche für Streitigkeiten zwischen ihnen und den Dominikanern veranlasset, welchem noch ein kurzer Entwurf der ganzen Chinesischen Politik, der Gebräuche und Karakters dieser Nation beigefügt worden. Nürnberg in der Martin Jacob Bauerischen Buchhandlung 1782, in-8, pp. 103.

— Miggenes. Voir col. 566.

* Compendio della Storia della persecuzione mossa contro la cattolica religione nell' Imperio della Cina l'anno del Signore 1784. Scritto dal P. Giuseppe Mattei di Bientina Missionario Apostolico. 1789.

* Narrazione di una persecuzione mossa nella Cina contro la religione cristiana sin dall' anno 1784. (*Giornale ecclesiastico di Roma*, t. IV, pp. 31, 35, 39, 63, 67, 70, 75, 143, 294; V, pp. 11/12.)

— Estado general de las Misiones que tiene á su cargo la religion seráfica en las dos Américas, é islas Filipinas, segun consta de los documentos mas modernos y seguros que se han remitido á este Oficio de la Comisaría General de Indias. Madrid: En la Oficina de Benito Cano. Año de MDCCLXXXVIII, in-fol., pp. 28.

British Museum, 4745, f. 35

Col. 363.

— M. Ripa. Voir col. 363.

— The Chinese College at Naples. By E. S. M. (*China Review*, XVII, No. 2, pp. 112/113.)

* Breve relação de uma terrivel perseguição contra a santa religião catholica e seus ope-

rarios, succedida no imperio da China, na cidade de Pekim em 1805, composta por testemunha ocular, com uma breve noticia das cousas mais notaveis d'aquelle famoso imperio. Porto, na typ. de Vasconcellos, 1839, in-8, pp. 76.

Par Jean Pinto Gomes, missionnaire apostolique à Peking. (*Diccion. bibliogr. portug.*, t. X, p. 333.)

Col. 365.

— Coup d'œil sur l'état des Missions de Chine présenté au Saint Père, le Pape, Pie IX. Poissy, Imp. de Gustave Olivier, rue des Dames, 1848, br. in-8, pp. 84.

La préface datée Rome, le 12 oct. 1847 est signée J. Gabet, Missionnaire apostolique.

Bib. Nat. 0²n / 456

— Notice sur les besoins généraux de la Mission de Kouy-tcheou (Chine). Pièce in-8, s. l. n. d. [1858], pp. 4.

Signée : «L'abbé Paul Perny, Provicaire apostolique, Supérieur du Kouy-Tcheou»; et datée : «Séminaire des Missions Etrangères, rue du Bac, 128, Paris. Mai 1858.»

Bib. nat. 0²n / 468

* The Jesuits in China. (*Colburn's New Monthly Mag.*, April 1858.)

— Souvenir de la fête solennelle de Sainte-Enfance célébrée à la cathédrale de Chartres Le Jeudi 10 Mai 1860 en action de grâces de l'heureux retour de quatre sœurs de l'asile de Hong Kong. — Discours — Comptes-rendus — Correspondance. Se vend au profit des petits Chinois de l'Asile de Sainte-Enfance de Hong-Kong. Aux Bureaux de la *Voix de Notre-Dame*, Chartres [et] Paris, in-12, pp. 108.

Voir p. 51 :

Lettre adressée la veille de la fête à M. l'abbé Legendre, vicaire de la cathédrale et directeur de la Sainte Enfance à Notre-Dame par M. l'abbé Mahon, Ancien Aumônier des Sœurs de Saint-Paul en Chine, pour porter à la connaissance des associés de Chartres tout le bien opéré par les dites sœurs depuis leur établissement à Hong-Kong.

— Voyages de Bruxelles en Mongolie et Travaux des Missionnaires de la Congrégation de Scheutveld, (lez Bruxelles.) — Ouvrage orné de six Gravures. — Bruxelles. Casimir Coomans, rue Dupont 13. 1873, in-8, pp. 196.

— Tome second. Avec deux cartes et une vue de Scheut. *Ibid.*, 1877, in-8, pp. 292.

Le premier départ des miss. belges eut lieu le 19 sept. 1865.

Col. 368.

— Souvenirs de Chine par un missionnaire (seconde édition). Rome, Imp. polyglotte de la S. C. de la Propagande, 1873, in-8, pp. 93. — 3ᵉ éd., Montreuil sur Mer, 1892, in-12.

— Au lieu de 余山 lire 佘山

Voir des extraits de la notice du P. Palatre, *Miss. Cath.*, IX, 1877, pp. 342/4.

J. M. J. — Apostolicae Facultates earumque commentarius pro vicariatu apostolico Tchely Meridio-occidentali. Tching-tin-fou. In festo Immaculatae Conceptionis, 1872, pièce in-8, pp. 53.

On lit au verso du titre : Marseille. — Typ. et Lith. Barlatier-Feissat. — Bib. Nat. $\frac{O^2 n}{476}$

Col. 369.

— Mission de la Chine. — Compagnie de Jésus — Province du Tchély (Sud-Est). Pièce in-12, s. l. n. d., pp. 16 [1873].

On lit à la fin : Amiens. Typ. et Lith. Lambert-Prieur.
Pièce de propagande, avec un extrait d'une lettre du P. Gonnet. — B. Nat. $\frac{O^2 n}{475}$

— Pièce sans titre. — Lettre signée : Zéphirin Guillemin, Ev. Préf. apost. de Canton (Chine). Séminaire des Missions Etrangères. rue du Bac, 128, Paris; et datée : Paris, le 20 juin 1873, fête du Sacré-Cœur de N. S. in-8, pp. 8.

Sur sa mission du Kouang toung. — Bib. Nat. $\frac{O^2 n}{564}$

— Notice sur quelques œuvres de charité que l'on peut faire en Chine. Imprimerie coopérative de Reims (E. Gény, dir.) . . 1876, Pièce in-12, pp. 11.

Sig. *Un Missionnaire.* — Bib. Nat. $\frac{O^2 n}{594}$

— Les Martyrs de l'Extrême Orient et les persécutions antiques. Par Edmond Le Blant. (*Le Correspondant*, CII, N. S., LXVI, 1876, pp. 1018/1037.)

A propos de quelques travaux sur les missions et les missionnaires de Chine.

— M. Venioukof et les Jésuites de Shanghaï par le P. Gagarin de la Compagnie de Jésus. Extrait des *Études religieuses*. Lyon, Imp. Pitrat aîné, 1878, br. in-8, pp. 14.

Bib. nat. $\frac{O^2 n}{713}$

— How the Catholics got possession of a Cemetery near Peking. By Rev. Ch. Piton. (*Chin. Rec.*, X, 1879, No. 5, pp. 369/372.)

— Parva rerum sinensium Advmbratio scholasticis ad Sinas recens appulsis accommodata. Chang-hai, ex authographia Missionis Catholicae in orphanotrophio Tou-chan-wan, 1879, in-8, de pp. 68 autog.

Par le frère Et. Zi. — Contient de bons renseignements sur la religion, mais aussi sur la Chine en général. — Quelques erreurs sur la question des rites.

* Les missions catholiques. — Introduction

(CATH. DIVERS : 1872—1879.)

à l'histoire des missions belges, par P. de Decker, ancien ministre, membre de l'Académie royale de Belgique. Bruxelles, Ch. Quarré; Paris, Bray et Retaux, in-12 (1879).

Notice : *Miss. Cath.*, XII, 1880, pp. 60/1.

— History of the Churches of India, Burma, Siam, the Malay Peninsula, Cambodia, Annam, China, Tibet, Corea, and Japan, entrusted to the Society of the "Missions Etrangères". By E. H. Parker. (*China Review*, XVIII, No. 1, pp. 1/33.)

D'après un travail latin du P. Wallys.

— Le Kong-sou. (*Miss. Cath.*, XII, 1880, pp. 395/6.)

— Le Pélerinage de Notre-Dame de Liesse au Kouy-tcheou (Chine). (*Miss. Cath.*, XII, 1880, p. 36, vue, *ibid.*, p. 81.)

— Deux ans au Se-tchouan (Chine centrale) par L'abbé Lucien Vigneron . . . . Paris, 1881. Voir col. 1523.

— La Mission de Chine de 1722 à 1735. Quelques pages de l'histoire des missionnaires français à Péking au XVIIIᵉ siècle d'après des documents inédits par Joseph Brucker, S. J. (*Revue des Questions historiques*, 1ᵉʳ Avril, 1881, pp. 491/532.)

— Etat de la Mission du Kouang-tong (Canton) Chine exposé au Saint-Père Léon XIII dans la Séance du 24 février 1881. Rome, Imp. de la Propagande 19 mars 1881 fête de Saint-Joseph, patron de la Chine, br. in-8, pp. 15 + 1 f. n. c.

Signé Zéphirin Guillemin. — Bib. nat. $\frac{O^2 n}{729}$

— Etat de la Mission du Kouang-tong (Canton) Chine exposé au Saint-Père Léon XIII dans la Séance du 20 février 1882. Rome, Imp. de la Propagande 19 mars 1882 fête de Saint-Joseph, patron de la Chine, br. in-8, pp. 19 + 4 pp. n. c.

Signé Zéphirin Guillemin. — Bib. nat. $\frac{O^2 n}{730}$

— Etat . . . . dans la Séance du 26 février 1882 . . . *Ibid.*

Même état que le précédent. — Bib. nat. $\frac{O^2 n}{730}$

— Règlement de la Mission de Mandchourie adopté à la réunion générale des missionnaires. Année 1881. — Paris, Imprimerie de l'Œuvre de Saint-Paul, L. Philipona, 51, rue de Lille, 1882, br. in-8, pp. 36 + 1 f. n. c.

Par Constant Dubail, év. de Bolina et vic. ap. de Mandchourie. Bib. nat. $\frac{O^2 n}{735}$

— Documents inédits pour servir à l'histoire ecclésiastique de l'Extrême-Orient. [Publiés par HENRI CORDIER.] (*Revue de l'Extrême-Orient*, Paris, Ernest Leroux, 1882 —1885, 3 vol. in-8) :

(CATH. DIVERS : 1880 — 1882.)

I. Correspondance du Père Foucquet avec le cardinal Gualterio. (I, No. 1, 1882, pp. 16—51.)

D'après les mss. du British Museum.

II. Nouvelles de la Chine, extraites de diverses Lettres écrites de ce Païs là sur la fin de l'an 1729 et au mois de Janvier 1730. (I, No. 2, 1882, pp. 187/197.)

D'après les Archives du Département des Affaires étrangères. Renferme également deux lettres d'André Li.

III. Le Chinois du P. Foucquet. (I, No. 3, 1882, pp. 381/422; No. 4, 1882, pp. 523/571.)

D'après le ms. de l'inventaire No. 169 des papiers du Duc de Saint-Simon conservé aux Archives des Affaires étrangères.

IV. Mémorial du Tsong-tou, ou Gouverneur Général des deux provinces du Fou-kien et de Tche-kiang, appelé Mouan, présenté contre la religion chrétienne à l'Empereur de la Chine, vers la fin de l'an 1723. (II, Nos. 1 & 2, 1883, pp. 54/57.)

D'après le ms. de l'inventaire No. 169 des papiers du Duc de Saint-Simon conservé aux Archives des Affaires étrangères.

V. Catalogus omnium missionariorum qui Sinarum Imperium ad haec usque tempora ad praedicandům Jesu Xti Evangelium ingressi sunt. (Ibid., pp. 58/71.)

D'après le ms. du British Museum, Add. 26818.

VI. Lettres diverses. (II, No. 3, 1884, pp. 289—304.)

D'après diverses collections.

Lettre du P. Castorano. [Canton, 1730], pp. 289/292. — L. du P. Foureau. [Peking, 16 nov. 1738], pp. 293/298. — L. du P. J. P. Collas [Peking, 2 oct. 1780], pp. 298/304.

VII. Correspondance Générale. (III, No. 1, 1885, pp. 24/80; No. 2, 1885, pp. 215/280.)

41 lettres de divers missionnaires jésuites formant un volume complet de lettres diverses de la collection de la rue Lhomond. Voir Bib. Sin., col. 508.

VIII. Lettres diverses. (III, No. 4, 1885, pp. 643/658.)

D'après les archives particulières de Henri Cordier.

Lettre du P. Cibot. [Peking, 17 oct. 1777], pp. 643/8. — L. du P. de Mailla. [Peking, 17 sept. 1730], pp. 648/654. — Mémoire du P. Gaubil, pp. 654/6. — L. du P. Gaubil [Peking, 12 août 1752], pp. 656/8.

. • .

— Annales Domus Zi-ka-wei S. J. Pars prima ab ejús Prímordio, anno 1847, ad finem anni 1860. Auctore Aloysio Mᵃ Sica ejusdem Soc. Missionario. 1884, in-4, pp. 199 lithog.

Bib. nat. 0²n/800

— Mélanges sur la Chine Par le P. Vasseur, Missionnaire S.-J. — Premier volume. Lettres illustrées sur une Ecole Chinoise de Saint-Luc auxiliaire de la Propagation de la Foi — Paris — Auteuil, Imprimerie des apprentis-orphelins. — Roussel 40, rue La Fontaine, 1884, gr. in-4, pp. VIII-191.

(CATH. DIVERS : 1882—1884.)

On lit sur la couverture extérieure : « Société générale de la librairie catholique, Palmé, Editeur, 76, rue des Saints-Pères, Paris — 1884. »
Le Vol. II doit contenir des Lettres illustrées sur la civilisation chinoise.

— Les Missions catholiques en Chine. Par Henri Cordier. (Le Temps, 14, 15 et 16 sept. 1886.)

— Les Missions catholiques en Chine et le protectorat de la France. (Revue des Deux Mondes, 15 déc. 1886, T. 78, pp. 769/798.)

Cet article signé *** est de M. Georges Cogordan, ministre plénipotentiaire.

— Le Christianisme en Chine. Par Emile Delbard. (Ann. de l'Ext. Orient, 1886—1887, IX, pp. 33/37.)
— La persécution en Chine. (Ann. de l'Ext. Orient, 1886—1887, IX, pp. 88/89.)

D'après les Missions catholiques.

— Catholic Missionaries in the East. By Progress. (China Review, IX, p. 322.)

— Vicariat du Kiang-si oriental. — Œuvres et besoins de cette mission. Pièce in-12, pp. 10, s. l. n. d. [1890.]

On lit au verso de la couverture extérieure : Paris, Imp. D. Damoulin. — Cette notice est signée de Mgr. Casimir Vic, vic. ap. du Kiang-si oriental. — Bib. Nat. 0²n/863

— Lettre de S. S. le pape Léon XIII à S. M. l'empereur de la Chine. (Miss. Cath., XVII, 1885, pp. 157/158.)

Rome, 1ᵉʳ fév. 1885. — Envoyée par le R. P. Giulanelli.

— Consécration de la Nouvelle Cathédrale du Pétang (Miss. Cath., XXI, 1889, pp. 125—128, avec 2 vues.)

D'après le Chinese Times du 15 déc. 1888.

— Carte des Missions Catholiques en Chine par Adrien Launay de la Société des Missions Etrangères, 1890, [Paris, Imp. Lemercier, gravée par R. Hausermann], 1 grande feuille.

— Les Missions Catholiques au XIXᵉ siècle par M. Louis-Eugène Louvet, des Missions Etrangères de Paris, Missionnaire en Cochinchine occidentale. (En cours de publication depuis le 14 Mars 1890, dans les Missions Catholiques.)

— Décret impérial rendu le 13 juin 1891. (Missions Catholiques, XXIII, 1891, pp. 433/4.)

A rapprocher des décrets, ibid., XVII, 1885, p. 580 :

— 26 août 1884, Edit. impérial relatif aux Chrétiens.
— 19 sept. 1885, Lettre du Tsong-li ya-men à M. Patenôtre, ministre de France.
— Le mouvement anti-chrétien et anti-européen en Chine. (Miss. Cath., XXIV, 1892, pp. 309/311.)

Par un franciscain.

— Missiones Catholicae cura S. Congregationis de Propaganda Fide descriptae in annum MDCCXCII (Ann. VII) Romae, ex typographia polyglotta S. C. de Propaganda fide MDCCXCII, pet. in-8, pp. XXXVII-683.

On lit au verso du faux-titre : Editus die 1 Aprilis. — La première année de cette utile publication est 1886, in-8.

(CATH. DIVERS : 1886—1892.)

TABLEAU GÉNÉRAL DES MISSIONS CATHOLIQUES EN CHINE EN 1892.

OVINCES	MISSIONS	SOCIÉTÉS RELIGIEUSES	MAISON-MÈRE	CRÉATION DE LA MISSION	VICAIRES APOSTOLIQUES			RÉGIONS [1]
					NOMS	EN	ÉVÊQUES DE	
che li	Pe Tche-li Sud-Est	Jésuites........	Reims, 6 R. d. Chapelains	1856	Mgr. Bulté	1880	Botrie	
	P. septentrional ..	Lazaristes	Paris, 95 Rue de Sèvres	1856	— Sarthou ...	1890	Myriophyte...	1ère
	P. Sud-Ouest	Id............	Id.	1856	— Bruguière ..	1891	Cina........	
lan toung..	Chan toung sept. .	Franciscains.....	Rome............	1839	— de Marchi ..	1889	Sura	2e
	Chan toung mérid.	Miss. étr. de Steyl (Hollande) [2]	Steyl (Hollande)	1885	— Anzer	1886	Telepte......	
han si.....	Chan si sept. ..	Franciscains.....	Rome............	1698	— Grassi	1891	Orthose	2e
	Chan si mérid. .				— Hofmann ..	1891	Telmisse	
o nan	Ho nan sept.	Miss. étr. de Milan .	Milan, Via San Calocero .	1843	— Scarella ...	1882	Carpate	1ère
	Ho nan mérid. ..			1882	— Volonteri ..	1882	Paléopolis...	3e
iang sou... 'gnu houei..	Kiang nan	Jésuites........	Paris, 35 Rue de Sèvres	1660	— Garnier	1879	Titopolis.....	3e
iang si..	Kiang si sept. ...			1845	— Bray	1870	Légion	3e
	K. méridional .	Lazaristes	Paris, 95 Rue de Sèvres	1879	— Coqset	1887	Cardica	
	K. oriental			1885	— Vic	1885	Metellopolis ..	
che kiang ..	Tche kiang	Id............	Id.	1696	— Reynaud ...	1884	Fussola	3e
'ou kien....	Fou kien	Dominicains	Rome............	1696	— Masot	1884	Avara	5e
	Amoy			1883	Siége vacant			
'ou pé.....	Hou pé oriental ..			1870	— Carlassare ..	1884	Madaure.....	3e
	H. sept.	Francisc. réformés	Rome............	1856	— Banci	1879	Halicarnasse .	
	H. méridional ...			1870	— Christiaens ..	1889	Colophon ...	
'ou nan....	Hou nan sept. ...	Augustins	Rome............	1856	R. P. de la Torre			3e
	H. méridional ...	Francisc. réformés	Rome............	1879	Mgr. Semprini..	1879	Tiberiopolis ..	
ouang toung	Konang toung ...	Miss. étr. de Paris .	Paris, 128 Rue du Bac ..	1850	— Chausse	1886	Capse	5e
Kouang si...	Kouang si	Id............	Id.	1875	— Chouzy	1891	Pednelisse....	5e
Yun nan	Yun nan	Id............	Id.	1702	— Fenouil	1881	Ténédos	4e
Kouei tcheou .	Kouei tcheou	Id............	Id.	1847	— Lyons	1871	Basilopolis ...	4e
Chen si.....	Chen si sept.	Franciscains.....	Rome............	1844	— Pagnucci ...	1884	Agathonique ..	2e
	C. méridional	Sém. de St Pierre et de St Paul (Rome)	Rome [3]	1887	— Antonucci ...	1887		
Kan sou	Kan sou	Cong. de Scheut ..	Scheutveld (lez Bruxelles)	1878	— Otto	1890	Assur......	2e
Se tchouan ..	Se tchouan orient.			1856	— Chouvellon ..	1891	Dansara	4e
	S. occidental	Miss étr. de Paris .	Paris, 128 Rue du Bac..	1658	— Blettery	1891	Zela	
	S. méridional			1860	— Chatagnon ..	1887	Chersonèse ..	
dchourie....	Mandchourie	Id............	Id.	1838	— Guillon	1889	Eumène	1ère
golie	Mongolie orientale	Congrégation du Cœur de Marie Immaculée, Scheut (Belgique)	Scheutveld (lezBruxelles)	1883	— Rutjes	1883	Eleuthéropolis .	1ère
	Mongolie centrale .			1875	— Bax.......	1875	Adrase	
	Mongolie mérid..			1883	— Hamer	1888	Trémite	
....	Corée	Miss. étr. de Paris .	Paris, 128 Rue du Bac .	1831	— Mutel	1890	Milo	
t........	Tibet	Id............	Id.	1846	— Biet	1878	Diana.......	4e
gkong	I li	Cong. de Scheut ..	Scheutveld (lez Bruxelles)	1888	R. P. Van Koot			2e
	Hongkong	Miss. étr. de Milan .	Milan, Via San Calocero .	1846	Mgr. Raimondi .	1874	Acanthe	5e

1. Le Pape approuve le 27 avril 1879, une résolution de la S. Congrégation de la Propagande, partageant en cinq régions toutes les missions a Chine; nous les donnons, telles qu'elles existent aujourd'hui (1892).

2. Fondé 8 septembre 1875 par M. Arn. Janssen, prêtre du diocèse de Munster; le R. P. Anzer envoyé en 1879; provicaire 1882.

3. Fondé en 1874 à Rome, place Mastaï, au Transtevère, par Pie IX.

2º *QUESTION DES RITES.*

Col. 375.

— La Bibliothèque royale de Munich possède un ex. de l'*Innocentia victrix*, A. Or. 2°, 316 r, en très belle condition.

* **Santa Maria (de).** — Apologia de los Religiosos Dominicos y Franciscanos Misioneros de China : por el Padre Fr. Antonio de Santa Maria, Caballero, de la Provincia de San Pablo : Impreso en la Oficina de Juan Garcia Infanzon.

«Ha la data del 2 del 1689.» (M. da Civezza.)

Col. 376.

— La Morale pratique des Jesuites, Divisé en sept Parties. Où l'on represente leur conduite dans la Chine, dans le Japon, dans l'Amerique, & dans l'Ethyopie. Le tout tiré de livres trés-autorisez, ou de pieces trés-authentiques. A Amsterdam, Aux Depens de la Compagnie. MDCCXLVI, 3 vol. in-12.

— Morale pratique des Jésuites. Troisième volume. Contenant *La Justification des deux premiers Volumes de cette Morale.* Contre Le livre faussement intitulé, DÉFENSE *des nouveaux Chrétiens & des Missionnaires de la Chine, du Japon & des Indes.* Avec la Réponse à la II. Partie de cette Défense qui vient de paroître. Nouvelle edition. A Nancy, chez Joseph Nicolai, 1734. 4 ff. n. c. p. le tit., préf., &c. + pp. 578 + 3 ff. n. c. p. la tab.

Nicolaï a publié en une seule collection en 7 vol., Nancy, 1734 à 1735, formant la *Morale pratique des Jésuites* les ouvrages suivants : 1º *Morale pratique des Jésuites, ut supra,* Nancy, 1734, 3 vol. in-12; 2º *Hist. de Dom Jean de Palafox,* in-12; 3º *Hist. de la persecution de deux Saints Evêques par les Jésuites,* in-12; 4º et 5º, les deux ouvrages suivants :

— Histoire des differens entre les missionaires Jesuites d'une part Et ceux des Ordres de Sᵗ· Dominique et de Sᵗ· François de l'autre. touchant Les cultes que les Chinois rendent A leur Maitre Confucius, A leurs Ancestres Et à l'Idole Chin-Hoan. Seconde edition. A Nancy, chez Nicolai 1735, in-12.

— Suite de l'histoire des differens entre les Jesuites de la Chine, et les missionaires des Ordres de St. Dominique & de St. François ce qui comprend la seconde & la troisième Partie de ces Differens. Seconde edition MDCCXVI, in-12.

.·.

— Lettre d'un Docteur en Théologie . . . .

Par le P. Michel le Tellier.

(QUESTION DES RITES.)

— La bonne foy des anciens Jesuites, missionnaires de la Chine, sur l'idolatrie des Chinois dans le culte qu'ils rendent à Confucius et aux morts, démontrée par des extraits fidèles des livres des RR. PP. A. Kircher, N. Trigault, Alexandre Rhodes et autres, in-12.

De Backer, III, col. 1203.

Col. 378.

* **Expositio Facti de Sinensibus Controversiis,** a PP. Soc. Jesu oblata S. Congr. S. Officii, jussu SS. D. N. Innocentii XII. Occasione scripti nuper excusi sub hoc titulo : Quaesita proponenda in S. Congr. S. Officii 1699. S. l., 1700, in-8.

Par le P. Ant. Baldigiani, de Florence, † à Rome, 11 Oct. 1711. (Sommervogel.)

— Lettres autographes de N. Charmot.

Ces lettres, citées au bas de la col. 378, ne sont pas, m'écrit le R. P. Brucker, adressées au Cardinal de Médicis, mais à Mgr. plus tard Cardinal de Noailles, archevêque de Paris; la première est datée de Rome, 18 novembre 1698 (fol. 148 du MS.).

Col. 379.

— Parallele ‖ de ‖ quelques propositions; ‖ dont les unes ont esté déférées au S. ‖ Siege & à la Sorbonne, les autres ne ‖ l'ont pas esté, quoy qu'elles meritas-‖sent beaucoup plus de l'estre, pièce in-12, s. l. n. d., pp. 22.

Par le P. Charles le Gobien.

Suivent :

— Propositions ‖ soutenues, ou autorisées ‖ par ‖ queques docteurs ‖ de la Faculté de Theologie ‖ de Paris, pièce in-12, s. l. n. d., pp. 34.

Col. 380.

— Discrepanze, o' Contradizioni intorno al fatto tra' moderni impugnatori De' Riti Cinesi. Colonia MCCC [*sic*], pièce de 23 ff. n. c.

Contre Maigrot, Louis de Cicé, Charmot et l'év. de Beryte.

— Nota d' alcune discrepanze, e contradizioni intorno al fatto, Nelle quali comparisce, quanto poco frà loro si accordino i moderni Impugnatori de' Riti Cinesi Circa i Punti capitali di questa Causa. Colonia Anno M . DCC, pet. in-8, pp. 259.

Par le P. Balthasar Montecatini.

Col. 381.

— Esame Dell' Autorità . . . Anno MDCCI, lire petit in-8 *au lieu de* in-12.

— Il Disinganno contraposto da un Religioso dell' Ordine de' Predicatori . . . .

Cet auteur dominicain est le P. Tabaglia. Cf. Quétif et Echard, *Script. Ord. Pred.*

(QUESTION DES RITES.)

Col. 385.

— Ad virum nobilem de cultu Confucii Philosophi, et *progenitorum* apud Sinas, Cum facultate Superiorum. Dilingae, Sumpt. Joannis Caspari Bencard, Bibliopolae. Anno ᴍᴅᴄᴄ, in-12, pp. 66.

Bib. royale, Munich.

* Ad virum nobilem de Cultu Confucii et primogenitorum apud Sinas. Leodii, 1700, in-12, pp. 47. — Leodii et Venetiis, 1700, in-12, pp. 70.

Cette lettre est du P. Jean Dez, S. J. Elle se trouve en français, avec réponse, dans : *Lettre d'un Docteur de l'ordre de S. Dominique* . . . (au bas de la col. 392.)

— Status quaestionis Romae nunc temporis habitae circa honores a Sinensibus exhibitos Confucio et progenitoribus fato functis. Accedunt Epistolae duae Praepositi, Directorum, Missionariorum Seminarii Parisiensis Missionum ad Exteros. Ad Innocentium XII. Pontificem Max. — Bruxellis, Apud Danielem Wattier viâ Chausseâ ad Insigne Spei. — ᴍ.ᴅᴄᴄ, pet. in-8 à 2 col., pp. 72 + 1 f. n. c. prél.

En français et en latin (ce dernier en italique) sur 2 col.

Bib. nat. $\frac{O^{2n}}{657}$

— Lettre d'un docteur de Louvain, à un jeune seigneur flamant, Au sujet du differend du Seminaire Etranger, & des Jesuites. A Bruxelles, 1700, in-12, pp. 132 + 1 f. prél. n. c.

Bib. nat. $\frac{O^{2n}}{669}$

Col. 386.

— Anciens ‖ Memoires ‖ de ‖ la Chine, ‖ touchant les honneurs ‖ que les Chinois rendent à ‖ Confucius & aux Morts. ‖ A Paris, ‖ Chez Nicolas Pepie, ruë S. Jacques; ‖ au grand S. Basile. ‖ — ᴍᴅᴄᴄ, ‖ Avec privilege dv Roy. in-12, 4 ff. n. c., p. l. tit., la tab., etc. + pp. 278 + 1 f. n. c. p. l'errat.

Table ‖ *Des Pieces contenüs dans* ‖ *ce Recüeil.* — I. TEmoignage du R. P. Sarpetri, Dominicain, en faveur d'un Livre du P. Matthieu Ricci, Jesuite touchant le cham ti, & la Religion des anciens Chinois, page I. — II. Attestation du même, touchant l'usage des Ceremonies de la Chine. 4. — III. Lettre du même, à la sacrée Congregation de la propagande, sur les Controverses de Canton. 15. — IV. Traité du même pour justifier l'accord du R. P. Navarrette son Superieur avec les Jesuites. 41. — V. Lettre du R. P. Navarrette, Dominicain, au R. P. Oliva General de la Compagnie de Jesus, contenant l'eloge des Jesuites de la Chine & de leurs Missions. 144. — VI. Declaration du même, au nom de ses Confrères de la Chine, par laquelle il embrasse le sentiment & la pratique des Jesuites. 162. — VII. Article d'une assemblée de Ham tcheou, produits & approuvés par le R. P. Navarrette. 166. — VIII. Réponse du R. P. de Govea, Vice-Provincial des Jesuites de la Chine, sur l'accord du R. P. Navarrette. 184. — IX. Declaration du R. P. Sarpetri, qui justifie cet accord sur l'autorité d'une assemblée des Dominicains de la Chine, tenüe à Lanki. 194. — X. Extraits du second Tome du P. Navarrette sur les Controverses de la Chine. 159. 198. — XI. Réponses au R. P. de Paz, Dominicain, contenant le témoignage de plusieurs Do-

(Question des Rites.)

minicains de la Chine, sur les honneurs qu'on rend à Confucius. 294. — XII. Lettre du R. P. Gregoire Lopez, Dominicain, Chinois de nation, Evêque & Vicaire Apostolique, au P. Couplet, Jesuite. 216. — XIII. Lettre du même à N. S. P. le Pape Innocent XI. 222. — XIV. Lettre du même à Nosseigneurs les Cardinaux de la Propagande, sur les mauvais traitements qu'il avoit souffert à Manille à l'occasion de son sentiment sur les Ceremonies de la Chine, 226. — XV. Extrait d'une Lettre du même, au R. P. General, de l'Ordre de S. Dominique, sur le même sujet. 144. — XVI. Extraits d'un Traité du même, touchant les Ceremonies de Confucius & des Ancestres. 248.

Col. 387.

— Lettera ‖ al serenissimo ‖ Duca del Maine, ‖ intorno alle cerimonie ‖ della Cina. ‖ Scritta dal Padre Luigi le Comte, ‖ della Compagnia di Giesù ‖ Missionario Cinese. ‖ — ᴍᴅᴄᴄ, in-12, pp. 139 + pp. 2 n. c. p. l' addizione.

— Lettre de Messieurs des Missions etrangeres au Pape, sur les idolatries et les superstitions chinoises. Br. in-4, s. l. n. d., pp. 99.

A la fin, p. 99 : A Paris ce 20 Avril 1700. [Archives du Dép' des aff. étrangères.]

Col. 389.

— Nota ‖ d' alcuni fatti, ‖ Che si affermano dagl' Im-‖pugnatori di tutti i Riti ‖ Cinesi, mà si niegano da i ‖ Difensori di molti di detti ‖ Riti. ‖ s. l. n. d., pièce in-8, pp. 24.

Après les *Memorie istoriche* . . . Par les PP. Antoine Baldigiani et Jean François Malatra, dit Sommervogel (*Dict. des Anon.*, col. 624), qui marque pp. 56.

Col. 390.

— Lettera di Monsignor Luigi de Cicé Nominato dalla S. Sede al Vescovado di Sabula, ed al Vicariato Apostolico di Siam, del Giappone, &c. a i RR. Padri Giesuiti sulle idolatrie, e superstizioni della China. in-8, pp. 37 avec 1 Pl.

British Museum, $\frac{4765, a}{6}$

— Lettere ‖ ad un' abate di qualita' ‖ Intorno alla materia d' uno ‖ Scritto intitolato, ‖ Lettera di Monsign. Luigi di Cicè, ‖ nominato dalla Santa Sede al Ve-‖scovado di Sabula, &c. A i RR. ‖ Padri Gesuiti sulle idolatrie, e su-‖perstizioni della Cina. ‖ In Colonia ᴍᴅᴄᴄɪ. ‖ — Con Licenza de' Superiori. Pet. in-8, pp. 124.

Il y a deux de ces lettres dont la première seule est datée [12 sept. 1700] et que le P. Brucker me dit avoir vu à la suite de *Dimostrazione della Giustizia de' Gesuiti*, voir col. 393.

Col. 391.

— Acta Cantoniensia authentica. In quibus Praxis Missionariorum Sinensium Societatis Jesu circa ritus Sinenses approbata est communi consensu Patrum Dominicanorum, & Jesuitarum, qui erant in China; atque illo-

(Question des Rites.)

rum subscriptione firmata. Nunc primùm prodeunt transmissa ex Archivio Romano Societatis Jesu, cum accessione Epistolae D. Ludovici de Cicé e Seminario Gallicano Parisiis pro Missionibus exteris constituto, nunc Episcopi Sabulensis, & Vicarii Apostolici in Regno Siami, testantis eamdem praxim sibi, dum in China versaretur, probatam fuisse. Anno MDCC, pet. in-8, pp. 106 + 6 ff. n. c. pour l'ind. et les errata.

British Museum, $\frac{4765, a}{1}$

— Epistola R. Patris Jacobi Tarin Commissarii Provincialis S. Francisci in China, Omnium Missionariorum Franciscanorum in hoc Regno Superioris. Scripta 4. Decembris anni 1701. ad Episcopum Rosaliensem. Pièce in-4, s. l. n. d., de 2 ff. in-4.

Lettre datée Canton de l'Eglise de St. François, 4 déc. 1701.
Bib. nat. $\frac{0^2n}{407}$

Col. 391/2.

— Breuis Relatio . . . .

Vend. : Thonnelier (457), 56 fr.

— Brevis relatio eorum, ‖ quae spectant ad declarationem ‖ sinarum imperatoris ‖ KAM-HI ‖ circa Caeli, Cumfucii, ‖ et avorum cultum, ‖ Datam Anno 1700. ‖ Accedunt Primatûm, Doctissi-‖morúmque Virorum, & Anti-‖quissimae Traditionis Testimonia. ‖ Operâ P. P. Soc. Jesu, Pekini ‖ pro Evangelij Propagatione ‖ Laborantium. ‖ Juxta Exemplar impressum Cantone ex Peckinensi. ‖ Permissu Superiorum. ‖ Augustae Vindelicorum, & Dilingae, ‖ Typis & Sumptibus Joannis Caspari Bencard, ‖ Bibliopolae. ‖ — Anno MDCCIII, pet. in-8, pp. 85.

Réimp. de l'ouv. publié en Chine, mais ne contenant ni les caractères chinois, ni les caractères mandchous. Rare.

Col. 393.

— L'enterrement de Confucius, Réitéré le 19. Octobre 1700. A***. Pièce in-4, s. l. n. d., de 2 ff. dont le 1ᵉʳ porte seulement au recto le titre ut supra.

Bib. nat. $\frac{0^2n}{397}$

Col. 394.

— Lettre a un Docteur . . . . Monsieur Priou . . .

Par le P. Charles le Gobien.

— Reponse aux remarques de M*** sur la protestation du Pere le Gobien. M. vcc[1700], s. l., in-12, pp. 33.

British Museum, $\frac{4765, a}{4}$

Col. 396.

— Traité sur quelques points . . . . par le R. P. Longobardi . . .

Au lieu de Traduit par le P. de Cicé, dominicain . . . lire l'abbé de Cicé, des Missions étrangères de Paris.

Col. 398.

— Particvla Epistolae P. Aluari Benauente ex Ordine S. Augustini olim Prouincialis Philippinarum, nunc verò Episcopi Ascalonensis, & Vicarij Apostolici Prouinciae Kiang si in Regno Sinarum. Ex Vrbe Hangan-fù 27. Nouembris 1700. Ad Sacram Congregationem de Propaganda Fide. Pièce in-4, s. l. n. d., de 4 ff. n. c.

Bib. nat. $\frac{0^2n}{398}$

— Varo, Grammatica, voir col. 757.

Col. 400.

— Lettera ‖ scritta da Pondisceri ‖ a' 10. di Febbraio 1704. ‖ dal Dottore ‖ Giovanni Borghesi ‖ Medico della Missione spedita alla China ‖ dalla Santita' di N. S. ‖ Papa Clemente XI. ‖ Nella quale si contengono, oltre a un pieno rac-‖conto del Viaggio da Roma fino alle Coste ‖ dell' Indie Orientali, varie nuove osserva-‖zioni Mediche, Anatomiche, Botta-‖niche, Naturali, e d' altri generi. ‖ E trasportata dal Manuscritto Latino ‖ in Lingua Toscana ‖ da ‖ Gio : Mario de' Crescimbeni ‖ Custode d' Arcadia, e Accademico Affordito. ‖ In Roma 1705. Per il Zenobj Stampatore, ‖ e Intagliatore di Sua Santita'. ‖ — Con Licenza de' Superiori. in-12, 7 ff. prél. n. c. p. l. tit. + pp. 245 + 8 ff. n. c. p. l'ind.

— Lettera del Signor Cardinale di Tournone Patriarca d' Antiochia, Legato a Latere nella China per la Santità di Nostro Signore Papa Clemente XI. a Monsignore Carlo Maigrot Vescovo di Conone, Vicario Apostolico nella China, Per confortarlo nel tempo, che per ordine dell' Imperadore stava prigione in casa de' Padri Gesuiti di Pekino. Con un breve del Sommo Pontefice al medesimo Vescovo di Conone, portatogli da esso Signor Cardinal di Tournone. In Torino MDCCVIII. Per l' Erede di Bartolomeo Zappata. Con licenza de' superiori. in-4, pp. 11 à 2 col.

Italien et latin.

Col. 402.

— Dissertatio extero-theologica repraesentans theologiam Sinensium, ejusqve reformationem a Jesuitis tentatam qvam Consentiente Maxime Rever. Theologorum Ordine in perillustri Academia Rostochiensi Praeside viro maxime reverendo, amplissimo, ac excellentissimo dno. Zacharia Grapio, theologiae doctore Ejusdemq P. P. O. Celeberrimo, ad Ædem D. Jacobi Verbi divini Ministro dignissimo, Patrono ac Studiorum meorum Promotore ad cineres usqs devenerando, publico eruditorum examini ac inqvisitioni in auditorio majori die VIII. augusti ao. MDCCVIII. sisto Al. Magn. Grafunder. Zachan. Pom. Rostochii, Typis Joh. Wepplingl, Ser. Princ. & Acad. Typogr., in-4, pp. 46.

Ecole des Langues orientales, Paris.

— La Verità, ‖ e l' Innocenza ‖ de' missionarj ‖ della Compagnia di Giesú ‖ nella Cina. ‖ Difesa ‖ contro un libello intitolato ‖ *Apologia* ‖ *delle risposte* ‖ *Date dal Procuratore dell' Eminentissimo Si-‖gnor Cardinal di Tournon alli cinque* ‖ *Memoriali del Padre Provana* ‖ *contro le Osservazioni di un'* ‖ *Autore Anonimo.* s. l. n. d., in-4, pp. 172.

Par le P. L. Vinc. Mamiani della Rovere, en réponse à l'*Apologia*, de Fatinelli. — Contient :

Parte Prima. La Verita Dell' Anonimo Autore delle Osservazioni, Difesa Contro i Paralogismi contenuti nell' Apologia sopra la Controversia de' Riti Cinesi, p. 6.

Parte seconda. L' innocenza De' Missionarj della Compagnia di Giesù nella Cina. Difesa Contro le Calunnie contenute nell' Apologia dal Procuratore del Signor Cardinale di Tournon, p. 41.

Parte terza. L' innocenza De' Padri di Pekino, e la Verita, D' altri Scrittori della Compagnia di Giesù. Difesa Contro le falsità, ed accuse contenute nelle Lettere, e Dichiarazioni aggiunte nel fine dell' Apologia dal Procuratore del Signor Cardinal di Tournon, p. 94.

Sommario ‖ *De' Documenti citati nell' antecedente Difesa* ‖ *della Verità, ed Innocenza de' Missionarj* ‖ *della Compagnia di Giesù nella Cina.* ‖ N. 1. ‖ Testimonianza della condotta, o animo precccu-‖pato di Monsignor Patriarca contro ‖ i Giesuiti nella Cina. ‖ Dagli Atti Imperiali della Corte di Pekino estratti per ‖ ordine dell' Imperador della Cina dal suo Archivio ‖, autenticati col Sigillo Reale, e presentati alla Santità ‖ di Clemente XI, p. 113.

N. 2. Testimonianza della falsità, che i Cristiani di Pekino non avessere in casa le Tabelle de' Defonti, p. 123.

N. 3. Testimonianze sopra la chiamata di Monsignor Maigrot à Pekino, e notizia avutane dall' Imperadore senza colpa de' Giesuiti, p. 124.

N. 4. Testimonianze della proposta fatta da Monsignor Patriarca all' Imperadore di Monsignor Maigrot come molto scienziato nelle Lettere Cinesi, p. 128.

N. 5. Testimonianze sopra l' ambasciata del Signor Abbate Sabino Mariani, e P. Bouvet, ed esito di essa, p. 132.

N. 6. Testimonianze dell' Innocenza de' Giesuiti nella Cina contro le accuse ad essi imputate dagli Avversarj, p. 134.

N. 7. Editto dell' Arcivescovo di Goa, Primate dell' India, fatto publicar in Macao, p. 137.

N. 8. Testimonianza sopra la cagione degli ultimi Decreti dell' Imperador della Cina, p. 139.

N. 9. Testimonianze sopra il Piao, e delle molestie recate da' Mandarini a' Missionarj per voler riconoscere le loro Patenti, p. 143.

N. 10. Testimonianze, che così nel tempo del Padre Matteo Ricci, come dopo non si è nascosto da' Giesuiti il Crocifisso nella Cina, p. 147.

N. 11. Differenze dei Mandato del Signor Cardinal di Tournon, dal Decreto di Clemente XI, p. 151.

N. 12. Riflessioni sopra la lettere scritta dal Signor Cardinal di Tournon à Monsignor Maigrot, p. 157.

N. 13. Testimonianza contro la prima Dichiarazione di Monsignor Maigrot sopra la mentovata Lettera del Legato, p. 164.

Da una Lettera scritta da Monsignor di Conone al Padre Gerbillon della Compagnia di Gesù da Cantone 11 Febraro 1707, p. 165.

N. 14. Testimonianza contro la seconda Dichiarazione di Monsignor Maigrot sopra la Dottrina di Confusio da esso approvata, p. 166.

N. 15. Testimonianze contro la terza Dichiarazione di Monsignor Maigrot, sopra la Cerimonia del Tiao da lui praticata, p. 167.

Relazione mandata dal P. Claudio Visdelou Missionario Apostolico eletto Vescovo Claudiopolitano, p. 167.

N. 16. Testimonianza sopra una proposizione detta da Monsignor Vescovo di Pekino contraposta ad una Lettera del medesimo Vescovo, p. 171.

.·.

— Osservazioni (3° art. avant la fin) sont du P. L. Vinc. Mamiani della Rovere.

Il répondit à l'*Apologia* de Fattinelli par :

La Verità e l' Innocenza de' Missionarj della Compagnia di Giesù nella Cina. Difesa contro un libello intitolato *Apologia delle risposte*. S. l. n. d., in-4, pp. 172. Vide supra.

Dichiarazione del signor Nicolò Charmot missionario apostolico, E Procuratore Generale in Roma de' Vescovi, Vicarj, e Missionarj Apostolici Francesi delle Missioni straniere, etc. Contro una Lettera sotto nome del Padre F. Bonaventura di Roma, missionario della Cina. (Datée du 3 août 1710.) S. l. n. d., in-4, pp. 6 n. ch.

La *Lettera* en question est dans : *La Verità*, pp. 148—150.

La Verità D' una Testimonianza del P. Marco Silverio Sbatti della Compagnia di Gesù, confermata Dalla Dichiarazione del Sig. Abbate Gio : Donato Mezzafalce contro la medesima. S. l. n. d., in-4, pp. 8.

Dans La Verità (du P. Mamiani), pp. 164—5, il y a : Testimonianza contro La prima Dichiarazione di Monsignor Maigrot sopra la mentovata Lettera del Legato (daté de Mai, 1710). Vide supra.

Informazione sopra il foglio intitolato : La Verità d' una Testimonianza . . . . (ut supra) . . . contro la medesima. S. l. n. d., in-4.

.·.

— Proteso ‖ pubblicato ‖ dai difensori ‖ dei Riti Politici, e Civili della Cina, ‖ in faccia del Mondo Onorato ‖ Religioso, e Secolare. ‖ Anno 1710. ‖ Pièce pet. in-8, pp. 37.

Col. 403.

— Censvra libelli ‖ Cujus titulus : ‖ *Considerationes super Reflexioni-‖bus in Causa Sinensi.* ‖ Quo libello quidam Causae Si-‖nensis Adversarius ‖ 12. Reflexiones in praece-‖dentibus foliis relatas, non ‖ ratione, & veritate, ‖ sed calumniosâ falsitate impetivit. ‖ recusa Anno 1710. Pièce in-8 de 32 ff. n.

— Acta ‖ causae rituum ‖ seu ‖ ceremoniarum si-‖nensium : ‖ complectentia. ‖ I. Mandatum, seu Edictum D. Caroli Maigrot, Vicarii A-‖postolici Fokiensis in Regno Sinarum, nunc Episcopi Co-‖nonensis. II. Quaesita ex eodem Mandato, seu Edicto excerpta, Sac. ‖ Congregationi Sanctae Romanae, & Universalis Inquisi-‖tionis proposita. III. Responsa data iisdem Quaesitis à praefata

Congregatione. ‖ IV. Decretum à Sanctissimo D. N. D. Clemente Divina ‖ Providentia Papa XI. in eadem Congregatione die ‖ XX. Novembris MDCCIV. editum, quo dicta Respon-‖sa confirmantur, & approbantur. V. Declarationes & Respective submissiones aliquorum R. R. ‖ P. P. Generalium Religiosorum Ord. desuper Sanctitati ‖ suae seu S. Sedi Apostolicae factae. VI. Praeceptum Sanctiss. D. N. D. Clementis P. P. XI. super ‖ omnimoda, absoluta, integra & violabili observatione ‖ eorum, quae alias à Sanctitate sua in causa rituum, seu ‖ caeremoniarum Sinensium decreta fuerunt, die 19. ‖ Martii 1715. ‖ — Coloniae Agrippinae ‖ Permissu superiorum. ‖ Juxta exemplar romanum ‖ Impressum, pet. in-8, pp. 102.

Contient :

Mandatum ‖ seu ‖ edictum ‖ D. Caroli Maigrot, ‖ Vicarii Apostolici Fokiensis in Regno Sinarum, ‖ nunc Episcopi Cononensis, p. 2.

Quaesita ‖ in causa ‖ rituum sinensium ‖ Super Mandato, seu Edicto ‖ D. Caroli Maigrot ‖ Vicarii Apostolici Fokiensis in Regno Sinarum, ‖ nunc Episcopi Cononensis. ‖ Ab Eminentissimis, & Reverendissimis D. ‖ Cardinalibus ‖ Specialitèr à sanctae memoriae ‖ Innocentio PP. XII. ‖ Deputatis, ‖ Post varias Congregationes, ac longum Jurium hinc ‖ indè deductorum examen, confecta : primùm qui ‖ dem Theologis, & Qualificatoribus ad id ‖ selectis proposita, ‖ Ac deinde in Congregatione Generali Sanctae ‖ Romanae, & Universalis Inquisitionis di-‖ scussa & resoluta, p. 8.

Responsa ‖ Quae ad Quaesita superiùs relata, praevio ‖ diuturno, maturo, ac diligentis-‖ simo examine, ‖ demandato sa. me. ‖ Innocentii XII. ‖ prius inchoato. ‖ Ac deinde jussu Sanctissimi D. N. D. ‖ Clementis PP. XI. ‖ Per plures Annos continuato, ‖ A Sac. Congregatione Eminentissimorum, ac Reve-‖ rendissimorum DD. S. R. E. Cardinalium in tota ‖ Republica Christiania, adversùs Haereticam ‖ pravitatem Generalium Inquisitorum à ‖ Sede Apostolica specialiter de-‖ putatorum, ‖ Auditis Partibus, nec non Theologorum, & ‖ Qualificatorum ad id deputatorum votis, ‖ data fuerunt, ac postmodùm ab eo-‖ dem SS. D. N. approbata, & ‖ confirmata, p. 42.

Decretum ‖ sanctissimi D. N. ‖ Clementis Papae XI. ‖ Fer. 5. die 20. Novembris 1704, p. 50.

Decretum ‖ Emin. Car. Turnonii, ‖ seu ‖ Publicatio Judicii Pontificii, in Sinarum ‖ Imperio facta. ‖ Carolus Thomas Maillard de Tour-‖non, Dei & Apostolicae Sedis gratia Patri-‖archa Antiochenus, SS. D. N. Clementis ‖ Divina Providentia Papae XI. Praelatus do-‖ mesticus, ejusque Pontificio folio Assistens, nec ‖ non S. R. Universalis Inquisitionis Consultor, ‖ ac in Indiis Orientalibus, & Sinarum Imperio, ‖ finitimisque Regnis & Insulis Commissarius Apo-‖ stolicus, & Visitator Generalis, cum facultate ‖ Legati de latere &c. ‖ Reverendissimis Dominis & Fratribus Episco-‖ pis, locorum Ordinariis & Vicariis Apostolicis, Reverendissimis Provicariis, nec non ‖ Missionariis Apostolicis in his Regnis Sina-‖ rum, salutem in Domino sempiternam.

Publicata Nankini die 7. Februarii 1707, p. 53.

Decretum ‖ sanctissimi Domini ‖ nostri ‖ Clementis papæ XI. ‖ Juxta Exemplar impressum Romæ ex Typo-‖ graphia Rever. Cameræ Apostolicæ. ‖ Feria V. die XXV. Septembris ‖ MDCCXI, p. 58.

Epistolae ‖ Declaratoriae praecedentes De-‖ creti, cum Responsoriis ad illas, ex Ro-‖ mano Exemplari Italico, in Typographia Rev. ‖ Cameræ Apostolicae, impresso, lati-‖ nè redditae. ‖ Epistola ‖ Ab Illustrissimo Assessore S. Officii jussu Suae ‖ Sanctitatis, scripta ad P. Generalem So-‖ cietatis Jesu die 11. Octobris ‖ 1710. p. 63.

Responsoria ‖ Patris Generalis Societatis ‖ Jesu. ‖ p. 65.

Epistola ‖ Ab Illustrissimo Assessore S. Of-‖ ficii scripta PP. Generalibus, Praedicatorum, ‖ Augustinianorum. & Vice Commissariis Genera-‖ libus Minorum Observantium, & Reformatorum. ‖ S. Francisci die 17. Octobris Anni 1710. ‖ de mandato Sanctissimi Domi-‖ ni Nostri, p. 66.

Responsoria ‖ Patris Generalis Praedicato-‖ rum. ‖ Illustrissimo ac Reverendissime Domine, Patro-‖ ne Observandissime.

In Minerva 18. Octobris 1710, p. 68.

Responsoria ‖ Patris Generalis Augustinia-‖ norum.

Ex conventu S. Augustini 18. Octobr. 1710, p. 69.

Responsoria ‖ Patris Vice-Commissarii Ge-‖ neralis Minorum obser-‖ vantium. ‖ Illustrissime ac Reverendissime Domine Pa-‖ tro-‖ ne Colendissime.

Romae in Ara Coeli 18. Octobr. 1710, p. 70.

Responsoria ‖ Patris Vice-Commissarii Ge-‖ neralis Reformatorum. ‖ Illustrissime & Reverendissime Domino Patro-‖ ne Colendissime.

Ex conventu S. Francisci in Ripa die 18. Octobris 1710, p. 71.

Declaratio ‖ Reverendissimi Patris Michae-‖ lis Angeli Tamburini. ‖ Praepositi Generalis Societatis Jesu ‖ super ‖ Postulato unanimitèr sibi facto à RR. Patri-‖ bus Assistentibus Nationum, & Procurato-‖ ribus Provinciarum ejusdem Societatis ‖ Romae Congregatis. ‖ Mense Novembri MDCCXI. ‖ Sanctissimo Domino Nostro ‖ Domino ‖ Clementi XI. ‖ Pontifici Maximo ‖ Humiliter oblata ab eodem P. Praeposito Ge-‖ nerali die 20. ejusdem Mensis. ‖ — Romae, ‖ Typis Reverendae Camerae Apostolicae. MDCCXI, p. 73.

Voir col. 407.

Sanctissimi D. N. ‖ Domini ‖ Clementis ‖ divina providentia ‖ Papae XI. ‖ Praeceptum super omnimodâ, ‖ absolutâ, integrâ, & inviolabili observatio-‖ ne eorum, quae aliàs à Sanctitate suâ in ‖ Causâ Rituum, seù Ceremoniarum ‖ Sinensium Decreta fue-‖ runt : ‖ Cum rejectione quarumcum-‖ que rationum, seu excusatio-‖ num ad ejusmodi Decretorum ‖ executionem declinandam al-‖ latarum, ac praescriptione For-‖ mulae Juramenti per Missiona-‖ rios illarum Partium praesen-‖ tes, & futuros hac in re prae-‖ standi. ‖ Romae MDCCXV. ‖ — Typis Reverendae Camerae Apostolicae, p. 81.

Appendix ‖ seu ‖ Descriptio ‖ Praesentis Figurae. ‖ Quae à Missionario quodam Apostolico è China ‖ Romam transmissa fuit unà cum expositione caeremo-‖ niarum, quae in solemni sacrificio Confucii exercen-‖ tur : fuit que tam haec, quàm illa desumpta ex articulo ‖ quarto quaesitorum, à Sanctissimo Domino Papa ‖ Clemente XI. die 20. Novembris Ao. ‖ 1704. decisorum, p. 100.

.·.

* Considerazioni sù la scrittura . . .

Cet ouvrage, ainsi que me le fait remarquer le P. Sommervogel, ne peut être de Fatinelli, qui était procureur de Mgr. Maigrot.

— Mémoires pour Rome sur l'état de la religion chrétienne dans la Chine. 1710, in-12.

Col. 404.

* Bericht-schriften voor het hof van Romen, wegens den staat van den Christelyken Godsdienst in China; nevens het raadbesluit van onzen Alderheiligsten Vader den Paus Clemens den XI. over de Chineesche Godsdienstigheden: en het Bevel van den Heer Kardinal de Tournon, rakende dezelve zaak. S. l., MDCCIX, in-4, pp. 20. — A la fin : Einde van het Eerste Bericht.

Col. 404/5.

— Lettre de Messieurs des Missions étrangères au Pape . . . . 1710, in-12, pp. 48.

Éd. différente de celle déjà citée.

— A true account of the present state of Christianity in China : With full Satisfaction as to the Behaviour of the Jesuits. As also the Pope's Determination, which has been kept so long Secret. London, Printed, and to be Sold by John Morphew near Stationer's — Hall, 1709, in-8, pp. 22 [suivi de] The Decree Publish'd in China, By the Patriarch of Antioch, Translated from a Copy in Spanish, pp. 4].

* Exercitium Academicum. Confucium Sinarum Philosophum leviter adumbrans, quod sub moderamine Magistri Olavi Celsii examini subjicit Olaus Hanning. Upsaliæ, 1710. in-12, pp. 57.

(Dissert. pro hon. in Philosophia.)

(A son intérêt en donnant des notices sur les discussions théologiques qui avaient lieu alors en Chine entre les Dominicains et les Jésuites.)

Col. 406.

— Lettres de l'eminentissime cardinal de Tournon, legat du S. Siege dans l'Empire de la Chine, au Comte de Lizarraga, Gouverneur de Manile, Capitale des Isles Philippines. Traduites de l'Italien. MDCCXII, s. l. Pièce in-12, pp. 21.

— Philosophia Sinica . . . F. Noël. 1711.

L'ex. de Pauthier acheté à sa vente fr. 43.10 par Léon Pagès, et à la mort de celui-ci par le libraire Maisonneuve m'a été cédé par ce dernier; c'était le seul ex. que j'aie jamais vu; ma note avait été rédigée précédemment sur ce même ex. alors qu'il avait été envoyé momentanément en Chine à la bibliothèque des Jésuites de Siu-ca-wei par M. Pagès. Depuis lors, la bibliothèque de l'Ecole des Langues Orientales à Paris s'est également enrichie d'un exemplaire. H. C.

Col. 407.

— Declaratio Reverendissimi P. M. A. Tamburini . . lire *1711* au lieu de 1721, ligne 7.

Voir Acta causae rituum, col. 403 et supra, col. 1676.

— Declaratio Reverendissimi Patris Michaelis Angeli Tamburini Praepositi Generalis Societatis Jesu super postulato unanimitèr sibi facto à RR. Patribus Assistentibus Nationum, et Procuratoribus Provinciarum ejusdem Soc. Romae congregatis Mense Novembri MDCCXI. Sanctissimo Domino Nostro Domino Clementi XI Pontifici Maximo Humiliter oblata ab eodem P. Praeposito Gen. Die XX ejusdem mensis. Romae, Typis Reverendae Camerae Apostolicae, MDCCXI, in-4.

Note, ut supra.

Col. 408.

— Caduceus sinicus modernorum decretorum explanatio theologica, apostolicae sedis Judicio subjecta. Colon. Agripp. Apud Balthasarem ab Egmond. MDCCXIII, in-8, pp. 107.

— Constitution de N. S. P. le Pape Clement XI. Où il décide de nouveau, & confirme avec plus de force & de précision ce qu'il avoit déjà jugé & réglé par ses Décisions précédentes, touchant les Cultes &

(QUESTION DES RITES.)

les Cérémonies de la Chine : Et sur tout, Où il retranche & anéantit absolument toutes les excuses, tous les prétextes, & tous les détours dont on s'est servi jusqu'ici & dont on pourroit encore se servir dans la suite, pour éluder ses Decrets, & pour en empêcher l'exécution. s. l. n. d., pet. in-8, pp. 32 à 2 col.

En latin et en français. Les 2 ff. qui suivent le titre contiennent en français et en latin le second titre «Commandement de N. S. P. . . . . suivant l'exemplaire imprimé à Rome MDCCXV. De l'Imprimerie de la Chambre Apostolique.»

British Museum, $\frac{4765, a}{7}$

— Examen ‖ des faussetez ‖ sur ‖ les cultes ‖ chinois, ‖ Avancées par le Pere Joseph Jou-‖ venci Jesuite, dans l'Histoire ‖ de la Compagnie de Jesus. ‖ Traduit ‖ D'un Ecrit Latin, composé par ‖ Le R. P. Minorelli, ‖ De l'Ordre de S. Dominique, Missionaire ‖ à la Chine. ‖ M.D.CC.XIV. in-12, 4 ff. n. c. p. l. t., l'av., l. tab. + pp. 184.

— Le P. Pray *Historia controversiarum* cite p. 127, Note No. 249 et dans beaucoup d'autres endroits : «*Acta Pekinensia, Pekini impressa an. 1717, p. 186.*» Ne serait-ce pas l'*Informatio pro Veritate*, de Canton 1717.

Col. 409.

— L'*essai sur le monothéisme des Chinois* et la lettre du P. de Prémare ont paru dans la *Rev. Or. et Am.*, III, 1860, pp. 96/124 ; IV, 1860, pp. 248/269.

Col. 410.

— Viri illvstris Godefr. Gvil. Leibnitii Epistolae ad diversos, theologici, iuridici, medici, philosophici, mathematici, historici et philologici argvmenti, e msc. avctoris cvm annotationibvs svis primvm divvulgavit Christian. Kortholtvs, A. M. ordinis philosophici in Academia Lipsiensi assessor, et collegii minoris principvm collegiatvs. Lipsiae svmtv Bern. Christoph. Breitkopfii. CIƆ IƆ CCXXXIV—XLII, 4 vol. in-8.

— STORIA ‖ delle cose operate ‖ NELLA CHINA ‖ Da Monsignor ‖ Gio : Ambrogio ‖ MEZZABARBA ‖ patriarca d'Alessandria, ‖ Legato Appostolico in quell' Impero, ‖ e ultimamente ‖ Vescovo di Lodi, ‖ scritta ‖ dal padre Viani ‖ dei Servi di Maria ‖ Confessore del Prelato suddetto, e suo Compagno ‖ nella prefata Legazione. ‖ in Venezia, MDCCLX. ‖ Nella Stamperia Fenziana, ‖ Con facoltà dei Superiori, e Privilegio. in-8, pp. XVI-188.

— ISTORIA ‖ delle cose operate ‖ nella China ‖ da Monsignor ‖ Gio : Ambrogio ‖ Mezzabarba ‖ patriarca d'Alessandria, ‖ legato appostolico ‖ in quell' impero, ‖ E di presente Vescovo di Lodi, ‖ scritta ‖ dal Padre

(QUESTION DES RITES.)

Viani ‖ Suo Confessore e compagno nella ‖ predetta Legazione. ‖ Opera data adesso la prima volta ‖ alla luce. ‖ In Parigi. ‖ Appresso Monsù Briasson. ‖ Con Privilegio. in-8, pp. xv-256.

— Carl Ambrosens Mezzabarba, Titularpatriarchens von Alexandrien, Legation im Namen des Pabstes, an den Kaiser Kang hi. Im Jahre 1720. Von dem P. Viani italienisch beschrieben, und itzo erst englisch übersetzt. (J. J. Schwabe, *Allg. Hist. d. Reisen,* Bd. V. 1749, pp. 541/576.)

D'après Astley.

Col. 411.

— Un' Ambasciata del papa all' imperatore della China nel 1720. Lettera del Padre Cesati Barnabita. gr. in-8, de pp. 21.

Cette lettre datée de Canton, 30 Oct. 1721, d'un père de Milan est relative à l'ambassade de Mezzabarba. Elle forme une brochure *Nozze* LOVARIA-TOMADINI avec une introduction au Comte Antonio Lovaria datée « Udine, il dì di Pasqua 1886 » et signée Antonino di Prampero.

— Bemerkingen ‖ op de ‖ tegenwoordige Zaken ‖ van ‖ China, ‖ Eerst geschreven in't Italiaens en nu uyt ‖ het Fransch over-gezet in de ‖ Nederlandse tael. ‖ Tot Keulen, ‖ By Servatius Frissem.‖ Men Vintse te Koop;‖ T' Antwerpen, By Hendrick Thieullier. pet. in-12, 3 ff. prél. n. c. p. l. tit., préf. + pp. 43.

Col. 412.

— Mémoires historiques . . . . par le P. Norbert . . . . Luques, MDCCXLIV. Par Salvateur et Jean Dominique Marescandoli. Avec la Permission des Supérieurs, in-4.

Bib. Grenoble E, 19873.

— LETTRES ‖ edifiantes et curieuses ‖ sur la ‖ visite apostolique ‖ de ‖ M. DE LA BAUME ‖ evêque d'Halicarnasse, ‖ a la Cochinchine ‖ en l'année 1740., ‖ Où l'on voit les Voyages & les Travaux de ce ‖ zélé Prélat, la conduite des Missionnaires ‖ Jésuites & de quelques Autres, avec de ‖ nouvelles Observations &c. ‖ Pour servir de continuation aux Memoires ‖ historiques du R. P. Norbert capucin : ‖ Par ‖ M. Favre ‖ Prêtre Suisse, Protonotaire Apostolique & Provisiteur ‖ de la même Visite. ‖ — A Venise ‖ Chez les Frères Barzotti à la Place S. Marc.‖ M.D.CC.XLVI. ‖ Avec la permission des Supérieurs, in-4, pp. VIII-379.

— Lettres ‖ édifiantes et curieuses ‖ sur la ‖ visite apostolique ‖ de ‖ M. de La-Baume ‖ evesque ‖ d'Halicarnasse ‖ a la Cochinchine

(QUESTION DES RITES.)

en l'année 1740. ‖ Où l'on voit les Voyages & les Travaux de ce ‖ zélé Prélat, la conduite des Missionnaires ‖ Jésuites & de quelques autres, avec de nou-‖velles Observations, &c. ‖ Par M. Favre Prêtre Suisse, Protonotaire ‖ Apostolique & Provisiteur de la même Visite. ‖ A Venise, ‖ Chez les Frères Barzotti à la Place S. Marc. ‖ M.D.C.C.LIII. ‖ 2 vol. in-12, pp. 8 + 280, 246 + 14.

Les dernières pages renferment : Lettre d'un Francomtois à un prélat d'Italie au sujet d'un livre intitulé : *Lettres édifiantes et curieuses sur la visite apostolique,* etc. . . .

— The term Tien-chu. [天主] By E. H. Parker. (*China Review,* XVIII, No. 3, p. 196.)

3° *LETTRES ÉDIFIANTES-ANNALES, Etc.*

LETTRES ÉDIFIANTES.

Col. 427.

— Choix des Lettres Edifiantes, écrites des Missions Etrangères; avec des Additions, des Notes critiques, et des Observations pour la plus grande intelligence de ces Lettres; précédé D'un Tableau Géographique de la Chine, de sa Politique, des Sectes religieuses, de la Littérature, et de l'état actuel du Christianisme chez ce peuple; Par M. ***, ancien archidiacre et Vicaire-Général de Soissons. . . . A Paris, chez Maradan, M.DCCC.VIII—1809, 8 vol. in-8.

Col. 428.

* Choix de lettres édifiantes écrites des missions étrangères, précédées de tableaux géographiques, historiques, politiques, religieux et littéraires des pays de mission. Paris, Gaume, 1835, 8 vol. in-8.

— Mémoires géographiques . . . . .

— Geographische, naturkundige en historische Berichten over Asia, Afrika en Amerika. Getrokken uit de Stigtelyke Brieven, en Reisbeschryvingen der Jesuiten, ter voortplantinge van den Christelyken Godsdienst, naar die Gewesten gezonden. Uit het Fransch vertaald. Te Harlingen, Ter Drukkerye van V. van der Plaats Junior, MDCCLXIX, 3 vol. in-8, pp. IV-364, II-341 et 384.

Van het Koningryk en de Eilanden Lieou-Kieou, aan China Cynsbaar; — au t. I, p. 281—308. — Godsdienst, Zeden en Gewoonten der bewooners van deze Eilanden; — p. 308—329. Van Tibet en de nabuurige Koningryken; — t. I, p. 330—340. Van China; — t. II, p. 82—123.

(LETTRES ÉDIFIANTES.)

Col. 429.

— Der Neüe Welt-Bott . . .

Le R. P. Sommervogel a l'obligeance de m'écrire (29 janv. 1892)
qu'il y a : «40 [volumes], seulement je ne les ai jamais vus. J'en
ai trouvé le signalement dans des notes bibliographiques manuscrites du P. Eglauer, un ancien jésuite, qui, après 1773,
réunit les documents d'une sorte de supplément à notre Bibliothèque. Ces notes m'ont été communiquées il y a six ans. Nulle
part, il n'a donné la description de ces volumes, mais j'ai rencontré à différents noms de Jésuites le renvoi à ces volumes.
Quels sont ces Jésuites? Il m'est de toute impossibilité, actuellement, de les retrouver, mais ce que je crois pouvoir affirmer,
c'est qu'aucune des nouvelles lettres signalées ne concerne la
Chine.»

Col. 437.

* Edifying and curious letters of some Missioners of the Society of Jesus from foreign
missions. [Being a translation of part of the
collection entitled "Lettres édifiantes et curieuses", by C. Legobien, and comprising
letters from China, the East Indies and
Syria.] [London?] 1707—9, 2 vol., in-8.
British Museum.

* The Travels of several learned Missioners
of the Society of Jesus into divers Parts of
the Archipelago, India, China, and America
. . . . Translated from the French original
publish'd at Paris in the year 1713. London, 1714, in-8, pp. 335.
British Museum.

Col. 439.

— Brevi Notizie sullo stato della cattolica
religione nella Cina, Tunkino, Cochinchina,
ecc. Ricavate dall' *Estratto delle lettere
originali* scritte dai Vicarj apostolici, e Missionarj di quei paesi; compilato dell' abate
D. Settimio Costanzi D. S. T. Stampato
l'anno scorso in Roma in due volumi. Iv-
rea, dai tipi della Società agraria. Pièce
in-8, pp. 50.
Bib. nat. $\frac{0^{\text{in}}\text{n}}{448}$

— Auszüge aus Originalbriefen, geschrieben
in französischer Sprache von den aposto-
lischen Vikarien und Missionarien in China,
Tunkin, Cochinchina, oc. über den Zustand jener Missionen. Wien, 1811, gedruckt bey Mathias Andreas Schmidt, Uni-
versitäts-Buchdrucker, 3 vol. in-8.

Publié par Johann Fortunat Zamboni, d'après l'abbé Sett. Costanzi,
Estratto, etc., Rome, 1806, 2 vol. in-8. Extrait des *Nouvelles
Lettres édifiantes.*

— Scelta di Lettere Edificanti scritte dalle
Missioni Straniere preceduta da quadri
geografici storici, politici, religiosi e lette-
rari de' paesi di missione accresciuta di
un ragguaglio storico sulle missioni straniere di nuove lettere edificanti ed altri

(LETTRES ÉDIFIANTES.)

scelti pezzi traduzione dall' originale francese — Milano 1825—1829, Presso Ra-
nieri Fanfani, Tipografico e Calcografo,
nella contrada de' Borsinari, No. 1027,
18 vol. in-8.

— Nouvelles ‖ des ‖ missions ‖ orientales, ‖
Reçues au Séminaire des missions ‖ étran-
geres, à Paris, en 1785 & ‖ 1786. ‖ A Amsterdam, ‖ Et se trouve à Paris, ‖ Chez la
veuve Herissant, Imprimeur-‖Libraire, rue
Neuve Notre-Dame, ‖ à la Croix d'or. ‖ —
1787, 2 vol. in-12, pp. xx-275, 295.

— Nouvelles ‖ des ‖ missions ‖ orientales, ‖ Reçues au Séminaire des Missions‖Etrangeres,
à Paris, en 1787 ‖ & 1788. ‖ A Paris, ‖ Chez :
Crapart, Libraire, rue d'Enfer, ‖ près la
Place Saint - Michel. ‖ — M.DCC.LXXXIX. ‖
Avec Approbation & Permission, 2 vol.
in-12, pp. 203, 212 + 2 ff. n. c. p. l'ap.,
etc.

Les lettres tirées de ces *Nouvelles* ont été pour la plupart réimp.
dans les *Nouvelles Lettres édifiantes*, de Ad. Le Clere.

Col. 444.

— Précis Des Nouvelles contenues dans les
Lettres des Missionnaires de la Chine, du
Tong-King et de la Cochinchine, écrites
en 1819 et 1820, reçues à Paris en 1820
et 1821. Pièce in-8, pp. 16.

A la fin : Paris. Chez Ad. Le Clere. . . 1821.

Col. 450.

— Voir la lettre de M. Forcade sur la Grande Loutchou dans la
Rev. de l'Orient, X, 1846, pp. 257/8.

Col. 463.

— Annales de l'Association de la Propagation
de la Foi (suite).
Bib. Nat. $\frac{8^{\circ}\text{H}}{100}$

LI, à Lyon, 1879 :

La famine dans les vicariats de Mongolie; 1. du P. Ignace Tchao
à M. Vranckx, sup. des Miss. Belges, Tai-ghai, 22 fév. 1878,
pp. 9/12; 1. de Mgr. Tagliabue, de la Congr. de la Miss., vic.
apost. du Pé-tché-ly occidental, à M. Aymeri proc. des Laz. à
Changhai, 8 et 10 mai 1878, pp. 12/17; 1. du R. P. Ferlin, S.
J., miss. au Pé-tché-ly sud-est, 8 Juin 1878, pp. 17/21; 1. de
Mgr. Pinchon, vic. apost. du Su-tchuen occ., à M. Cottin, dir.
au sém. des Miss. Etrang. de Paris, 2 et 15 juin, 7 août 1878,
pp. 21/25.

Lettre de M. A. Desgodins, missionnaire au Thibet, à MM. les
Membres des Conseils Centraux de l'Œuvre de la Propagation
de la Foi, Ta-tsien-lou, 15 nov. 1877, pp. 26/40.

Extr. d'une notice adr. par M. Déjean à MM. les Directeurs du
sém. des Miss. Etr., pp. 40/8.

L. de Mgr. Zanoli, vic. ap. du Hou-pé oriental à MM. les Membres
des Conseils centraux, Ou-tchang, 15 juin 1878, pp. 84/88.

Rapp. du P. Joseph Ko à Mgr. Zanoli, pp. 88/94.

L. de M. Blanc, des Miss. Etrang., à sa famille, Corée, 12 avr.,
21 mai, 7 et 28 juill. 1878, pp. 94/107.

L. de M. Boyer, provic. apost. de Mandchourie, à MM. les Dir. du
Sém. des Miss. Etr. de Paris, Ing-tse, 1er mai 1878, pp. 135/139.

(ANNALES PROP. FOI : 1879.)
54**

Nécrologie : Mgr. Languillat, S. J., vic. apost. du Kiang-nan, pp. 219/223.

Vicariat apostolique de Corée; relation de la captivité et de la délivrance de Mgr. Ridel, N. D. des Neiges, 20 oct. 1878, pp. 235/296, 333/367.

L. de Mgr. Semprini, des Mineurs Réformés, vic. apost. du Hounan, Han-kiou-fou, 1er nov. 1878, pp. 381/383. — L. d'un miss. du Pé-tché-ly S. E. au F. Hamann, à St. Acheul, 27 avr. 1879, pp. 383/385.

L. de M. Robert, Corée, 9 mars 1878, pp. 393/430.

LII, à Lyon, 1880 :

Rapport d'un missionnaire de la Congr. de St. Lazare, sur la mission du Kiang-si, pp. 5/29, 79/92.

Rapport de M. Rizzi, de la Congr. de St. Lazare, miss. au Tché-kiang, sur l'introduction de la religion chrétienne dans le département de Ouen-tcheou. Chapelle de Ouen-tcheou, pp. 30/43; Sa-Kiao, 26 mai 1877, pp. 43/57.

L. de M. Deguette, miss. de Corée, à M. le Sup. du Sém. des Miss. Etr., N. D. des Neiges (Mandchourie), 21 nov. 1879, pp. 240/266.

L. de M. Blanc, provic. ap. de Corée à Mgr. Ridel, Corée, 23 sept. 1879, pp. 267/273.

LIII, à Lyon, 1881 :

L. de Mgr. Dubail, év. de Bolina à M. Armbruster. Ing-tsé, 4 août 1880, pp. 25/31.

LIV, à Lyon, 1882 :

L. de M. Robert, miss. ap. en Corée, à M. Armbruster, dir. au Sém. des Miss. Etrang. de Paris, Corée, le 11 août 1881, pp. 63/72.

Arrestation et captivité de deux chrétiens en Corée (Relation de Ni Paul, catéchiste de Paik-tchyen, trad. du coréen), pp. 72/75.

L. de M. Dejean, miss. ap., Ta Tsien-lou, collége St. Joseph, 13 sept. 1881, pp. 208/221.

L. de Mgr. Fenouil, Yun-nan-fou, 14 sept. 1881, pp. 222/229.

L. de Mgr. Chausse, Canton, 20 avril 1882. [Lettres du P. Brugnon], pp. 286/291.

L. de M. Pouriss, des Miss. Etr. de Paris, miss. au Yun-nan; Tong-tchouan-fou, 25 avr. 1882, pp. 347/353.

LV, Lyon, 1883 :

L. de Mgr. A. Chausse, évêque de Capse, coadjuteur de Mgr. Guillemin, préfet apost. du Kouang-tong; à M. l'abbé Chausse, aumônier des Frères à St. Etienne; Canton, 27 juill. 1882, pp. 17/38.

Persécution à Hou-lan (Mandchourie). Mauvais traitements infligés à un missionnaire, pp. 39/49.

L. de Mgr. Fenouil, des Miss. Etr. de Paris, vic. ap. du Yun-nan à MM. les Dir. de l'œuvre de la Prop. de la Foi; Yun-nan sen, 5 sept. 1882, pp. 100/109.

L. de Mgr. Lyons, des Miss. Etr. de Paris, Vic. ap. du Kouy-Tchéou, à MM. les Dir. de l'Œuvre de la Prop. de la Foi, Kouy-Yang-Fou, 16 sept. 1882, pp. 170/187.

Journ. de M. Robert, miss. ap. de Corée, à sa famille, Corée, 15 sept. 1880, pp. 309/333.

Un missionnaire martyre au Yun-nan, pp. 341/2.

Nécrologie : Mgr. Zanoli, des Mineurs Observantins, vic. apost. du Houpé oriental, p. 416.

LVI, Lyon, 1884 :

L. de Mgr. Fenouil, des Miss. Etr. de Paris, Vic. ap. du Yun-nan, à MM. les Dir. de l'Œuvre de la Prop. de la Foi, Yun-nan-fou, 13 juin 1883, pp. 22/26.

L. de M. Guimbretière, miss. au Kouang-Si, à M. Chirou, dir. au sém. des Miss. Etr. de Paris, Toung T'choung, 10 avr. 1883, pp. 27/41.

— La persécution en extrême-orient. Préfecture ap. du Kouang-tong, extr. d'une l. de Mgr. Chausse, pp. 159/160. — L. de M. Grimaud, miss. au Kouang-tong, à sa sœur religieuse au Laus (diocèse de Gap.), pp. 160/165.

— Notice sur Mgr. Ridel [Portrait], pp. 350 à 367.

LVII, Lyon, 1885 :

Persécution en Chine; l. de Mgr. Augustin Chausse, év. de Capse, coadj. du Kouang-tong, à MM. le Sup. et les Dir. du Sém. des Miss. Etr. de Paris, pp. 20/24, 63 et seq.

L. de Mgr. Pinchon, év. de Polémonium et vic. ap. du Su-tchuen occid., à MM. le Sup. et les Dir. du Sém. des Miss. Etr. de Paris, pp. 24/26.

Vicariat ap. du Pé-tché-ly sept., notice nécrologique sur Mgr. Delaplace, pp. 31/35.

Persécution en Chine. L. de M. Chareyre, des Miss. Etr. de Paris, à Mgr. Fenouil, vic. ap. du Yun-nan. Hong-Poû-So, 19 nov. 1884, pp. 152/156.

Lettre de Sa Sainteté le Pape Léon XIII à S. M. l'Empereur de la Chine, pp. 203/208.

Massacres au Yun-nan; extr. d'une l. de Mgr. Fenouil, des Miss. Etr. de Paris, vic. ap. du Yun-nan, pp. 212/213.

Vicariat apostolique du Kouy-tcheou. L. du P. Chaffanjon, des Miss. étr. de Paris, à sa famille, 1er janv. 1885, pp. 214/236.

L. de Mgr. Blanc, vic. ap. de Corée, Séoul, pp. 254/5.

Nécrologie : Mgr. Eloi Cosi, des Min. Observantins, vic. ap. du Chantong, p. 268.

Réponse de S. M. l'Empereur de la Chine à la lettre de S. S. le Pape Léon XIII, pp. 315/316.

L. de Mgr. Blanc, des Miss. étr. de Paris, vic. apost. de Corée, Séoul, 1er mars 1885, pp. 320/323.

LVIII, Lyon, 1886 :

Pacification en Chine, pp. 115/6.

L. de M. Robert, des Miss. Etr. de Paris, miss. en Corée, à ses parents, pp. 151/176.

L. des vic. ap. du N. de la Chine à MM. les Dir. de l'O. de la Prop. de la Foi, Tai-iuen-fou, 15 nov. 1885, p. 200.

L. de Mgr. Fenouil, des Miss. Etr. de Paris, vic. ap. du Yun-nan, à MM. les Dir. de l'O. de la Prop. de la Foi. Yun-nan-sen, 16 sept. 1885, pp. 211/213.

L. de Mgr. Bulté, S. J., vic. ap. du Pe-tché-ly sud-est, Tchang-kia-tchouang, 8 déc. 1885, pp. 257/8.

Nécrologie : Mgr. Guillemin, préfet apost. du Kouang-tong, p. 261.

L. de Mgr. Reynaud, lazariste, vic. apost. du Tché-Kiang, à MM. les Dir. de l'Œuvre de la Prop. de la Foi, Ning-po, 30 mars 1886, pp. 267/277.

L. du R. P. Anselme, franciscain, miss. au Chan-tong, pp. 392/3.

LIX, Lyon, 1887 :

L. de M. Poisnel, des Miss. Etr. de Paris, miss. en Corée, à Mgr. Blanc, vic. ap., pp. 63/70.

L. de Mgr. Chinchon, domin. espagnol, vic. ap. d'Amoy, à MM. les Dir. de l'O., Amoy, 5 nov. 1886, pp. 108/109. (Trad. de l'espagnol.)

L. de M. Marius Bonnet, miss. du Su-tchuen oriental, à ses sœurs, Préoire de Kiang-pee-tin, 2 juill.—29 sept., pp. 149/175.

Transfert de la cathédrale de Pékin, pp. 192/3. — L. de M. Daugy, miss. apost. au Su-tchuen oriental, St. Michel de Lyton-pa, p. 193. — L. de Mgr. Moccagatta, des Min. Observantins, vic. ap. du Chan-si, p. 194. — L. de M. Gueluy, anc. miss. au Kan-sou, à propos de l'inondation et de la famine au Kan-sou, Scheut-lès-Bruxelles, 8 déc. 1886, pp. 195/196.

L. de Mgr. P. Diego Sera, des Mineurs Observantins italiens, miss. au Hou pé oriental, Ou-tchang-fou, pp. 249/250. — L. de Mgr. Blanc, vic. ap. de Corée, à MM. les Dir. du Sém. des Miss. Etr. de Paris, Séoul, 20 févr. 1887, pp. 250/51.

Nécrologie : Mgr. Boyer, miss. en Mandchourie; Mgr. Rouger, vic. ap. du Kiang-si méridional, p. 262.

Un enterrement chinois; lettre d'une religieuse, Tchéfou, pp. 316 à 318. — L. de Mgr. Moccagatta, des Mineurs Observantins, vic. ap. du Chan-si, au R. P. Dir. de la Revue Franciscaine, pp. 318/9.

Adresse de onze chefs de missions à MM. les Directeurs de l'Œuvre, pp. 392/393.

LX, Lyon, 1888 :

L. de M. Fleureau, des Miss. étr. de Paris, miss. au Kouang-tong, pp. 17/30. — L. de Mgr. Blanc, vic. ap. de Corée, des Miss. Etr. de Paris, à MM. les Dir. de l'O. de la Prop. de la Foi, Séoul, 15 juin 1887, pp. 31/88.

Nécrologie : Mgr. Desflèches, anc. vic. ap. du Su-tchuen oriental, p. 70.

L. de Mgr. Fenouil, des Miss. étr. de Paris, vic. ap. du Yun-nan, à MM. les Dir. de l'O. de la Prop. de la Foi, Yun-nan-sen, 1er Nov. 1887, pp. 169/174.

L. de Mgr. Henri Bulté, S. J., vic. ap. du Pé-tché-ly sud-est, pp. 213/4.

Miss. de l'Extrême Orient, pp. 221/223.

L. de la Sup. de l'hôpital de Ning-po à Mgr. Reynaud, laz., vic. ap. du Tché-Kiang, pp. 272/3.

L. de M. Poisnel, Séoul, 15 fév. 1888, pp. 286/293.

L. de Mgr. Reynaud, laz., vic. ap. du Tché-Kiang, pp. 364/373.

Nécrologie : Mgr. de Vos, vic. ap. de la Mongolie occid., p. 415.

LXI, Lyon, 1889 :

Béatification des vénérables Perboyre et Chanel, pp. 5/15.

L. de Mgr. Chinchon, des Frères Prêcheurs vic. ap. d'Amoy à MM. les Dir. de l'O. de la Prop. de la Foi, pp. 35/37.

Observatoire de Zi-ka-wei, pp. 67/68.

Nécrologie : Mgr. Gentili, des Frères Prêcheurs, anc. év. coadj. du Fo-Kien, p. 75.

L. de Mgr. Chatagnon, des Miss. Etr. de Paris, vic. ap. du Su-tchuen mérid., à MM. les Membres des Conseils centraux, pp. 92/106.

Conversion de la Chine, pp. 142/3.

Persécution au Fo-Kien, p. 143.

Nécrologie : Mgr. de Vos, de la Congr. de Scheut-lez-Bruxelles, vic. ap. de la Mongolie sud-ouest, p. 155.

L. de M. Robert, à Mgr. Blanc, vic. ap. de Corée, 4 sept. 1888, pp. 184/188. — L. de Mgr. Grégoire Grassi, des Min. Observ., coadj. de Mgr. Moccagatta, vic. ap. du Chan-si, pp. 189/192. — Vicariat apostolique de la Mongolie centrale, l. de M. Otto, de la Congr. du Cœur immaculé de Scheut-lez-Bruxelles, pp. 193/202.

Consécration de la nouv. cath. de Pékin, p. 231.

Nécrologie : Mgr. Alexis Filippi, des Mineurs réformés, vic. ap. du Hou-pé s. o.; Mgr. Benjamin Jérémie, des Min. Observ., vic. ap. du Chan-tong sept., p. 236.

L. de Mgr. Chausse, des Miss. étr. de Paris, préfet apost. du Kouang-tong, pp. 239/258.

L. de Mgr. Blanc, des Miss. Etr. de Paris, vic. ap. de Corée, Séoul, pp. 301/2.

L. de Mgr. V. E. Calassare, frère mineur, de Ou-tchang, pp. 326/332.

LXII, Lyon, 1890 :

L. de M. Maire, du Yun-nan, pp. 14/40.

L. de M. Antoine Mouto, miss. au Su-tchuen mérid. [sur Augustin Kö], pp. 88/97.

L. de M. Boucheré, du Su-tchuen mérid., pp. 98/106.

L. de M. Vincent Coli, du Chen-si mérid., pp. 248/251.

LXIII, Lyon, 1891 :

L. de M. Boutmy, miss. au Yun-nan, pp. 107/117.

L. de Mgr. Chatagnon, vic. ap. du Su-tchuen oriental, pp. 190/203.

L. du R. P. Bienvenu, du Nganhoe, pp. 237/266.

L. de Mgr. Mutel, Séoul, 24 mai 1891, pp. 414/424.

Col. 463—482.

— Annales de la Congrégation de la Mission ou Recueil de Lettres édifiantes écrites par les prêtres de cette Congrégation et par les filles de la Charité paraissant tous les trois mois (suite).

Bib. Nat. 8°H/101

XLII, Paris, Firmin Didot, 1877 :

Compte-rendu de l'hôpital de Péking, 15 août 1876, pp. 63/68.

L. de J. Rizzi, sur l'introduction de la religion catholique dans les départements de Tay-tcheou et de Ouen-tcheou [Tche-kiang] (suite), pp. 68/88, 411/420, Ta-Ao, 6 avril 1876.

L. de la Sœur Dutrouilh à Mgr. Guierry, Hang-tcheou, maison Saint-Vincent, 29 juin 1875, pp. 88/95.

L. de la Sœur Louise Solomiac à Mgr. Guierry, vic. ap., Ning-Po, maison de Jésus-Enfant, 30 juin 1875, pp. 95/103.

L. de M. Coursières à M. Boré, Sup. gén., Kieou-Kiang, 26 janv. 1876, pp. 103/113.

(An. Prop. Foi : 1888—1891. — An. Cong. Miss. : 1877.)

L. de M. Anot, miss. au Kiang-si, au frère Génin, à Paris. Kouang-sing, 12 fév. 1876, pp. 113/123.

L. de Mgr. Tagliabue à M. Boré, sup. gén., Tching-tin-fou, 6 sept. 1876, pp. 259/267.

Relation d'une guérison obtenue par St. Vincent en faveur de la Sœur Solomiac. Ning-Po, 26 juillet 1876, pp. 268/273.

L. de la Sœur Allègre de Ning-Po, pp. 273/4.

L. de la Sœur Mervé de Ning-Po, pp. 274/5.

L. de la Sœur Solomiac, Ning-Po, 23 août 1876, pp. 275/6.

L. de Mgr. Guierry à M. Boré, sup. gén., Ning-Po, 7 sept. 1876, pp. 276/279.

L. de Mgr. Bray à M. Pémartin, sec. gén., Kieou-kiang, 10 déc. 1876, pp. 279/285. Avec la trad. d'une proclamation du sous-préfet de Kao-ngan en faveur des chrétiens calomniés, et d'un placard des lettrés de Kan-tcheou contre les missionnaires.

Ext. d'une l. de la Sœur Valeyre à M. Boré, Sup. gén., Péking, Hôpital St. Vincent, 26 fév. 1877, pp. 408/411.

L. de la Sœur Allègre à la t. hon. Mère Louise Lequette, Ning-Po, hôp. St. Joseph, 18 fév. 1877, pp. 420/422.

L. de Mgr. Guierry à M. Boré, Sup. gén., Ning-Po, 6 mars 1877, pp. 422/4 [sur la mort de M. Montagneux].

L. de M. Rouger, miss., à M. Chevalier, Ass. de la Cong.-Sémin. de St. Joseph de Tzi-tou [Kiang-si], 16 sept. 1876, pp. 425/7.

L. de la Sœur Azaïs à la Mère gén. Louise Lequette. Chang-hai, 17 janvier 1877, pp. 539/541.

L. de la Sœur Harel à la même. Chang-haï, 11 mars 1877, pp. 541/4.

L. de la Sœur Jaurias à la même. Pékin, 17 mai 1877, pp. 544/8.

L. de la même à la même. Pékin, 24 mai 1877, pp. 548/550.

L. de Mgr. Tagliabue, au frère Génin, à Paris. Tching-ting-fou, 25 août 1876, pp. 551/561.

L. de la Sœur Solomiac à la t. hon. Mère Louise Lequette, Ning-Po, 29 janv. 1877, pp. 562/564.

L. de la même à la même. Ning-po, 27 mai 1877, pp. 564/6.

L. de la Sœur Parada à la même. Changhaï, 29 mai 1877, pp. 567/8.

L. de M. Rizzi à M. Chinchon, direct. du Sém., Sa-kiao, 3 avril 1877, pp. 569/570.

XLIII, Firmin Didot, 1878 :

L. de la Sœur Leclercq au sup. gén. Hôp. St. Vincent, Pékin, 12 sept. 1877, pp. 135/6.

Rapport sur l'Hôpital Saint Vincent, Pékin, 25 août 1877, pp. 137 à 145.

L. de Mgr. Tagliabue à M. Boré, Sup. gén., Tching-ting-fou, 24 sept. 1877, pp. 145/5.

Rapport de M. Rizzi sur l'introd. de la religion dans le dép. de Ouen-tcheou, pp. 155/168.

Notes sur la Mission du Kiang-si, pp. 168/177, 734/744 [historique depuis l'origine].

L. de M. Moloney à Mgr. Bray, Keou-mi-wou, 30 juillet 1877, pp. 177/181.

L. de M. Wang Joseph à Mgr. Bray. Du sém. de Tsi-tou, 8e jour d'août 1877, pp. 182/5.

L. de M. Coqset à M. Pémartin, sec. gén. Pékin, 24 avril 1878, pp. 716/726.

L. de la Sœur Solomiac à Mgr. Guierry, Ning-Po, 30 juin 1878, pp. 727/734.

XLIV, Firmin Didot, 1879 :

L. de Mgr. Tagliabue à M. A. Fiat, Sup. gén. 1er oct. 1878, pp. 140/150.

Notes sur le Kiang-si (suite), pp. 150/161, 315/327, 479/494.

Rapport de M. Rizzi [Tche-kiang] (suite), pp. 298/314, 457/471.

L. de Mgr. Guierry à M. Fiat, Sup. gén., pp. 471/3. [Mort de M. Joanin.]

L. de M. Bettembourg à M. Vayrières à Paris, pp. 473/4.

Note sur M. Joanin, pp. 475/8.

L. de Gabriel Jean [de Peking, ext. de la Revue religieuse, du dioc. de Rodez], pp. 612/5.

L. de la Sœur Patrissey à la t. hon. Mère Juhel, Sup. gén. Pékin, 18 avril 1879, pp. 616/618.

L. de Mgr. Tagliabue à M. Guéneret, à Soissons, 27 avril 1879, pp. 619/624.

XLV, Imp. Saint Générosus, 1880 :

L. de la Sœur Azaïs à la t. hon. mère Juhel, Sup. gén., Shang-haï, 26 août 1879, pp. 126/7.

(Annales Cong. Mission : 1877—1880.)

L. de Mgr. Tagliabue, à M. Fiat, Sup. gén., Tching-ting-fou, 8 sept. 1879, pp. 128/136.

Prov. du Tché-kiang. — Réponses aux 39 questions posées par la Sacrée Cong. de la Prop., le 16 juin 1878, pp. 137/146. [Ning-Po, 15 juin 1879.]

Division du Kiang-si en deux vicariats, pp. 147/152.

L. de M. Coqset à M. N. Directeur au Séminaire de Sens. Péking, 21 nov. 1879, pp. 248/252.

L. de M. Rizzi à M. le Direct. de la Ste. Enfance. Ouen-Tcheou [Tché-kiang], 24 juin 1879, pp. 252/260.

L. de ma sœur Solomiac à Mgr. Guierry, Ning-po, 30 juin 1879, pp. 260/8.

Notes sur les Confrères qui ont travaillé dans le Kiang-si depuis 1832 jusqu'en 1879, pp. 269/278.

L. de M. Rouger, pro-vic., à Mgr. Bray vic. ap., Kiou-tou de Kien-tchang [Kiang-si mérid.] (Fête de St. Vincent de Paul, 19 juillet 1879), pp. 279/297.

Rapport de M. J.-B. Pong, prêtre de la mission, sur l'introduction de la foi catholique dans la sous-préfecture de Kiang-chan, préf. de Kiu-tcheou, janv. 1880, pp. 428/441.

Introduction du Catholicisme dans le dép. de Tchu-tcheou. Par J. Rizzi, Ouen-tcheou, 15 janv. 1880, pp. 441/5.

L. de M. Rouger, pro-vic. ap. du Kiang-si mér. au frère Génin, à Paris. Kiou-kiang, 15 janv. 1880, pp. 446/9.

Décrets de la Propagande qui divise les Vic. ap. de la Chine en cinq régions, pp. 574/8.

L. de Mgr. Guierry, à M. Fiat, Sup. gén., Ning-po, 24 mai 1880, pp. 579/580.

L. du même à M. J. Chevalier. Ass. de la Cong. de la Mission. Ning-Po, 28 mai 1880, pp. 580/4.

L. des évêques du nord de la Chine [synode], 10 mai 1880, aux membres des conseils centraux de l'Œuvre de la Prop. de la Foi, pp. 585/6.

L. des autres évêques de Chine, pp. 586/591.

L. du Vén. Perboyre, Hou-pé, 18 sept. 1838, à M. Lamboley, pp. 592/4.

XLVI, Imp. Saint Générosus, 1881 :

L. de Mgr. Delaplace, vic. ap. du Tché-ly sept., à M. Fiat, Sup. gén. Péking, 28 sept. 1880, pp. 121/123.

L. de Mgr. Tagliabue, à M. Fiat, 15 août 1880, pp. 124/137.

L. des séminaristes du Tché-ly occid. aux sémin. de la Maison-mère. Tcheng-ting-fou, 20 avril 1880, pp. 138/140.

L. du Sém. interne de la Maison-mère aux séminaristes du Tché-ly occid. St. Lazare (Paris), Nov. 1880, pp. 141/4.

L. de M. Rizzi, à M. le Direct. de la Ste. Enfance. Sa-Kiao, 29 juillet 1880, pp. 145/152.

L. de M. Jean-Baptiste Teng, à Mgr. Bray. Fou-tcheou [Kiang-si], 1 août 1880, pp. 153/162.

L. des Sémin. du Kiang-si sept. aux sémin. de la Maison-mère, 20 août 1880, pp. 163/172.

L. du Sém. interne de la Maison-mère aux sémin. du Kiang-si sept. St. Lazare (Paris), Nov. 1880, pp. 172/177.

L. de M. Adrien Rouger, à M. Chevalier, Ass. de la Cong., Kiou-kiang, 10 avril 1880, pp. 178/180.

L. du même au même. Kiang-si mérid., Ki-Nyou-fou, 13 juin 1880, pp. 181/4.

L. de M. Adrien Rouger, au frère Génin à Paris. Kiang-si mérid., Shi-ngan-fou, 10 août 1880, pp. 184/6.

L. de M. Coqset à M. Poulin, direct. au grand sémin. de Sens. [Tché-ly sept., s. d.], pp. 538/552.

L. de M. Rouger, Provic. du Kiang-si mérid. à M. Chevalier, Ass. Ki-Ngan-fou, 10 oct. 1880, pp. 553/5.

L. du même à M. Pémartin, Sec. gén. Ki-Ngan-fou, 1er mars 1881, pp. 556/574.

XLVII, Imp. Pillet et Dumoulin, 1882 :

L. de M. Provost à M. Pémartin, Sec. gén. Péking, 3 août 1881. [Sur J. B. Thierry], pp. 101/8.

L. de la Sœur Solomiac au Direct. de la Ste. Enfance. Ning-Po. 30 juin 1881, pp. 109/116.

L. de M. Rouger, pro-vic. du Kiang-si mérid. à M. Pémartin, sec. gén. Kiang-si mér., Ki-Ngan-fou, juin 1881, pp. 117/132.

L. de M. Adrien Rouger au frère Génin. Ki-Ngan et King-tou, 23 août 1881, pp. 132/134.

L. de la Sœur Dutrouilh à la Sœur N. . . ., à Paris. Tien-Tsin, hôp. St. Joseph, 1er déc. 1881, pp. 252/3.

L. de Mgr. Tagliabue à M. Fiat, sup. gén., Tching-ting-fou, 8 déc. 1882, pp. 254/263.

Coup d'œil sur le vicariat du Kiang-si nord. Par Géraud Bray, pp. 264/271.

L. de M. Paul Reynaud au frère Génin, Ning-Po, 27 déc. 1881, pp. 434/9.

L. de Mgr. Bray, vic. ap. du Kiang-si sept., à M. Mac Namara, sup. du collège des Irlandais, à Paris. Kiang-si sept., 12 fév. 1882, pp. 440/7.

L. de M. Favier à M. Pémartin, Sec. gén., Péking, 30 avril 1882, pp. 572/581.

L. de la sœur Foubert à la t. hon. Mère Derieux. Tchou-san (Maison de la Présentation), 10 avril 1882, pp. 582/3.

XLVIII, Imp. Pillet et Dumoulin, 1883:

L. de la Sœur Foubert à Mgr. Guierry, Ting-Hay, 30 juin 1882, pp. 98/102.

L. de la Sœur Meurie à Mgr. Guierry, Ning-Po, 30 juin 1882, pp. 102/106.

L. de la Sœur Solomiac à Mgr. Guierry, Ning-Po, 30 Juin 1882, pp. 106/113.

Comptes spirituels de la Mission du Tché-kiang du 1er juillet 1881 au 30 juin 1882, p. 113.

L. de M. Rouger, provicaire apostolique, à M. Chevalier, assistant de la Congrégation, Thi-Ngan-fou, pp. 114/116.

L. de la Sœur Dutrouilh à la sœur N. . . . à la maison-mère. Tien-tsin, hôpital de St. Joseph, 4 oct. 1882, pp. 116/3.

L. de la Sœur Cécile Fraisse à la très honorée Mère Derieux. Tien-tsin, hôpital général, 24 oct. 1882, pp. 267/272.

L. de la Sœur Maillard à sœur Leblanc, secrétaire générale. Pékin, maison de l'Immaculée-Conception, 29 oct. 1882, pp. 272/5.

L. de Mgr. Tagliabue à M. Fiat, supérieur général. Tché-Ly occidental, 27 sept. 1882, pp. 275/294.

L. de la sœur N. . . à M. le Directeur. Tching-Ting-Fou, Orphelinat de St. Joseph, 14 nov. 1882, pp. 294/301.

L. de M. Sassi à M. Fiat, supérieur général, Fou-tcheou, 6 oct. 1882, pp. 302/5.

L. de M. Rouger, pro-vicaire, au frère Génin, à Paris. Kiang-si, 19 sept. 1882, pp. 306/7.

L. de sœur Cécile Fraisse à M. N. Tien-tsin, hôpital St. Joseph, 29 mars 1882, pp. 373/376.

L. de Mgr. Bray à M. Pémartin, prêtre de la Mission. Kiou-kiang, 20 nov. 1882, pp. 377/391.

Notes sur le vicariat du Kiang-si méridional, pp. 392/398.

L. de Mgr. Delaplace à S. Em. Mgr. Siméoni, cardinal, Préfet de la Propagande, Pékin, 3 juillet 1882, pp. 530/531.

Note de Mgr. Delaplace, vicaire apostolique de Pékin, sur la fondation d'un monastère de trappistes au Tché-ly septentrional, pp. 531/533.

XLIX, Imp. Pillet et Dumoulin, 1884 :

L. de M. Guyon, prêtre de la Mission, à M. Alauzet, directeur du Séminaire, à Paris. Tong-Tchouang-Tsé, 3 janvier 1883, pp. 108/113.

L. de M. Sarthou, prêtre de la Mission, à M. Fiat, supérieur général. Pékin, 28 avril 1883, pp. 114/117.

Sur la mort du P. Guyon.

L. de la sœur X. à M. Chevalier, prêtre de la Mission, directeur des Filles de la Charité. Tching-ting-fou, 20 janvier 1883, pp. 118/122.

Autre l. de la même au même. Tching-ting-fou, 10 juin 1883, pp. 123/127.

L. de la sœur Meurie, fille de la Charité, à Mgr. Guierry. Ning-po, 30 juin 1883, pp. 128/135.

L. de Mgr. Delaplace, Peking, 22 août 1883, pp. 135/6.

L. de M. Bret à Mgr. Delaplace. Ning-po, 12 août 1883, pp. 137 à 138.

L. de la sœur Solomiac à la t. hon. Mère Derieux. Ning-po, 14 août 1883, pp. 138/141.

Ces trois l. sur la mort de Mgr. Guierry.

L. de Mgr. Delaplace à M. Chevalier, assistant de la Congrégation. A bord du Outchang, en mer, 28 mai 1883, pp. 142/146.

L. de M. Ciceri, prêtre de la Mission, à Mgr. Bray. Fou-tcheou-fou, 1 juin, fête du Sacré-Cœur, 1883, pp. 146/151.

L. de M. André J.-M. Yeou-Ngan, prêtre de la Mission, à Mgr. Bray. Fou-tcheou, 22 juillet 1883, pp. 151/155.

L. de M. Adrien Rouger, prov. apost. du Kiang-si méridional, au frère Génin, à Paris. Kingan, 27 mars 1883, pp. 156/7.

L. de la sœur Marmier à M. Chevalier, assistant de la Congrégation. Santiago, 28 mai 1883, pp. 158/160.

L. de Mgr. Tagliabue, vic. ap. à M. Fiat, sup. gén., Tché-ly occident., 24 sept. 1883, pp. 268/275.

L. de M. Paul Reynaud, miss. apost. en Chine au frère Génin, à Paris. Tchou-san, 15 fév. 1883, pp. 276/8.

L. de sœur Solomiac à Mgr. Guierry, vic. apostolique. Ning-po, maison de Jésus-Enfant. 30 juin 1883, pp. 278/281.

L. de ma sœur Archenault à Mgr. Guierry, vic. ap. Ecnon-san, maison de la Résurrection, 12 juillet 1883, pp. 281/5.

L. de ma sœur Faure à Mgr. Guierry, vic. ap., Hang-tcheou, maison Saint-Vincent, 4 juillet 1883, pp. 285/7.

L. de M. Boscat, prêtre de la Mission en Chine, au frère Génin, à Paris. Ki-ngan, 13 sept. 1883, pp. 288/291.

État des Vicariats ap. de Tché-ly sept., occident., Tche-kiang et Kiang-si sept. de Sept. 1882 à sept. 1883, pp. 291/295.

Mort de Mgr. Delaplace, p. 473.

L. de sœur Jaurias, Fille de la Charité, à M. Fiat, Sup. général. Péking, maison de l'Immaculée-Conception, 8 sept 1883, pp. 474/5.

L. de M. Sarthou, prêtre de la Mission, à M. Fiat, supérieur général, sur la mort de Mgr. Delaplace. Peking, 15 juin 1884, pp. 567/578.

L. de la sœur Jaurias, fille de la Charité, à M. Bettembourg, prêtre de la Mission. Peking, maison de l'Immaculée-Conception, 15 sept. 1883, pp. 579/582.

L. du frère Maës, frère coadj., à M. Fiat, sup. gén. Peking, 12 nov. 1883, pp. 582/5.

L. de la sœur N. à M. Chevalier, prêtre de la Mission, directeur des Filles de la Charité. Tchen-ting-fou, maison de la Sainte Enfance, 13 janvier 1884, pp. 586/9.

Ext. d'une l. de M. Reynaud, pro-vic. ap. du Tche-kiang, à M. Fiat, Sup. gén. Ningpo, 15 janvier 1884, pp. 590/3.

Ext. d'une l. de Mgr. Bray, vic. ap. à M. le Prés. du Conseil de l'Œuvre de la Prop. de la Foi, à Paris. Kiou-kiang, 10 janv. 1884, pp. 594/600.

L. de M. Rouger, vic. ap. du Kiang-si mérid., à MM. les Membres du Conseil de la Prop. de la Foi. Ki-ngan, 8 sept. 1883, pp. 601 à 603.

Kiang-si méridional, État de la Mission 1883, p. 604.

L. de M. Boscat, prêtre de la Mission, à MM. les Membres du Conseil de la Ste. Enfance, Ki-ngan, 13 sept. 1883, pp. 604/6.

L. de M. Boscat, à M. Fiat. Ibid., 23 mai 1884, pp. 606/610.

L, Imp. Pillet et Dumoulin, 1885 :

L. de la sœur N. à M. N., prêtre de la Mission, à Paris. Tientsin, 21 août 1884, pp. 82/84.

Ext. d'une l. de M. Humblot, prêtre de la Mission. Péking, 5 sept. 1884, pp. 84/6.

L. de M. Coqset, prêtre de la Mission, à M. Fiat, Sup. gén. Peking, 7 sept. 1884, pp. 86/7.

Ext. d'une l. de Mgr. Tagliabue, vic. ap. du Tché-ly occid., à M. le Directeur de la Sainte-Enfance, pp. 88/96.

L. de sœur Deren, fille de la Charité, à M. Fiat, Sup. gén. Ningpo, 7 sept. 1884, pp. 97/98.

L. de la sœur Archenault, fille de la Charité, à M. Fiat, Sup. gén. Tchou-san (Maison de la Présentation), 10 sept. 1884, pp. 99/100.

L. de Mgr. Reynaud, vic. ap., à M. Fiat, Sup. gén. Kang-po, le 11 sept. 1884, pp. 100/102.

L. de M. Bret, prêtre de la Mission, à M. Fiat, Sup. gén., Ningpo, 11 sept. 1884, pp. 103/105.

L. de Mgr. Reynaud, vic. ap., à M. Fiat, Ning-po, 18 sept. 1884, pp. 105/110.

L. du même à M. Chinchon, à Paris. Kang-po, 22 oct. 1884, pp. 111/117.

L. de Mgr. Bray, vic. ap., à M. Foing, visiteur de la prov. de l'Amérique centrale. San-kiao, 10 fév. 1884, pp. 118/122.

L. de M. Ciceri, prêtre de la Mission, à M. Chevalier, assistant de la Congrégation. Fou-tcheou-fou, 25 mars 1884, pp. 122/4.

L. de M. Vic, prêtre de la Mission, à M. Alazard, directeur de la Revue religieuse de Rodez. Vic' du Kiang-si sept., 10 avril 1884, pp. 124/131.

L. de Mgr. Rouger, vic. ap., à sa sœur, fille de la Charité, à Paris. Le jour de l'Ascension de N.-S., 22 mai 1884, pp. 132/4.

L. du même à Madame la Présidente générale de l'Œuvre apostolique. Kiou-kiang, 23 oct. 1884, pp. 135/137.

Le Vénérable Perboyre, pp. 212/.

Mgr. Delaplace, pp. 255/277.

L. de Sœur Solomiac, fille de la Charité, à M. le Direct. de l'œuvre de la Ste. Enfance. Ning-po, maison de Saint-Joseph, le 7 oct. 1884, pp. 278/281.

Ext. d'une l. de Mgr. Tagliabue, vic. ap., à M. Fiat, sup. gén. Tching-ting-fou, 1er oct. 1884, pp. 434/6.

L. de ma sœur N., fille de la Charité, à M. Chevalier, assistant de la Congrégation. Tchin-ting-fou, 1er nov. 1884, pp. 436/7.

L. de la même au même. Ibid., 25 janv. 1885, pp. 437/439.

L. de M. Vic, prêtre de la Mission, à M. Fiat, San-kiao, 11 mai 1884, pp. 440/4.

L. du même au même. Ibid., 1er juin 1884, pp. 444/8.

L. de Mgr. Rouger à M. Terrasson, sec. gén., Ki-ngan-fou, 17 nov. 1884, pp. 449/450.

Vicariats du Tché-ly sept., Tché-ly occid., Kiang-si sept., Kiang-si mérid., Tche-kiang; état des missions en 1884, pp. 621/625.

L. des confrères du Tché-kiang à M. Fiat, sup. gén. (Journal de la Persécution au Tché-kiang, en 1884 et 1885), pp. 626/630.

LI, Imp. Pillet et Dumoulin, 1886 :

Ext. de diverses lettres à la très hon. mère Derieux. Difficultés causées par la guerre entre la France et la Chine, pp. 60/67.

L. de Mgr. Paul Reynaud, év. titulaire de Fussulan, vic. ap. du Tché-kiang, à la très honorée mère Derieux. [Détails relatifs à la guerre.] Kiang-pé, 10 nov. 1884, pp. 67/73.

L. de M. Bernard Harruthy, prêtre de la Mission, à M. Fiat, sup. gén. [Bénédiction d'une cloche — ordination.] Kang-po, 30 oct. 1884, pp. 73/75.

Lettre des confrères du Tché-kiang à M. Fiat, sup. gén. (Journal de la persécution au Tché-kiang en 1884 et 1885) (suite), pp. 75/97.

L. de M. Antoine Tamet, prêtre de la Mission, à M. Bonnet, sup. au grand sém. de Rodez [Besoins urgents de secours pour chapelles]. San-kiao, 7 mai 1885, pp. 98/103.

L. de M. Casimir Vic à M. le Directeur de la Revue religieuse de Rodez. San-kiao, 31 mai 1885, pp. 103/106.

Mgr. Anouilh [Monument], pp. 154/160.

L. de sœur Maillard à sœur N., à Paris. [Réponse de l'empereur de Chine à une lettre du Pape.] Péking, 15 avril 1885, pp. 269 à 270,

L. de M. Humblot à la t. hon. mère Derieux. [Bénédiction de cinq cloches. — Espérances pour l'avenir.] Péking, 12 juin 1885, pp. 271/273.

L. du même à M. Fiat, Sup. gén. Péking, 23 juin 1885, pp. 273/6.

L. de sœur Guerlain à M. Chevalier, directeur des filles de la Charité. [Vierges nommées Joséphines, etc.] Tchen-ting-fou, 9 oct. 1885, pp. 277/8.

L. de sœur Solomiac à M. le Directeur de la Ste. Enfance. Ningpo, maison de Jésus-Enfant, 30 juin 1885, pp. 279/282.

L. de sœur Archenault à la t. hon. mère Derieux. Tchou-san, maison de la Présentation, 3 avril 1885, pp. 282/286.

L. de Mgr. Reynaud, vic. ap. du Tché-kiang, à M. Chevalier, assistant de la Cong. Ning-po, 23 sept. 1885, pp. 286/7.

L. de Mgr. Tagliabue, vic. ap. du Tché-ly sept., à M. Fiat, sup. gén. Peking, 11 nov. 1885, pp. 400/406.

Ext. d'une l. de M. Coursières, prêtre de la Mission, à M. N., à Paris. Tchin-ting-fou, 2 janvier 1886, pp. 407/408.

Ext. d'une l. de Mgr. Sarthou, vic. ap. du Tché-ly occidental, au frère Génin. Tchin-ting-fou, 12 mars 1886, pp. 408/409.

L. de Mgr. Reynaud, vic. ap., à M. Fiat. Kin-tchou, 21 déc. 1885, pp. 410/414.

L. de Mgr. Casimir Vic, nommé vic. ap. du Kiang-si oriental, au frère Génin, à Paris. San-kiao, 19 juillet 1885, pp. 415/418.

L. de M. Dauverchain, prêtre de la Mission, à M. Fiat, sup. gén. Fou-tcheou, 1er fév. 1886, pp. 419/421.

Extraits de plusieurs let. de Mgr. Rouger, év. de Cissame, vic. ap. du Kiang-si mérid., pp. 422/5.

Rapport de Mgr. Rouger, vic. ap. du Kiang-si mérid., à MM. les Membres des Conseils centraux de la Propagation de la foi, Paris et Lyon. De Han-tchou-fou, 30 oct. 1885, pp. 425/428.

Cause du vénérable Perboyre, pp. 472/

L. de M. Boscat, prêtre de la Mission, à M. le Président du Conseil de la Prop. de la Foi. Ki-ngan-fou, 10 juillet 1886, pp. 580/1.

L. de Mgr. Rouger, vic. ap. du Kiang-si mérid., à M. Fiat. Canton, 18 juillet 1886, pp. 582/4.

L. de Mgr. Vic à M. Sannet, curé du Mur-de-Barrez. Fou-tcheou, 1er mars 1886, pp. 585/8.

L. des confrères du Tché-kiang (suite), pp. 589/604.

Départs pour la Chine, p. 605.

L. de ma sœur Labreuil, fille de la Charité, à M. Fiat. [Mort du frère coadj. Sirvain.] A bord de l'*Anadyr*, 1er sept. 1885, pp. 605/6.

L. de M. Fatiguet, prêtre de la Mission, à M. Fiat. [Même sujet.] Colombo, à bord de l'*Anadyr*, 2 sept. 1886, pp. 606/610.

LII, Imp. Pillet et Dumoulin, 1887 :

L. de M. Meugniot, prêtre de la Mission, à M. Fiat, sup. gén. [Mort édifiante de M. Guillot.] Shanghaï, 2 fév. 1887, pp. 254/5.

Ext. d'une let. de M. Watson, prêtre de la Mission, à M. Alauzet, direct. du Sém. interne, à Paris. Hai-ho-ying, 15 juin 1886, pp. 256/259.

Ext. d'une lettre de Mgr. Tagliabue, vic. ap., à M. Fiat, Sup. gén. Péking, 19 oct. 1886, pp. 260/8.

Transfert du Pé-tang. — Cession d'un terrain par l'empereur de Chine. (Décret impérial 3 déc. 1886), pp. 268/270. — Légation de la république française en Chine (16 déc. 1886), pp. 270/1.

Note sur M. Ignace Erdely . . . Tching-ting-fou, 1886, par Jules Brugnière, pp. 271/276.

L. de M. Jean-Baptiste Bret, prêtre de la Mission, au frère Génin, à Paris. Ku-tcheou, 20 mars 1886, pp. 277/9.

Let. de Mgr. Reynaud, vic. ap. du Tche-kiang, à MM. les Directeurs de la Propagation de la foi. Ning-po, 30 mars 1886, pp. 279/286.

Let. de sœur N., fille de la Charité, à M. le Directeur de la Sainte-Enfance. Orphelinat de Saint-Vincent de Paul. Ning-po, juin 1886, pp. 286/294.

Let. de sœur N., fille de la Charité, à MM. les membres du Conseil de la Propagation de la foi. Hang-tchéou, 1er juillet 1886 pp. 295/6.

L. de M. Dauverchain, prêtre de la Mission, à M. Anglade, sup. du grand sém. d'Amiens. Fou-tcheou, 19 nov. 1886, pp. 297/301.

Mort de Mgr. Adrien Rouger, p. 320.

Ext. d'une let. de M. Favier, prêtre de la Mission, à M. Bettembourg, proc. gén. [transfert du Pe-tang]. Péking, 25 janvier 1887, pp. de la Conversion de saint Paul, pp. 406/411.

Ext. d'un journal protestant de Shang-haï, pp. 411/412.

Extraits de lettres envoyées de Chine par les filles de la charité. Ning-po, maison de Jésus-Enfant, 30 juin 1886, etc., pp. 413/422.

Ext. d'une l. de Mgr. Reynaud, vic. ap., à M. le Dir. de la Ste.-Enfance. Ning-po, 6 nov. 1886, pp. 423/6.

Ext. d'une l. de M. Canduglia, prêtre de la Mission, à M. N., à Paris. Nan-kang-fou, 10 oct. 1886, pp. 427/430.

L. de Mgr. Casimir Vic, vic. ap. du Kiang-si orient., à M. le Directeur général de l'œuvre de la Ste.-Enfance. Fou-tcheou, 8 nov. 1886, pp. 431/438.

Compte-rendu des réunions des jeunes apprentis et ouvriers de la Sainte-Enfance de Péking, commencées le 6 juin 1886, pp. 574/7.

Let. de M. Augustin Tséon, prêtre de la Mission, à M. Fiat, Sup. gén. Suen-hoa-fou, 9 mai 1887, pp. 577/582.

L. de M. Allofs, prêtre de la Mission, à M. Fiat, Sup. gén. Suen-hoa-fou, 2 juillet 1887, pp. 582/4.

Compte-rendu du synode et des chefs de mission du centre de la Chine, en 1887, pp. 584/6.

Lettres écrites [du Tche-kiang] par les filles de la Charité. Hang-tcheou, 16 août 1886, pp. 587/597.

L. de M. Ibarruthy, prêtre de la Mission, à M. Fiat, sup. gén. Ting-hay, archipel Tchéou-san, 10 janv. 1887, pp. 598/600.

L. de Mgr. Bray, vic. ap., à M. Terrasson, sec. gén. Kiou-kiang, 20 avril 1887, pp. 601/622.

L. de Mgr. Vic., vic. ap., au frère Génin, à Paris. Fou-tcheou, juillet 1887, pp. 623/5.

LIII, Paris, Imp. D. Dumoulin, 1888 :

Notice sur Mgr. François-Adrien Rouger, év. titulaire de Cissame, vic. ap. du Kiang-si mérid., décédé à Paris, à la maison mère, le 31 mars 1887, p. 5/30.

L. de M. Ferrant, prêtre de la Mission, à M. Fiat, sup. gén. Hang-tcheou, 3 mai 1887, pp. 98/100.

L. de ma sœur Gilbert, fille de la Charité, à la t. hon. mère Havard. Ning-po, 30 juin 1887, pp. 100/105.

L. de M. Boscat, prêtre de la Mission, à M. Fiat, sup. gén. Kingan-fou, 29 juillet 1887, pp. 106/111.

L. de Mgr. Tagliabue, vic. ap., à M. Fiat, sup. gén. Péking, 10 nov. 1887, pp. 392/400.

L. de sœur Solomiac, à Mgr. Reynaud, vic. ap. Ning-po, maison de Jésus-Enfant, 30 juin 1887, pp. 401/405.

L. de sœur Gilbert, à M. Fiat, sup. gén. Ning-po, 30 juin 1887, pp. 406/411.

L. de sœur Archenault, au même. Tchou-san, 1er août 1887, pp. 412/3.

L. de Mgr. Raynaud, vic. ap., à M. Chevalier, ass. de la Cong. Ning-po, 9 sept. 1887, pp. 414/5.

L. de sœur Gilbert, à sœur N., fille de la Charité. Ning-po, 3 nov. 1887, pp. 416/7.

L. de M. Faveau, prêtre de la Mission, à M. Choisnard, prêtre de la Mission, à Solesmes (Nord). Shang-hai, 8 déc. 1887, pp. 417/421.

L. de M. Dereu, fille de la Charité, à M. Chevalier, assistant de la Congrégation. Kiou-kiang, 26 juin 1887, pp. 422/4.

L. de M. Wang Joseph, prêtre de la Mission, à Mgr. Bray, vic. ap. San-kiao, 13 sept. 1887, pp. 424/9.

L. de Mgr. Vic, vic. ap., à M. Fiat, sup. gén. Fou-tcheou, 4 juillet 1887, pp. 430/432.

LIV, Paris, 95 rue de Sèvres, 1889.

Cause du vén. Jean Gabriel Perboyre, prêtre de la Mission, pp. 3/16, 153/4, 313/318.

Inhumation et translations des restes du vén. serviteur de Dieu Jean Gabriel Perboyre, pp. 319/323.

Consécration de la Nouvelle cathédrale du Pé-tang. [Ext. des *Missions Catholiques*], 9 déc. 1888, pp. 249/258.

L. de sœur Dutrouilh, à la t. h. mère Havard. Tien-tsin, hôpital St. Joseph, 2 déc. 1888, pp. 258/262.

L. de M. Guilloux, prêtre de la Mission, à M. le Directeur gén. de la Ste.-Enfance. Tien-tien, 11 déc. 1888, pp. 262/270.

L. de sœur Jaurias, à M. le Dir. de la Ste.-Enfance. Péking. maison de l'Immaculée-Conception, 2 oct. 1888, pp. 270/275.

L. de Mgr. Coqset, vic. ap., à M. Fiat, sup. gén. [Mort de M. Courtès.] Shanghaï, 20 août 1888, pp. 276/7.

L. de M. Mustel, prêtre de la Mission, à M. Fiat. Tse-fou-pang, 22 nov. 1887, pp. 134/7.

L. de M. Ferrand, à M. Fiat. Hang-tcheou, 28 janv. 1888, pp. 137/147.

L. de sœur Gilbert, à M. Fiat. Ning-po, 30 juin 1888, pp. 147/152.

L. de Mgr. Bray à Mgr. l'év. de Saint-Flour. Marseille, 25 janvier 1889, pp. 421/6.

L. de M. Ibarruthy, prêtre de la Mission, à M. Fiat, sup. gén. Archipel de Tchéou-san, 4 mai 1888, pp. 427/9.

L. de M. Barberet, prêtre de la Mission, à M. Fiat. (Ile de Tchéousan, 5 mai 1888), pp. 429/431.

L. de sœur Imbert, à la t. hon. mère Havard. Hang-tchéou, maison St. Vincent, 28 déc. 1888, pp. 431/439.

L. de sœur Guerlain, à M. Chevalier, ass. de la Cong. Tchingting-fou, 3 fév. 1889, pp. 565/576.

L. de Mgr. Casimir Vic, vic. ap. du Kiang-si oriental, au frère Génin, Paris. Fou-tcheou-fou, 9 mars 1888, pp. 577/8.

L. du même à Mgr. Jacquenet, év. d'Amiens. Fou-tcheou, 23 avril 1889, pp. 578/580.

LV, Paris, 95 rue de Sèvres, 1890 :

Béatification du vénérable serviteur de Dieu Jean Gabriel Perboyre. [9 nov. 1889], pp. 5/26.

Cérémonies de la béatification à St. Pierre de Rome. [Ext. du *Moniteur de Rome*, 12 et 13 nov.], pp. 27/32.

Lettres écrites de Rome par les filles de la Charité, pp. 32/41.

Triduum solennel à la maison des Prêtres de la Mission de Montecitorio, à Rome, etc., etc., pp. 42/242, etc., etc. *passim*.

Mort de Mgr. Tagliabue, pp. 346/7.

L. des sœurs de la Charité du Tché-ly sept. aux associés de l'œuvre de la Ste.-Enfance, pp. 347/358.

L. de sœur Gilbert, à sœur N., Ning-po, hôpital St. Joseph, 29 juillet 1889, pp. 358/360.

L. de Mgr. Reynaud, vic. ap. du Tche-kiang, à une petite-nièce. Ning-po, 22 oct. 1889, pp. 527/534.

L. de sœur Gilbert, à la t. h. mère Havard. Ning-po, hôpital St. Joseph, 1ᵉʳ déc. 1889, pp. 585/540.

Note sur les reliques du Vble. Clet. (Extrait du procès apostolique), pp. 660/666.

Col. 495.

— El Correo Sino-Annamita . . . .

Le dernier vol. que j'ai vu est le vol. XXII, Manila, 1888.

— Les Missions Catholiques . . . . Lyon.

Continuent à paraître régulièrement. Le Tome XXIV est au cours de publication (1892).

Les éditions étrangères continuent aussi à paraître (1892) sauf l'espagnole suspendue depuis quelques mois et qui sera reprise prochainement avec un nouvel éditeur.

Outre les éditions que nous citons, col. 495, il faut ajouter :

Catholic Missions. A Monthly Illustrated Record in connection with the Society of the Propagation of the Faith. Publisher: J. Donovan, 27 Wellington Street, Strand, London. Vol. I, 1886.

Missye Katolickie. Czasopismo ilustrowane Miesięczne. Cracovie, mensuel.

A Kath. hitterjesztés Lapjai. Grand Varadin (Hongrie), mensuel.

— Lettres de Laval . . . . .

Bib. nat. 0ᵉⁿ⁄736

Incomplet.

_____

4° *VIES DES MISSIONNAIRES CATHOLIQUES.*

COMPAGNIE DE JÉSUS.

— A. M. D. G. — Catalogus patrum ac fratrum S. J. qui a morte·S. Francisci Xaverii ad annum MDCCCXCII Evangelio Christi propagando in Sinis adlaboraverunt. Changhai, Ex typographia Missionis catholicae in Orphanotrophio Tou-sè-wè. — 1892, in-8, 5 ff. n. c. p. l. tit., front. grav., etc. + pp. 52 [Pars prima] + 2 ff. n. c. [Praefatio] + pp. 58 [Pars secunda] + 7 ff. n. c. [Appendix].

Cette nouvelle édition est datée et signée : « Zi-kn-wei, die 31 Julii 1892, S. Ignatio Patri sacra. Aloysius Mᵃ SICA S. J. »

La première partie comprend le *Cat.* ab anno 1552 ad annum 1779 ; la deuxième partie, ab anno 1842 ad annum 1892.

Dans l'appendix on trouvera : I. Status Missionis *Kiang-nan* 1842–1892 [carte]. — II. Missio *Tché-li mérid.-or.* [carte]. — III. Elenchus vic. ap., visitat., superior. reg. S. J. in missionibus Kiang-nan et Tché-li.

— Catalogus librorum venalium in orphanotrophio Tou-sai-wai, Zi-ka-wei ex typographia Missionis Catholicae 1882, in-8.

— Catalogus librorum venalium in orphano-

trophio Tou-sai-wai, Zi-ka-wei ex typographia Missionis Catholicae 1889, in-8.

Voir col. 844.

— Essai d'une bibliographie des ouvrages publiés en Chine par les Européens au XVIIᵉ et au XVIIIᵉ siècle par Henri Cordier. Paris, Ernest Leroux, 1883, gr. in-8, pp. 52.

Extrait des *Mélanges Orientaux.* Textes et traductions publiés par les professeurs de l'Ecole spéciale des langues orientales vivantes à l'occasion du sixième Congrès international des Orientalistes réuni à Leyde, pp. 493/546.

— A Roman Catholic Cemetery near Hangchow. By Rt. Rev. G. E. Moule. (*Chin. Rec.,* XXI, No. 11, Nov. 1890, pp. 509/512.)

Voir col. 1475.

— Jesuit Missionaries. By E. H. Parker. (*China Review,* XVIII, No. 4, p. 263.)

— Documents pour servir à l'histoire des domiciles de la Compagnie de Jésus dans le monde entier de 1540 à 1773. Collationnés par le P. Alfred Hamy, S. J., Paris, Alphonse Picard, s. d. [1892], pet. in-fol., pp. IV-96 + 1 f. n. c. p. l'ind., front. gravé.

Résidences de Chine, pp. 87/89.

Notice : *Revue critique,* No. 46, 14 nov. 1892 [par Henri Cordier].

Col. 500.

Aleni, *Jules,* † à Fou-tcheou, 3 août 1649.

— Peroni, *Bibliotheca Bresciana* (1816), 3 vol. in-8.

— H. Cordier, *Grande Encyclopédie.*

Amiot, *Jean Joseph Marie.*

— Henri Cordier, *Grande Encyclopédie.*

Col. 501.

— Lettres du Père Amiot . . .

Voir à la Bibliothèque royale de Munich :

Cod. gall. 607, No. 1303 du T. VII du *Cat. imprimé,* Munich, 1858 : Copie des lettres de M. Bertin à divers Missionnaires en Chine 1765 à 1768.

Ce titre ne donne pas une idée suffisamment exacte de ce recueil qui contient les minutes d'un certain nombre de lettres de Bertin et des extraits de correspondances de missionnaires de Péking.

Col. 505.

— Il y a du P. Dugad 5 lettres citées de 1777 à 1788, or le P. Sommervogel m'écrit que ce P. serait mort à Paris le 25 mars 1786.

Col. 512.

Athemis, lire **Attimis,** Tristan de.

Le *Catalogus* (2ᵉ ed., 373) écrit *Atemis* et *Venetus.*

Il est né au château de Attems, Attens ou Attimis (Arbne, slov. ; Attemps, all.) en Frioul, le 28 juillet 1707, entré au noviciat, le 29 novembre 1725. Il partit pour la Chine en 1743, arriva à Macao en 1744.

Voir Carayon, n. 1074. — Et le *Diction. des Anonymes* du P. Sommervogel, qui me communique ces renseignements, col. 1145, comme suit :

— Distinta relazione della prigionia, de' tormenti e della gloriosa morte de' due padri Antonio Joseph Portoghese e Tristano d'Attimis, italiano, della Compagnia di Gesù, da un sacerdote della medesima Compagnia, composta in Macao, dopo seguito il fatto, poi stampata e pubblicata in Lisbona l'anno 1751, e novellamente dal portoghese tradotto nell' italiano. Venezia, 1752, in-8, pp. 62.

L'original est des PP. Louis de SEQUEYRA et Jean SIMOES. Il est intitulé : *Breve relacion sobre· la persecucion de nuestra santa fé en la provincia del Kiamnan, y otras provincias del Imperio de la China, ilvstres vidas de los PP. Ant. Joseph Henriquez, y Tristan de Atimis. Manila, Imprenta de la Compañia de Jesus, 1751, 4°, 3 ff. nch. et ff. 72.* Cette *Relacion* pourrait être anonyme; elle est traduite du portugais.

— Voir Zaccaria, *storia lett.* t. VII, p. 526, 1ᵉ éd.

— Del P. Tristano d'Attimis missionario e martire in China. — Art. de l'abbé G. B. Vatta, de Goritz, dans le journal de Goritz, l'*Istria*, des 28 févr. et 17 avril 1852, p. 33—5 et 64.

Valentinelli, *Bibliografia del Friuli*, p. 146.

Attiret, *Jean Denis.*

— Olivier Merson, *Grande Encyclopédie.* — Dussieux, *Les Artistes français à l'étranger*, Paris, 1876, in-8. — *Archives de l'Art français*, Paris, 1852, II. — Feuillet de Conches, *Les Peintres européens* [voir col. 721].

— L. du F. J. D. Attiret à M. Dassaut, à Dôle, Franche-Comté, Hay-Tien, 28 nov. 1753. (*Rev. Ext. Orient*, III, no. 2, 1885, pp. 235/235.)

* Notice sur la vie et les travaux du P. [*sic*] Jean Denis Attiret né à Dole et mort à Peking, peintre de l'empereur de la Chine, par le P. Amiot. 1769, pet. in-fol.

Cité dans le Cat. Luzarche (Paris, 1868), I, No. 1519. Ce serait une série de lettres du P. Amiot à un parent du frère Attiret, statuaire à Paris.

Col. 513.

Basuiau, *Hippolyte*, né à Douai, 10 janv. 1824; arrivé dans la Mission, 2 sept. 1865; † à Changhaï, 21 août 1886.

* Détails sur les derniers jours du R. P. Hippolyte Basuiau, de la Compagnie de Jésus, né à Douai le 10 janvier 1824, décédé à à Shang-haï (Chine), le 24 août 1886. Douai (Nord), Dechristé Père, 1887, in-8, pp. 15.

Par une Religieuse de N. Dame Auxiliatrice.

Bahr, *Florian*, né à Falckemberg (Silésie), le 16 août 1706; arriva en Chine 5 août 1738; † à Peking le 7 juin 1771.

— Allerneueste ‖ Chinesische ‖ Merkwürdigkeiten ‖ und zugleich ‖ gründliche ‖ Widerlegung ‖·vieler ungleicher Bericht und Irrungen, ‖ welche ‖ Herr Johann Lorenz Moszheim, ‖ Canzler bey der hohen Schule zu Göttingen, ‖ in seine Erzählung ‖ der neuesten ‖ Chinesischen Kirchengeschichten ‖ hat einfliessen lassen, ‖ aus Pekin geschrieben ‖ von ‖ R. P. Floriano Bahr, ‖ des alldasigen Collegii S. J. in dem Kayserthum China, ‖ der Zeit Rectorn. ‖ Mit Genehmhaltung der Obern. ‖ — Augsburg und Innsbrugg, ‖ Verlegts Joseph Wolff, 1758, pet. in-8, pp. 138.

(VIES DES MISS. CATH. : JÉSUITES.)

Pekin, 16 nov. 1755.

Réimp. d'une lettre parue dans le *Weltbott* de Stöcklein, voir col. . ? No. 742 ? — Un extrait a été donné dans la *Götting. Anzeig. v. Gelehrten Sachen*, 1759, p. 732.

Basin, *Louis*, né le 24 mai 1712 (au lieu de 1714).

Bayard, *Joseph Simon*, né le 17 fév. 1661; arrivé en Chine en 1694; † à Macao, 12 mars 1725.

— L. du P. J. S. Bayard au P. E. Souciet, [reçue 28 juin 1723] s. d. (*Rev. Ext. Orient.*, III, No. 1, 1885, pp. 55/60.)

Becker, *Emile*, né le 19 déc. 1836; arriva en Chine, 25 nov. 1878; sup. de la mission du Pe Tcho-ly S. E.

L. de Hien-hien (*Miss. Cath.*, XXIII, 1891, p. 196).

Beken, *Guillaume van der*, né à Bruxelles, le 23 déc. 1659; parti pour la Chine le 23 déc. 1691; † 2 février 1702, enterré à Hoei-ngan-fou.

— Il y a des let. autog. de ce missionaire au collége des jésuites d'Anvers : Goa, 16 nov. 1693; Hoan-gan, 16 oct. 1697; 1698; 12 août 1700; 10 sept. 1701.

Benoist, *Michel.*

— L. du P. Michel Benoist, Pékin, 12 sept. et 29 sept. 1764. (*Rev. Ext. Orient*, III, No. 2, 1885, pp. 242/252.)

Bernard, *Augustin*, † à Yangking pang (Chang haï).

— *Etudes religieuses*, VI, pp. 171/4.

Bienvenu, *Clovis*, né le 11 juin 1845; arrivé en Chine, 20 oct. 1885; † à Mong-tcheng, 31 oct. 1890.

L., Mao-kiao-wo-tse [Kiang nan] à Mgr. Garnier (*Miss. Cath.*, XXIII, 1891, pp. 26/7).

Boucher, *Henri*, né le 1ᵉʳ nov. 1857; arrivé en Chine, 26 oct. 1882.

L., Zi-ka-wei, 17 déc. 1887. [Inondations.] (*Miss. Cath.*, XX, 1888, pp. 61/2.)

Bourdilleau, *Narcisse*, né à Lavardin (Loir et Cher); † à Tchen kiang.

* Nécrologie, par le P. Pfister, in-8, pp. 16. (MS.)

Bourgeois, *François*, né à Puttigny (Meurthe), le 21 mars 1723; † 29 juillet 1792, d'après une lettre du P. Amiot, à M. Delatour, de Pekin, 31 oct. 1792, MSS. de l'Institut.

— *Biog. universelle.*

— Ex litteris P. Francisci Bourgeois Residentiae Gallicae Superioris. Pekini, 21 oct. 1787. (C. v. Murr, *Neues Journal*, I, pp. 125/6.)

«Mr. AMIOT, 25 mai 1778.

      Mon Reverend Pere
           P. C.

Mr. Bertin m'écrit que des 39000 lv. envoyées successivement à la Mission françoise, et formées des trois sommes 6000 lv. . . . . 15000 lv. . . . . 18000 lv.
Toute distribution faite, il restera pour les besoins generaux 26000 lv.
Il faut donc que les distributions particulieres montent a 13000 lv. Et c'est exactement ce qui est, en donnant selon les ordres de M. Bertin

A trois Missionnaires, chacun 1800 lv.	5400 lv.
Au Signor Pansy	1200 lv.
Aux cinq autres Missionnaires, chacun 1000 lv.	5000 lv.
Aux PP. Ko et Yang, chacun 700 lv.	1400 lv.
	13000 lv.

La Pension particuliere de 1200 lv. que je remis a vôtre Reverence Le 11 Avril 1777 : et les 1300 lv. que je luy remis Le 20 Janvier 1778, sont un fait a part.
Sur ce qu'on vient de me dire que vôtre Reverence auroit sur ces distributions des connoissances particulieres, je la prie de me les communiquer. Je puis vous assurer, et Dieu le sçait, que je n'ay point d'interêt particulier, et que mon plus grand plaisir seroit de contenter tout le monde.
J'ai l'honneur d'être avec respect
      Mon Reverend Pere
                Votre tres humble
                    serviteur
                François BOURGEOIS
A Pekin, Le 25 May, 1778.»

Cette lettre m'est communiquée par le R. P. Sommervogel.

Boussel, *Gabriel*, né le 23 avril 1699 à Clermont; arrivé en Chine, 27 juillet 1733; † en mer, 7 mai 1764.

— L. du P. G. Boussel au R. P. Berthier, Macao, 11 janv. 1754. (*Rev. Ext. Orient*, III, No. 2, 1885, p. 237.)

(VIES DES MISS. CATH. : JÉSUITES.)

— L. du P. Boussol au P. Souciet. Macao, 28 déc. 1759. (*Rev. Ext. Orient*, III, No. 2, 1885, pp. 241/2.)

Bouvet, *Joachim,* né au Mans; la date de 1665 pour sa naissance est manifestement fausse, car il entre dans la Compagnie le 11 Oct. 1673; d'après une lettre autog. du P. Contancin, conservée à la Bib. de l'Observatoire (portef. 150), il mourut le 28 juin 1730; cette lettre de Canton, 8 nov. 1730, est corroborée par une l. du P. Labbe, Canton, 7 déc. 1730 et une l. du P. Gaubil, Peking, 20 mai 1732.

— Dans une biographie du P. Bouvet qui se trouve ff. 118/120 d'un manuscrit de la Bibliothèque du Mans, «Catalogue des personnes de la Prouince [du Maine] qui se sont rendus recommandables par les lettres, par leurs Emplois, ou par quelques autres Endroits», No. 35¹, par Giles Negrier de La Crochardière, curé, «je lene que ce Père était originaire de Conlie.

— L. du P. Bouvet au P. E. Souciet, Pekin, 23 nov. 1728. (*Rev. Ext. Orient*, III, No. 1, 1885, pp. 64/65.)

— L. du P. Bouvet au P. E. Souciet, Pekin, 27 oct. 1725. (*Rev. Ext. Orient*, III, No. 1, 1885, pp. 67/69.)

— L. du P. Bouvet au P. E. Souciet, Pekin, 18 oct. 1727. (*Rev. Ext. Orient*, III, No. 2, 1885, pp. 218/220.)

— Journal des Voyages du Père Bouvet jésuite missionnaire, enuoyé par l'Empereur de la Chine, vers Sa Majesté très chrétienne.

Cod. gall. 711, No. 1326 du T. VII du Cat. imprimé Munich 1858. MS. in-4, papier, fin XVIIᵉ S., 191 pp. chiffrées. On lit au dessous du titre de la même écriture ces mots: «Il n'y a point de tittre dans l'original & ces memoires ne sont pas en etat de paroitre en public.» Voir Du Halde, *Description de la Chine*, I, Paris, 1735, p. 95.

Provient de la Bib. d'Ét. Quatremère.

Col. 514.

Boym, *Michel,* né à Lwow; † 22 août 1659.
— Une mission chinoise à Venise au XVIIᵉ siècle par Girard de Rialle. (*T'oung Pao*, I, 2, Août 1890, pp. 99/117.)

Buglio, *Louis,* né à Mineo (Sicile), 26 janv. 1606.
— Henri Cordier, *Grande Encyclopédie.*

Col. 515.

Bulté, *Henri,* né le 8 nov. 1830; entré dans la Cie. 9 nov. 1861; arrivé en Chine, 9 avril 1864; év. de Botrie, 29 juin 1880; vic. ap. du Tche-li S. E.
L., Tchang-kia-tchouang, 8 déc. 1885. (*Miss. Cath.*, XVIII, 1886, p. 135.)
L. (*Ibid.*, XX, 1888, p. 39.)
L. sur les retraites d'hommes en Chine. (*Ibid.*, XXI, 1889, pp. 177/8.)
L. (*Ibid.*, XXIII, 1891, p. 125.)
L., ext. de la *Semaine religieuse*, d'Arras. (*Ibid.*, XXIV, 1892, p. 584.)

Bureau, *Auguste,* né en France, 19 juillet 1855; entré dans la Cie. 14 sept. 1876; arriva en Chine 18 déc. 1878.
L. du Kiang-nan, sur les inondations. (*Miss. Cath.*, XX, 1888, p. 197.)

Charme, *Alexandre de la,* né 19 août 1695; (à Lyon, 10 ou 19 juillet 1695, dit Sommervogel); entré dans la Cie. 9 sept. 1712; arrivé en Chine, 30 août 1728; † à Peking, 27 (28, dit Sommervogel) juillet 1767.
MS. Bib. Roy. de Munich, voir col. 1583.

Chavagnac, *Emeric de,* arriva en Chine, le 9 sept. 1701: † 14 sept. 1717, à Jao-tcheou.
— L. du P. de Chavagnac au P. E. Souciet, en Chine, 30 sept. 1712. (*Rev. Ext. Orient*, III, No. 1, 1885, pp. 40/42.)

Cibot, *Pierre Martial.*
— Henri Cordier, *Grande Encyclopédie.*
— L. du P. Cibot au P. Brotier. Pekin, 22 oct. 1767. (*Rev. Ext. Orient*, III, No. 2, 1885, pp. 254/258.)
— L. du P. Cibot au P. Brotier. Pékin, 5 nov. 1769. (*Rev. Ext. Orient*, III, No. 2, pp. 260/265.)
— L. du Père Cibot, Peking, 17 oct. 1777. (*Rev. Ext. Orient*, III, No. 2, pp. 643/8.)

Collas, *Jean Paul Louis,* C. von Murr, *Neues Journal,* I, p. 96, dit par erreur qu'il mourut le 29 nov. 1779.
— L. de Peking, 2 oct. 1780. (*Rev. Ext. Orient*, II, No. 3, 1884, pp. 298/304.)
D'après l'original de la collection Henri Cordier.

— L. du P. Collas à M. l'abbé Duprez. Quanton, 28 déc. 1767. (*Rev. Ext. Orient*, III, No. 2, 1885, pp. 258/260.)

Col. 516.

Contancin, *Cyr,* né à Issoudun, 25 mai 1670; entré au noviciat, 9 sept. 1688; † à Cadix, 21 nov. 1732 (suprà mare, non longé a freto Gaditano).
— L. du P. Contancin au P. Souciet, Peking, 6 oct. 1718. (*Rev. Ext. Orient*, III, No. 1, 1885, pp. 42/47.)

Couplet, *Philippe,* né à Malines, le 31 mai 1622, de Pierre Couplet, huissier au grand conseil, et de Catherine Alison; il entra au noviciat le 11 oct. 1640; il mourut en mer près de Goa, le 16 mai 1693.
P. Oudin, dans *Moréri.*

Col. 517.

Croullière, *François,* né à Mézières-en-Drouay (Maine & Loire); entré dans la Cie. 13 oct. 1853; arrivé en Chine, 17 déc. 1864.

Debrix, *Pierre,* né 9 déc. 1836; entra dans la Cie. 18 sept. 1857; arrivé en Chine 3 fév. 1869.
— L. de Shang-haï. (*Miss. Cath.*, XVI, 1884, p. 52.)

Col. 518.

Dechevrens, *Marc,* né à Chêne, Canton de Genève, 26 juillet 1845; entré dans la Cie. 14 nov. 1862; arrivé en Chine, 29 nov. 1873; rentré en Europe.
Voir: Observatoire de Zi-ka-wei, col. 170 et col. 1532.

Deleuze, *Léopold,* né le 15 juillet 1818 en Belgique; frère coadj., † 24 mai 1865 à Siu Ca-wei.
L. du P. Palatre, sur sa mort, *Annales de la Ste.-Enfance,* 1867, pp. 31/5.

Delorme, *Paul,* né le 9 juillet 1849; entré dans la Cie. 8 oct. 1867; arrivé en Chine, 18 oct. 1886.
L. de Ngan king. (*Miss. Cath.*, XXIII, 1891, pp. 361/2.)

Dentrecolles, *François-Xavier,* né à Lyon (Le *Cat. primus* de la Prov. de France marque *Limoges*, ce qui me paraît absurde) 25 fév. 1663; entra au noviciat à *Lyon* ou à *Avignon*, 16 sept. 1682.
— Henri Cordier, *Grande Encyclopédie.*
— Lettre autog. s. du P. Franç. Xavier Dentrecolles, S. J. au R. P. Orry, datée «A Pekin le 17 septᵣᵉ 1724». 48 pages in-folio; les pages écrites d'un seul côté sont pliées en double à la manière chinoise, en sorte que les 48 p. chiffrées et écrites forment en réalité 96. Cette lettre est entièrement consacrée à une réfutation des *Anciennes relations* publiées par Renaudot. Cf. cette lettre avec celle du P. de Prémare sur le même sujet publiée dans le T. XXI, 1781, pp. 183/237, des *Lettres édifiantes.*
MS. Provient de la Bib. d'Et. Quatremère.
Cod. gall. 703, No. 1305 du T. VII du Cat. latin imprimé, Munich 1858:

Col. 519.

Desjacques, *Marin,* né à la Muraz (Hte. Savoie); entré dans la Cie. 12 nov. 1842; arrivé en Chine, 9 fév. 1856; † à Changhaï, 17 juin 1884 [le P. Sommervogel marque *19* juin 1884].
— *Lettres de Jersey,* IV, pp. 164—175.

Desroberts, *Louis,* né en Lorraine, 12 juin 1703; entré dans la Cie. 21 sept. 1720; arrivé en Chine, 8 août 1767; † à Peking, 21 avril 1766.
— L. du P. Desrobert au P. le Roy. Pekin, 16 mai 1757. (*Rev. Ext. Orient*, III, No. 2, 1885, pp. 252/254.)
Sur la mort du P. d'Incarville.
— Manuscrits divers renfermés dans un carton; nous notons les suivants relatifs à nos études:
— Minute ou plutôt brouillon d'une lettre écrite à Madame de Ste. Hyacinthe de Sauveterre, religieuse ursuline à Toulouse; probablement du P. Chanseaume, S. J. Cf. *Lettres édif.*, XXIII, pp. 40—195. Voir col. 423.
— Autre minute de la même lettre.
— Voyage de Macao en Houquang 1744, *suivi de*: Extrait d'une lettre au R. P. Claudel principale des pensionnaires de Reims, on lit: Elle est du père Beuth de même que la relation du voyage. 4 ff. n. c.
— Lettre du frère Attiret à Monsieur d'Assaut. Peking, 1ᵉʳ nov. 1743. [Voir *Let. édif.*, XXII, pp. 490/528.]

— Autre copie imparfaite de la même.

— Abrégé de la persécution élevée en Chine contre la religion chrétienne en 1746 et 1747 fait par le P. Desrobert J. Missionnaire de Chine et envoyé aux dames religieuses de l'abbaye royale de Reims. Pekin 18 nov. 1747. 11 pp. in-4 chiffrées.

— Petit dictionnaire chinois par le P. Foureau, Jés., ms. in-4, 24 pp. chiffrées. — Pas de caractères chinois.

Provient de la Bib. Et. Quatremère.

Cod. gall. 701, No. 1337 du T. VII du Cat. imprimé, Munich 1858.

.•.

Diaz, *Emmanuel,* né en 1559 à Aspalham; † à Macao le 10 (au lieu du 30) juillet 1639; le dernier *Catalogus* marque 28 nov. 1639.

— Henri Cordier, *Grande Encyclopédie.*

Diaz, *Emmanuel,* né en 1574 à Castello Branco.

— Henri Cordier, *Grande Encyclopédie.*

Diaz, *Emmanuel,* né à Aspalham en 1590.

— Henri Cordier, *Grande Encyclopédie.*

Dollières, *J. F. M. Dié* (au lieu de *Dieudonné*).

Dubar, *Edouard,* né à Roubaix, 12 oct. 1826; † à Tchang-kia-tchouang, 1er juillet 1878; vic. ap. du Pe Tche-ly S. E. (1865); sacré év. de Canathe, 19 fév. 1865.

— Portrait (*Miss. Cath.*, X, 1878, p. 444). — Notice. (*Ibid* , pp. 453/5.)

— Monseigneur Edouard Dubar de la Compagnie de Jésus Evêque de Canathe et la Mission Catholique du Tche-ly-sud-est, en Chine par le R. P. dom François Xavier Leboucq, de l'ordre des Chartreux, Ancien Missionnaire. Paris, F. Wattelier et Cie., in-8, pp. xiv-491, 1 port. de Mgr. Dubar, 1 carte, et 2 grav., s. d., [1880].

Notice : *Miss. Cath.,* XII, 1880, pp. 359/360.

Durandière, *Olivier,* né le 9 juin 1842; entré dans la Cie. 15 sept. 1866; arrivé en Chine 10 déc. 1868.

L. à Mgr. Garnier, Ou-ho, 18 oct. 1884. (*Miss. Cath.,* XVII, 1885, pp. 6/8.)

Duvelle, *Louis-Marie,* né 13 juin 1842, dioc. de Troyes; entré au noviciat de la Cie. de J. 6 oct. 1865; parti pour le Pe Tche-ly S. E. 12 sept. 1875; † à Tchang-kia-tchouang, 15 juillet 1878.

L. du P. de Becquevort et du P. Gatelier. (*Miss. Cath.,* XI, 1879, pp. 266/7.)

Edel, *Xavier,* né le 12 janvier 1842; entré dans la Cie. 23 mai 1862; arrivé en Chine, 16 nov. 1873; † 14 mai 1878, à Hien-hien.

— *Lettres de Laval,* 1878, 3e liv., pp. 13/14. Cf. *Ibid.,* 1874 et seq. passim.

Espinha, *Joseph* d', né à Lamego (Portugal), le 8 déc. 1722; † à Peking, 10 juillet 1788.

Estève, *François,* né le 20 (au lieu du 26) mars 1807, d'après les Catalogues de province de la Cie.

— Notice sur la vie et la mort du P. E. M. F. Estève, prêtre de la Compagnie de Jésus, missionnaire de la Chine Décédé à Zi ka wei, dans la province de Nankin, le 1er juillet 1848. Par le P. Achille Guidée de la même Compagnie. Paris, Ve Poussielgue-Rusand, 1855, br. in-12, pp. 83.

Le P. Sommervogel cite une éd. de Lyon, J. B. Pélagaud, 1849, in-12, pp. 83.

Ferlin, *Albert,* né le 17 nov. 1839; entré dans la Cie. 18 sept. 1867; arrivé en Chine, 31 oct. 1872; † 15 déc. 1880 à Hien-hien.

L. du Pe Tche-ly S. E., 8 juin 1878. (*Miss. Cath.,* X, 1878, pp. 484/5.)

Ferrand, *Emile,* né à Les Espesses, en Vendée, 24 août 1839; entré dans la Cie. 20 nov. 1856; arrivé en Chine, 13 juin 1860.

Col. 520. .

Fontaney, *Jean de,* né au diocèse de Léon; † à la Flèche.

Foucquet, *Jean François,* né dioc. d'Autun.

(VIES DES MISS. CATH. : JÉSUITES.)

Voir col. 1663, 835/6, 1280. Cf. *Revue de l'Extrême-Orient,* I, No. 1, pp. 113/115.

— Henri Cordier, *Grande Encyclopédie.*

Col. 521.

Foureau, *Pierre,* né au Mans; † 10 nov. 1749.

L. au R. P. Principal [Collège Louis le Grand]. Peking, 16 Nov. 1738. (*Rev. Ext. Orient,* II, No. 3, 1884, pp. 293/298.)

D'après l'original de la Bib. de la Ville de Troyes.

— L. du P. Foureau au P. Souciet. Pekin, 2 nov. 1736. (*Rev. Ext. Orient,* III, No. 3, 1885, pp. 226/230.)

— Lettre sur l'utilité des livres Chinois qui traitent de la religion chrétienne, et combien il est important d'en répandre à la Chine le plus qu'il est possible. (*Lettres édifiantes,* 34e recueil, pp. 258—307. — *Panthéon littéraire,* t. IV, pp. 27—34.) Voir col. 423.

On donne le nom de l'auteur dans le 34e recueil.

— Petit dictionnaire chinois, par le P. Foureau, jésuite, préfet des jeunes chinois du collège de Louis le Grand. In-4º. (*Catalogus MSS. Bibl. regiæ* de Münich, t. VII, n. 1337.) — Voir col. 1699.

Fourmont, *Constant* (au lieu de *Constance*).

L. de Fan-kia-tchai, au P. Gonnet, sup. gén., 5 nov. 1879. (*Miss. Cath.,* XII, 1880, pp. 38/9.)

L. 29 déc. 1882 [sur un tremblement de terre]. (*Miss. Cath.,* XV, 1883, pp. 160/1.)

Froc, *Louis,* né 24 déc. 1859; entré dans la Cie. 12 Août 1875; arrivé en Chine, 24 oct. 1883.

Note sur l'Observatoire de Zi-ka-wei. (*Miss. Cath.,* XIX, 1887, p. 507.)

Furtado, *Francisco,* né à Fayal (Açores) en 1587; entra dans la Cie. 1608; arrivé en Chine, 1621; † à Macao, 21 nov. 1653; visiteur de la mission de Chine, 1633—1635 et 1651; vice-provincial, 1636—1642 et 1643—1644.

— Capitulo de vna Carta que escrivio el P. Francisco Hurtado Vice Provincial de la Compañia de Iesus en la gran China al P. Manuel Diaz Visitador de la misma Provincia, y de la de Iapon en 20. de Nouiembre de 1636. 2 pages à la fin d'une pièce in-4 de 16 pages (8 ff.) intitulée : Relacion del insigne Maytyrio, qve padecio . . . . el Milagroso P. M. F. Mastrilli . . . en Nangasaqui . . . . 1637.

Gad, *Louis du,* né à Lyon le 26 fév. 1707; † à Paris le 25 mars 1786.

Col. 522.

Garnier, *Valentin,* né le 6 mai 1825; entré dans la Cie. 24 janv. 1852; quitta Marseille 19 déc. 1868 pour le Kiang-nan; év. de Titopolis, vic. ap. du Kiang-nan, 28 fév. 1879.

Gaubil, *Antoine,* né 14 juillet 1668.

— Mémoire du P. Gaubil. (*Rev. Ext. Orient,* III, No. 4, 1885, pp. 454/6.)

— L. du P. G., Peking, 12 août 1752. (*Ibid.,* pp. 656/8.)

— Bourbon et Poulo Condor en 1721. Lettre inédite du P. Ant. Gaubil, S. J., miss. en Chine, probablement à M. de Foucaud, président au parlement de Toulouse. A Quan Tung, en Chine, ce 15e octobre 1722. (*Revue française,* XVII, 1er avril 1893, pp. 296/305; l. publiée par A.-A. F. [auvel] avec une carte.)

Gerbillon, *Jean François,* né à Verdun le 21 janvier ou le 11 juin 1654; † à Peking le 22 mars 1707.

P. Oudin dans *Moréri;* Calmet, *Bibl. Lorraine; Mémoires hist. et philolog.* de Michaut, I, pp. 254/274.

J'ai retrouvé de ce P. quelques lettres originales adressées à sa famille; je les publierai prochainement. H. C.

Gonnet, *Joseph,* né à Jonville (Meuse); entré dans la Cie. 18 janv. 1840; arrivé en Chine, 15 oct. 1844; supérieur de la mission du Kiang-nan, 23 nov. 1862—mai 1866; sup. du Tché-li, 20 mai 1866—29 août 1877 et 1er avril 1878—18 avril 1884.

Gouraud, *Jean-Marie,* né le 16 sept. 1855; entré dans la Cie. 23 janv. 1875; arrivé en Chine, 18 déc. 1878.

(VIES DES MISS. CATH. : JÉSUITES.)

L., Tsong-ming, 16 déc. 1888. (*Miss. Cath.*, XXI, 1889, pp. 148/9.)

Goville, *Pierre de,* né le 20 sept. 1668, à Rouen; entré dans la Cie. 20 sept. 1684; arrivé en Chine, 9 sept. 1701; † en France, 28 janv. 1758.

— L. du P. de Goville au P. Souciet, à Nanfong, ville du 3e ordre, dans la prov. du Kiang-si, ce 17 oct. 1703. (*Rev. Ext. Orient,* III, No. 1, 1885, pp. 24/27.)

— L. du même au même, à Canton, 5 déc. 1714. (*Ibid.*, pp. 48/49.)

— L. du P. Chastillon au P. Le Roy, à la maison professe, 4 fév. 1758. (*Rev. Ext. Orient,* III, No. 2, 1885, pp. 238/241.)

Sur la mort du P. de Goville.

Grammont, *Jean-Joseph de,* né au château de Grammont, commune de Boucagnères, près Auch, 19 mars 1736, arrivé en Chine en sept. 1768; † 1808 à Peking.

Le R. P. Brucker m'écrit: «Les PP. de Grammont et de Poirot (Louis), né en Lorraine en 1735 environ [il avait 45 ans en 1780, d'après de Murr, *Journal,* IX, p. 94] vivaient encore en 1805 à Peking au Pe-tang, ainsi que le F. Panzi. Le P. Bernard (d'Almeida) vivait encore aussi au Nan-tang. Le P. de Grammont et le F. Panzi sont morts à Peking avant 1812, et le P. de Poirot avant octobre 1815 : c'était le dernier des anciens jésuites de la mission de Peking.»

Grémillon, *Henri,* né le 1er avril 1850; entré dans la Cie. 12 avril 1871; arrivé en Chine, 4 oct. 1885.

L. de Chang-haï à sa mère. (*Miss. Cath.*, XVIII, 1886, pp. 364/5.)

L. à la même, 2 fév. 1886. (*Ibid.*, p. 473.)

L. de Zi-ka-wei, à la même. (*Ibid.*, pp. 532/3.)

L. à sa mère, de Ning-ko-fou. (*Ibid.*, XIX, 1887, pp. 318/9, d'après la *Semaine du Fidèle,* du Mans.)

Greslon, *Adrien,* né à Périgueux, 27 avril 1618; † à Kan tchéou, mars 1697.

Col. 523.

Guittard, *Leo,* né le 28 avril 1851; entré dans la Cie. 7 juillet 1877; arrivé en Chine, 5 nov. 1879; † à Chang-haï, 3 août 1891.

L. de Zi-ka-wei, 20 nov. 1879. (*Miss. Cath.*, XII, 1880, p. 100.)

Hallerstein.

— Augustinus Hallerstein, S. J., Observationes astronomicae Pekini Sinarum factae in collegio S. J. ab a. 1717 usque ad. a. 1752.

MS. XVIIIe s., 206 ff. — No. 10, 144, de la Bibliothèque palatine (impériale) de Vienne. Cf. *Revue de l'Extrême Orient,* I, No. 2, p. 312.

Hamme, *P. T. van,* † à Song kiang.

Un volume petit in-fol., contenant les lettres suivantes, se trouve à la Bibliothèque royale de Bruxelles; il est marqué 16691—93.

Il renferme :

1. L. a. s., lat., du P. F. de Rougemont au P. Jean Bolland, Macao, 23 déc. 1658.

2. L. a. s., lat., du P. J. B. Maldonado, in Siamo, 25 septemb. 1690.

3. Quantité de lettres du P. Van Hamme.

Ce vol. se termine par

4. Epistola, imprimée de Verbiest.

5. Copie d'une lettre du même, 16693; voir Carton, p. 75. Cf. col. 523.

Havret, *Henri,* né 15 nov. 1848; entré dans la Cie. 19 avril 1872; arrivé en Chine, 19 déc. 1874.

L., de Hai-men. (*Miss. Cath.*, XVIII, 1886, pp. 220/1.)

L., ibid. (*Ibid.*, XX, 1888, p. 268.)

L., sur le vapeur du Yang-tse-kiang, 13 mai. (*Ibid.*, XXIII, 1891, pp. 313/4.)

— Correspondance sur les émeutes de Ou hou, etc. 1891, avec lettres de quelques autres pères. (*T'oung Pao,* II, 5, Janv. 1892, pp. 447/458.)

Il y a eu un tirage à part de cette correspondance, br. in-8, pp. 12, à 25 ex.

— Quelques jours au Nord du Kiang. Relation du R. P. H. Havret, de la Compagnie de Jésus, missionnaire au Kiang-nan. (*Miss. Cath.*, XVIII, 1886, pp. 514/515, 520/3, etc., voir col. 1440.)

(VIES DES MISS. CATH. : JÉSUITES.)

Hélot, *Louis,* né à Connigis (Aisne) le 29 janvier 1816; arriva en Chine 1 oct. 1849; † à Chang-haï, le 22 sept. 1867.

Hervieu, *Julien Placide,* né à Josselin (Morbihan), 14 janv. 1671.

— L. du P. Hervieu au P. E. Souciet, Canton, 10 déc. 1728. (*Rev. Ext. Orient,* III, No. 2, 1885, pp. 223/224.)

Col. 524.

Hoeffel, *Joseph,* né le 22 mai 1839; entré dans la Cie. 16 oct. 1861; arrivé en Chine, 10 nov. 1875.

L. de Pei-kouo-tchouang, Pe Tche-ly S. E., au P. Gonnet. (*Miss. Cath.*, XIV, 1882, pp. 457/460.)

Hurtado, *Francisco,* voir **Furtado.**

Incarville, *Pierre d',* né près d'Evreux; † 12 mai 1757, à Peking.

— L. du P. Desrobert au P. Le Roy. Pekin, 16 mai 1757. (*Rev. Ext. Orient,* III, No. 2, 1885, pp. 252/254.)

Sur la mort du P. d'Incarville.

Jacques, *Charles Jean Baptiste,* né le 30 déc. 1688; entra dans la Cie. 7 sept. 1704; arrivé en Chine, 1722; † à Canton, 31 Août 1728.

— L. du P. Jacques au P. E. Souciet, Pekin, 24 oct. 1723. (*Rev. Ext. Orient,* III, No. 1, 1885, pp. 60/63.)

— L. du P. Jacques au P. E. Souciet, Pekin, 13 nov. 1725. (*Rev. Ext. Orient,* III, No. 1, 1885, pp. 65/67.)

— L. du P. Jacques au P. E. Souciet, Pekin, 18 nov. 1726. (*Rev. Ext. Orient,* III, No. 1, 1885, pp. 69/70.)

— L. du P. Jacques au P. E. Souciet, Pekin, 1er nov. 1727. (*Rev. Ext. Orient,* III, No. 2, 1885, pp. 221/223.)

Japiot, *Emile,* né le 20 juin 1849; entré dans la Cie. 7 oct. 1874; arrivé en Chine, 12 nov. 1879.

L. de Hien hien, 20 août 1882. (*Miss. Cath.*, XIV, 1882, pp. 546/7.)

Joret, *Hippolyte,* né le 8 oct. 1842; entré dans la Cie. le 14 juillet 1867; arrivé en Chine, 13 janv. 1871.

— L. à Mgr. Garnier, vic. ap. du Kiang-nan, Ngan-kin, 2 juin 1880. (*Miss. Cath.*, XIII, 1881, pp. 37/40.)

L., ext. de la *Semaine religieuse,* de Nantes. (*Ibid.*, XIX, 1887, pp. 4/5.)

L. de Ngan-kin. (*Miss. Cath.*, XIV, 1882, pp. 520/521.)

Kögler, *Ignace.*

On trouve son épitaphe dans le *Journal historique* de Feller, 1784, déc., pp. 570/1, tirée de *Elogia aliquot funebrica quae scripsit D. Jos. Ant. Wissenbach,* Bâle, 1784.

Koffler, *André Xavier,* né en Allemagne, 1603; entra dans la Cie. 1627; arrivé en Chine, 1643; tué 12 déc. 1651, dans le Kouang-si.

* Cort begrijp Vanden Staet van het groot Rijck van China Ende van het Christendom aldaer Van het Iaer 1637. tot 1649. Overgheset uyt het Spaensch ghedruckt tot Mexico t'Antwerpen by Guilliam Verdussen, inde X. Gheboden, 1651, pet. in-8, pp. 71.

Cette relation est presque entièrement faite d'après les lettres du P. André Xavier (autrement *André Wolfgang Koffler* (voir de BACKER). Elle contient des lettres de lui, pp. 25—48, 62—67, 67—71.

L'original espagnol de Mexico m'est inconnu. (Note du P Sommervogel.)

— Une mission chinoise à Venise au XVIIe siècle par Girard de Rialle. (*T'oung Pao,* I, 2, août 1890, pp. 99/117.)

Cet article marque, p. 108, comme date de la mort du P. K., 12 déc. 1660.

Ladmiral, *Pierre,* né le 15 sept. 1723; entré dans la Cie. 30 juin 1744; arrivé en Chine, 1766; † déc. 1784, dans le Hou-kouang.

— L. du P. Ladmiral à M. Martin, huissier . . . . . (*Rev. Ext. Orient,* III, No. 2, 1885, pp. 279/280.)

Laimbeckhoven, *Godef. Xavier de,* † à Sou-tcheou.

— Aliae litterae Episcopi Nankinensis, Godefridi de Laimbeckhoven, e Societate Jesu a. 1785 exaratae ad Laurentium Kaulen. (C. de Murr, *Neues Journal,* I, pp. 119/123.)

(VIES DES MISS. CATH. : JÉSUITES.)

55*

— Neue Umständliche ‖ Reisz-Beschreibung, ‖ R. P. Godefridi ‖ Laimbeckhoven, ‖ der Gesellschaft Jesu. ‖ Von Wienn nach China ‖ abgeschickten ‖ Missionarii, ‖ Darinnen dessen ungemein be- ‖ schwär- und gefährliche Schiffart von ‖ Genua bis Macao mit beygemengten vielen ‖ gar Lehr-reichen Astronomisch- und Geo- ‖ graphischen Anmerckungen beschrieben ‖ Und ‖ Auf vieler Verlangen ihrer Annehm- ‖ lichkeit halber ‖ samt zwey von dem Authore ‖ selbst auf eigenen Augenschein fleiszigist verfertigten ‖ Wasser- und Land-Charten zum Druck beför- ‖ deret worden. ‖ Cum licentia superiorum. ‖ — Wienn ‖ in Verlag bey Johann Baptist ‖ Prasser ‖ Universitaetischen Kunstund Buchhandlern ‖ auf der Hohen-Brucken ‖ wie auch in Lintz zu finden ‖ ‖ bey Joseph Startzer ‖ Burgerl. Buchbindern. ‖ Gedruckt bey Gregori Kurtzböck ‖ Universit.-Buchdr. ‖ in der Bogner-Gassen im Hof-Glaserischen Haus. 1740. Pet. in-8, pp. 430, 2 cartes.

Languillat, *Adrien-Hippolyte,* né à Chantemerle (Marne), dans le dioc. de Châlons-sur-Marne, 28 sept. 1808 ; entra dans la Cie. de J., 21 fév. 1841 ; arrivé en Chine, 15 oct. 1844 ; vic. ap. du Pe Tche-ly S. E., 22 mars 1857, puis du Kiang-nan, 22 mars 1865 ; év. de Sergiopolis, † à Zi-ka-wei, 29 nov. 1878.

Portrait. (*Miss. Cath.,* X, 1878, p. 588.) — Notice. (*Ibid.,* pp. 593/4, et XI, 1879, pp. 53/4.)

— Mgr. Languillat, évêque de Sergiopolis, vicaire apostolique de Kian-nan (Nankin) Chanoine d'honneur de la Cathédrale de Chalons. Chalons, J.-L. Le Roy, imp.-lib., 1867, br. in-8, pp. 19.

Par l'abbé Appert, vicaire de Notre-Dame.

— Col. 524, lire : Lettre de Shang hai du 7 sept. 1868 au lieu de 1858.

* La Chine chrétienne — Histoire de la vie et des œuvres de Monseigneur H. Languillat, S. J. Evêque de Sergiopolis, vicaire apostolique de Nan-king. Par l'abbé Pierre, curé de Poulangy (Haute-Marne) Licencié ès Lettres, Ancien élève de l'École des Carmes. Paris, Victor Retaux, 1893, 2 vol. in-8, 10 fr.

Col. 525.

Launay, *Victor,* né à St. Fraimbault (Mayenne) ; entré dans la Cie. 2 sept. 1853 ; arrivé en Chine, 13 nov. 1858 ; † 6 août 1885, à Chang-haï.

Leboucq, *Prosper,* né à La Bellière (Orne) ; entré dans la Cie. 9 août 1857 ; arrivé en Chine, 24 juin 1859 ; rentré en Europe ; chartreux.

Le Coulteux, *Etienne,* né à Rouen, le 31 juillet 1669 me dit le P. A. Hamy ; † dans le Hou kouang ; à Canton, le 8 août 1731, me dit le même Père.

— L. du P. E. Le Couteulx au P. E. Souciet, Oct. 1709, à Han yang fou, prov. de Hou-kouang. (*Rev. Ext. Orient,* III, No. 1, 1885, pp. 31/40.)

— L. du même, Reverendo P. F. X. Dentrecolles, Missionis PP.

(VIES DES MISS. CATH. : JÉSUITES.)

Gallorum S. J. in Sina Superiori. Anno 1717, in urbe Han yang Provinciae Hou kouang. (*Ibid.,* pp. 49/54.)

— L. du P. Le Couteulx au P. E. Souciet, Sept. 1727. (*Rev. Ext. Orient,* III, No. 1, 1885, pp. 70/71.)

Léveillé, *Victor,* né à Magny-le-désert (Orne).

L. des îles à l'embouchure du Kiang, 20 oct. 1882. (*Miss. Cath.,* XV, 1883, p. 77.)

Lévêque, *Alfred,* né le 15 avril 1852 ; entré dans la Cie. 31 juillet 1877 ; arrivé en Chine, 14 nov. 1880.

L., Haï-men [Kiang-nan], 20 fév. 1892. (*Miss. Cath.,* XXIV, 1892, pp. 427/8.)

Longobardi, *Nicolas.*

Le P. de Machault, d'après la lettre du P. François Clément, dit qu'il est † le 1ᵉʳ sept. 1654.

Col. 526.

Mailla, *J. M. A. de M. de.*

La date de 1679 donnée par Weiss dans la *Biog. univ.* pour la naissance de notre missionnaire est évidemment fausse, Mailla étant entré au noviciat le 10 sept. 1686.

— L. du P. De Mailla au P. E. Souciet, Pekin, 26 oct. 1727. (*Rev. Ext. Orient,* III, No. 2, 1885, pp. 71/80.)

— L. du P. de Mailla au P. Gollet, Peking, 1ᵉʳ mai 1728. (*Rev. Ext. Orient,* III, No. 2, 1885, pp. 215/217.)

— L. du P. de Mailla, Peking, 17 sept. 1730. (*Rev. Ext. Orient,* III, No. 4, 1885, pp. 648/654.)

Maquet, *Henri,* né le 30 nov. 1843 ; entré dans la Cie. 29 oct. 1871 ; arrivé en Chine, 4 avril 1874.

L. du Tche-ly Sud-est. (*Petit Messager du Cœur de Marie,* Oct. 1876, pp. 517/521.)

L. de Tchang-kia-tchouang, 1 nov. 1878. (*Miss. Cath.,* XI, 1879, pp. 50/1.)

Martini, *Martin.*

C'est par erreur que le Col. Yule (*Geograph. Mag.,* juillet 1874) le fait mourir au Fokien le 11 sept. 1662.

— On Martin Martini by Dr. Schrameier. (*Journ. Peking Oriental Society,* II, N° 2, 1888, pp. 99/119).

Col. 527.

Massa, *Cajetan,* né à Naples, 31 janv. 1821 ; entré dans la Cie. 15 janv. 1843 ; arrivé en Chine, 24 mai 1846 ; † à Changhaï, 28 avril 1850.

L. du P. Poissemeux, 23 avril et 1ᵉʳ mai 1850. (Latour, *Parterre de la S. Enfance,* 1875, pp. 282/290.)

— Il n'y a pas eu moins de cinq Massa en Chine, tous napolitains : *Augustin,* né 16 mars 1813 ; entré dans la Cie. 10 mai 1829 ; arrivé en Chine, 24 mai 1846 ; † à Chang haï, 15 août 1856 ; *Cajetan ; Nicolas,* né 30 janv. 1815, entré, 24 sept. 1833, arrivé en Chine 24 mai 1846 ; † à Chang-haï, 3 juin 1876 ; *René,* né 14 mai 1817, entré 10 sept. 1833 ; arrivé en Chine, 24 mai 1846, † à Ou-hou, 28 avril 1853 ; *Louis,* né 3 mars 1827, entré 23 janv. 1843, arrivé en Chine, 27 sept. 1848 ; † à Chang-haï, 17 août 1860.

Mouton, *Xavier,* né le 10 fév. 1852, entré dans la Cie. 15 sept. 1871 ; arrivé en Chine, 9 déc. 1875.

L. de Chang-haï, 2 mai 1878. (*Miss. Cath.,* X, p. 329.)

Noël, *François,* né à Hesdrud (Hainaut) ; entré dans la Cie. sept. 1670 ; arrivé en Chine, 1687 ; † 17 sept. 1729 dans les Iles.

Pacelli, *Paul,* né à Rome, 3 fév. 1812 ; entré dans la Cie. 4 nov. 1831 ; arrivé en Chine, 7 avril 1847 ; † à Chang-haï, 2 juin 1850.

L. du P. Poissemeux, Zi-Ka-woi, 6 juin 1850. (Latour, *Parterre de la S. Enfance,* 1875, pp. 290/8.)

Palatre, *Gabriel.*

Notice. (*Miss. Cath.,* XI, 1879, p. 362 ; marquant † 11 août et non 13 août 1878, à Zi-ka-wei.)

Portrait. (*Ibid.,* p. 353.)

Col. 528.

Parrenin, *Dominique,* lire le *Russey* au lieu de *Bussey,* † 29 sept. 1741 d'après une let. du P. Gaubil.

(VIES DES MISS. CATH. : JÉSUITES.)

Le P. Brucker m'écrit : « *Parrenin* : c'est toujours ainsi que le Père a écrit son nom dans plusieurs signatures autographes que j'ai vues. Il est né au Grand *Bussey*, le 1ᵉʳ sept. 1664; † à Peking le 29 sept. 1741, dates données par le P. Gaubil à Mairan, de Peking, 3 nov. 1741. »

— Notes. (*Rev. Ext. Orient*, III, No. 2, 1885, pp. 225/6.)

Col. 529.

Pfister, *Aloys*, né à Gerbeviller (Meurthe); entré dans la Cie. 6 janv. 1852; arrivé en Chine, 5 déc. 1867; † à Chang-haï, 17 mai 1891.

— † In Memoriam. — Aloys Pfister, S. J., par Henri Cordier 高∴ 17 mai 1891. — «Extrait du *T'oung Pao*», Vol. II, nᵒ 5. Leide, E. J. Brill 1891, br. in-8, pp. 7.

50 exemplaires dont 25 sur Hollande; avait paru dans le *T'oung Pao*, II, No. 5, janv. 1892, pp. 460/4.

Poirot, *Louis de*, né en Lorraine; † à Peking en 1802? Le *Catalogus* marque 18*14* comme date de sa mort; voir supra **Grammont**, C. de Murr, *Neues Journal*, IX, p. 94.

Porquet, *Louis*, né le 7 avril 1671; entré dans la Cie. 23 oct. 1686; arrivé en Chine, 9 sept. 1701; † à Macao, 14 juillet 1752.

— L. du P. L. Porquet, S. J. au P. Souciet, à Canton, 13 déc. 1707. (*Rev. Ext. Orient*, III, No. 1, 1885, pp. 28/29.)

— L. du même au même, à quelques journées de Canton, sur la route de Nankin, 24 déc. (*Ibid.*, pp. 29/31.)

Pouplard, *Alexandre*, né à Beaupreau le *28* Nov. d'après les catalogues de province de la Cie.; entré dans la Cie. 24 déc. 1853; arrivé en Chine, 2 sept. 1865.

Prémare, *Joseph Marie de*, né au Hâvre de Grâce, d'après une lettre du P. Gaubil; le P. A. Hamy, m'écrit qu'il est né à Cherbourg, je pense que c'est une erreur; † à Macao, le 17 Sept. 1736.

Col. 530.

Rabaudy, *Charles de*, né le 25 nov. 1832 à Villiers (dioc. de Troyes), entra le 2 août 1854 dans la Cie. de Jésus; arrivé en Chine en 1870; sup. général de la mission du Pe Tche-ly S. E. 29 août 1877; † 24 mars 1878 de la fièvre typhoïde, à Hien-hien.

Notice : *Miss. Cath.*, X, 1878, pp. 357/358.

Ravary, *François*, né à Angers; entré dans la Cie. 29 oct. 1845; arrivé en Chine, 9 fév. 1856; † à Chang haï, 30 juillet 1891.

L. de 1861. (*An. Ste-Enfance*, XIII, pp. 381/391.)

Ext. d'une l. de Chang haï, 15 Oct. 1861. (*Ibid.*, XIV, pp. 33/6.)

L. (*Messager du Sacré Cœur*, 1868, XIII, pp. 265/9.)

L. du M. Léon Dufour, ancien médecin major de l'expédition de Chine. (*Miss. Cath.*, XXIV, 1892, p. 495.)

Rho, *Jacques*, né à Milan.

— Lettere del Padre Giacomo Ro della Compagnia di Giesù Doppò la sua partenza di Lisbona per la Cina, che fù alli 6. d'Aprile 1618. Scritte al Signor Alessandro Rò I. C. suo Padre in mezo al Oceano, Et poi da Goa capo delle Indie orientali Al Signor Paolo suo fratello hora Vicario di Prouisione, & Regio Fiscale in Milano, & ad altri suoi di casa. In Milano, Appresso Gio. Battista Bidelli. M.DC.XX, in-8, pp. 30.

— Indianische Raisz ‖ Von dreyen Ehrwürdi-‖gen Priestern der Societet Iesv, welche ‖ im Jar Christi 1618. neben andern mehr von der ‖ Societet | nach Goa in India geschifft | mit beuelch von dannen in ‖ das grosse Königreich China zuraisen | den Christlichen Glauben ‖bey denselben Heyd-

nischen Völckern fortzupflantzen vnnd ‖ auszzubreiten | in etlichen Missiuen kurtzlich be-‖ schriben. ‖ Ausz Italianischer vnd Frantzösischer ‖ Sprach verteutscht. ‖ Ego elegi vos & posui vos vt eatis, & fructum afferatis & ‖ fructus vester maneat. Ioh. 15. 16. ‖ Ich hab euch erwöhlt vnd gesetzt | das jhr hingehet | vnd frucht ‖ bringet | vnd ewr frucht bleibe. ‖ Getruckt zu Augspurg | bey Sara ‖ Mangin Wittib. ‖ 1620, in-4, pp. 58.

Voir, p. 51 : Copia eines Schreibens von dem Ehrwürdigen Herrn P. Nicolao Trigautio | so er den 29. Decembris Anno 1618. zu Goa datirt | ausz dem Lateinischen verteutscht.

Col. 531.

Ricci, *Matteo*.

— Il primo sinologo P. Matteo Ricci per Lodovico Nocentini (*Atti del IV Cong. int. degli Orient.*, 1881, II, pp. 273/280).

— Gli illustri Viaggiatori italiani . . . per P. Amat di S. Filippo : Matteo Ricci, 1577—1610, p. 203.

— Early Chinese Testimony to Matteo Ricci. By the Right Rev. G. E. Moule. (*Chinese Recorder*, Vol. XX, Feb. 1889, pp. 81/3.)

Col. 532.

Rousseau, *Jean Baptiste*, né à Genouillet (Creuse).

Roy, *Nicolas Marie*, né à Langres; † au Hou kouang le 5 janvier d'après le *Ménologe* du P. de Guilhermy (Assistance de France).

Lettres édifiantes.

Cod. gall. 738. No. 1178 du T. VII du Cat. latin imprimé, Munich 1858.

Vol. in-4, relié en veau de 562 pages chiffrées. Contenant d'une écriture uniforme la correspondance du P. Roy, jésuite en Chine; la première, écrite alors que l'auteur n'avait que 15 ans, il était né le 12 mars 1726, est adressée au R. P. Vauchey, cordelier de Dijon, 12 janvier 1742; la 125ᵉ et dernière à une Carmélite, 18 déc. 1754; il y a auparavant des extraits de lettres remontant à 1768; le P. Roy est mort en 1769, 8 janvier. Le vol. se termine par l'extrait d'une lettre du P. Dollières, insérée dans les *Let. éd.*, XXIV, 1781, p. 136.

La correspondance du P. Roy a été imprimée; voir *Bib. Sinica*, col. 532.

Royer, *Maximilien*, né à Fouy (Meurthe); entré dans la Cie. 7 sept. 1852; arrivé en Chine, 20 juillet 1861; † à Nan king, 8 sept. 1882.

— Le texte français de la lettre publiée en anglais dans *Letters and Notices* a paru dans l'*Univers*, 28 août 1874.

L. de Chang haï, 16 déc. 1878, au T. R. P. Louis Marie Pierson, prieur du couvent des Dominicains de Lyon. (*Miss. Cath.*, XI, 1879, pp. 102/3.)

L. de Tchang-tcheou-fou, 25 mai 1879, au même. (*Ibid.*, pp. 393/4.)

Schall von Bell, *Jean Adam*.

On donne 1666 et 1669 comme dates de la mort de ce missionnaire; la dernière est la plus vraisemblable.

Col. 533.

Seckinger, *Joseph*, né à La Chapelle (Ht. Rhin); entré dans la Cie. 19 avril 1853; arrivé en Chine, 20 juillet 1861; † à Ou-hou, 11 nov. 1890.

L. de Tsin-chan-kiao, 11 nov. 1884, au P. Carbonnel, à Nganking. (*Miss. Cath.*, XVII, 1885, p. 29.)

Sédille, *Charles*, né le 2 juillet 1835; entré dans la Cie. 3 août 1861; arrivé en Chine, 3 mai 1863; sup. de la mission du Kiang-nan, 6 sept. 1882.

L., Zi-ka-wei, 11 mars 1886. (*Miss. Cath.*, XVIII, 1886, p. 255.)

Semedo, *Alvaro de,* † 6 mai 1658; la 2ᵉ éd. du *Catalogus* marque 18 juillet 1658 à Canton.

Slaviczek, *Charles,* né en Bohème.

Col. 534.

Tartre, *Pierre Vincent de* et non *du,* né à Pont-à-Mousson.

Trigault, *Nicolas,* voir supra, col. 1706..

— Designatio eorum locorum qui in nova globi terrestris facie, nunc demum prima vice (partim ex Holandorum navigationibus, partim et quidem praecipue, ex viva relatione Pᵣⁱˢ Nicolai Trigautii Societatis Jesu Theologi, qui nuper terrestri itinere ex China in Europam venit) in lucem prodeunt.

Pièce in-fol. de 6 ff. (verso du f. 5 et recto du f. 6 blancs); titre ut supra en haut du 1ᵉʳ f. et au verso du f. 6.

Suivie d'une autre pièce in-fol. de 8 ff. manuscrits :

— Iter terrestre quod Nicolaus Trigautius nuper ex China Europam peregrinatus est. *Incip.* «Missionis illius procurator.» — *Expl.* «cum prodierint rescientur.»

MS. G475, de la Bibliothèque palatine (impériale) de Vienne. Cf. *Revue de l'Extrême Orient,* I, No. 2, pp. 311/312.

Col. 535.

Vagnoni, *Alfonso,* né à Trufarelli, diocèse de Turin.

Ventavon, *Jean Matthieu de,* né à Gap, 14 sept. 1733; † 27 mai 1787 à Peking.

Voir col. 660.

Verbiest, *Ferdinand,* né à Pitthem, près Courtrai.

— Lettre écrite de la Chine où l'on voit l'état présent du Christianisme dans cet Empire, & les biens qu'on y peut faire pour le salut des ames. A Paris, Chez Gabriel Martin, ruë S. Jacques, au Soleil d'Or. M.DC.LXXXII. Avec permission, in-12, pp. 147 + 6 ff. n. c. p. l. tit. et l'av.

Comprend, pp. 1/63, Lettre du R. P. Verbiest, de la Compagnie de Jésus, vice-provincial de la mission de la Chine, Ecrite de la Cour de Pekin à tous les Jesuites d'Europe, le 15 d'Aoust 1678. [A la fin de la lettre, elle est datée du 25 août.] Cette let. est suivie de trois let. de l'évêque de Munster, d'un bref d'Innocent XI et de diverses autres lettres adressées au P. Verbiest.

British Museum, $\frac{4765, a}{2}$

Col. 537.

1ᵉʳᵉ ligne, au lieu de *bib. royale, no. 16693,* lire *bib. royale, no. 16692.*

— Copia Epistolae scriptae linguâ hispanicâ a patre Ferdinando Verbiest socᵗⁱˢ Jesu ad Illmum et Reuᵘᵐ D. Gregorium De Lopez ex Pekino die 15 januarij 1683.

Bibliothèque de Bruxelles, 15155; 4 pages ½ ms., en latin.

Vinchon, *Albert,* né le 2 sept. 1848; entré dans la Cie. 30 oct. 1866; arrivé en Chine, 27 avril 1882.

L., Tchang-kia-tchouang, 1ᵉʳ oct. 1886. (*Miss. Cath.*, XIX, 1887, p. 124.)

(VIES DES MISS. CATH. : JÉSUITES.)

Visdelou, *Claude de.*

* Oraison funèbre de monseigneur de Visdelou, jésuite, évêque de Claudiopolis, vicaire apostolique en Chine, etc., décédé à Pondichéri le 11 novembre 1737 et inhumé dans l'église des RR. PP. Capucins, missionnaires apostoliques et curés, prononcée le 11 décembre suivant, avec des notes, instructions et relations curieuses, par le R. P. Norbert, de Bar-le-Duc, capucin, missionnaire apostolique. Imprimé par les soins d'un Seigneur, parent du même évêque. *A Cadix, chez Antoine Pereira, sur le port,* 1742, in-8, 5 fnc. + pp. 201, table, pp. XVI.

Dufossé, lib. Paris, *Americana,* Oct.-Déc. 1886.

Col. 538.

Xavier, *Saint François-de-Xavier.*

— Relatio Sepvl ‖ tvrae ‖ Magno Orientis Apostolo S. ‖ Francisco Xauerio erectae in ‖ Insula Sanciano anno secula ‖ ri MDCC.

Se compose de 32 ff. pliés en double à la chinoise; dont 30 chiffrés en chiffres chinois sur la tranche; au bas du recto du f. 30 on lit : Gaspar Castner Soc: Iesu. Le f. 31 (recto) : Ichnographia Sepulturae S. Francisci Xaverij in Sanciano Sinarum Insula recens erectae Anno 1700. — F. 31 (verso) : Plan de Sancian. — F. 32 (recto) : Mer de Chine, près de Sancian. — F. 32 (verso) : Orientation.

— Il n'y a pas moins de trois ex. de la relation de la sépulture de St. François-Xavier par le P. Castner à la Bibliothèque royale de Bruxelles.

— L'ex. de M. Thonnelier (455), 50 fr., nous appartient. H. C.

— Autour du tombeau de Saint François-Xavier ou l'île de Sancian par M. Jean-Baptiste Berthon, des Missions Etrangères de Paris, missionnaire au Kouang-tong. (*Miss. Cath.*, XVIII, 1886, pp. 329/332, 340/1, 357/360, 369/372, 380/2, 401/404, 416/7.)

CONGRÉGATION DES MISSIONS ÉTRANGÈRES.

Col. 539.

— Société des Missions étrangères Compte-rendu des travaux de 1884. Paris, Séminaire des missions étrangères — 1885, in-8, pp. 210.

— Nos missionnaires précédés d'une étude historique sur la société des Missions-étrangères par Adrien Launay de la Société des Missions-Etrangères. Paris, Retaux-Bray, libraire-éditeur, 1886, in-12, pp. 318.

Biographies des abbés Ridel, Petitjean, Croc, etc.

— Atlas des Missions de la Société des Missions-étrangères — 27 cartes en 5 couleurs accompagnées de 27 notices géographiques

(VIES DES MISS. CATH. : M. ETR.)

et historiques — par Adrien Launay, des Missions-étrangères. Soc. de St. Augustin, Lille, 1890, gr. in-fol.

— History of the Churches of India, Burma, Siam, the Malay Peninsula, Cambodia, Annam, China, Tibet, Corea, and Japan, entrusted to the Society of the « Missions étrangères ». By E. H. Parker. (*China Review*, XVIII, No. 1, 1889, pp. 1/33.)

Albrand, *Etienne-Raymond.*

Dessin de son tombeau, près Kouei-yan-fou. (*Miss. Cath.*, XVI, 1884, pp. 246/7.)

— Lou Proucès de la Poulo. (*Bull. de la Soc. d'Etudes des Hautes Alpes*, 4ᵉ Année, No. 1, 1885, pp. 87/96.)

«Voici le petit poême, en dialecte vulgaire de Saint-Crépin (canton de Guillestre, arrondissement d'Embrun) auquel j'ai fait allusion dans le dernier *Bulletin de la Société d'Etudes* (1884, p. 455). L'auteur est Mgr. Etienne Albrand, premier vicaire apostolique du Kouy-tcheou (Chine) il le composa en 1827, durant ses vacances de première année de théologie.»

André, *Edouard.*

L., ext. de la *Semaine religieuse*, du Puy. (*Miss. Cath.*, XXII, 1890, pp. 65/6.)

Aubry, *Jean Baptiste.*

L. de Tsen-y-fou (Kouei-tcheou), 12 oct. 1877, à M. Delpech, Sup. du Sém. des Miss. Et. (*Miss. Cath.*, X, 1878, pp. 266/7.)

— Correspondance du Père J.-B. Aubry, des Missions Etrangères, Missionnaire au Kouy-Tchéou, Docteur en théologie, ancien Directeur au grand séminaire de Beauvais. Trézel, lib.-Beauvais. Imp. par la Soc. de Saint-Augustin .... Lille, in-8, pp. viii-389.

Notice : *Miss. Cath.*, XVIII, 1886, pp. 623/4. — Pub. à 6 fr.

Bib. nat. 0²ᵁ / 808

— Jean-Baptiste Aubry, docteur en théologie, ancien directeur de grand-séminaire, missionnaire au Kouy-tchéou (Chine) par A. Aubry, Prêtre du diocèse de Beauvais. — Le Professeur. — Le Théologien. — Le Missionnaire. — Chez l'auteur, à Dreslincourt, près Ribécourt (Oise), pet. in-8, pp. xi-401, 3 fr. 50.

Notice : *Miss. Cath.*, XXI, 1889, p. 288.

Barrier, *Jean,* né à Seygnibard, 23 juillet 1857 (paroisse de Saint-Anthème, dioc. de Clermont); partit de Marseille, 30 oct. 1881; † 4 juin 1887.

L. de Kou-tsin, 29 mai 1884, à Mgr. Foucard. (*Miss. Cath.*, XVI, 1884, pp. 421/3.)

L. au même, ibid., 25 oct. 1884. (*Ibid.*, XVII, 1885, p. 63.)

LL. au même, ibid., 24 janv., 18 fév. 1885. (*Ibid.*, pp. 218/9.)

— Jean Barrier, missionnaire au Kouang-si. — Vie et lettres, par l'abbé L.-P. Grangeon, aumônier des Sœurs de Notre-Dame de Clermont. Clermont-Ferrand, Bellet et fils, in-16, pp. xiv-406, 3 fr.

Notice : *Miss. Cath.*, XXI, 1889, p. 494.

Bernon.

Col. 540.

L. sur une inondation au Kouang-tong. (*Miss. Cath.*, XXI, 1889, pp. 457/9.)

(Vies des Miss. Cath. : M. Etr.)

Biet, *Alexandre.*

L. à son frère, Mgr. Biet, Bathang, 14 et 15 mars 1880. (*Miss. Cath.*, XII, 1880, p. 348.)

Biet, *Félix,* év. de Diana, 15 juillet 1878, et vic. ap. du Tibet à la place de Mgr. Chauveau.

L. du 29 mars 1878 sur son voyage de Yer-ka-lo à Ta-tsien-lou (à la mort de Mgr. Chauveau). à M. Chirou, Dir. au Sém. des Miss. étr. (*Miss. Cath.*, X, 1878, pp. 411/3.)

L. de Ta-tsien-lou, 10 mai 1879. (*Ibid.*, XI, 1879, pp. 451/452.)

L. de Châ pa, 8 fév. 1880. (*Ibid.*, XII, 1880, pp. 321/2.)

L. à M. Cottin, direct. au Sém. des Miss. étr., Ta tsien lou, 3 mai 1880. (*Ibid.*, pp. 370/1.)

Rapport sur la mission du Thibet, 1880—1881. (*Ibid.*, XIV, 1882, pp. 61/64.)

L. de Ta Tsien lou, 22 sept. 1882. (*Ibid.*, XV, 1883, pp. 25/30.)

Col. 541.

Blanc, *Marie-Jean-Gustave.*

L. à M. Richard, proc., Corée, 5 fév. 1878. (*Miss. Cath.*, X, 1878, p. 326.) [Emprisonn. de Mgr. Ridel].

L. à Mgr. Ridel, Corée, 1ᵉʳ mai 1879. (*Ibid.*, XI, 1879, pp. 533/6.)

L. au même, 23 sept. 1879. (*Ibid.*, XII, 1880, pp. 170/3.)

L. au même, Séoul 1ᵉʳ août 1882. (*Ibid.*, XIV, 1882, pp. 529/531.)

L., Séoul, 26 déc. 1883. (*Ibid.*, XVI, 1884, pp. 220/1.)

L. de Séoul. (*Ibid.*, XVII, 1885, p. 29.)

L. de Séoul, 1ᵉʳ mars 1885. (*Ibid.*, XVII, 1885, pp. 265/7.)

L., Séoul, 20 fév. 1887. (*Ibid.*, XIX, 1887, pp. 206/7.)

L., Séoul, 1ᵉʳ juin 1888, à un curé de St. Etienne, dioc. de Lyon. (*Ibid.*, XX, 1888, p. 400.)

L. (*Ibid.*, XXI, 1889, pp. 158/160.)

L., Séoul, 8 sept. 1889. (*Ibid.*, XXII, 1890, pp. 73/4.)

Portrait. (*Ibid.*, p. 546.)

Extraits de journaux de Chine. (*Ibid.*, pp. 551/2.)

— La dernière persécution de Corée. Journal d'un missionnaire. [Blanc]. (*Miss. Cath.*, XI, 1879, pp. 390/4, 402/406, 408/409, 414/418.)

Blettery, *Laurent,* né dioc. de Lyon, 3 mars 1825; partit pour le Se-tchouen, 1859; vic. ap. du Se-tchouen orient., 1890, év. de Zeta.

L. du Se-tchouan orient. (*Miss. Cath.*, XIV, 1882, pp. 615/6.)

L. de Tchong-kin, 7 juillet 1886. (*Ibid.*, XVIII, 1886, pp. 434/6.)

L. du Prétoire du Tao-tay, 10 juillet 1886. (*Ibid.*, p. 436.)

L. à M. Cottin, Dir. au Sém. des M. étr. (*Ibid.*, XXII, 1890, pp. 517/8.)

L., Tchong-king, 13 mai 1891, au même. (*Ibid.*, XXIII, 1891, p. 398.)

Bodinier.

L. de Tsên-ny, lundi(19 juillet 1886. (*Miss. Cath.*, XVIII, 1886, pp. 518/9.)

Boyer, *Joseph André,* né 18 juin 1834, dioc. d'Aix; ordonné prêtre 1851; entré au sémin. des miss. étr. 16 janv. 1854; partit 25 août 1854, pour la mission de Mandchourie; provic. de la Mandchourie (1869); coadj. de Mgr. Dubail, vic. ap. de cette province, 22 mai 1885, évêque de Myrina; † 8 mars 1887, à Palensousou.

— *Missions Cath.*, XVIII, 1886, p. 172.

— L. ext. de la *Semaine religieuse* d'Aix. (*Ibid.*, p. 555.)

— Eloge funèbre de Mgr. Joseph-André Boyer, évêque titulaire de Myrina, coadjuteur du vicaire apostolique de Mandchourie, prononcé en l'église Saint-Jean-de-Malte, d'Aix, sa paroisse natale, le samedi 2 avril 1887, par M. l'abbé Guillibert, vicaire-général d'Aix. Aix, imp. de J. Nicot, 1887, br. in-8, pp. 35.

Notice : *Miss. Cath.*, XIX, 1887, pp. 239/240.

(Vies des Miss. Cath. : M. Etr.)

Bourgeois.

L. de Ko-kouy, 3 janv. 1879. (*Miss. Cath.*, XI, 1879, pp. 293/6, 308/310.)

L., 28 nov. 1884, à M. Chirou, Dir. du Sém. des M. étr. à Paris. (*Ibid.*, XVII, 1885, p. 97.)

L., Yun-nan-sen, à son frère. (*Ibid.*, XIX, 1887, p. 147.)

Bretenières, *Simon-Marie-Antoine Just Ranfer de.*

— Vie de Just de Bretenières, missionnaire apostolique, martyrisé en Corée en 1866, par Mgr. d'Hulst, recteur de l'Institut catholique de Paris. Paris, Poussielgue, 1888, in-18 jésus, pp. 347 + 1 p. n. c. p. l. t. Portrait et carte.

— Deuxième édition. Paris, Poussielgue, in-18 jésus.

Notice : *Miss. Cath.*, XXIV, 1892, p. 120.

Briand, *Joseph Marie*, né à Missillac, 14 mars 1861 ; partit pour le Se-tchouen, 1885.

L., T'âng-S'châng (Se-tchouen occid.), 12 mai 1887, ext. de la *Semaine religieuse*, de Nantes, 1887, pp. 853/6. (*Miss. Cath.*, XIX, 1887, pp. 556/7.)

L., ext. de la *Semaine religieuse*, de Nantes. (*Ibid.*, XX, 1888, pp. 400/1.)

L., sept. 1887. (*Petit Messager des Missions*, mai 1888, pp. 9/13.)

Brieux, assassiné près de Ba-t'ang, 8 sept. 1881.

L. de Mgr. Biet, 17 oct. 1882. (*Miss. Cath.*, XIV, 1882, pp. 27/8.)

Portrait. (*Ibid.*, p. 30.)

L. de M. Desgodins. (*Ibid.*, p. 317.)

L. de Mgr. Biet, Ta-tsien-lôu, 2 mai 1882, à M. Cottin, Dir. au Sém. des Miss. ét. (*Ibid.*, XIV, 1882, pp. 517/519.)

Brugnon.

Voir Chausse, Mgr., col. 1712.

L. de Nam Hiong. (*Miss. Cath.*, XV, 1883, pp. 233/5.) — Portrait. (*Ibid.*, p. 233.)

L. du 20 juillet 1883. (*Ibid.*, p. 422.)

L. de Formose. (*Ibid.*, XVII, 1885, p. 341.)

— C.-E. Brugnon — Exil & prison. Journal d'un missionnaire catholique pendant la persécution religieuse en Chine en 1884 (Mission de Kouang-tong) — Prix : 4 francs — Imprimerie coopérative de Reims . . . 1886, pet. in-8, pp. 414. Portrait et dessin.

Bib. nat. $\frac{O^2n}{791}$

Col. 542.

Calleri ou **Callery**, *Joseph Gaëtan Pierre Marie*, né à Turin en 1810 ; agrégé du diocèse de Chambéry ; parti du Hâvre pour Macao à la fin de mars 1835, à destination de Corée où il n'est jamais allé ; quitta la Société ; interprète de la Mission Lagrené ; † à Paris, 8 juin 1862.

— Variétés[1] scientifiques et littéraires par J. M. Callery. Ancien missionnaire apostolique de Corée, Membre de l'Académie royale des Sciences de Turin, décoré du grand Collier tartare etc. Macao, 1845, pp. 98.

Contient :

I. Etat géologique des côtes méridionales de la Chine, pp. 1/6 (voir col. 1559).

II. Méthode pour instruire les sourds-muets, pp. 7/15.

III. Observations météorologiques faites à Macao, pp. 16/18.

IV. Aperçu général sur les dynasties chinoises, fait à l'usage d'élèves coréens, pp. 19/22.

V. Voyage sur les côtes de Chine, pp. 23/42.

VI. Notice biographique sur le Père J. A. Gonçalves, pp. 43/51.

VII. Défense du système phonétique de l'écriture chinoise, pp. 52/6.

VIII. Mémoire sur la Corée adressé à S. E. Monsieur Villemain, ministre de l'Instruction publique, pp. 60/79. [inachevé]. (Voir col. 1381.)

IX. Sur la chartographie chinoise, pp. 80/87.

X. Sur le Cycle sexagénaire des Chinois, pp. 88/97.

XI. Sur l'origine de la langue et de l'écriture chinoise, p. 98 [inachevé].

Card.

L. de Mandchourie sur les noces d'or de M. Venault, né en 1806. (*Miss. Cath.*, XIII, 1881, p. 532.)

Carreau.

L. du Tibet, 14 juin 1880. (*Miss. Cath.*, XIII, 1881, p. 89.)

Chaffanjon.

— A bord d'une jonque chinoise. Voir col. 1522.

Chagot, *Michel-Gaspard.*

L., Loui-tchiou-fou, 15 mai 1892, au chanoine Leclerc, archiprêtre de la cathédrale de Limoges. (*Miss. Cath.*, XXIV, 1892, pp. 415/6.)

Chapdelaine, *Auguste.*

Gravure de son martyre. (*Miss. Cath.*, XIII, 1881, p. 499.) — Voir note, *ibid.*, p. 494.

Chapuis, procureur des Miss. étr., à Hong-kong.

L., Hong-kong, 12 août 1886. (*Miss. Cath.*, XVIII, 1886, pp. 458/9.)

Chareyre.

L. à Mgr. Fenouil, Hong Pou So, 19 nov. 1884. (*Miss. Cath.*, XVII, 1885, pp. 97/99.)

Chatagnon, *Marc*, évêque de Cherson.

L., Su-tchuen méridional. (*Miss. Cath.*, XX, 1888, pp. 97/101.)

Chausse, *Augustin*, vic. ap. du Kouang toung (1886) ; év. de Capse.

Sacre. (*Miss. Cath.*, XIII, 1881, pp. 493/6.)

L., Canton, 20 avril 1882. (*Ibid.*, XIV, 1882, pp. 265/267.) [Lettres du P. Brugnon.]

L., Canton, 24 août 1882. (*Ibid.*, pp. 481/4.)

L., 15 janv. 1884. (*Ibid.*, XVI, 1884, p. 88.)

L. aux Sup. et Dir. du Sém. des Miss. étr. (*Ibid.*, XVI, 1884, pp. 493/4.)

L., Hong-kong, 10 sept. 1884. (*Ibid.*, pp. 517/8.)

L., Hong-kong, 27 oct. 1884. (*Ibid.*, pp. 577/580.)

L. (*Ibid.*, XVII, 1885, pp. 38/41.)

L., Hongkong, 18 déc. 1884. (*Ibid.*, p. 62.)

L. (*Ibid.*, pp. 361/362.)

L., Hongkong, 22 juillet 1885. (*Ibid.*, pp. 422/4.)

L. (*Ibid.*, pp. 567/8.)

L., Canton, 4 mars 1888. (*Ibid.*, XX, 1880, pp. 302/305.)

L., Canton, 21 juillet 1891. (*Ibid.*, XXIII, 1891, pp. 447/8.)

L., Canton, 2 fév. 1892. (*Ibid.*, XXIV, 1892, pp. 146/7.)

Chauveau, *Joseph-Marie*, vic. ap. du Tibet.

L. de Ta-tsien-lou, 22 juillet 1877. (*Miss. Cath.*, X, 1878, p. 51/2.)

Notices : *Miss. Cath.*, X, p. 140; pp. 439/442, par M. Déjean, miss. au Tibet; port., *ibid.*, p. 433.

— Vie de Mgr. Joseph Chauveau, Evêque de Sébastopolis, Vicaire apostolique du Thibet, par M. l'abbé Ferdinand Baudry, Curé du Bernard, Officier de l'Instruction publique. Luçon, Bideaux, 1880, in-12, pp. 212.

Notice : *Miss. Cath.*, XIII, 1881, pp. 179/180, [sig. l'abbé X. M.]

Col. 543.

Chemier, *François*, né à Saint-Racho (dioc. d'Autun) 4 août 1838 ; entra au séminaire des Missions étrangères, 5 sept. 1861 ; ordonné prêtre 10 juin 1865 ; embarqué 15 sept. 1865 pour le Konei-tcheou ; y est † 28 juin 1879.

Notice : *Miss. Cath.*, XI, 1879, pp. 471/2.

(1) Ces *Variétés* devaient évidemment avoir une suite, car on lit, p. 79, à la fin du mémoire inachevé sur la Corée, *la suite au 2d volume.*

Chouzy, *Jean-Benoît,* consacré évêque de Pednélisse par Mgr. Chausse, 22 nov. 1891; préfet apost. du Kouang-si.

L. de Hin-y-hien, 17 juin 1878, à Mgr. Lions [massacre de chrétiens]. (*Miss. Cath.,* X, 1878, pp. 542/544.)

Portrait. (*Ibid.,* XVII, 1885, p. 7.)

— 400 lieues à travers le Kouang-si et le Kouy-tcheou. Journal de M. Chouzy. Voyage de la ville de Kouy-hien (Kouang-si) à Kouy-yang, capitale du Kouy-tcheou (Mars à Juin 1881) (*Ibid.,* voir col. 1486).

L. de Hong-kong, 19 mars 1885. (*Ibid.,* pp. 219/220.)

L., Kouang-hien, au recteur de l'église de Fourvière à Lyon. (*Ibid.,* XXII, 1890, p. 531.)

L., sur le Si kiang, 16 déc. 1891. (*Ibid.,* XXIV, 1892, pp. 123/4.)

L., Chang-se-tcheou, 25 avril 1892. (*Ibid.,* pp. 425/7.)

Clerc, *Julien Nicolas,* né à Fresnes-sur-Apance (Hte. Marne), 14 déc. 1844; partit de Paris, 3 août 1869; † à Lou-tcheou (Se-tchouen). 22 mai 1885.

— Seize ans en Chine. Lettres du P. Clerc, provicaire du Su-Tchuen méridional, recueillies et publiées par Jules Viard. Paris, Haton, in-12, pp. viii-363.

Polybiblion, Février 1888.

Conraux.

Attentat à Hou-lan (Mandchourie). (*Miss. Cath.,* XIV, 1882, pp. 498/499.)

Coste, *Eugène.*

Une fête en Corée. Lettre, avec dessins. (*Miss. Cath.,* XVIII, 1886, pp. 449/452, 461/4, 474/477.)

Cotolendi, *Ignace.*

— Vita ‖ di Monsignore ‖ Ignazio Cotolendi ‖ della citta d'Aix, ‖ vescovo di Metellopoli, ‖ vicario apostolico ‖ Nella China Occidentale : ‖ Trasportata ‖ Dal Francese, nel Toscano Idioma, da Don Ste- ‖ fano Leonardi, di Liuorno, Capitolare ‖ dell' Insigne Collegiata di S. Andrea ‖ d'Empoli in Toscana. ‖ In Livorno. ‖ Nella Stamperia di Girolamo Suardi 1681. ‖ Con Licenza de' Superiori, in-4, 5 ff. n. c. p. l. tit. etc. + pp. 324.

Coupat, *Paul-Eugène,* né le 8 juin 1842, à Eglise-Neuve-des Liards (Puy-de-Dôme); entré, le 30 août 1864, au sém. des Miss. étr. où il fut ordonné prêtre, 15 juin 1867; s'embarqua pour la Chine en 1867; év. de Tagaste et coadj. de Mgr. Desflèches, 15 sept. 1882; vic. ap. du Se-tchouen orient., 20 fév. 1883; † 25 janv. 1890.

L., 11 juillet 1886, à M. Martinet. (*Miss. Cath.,* XVIII, 1886, pp. 436/7.)

Notice : *Miss. Cath.,* XXII, 1890, p. 96.

Creuse, noyé près de Pé-sé (Kouang-toung) nov. 1880.

L. de Mgr. Foucard. (*Miss. Cath.,* XIII, 1881, pp. 527/8.)

Voir col. 1486.

Dangy, *Auguste.*

L. de Kiang-tsin. (*Miss. Cath.,* XV, 1883, pp. 30/32.)

L. à sa famille, 3 mai 1888. (*Ibid.,* XX, 1888, pp. 363/4.)

Debaye, *Arthur Nicolas Antoine,* né 13 nov. 1851 à Bouvancourt (dioc. de Reims); entra au Sém. des M. ét., 30 sept. 1874; partit pour le Yun-nan 29 nov. 1877; † 2 nov. 1880.

Notice : *Miss. Cath.,* XIII, 1881, p. 227.

Deguette.

— Captivité et délivrance de M. Deguette, de la Soc. des Miss. ét., miss. en Corée. (*Miss. Cath.,* XII, 1880, pp. 134/9, 146/151, 158/161, 170/3.)

— Portrait. (*Ibid.,* p. 157.)

Delaborde, *Ludges,* né à Sarcicourt (dioc. de Langres), 26 mars 1838; entré au sém. des M. ét. 24 sept. 1862; parti pour la Mandchourie le 15 août 1865; † à Siao-hei-chan, 10 juin 1878.

L. de M. Dubail, 9 juillet 1878. (*Miss. Cath.,* X, 1878, pp. 474/5.)

(VIES DES MISS. CATH. : M. ETR.)

Delavay, *Jean-Marie.*

L. de Hongkong, 13 fév. 1878, à M. Lesserteur. (*Miss. Cath.,* X, 1878, p. 377.)

L. au même, Houi-tcheou, 3 juillet 1879. (*Ibid.,* XI, 1879, pp. 605 à 606.) [Sur les Hakkas.]

Sur la léproserie de Houi-tcheou, fondée par M. D. Lettre de M. Ferrand, Toung Van, 19 janv. 1880, à M. Lesserteur. (*Ibid.,* XII, 1880, pp. 282/4, 255/7.)

Deroche, *Marc,* † au Se tchouen oriental, 5 juillet 1892.

Notice : *Miss. Cath.,* XXIV, 1892, pp. 495/6.

Desflèches, *Joseph Eugène Jean Claude,* né à Jonage, dioc. de Grenoble, 13 fév. 1814; entra au séminaire des miss. étr. en 1837; ordonné la même année; partit 15 mai 1838 pour le Se-tchouen; coadj. de Mgr. Perrocheau, 1843; évêque de Sinite; vic. ap. du Se-tchouen orient., 1856; archevêque titulaire de Claudianopolis; se retire à Hyères, 1885, puis † au Sanatorium de Montbeton, près Montauban, 7 nov. 1887.

Notice par Mutel, Direct. au sémin. des miss. étr. (*Miss. Cath.,* XX, 1888, pp. 23/4.)

Desgodins, *Auguste.*

L. de Yer-ka-lo, 29 mai 1878. (*Miss. Cath.,* X, 1878, pp. 589/590.)

Thibet. Une mission nouvelle dans l'Himalaya. (*Ibid.,* XVI, 1884, pp. 478/480, 487/489, 514/516.)

Portrait. (*Ibid.,* p. 479.)

L., ext. de la *Semaine religieuse,* de Nancy. (*Ibid.,* XXII, 1890, p. 65.)

Doucet.

L. de Corée, 25 mars 1878. (*Miss. Cath.,* X, 1878, p. 326.) [Emprisonn. de Mgr. Ridel.]

L. du 2 juin 1878 à M. Delpech, Sup. du Sém. des Miss. Et. à Paris. (*Ibid.,* pp. 423/4.)

Dubail.

L. de Mandchourie, 9 juillet, à M. Armbruster, dir. au Sém. des M. Et. de Paris [sur la mort de M. Delaborde]. (*Miss. Cath.,* X, 1878, pp. 474/5.)

L. du 12 sept. 1878. (*Ibid.,* pp. 579/580.)

L. au même, Ing-tse, 4 août 1880. (*Ibid.,* XII, 1880, pp. 506/9.)

L. de Rome, 10 mai 1883. (*Ibid.,* XV, 1883, pp. 253/4.)

Durand, *Gabriel Marie Pierre.*

— Gabriel Durand, missionnaire. — De France en Chine et au Thibet, par l'abbé Prouvèze. — Tome I. En France et sur les mers. — Tome II. A travers la Chine. — La Mission du Thibet. — Nimes, Gervais-Bedot, 1884, 2 vol. in-12, pp. 496, 728; — fr. 8.

Notice : *Polybiblion,* juillet 1885, pp. 42/44. — *Miss. Cath.,* XVI, 1884, p. 504.

Emonet, *Noël Marie.*

L. de Ing-tze, nov. 1879, à M. Armbruster. (*Miss. Cath.,* XII, 1880, pp. 77/8.) [Sacre de Mgr. Dubail.]

L., 20 août 1888. (*Ibid.,* XX, 1888, p. 506.)

Faurie, *Louis.*

Portrait. (*Miss. Cath.,* XVI, 1884, p. 251.)

* Vie de Mgr. Faurie, membre de la Société des Missions étrangères, vicaire apostolique du Kouy-tcheou (Chine), enrichie d'une carte géographique du Kouy-tchéou, par M. l'abbé J. H. Castaing, chanoine honoraire de Bordeaux. Paris, V. Lecoffre; Bordeaux, Féret, 1884, in-8, pp. 674. Pub. à 8 fr.

Notice : *Miss. Cath.,* XVI, 1884, pp. 251/2.

Fenouil.

L. à Mgr. Ponsot, Tong tchouan, 20 oct. 1880. (*Miss. Cath.,* XIII, 1881, pp. 241/243.)

L. de Yun nan sen, fév. 1885, aux Dir. de la Prop. de la Foi. (*Ibid.,* XVII, 1885, pp. 181/185.)

(VIES DES MISS. CATH. : M. ETR.)

55**

L. de Yun nan sen, 1er sept. 1887. (*Miss. Cath.*, XX, 1888, pp. 62/5.)

L. à un ancien condisciple. (*Ibid.*, XXIII, 1891, pp. 458/460.)

Fleureau.

L. do Saint Joseph de Long Wo [Kouang tong], 25 août 1887, à M. Romanet du Caillaud. (*Miss. Cath.*, XIX, 1887, p. 579.)

Forcade.

— Le premier Missionnaire du Japon au XIXe siècle par Mgr. Forcade, archevêque d'Aix. (*Miss. Cath.*, XVII, 1885, 24 avril, etc.)

Foucard, *Pierre Noël*, né à Olivet, dioc. d'Orléans, 24 déc. 1830, év. de Zela et préfet apostolique du Kouang-si, 6 mai 1878; † à Chang-sê, 31 mars 1889.

L. de Chang-Sê, 11 mars 1884. (*Miss. Cath.*, XVI, 1884, pp. 277/8.)

L. au Sup. des M. étr. (*Ibid.*, XVII, 1885, pp. 193/194.)

L. de Hong-Kong, 22 mars 1885. (*Ibid.*, pp. 217/8.)

Attaque contre lui. (*Ibid.*, XVIII, 1886, p. 8.)

Giraudeau.

L. de Yerkalo, 22 nov. 1879. (*Miss. Cath.*, XII, 1880, p. 322.) — 27 nov. 1879; 8 déc. 1879; 14 déc. 1879. (*Ibid.*, pp. 332/3.)

L. (avec M. Soulié), Bathang, de notre noire cachette, chez le 2e chef indigène, 21 juillet 1887. (*Miss. Cath.*, XIX, 1887, pp. 577/9.)

Gorostarzu, *Charles de.*

L. [famine; orphelinat de Tchao-tong]. (*Miss. Cath.*, XXIV, 1892, pp. 461/2.)

Goutelle.

L. [sur les environs d'A-ten-tsé]. (*Miss. Cath.*, XIV, 1882, pp. 221/2.)

Grimaud.

L. à sa sœur, religieuse au Laus (dioc. de Gap). Canton, 24 déc. 1883. (*Miss. Cath.*, XVI, 1884, pp. 88/90.)

Guerrin, *Léon Marie*, Miss. à Kouai-thao, prov. de Canton (1864—1867); directeur, au séminaire rue du Bac (1867); Sous-procureur de la Grande-Chartreuse.

L. sur l'envoûtement. (*Intermédiaire des Chercheurs et Curieux*, 20 janvier 1893, col. 57—58.)

Guichard.

L., Kouy-tcheou, 26 juillet 1886, aux Directeurs du sém. des miss. étr. (*Miss. Cath.*, XVIII, 1886, p. 517.)

L., 18 fév. 1887. (*Ibid.*, XIX, 1887, pp. 229/231.)

Guillemin, *Philippe François Zéphyrin*; † à Besançon, 5 avril 1886. — Voir col. 1662.

— L. du P. Z. Guillemin sur la Ste.-Enfance, datée Rome, 20 avril 1870. Pièce in-8.

Forme la 5e lettre à M. de Girardin, Directeur de l'Œuvre de la Sainte-Enfance, à Paris.

Bib. nat. $\frac{O^n}{715}$

Guillon, *L.*, né à Chindrieux.

L. de Mandchourie, 1er août 1878. (*Miss. Cath.*, X, 1878, p. 615.)

Trois semaines en prison. Récit adressé à Mgr. Dubail, vic. ap. de Mandchourie. Kiem-Kia-tien, 1er oct. 1884, etc. (*Ibid.*, XVII, 1885, pp. 66/70, 75/77, 94/5, 118/120, 123/129.)

Notice. (*Ibid.*, XXII, 1890, p. 40.)

Sacre. (*Ibid.*, p. 460; portrait, p. 462.)

Hervel.

L., Ka-yn-tcheou (Kouang-tong), 7 août 1888. (*Miss. Cath.*, XX, 1888, p. 508.)

Hinard.

L. de Ing-tse. (*Miss. Cath.*, XXII, 1890, p. 460.)

Humbert, *Jean Victor.*

L., du Kouang-si. (*Miss. Cath.*, XXI, 1889, p. 502.)

L., du Kouang-si. (*Ibid.*, XXII, 1890, p. 6.)

L., de Chan-tsing, à sa famille. (*Ibid.*, XXIII, 1891, p. 87.)

L. (*Ibid.*, pp. 207/8.)

L. (*Ibid.*, p. 339.)

L. à sa famille. (*Ibid.*, p. 495.)

Jolly, *Louis.*

Notice : *Miss. Cath.*, X, 1878, p. 154.

Jouishomme.

L. de Sü-yang, sur la mort du prêtre Thomas Lin. (*Miss. Cath.*, XVIII, 1886, p. 518.)

Lamandé, *Ange-Marie*, né 12 janv. 1852, à Plouguenast (dioc. de St. Brieuc); entra aux Miss. étr., 3 oct. 1874; parti pour la Mandchourie, 13 avril 1877; † à Pa-kia-tze (Mandchourie), 7 avril 1880.

Notice : *Miss. Cath.*, XII, 1880, p. 322.

Lavest.

L. de Cheoung-si (Kouang-si). (*Miss. Cath.*, XIII, 1881, p. 293.)

L. de Quay-yun (Kouang-si), 10 nov. 1883. (*Ibid.*, XVI, 1884, pp. 61/4.)

L. de Quay-yun, 1er mars 1884. (*Ibid.*, pp. 279/281); 12 mars 1884. (*Ibid.*, pp. 281/2.)

Léard.

— L. de M. Antoine Léard, à M. Péan, Dir. au Sém. des Miss. Étr. [Thibet]. (*Miss. Cath.*, XIV, 1882, pp. 13/15.)

Lions, *François Eugène.*

L. à M. Imbert, curé de Faucon. (*Miss. Cath.*, XIV, 1882, p. 5.)

Portrait. (*Ibid.*, XVII, 1885, p. 6.)

* Apostol. Vikariat Kuy-tscheu. Brief des . . . . Bischofs Lyons. (*Jahrb. der Verbreitung des Glaubens*, 1883, Hft. 3, pp. 30/46; Port. dans le texte.)

Litou, *Eugène.*

L. de Pak (Mandchourie). (*Miss. Cath.*, XIX, 1887, pp. 495/6.)

Liouville.

L. sur son arrestation en Corée, à Mgr. Ridel, Tjin-Au, 11 fév. 1882. (*Miss. Cath.*, XIV, 1882, pp. 289/292.)

Lucas.

L. du Kouci-tcheou, 17 juin 1881, à M. Chiron, dir. du Sém. des Miss. Etr., à Paris. (*Miss. Cath.*, XIII, 1881, pp. 459/460.)

Maire, *Henri.*

L. de Pe-tchai-koù, 8 août 1882 [sur les Lolos] à M. Obert, curé de Mandeure. (*Miss. Cath.*, XIV, 1882, pp. 505/7.)

Mandart.

L. au sup. du Sém. des M. ét., du Yun-nan [sur la mort de M. Debaye]. (*Miss. Cath.*, XIII, 1881, p. 227.)

Mathon.

L., Tchaô-tong [Yun nan], 9 nov. 1891, à sa famille. (*Miss. Cath.*, XXIV, 1892, p. 173.)

Mérel.

L., Ling-shan. (*Miss. Cath.*, XIX, 1887, p. 508.)

L., *ibid.*, 1er août 1888, ext. de la *Semaine religieuse*, de Nantes. (*Ibid.*, XX, 1888, p. 544.)

Métayer.

L., Lien-chân (Mandchourie), 5 août 1885. (*Miss. Cath.*, XVII, 1885, p. 569.)

Martinet. Procureur à Chang-haï.

L. de Chang haï, 26 oct. 1884 [avec lettres de MM. Bodinier, Ronat, etc.]. (*Miss. Cath.*, XVI, 1884, pp. 589/592.)

L. (*Ibid.*, pp. 615/616.)

L. de Chang-haï, 10 déc. 1884. (*Ibid.*, XVII, 1885, pp. 37/8.)

L. de Chang-haï, 23 déc. 1884. (*Ibid.*, pp. 61/2.)

L. de Chang-haï, 19 juin 1885. (*Ibid.*, pp. 373/4.)

Mort de l'Amiral Courbet.

L., *ibid.*, 16 juillet 1886. (*Ibid.*, XVIII, 1886, pp. 421/423.)

L., *ibid.*, 6 août 1886. (*Ibid.*, pp. 457/8.)

Mioux.

L., Hong-kong, 2 sept. 1884. (*Miss. Cath.*, XVI, 1884, pp. 494/5.)

Mutel, *Gustave Charles*, né dioc. de Langres, 1854; vic. ap. de Corée, 1890, év. de Milo.

L. à Mgr. Ridel, Seoul, 4 août 1882. (*Miss. Cath.*, XIV, 1882, pp. 531/586.)

L. [arrivée à Tche moul po]. (*Ibid.*, XXIII, 1891, pp. 363/4.)

Papin, *Pierre Antoine*, né à Montlandon (dioc. de Chartres), 14 avril 1810; entra au sém. des M. ét., 18 juin 1833; partit pour la Chine, 11 mars 1834; † 18 oct. 1880.

Notice : *Miss. Cath.*, XIII, 1881, p. 204.

Pernet.

LL., oct. 1883. (*Miss. Cath.*, XVI, 1884, pp. 13/14.)

L. de Quay-yun (Kouang si), 2 nov. 1883. (*Ibid.*, pp. 25/9.)

Petitnicolas, *Michel Alexandre.*

* Vie de Michel-Alexandre Petitnicolas, prêtre de la Société des Missions Etrangères, décapité pour la foi en Corée, le 12 mars 1866, par M. l'abbé Renard. — Troisième édition revue, augmentée et illustrée, par le R. P. Désiré, religieux franciscain, à Amiens. Paris, Bloud et Barral.

Notice : *Miss. Cath.*, XXIII, 1891, pp. 455/6.

Pinchon, *Jean Théophile Anet*, né dioc. de Limoges, 7 janv. 1814; parti en 1846 pour la Chine; év. coadj. de Mgr. Perrocheau, 23 avril 1858; vic. ap. du Se-tchouan sept., mai 1861; † 1891.

L. du 22 déc. 1877, à M. Cottin, Direct. du Sém. des Miss. Et. (*Miss. Cath.*, X, 1878, pp. 194/5.)

L. du 2 juin 1878, au même. (*Ibid.*, p. 400.)

L. du 15 juin 1878, au même. (*Ibid.*, pp. 435/6.)

L. du 7 août 1878. (*Ibid.*, p. 555.)

L., 22 déc. 1878, au même. (*Ibid.*, XI, 1879, pp. 174/5.)

L. au Sup. des Miss. étr. (*Ibid.*, XVI, 1884, pp. 518/9.)

L. (*Ibid.*, p. 556.)

L. à M. Cottin, Dir. au Sém. des Miss. étr. (*Ibid.*, XX, 1888, p. 281.)

L. de Tchen-tou. (*Ibid.*, pp. 617/8.)

L. (*Ibid.*, XXII, 1890, p. 554.)

L. (*Ibid.*, XXIII, 1891, p. 397.)

L., 14 août 1891. (*Ibid.*, p. 509.)

L. ext. de la *Semaine religieuse*, de Limoges. (*Ibid.*, XXIV, 1892, pp. 147/8.)

Notice ; *Miss. Cath.*, XXIII, 1891, p. 576.

Portrait. *Ibid.*, XXIV, 1892, p. 150.

Pottier, *François.*

* La Mission du Su-tchuen au XVIIIᵉ siècle. — Vie et apostolat de Mgr. Pottier, son fondateur par Léonide Guiot. Paris, Téqui, in-8, pp. 525.

Notice : *Miss. Cath.*, XXIV, 1892, pp. 155/6.

— Relazione della Missione di Sutchuen dell' anno 1791. compilata da Monsig. Vescovo di Caradra coadiutore, indirizzata ai Sigg. suoi carissimi fratelli, Boiret di Chaumont, Blandin, e Descourvieres.

Dans le *Giornale ecclesiastico di Roma*, t. VIII, p. 82—84, 88, 91—2, 96, 99—100, 104, 107—8. — Signée : Giovanni Didier, Vescovo di Caradra. 30 settembre 1791. — Il y a d'autres nouvelles, du 3 octobre et 14 octobre 1792, p. 194—9, tirées de deux relations; la 2ᵉ est de Mgr. Didier; il y parle de la mort de Mgr. d'Agathopolis, vicaire apostolique du Su-tchuen, mort le 28 septembre 1792, à 68 ans.

Voir col. 441—2 et col. 552.

— Une lettre (en italien) de Mgr. Francesco, évêque d'Agathopolis, vicaire apostolique du Suchuen, 1783; — dans le *Giornale Ecclesiastico di Roma*, (30 juillet 1785), p. 19—20.

Ponillard.

L. de Mandchourie. (*Miss. Cath.*, XVIII, 1886, pp. 590/1.)

Pourias, *Emile René*, né à Saint-Martin du Bois (dioc. d'Angers), 16 sept. 1843; entra au sém. des Miss. étr., 13 sept. 1865; ordonné prêtre, 6 juin 1868; partit pour le Yun-nan, 16 août 1868; † 6 avril 1884, à Tong-tchan-fou.

Nécrologie. (*Compte-rendu Soc. Miss. Etr.*, 1884, pp. 195/198.)

L. de Tong tchouan fou, 21 nov. 1882, à M. Armbruster. (*Miss. Cath.*, XV, 1883, pp. 121/4.)

Raguit, *Aristide Louis Hippolyte*, né dioc. de Poitiers, 1848, embarqué 7 juillet 1872 et arrivé en Mandchourie, 29 sept. 1872 ; consacré à Peking par Mgr. Tagliabue, 9 sept. 1888; év. de Trajanopolis; vic. ap. de Mandchourie nommé 23 mars 1888; † à Pa-yen sou, 17 mai 1889, du typhus.

L. de Pa-ien-sou-sou, 10 mai 1881, à M. Armbruster, dir. au Sém. des M. Etr., Paris. (*Miss. Cath.*, XIII, 1881, pp. 424/5.)

L., ibid. (*Ibid.*, XVII, 1885, p. 389.)

L. de Pa-ien-sou-sou, 11 mai 1885. (*Miss. Cath.*, p. 424.)

L., ibid., à sa famille. (*Ibid.*, XVIII, 1886, pp. 316/7.)

L. à son frère. (*Ibid.*, XIX, 1887, p. 304.)

L., Pa-ien-sou-sou, 21 avril 1887. (*Ibid.*, pp. 462/4.)

L., Ing-tze, 29 sept. 1888 à ses parents. (*Ibid.*, XX, 1888, pp. 604/5.)

Notice par son frère, ext. de la *Semaine religieuse* de Poitiers. (*Ibid.*, p. 605 ; portrait, p. 610.)

L., Ing-tze, 26 janv. 1889. (*Ibid.*, XXI, 1889, p. 157.)

Notice. (*Ibid.*, p. 275.)

L., Payen-sousou, 17 avril 1889, à son frère. (*Ibid.*, pp. 353/4.)

L. de l'abbé Monnier, ext. de la *Semaine religieuse*, de Poitiers. (*Ibid.*, p. 412.)

Renault.

L. du Kouang-si, 28 août 1880, à M. Delpech, ancien sup. des Miss. Et. de Paris. (*Miss. Cath.*, XII, 1880, pp. 630/633.)

Lettres du Kouang-si, mai 1886. (*Miss. Cath.*, XVIII, 1886, pp. 398/9.)

Richard, *Pierre Eugène*, né à Saint-Philibert de Bonaine (dioc. de Luçon), 3 sept. 1842; ordonné prêtre 22 déc. 1866; partit pour la Corée, 11 fév. 1867; † à N. Dame des Neiges, Mandchourie, 28 sept. 1888.

Notice : *Miss. Cath.*, XIII, 1881, p. 23.

Ridel, *Félix Clair.* Rentré en France, sept. 1882; † 20 juin 1884, à Vannes.

Nécrologie. (*Annales Prop. Foi*, voir col. 1683; réimp. *Compte-rendu Soc. Miss. Etr.*, 1884, pp. 158/169.) (*Miss. Cath.*, XVI, 1884, p. 336.)

L. 9 août 1881. (*Miss. Cath.*, XIII, 1881, pp. 579/580.)

— Captivité et délivrance de Mgr. Ridel. (*Miss. Cath.*, XI, 1879, pp. 86/91, 98/104, 110/113, 116/117, 122/8, 168/172, 174/181, 186/190, 198/202, 204/5, 210/213, 222/226, 234/240.)

— Mgr. Ridel, évêque de Philippopolis, vicaire apostolique de la Corée (1830—1884). (A. Launay, *Nos missionnaires*, pp. 79/113.)

— Mgr. Ridel, évêque de Philippopolis, vicaire apostolique de Corée, d'après sa correspondance, par l'Abbé Arthur Piacentini, professeur au collège Saint-Stanislas (Nantes). — Ouvrage orné d'un portrait à la plume, par M. Etienne Rozo et d'une carte de Corée. — Deuxième édition. Lyon, Emmanuel Witte, in-8, pp. xv-382.

Notice : *Miss. Cath.*, XXII, 1890, p. 468.

Robert.

L. du 3 juin 1878 à M. Armbruster, Dir. au Sém. des M. Et. de Paris. (*Miss. Cath.*, X, 1878, p. 424.)

L. à Mgr. Ridel, Corée 27 mai 1879. (*Ibid.*, XI, 1879, pp. 545/7.)

Au lendemain de la persécution en Corée. (*Ibid.*, XX, 1888, pp. 21/23, 34/5, 46/48.)

— La dernière persécution en Corée. Journal d'un Missionnaire [A. Robert]. (*Miss. Cath.*, XI, 1879, pp. 306/311, 318/322, 330/334, 336/337, 342/6.)

Rousseille. Sup. des Miss. étrangères.

L., Macao, 27 oct. 1884 [dévastation de Sancian]. (*Miss. Cath.*, XVI, 1884, pp. 613/5.)

Saleure, *Louis Claude*, né dans le dioc. de Verdun, 1861, partit pour le Tibet, 1884; † d'une maladie de cœur à Darjeeling, 8 mai 1890.

Voir TIBET.

L. sur l'expédition anglaise & la duplicité chinoise et thibétaine. (*Miss. Cath.*, XIX, 1887, pp. 520/523.)

L. à (*Ibid.*, XXI, 1889, p. 473.)

Notice : *Miss. Cath.*, XXII, 1890, p. 324.

Simon.

L. de Birmanie au Yun-nan. (*Miss. Cath.*, XV, 1883, pp. 558/561, 570/3, 584/5, 596/598.)

Sordet.

L. [la persécution au Pou-neng] à M. Pernot, Dir. au Sém. des M. étr. (*Miss. Cath.*, XVI, 1884, pp. 171/172.)

L., Pou-neng, 20 fév. 1888. (*Ibid.*, XX, 1888, pp. 280/1.)

Terrasse, né à Lantriac (Hte Loire), 1848; partit 1874; martyrisé le 28 mars 1883, à Tchang-In.

L. de M. Bourgeois, provic., Yun-nau-sen, 8 avril 1883. (*Miss. Cath.*, XV, 1883, pp. 325/6.)

Portrait. (*Ibid.*, p. 325.) — L. de M. Bourgeois, 23 avril 1883. (*Ibid.*, pp. 364/5.)

L. de Mgr. Fenouil, Yunnan-fou, 13 juin 1883. (*Ibid.*, pp. 481/3.)

Venault, *Charles Joseph*, né à Anché (dioc. de Poitiers), 2 nov. 1806; partit pour la Mandchourie, 19 déc. 1842; provicaire de la Mandchourie; † 12 janvier 1883, à An-Sin-Tai (Moukden).

Nécrologie. (*Compte-rendu Soc. Miss. Etr.*, 1884, pp. 189/193.)

Verchère.

Rapport à Mgr. Chausse sur le retour des missionnaires de Hong-kong dans le Kouang-toung. Tay-Jong, 13 sept. 1885. (*Miss. Cath.*, XVIII, 1886, pp. 15/17, 33/35, 46/48.)

Vermorel.

L., Séoul, 19 mars 1888. (*Miss. Cath.*, XX, 1888, p. 268.)

L., Séoul, 2 mai 1890. (*Ibid.*, XXII, 1890, p. 328.)

Verrolles, *Emmanuel-Jean-François*, né 12 avril 1805, paroisse de St. Gilles de Caen, ordonné prêtre, 31 mai 1828; entré aux Sém. des Miss. Et., 5 juillet 1830; embarqué au Havre, 30 nov. 1830.

Portrait. (*Miss. Cath.*, X, 1878, p. 473.)

Notice. (*Ibid.*, p. 382.)

Viret, miss. au Kouei-tcheou.

L. de Tong-tse-hien, 21 juillet 1878, à Mgr. Lions. (*Miss. Cath.*, XI, 1879, pp. 76/7.)

CONGRÉGATION DE LA MISSION (LAZARISTES).

Anouilh, *Jean-Baptiste*.

— Monument à Prat (Ariège). (*Miss. Cath.*, XVII, 1885, p. 568.)

— Monument érigé dans l'église de Prat, diocèse de Pamiers, en l'honneur de Mgr. Anouilh, originaire de cette paroisse. (*Annales Cong. Mission*, LI, 1886, pp. 154/160.)

Aymeri, *Michel Ange*, né 6 déc. 1820 à Carmagnole (dioc. de Turin); entré dans la Cong. de la Mission, 29 sept. 1845; parti pour la Chine en 1848; † à Chang-haï, 6 mars 1880.

L. de Chang-haï, 28 nov. 1878, au R. P. Marie, de Brest, (*Miss. Cath.*, XI, 1879, pp. 51/2.)

L. du même, *ibid.*, 14 déc. 1878. (*Ibid.*, p. 64.)

Notice. (*Ibid.*, XII, 1880, p. 288.)

Bray, *Géraud*.

— Division du Kiang-si sept. en deux vicariats. (7 Juillet 1885.) (*Miss. Cath.*, XVII, 1885, p. 341).

L. (*Ibid.*, XXIV, 1892, pp. 85/6.)

L., Kiou kiang, 25 avril 1892. (*Ibid.*, pp. 355/6.)

Clet, *François*.

Notice sur ses restes. (*Miss. Cath.*, XXII, 1890, p. 77.)

Coursières, *Jean*.

L. de Tchen-ting-fou (P. Tché-ly occid.). (*Miss. Cath.*, XVI, 1884, p. 220.)

Courtès, *Joseph*, † 8 août 1888, à Chang-haï.

L. de Mgr. Coqset, sur sa mort. (*Ann. Cong. Mission*, LIV, 1889, pp. 276/7.)

Danicourt, *François-Xavier-Timothée*, né le 18 mars 1806, à Authie-les-Doullens (Somme); parti pour la Chine avec Mgr. Mouly, le 30 sept. 1833; arrivé à Macao, 14 juin 1834; évêque d'Antiphelles, 7 sept. 1851; vic. ap. du Tché-kiang et du Kiang-si; rentré en Europe 1859—1860; † à Paris, 2 mai 1860.

(VIES DES MISS. CATH. : LAZ.)

— Vie de Mgr. Danicourt de la Congrégation de la Mission évêque d'Antiphelles vicaire apostolique du Tché-kiang et du Kiang-sy (Chine) par M. E.-J. Danicourt curé de Naours (diocèse d'Amiens) . . . . Paris, Poussielgue, 1889, in-8, pp. xv-535.

Notice : *Miss. Cath.*, XXI, 1889, p. 96.

David, *Armand*, né à Espelette (Basses-Pyrénées) 7 sept. 1826; entré dans la Mission, 4 nov. 1848; arrivé à Peking en 1862; quitte définitivement Chang-haï, 3 juillet 1874.

— De quelques services rendus aux sciences naturelles par les missionnaires de l'Extrême-Orient. (*Miss. Cath.*, XX, 1888, Mai & Juin.)

— Portrait. (*Ibid.*, p. 287.)

— Henri Cordier, *Grande Encyclopédie*.

Dellac, *Antoine*, né à Muret (dioc. de St. Flour), 6 mai 1847; entré chez les Lazaristes en 1868; ordonné prêtre et parti pour la Chine, 1872; † au Pe Tche-ly occid., 13 nov. 1877.

L. de Mgr. Tagliabue. (*Miss. Cath.*, XI, 1879, pp. 54/5.)

Delaplace, *Louis Gabriel*, né à Auxerre, 19 ou 21 janv. 1820; év. d'Andrinople, 27 fév. 1852; vic. ap. du Tché-kiang, 1854; vic. ap. du Pe Tche-ly sept. [Peking], sept. 1869; mort à Peking le 24 mai 1884.

L. de M. Sarthou, prêtre de la Mission, à M. Fiat, Sup. gén., sur la mort de Mgr. Delaplace. Peking, le 15 juin 1884, pp. 567/578.

Notice, *Ann. Cong. Mission*, L, 1885, pp. 255/277. — *Miss. Cath.*, XVI, 1884, pp. 489/492.

Erdely, *Ignace*, né en Hongrie, 1828.

Note sur M. Ignace Erdely, prêtre de la Mission, mort en Chine le 15 août 1885. Par Jules Bruguière. Tching-ting-fou, 1886. (*Ann. Cong. Mission*, LII, 1887, p. 271.)

Faure, *Sœur*.

L., Tchou-chan, 16 juin 1892. (*Miss. Cath.*, XXIV, 1892, p. 476.)

Favier, *Alphonse*.

L. à M. Pémartin, sur les églises de Peking. (*Miss. Cath.*, XV, 1888, pp. 17/18; grav. de l'église St. Joseph, *ibid.*, p. 19.)

L., Peking, 28 nov. 1891. (*Ibid.*, XXIV, 1892, pp. 38/41.)

L., Peking, 20 déc. 1891. (*Ibid.*, p. 87.)

L., Peking, 14 janv. 1892 : Trois Décrets impériaux, 12 janvier 1892. (*Ibid.*, XXIV, 1892, pp. 145/6.)

Forcade, *Sœur Callixte*, de la Congrégation des sœurs de Saint Paul de Chartres. Supérieure de la Sainte-Enfance de Hong-kong, † 13 oct. 1850, à 36 ans d'une fièvre cérébrale.

L. de Mgr. Forcade, évêque de Basse. Hong kong, 20 oct. 1850. (Latour, *Parterre de la S. Enfance*, 1875, pp. 263/274.)

Gilbert, *Sœur Victoire*, Supérieure de l'hôpital St. Joseph à Ning-po.

L., Ning-po, 26 juillet 1890. (*Miss. Cath.*, XXII, 1890, pp. 506/7.)

L. (*Ibid.*, XXIII, 1891, pp. 169/170.)

L. (*Ibid.*, XXIV, 1892, pp. 121/3.)

Gonçalvez, *Joachim Alphonse*.

— Notice biographique sur le Père J. A. Gonçalvez. (*Variétés scientifiques* . . . par J. M. Callery, pp. 43/51.)

Voir col. 1711—1712.

Guierry, *Edmond*, né le 4 juillet 1825, à Estrée, hameau de la commune de Magny, près d'Avallon, avait fait ses études au petit séminaire d'Auxerre. Evêque de Danaba, 6 sept. 1864 et coadj. du Tche-ly sept.; vic. ap. du Tche-kiang en sept. 1869; mort à Ning-po, 8 août 1883.

L. de Mgr. Delaplace, à M. Poulin, du Grand Séminaire, Peking, 22 août 1883. (*Ann. Cong. Mission*, XLIX, 1883, pp. 135/6.)

L. de M. Brot à Mgr. Delaplace. Ning-po, 12 août 1883. (*Ibid.*, pp. 137/138.)

L. de la Sœur Solomiac à la t. hon. Mère Derieux. Ning-po, 14 août 1883. (*Ibid.*, pp. 138/141.)

Notice. (*Semaine religieuse*, de Sens, 3 nov. 1883.)

(VIES DES MISS. CATH. : LAZ.)

Guyon; mort le 13 avril 1883, dans la résidence de Tong-tchouang-tse, district du King-tong (Tché-ly sept.).

L. de M. Sarthou, prêtre de la Mission, à M. Fiat, sup. général, Pekin, 28 avril 1883. (*Ann. Cong. Mission*, XLIX, 1884, pp. 114/117.)

Huc, *Evariste Régis,* né à Toulouse, 1er août 1813; † à Paris, mars 1860.

Voir col. 467 et seq.; et col. 1012—1018.

Humblot.

L. de Peking, 5 sept. 1884. [émeute du Si-Tang]. (*Miss. Cath.,* XVI, 1884, p. 542.)

Ibarruthy.

L. du Tche kiang [Sacre de Mgr. Reynaud. — Expulsion des missionnaires de Ning-po]. (*Miss. Cath.,* XVI, 1884, pp. 543/4.)

Jeannin, *Jean Marie,* né à St. Just d'Avray, Rhône; entré dans la Cong. de St. Lazare, 3 oct. 1873; embarqué à Marseille, 25 août 1878; † à Ningpo, 14 février 1879, d'une maladie de poitrine.

Notice : *Ann. Cong. Mission,* XLIV, 1879, pp. 475/8.

L. de Mgr. Guierry et de M. Bettembourg. (*Ibid.,* pp. 471/8.) — (*Miss. Cath.,* XI, 1879, p. 385).

Kho, *Jean Chrysostome,* né 1807, à Youn-ping-fou (Tche-ly N.); prêtre indigène de la Cong. de la Mission.

Notice : *Miss. Cath.,* XXIII, 1891, p. 593 [par Alphonse Favier]. — Portrait. (*Ibid.,* p. 594.)

Laribe, *Bernard Vincent,* né à Huseyrac (Lot), 13 avril 1802, entra 31 oct. 1823 dans la Cong. de S. Lazare, partit pour la Chine sept. 1831; en 1840, évêque de Sozopolis et coadj. de Mgr. Rameaux; 1845, vic. ap. du Kiang si; † 20 juillet 1850, à Su Tcheng (Kiang si).

Notice : Latour, *Parterre de la S. Enfance,* 1875, pp. 260/2.

Montagneux, *Régis Protais,* entra dans la Congrégation le 5 oct. 1849; envoyé à Smyrne en 1850; parti pour la Chine, avril 1851.

L. de Mgr. Guierry. (*Ann. Cong. Mission,* XLII, 1877, pp. 422/4.)

Monilleron, *Théodore,* né à Guérande (dioc. de Nantes), 4 août 1834; ordonné prêtre à Malte, le jour de Noël 1863; partit 11 août 1864 pour le Ho-nan, alors aux Lazaristes; passa aux Missions Et. de Milan, lors de la cession du Ho-nan à cette société en 1869; † du typhus 22 mars 1878.

L. à M. Aymeri, proc. des laz. à Shang-haï, 31 janv. 1878, du Ho-nan. (*Miss. Cath.,* X, 1878, p. 160.)

L. de M. Scarella. (*Ibid.,* p. 297.)

Perboyre, *Jean Gabriel.*

— *Miss. Cath.,* XVIII, 1886, p. 449. — *Ibid.,* XX, 1888, pp. 313/314, etc.; Portrait, p. 313. — *Ibid.,* pp. 505/6; Statue, *ibid.,* XXI, 1889, p. 543. — Triduum, *ibid.,* pp. 594/5, 615; XXII, 1890, supp. au n° 1089; *ibid.,* p. 205; *ibid.,* p. 217, pp. 229/252, [Panégyrique par Mgr. d'Hulst; Panég. de Perboyre par le P. Tissot, Sup. gén. de la Cong. des Miss. de St. François de Sales d'Annecy, etc.]; ces pièces ont été reproduites en br. in-8, pp. 50, 50 cent.

— Le Vénérable Perboyre. (*Ann. de la Cong. de la Mission,* L, 1885, pp. 212/226.)

— Cause du vénérable Perboyre, Congrégation préparatoire. Extraits de deux lettres de M. Valentini, procureur de la Congrégation auprès du Saint-Siége, à M. Fiat, Sup. gén. Rome, 5 et 6 juillet 1886, pp. 472/4.

— Le Bienheureux Jean-Gabriel Perboyre, prêtre, missionnaire et martyr, par M. Demimuid, directeur général de l'Œuvre de la Sainte-Enfance. — Discours prononcés les 3, 4 et 5 décembre 1889, dans la chapelle de la Maison-mère de la Congrégation de la Mission. — Paris, Téqui, éditeur, rue de Rennes, 85, in-12, pp. 160.

Notice : *Miss. Cath.,* XXII, 1890, p. 348.

Reynaud.

L., Ning-po, 18 sept. 1884. (*Miss. Cath.,* XVI, 1884, pp. 553/5.)

L., de Kiang pé, 17 sept. 1884. (*Ibid.,* pp. 580/1.)

L. de Kang-so, 22 oct. 1884. (*Ibid.,* pp. 601/604.)

L., Ning-po, 19 juillet 1888, à M. Hamard, prêtre de la Mission, à Paris. (*Ibid.,* XX, 1888, p. 411.)

(VIES DES MISS. CATH. : LAZ.)

L. sur les fêtes de Noël dans l'île de Tçu-kia-tsien (S. O. de la grande Tchou san). (*Miss. Cath.,* XXI, 1889, pp. 194/7.)

L., Ning-po, 1er juin 1889. (*Ibid.,* p. 501.)

Rochet. † 1892.

L. de M. Dauverchain, de Yao-tcheou. (*Miss. Cath.,* XXIV, 1892, p. 496.)

Rouger, *François-Adrien,* né le 21 sept. 1828, au hameau des Montmartins, commune de Pourrain (dioc. de Sens); entra en 1851 dans la Cong. de la Mission; partit en 1858 pour Alexandrie d'Égypte; envoyé en Chine en 1855; vic. ap. du Kiang-si méridional, 26 août 1883, év. de Cissame; † 31 mars 1887, à Paris, 95 Rue de Sèvres.

Le cyclone du mois d'août 1881 et ses ravages. (*Miss. Cath.,* XIII, 1881, p. 558.)

L. (*Ibid.,* XIV, 1882, p. 471.)

L. de Ki-ngan-fou, 20 juillet 1883. (*Ibid.,* XV, 1883, p. 483.)

L. de Ki-ngan-fou. (*Ibid.,* XVI, 1884, pp. 8/9.)

L. de Ki-ngan, 30 mars 1885. (*Ibid.,* XVII, 1885, p. 327.)

L., Canton, 18 juillet 1886, à M. Fiat. (*Ibid.,* XVIII, 1886, pp. 483/4.)

La croix honorée dans une pagode chinoise. (*Ibid.,* pp. 543/545.)

L., Shang-haï, 20 nov. 1886. (*Ibid.,* pp. 613/4.)

Notice. (*Ibid.,* XIX, 1887, pp. 227/8, Port.)

Notice : *Ann. Cong. Mission,* LII, 1887, p. 320. — Funérailles. (*Ibid.,* pp. 334/8.)

Solomiac, Sœur.

L. de Ning-po. (*Miss. Cath.,* XXII, 1890, pp. 385/6.)

Tagliabue, *François,* né en 1822, dioc. de Soissons; partit en 1853; nommé le 25 sept. 1868, év. de Pompéiopolis, vic. ap. du Pe Tche-ly S. O.; transféré au Pe Tche-ly sept., 5 août 1884, à la mort de Mgr. Delaplace; † 12 mars 1890, à Peking.

L. du 8 et 10 mai 1878, à M. Aymeri. (*Miss. Cath.,* X, 1878, pp. 398/9.)

L. à M. Fiat. (*Ibid.,* pp. 614/5.)

L. de Tching tin fou, 8 déc. 1881. (*Ibid.,* XIV, 1882, pp. 169/172.)

Notice : *Ibid.,* XXII, 1890, pp. 155/6; Portrait, p. 150.

— Henri Cordier, *T'oung Pao,* I, No. 2, août 1890, p. 165.

Thierry, *Jean-Baptiste,* né à Arthonnay (dioc. de Sens), 14 juin 1828; ordonné 27 mai 1850; arrivé avec Rouger et Rizzi, se frère Larousse à Hong kong, 12 nov. 1855; † 28 sept. 1880 à Peking.

Notice sur M. Jean-Baptiste Thierry [par M. Provost]. (*Ann. Cong. Mission,* XLVII, 1882, p. 101.)

Vic, *Casimir,* né le 25 sept. 1852, à Brenac, petit hameau de la commune de Graissac (Aveyron), év. de Metellopolis; vic. ap. du Kiang-si orient.

L. (*Miss. Cath.,* XIX, 1887, pp. 435/7.)

L., 8 déc. 1889. (*Ibid.,* XXII, 1890, p. 123.)

L. (*Ibid.,* pp. 351/363.)

Villa, *Giovanni Agostini.*

— Lettera del Sig. D. Gio. Agostino Villa Sacerdote della Congregazione della Missione al Siguor D. Antonio Maria Oreggi della stessa Congregazione di Roma. 23 Gennajo 1785.

Analysée dans le *Giornale ecclesiastico di Roma,* 18 mars 1786, p. 154, — et 25 mars, p. 158. — Ce sont des nouvelles sur l'état de la religion en Chine.

— Lettre (en italien) de Macao, 11 février 1791, écrite à l'abbé Fonaja, supérieur de la maison de la Mission à Monte Cavallo (Rome), par Jean Augustin Villa, missionnaire en Chine. — Dans le *Giornale ecclesiastico di Roma,* 1792, t. VII, pp. 73–78.

FRANCISCAINS.

Col. 561.

— Estado ‖ geográfico, topográfico, estadístico, ‖ histórico-religioso ‖ de la santa y apostólica provincia ‖ de S. Gregorio Magno, ‖ de religiosos menores descalzos de la regular ‖ y mas estrecha observancia ‖ de N. S. P. S. Francisco en las islas Filipi-

(VIES DES MISS. CATH. : LAZ.)

nas: ‖ Comprende ‖ el número de Religiosos, Conventos, Pueblos, situacion de estos, ‖ años de su fundacion, Tributos, Almas, producciones, industria, ‖ cosas y casos especiales de su administracion espiritual, en el ‖ Archipiélago Filipino, desde su fundacion en el año de 1577 ‖ hasta el de 1853. ‖ Compuesto por el R. P. Fr. Felix de Huerta, Predicador, Lector de Sagrada ‖ Teologia, Examinador Sinodal del Arzobispado de Manila, y Guardian ‖ en el Convento de S. Francisco de dicha Capital. ‖ Mandado dar à luz, en nombre de esta Santa Provincia, ‖ por el M. R. P. Ministro Provincial de la misma. ‖ — Con las licencias necesarias. ‖ — Manila : 1855. ‖ Ymprenta de los Amigos del Pais, ‖ à cargo de D. M. Sanchez, in-8, pp. 439.

Col. 566.

— Missio seraphica in imperio Sinarum sive brevis sinceraque Relatio ortus progressus praesentisque (1762) status missionis sinensis Fratrum Minorum strictioris Observantiae S. P. N. Francisci Discalceatorum Provinciae Sancti Gregorii magni in insulis Philippinis a Patre Fr. Francisco Miggenes Eiusdem Apostolicae Sancti Gregorii Provinciae Filio, Pro-Ministro Provinciali, necnon in Romana Curia pro eadem Provincia Generali Procuratore concinnata. Ediderunt Patres Fratres Marcellinus de Civetia et Theophilus Domenichelli Ex Regulari Observantia. Ad Claras Aquas (Quaracchi) prope Florentiam Ex typographia Collegii S. Bonaventurae. MDCCCLXXXIII, gr. in-8, pp. 21.

On lit au verso du titre : Extractum ex libro *Analecta Franciscana*.

Bib. nat. $\frac{O^2n}{738}$. — Voir col. 566.

Col. 572.

Anselme de Saint Sauveur.

L., Tsi-nan-fou, 27 sept. 1887. (*Miss. Cath.*, XIX, 1887, pp. 601/3.)

L., au R. P. Marie de Brest. (*Ibid.*, XX, 1888, pp. 27/8.)

L., Oudia-fou, 14 déc. 1887. (*Ibid.*, pp. 109/110.)

Athanase.

L. du Chan-si, du 18 mai 1878, au R. P. Marie (de Brest), proc. des missions franc. à Paris. (*Miss. Cath.*, X, 1878, pp. 350/2.)

Banci, *Ezéchias*, vic. ap. du Hou-pé N. O.

L., 3 juillet 1880. (*Miss. Cath.*, XII, 1880, p. 537.)

L., au R. P. Marie de Brest. (*Ibid.*, XVI, 1884, p. 451.)

L., Hou-pé N. O., au R. P. Marie de Brest. (*Miss. Cath.*, XX, 1888, pp. 314/5.)

L. sur la famine du Hou-pé. (*Ibid.*, XXII, 1890, pp. 339/340.)

L. (*Ibid.*, XXIV, 1892, p. 559.)

Basilio Brollo, [en France, *Basile de Glemona*, double erreur, de nom et de lieu.]

(VIES DES MISS. CATH. : FRANC.)

— Vita breve del P. Basilio Brollo da Gemona Francescano riformato missionario e vicario apostolico del Xensì nella China nuovamente compilata. Udine, tip. Jacob e Colmegna, 1871, pet. in-8, pp. 111.

— Padre Basilio Brollo-Gemona, 7 Dicembre 1890. Br. in-8, pp. 26.

Brochure de circonstance à l'occasion d'une pierre commémorative du F. Basile, à Gemona.

Ces deux publications donnent comme date de la mort, 16 juillet 1704 à Si-ngan.

— Italian Sinologues. By L. Nocentini. (*Journ. C, B. R. A. S.*, XX, N. S., 1885, p. 285.)

— Gli illustri Viaggiatori italiani . . . . . per P. Amat di S. Filippo . . . Basilio da Gemona, 1683—1704, pp. 295 et seq.

— *Miscellaneous Autographs, etc.* :

British Museum, Ms. *Add.* 31022, Cf. *Revue de l'Extrême-Orient*, II, No. 4, 1884, p. 580:

Recueil « presented by Charles Kent, Esq., 26 april 1879 » et par d'autres collectionneurs; il y a des lettres de Walter Scott, de Daniel O'Connell, etc. Les pièces qui nous intéressent ont été « presented by Jabey Hogg, Esq., 28 feb. 1880 »; ce sont les suivantes :

F. 35. Let. aut. sig., italien de Bernardino dalla Chiesa, vescovo di Pekino, Pekin, 6 ottobre 1700. (4 p. ou 2 ff. in-folio; on remarquera la superbe écriture de ce prélat. — Pap. de Chine.) Adressée aux cardinaux de la Propagande.

F. 38. Let. autog. du fr. Basilio de Gemona; italien; sig. par le F. B. dalla Chiesa et par le F. Basilio de Gemona. Peking, 7 ottobre 1700. 3 p. in-folio, pap. de Chine. Adressée au pape.

F. 41. Let. autog. sig., italien, de Bernardino dalla Chiesa, aux cardinaux de la Propagande. Lin ching cheo, della Provincia de Xantung, 22 ottobre 1701, 4 p. in-folio; pap. de Chine.

Ce sont trois superbes pièces.

Billi, *Pascal,* né à Florence, 21 janvier 1835; Mineur réformé, 1853; év. de Gratianopolis & vic. ap. du Hou-pé N. O., le 27 nov. 1876; sacré 22 juillet 1877 par Mgr. Volonteri ; † 12 mai 1878.

L. de Lao-ho-kou, 6 mars 1878, au R. P. Marie de Brest, proc. des Miss. franc. (*Miss. Cath.*, X, 1878, p. 305.)

L. de Lao-ho-kou, 6 mars 1878. (*Ibid.*, p. 332.)

L. de Lao-ho-kou, 4 mai 1878. (*Ibid.*, p. 376.)

L. de Kou-tchen, mai 1878, au T. R. P. Général des Franciscains. (*Ibid.*, pp. 483/4.)

Notice du R. P. Antonin. (*Ibid.*, p. 524.) — Portrait. (*Ibid.*, XI, 1879, p. 79.)

Boniface. — Voir **Oomsels,** *Boniface.*

Broeckman, *Egide.*

L. de Tsé-ou-l'ai. (Hou-pé orient.), 19 déc. 1883. (*Miss. Cath.*, XVI, 1884, p. 99.)

L. de Kao-ngan-lao, au R. P. Marie de Brest. (*Ibid.*, p. 581.)

(VIES DES MISS. CATH. : FRANC.)

Castorano, *Carlo Orazio.* — Voir col. 562.

L. [trad. en français de l'espagnol] 1730. (*Rev. Ext. Orient*, II, No. 3, 1884, pp. 289/292.)

— Lettre ms. du Révérend Père Castorano, Missionnaire de la Propagande, adressée au Commissaire des Franciscains pendant notre Séjour dans la ville de Canton. Trad. de l'Espagnol (1738).

No. 669 de la seconde partie du *Cat. d'une Col. de livres rares . . . . dont la vente aura lieu à Lisbonne,* 1883, in-8.

— Parva Elucubratio super quosdam Libros Sinenses ab illmo. et Rmo. D. Archiepo. Myrensi de Nicolais relictos labore ac studio infrapti P. Auctoris.

Ms. in-4, bas.-dor., tr. dor. de 537 pages numérotées. Il avait figuré à la vente des livres de Pauthier. (Paris, Leroux, 1873, No. 304, vend Fr. 50); il a reparu à la vente des *Livres orientaux . . . . provenant de MM, T., de Londres, et P., de San Francisco,* Paris, E. Leroux, 1878, (No. 431). C'est chez cet éditeur que nous l'avons examiné.

On lit au bas de la page 3 : Studio ac Labore P. Fr. Caroli Horatii à Castorano, Regularis Obseruantiae S. P. Francisci, in Sina per 33, et amplius annos pro. Sac. Congregatione de Propaganda Fide Missionarij Apostolici, &c. Acta Romae, in Araceli Anno Domini 1739.

On lit au verso du feuillet qui précède le titre : «Nota. Libri Sinenses de quibus loquitur, quique summantur in hac parva Elucubratione, De mandato Sanct. Suae Clementis Papae XII. asseruantur in Sac. Congregat^e. de Propaga. Fide ibique sunt requirendi et videndi. Huius autem parvae Elucubrationis facta fuerit quatuor Exemplaria omnia à P. auctore revisa . . . . »

De ces quatre ex. l'un était pour la Propagande, l'autre pour Sa. Sainteté, le 3e pour le tribunal du St. Office, le 4e pour le cardinal Gentili. Une note de Pauthier au crayon dit : « Ce 4e exemplaire est celui-ci, lequel porte la dédicace au Cardinal Gentili. La note çi-dessus est aussi de la propre main de l'auteur, G. P.»

L'un des autres ex. qui était à la Bib. royale de Paris (1814) a été rendu en 1815 avec les autres ms. provenant du Vatican : c'est celui qui est cité par Abel Rémusat, *Plan d'un dictionnaire chinois.*

— Un autre ex. est aujourd'hui au British Museum, *Add. 96815,* donné en 1865, par M. Payne; ce n'est donc pas l'ex. de Pauthier; j'ai décrit l'ex. du British Museum, *Revue de l'Extrême-Orient*, I, No. 1, 1882, pp. 117/8 :

«Au recto de la p. 3 : Libri sinenses ab Illmo Dño Archiepiscopo Myrensi Ioanne Francisco de Nicolais relicti de ordine Sanctissimi Domini Nostri Clementis Papae XII, prudenter recuperati ac de mandato Emi. et Rmi. D. Card. Gentili Pro-Datarij, etc. In ordinem, et in catalogum digesti. cum brevibus annotationibus, rubricis, seu summis dictorū librorum etiam in quolibet in particulari ; et maxime de omnibus libris classicis. seu scripturis canonicis sinensibus, deque eorum Philosophia : De quibus rebus videlicet tractent, et quid singuli in substantia contineant : Studio ac labore P. Fr. Caroli Horatii a Castorano Regularis Observantiae S. P. Francisci, in Sina per 33, et amplius annos pro Sac. Congregatione de Propaganda Fide Missionarij Apostolici, etc. Acta Romae, in Ara coeli anno Dñi 1739.

«On lit au verso d'un f. prél., en face du titre : «Libri quorum Summaria hic leguntur jussu Sanctissimi Domini Nostri Clementis Papae XII repositi fuerunt in bibliotheca Collegii de Propaganda Fide Anno Domini MDCCXXXIIX.»

Ms. in-4 de 265 ff., fortement taché par la fumée, *Presented by J. T. Payne, Esq., 29 July* 1865. — Ms. intéressant; c'est un document important pour l'étude de la bibliographie chinoise; une table donne la liste des divisions de l'ouvrage.

— Gli illustri Viaggiatori italiani . . . . . per P. Amat di S. Filippo . . . . Carlo Horatii da Castorano, 1698—1733, pp. 319 et seq.

— † Breuis Apparatus. ‖ Et modus agendi ac disputandi cum Mahumetanis, ‖ in duas partes diuisus. ‖ In quarum prima potissimum Diuinitas Dñi ‖ nostri Jesu Christi, contrá Mahumetum, authori- ‖ tatibus sacre Scripture comprobatur. ‖ In Secunda veró, breuis notitia de Vita ipsius ‖ Mahumeti datur : Alcorani contradictiones ua- ‖ rie adnotantur : Multi errores, nec non absurda ‖ illius referuntur, et suo loco debité impugnan- ‖

(VIES DES MISS. CATH. : FRANC.)

tur ac refelluntur : Atque Impostura Ma- ‖ humeti, ac falsibat Mahumetice Legis, ‖ palam ostenditur. ‖ ††† ‖ Factus et collectus hic Apparatus à R. P. Carolo Horatij à Casto ‖ rano, Regul : obser. S. P. Francⁱ : in Imperio Sinesi Miss°. Aplico &. MS. in-4 3 ff. n. c. + 109 ff. paginés (pp. 1/218) + 16 ff. n. c.

On lit, p. 218 : «Omnia supradicta et scripta sub pedibus et cor ‖ rectione Sanctę Romanę ecclesiae, omniū ‖ ecclesiarum Dei Matris ac Magistre ‖ humillimè submitto. ‖ Fr. Carolus Horatij à Castorano Regul^{is}. Observ.ae. S. P. ‖ Francisci in Sina Mission^{us}. Aplicus manu prop^a ill. — ‖.

Suivent des fragments tirés de St. Jérome, etc. Fait partie de ma collection particulière. H. C.

Castrocaro, *Ant.,* arrivé en Chine, en 1699 ; évêque de Lorinne, Vicaire apostolique dans le Chen si et le Chan si, mort le 5 juillet 1727.

Ep. de Du Halde, pp. XV—XVI, *Let. éd.,* Recueil XIX.

Césaire.

L. de Tche fou, 24 nov. 1884, au R. P. Marie de Brest. (*Miss. Cath.,* XVII, 1885, p. 112.)

Chérubin-Marie.

L., Tsi-nan-fou. (*Miss. Cath.,* XXIV, 1892, p. 112.)

Chiais, *Ephyse.*

L., 9 déc. 1877. (*Miss. Cath.,* X, 1878, p. 160.)

L., juin 1878. (*Ibid.,* p. 434.)

L., 30 mars 1879, au R. P. Marie, de Brest. (*Ibid.,* XI, 1879, pp. 343/4.)

L., 3 nov. 1879, au même. (*Ibid.,* XII, 1880, p. 39.)

L. au même. (*Ibid.,* p. 148.)

L. au même, 24 avril 1880. (*Ibid.,* p. 376.)

Christiaens, *Benjamin.* Mineur réformé, vic. ap. du Hou-pé mérid.

L., Tchang-fou, 1er. janv. 1889, aux Dir. de la Prop. de la Foi [sur Mgr. Filippi]. (*Miss. Cath.,* XXI, 1889, p. 252.)

L. (*Ibid.,* XXIII, 1891, pp. 99/100.)

L. (*Ibid.,* p. 147.)

L. [sur la persécution]. (*Ibid.,* pp. 517/8.)

L., Han-kéou, 6 sept. 1891, au Cardinal Siméoni. (*Ibid.,* pp. 553/4.)

Cosi, *Elisée,* né à Pontassieve, dioc. de Florence, 6 mai 1819 ; év. de Priène et coadj. de Mgr. Moccagata, 5 fév. 1865 ; vic. ap. du Chan tong, 27 sept. 1870 ; rentré en Europe, 31 janv. 1882, à cause de sa vue ; retourna en Chine, oct. 1883 ; † 24 janv. 1885.

L. du 11 oct. 1877 au T. R. P. Général. (*Miss. Cath.,* X, 1878, p. 150.)

L. de Zi-nan-fou, 4 déc. 1877. (*Ibid.,* X, pp. 159/160.)

L. de Zi-nan-fou, au R. P. Marie, de Brest, 5 mai 1878. (*Ibid.,* p. 375.)

L. de Zi-nan-fou, 19 mai 1879. (*Ibid.,* XI, 1879, p. 499.)

Alphabet chinois de 33 lettres. (*Ibid.,* XIII, 1881, p. 5.)

L. (*Ibid.,* XIII, 1881, p. 89.)

L. (*Ibid.,* p. 135.)

L., Xan-tam, 21 déc. 1881. (*Ibid.,* XIV, 1882, p. 235.)

Notice. (*Ibid.,* XVII, 1885, p. 155.)

Fantojati, *Antonin.*

L. de Lao-ho-kou, 5 oct. 1878. (*Miss. Cath.,* XI, 1879, p. 78.) — L. du même endroit, 21 avril 1879. (*Ibid.,* pp. 344/5.)

Filippi, *Marie Alexis,* mineur réformé ; né à Modène, 16 déc. 1818 ; év. de Césarée de Philippe ou Panéas (20 janv. 1876) ; vic. ap. du Hou-pé S. O. ; † nov. 1888.

L. de Kin-tcheou, 3 oct. 1877. (*Miss. Cath.,* X, p. 67.)

L. de Kin-tcheou, 24 janv. 1879, au R. P. Marie de Brest. (*Ibid.,* XI, 1879, pp. 204/5.)

    Sur le P. Wilfrid Reynolds.

L. de Kin-tcheou. (*Ibid.,* XIV, 1882, p. 112.)

François-Marie (de Monteregio).

L. du Chan-si, août 1878. (*Miss. Cath.,* XI, 1879, p. 52.)

L. au R. P. Marie, de Brest. (*Ibid.,* XIV, 1882, pp. 244/5.)

(VIES DES MISS. CATH. : FRANC.)

Grassi.

L. du Chan-si, 1er juin 1878. (*Miss. Cath.*, X, p. 483.)

L. au T. R. P. Général à Rome, 29 mai 1886. (*Ibid.*, XVIII, 1886, p. 519.)

L., 16 juin 1889. (*Ibid.*, XXI, 1889, p. 400.)

Hugolin, de Doullens. Voir **Villeret,** *Hugolin.*

Jérémie, *Benjamin,* mineur observantin, né dans le dioc. de Bénévent: év. d'Ussola et coadj. de Mgr. Cosi, 18 fév. 1884; vic. ap. du Chan tong sept., 10 fév. 1885; † à Tche-fou, oct. 1888.

L. de Kin-tcheou-fou (Hou pé mérid.), 15 avril 1880. (*Miss. Cath.*, XII, 1880, pp. 413/4.)

L. au T. R. P. Général. (*Ibid.*, XIX, 1887, pp. 375/6.)

L. sur les inondations. (*Ibid.*, XXI, 1889, pp. 61/2.)

Jourdan, *Nivard.*

L. de Tche fou, 2 janvier 1879, au R. P. Marie (de Brest). (*Miss. Cath.*, XI, 1879, pp. 113/4.)

Lera, *Diego.*

L. de Ou-tchang, 18 janv. 1878, à Mgr. Zanoli. (*Miss. Cath.*, X, 1878, pp. 376/7.)

Lo, *Pierre.*

L. du 17 août 1882, de Van-tian (Hou pé S.). (*Miss. Cath.*, XIV, p. 588.)

Marchi, *Pierre Paul de.*

L. de Tsi-nan-fou, 25 juillet 1884, au R. P. Marie de Brest. (*Miss. Cath.*, XVI, 1884, p. 500.)

L. (*Ibid.*, XXII, 1890, pp. 4/5.)

Mérona, *Amédée-Pierre de.*

L. de Xe-vom-kon (Chen-si), 8 nov. 1886. (*Miss. Cath.*, XIX, 1887, pp. 241/4.)

L. (*Ibid.*, p. 402.)

Miggenes.

Voir col. 566 et col. 1723.

Moccagatta, *Louis,* né à Castellazzo, dioc. d'Alexandrie (Piémont), 9 oct. 1809; entra à 19 ans dans l'ordre de St. François; partit pour la Chine avec le P. Grioglio, avril 1840; arriva à Macao, 4 oct. 1840; vic. gén. de Mgr. Besi au Chan-toung; évêque 11 mai 1845; vic. ap. du Chan-toung, 9 juillet 1848; vic. ap. du Chan-si, 1862; † à Ta yuen fou, 6 sept. 1891.

L. du 9 fév. 1878. (*Miss. Cath.*, X, 1878, p. 88.)

L. de Tai-yuen-fou, 26 déc. 1877. (*Miss. Cath.*, X, 1878, p. 159.)

L. de Taï-yuen-fou, 12 août 1878, au T. R. P. Général. (*Ibid.*, p. 593.)

L., 6 janvier 1879, au R. P. Marie, de Brest. (*Ibid.*, XI, 1879, pp. 241/242.)

L., 15 avril 1879, au même. (*Ibid.*, p. 343.)

L., Taï-yuen-fou, 15 sept. 1879. (*Ibid.*, XII, 1880, pp. 76/7.)

L. sur la famine. (*Ibid.*, XIII, 1881, p. 28.)

L. de Taï-yuen-fou, 25 sept. 1881. (*Ibid.*, XIV, 1882, p. 112.)

L. aux Dir. de la Prop. de la Foi. (*Ibid.*, XVII, 1885, p. 256.)

L. aux mêmes. (*Ibid.*, XVIII, 1886, pp. 65/6.)

L. au Dir. de la *Revue franciscaine.* (*Ibid.*, XIX, 1887, pp. 207/8.)

Notice : *Miss. Cath.*, XXIV, 1892, pp. 11/12.

Navarro, *Michel,* des mineurs réformés ou Alcantarins, établis à Grenade sous le titre de Saint-Antoine, né à Grenade (Espagne), 4 juin 1809; arriva à Hong-kong, 1841, vic. ap. du Hou-nan, 1856; † à Heng-tcheou-fou, 9 sept. 1877.

L. du 12 juin 1870. (*Miss. Cath.*, III, pp. 318/9.)

Notice : *Miss. Cath.*, X, p. 211; port., *ibid.*, p. 205.

Osimo, *Antonio Maria da.*

— Articolo di lettera scritta alla S. Congregazione di Propaganda da Monsignor Fr. Antonio Maria da Osimo Vescovo Domiziopolitano e Vicario Apostolico delle Provincie di Xensi e Xansi in Cina in data di Taijuen-fu, 29 agosto 1784.

Dans le *Giornale Ecclesiastico di Roma*, 13 mai 1786, pp. 185—6, — 20 mai, p. 190. — 27 mai, p. 194, — 3 juin, 198. — Dans le 3e et 4e articles; il y a une gravure (la même) représentant le martyre de chrétiens, avec cette légende : *Martirio accaduto nella Cina l' Anno 1784.*

Oomsels, *Boniface,* mineur récollet, né à Peer, dioc. de Liège (Belgique) 4 juillet 1851; miss. au Hou-pé oriental; arriva à Han keou, avril 1878; † à Han keou, 8 sept. 1886.

L. de Yum-mom (Houpé — orient.) au P. Marie, de Brest, 16 sept. 1879. (*Miss. Cath.*, XII, 1880, pp. 15/16.)

L. de Ho-tsouang, 28 sept. 1881, au même. (*Ibid.*, XIV, 1882, p. 16.)

L. de Ta-iè, 15 mai 1883, au même. (*Ibid.*, XV, 1883, p. 507.)

L., 5 déc. 1884, ibid. (*Ibid.*, XVII, 1885, p. 63.)

Notice. (*Ibid.*, XVIII, 1886, p. 599.)

L. à Mgr. Carlassare. (*Ibid.*, XVIII, 1886, p. 51.)

Pagnucci.

L., 20 avril 1878. (*Miss. Cath.*, X, 1878, pp. 375/6.)

L., 18 mai 1879, au R. P. Marie, de Brest. (*Ibid.*, XI, 1879, pp. 415/6.)

L., Kou-iuen. (*Ibid.*, XXII, 1890, pp. 518/9.)

Piazzoli, *Louis.*

L. du 11 mai 1878 à M. Burghignoli. (*Miss. Cath.*, X, 1878, p. 365.)

Quirin.

L. du Hou-pé N. O., 27 déc. au R. P. Marie, de Brest. (*Miss. Cath.*, XVI, 1884, pp. 160/1.)

Pie, de Vérone.

L. de Seng-ou-hien, 7 déc. 1878, au R. P. Provincial. (*Miss. Cath.*, XI, 1879, pp. 213/214.)

Rist, *Val.,* Mineur Observantin.

— Kurtze ‖ Reisz-Beschreibung ‖ R. P. Valerii Rist, ‖ Ord. Min. S. P. Francisci ‖ missionarii ‖ apostolici ‖ Ausz der ‖ Chur-Bayrischen Provinz ‖ S. Antonii de Padua der ‖ strengeren Observanz : ‖ Nunmehro Von Ihro Påbstl. Heiligkeit ‖ Clemente. XII, ‖ Verordneten ‖ Hochwürdigisten in Gott Vattern ‖ und Bischoffen zu Münden, ‖ Auch ‖ Coadjutorn desz Vicariatûs Apostolici in Cochinchina. ‖ Mit ‖ Verschidenen Denckwürdigkeiten ver ‖ fasset Anno 1736. ‖ Cum Facultate Superiorum & Privilegio Caesareo. ‖ — München zu finden bey Joseph Schaur ‖ ‖ Burgern und Buchbindern. ‖ Gedruckt allda bey Maria Madalena Rieblin ‖ Wittib. pet. in.8, 4 ff. n. c. p. le tit., etc. + pp. 120 + 3 ff. n. c. p. la tab. Carte.

Saint-Juste, *Louis de,* mineur observantin, directeur du séminaire de Si-ngan-fou.

L. de Si-ngan-fou, 10 oct. 1877. (*Miss. Cath.*, X, p. 125.)

Semprini, *Eusèbe Marie.*

L. de Hen-kiou-fou, 30 août 1878. (*Miss. Cath.*, XI, 1879, pp. 16/17.)

L. de Hen-kiou-fou, 1er nov. 1878. (*Ibid.*, p. 50.)

Martyre de Jean Lien Pen-kiao.

L. de Hen-kiou-fou, 4 juin 1881. (*Ibid.*, XIII, 1881, pp. 529/531.)

Sera, *Diego.*

L., Ou-tchang-fou, 6 janv. 1887. (*Miss. Cath.*, XIX, 1887, p. 147.)

Tenechio, *Pacifico.*

L., du Chan-tong, sur la famine. (*Miss. Cath.*, XXI, 1889, pp. 301/2.)

Théophile.

L. de Ta-ja (Hou-pé orient.) au R. P. Marie de Brest, 21 juillet 1887. (*Miss. Cath.*, XIX, 1887, pp. 431/3.)

Villeret, *Hugolin,* de Doullens.

L., Ké-leao-keou [Chan-si], 19 oct. 1886, aux Dir. de l'Œuvre de la Prop. de la Foi. (*Miss. Cath.*, XIX, 1887, pp. 73/5.)

L., ext. des *Annales des Franciscains missionnaires de Marie.* (*Ibid.*, XX, 1888, pp. 328/9.)

L. (*Ibid.*, XXI, 1889, p. 256.)

L. (*Ibid.*, XXIV, 1892, pp. 591/2.) [Funérailles de Mgr. Moccagatta.]

Zanoli, *Eustache Vite Modeste,* né à Morbirazzo de l'Emilie, 19 mai 1831; mineur réformé.

L. de Ou-tchang, 2 sept. 1878. (*Miss. Cath.,* X, 1878, p. 531.)

L. de Ou-tchang, 11 déc. 1878, au P. Marie, de Brest. (*Ibid.,* XI, 1879, p. 65.)

L. de Ou-tchang, 28 déc. 1878. (*Ibid.,* pp. 128/9.)

Portrait. (*Ibid.,* XII, 1880, p. 589.)

L. de Han keou, et notice. (*Ibid.,* pp. 593/4, avec dessins du Consulat de France à Han keou, et de la résidence épiscopale.)

L. de Han keou, 25 avril 1881. (*Ibid.,* XIII, 1881, p. 304.)

L. de Ou-tchang, au R. P. Marie, de Brest. (*Ibid.,* XV, 1883, pp. 111/113.)

DOMINICAINS.

Bourneau. Procureur des Missions dominicaines espagnoles.

L., Hong kong, 12 sept. 1884, au P. Alphonse Sautel. (*Miss. Cath.,* XVI, 1884, pp. 541/542.)

Calderon, *Michel,* né à Oviedo, 4 déc. 1803; s'embarqua pour les Philippines en 1824, passa au Fou-kien; vic. ap.; † 14 fév. 1883 à Le-in.

Notice : *Miss. Cath.,* XV, 1883, pp. 407/8.)

Chinchon, *André,* né à Ocaña (Espagne) 14 fév. 1838; prononça ses vœux, 18 déc. 1856; ordonné prêtre à Avila, 23 fév. 1860; envoyé à Manille, puis à Formose; év. de Rosali et vic. ap. d'Amoy, 13 déc. 1883; † à Amoy, 1er mai 1892.

L. d'Amoy au R. P. Michel Cormier, proc. à Lyon. (*Miss. Cath.,* XX, 1888, p. 617.)

Notice : *Miss. Cath.,* XXIV, 1892, p. 342.

Coltell, *José,* né à Valence (Espagne) 28 mai 1811; entra à 23 ans dans l'ordre de St. Dominique; partit en sept. 1841 par la *Sabina;* arriva aux Philippines, 1842, puis en Chine; † 1888.

Notice : *Miss. Cath.,* XX, 1888, p. 621.

Gentili, *Thomas Marie,* né à Chieti, 14 fév. 1828; entra dans l'ordre de St. Dominique, 1er fév. 1846; envoyé à Manille, 1852, puis en Chine; év. de Dionisia, év. coadj. du Fou-kien; † à Viterbe, au couvent de Notre-Dame de Quercia, 30 août 1888.

Notice : *Miss. Cath.,* XX, 1888, p. 514; portrait, *ibid.,* p. 510.

— Memorie di un Missionario Domenicano nella Cina per Fra Tommaso Maria Gentili dei Predicatori Vescovo di Dionisia. Roma, tip. poliglotta della S. Congregazione di Prop. Fide, 1887—1888, 3 vol. in-8, pp. vɪɪɪ-414, 443, 468.

Bib. nat. 0ⁿ 842·

Masot. Vic. ap. du Fou-kien.

L. de Fou-tcheou. (*Miss. Cath.,* XXIII, 1891, p. 244.)

Sanz, *Pierre Martyr,* béatifié avec Serrano, Royo, Alcober et Diaz, le 14 mai 1893.

Voir col. 361 et 576 et col. 1656—1657, *Christiandad de Fogan.*

— De illustrissimis viris ‖ PP. ‖ Petro Martyre ‖ Sansio ‖ Episcopo Mauricastrensi, ‖ et ‖ Francisco Serrano ‖ Electo Episcopo Tipasitanorum, ‖ Deque PP. ‖ Johanne Alcobero, ‖ Joachimo Royo, ‖ et ‖ Francisco Diazio ‖ ordinis praedicatorum ‖ Fochei in Fo-Kiena Sinarum Provincia ‖ Martyrio perfunctis ‖ Commentarius. ‖ Romae MDCCLIII. ‖ — Typis Hieronymi Mainardi. ‖ Superiorum facvltate, in-8, 4 ff. prél. n. c. + pp. 376.

(VIES DES MISS. CATH. : DOMIN.)

MISSIONS ÉTRANGÈRES DE MILAN.[1]

Anelli.

L. du Ho-nan à son frère, 7 mars 1878. (*Miss. Cath.,* X, 1878, p. 316.)

Borgazzi, *Ignace,* né à Milan, 30 août 1829; entra 11 juillet 1852 au sém. des M. Et. de Milan; miss. à Hong kong; † à Manille, 2 oct. 1878.

Notice : *Miss. Cath.,* X, 1878, pp. 607/8.

Burghignoli, Miss. étr. de Milan, procureur de la Propagande pour les Missions de Chine.

L. de Hongkong, 19 nov. 1877. (*Miss. Cath.,* X, p. 125.)

Cattaneo, *Ange.*

L. du 7 sept. 1878, à Mgr. Marinoni. (*Miss. Cath.,* XI, 1879, pp. 88/9.)

L. du 20 janv. 1879, à Mgr. Volonteri. (*Ibid.,* p. 261.)

Cicalese, *Gabriel.*

L. de Fan-kia-lin, 29 août 1878. (*Miss. Cath.,* XI, 1879, pp. 87/8.)

Gennini, *Virgile.*

L. de Lou-y-hien [Ho-nan], 24 juin 1877. (*Miss. Cath.,* X, pp. 2/3.)

L. de Loui-hien, 1er mai 1878. (*Ibid.,* p. 376.)

L. de Lou-y, 29 juin 1878. (*Ibid.,* pp. 554/5.)

L. de Lou-y-hien, 1er mai 1879. (*Ibid.,* XI, 1879, pp. 475/6.)

Raimondi, *Timoléon.*

L. sur Hong-kong (I. L'église de Tei-chea-ba. — II. Les religieuses canossiennes). (*Miss. Cath.,* X, 1878, pp. 394/5.) — (III. Le Cimetière Catholique, *Ibid.,* pp. 406/7). — (IV. Victoria, *Ibid.,* pp. 418/9.)

L. de Hong-kong, 3 janv. 1879, à Mgr. Marinoni. (*Ibid.,* XI, 1879, p. 152.)

Portrait et notice. (*Ibid.,* XV, 1883, pp. 18/20.)

Sasso, *Louis.*

L. de Hay-fong, 15 mai 1878, à Mgr. Marinoni, sup. des M. Et. de Milan, sur une attaque de pirates. (*Miss. Cath.,* X, 1878, pp. 494/6.)

L. au même, 3 déc. 1878. (*Ibid.,* XI, 1879, p. 74.)

Scarella.

L. du 24 mars 1878 à Mgr. Marinoni [sur Th. Mouilleron]. (*Miss. Cath.,* X, 1878, p. 296.)

Vigano.

L. de Hong-kong, 12 nov. 1877. (*Miss. Cath.,* X, pp. 101/2.)

Volonteri, *Siméon.*

L. du 14 nov. 1877. (*Miss. Cath.,* X, 1878, pp. 66/7.)

L. du 12 janvier 1878, à Mgr. Marinoni, sur un Sém. des Miss. Et. de Milan. (*Ibid.,* pp. 255/6.)

Lettres de sept. 1878, de Nan-yang-fou. (*Ibid.,* XI, 1879, pp. 86/7.)

L. de Nan-yang-fou, 1er mai 1879, à Mgr. Marinoni. (*Ibid.,* pp. 367/8.)

L., 3 sept. 1879, à Mgr. Raimondi. *Ibid.,* XII, 1880, pp. 3/4.)

L., 16 août 1880, à Mgr. Marinoni. (*Ibid.,* pp. 570/1.)

Portrait. (*Ibid.,* XIV, 1882, p. 390.)

L., 25 avril 1884. (*Ibid.,* XVI, 1884, p. 363.)

MISSIONS BELGES.

Clerbaux, *Al.*

L. sur le martyre du Père Lin [nov. 1891]. (*Miss. Cath.,* XXIV, 1892, p. 219, grav. p. 217.)

---

(1) Mgr. Marinoni, né à Milan le 11 oct. 1810, † 27 janvier 1891, fondateur et premier directeur du séminaire des Missions étrangères de Milan (Institut de Saint-Calocère de Milan) qui fournit des missionnaires.

V. *Annuaire Miss. Cath.* latin.

* Scritti vari del defunto Mons. Giuseppe Marinoni, primo direttore del seminario delle Missioni Estere di Milano, raccolti da Giacomo Scurati, sacerdote del medesimo Istituto. Milan, Imp. St. Joseph, in-8, pp. 372.

Notice : *Miss. Cath.,* XXIV, 1892, p. 216.

(VIES DES MISS. CATH. : MILAN. — BELGES.)

Denis.

L. Lao hou keou, 23 nov. 1891; Tien tsin, 25 nov. 1891. (*Miss. Cath.*, XXIV, 1892, pp. 39/40.)

Gueluy. Voir col. 1523.

L. de Scheut-lès-Bruxelles, 8 déc. 1886. (*Miss. Cath.*, XIX, 1887, p. 17.)

Hamer, *Ferdinand*, né à Nimègue, 21 août 1840; ordonné prêtre, 1864; embarqué à Marseille, 19 sept. 1864; premier vic. ap. du Kan-sou, 21 juin 1878.

— Portrait, *Miss. Cath.*, XI, 1879, p. 167.

— De Tschang-tjia-kheou (Mongolie) à Lan-tcheou-fou (Kan-sou). (*Miss. Cath.*, XI, 1879, pp. 442/445, 452/5, 468/471.)

— L. de Leang-tcheou-fou, 24 janv. 1883. (*Ibid.*, XV, 1883, p. 256.)

— Transfert du Kan-sou, au vic. Mongolie S. E. (*Ibid.*, XXII, 1890, pp. 206/7.)

Indemans, *Emile.*

— Zeereis naar Ili, door Emile Indemans, Apostolisch Missionaris, en Verslag van de Ili-Missie, door Mgr. D. B. Van Koot. — Ten voordeele van de Mongoolsche Missiën uitgegeven door A. H. Potberg, R. K. PR. — Kerkelijk Goedgekeurd. Utrecht, W. Anton Abels, 1890, br. in-8, pp. ɪᴠ-79.

— Landreis naar Ili, door Emile Indemans, Apostolisch Missionaris. — Ten voordeele van de Mongoolsche Missiën uitgegeven door A. H. Potberg, R. K. PR. — Kerkelijk Goedgekeurd. — Utrecht, W. Anton Abels, 1891, br. in-8, pp. ɪᴠ-140.

Jansen, *A.*

L. de Lan-tcheou, janv. 1881, à Mgr. Hamer, vic. ap. (*Miss. Cath.*, XIII, 1881, pp. 327/9.)

L. de Kouldja, 12 déc. 1883. (*Ibid.*, XVI, 1884, p. 65.)

Lemmens.

L., Mongolie S. O. (*Miss. Cath.*, XXIII, 1891, p. 555.)

Meester, de.

L. de Lan-tcheou. [Kan-sou.] [Une oasis chrétienne; un apôtre; un renégat.] (*Miss. Cath.*, XXIV, 1892, pp. 389/390.)

Redant.

L., Ma-kia-dze [Mongolie], 3 juillet 1888. (*Miss. Cath.*, XX, 1888, pp. 565/6.)

Steeneman, *J.*

L., Ili ou Kouldja, 10 avril 1889. (*Miss. Cath.*, XXI, 1889, pp. 495/498.)

Tchao, *Ignace.*

L. de Tai-ghai, 22 fév. 1878. (*Miss. Cath.*, X, 1878, pp. 330/332.)

Van Dyck.

L. de Pakou, 17 nov.; La-hou-keou, 21 nov. 1891. (*Miss. Cath.*, XXIV, 1892, pp. 38/9.)

Van Hecke, *Ad.*

— Le lac des Tribulations. Ext. d'un Journal de M. Ad. Van Hecke. (*Miss. Cath.*, XXI, 1889, pp. 164/6.)

Van Koot, *Daniel Bernard*, sup. de la Mission d'Ili.

L., Mongolie. (*Miss. Cath.*, XXI, 1889, p. 617.)

— Voir Indemans, *Emile*, supra.

Van Son, *Henri Janssen*, né à Heijthuizen (dioc. de Ruremonde); embarqué 11 mars 1877; † 14 oct. 1879, à Sia-miaoeûl-kheou (Mongolie).

Miss. Cath., XII, 1880, p. 130.

Verbist, *Théophile.*

Il était aumônier de l'Ecole militaire à Bruxelles et directeur général de l'œuvre de la Ste Enfance en Belgique.

— Voir *Voyages de Bruxelles en Mongolie*, 1873; avec le port. du P. Verbist en tête. — Col. 1660.

— Antwerpsche Reizigers van de vroegste tijden tot op heden door J. Staes. Antwerpen, Lodewijk Janssens, in-8, pp. 375 et seq.

(Vɪᴇs ᴅᴇs Mɪss. Cᴀᴛʜ. : Bᴇʟɢᴇs.)

Vercauteren.

L. de Mongolie. (*Miss. Cath.*, XXIII, 1891, pp. 74/5.)

Vos, *Alphonse de*, né à Messines (Flandre occid.), 21 avril 1840; entra en 1868 dans la cong. belge de Scheut; évêque d'Abdère (18 mai 1884), vic. ap. de la Mongolie S. O.; † 21 juillet 1888, à San-tao-ho (pays des Ortous).

Notice : *Miss. Cath.*, XXI, 1889, pp. 23/4; portrait, *ibid.*, p. 18.

Vranckx.

L. de Scheutweld (Belgique), 2 août 1878. (*Miss. Cath.*, X, 1878, p. 889.)

Lettre. (*Ibid.*, XI, 1879, p. 102.)

L. du 10 mars 1879. (*Ibid.*, pp. 163/4.) [Sur Mgr. Hamer.]

L. [Mission des Ortous]. (*Ibid.*, XIII, 1881, pp. 445/7.)

L. (*Ibid.*, XVII, 1885, pp. 242/3.)

PRÊTRES DE STEYL.

Anzer, *Jean Baptiste*, né à Ratisbonne; sacré le 24 janvier 1886, à Steyl, à la maison St. Michel, évêque de Télepte et premier vic. ap. du Chan-toung mér., par Mgr. Krementz, archer. de Cologne.

L. du P. Janssen, sup. du Sém. des Miss. étr. de Steyl. (*Miss. Cath.*, XV, 1883, p. 424.)

Création du vic. ap. du Chan-toung méridional. (Préfect. de Yan-tchéou, I-tcheou et Tchao-tcheou, et sous-préf. de Tsi-ning-tcheou.) (*Miss. Cath.*, XVII, 1885, p. 615.)

Sacre. (*Ibid.*, XVIII, 1886, p. 99.)

Audience. (*Ibid.*, XXIII, 1891, p. 399.)

Freinademetz.

L. du Chan-toung, au *Catholic Register*, de Hong-kong. (*Miss. Cath.*, XVIII, 1886, p. 51.)

SÉMINAIRE DE ST. PIERRE ET DE ST. PAUL.

Callerio.

L., Chen-si mérid., 15 fév. 1889. (*Miss. Cath.*, XXI, 1889, pp. 241/2.)

Giulianelli.

L. de Siao-tzaï-tzu, 1ᵉʳ mai 1889 [Chen-si mérid.]. (*Miss. Cath.*, XXI, 1889, pp. 387/8.)

TRAPPE.

— Une Trappe en Chine. Par l'abbé J. Lemire. (*La Réforme sociale*, 1892, 16 janv., pp. 116/127; 1 fév., pp. 203/217.)

Ephrem. Supérieur de la Trappe de Yang-kia-ko.

L. au Sup. des Missionnaires du diocèse de Lyon, N. Dame de la Consolation, Yang-kia-ko, 15 juillet 1883 [sur la première mission des Trappistes en Chine]. (*Miss. Cath.*, XV, 1883, pp. 565/8.)

L., 8 déc. 1883, à M. Renil, curé de Ste. Croix, à Lyon. (*Ibid.*, XVI, 1884, pp. 184/5.)

Marie Bernard. Prieur de la Trappe de N.-D. de Consolation.

— Le premier monastère de la Trappe, en Chine. (*Miss. Cath.*, XIX, 1887, pp. 409/411.)

Dans le Pe Tche-ly sept., à 25 lieues à l'O. de Peking, créé en 1883.

DIVERS.

Almeida, *Victorin Joseph*, de Souza, né à Panafiel (Portugal); miss. à Macao; † à Macao, 31 mars 1880, à 73 ans.

Botaniste, auteur de *Flora Garden*.

Notice : *Miss. Cath.*, XII, 1880, p. 299.

(Vɪᴇs ᴅᴇs Mɪss. Cᴀᴛʜ. : Sᴛᴇʏʟ. — SS. Pɪᴇʀʀᴇ ᴇᴛ Pᴀᴜʟ. — Tʀᴀᴘᴘᴇ. — Dɪᴠᴇʀs.)

Escandel, *Matthieu.*

— Le premier martyr chrétien en Chine. Par Romanet du Caillaud. (*Miss. Cath.*, XVIII, 1886, pp. 52/6.)

Le hongrois, Matthieu Escandel, de Budo, d'après les voyages de Pinto.

Ripa, *Matteo.*

Voir col. 363, 1659 et ITALIE.

— Storia della Fondazione della Congregazione e del Collegio de' Cinesi sotto il titolo della *Sagra Famiglia di G. C.* scritta dallo stesso fondatore Matteo Ripa e de' viaggi da lui fatti. Napoli, 1832, 3 vol. in-8.

— Memoirs of Father Ripa, during Thirteen Years' Residence at the Court of Peking in the service of the Emperor of China; with an account of the foundation of the College for the Education of young Chinese at Naples. — Selected and translated from the Italian, By Fortunato Prandi. — London : John Murray, — 1844, pet. in-8, pp. VIII-160.

Forme le No. XV de *Murray's Home and Colonial Library.* — Abrégé de l'éd. de Naples, 1832.

Steiner.

Lettre ms. datée de Macao, Xbre 1774. — No. 729 de la 2ᵉ partie du *Cat. d'une col. de livres rares . . . . dont la vente aura lieu à Lisbonne . . .* 1883, in-8.

II. — MISSIONS PROTESTANTES.

1° *OUVRAGES DIVERS.*

Col. 578.

— Sibellius, voir col. 1130/1.

— Archief voor de Geschiedenis der Oude Hollandsche Zending. Voir col. 1476—7.

— Rev. W. Campbell, Voir FORMOSE, col. 1483 et HOLLANDE :

— The Gospel of St. Matthew in Formosan (Sinkang Dialect) with corresponding versions in Dutch and English edited from Gravius's edition of 1661. By Rev. Wm. Campbell, M. R. A. S., English Presbyterian Mission, Taiwanfoo. London, Trübner & Co., MDCCCLXXXVIII, in-4, pp. XVI-ff. 87.

— The Early Dutch Mission in Formosa. By Rev. W. Campbell, F. R. G. S. (*Chinese Recorder,* March 1889, pp. 114/120.)

Réimp. du *Presbyterian Messenger.*

Col. 579.

— China, and her spiritual Claims. By the Rev. Evan Davies, late Missionary to the Chinese. London : John Snow, 1845, in-12, pp. IX-134.

(MISS. PROT. — DIVERS.)

— L'Evangile et la Chine. — Trois discours sur les missions évangéliques en Chine, prononcés à Genève dans l'assemblée du Casino, par B. de Watteville. — Genève, Mᵐᵉˢ Vᵉ. Beroud et S. Guers, libraires. — 1844, in-12, pp. 190.

— Het Evangelie in China. — Drie Voorlezingen, gehouden te Genève in de vergadering van het Casino; door B. de Watteville. Uit het Fransch. — Amsterdam, H. Höveker. 1844, in-12, pp. 127.

— Address in behalf of the China mission, by the Rev. William J. Boone, M. D., missionary of the Protestant Episcopal Church of the United States of America to China. Published by order of the Foreign Committee of the Board of Missions. New-York : Printed by W. Osborn, 1837, in-8, pp. 21.

— How to Conquer China. Pièce in-8, pp. 4.

A la fin : York : Printed and sold by John L. Linney. [Price 2d. per dozen.] s. d. [1838 ou 9 ?]

Tract.

— Claims of the missionary enterprise on the medical profession : an address delivered before the Temperance Society of the College of Physicians and Surgeons of the University of the State of New-York, October 28, 1842, by Daniel J. Macgowan, M. D. New-York : printed by William Osborn. 1842, br. in-8, pp. 24.

Col. 580.

— China, and the Chinese Mission. By the Rev. James Hamilton, National Scotch Church, Regent square. London : James Nisbet and Co., 1847, br. in-12, pp. 24.

— Missionary Maps . . . . . . By O. B. Bidwell, voir col. 1467.

— China. — Verzameling van Stukken betreffende de prediking van het Evangelie in China en omliggende landen. Te Nijmegen, bij C. Ten Hoet, 1852, 2 vol. in-8.

— Darkness in the Flowery Land; or, religious notions and popular superstitions in North China. By the Rev. M. Simpson Culbertson, of the Shanghai Mission of the Board of Foreign Missions of the Presbyterian Church. New York : Charles Scribner, 1857, in-12, pp. 235.

Avec 2 pl. l'une en tête : *The Tower of Ningpo;* l'autre les Koua.

(MISS. PROT. — DIVERS.)

Col. 581.

— Glimpses of missionary work in China, illustrated by engravings from The Chinese Pilgrim's Progress. With introduction by the Rev. James Johnston, Free St. James' Church, Glasgow, formerly missionary at Amoy. Edinburgh : William P. Kennedy, London : Hamilton, Adams, and Co. and James Nisbet and Co. 1860, in-8, pp. 72; carte.

— Die evangelische Mission in China und Japan von Dr. G. E. Burkhardt, Archidiak. in Delitzsch. Bielefeld. Verlag von Velhagen und Klasing. 1861. in-8, 2 ff. prél. p. l. tit., etc. + pp. 212.

— China's Spiritual Need and Claims. By Hudson Taylor, M. R. C. S., F. R. G. S., of the China Inland Mission. Eighth Edition. London : Morgan & Scott, 1890, in-4, pp. VI-96.

"In the year 1865 the pamphlet *China's Spiritual Need and Claims*, was written . . . Editions in the same form were published in 1866, 1868, and 1872 . . . . A revised and enlarged edition, in-quarto, with many illustrations and diagrams, was published in June, 1884. That fifth edition being soon exhausted, a sixth edition was issued later in the year. After a seventh edition of 10.000 copies was exhausted, it was again out of print for some time; but being often called for, the present edition has been carefully revised, and the number of Missionaries is corrected to May, 1888."

— Der Ärztliche Missionär in China. Mittheilungen nach zwanzigjähriger Erfahrung von William Lockhart, Mitglied der k. Chirurgischen und der k. geographischen Gesellschaft, ärztl. Missionär der Londoner Missionsgesellschaft. Ins deutsche übersetzt von Hermann Bauer, Med. Dr. Würzburg, 1863, in-8, pp. IX-246.

— Narrative of the Mission to China of the English Presbyterian Church, By Donald Matheson, Esq. formerly of China. With Remarks on the Social Life and Religious Ideas of the Chinese. By the Rev. J. Macgowan, (London Missionary Society) of Amoy; and Notes on Climate, Health, and Outfit. By John Carnegie, Esq. M. D. Of Amoy. Second edition. London : James Nisbet & Co. 1866, pet. in-8, 2 ff. n. c. + pp. 151.

Cartes des environs d'Amoy et de Swatow.

— Our Mission in China. A Narrative. By Donald Matheson, Esq., formerly of China. With remarks on the social life and religious ideas of the Chinese, By the Rev. J. Macgowan, (London Missionary Society) of Amoy; and notes on climate, health, and outfit, By John Carnegie, Esq., M. D., Formerly of Amoy. Third and Revised Edition. London : publishing office of the Presbyterian Church of England, 1882, in-8, pp. X-205. Cartes et grav.

(MISS. PROT. — DIVERS.)

Col. 583.

* C. Müller. Ueber Religion und Mission in China. (*Aus allen Welttheilen*, Mai 1872, pp. 249/252.)

Col. 585.

— China and its Missions. — An Address Given at Exeter Hall, London, On Monday, April 29th, 1878, by the Rev. Silvester Whitehead, Missionary from China. — Copied by Permission from the Wesleyan Missionary Notices for June and July, 1878. London : F. F. Longley, 39, Warwick Lane, E. C., br. in-8, pp. 30.

— China and Japan : a Record of Observations made during a residence of several years in China, and a tour of official visitation to the Missions of both countries in 1877—78. By Rev. I. W. Wiley, D. D., one of the Bishops of the Methodist Episcopal Church. Cincinnati : Hithcock and Walden . . . 1879, in-12, pp. 548.

Bib. Nat. $\frac{O^2n}{702}$

— Reformation of Missionary Enterprise in China. — 1879 : Printed by Man - Sing. Amoy. Price 50 Cents, br. in-8, pp. 47.

La Préface est signée H. B. Contient principalement des lettres signées Chih Tao Jen.

"This is a reprint of certain letters that appeared in the *North China Daily News* five years ago, over the signatures of 'Chih Tao-jen', and 'Liberal', together with the replies that were made by 'X. Y. Z.' and others."

Notice : *China Review*, VII, pp. 399/402. — *Chin. Rec.*, X, 1879, p. 240.

— The Church Missionary Atlas. Containing an Account of the various countries in which the Church Missionary Society labours, and of its missionary operations. New edition (the sixth). With thirty-one maps, a chronological chart, &c. London : Church Missionary House, . . Seeley, Jackson, and Halliday, 1879, gr. in-8, pp. VII-151.

La première édition est de 1857.

Une nouvelle édition est en cours de publication (1892).

— The Toleration Clauses in the Treaties. By S. W. Williams. (*Chin. Recorder*, X, 1879, pp. 223/8.)
— Missionaries and the "Toleration Clause". (*Ibid.*, XI, 1880, pp. 65/71.)
— L. sig. I. M. (*Ibid.*, pp. 147/8.)
— The Toleration of Christianity in China. By Rev. H. Blodget. (*Ibid.*, XII, 1881, pp. 1/15.)

— An appeal for China. Two letters, addressed to the friends and supporters of The London Missionary Society, by the Rev. J. A. James, of Birmingham. S. d. [1880], br. in-8, pp. 8.

— The Gospel in Mongolia. By Hoinos. (*Chin. Rec.*, XI, 1880, pp. 120/4.)

(MISS. PROT. — DIVERS.)

— Thoughts on Chinese Missions; Difficulties and Tactics. By Rev. Timothy Richard. (*Chin. Rec.*, XI, 1880, pp. 430/441.)

— Sketches of a Country Parish. By Rev. Arthur H. Smith. (*Chin. Rec.*, XII, 1881, pp. 245/266, 317/344.)

— Mission Work in Central China. A letter to methodist young men. By David Hill. London: Published for the author. T. Woolmer, 1882, br. in-8, pp. 32 et 2 cartes.

— China; her claims and call. By the Rev. Griffith John, of China. London : Hodder and Stoughton, MDCCCLXXXII, br. in-8, pp. 62.

— Report on Christian Literature in China; with a Catalogue of Publications. By J. Murdoch, LL. D., Indian Agent of the Religious Tract Society. — Shanghai. 1882. Printed at the "Hoi-lee" Press, br. in-8, pp. 56-12.

Les dernières pages contiennent un « Catalogue of Chinese Christian Literature, April, 1882 ».

* Bilder aus der chinesischen Mission. (*Ev. Miss. Mag.*, N. F., Jhrg. 27, Nov. 1883, pp. 433/448.)

— Shall we assist the Chinese in acquiring a knowledge of the English language? By Rev. B. C. Henry. A Paper read before the Canton Missionary Conference, Dec. 8th, 1880. (*Chin. Rec.*, XII, 1881, pp. 225/236.)

— The Cross and the Dragon or Light in the Broad East by Rev. B. C. Henry Ten years a missionary in Canton with an introductory note By Joseph Cook. New York, Anson D. F. Randolph and Company, in-8, pp. XXVj-483.

Notice : *China Review*, XIV, pp. 174/5, par E. F.

— The Cross and the Dragon; or, Light in the Broad East. By Rev. B. C. Henry, ten years a Missionary in Canton. With an introductory Note By Joseph Cook. London : S. W. Partridge and Co., in-8, pp. 307.

— Methods of mission work. By Rev. J. L. Nevius, D. D. Origin and growth of stations in central Shantung. (*Chin. Recorder*, XVI, XVII, 1885, 1886, passim.)

— The agency of Chinese Authors in preparing a Christian Literature for China. By Rev. C. W. Mateer, D. D. (*Chin. Recorder*, XVII, March 1886, pp. 93/101.)

— China's need : — Conversion or regeneration. By Rev. W. W. Royall. (*Chin. Recorder*, XVII, April 1886, pp. 141/144.)

— James, chapter V, verse 5. By Rev. W. W. Royall. (*Chin. Rec.*, XVII, April 1886, pp. 148/149.) By Herbert A. Giles. (*Ibid.*, July 1886, pp. 260/1.) By Rev. J. Edkins. (*Ibid.*, Aug. 1886, pp. 316/8.) By B. (*Ibid.*, p. 319.)

— The future Attitude of China towards Christianity. By Rev. J. Edkins. D. D. (*Chin. Rec.*, XVII, oct. 1886, pp. 391/6, 405/415.) Read at the first annual Meeting of the Peking and Tungchow local Branch of the Evangelical Alliance on May 20th, 1886.

— An account of the Chung king Riot on July 1 and 2, 1886. By Mr. Mollmann. (*Monthly Reporter of the British and Foreign Bible Soc.*, 1887, pp. 40 & 57.)

— Mission Progress a Step in Civilisation. By Right Rev. J. S. Burdon, D. D., Bishop of Victoria, Hong kong. (*Chin. Rec.*, XVIII, 1887, pp. 49/58.)

An address delivered in the British Church, Foochow, on St. Andrews' Eve, 29th nov. 1886.

— The Drinking Habits of Chinese Christians. By Dr. J. G. Kerr. (*Chin. Rec.*, XVIII, Dec. 1887, pp. 449/456; XIX, Jan. 1888, pp. 11/19.)

Read before the Canton Missionary Conference, June 1st, 1887.

— The History of Self-Support in the London Mission. By Rev. J. Macgowan. (*Chin. Rec.*, XVIII, Dec. 1887, No. 12, pp. 457/468; XIX, Jan. 1888, pp. 1/11.)

— Native Agents. By Rev. J. Ross. (*Chin. Rec.*, XIX, 1888, pp. 19/28.)

— Hodge on the Epistle to the Romans. — A Review. By Rev. W. A. P. Martin, D. D. (*Chin. Rec.*, XIX, No. 7, July 1888, pp. 322/323.)

— Native Christians Testifying Before an Official. By Rev. J. H. Worley. (*Chin. Rec.*, XIX, No. 7, July 1888, pp. 323/328.)

— The Light of Asia and the Light of the World. By S. H. Kellogg, D. D. — A Review. By D. Z. Sheffield. (*Chin. Rec.*, XIX, No. 8, Aug. 1888, pp. 349/358.)

— The Duty of Christian Missions to the Upper Classes of China. Question I. — Does a Duty exist? By Rev. Gilbert Reid, M. A. (*Chin. Rec.*, XIX, No. 8, Aug. 1888, pp. 358/364); Question II. — What is the nature of the duty? (*Ibid.*, No. 9, Sept. 1888, pp. 397/402; *ibid.*, No. 10, Oct. 1888, pp. 465/472.)

— Work and Needs of Our Society. By Rev. Chauncey Goodrich. (*Chin. Rec.*, XIX, No. 8, Aug. 1888, pp. 366/370.)

Read before the North China Tract Society, May 23rd, 1888.

* American Missionaries in China. By the Hon. Chas. Denby, U. S. Minister at Peking. (*Missionary Review of the World*, February 1888. New York; Funk and Wagnalls.)

— Our Practical Relations with Idolatry. By Rev. Arnold Foster. (*Chin. Rec.*, XIX, No. 11, Nov. 1888, pp. 527/529.)

— Christian progress in China. Gleanings from the Writings and Speeches of Many Workers. By Arnold Foster, B. A. London Missionary Society Hankow. With a map of China. The Religious Tract Society — 1889 [London], pet. in-8, pp. 235.

— Missionary Organization in China. By A. Williamson, LL. D. A paper read before the Chefoo Missionary Association on 3rd September, 1888. (*Chinese Recorder*, Jan. 1889, pp. 18/26; *ibid.*, Feb. 1889, pp. 72/81.)

— A Criticism of Dr. Williamson's "Missionary Organization" By Rev. J. V. N. Talmage, D. D. (*Chin. Rec.*, XX, No. 3, March 1889, pp. 124/129.)

— The Moravians and their Missions. By Rev. H. Blodget, D. D. (*Chin. Rec.*, XX, Jan. 1889, No. 1, pp. 1/9; *Ibid.*, XX, Febr. 1889, No. 2, pp. 57/67.)

Read before the Peking Missionary Ass.

— The Chinese an Integral Part of Humanity. By Rev. Samuel I. Woodbridge. (*Chin. Rec.*, XX, No. 3, March, 1889, pp. 107/110.)

— To What Purpose was this Waste? (*Chin. Rec.*, XX, No. 3, March 1889, pp. 121/124.)

— In what Lines of Action can our three Missions most effectively prosecute their work in Union? By Rev. N. J. Plumb. (*Chin. Rec.*, XX, No. 4, April 1889, pp. 159/168.)

— The Missionaries and the Mandarins. (*Chin. Rec.*, XX, No. 4, April 1889, pp. 168/170.)

— Remember the Sabbath Day to keep it holy. By Co-worker. (*Chin. Rec.*, XX, No. 4, April 1889, pp. 170/1.)

— Chinese Methodist Episcopal Mission of California. Conference. By Mrs. S. L. Baldwin. (*Chinese Recorder*, April 1889, pp. 173/175.)

— Is Buddhism a Preparation for Christianity? By Dr. W. A. P. Martin. (*Chin. Rec.*, XX, No. 5, May 1889, pp. 198/203.)

— The Difficulties of Intercourse between Christian Missionaries and Chinese Officials. By the Rev. Gilbert Reid. (*Chin. Rec.*, XX, No. 5, May 1889, pp. 209/216.)

— How to be a Missionary and convert no one. By Rev. Chauncey Goodrich. (*Chin. Rec.*, XX, No. 6, June 1889, pp. 254/262.)

— Preaching to the Chinese by Similarities and Contrasts. By Rev. A. Sydenstricker. (*Chin. Rec.*, XX, No. 7, July 1889, pp. 327/330.)

— Hygiene. By L. L. G. (*Chin. Rec.*, XX, No. 7, July 1889, pp. 330/332.)

— How may we best foster Self-Support in our Native Churches? By Rev. C. Hartwell. (*Chin. Rec.*, XX, No. 8, Aug. 1889, pp. 355/361.)

— Is China Democratic? (*Chin. Rec.*, XX, No. 8, Aug. 1889, pp. 371/373.)

— Conversion of Mr. Li. (*Chin. Rec.*, XX, No. 10, Oct. 1889, pp. 472/474.)

— Lieutenant Wood on Missionaries in China. By the Rev. S. L. Baldwin, D. D. (*Chin. Rec.*, XX, No. 11, Nov. 1889, pp. 507/513.)

— How one Man can preach to a Million. By Rev. Timothy Richard. An Address for the'Annual Meeting of the North-China Tract Society, 1889. (*Chin. Rec.*, XX, No. 11, Nov. 1889, pp. 487/498.)

— What Lessons can we learn from the Experience and History of Roman Catholic Missions in China as bearing on our Work? (*Chin. Rec.*, XX, No. 11, Nov. 1889, pp. 499/506; *ibid.*, No. 12, Dec. 1889, pp. 535/542.)

— Shall we Study the False Religions? By F. F. Ellinwood, D. D. (*Chin. Rec.*, XX, No. 11, Nov. 1889, pp. 519/524.)

— The model Missionary in China. By Frederic H. Balfour. (*Asiatic Quarterly Review*, Jan. 1890, Vol. IX, No. 17, pp. 12/29.)

— Address by Bishop Andrews of the M. E. Church, U. S. A., at Shanghai, November 28th, 1889. By J. (*Chin. Rec.*, Jan. 1890, pp. 7/11.)

— Some Reminiscences of the Famine Relief Work. By J. B. M. (*Chin. Rec.*, XXI, No. 1, Jan. 1890, pp. 18/26.)

— The Student Missionary Uprising. By John R. Mott. (*Chin. Rec.*, XXI, Feb. 1890, pp. 78/84.)

— The Account of the Creation. By F. C. (*Chin. Rec.*, XXI, Feb. 1890, pp. 108/111.)

— Are Missions a Great Failure? (*Chin. Rec.*, XXI, March 1890, pp. 122/129; *ibid.*, April 1890, pp. 163/169; *ibid.*, May 1890, pp. 213/220.)

— Historical Evidences of Christianity for China. Chap. I. The material Benefits. By Timothy Richard. (*Chin. Rec.*, XXI, No. 4, April 1890, pp. 145/150, etc.)

— The Historic Episcopate as a Basis for Church Union in China. By Rev. Gilbert Reid. I. The Historic Episcopate substantiated. (*Chin. Rec.*, XXI, No. 4, April 1890, pp. 154/163.) II. The Fitness of the Historic Episcopate to the Problem Proposed. (*Ibid.*, No. 5, May 1890, pp. 201/212.)

— Christian Union in China. By Rev. John L. Nevius. (*Chin. Rec.*, XXI, No. 4, April 1890, pp. 179/182.)

— The Intellectual Benefits. By Rev. T. Richard. (*Chin. Rec.*, XXI, May 1890, pp. 228/232.)

— A Call to Prayer. By D. S. M. (*Chin. Rec.*, XXI, May 1890, pp. 232/234.)

— On Some Aspects of Prayer. By Rev. C. Hodges. (*Chin. Rec.*, XXI, June 1890, pp. 257/265.)

— The Missionary Invasion of China. By Rev. H. D. Porter, M. D. (*Chin. Rec.*, XXI, No. 7, July 1890, pp. 291/305; réimp. du *New Englander and Yale Review*.)

— "Lest we should offend them." By Haleg Fax. (*Chin. Rec.*, XXI, No. 7, July 1890, pp. 321/327.)

— Sabbath Obligations. By Rev. F. M. Price. (*Chin. Rec.*, XXI, Aug. 1890, pp. 347/360.)

— The Black-Board as a Missionary Agency. By Rev. T. Brown. (*Chin. Rec.*, XXI, Aug. 1890, pp. 360/364; *ibid.*, Sept. 1890, pp. 387/389.)

— The Enlightenment of our native Christian Women. How can it be accomplished? By Miss Elizabeth M. Fisher. (*Chin. Rec.*, XXI, Sept. 1890, pp. 390/396.)

— Sunday Resting. Is it a law of God? By Rev. George King. (*Chin. Rec.*, XXI, Sept. 1890, pp. 402/409.)

— Sunday Resting a Law of God. By Rev. G. G. Warren. (*Chin. Rec.*, XXI, Dec. 1890, pp. 545/550.)

— The Opening of New Stations. By C. Spurgeon Medhurst. (*Chin. Rec.*, XXI, Dec. 1890, pp. 537/541.)

— Recent Criticisms of Missionaries and Missionary Methods. Their Results at Home and Abroad. By Rev. John G. Fagg. (*Chin. Rec.*, XXI, Dec. 1890, pp. 553/557.)
Read before the Amoy Miss. Ass., Aug. 1, 1890.

— China as a mission field. By the Rev. Arthur E. Moule, B. D., C. M. S. Missionary, Author of "Four Hundred Millions", &c. London : Church Missionary house, Salisbury Square, in-8, pp. VI-75.

* China as a Mission Field. By the Ven. Arthur E. Moule, B. D., Archdeacon in Mid-China, and C. M. S. missionary at Ningpo, Hangchow and Shanghai. Author of "Four Hundred Millions", "Chinese Stories", etc. Second Edition, revised. London : Church Missionary House, Salisbury Square, E. C. 1891.
Notice : *Chin. Rec.*, XXIII, Sept. 1892, p. 436.

(MISS. PROT. — DIVERS.)

* The Glorious Land. Short Chapters on China and the Missionary Work There. By the Ven. Arthur E. Moule, B. D., &c. With map and illustrations. London, &c. 1891.

Notice : *Chin. Rec.*, XXIII, Sept. 1892, p. 436.

— Asceticism in Missions. By F. F. Ellinwood, D. D., New York. (*Chin. Rec.*, XXII, Jan. 1891, pp. 1/6; réimp. de *The Missionary Review*.)

— Resolutions on Presbyterian Union. Adopted by the Swatow Council of the English Presbyterian Mission. (*Chin. Rec.*, XXII, Jan. 1891, pp. 9/12.)

— Primeval Revelation. By J. Edkins, D. D. (*Chin. Rec.*, XXII, Jan. 1891, pp. 22/23.)

— The Importance of Cities in Evangelization. By the Rev. Gilbert Reid. (*Chin. Rec.*, XXII, Feb. 1891, pp. 51/60.)

— A Shanghai Sermon. (*Chin. Rec.*, XXII, Feb. 1891, pp. 60/63.) By the Rev. T. R. Stevenson, Union Church, Dec. 21, 1890.

— A Recent Correspondence between an Educated Manchow and a Missionary on Religious Controversy and kindred Subjects. By T. C. (*Chin. Rec.*, XXII, Feb. 1891, pp. 63/73.)

— To what extent ought we as Missionaries to appeal to the Secular Arm in behalf of Chinese Christians? By Rev. C. C. Baldwin, D. D. (*Chin. Rec.*, XXII, March 1891, pp. 99/105.)

— The Duty of the Hour. By Rev. Chauncey Goodrich, D. D. (*Chin. Rec.*, XXII, March 1891, pp. 113/116.)

— The One Thing Needful. By T. (*Chin. Rec.*, XXII, April 1891, pp. 169/171.)

— The Opening of New Stations. By U. S. (*Chin. Rec.*, XXII, May 1891, pp. 213/214.)

— Preservation of Health a Duty. By J. G. Kerr, M. D. (From the "China Medical Missionary Journal"). (*Chin. Rec.*, XXII, May 1891, pp. 215/217.)

— Student Volunteer Convention. By Rev. G. L. Mason. (*Chin. Rec.*, XXII, May 1891, pp. 220/221.)

— Scripture Translation. By Rev. J. C. Gibson. (*Chin. Rec.*, XXII, May 1891, pp. 225/228.)

— Methods for securing Laborers for Mission Fields, and insuring the Constant and Adequate Support of them and their Work. By Rev. H. V. Noyes. (*Chin. Rec.*, XXII, June 1891, pp. 268/275.)

— On the Sabbath. By Rev. C. H. Judd. (*Chin. Rec.*, XXII, June 1891, pp. 276/281.)

— The Use of 你 in Prayer. By C. W. M. (*Chin. Rec.*, XXII, July 1891, pp. 308/310; XXIII, May 1892, pp. 224/9.)

— The Language of Reverence in China. By F. (*Chin. Rec.*, Sept. 1891, pp. 423/431.)

— "You" or "Thou"? By Rev. H. P. Perkins, Linching, A. B. C. F. M. (*Chin. Rec.*, XXIII, May 1892, pp. 222/223.)

— The Second Personal Pronoun in Prayer. By Rev. Gilbert Reid. (*Chin. Rec.*, XXII, Oct. 1891, pp. 458/460.)

— An Imperial Decree. (*Chin. Rec.*, XXII, July 1891, pp. 330/1.)

— The Holy Spirit a Speedy Instructor. By Rev. William N. Brewster. (*Chin. Rec.*, XXII, Aug. 1891, pp. 374/5.)

— The Wives of Missionaries. By Dr. Ashmore, A. B. M. U., China. (*Chin. Rec.*, XXII, Aug. 1891, pp. 375/6.)

— Appealing to the Secular Arm. By Rev. W. D. Rudland, T'aicheo. (*Chin. Rec.*, XXII, Aug. 1891, pp. 379/380.)

— Missionary Intelligence. To Fellow-workers in Heathen Lands, Greetings : By Chas. E. Garst. (*Chin. Rec.*, XXII, Aug. 1891, pp. 381/2.)

— What is the Best Practical Training we can give our Theological Students? By Rev. Charles Shaw. (*Chin. Rec.*, XXII, Sept. 1891, pp. 395/400.)

— Baptism. By Anonymous. (*Chin. Rec.*, XXII, Sept. 1891, pp. 410/412.)

— A Notable Gathering. By Correspondent. (*Chin. Rec.*, XXII, Oct. 1891, pp. 462/465.)

— Notes on "Mackay of Uganda", Mr. James McMullan, C. I. M., Ninghai. (*Chin. Rec.*, XXII, Dec. 1891, pp. 553/557.)

— Is Slavery as practised among the Chinese Immoral? By Rev. Thomas McCloy, S. B. M., Canton. (*Chin. Rec.*, XXII, Dec. 1891, pp. 567/573.)

(MISS. PROT. — DIVERS.)

— Outline missionary Series. China. Country, People, Religious Systems, Christian Missions. By Rev. J. T. Gracey, M. A. John Snow and Co., Six Pence, in-8, pp. 48. Carte.

— Les Missions protestantes en Chine. (*Miss. Cath.*, XXIII, 1891, pp. 92/4, 104/106.)

* Missionaries in China. By A Candid Friend. Tientsin : The Tientsin Press [1891], pp. 63.

Notice : *Chin. Rec.*, XXIII, Jan. 1892, pp. 38/40. — *China Review*, XX, No. 1, pp. 59/60. By L.

— A Well-Balanced Life. By J. H. Wainright, M. D., M. E. S. M., Kobe, Japan. (*Chin. Rec.*, XXIII, Jan. 1892, pp. 1/10.)

— Why has not Christianity made Greater Progress in the World ? By the Editor. [Read before the Shanghai Missionary Association November 3rd, 1891, and published by request of that body. (*Chin. Rec.*, XXIII, Feb. 1892, pp. 64/74.)

— What should be our Attitude toward the False Religions ? (Paper read before the Ministers of the Dudley District, Eng., April 17th, 1891.) By the Rev. G. T. Candlin, Missionary in China. (*Chin. Rec.*, XXIII, March 1892, pp. 99/110.)

— Vaccination a Duty. By Geo. A. Huntley, C. I. M., Cheng-K'u. (*Chin. Rec.*, XXIII, March 1892, pp. 120/124.)

— What are the Best Methods for proving Applicants for Membership in our Churches? By Rev. E. Z. Simmons, S. B. M., Canton. (*Chin. Rec.*, XXIII, March 1892, pp. 125/129.)

— Scheme for the General Enlightenment of China. By Rev. T. Richard. (*Chin. Rec.*, XXIII, March 1892, pp. 131/132.)

— Proposal with Reference to United Prayer for Native Workers. (*Chin. Rec.*, XXIII, April 1892, pp. 167/172.)

— Brief Report of a Notable Missionary Address. ((*Chin. Rec.*, XXIII, April 1892, pp. 172/175.)

— The Use of Money in Missionary Work. By Rev. Francis M. Price. (*Chin. Rec.*, XX, No. 3, March 1889, pp. 97/107.)

— How Mission Money is Expended. By Rev. G. A. Stuart, M. D., Wuhu, M. E. M. First Part. (*Chin. Rec.*, XXIII, May 1892, pp. 229/236;) Second Part; (*ibid.*, June 1892, pp. 259/265.)

— Another Missionary's Idea. By Mr. John Darroch, C. I. M. (*Chin. Rec.*, XXIII, July 1892, pp. 332/335.)

— An Experience of Missionary Troubles in the Interior of China. By the Rev. Gilbert Reid, M. A. (*Chin. Rec.*, XXIII, June 1892, pp. 276/284.)

— The Missionary Review. (*Chin. Rec.*, XXIII, June 1892, pp. 285/6.)

— How to Increase the Efficiency of our Native Workers. By Rev. F. L. Hawks Pott, B. D. (*Chin. Rec.*, XXIII, July 1892, pp. 299/304.)

Read before the Shanghai Missionary Association.

— Quench not the Spirit (I Thes. V, 19). (The substance of a prayer-meeting talk, afterwards written out for the *Recorder* at the Editor's request.) By D. W. H. (*Chin. Rec.*, XXIII, July 1892, pp. 329/332.)

— The Drink Offering. By Rev. C. Hartwell. (*Chin. Rec.*, XXIII, July 1892, pp. 315/324; *ibid.*, Aug. 1892, pp. 355/360.)

— Practical Christianity. By a Lady Missionary. (*Chin. Rec.*, XXIII, Aug. 1892, pp. 370/372.)

— The Riots and their Lessons. By Rev. John Ross, U. P. C. S. (*Chin. Rec.*, XXIII, Aug. 1892, pp. 380/386.)

— Two Important Questions. Rev. W. S. Ament, A. B. C. F. M. (*Chin. Rec.*, XXIII, Sept. 1892, pp. 407/410.)

— On Scripture Colportage. By * * *. (*Chin. Rec.*, XXIII, Sept. 1892, pp. 420/422.)

— A Notable Meeting. By Rev. John C. Ferguson, Nanking, China. (*Chin. Rec.*, XXIII, Oct. 1892, pp. 465/468.)

— Protestant Missionary Work in China. By Rev. J. W. Davis, D. D. (*Chin. Rec.*, XXIII, Oct. 1892, pp. 469/475; *ibid.*, Nov. 1892, pp. 506/512.)

Read at the Arima Conference, Japan, 8th August 1892.

— Are we then Getting Ready to Believe that God is the Architect of Heathenism? By Rev. William Ashmore, D. D. (*Chin. Rec.*, XXIII, Nov. 1892, pp. 517/518.)

— The Religious Possibilities of the World's Fair. By Rev. John Henry Barrows, D.D. (*Chin. Rec.*, XXIII, Dec. 1892, pp. 547/556.)

— How Should we Preach to the Heathen ? (*Chin. Rec.*, XXIII, Dec. 1892, pp. 570/572.)

— The First Chinese Christian Endeavour Society in the World. By Rev. G. H. Hubbard, A. B. C. F. M. (*Chin. Rec.*, XXIII, Dec. 1892, pp. 573/4.)

— God's Own Estimate of Heathenism. (Read Rom. I Chapter.) By Rev. W. Ashmore, D. D. (*Chin. Rec.*, XXIV, Jan. 1893, pp. 21/2.)

— Revival : Awakening : Union. By Mr. G. M'Intosh, Presbyterian Mission Press, Shanghai. (*Chin. Rec.*, XXIV, Feb. 1893, pp. 70/4.)

— The C. E. S. in China. — A Plea for Extension. By Rev. O. F. Wisner, American Presbyterian Mission, Canton (*Fa T'i*). (*Chin. Rec.*, XXIV, Feb. 1893, pp. 75/8.)

— Draft of Explanations on Chinese Text of St. Mark's Gospel. As accepted by the Board of the National Bible Society of Scotland. (*Chin. Rec.*, XXIV, Feb. 1893, pp. 78/87.)

— Chinese Hymnology. — (Rev. J. Lees.) (聖教詩歌). By Rev. G. T. Candlin. [Meth. New Connexion Mission, Tientsin.] (*Chin. Rec.*, XXIV, April 1893, pp. 167/173).

.·.

— Christian Terminology in Chinese. By Rev. John C. Gibson, Swatow, E. P. M. First Part. (*Chin. Rec.*, XXIII, June 1892, pp. 255/259; XXIV, Feb. 1893, pp. 51/54.)

— Christian Terminology in Chinese. By M. N. (*Chin. Rec.*, XXIII, Sept. 1892, pp. 418/19.)

— Notes on the Roman Catholic Terminology. By Rev. G. L. Mason. (*Chin. Rec.*, XX, No. 8, Aug. 1889, pp. 352/354.)

— The Roman Catholic Terminology. By Rev. C. F. Hogg. (*Chin. Rec.*, XXI, Sept. 1890, pp. 396/402.)

.·.

— The next missionary conference. By Rev. C. W. Mateer, D. D. (*Chin. Recorder*, XVII, Jan. 1886, pp. 32/33.)

— The missionary conference. — A protest. By Rev. M. T. Yates, D. D. (*Chin. Recorder*, XVII, Jan. 1886, pp. 34/35.)

— The General Conference on Missions. From *the Church missionary Intelligence and Record.* (*Chin. Rec.*, XIX, No. 9, Sept. 1888, pp. 427/432.)

— The Proposed Missionary Conference of 1890. (*Chin. Rec.*, XX, No. 8, Aug. 1889, pp. 349/352.)

— Programme of the General Conference of 1890. By J. R. Goddard, Secy. of Com. of Arrangements. (*Chin. Rec.*, XX, No. 11, Nov. 1889, pp. 514/517.)

— The Coming General Conference. By B. C. D. (*Chin. Rec.*, XXI, Jan. 1890, pp. 1/7.)

— A Suggestion for the Conference. By a Young Missionary. (*Chin. Rec.*, XXI, Feb. 1890, pp. 119/122.)

* Resolutions of the Shanghai Conference on Editorial Matters, with remarks on the same, by Dr. Wright.

Voir Lettres de C. F. Hogg, Arnold Foster. (*Chin. Rec.*, July 1890.) Dans ce même numéro, l'éditeur du *Chin. Rec.*, p. 335, refuse d'insérer une réponse du Dr. Archibald au Dr. Wright. Voir également les numéros suivants de ce périodique.

— The Missionary Conference at Shanghai. (*Chin. Rec.*, XXI, Sept. 1890, pp. 409/412.)

From *the London and China Express.*

— Remarks on the Resolutions of Conference. By Rev. J. Wallace Wilson. (*Chin. Rec.*, XXI, Nov. 1890, pp. 495/499.)

— Chinese Dress in the Shanghai Conference. By Rev. B. C. Henry. (*Chin. Rec.*, XXI, Dec. 1890, pp. 550/552.)

* Record of the Missionary Conference, held at Shanghai, May 7—20, 1890, Shanghai : Presbyterian Mission Press.

Notice : *Chin. Rec.*, XXII, April 1891, p. 182.

.·.

* The Blind in China, By C. F. Gordon Cumming. (*Gentleman's Magazine*, May, 1887.)

— The Blind in China. (*Chin. Rec.*, XX, No. 5, May 1889, pp. 218/222; from *the Missionary Review of the World*.)

— Deaf-Mute Instruction. By Rev. C. R. Mills, D. D. (*Chin. Rec.*, XXI, June 1890, pp. 243/246.)

— Education and Work for the Chinese Blind. By Rev. W. Campbell, F. R. G. S. (*Chin. Rec.*, XXI, Oct. 1890, pp. 448/453.)

— Mr. Murray's Method of applying Braille's System for the Instruction of the Blind. By H. Blodget. (*Chin. Rec.*, XXII, pp. 256/260.)

.˙.

— The New Education in China. By Rev. L. W. Pilcher. I. Historical Notes. (*Chin. Rec.*, XX, No. 7, July 1889, pp. 305/310.)
— The New Education in China. By Rev. L. W. Pilcher. II. The Outlook. (*Chin. Rec.*, XX, No. 8, Aug. 1889, pp. 343/348.) —
III. The Place of the English Language. (*Ibid.*, No. 9, Sept. 1889, pp. 408/410.)

— Country Day Schools. (*Chin. Rec.*, XX, No. 8, Aug. 1889, pp. 361/366.)

— The English Language in Chinese Educational Work. By C. D. Tenney, M. A. (*Chin. Rec.*, XX, No. 10, Oct. 1889, pp. 469 —471.)

— Christian Education a Factor in Evangelization. By Rev. P. W. Pitcher. (*Chin. Rec.*, XXI, Feb. 1890, pp. 72/78.)

— Education a Factor in Evangelization. By Rev. P. W. Pitcher, Amoy, A. R. M. (*Chin. Rec.*, XXIII, April 1892, pp. 164/166.)

— The Relation of Christian Education to other Branches of Mission Work. By Rev. D. Z. Sheffield. (*Chin. Rec.*, XXI, June 1890, pp. 247/257.)

— Educational Notes. The Educational Association of China. Its Origin. (*Chin. Rec.*, XXIII, Jan. 1892, pp. 30/36.)

— Higher Education in China. By Pres. John C. Ferguson. [Printed in the *N.-C. Daily News* and re-written for these columns.] (*Chin. Rec.*, XXIII, April 1892, pp. 149/157.)

— Day-Schools. — How to conduct them. A Symposium. [The papers given herewith were read at a meeting of the Shanghai Missionary Association, and the discussion following is reported in part. — Ed.] By Archdeacon E. H. Thomson, P. E. M. (*Chin. Rec.*, XXIII, May 1892, pp. 199/212.)

— Educational Notes. (*Chin. Rec.*, XXIII, May 1892, pp. 213/216.)

— The American Chinese Sunday-schools. By Rev. C. R. Hager, Hongkong, A. B. M. (*Chin. Rec.*, XXIII, May 1892, pp. 217/222.)

— Principles of Education. By Rev. W. P. Bentley. (*Chin. Rec.*, XXIII, Aug. 1892, pp. 362/367.)

— Objects, Methods and Results of Higher Education in Our Mission Schools. By Rev. J. Jackson, Methodist Episcopal Mission. (*Chin. Rec.*, XXIII, Dec. 1892, pp. 556/563 ; XXIV, Jan. 1893, pp. 7/12.)

— Dangers and Advantages of Day-Schools. By Rev. C. F. Kupfer, [Meth. Ep. Mission, Chinkiang.] (*Chin. Rec.*, XXIV, March 1893, pp. 107/110.)

.˙.

— Voir Chan toung, col. 1472 et 1745.
— Voir CANTON, col. 1485.

* Report of the Foreign Missions of the Presbyterian Church of England for 1879.

Notice : *Chin. Rec.*, XI, 1880, p. 391.

* The Constitution and By-laws of the China Mission of the Presbyterian Church in the United States, together with a list of Standing Rules and Precedents. Revised and adopted. 1892. Shanghai : Printed at the Presbyterian Mission Press. 1892.

Notice : *Chin. Rec.*, XXIII, April 1892, p. 184.

— Short Account of the Southern Methodist Mission since 1877. By A. P. Parker. (*Chin. Rec.*, XII, 1881, pp. 292/4.)

* Minutes of the Fifth Session of the China Mission Annual Conference of the Methodist Episcopal Church, South; held at Shanghai, October 15—21, 1890.

Notice : *Chin. Rec.*, XXII, Jan. 1891, p. 39.

(MISS. PROT. — DIVERS.)

* Minutes of the Sixth Session of the China Mission Annual Conference of the Methodist Episcopal Church, South, held at Soochow, October 14—19, 1891. Shanghai : American Presbyterian Mission Press.

Notice : *Chin. Rec.*, XXIII, March 1892, p. 189.

* Minutes of the Seventh Session of the China Mission Annual Conference of the Methodist Episcopal Church, South, held at Soochow, Oct. 5—10, 1892. Shanghai : Presbyterian Mission Press.

Notice : *Chin. Rec.*, Dec. 1892, p. 581.

— Report of the China Mission, Methodist Episcopal Church, South. For the year ending September 30, 1891. By W. B. Bonnell. (*Chin. Rec.*, XXIII, Feb. 1892, pp. 81/83.)

* Minutes of the Twenty-first Annual Meeting of the North China Mission of the Methodist Episcopal Church, held in Peking. April 29—May, 1892. Shanghai : Presbyterian Mission Press.

Notice : *Chin. Rec.*, XXIII, Nov. 1892, p. 533.

* Official Minutes of the Twenty-fifth Annual Session of the Central China Mission of the Methodist Episcopal Church. 1892. Kiukiang : The Central China Press.

Notice : *Chin. Rec.*, XXIII, Nov. 1892, p. 532.

TCHE LI. — The North-China Mission of the American Board. By Rev. C. A. Stanley. (*Chin. Rec.*, XII, 1881, pp. 54/57.)

Cette mission a été commencée en 1860 par le Rév. Henry Blodget, venu de Chang-haï à Tien-tsin où il arriva le 28 sept. 1860.

* Report of the North-China Mission of the American Board, for the year ending April 30th, 1892. For the Mission, Rev. Wm. S. Ament. Tientsin : The Tientsin Press.

Notice : *Chin. Rec.*, XXIII, Nov. 1892, pp. 533/4.

— Church Work in North China; being A Sketch of the Church of England Mission in North China, together with an Account of the Formation of the Diocese : with a Preface by the Right Rev. C. P. Scott, D. D., Bishop in North China, and a Map and Illustrations. Published under the direction of the Tract Committee. London : Soc. for promoting Christian Knowledge . . . pet. in-8, s. d. [1891], pp. 113.

CHAN TOUNG. — A Narrative of the origin and early Progress of the wonderful work of God in Laou Ling, province of Shantung, China : as reported in the Journals and Letters of the Rev. William N. Hall, and the Rev. John Innocent, Missionaries in China. London : William Cooke, Methodist new Connexion Book-room, — 1867, br. in-8, pp. 48.

(MISS. PROT. — DIVERS.)

— Notes from Shantung. By C. R. M. (*Chin. Rec.*, XI, 1880, No. 1, pp. 53/56.)

— Mission work in central Shantung. By John L. Nevius. (*Chin. Rec.*, XI, 1880, No. 5, pp. 357/361.)

— The Work of Protestant Missions in the Province of Shantung. By Rev. Hunter Corbett. (*Chin. Rec.*, XII, 1881, pp. 87/90.)

— A Side Light on Missionary Experiments in Central Shantung. Rev. Arthur H. Smith. (*Chin. Rec.*, XIX, 1888, pp. 53/61.)

CHAN SI.

— Days of Blessing in Inland China, being an account of meetings held in the province of Shan-si, &c. With an introduction by J.Hudson Taylor, M. R. C. S., F. R. G. S., author of "China's spiritual Need and Claims". Second edition. London : Morgan & Scott, — M DCCC LXXXVII, pet. in-8, pp. 199.

— Shansi Conference of Protestant Missionaries. Sept. 29th to Oct. 5th, 1892. (*Chin. Rec.*, XXIV, April 1893, pp. 178/186.)

KIANG SOU.

— Secularization in Kiangsu. By Rev. H. C. Du Bose. (*Chin. Recorder*, XVII, June 1886, pp. 228/236.)

— How Su-cheu was opened. By One of the Four. (*Chin. Rec.*, XIX, No. 9, Sept. 1888, pp. 433/434.)

Rev. Edkins, John, Nelson & Williams, 1857.

— Synopsis of the President's Address at the Meeting of the Shanghai Missionary Association, October 6th, 1891. (*Chin. Rec.*, XXII, Nov. 1891, pp. 527/529.)

NGAN HOUEI.

— Itineration in the province of Nganhuei. By Edward Pearse. (*Chin. Rec.*, X, 1879, No. 5, pp. 379/383; *Ibid.*, XI, 1880, No. 3, pp. 208/213.)

KIANG SI.

— A Kiukiang Magistrate. By W. H. W. (*Chin. Rec.*, XXII, July 1891, pp. 328/330.)

TCHE KIANG.

— The Story of the Cheh-Kiang Mission of the Church Missionary Society. By the Ven. Arthur E. Moule, B. D., Archdeacon in Mid-China. &c. London. &c. 1891 . . . . .

Notice : *Chin. Rec.*, XXIII, Sept. 1892, p. 437.

— *These from the land of Sinim.* — A Narrative of the Conversion of a chinese Physician. Compiled from Journals and Letters of Missionaries of the Church Missionary Society at Ningpo, and one of their Catechists. By the Rev. Henry Moule, M. A., vicar of Fordington. Second edition, revised, and with three additional chapters by one of the missionaries. London : James Nisbet & Co., . . Seeley, Jackson & Halliday, 1868, br. in-8, pp. x-101.

— 'Ang-tse T'u-yin Tsan-me-s. — Zang-hai. Me-wa s-yun in-tih. — 1872, pet. in-8, pp. VI-64.

Hymn Book of the Church Missionary Society's Mission, Hang-chow, done into the Roman Character. Printed at Shanghae by the American Presbyterian Mission Press.

— Protestant Missions in the Cheh-Kiang Province. By Rev. John Butler. (*Chin. Rec.*, XI, 1880, No. 4, pp. 284/291.)

— The Che-Kiang and Kiang-Su Baptist Association. By Rev. J. R. Goddard. (*Chin. Rec.*, XVIII, Dec. 1887, No. 12, pp. 473/474.)

— Good News from the Chehkiang Province. Letter from the Rev. J. C. Hoare, New Work in T'ai-chow. (*Chin. Rec.*, XX, No. 6, June 1889, pp. 268/271.)

— Work in the Province of Chekiang. (*Chin. Rec.*, XX, No. 12, Dec. 1889, pp. 543/549.)

The Rev. Arthur Elwin, dans *The Missionary Intelligencer.*

FOU KIEN.

— * Minutes of the Fifteenth Session of the Foochow Annual Conference of the Methodist Episcopal Church. Held at Foochow, Nov. 18—24, 1891. M. E. Mission Press, Foochow.

Notice : *Chin. Rec.*, XXIII, May 1892, p. 238.

* Fuhkien Mission, C. M. S., China, 1887, br. in-8, pp. 18.

— The Relation of the Education of Chinese Youth in our Boarding Schools to the Evangelization of the Fuhkien Province. By Rev. J. E. Walker. (*Chin. Rec.*, XIX, No. 12, Dec. 1888, pp. 554/566.)

— Missionary Manuals. — Christ or Confucius, Which? or, The Story of the Amoy Mission. By Rev. John Macgowan, Missionary in Amoy since 1863; . . . . London : London Missionary Society, 1889, in-8, pp. 208.

Bib. Nat. $\frac{O^2 n}{866}$.

Notice : *Chin. Rec.*, XXI, 1890, pp. 42/4.

* Some Facts about North Formosa Mission. By Rev. G. L. Mackay, D. D., br. pp. 9.

Notice : *Chin. Rec.*, XX, p. 40.

HOU PÉ.

— Scandinavian Missionaries at Hankow and Wuchang. By Johannes Brandtzaeg. (*Chin. Rec.*, XXIII, June 1892, pp. 273/276.)

KOUANG TOUNG.

— Considerations on the Propriety of Modifying Present Methods of Mission Work in Kwong-tung. By Rev. T. W. Pearce. (*Chin. Rec.*, XXII, Feb. 1891, pp. 79/89.)

Read before the Canton Miss. Conference, Dec. 3, 1890.

— The missions of Canton City and of the central parts of the Canton Province. By Rev. H. V. Noyes. (*Chin. Rec.*, XI, 1880, No. 4, pp. 297/303.)

— Facilities for Itineration in Canton. By Rev. B. C. Henry. (*Chin. Rec.*, XII, 1881, pp. 438/454.)

* The Report of the American Presbyterian Mission in Canton, China, for the year 1890. Compiled by B. C. Henry, Hongkong : Printed at the "China Mail" Office.

Notice : *Chin. Rec.*, XXII, June 1891, p. 289.

* The Report of the American Presbyterian Mission in Canton, for the year 1891. Canton : Printed at the "E-Shing" Office 1892.

Notice : *Chin. Rec.*, XXIII, May 1892, p. 238.

— Educational Work in Swatow. By Mr. Wm. Paton. (*Chin. Rec.*, XIX, 1888, pp. 78/83.)

— Village Preaching Inland from Swatow. By Rev. William Ashmore, D. D. (*Chin. Rec.*, XXII, May 1891, pp. 218/220.)

— Hainan and its Missionary Work. By Frank P. Gilman. (*Chin. Rec.*, XXI, No. 6, June 1890, pp. 271/280.)

MISSION DE BÂLE.

— Basler Missionsstationen. — I. Heft. CHINA und AFRIKA. — *China.* 1. Lilong. 2. Wong lai Khyap. 3. Lyung Kong tsai. 4. Hongkong. 5. Tschong tshun

6. Nyenhangli .... *Afrika* ..... Basel, 1873. Verlag des Missions-Comptoirs, br. in-8, pp. 41.

— A Sketch of the Work of the Basel Mission. In the Province of Quangtung. (*Chin. Rec.*, XI, 1880, pp. 445/8.)

— Einige Früchte der Missionsarbeit in China. — Basel. Verlag der Missionsbuchhandlung. 1881, br. pet. in-12, pp. 16.

— Von drei Buddhistenpriestern die Christen geworden. Basel. Verlag der Missionsbuchhandlung. 1881, br. pet. in-12, pp. 16.

— Die Basler Mission in China. Von Jakob Lörcher, Missionär. Mit einer Karte, Basel, Verlag der Missionsbuchhandlung. 1882, br. in-8, pp. 48.

— Lai Hinljam. Selbstbiographie eines chinesischen Christen. — Im Auszug übersetzt von G. Guszmann, Missionär. — Basel. Verlag der Missionsbuchhandlung. 1884, in-12, pp. 32.

— The Basel Mission. By Rev. C. R. Hager. (*Chin. Recorder*, XVII, March, 1886, pp. 112/116.)
— The Rheinish Mission. By Rev. C. R. Hager. (*Chin. Rec.*, XVII, Sept. 1886, pp. 345/8.)

— Katalog und Beschreibung der Sammlungen im Museum des Missionshauses zu Basel. Basel, Verlag der Missionsbuchhandlung 1888, in-8, pp. 158.

China und Japan, pp. 83/99; nos 1659—2115, p. 106, no 2372.

— Tschin, der arme Chinesenknabe. — Achte Auflage. — Basel. Verlag der Missionsbuchhandlung. 1888, br. pet. in-12, pp. 16.

— Das Evangelium in China. Dritte umgearbeitete Auflage. Basel, Verlag der Missionsbuchhandlung 1890, br. pet. in-12, pp. 16.

HONG KONG. — Report regarding the Chinese Union at Hongkong. — Printed at the Hongkong Register office. 1851, br. in-8, pp. 22.

YUN NAN.

— Yunnan and Kwei-cheo Convention. Held at Ch'iu-ch'en-fu, Dec. 24th, 1892, to Jan. 1st, 1893. (*Chin. Rec.*, XXIV, April 1893, pp. 186/189.)

CHEN SI.

— Progress of the Gospel in Han-chung-fu, Shen-si. By Mr. G. F. Easton, of Ts'in-chan, Kan-suh. (*Chin. Rec.*, XII, 1881, pp. 104/109.)

MANDCHOURIE.

— History of the Manchurian Mission. By Rev. John Ross. (*Chin. Rec.*, XVIII, 1887, pp. 255/263.)
Read at Annual Conference of United Presbyterian Church of Scotland Mission, Mookden, April 1887.
— Missionary Arithmetic. By Rev. John Ross, Moukden, Manchuria. (*Chin. Rec.*, XXIII, Dec. 1892, pp. 568/570.)

(MISS. PROT. — DIVERS.)

MONGOLIE.

— Vegetarianism. By Rev. James Gilmour. (*Chin. Rec.*, XXI, Aug. 1890, pp. 370/373.)

Col. 591.

TABLEAU DES MISSIONS PROTESTANTES.

A ajouter les sociétés suivantes :

43	1878	Established Church of Scotland
44	1882	Berlin Mission
45	1884	Allgem. Evang. Prot. Miss. Gesellschaft
46	1885	Bible Christians
47	1886	Foreign Christian Mission Society
48	1886	Soc. Prop. Christ. and Gen. Knowledge
49	1886	Society of Friends.
50	1887	American Scandinavian Congregational
51	1888	Church of England Zenana Missionary Society

2° *THE TERM QUESTION.*

Col. 601—602.

— L'entrevue entre l'évêque de Victoria et le gouverneur du Fou-kien a été tirée à part en un placard sur trois colonnes.

— Reply to the Bishop of Victoria's ten Reasons in favour of T'een-shin. By W. H. Medhurst, sen. Pièce in-4, 1 f. sur 3 col., s. l. n. d.

Col. 603.

— A few Thoughts on the Question, What Term can be christianised for God in Chinese? Pièce in-4 de 2 ff. n. ch. [3 pp. imp.] (China, July, 1864).

— A few Thoughts in reply to a short essay on the question : "What Term can be christianized for God in China?" By Theophilus. Pièce in-8, pp. 10.

Col. 606.

— A Letter to Prof. F. Max Müller on the Sacred Books of China, Part I. By Inquirer. [A. P. Happer.] (*Chin. Rec.*, XI, 1880, pp. 161/186 + 1 p. n. c.)

— A Letter to Professor F. Max Müller Chiefly on the Translation into English of the Chinese Terms *Ti* and *Shang Ti* in reply to a Letter to him by 'Inquirer' in the 'Chinese Recorder and Missionary Journal' for May-June, 1880. By James Legge. (*Ibid.*, XII, 1881, pp. 35/53.)

Col. 607.

— "Heaven" and "God" in Chinese. By Divus. (*China Review*, VIII, p. 392.)

— The interminable Question. By John Chalmers. (*China Review*, IX, pp. 190/192.) — Max Müller. (*Ibid.*, pp. 228/233.)

— An imperial settlement of the Term Question. (*China Review*, X, p. 72.)

— The Catholic Missionaries and the Term Question. By Ch. Piton. (*China Review*, X, p. 145.)

— The New Testament in Chinese. "Traduttori, traditori." By Herbert A. Giles. (*China Review*, X, pp. 149/158.)

(MISS. PROT. — THE TERM QUESTION.)

— "The Delegates' Version" and Mr. Giles. By F. J. Masters. (*China Review*, X, pp. 259/265.)

— Shang-ti, the El-Eljon of Genesis. By Martin Schaub. (*China Review*, XI, pp. 162/171.)

— "Ti." (*China Review*, XI, p. 403.)

— Chinese Theology. By E. H. Parker. (*China Review*, XIV, p. 171.)

— Term question. By E. H. Parker. (*China Review*, XV, p. 249.)

— The easy Wen Li new Testament. By Rev. C. W. Mateer, D. D. (*Chin. Recorder*, XVII, Feb. 1886, pp. 51/53.)

— Mr. John's New Testament. By Rt. Rev. G. E. Moule, D. D. (*Chin. Recorder*, XVII, Feb. 1886, pp. 53/55.)

— The easy Wen Li New Testament. By Rev. Griffith John. (*Chin. Recorder*, XVII, April 1886, pp. 145/148.) Cf. *Ibid.*, May 1886, pp. 203/4.

— Mode of printing the Chinese Bible. By Rev. J. Edkins, D. D. (*Chin. Recorder*, XVII, April 1886, pp. 149/150.)

— The Chinese New Testament. By Rev. Arnold Foster, B. A. (*Chin. Recorder*, XVII, May 1886, pp. 192/197.)

— The New Testament in Chinese. By H. (*Chin. Rec.*, XIX, No. 5, May 1888, pp. 216/222; Paper II, *ibid.*, No. 6, June 1888, pp. 250/260; *ibid.*, April 1889, pp. 147/150; *ibid.*, June 1889, pp. 263/267; *ibid.*, July 1889, pp. 311/316; *ibid.*, August 1889, p. 374.)

— The New Testament in Chinese. Paper III. By H. (*Chin. Rec.*, XX, No. 4, April 1889, pp. 145/150; Paper IV, *ibid.*, XX, No. 6, June 1889, pp. 263/267; *ibid.*, XX, No. 7, July 1889, pp. 311/316.)

— The New Testament in Chinese. (*Chin. Rec.*, XX, No. 8, Aug. 1889, p. 374.)

— The New Testament. Paper VI. By H. (*Chin. Rec.*, XXI, August 1890, pp. 365/370.)

— Answer to Criticisms on "The New Testament in Chinese". By one of the Peking translators. (*Chin. Rec.*, XIX, No. 8, Aug. 1888, pp. 365/366.)

— The Bible without Note or Comment in China. By Rev. F. H. James. (*Chin. Rec.*, XXI, No. 4, April 1890, pp. 151/153.)

— In what form shall we give the Bible to the Chinese? By C. (*Chin. Rec.*, XXI, Oct. 1890, pp. 453/457.)

— The Bible in China. By Rev. L. N. Wheeler, D. D. (*Chin. Rec.*, XXI, Dec. 1890, pp. 541/545.)

— A Communication from Bishop Moule. To the Editor of the Recorder. (*Chin. Rec.*, XXII, Jan. 1891, pp. 6/9.)

— The Text of the New Testament. By F. (*Chin. Rec.*, XXII, March 1891, pp. 123/128.)

— Bishop Moule and Chinese Bible Revision. By Rev. C. A. Mateer. (*Chin. Rec.*, XXII, March 1891, pp. 129/130.)

— The Translation of ὁ λογος. — Jn. 1. 1. By Rev. H. P. Perkins. (*Chin. Rec.*, XXII, March 1891, pp. 130/132.)

— The Work of Bible Translation. By Rev. R. H. Graves, D. D. (*Chin. Rec.*, XXII, June 1891, pp. 260/262.)

— The Chinese Bible. By Rev. George Parker. (*Chin. Rec.*, XXII, Oct. 1891, pp. 460/462.)

— The Mandarin Executive Committee. (*Chin. Rec.*, XXII, Oct. 1891, pp. 466/67.)

— Bible Revision. By K. (*Chin. Rec.*, XXII, Nov. 1891, pp. 499 à 508.)

— Thoughts on Translation of the Scripture and the Revised Version. By T. Newberry, Editor of the Englishman's Bible. (*Chin. Rec.*, XXII, Nov. 1891, pp. 522/524.)

— Meeting of the Revisers. (*Chin. Rec.*, XXII, Dec. 1891, pp. 573 à 584.)

— General List of Commentaries on Books of Scripture. By Alex. Kenmure. (*Chin. Rec.*, XXII, Nov. 1891, pp. 529/530; *ibid.*, Dec. 1891, pp. 579/581.)

— Bishop Moule on the Greek Text of the New Testament. (*Chin. Rec.*, XXIII, Jan. 1892, pp. 10/17.)

— Meeting of the Board of Revisors. (*Chin. Rec.*, XXIII, Jan. 1892, pp. 25/28.)

— One Bible for China. By a Member of the Executive Committee. (*Chin. Rec.*, XXIII, Feb. 1892, pp. 79/81.)

— Why we should study the Old Testament. By Rev. William Ashmore, D. D., Swatow, B. M. U. (*Chin. Rec.*, XXIII, June 1892, pp. 249/255.)

— Pentateuchal Criticism. By Rev. Edward S. Little, M. E. M. (*Chin. Rec.*, XXIII, Aug. 1892, pp. 373/375.)

(MISS. PROT. — THE TERM QUESTION.)

— Union in Bible and Tract Work. By Rev. Jonathan Lees, L. M. S. (*Chin. Rec.*, Sept. 1892, pp. 412/415.)

— Bible Revision Needed. By J. J. (*Chin. Rec.*, Sept. 1892, pp. 423/426.)

— Conference Committee on Vernacular Versions. By Rev. John C. Gibson, Secretary. (*Chin. Rec.*, XXIII, Oct. 1892, pp. 457/459.)

— Mandarin Revision. By John R. Hykes, Secretary Mandarin Committee. (*Chin. Rec.*, XXIII, Nov. 1892, pp. 529/530.)

— Annotated Scriptures. By J. H. Laughlin. (*Chin. Rec.*, XXIV, Feb. 1893, pp. 88/9.)

— Annotated Scriptures. By Rev. John Chalmers. (*Chin. Rec.*, XXIV, April 1893, pp. 162/164.)

3° *PUBLICATIONS PÉRIODIQUES.*

— *The Chinese Missionary Gleaner.* From March 1850, to December 1855. London : Wertheim & Macintosh, ... Judd & Glass ...., 1856, in-8.

No. 1, March, 1850. Price 2d. — Vol. II, No. 5, May, 1851, Price 1d.

Devient :

— *The Chinese & General Missionary Gleaner,* in-8.

Vol. I, No. I — June 1851 — Price 1d. — Vol. II. No. 12. May 1853. Price 1d.

Puis :

— *The Chinese Missionary Gleaner.* Vol. I. New Series. London : Partridge, Oakey & Co., 1855, in-8.

Vol. I, No. I. New Series. June 1853. Price 1d. — Vol. II. No. 31. New Series. December 1855. Price 1d.

* *The Chinese Illustrated News.* Moral, Religious, Scientific, Instructive and Entertaining. March 1891. Vol. XI., No. 11. Shanghai : The Chinese Religious Tract Society.

Notice : *Chin. Rec.*, XXII, May 1891, p. 235.

* *The Friend of China* : The Organ of the Society for the Suppression of the Opium Trade. London : P. S. King and Son. October, 1890.

Notice : *Chin. Rec.*, XXII, Jan. 1891, p. 38.

* *Messenger (The),* in-4, pp. 4, mensuel.

Commencé à Shang haï, 1888, par William J. Lewis, de la China Inland Mission.

* *Monats-Berichte* der *Chinesischen Stiftung.* 1—3. Jahrg. 1847—1849, à 12 Nrn. Cassel, Hotop, gr. in-4 [Engelmann].

* *Woman's Work in the Far East.* Vol. XI., No. 1; Nov. 1890. Published semi-annually, in May and Nov. Kelly and Walsh, Lt. Shanghai.

Notice : *Chin. Rec.*, XXII, Jan. 1891, pp. 39/40.

4° *VIES DES MISSIONNAIRES.*

* List of Protestant Missionaries in China, Japan and Siam, by A. Herbete-Gordon Esq. Shanghai : American Presbyterian Mission Press.

Notice : *Chin. Rec.*, XII, 1881, p. 474.

(MISS. PROT. — PUB. PÉRIODIQUES.)

* The List of Missionaries. — A Directory of Protestant Missionaries in China, Corea, Siam, and the Straits Settlements. Corrected to May 1886. Shanghaï, American Presbyterian Mission Press, pièce in-8, 25 cents.

* New list of Missionaries in China, Korea, and Siam. Corrected to March, 1889. Shanghai, American Presbyterian Mission Press, 1889, in-8.

— Church Missionary Society. — Register of Missionaries and native Clergy, From 1804 to 1883. With index. — 1884, br. in-8, pp. 237.

Abbey, *Robert Easton,* né à St. Catherine's Canada, 22 mars, 1852 ; †
— In Memoriam. — Rev. R. E. Abbey. (*Chin. Rec.,* XXI, Dec. 1890, pp. 557/561.)

Abeel, *David.*
— Voir col. 1006.
— Henri Cordier, *Grande Encyclopédie.*

Boone, *William Jones,* Board of Foreign Missions of the Protestant Episcopal Church, épouse Sarah Amélie de Saussure, de la Caroline du Sud ; arrivé à Batavia, 1837 ; à Macao, nov. 1840 ; Kou-lang-sou 24 fév. 1842, avec Abeel ; premier évêque-miss. en 1844 ; † à Chang-haï, 17 juillet 1864.

Boone, deuxième fils du précédent, né à Chang haï, 17 mai 1846 ; missionnaire en Chine ; arrivé à Chang haï, nov. 1, 1869 ; 4e év. miss. (American Episcopal Church) en Chine, 28 oct. 1884 ; † à Ou-tchang, de la fièvre typhoïde, 5 oct. 1891.
— In Memoriam. (*Chin. Rec.,* XXIII, 1892, pp. 36/7.)

Boyd, Miss *Fanny,* née à Londres, 2 déc. 1844 ; partit de Marseille pour la Chine, oct. 20, 1878 ; arrivée 4 déc. 1878 ; China Inland Mission ; † à Wen tcheou, 14 juil. 1890.
— In Memoriam. By H. A. E. R, (*Chin. Rec.,* XXI, 1890, pp. 492/5.)

Bridgman, *Elijah Coleman.*
— Henri Cordier, *Grande Encyclopédie.*

Bridgman, *Mrs.*
— Daughters of China; or, Sketches of Domestic Life in the Celestial Empire. By Eliza J. Gillett Bridgman. Publ. by Williams Collins, Glasgow, s. d. [1852] in-8, pp. 189.

Brown, *Samuel R.,* né à Monson, Massachussets (Etats-Unis), 1810 ; † à Monson, 26 juin 1880 ; miss. en Chine, 1839—1847, et au Japon, 1859—1879.
— The Reverend Samuel R. Brown, D. D. (*Chin. Rec.,* XII, 1881, pp. 64/7.)

Burns, *William Chalmers.*
— Memoir of the Rev. Wm. C. Burns, M. A., Missionary to China from the English Presbyterian Church. By the Rev. Islay Burns, D. D., professor of Divinity, Free Church College, Glasgow. Fifth edition. London : James Nisbet & Co., 1870, pet. in-8, pp. VIII-598.

— William Chalmers Burns. Ein Wanderleben. — Preis 30 Cts. = 25 Pf. — Basel. Verlag der Missionsbuchhandlung. 1880, br. in-12, pp. 47.

Crosset, *J.,* † à bord du *El Dorado,* au large de Takou, 21 juin 1889.

— L. de Mr. Bryson. (*Chin. Rec.,* XX, 1889, pp. 339/340.)

Dalziel, *James,* né à Barque, Ecosse ; entré 1878, China Inland Mission ; † à Chang haï, 21 août 1890.
— In Memoriam. (*Chin. Rec.,* XXI, 1890, pp. 468/471.)

Davies, *Joseph Henry,* né en Nouvelle Zélande, 22 août 1850 ; † en Corée.
— Voir infra, **Heron,** *John W.*
— In Memoriam. Joseph Henry Davies. (*Chin. Rec.,* XXI, Aug. 1890, pp. 374/377.)
Lu à un service à Seoul, Corée.

Doolittle, *Justus,* en chinois 盧公明, *Lou Kong-ming ;* né à Rutland, Jefferson County, N. Y., 23 juin 1824 ; American Board Mission ; arrivé à Fou tcheou, 31 mai 1850 ; rentré en Amérique, Mai 1873 ; † à Chinton, N. Y., 15 juin 1880.
— Obituary of the Rev. Justus Doolittle. [By Rev. S. L. et C. C. Baldwin.] (*Chin. Rec.,* XII, 1881, pp. 59/63.)
— Notice in the *Japan Mail,* 21 août 1880.

Douglas, *Carstairs.*
— Son Portrait. (*Chin. Rec.,* XXI, 1890, front.)
— Memorial Sketch of Carstairs Douglas, L. L. D. Abridged from those formerly written. (*Chin. Rec.,* XXI, No. 6, June 1890, pp. 266/271.)

Douthwaite, *Mrs.,* née à Manchester, 1852 ; épouse Dr. Douthwaite, Chang haï, fév. 1875 ; † à Tche fou, 9 mai 1887.
— Mrs. Douthwaite. — In Memoriam. By Rev. J. L. Nevius, D. D. (*Chin. Rec.,* XVIII, 1887, pp. 279/282.)

Dyer, *Samuel.*

— Memoir . . . by E. Davies. London, *lire* John *Snow, au lieu de* John *Snew.*

— Letters of the late Rev. Samuel Dyer, Missionary to the Chinese, to his children. By Evan Davies, ... London : John Snow, MDCCCXLVII, in-32, pp. 31.
On lit sur la couverture extérieure : Price Twopence.

— The Blessedness of those who die in the Lord, A Sermon, occasioned by the death of the Rev. Samuel Dyer, Missionary to the Chinese, (which took place at Macao 24th. October 1843 ;) preached in the new Mission Chapel Singapore. November 9, 1843. By John Stronach, Mr. Dyer's Colleague in the Chinese Mission at Singapore. With a Sketch of Mr. Dyer's Life and Character by his Widow. Singapore : Printed at the Mission Press, 1843, in-8, pp. 35.

Edkins, *Mrs.,* née à Eaglesham, près de Glasgow, 26 mars 1833 ; † à Peking, 11 déc. 1877.
— In Memoriam. By J. Dudgeon M. D. (*Chin. Rec.,* XI, 1880, pp. 273/284.)

Gilmour, *James,* né à Cathkin, près de Glasgow, Ecosse, en 1843 ; arrivé à Peking, avril 1870 ; London Mission ; † à Tientsin, 21 Mai 1891.
— In Memoriam. Rev. James Gilmour, M. A. By Rev. S. E. Meech. (*Chin. Rec.,* XXII, July 1891, pp. 318/321.)
— "Well done, good and faithful servant." By Rev. G. Owen. (*Ibid.,* pp. 321/327.)

* James Gilmour of Mongolia. His Diaries, Letters and Reports. Edited and arranged by Richard Lovett, M. A., author of Norwegian Pictures, etc. With three portraits, two maps and four illustrations. London : The Religious Tract Society. 1892.
Notice : *Chin. Rec.,* XXIII, Aug. 1892, pp. 391/2.

Gough, *F. F.*

— In Memoriam. The Rev. F. F. Gough. By Bishop Moule. (*Chin. Rec.*, XX, No. 12, Dec. 1889, pp. 566/569.)

From the *Church Missionary Intelligencer*.

Graves, *Roswell Hobart*, Board of Foreign Missions of the Southern Baptist Convention; arrivé à Hong-kong, 15 août 1856, et 17 août 1856 à Canton.

— Some Personal Reminiscences of thirty years' Mission Work. By Rev. R. H. Graves, M. D., D. D. (*Chin. Rec.*, XVII, Oct. 1886, pp. 380/391; Nov. 1886, pp. 421/435.)

Read before the Canton Missionary Conference.

Graves, *Mrs. Jane Wormeley Graves [J. W. Morris]*, femme du Rev. R. Graves qu'elle épousa Jan. 15, 1872; arrivée à Canton, 5 juin 1872; Southern Baptist Mission; † 20 avril 1888 à San Francisco.

— In Memoriam. — Mrs. J. W. Graves. By Rev. E. Z. Simmons. (*Chin. Rec.*, XIX, 1888, p. 333.)

Gützlaff, *Karl Friedrich August.*

* Ein Brief des Missionärs Gützlaff. Dat. Makao, den 8. Sept. 1832. (*Zeit. f. Missionsk. u. Religionswissensch.*, 3, pp. 165/171.)

— Gützlaff, de Apostel der Chinezen, in zijn leven en zijne werkzaamheid geschetst door G. R. Erdbrink, Predikant te Zutphen. — Te Rotterdam, bij M. Wijt & Zonen en Van der Meer & Verbruggen. — 1850, br. in-8, pp. 53.

— Aan mijne Mede-Christenen in Nederland. Afscheidswoord van Dr. K. Gützlaff, met eenige aanteekeningen door H. C. Millies. Te Amsterdam, bij J. C. Loman Jr. 1850, in-8, pp. 84 et 2 pages de préface.

— De Zending in China, volgens 't geen Dr. K. Gützlaff, den 18 April 1850, daarvan te Groningen Mededeelde. Benevens eenigewoorden over de Noodwendigheid der Zending, vooral over die in China in onzen Tijd. Door P. Hofstede de Groot. Ten Voordeele der vereeniging tot uitbreiding van het Christendom in China. Te Groningen, bij A. L. Scholtens, 1850, in-8, pp. 61.

— Mijne Reis van China naar Engeland en door de verschillende Landen van Europa, in 1849 en 1850, in het belang der Evangelie-verkondiging in China, door Dr. K. Gützlaff. Uit het Hoogduitsch vertaald door J. Oudijk van Putten. Rotterdam, W. Wenk., O. Petri, 1851, in-8, pp. 72.

— Brief van Dr Gützlaff aan het Comite der Pommerische hoofd vereeniging voor de Evangelische zending in China. *Voorkomende in de Evangelische Kirchen-Zeitung.* October 1850. [´s Gravenhage, 20 dec. 1850,] pièce in-8, pp. 11.

La lettre est datée «Posen, 8 octobre 1850».

— Dr Karel Gützlaff Herdacht. Door H. C. Voorhoeve, Predikant bij de Hervormden te Harlingen. Ten Voordeele van het Nederlandsch Zendeling-Genootschap. Te

Rotterdam, bij Van der Meer & Verbruggen, 1851, in-8, pp. 30.

— Beiträge zur Geschichte der Chinesischen Stiftung in Kurhessen und der Gützlaff'schen Mission in China. Von Carl Vogel, früherem Missionär in China. — Frankfurt am Main. Karl Theodor Völcker, 1853, br. in-8, pp. 30.

Guinness, *Geraldine*, de la China Inland Mission (1888), fille du Rév. Grattan Guinness, fondateur et directeur du grand Institut Missionnaire de Harley House, à Londres.

— Dans l'Orient lointain. Lettres de Geraldine Guinness Missionnaire en Chine. Traduites de l'anglais par Mlle Laure Armand et par le Traducteur-Editeur. Genève, Chez le Traducteur-éditeur M. le Past. Challand, 4, Quai Pierre-Fatio, 1893, gr. in-8 carré, pp. 218, grav.

«Ses lettres [de Miss G. G.], adressées à sa famille, ont paru d'abord dans le *Regions Beyond*, journal missionnaire de l'Institut de Harley House; elles ont été éditées ensuite par sa sœur, Mlle Lucy Guinness. Le vol. a eu un grand succès; et l'ex. qui a servi à notre traduction fait partie du 115me mille répandu en Angleterre à la date de 1890.»

— The Story of the China Inland Mission. By M. Geraldine Guinness, ... With an Introduction by J. Hudson Taylor, ... In Two Volumes. Vol. I. London: Morgan & Scott, 1893, in-8, pp. xvii-476.

Le Vol. II est sous presse. [Fév. 1893.]

Notice : *London & China Express*, Jan. 27, 1893; un seul vol. avait alors paru.

Gulick, *Luther Halsey*, M. D., D. D., né aux îles Sandwich, Honolulu, 10 juin 1828; † à Springfield, Mass., Etats-Unis, 8 avril 1891; American Bible Society, Chang haï.

— In Memoriam. Rev. Luther H. Gulick, M. D., D. D. (*Chin. Rec.*, XXII, June 1891, p. 284.)

— Rev. Luther Halsey Gulick. (*Ibid.*, July 1891, pp. 237/8; from *the Friend*, May, 1891, Honolulu.)

Hall, *William Nelthorpe*, Methodist New Connexion Mission; † à Tien-tsin, 14 mai 1878.

* Consecrated Enthusiasm, or Memorials of Rev. William Nelthorpe Hall, late Missionary to China, by James Stancy, D. D. London : Hamilton, Adams & Co., 1887.

Hartwell, *Charles*, Am. Board of Com. for Foreign Missions, arrivé à Fou-tcheou, 9 Juin 1853.

* A Sermon on Christ's Example and Temperance. By Rev. C. Hartwell, M. A. Preached January 11th, 1891, at West Haven, Connecticut, U. S. A. Revised and printed at Foochow.

Notice : *Chin. Rec.*, XXIV, March 1893, pp. 138/9.

Harvey, *Thomas Herbert*, Church Missionary Society; arrivé à Ning-po, 6 févr. 1889; † 19 août 1890 du choléra, à 29 ans, en mer, en route pour Kobé.

— In Memoriam. By Rev. G. E. Moule. (*Chin. Rec.*, XXI, 1890, pp. 487/490, et *ibid.*, note de Walter S. Moule, pp. 490/2.)

Henderson, *James.*

— Jacob Henderson, der Missionsarzt in China. — Eine Biographie für Missions-Aspiranten. Basel. Verlag der Missions-buchhandlung. 1879, br. in-12, pp. 20.

Heron, *John W.*, né en Angleterre, 15 juin 1856; docteur miss. du Presbyterian Board en Corée.

— Two Shining Marks. John W. Heron, M. D., and Rev. J. Henry Davies. By Rev. Daniel L. Gifford. (*Chin. Rec.*, XXI, Sept. 1890, pp. 412/416.)

Hou Shêng-ch'ing.

— Hou Shêng-ch'ing, a Native Preacher [† 23 déc. 1886]. By Rev. H. D. Porter, M. D. (*Chin. Rec.*, XVIII, 1887, pp. 183/7.)

Hübrig, *F.*, arrivé en Chine en 1866; † à Berlin, 4 sept. 1892.

— In Memoriam. By R. Lechler. (*Chin. Rec.*, XXIV, Jan. 1893, pp. 31/34.)

Innocent, *George Morrison Hallam*, né à North Shields, 24 juillet 1859; Methodist New Connexion Conference; † à Hong-kong, 30 mai 1892.

— In Memoriam. By Geo. T. Candlin. (*Chin. Rec.*, XXIII, sept. 1892, pp. 426/431.)

John, *Griffith*, London Missionary Society, arrivé à Chang-haï, 24 sept. 1855; établi à Han-keou, 1861.

— A Missionary Journey. (*Chin. Rec.*, XX, No. 8, Aug. 1889, pp. 375/378.)

From *the Chronicle of the London Missionary Society*.

— Griffith John in Hunan. By Griffith John. (*Chin. Rec.*, XXII, Aug. 1891, pp. 361/370.)

From *the Christian World*.

* Griffith John, Founder of the Hankow Mission, Central China. By Wm. Robson, L. M. Society. London : Partridge, in-8, pp. 60. Many illustrations, Cloth, 1/6.

John, *Mrs. Griffith*, veuve *Benjamin Jenkins*, † à Han keou, 29 déc. 1885.

— In Memoriam. — Mrs. Griffith John. By Rev. Wm. Muirhead. (*Chin. Recorder*, XVII, Feb. 1886, pp. 73/76.)

Lambuth, *James William*, né dans l'Alabama, 2 mars 1829; Methodist Episcopal Church of Southern States of America; arrivé à Chang-haï, 17 sept. 1854; † à Kobé, Japan, 28 Avril 1892.

— In Memoriam. By Hampden C. Du Bose. (*Chin. Rec.*, XXIII, déc. 1892, pp. 575/8.)

— Tablet. (*Chin. Rec.*, XXIV, March 1893, p. 148.)

Lord, *Edward Clemens*, né à Carlisle, New-York, Jan. 22, 1817; arrivé en Chine, à Hong-kong, 28 avril 1847; établi à Ning po; American Baptist Mission; † du choléra, à Ning po, 17 sept. 1887; sa femme Flora B. Lord [Lightfoot], est morte de même, 15 sept. 1887.

— Notice. (*Chin. Rec.*, XVIII, 1887, pp. 408/4.)

— In Memoriam. Rev. Edward C. Lord, D. — Mrs. F. B. Lord. By Rev. J. R. Goddard. (*Chin. Rec.*, XVIII, 1887, pp. 439/441.)

McIlvaine, *Jasper Scudder*, né 21 mai 1844, à Ewing, Mercer Co., New Jersey, U. S. A.; † 2 Fév. 1881, à Tsi-nan, Chantoung, de pneumonie; American Presbyterian Mission.

— In Memoriam. Rev. Jasper Scudder McIlvaine. By Rev. John Murray. (*Chin. Rec.*, XII, 1881, pp. 424/430.)

— Sacred Memories of Rev. J. S. McIlvaine. By Rev. Timothy Richard. (*Chin. Rec.*, XII, 1881, pp. 297/299.)

Mackenzie, *John Kenneth*, China Inland Mission, † April 1st, 1888, à Tien tsin.

— In Memoriam. Dr. John Kenneth Mackenzie. By Mr. John A. Stooke. (*Chin. Rec.*, XIX, May 1888, pp. 227/230.)

— In Memoriam. — Dr. J. K. Mackenzie, April 2nd, 1888. By Rev. Jonathan Lees. (*Ibid.*, June 1888, p. 279.)

* Memorials of Dr. J. Kenneth Mackenzie, by Rev. J. Lees, pp. 56.

Notice : *Chin. Rec.*, XIX, p. 344.

— In Memoriam. J. Kenneth Mackenzie, M. R. C. S., L. R. C. P. By Rev. A. King. (*Chin. Rec.*, XIX, No. 7, July 1888, pp. 316/317.)

Martig, *Christian*, de la Mission év. de Bâle; né à Lenk (Suisse).

— Aus dem Leben von Christian Martig, weiland Missionär in China im Dienste der evangelischen Missionsgesellschaft zu Basel. — Zweite Auflage. Preis 30 Cts =

9 Kr. — Basel — Verlag des Missions-Comptoirs — 1872, br. in-12, pp. 75.

Marshman, *Joshua*.

— Dr. Marshman. (*Asiatic Journal*, XXV, 1838, pp. 286/291.)

Milne, *William*.

— Memoirs of the Rev. William Milne, D. D. late Missionary to China, and Principal of the Anglo-Chinese College : compiled From Documents written by the Deceased: to which are added occasional Remarks. — By Robert Morrison, D. D. Malacca : Printed at the Mission Press. 1824, in-8, pp. VIII-231.

— The Life and Opinions of the Rev. William Milne . . . . . By Robert Philip . . . . New-York : D. Appleton & Co. 1840, in-12, pp. 320.

Mollmann, *Jacob*, né à Revel, Russie, en 1838; British & Foreign Bible Society ; † à Wan-hsien, Se-tchouen, 30 mars 1890.

— In Memoriam. Jacob Mollmann. By J. W. W. (*Chin. Rec.*, XXI, No. 6, June 1890, pp. 281/283)

Morrison, *Robert*.

— Memoirs of the Life . . . of R. Morrison . . . 1839.

Notice : *Asiatic Journal*, XXX, 1839, pp. 62/63 ; Lettre de Mrs. Morrison sur cette notice, datée Stoke Newington, Sept. 14, 1839, *Ibid.*, p. 158.

— Memoir of the Rev. Robert Morrison, D. D., F. R. S., M. R. A. S. (by T. F.). (*Asiatic Journal*, XVI, 1835, pp. 198/210.)

T. F. = Thos. Fisher.

* Robert Morrison, the Pioneer of Chinese Missions. By W. J. Townsend, Gen. Sec. Methodist New Connexion Missionary Society. London : Partridge, in-8, pp. 160. Many illustrations. Cloth, 1/6.

Moule, *Arthur Evans*, Church of England Miss. Soc.; arrivé à Ning-po, août 1861.

— Twenty-five years in East and West. A Paper read before the Shanghai literary and debating Society November 13, 1885 by the Ven. Archdeacon Moule, B. D. — Shanghai — 1885, br. in-8, pp. 12.

— Reminiscences of Mission Life in China, 1861—1890. By Archdeacon A. E. Moule. (*Chin. Rec.*, XXI, No. 3, March 1890, pp. 97/108.)

Read before the Shanghai Missionary Association, Feb. 4, 1890.

— "New China and Old." Personal Recollections of Thirty Years. By Archdeacon Moule. (*Chin. Rec.*, XXIII, Aug. 1892, pp. 367—369.)

Nevius, *Mrs. Helen S. C.*

— Our Life in China. By Helen S. C. Nevius. New York : Robert Carter and Brothers, 1869, pet. in-8, pp. 504.

Norris, *Herbert L.* Head Master of the Protestant Collegiate School for Boys, à Tche fou; † d'hydrophobie à Tche fou, 27 sept. 1888.

— In Memory of Mr. H. L. Norris. By Cor Gratum. (*Chin. Rec.*, XIX, No. 11, Nov. 1888, pp. 532/3.)

By Mrs. Bryson, de Tientsin. — From the *North China Daily News*.

Noyes.

— Verses on the Departure of Misses Noyes and Butler for America from Canton, China, April 2nd, 1891. By Yeung Yik F'ung. English Paraphrase by Rev. O. F. Wisner. (*Chin. Rec.*, XXII, June 1891, pp. 282/283.)

Osgood, *Dauphin William.* M. D. American Board Mission, Fou-tcheou; né à Nelson, N. H. (Etats-Unis); † 17 août 1880.

— *Foochow Herald.* — Voir MISSIONS MÉDICALES.

— In Memory of Dauphin William Osgood, M. D. By Rev. C. C. Baldwin, D. D. (*Chin. Rec.*, XI, 1880, pp. 381/5.)

Parker, *John,* frère de *William* **Parker,** United Presb. Church of Scotland.

— Thrilling Experience of Rev. J. Parker. — His Escape from the Rebels. (*Chin. Rec.*, XXIII, March 1892, pp. 112/119.)

Parker, *Peter,* né au Massachussetts en 1804; partit de New-York pour la Chine, 3 juin 1834; arrivé à Canton 26 Oct. 1834; médecin missionnaire; retourna aux Etats-Unis en 1857; † à Washington, 10 Janv. 1888.

— In Memoriam. — Dr. Peter Parker. By Rev. J. C. Thomson, M. D. (*Chin. Rec.*, XIX, No. 5, May 1888, pp. 231/233.)

— Chinese Poem, addressed to Dr. Parker, chief of the Ophthalmic Hospital Staff in Canton. In token of gratitude, by an elderly Chinese Gentleman whose eyesight was restored under Dr. Parker's treatment, and who found that other means of testifying his gratitude, were not acceptable. (*Capt. Pidding's Chinese Olio,* No. 11, July 11, 1844, pp. 84/5.)

Race, *Joseph,* Wesleyan Methodist Mission, né 11 Janv. 1848, dans la paroisse de Stanhope, Comté de Durham; † 30 août 1881, de la fièvre typhoïde, à Han-keou.

— Biographical Sketch of the Rev. Joseph Race. By Rev. J. W. Brewer. (*Chin. Rec.*, XII, 1881, pp. 27/35.)

— In loving Memory of the Rev. Joseph Race. By M. I. B. (*Ibid.*, p. 68.)

Russell, *Gavin,* † à Ka-gi (Formose), dimanche, 3 juillet 1892.

— [From a Home Journal.] Dr. Gavin Russell, of Formosa. By W. S. S. (*Chin. Rec.*, XXIII, Nov. 1892, pp. 531/2.)

Russell, *Mrs. William Armstrong,* † 25 août 1887, à Ning po.

— Mrs. Russell. — In Memoriam. By Rt. Rev. G. E. Moule, D. D. (*Chin. Rec.*, XVIII, 1887, pp. 383/4.)

Safford, Miss *Anna Cunningham,* née en Géorgie, Etats-Unis; † à Marienheime, Chang hai, 17 août 1890, à 53 ans; South Presbyterian Church.

— In Memoriam. By Rev. Jno. W. Davis, D. D. (*Chin. Rec.*, XXI, 1890, pp. 483/7.)

Schuck, *Henrietta Hall.*

— An American Woman in China and her missionary work there. By J. B. Jeter, D. D. Boston : Published by D. Lothrop & Co., 1874, in-12, pp. 250.

Smith, *George,* né à Glen Tanner, Aberdeenshire, 25 mars 1833; Foreign Mission Board of the Presb. Church in England; arrivé à Amoy, 19 nov. 1857; à Swatow, 13 nov. 1858; † 15 fév. 1891.

— In Memoriam. George Smith, of Swatow. By his Comrade and Friend, the Rev. H. L. Mackenzie, M. A. (*Chin. Rec.*, XXII, Sept. 1891, pp. 417/423.)

From the *Monthly Messenger of the Presbyterian Church of England.*

Sprague, Mrs. *Margaret S.,* ép. du Rév. *William P.* **Sprague,** North China Mission, New Haven, Connecticut, 16 juil. 1873; née à Edimbourg (Ecosse), 4 déc. 1844; arrivée en Chine à Kalgan, 1874; † à Rochester, New-York, 5 Janv. 1891.

— In Memoriam. Mrs. Margaret S. Sprague. (*Chin. Rec.*, XXII, p. 281.)

(MISS. PROT. — VIES DES MISSIONNAIRES.)

Stott, *George,* arrivé à Ning-po, 10 fév. 1866; Chinese Inland Evangelization Soc., † à Cannes, 23 avril 1889.

— In Memoriam. Mr. George Stott. By H. Webber. (*Chin. Rec.*, XX, No. 11, Nov. 1889, pp. 524/527; et *China's Millions*.)

Syle, *Edward W.,* né dans le Devonshire, 1817; of the American Board of Foreign Missions of the Prot. Episcopal Church; arrivé à Hongkong, 4 oct. 1845; à Chang hai, 19 nov. 1845; rentré en Angleterre, mai 1885; † 17 Callow Road, Chelsea, 5 oct. 1890.

— In Memoriam. — Rev. Dr. E. W. Syle. By J. R. (*Chin. Rec.*, XXII, Jan. 1891, pp. 23/25.)

Talmage, *John Van Nest,* American Board of Commissioners for Foreign Missions; arrivé à Macao, 4 août 1847; à Amoy, 19 août 1847; † 19 août 1892, à Bound Brook, New Jersey, Etats-Unis.

— In Memoriam. A Veteran gone Home. By Leonard W. Kip. (*Chin. Rec.*, XXIII, Nov. 1892, pp. 530/1.)

Thomson, *J. C.*

— A Testimonial to Rev. J. C. Thomson, M. D. (*Chin. Rec.*, XXIII, July 1892, pp. 335/6.)

Thomson, *Mrs. J. R.,* épouse Rev. E. H. Thomson, Am. Prot. Episcopal Mission at Shang hai; † 19 sept. 1889, à Ashbourne, Pa.

— In Memoriam (Mrs. J. R. Thomson). (*Chin. Rec.*, XX, No. 11, Nov. 1889, pp. 517/519.)

Wang.

* Old Wang, The first Chinese Evangelist in Manchuria. A sketch of his life and work, with a chapter upon native agency in Chinese Missions. By Rev. John Ross. With portrait and illustrations, Religious Tract Society, 1889.

Notice : *China Review,* XVII, No. 6, p. 360. By E. J. E [itel].

— Wang King-foo. Death of a saintly Chinaman. (*Chin. Rec.*, XXIII, Oct. 1892, pp. 459/465.)

Letter of Rev. Griffith John to *The Independent*.

Wheatley, *Edmund,* né à Londres, 29 déc. 1839; † 1 sept. 1880 à Ning-po; en réalité n'était qu'assimilé aux missionnaires, appartenait aux Douanes.

— In Memoriam the late Edmund Wheatley. By Rev. John Butler. (*Chin. Rec.*, XI, 1880, pp. 456/464.)

White, *Wellington J.,* né à Western New-York; arrivé en Chine, 1880; Canton Presbyterian Mission; † 27 juillet 1891, à Eldridge Park, Elmira, New-York, dans un accident de chemin de fer.

— In Memoriam. The death of Rev. W. J. White. (*Chin. Rec.*, XXII, Nov. 1891, pp. 530/1.)

Whiting, *Albert.*

— The Burial of Rev. A. Whiting. By Rev. F. W. Baller. (*Chin. Rec.*, X, 1879, pp. 219/220.)

Williams, *Samuel Wells,* † 16 fév. 1884, à Newhaven, Connecticut.

— Voir col. 1240, *The Far East*.

— Samuel Wells Williams, LL. D. Late Corresponding Member of the Society. (*Jour. Am. Geog. Soc.,* XVI, 1884, pp. 186/193.)

Par Jas. Mühlenberg Bailey.

— The Life and Letters of Samuel Wells Williams, LL. D. Missionary, Diplomatist, Sinologue. By his son Frederick Wells Williams. — New York and London, G. P. Putnam's sons. The Knickerbocker Press, 1889, in-8, pp. VI-490. Portrait.

Notices : [by Thomas W. Pearce] *China Review,* 1889, No. 4, pp. 198 à 205. — *Chinese Recorder,* XX, april 1889, pp. 186/191.

— S. Wells Williams, LL. D. (*Chin. Rec.*, XX, No. 6, June 1889, pp. 241/248.)

Même portrait que dans la biog. écrite par son fils.

Williamson, *Alexander,* London miss. Soc.; arriva à Chang-hai, 24 sept. 1855; † 28 août 1890, à Tche fou.

Notice : *Jour. C. Br. R. As. Soc.,* XXIV, N. S., 1889/90, No. 3, pp. 340/1. [By J. Edkins.]

(MISS. PROT. — VIES DES MISSIONNAIRES.)

— In Memoriam. By Wm. Muirhead. (*Chin. Rec.*, XXI, 1890, pp. 461/8.)

Wills, *Mrs. Wm.* [Hannah Louisia Alice], † à Tche fou, du choléra, 8 sept. 1888.

— In Memoriam. — Mrs. Wm. Wills. By Rev. C. Spurgeon Medhurst. (*Chin. Rec.*, XIX, No. 10, Oct. 1888, p. 478.)

Winnes, *Philipp,* né 12 sept. 1824, à Stafford, entre Karlsruhe et Bruchsal; entré dans la mission évangélique de Bâle, en 1848; arrivé à Hong kong, 15 Mai 1852; quitta la Chine, fév. 1865; † 13 janvier 1874 à Cannes.

— Zum Andenken an Philipp Winnes weiland Missionär in China im Dienste der evangelischen Missionsgesellschaft zu Basel. — Inhalt: I. Lebensabrisz, entworfen von P. Dettinger, Missionssekretär. II. Leichen-rede, gehalten von H. Schmidt, Kurgeist-licher. — Preis: 20 Cts. = 6 Kreuzer. — Basel. Verlag des Missionskomptoirs. — 1874, br. in-12, pp. 35.

Wong.

— Deacon Wong. By Rev. M. T. Yates, D. D. (*Chin. Rec.*, XVIII, 1887, pp. 99/104.)

Wylie, *Alexander,* né à Londres, 6 avril 1815; arrivé en Chine, 26 août 1847; † 6 fév. 1887, à Londres.

— *Journal China Branch Roy. As. Soc.*, XXI, N. S., Nos. 5 & 6, 1886, pp. 305/308. By W. M.

— In Memoriam. — Alexander Wylie. By Rev. Wm. Muirhead. (*Chin. Rec.*, XVIII, 1887, pp. 199/203.)

— The Life and Labours of Alexander Wylie, Agent of the British and Foreign Bible Society in China. A Memoir by M. Henri Cordier . . . . . [From the 'Journal of the Royal Asiatic Society of Great Britain and Ireland', Vol. XIX. Part 3.], br. in-8, pp. 18.

— In Memoriam. — Alexandre Wylie par Henri Cordier ∴ 6 février 1887. Paris, Maisonneuve, 1888, br. in-8, pp. 6.

Extrait de *Le Lotus*, VI, Déc. 1887, pp. 250/5, avec un portrait.

— In Memoriam. Alexander Wylie. By the Rev. James Thomas. (*Monthly Reporter of the British and Foreign Bible Society*, Vol. XVI, No. 4, April 1887, pp. 49/54.)

Yates, *Matthew Tyson,* né dans Wake County, North Carolina, Jan. 8, 1819; arrivé à Chang haï, sept. 1847; Southern Baptist Convention; † à Chang haï, 17 mars 1888.

— Sa photographie. (*Chin. Rec.*, XX, 1889, front.)

— The Rev. Dr. Yates. By Miss Adele M. Fielde. (*Chin. Rec.*, XIX, No. 11, Nov. 1888, pp. 529/531.)

Young, *John Newton,* Am. Presbyterian Mission; † à Peking, de la petite vérole, 18 fév. 1893, à 26 ans.

— Notice par W. S. Ament. (*Chin. Rec.*, XXIV, April 1893, pp. 200/1.)

5° COLLÈGES, ÉCOLES, SOCIÉTÉS, etc.

TRACT SOCIETY.

— Notes on the Ethical and Christian Value of Chinese Religious Tracts and Books. By F. Galpin. (*Chin. Rec.*, XII, 1881, pp. 202/217.)

* First Annual Meeting of the Chinese Religious Tract Society, held in Shanghai, May, 1879.

Notice : *Chin. Rec.*, X, 1879, p. 396.

    (MISS. PROT. — VIES DES MISSIONNAIRES.)

— The Chinese Religious Tract Society. By Rev. J. M. W. Farnham, D. D. (*Chin. Rec.*, XI, 1880, pp. 214/220.)

Deuxième réunion annuelle.

— The Third Annual Meeting of the Chinese Religious Tract Society. (*Chin. Rec.*, XII, 1881, pp. 283/291, 372/383.)

* Twelfth Annual Report of the Chinese Religious Tract Society, 1890. Shanghai : American Presbyterian Mission Press. 1891.

Notice : *Chin. Rec.*, XXII, May 1891, p. 234.

* Thirteenth Annual Report of the Chinese Religious Tract Society, 1891. Shanghai: American Presbyterian Mission Press. 1892.

Notice : *Chin. Rec.*, XXIII, May 1892, p. 240.

* Fourteenth Annual Report of the Chinese Religious Tract Society, 1892.

By Dr. J. M. W. Farnham.

— Central China Religious Tract Society. (*Chin. Rec.*, XXIII, March 1892, pp. 129/130.)

* The Fifteenth Annual Report of the Central China Religious Tract Society, for the year ending Dec. 31st, 1890. Hankow: 1891.

Notice : *Chin. Rec.*, XXII, May 1891, p. 233.

* The Seventeenth Annual Report of the Central China Religious Tract Society ... Dec. 31st, 1892.

Centres : Han-keou et Wou-tchang ; dépôts : Han keou et Tchoung-king.

— Read at Anniversary of North China Tract Society. By Rev. E. Evans Meech. (*Chin. Rec.*, XIX, No. 8, Aug. 1888, pp. 381/383.)

* Ninth Annual Report of the North-China Tract Society, for the year ending Dec. 31st, 1891. Tientsin Press. 1892.

Notice : *Chin. Rec.*, XXIII, Sept. 1892, pp. 435/6.

— The Native Tract-Literature of China. By Dr. W. A. P. Martin. (*Chin. Rec.*, XVIII, 1887, pp. 329/334, 369/374.)

Read at the recent anniversary meeting of the North China Tract Society in Peking.

* Annual Report of the East China Branch of the Religious Tract Society of London, for 1891. Shanghai : Presbyterian Mission Press. 1892.

Notice : *Chin. Rec.*, XXIII, April 1892, pp. 184/5.

— Hankow Tract Society. By J. W. Brewer. (*Chin. Rec.*, XI, 1880, pp. 305/308.)

— Report of the Hankow Tract Society for the year 1880. By Rev. J. W. Brewer. (*Ibid.*, XII, 1881, pp. 101/104.)

* The First Annual Report and Catalogue of the North Fukien Religious Tract Society, for the year ending Dec. 31, 1892.

    (MISS. PROT. — COLLÈGES, ÉCOLES, SOCIÉTÉS, ETC.)

* A Catalogue of the Chinese Publications of the Religious Tract Society of London (with descriptive notes). Compiled by Alexander Kenmure, Agent of the British and Foreign Bible Society, Shanghai. Shanghai: American Presbyterian Mission Press. 1892.

Notice : *Chin. Rec.*, XXIII, May 1892, p. 239.

* British and Foreign Bible Society. A Report of the North-China Agency for the year ending November 30, 1891. Tientsin: The Kao-Lin Press. 1892.

Notice : *Chin. Rec.*, XXIII, May 1892, p. 239.

* The Annual Report of the British and Foreign Bible Society for 1892. Shanghai Agency. American Presbyterian Mission Press.

Notice : *Chin. Rec.*, XXIII, Aug. 1892, p. 390.

– Y. M. C. A. — "What It Is and What It Is Not." By J. A. Stooke, Late Secretary of the Y. M. C. A., Bath, England. (*Chin. Rec.*, XX, No. 3, March 1889, pp. 111/113.)

– Protestant Collegiate School, Chefoo. (*Chin. Rec.*, XXI, No. 1, Jan. 1890, pp. 28/30.)

– Annual Report of the Protestant Collegiate School, Chefoo. Session 1891. By Alex. Armstrong, Principal. (*Chin. Rec.*, XXIII, Jan. 1892, pp. 22/24.)

– The Collegiate School, Chefoo. Annual Report. Session 1892. By Alexander Armstrong. (*Chin. Rec.*, XXIV, Jan. 1893, pp. 25/29.) Ouverte le 1er déc. 1880.

* Fourth Annual Report of the Society for the Diffusion of Christian and General Knowledge among the Chinese, for the year ending October 31st, 1891. Shanghai. Printed by Noronha & Sons. 1891.

Notice : *Chin. Rec.*, XXIII, Jan. 1892, p. 38.

* Fifth Annual Report . . . year ending Oct. 31st 1892. Shanghai : Printed by Noronha . . . . 1892.

Notice : *Chin. Rec.*, XXIV, March 1893, p. 138.

* Catalogue of the Publications of the Society for the Diffusion of Christian and General Knowledge among the Chinese, Shanghai: Presbyterian Mission Press. 1892.

Notice : *Chin. Rec.*, XXIII, Nov. 1892, p. 532.

* Third Annual Meeting of the Christian Vernacular Society of Shanghai. May 24th, 1892.

Notice : *Chin. Rec.*, XXIII, Nov. 1892, p. 532.

– A Good School-Building for the Foreign Children in Shanghai. With remarks on the Construction and Arrangement of Schools for the use of Foreign and Native Children. By H. W. Boone, M. D. (*Chin. Rec.*, XXII, May 1891, pp. 203/212.)

Read at the regular meeting of the Shanghai Missionary Association, April 7th, 1891.

6° *MISSIONS MÉDICALES.*

– Claims of the Missionary Enterprise on the Medical Profession : An Address de-

livered before the Temperance Society of the College of Physicians and Surgeons of the University of the State of New-York, October 28, 1842, by Daniel J. Macgowan, M. D. New-York : Printed by William Osborn, 88 William Street, 1842, br. in-8, pp. 24.

— Reports of medical missionary ladies in China. (*Chin. Recorder*, XVII, Jan. 1886, pp. 16/23.)

Kalgan. — Tung-chow. — Peking and Tientsin, etc.

– Several Reports of Medical work. (*Chin. Rec.*, XVII, June 1886, pp. 236/240.)

* Medical Education in China. (*China Mail*, 30th September, 1887.)

* H. O. Stölten. — Der Arzt als Bahnbrecher christlicher Kultur oder die Mission des Arztes in China. Jena, G. Neuenhahn, 1890, in-8, pp. 55.

* *The China Medical Missionary Journal.* Percy Mathews, M. D., LL. D., Editor and Business Manager. Shanghai : Kelly and Walsh, Limited. September, 1891, etc.

Notice : *Chin. Rec.*, XXII, Oct. 1891, pp. 481/2. — *Ibid.*, XXIV, Feb. 1893, p. 90.

TCHE LI. — * Report of the Peking Hospital, in connection with the London Missionary Society, for the years 1875, 1876 and 1877; with which is incorporated the Report of the Peking Opium Refuge for the years 1878 and 1879. By John Dudgeon M. D. C. M., etc., 1880.

Notice : *Chin. Rec.*, XI, 1880, p. 390.

CHAN TOUNG. — * Report of the Laoling Medical Mission for the year ending 29th February, 1892. (Methodist New Connection Missionary Society.) Tientsin : The Tientsin Press.

Notice : *Chin. Rec.*, XXIII, Nov. 1892, p. 532. Voir col. 585.

KIANG SOU. — Chang hai. — Historical Review of the "Chinese Hospital". (*Shanghaï Budget*, 12 July, 1872.)

– Woman's Medical Missionary Work in Shanghai. By E. Reifsnyder. (*Chin. Rec.*, XXIII, Feb. 1892, pp. 83/84.)

* Fifth Annual Report of the Philander Smith Memorial Hospital. Nanking. From Sept. 1st, 1890, to Sept. 1st, 1892. Kiukiang : The Central China Press, 1892.

Notice : *Chin. Rec.*, XXIII, July 1892, pp. 340/1.

HOU PÉ. — Han keou. — The five Annual Reports of the Hankow Medical Mission Hospital, in connection with the Wesleyan missionary Society; under the charge of F. Porter Smith, M. B. Lond., M. R. C. S., L. A. C., Associate and Scholar of King's

College, London. Gold medallist of the Apothecaries' Society, London, 1853. — From July 1st, 1864 to June 30th 1869. — Shanghai: printed at the "North-China" Office 1869, pet. in-8, pp. xv-80.

* Report of the London Mission Hospital at Hankow, for 1891. Under the charge of A. M. Mackay, M. B. C. M., Hankow : Printed at the "Hankow Printing Office". 1892.

Notice : *Chin. Rec.*, XXIII, April 1892, pp. 185/6.

NGAN HOUEI. — * Report of the Wuhu General Hospital. Geo. A. Stewart, M. D. Physician in Charge.

TCHE KIANG. — * The Sixth Annual Report of the Hao-Meng-Fong Hospital. Ningpo. Trinity College Press. 1892.

Notice : *Chin. Rec.*, XXIII, Sept. 1892, pp. 434/5.

HANG TCHEOU. — * Report of the Hangchow Medical Mission in Connection with the Church Missionary Society, for the year ending 1890—91. Shanghai : Printed at the American Presbyterian Mission Press. 1892.

Notice : *Chin. Rec.*, XXIII, Dec. 1892, p. 582.

* Report .... for ... 1892.

FOU KIEN. — * The Eighth Report of the Foochow Medical Missionary Hospital and the First Report of the Opium Asylum in connection with the A. B. C. F. M. Mission, under the care of Dauphin W. Osgood, M. D., June 1st, 1879.

Notice : *Chin. Rec.*, X, 1879, pp. 316/7.

* Report of the Foochow Medical Hospital; and the Second Report of the Opium Asylum in connection with the A. B. C. F. M. Mission, under the care of Dauphin W. Osgood, M. D., June 1st, 1880.

Notice : *Chin. Rec.*, XI, 1880, p. 392.

* Report of the Mackay Mission Hospital in Tamsui, Formosa, for 1890. A. Rennie, M. B., C. M., Physician and Surgeon in Charge; Rev. G. L. Mackay, D. D. Tamsui : Tung Shung Office.

Notice : *Chin. Rec.*, XXII, July, 1891, p. 333.

* Report of the Mackay Mission Hospital in Tamsui, Formosa, for the year 1891. Printed by Tung Sheng, Tamsui, 1892.

Notice : *Chin. Rec.*, XXIII, Sept. 1892, p. 435.

KOUANG TOUNG. — CANTON.

— The first annual Meeting of the Medical Missionary Society was held at Canton 29th Nov. 1838. Vide *Canton Press*, IV, No. 14.

— Report of the Medical Missionary Society

in China, For the year 1861. — Canton. — 1862, br. in-8, pp. 22.

23d Report by John G. Kerr.

* Report of the Medical Missionary Society's Hospital in Canton, China, for the year 1878, by Fleming Carrow, M. D., Surgeon in charge.

Notice : *Chin. Rec.*, X, 1879, pp. 316/7.

—, for the year 1880.

Notice : *Chin. Rec.*, XII, 1881, pp. 243/4.

* Report of the Medical Missionary Society in China, for the year, 1885. With Appendices : Semi-centennial celebration and Medical Calendar. Hongkong, 1886.

Notice : *China Review*, XIV, p. 363. Par E. J. E[itel].

* Report of the Medical Missionary Society in China, for the year 1892.

54th annual Meeting, Canton, Jan. 25th, 1893.

* Chinese issue of the Report of the Medical Missionary Society's Hospital at Canton. By J. G. Kerr, M. D. Canton, 1886.

Notice : *China Review*, XIV, p. 363. Par E. J. E[itel].

— Substance of an address delivered by Benjamin Hobson, Esq., M. B. at a Meeting of the Friends of the Chinese Association, in aid of the Medical Missionary Society in China. Hackney, February, 1846. Pièce in-8, pp. 8.

Au verso du titre : J. Coventry, Printer, Hackney.

∴

— Report of the Medical Missionary Hospital at Swatow . . . . . under the care of William Gauld . . . for 1878.

Notice : *Chin. Rec.*, X, 1879, pp. 238/9.

— Report .... for 1879.

Notice : *Chin. Rec.*, XI, 1880, p. 158.

— — at Swatow in connection with the Presbyterian Church of England for 1880.

Notice : *Chin. Rec.*, XII, 1881, p. 244.

— Report of the Medical Missionary Society's dispensary at Shiu-Hing. For 1863. By R. H. Graves M. D. br. in-8.

* Report of the Wesleyan Missionary Hospital at Fatshan, South China, for the year 1890. Charles Wenyon, M. D., &c., Superintendent. Hong kong: "China Mail" Office.

* Report of the Wesleyan Missionary Hospital at Fatshan, South China. For the year 1891. Hong kong : "China Mail" Office. 1892.

Notice : *Chin. Rec.*, XXIII, Sept. 1892, p. 434.

HONG KONG. — * Report of the Medical Missionary Society in China, for the year

1890, in charge of J. G. Kerr, M. D.; J. M. Swan, M. D.; Mary W. Niles, M. D.

* Report of the Medical Missionary Society in China, for the year 1891. Hong kong : Guedes & Co., Printers, 1892.

Notice : *Chin. Rec.*, XXIII, Aug. 1892, pp. 390/1.

* Historical Sketch of the Alice Memorial Hospital. Dr. J. Chalmers, Hong-kong : "China Mail" Office, 1887.

* Report of the Alice Memorial Hospital, Hongkong, in connection with the London Missionary Society, for the year 1890. "China Mail" Office.

* Opening of the Hongkong College of Medicine for Chinese. By J. G. Kerr, M. D. (*China Med. Mis. Journal*, Dec. 1887.)

III. — MISSION ÉCCLÉSIASTIQUE RUSSE DE PE KING.

— Die russische Mission in China. (Erman, *Arch. f. wiss. Kunde v. Russl.*, VIII, 1850, pp. 121/122.)

— Russian Missions in China and Japan; by Rev. Chas. R. Hale, D. D., of Baltimore, MD. — Privately printed. 1878, br. in-8, pp. 15.

Reprinted from the October number of the *American Church Review.*

* Православная Миссія въ Китаѣ за 200 лѣтъ ея существованія. Опытъ церковно-историческаго изслѣдованія по архивнымъ документамъ, Іеромонаха Николая Адоратскаго смотрителя херсонскаго духовнаго училища. Казань, 1887. Типографія Императорскаго Университета.

Выпускъ первый : Исторія Пекинской духовной Миссіи въ первый періодъ ея дѣятельности (1685—1745). La Mission orthodoxe en Chine pendant son existence de 200 ans. Recherches religieuses historiques d'après les documents des archives (du St. Synode, du Ministère des Aff. Etrangères, archives d'Irkoutsk, etc.) par le Père Nicolas Adoratsky, Inspecteur de l'école ecclésiastique à Kherson (ci-devant membre de la Mission ecclésiastique à Pékin).

1ère livraison : Histoire de la Mission ecclésiastique à Pékin, dans la première période de son activité 1685—1745. Kazan. Imprimerie de l'Université. 1887, in-8, pp. 165. — Le ms. de la suite est terminé.

— Отецъ Іакинфъ Бичуринъ. — (Историческій этюдъ). І. Н. А. [Іеромонаха Николая Адоратскаго.] Казань. Типографія Имп. Университета. 1886. — (Le Père Hyacinthe Bitchourine. Étude historique par le Père Nicolas Adoratsky. Kazan. 1886), in-8, pp. 125.

Tirage à part du *Messager orthodoxe*, à 50 ex.

Le même, P. Adoratsky, aujourd'hui évêque de Kherson, a publié en russe une notice sur l'Archimandrite Palladius. 1884. C'est une traduction de l'article qui a paru dans la *Revue de l'Extrème Orient*, 1889, sous le titre de :

— Histoire des Études chinoises. I. Notes pour servir à une Biographie de feu l'Archimandrite Palladius. (*Revue de l'Ext. Orient*, I, No. 1, pp. 9/15.)

Notes venant du Dr. E. Bretschneider. — Piotre Ivanovitch Kafarof, né 17 sept. 1817 à Tchistopol (prov. de Kazan); † à Marseille, 1878.

— Дорожныя замѣтки на пути по Монголіи въ 1847 и 1859 гг. — Архимандрита Палладія. Съ введеніемъ доктора Е. В. Бретшнейдера и замѣчаніями профессора, чл. сотр. А. М. Позднѣева. — Санктпетербургъ, Тип. Имп. Акад. Наукъ, 1892, in-8, pp. IX-238, carte.

Напечатано по распоряженію Императорскаго Русскаго Географическаго Общества.

Tome XXII, No. 1.
Comprend :
Введеніе, Э. В. Бретшнейдра, page 1. — Дневникъ о. Іеродіакона Палладія, веденный во время перѣзда по Монголіи въ 1847 году, p. 35. — Дорожныя замѣтки о. Архимандрита Палладія во время перѣзда его по Монголіи въ 1859 году, p. 100. — Письмо проф. А. М. Позднѣева къ Барону Ѳ. Р. Остень-Сакену, съ замѣчаніями на « Дневникъ о. Палладія по Монголіи, веденный въ 1847 году, p. 114. — Указатель, p. 229. — Карта.

— Itinéraires en Mongolie, par M. E. Bretschneider, traduit du russe par M. Paul Boyer. (*Jour. Asiatique*, IXe Sér., I, No. 2, mars-avril 1893, pp. 290/336.)

Traduction du Введеніе, de Bretschneider, ci-dessus, pp. 1/34.

— L'Archimandrite Palladius. Par Henri Cordier. (*Revue Critique*, No. 4, 25 janvier 1879, pp. 88/4.)

— The Archimandrite Palladius. A Biographical Notice. By W. A. P. M.[artin]. (*Chin. Rec.*, XX, No. 10, Oct. 1889, pp. 449/454.)

— *Russkaja Starina*, 1885.

— *London & China Express*, 1885, p. 417.

JUDAÏSME 刀筋教

— *Recueil de pièces relatives aux Israélites et à leur langue.*

MS. British Museum, Add. 29868. Cf. *Revue de l'Extrême Orient*, I, No. 1, 1882, pp. 116/117 :

L'une de ces pièces est une lettre en hébreu adressée en 1760 aux juifs de Chine par les juifs de Londres ; voici la copie de la lettre en anglais qui l'accompagne, donnée aussi dans le recueil en question :

"Sir,

My good friend Mr. David Salomons having several times acquainted me with the knowledge you have acquired of the Chinese Language, their Manners, and the interior parts of that vast Empire, I was persuaded no Person could so well take the charge of informing me of the particulars I desired; I therefore beg'd he would recommend me to you, and I hope you will oblige me in aiding to discover the following matters, and forwarding the inclosed papers in the best manner for that purpose.

The Royal Society and other Persons have been inform'd by several Jesuit Missionaries and others, that in several of the Northern and Western Provinces of the Chinese Empire there are People who profess the Jewish Religion or somewhat like or dependent upon it, and particularly that there are some at Pekin, but that there are more in the Province of Honan, and particularly at Caifongfou; now our curiosity leads us to get some knowledge of these people, and particularly of their manner of living, writing and customs. Anything whereof that you shall be willing to communicate to me I shall receive with thankfullness; and in order thereto, and that you may meet with the easier access among these people, some of our Priests and Scribes have wrote to them in Hebrew (a copy of which you [sic] have wrote in English for your perusal), this letter I desire you would forward them with all care and precaution, and endeavour to get an answer. I think it prudent that you should be cautious that this design should not be known to the Papists, and particularly to the Jesuits, lest they should endeavour to hinder our discoveries; for'tis possible, were such a thing to prove true, that the British Interest might be strengthened in China, and some new branches of Commerce opend to the honourable Company, all which I ardently wish to promote. Should your affairs not permit you to attend this matter, you will oblige me greatly in recommending it to some Person you may think properly qualified to execute it, and any expence you may be at, not exceeding Fifty Pounds sterling I shall repay with thanks. I am with great regard,

　　　　Sir,
　　　　　　Your very obliged servant."

— Essai sur les Juifs de la Chine et sur l'influence qu'ils ont eue sur la littérature de ce vaste empire avant l'ère chrétienne, par l'abbé Sionnet, de la Société asiatique. Paris, Merlin, 1837, br. in-8, pp. 24.

Ext. du No. 81 (mars 1837) des *Annales de Philosophie Chrétienne.*

— The Jews in China : Their Synagogue, their Scriptures, their History, &c. By James Finn, Author of "Sephardim"; .... London : B. Wertheim, MDCCCXLIII, in-12, pp. VIII-86.

開封府 The Orphan Colony of Jews in China. Containing a Letter received from themselves, with the latest information concerning them. By James Finn, M. R. A. S. ... London : James Nisbet, MDCCCLXXII, pet. in-8, pp. IV-124.

— Les Juifs de la Chine. Par Henri Hirsch. Extrait des *Archives Israélites de France.* (Nos de Janvier, Février, Mars, Avril, Mai 1844), br. in-8, pp. 24.

A propos de l'ouvrage de Finn.
* *Jewish Intelligence,* May 1851.
— Chinese Jews. (Balfour, *Waifs and Strays,* 1876, pp. 202/208.)
* Juden in China. (*Jüd. Litteraturblatt,* 1884, avril.)
— Jews and Christians in China. (*China Review,* XIII, p. 361.)
* P. H. E[manuel]. (*Jewish World,* 26 may 1882.)
— Jews of China. By B. H. Cowper. (*Leisure Hour,* XVI, 301, 309, 331.)
— The Jews in China. (*Christian Progress in China* ... By A. Foster, 1889, pp. 247/255.)
* Jews in China. (*Household Words,* III, 452.)
— Les Juifs en Chine. (*Le Gaulois,* vendredi 7 fév. 1890.)
Article signé KAO (Henri Cordier) en réponse à un article du même titre, du Général Tcheng Ki-tong, paru dans le même journal le dimanche 2 fév. 1890.
L'article de Tcheng a été réimp., pp. 219/229, de son vol. intitulé *Mon Pays,* 1892.

— Les Juifs en Chine par H. Cordier. (*L'Anthropologie,* Sept.-Oct. 1890, n° 5, pp. 547 à 551.)
Réimp. de l'œuvre précédente, avec une bibliographie.

— Les Juifs en Chine par Henri Cordier Professeur à l'Ecole des langues orientales vivantes. Paris, Léopold Cerf, 1891, pet. in-8, pp. 14.

A Monsieur *Joseph Derenbourg* en l'honneur de son 80° anniversaire, 21 Août 1891.
Tiré à 100 ex. dont deux sur papier du Japon.
— On the Entrance of the Jews into China during the first Century of our Era. By Terrien de Lacouperie. (*Babylonian & Oriental Record,* V, No. 6, June 1891, pp. 131/134.)

(JUDAÏSME.)

— The Tablet Inscriptions of the Chinese Jews discovered at Kai-fung Fu (China), in 1850. By A. K. Glover. (*Bab. & Oriental Record,* V, No. 6, June 1891, pp. 138 à 141; *ibid.,* No. 7, July 1891, pp. 161/164; *ibid.,* No. 8, August, 1891, pp. 179/182.... etc.; VI, No. 9, March 1893, pp. 209/213; se continue.)

— Itinéraire juif d'Espagne en Chine au IXe siècle par M. Moïse Schwab, Bibliothécaire à la Bibliothèque Nationale — extrait de la *Revue de Géographie* dirigée par M. L. Drapeyron. Paris, Institut Géographique de Paris, Ch. Delagrave, 1891, br. in-8, pp. 19.

Article de J. de Goeje, dans le *T'oung Pao,* III, mars 1892, pp. 94/7. — Lettre de M. Schwab, *ibid.,* août 1892, pp. 319/7 et *Revue de Géographie.*

ISLAMISME 回回教門

* Littérature chinoise des Musulmans; précis de l'ouvrage mahométan écrit en chinois sous le titre de : *Yu lan tche cheng che lou* (Biographie du Très Saint, lue par l'Empereur), par Leou-Kie-lien, musulman chinois [en russe].

Cet aperçu sur les livres chinois concernant l'islamisme a été publié par la Société archéologique de Saint-Pétersbourg. Il s'y trouve une notice par le professor Gregoriev, 1874.

— Deux insurrections des Mahométans du Kan-sou (1648—1783), récit traduit du chinois, par M. Camille Imbault-Huart, consul honoraire. (*Journ. Asiat.,* VIIIe sér., XIV, Nov. Déc. 1889, pp. 494/525.)

D'après le livre VII de Ouei yuan, *Cheng vou-ki,* voir col. 1597.

— Dr. J. Th. Zenker. Das chinesische Reich nach dem türkischen Khatai nameh. (*Zeitschrift für die Kunde des Morgenlandes,* Band XV, 1876, pp. 785—805.)

— Trois chapitres du Khitay Namèh. Texte persan et traduction française par Charles Schefer, Membre de l'Institut, professeur à l'Ecole des Langues Orientales vivantes. (*Mélanges Orientaux* — textes et trad. pub. par les Prof. de l'Ecole des Langues Or. viv., pp. 29/84.)

* Cte d'Escayrac de Lauture. — Sur l'Islamisme en Chine. (*Moniteur universel,* 14 mai 1861.)
— Notes on Mahomedanism in Peking. (*N. C. Herald,* March 16, 1869.)

— Le présent et l'avenir de l'islamisme en Chine. Par Dabry de Thiersant. (*Rev. géog. int.,* nov. 1877, pp. 264/7; déc. 1877, pp. 305/307.)

(JUDAÏSME. — ISLAMISME.)

— E. Bretschneider. Chinese Mediaeval Notices of the Mohammedans..1876. (*Notices of the Mediaev. Geogr. & Hist. of Central & Western Asia*, pp. 42—53.) Réimp. *Mediaev. Res.*, Lond., 1883, I, pp. 264/274.

— La Chine Mahométane. Par O. S. (*Revue Brit.*, Juin 1880, N. S., III, pp. 279/312.)

0. S. = Octave Sachot.

— Die Denkmäler der Kantoner Moschee. Von K. Himly. (*Zeit. d. D. M. G.*, xli. Bd., pp. 141/174.)

— Chinese Mahometans at Mecca. By H. K. (*China Review*, IX, p. 194.) — Nauta. (*Ibid.*, pp. 251/252). H. K. (*Ibid.*, pp. 252—253.)

— Itinéraires de pèlerins chinois se rendant à la Mecque. Par G. Devéria. (*Revue Extrême-Orient*, I, No. 1, 1882, pp. 159/160.)

— Les Musulmans en Chine. (*Ann. de l'Ext.-Orient*, 1884—1885, VII, p. 68.)

D'après le *Terdjuman.*

— Война Мусульманъ противъ Китайцевъ. — Приложенія составленныя Н. Н. Пантусовымъ. — Казань . . . . 1881, br. in-8, pp. 72.

— The great Mahomedan Rebellion in Yun-

(ISLAMISME.)

nan. By T. L. Bullock. (*China Review*, XVI, pp. 83/95.)

Principalement d'après Rocher, *La Province du Yunnan.* — Voir col. 1487.

— Mussulmans. By E. H. Parker. (*China Review*, XIV, p. 219.)
— Red Cap Mahomedans. By E. H. Parker. (*China Review*, XV, p. 53.)
— Islam. By E. H. Parker. (*China Review*, XVII, No. 2, p. 114.)
— The introduction of Mahometanism into China. By Rev. Geo. W. Clarke. (*Chin. Recorder*, XVII, July 1886, pp. 269/271, August 1886, pp. 294/296.)

— Mahommedanism in China. By Rev. H. V. Noyes. (*Chin. Rec.*, XX, No. 1, Jan. 1889, pp. 10/18; *ibid.*, No. 2, Feb. 1889, pp. 68—72.)

— Mahommedanism. (回回說, a Review.) By Rev. C. F. Hogg. I. (*Chin. Rec.*, XXII, June 1891, pp. 263/264.)

— Mahommedanism. (修真蒙引, a Review.) By Rev. C. F. Hogg. (*Chin. Rec.*, July 1891; *ibid.*, XXII, No. 8, Aug. 1891, pp. 354/358; *ibid.*, No. 9, Sept. 1891, pp. 401—405.)

— Mahommedanism. — Laws and Ceremonies. (天方典禮, a Review.) By Rev. C. F. Hogg. IV. (*Chin. Rec.*, XXII, Dec. 1891, pp. 545/553.)

— Mahommedanism. Note. — Recollections of a conversation. By Rev. C. F. Hogg. V. (*Chin. Rec.*, XXIII, Feb. 1892, pp. 57/61.)

— Mahommedanism. Remarks on Hwei Hwei Shwo. By J. Edkins, D. D. (*Chin. Rec.*, XXII, No. 8, Aug. 1891, pp. 377/378.)

(ISLAMISME.)

XII. — SCIENCES ET ARTS.

SCIENCES MORALES ET PHILOSOPHIQUES.

LIVRES CANONIQUES 經 KING.

— Essai d'introduction préliminaire à l'intelligence des Kings . . .

Ce Ms., que j'indique col. 641, me vaut la note suivante du R. P. Brucker : « Ce travail mss. n'est pas du P. de *Prémare*, mais du P. *Foucquet*. Je m'en suis assuré en le comparant avec les autres écrits de ce dernier; du reste, le P. de Prémare a écrit contre le système qui y est exposé; enfin, cet *Essai* a été défété à Rome, en 1732, comme étant de l'évêque d'Eleuthéropolis (Foucquet), avec d'autres écrits du même. — J'ajoute que le ms. a été probablement rédigé pour le duc de Saint-Simon. Voir le début, et cf. les lettres de Foucquet publiées par H. Cordier, dans la *Revue de l'Extrême-Orient*, lettres XXXI et XLI à St. Simon.»

— Loomis' Confucius..voir col. 1604 et 666.

— Chrestomathie religieuse de l'Extrême-Orient publiée sous les auspices de la Société des Etudes Japonaises. (*Mém. Soc. Et. jap.*, etc., V, Nov. 1886, pp. 153/202.)

Extraits du *Yih-king*, du *Chou-king*, du *Chi-king*, du *Li-ki*, du *Tchun-tsieou* et du *Tso-tchouen*, du *Hiao-king*, etc. . .

— Publication of the Classics. By E. H. Parker. (*China Review*, XV, p. 183.)

— Address of Mᵣ. Shioda on taking his seat

(SCIENCES MORALES ET PHILOSOPHIQUES.)

as President of the Society January 10ᵗʰ 1888. (*Journ. Peking Oriental Society*, II, No. 3, 1888, pp. 155/158.)

— Botanicon Sinicum . . . . . By E. Bretschneider. (*Journal China Branch R. As. Soc.*, Vol. XXV, No. 1, 1890—1891.)

— The Antiquity of the ancient Chinese Sacred Books. By C. de Harlez. (*Bab. & Oriental Record*, V, No. 2, Feb. 1891, pp. 45/48; *ibid.*, No. 3, March, 1891, pp. 54/63.)

JAMES LEGGE. — The Chinese Classics with a Translation, critical and exegetical Notes Prolegomena, and copious Indexes by James Legge Professor of Chinese in the University of Oxford formerly of the London Missionary Society. — In Seven Volumes — Second edition, revised. Vol. I Containing *Confucian Analects*, the *Great Learning*, and the *Doctrine of the Mean*. Oxford, at the Clarendon Press, 1893, gr. in-8, pp. xv-503.

(SCIENCES MORALES ET PHILOSOPHIQUES.)

— Lettre de James Legge, Oxford, 17 sept. 1892, à Fr. Nitsch-kowsky. (*Chin. Rec.*, XXIV, Jan. 1893, pp. 34/5.)

— A Letter to Prof. F. Max Müller on the Sacred Books of China, Part I. By Inquirer, Shanghai : American Presbyterian mission Press. 1880, br. in-8, pp. 26 + 1 f. n. chif.

Inquirer = A. P. Happer. — Voir, THE TERM QUESTION, col. 1748, avec la réponse de Legge.

Y KING 易 經

— Idea Generalis Doctrinae libri *Ye kim...*

Ce MS. du P. Bouvet que je signale, col. 645/6, est daté de novembre 1712.

— Die *verborgenen* Alterthümer der Chineser aus dem uralten canonischen Buche Ye-king untersuchet von M. Joh. Heinrich Schumacher ... Wolfenbüttel, bey Johann Christoph Meissner, 1763, in-8, pp. 208.

— Turan und Iran. Ueber die Entstehung der Schriftsprache von Adolf Helfferich. Frankfurt A./M. Christian Winter, 1868, in-8, pp. 184.

La quatrième et dernière partie du livre, pp. 108 et seq., comprend : *Das Chinesische I-king*.

— A study on the Yih king. By A Student. (*Chinese Recorder* ....)

A Student = A. P. Happer.

— A translation of the Confucian 易 經 or the "Classic of Change" with notes and appendix. By the Rev. Canon McClatchie M. A. Secretary of C. M. S. Missions in China. Shanghai : American Presbyterian Mission press. London : Trübner & Co. MDCCCLXXVI, in-4, pp. XIII-XVII-455 + 1 f. n. c. p. l'er.

JAMES LEGGE. — The Sacred Books of China. The Texts of Confucianism translated by James Legge. Part II. The Yî king. Oxford at the Clarendon Press, 1882, in-8, pp. XXI-448.

Forme le Vol. XVI des *Sacred Books of the East* ... edited by F. Max Müller.

— Sacred Books of the East. (*Saturday Review*, June 30, 1883.)

Y-king. (Legge et Terrien de Lacouperie.)

— The sacred books of China. Part II. — The Yî king. Translated by J. Legge, D. D. By Thos. W. Kingsmill. (*China Review*, XI, pp. 86/92.)

J. EDKINS. — The Yi king of the Chinese, as a Book of Divination and Philosophy. By the Rev. Dr. Edkins, M. R. A. S. (*Journ. R. As. Soc.*, N. S. Vol. XVI, Art. XVII, July, 1884, pp. 360/380.)

— The Yi king, with Notes on the 64 Kwa. By Dr. Edkins. (*China Review*, XII, pp. 77/88, 412/432.)

— The *Yi king* and its appendices. By Joseph Edkins. (*China Review*, XIV, pp. 303/322.)

PHILASTRE. — Tsheou Yi : Le Yi : King ou livre des changements de la dynastie des Tsheou traduit pour la première fois en français avec les Commentaires tradition-

nels complets de T'shèng Tsé et de Tshou-hi et des extraits des principaux commentateurs par P.-L.-F. Philastre. Première partie. (*Annales du Musée Guimet*, VIII, Paris, Ernest Leroux, 1885.) — Deuxième partie. (*Ibid.*, XXIII, Paris, Ernest Leroux, 1893.) 2 vol. in-4.

TERRIEN DE LACOUPERIE.

— The Yh-king. By A. Terrien de Lacouperie. (*Athenaeum*, 21st Jan. 9th and 30th Sept. 1882.)

— On the History of the Archaic Chinese Writing and Texts. (Extracted from "The Oldest Book of the Chinese and its Authors" in the Journal of the Royal Asiatic Society, Vol. XIV, Pt. IV, pp. 798—806.) By Terrien de La Couperie, M. R. A. S. London : 1882, br. in-8, pp. 11.

— The Oldest Book of the Chinese (the Yh-king) and its Authors. By Terrien de La Couperie, M. R. A. S. (*Journ. R. As. Soc.* N. S. Vol. XIV, Art. XXVI, October 1882, pp. 781/815.) (*Ibid.*, Vol. XV, Art. IX, April 1883, pp. 237/289.)

Errata : *Ibid.*, Vol. XV, October 1883, pp. 483/484.

— M. Terrien de la Couperie as a Sinologist. By E. H. Parker. (*China Review*, XIII, pp. 301/305.)

— *The Oldest Book of the Chinese*, The Yh-king and its authors. By A. Terrien de Lacouperie. Vol. I. *History and Method*. London, D. Nutt, 1892, in-8, pp. XXVII-121.

Notice : *Bab. & Or. Record*, VI, May, 1893, pp. 263/4, rep. from the *Lond. & China Telegraph*, by R. K. Douglas.

C. DE HARLEZ.

— Le texte originaire du Yih-king, sa nature et son interprétation, par M. C. de Harlez. (*Journ. Asiat.*, VIIIe sér., IX, Avr.-Mai-Juin 1887, pp. 424/456.)

— Le texte originaire du Yih-king, sa nature et son interprétation, par M. C. de Harlez. — Extrait du Journal Asiatique. — Paris. Imprimerie Nationale. MDCCCLXXXVII, br. in-8, pp. 35.

— Le Yih-king. Texte primitif rétabli, traduit et commenté par Ch. de Harlez, Membre de l'Académie royale de Belgique. Bruxelles, F. Hayez, 1889, in-4, pp. 154 + 1 f. n. p. l. table.

Ext. du t. XLVII des *Mém. de l'Ac. roy. des Sciences, des lettres et des beaux-arts de Belgique.* — 1889.

— Le *Yi-king*. Sa nature et son interprétation, Par M. C. de Harlez. (*Journ. Asiat.*, VIIIe sér., XVII, Janv.-Févr. 1891, pp. 164 à 170.)

— L'Yi-king. Suo carattere originario o sua interpretazione. (C. de Harlez.) (*Giornale della Società Asiatica italiana*, Vol. V, 1891, pp. 183/191.)

— Le Yi-king au VIIe siècle avant J.-C. I. (Le *Tchlen-tsiu* et le *Tso-tchuen*.) — II. Le Yi-king d'après le *Lün-yü*.) Par C. de Harlez. (*Jour. Asiat.*, IXe sér., I, Janv.-Fév. 1893, pp. 163/171.)

CHOU KING 書 經

— Le Chou king .... traduit par Gaubil.

Mémoires de Trévoux, 1771, pp. 240/258. — *Journal Encyclopédique*, 1771, III, pp. 193/208. — Grosier, *Chine*, IV, pp. 355 et seq.

— *Antiquissimi Sinarum Annales sive liber classicus Chang-chou vel vulgatius Chou-king.*

MS. de la Bib. de Kazan, No. 15321.

Ms. latin. 312 pag. numérotées in-fol.; précédées de 26 autres pages non numérotées, renfermant : 1° *Monitum Lectori circa versionem libri Chou-king*, pag. 1—3; 2° *Praefatio in librum Chou-king*, page 5—14; 3° *Introductio ad Chronologiam libri Chou-king*, page 15—26; écrit sur papier chinois, apparemment par un Chinois, d'une main très lisible, mais avec peu de savoir.

Dans le *Monitum*, le traducteur nous apprend qu'étant missionnaire et en même temps chargé des travaux hydrauliques dans le palais de l'empereur il trouvait encore du loisir pour étudier les langues tatare et chinoise. La connaissance de la dernière est indispensable non seulement pour prêcher notre Ste. religion, mais aussi pour tirer des livres chinois ce qui pourrait être agréable aux Européens (*quod posset esse gratum Europaeis*). Le P. Gaubil, qui avait envoyé en Europe une traduction du *Chou-king* en langue française et du sort de laquelle il n'a jamais eu connaissance, m'engageait à entreprendre une nouvelle. Accédant à cette proposition il s'est servi de la langue latine qui est plus précise que la langue française et pour cela se prête mieux à rendre plus simplement un style simple (*proinde simplicius reddere postest simplicem antiquorum stylum*). Outre cela, chaque missionnaire venu dans ce pays connaît cette langue et pourra juger mieux cette traduction.

Il dit s'être servi de la traduction du P. Gaubil, et s'il y a de la différence entre la sienne et celle du P. Gaubil, la cause en est à rechercher aux sources qu'il a consultées, vu que les commentateurs donnent différentes explications à un seul et même texte.

Parmi ces commentateurs il nomme le *Je-kiang* en langue chinoise et tatare; il dit avoir lu à plusieurs reprises le *Tshang-ko-lao*, d'avoir consulté le *Che-san King-ta-tsuen* et autres livres (*quos habemus in nostra hujusce residentiae Gallicae Biblioteca*). Pour les noms propres, les noms de préfectures, de dignités, etc., il préférait de les exprimer en termes chinois, ne sachant une expression équivalente en latin; les noms qui n'ont pas été traduits, sont écrits en caractères chinois, avec addition de la prononciation. Les noms géographiques ont été corrigés d'après la grande géographie chinoise *Ta tsing y tung tchi*, écrite sous la dynastie présente, et consistant en 350 volumes.

Le manuscrit a été revu, à ce qu'on voit, par l'auteur et corrigé.

Apporté de la Chine par l'archimandrite Daniel (Sibyloff), membre de la mission russe à Pé-king de 1820 à 1830; ensuite archimandrite à un couvent de Moscou; depuis 1837—1844 archimandrite au couvent St.-Jean-Baptiste à Kazan, et professeur de chinois à l'université; ensuite supérieur d'un monastère en Sibérie au lac Baïkal, où il est mort.

Cf. *Revue de l'Extrême-Orient*, II, No. 3, 1884, pp. 408 et seq.; le chap. IX, *Kang-kao*, est reproduit, *ibid.*, pp. 409/412.

Je suppose que le traducteur n'est autre que le P. Michel Benoist, 蔣彌額, *Tsiang Mi-ko*, né le 8 oct. 1715; † à Peking, 23 oct. 1774. On lit, p. 311, I, des *Mém. conc. les Chinois* : «Le Chou-king a été traduit par le R. P. Benoît.» Il avait, dit Sommervogel, envoyé cette traduction au Comte de Rasumowski.

— Сы шу гѣи, то есть четыре книги съ толкованіями. — Книга первая Философа Конфуціуса перевелъ съ китайскаго и манжурскаго на Россійской языкъ надворной Совѣтникъ Алексѣй Леонтіевъ. St. Pétersbourg, 1780, in-8.

— Джунгинъ, или Книга о Вѣрности, переведенная съ манжурскаго и китайскаго языка на Россійскую государственную коллегію Иностранныхъ Дѣлъ Переводникомъ Алексѣемъ Агаѳоновымъ въ Иркутскѣ, 1784 года, по открытіи того Намѣстничества. Москва, 1788, in-8, pp. 56.

— The Sacred Books of China the Texts of Confucianism translated by James Legge. Part I. The Shû king, The religious portions of the Shih king, The Hsiâo king. Ox-

ford at the Clarendon Press, 1879, in-8, pp. xxx-492.

Forme le Vol. III des *Sacred Books of the East . . . edited by F. Max Müller.*

— Lo Chau-king o Libro sacro per eccellenza dei Cinesi. Studi di Francesco Albanese. Venezia, Reale tipografia di Gio. Cecchini 1880, br. in-8, pp. 32.

Estratta dagli *Atti dell' Ateneo Veneto*, Ser. III, Vol. II., Puntata IV.

— The structure of the Yû kung. By Thos. W. Kingsmill. (*China Review*, XIV, pp. 17/21.)

— Sur le Yu kong, cf. Richthofen, *China*, T. I, Berlin, 1877.

— Indirect proofs of genuiness of *Shu king*. By J. Edkins. (*China Review*, XIV, p. 49.)

— On Dr. Edkins' views of the *Shu king*. By John Chalmers. (*China Review*, XVI, pp. 47/48.)

* Ancestral Worship in the Shuking by Rev. H. Blodget. (*Jour. Peking Oriental Soc.*, III, No. 2.)

— M. Uhle. Die Partikel 惟 Wêi im Schu-king und Schi-king. Leipzig, 1881. (Voir LANGUE.)

— C. Merz. De pronominum primae personae in Su king atque Si king usu. Vindob. 1882. (Voir LANGUE.)

— Le style de Kong-fou-tze. Kong-tze a-t-il interpolé le Shu-king et composé le Tchun-tsiu. Par C. de Harlez. (*T'oung Pao*, Vol. IV, No. 3, juillet 1893, pp. 243/297.)

— ECLIPSE du *Chou-king*, voir col. 679 et col. 1791.

— Lettre à M. l'abbé Grosier. Paris, 22 mars 1818. (Klaproth, *Mém. rel. à l'Asie*, I, pp. 414/421.)

Sur le Chou king.

CHI KING 詩經

— A Chinese Ode Paraphrased. By Senex. (*China Review*, IX, p. 323.) — [Paraphrase d'une ode de Sir W. Jones, citée col. 649.]

* *Khouet-Pi-Chi King*, hoc est Liber carminum, quem recensuit et commentario illustravit Tchu hi (en chinois). 4 cahiers gr. in-8, dans un étui de carton à la chinoise.

«Ce précieux exemplaire est interfolié de papier blanc sur lequel sont des notes nombreuses de la main du P. Foucquet, cœur de celle de M. Rémusat, qui, en 1823, avait commencé à y transcrire la traduction et les commentaires du P. de la Charme.» (*Cat. des livres . . . de M. J. P. Abel-Rémusat*, No. 1631.)

— Le ms. du *Chi-king* du P. de la Charme qui figurait à la vente Pauthier (289) a reparu dans le cat. de la *Bibliothèque japonaise de MM. Léon Pagès et Dr. Mourier*, Paris, J. Maisonneuve, 1889, No. 216, 20 fr. — Voir col. 649.

— Schi-king. — Chinesisches Liederbuch, gesammelt von Confucius, dem Deutschen angeeignet von Friedrich Rückert. Altona, bei J. F. Hammerich, 1833, in-8, pp. x-360.

— The Rhymes of the Shi-king. By J. Chalmers. (*China Review*, VI, pp. 75/82, 166 —172; IX, pp. 136/161, 297/301.)

— The ballads of the Shi-king. By V. W. X. (*China Review*, VII, pp. 51/52, 115/117, 176/177, 229/232, 367/370; VIII, pp. 27/31, 143/146.)

— On some Constellations in the Shi-king. By Thos. W. Kingsmill. (*China Review*, VII, pp. 347/349.)

— Mr. Kingsmill and the *Shi king*. By V. W. X. (*China Review*, VII, pp. 330/336.)

— Примѣчанія на третій выпускъ китайской хрестоматіи профессора Васильева. Переводъ и толкованія Ши Цзина. St. Pétersbourg, gr. in-8, pp. 160. — Remarques sur la troisième livraison de la Chrestomathie chinoise du Professeur Vasiliev. Traduction et commentaire du Chi king. St. Pétersbourg, gr. in-8, pp. 160.

— Rhymes of the Book of Odes. By J. Edkins. (*China Review*, XIV, pp. 213/214.)
— How was the Shi king sung and read? By J. Edkins. (*China Review*, XV, pp. 311/312.)

— Metrical Translations from the Shi king. The 'Man wong' Decade of the Shi king (Part III), done into English. By W. Jennings. (*China Review*, XVII, No. 3, pp. 125 —131.) — The 'Shang min' Decade of Part III, (*Ibid.*, No. 4, pp. 216/223.) — The first seven Odes of the 'Tang' Decade of Part III, (*Ibid.*, No. 5, pp. 265/276.)

* The Shi king, the Old Poetry Classic of the Chinese. A close metrical translation, with annotations. By William Jennings, M. A., Vicar of Breedon, Berks, Late Colonial Chaplain, Incumbent of St. John's Cathedral, Hongkong. London, George Routledge & Sons, 1891, in-8, pp. 380, 3s. 6d.

One of Sir John Lubbock's *Hundred Books*. Notices : *China Review*, XIX, No. 6, par E. J. E.[itel]. — *Asiatic Quarterly Review*, Sér. II., 5, p. 262.

— The Chinese Book of the Odes for English Readers. By Clement F. R. Allen, Esq., M. R. A. S. (*Journ. R. As. Soc. N. S.* Vol. XVI, Art. XX, October, 1884, pp. 453 —478.)

* The Book of Chinese Poetry. Being the Collection of Ballads, Sagas, Hymns, and other Pieces known as the Shih Ching or Classic of Poetry. Metrically translated by C. F. R. Allen. London, 1891, in-8, pp. xxviii-528, 16/—.

LI KI 禮記

— The Sacred Books of China. The Texts of Confucianism translated by James Legge. Part III—IV : The Lî-kî, i—x, xi —xlvi. Oxford, at the Clarendon Press, 1885; 2 vol. in-8, pp. x-484, viii-496.

Forme les vols. XXVII et XXVIII des *Sacred Books of the East* . . . . edited by F. Max Müller.
— The *Li ki* translated by James Legge, D. D. By Rev. J. Edkins, D. D. (*Chin. Rec.*, XVII, Sept. 1886, No. 9, pp. 325/328.)
— The Hall of Light. By Joseph Edkins. (*China Review*, XV, pp. 165/167.)
— The Style of the *Li ki*. By J. Edkins. (*China Review*, XV, pp. 179/180.)
— The Sacred Books of the East. By John Chalmers. (*China Review*, XV, pp. 1/12.)
Li-ki.

— Jottings from the Book of Rites. By J. Mac Intyre. I. Death and Burial (*China Review*, VII, pp. 11/24, 125/128, 143/149, 211/219).

— Ancestral Worship (*Ibid.*, pp. 290,301, 355/364).

— R. Istituto di Studi Superiori pratici e di Perfezionamento in Firenze. — Carlo Puini.
— Tre Capitoli del « Li-ki » concernenti la religione traduzione, commento e note.
— Contribuzioni allo studio comparativo delle Istituzioni sociali nelle antiche Civiltà. Firenze, Succ. Le Monnier, 1886, gr. in-8, pp. 137.

Chap. XXIII—XXV du *Li-ki*. suivis de *Contribuzioni allo studio comparativo delle istituzioni sociali nelle antiche civiltà*.

TCHOUN TSIEOU 春秋

— De Confucii Libro Chuñ çieū. Auctore T. S. Bayer. (*Comment. Acad. Sc.*, Tome VII, St. Pétersb., pp. 335/391 + 5 Pl. de texte chinois.)

— Замѣтки о Конфуціевой Лѣтописи Чуньцю и ея древнихъ комментаторахъ сочиненіе Н. Монастырева. С.-Петерб. 1876, in-8, pp. iv-52.

— Конфуціева Лѣтопись. — СУНЬ-ЦЮ. — Переводъ Н. Монастырева. (Съ литографированными примѣчаніями.) С.-Петербургъ, 1876, in-8, pp. 105.

— Примѣчанія къ ЧУНЬ-ЦЮ, составленныя Кандидатомъ Н. Монастыревымъ. С. Петербургъ, 1876, in-4, pp. 254 lith. + 1 tab.

* Alt-orientalische Lebensweisheit. Aus Kong-fu-tse's « Frühling und Herbst ». (*Deutsche Roman-Zeitung*, 1884.)

* Ch'un ts'iu *Ti-li Kau shi T'u*, or A true Chart of China as it existed during the Confucian Period. By the Reverend Father . . . and . . . . S. J. of Zi-ka-wei.

Notice : *China Review*, XX, No. 1, pp. 63/4. By E. H. P. [arker].

— La religion chinoise dans le Tchün-tsiu de Kong-tze et dans le Tso-tchuen par C. de Harlez, Professeur à l'Université de Louvain. (*T'oung Pao*, III, No. 3, Août 1892, pp. 211/237.)

— Voir supra, CHOU KING, C. de Harlez, col. 1774.

SE CHOU 四書

— La Bibliothèque royale de Munich possède un ex. de la *Sinarum Scientia* de 1669 conforme à ma description A. Or. 318, mais les ff. sont reliés de travers.

* Sinarvm Scientia Politico-moralis, secundum authenticum exemplar a R. ac Cl. Viro Prospero Intorcetta, siculo, e Soc. Jesu, partim quidem anno Christi 1667 in urbe Quam Cheu, Metropoli Sinensis provinciae Quam-Tum; partim autem a. 1669. Goae in India intra Gangem, primum in lucem editum.

Dans *Analecta Monumentorum omnis aevi Vindobonensia*, opera et studio Adami Francisci Kollarii, Tom. I. Vindobonae, Ioan. Thom. Trattner, 1761, in-fol. — Cf. *Acta Erudit.*, 1769, 321.

— Confucius Sinarum . . . Comptes-rendus dans : *Journ. des Savans*, 1688, pp. 99/105 ; — *Biblioth. univers. et histor.*, t. VII, pp. 387—455 ; — *Acta Eruditor. Lipsiensia*, 1688, pp. 254—265 ; — Freytag, *Adparatus litterarius* (Lipsiæ, 1755), t. III, pp. 118 à 122. — *Annal. Encycl.*, 1819, V, p. 112. (Sommervogel.)

— Sinensis Imperii Libri Classici Sex . . . . P. F. Noël . . . 1711.

Col. 655 : *Acta Eruditorum*, 1711, pp. 284—286 ; 1712, pp. 123/5, 234/9. — *Mém. de Trévoux*, 1713, pp. 2002/5.

— Les Livres classiques . . . 1783—1786 . . .

Col. 655 : *Esprit des Journaux*, déc. 1781, pp. 79/94 ; nov. 1787, pp. 208/214.

— Livres classiques . . . . traduits par le P. Daniel.

Brouillon des traductions en russe du P. Daniel ; le premier cahier, 8 feuillets, contient la traduction de 8 chapitres du livre *Ta-hio* ou Grande Science de Confucius, sur les règles d'éclaircir la raison et de garder le bien-être spirituel, avec l'interprétation de Tseu-tsi, l'un des disciples de Confucius, et d'autres commentateurs ; le second (4 feuillets) la fin du 8° chapitre, le 9° et le commencement du 10° ; le troisième (4 feuillets) le commencement du *Lun-Yu*, autre ouvrage de Confucius ; le quatrième (1 feuillet) la continuation du précédent. De la main de l'archimandrite Daniel.

Cf. *Revue de l'Extrême-Orient*, II, No. 3, 1884, p. 412 ; No. 15324, MSS. de la Bib. de Kazan.

— New Testament Parallels in the Four Books. By Rev. George Owen, Peking. (*Chin. Rec.*, XVII, August, 1886, pp. 285/293.)

1° Ta hio 大學

— 學大 Tái Hiŏ Magna Doctrina. Quatuor Librorum moralium scholæ Confucianæ primus. Textum sinicum edidit, versionem novam latinam, selectas doctoriš Tchoû-hì notaš, suasque animadversiones nec non clavim amplissimam addidit Stephanus Endlicher. Vindobonae. 1833.

MS. malheureusement incomplet de l'homme distingué qui fut en même temps botaniste et sinologue. Stephan-Ladislas Endlicher, né à Presbourg. 24 juin 1804, s'est suicidé à Vienne le 28 mars 1849. Le MS. forme deux cahiers in-4 ; je l'ai acheté du libraire M. Spirgatis, Leipzig.

— 大學 Le Tá hio . . . . par G. Pauthier. Paris, Didot, 1837, in-8.

Un exemplaire unique sur papier de Chine publié à 50 francs est marqué 10 fr. dans le cat. No. 37 (438) de Lucien Gougy, lib., Paris, mai 1893.

— Australian Series of Oriental Text Books. Ta 大學 Hyoh. The Advanced Study : With Analytical Vocabulary and Notes : Being Part I. of a Chinese Chrestomathy : by the Rev. W. Matthew, St. Mark's Presbyterian Church, Stawell ; and formerly Superintendent of Chinese Missions, Victoria. Stawell : Published by G. Lyell, Stationer. 1877. Price Two Shillings and six pence, br. in-8, pp. 30.

— La morale de Confucius philosophe de la Chine. A Amsterdam, Chez Pierre Savouret, dans le Kalver-straat, pet. in-8, pp. 132 + 13 ff. prél. pour l'avert., etc.

— Lettre sur la morale de Confucius, philosophe de la Chine. A Amsterdam, Chez

Pierre Savouret, dans le Kalver-straat, pet. in-8, pp. 45.

2° Tchoung Young 中庸

— Notizie varie dell' Imperio della China . . . Firenze, 1697 . . . .

Par Mngalotti Lorenzo, sous le pseudonyme de Jacopo Carlieri.
— Le MS. du P. de Ventavon fait aujourd'hui partie de ma collection particulière. H. C.

— Immutabile Medium ex sinico in latinùm idioma traductum a P. Francisco Noël Societatis Jesu, Missionario Sinensi. Nancham, in China 1700.

MS. in-4 ; pap. chinois ; texte chinois et trad. latine sur le f. en regard ; titre ut supra sur le premier feuillet ; XVIII° S.-Bib. roy. de Bruxelles.

* G. G. Zerffi. The Tchông-Yông of Confucius.

Notice : *Lond. & China Express*, 1884, p. 892.

3° Lun Yu 論語

* The Lun-yu. Being Utterances of Kung Tzŭ, known to the Western World as Confucius. Translated by T. F. Wade. London, 1869, in-4, pp. 142.

Only a few copies have been printed. (Cat. de Trübner, 1889.)

孔夫子 * Some of the Analects of Confucius . . Shanghaï, 1887, in-4 obl.

12 amusing illustrations (ink sketches) from modern chinese life — each facing a text and translation — by Mrs. C. F. R. Allen.

— Occasional Papers on Chinese Philosophy. By Chaloner Alabaster. No. V. A chapter from the Chinese Gospel. Printed by A. A. Marçal. Amoy, br. in-8, pp. 8.

Sur le *Lun Yu*.

4° Meng Tseu 孟子

— Voir col. 286 et col. 1605.

— Works of Mencius . . . .

Edinburgh Review, CXLV, 65.

— Eine Staatslehre auf ethischer Grundlage oder Lehrbegriff des chinesischen Philosophen Mencius. Aus dem Urtexte übersetzt, in systematische Ordnung gebracht und mit Anmerkungen und Einleitungen versehen von Ernst Faber, Missionär der Rheinischen Missions-Gesellschaft, Elberfeld, 1877. Verlag von R. L. Friderichs. London. Trübner & Comp., in-8, pp. vii-273.

— The Mind of Mencius or Political Economy founded upon Moral Philosophy. A Systematic Digest of the Doctrines of the Chinese Philosopher Mencius, B. C. 325. The Original Text Classified and Translated, with Notes and Explanations, By the Rev. E. Faber, Rhenish Mission Society. Translated from the German, with notes and emendations, by The Rev. Arthur B. Hutchinson, Church Missionary Society, Hongkong, ... London : Trübner & Co. 1882, in-8, pp. xvi-291 + 1 f. n. c. pour l'index.

Fait partie de Trübner's Oriental Series.

— Colour-Names in Mencius. By F. (*Chin. Recorder*, XI, 1880, pp. 59/64.)

— Mencius and the *Shi ki*. By J. Edkins. (*China Review*, XIV, pp. 106/107.)

— Chinese Schools of Thought in the Age of Mencius. By Rev. J. Edkins, D. D. (Demetrius Boulger. *The Asiatic Quarterly Review*. October, 1886. Vol. II. No. 4, pp. 381/402.)

— Mencius. By S. [G. Schlegel]. (*T'oung Pao*, I, No. 2, août 1890, p. 169.)

I LI 儀禮

— I-LI, le plus ancien Rituel de la Chine, son contenu et extraits, par M. C. de Harlez. (*Journ. Asiat.*, VIII⁰ sér., XIII, Fév.-Mars 1889, pp. 229/270.)

儀禮 I-li. — Cérémonial de la Chine antique avec des extraits des meilleurs commentaires traduit pour la première fois par C. de Harlez. Paris, Jean Maisonneuve, 1890, in-8, pp. xvi-408 + 7 pl.

— The Tan Shu. By C. de Harlez. (*Babylonian & Oriental Record*, V, No. 1, Jan. 1891, pp. 18/22.)

— Note on the Tan Shu 丹書 or Red Book of the Ancient Chinese. By T. de L. (Terrien de Lacouperie). (*Babylonian & Oriental Record*, Vol. V, No. 1, Janvier 1891, pp. 23/24.)

TCHEOU LI 周禮

HIAO KING 孝經

— Voir col. 854—855.

— Voir Morrison's *Dict.*, I, *s. v.* HIAO.

— A Critique of the Chinese Notions and Practice of Filial Piety. . . . By Rev. Ernest Faber. . . . Voir col. 855.

— Bulletin critique des Religions de la Chine (La *Piété filiale* en Chine), par Henri Cordier. (*Revue de l'Histoire des Religions*, 1881, III, no. 2, pp. 218/227.)

— The Classic of Filial Piety. (*China Review*, XIII, p. 224.)

* W. Grube. Hiao-king, das Buch der Kindesliebe. (*Magazin f. d. Literatur des In- u. Auslandes*, 1884, p. 383.)

— Filial piety. (Balfour, *Chinese Scrapbook*, 1887, pp. 59/63.)

孝經 Le Hiao-king. Livre sacré de la Piété filiale publié en Chinois avec une traduction française et un commentaire perpétuel emprunté aux sources originales par Léon de Rosny. Paris, Maisonneuve, 1889, in-8, pp. 176.

— La Morale de Confucius. — Le livre sacré de la Piété filiale traduit du chinois par Léon de Rosny, Paris. J. Maisonneuve, 1893, in-12, 3 fr. 50.

EUL YA 爾雅

— Botanicon Sinicum. . . By E. Bretschneider, vide supra, col. 1770.

Dissertations sur Confucius et ses doctrines. — *Philosophes orthodoxes.* — *Philosophes hétérodoxes.* — *Traités de morale.*

— Voir JOU KIAO, 儒教, col. 299—300 et col. 1616—1618.

— Voir BIOGRAPHIE, col. 282 et seq.; et col. 1603 et seq.

* Pomum Eridis, hoc est, de sapientia Sinensium Oratio, in solemni Panegyri, quum fasces prorectorales successori traderet, in ipso Fridericianæ natali 29, die 12 Julii A. R. S. 1721 recitata ex Christiano Wolfio. Romæ cum censura et approbatione S. Officii Inquisitorii A. O. R. 1722. Recusa Trevoltii cum cons. Societ. Jesu, apud Joh. Boudot, Bibliog. reg. et Acad. scient. reg. ordinar. 1725, in-4.

— Christiani Wolfii, Consil. Aulici Hassiaci, Mathematum ac Philosophiae Professoris Primarii in Academia Marburgensi, Professoris Honorarii in Acad. Scient. Petropolitana, Societ. Reg. Brit. & Bor. Sodalis, Oratio de Sinarum Philosophia practica, in solemni Panegyri recitata, cum in ipso Academiae Halensis natali XXVIII. d. XII. Julii A. O. R. 1721. Fasces prorectorales successori traderet, notis uberioribus illustrata. Francofurti ad Mœnum, MDCCXXVI. Apud Joh. B. Andreae & Henr. Hort. in-4, pp. 112 et 3 ff. prél. pour la Préface.

Traduit en allemand par G. F. H. (*Hagen*). Halle, 1739, in-8. La français par J. H. Samuel Formey dans la 2⁰ partie de : *La belle Wolfienne*, La Haye, 1741, in-8 ; — et en allemand dans la traduction de cet ouvrage. Frankfurt und Leipzig, 1741, in-8.

* Dissertatio Sententiam Wolfii de philosophia Sinarum Confuciana examinans. Præside Nicol. Lagerlöf publ. exam. subjicit Carolus Gust. Schröder, Lund, 1737, in-4, pp. 20.

— Lehrbegriff des Confucius nach 論語, 大學, 中庸, von Ernst Faber. Rheinischer Missionär. — Hongkong : Dr. Eitel, London Mission, . . . Ch. Gaupp & Co., . . und Deutschland, Barmen Missionshaus. — Printed at the "China Mail" Office, Hongkong. 1872, br. in-8, pp. 74 + 3 ff. prél.

— Quellen zu Confucius und dem Confucianismus, als Einleitung zum Lehrbegriff des Confucius, von Ernst Faber, Rheinischer Missionär. — Hongkong : Ch. Gaupp . . . Deutschland : Barmen, Missionshaus. — Printed at the "China Mail" Office, Hongkong. 1873, br. in-8, pp. 27.

— Transcendentale voorstellingen der Chineezen, door Max von Faber, br. in-8, pp. 36.

Overgedrukt uit de *Indische Gids.* April 1884.

Bib. nat. $\frac{O^2n}{783}$.

— The Family Sayings of Confucius. By Rev. A. B. Hutchinson. (*Chin. Rec.,* X, suite, pp. 17/23, 96/103, 175/179, 253/260, 329 —337, 428/432; XI, pp. 13/23.)

Cf. Herbert A. Giles, *Ibid.,* X, pp. 221/3.
— Familiar Sayings of Kong-fu tze. By C. de Harlez. (*Bab. & Or. Rec.,* VI, No. 9, March 1893, pp. 213/6, etc.)
Trad. du Kia-Yü.

— Confucianism in relation to Christianity. A Paper read before the Missionary Conference in Shanghai, on May 11th, 1877. — By Rev. James Legge, D. D., ... Shanghai : Kelly & Walsh, 1877, br. in-8, pp. 12.

— The Heavenly Teachers. By Rev. V. C. Hart. (*Chinese Recorder,* X, 1879, pp. 445/453.)

— An Essay on the psychological terms 心, 性, 氣, 志. By Martin Schaub (Lilong), Basle Mission. (*Chin. Rec.,* XII, 1881, pp. 96/101.)

— Confucianism, in its practical Bearings upon the Spread of Christianity in China. M. C. P. (*Chin. Rec.,* XII, 1881, pp. 218 —224.)

— Occasional Papers on Chinese Philosophy. By Chaloner Alabaster. No. IV. The Triune Powers. Known in the Classics as the San-huang or the San-ts'ai. Printed by A. A. Marçal, Amoy, in-8, pp. 9.

一據書明孔 Confucius dévoilé d'après les auteurs chinois par un Prêtre de la Mission. Traduction, introduction, sommaires, appendice, etc. par un Prêtre de la même cong°ⁿ. Peking, typographie du Pé-t'ang — 1886, gr. in-8, pp. xx-390 [ch. 388 par erreur]. Nombreuses pl.

Par les abbés Nicolas d'Addosio et Jean-Baptiste Fioretti, de la Congrégation de la Mission.

— Ueber die Entwickelung der philosophischen Ideen bei den Indern und Chinesen. Von Dr. M. Straszewski, Prof. der Philosophie an der Universität in Krakau. (*Verhand. d. VII. Int. Orient.- Cong. . .* Wien, 1886. *Arische Section,* pp. 79/93.)

* Contemporary Life and Thought in China. By a Resident in Peking. (*Eclectic Magazine,* September, 1887.)
— Our Attitude towards Confucianism. By Rev. John Ross. (A paper read before the North China Religious Book and Tract Society, Peking, May, 1886. (*Chin. Rec.,* XVIII, 1887, pp. 1/11.)

— Georg von der Gabelentz. Confucius und seine Lehre .... Leipzig, 1888, in-8, pp. 52. Voir col. 1604.

* The Literati of China and How to Meet them. — By Rev. Dr. Williamson. Glasgow, 1888.

Read before the Shanghai Missionary Society.

— The Ethics of Christianity and of Confucianism compared. By Rev. D. Z. Sheffield. (*Chin. Rec.,* XVII, Oct. 1886, pp. 365/379.)
— Ethics of Chinese Loyalty. By Rev. W. S. Ament. (*Chin. Rec.,* XXI, No. 2, Feb. 1890, pp. 65/71.)
— The Chief Errors of Confucianism. By T. H. Young, of Seoul, Corea. (*Chin. Rec.,* XXI, No. 1, Jan. 1890, pp. 13/17.)

三禮圖 — San-li-t'u. Tableau des trois Rituels. Traits de mœurs chinoises avant l'ère chrétienne, par M. C. de Harlez. (*Journ. Asiat.,* VIII° sér., XV, Av.-Mai-Juin 1890, pp. 429/476.)

三禮圖 San-li-t'u. Tableau des trois Rituels. Traits de mœurs chinoises avant l'ère chrétienne par M. C. de Harlez. — Extrait du Journal Asiatique. Paris, Imp. Nat., MDCCCXC, br. in-8, pp. 48 + 1 pl.

— Confucius and his Influence (J. Pyne) *Nat. Q. 30,* 333. — Confucius, Life and Doctrines of (I. Tracy) Bib. Sac. *3,* 284. — (E. G. Holland) *Chr. Exam. 45,* 317. — *Analectic Mag. 1,* 303, 383. — *Ecl. Mus. 2,* 507. — (R. H. Graves) *Bapt. Quart. 6,* 425.
— Chinese Philosophy before Confucius. By E. J. Eitel. (*China Review,* VII, pp. 388/392.)

— Fragmentary Studies in ancient Chinese Philosophy. By E. J. Eitel. (*China Review,* XV, No. 6, pp. 338/344; *ibid.,* XVII, No. 1, pp. 26/35.)

— The Chinese Theory of Creation. (Balfour, *Waifs and Strays,* 1876, pp. 209/218.)
— The "Su Shu", or Book of Plain Words. By Frederic Henry Balfour. (*China Review,* IX, pp. 162/167.)
— A Clipping from the Tso-Chuan. (*China Review,* X, p. 71.)
— The K'uen shi wan or, the practical Theology of the Chinese. By E. R. Eichler (*China Review,* XI, pp. 93/101, 146/161.)
— A great unwashed Philosopher. (*China Review,* XIII, p. 359.)
— Annihilation Theories. (*China Review,* XIII, pp. 431/432.)
— The Cartesian Philosophy before Descartes. By Dr. W. A. P. Martin. (*Journ. Peking Oriental Society,* II, No. 2, 1888, pp. 121/141.)
* Ancient Symbolism among the Chinese. By Joseph Edkins, D. D. London and Shanghai, 1889.
Notice : *China Review,* XVIII, No. 2, pp. 129/130. By E. J. E.[itel].
— The Sophists of China. (Balfour, *Chinese Scrapbook,* 1887, pp. 158/157.)

— Čínana Konfucia život a nauka. Napsal Dr. Rudolf Dvořák. I. *Život Konfuciův.* V Praze. J. Otty. 1887, pp. 62. — II. *Nauka Konfuciova.* J. Otty, 1889, pp. 89, 2 vol. in-8.

Fait partie de la collection *Sbírka přednášek a rozprav.* Pořádají Jaroslav Goll a Otakar Hostinský.
— Sing-li tsing-i, voir le chap. MUSIQUE et plus loin TCHOU HI.
— L'Athéisme en Chine. Par Paul Antonini. (*La Réforme sociale,* 1ᵉʳ avril 1888, pp. 427/432.)
— Franz Kühnert. Die Entstehung der Welt und das Wesen des Menschen nach chinesischer Anschauung. (*Das Ausland,* No. 10, 1893.)

KOUAN TSEU 管子 († 645 av. J.-C.)
— Mayers' *Manual,* No. 293.

— 管子 L'œuvre du philosophe Kuán-tsï; spécimen du texte, traduction et notes par Georg von der Gabelentz. (*Mém. Soc. Et. jap., etc.,* V, Avril 1886, pp. 81/103.)
— Terrien de Lacouperie, *Bab. & Or. Record,* VI, May 1893, p. 264.

ME TI 墨翟

— Die Grundgedanken des alten chinesischen Socialismus oder die Lehre des Philosophen Micius zum ersten Male vollständig aus den Quellen dargelegt von Ernst Faber, Missionär der Rheinischen Missions-Gesellschaft. Elberfeld, 1877. Verlag von R. L. Friderichs. London : Trübner & Comp., in-8, pp. 102.

* G. v. d. Gabelentz. — Über den chinesischen Philosophen Mek Tik. (*Ber. Verhandl. Sächs. Ges. d. Wiss.*, 1888, 1—2, pp. 62/70.)

* Salvatore Cognetti de Martiis. — Un Socialista cinese del V secolo av. C. Mih-Teih. (*Memorie Accad. Lincei, Cl. di Sc. morali &c.* Vol. III, Roma, 1888.)

LI TSEU 列子

— Der Naturalismus bei den alten Chinesen sowohl nach der Seite des Pantheismus als des Sensualismus oder die sämmtlichen Werke des Philosophen Licius zum ersten Male vollständig übersetzt und erklärt von Ernst Faber, Missionär der Rheinischen Missionsgesellschaft. Elberfeld 1877. Verlag von R. L. Friderichs. London : Trübner & Comp., in-8, pp. xxvii-228.

— Dr. Legge on Lieh-tsz. By Frederic H. Balfour. (*China Review*, XIII, pp. 283/284.)

— The "Naturalistic" Philosophy of China. By Frederic H. Balfour. F. R. G. S. (*Journ. N. C. B. R. A. S.*, 1880, N. S., No. XV, pp. 311/316.)

— A Philosopher who never lived. (Balfour, *Chinese Scrapbook*, 1887, pp. 83/135.)

TCHOUANG TSEU 莊子

— Ein noch unbekannter Philosoph der Chinesen (Zeitgenosse des Aristoteles). Von Missionär E. Faber. (*Allgemeine Missions-Zeitschrift*, 8ter Band, Januar 1881, pp. 3/18, etc.)

— The Divine Classic of Nan-Hua; being the Works of Chuang Tsze, taoist philosopher. With an Excursus, and copious annotations in English and Chinese. By Frederic Henry Balfour, F. R. G. S., etc. . . . . Shanghaï & Hongkong : Kelly & Walsh, 1881, in-8, pp. ix-xxxviii-425.

— Mr. Balfour's "Chuang tsze". By Herbert A. Giles. (*China Review*, XI, pp. 1/15.)

— Rev. Martin Schaub and Mr. Balfour's "Chuang Tsze". By Frederic H. Balfour. (*China Review*, XI, p. 260.)

— Chuang Tzŭ Mystic, Moralist, and Social Reformer translated from the Chinese by Herbert A. Giles H. B. M.'s Consul at Tamsui. London, Bernard Quaritch, 1889, in-8, pp. xxviii-467.

Pp. XVIII—XXVIII : Note on the Philosophy of Chaps. I—VII. By the Rev. Aubrey Moore, Tutor of Keble and Magdalen Colleges, Oxford.

Notices : *Jour. China Br. R. As. Soc.*, XXIV, N. S., No. 2, 1889/90, pp. 224/233, by G. M. H. Playfair. — *Lond. & China Express*, 24 déc. 1888. — Par T. W. Kingsmill, *China Review*, XVIII, 6, 1889. pp. 305/310. — *Athenæum*, 1889, Feb. 2, p. 145. — *Saturday Review*, 1889, Jan. 26, p. 105. — *China Review*, XVII, No. 4, pp. 243 à 244, par E. J. E.[itel]

"We advise students of comparative religion to peruse Mr. Herbert A. Giles's translations from the Chinese, under the title of "Chuang Tzu, Mystic, Moralist, and Social Reformer". The book is published by Quaritch. Taoism, as it is called, the religious doctrine of Chuang Tzu, is merely the Chinese form of the mystic religio-metaphysics which in all countries possessing a literature have been developed during certain stages of society. It is simply a form of Buddhism, with the illusionary character of what is called existence for its cardinal doctrine. The falsity of the senses was illustrated by the Chinese mystic as follows: — "I dreamt I was a butterfly. . . Suddenly I awaked, and there I lay, myself again. Now I do not know whether I was then a man dreaming I was a butterfly, or whether I am now a butterfly dreaming I was a man." Taoism acquired but a faint hold over the practical Chinese. Confucianism, a sort of rule-of-thumb, work-a-day, Philistinish, utterly unimaginative creed was the thing for them." — *Echo*, February 23rd, 1889.

— Beiträge zur Chinesischen Grammatik. — Die Sprache des Čuang-tsï von Georg von der Gabelentz. (*Abhand. d. Phil.-Hist. Cl. d. König. Sächsischen Ges. d. Wissen.*. Bd. X, Leipzig, Hirzel, 1888, gr. in-8, pp. 579/638.)

— The Style of Chuang-tsi. By Georg von der Gabelentz, professor of Eastern Asiatic Languages at the University of Leipzig. (*China Review*, XVII, No. 5, 1889, pp. 292/298.)

Trad. de *Beiträge z. Chinesischen Grammatik. Die Sprache des Čuang tsï.*

* G. v. d. Gabelentz. — Der Räuber Tschik, ein satirischer Abschnitt aus Tschuang-tsi. (*Ber. Sächs. Ges. d. Wiss.*, 1889, I, pp. 55/69.)

— Robber Tschik. a satirical chapter from Tschuang-tsi. By Georg von der Gabelentz. (*China Review*, XVIII, No. 6, pp. 365/373.)

Trad. de l'allemand.

— Storax in China. By E. H. Parker. (*China Review*, XV, pp. 372/373.)

— Un philosophe poète du IVᵉ siècle, Tchuang-Tze. Par C. de Harlez. (*Muséon*, XI, pp. 5/16, 116/128.)

— The Philosophy, Ethics . . . . . . developed by Chwang-tsze. By W. P. Mears. Voir col. 1621.

TCHOU HI 朱熹

— The doctrine of the Chi. By Chaloner Alabaster. (*China Review*, XVIII, No. 5, pp. 299/307.)

— T'ai chi (太極). (*Chin. Rec.*, XVIII, No. 11, Nov. 1887, pp. 413/423.)

— Ein Beitrag zur Kenntniss der Chinesischen Philosophie. — 通書 T'ūng-Šū des Čeū-tsï, mit Čŭ-hï's Commentare nach dem Sïng-li tsïng-i Chinesisch mit mandschuischer und deutscher Übersetzung und Anmerkungen, herausgegeben von Wilhelm Grube. Theil I. Cap. I—VIII. — Promotionsschrift. — Wien. Druck von Adolf Holzhausen. 1880, br. in-8, pp. ix-45.

— Zur Beurteilung des chinesischen Polyhistors Tschü-hi. Von W. Schott, br. in-8, pp. 8.

Sitzungsb. d. k. preus. Ak. d. Wiss. zu Berlin, 1886, X.

— Tsieh-Yao-Tchuen de Tchou-hi (Extraits). Par C. de Harlez, M. R. A. S. [From the 'Journal of the Royal Asiatic Society of Great Britain and Ireland', Vol. XX. Part 2.] br. in-8.

— Tchou-tze-tsieh-yao-tchuen. Résumé des principes de Tchou-hi (extraits). Par M. de Harlez. (*Journ. Asiat.*, VIII° sér., IX, Janv. 1887, pp. 39/71.)

— Tchou-tze-tsieh-yao-tchuen, résumé de la philosophie de Tchou-hi (extraits), par C. de Harlez. — Extrait du Journal Asiatique. — Paris. Imprimerie nationale. — MDCCCLXXXVII, br. in-8, pp. 35.

Deuxième partie.
— Les principes gouvernementaux en Chine. (Extraits de Tchou-hi [par C. de Harlez].) (Estratto dal *Giornale della Società Asiatica Italiana*, Vol. II, 1888), br. in-8, pp. 23.

— Kia-li. Livre des rites domestiques chinois de Tchou-hi traduit pour la première fois, avec commentaires par C. de Harlez. Paris, Ernest Leroux, 1889, in-12, pp. 167.
Forme le Vol. LX de la Bibl. orientale elzévirienne.

PHILOSOPHES DIVERS.

— Zur Naturphilosophie der Chinesen. *Lì khí* 理氣. Vernunft und Materie. Übersetzt und erläutert von Wilhelm Grube. (*Mél. as. tirés du Bull. de l'Acad. imp. des Sc. de St. Pétersbourg*, VIII, 21 Août/2 Sept. 1879, pp. 667 à 689,) in-8.

— Zur Naturphilosophie der Chinesen. Lî кни. Vernunft und Materie. Uebersetzt und erläutert von Wilhelm Grube. (Lu le 21 août 1879.) (*Bul. de l'Acad. Imp. des Sciences de St. Pétersbourg*, 1879, pp. 554/570.)

— A Guide to true Vacuity. By Yuen-Yang-tsze. Translated by G. E. Moule, D. D. Read in abstract before the Society 22nd October 1888. (*Jour. C.B.R.A.S.*, XXIII, N. S., No. 1, 1888, pp. 9/22.)

性理. L'Ecole philosophique moderne de la Chine ou système de la Nature (*Sing-li*); par Ch. de Harlez, Membre de l'Académie royale de Belgique. Bruxelles, F. Hayez, 1890, in-4, pp. 195.
Ext. du t. XLIX des *Mém. de l'Ac. roy. des sciences, des lettres et des beaux-arts de Belgique*, 1890.

聖諭廣訓 CHING YU KOUANG HSUN

— Манжурскаго и Китайскаго Хана Кан-сія книга придворныхъ политическихъ поученій и нравоучительныхъ разсужденій собранная сыномъ его ханомъ Юнъ-джиномъ. Переведена съ Манжурскаго Алексѣевъ Агафоновымъ. St. Pétersbourg, 1788, in-8, pp. VIII-115.

— Государь другъ своихъ подданныхъ, или придворныя, политическія поученія и нравоучительныя разсужденія Манжурскаго

и Китайскаго Хана-Канъ-сія, собранныя сыномъ его Ханомъ Юнъ-джиномъ. Переводъ съ Манжурскаго Алексѣя Агафонова. Съ дозволенія указнаго. St. Pétersbourg, 1795, in-8, pp. VIII-115.
Même édition que celle de 1788, avec changement de titre.

— Il Santo Editto di K'añ-hi e l'amplificazione di Yuñ-ceñ tradotti con note filologiche da Lodovico Nocentini. Firenze. Coi tipi dei Successori Le Monnier. 1880, gr. in-8, pp. XIX-76.

— Il Santo Editto di K'añ-hi e l'amplificazione di Yuñ-ceñ versione mancese riprodotta a cura di Lodovico Nocentini. Firenze, succ. Le Monnier, 1883, gr. in-8, pp. 147 + 1 f. n. c.
Fait partie des *Pubbl. d. R. Istituto di Studi Superiori pratici*.

* The Sacred Edict, with a Translation of the Colloquial Rendering, Notes and Vocabulary. By F. W. Baller. Prepared for the use of Junior Members of the China Inland Mission. Shanghai: American Presbyterian Mission Press, 1892, 2 vol. in-8. Dol. 3.
Notice : *Chinese Recorder*, XXIV, March 1893, pp. 139/140.

MORALE.

— Китайскія Мысли перевелъ съ манжурскаго на россійскій языкъ Коллегіи Иностранныхъ дѣлъ Секретарь Алексѣй Леонтьевъ .... St. Pétersbourg, 1772, in-8, pp. 206 + 2 ff. prél. p. l. tit. et la tab. + 1 f. n. c., à la fin p. l'er.
— Analecta Sinensia. — No. I. The Chinese Judges of the Dead. (*Asiatic Journal*, XXXI, 1840, pp. 209/214.)

— Histoire de la morale par Louis Auguste Martin, auteur de plusieurs ouvrages. — Première partie. La morale chez les Chinois. — Paris, librairie Bestel, 1859, in-12, pp. XXIV-299.

— Les Instructions familières du Dr. Tchou Pô-lou. Traité de morale pratique publié pour la première fois avec deux traductions françaises, l'une juxta-linéaire, l'autre littérale, accompagné d'un commentaire littéraire et philologique, de notes *ad variorum*, et d'un vocabulaire de tous les mots du texte, par Camille Imbault-Huart Interprète-adjoint de la légation de France à Péking, Membre des Sociétés Asiatiques de Paris et de Chang-hai, etc. Péking, Typographie du Pei-t'ang [et] Paris, Ernest Leroux, in-8, pp. XX-135.
Notice : *Journal Asiatique*, Sér. VII, XIX, 1882, pp. 82/92, par Léon Feer.

— The Sources of the Moral Ideas of the Chinese. By the Rev. J. Edkins, D. D.

Notice : *China Review*, XIX, No. 5, 1891, pp. 330/1. By E. J. E.[itel].

EDUCATION

OUVRAGES DIVERS

— Department of the Interior, Bureau of Education. — Progress of Western Education in China and Siam. Washington : Government Printing Office, 1880, br. in-8, pp. 13.

— Examination of Licentiates. By X. Y. Z. (*China Review*, VII, pp. 422/423.)
— Door Slabs of Literari. By Lesbos. (*China Review*, VII, p. 423.)
— The educational curriculum of the Chinese. By Edward Harper Parker. (*China Review*, IX, pp. 1/13.)
— Youthful graduates in China. By Ch. Piton. (*China Review*, IX, p. 192.)
* Chinese Literati and Western Science. — The Prize Essay Scheme of the Chinese Polytechnic Institution at Shanghai. Descriptive article by J. Fryer, Esq., Hon. Sec. (*China Mail*, January 30th, 1888, and other newspapers.)
— Graduates. By E. H. Parker. (*China Review*, XV, p. 184.)
— Examinations. By E. H. Parker. (*China Review*, XVI, pp. 123—124.)
— A Public Examination for Western Schools in China. By W. T. A. Barber. (*Chin. Rec.*, XXI, No. 3, March 1890, pp. 129/131.)
— Competitive Examinations in China. (*Blackwood's Mag.*, CXXXVIII, 479 ; réimp. *Littell's Living Age*, CLXVII, 490 et dans *Eclectic Magazine*, CV, 777.) — [S. Mossmann] (*Leisure Hour*, XXII, 436).
— Chinese Examinations. (*Saturday Review*, LXII, 582.)
— The Country Schoolmaster (translated from the Chinese). [By L. M. Fay.] s. l. n. d., br. in-32, pp. 4.
— The Chinese Classics in Mission Schools. By Rev. Hampden C. Du Bose. (*Chin. Rec.*, X, 1879, pp. 284/297.)

— The New Education in China. By Rev. L. W. Pilcher. (*Chinese Recorder*, July, 1889, pp. 305/310 ; *ibid.*, August 1889, pp. 343—348 ; *ibid.*, Sept. 1889, pp. 403/410.)

— Education in China. By Rev. C. F. Kupfer. (*Chin. Rec.*, XVII, Nov. 1886, pp. 417/421 ; Dec. 1886, pp. 453/5.)
— The Kung Shêng. (*China Review*, X, p. 73.)
— Wearied Students and refreshing Beverages. (*China Review*, X, p. 222.)
— Education in the Tsin Dynasty. (*China Review*, XIII, p. 119.)
— Education fostered by the first Toba Emperor. (*China Review*, XIII, pp. 124/125.)
— Important hints as to the behaviour of Boys. Translation from the *Chia pao*, Part I. Vol. VI. By Hung Te-hsing. (*China Review*, XIV, pp. 334/339.)
— Educational. By E. H. Parker. (*China Review*, XVII, No. 1, p. 54.)
— Learning to read in China. By John C. Gibson. (*China Review*, XVII, No. 6, pp. 348/352.)
— Education in China. By C. S. Addis. (*China Review*, XVIII, No. 4, pp. 205/212.)
* Elisabeth Porter Goulde. — School-life in China. (*Education* [Boston]. Vol. VIII, No. 9, May 1888, pp. 557/562.)

— Child Life in Chinese Homes. By Mrs. Bryson, of the London Mission, Wuchang, China. With many Illustrations. The Religious Tract Society, 1885, in-8 carré, pp. 208.

— Female Education in China. By J. Edkins. (*Leisure Hour*, XXVII, 878.)
— Education of Woman in China. By S. Wells Williams, LL. D. (*Chinese Recorder*, XI, 1880, pp. 40/53.)

Avec une traduction du *Niu-eul-yu* 文兒語 de Siou-kouan, ancien gouverneur du Kiang-si.

— The Education of a Wife. By J. M. (*China Review*, XII, p. 512.)

LIVRES ÉLÉMENTAIRES

1° Divers.

— Translations of Chinese School-Books. (*China Review*, VI, pp. 120/124, 195/199, 253/259, 328/330 ; VII, pp. 53/58, 111/114, 178/182, 232/237, 364/367 ; VIII, pp. 23/27, 146/149, 301/308.)

— Translation of the Nü Len Nü 女論語. Written by Sŏng Zah-chao. 宋若昭. By Mrs. A. S. Parker. (*Chin. Rec.*, XX, No. 4, April 1889, pp. 150/158.)

— School Primer. (*China Review*, XI, p. 264.)

— La *Siao-hio* ou Morale de la jeunesse avec le commentaire de Tchen-siuen. Traduite du chinois par C. de Harlez. Paris, Ernest Leroux, 1889, gr. in-4, pp. 368.

Forme le tome XV des *Annales du Musée Guimet*. Un appendice renferme : Abrégé de l'histoire de la Chine, Principautés chinoises, le Mariage en Chine, Habillement des Chinois, Cérémonies funèbres et deuils, Culte et sacrifices, De l'enseignement en Chine, Danse.

* A Manual of Chinese Quotations, being a Translation of the *Ch'êng-yü-k'ao* 成語考 with the Chinese text, notes, explanations and an index for easy reference. By J. S. Stewart Lockhart, Registrar General, Chairman of the Board of Examiners in Chinese, Hongkong, F. R. G. S., M. R. A. S. Hong kong, Kelly & Walsh, 1893.

Notice : *China Review*, XX, pp. 333/4, by E. J. E.[itel].

2° San tseu king 三字經

— Il libro delle Tre Parole secondo la versione Mangese di Tooghe — Pubblicato per cura di E. Teza. Pisa, tip. T. Nistri, 1880, in-4, pp. 22.

Estratto dagli *Annali delle Università Toscane*, T. XVIII.

— *Tam Tu Kinh* ou le Livre des phrases de Trois Caractères Avec le grand commentaire de Vu'o'ng tân thăng Texte transcription annamite et chinoise explication littérale et traduction complètes par Abel Des Michels, Professeur à l'Ecole des Langues Orientales vivantes. Paris, Ernest Leroux, 1882, gr. in-8, pp. XI-II-271 + 185 pp. autog. de texte.

Forme le Vol. XVII des *Pub. de l'Ecole des Langues orientales vivantes*.

— Chinese School-Books translated by E. J. Eitel. The Tri-metrical Classic. (*China Re-*

view, XX, No. 1, pp. 35/41.) The Thousand Words' Poem. (*Ibid.*, No. 2, pp. 101/108.)

3° *Pe kia sing* 百家姓

— The Family Names. By Herbert A. Giles. (*Journ. C. B. R. A. S.*, XXI, N. S., 1886, pp. 255/288.)

Ré-arrangement du 百家姓

4° *Tsien tseu wen* 千字文

千字文 Z'ien z wen seu de mille verborum libro a Cheu Him-s elucubratio Iosephi Barone dissertatiuncula. Romae, ex typ. polyg. S. Cong. de Propaganda Fide 1882, pièce in-12, pp. 10.

— Thousand Character Numerals used by Artisans. By H. A. Giles. (*Journ. C. B. R. A. S.*, XX, N. S., 1885, p. 279.)
— Vide E. J. Eitel, supra, col. 1788.

SCIENCES MATHÉMATIQUES.

MATHÉMATIQUES PURES.

— Die Arithmetik der Chinesen. Von Dr. K. L. Biernatzki, zu Berlin. (Besonders abgedruckt aus *Crelle's* "Journal für die reine und angewandte Mathematik, Band 52. Heft 1", br. in-4, pp. 38.)

— "Finger" Numerals. By F. W. Eastlake. (*China Review*, IX, pp. 319/320.)
— Division of the Tael. (*China Review*, XI, p. 62.)
— The Origin of the Arabic Numerals. By G. Kleinwächter. (*China Review*, XI, pp. 379/381.)
— More on the Origin of the Arabic Numerals, and the introduction of the sino-arabic Numerals into Europe. By G. Kleinwächter. (*China Review*, XII, pp. 25/30.)

SOUAN-PAN 算盤

— A. Westphal. — Voir col. 678. — Ueber das Wahrsagen auf der Rechenmaschine. (*Mitt. d. Deut. Ges.*, Yokohama, 8tes Hft., pp. 48/9.) — Ueber die Chinesische Swanpan. (*Ibid.*, 9 Hft., pp. 43/53.)

— On the Abacus of China and Japan. By R. Van Name of New Haven. (*Jour. Amer. Orient. Soc.*, Vol. X, *Proc.*, pp. cx-cxii, 19 may 1875.)

* Le Souan-pan des Chinois et la banque des argentiers. Par Léon Rodet. (*Bull. de la Soc. mathématique de France*, VIII, 1880.)

— The Old Numerals, the Counting-Rods and the Swan-pan in China. By Prof. A. Terrien de La Couperie, M. R. A. S. Reprinted from the Numismatic Chronicle, Vol. III,

Third Series, Pages 297—340. — London: 1883, br. in-8, pp. 44.

— The Abacus, in its Historic and Scientific Aspects. — By Cargill G. Knott, D. Sc. (Edin.), F. R. S. E. [Read December 16th, 1885.] (*Trans. As. Soc. Japan*, XIV, Pt. I, June 1886, pp. 18/71.)

— Recherches sur l'origine de l'Abaque chinois et sur sa dérivation des anciennes fiches à calcul par A. Vissière. — Extrait du *Bulletin de Géographie*, 1892. — Paris, Ernest Leroux, 1892, br. in-8, pp. 28.

Notice par G. Schlegel, *T'oung Pao*, IV, mars 1893, pp. 96/99.

ASTRONOMIE CHINOISE.

— Observations of Comets, From B. C. 611 to A. D. 1640. Extracted from the Chinese Annals. Translated, with introductory remarks, and An Appendix, comprising the Tables necessary for reducing Chinese Time to European Reckoning; and a Chinese Celestial Atlas. By John Williams, F. S. A. Assistant secretary of the Royal Astronomical Society, etc. London : Printed for the Author by Strangeways and Walden, 1871, in-4, pp. xxxii-124 + l'Atlas qui est autographié.

* Largeteau. Etudes sur l'astronomie indienne et sur l'astronomie chinoise. 1840.

— The Mongol Astronomical Instruments in Peking by A. Wylie. (*Travaux de la troisième session du Congrès des Orientalistes*, St. Pétersbourg, 1876, II, pp. 431/456 + pp. 8 de chinois + 1 pl.)

— Réponse aux Critiques de l'*Uranographie chinoise* par G. Schlegel. — Tirage à part des Contributions à la Philologie, la Géographie et l'Ethnographie des Indes-Orientales Néerlandaises, 4me série, Vol. IV, 2me Livraison, 1880. — La Haye, Martinus Nijhoff. 1880, br. in-8, pp. 23.

— Discussion of astronomical Records in ancient Chinese books. By Prof. S. M. Russell. (*Journ. Peking Oriental Society*, II, No. 3, 1888, pp. 187/200.)

— Astrology. (Balfour, *Waifs and Strays*, 1876, pp. 143/148.)
— A great Comet. (*China Review*, XIII, p. 123.)
— Astronomy in China. By John Chalmers. (*China Review*, XIV, p. 166.)
— Chinese Astronomy. By J. Chalmers. (*China Review*, XIV, p. 297.)
— Comets. By E. H. Parker. (*China Review*, XIV, p. 223.)
— Stellar Position. By E. H. Parker. (*China Review*, XIV, p. 226.)
— Astronomy. By E. H. Parker. (*China Review*, XIV, p. 358.)
— Astronomical Instruments. By E. H. Parker. (*China Review*, XV, p. 53.)
— Astronomy. By E. H. Parker. (*China Review*, XV, pp. 182/183.)
— Historical Notes. By E. H. Parker. (*China Review*, XVIII, No. 3, p. 197.)

— Babylonian Origin of Chinese Astronomy and Astrology. By J. Edkins. (*China Review*, XIV, pp. 90/95.)

— Babylonian Astronomy. By J. Edkins. (*China Review*, XIV, pp. 104/105.)

— The Earth a Sphere. By Joseph Edkins. (*China Review*, XVI, pp. 119/120.)

— L'ancien observatoire de Nanking. Notice du R. P. Auguste Colombel, de la Cie de Jésus, miss. au Kiang-nan. (*Miss. Cath.*, XX, pp. 102/105.)

— On the Notation of Time in China. By T. F. Wade. (*Trans. Ethn. Soc.*, VII, 1869, pp. 210/214.)

— Devices for Keeping time. By X. Y. Z. (*China Review*, VII, pp. 132/133.)

— Duodenary Circles. By Obscurus. (*China Review*, VIII, pp. 320 —321.)

— Duodenary cycles. (*China Review*, XIII, p. 431.)

— An Error in the Chinese Calendars. (*China Review*, X, p. 223.) Ext. de la *China Mail*, Jan. 3.

— The First Month of the Year. (*China Review*, XI, p. 401.)

— The Length of a Chinese Moon. By J. M. (*China Review*, XII, p. 437.)

— The Babylonian Week in China. (*China Review*, XIII, p. 431.)

— A comparative Table of the ancient lunar Asterisms. By T. W. Kingsmill. (*Journ. C. B. R. A. S.*, XXVI, N. S., No. 1, 1891—92, pp. 44/79.)

— Sitzungsberichte d. kais. Akad. d. Wiss. in Wien, Phil.-hist. Classe. — Bd. CXXV. — IV. Über die Bedeutung der drei Perioden Tschang, Pu und Ki, sowie über den Elementen- und den sogenannten Wahlcyclus bei den Chinesen von Dr Franz Kühnert, Privatdocent an d. k. k. Univ. in Wien. Wien, 1891, F. Tempsky, br. in-8, pp. 40.

— Voir CHRONOLOGIE.

ECLIPSE DU CHOU KING.

— Die Schu-king-Finsterniss. Von Dr. Gustav Schlegel, Professor der chinesischen Sprache an der Universität in Leiden. Und Dr. Franz Kühnert, Observator der K. K. Gradmessung in Wien. — Veröffentlicht durch die Königliche Akademie der Wissenschaften zu Amsterdam. — Amsterdam, Johannes Müller. 1889. Br. in-4, pp. 20.

Notices : *China Review*, XVIII, No. 4, pp. 265/266. By E. J. E.[itel]. — *Versl. en Meded. Ak. Amst. Letterkd.*, III, d. VI, pp. 316/9, par H. Kern et J. A. C. Oudemans.

OBSERVATIONS EUROPÉENNES.

— R. P. Ioannis Terrentii ‖ é Societate Jesv ‖ Epistolivm ‖ ex regno Sina- ‖ rvm ad Mathe- ‖ maticos Evro- ‖ paeos missvm : ‖ Cum Commentatiuncula‖Joannis Keppleri ‖ Mathematici. ‖Ejusdem ex Ephemeride Anni M.DC.XXX, ‖ de insigni defectv Solis, ‖ Apotelesmata Calculi Rudolphini. ‖ Cum privilegio Caesareo ad annos XV, ‖ Sagani

Silesiae, ‖ Excuderunt Petrus Cobius & Iohannes Wiske. ‖ Anno M.DC.XXX, in-4, 14 ff. n. c. pour le tit. et l'ouv. complet.

British Museum, $\frac{531, \text{k}, 13}{2}$

— Typús eclipsis solis anno ‖ Christi 1669, Imperatoris ‖ Cám Hy̆ octauo, die primo ‖ Lunae 4ne, id est, die 29mo ‖ Aprilis, ad Meridianúm ‖ Pekinensem; nec non ‖ imago adúmbrata ‖ diuersorúm digitorúm ‖ in singúlis Imperij ‖ Sinensis Prouincijs ‖ obscuratorum. ‖ auctore P. Ferdinando ‖ Verbiest Soc : is Jesu ‖ in Regia Pekinensi ‖ Astronomiae praefecto. ‖

La bibliothèque royale de Bruxelles possède deux exemplaires de cet ouvrage conservés au dép. des MSS. et portant les Nos. 19949 et 19950. Cet ouvrage imprimé, à l'exception du titre latin, entièrement en chinois et mandchou avec des figures forme un rouleau de plus d'un mètre de long. Le titre latin ut supra est imprimé avec des caractères en bois imitant la cursive. Ce rouleau devait pouvoir se plier en un cahier comme *Typús eclipsis Lúnae*; voir H. Cordier, *Essai d'une Bibliographie*, No. 171, p. 46.

— Réflexions du P. C. J. sur la fameuse Eclipse observée à la Chine l'an 31 de Jésus-Christ, et que plusieurs prétendent être l'Eclipse de la Passion (par le P. Castel, S. J.). — (*Mémoires de Trévoux*, 1733, pp. 296—313.)

— Remarques sur l'article XV de ces *Mémoires*, Février 1733, par le P. Gaubil; *ibid.*, 1738, pp. 337—353.

— Observationes ‖ Mathema- ‖ ticae, ‖ et ‖ Physicae ‖ in ‖ India ‖ et ‖ China ‖ factae ‖ à ‖ Patre Francisco Noël Societatis ‖ Jesu, ab anno 1684. usque ad annum 1708. ‖ In Lucem datae Superiorum permissu. ‖ — Pragae, typis Universit : Carolo-Ferdinandeae, in Collegio ‖ Soc : Jesu ad S. Clementem, per Joachimum Joannem Kamenicky ‖ Factorem Anno 1710. pet. in-4, pp. 134 + 1 pl. hors texte.

Continens : Praefatio, pp. 3/5. — Cap. I. Observationes Eclipsium Jovis Satellitum, in Sinica Urbe Hoayngan Provinciae Nankinensis sub poli altitudine graduum 33. 32'. Anno 1689 & 1690, pp. 6/20. — Cap. II. Observationes Eclipsium Solis & Lunae in India & China, pp. 20/30. — Cap. III. Latitudines & Longitudines diversorum locorum in China & India. pp. 31/40. — Cap. IV. Ascensiones rectae, Declinationes, & Magnitudines omnium Stellarum australiorum ad Annum Christi Completum 1687. pp. 40/56. — Cap. V. Varia ad Astronomiam Sinicam Spectantia. pp. 56/65. — [Cap. VI.] Omnium Stellarum Fixarum Catalogus Latino-Sinicus, pp. 65/103. — Cap. VII. De Mensuris & Ponderibus Sinicis. pp. 103/108. — Cap. VIII. De Acûs Magneticae Declinatione, & Inclinatione, pp. 108/126. — Cap. IX. Miscellanea Mathematica, pp. 126/133.

Mém. de Trévoux, 1712, pp. 694—703. — *Acta Eruditorum*, 1711, pp. 383—390.

* A. Krasilhikow, Observationes astronomicae eclipsium satellitum Jovis durante expeditione Kamzatkiensi in diversis Siberiae locis habitae (an. 1736—1742) cum additamento Ant. Gaubil. (*Novi Commentarii Academiae Petropol.*, tom. III, p. 444; tom. IX, Hist., p. 49; Memor., p. 499.)

L'Additamentum donne des observations du P. Gaubil, faites simultanément.

— On the Views of Biot and Weber respecting the Relations of the Hindu and Chinese Systems of Asterisms; with an Addition, on Müller's Views respecting the same subject. By William D. Whitney, professor of Sanskrit in Yale College. — [From Journal of the American Oriental Society, Vol. VIII, No. 1, 1864], br. in-8, pp. 94.

H. FRITSCHE. — Dr. H. Fritsche. Déterminations de quelques positions géographiques dans les montagnes à l'ouest de Pékin (*Siao wou t'aï chan* et autres points). (En russe, dans le Bulletin [izvestia] de la Soc. de Géographie de St. Pétersbourg, 1882, p. 58.)

— Déterminations de quelques positions géographiques entre Pékin et Kaï fong fou et en Mandchourie entre Pékin et Blagovechtchensk (sur l'Amour). (En russe, *Bulletin de la Soc. de Géogr. de St. Pétersb.*, 1883, p. 345.)

— Ueber die Bestimmung der geographischen Länge und Breite und der drei Elemente des Erdmagnetismus durch Beobachtung zu Lande sowie erdmagnetische und geographische Messungen an mehr als tausend verschiedenen Orten in Asien und Europa, ausgeführt in den Jahren 1867—1891 von Dr. H. Fritsche, Director emeritus des K. Russischen Observatoriums in Peking. — St. Petersburg, 1893, in-8, pp. 109 + 4 pl. ou cartes.

— Voir col. 1469.

BOUSSOLE.

— Chinese Notion of the Magnetic Needle. (*Journ. C. B. R. A. S.*, XX, N. S., 1885, p. 57.)

— The Compass in China. By E. H. Parker. (*China Review*, XVIII, No. 3, pp. 197/198.)

— China and the Magnetic Compass. By J. Chalmers. (*China Review*, XIX, No. 1, 1890, pp. 52/54.)

— Die Sage vom Kompass in China, von A. Schrück. (*Natur*, Halle, 1891, N. 51, pp. 606—608; N. 52, pp. 613—615.)

ECHECS, etc.

— An Inquiry into the Antient Greek Game, supposed to have been invented by Palamedes, antecedent to the siege of Troy: with reasons for believing the same to have been known from remote antiquity in China, and progressively improved into the Chinese, Indian, Persian, and European Chess. Also, two dissertations : I. On the Athenian Skirophoria. II. On the mystical meaning of the bough and umbrella, in the skiran rites. London : printed by W. Bulmer and Co. Cleveland-row, St. James's, for T. Becket, Pall Mall, 1801, in-4, pp. xvi-169.

(SCIENCES MATHÉMATIQUES.)

* E. Irwin. Account of the game of Chess, as played by the Chinese. (*Roy. Irish. Acad.*, Trans., V. 5.)

— Das Schachspiel der Chinesen. Von Dr. K. Himly. (Mit 1 lithog. Taf.) (*Zeit. D. M. G.*, XXIV, 1870, pp. 172/177.)

— Das japanische Schachspiel von K. Himly. (Mit einer Tafel) (*Zeit. D. M. G.*, XXXIII, 1879, pp. 672/679.)

— Anmerkungen in Beziehung auf das Schach- und andere Brettspiele. Von K. Himly. (*Zeit. D. M. G.*, XLI, pp. 461/484.)

— Chess in China. By E. H. Parker. (*China Review*, XVIII, No. 1, pp. 54/55.)

— Notes on the Chinese Game of Chess. By H. F. W. Holt, Esq., Sec. R. A. S. (*Journ. R. As. Soc.*, N. S., Vol. XVII, Art. XIV, July, 1885, pp. 352/365.)

— Chinese Chess. By Z. Volpicelli. (*Jour. C. B. R. A. S.*, XXIII, N. S., No. 3, 1888, pp. 248/284.)

— Wei-ch'i. By Z. Volpicelli. (*Journ. C. B. R. A. S.*, XXVI, N. S., No. 1, 1891—92, pp. 80/107.)

∴

— Geschichte und Litteratur des Schachspiels von Antonius van der Linde. Berlin, Julius Springer, 1874, 2 vol. gr. in-8.

SCIENCES MÉDICALES.

LE POULS.

— Les ‖ Secrets ‖ de la Medecine ‖ des Chinois, ‖ Consistant en la parfaite ‖ connoissance du Pouls. ‖ Envoyez de la Chine par un François, ‖ Homme de grand merite. ‖ A Grenoble, ‖ Chez Philippes Charvys, ‖ Marchand Libraire, en la Place ‖ de Mal-Conseil. ‖ M.DC.LXXI. ‖ Avec Privilege du Roy. Pet. in-12, pp. 135 + 6 ff. n. c. au com. pour le tit., l'ep. et l'av. au lect., + 3 ff. n. c. à la fin pour la tab.

Voir pp. 129 et seq. *De la Medecine Iaponnoise.*

British Museum, 774, a, 25. — Bib. de Grenoble, 0.3819.

A été inséré à nouveau à la suite de l'*Histoire de la Cour du Roy de la Chine*, Grenoble, 1699, par Michel Baudier (cf. *Bib. Sinica*, col. 1414), mais sans l'ép. et l'avis. L'avis est daté de « Quam cheu capitale de la Province de Quan tum du Royaume de la Chine. Ce 21 Octobre 1668 ». L'auteur est un missionnaire banni depuis trois ans à Canton par sentence de la Cour de Peking.

— Secreti Svelati della medicina de Chinesi Cioè della cognitione de Polsi, de Prognostici di morte, & altre utili curiosità Tramandati dalla China in Italia da vn Francese, Vomo di molto stima Trasportati nella lingua Italiana dal Sig. Pietro Francesco

(ECHECS. — SCIENCES MÉDICALES.)

D'Amphovs di Torino Dottor di Leggi. De-
dicati Al Molto Illustre Sig. Bartolomeo
Gvidetti medico eccellentissimo. In Milano,
MDCLXXVI. Appresso à Francesco Vigone.
Con lic. de' Superiori, & Priuil., in-12,
pp. 110 + 4 ff. n. c. prél. + 1 f. n. c. à la fin
pour l'*attestatione del P. Daniello Bartoli.*

British Museum, 774, a, 25.

* Clavis Medica . . . . . (*Miscellanea Curiosa Academiae Naturae Curiosorum,* Dec. 11. An. IV, Norimbergae, 1686, App.,
p. 114. — Cf. Bayle, *Nouvelles de la République des lettres,*
sept. 1686.)

* Clef de la Doctrine des Chinois. sur le pouls. (*Le Conservateur*
(de Turben), juillet 1758. pp. 134/154.) — Tiré du P. Boym.

—The Physician's Pulse-Watch; or, an Essay
To Explain the Old Art of Feeling the
Pulse, and to Improve it by the help of a
Pulse-Watch. In Three Parts. I. The Old
Galenic Art of Feeling the Pulse is des-
crib'd, and many of its Errors corrected :
The true Use of the Pulses, and their Cau-
ses, Differences and Prognostications by
them, are fully explain'd, and Directions
given for Feeling the Pulse by the Pulse-
Watch or Minute-Glass. II. A New Me-
chanical Method is propos'd for preserving
Health, and prolonging Life, and for cur-
ing Diseases by the help of the Pulse-
Watch, which shews the Pulses when they
exceed or are deficient from the natural.
III. The Chinese Art of Feeling the Pulse
is describ'd, and the Imitation of their
Practice of Physick, which is grounded on
the Observation of the Pulse is recom-
mended. To which is added an Extract
out of Andrew Cleyer, concerning the Chinese Art of Feeling the Pulse. By Sir John
Floyer, Knight. London, Printed for Sam.
Smith and Benj. Walford, at the Prince's-
Arms in St. Paul's Church-Yard, 1707,
in-8, pp. 440 + 12 ff. prél. p. l. tit., déd., etc.

— Chinese Doctrine of the Pulse. (*Jour. Ind. Arch.,* Vol. II,
N. S., pp. 204/209.)

Extrait de l'*Indo-Chinese Gleaner,* 1821.

THÉRAPEUTIQUE.

— *Moxa,* praestantissima Cauteriorum materia, Sinensibus Japoni-
busq'; multum usitata. (E. Kaempfer, *Am. exot.,* pp. 589/605.)

— An account of the Moxa, an excellent
Caustic of the Chinese and Japanese, with
a Scheme shewing what parts of the human
body are to be burnt with that Plant in
several distempers. (Kaempfer's *Hist. of
Japan,* Vol. II, 1727, app., IV, pp. 34/46.)

— Cat. Medicamentorum . . . . Voir col. 695.

Tatarinov est † oct. 1881. Cf. *Journal de St. Pétersbourg,* 23 oct.
1881.

— Produits chimiques et pharmaceutiques.

(SCIENCES MÉDICALES.)

(*Cat. . . . exp. universelle de Paris,* 1878,
voir col. 698/9 et 1038.) [pp. 56/98].

Par A. A. Fauvel.

— Snake Bites. — By D. T. (*China Review,* VIII, p. 61.)

— A Chinese Febrifuge. (*China Review,* X, p. 72.)

— Chinese Cures. (*China Review,* X, p. 221.)

— Empirical Cures of the Chinese. By Q. B. (*China Review,* XI,
p. 333.)

— Oyster Shell Dust. (*China Review,* XIII, p. 124.)

— Santonine. (*China Review,* XIII, p. 124.)

— Snow Water. By E. H. Parker. (*China Review,* XVII, No. 1,
p. 53.)

— Chinese Medicines. (Balfour, *Chinese Scrapbook,* 1887, pp. 68/71.)

— [Chinese Medical Preparations.] By A. G. Vorderman. (*T'oung
Pao,* I, Oct. 1890, p. 273.)

* 散喉咽 De Chineesche behandelings-
wijze van Keeldiphtheritis door A. G. Vorderman, stadsgeneesheer te Batavia. Batavia, Ernst, 1890, in-8.

— 散喉咽 The Chinese Treatment of
Diphtheritis by A. G. Vorderman, Phy-
sician of the Town of Batavia . . . .
Translated from the Dutch, with the Au-
thors permission, by G. Schlegel. (*T'oung
Pao,* I, Octobre 1890, pp. 173/188; *ibid.,*
Déc. 1890, pp. 297/328; *ibid.,* Fév. 1891,
pp. 349/390.)

— Anti-opium Medicines. By H. T. Whitney, M. D. (*Chin. Re.,*
XXII, Oct. 1891, pp. 452/455.)

— Ignorant and Superstitious Methods of Curing Disease in
North Formosa. By Rev. G. L. Mackay, D. D. (*Chin. Re.,*
XXIII, Nov. 1892, pp. 524/529.)

CHIRURGIE.

— No. 3. Notes sur l'art Médico-Chirurgical
chez les Chinois. Thèse présentée et publiquement soutenue à la faculté de médecine de Montpellier. Le 11 Janvier 1864
Par Toye (L.-M.-Michel) né à Toulon (Var)
Chirurgien de 1re classe de la Marine. Pour
obtenir le grade de docteur en médecine.
Montpellier, Boehm et fils, imprimeurs de
l'Académie, 1864, in-4, pp. 40.

Voir p. 27 : «Traduction d'un manuscrit inédit contenant les
notions principales des Chinois en chirurgie (de Jean Sié,
natif de l'île Tsomming).»

— Clinical operations. (*China Review,* XIII, p. 430.)

— Surgeons v. Barbers. By E. H. Parker. (*China Review,* XV,
p. 251.)

一割症全書 Manual of the Practice of
Surgery. Translation of W. F. Clarke's Manual of Surgery and Dr. Packard's Opera-
tive Surgery. By J. G. Kerr. Seven volumes. Printed at the Canton Hospital. New
edition. Canton, 1891.

Notice : *China Review,* XIX, No. 5, 1891, p. 330. By E. J. E.[itel]

TOXICOLOGIE.

— Hu-man-ts'ao, a Chinese Poison. By H. A. G. (*Journ. C. B.
R. A. S.,* XX, N. S., 2, 1885, pp. 52/3.)

(SCIENCES MÉDICALES.)

— Gold used as poison. (*China Review*, XIII, p. 297.)

— Suicide [poison, or 吞金, etc.]. Par E. H. Parker. (*China Review*, XX, No. 2, p. 127.)

BOTANIQUE MÉDICALE.

Voir BOTANIQUE.

— Herbier ou collection des plantes medicinales de la Chine. D'après un Manuscrit peint et unique qui se trouve dans la Bibliothèque de l'Empereur de la Chine. Pour servir de suitte aux planches enluminées et non enluminées d'histoire naturelle et à la collection des Fleurs qui se cultivent dans les Jardins de la Chine et de l'Europe. Dirigé par les Soins de Mr Buc'hoz, Médecin de Monsieur. A Paris. Chez l'Auteur, rue de la Harpe vis-à-vis celle de Richelieu — Sorbonne. 1781, in-folio, pp. 16 + 100 pl. coloriées + 1 f. n. c. pour l'exp. des pl.

— Science Papers, chiefly pharmacological and botanical. By Daniel Hanbury, F. R. S. Edited, with memoir, by Joseph Ince, F. L. S., F. C. S. London: Macmillan and Co. 1876, in-8, pp. x-543.

Insect-white wax of China, p. 60. — Note upon a green dye from China, p. 125. — Remarks on *Sclerotium stipitatum* . . . p. 200. — Note on a manufactured product of sea-weed called *Japanese Isinglass*, p. 206. — Notes on Chinese Materia Medica, revised by the author, p. 209, etc.

Voir p. 214 : Synopsis of the Contents of the Chinese Herbal 本草綱目 *Pun-Tsaou-kang-muh.*

ART DENTAIRE.

— [Dentistry in China.] (*T'oung Pao*, I, Oct. 1890, pp. 273/4.)

ACUPUNCTURE.

«Acupuncture was practised before the Han Dynasty in the state of Ts'i (W. Shantung) where the Mountain of Kao-she was famous for the stone needles (*pien*) used for operation. Cf. *Shan Hai King*, IV, 2). It was improved by the famous surgeon Tai Ts'ang Kung, who was flourishing in 180 B. C., and was a native of the same country. (Cf. Sema Tsien, *She Ki*, Kiv. 105, fol. 8—9, and *Khang-hi tze tien*, s. v. *pien*, 112 + 5, fol. 5 vers.). These stone needles were not replaced by metallic ones before the time of Wang Sang-ju whose biography occurs in the *Nan She* about 550 A. D. — It had been said that Acupuncture did not come to the knowledge of Europe before the chapter on the subject which a Dutch surgeon Willem Ten Rhyne, returned from Batavia, inserted in his work *De Athritide*, Lond., 1683, 8vo. But it results from the writings of Jerome Cardan (1501—1576) of Pavia, that travelling medicine-men in the sixteenth century really practised acupuncture. Cf. Henry Morley, *Jerome Cardan*, 2 vols., 1854. They had probably heard of it from some Italian travellers returned from China.» (Terrien de Lacouperie, *Bab. & Or. Record*, VI, No. 11, May 1893, p. 258.)

— Curatio Coliacæ per Acupuncturam Japonibus usitata. (E. Kaempfer, *Am. exot.*, pp. 582/9.)

HYGIÈNE.

— Shang-hai au point de vue médical. Contribution à la Climatologie médicale par Paul Edouard Galle, Docteur en médecine de la Faculté de Paris, ... Paris, Adrien Delahaye, 1875, br. in-8, pp. 80.

* О санитарныхъ условіяхъ и медицинѣ въ Китаѣ. Москва, 1876. П. Я. Пясецкимъ.

(SCIENCES MÉDICALES.)

(Les conditions sanitaires et la médecine en Chine, par le Dr. P. J. Piassetsky. Moscou, 1876), in-8, pp. 68.

Voir col. 1213.

— Etude sur le climat des côtes de la Chine et les conditions sanitaires des concessions européennes lue à l'Académie de Médecine Dans la séance du 4 Février 1879 par Le Docteur Max. Durand-Fardel. Paris, Germer-Baillière, 1879, br. in-8, pp. 12.

Extrait de l'*Union médicale* (troisième série) année 1879.

CHOLÉRA.

— Le Choléra d'après la médecine chinoise. Par Léon de Rosny. (*Mém. Soc. Et. jap.*, etc., IV, Nov. 1885, pp. 329/330.)

LÈPRE.

Voir MISSIONS, col. 1714, Delavay.

* John Dudgeon. On leprosy in China. (*Glasgow Medical Journal*, IX, 1877, pp. 451/466.)

— Du traitement de la lèpre par le Hoang-nan. (*Miss. Cath.*, X, pp. 10/11.)

Let. de M. Guilbot, curé de Christiansted (Antilles danoises), 29 sept. 1877.

Cf. *Ibid.*, pp. 154/5, un article du P. Etienne Brosse sur le même sujet.

— Le Hoang-nan. Du Traitement des plaies et des maladies contagieuses par le Hoang-nan. (*Miss. Cath.*, X, 1878, pp. 334/5.)

— Le Hoàng-nàn, remède tonquinois contre la rage, la lèpre et autres maladies par E. C. Lesserteur, directeur au Séminaire des Missions étrangères. Paris, J.-B. Baillière. 1879, in-8, pp. viii-93.

— Leprosy. By C. (*China Review*, XVII, No. 2, pp. 115/116.)

FEMMES.

* A Treatise on [Chinese] Midwifery, a new edition published in the 5th year of Taou Kwang (1825). Translated by W. Lockhart, M. D. (*Dublin Journal of Medical Science*, XX, 1842, pp. 333/369.)

— De l'accouchement dans la race jaune par Abel Hureau de Villeneuve, Docteur de la Faculté de Médecine de Paris . . . . Paris, Benjamin Duprat, in-4, pp. 39.

— 婦科精蘊圖說 Translation of 'Thomas on diseases of women'. By Dr. Kerr, Canton, 1889. Five volumes.

Notice : China Review, XVIII, No. 4, pp. 266/267. By E. J. E.[itel].

— Gynaecocracies in Eastern Asia with anthropological notes. By D. J. Macgowan. (*China Review*, XIX, No. 5, 1891, pp. 285—308.)

MALADIES VÉNÉRIENNES.

— De Morbis ‖ venereis ‖ libri novem ‖ in quibus disseritur tum de origine, ‖ Propagatione

& Contagione horumce affectuum in genere : tùm de ‖ singulorum Naturâ, Ætio-
logiâ & Therapeiâ, cum brevi Analysi & ‖
Epicrisi Operum plerorumque, quae de
eodem argumento scripta sunt. ‖ Auctore
Johanne Astruc .... ‖ Editio altera, ‖ ....
Lutetiae Parisiorum. ‖ Apud Guillelmum
Cavelier .... ‖ M.DCC.XL. ‖ Cum approbatione et privilegio Regis. 2 vol. in-4.

Chinae Radix.
Bib. Nat. Td. ⁴ ¹ 58.

— Réponses aux questions de M. Astruc. [Par le P. Foureau.]
(*Journal des Savans*, 1740, pp. 489/502.)

— De la Blennorrhagie chez les peuples de race jaune par le
Dr. Verrier, professeur à l'institut ethnographique. (*Moniteur
de l'hygiène publique*, 10 oct. 1886, etc.)

— Syphilis in China. By E. H. Parker. (*China Review*, XVIII,
No. 3, p. 198.)

DIVERS.

— J. Rehmann. — Ueber den Plan zu einer
ärztlichen Reise nach China. [1805.] Crich-
ton, *Russ. Sammlung*, I., 1816, pp. 53/61.

* Dr. J. Rehmann. Beschreibung einer thibe-
tanischen Handapotheke. Ein Beitrag zur
Kenntniss der Arzneikunde des Orientes.
St. Petersburg, 1811, in-8.

Petit traité assez intéressant sur des drogues chinoises ou tibétaines que l'auteur s'était procurées à Maïmaï tchin (Kiakhta)
à la frontière de Chine (Mongolie). Il donne une description de
60 drogues dont il ajoute les noms en tibétain.

* G. Gauger. Ueber chinesische Roharznei-
waaren. (*Repertorium für Pharmacie und
pract. Chemie in Russland*, VII, pp. 565
et seq., 1848.) Pl.

Description de 54 drogues chinoises rapportées de Peking en 1842
par le Dr. Kirilov.

— Dissertatio de glossosemeiotice, Sive de
signis morborum quae è linguâ sumuntur,
praesertim apud Sinenses; Quam in aulâ
publicâ celeberrimae Facultatis Medicae
Parisinae, pro Medicinae Doctoratûs gradu
adipiscendo, die 25 augusti 1813, pro-
pugnare conabitur J. P. Abel-Remusat,
Parisiensis. Parisiis, ex typis Didot Junioris,
1813, in-4, pp. 21.

— Recherches historiques sur la médecine
des Chinois; Thèse Présentée et soutenue
à la Faculté de Médecine de Paris, le
31 août 1813, Par François-Albin Lepage,
d'Orléans, Département du Loiret. A Paris,
Didot jeune, 1813, in-4, pp. 103.

— De l'état de la médecine en Chine. (*Gazette médicale de Paris*, 24 fév. 1849,
pp. 135/8.)

On lit au bas de la première page : «Extraits d'un ouvrage fort
intéressant sur la Chine, publié cette année à New-Yorck, par
M. Wills, et traduits par M. Leroy d'Etiolles.» Je suppose qu'il
y a une erreur dans l'attribution, et qu'il faut lire *The Middle
Kingdom*, by S. Wells Williams.

(SCIENCES MÉDICALES.)

— Essai sur la Pharmacie et la matière médicale des Chinois par J.-O. Debeaux,
Pharmacien-major de 2ᵉ classe à l'hôpital
Militaire de Bastia, attaché au corps expéditionnaire en Chine pendant les années
1860, 1861 et 1862, Chevalier de la Lé-
gion-d'Honneur. Paris, J. B. Baillière .. [et]
Challamel aîné .... 1865, in-8, pp. 120.

Bib. Nat. Te ¹⁴⁴⁄₁₂

— China from a Medical point of View. .. By C. A. Gordon. ..
1863, voir col. 1162.

— No. 14. Quelques considérations sur les
maladies observées pendant une campagne
dans les mers de Chine. 1859—1863. —
Thèse présentée et publiquement soutenue
à la Faculté de Médecine de Montpellier,
le 26 février 1864; par François-Henry
Sabatier, Né à Toulon (Var) Chirurgien
de 1ʳᵉ classe de la marine impériale, Chevalier de la légion d'honneur. Pour obtenir
le Grade de Docteur en médecine. Montpellier, Imprimerie L. Cristin; rue Castel-
Moton, 5, 1864, in-4, pp. 59.

— Faculté de Médecine de Paris. No. 230.
Thèse pour le doctorat en médecine Présentée et soutenue le 5 août 1868. Par L.
Blanc. Né à l'Ile Rousse (Corse), ex-médecin de la marine impériale, ancien élève
des hôpitaux de Paris. — *Des fièvres per-
nicieuses observées en Chine* .... Paris,
A. Parent, 1868, in-4, pp. 36.

— A. Moffitt. Medical Report of Gordon's Campaign .... 1866.
Voir chap. *Tai ping*, col. 1603.

— Glanes — Chemg-y-hoei. Société des méde-
cins-marchands en Chine, br. in-8, s. l. n.
d., pp. 18.

A la fin : Cavaillon, 9 février 1881. Charles RAVEL.
Avignon. — Imp. adm. Seguin frères . . . juin 1881.
Bib. nat. 0²ⁿ⁄714

— L'art médical en Chine. (*Ann. de l'Ext.
Orient*, 1882—1883, V, pp. 129/145, 161
à 174.)

— L'école de médecine chinoise au Japon.
(*Ann. de l'Ext. Orient*, 1882—1883, V,
p. 222.)

— An Epitome of the Reports of the Medical
Officers to the Chinese Imp. Mar. Customs
Service .... By Surgeon-General C. A.
Gordon .... London, 1884. [Voir le chap.
des *Douanes Imp. Chinoises* dans la IIᵉ Par-
tie de la *Bib. Sinica*.]

— Beri-Beri. (*Journ. C. B. R. A. S.*, XX, N. S., 2, 1885, p. 52.)

— Considérations générales sur les études
(dites secrètes) de la médecine chinoise,

(SCIENCES MÉDICALES.)

japonaise, indo-chinoise, etc. Par Julien Duchâteau, Orientaliste-Ethnographe, etc., Secrétaire et Trésorier de l'Athénée oriental de Paris, etc. (*Verhand. d. VII. Int. Orient. Cong.* .... Wien ... 1886. *Hochasiat. u. Malayo-polyn. Sect.*, pp. 83/107.)

— Quelques traits de l'art médical chez les Chinois par C. de Harlez. (Extrait des *Archives de biologie* publiées par MM. Ed. van Beneden et Ch. van Bambeke Tome VII. — 1886.) Gand, imprimerie de I. Vanderpoorten, 1886, br. in-8, pp. 21.

- 素問 The Chief Classic of Chinese Medicine. By Rev. J. Edkins, D. D. (*Chin. Rec.*, XVIII, No. 3, March 1887, pp. 108/109.)
- Ancient Physics. By J. Edkins. (*China Review*, XVI, pp. 73/83.)
- Gray's Anatomy in Chinese. By J. G. Kerr. (*China Review*, X, pp. 142/143.)
- Chinese Ideas of Pathology. (Balfour, *Chinese Scrapbook*, 1887, pp. 64/67.)
- Tien-t'ai. By E. H. Parker. (*China Review*, XIV, p. 225.)
- Rhinoceros Horns. By E. H. Parker. (*China Review*, XIV, p. 359.)

— Notes on Chinese Materia Medica. By Charles Ford, F. L. S. Director of the Botanical Gardens, Hongkong, Ho kai M. B., Aberd., &c., and William Edward Crow, M. P. S., Government Analyst, Hongkong. (*China Review*, XV, pp. 214/220, 274/276, 345/347; XVI, pp. 1/9.)

— The Science and Practice of Western Medicine in China. By Patrick Manson, M. D., LL. D. (*China Review*, XVI, pp. 65/73.)

* An Anglo-Chinese Standard Vocabulary of Medical, Scientific and Philosophical Terms. By H. T. Whitney, M. D. (*China Med. Mis. Journal*, Dec. 1887.)

* Apothekerkunst in China. (*Oesterr. Monatsschr. f. d. Orient*, 1887, p. 31.)
- Les Chinois et les Médecins. Par le général Tcheng ki tong. (*Revue des Traditions populaires*, IV, 1889, pp. 144/145.)

AGRICULTURE ET ÉCONOMIE RURALE.

(*Voir aussi le Chap. de la Botanique.*)

— Chinesernes Sätt at utkläcka Ägg, beskrifvit af Carl Gust. Ekeberg, Capit. Lieuten, vid K. Amiralit. (*Kongl. Vetenskaps-Academiens Handlingar*, För Månaderne Aprilis, Majus, Junius, 1769, Vol. XXIX, pp. 188/191.)

— Berättelse om Chinesernes sätt at eftergöra Äkta Perlor, ingifven af Johan Abraham Grill Abrahamsson. (*Kongl. Vetenskaps Academiens Handlingar*, För Må-

naderne Januarius, Februarius, Martius, 1772, Vol. XXXIII, pp. 93/95.)

* Catalogue des graines de plantes potagères cultivées au jardin de Fah-ti, sur la rive droite du fleuve Tchou kiang, près Canton. Par Natalis Rondot. (*Séances Acad.*, Reims, VI, 1847, pp. 15/17, 505/8.)

* Notice sur quelques plantes textiles de Chine. Par Natalis Rondot. (*Séances Acad.*, Reims, VI, 1847, pp. 49/65.)

— Les colonies agricoles des Chinois, par M. Natalis Rondot. Paris, 1851. Broch. in-8.

- W. Depaubourg. Das chinesische Futterkraut Mu-súi. *Journ. d. Min. für Volksaufklärung*, Februar 1852. (Erman, *Archiv f. wiss. Kunde v. Russl.*, XII, 1853, pp. 197/8.)

— G. Eug. Simon. Mémoire sur les bêtes à laine en Chine. (*Bull. Soc. d'Accl.*)

— Sulle Cavallette. Considerazioni estratte dal *Nun'-cen'-ziuen-sciu* ossia Trattato completo sull' Agricoltura e tradotte letteralmente dal cinese dall' Avv. Alfonso Andreozzi, Membra della Società Asiatica di Parigi. Firenze, Tip. di G. Mariani, 1870, in-8, pp. 56.

British Museum, 7293, h.
- Le *Hei-teou*. (*Miss. Cath.*, XIII, 1881, p. 207.)
Plante légumineuse, employée par les Chinois comme succédané de l'avoine, importée en Europe par le P. Leboucq.
- La garde des moissons en Chine. (*Ann. de l'Ext. Orient*, 1882—1883, V, pp. 186/187.)
D'après le P. Leboucq.
- Deux Vignes chinoises. Par M. Romanet du Caillaud. (*Miss. Cath.*, XV, 1883, pp. 191/2, d'après la *Revue horticole*.)
- Les classes agricoles et l'agriculture en Chine. Par E. Fournier de Flaix. (*Ann. de l'Ext. Orient*, 1885—1886, VIII, pp. 367/370.)

VERT DE CHINE.

— Le Vert de Chine, par le P. Hélot. (*Études de Théologie, de Philosophie et d'Histoire.* [Paris, 1857], t. I, pp. 442—58. — *Journal des Débats*, 13 juillet 1857.)

— Nouvelles recherches sur le Vert de Chine. (*Études de Théologie* ... t. 3, pp. 485—93.)

— Ueber das chinesische Grün oder Lo-kao von Rondot. S. l. n. d. (1858.) Broch. in-8, pp. 24.

— Over het Chineesch Groen of Lu-kao, door Dr. C. Löffler. (*Tijdschrift von Nijverheid* te Haarlem, 1861, pp. 185/268.)

CIRE VÉGÉTALE.

— D. J. Macgowan. The Tallow Tree (*Stillingia Sebifera*) and its uses. (*Pharmaceut. Journ.*, 1872, p. 1034.)

- Lettre du P. Gennini, de Lou-y-hien [Ho-nan], 24 juin 1877. (*Miss. Cath.*, X, pp. 2/3.)
Sur la cire blanche d'insectes (*pe-la*).

— La graisse de l'arbre à suif de la Chine. (*Ann. de l'Ext. Orient*, 1882—1883, V, p. 350.)

— Insect Wax. (*China Review*, X, p. 72.)

— The Wax Insect. By E. H. Parker. (*China Review*, XIV, pp. 49/50.)

— Chinese Insect White Wax. (Chap. XI, A. Hosie, *Three years in Western China*, 1890.)

COTON.

— Cotton in China. By E. H. Parker. (*China Review*, XV, p. 189.)

— Cotton in China. — By E. H. Parker. (*China Review*, XVII, No. 6, pp. 355/356.)

Cf. D. B. Robertson, col. 705.

CHINA GRASS. — RAMIE.

— Société des ingénieurs civils. . — La Ramie par M. Auguste Moreau, ingénieur... — Extrait des Mémoires de la société des Ingénieurs civils (Déc. 1890). Paris, 1891, br. in-8, pp. 45.

Il y a p. 45 une liste d'ouvrages relatifs à la Ramie, à laquelle nous renvoyons.

RIZ.

— Aqua-Husbandry, Floating gardens and rice fields in China. By D. J. Macgowan. (*China Review*, XVII, No. 3, pp. 135/137.)

HORTICULTURE.

* Grohmann. . Recueil d'idées nouvelles pour la décoration des jardins et des parcs dans le goût anglois, gothique, chinois, etc. Leipzig, 1799, 3 vol. in-4. *350 planches noires ou coloriées.*

INDUSTRIES DIVERSES.

DIVERS.

— Das Asiatische Museum der kaiserlichen Akademie der Wissenschaften zu St. Petersburg. Von dem Director desselben Dr. Bernh. Dorn. St. Petersburg, 1846, in-8, pp. XII-776.

— Catalogue des Produits de l'industrie Chinoise exposés à l'Hotel-de-ville de Nimes, en 1849. Par M. Ph. Hedde, membre de la commission de l'Exposition. — 2ᵉ édition revue et augmentée. Prix de chaque Brochure : 30 Centimes. Nimes. De l'imprimerie Ballivet et Fabre, rue de l'Hôtel-de-ville, 11. — 1849. Br. in-8, pp. 32.

Voir col. 1280.

— A Sketch of the growth of science and art in China to the Ming Dynasty. — A valedictory Address delivered by the President, Dʳ Edkins, at the close of the second year of the Society. (*Journ. Peking Oriental Society*, II, No. 2, 1888, pp. 142/154.)

— La Chine et ses ressources industrielles

par A. A. Fauvel Ancien fonctionnaire des douanes impériales chinoises. — Extrait de la *Revue des questions scientifiques*, juillet 1889. Bruxelles, 1889, br. in-8, pp. 55.

— Beskrifning På En Sådes-rensnings-Machine, Af Claes Eliander. (*Kongl. Svenska Vetenskaps-Academiens Handlingar*, För Månaderne October, November och December, 1750, Vol. XI, pp. 310 à 311; 1 grav.)

— Berättelse Om Chinesiska Olje-fröet och dess Trefnad i Sverige. Af Carl Gust. Ekeberg. (*Kongl. Vetenskaps-Academiens Handlingar*, För Månaderne October, November, December, 1764, Vol. XXV, pp. 327/330.)

— Chinesiska Olje-Prässen Och Prässnings-Sättet, Ungifne af Carl Gust. Ekeberg, Capit. Lieut. vid Amir. Samt Capit. vid Ost Indiska Comp. (*Kongl. Vetenskaps-Academiens Handlingar*, För Månaderne October, November, December, 1767, Vol. XXVIII, pp. 383/397; fig.)

— *Lettre à M. Goguet sur le temps auquel certains arts ont été connus à la Chine*, imprimée sous le titre d'*Extraits des historiens chinois*, à la fin de l'*Origine des Lois*, etc., par Goguet, Paris, 1785, par

Michel-Ange André Le Roux Deshautorayes, né à Conflaus-Ste Honorine, près de Pontoise, le 10 sept. 1724; † à Rueil, près de Paris, le 9 fév. 1795. Art. de S. de Sacy, *Biogr. univ.*

— Sur la fabrication du sel en Chine. Par le Prêtre P. Tsvetkov. (*Trav. de la Mission ecclés. russe de Peking*, III, 1857, pp. 103 à 118.)

Voir col. 1568.

— Industrie chinoise. La Trempe de la brique. Par le P. L. Hélot. (*Études de Théologie*, Paris, Lanier, 1860, pp. 484/6.)

— Beiträge zur Geschichte der Edelsteine und des Goldes von Dr. A. Pfizmaier.... Wien, 1868, br. in-8.

Tirage à part de l'année 1868 de la *Phil.-hist. Cl.* de l'Ac. des Sciences de Vienne.

— Denkwürdigkeiten von chinesischen Werkzeugen und Geräthen. Von Dr. A. Pfizmaier ... Wien, 1873, in-8, pp. 78.

(Ext. de *Sitzung. d. phil.-hist. Cl. d. k. Akad. d. W.*, LXXII. Bd.)

— Industries anciennes... 1869. Col. 711.

Paul Champion est mort 12 janv. 1884, dans sa 46ᵉ année.

— How musk is made. By Fragrans. (*China Review*, IX, pp. 253-254.)

— Sugar Refining. By E. H. Parker. (*China Review*, XV, p. 372.)

— Chain pump driven by wind. By E. L. Oxenham. (*China Review*, XV, pp. 241/242.)

— Progrès de la mécanique en Chine. Analysé de l'anglais par M. Fontaneau. (*Rev. mar. et col.*, Vol. 78, 1883, pp. 296/301.)

— On the Wood of Tea Boxes (*Liquidambar formosana*). By A. Fauvel. (*North China Daily News*, 5th march 1884.) *Liquidambar Formosana*, voir, B. *Sinica*, col. 192, 196 et 198 et *Botanicon Sinicum*, de Bretschneider, II, No. 261, p. 115.

VERNIS.

— Une lettre en latin écrite en 1697, sur le vernis de Chine, au P. Phil. Buonanni, S. J., et insérée par lui, p. 233 de son *Musæum Kircherianum*, Romæ, 1709, in-fol.

Ce même P. Buonanni a écrit :

* Trattato sopra la vernice detta commuñemente cinese, in risposta data all' illñio Sig. Abbate Sebastiano Gualtieri, Cavaliere di S. Giacomo .... Roma, 1720, in-8; 2ᵉ ed., Roma, 1731, gr. in-8.

Traduit en français, Paris, 1723, in-12, pp. 206.

— Analysis of the Chinese Varnish. By Mr. I. Macaire Prinsep [From the Memoirs of the Society of Physics and Natural History at Geneva, April, 1826]. Transl. May 1832. (*Jour. As. Soc. Bengal*, Vol. I, 1832, pp. 183 et seq.)

— L'arbre à laque. (*Ann. de l'Ext. Orient*, I, p. 232.)

— Etude sur les produits du Tonkin. — La laque et les huiles à laquer. Tonkin. — Chine. — Japon. Par G. Dumoutier, Correspondant du Ministère de l'Instruction Publique, Chargé de Mission scientifique en Indo-Chine. — Hanoi — Imprimerie typo-lithographique F. H. Schneider — 1892, in-12, pp. 40.

PERLES.

— Beiträge zur Geschichte der Perlen von Dr. A. Pfizmaier . . . Wien, 1868, br. in-8.

Tirage à part de l'année 1867 de la *Phil.-hist. Cl.* de l'Ac. des Sciences de Vienne.

— Breeding Pearls. By E. J. E. (*China Review*, VII, p. 140.)

MÉTAUX.

— Zur Geschichte der Alten Metalle von Dr. A. Pfizmaier . . . Wien, 1869, br. in-8, pp. 74.

Tirage à part de la *Phil.-hist. Cl.* de l'Ac. des Sciences de Vienne.

— De l'usage du fer en Chine par M. de Milloué. (*Bul. Soc. Anthrop.*, Paris, 1883, pp. 819/833.)

* Voir *Bul. Soc. Anthrop.*, Vienne, 1880, p. 214.

— Emailleurs Pékinois par Maurice Jametel Chargé du cours de langue chinoise à l'Ecole des langues orientales vivantes. Genève, Imp. Jules Carey, 1886, br. in-8, pp. 26.

Tiré à 50 ex. — Mariage Léon Bassoreau/Elisabeth Dupré — 20 Oct. 1886. — *Revue de Genève*, 25 sept. 1886.

— La Métallurgie à la Chine. Par Maurice Jametel . . . (*Lotus — Mém. Soc. Sinico-Japonaise*, VII, Déc. 1888, pp. 193/202.)

— Über chinesische Metallspiegel. (*Chinesische Studien*, von Fried. Hirth, I Bd., 1890, pp. 272/274.)

— Ueber hinterindische Bronze-Trommeln. Von Friedrich Hirth. (*T'oung Pao*, I, Août 1890, pp. 137/142.)

COULEURS.

* On *Wai-fa*, the unexpanded flower-buds of *Sophora japonica*, by Dr. Th. W. C. Martius. London : 1854. Broch. in-8, pp. 4.

* Note sur les propriétés tinctoriales du bouton de fleurs du *Sophora japonica* ou *hoaï-hoa* du Chinois, par M. Natalis Rondot. Paris, 1858. Broch. in-8, pp. 14.

— Prussian blue. By Theos. Sampson. (*China Review*, XI, pp. 130/131.)

(INDUSTRIES DIVERSES.)

PAPIER.

— Fabrication du papier *Tse-kien*, col. 709, lire Royer au lieu de Roger.

— Paper in China. By E. H. Parker. (*China Review*, XVIII, No. 1, p. 55.)

— Das arabische Papier, eine historisch-antiquarische Untersuchung, von J. Karabacek. (*Mittheil. Papyrus Rainer*, II/III, pp. 87—178, Wien, 1887.)

— Neue Quellen zur Papiergeschichte. (*Ibid.*, 1888, IV, pp. 75—122.)

— Neue Entdeckungen zur Geschichte des Papiers u. Druckes. (*Oesterreichische Monatsschrift für den Orient*, 1890, pp. xvi, 161—170.)

— Die Erfindung des Papiers in China. Von Friedrich Hirth. (*T'oung Pao*, I, Avril 1890, pp. 1/14.)

— Die Erfindung des Papiers in China. (*Chinesische Studien*, von Fried. Hirth, I Bd., 1890, pp. 259/271.)

ENCRE.

— Various kinds of Chinese Ink, by Blacking. (*China Review*, IX, pp. 255/256.)

— L'encre de Chine, son histoire et sa fabrication d'après des documents chinois. Traduits par Maurice Jametel, élève de l'école spéciale des langues orientales vivantes. Avec vingt-sept gravures d'après des originaux chinois. Paris, Ernest Leroux, 1882, in-18, pp. xxx-94 + 3 ff. n. c., dont deux de caract. chinois.

Il a été tiré 24 ex. sur Chine et un sur Whatman. — Forme le Vol. XXXII de la *Bibliothèque orientale elzévirienne*.

Notice : *Rev. d'Ethnog.*, II, 1883, pp. 457/9, par E. Hamy.

VERRE.

— Cutting crystals. By Obolus. (*China Review*, VII, p. 423.)

— Chinese Glassware. (*Journ. C. B. R. A. S.*, XX, 1885, N. S., No. 2, p. 57.)

— Window-glass. By E. H. Parker. (*China Review*, XV, p. 372.)

— Window glass. By T. L. B. (*China Review*, XVI, p. 48.)

— Glass windows. By E. H. Parker. (*China Review*, XVI, pp. 129 —130.)

— Glass in China. By E. H. Parker. (*China Review*, XVII, No. 2, p. 114.)

From 大秦, 778, A. D.

— Glass in China. By E. H. Parker. (*China Review*, XVIII, No. 3, p. 196.)

* Zur Geschichte des Glases in China und des antiken Orienthandels, von F. Hirth. (*Oesterr. Monatsschr. f. d. Orient*, 1885.)

— Zur Geschichte des Glases in China. (*Chinesische Studien*, von Fried. Hirth, I Bd., 1890, pp. 62/67.)

— On the ancient history of Glass and Coal and the legend of Nü-Kwa's coloured stones by Terrien de Lacouperie. (*T'oung Pao*, II, 3, sept. 1891, pp. 234/243.)

VINS, ETC.

— Samshu-brewing in North China. By H. B. Guppy, M. B., Surgeon, R. N. (*Journ. N. C. B. R. A. S.*, 1883, N. S., Vol. XVIII, pp. 163/164.)

(INDUSTRIES DIVERSES.)

— The meaning of 酒 Chieu. By J. Edkins. (*China Review,* XVIII, No. 1, pp. 60/61.)

— Terms for Bible wines in Chinese. By Rev. C. Hartwell. (*Chin. Rec.,* XIX, No. 10, Oct. 1888, pp. 458/464.)

— Notes on Missionary Subjects. — No. 5. Wine and Wine making. Chinese process and nomenclature. Hebrew Words. Bible translation. By Rev. J. Edkins, D. D. (*Chin. Rec.,* XIX, No. 12, Dec. 1888, pp. 577/583.)

PORCELAINE.

— Hvad Petuntse âr, Utrônt af Henr. Th. Scheffer. (*Kongl. Svenska Vetenskaps-Academiens Handlingar,* Fôr Mânaderna Julius, Augustus, September 1753, Vol. XIV, pp. 220/224.)

* Neri, Merret et Kunckel, Art de la verrerie auquel on a ajouté le Sol sine Veste d'Orschall, etc. avec un mémoire sur le secret des vraies porcelaines de la Chine et de Saxe. Ouvrages ou l'on trouvera la manière de faire le verre et le crystal, d'y porter des couleurs, d'imiter les pierres prétieuses et colorer les émaux, de peindre sur le verre, de cvmposer des couvertes pour les fayences et poteries, de faire et peindre les porcelaines, etc. Trad. de l'allemand. Avec 16 planches. Paris, 1752, in-4.

— De l'ornementation des porcelaines de Chine. Par le Marquis d'Hervey Saint-Denys. (*Rev. Or. et Am.,* T. IV, 1860, pp. 108/114.)

* Catalogue of blue and white Nankin porcelain forming the collection of Sir Henry Thompson. With 26 autotype plates from drawings by J. Whistler and H. Thompson. London, 1878, in-4, pp. VII-68.

Only 220 copies printed, of which 100 are for private circulation.

— Notes on Chinese Porcelain. By E. J. Eitel. (*China Review,* X, XI, pp. 175/178.)

— La Porcelaine de Chine. Origines. — Fabrication, décors et marques. — La porcelaine de Chine en Europe. — Classement chronologique. — Imitations, contrefaçons, par O. Du Sartel. Paris, Vᵛᵉ A. Morel & Cⁱᵉ, éditeurs, MDCCCLXXXI, gr. in-4, pp. III-230, 32 pl. hors texte dont 18 en chromolithog. et 14 en héliog. et à l'eau forte.

Pub. à 200 fr. éd. ordinaire. — Ed. de luxe tirée à 110 ex. : 1 à 10, texte et pl. sur Japon, 700 fr.; 11 à 60, texte sur Whatman, pl. sur Japon, 500 fr.; 61 à 110, texte et pl. sur Hollande 350 fr.

— Catalogue des porcelaines de la Chine et du Japon composant la collection de M. O. Du Sartel dont la vente aura lieu Hotel Drouot, Salle n° 8 les lundi 3, mardi 4 et mercredi 5 avril 1882 à deux heures . . . [Paris, Imp. Pillet et Dumoulin], in-8, pp. 107.

«Il a été tiré un certain nombre d'ex. de ce cat. sur beau papier, avec grav. dans le texte, et précédé d'une préface par M. Ph. Burty, inspecteur des Beaux-Arts, Prix : 10 francs.»

— Mongol Mark on Porcelain. By S. W. Bushell. (*China Review,* XI, p. 331.)

— Chinese Porcelain before the present Dynasty by S. W. Bushell, M. D. Physician to H. B. M. Legation, Peking. — (*Extracted from the Journal of the Peking Oriental Society*) — Peking, Pei-t'ang Press. — 1886, in-8, pp. 55.

* Jacob von Falke. Zur Geschichte des Porzellans: I. Das chinesische und japanische Porzellan. (*Unsere Zeit,* 1885, No. 4.)

— Cement for pasting porcelain. By F. H. (*Journ. C. B. R. A. S.,* XXII, N. S., 1887, pp. 104/5.)

— Ancient Porcelain : A Study in Chinese Mediaeval Industry and Trade. By F. Hirth, Ph. D. (*Journ. C. B. R. A. S.,* XXII, N. S., 1887, pp. 129/202.)

Notices : *North-China Herald,* 9 May 1888, [S. W. Bushell]; *ibid.,* 5 April 1888. — *Norddeutsche Allgem. Zeitung,* 17 oct. 1888. — Cf. A. B. Meyer, *Lung-ch'üan-yao oder Altes Seladon-Porzellan,* Berlin, Friedländer, 1889.

* F. Luthmer. — Chinesisches Porzellan. (*Badische Gewerbe-Zeitung,* 1887, No. 23.)

— Zur Geschichte des Chinesischen Porzellans. — Besprechung des Werkes "Ancient Porcellain : A Study of Chinese Mediaeval Industry and Trade", von Dr. F. Hirth. Schanghai, 1888. — Von J. F. von Gundlach, Redakteur des Ostasiatischen Lloyd, Mitglied der China Branch, Royal Asiatic Society. — Separat-Abzug aus dem Ostasiatischen Lloyd. Schang hai, 1888, Druck u. Verlag des Celestial Empire Office, br. in-8, pp. 16.

— An alleged old import of Porcelain in Europe. By F. Hirth. (*Journ. C. B. R. A. S.,* XXIII, N. S., 1888, No. 1, pp. 49/1.)

— Die Chinesische Porzellanindustrie im Mittelalter. (*Chinesische Studien,* von Fried. Hirth, I Bd., 1890, pp. 44/61.)

— A Catalogue of the Hippisley Collection of Chinese Porcelains : with a sketch of the History of Ceramic Art in China. By Alfred E. Hippisley, of the Imperial Chinese Customs Service. (Smithsonian Report. U. S. National Museum. 1888.) Washington, 1890, in-8, pp. 388—491.

Notice : *China Review,* XX, No. 1, pp. 60/1. By L.

SOIERIES. — CULTURE DU MURIER. — VERS À SOIE.

* Détails sur l'éducation des vers à soie dans le nord de la Chine (province de Hou-pé), traduits du chinois sur un manuscrit envoyé de Macao en novembre 1839 par Stanislas Julien, membre de l'institut. Rodez, 1842. Broch. in-8, pp. 16.

* Description méthodique de l'industrie sérigène de la Chine, publiée pour l'exposition faite à Saint-Etienne, par M. Isidore Hedde. Intérieur d'un atelier de tissage à Sou-tchéou, tissé en soie. Saint-Etienne, 1848, in-8, pp. 216.

— Ephémérides comparées de l'industrie sérigène tant de la Chine et du Japon que des autres pays sérifères de Lyon surtout par M. Isidore Hedde. (*Congrès provincial des orientalistes*, Lyon, 1878, I, Lyon, 1880, pp. 48/82.)

— L'industria della seta in China. (*Bol. Soc. Geog. ital.*, 1881, pp. 662/663.)

— China. Imperial Maritime Customs. II. — Special series : No. 3. Silk. Published by order of the Inspector General of Customs. Shanghai : Statistical Department of the Inspectorate General. MDCCCLXXXI, in-4, pp. v-163.

Cette série des publications des douanes chinoises dont ce mémoire forme le n° 3 comprenait déjà : n° 1, Native Opium, publié en 1864; n° 2, Medical reports, premier n°, 1871. — Voir col. 1035-6.

— L'art de la Soie. Les Soies, par M. Natalis Rondot.... Deuxième édition. Paris, Imprimerie nationale, 1885—1887, 2 vol. in-4, pp. VIII-484, et 604.

— On the Management of Silk-worms. A translation from the Chinese of Tsou Tsu-t'ang. By Robert Kliene. (*China Review*, XVIII, No. 2, 1889, pp. 67/81.)

PISCICULTURE.

* Piscicultuur der Chinezen, vertaald uit het «Wonderbare boek om rijk te worden», Deel II, Sect. 3, Hfdstk. 2. (*Tijdschrift voor Landbouw en Nijverheid*, Batavia, 1863.) Par G. Schlegel.

D'après le 致富奇書

— Promenades d'un naturaliste dans l'archipel des Chusan et sur les côtes du Chekiang (Chine), par Mr Albert Auguste Fauvel..... Cherbourg, 1880, in-8. — Voir col. 1475.

— Special Catalogue of the Ningpo Collection of Exhibits for the International Fishery Exhibition. — Berlin 1880. Preceded by a Description of the Fisheries of Ningpo and the Chusan Archipelago with version in French [A. A. Fauvel] and German [J. Neumann]. Published by Order of the Inspector General of the Chinese Imperial Maritime Customs. Shanghaï, Statistical Department of the Inspectorate General. M.DCCC.LXXX, in-4.

— China. — Imperial Maritime Customs. — III. — Miscellaneous Series : No. 11. —

Special Catalogue of the Chinese Collection of Exhibits for the International Fisheries Exhibition, London, 1883. — Published by order of the Inspector General of Customs. — Shanghai : Statistical Department.... MDCCCLXXXIII, in-4, pp. IX-75-10.

— La Chine des poissons. (*La Chine inconnue*, par M. Jametel, pp. 155/213.)

ART MILITAIRE ET NAVIGATION.

— Art militaire des Chinois... par le P. Amiot... col. 717.

Journal Encyclopédique, 1772, III, pp. 342/355; IV, pp. 27/40. — *Mémoires de Trévoux*, 1772, avril, pp. 144/172. — *Année littéraire*, 1772, IV, pp. 289/317. — *Esprit des Journaux*, 1772, pp. 48/59.

* Lettre à M. Reinaud, membre de l'Institut. La fabrication de la poudre à canon et de l'acide azotique en Chine. Par M. Natalis Rondot. [Gravure sur bois dans le texte.] Paris, 1850. Broch. in-8, pp. 6.

— The Army of Kwang tung. By Z. B. (*China Review*, VII, p. 208.)
— Military Precedence. (*China Review*, X, p. 72.)
— The Chinese Army. (*China Review*, XI, p. 262.)
— San-yin-ha-ha. By J. M. (*China Review*, XVI, p. 58.)
— The Armaments of China. (Balfour, *Waifs and Strays*, 1876, pp. 39/54.)

— La Chine puissance militaire. Influence future de l'empire chinois dans les affaires politiques du monde chrétien. Par Octave Sachot. (*Rev. Brit.*, Oct. 1879, N. S., V, pp. 270/314.)

— L'armée chinoise. (*Rev. mar. et col.*, Vol. 70, 1881, pp. 223/244.)

Résumé par le Cap. Tonnot de la conférence anglaise du Cap. W. Gill à la *Royal United Service Institution*.

— Le Tongkin et l'armée chinoise. (*Ann. de l'Ext. Orient*, 1882—1883, V, pp. 222/223.)

D'après Colquhoun.

— Les grandes manœuvres de l'armée chinoise. Lettre de M. Dejean, miss. au Thibet, à M. le Sup. des Missions étrangères. (*Miss. Cath.*, XV, 1883, pp. 182/186.)
— Li-hung-chang et l'armée chinoise. (*Ann. de l'Ext. Orient*, 1883—1884, VI, pp. 69/73.)
— Les forces militaires de la Chine. Par H. Castonnet Desfosses. (*Moniteur Universel*, 4 & 6 janvier 1884.)

— L'armée chinoise. Par G. d'Orcet. [*Blackwood's Magazine*.] (*Rev. Brit.*, 1884, III, pp. 353/376).

— L'armée chinoise. (*Ann. de l'Ext. Orient*, 1884—1885, VII, pp. 82/85.)
— Comment on paie les soldats chinois. (*Ann. de l'Ext. Orient*, 1884—1885, VII, p. 317.)

— L'art militaire et la diplomatie des Chinois d'après leurs auteurs classiques par le Bon G. de Contenson, ancien attaché militaire en Chine. Paris, Plon, 1885, br. in-8, pp. 19.

Ext. du *Correspondant*. — Bib. nat. 0²ⁿ 768

— Military Superstition. By C. B. T. (*Journ. C. B. R. A. S.*, XX, N. S., 1885, p. 286.)
* L. Von Stein. Zur Organisation der Land- und Seemacht Chinas. (*Unsere Zeit*, 1885, No. 3.)

— Poisoned Arrows. (*China Review*, XIII, p. 297.)

— Modern Armaments. (*China Review*, XIII, p. 297.)

— Military Engineering. (*China Review*, XIII, p. 432.)

— Le soldat chinois de la dernière guerre. Par G. d'Orcet. (*Rev. Brit.*, 1886, I, pp. 241/269.)

— The Chinese Brave. By J. George Scott (Shway Yoe). (Demetrius Boulger, *The Asiatic Quarterly Review*, January 1886. Vol. I. No. 1, pp. 222/245.)

— Army of China. — (*Blackwood's Mag.*, CXXXV, 650.) Vide supra. — [W. H. Cromil] (*United Service Mag.*, LXXXIII, 2, 417; LXXXIV, I, 293.)

— Les bannières et étendards de l'extrême Orient. Par O. Pitrou (avec planche). (*Mém. de la Soc. des étud. jap.*, etc., IV, 15 Janv. 1885, pp. 47/54.)

— A Chinese opinion upon the question of humane warfare. By a Friend of Peace. (*T'oung Pao*, II, Juin 1891, pp. 151/154.)

— Dergi hese Jakôn gôsa de Wasimbuhangge. (Ching-yu pa ki.) 聖 諭 八 旗 Décret suprême adressé aux huit bannières. Traduit du mandchou par C. de Harlez, Professeur à Louvain, Belgique. (*Mém. de la Soc. des étud. jap.*, etc., IV, Juillet 1885, pp. 177/191.)

— *Luh-ying-tchi li.* — Les Règlements militaires de l'empereur Kia-King, par M. de Harlez. (*Journal Asiatique*, 8e série, XII, No. 1, 1889, pp. 80/111.)

— Китайская пушка, хранящаяся въ С. Петербургскомъ Артиллерійскомъ музеѣ. [А. Позднѣевъ.] (Записки .... *Русскаго Археол. отдѣленія* ... В. Р. Розена ... I, п, 1886, pp. 121/126.)

— J. D. E. Schmeltz. — Stosswaffen aus China. (*Int. Arch. f. Ethnog.*, II, 4, p. 169 et pl. XII; 5, p. 230.)

— La guerre moderne en Chine. Par Henri Bryois. (*Le Figaro*, mercredi, 5 juillet 1893.)

E. H. PARKER. — The Military organization of China prior to 1842, as described by Wei Yüan. Translated by E. H. Parker. (*Jour. China Br. R. As. Soc.*, N. S. Vol. XXII, Nos. 1 & 2, 1887, pp. 1/21.)

Voir 聖 武 記, col. 1597.

— Militaryism in China. By E. H. Parker. (*China Review*, XIV, p. 109.)

— The Chinese Army. By E. H. Parker. (*China Review*, XIV, pp. 168/169.)

— Salute firing. By E. H. Parker. (*China Review*, XIV, p. 169.)

— Military Engineering. By E. H. Parker. (*China Review*, XIV, p. 217.)

— Two-deckers. By E. H. Parker. (*China Review*, XIV, p. 224.)

— Branding. By E. H. Parker. (*China Review*, XIV, p. 357.)

— Greek Fire and Firearms. By E. H. Parker. (*China Review*, XV, p. 183.)

— Cross-Bows. By E. H. Parker. (*China Review*, XV, p. 188.)

— Chinese Idea of Warfare. By E. H. Parker. (*China Review*, XV, p. 249.)

— Military Organization. By E. H. Parker. (*China Review*, XV, p. 250.)

— Military Engines. By E. H. Parker. (*China Review*, XV, p. 253.)

— Horse-tail Standards. By E. H. Parker. (*China Review*, XVII, No. 5, p. 300.)

(ART MILITAIRE ET NAVIGATION.)

— The Invention of Fire-Arms. By E. H. Parker. (*China Review*, XVIII, No. 6, p. 379.)

— Manchu Horse-breeding grounds. By E. H. P. (*Journ. C. B. R. A. S.*, XXII, N. S., 1887, pp. 100/1.)

MARINE.

* Witsen : Aeleoude Scheepsbouw. Amsterdam, 1676.

— Einiges über Schiffnamen. Von K. Himly. (Aus *Zeitschrift für Völkerpsychologie und Sprachwissenschaft*, herausgegeben von den Prof. Dr. Steinthal u. Dr. Lazarus, Jahrg. 1880, pp. 223/232.)

— Navy of China, 1882. (*Spectator*, LV, 82.)

— Millor of Dalswinton Anticipated by the Chinese. (*China Review*, XI, p. 201.)

— The Naval and Land Forces of Kiang Su. By X. (*China Review*, XI, p. 333.)

— The Chinese Navy. By E. H. Parker. (*China Review*, XIV, p. 169.)

— Skin-boats. By E. H. Parker. (*China Review*, XIV, p. 220.)

— The Chinese Navy. By E. H. Parker. (*China Review*, XVI, pp. 124/125.)

— Hunan boats. By E. H. Parker. (*China Review*, XVII, No. 1, pp. 51/52.)

— Water-Tight Compartments in Chinese Vessels. By G. M. H. P. (*Journ. C. B. R. A. S.*, XXI, N. S., 1886, p. 106.)

— Ancient Use of Wheels for the Propulsion of Vessels by the Chinese. By Z. Volpicelli. (*Journ. C. B. R. A. S.*, XXVI, N. S., No. 1, 1891—92, pp. 127/128.)

Note traduite de 廿 四 史 通 俗 衍 義

ARSENAL DE FOU TCHEOU.

— Notes on the Foochow Arsenal, by J. G. D. [J. G. Dunn], pp. 6, s. l. n. d. ni titre.

— Souvenirs de l'Arsenal de Fou-tcheou 1869—1873. La Chapelle catholique et le Temple de la déesse Ma-tchou. Par le R. P. Alphonse Sautel, des Frères prêcheurs. (*Miss. Cath.*, XVI, 1884, pp. 512/514.)

— A la mémoire de Prosper Giquel Veuf de Madame Elisa de Rufz de Lavison, ancien officier de marine, directeur de la mission chinoise en Europe, officier de la légion d'honneur — 1835 † 1886, br. in-8, pp. 16.

Paris. — Imp. V. Goupy et Jourdan. Discours prononcé à l'enterrement de P. Giquel, † à Cannes, 19 février 1886.

Le discours de Tcheng Ki-tong est réimprimé, pp. 327/330 de *Quand j'étais Mandarin*, de Foucault de Mondion. — Voir col. 1606.

ARSENAL DE CHANG HAI.

— An Account of the Department for the Translation of Foreign Books at the Kiangnan Arsenal Shanghai. With various lists of publications in Chinese language, by John Fryer. — Shang hai: American Presbyterian Mission Press. — 1880, br. in-8, pp. 32.

(ART MILITAIRE ET NAVIGATION.)

Reprinted from the *North China Herald*, January 29th, 1880.

— *Oesterreichische Monatsschrift für den Orient*, Mai 1890, d'après les *Mitheilungen aus dem Gebiet des Seewesens*.

BEAUX-ARTS.

* Stephen Weston. — Fragments of Oriental Literature, with an Outline of a Painting on a curious China Vase. London, 1807, in-8.

Bohn's *Lowndes*, IV, 2882.

— Catalogue de la collection chinoise exposée dans la galerie des Beaux-Arts, Avenue Montaigne. — Prix : 50 cent. — Paris, Vinchon, 1855, in-12, pp. 63.

Collection du Consul, M. de Montigny.

— Causeries d'un Curieux. Variétés d'histoire et d'art . . . par F. Feuillet de Conches. Tome II, Paris, Henri Plon, MDCCCLXII, in-8 :

LA CHINE. Des manuscrits et des autographes, des arts et particulièrement de l'iconographie chez les Chinois, pp. 3/158.

— Un Pittore Modenese nella China (1698). [p.] Giuseppe Campori. Pièce in-8, pp. 9.

Estratto dagli Atti e Memorie delle Deputazioni di storia patria dell' Emilia. Nuova Serie, Vol. IV. Parte II. Modena, Vincenzi, 1879.

Sur Gio. Gherardini. Voir col. 991.

— Kunstfertigkeiten und Künste der Alten Chinesen. Von Dr. A. Pfizmaier . . . . Wien, 1871, in-8, pp. 80.

(Ext. de *Sitzung. d. phil.-hist. Cl. d. k. Akad. d. W.*, LXIX. Bd.)

— Ancient Vases. (*China Review*, VII, pp. 278/280, 349/350.)

— Curio hunting. By E. H. Parker. (*China Review*, XV, p. 53.)

— Histoire populaire de l'Art. Recueil encyclopédique et artistique par E. F. Moret et T. Obalski. Publié sous le Patronage de MM. Paul Bert et Th. Villard. Ouvrage illustré de nombreuses gravures. Première partie. *Archéologie préhistorique*. — Deuxième partie. *Chine, Japon et Océanie*. — Paris, s. d., in-fol., pp. 415.

— Notes by Motoori on Japanese and Chinese Art. Translated by Basil Hall Chamberlain. [Read 16 April 1884.] (*Trans. As. Soc., Japan*, XII, Pt. III, July 1884, pp. 221/229.)

— Bibliothèque de l'enseignement des beaux-arts publiée sous la direction de M. Jules Comte — *L'art chinois* par M. Paléologue, secrétaire d'ambassade. Paris, Maison Quantin, in-8, pp. 320.

— L'Asie à l'Exposition Universelle. Par C. de Varigny. (*Revue des Deux-Mondes*, 1er Oct. 1889, pp. 595/617.)

— L'exposition rétrospective de l'Extrême-Orient. Par C. Sainson. Secrétaire-adjoint

de la Société Sinico-Japonaise. (*Le Lotus*, Avril 1889, pp. 112/126; *ibid.*, Juillet 1889, pp. 129/145.)

— Über den Mäander und das Triquetrum in der Chinesischen und Japanischen Ornamentik. (*Chinesische Studien*, von Fried. Hirth, I Bd., 1890, pp. 231/242.)

Avait paru, pp. 487/494, *Verhandlungen der Berliner anthropologischen Gesellschaft*, Sitzung vom 22. Juni 1889.

* L. Gaillard. — La gravure sur bois et les arts du dessin en Chine. (*Études religieuses, philos., hist. et litt.*, mars 1890, pp. 436/456; juin 1890, pp. 287/308; oct. 1890, pp. 270 à 286.

ARCHITECTURE.

* Ern. Faber. — Die Baukunst der Chinesen. (*Zeitschrft. f. Missionsk. u. Religionswiss.*, II, No. 4.)

— Walled towns. By E. H. Parker. (*China Review*, XV, p. 186.)

— Chinese Architecture. By J. Edkins, D. D. (*Journ. C. B. R. A. S.*, XXIV, N. S., 1889—90, No. 3, pp. 253/288.)

— Chinese Architecture by Joseph Edkins, D. D. Shanghai . . . Kelly & Walsh, 1890, br. in-8, pp. 36.

Reprinted from the *Journal of the China Branch of the Royal Asiatic Society*.

— The "Tent Theory" of Chinese Architecture. By S. Ritter von Fries. (*Journ. C. B. R. A. S.*, XXIV, N. S., 1889—90, No. 3, pp. 303/306.)

— [Toitures.] (*Globus*, No. 12; *T'oung Pao*, IV, mai 1893, p. 221.)

MUSIQUE.

— Ueber die Musik der Chinesen. (*Asiatisches Magazin*, I Bd., pp. 64/8.)

— The Chinese Theory of Music. By E. Faber. (*China Review*, I, pp. 324/329, 384/8; II, 47/50.)

— Chinese Music. By W. G. (*China Review*, II, pp. 257/8.)

Addition à l'article de Faber. — Voir col. 725.

— Did Weber compose Chinese Music? By F. H. (*China Review*, II, 1874, p. 322.) TURANDOT, *Mélodie chinoise*.

— Réponse par C. D.[evéria]. (*Rev. de l'Ext. Orient*, I, No. 3, p. 498.)

— Einige Notizen über die Japanische Musik. Von Dr. Müller. (*Mitth. d. deutsch. Gesells. f. Nat. u. Völkerk. Ostas.*, 6tes Heft. December 1874, pp. 13/19.)

— Bemerkungen über die Theorie der chinesischen Musik und ihren Zusammenhang mit der Philosophie, von Dr. G. Wagener. (*Mitth. d. deutsch. Gesells. f. Nat. u. Völkerk. Ostas.*, 12tes Heft, Mai 1877, pp. 42/61.)

— The 笙 or Chinese Reed Organ. By F. Warrington Eastlake. (*China Review*, XI, pp. 33/41.)

* E. Metzer. Musik und Gesang bei den Chinesen. (*Globus*, ed. Rich. Kiepert, Vol. 46, No. 24.)

— Musique. (*Les Peuples étranges* par Judith Gautier, Paris, 1879, pp. 17/42.)

— China. — Imperial Maritime Customs. — II. — Special Series : No. 6. — CHINESE MUSIC. By J. A. Van Aalst (Chinese Imperial Customs Service). Published by order of the Inspector General of Customs. — Shang hai : Statistical Department of the Inspectorate General of Customs . . . 1884, in-4, pp. IV-84.

Notice : *Chin. Rec.*, Nov.-Dec. 1884.

— Essai nouveau sur la musique chez les Chinois. Par G. Dev. [Madame Gabriel Devéria]. (*Magasin pittoresque*, 1885, No. 14, 31 juillet, pp. 234/238 ; 17, 15 sept., pp. 287 à 288 ; 19, 15 oct., pp. 327/328 ; 23, 15 déc., pp. 390/392.)

— A Glossary of Reference . . . By H. A. Giles . . . Second ed. . . . 1886.

Voir, p. 157, *Music.*

— Notes on Chinese Music. By J. C. J. (*Chin. Rec.*, XVII, Sept. 1886, p. 363 ; Dec. 1886, p. 474.)

Note bibliographique.

— Chinese Music and its Relation to our Native Services. By Rev. W. E. Soothill. (*Chin. Rec.*, XXI, No. 5, May 1890, pp. 221/228.)

(MUSIQUE.)

— An Air from Mr. Van Aalst's Book, p. 29. (*Ibid.*, No. 7, July 1890, pp. 336/338.)

— Chinese Music. By Mrs. Timothy Richard. (*Chin. Rec.*, XXI, No. 7, July 1890, pp. 305—314 ; *ibid.*, No. 8, Aug. 1890, pp. 339—347.)

Read by Mrs. Richard before the Literary Society, Tientsin, April 22, 1890.

— Note to accompany the three tables, as appendix to Mrs. Richard's paper on chinese Music. By M. R. (*Chin. Rec.*, XXI, No. 9, Sept. 1890, pp. 416/7.)

— Chinese Music. By Mr. J. W. H. John. (*Chin. Rec.*, XXII, No. 7, July 1891, pp. 311/813.)

— H. E. Krehbiehl. — Chinesische Musik. (*Globus*, LXII, 2, pp. 25/31.)

— Miscellanées chinois. — Deux Traités de la Musique. — I. Le Li-Yo du Sing-li tsing-i. — II. Le Yo-ki. Par C. de Harlez. (*Giornale della Società Asiatica Italiana*, VI, pp. 161/186), br. in-8.

— Chinese Musical System. By Benjamin Ives Gilman. (*The Philosophical Review*, Nos. 1 & 2, June & March 1892.)

— Wind instruments. By John Chalmers. (*China Review*, XIII, pp. 402/405.)

— The Theory and Practice of tuning Pipes. By J. Chalmers. (*China Review*, XIV, pp. 36/39.)

— Music. By E. H. Parker. (*China Review*, XV, p. 54.)

— Notation. By E. H. Parker. (*China Review*, XV, p. 188.)

(MUSIQUE.)

XIII. — LANGUE ET LITTÉRATURE

ORIGINES. — ÉTUDES COMPARÉES.

— Olof Rudbeck (filius). Specimen usus Linguæ Gothicæ in eruendis atque illustrandis obscurissimis quibusvis Sacræ Scripturæ locis, addita Analogia Linguæ Gothicæ cum Sinica, nec non Finnonicæ cum Ungarica. Upsaliæ, 1717, in-4, pp. 169.

Voir critique dans les *Acta Literaria Sveciæ*, I, Upsala, 1720, in-4.

[On peut lire dans les *Acta Literaria Sveciæ Upsaliæ publicata* en plusieurs endroits (pendant les premières années du XVIIIe siècle). des notices ethnographiques et archéologiques sur les peuples Tartares.]

— Fab. Wil. Ekenman. De Lingua Sanscrit. (Åkerblad.) Dissertat. Lund, 1811, in-4.

Avec des caractères chinois.

— Les tons chinois sont sémitiques. Pièce in-4 oblong de 4 ff. n. c. autog.

On lit au bas de la dernière page : *Porrentruy, 8 novembre 1854, H. Parrat, anc. Profr.*

— On the Relations between Chinese and the Indo-European Languages. By S. S. Haldeman, of Columbia, Pa. [From the Proceedings of the American Association for the Advancement of Science, Albany, August, 1856.] Cambridge : Allen and Farnham, 1857, br. in-8.

Chiffré page 201 à p. 213.

— Etymologisches Wörterbuch der Magyarischen Sprache genetisch aus chinesischen Wurzeln und Stämmen, erklärt von Ludwig Podhorszky. Paris, 1877. Verlag von Maisonneuve et Cie, in-8, pp. 344.

Impr. par Ad. Holzhausen, Wien.

— Chinesisch-arische Beziehungen. (*Globus*, XXIII, 1873, p. 44.)

— О Корневомъ Составѣ китайскаго языка, въ связи съ вопросомъ о происхожденіи китайцевъ — Сергѣй ГЕОРГІЕВСКІЙ. — St.-Pétersbourg, 1888, grand in-8. — Анализъ іероглифической письменности китайцевъ, какъ отражающей въ себѣ исторію жизни древняго китайскаго народа. — St.-Pétersbourg, 1888, in-8.

(ORIGINES. — ÉTUDES COMPARÉES.)   (ORIGINES. — ÉTUDES COMPARÉES.)

Joseph Edkins.

— Influence of Chinese Dialects on the Japanese pronunciation of the Chinese Part of the Japanese Language. By J. Edkins. (*Trans. Asiatic Soc. Japan*, Vol. VIII, Pt. IV, Dec. 1880, pp. 473/482.)

— Contributions to the History of the Japanese Transcription of Chinese Sounds. By Joseph Edkins. (*Trans. Asiatic Soc. Japan*, Vol. IX, Pt. II, Aug. 1881, pp. 107—124.)

— Connection of Japanese with the adjacent Continental Languages. By J. Edkins, D. D., Peking. [Read Dec. 15, 1886.] (*Trans. As. Soc. Japan*, XV, Pt. I, June 1887, pp. 96/102.)

— On the old Japanese Vocabulary. By Joseph Edkins, D. D. [Read 22 Jan. 1890.] (*Trans. As. Soc. Japan*, XVIII, Pt. I, April 1890, pp. 87/103.)

— Chinese Roots. By J. Edkins. (*China Review*, XIII, pp. 387/398.)

— Chinese Roots. By J. Edkins. (*China Review*, XIV, pp. 67/80, 135/146; XV, pp. 288/295, 347/357; XVI, pp. 31/39.)

— Sixteen Chinese Roots. By J. Edkins. (*China Review*, XVI, pp. 241/242.)

— Accadian and Chinese. By Joseph Edkins. (*China Review*, XV, pp. 295/298.)

— Examples of Etymology. By J. Edkins. (*China Review*, XV, pp. 370/372.)

— Etymology. By J. Edkins. (*China Review*, XVIII, No. 6, p. 376.)

— The Physiologic Basis of Etymology. By J. Edkins. (*China Review*, XVIII, No. 6, pp. 376/377.)

— The Identity of European and Asiatic Words. By Dr. Edkins. (*China Review*, XX, No. 1, pp. 53/7.)

— The State of the Chinese Language at the time of the invention of Writing. By the Rev. J. Edkins, D. D. (*Trans. of the Second Session of the Int. Cong. of Orientalists* held in London in sept. 1874. Edited by Robert K. Douglas. London, Trübner, 1876, in-8, pp. 98/119.)

— Sur la reconstitution de la langue chinoise archaïque. Par le Professeur Léon de Rosny. (Résumé de la Communication.) (*Trans. of the Second Session of the Int. Cong. of Orientalists*, pp. 120/131.)

Terrien de Lacouperie.

Né à Ingouville (le Hâvre), le 23 nov. 1845.

— Chinese and Siamese. By A. Terrien de Lacouperie. (*Academy*, 11th August, 1883.)

— Indo-Chinese Philology. By A. Terrien de Lacouperie. (*Academy*, 24th Oct., 1885.)

— Comparative Ideology. By A. Terrien de Lacouperie. (*Academy*, 4th Sept., 1886.)

— The Languages of China before the Chinese. Researches on the Languages spoken by the Pre-Chinese races of China proper

(Origines. — Études comparées.)

previously to the Chinese occupation. By Terrien de Lacouperie, ... London : David Nutt, — 1887, in-8, pp. 148.

Notices : *Academy*, Oct. 22, 1887. — *Athenaeum*, Nov. 19, 1887.

— Les Langues de la Chine avant les Chinois — Recherches sur les langues des populations aborigènes et immigrantes, l'arrivée des Chinois, leur extension progressive dans la Chine propre et les sources de leur civilisation, par Terrien de Lacouperie, ... — Edition française avec introduction, additions et appendices. — Paris, Ernest Leroux, 1888, in-8, pp. ix-210.

Avait paru dans le *Muséon*, jusqu'à la p. 144.

— Le non-monosyllabisme du Chinois antique, l'écart entre les langues écrite et parlée d'aujourd'hui et l'histoire de la langue écrite par Terrien de Lacouperie . . . . , Paris, Ernest Leroux, 1889, br. in-8, pp. 15.

Avait paru dans le *Muséon*.

— The Sino-Annamite Dialect. By T. de L. (Terrien de Lacouperie). (*Babylonian & Oriental Record*, Vol. V, No. 1, Jan. 1891.)

— Etudes de grammaire comparée. — Des recherches récentes de la linguistique relatives aux langues de l'Extrême-Orient, principalement d'après les travaux de M. Terrien de Lacouperie, par M. Raoul de la Grasserie. . . . . . . (Extrait des *Mémoires de la Société de linguistique*, t. VII, 3ᵉ fascicule.) Paris. Imprimerie Nationale. — MDCCCXCI, br. in-8, pp. 31.

E. H. Parker.

— Chinese and Sanskrit. By E. H. Parker. (*China Review*, XII, pp. 498/507.)

— Etymology. By E. H. Parker. (*China Review*, XIV, pp. 218/219.)

— The Origin of Language. By E. H. Parker. (*China Review*, XIV, pp. 220/221.)

— Annamese and Chinese. By E. H. Parker. (*China Review*, XV, pp. 270/273.)

— Chinese Etymology. By E. H. Parker. (*China Review*, XVII, No. 2, p. 114.)

— The ancient Relation between the Japanese and Chinese Languages and peoples. By E. H. Parker. (*China Review*, XVIII, No. 2, 1889, pp. 82/117.)

— Siamese words in Hainan and China. By E. H. Parker. (*China Review*, XVIII, No. 3, p. 198.)

— Sienpi Words in China. By E. H. Parker. (*China Review*, XVIII, No. 6, pp. 378/379.)

— The "Yellow" Languages. By Edward Henry Parker. [Read Nov. 10, 1886.] (*Trans. As. Soc. Japan*, XV, Pt. I, June 1887, pp. 13/49.)

— Chinese and Annamese. By E. H. Parker. [Read 16th May, 1888.] (*Trans. As. Soc. Japan*, XVI, Pt. II, July 1888, pp. 179/191.)

∴

— Comparative Linguistic Peculiarities. By Jawbreaker. (*China Review*, IX, p. 123.)

— Comparative Chinese Philology. By R. Turpin. (*China Review*, XI, pp. 259/260.)

(Origines. — Études comparées.)

— Similarity between French and Chinese Writings. By France. (*China Review*, XI, pp. 832/833.)

— Aryan Roots in Chinese. By R. H. Graves. (*China Review*, XII, pp. 88/93.)

— Aryan Roots in Chinese. By R. H. Graves. (*China Review*, XIII, pp. 5/10.)

— Speculations on the Primitive Forms of Language. By G. H. B. W. (*China Review*, XII, pp. 469/473.)

— Transliteration of foreign alphabetical Letters into Chinese. (*China Review*, XIII, pp. 359/360.)

— Semitic Traces in China. (*China Review*, XIII, p. 480.)

— The Comparative Study of Chinese Dialects. By Rev. C. C. Baldwin, D. D. (*Chinese Recorder*, X, pp. 47/59.)

— The Relation of Chinese to Siamese and cognate Dialects. By Siam. (*Chinese Recorder*, X, 1879, pp. 276/280, 454/459.)

— Modern Translation into Sinico-Japanese. By W. Dening. [Read Nov. 14, 1883.] (*Trans. As. Soc., Japan*, XII, Pt. II, May 1884, pp. 104/141 + texte chinois, pp. 58.)

— Index des mots sanscrits-chinois contenus dans les deux chapitres d'I-tsing, par M. Ryauon Fujishima. (*Journal Asiatique*, 8ᵉ série, XIII, No. 3, 1889, pp. 490/496.)
Voir *Ibid.*, XII, pp. 411/439.

— Fremdwörter aus dem Chinesischen von Dr. F. Hirth in Schanghai. — Separat-Abdruck aus Herrigs "Archiv für das Studium der neueren Sprachen und Litteraturen". Braunschweig. Druck von George Westermann, 1882, br. in-8, pp. 18.

— Fremdwörter aus dem Chinesischen. (*Chinesische Studien*, von Fried. Hirth, I Bd., 1890, pp. 213/230.)

— Dr. Hirth's Identifications of foreign Words in Chinese texts. By E. H. Parker. (*China Review*, XVIII, No. 6, p. 380.)

— Chinese Loanwords in the Malay Language by Gustav Schlegel. (*T'oung Pao*, I, Fév. 1891, pp. 391/405.)

— China and comparative Philology. By Dr. O. Franke. (*China Review*, XX, pp. 310—327.)

— The New Accadian. By the Rev. C. J. Ball, M. A., Oxon., Chaplain of Lincoln's Inn; formerly Censor and Lecturer in King's College, London. Reprinted from the "Proceedings of the Society of Biblical Archaeology". (Part I, Nov. 1889, pp. 1/38; Part II, Dec. 1889, pp. 39/66; Part III, Feb. 1890, pp. 67/82; Part IV, March 1890, pp. 83/101; Part V, June 1890, pp. 101/127.)

— The First Three of the Five Autocrats. (Wu Ti.) By the Rev. C. J. Ball, M. A. . . . (*Ibid.*, Nov. 1890), br. in-8, pp. 3.

— Ideograms common to Accadian and Chinese. By the Rev. C. J. Ball . . . . (*Ibid.*, Dec. 1890), br. in-8, pp. 23. — Part II. (*Ibid.*, April 1891), br. in-8, pp. 15.

(ORIGINES. — ÉTUDES COMPARÉES.)

LEXICOGRAPHIE.

DICTIONNAIRES ET VOCABULAIRES.

— De Lexico Sinico *Çù gvéy*. T. S. B.[ayer]. (*Comm. Ac. Scient. Imp. Petropolitanae*, VI, 1738, pp. 339/364.)

Col. 732.

BASILE DE GEMONA. — *Han tsu si y juxta clavium ordinem.*

British Museum, MS. *Add.*, 11709; cf. *Revue de l'Extrême-Orient*, II, No. 4, 1884, p. 578.

In-4, pap. de Chine, 422 f. c. — On lit sur le dos du vol. la sign. du relieur *Duplanil*, et au-dessous *auctum et emendatum a J. Klaproth;* au verso du f. 1 : «*Je me sers de ce dictionnaire depuis 1811. Je l'ai fait relier de nouveau au mois de juin 1884.*» H. J. KLAPROTH. — Acheté à la vente de Klaproth, avril 1840, n° 195, fr. 200. — Voir col. 732.

— *Basilii de Glemona dictionarium sinico-latinum.*

British Museum, Ms. *Add.* 25316; cf. *Revue de l'Extrême-Orient*, II, No. 4, 1884, p. 570.

Pet. in-fol. de 376 ff. c., pap. de Chine. On lit sur le verso du f. 1 et aussi sur le recto du f. 2 : Dictionnaire envoyé par M. Raux, supérieur de la mission française à Peking pour M. de Guignes, résident à Quanton, 1788. De Guignes. 德金

Te kin. Avec les armes de De Guignes.

Acheté de B. Quaritch, 11 juillet 1863; avait figuré à la vente du Baron P. L. Van Alstein, n° 2680.

— *Dictionarium latino-sinicum* et *sinico-latinum*, pap., xviiiᵉ s., 2 vol. in-4. — Achetés chez Sotheby, 14 mai 1860, n° 1018.

British Museum, MS. *Add.* 23620—23621; cf. *Revue de l'Extrême-Orient*, II, No. 4, 1884, p. 579.

23620. — Dictionarium sinico-latinum alphabeticè digestum per numerum et ordinem monosyllabarum 350 circiter quibus constat loquela sinico-mandarinica. 542 f. c.

23621. — Dictionarium latino-sinicum.

ROBERT MORRISON. — Morrison's Dictionary . . . . .

Letter of "A German Chinese Traveller", Macao, Dec. 15th, 1831. (*Asiatic Journal*, Vol. VIII, pp. 95/96.)

— English and Chinese Vocabulary the latter in the Canton Dialect. By R. Morrison, D. D. Second edition. Calcutta : Printed for W. Thacker & Co. St. Andrew's Library. 1840, pet. in-8, pp. 138.

— Omissions from Morrison's Smaller Dictionary. (*China Review*, XI, p. 62.)

J. A. GONÇALVES. — * Lexicon manuale Latino-Sinicum. Auctore Joachimo Alph. Gonsalves . . . . Editio nova. Pekini, typis Pe-t'ang, 1879, in-8, pp. 555.

Réimpression de l'édition de Macao, 1839; voir col. 735.

S. WELLS WILLIAMS. — A Syllabic Dictionary . . . . .

A maintenant une 3ᵉ édition, 1890.

* On some Translations and Mistranslations in Dr. Williams' Syllabic Dictionary of the Chinese Language. By H. A. Giles. Amoy, 1879, in-8, pp. 39.

(LEXICOGRAPHIE.)

Notices : *Chinese Recorder*, X, 1879, pp. 395/6. — *China Review*, VIII, pp. 52/3.

* An Index to Dr. Williams' Syllabic Dictionary of the Chinese Language. Arranged according to Sir Thomas Wade's System of Orthography. By James Acheson, Imperial Maritime Customs. Hongkong [&] Shanghai, Kelly & Walsh, 1879, gr. in-8, pp. VIII-124.

Notice : *China Review*, VIII, pp. 179/180.

* A Swatow Index to the Syllabic Dictionary of Chinese by S. Wells Williams LL. D. and to the Dictionary of the Vernacular of Amoy, by Carstairs Douglas, M. A., LL. D. By John C. Gibson, M. A. Swatow, 1886.

Notice : *China Review*, XV, pp. 194/195. Par E. J. E[itel].

— Supplement to the List of Surnames in Williams' Dictionary. By G. M. H. P.[layfair]. (*Journ. C. B. R. A. S.*, XXI, N. S., 1886, p. 106.)

J.-M. CALLERY. — The Encyclopedia of the Chinese Language, by J.-M. Callery, Author of the "Systema Phoneticum Scripturae sinicae". London : Firmin Didot, Amen Corner, Paternoster Row, 1842, gr. in-8, pp. xv-40.

Trad. du français : *Dict. Encyclopédique*, voir col. 738.

JOHN CHALMERS. — 英 粵 字 典 An English and Cantonese Pocket-Dictionary, for the use of those who wish to learn the spoken language of Canton Province. By John Chalmers, M. A. Third Edition. — Hongkong : Printed at the London Missionary Society's Press. 1870, pet. in-8, pp. IV-146.

* A concise Khang-hsi Chinese Dictionary. By Rev. J. Chalmers. 3 vol. gr. in-8, à la chinoise.

— A concise Dictionary of Chinese on the basis of Kang hi, by John Chalmers. (*Atti del IV Cong. int. degli Orient.*, 1881, II, pp. 281/2.)
— The Concise Dictionary of Chinese. By E. H. Parker. (*China Review*, VI, pp. 386/394.)
— Concise Dictionary of K'hang-hi. — Chalmers' Concise Dictionary. By Gud. [sic] Gabelentz. (*China Review*, IX, pp. 125/126.)
— List of Characters used in spelling in the Concise Dictionary of Dr. Chalmers, with their pronunciation in Pekingese and Cantonese. By J. Chalmers. (*China Review*, XV, pp. 158/162.)
— A new Key to Dr. Chalmers' Concise Kang-hsi. By G. M. H. Playfair. (*China Review*, XV, pp. 163/165.)

VASILIEV. — Графическая Система Китайскихъ iероглифовъ. Par le Prof. Vasiliev. St. Pétersbourg, 1856, br. in-8, pp. 26.

Extrait du *Journal de l'Instruction publique*.

— Анализъ китайскихъ iероглифовъ часть 2я — элементы китайской письменности профессора В. Васильева. — С.-Петерб., 1884, gr. in-8, pp. VII-92 + 7 pl. autog.

GEORGE CARTER STENT. † 1 sept. 1884.

Notice : *Journ. China Br. R. As. Soc.*, XX, N. S., No. 2, 1885, pp. 58/59. By E. B. D.[rew].

— A Chinese and English Vocabulary in the Pekinese Dialect by George Carter Stent .... Second Edition. Shanghai ... 1877, in-8, pp. XII-720.

Voir col. 741.

JOHN EDKINS. — A Vocabulary of the Shanghai Dialect. By J. Edkins, B. A. Univ. Coll. Lond. Of The London Missionary Society, Author of a Grammar of the Shanghai Dialect and a Grammar of the Chinese Colloquial Language commonly called Mandarin. — Shanghai : Presbyterian Mission Press. 1869, in-8, pp. VI-151.

— A Chinese and Japanese Vocabulary of the Fifteenth Century, with Notes, chiefly on pronunciation. By Joseph Edkins. (*Trans. Asiatic Society Japan*, Vol. X, Pt. I, May 1882, pp. 1/14 et pp. 14 de texte chinois.) — Notes on Dr. Edkins' Paper "A Chinese-Japanese Vocabulary of the Fifteenth Century".- By Ernest Satow. (*Ibid.*, pp. 15/38, with discussion by B. H. Chamberlain.)

CARSTAIRS DOUGLAS. — Chinese-English Dictionary of the Vernacular or spoken language of Amoy, with the principal variations of the Chang-chew and Chin-chew Dialects. By Rev. Carstairs Douglas, M. A. LL. D. Glasg., Missionary of the Presbyterian Church in England. London : Trübner, 1873, in-4, pp. XIX-612 à 2 col.

Voir supra, S. W. WILLIAMS, Swatow Index ... by J. C. Gibson.
— A few petty additions to Dr. Douglas' Dictionary. By D. G. (*China Review*, VII, pp. 274/276.)

HERBERT A. GILES. — A Chinese-English Dictionary by Herbert A. Giles H. B. M. Consul at Ningpo. London, Bernard Quaritch, 1892, gr. in-4, pp. XLVI-1415 et 1 p. d'er. n. c.

Cf. E. H. Parker, *China Review*, XX, p. 329.

E. J. EITEL. — A Chinese Dictionary in the Cantonese Dialect. By Ernest John Eitel. Ph. D. Tubing. Part I. A—K. — London : Trübner .... Hongkong : Lane, Crawford & Co., 1877, in-8, pp. XXXV + pp. 1 à 202 (2 col.). — Part II. K—M. — Lond., ... 1878, pp. 203 à 404. — Part III. M—T. — Lond., ... 1881, pp. 405 à 678. — Part IV. T—Y. — Lond., ... 1883, pp. 679 à 1018.

Avec un supplément, 1887.

PALLADIUS ET POPOV. — 彙字璧合漢俄·
Русско-Китайскій Словарь, составленный
П. С. Поповымъ. St. Pétersbourg, 1879.

Préface de Tchoung heou, ministre de Chine à St. Pétersbourg.

漢俄合璧韻編 — Китайско-Русскій
Словарь, составленный бывшимъ началь-
никомъ пекинской духовной миссіи Архи-
мандритомъ Палладіемъ и старшимъ дра-
гоманомъ императорской дипломатической
миссіи въ Пекинѣ П. С. Поповымъ. — Пекинъ, тип. Тунъ-Взнъ-Гуанъ, 1888, 2 vol.
in-4, pp. vi + 628 + 2 et 666 + 2 + 69,
à 2 col. Avec le portrait de l'Archimandrite
Palladius.

GUSTAVE SCHLEGEL. — 荷華文
語類參 *Hô Hoá Bûn- Gí Luī-Ts'am.*
Nederlandsch - Chineesch Woordenboek
met de transcriptie der Chineesche karakters in het Tsiang-tsiu Dialekt Hoofdza-
kelijk ten behoeve der Tolken voor de
Chineesche Taal in Nederlandsch-Indië
bewerkt door Dr. G. Schlegel Hoogleeraar
in de Chineesche Taal- en Letterkunde aan
de Rijks-Universiteit te Leiden — Uitgegeven met ondersteuning van het Ministerie
van Koloniën. Leiden, E. J. Brill, 1882—
1891, 4 vol. gr. in-8 à 2 col. en 14 parties.

Deel I. Aflevering I, 1884, pages 29—268; afl. II, 1885, pages 269
—742; afl. III, 1885, pages 743—1158; afl. IV, 1886, pages 1159
—1470, — titre de Deel I, pp. VII.
Deel II. Afl. I, 1886, pages 1—360; afl. II, 1887, pages 361—814,
pp. 3 d'errata; afl. III, 1887, pages 815—1132.
Deel III. Afl. I, 1882, pages 1—27, et 1—368; [les pp. 1/27 renferment l'introduction destinée au Deel I]; afl. II, 1883,
pages 369—704; afl. III, 1884, pages 705—1212, + 2 ff. d'errata.
Deel IV, Afl. I, 1888, pages 1—394 + 2 ff. d'errata; afl. II, 1889,
pages 395—1022 + 2 ff. n. c.; afl. III, 1890, pages 1023—1403.
Aanhangsel, 1891, pp. 61 + 1 f. n. c.

SÉRAPHIN COUVREUR. — Dictionnaire
français-chinois contenant les expressions
les plus usitées de la langue mandarine
par le P. Séraphin Couvreur S. J., Missionnaire au Tcheu li S. E. — Ho kien fou,
Imprimerie de la mission catholique. 1884,
in-8 à 2 col., pp. xix-1007 + 2 ff. n. c.

— Dictionnaire Chinois-Français par le P. Séraphin Couvreur S. J. Ho kien fou, Imprimerie de la Mission Catholique, 1890, gr.
in-4, pp. iv-1024-76 à 3 col.

Notice : A. A. Fauvel, dans les *Études religieuses*, 1891, 1.

— Dictionarium sinicum & latinum ex radi-
cum ordine dispositum, selectis variorum
scriptorum sententiis firmatum ac illustra-
tum, auctore P. S. Couvreur S. J. — Ho
kien fou ex missione catholica S. J. — 1892,
in-8 à 2 col., pp. xiv-1200.

(LEXICOGRAPHIE.)

Notices : *Revue critique*, 17—24 juillet, 1893, pp. 48/9, par Henri
Cordier. — *Études religieuses*, 31 juillet 1893, pp. 527/9, par A.
A. Fauvel.

J. DYER BALL. — An English-Cantonese
Vocabulary, containing common words and
phrases, printed without the Chinese cha-
racters or tonic marks, the sounds of the
Chinese words being represented by an
English spelling as far as practicable. By
J. Dyer Ball, M. R. A. S., etc., of Her Ma-
jesty's Civil Service, Hong kong, ...
Hong-kong, 1886.

Notice : *China Review*, XV, p. 194. Par E. J. E[itel].

* The Cantonese-Made-Easy Vocabulary : a
small dictionary in English and Cantonese,
containing only words and phrases used in
the spoken language, with the classifiers
indicated for each noun, and definitions of
the different shades of meaning, as well
as notes on the different uses of some of
the words where ambiguity might otherwise arise. By J. Dyer Ball, M. R. A. S,
etc., of Her Majesty's Civil Service, Hong
kong . . . . . Hong kong, 1886, in-8.

Notice : *China Review*, XV, pp. 59/60. Par E. J. E[itel].

* The Cantonese Made Easy Vocabulary.
Second Edition. Revised and enlarged by
J. Dyer Ball, M. R. A. S., &c.

Notice : *China Review*, XX, No. 3, pp. 206/7. By L.

* An English-Cantonese Pocket Vocabulary
. . . . . by J. Dyer Ball . . . . Hongkong, 1886,
in-8, pp. VII-23. Pub. à 75 cents.

DIVERS.

— Введеніе въ Русско-Китайскій Словарь,
pet. in-12, plié à la chinoise, pp. 69.

À la fin, p. 69 : I. Исаія, Пекинъ, 29 января 1869. — Voir
col. 739.

華英字錄 — Analytical Index of Chinese
Characters : A List of Chinese Words, with
the concise meaning in English. By P. Poletti. Tientsin, 1881, un *peun* chinois, gr. in-8.

Notice : *China Review*, IX, pp. 116/7.

— 萬字典 *Wan tzu tien.* [Vocabulary of
Ten thousand Characters.] Shanghai, 1889,
un *peun* chinois. — By P. Poletti.

Notice : *China Review*, XVIII, No. 2, p. 131. By E. J. E[itel].

* The Pocket Chinese and English Vocabulary. 袖珍華英字典 By the Author
of the *Wan tzu tien.* Shanghai, 1889, in-12.
By P. Poletti.

Notice : *China Review*, XVIII, No. 2, p. 131. By E. J. E[itel].

— Chineesch-Hollandsch Woordenboek van
het Emoi Dialekt door J. J. C. Francken

(LEXICOGRAPHIE.)

en C. F. M. de Grijs uitgegeven door het Bataviaasch Genootschap van Kunsten en Wetenschappen. Batavia Landsdrukkerij, 1882, in-4, pp. viii-774 à 2 col.

* English and Chinese Dictionary of the Amoy Dialect. By Rev. J. Macgowan. Amoy, 1883, pet. in-4, pp. vii-611.

— Eclectic Chinese-Japanese-English Dictionary of Eight Thousand Selected Chinese Characters, including an introduction to the study of these characters as used in Japan, and an Appendix of Useful Tables. — Compiled and arranged by Rev. Ambrose D. Gring. — Published under the auspices of the Board of Commissioners for Foreign Missions of the (German) Reformed Church in the United States. Yokohama: Kelly & Co., 1884, pet. in-8, pp. clxvii-650.

— English and Chinese Dictionary. Compiled by Rev. I. M. Condit, Missionary to the Chinese. American Tract Society, New York, pet. in-8 à 2 col., 2 ff. n. c. + pp. 134 [1884].

— An English and Chinese Dictionary, compiled from the latest and best authorities, and containing all words in common use, with many examples of their use. New edition, thoroughly revised, and greatly enlarged and improved by the addition of a classified list of miscellaneous terms, a number of miscellaneous sentences, some forms of letters, notes, and petitions, a table of distances, the tariff of imports and exports of China, the latest improvement on the commercial treaty betewen (sic) China & Foreign Countries, & a historical sketch of the Chinese Dynasties, in which the Dates are harmonized with the Christian Chronology. By Kwong Ki Chiu, late member of the Chinese Educational Commission in the United States, and Author of "Dictionary of English Phrases" "Series of Conversation Books", "Manual of Correspondence and social Usages"; "Comprehensive geography", etc. — Shanghai, Wah Cheung, 1887, in-8, pp. 827.

Voir col. 743.

— 彙字俄漢 Китайско-Русскій словарь. — Д. А. Пещурова. Приватъ-доцента импер. С. Петерб. университета. Санктпетербургъ, 1887, in-8, pp. xvi-224 + 1 f. n. c.

* Д. Пещуровъ. — Дополненіе къ русско-

китайскому словарю. 1888, pet. in-8, pp. 225 —276 + 4.

* An Analytical Vocabulary of the Mandarin Dialect for the use of Beginners, Containing, with the radicals, 1.170 characters; being those found in the Mandarin version of John's Gospel. Prepared for the use of the junior members of the China Inland Mission. Shanghai : China Inland Mission, 1887.

Notice : *Chin. Recorder*, XVIII, 1887, p. 208.

— Cochinchine française. — Dictionnaire Chinois-Français par Bailly. Saïgon, Imprimerie commerciale Rey & Curiol, 4 Rue d'Adran, 1889, 2 vol. gr. in-4, pp. 472, 613.

— Scheme for a Comparative Dictionary of older Chinese. By Thos. Kingsmill. (*China Review*, XVII, No. 1, pp. 45/47.)

— Dictionnaire Français-Chinois contenant tous les mots d'un usage général dans la langue parlée et écrite, les termes techniques et consacrés, relatifs : aux sciences, à la religion, à la diplomatie, au droit public et internl, à l'économie politique, au commerce, à l'industrie, etc. etc. Une synonymie très étendue des termes géographiques concernant les pays ayant eu à un degré quelconque, des relations avec la Chine. Un catalogue des noms des contrées et des villes les plus importantes des deux mondes avec exemples choisis dans les meilleurs auteurs et propres à fixer et faire connaître la valeur des caractères et leurs règles de position, la construction des phrases, les idiotismes, les proverbes, etc. etc., par A. Billequin, professeur de Chimie et d'Histoire naturelle au Collège Impérial de Péking; ... Péking, Typographie du Pei-T'ang [et] Paris, E. Leroux, 1891, gr. in-4 à 2 col.

* Pocket Dictionary [Chinese English] and Peking Syllabary, by Chauncey Goodrich. Shanghai, American Presbyterian Mission Press, 1893.

* A Radical Index to the Dictionary, 1893.

DIVERS DICTIONNAIRES MANUSCRITS.

Paris.

— Le Dict. chinois d'Abel Rémusat, col. 748, in-4 de pp. 276, se trouve maintenant dans la Bib. du Musée Guimet, à Paris.

— Lexicon Sinico-latinum, col. 749, par Mentzel et Klaproth.

Le Musée Guimet, à Paris, possède un autre squelette de dict. in-folio dans le genre de ceux de Berlin dont presque toutes les pages sont blanches.

LONDRES.

Col. 748—749.

— A Dictionary Chinese and English carefully compiled from many others. Translated from the Latin Macao Dictionary. In III Volumes, 1807, M. Raper transcripsit.

Ms. de la Bib. Royal Asiatic Society. — Cf. *Revue de l'Ext. Orient*, I, No. 4, 1882. p. 627.

4 vol. in-folio, reliés en cuir de Russie; ce sont ces quatre vol. in-folio, manuscrit, qui figurent dans la liste de la *Bibliotheca sinologica* comme publiés à Londres en 1807. Voir notre col. 752—3. Voici la description de ces volumes :

I. Recto f. 1 : «Presented by M. Raper Esq. June 19. 1824.»

Recto f. 2 ; 3 December 1823. «Wimpole Street. Mr Raper requests the Asiatic Society to do him the honor to accept a Chinese and English Dictionary copied by himself in three volumes to which he has added a fourth containing alphabetically arranged with references to the number of the page and division in which each is to be found in the two preceeding volumes.»

Recto f. 4 : Titre ut supra.

Recto f. 6 : Table des matières des trois volumes; la voici :

VOLUME I

Préface	Page 1 to 16
Combination of the character *Tă*	I to IX
Characters of opposite significations	1 to 34
List of Family Names	1 to 4
Radical Characters	I to VI
Characters arranged	1 to 112
Appropriate Particles	1 to 6
Numeral Characters from one to 100 millions of millions	end

VOLUME II

Characters with their explanation *Ça* to *Kiao*	1 to 592

VOLUME III

Characters with their explanation *Kiao* to *Xun*	593 to 1191

— Dictionnaire chinois-latin.

Ms. de la Bib. Royal Asiatic Society. — Cf. *Revue de l'Ext. Orient*, I, No. 4, 1882, p. 627.

2 vol. in-4; papier de Chine; reliés en veau; encadrement rouge; par clefs. — On lit sur le titre du volume I : «This is the work (c'est une erreur) and the property of Mr Manning who is gone through Boutan to endeavour to penetrate into China.» Voir col. 1368.

— Dictionnaire chinois-latin.

Ms. de la Bib. Royal Asiatic Society. — Cf. *Revue de l'Ext. Orient*, I, No. 4, 1882, p. 627.

2 vol. in-4; papier de Chine; encadrement rouge; par clefs. On lit le nom de *Sam¹ Ball* sur la première page du vol. I. — Texte semblable à celui du dictionnaire précédent; légères différences; même scribe.

— Vocabulaire.

Ms. de la Bib. Royal Asiatic Society. — Cf. *Revue de l'Ext. Orient*, I, No. 4, 1882, p. 627.

In-folio; papier de Chine. — Contient, rangés sur quatre colonnes : Caractères chinois. — Jargon de Canton. — Langue chinoise. — Mots français.
Presented by Sir G. T. Staunton, Feb. 1824.

— Dictionnaire latin-chinois.

Ms. de la Bib. Royal Asiatic Society. — Cf. *Revue de l'Ext. Orient*, I, No. 4, 1882, p. 626.

In-4, pp. 600; ordre alphabétique. — On lit la note suivante écrite au crayon au verso de la couverture extérieure : «This Dictionary was written at Pekin, and finished in July 1745. Given to me at Canton in January 1812 by Padre Adeodato, late Missionary at Pekin. GEO. THO. STAUNTON.»

On a ajouté au crayon : «Presented by Sir Geo. Tho. Staunton, February 1824.»

(LEXICOGRAPHIE.)

— Dictionnaire latin-chinois.

Ms. de la Bib. Royal Asiatic Society. — Cf. *Revue de l'Ext. Orient*, I, No. 4, 1882, p. 626.

In-folio; ordre alphabétique; incomplet du commencement; commence à *Libere*.
Presented by Sir G. T. Staunton, Feb. 7, 1824.

— Dictionnaire.

Ms. de la Bib. Royal Asiatic Society. — Cf. *Revue de l'Ext. Orient*, I, No. 4, 1882, p. 626.

In-folio; c'est moins un dictionnaire qu'un arrangement artificiel des caractères chinois qui sont imprimés et placés suivant leur ressemblance sur trois colonnes par page; on a ajouté en manuscrit à la première page et en partie à la seconde page la prononciation chinoise et l'explication en anglais; à la plupart des autres pages les caractères sont simplement collés ; pp. 912 chif., mais 908 seulement ont des caractères (environ 45 par page); on lit p. 908 : «Friday 7th June 1844. NORRIS?» Ce volume me rappelle les gigantesques in-folio de la bibliothèque royale de Berlin, voir col. 749, tout aussi inutile d'ailleurs.

— Vocabulaire et grammaire Chin-Cheu.

British Museum, *Add.* 25317. — Cf. *Revue de l'Extrême-Orient*, I, No. 1, 1882, p. 118.

Ms. espagnol pet. in-8, de 337 ff. — Acheté de B. Quaritch le 11 juillet 1863; provient de la vente Van Alstein, n° 2684. — A appartenu à H. J. Klaproth (n° 200, fr. 80). — Dialecte du Fo-Kien. — Voir un «Diccionario de la lengua Chincheo» dans notre *Bib. Sinica*, col. 747.

Contient :

1. Boca Bulario de lengua sangleya por las letraz de El A. B. C. (Langue chinoise parlée aux Philippines.)

2. F. 225. Lo que deue saver el ministro para administrar los Sacramentos.

3. F. 313 v. Arte de la lengua chio-chiu (Fo-kien).

— Hài xing phin tsu tsiĕn. Puesto en Abecedario. Por F. Antonio Diaz. Començose el borron año de 1702 a 25. de Noviembre en la Yglesia de Fūning cheū prouᶜ. de Fukien. Pusose en limpio a 28 de Julio de 1704 en la misma Yglesia.

British Museum, *Add.* 19257 (218—10). — Cf. *Revue de l'Ext. Orient*, I, No. 3, 1882, p. 482.

In-fol., papier chinois; 359 ff., les 2 premiers ff. (f. 1 et recto f. 2 contiennent le *Preludio*, *Motivos que hano para ordenar este Diccionario*, *Explicacion de las cinco tonadas o vocas de la lengua mandarina*, etc. — Le f. 3 comprend *Tonadas de la lengua mandarina que algun curioso pondra en letra*; le vocabulaire vient ensuite et prend 358 ff. c. (les ff. 220 et 347 manquent).

Cuir de Russie; filet; orn. à froid; reliure de Duplanil. — A été acheté 100 fr. à la vente d'Abel Rémusat, N° 487. Cf. *Bib. Sinica*, col. 747. — A porté le n° 554 à la vente Kingsborough. — A été acheté par le British Museum de Mr. Henry Stevens, le 11 déc. 1852.

— Dictionnaire chinois.

British Museum, *Add.* 19258 (218—11). — Cf. *Revue de l'Ext. Orient*, I, No. 3, 1882, p. 482.

In-fol.; papier de Chine; 530 ff. doubles c.; 2 ff. prél.; et 9 ff. à la fin; chinois-latin.

A porté le n° 555 à la vente Kingsborough. — A été acheté par le British Museum de Mr. Henry Stevens, le 11 déc. 1852.

GLASGOW. — Petri Davetii Lexicon Sinicum . . . . voir col. 749.

«N'est-ce pas Petri *Danetii* . . . c'est-à-dire le dictionnaire de Pierre Danet, traduit en chinois? Du reste, on le dit dans le P. de Backer, (II, 1774, 8) d'après la *Bibliothèque Germanique*, t. 44, p. 59. Bayer, membre de l'Académie de St. Pétersbourg, en avait un exemplaire qu'il tenait du P. Chalier et non Charlier, comme dit le P. de Backer. — Cela contredirait l'attribution que l'on fait (*Bib. Sinica*, col. 750) de la traduction de Danet au P. Hervieu: d'autre part le P. Foureau (*Bib. Sinica*, col. 760) parle d'un dictionnaire du P. Hervieu. Rémusat dit que les PP. de Prémare et Hervieu firent ensemble ce dictionnaire. (*Bib. Sinica*, col. 760.)» (Ext. d'une lettre du P. Sommervogel à H. C.)

(LEXICOGRAPHIE.)

STOCKHOLM.

— Dictionnaire Latin - Chinois. Par Johan Eric Ringström. In-4, pp. 84, 800 mots.

Ms. inédit. J. E. Ringström, Sinologue, Attaché à la Bibliothèque Royale de Suède. Étudiait à Paris sous le célèbre De Guignes. — Cf. *Kina*, par A. Strindberg, pp. 28/29. Voir col. 1236.

NOTES
SUR DIVERS DICTIONNAIRES.

Col. 752—753.

M. RAPER, Dictionary . . . . Voir col. 1827.

ARTHUR SMITH. — Vocabulaire français-chinois et chinois-français dans le dialecte vulgaire; par Arthur Smith, membre de la Société asiatique de Paris, conservateur-adjoint de la Bibliothèque de la Sorbonne. — Spécimen. — Paris, Benjamin Duprat ... Novembre 1847, Pièce in-8, pp. 3.

Il n'a paru que ce spécimen à ma connaissance. — Voir Dict. du P. d'Incarville, col. 746.

JAMES SUMMERS. — Complete Thesaurus of the Chinese Language.

Ce trésor était une entreprise dans le genre de celles de Fourmont, voir col. 752; il n'en a paru que le prospectus en 2 pp. in-4 sur papier bleu dont nous extrayons les renseignements suivants :

Prospectus of a complete Thesaurus of the Chinese Language. In four parts, forming six volumes octavo, compiled and edited by the Rev. James Summers, prof. of the Chinese Language in King's College, &c.; Author of *A Handbook of the Chinese Language, Rudiments of the Chinese Language, &c.* «The peculiarities which characterize the Chinese language render the formation of a Dictionary approaching to completeness a work necessarily requiring as many divisions as there are distinct phases of the language, and would, of course, be greatly facilitated by the principle of the division of labour being brought into operation to produce it. Assuming these *desiderata*, Professor SUMMERS proposes to compile, with the assistance of some other sinologues (whose names will be subsequently given), a COMPLETE DICTIONARY OF THE CHINESE LANGUAGE — in parts (as explained below) — in a convenient form for the pocket, the desk, or the study, — the whole to comprise a sort of library of linguistic information, as well as geographical and physical knowledge relating to China. and whereon the Chinese language is employed, either as a spoken tongue or a literary language (as it is in Japan and elsewhere).

Before determining the parts into which the work is to be divided, it may be remarked, by way of explanation to those unacquainted with Chinese, that the body or basis of the Chinese language consists of about 40,000 different characters, having purely arbitrary monosyllabic names, — all those names should be stated with their simple and primary significations as briefly as possible; but as 30,000 of these enter very rarely indeed into ordinary Chinese texts, only about 10,000 characters would be required as a lexicographic basis, and of these not more than 4000 would be needed for the beginner and the general student. The *desiderata*, therefore, are—

I. An *Index-Dictionary*, containing *all* the characters, arranged according to the radical forms, with their names, and brief explanations. This would make a volume of 550 pages or so. Vol. I., for occasional reference.

II. *A Lexicon* of 10,000 or 12,000 characters, with their names arranged alphabetically, with full explanations, quotations, &c., &c. This would make two volumes of 500 pages each. Vols. II. and III., for students of Chinese books.

III. *A Manual Dictionary*, of 4000 characters, with their names arranged alphabetically, and with the most common combinations and colloquial expressions, but no quotations; and references being given to No. II. This would make a volume of from 400 to 500 pages. Vol. IV., for beginners and students of the Mandarin dialect.

IV. *An English-Chinese Dictionary*, including scientific and local names, defining the English word in Chinese, and giving its equivalent in various senses in Chinese, with quotations and examples. This would probably require two volumes of 500 pages each.

V. *An English-Chinese Vocabulary*, for every day use, especially adapted to mercantile and missionary operations, having a short Grammar prefixed to it. This would make 400 or 500 pages.

VI. *A Dictionary of Chinese Topographical, Geological and Physical Science, &c.*, including an account of productions, and serving as a gazeteer of the empire, references being given to the dictionaries above for some of the characters and for further information. This would make a thick volume of 600 pages.

The above would make eight volumes, which would require several years to carry through the press. The most convenient size (which would be uniform throughout) would be small octavo. The 1st part (Vol. I) would be very simple of construction, and not require anything beyond the existing Chinese dictionaries as a basis. The 2nd part (Vols. I and II) would need division of labour; and during the 1st year the Editor would be collecting from all sources himself, and soliciting contributions from sinologues in China. In order to make this part as complete as possible, and render the work valuable and exhaustive, it is intended to compare the meanings given in the Chinese-Manchu Dictionaries.

The publication of such a work would of necessity be extended over several years, but the subscribers would have the satisfaction of obtaining a complete portion every year.

It is proposed to collate the Dictionaries of MORRISON, DE GUIGNES, MEDHURST, and WILLIAMS, and to incorporate the words with more exact explanations, which are to be found in the translations of Sir John Davis, the Rev. Drs. Medhurst and Legge, Thomas F. Wade, Esq., as well as those in the works of the Rev. Joseph Edkins, Mr. Consul Thom, Pere Gonçalves, Dr. Williams, and others.

But the foundation of Part I. will be the native Dictionary of K'anghi, which presents every ancient and modern form of the characters.

For Part II. The Chinese Dictionary *Wu-che-yün-fu* will be employed as the starting-point. and all the words in the *Wu-king* and the *Sz-shu* will be incorporated; portions of the *Ku-wăn*, the *San-kwŏ-chi*, and the *Hau-k'iu-chuen* will also be read with the same view.

For Part III., the words found in the *San-kwŏ*, the *Hau-kiu-chuen*, and some other novels will be incorporated; but a series of official documents will be read for modern diplomatic terms.

Part IV. will be the reverse of Part II. But in Part V. will be inserted a large quantity of Colloquial Mandarin, such as will be found in the *Ching-yin-tsili-yau* (Thom's "Speaker"), Mr. Wade's *Hsin-tsing-lŭ*, and, above all, in a large Dictionary of Phraseology, in the Editor's possession, compiled by the Catholic Missionaries in Peking, in two folio volumes, — in French and Chinese.

Part. VI. will comprehend all the terms in Natural History found in the *Păn-tsau*, and the commercial terms and articles of produce in the native Chinese manuals, with the *Flora* and *Fauna* in tabular lists, the latitude and longitude of all towns and villages in China, with their distances from the capital or the great sea-ports. In the compilation of this *Biot's Dictionnaire*, the native works on Topography and Geography, and the charts and maps, which are existing in the British Museum, will be consulted. The great work of *Ma-twan-lin*, and the various Encyclopædias, will afford matter for notes on the astronomical observations and the physical phenomena, &c., which have relation to China.

Terms of subscription to the "Thesaurus of the Chinese Language".

FOR THE WHOLE WORK — *Chinese-English, English-Chinese, & Topographical* Dictionaries . . . . Lst. 10 10 0

Part.					
"	I. Index Dictionary of Chinese Characters . .			Lst.	1 12 6
"	II. Chinese Lexicon, 2 vols.				3 3 0
"	III. Manual Chinese Dictionary				1 12 6
"	IV. English-Chinese Dictionary, 2 vols.				3 3 0
"	V. " " Smaller . . .				1 1 0
"	VI. Topographical Dictionary				1 12 6

Part I will be published as early in 1866 as possible. Part II cannot be ready until the close of 1867. Part III and IV may be issued in 1868; and Parts V and VI in 1869.

Dr. Morrison's Dictionary, which was published in 1817, was sold to subscribers at 20 guineas a copy of six volumes quarto. That magnificent work is, however, very scarce, and still costs from Lst. 8 to Lst. 20. The form and substance of it is open to improvement, after the lapse of 40 years. There is, besides this,

(LEXICOGRAPHIE.)   (LEXICOGRAPHIE.)

no work which can fully afford to merchants and missionaries the linguistic information which they may want about Chinese or China — a country with which Great Britain is becoming year after year more closely connected by the necessities of commerce and the circumstances arising from our political relations.

The subscriptions will not be asked for until an amount sufficient to cover the cost of printing has been promised, when an instalment of the 10 guineas — a fourth — would be applied for.

∴

Col. 753.

— A Chinese Webster. A Study in Chinese Lexicography. — 六書故 Lŭ-shu-ku, or The six classes of characters and their Substantiation, by 戴侗 Tae-tung; 13th century. By J. Nacken. (*China Review*, II, pp. 175/182, 215/222, 354/363.)

— The Six Scripts. A Translation by L. C. Hopkins of H. M. Consular Service. 1881, in-8, pp. xx-61.

On lit au verso du titre : Printed by A. A. Marcal, Amoy.

Dans la préface, le traducteur dit : "The author of the *Liu Shu Ku*, or, as we may not unfairly translate it, *the History of the Six Writings*, was a certain Tai T'ung of the city of Yung Chia in the modern province of Chehkiang. Living about six hundred years ago, while the Sung dynasty still ruled the land, he gained high literary honors, and was afterwards appointed Prefect of T'ai Chou Fu in the same province.

His work, which is not uncommonly cited as an authority in K'ang Hsi's dictionary, is just mentioned by Wylie in his *Notes on Chinese Literature* as "a book of note written about the close of the Sung". Dr. Edkins has devoted nearly the whole of Ch. V of his *Introduction to the Study of the Chinese Characters* to examples drawn from the pages of the *Liu Shu Ku*, and observations thereon. Mr. Watters also mentions and quotes it in one of those *Essays on the Chinese Language* published in the *China Review*, for the completion of which we are still looking with the eye of faith.

"Dr. Legge in his *Religions* of China, p. 60, alludes to "Tai T'ung, a lexicographer of our thirteenth century".

"But the fullest account of the *Liu Shu Ku*, that I have seen, will be found in a very interesting paper by Mr. Nacken in vol. II, of the *China Review*."

— Dr. Chalmers and the Six Scripts. By L. C. Hopkins. (*China Review*, X, pp. 143/144.)

Voir col. 1856.

— The "phonetic Shwoh wan". By J. H. Stewart Lockhart. (*China Review*, XII, pp. 63/76.)

— On Chinese Lexicography, with proposals for a new arrangement of the Characters of that Language. By Rev. J. Summers. [Read Jan. 23, 1884.] (*Trans. As. Soc., Japan*, XII, Pt. III, July 1884, pp. 166/181.)

MANUELS DE CONVERSATION.

Col. 754.

— A Manual ‖ for Youth and Students. ‖ or Chinese ‖ Vocabulary and Dialogues. ‖ Containing an ‖ Easy Introduction to the ‖ Chinese Language. ‖ Ningpo Dialect. ‖ Compiled and Translated into ‖ English by ‖ P. Streenevassa Pelly. 1846.

Ce vol., extrêmement rare, est autographié à la manière chinoise sur doubles feuillets. Il comprend 282 ff. chif. pour le manuel plus 3 ff. c. p. le tit. et la préf. datée *Chusan, May 1846* + 3 ff. c.

p. l'index du vocab. + 2 ff. c. + 6 ff. c. = 14 ff. c. prélim. L'auteur d'après la préf. est un hindou, né à Palaveram, près de Madras; il ôt partie de l'expédition de Chine, amené par le Cap. Macauley, commissaire général des Troupes de Madras, était caissier, et demeura à Chousan de 1842 à 1846.

Col. 756.

無師自明 * Chinese without a Teacher, being a collection of easy and useful sentences in the Mandarin Dialect, with a Vocabulary, by Herbert A. Giles, H. B. M.'s Consul, Tamsui. Second and enlarged edition. Shanghai : Kelly & Walsh, Limited.

Notice : *Chin. Rec.*, XIX, 1888, pp. 44/5. By J. N. B. S.

— A Dictionary of English Phrases with illustrative sentences. To which are added some english proverbs, and a selection of chinese proverbs and maxims; a few quotations, words, and phrases, from the latin and french languages; a chronological list of the Chinese Dynasties, harmonized with the chronology of western nations and accompanied with an historical account of the rise and fall of the different dynasties; and short biographical sketches of Confucius and of Jesus. By Kwong Ki Chiu. Late a member of the Chinese educational mission in the United States, and compiler of an English and Chinese Dictionary. London : Sampson Low, 1881, in-8, pp. xix-914, Portrait.

Kwong Ki Chiu 鄺其照

— Kwong's Educational Series. (In English and Chinese.) The First Conversation-Book, containing common and simple words wrought into illustrative sentences, classified and accented, and many of them defined, with some grammatical information and word analysis. To which are added sections on the English Language, Penmanship, Health, Duties in various relations; also Sketches of Peter the Great, Presidents Lincoln, Grant, and Garfield. Designed for use in Schools. By Kwong Ki Chiu Late a Member of the Chinese Educational Commission in the United States and Compiler of "English and Chinese Dictionary", and "Dictionary of English Phrases". Shanghaï : Wah Cheung, 1885, in-8, pp. xxxi-247.

— Kwong's Educational Series. (In English and Chinese.) The Second Conversation-Book, containing a Section on aids to reading; an illustrated list of important and special words; also, extended Conversa-

tions on one hundred and eighty-nine familiar practical subjects, under the general
heads, — the weather, social intercourse,
the expression of thought and feeling, education, business, travel, etc., etc. Designed
for use in schools. By Kwong Ki Chiu, Late
a Member of the Chinese Educational Commission in the United States, and Compiler
of "English and Chinese Dictionary", and
"Dictionary of English Phrases". Shanghai : Wah Cheung, 1885, in-8, pp. xv-406.

笑 談 逗 筆 — Anecdotes, historiettes et
bons mots, en chinois parlé, publiés pour
la première fois avec une traduction française et des notes explicatives par Camille
Imbault-Huart .... Péking, typ. du Pei-
t'ang [et] Paris, E. Leroux, 1882, in-12,
pp. 124.

«Se compose d'anecdotes, d'historiettes et de bons mots extraits
pour la plupart de la petite encyclopédie morale et littéraire
家 寶 *Tçiā-paç*, Trésor de la famille, arrangés et mis en
bon chinois parlé (mandarin du nord) par le vieux Tch'eng,
premier lettré de la Légation de la République Française à
Péking.»

— Manuel de la langue chinoise parlée à l'u-
sage des Français. Comprenant : I. Une
introduction grammaticale. II. Des phrases
et dialogues faciles. III. Un recueil de mots
les plus usités. Par Camille Imbault-Huart,
Vice-Consul de France. — Peking, typ. du
Pé-t'ang. 1885, pet. in-8 carré, pp. iii-140.

Notice : *China Review*, XIV, p. 210. Par E. J. E[itel].

— Manuel pratique de la langue chinoise
parlée à l'usage des Français comprenant :
I. Les éléments de la Grammaire. II. Des
phrases et dialogues faciles. III. Un recueil
des mots les plus usités. Par Camille Imbault-Huart, Consul de France .... Seconde
édition revue, corrigée et considérablement
augmentée. — Hongkong : Noronha [et]
Paris : E. Leroux, 1892, in-4, pp. iii-337.

Camille Imbault Huart, né le 8 juin 1857; élève de Louis-le-
Grand, puis de l'École des Langues orientales, 1876; entré au
ministère des Affaires étrangères, 1878.

* Select Phrases in the Canton Dialect. By
Dr. Kerr. Third edition.

Notice : *China Review*, XIX, No. 1, 1890, pp. 62/63. By E. J. E.[itel].

— Idiomatic Dialogues in the Peking Colloquial, for the use of Students. By Frederic
Henry Balfour. Shanghai : Printed at the
"North-China Herald" office, 1883, in-8,
pp. viii-251.

一 官 話 Langue mandarine du Nord. —
Guide de la conversation Français-Anglais-

Chinois contenant un vocabulaire et des
dialogues familiers par le P. Séraphin Couvreur de la Compagnie de Jésus, Missionnaire au Tcheu li S. E. — 河 間 府 Ho
kien fou, Imprimerie de la Mission Catholique — 1886, in-8, pp. xi-204 + 3 ff. prél.
n. c. p. l. tit., l. préf. [anglais et français].

Séraphin Couvreur, 顧 賽 芬 *Kou Sai-fen*, né le 14 janvier 1835; entré dans la Cie. de J., 23 sept. 1853; arrivé dans
la mission, 30 avril 1870.

— How to Speak Cantonese : Fifty Conversations in Cantonese Colloquial, with the
Chinese character, free and literal english
translations, and romanised spelling, with
tonic and diacritical marks, &c. — Preceded by five short lessons of one, two, and
three words. — By J. Dyer Ball, M. R. A.
S., etc., ... Hongkong : printed at the
China Mail Office. — 1889, in-8, 4 ff. n.
c. + pp. 179-xii. Pub. à Dol. 3.

Notice : *China Review*, XVII, No. 6, pp. 362/3. By E. J. E.[itel].

— Manuel de conversation en trente langues
par le Docteur Poussié, Médecin de la Compagnie des Messageries maritimes ....
Paris, H. Le Soudier, 1890, in-12, oblong,
pp. xx-204.

* Sprechen sie Chinesisch ? Chinesische Phra-
seologie, nebst ausführlicher Grammatik
im Canton-Dialect. Von E. Hess. Leipzig,
1891, in-8, pp. v-185.

* Stedman & Lee. A Chinese and English
Phrase-Book in the Canton Dialect. 7/6.

GRAMMAIRES, ETC.

Francisco Varo.

Col. 757—758.

Arte ‖ de la Lengva ‖ Mandarina ‖ cómpuesto
por el M, R°, ‖ P°, fr. Francisco Varo de la
sa ‖ grada Órden de N, P, S, Domī ‖ go,
acrecentado, y reducido a ‖ mejor forma,
por N°, H°, fr. Pedro de ‖ la Piñuela P°r. y
Comissario Pror, ‖ de la Mission Serafica
de China. ‖ Anadiose un ‖ Confesionario
muy vtil. y ‖ provechoso para alivio ‖ de
los nueos Ministros. ‖ Impreso en Canton
año ‖ de 1703.

Nous complétons ainsi notre notice sur les exemplaires cités
col. 758 :

Ex. Thonnelier. — TELLI était un musicien italien (laïque) appelé
en chinois *Té*, envoyé en 1720 en Chine par la Propagande.

Cet exemplaire remis en vente pour Fr. 1500 a
été acheté en 1882 par M. Julius Platzmann, de Leipzig, qui
a fait en même temps à la même librairie, pour Fr. 80, l'acqui-

sition de la copie de l'ouvrage faite pour Abel Rémusat. Voir *Bib. Sinica*, col. 758.

x. Neumann. — L'ex. de la grammaire de Varo appartenant jadis à Neumann se trouve maintenant à la Bib. royale de Munich, L. As. 279, 4°. Il est relié en d. veau ; le titre est recollé sur une f. de papier blanc, et l'ex. est piqué des vers, incomplet de plusieurs feuillets remplacés en manuscrit. On a relié avec et en tête un art. de Neumann sur les *Desultory Notes* de Meadows extrait des *Gelehrte Anzeigen her. v. Mitg. d. k. Bay. Ak. d. Wis.*, et une let. autog. de Neumann, de Munich, Oct. 1849.

Autres exemplaires. — L'université de Kazan possède un ex. de la Grammaire de Varo dans sa Bibliothèque ; le titre manque, mais on en voit les traces ; le traité du P. Basile se trouve également à la fin. Cet ex. a été rapporté de Peking par le Prof. Kovalevsky qui l'a cédé à la Bibl. de l'Université pour 10 roubles ass.

L'ex. de la bibliothèque Sunderland, relié en maroquin vert par Zaehnsdorf. acheté par Bernard Quaritch et remis en vente par ce libraire de Londres (Cat. 368, May 1886, n° 35.462) au prix de Liv. Sterl. 36.

— Le P. Francisco Varo par Henri Cordier, Professeur à l'Ecole des Langues Orientales. (*Mém. Soc. Sinico-jap.*, etc., VI, Avril 1887, pp. 117/125.)

Avec une planche.

— La Grammaire chinoise du P. Francisco Varo. Par Henri Cordier. Paris, Maisonneuve et Charles Leclerc. 1887, br. in-8, pp. 11. Avec 1 pl.

Tirage à part de l'article précédent.

Notice : *China Review*, XVI, p. 152. Par E. J. E[itel].

∴

— Lettre de Fourmont l'aîné. (*Rev. de l'Ext. Orient*, II, 1883, Nos. 1 & 2, pp. 271/272.)

Sur l'abbé Guigue, etc. — Col. 761.

— Some reasons for thinking, that the Greek language was borrowed from the Chinese : in notes on the Grammatica Sinica of Mons. Fourmont. By Mr. Webb. London : Printed for J. Dodsley . . . . M.DCC.LXXXVII, in-8, pp. VI-74.

Mr. Webb = Daniel Webb.

— Grammaire Chinoise, pp. 152, in-4. Par Johan Eric Ringström.

Dédié au Prince Royal Gustaf Adolf [Gustave IV Adolphe].

MS. Inédit de la Bib. royale de Stockholm.

— Arte de Lengua chinica, que vulgarmente se llama Mandarina, compuesto por el P. Fr. Juan Rodriguez del Orden de San Agustin, Missionero apostólico de China. — Copié par Fr. Pedro Bello, et daté, Manila, 13 de Enero de 1792. 1 vol. M. S. de 162 pages, p. in-4.

Ecrit très nettement et relié en parchemin. — Complet.

— Ritual para administrar los Sacramentos en lengua Chin-chea.

1 vol. MS. sur papier de Chine, sans nom d'auteur. Conservé en très mauvais état. = 280 pages. Complet.

A la page 124 publié un «Cathecismo Breve» et donné comme auteur le P. Alberto Collares, p. in-4. Daté 1793.

Ces deux livres ont été recueillis des Missions Espagnoles au Fou-kien et au Hou-pé, et appartiennent maintenant à M. Eduardo Toda, consul d'Espagne.

(GRAMMAIRES, ETC.)

Col. 763.

— De la Chine et des travaux d'Abel-Rémusat, par J.-J. Ampère. (*Revue des Deux Mondes*, 15 novembre 1832, 1 et 15 novembre 1833.)

Col. 764.

— Cours . . . de chinois . . . par le comte Kleczkowski . . . .

Michel Alexandre, Comte Kleczkowski, est mort à Paris, le 26 mars 1886, à l'âge de 68 ans ; il était né, le 27 fév. 1818, au château de Kleczkow en Gallicie. — Notice : *Nouv. Mél. Orientaux*, Paris, 1886, pp. XII—XIV.

— La vérité sur la Chine. Par le Cte Kleczkowski. (*Rev. de géog. int.*, août 1878, pp. 241/3 ; janvier 1879, pp. 6/12.)

Préf. de la *Grammaire chinoise*.

NOTITIA LINGUAE SINICAE.

Col. 765.

— *Notitia linguæ sinicæ.*

Nous citions dans notre *Bibliotheca sinica*, col. 765, cette indication de la 2e partie du Cat. des livres de Klaproth, Paris, 1839 :

«191. *Notitia linguæ sinica*, auctore P. Premare. 2 cahiers pet. in-4. [Vend. 100 fr.]

«Manuscrit exécuté en Chine et que l'on croit être l'original même du P. Prémare ; il contient des corrections importantes et des variantes nombreuses qui le font différer, en plusieurs points, de la publication de Malacca exécutée d'après une copie incorrecte. On y trouve notamment un *Caput tertium : de sinicâ urbanitate interloquendum*, de 42 p., qui n'existe pas dans l'imprimé, lequel, comme on sait, n'est pas complet.»

Nous ajoutions :

«N'est-ce pas de ce côté que l'on devait chercher les deux cahiers qui manquaient à la Bibl. du Roi ? Ce ms. ainsi qu'une autre copie attribuée à S. Julien qui figurait également à la vente de Klaproth (191), se trouve au British Museum (Fonds chinois).»

Nous avons eu depuis l'occasion d'examiner ce ms. acheté par le British Museum à la vente de Klaproth. Il a été relié en un vol. in-4 (*Add. ms.* 11707) et comprend 320 pages ou 160 ff. pliés à la chinoise. Les pages 1—278 comprennent la portion de la *Notitia* renfermée dans l'impression de Malacca des pages 38 à 143, c'est-à-dire de la première partie ; nous n'avons pas l'introduction. A la page 279 commence un *Caput tertium. De Sinicâ urbanitate inter loquendum*, qui occupe la fin du volume. Ce chapitre n'existe pas dans l'impression de Malacca qui s'arrête, comme on le sait, aux *Selectiores phrases quinque litterarum*, qui forment le 5e (lire *quintus* au lieu de *quartus* dans l'imprimé) du chap. V (caput quintum) de la 2e partie de l'ouvrage (*Pars secunda*). Ce nouveau chap. in-même incomplet ; il devait se composer de deux articles ainsi qu'il est dit au commencement ; le premier article : *De urbanite sinicè loquendi modis* est complet ; au bas de la page 320 on lit le mot *Artic...* qui indique que le second article devait commencer à la page suivante. Il est probable que cet article n'est qu'une portion d'un chapitre qui est lui-même sans doute qu'une portion d'une troisième partie de la *Notitia* consacrée à *De Sinicâ urbanitate* en général ; *De sinicâ urbanitate inter loquendum* n'en étant qu'un fragment. Ainsi donc nous sommes toujours en présence d'une seconde partie tronquée ; et le nouveau ms. ne nous offre qu'un fragment de la 3e partie et par suite qu'un fragment des deux cahiers du ms. original de la *Notitia* qui comprenaient cinq. Voir notre *Bib. Sinica*, col. 764 et seq. Nous croyons conclure également que l'ex. de la Bibl. nat. est une copie indépendante de celle-ci, qui nous paraît se rapporter exactement à la description de l'exemplaire qui était entre les mains de Fourmont. Quoiqu'il n'y ait que 320 pages, la dernière page est chiffrée à l'encre 322 parce que la première porte le chiffre 3 ; la nouvelle pagination 1—320 est récente et a été faite au crayon ; de plus le 3e chapitre, qui traite de la civilité chinoise, vient en effet après la collection des proverbes ; comme le dit Fourmont, ce chap. (il faut lire le 1er art. de ce chap.) comprend bien 8 paragraphes qui occupent 42 pages (les dernières) du ms.

Nous croyons pouvoir dire que ce ms. a appartenu à Fourmont et qu'il est passé de ses mains (comment ?) entre celles de Klaproth.

— *Notitia linguæ sinicæ*, in-4.

Ms. de 394 p. contenant la matière de l'édition de Malacca ; cet

(GRAMMAIRES, ETC.)

ex. a été acheté par le Brit. Museum (*Add. ms.* 11708) à la vente de Klaproth (2° partie, n° 191); il ne contient pas l'index à la fin; le catalogue du Museum et celui de Klaproth attribuent cette copie à S. Julien; nous croyons qu'elle est d'Abel Rémusat.

Cf. *Revue de l'Extrême-Orient*, I, No. 1, 1882, pp. 115/116.

— P. Henrici a Premare Notitia Linguae Sinicae, 1830.

Ms. in-fol., pp. 197, Bib. royale, Munich, Chin. Cod. Or. mixt. 109. Ne contient que ce qui a été imprimé à Malacca; sans intérêt.

Col. 770.

JOHN EDKINS. — A Grammar of Colloquial Chinese, as exhibited in the Shanghai Dialect, by J. Edkins, B. A., Univ. Coll. Lond. Of the London Missionary Society. — Second Edition, corrected. — Shanghai : Presbyterian Mission Press. 1868, in-8, pp. VIII-225.

— A Grammar of the Chinese Colloquial Language, commonly called the Mandarin Dialect. — By Joseph Edkins, B. A. Lond. of the London Missionary Society. — Shanghai : London Mission Press. 1857, in-8, pp. VIII-264 + 1 f. n. c. d'errata.

* A Simplified Chinese Grammar. By Joseph Edkins, D. D., pet. in-8.

Devait faire partie de *Trübner's Series of Simplified Grammars*, edited by Dr. Rost, Librarian of the India Office.

Col. 773.

GEORG VON DER GABELENTZ. — Beitrag zur Geschichte der chinesischen Grammatiken und zur Lehre von der grammatischen Behandlung der chinesischen Sprache. Von Georg von der Gabelentz. (Separatabdruck aus der *Zeitschrift der Deutschen Morgenländischen Gesellschaft*, Bd. XXXII.) Leipzig, Druck von G. Kreysing, br. in-8, [pp. 601 à 664].

— On a new Chinese Grammar by Professor Georg von der Gabelentz, Leipzig. (*Abh. des V. Int. Orient. Cong.*, II, Ostasiat. Sect., pp. 81/6.)

— Professor Gabelentz on a new Chinese Grammar. (*China Review*, XI, pp. 127/130.)

— Chinesische Grammatik mit Ausschluss des niederen Stiles und der heutigen Umgangssprache von Georg von der Gabelentz. Mit drei Schrifttafeln. Leipzig, T. O. Weigel, 1881, gr. in-8, pp. xxx-552.

Literarisches Centralblatt, 1882, pp. 119/120. — *Deutsche Literaturzeitung*, 1882, pp. 318/319. — *Academy*, 1882, pp. 159/160. — *Beilage zur allgemeinen Zeitung*, 2 avril 1882. — *Jour. N. C. R. As. Soc.*, XVII. Par F. Hirth. — *Zeitschr. d. D. Morgenl. Ges.*

— Anfangsgründe der Chinesischen Grammatik mit Übungsstücken, von Georg von der Gabelentz. Mit einer Schrifttafel. — Leipzig, T. O. Weigel, 1883. In-8, pp. VIII-150.

Notices : *China Review*, XIV, pp. 52/54. [Par E. F.] — *Literatur-Blatt für Orientalische Philologie*, Nov.-Dec. 1883, pp. 43/47, par le Dr. Max Uhle.

— Some additions to my chinese grammar, by Georg von der Gabelentz. (*Journ. C. B. R. A. S.*, XX, N. S., 1885, Art. X, pp. 227/234.)

G. v. d. Gabelentz. — Zur Chinesischen Sprache und zur Allgemeinen Grammatik. (*Internationale Zeitschrift für Allgemeine Sprach-Wissenschaft*, Vol. III, Part I. Leipzig, 1886.)

— Beiträge zur Chinesischen Grammatik. — Die Sprache des Cuang-tsï von Georg von der Gabelentz. (*Abhand. d. Phil.-Hist. Cl. d. König. Sächsischen Ges. d. Wissen.* . . . . Bd. X. Leipzig, Hirzel, 1888, gr. in-8, pp. 579/638.)

— Die Sprachwissenschaft, ihre Aufgaben, Methoden und bisherigen Ergebnisse. Von Georg von der Gabelentz. Leipzig, Weigel, 1891, in-8, pp. xx—502.

G. v. d. Gabelentz, né à Poschwitz (Saxe-Altenbourg), 16 mars 1840.

.·.

— Notes on Chinese Grammar, with special Reference to the Documentary Style. By N. N. (*China Review*, V, pp. 282/286, 386/392; VI, pp. 107/114; VII, pp. 120/124; VIII, pp. 157/163. [By F. Hirth.]

— Grammatical Studies in the Colloquial Language of Northern China, especially designed for the use of missionaries, by J. S. McIlvaine. Shanghai : American Presbyterian Mission Press, 1880, in-8, pp. II-104.

Notice : *Chin. Rec.*, XI, 1880, pp. 316/7.

— Beiträge zur Grammatik des Vorklassischen Chinesisch. I. Die Partikel 惟, Wéi im Schu-king und Schi-king von Dr. Max Uhle. Mit autographirten Schrifttafeln. Leipzig, T. O. Weigel, 1881, in-8, pp. x-106 et 18 pl. de texte chinois.

— Die Sprachgeschichtliche Stellung des Chinesischen. Von Dr. Wilhelm Grube, Docenten der ostasiatischen Sprachen an der Universität zu Leipzig. — Leipzig, T. O. Weigel, 1881, in-8, pp. 20.

— De pronominum primae personae in libris 書 經 et 詩 經 usu. Ad summos honores a facultate philosophica universitatis Lipsiensis capessendos tradidit Constantinus Merz Wohlbachiensis. Vindobonae, 1882. Impressit A. Holzhausen, br. in-8, pp. 38.

— Chinese Grammar. By E. H. Parker. (*China Review*, XIV, p. 359.)

— Praktische Grammatik der chinesischen Sprache für den Selbstunterricht. — Mit Lesestücken, einem chinesisch-deutschen und deutsch-chinesischen Wörterbuch und

10 commentirten Schrifttafeln. Von C. Kainz. Wien. Pest. Leipzig. A. Hartleben's Verlag ... in-16, pp. viii-191 + 10 tables.

Fait partie de la collection *Die Kunst der Polyglottie.*

— Ed. Vitale. — Grammatica cinese, con temi, letture e piccolo vocabolario, nonchè tavola delle 214 chiavi. Fasc. I. Napoli, Gargiulo, 1888, in-8, pp. 32.

— Trübner's Catalogue of Dictionaries and Grammars of the principal languages and dialects of the World. Second edition considerably enlarged and revised, with an alphabetical index. A guide for students and booksellers. London, Trübner, 1882, in-8, pp. viii-170.

CHRESTOMATHIES. — MANUELS.

Col. 774.

一意拾喩言 Esop's Fables written in Chinese by the learned Mun Mooy Seen-shang, and compiled in their present form (with a free and a literal translation) by his pupil Sloth ..... Printed at the Canton Press Office, 1840, in-4, pp. xxi + 2 ff. n. c. p. l. tab. des mat. &c. + pp. iv + pp. 104 + 4 ff. prél. n. c. p. le tit. &c.

Sloth = R. Thom.

— First Lessons in the Tie-chiw Dialect. 湖州話 By W. Dean. Bankok : Siam 1841, in-4, pp. 47 + 2 ff. n. c. p. le tit. et la préf.

"Tie-chiw is one of the ten counties constituting the province of Canton, and borders on the Hok-kèèn province on the east, and the China sea on the south ......

"The Chinese population of Bankok has been variously estimated at from two hundred and fifty to four hundred thousand. Probably two thirds of this number speak the Tie-chiw dialect...." (Preface).

— Easy Lessons in Chinese : or progressive exercises to facilitate the study of that language, especially adapted to the Canton dialect. By S. Wells Williams. Macao : Printed at the Office of the Chinese Repository. 1842, in-8, pp. ix-287.

Col. 775.

— The Beginner's First Book, or Vocabulary of the Canton Dialect. By the Rev. T. T. Devan, M. D., Of the American Baptist Missionary Union. Revised, corrected, enlarged, and toned, by the Rev. Wilhelm Lobscheid. Hongkong : Printed at the "China Mail" Office, 1858, in-8, pp. viii-123.

— The Beginner's first Book, or a Vocabulary of the Canton Dialect. By the Rev.

T. T. Devan, M. D., American Baptist Missionary Society. Revised, corrected, enlarged, and toned, by the Rev. Wilhelm Lobscheid. Third edition. Hongkong : A. Shortrede & Co. 1861, in-12, 4 ff. p. l. tit., etc. + pp. 148.

— Table of the Chinese radicals or keys exhibiting their pronunciation, figure and meaning. — Lithographed under the direction of the Corresponding Secretary of the Western foreign Missionary Society, by P. Haas, Washington. D. C.

In-8, 8 pages numérotées (sans la couverture). Le tout en lithographie. — La page 8 finit par le signe 214, 龠

— Les phonétiques chinois disposés d'après le système graphique par W. Wassilieff, Professeur de la langue Chinoise à l'Université de St.-Pétersbourg. Saint-Pétersbourg, 1857, in-8, 23 ff.

Col. 776.

Thomas Francis Wade. — 集迺自言語 (*Yü yen tzŭ êrh chi*). A Progressive Course designed to assist the Student of Colloquial Chinese as spoken in the Capital and the Metropolitan Department. In three volumes. — Second edition. — Prepared by Thomas Francis Wade, Sometime H. B. M.'s Minister in China. And Walter Caine Hillier, Chinese Secretary to H. B. M.'s Legation. Peking. Shang hai : Published at the Statistical Department of the Inspectorate General of Customs, 1886, 3 vol. gr. in-4, pp. xxviii-349 + 1 f. n. c., 523 et 245.

— The *Tzu erh chi* : Past and Present. By Herbert A. Giles. (*China Review*, XVI, pp. 214/225.)

Col. 778.

S. Julien. — Méthode pour déchiffrer et transcrire les noms sanscrits ..... Paris, Imp. imp., mdccclxi, in-8, pp. vi-235.

— Appendice à l'ouvrage intitulé Méthode pour déchiffrer et transcrire les mots chinois qui se rencontrent dans les livres chinois, etc. inventée et démontrée par M. Stanislas Julien, Membre de l'Institut, ... Paris, Imprimerie de W. Remquet, .. 1861, br. in-8, pp. 41.

On lit, p. 3, en note : «Le présent Appendice n'existe qu'en épreuves, l'auteur en ayant fait détruire la composition pour ne point paraître abuser de la victoire que lui a assurée la publication de sa Méthode.»

Col. 779.

Joseph Edkins. — Progressive Lessons in the Chinese spoken Language; with lists of common words and phrases, and an appendix containing the laws of tones in the Peking Dialect. By Joseph Edkins, London Missionary Society, Tientsin. Shanghai : London Mission Press. 1862, in-8, pp. v-102 + 1 f. n. c. d'errata.

— Progressive Lessons in the Chinese spoken Language with Lists of common Words and Phrases and an Appendix containing the Laws of Tones in the Peking dialect. By J. Edkins, D. D., Peking. Fourth Edition, revised. — Shanghai : American Presbyterian Mission Press. 1881, in-8, pp. vii-104.

— Deutsch-Chinesisches Conversationsbuch nach Joseph Edkins' "Progressive Lessons in the Chinese Spoken Language", übersetzt, erläutert und theilweise umgearbeitet von Joseph Haas. — Shanghai, Presbyterische Missions-Presse. 1870, in-8, pp. iv-197—iii.

* Deutsch - Chinesisches Conversationsbuch. — Nach Joseph Edkins' 'Progressive Lessons in the Chinese Spoken Language'. Von Joseph Haas. Zweite Auflage. Shanghai : Druck und Verlag von Kelly & Walsh. 1885, pp. VII., 374.
Notice : *China Review*, XIV, pp. 54/6. Par E. J. E.[itel].

.·.

— A Manual of the Foochow Dialect by Rev. C. C. Baldwin, Of the American Board Mission. Foochow : Methodist Episcopal Mission Press. 1871, in-8, pp. viii-256.

中西譯語妙法 — First Lessons in Chinese. By Rev. M. T. Yates, D. D. Shanghai: American Presbyterian Mission Press. 1871, in-8, pp. vii + 2 ff. n. c. dont 1 car. chinois + pp. 224.

Col. 780.

甯波土話初學 — Nying-po T'u-wô. Ts'u-'oh. — Zông-hæ. Me-wô Shü-kwun. — 1871, in-12, pp. 79.
The Ningpo Primer, prepared by the Rev. H. V. Rankin.

— 'Ang-tse T'u-wa. Z-ii Len-twen : Fen Dzun sö we in. 1876, in-8, pp. 21.
Suivi de :

— Hangchow Primer. Translation and Notes. London : Society for Promoting Christian Knowledge sold at the Depositories, 1876, in-8, pp. 34.

— First Lessons in the Swatow Dialect. By A. M. Fielde. Swatow : Printed by the "Swatow Printing Office Company". 1878, in-8, pp. 427.
Notice : *Chinese Recorder*, X, 1879, p. 314.

(CHRESTOMATHIES. — MANUELS.)

— Mandarin Primer : being Easy Lessons for Beginners, Transliterated According to the European Mode of Using Roman Letters. By Rev. John Ross, Newchwang. Missionary from the United Presbyterian Church of Scotland. — Shanghai : American Presbyterian Mission Press. — 1876. — In-8, pp. viii-122.

A. ZOTTOLI. — Cursus litteraturae sinicae neo missionariis accommodatus auctore P. Angelo Zottoli S. J. e missione Nankinensi. — Traduction française du premier volume par le P. C. de Bussy, S. J. Zi-ka-wei, imprimerie de la Mission catholique à l'orphelinat de T'ou-sé-wè. — 1891, in-8, pp. vi-304.

Angelo Zottoli, 晁德蒞, *Tchao Té-li*, né à Naples le 21 juin 1826 ; entré dans la Cie. de J., 2 mai 1843 ; arrivé dans la mission, 27 sept. 1848.

Charles de Bussy, 宣 *Siouen*, né le 4 sept. 1823 ; entré dans la Cie. de J., 25 avril 1878 ; arrivé dans la Mission, 5 nov. 1879.

Col. 781.

JÉSUITES. — A. M. D. G. Ecole Saint François Xavier. — Introduction à l'étude de la langue française à l'usage des élèves chinois. 階進語法 Zi-ka-wei, Imp. de la Mission Catholique à l'orphelinat de Tou-sè-wè. 1884, in-8, pp. ii-vii-108.

— St. Francis Xavier's School. Shanghai. — A Method of learning to read, write and speak English for the use of Chinese Pupils. Part I. 訣捷文英. Zi-ka-wei, Printed at the Catholic Mission Press, 1882, in-8, pp. 245 + 1 f. n. c.

— Part II. *Ibid.*, 1883, in-8, pp. 147.

— A. M. D. G. — 官話指南 *Koan-hoa tche-nan*. Boussole du langage mandarin traduite et annotée par H. Boucher, S. J. Missionnaire au Kiang-nan. Zi-ka-wei, Imp. de la Mission Catholique à l'orphelinat de T'ou-sè-wè, 1887, 2 vol. in-8.
Notice : *China Review*, XVI, pp. 190/1. Par E. J. E[itel].

— Méthode pour apprendre les principes généraux de la langue chinoise à l'usage des élèves européens par Richard Laming, Ancien Professeur au collège de Chang-Haï, Chine. — Ancien Elève de l'Ecole spéciale des langues orientales vivantes. — Membre de l'Association internationale de Professeurs : Institut Rudy — Professeur de français de la Mission chinoise à Paris.

(CHRESTOMATHIES. — MANUELS.)

— Paris, Ernest Leroux, 1889, in-12, pp. VIII-132.

Richard Laming, 限 *Lang*, né en Angleterre 11 mars 1853; entré dans la Cie. de Jésus, 2 oct. 1877; arrivé en Chine, 5 nov. 1879; rentré en Europe, mars 1884.

KWONG. — Kwong's Educational Series. (In English and Chinese). First Reading-Book. Illustrated with Cuts. By Kwong Ki Chiu, Late Member of the Chinese Educational Commission in the United States; and Author of "English and Chinese Dictionary"; "Dictionary of English Phrases"; "Series of Conversation Books"; "Manual of Correspondence and Social Usages"; Comprehensive Geography, etc. Shanghai : Wah Cheung, 1885, in-8, pp. x-162.

— Kwong's Educational Series . . . . . — II. The First Conversation-Book, pp. XXXI-247.—III. The Second Conversation-Book, pp. xv-406. — Voir col. 1832 supra.

Notice : *China Review,* XIV, pp. 111/116. [Par E. F.]

— Manual of Correspondence and Social Usages. Containing instruction and examples in all branches of Letter-Writing, Forms of Business-papers, Notes of invitation, Cards, inscriptions for presents, selections for albums, epitaphs, etc.; also, rules of etiquette and social intercourse, — to which are added sections on punctuation and the use of capitals; with some pages on grammar and spelling, and a chapter on the Chinese method of reckoning time. Specially adapted to self-instruction. By Kwong Ki Chiu, Late Member of the Chinese Educational Commission in the United States, and Author of English and Chinese Dictionary, Dictionary of English Phrases, First Reading Book, Series of Conversation Books, Comprehensive Geography, etc. Shanghai: Wah Cheung, 1885, in-8, pp. XXII-276.

J. DYER BALL. — Cantonese made easy : a Book of simple sentences in the Cantonese Dialect with free and literal translations, and directions for the rendering of english grammatical forms in Chinese. — By J. Dyer Ball, M. R. A. S., etc. of Her Majesty's Civil Service Hongkong . . . . . . Hongkong : Printed at the "China Mail" Office. 1883, in-8, pp. xx-86. Pub. à Dol. 3.

Ce livre a eu une deuxième édition :

* Cantonese Made Easy. Second Edition. By J. Dyer Ball.

Notice : *China Review,* XVI, pp. 248/251. Par E. H. P.[arker].

— The Tung-Kwún (東 莞) Dialect. By J. Dyer Ball. (*China Review,* XVIII, No. 5, pp. 284/299.)

(CHRESTOMATHIES. — MANUELS.)

— The Tung-Kwún Dialect : A comparative syllabary of the Tung-kwún and Cantonese pronunciations, with observations on the variations in the use of the Classifiers, Finals, and other Words, and a Description of the tones, &c., &c. Reprinted from the 'China Review'. By J. Dyer Ball . . . Hongkong, *China Mail* Office, 1890, br. in-8, pp. 16-xv. Pub. à 50 cents.

Tung-kwún 東 莞

— The San-Wúi (新 會) Dialect. By J. Dyer Ball. (*China Review,* XVIII, No. 3, pp. 178/195.)

— The San-wúi Dialect : a comparative Syllabary of the San-wúi and Cantonese pronunciations, with observations on the variations in the use of the Classifiers, finals and other words, and a description of the tones, &c., &c. — Reprinted from the 'China Review'. — By J. Dyer Ball, M. R. A. S., M. China Branch, R. A. S., etc. . . . . Hongkong : printed at the 'China Mail' Office. — 1890, br. in-8, pp. 18-XII. Pub. à 50 cents.

San Wúi = 新 會

F. HIRTH. — 新 關 文 件 錄 *Hsin-Kuan Wên-chien-lu.* Text book of Documentary Chinese, with a Vocabulary, for the special use of the Chinese Customs Service. Edited by F. Hirth, Ph. D., Deputy Commissioner and Assistant Statistical Secretary, Inspectorate General of Customs, Shanghai. — Published by Order of the Inspector General of Customs. — Shanghai : Published at the Statistical Department of the Inspectorate General of Customs, 1885–1888, 2 vol. in-4, pp. VIII-272, 299.

Notices : *China Review,* XIV, p. 299. Par E. J. E[itel]. — *Ostasiatischer Lloyd,* 10 Feb. 1888. — *Shanghai Mercury,* 28 April 1888. — *Zeitschr. d. Deutschen Morg. Ges.,* XLII, 1888, p. 686 [K. Himly].

— Index of the Characters in Dr. Hirth's "Text Book of Documentary Chinese". Arranged by their Radicals. With a List giving the Tones. By E. Ruhstrat, I. M. Customs. Shanghai : Printed by Kelly & Walsh, 1892, in-4, pp. 41.

Notice by J. Chalmers, *China Review,* XX, No. 2, pp. 131/2.

— 文 件 字 句 入 門 *Wên-Chien Tzŭ-Chü Ju-Mên.* Notes on the Chinese Documentary Style. By F. Hirth, Ph. D., Deputy Commissioner and Assistant Statistical Secretary, Inspectorate General of Customs, Shanghai. Kelly & Walsh, 1888, in-8, pp. VI-150 + 1 f. n. c.

Notices : *China Review,* XVI, p. 386 [E. J. Eitel]. — *Shanghai*

(CHRESTOMATHIES. — MANUELS.)

Mercury, 28 Apr. 1888. — *Zeit. d. D. Morg. Ges.*, XLII, 1888, p. 686 [K. Himly].

C. IMBAULT-HUART. — 京話指南 — Cours éclectique graduel et pratique de langue chinoise parlée par C. Imbault-Huart, Vice-Consul de France... Péking, Typographie du Pei-t'ang [et] Paris, E. Leroux, 1887 à 1889, 4 vol. in-4.

Tome premier comprenant : I. Une introduction à l'étude de la langue chinoise. II. Les principes généraux de la langue chinoise parlée. III. Six appendices se rapportant à ces deux parties de l'ouvrage. 1887, pp. XXVII-291.

Tome II. Phrases faciles et dialogues mélangés. 1888, pp. 353.

Tome III. Conversations (Traduction et notes). 1889, pp. X-451.

Tome IV. Textes chinois. 1888, pp. 296.

Notices : *China Review*, XVI, pp. 245/8 ; *ibid.*, XVIII, pp. 131/3. By E. H. P.[arker]. — *North-China Daily News*, 12 août 1887. — *Le Temps*, 27 sept. 1887. — *Le Courrier d'Haiphong*, 9 sept. 1888. — *North-China Herald*, 2 nov. 1888. — *The Chinese Times*, 11 août 1888.

LÉON DE ROSNY.

* L. de Rosny. First Elements of the Chinese Language. A second edition. London, 1887, in-8.

— Enseignement élémentaire. — Textes faciles en langue chinoise publiés par la Société Sinico-Japonaise. Paris, Maisonneuve, 1888, in-8, pp. 48.

DIVERS.

— Praktische Anleitung zur Erlernung der Hochchinesischen Sprache, herausgegeben von P. G. von Möllendorff. Shanghai : American Presbyterian Mission Press. 1880, in-8, pp. 126.

— Kung Yü So T'an 公餘瑣談 — Leçons progressives pour l'étude du Chinois parlé et écrit. Cent chapitres où les usages de la Chine sont sommairement décrits par le lettré Yü Kuan (裕觀) de l'inspectorat général des douanes, à Pékin. Par A. Mouillesaux de Bernières, Directeur des Douanes, Secrétaire-Chinois à l'Inspectorat Général. — Péking, Typographie du Pé-t'ang — 1886, gr. in-4, pp. VIII-231.

Notice : *China Review*, XV, pp. 192/3. Par E. J. E.[itel].

* A Primer in the Mandarin Dialect containing Lessons and Vocabularies, and Notes on Chinese Constructions and Idioms; also a Dialogue on Christianity; translations of Passports, Leases, Boat Agreements, etc. Interleaved, and with large map of China. Prepared for the use of Junior Members of the China Inland Mission. Shanghai : China Inland Mission, 1887, gr. in-8, pp. 250.

Notice : *Chin. Rec.*, XIX, 1888, pp. 42/3. By E. F.

— Elementary lessons in Chinese by the Rev. Arnold Foster, B. A. London Missionary Society, Hankow. — London, Henry Frowde, 1887, pet. in-8, pp. 32.

Notices : *Revue critique*, 16 avril 1888, par M. J.[ametel]. — *China Review*, XVI, pp. 130/131 [par John Chalmers]. — *Chin. Rec.*, XIX, 1888, pp. 43/4, by J. N. B. S.

— Documents à l'usage des Elèves de l'Ecole des Langues Orientales Vivantes recueillis, traduits et annotés par Maurice Jametel lauréat de l'Institut Chargé du Cours de Langue Chinoise à l'Ecole des Langues Orientales Vivantes. 1re Partie, Documents commerciaux. Ernest Leroux... Paris, br. in-8, 2 ff. n. c. + pp. 7 + 40 de texte chinois autog.

La préface est datée Paris, 22 nov. 1886.

La préface des premiers exemplaires de cet opuscule était autographiée en 8 pages, mais elle était la même que dans l'édition imprimée en 7 pages.

Maurice Louis Marie Jametel, né à Montrouge, près Paris, 11 juin 1856 ; chargé de cours, 16 mai 1886, puis professeur à l'Ecole des Langues orientales de Paris, 23 janvier 1889 ; † 17 mai 1889.

Notice par Charles Schefer, *Recueil de l'Ecole des Langues orientales*, 1889, I, pp. VIII—XII. — Réimp. dans le *T'oung Pao*, I, No. 1, avril 1890, pp. 70/72.

漸進文集 Manuel de la langue chinoise écrite destiné à faciliter la rédaction des pièces dans cette langue par Abel Des Michels, professeur à l'école spéciale des langues orientales vivantes. Paris, Ernest Leroux, 1888, gr. in-8, pp. XVI-439.

* Learning to Read in South China. Being a plea for the use of Romanized Vernacular in Mission Work. By John C. Gibson, M. A., Mission of the Presbyterian Church of England, Swatow. China, London, 1888.

Notice : *China Review*, XVII, No. 2, pp. 118/122, par E. J. E.[itel].

— The Guide to Kuan Hua 官話指南. A Translation of the *Kuan Hua Chi Nan*, with an Essay on Tone and Accent in Pekinese and a Glossary of Phrases. By L. C. Hopkins, H. M. Consular Service, China. Shanghai, Kelly and Walsh, 1889, gr. in-8, pp. 230.

Notice : *China Review*, XVIII, No. 2, p. 129. By E. J. E.[itel].

— An Exposition of the Construction and idioms of Chinese Sentences, as found in Colloquial Mandarin. For the use of Learners of the Language. By A. Sydenstricker. Shanghai : American Presbyterian Mission Press. — 1889, br. in-8, pp. II-88.

— A Chinese Manual, comprising a condensed Grammar with idiomatic Phrases and Dialogues. By Robert K. Douglas, ... London. W. H. Allen, 1889, pet. in-8, pp. XII-376.

— VII Handbuch der Nordchinesischen Umgangssprache mit Einschluss der Anfangsgründe des Neuchinesischen, Officiellen und Briefstils, von Prof. Carl Arendt, Lehrer des Chinesischen am Seminar. Erster Theil. Allgemeine Einleitung in das chinesische Sprachstudium mit einer Karte. Stuttgart & Berlin, W. Spemann, 1891, in-8, pp. XXI-535.

Notice par G. Schlegel, *T'oung Pao*, III, mai 1892, pp. 196/199. — Réponse de C. Arendt, *ibid.*, déc. 1892, pp. 564/568.

* A Course of Mandarin Lessons. By Rev. C. W. Mateer, D. D., L. L. D.

Notice : *Chin. Rec.*, XXIII, Nov. 1892, pp. 535/6.

OUVRAGES DIVERS. — DISSERTATIONS.

— Dissertatio gradualis, de Praerogativis imaginariis literarum Chinensium, Quam annuente ampl. Fac. Philos. in Regia Acad. Carol. Praeside Dno. Sven Bring, Hist. Prof. Reg. et Ord. bonorum censurae exponit concionator societ. ostind. Bengt Svenonius, die Jan. A. MDCCXLVIII. L. H. Q. S. Typis Caroli Gustavi Berling, Directoris officinae Typographici Londini Gothorum, in-4, pp. 24 plus 2 ff. prél. pour le t. et la dédicace.

Contient quelques caractères chinois.

— Collége royal de France. Ouverture des cours de Samskrit et de Chinois. (Extrait du *Moniteur*, n° 32, an 1815), br. in-8, pp. 16.

Signé : Silvestre de Sacy.

— Seconde Lettre adressée à la Société Asiatique de Paris, par M. Louis de L'Or, ancien officier de cavalerie. Paris, Dondey-Dupré, 1823, in-8, pp. 45.

Paris ce 18 Février 1823.

— De indole linguae sinicae Dissertatio, — quam annuente amplissimo philosophorum ordine . . . Auctor Guilielmus Schott . . . Halis Saxonum . . . . Voir col. 770.

Col. 785.

— Sprache und Schrift der Chinesen, von C. F. Neumann. (*As. Studien*[1], 1837.)

Col. 786.

— Ueber die Schinesische Sprache, vom Oberl. Gladisch, p. 3 à 10 dans « Zu der öffentlichen Prüfung der Zöglinge des königl. Marien-Gymnasiums, welche am Montag, Dienstag und Mittwoch, den 28., 29. und 30. September d. J. veranstaltet werden soll, ladet ehrerbietigst ein der Direktor Stoc. Posen, 1840. Gedruckt in der königl. Hofbuchdruckerei von W. Decker & Comp., br. in-4, pp. 26 + 1 pl. de caract. chinois.

Col. 787.

— Lecture on the Chinese Language and Literature, delivered in King's College, London, April 13, 1853, by James Summers, Professor of the Chinese Language in that Institution. London : John W. Parker, 1853, in-12, pp. 38, front., 7 pl. autog.

— Zur Linguistik der Heidenvölker. *a.* Ueber die Chinesische Sprache mit Bezug auf das Lepsius'sche Allgemeine Linguistische Alphabet. Von Missionär Ph. Winnes in Pukak, im Dienst der Basler Missionsgesellschaft. Pukak, den 4. Februar 1856. — *b.* Entgegnung auf die Winnes'sche Abhandlung über die chinesische Sprache. Von Dr. R. Lepsius in Berlin. Berlin den 20. Mai 1856. (*Magazin für die neueste Geschichte der evangelischen Missions- und Bibel-Gesellschaften*, Jahrgang 1856. Basel. Im Verlag des Missions-Institutes. Druck von Felix Schneider, pp. 142/171), pet. in-8.

Col. 789.

— Chinesische Sprache und Litteratur. — Nach den Vorlesungen von Robert Douglas, Professor für Chines. Litt. am King's College, London. Frei bearbeitet von Dr. Wilhelm Henkel, L. am Grossherzogl. Gymnasium in Jena. Jena, Verlag von Hermann Dufft. 1877, in-8, pp. III-103.

Autographié.

— Oratio Dominicalis quam multilingua. L'Oraison dominicale en plus de 1200 langues

Zur Geschichte der Schrift bey den tatarischen Völkerschaften, pp. 121—144.

Die Siapusch (Schwarzröcke) oder Ungläubigen, eine autochthone Völkerschaft Mittelasiens, pp. 145—151.

Persien, Thabarestan und Tocharestan nach chinesischen Quellen, pp. 152—186.

Handelsstrassen von China nach dem Westen; nach einem chinesischen Werke aus dem sechsten Jahrhundert unserer Zeitrechnung, pp. 187—202.

Der Zwist zwischen den Engländern und Chinesen, pp. 208—254.

1. Voici la description exacte de ce vol. que nous avons plusieurs fois cité :

— Asiatische Studien von Carl Friedrich Neumann. — Erster Theil. — Leipzig, 1837. Ambrosius Barth, in-8, pp. VII-254 :

Sprache und Schrift der Chinesen, pp. 1—34.

Die Urbevölkerung einiger Provinzen des chinesischen Reiches, pp. 35—120.

et dialectes. — Specimen Praecursorium, Oratio dominicalis sinica. — L'Oraison dominicale en langue chinoise ou Kouan 官 hoa 話 .... Dédié au Souverain-Pontife Léon XIII. — Post Andream Mullerum Greiffenhagium Pomeranum aliosque compilatores recentiores sollertissimos denuo collegit emendavit et auxit Andreas Borel, typothetarius. — Condate-Rhedonum typis Oberthurianis. MDCCCLXXVIII, in-4, pp. xx + 80.

— Sur la Morphologie des syllabes chinoises comparée à celle des langues ariennes et sémitiques, par M. Chavée. (*Bul. Soc. Anthrop.*, 1862, pp. 346/352.)

— De la transcription des mots chinois au moyen des lettres latines. Par Ch. Cauvin. (*Rev. géog. int.*, nov. 1878, pp. 326/7; déc. 1879, pp. 273/4.)

À propos de l'abbé Perny.

— Discorso filologico-critico intorno alla lingua cinese del canonico Prof. D. Gaetano Ferrari. Seconda edizione. Modena, Per G. T. Vincenzi e Nipoti, 1880, br. in-8, pp. 29.

— Deutsche Bücherei. — Sprache und Schrift der Chinesen. Von M. von Brandt. Breslau, S. Schottlaender, br. in-8, pp. 41.

Forme le No. 32 de la collection.

* K. Himly. Ueber die einsilbigen Sprachen des süd-östlichen Asiens. (*Int. Zeitsch. f. allg. Sprachwiss.*, Vol. I, No. 2.)

— Ueber Sprache und Schriftthum der Chinesen. Von Georg von der Gabelentz. — Separatabdruck aus « Unsere Zeit », 1884. XI. (Leipzig, F. A. Brockhaus), br. in-8, pp. 24.

— The Greek New Testament Words *Kreas* and *Sarx* with *Sarkikos* and *Sarkinos* as translated into Chinese. — Printed by A. A. Marcal, Amoy, 1885, br. in-8, pp. 20.

La *Note* prél. est signée W. C.[ampbell].

— F. Misteli. — Studien über die Chinesische Sprache. (*Internationale Zeitschrift für allgemeine Sprachwissenschaft.* Vol. III. Part. 1. Leipzig, 1886.)

* Essays on the Chinese Language. By T. Watters. Shanghai, Kelly & Walsh, 1889. Voir col. 789.

Notice : *China Review*, XVIII, No. 2, pp. 130/131. By E. J. E.[itel].

— Tonic and vocal Modification in the Foochow Dialect. (*China Review*, VII, pp. 182/187.)

— The Book Language. By Rev. C. Leaman. (*Chinese Recorder*, XI, 1880, pp. 103/119.)

— "Ten thousand" how translated. By Critic. (*China Review*, IX, p. 192.)

— The Ju shêng considered in its relation to the remaining tones. By L. C. H. (*China Review*, IX, pp. 226/228.)

(OUVRAGES DIVERS. — DISSERTATIONS.)

— The Chinese Character "Seven". By H. K. (*China Review*, IX, p. 322.)

— Canton Syllabary. — By J. H. Stewart Lockhart. (*China Review*, X, pp. 312/326.)

— Spelling and pronunciation. By Frederic H. Balfour. (*China Review*, X, p. 353. — Ch. Piton, *Ibid.*, XI, p. 61.)

— A Chinese exposition of the four Tones. By E. (*China Review*, X, p. 354.)

— 天 Conceived as having Individuality. (*China Review*, XI, p. 62.)

— The Llin-nen 寒寒 variation of Cantonese. By A. Don. (*China Review*, XI, pp. 236/247; XII, pp. 474/481.)

— Chinese Numerals over thousand. By A. Don. (*China Review*, XVII, No. 6, pp. 352/353.)

— New Chinese Terms. (*China Review*, XI, p. 260.)

— A curious Use of the Word 氏. By J. D. B. (*China Review*, XI, p. 402.)

— On some Chinese words. By J. M. (*China Review*, XII, pp. 371/372.)

— The Chinese "Sir" or "Yes Sir". By J. M. (*China Review*, XII, p. 437.)

— Adjustment of Embossed Characters. By J. M. (*China Review*, XII, pp. 511/512.)

— Finals. (*China Review*, XIII, p. 226.)

— Enigmatic Parallelisms of the Canton Dialect. By T. W. Pearce and J. H. Stewart Lockhart. (*China Review*, XV, No. 1, pp. 40/46; *ibid.*, No. 2, pp. 119/123; *ibid.*, No. 3, pp. 168/175; *ibid.*, No. 5, pp. 277—284; *ibid.*, No. 6, pp. 357/366; *ibid.*, XVI, No. 5, pp. 287/300; *ibid.*, No. 6, pp. 348/359; *ibid.*, XVII, No. 1, pp. 37/45.)

— The Theory of old Sounds applied to Onomatopoetica. By Onomatopoeticon. (*China Review*, XVI, p. 47.)

— Uses of 有. By W. J. (*China Review*, XVIII, No. 2, p. 129.)

— Dr. Faber and the Analysis of Chinese Characters. By X. Y. Z. (*China Review*, XVIII, No. 6, pp. 374/5.)

À propos de *Prehistoric China*, Jour. Ch. B. R. A. S., XXIX, 1889—90. — Voir col. 1579.

— The meaning of the character 中. (*Journ. C. B. R. A. S.*, XX, N. S., 1885, p. 57.)

— The advisability, or the reverse, of endeavouring to convey western knowledge to the Chinese through the medium of their own language. (*Journ. C. B. R. A. S.*, XXI, N. S., 1886, art. I, pp. 1/21.)

— Chinese Equivalents of the letter "R" in foreign names. By F. Hirth, Ph. D. (*Journ. C. B. R. A. S.*, XXI, N. S., 1886, art. XIII, pp. 214/223.)

— The Colloquial Analysis of Chinese Surnames. By 夏 (*Journ. C. B. R. A. S.*, XXI, N. S., 1886, pp. 226/227.)

— Variations in the spoken language of Northern and Central China. By Rev. A. Sydenstricker. (*Chin. Rec.*, XVIII, No. 3, March 1887, pp. 105/108.)

— Southern Mandarin. By Rev. A. Sydenstricker. (*Chin. Rec.*, XVIII, 1887, pp. 154/5.)

— The Dialect of the River and Grand Canal. By Rev. A. Sydenstricker. (*Chin. Rec.*, XVIII, 1887, pp. 226/7.)

— "Romanizing the Official Dialect." Rev. A. Sydenstricker. (*Chin. Rec.*, XIX, 1888, pp. 36/8.)

(OUVRAGES DIVERS. — DISSERTATIONS.)

— Romanizing the Official Dialect. By a Purist. (*Ibid.*, pp. 133/5.)

— "The Official Dialect." By Rev. A. Sydenstricker. (*Chin. Rec.*, XIX, No. 7, July 1888, pp. 300/1.)

— The English Language in Chinese Educational Work. By C. D. Tenney, M. A. (*Chinese Recorder*, Oct. 1889, pp. 469/471.)

— A System of Phonetic Symbols for writing the Dialects of China. By Rev. T. P. Crawford, D. D. (*Chin. Rec.*, XIX, 1888, pp. 101/110.)

— Another Chinese Phonotypy. By Rev. Harlan P. Beach. (*Chin. Rec.*, XIX, No. 7, July 1888, pp. 293/298.)

— Dr. Crawford's Phonetic Symbols. By Mr. Duncan Kay. (*Chin. Rec.*, XIX, No. 7, July 1888, pp. 298/300.)

— Another Phonography. (*Chin. Rec.*, XX, No. 4, April 1889, pp. 171/172.)

— Ueber einige Lautcomplexe des Shanghai-Dialektes. Von Dr. Franz Kühnert. Wien, 1888, F. Tempsky, br. in-8, pp. 17.

— Das Geistesleben der Chinesen in deren Schrift und Sprache. Von Dr. Franz Kühnert. (Vortrag, gehalten im wissenschaftlichen Club am 29. März 1888), br. in-8, pp. 13 à 2 col.

Separat-Abdruck d. ausserord. Beil. zu No. 9 der «Monatsblätter des wissenschaftlichen Club» vom 15. Juni 1888.

* Zur Kenntniss des älteren Lautwerthe des Chinesen, von Dr. Franz Kühnert. (*Sitzber. d. kais. Akad. d. Wiss. in Wien, phil.-hist. Cl.*, Bd. CXXII.) Wien, F. Tempsky, 1890, br. in-8.

Notice par G. Schlegel, *T'oung Pao*, I, Fév. 1891, pp. 420/430.

— Société Sinico-japonaise et océanienne. (Extrait des Mémoires, t. VII.) L'argot pékinois et le Kin-ping-meï par Maurice Jametel . . . . Paris, Maisonneuve, 1888, br. in-8, pp. 18.

Imp. sur papier de Chine, à la chinoise sur f. double.

Notice : *China Review*, XVIII, No. 1, pp. 63/64. By E. H. Parker.

— Vowel Changes in Chinese. By R. H. Graves. (*China Review*, XX, No. 3, pp. 202.)

— The Chinese term for 'Queen'. By L. (*China Review*, XX, No. 3, pp. 204/6.)

— Les formules épistolaires des Chinois. (*Le Temps*, 30 juin 1891; réimp. *T'oung Pao*, II, sept. 1891, pp. 247/8.)

— Letter to a Friend on Wen-li v. Vernacular. By Jonathan Lees. (*Chin. Rec.*, XXIII, April 1892, pp. 178/181.)

— A Graphic Method of Representing Tones. By David W. Stevenson, M. D., Canadian Methodist Mission. (*Chin. Rec.*, XXIII, Nov. 1892, pp. 515/517.)

— How to learn the Chinese Language. By Rev. Chauncey Goodrich, D. D. (*Chinese Recorder*, XXIV, Jan. 1893, pp. 1/7.)

Read before the Peking Missionary Association, Nov. 14, 1892.

— Characters under the wrong Radical. By G. M. H. Playfair. (*China Review*, XVI, p. 241.)

— The names of Chinese numbers over ten. By G. M. H. Playfair. (*China Review*, XVII, No. 2, p. 116.)

— Curious Names. By G. M. H. Playfair. (*China Review*, XVII, No. 4, p. 240.)

— Bad language. By G. M. H. Playfair. (*China Review*, XVII, No. 4, 1889, p. 240.)

— The Colloquial Analysis of Chinese Surnames. By G. M. H. P. (*Journ. C. B. R. A. S.*, XXI, N. S., 1886, pp. 224/226.)

— The Chinese for the Bar of a River. By G. M. H. P. (*Journ. C. B. R. A. S.*, XXI, N. S., 1886, pp. 229.)

JAMES LEGGE. — Inaugural lecture, on the constituting of a Chinese chair in the University of Oxford; delivered in the Sheldonian Theatre, October 27, 1876. By Rev. James Legge, M. A. Oxford, LL. D. Aberdeen, Professor of the Chinese Language and Literature. Oxford and London : James Parker and Co., London : Trübner, 1876, br. in-8, pp. 27.

— Principles of Composition in Chinese, as deduced from the Written Characters. By the Rev. Dr. Legge, Professor of Chinese at Oxford. (*Journ. R. As. Soc.*, N. S., Vol. XI, Art. X, April 1879, pp. 238/277.)

— Present State of Chinese Studies; what is still wanted towards a complete analytic exhibition of the Chinese Language. By J. Legge. (*Atti del IV Cong. int. degli Orient.*, 1881, II, pp. 255/267.)

J. EDKINS.

— On the Syllabic Spelling. By Joseph Edkins. (*China Review*, VII, pp. 73/74.)

— Notes on some Chinese Words. By J. Edkins. (*China Review*, XI, pp. 248/252, 313/318.)

— The Chinese old Language. By Joseph Edkins. (*China Review*, XIII, pp. 1/5.)

— Note in reference to Mr. Parker's article on the old Language. By J. Edkins. (*China Review*, XIII, pp. 297/298.)

— Chinese Word studies. By Joseph Edkins. (*China Review*, XIII, pp. 324/331.)

— Phonetic value of a Circle or Oval. By J. Edkins. (*China Review*, XIV, pp. 212/213.)

— Note on 忍 *Jen* and 梁 *Liang*. By J. Edkins. (*China Review*, XIV, pp. 214/215.)

— Note on 旨 *Ham*. By Joseph Edkins. (*China Review*, XIV, pp. 228/229.)

— Evolution of the Chinese Language. By Joseph Edkins. (*China Review*, XV, pp. 243/244.)

— On certain Phonetics. By Joseph Edkins. (*China Review*, XV, p. 244.)

— The Old Initials. By J. Edkins. (*China Review*, XV, p. 311.)

— Twan Yu ts'ai's Fifteenth Class. By J. Edkins. (*China Review*, XV, pp. 312/313.)

— All Roots labial. By Joseph Edkins. (*China Review*, XVI, pp. 48/49.)

— Evolution of the Pronoun. By Joseph Edkins. (*China Review*, XVI, pp. 49/53.)

— Notes on Words. By J. Edkins. (*China Review*, XVI, pp. 53/54.)

— Expression of the Conditional. By J. Edkins. (*China Review*, XVI, p. 54.)

— The Word *Kai* 該. By J. Edkins. (*China Review*, XVI, p. 120.)

— The Word for *chin*. By J. Edkins. (*China Review*, XVI, p. 121.)

— Words for the Head and Palate. By J. Edkins. (*China Review*, XVI, p. 121.)

— On some words in the departing tone. By J. Edkins. (*China Review*, XVI, pp. 181/182.)

— Notes on Words. By J. Edkins. (*China Review*, XVII, No. 1, pp. 49/50.)

— The Transition from the lip to the throat letters. By J. Edkins. (*China Review*, XVII, No. 1, pp. 50/51.)

— The Genesis of *S* and *Sh*. By J. Edkins. (*China Review*, XVII, No. 2, p. 113.)

— Lan-cheu Dialect. By J. Edkins. (*China Review*, XVII, No. 3, pp. 173/174.)

— Dialect of Kansu. By J. Edkins. (*China Review*, XVII, No. 3, pp. 174/175.)

— Chinese words ending in *P*. By Joseph Edkins. (*China Review*, XVII, No. 3, pp. 176/184.)

— Tones. By J. Edkins. (*China Review*, XVIII, No. 1, p. 61.)

— To fly and to float. By J. Edkins. (*China Review*, XIX, 1890, No. 3, pp. 189/190.)

— Priority of Labial Letters illustrated in Chinese Phonetics. By the Rev. J. Edkins, D. D., Peking, Hon. Member R. A. S. (*Journ. R. As. Soc.*, N. S., Vol. XIX, Art. VII, April, 1887, pp. 207/222.)

— Physiology in the Shanghai Dialect. By J. Edkins. (*Journ. C. B. R. A. S.*, XXI, N. S., 1886, pp. 106/108.)

— Chinese Term for Bar. By J. Edkins. (*Journ. C. B. R. A. S.*, XXI, N. S., 1886, pp. 108/109.)

— Evolution of final *K* and *T* out of *P*, and of *T* out of *K*. By Rev. J. Edkins, D. D. (*Chin. Recorder*, XVII, March 1886, pp. 90/93.)

JOHN CHALMERS.

— The Structure of Chinese characters. By John Chalmers. By J. H. Stewart Lockhart. (*China Review*, XII, pp. 1/4.)

— The Character 井. By J. Chalmers. (*China Review*, XIV, pp. 296/297.)

— Final Consonants in Chinese. By J. Chalmers. (*China Review*, XV, pp. 133/134.)

G. SCHLEGEL. — Over het belang der Chineesche Taalstudie. — Redevoering bij de aanvaarding van het hoogleeraarsambt aan de hoogeschool te Leiden uitgesproken den 27sten October 1877, door Dr. G. Schlegel. Leiden, E. J. Brill. 1877, in-8, pp. 25.

— Secret Languages in Europe and China. By G. Schlegel. (*T'oung Pao*, II, Juin 1891, p. 161.)

— On the Causes of Antiphrasis in Language, by G. Schlegel. (Read before the 9th International Congress of Orientalists held in London 1 to 10 Sept. 1891.) (*T'oung Pao*, II, Nov. 1891, pp. 275/287.)

Lettre sur le même sujet et en réponse, par le Dr. Carl Abel, *Ibid.*, II, Janv. 1892, pp. 458/9.

— The word "Good Faith" (信) in Commissioner Lin's Proclamation of 18th March 1839. By G. Schlegel. (*T'oung Pao*, III, Mars 1892, pp. 67/73.)

— Coining of New Chinese Terms. (*T'oung Pao*, III, mai 1892, pp. 183/4.)

HERBERT A. GILES.

— The character 番 or 番. By Herbert A. Giles. (*China Review*, VII, pp. 24/32.)

— A difficult Passage. By H. A. Giles. (*Journ. C. B. R. A. S.*, XX, N. S., 1885, p. 280.)

— Translation of two Chinese Familiar Letters. By H. A. Giles. (*Journ. C. B. R. A. S.*, XX, N. S., 1885, pp. 280/282.)

— Critical Notes on some Translations from the Chinese, by Mr. Parker. By Herbert A. Giles. (*Journ. C. B. R. A. S.*, XXI, N. S., 1886, pp. 113/116.)

E. H. PARKER.

— The Pekingese *Ju-Shêng*. By Edward Harper Parker. (*China Review*, VII, pp. 117/120.)

— The Pekingese Syllables *Sẽu*, *tzŭ*, *shih*, *jih* and *chih*. By E. H. Parker. (*China Review*, VII, pp. 408/412.)

— New Foochow Colloquial Words. By E. H. Parker. (*China Review*, VII, pp. 415/418.)

— New Cantonese Words. By E. H. Parker. (*China Review*, VIII, pp. 18/22.) Jabez. (*Ibid.*, pp. 255/256.)

— Canton Syllabary. By Edward Harper Parker. (*China Review*, VIII, pp. 363/382.)

— Foochow Syllabary. By Edward Harper Parker. (*China Review*, IX, pp. 63/82.)

— Characterless Chinese Words. By E. H. Parker. (*China Review*, IX, pp. 85/88.)

— The Dialect of Eastern Sz ch'uan. By E. H. Parker. (*China Review*, XI, pp. 112/120.)

— The Dialect of Yangchow. By E. H. Parker. (*China Review*, XII, pp. 9/17.)

— The Wênchow Dialect. By E. H. P. (*China Review*, XII, pp. 162/175, 377/389.)

— More about the old Language of China. By E. H. Parker. (*China Review*, XIII, pp. 114/117.)

— The Ningpo Dialect. By E. H. Parker. (*China Review*, XIII, pp. 138/160.)

— Precision of the Chinese Language. By E. H. Parker. (*China Review*, XIV, p. 110.)

— Foreign Languages in China. By E. H. Parker. (*China Review*, XIV, p. 110.)

— The Mandarin Dialects. By E. H. Parker. (*China Review*, XIV, p. 171.)

— Models of Style. By E. H. Parker. (*China Review*, XIV, p. 172.)

— Chinese Terms. By E. H. Parker. (*China Review*, XIV, p. 216.)

— Sanskrit Terms. By E. H. Parker. (*China Review*, XIV, p. 216.)

— Dialectic Changes. By E. H. Parker. (*China Review*, XIV, p. 223.)

— Local Terms. By E. H. Parker. (*China Review*, XIV, p. 224.)

— Tartar Terms. By E. H. Parker. (*China Review*, XIV, p. 224.)

— Idiomatic Phrases. By E. H. Parker. (*China Review*, XIV, pp. 227/228.)

— Idiomatic Phrases. By E. H. Parker. (*China Review*, XV, p. 51.)

— Verbs in suspension. By E. H. Parker. (*China Review*, XV, p. 54.)

— The terms Shen-k'i, Kuh-Shen, Kiah-yuh, T'iao-chi, Yueh-chi, Tartar, Tugh, Tengri, Khatun, Beg, Protest, and Seven Arts. By E. H. Parker. (*China Review*, XV, pp. 185/186.)

— Phonetic Changes. By E. H. Parker. (*China Review*, XV, p. 188.)

— Mana Books. By E. H. Parker. (*China Review*, XV, p. 251.)

— Terms for Temple and City. By E. H. Parker. (*China Review*, XV, p. 253.)

— The terms *I* and *Tih*. By E. H. Parker. (*China Review*, XV, p. 253.)

— Peculiar Terms. By E. H. Parker. (*China Review*, XVI, p. 126.)

— Idiomatic Phrases. By E. H. Parker. (*China Review*, XVI, pp. 127/128.)

— Idiomatic Phrases. By E. H. Parker. (*China Review*, XVI, pp. 183/186.)

— Typhoon Mother. By E. H. Parker. (*China Review*, XVII, No. 1, p. 51.)

— Words in the entering tone. By E. H. Parker. (*China Review*, XVII, No. 1, p. 51.)

— Idiomatic Phrases. By E. H. Parker. (*China Review*, XVII, No. 1, pp. 52/53.)

— Monsoon. By E. H. Parker. (*China Review*, XVII, No. 1, p. 54.)

— Strange Terms. By E. H. Parker. (*China Review*, XVII, No. 2, p. 114.)

— Bad Language. By E. H. Parker. (*China Review*, XVII, No. 2, p. 114.)

— Unauthorized Characters. By E. H. Parker. (*China Review*, XVII, No. 2, p. 114.)

— Unauthorized Characters. By E. H. Parker. (*China Review*, XVIII, No. 1, p. 54.)

— Chinese idiomatic expressions. By E. H. Parker. (*China Review*, XVIII, No. 4, p. 264.)

— A Tientsin Saying. By E. H. Parker. (*China Review*, XVIII, No. 5, p. 320.)

— A Soundless Character. By E. H. Parker. (*China Review*, XVIII, No. 5, p. 320.)

— The Term 邸報. By E. H. Parker. (*China Review*, XVIII, No. 5, p. 320.)

— Idiomatic Phrases. By E. H. P. (*China Review*, XVIII, No. 5, pp. 320/321.)

ÉCRITURE.

OUVRAGES DIVERS.

— *Pièces relatives à l'inscription sur le buste d'Isis à Turin*, in-folio.

British Museum, Ms. *Add.*, 21416. Cf. *Revue de l'Extrême Orient*, II, No. 4, 1884, p. 579.

Contient :

1) Pièce relative à certaines revendications de De Guignes contre Needham.

2) Lettre de R. Sanches.

3) 5 lettres autographes de Needham.

Puis des certificats; des lettres de Bartoli; un extrait d'une lettre de M. Yang, missionnaire en Chine, datée de Canton, 29 décembre 1767, adressée à Bertin; let. autog. de'Deshauterayes à De Guignes; Copie de la lettre sur les caractères chinois du P. Cibot et non du père Amiot comme le dit le manuscrit, des pl. de caractères, publié à Bruxelles, 1773, in-4.

C'est le dossier le plus complet qui existe sur la question.

— Descrizione delle carte Cinesi che adornano il palazzo della villa Valenti poi sciarra presso Porta Pia dedicata da Francesco Cancellieri agli ornatissimi sposi Perugini il sig. barone Fabrizio della Penna Crispolti e la signora contessa Terdelinda Cesarei. Roma, per Luigi Perego Salvioni, MDCCCXIII, in-12, pp. 44.

— Ganz neuer Versuch auch freien Denkern aus der Chinesischen Schriftsprache eine symbolische Ansicht zu eröffnen unter welcher das Gemüth empfänglicher wird für das Geheimnisz der christlichen Dreieinigkeit, von J. C. F. Meister, . . . Leipzig . . . 1816, in-8, pp. x-52.

* J. F. Davis. — Eugraphia Sinensis; or the Art of Writing the Chinese Character with Correctness, contained in 92 Rules and Examples. London, 1826, in-4, pp. 9, 8 pl.

Extrait.

— Notizie riguardanti i geroglifici ebraici e Chinesi dal dilettante David Luzzati. Firenze, 1828, in-4.

— Discoveries in Chinese or the Symbolism of the Primitive Characters of the Chinese System of Writing as a Contribution to Philology and Ethnology and a Practical aid in the acquisition of the Chinese Language. By Stephen Pearl Andrews. New York, published by Charles B. Norton, 1854, in-12, pp. 137.

(ÉCRITURE.)

JOSEPH EDKINS. — Introduction to the Study of the Chinese Characters. By J. Edkins, D. D. Peking, China, London : Trübner & Co. 1876, in-8, pp. XVI + 2 ff. n. c. + pp. 211 + pp. III pour l'*English Index* + pp. 103 pour l'*app*.

L'œuv. est imprimé par Stephen Austin and Sons, Hertford, sauf l'app. imp. à Genève par F. Turrettini.

— On the ancient Form of Chinese Characters. By J. Edkins. (*China Review*, XVI, pp. 179/181.)

— Cuneiform Writing in China. By J. Edkins. (*China Review*, XIX, 1890, No. 1, pp. 56/57.)

— The ancient Tadpole Writing was Cuneiform. By J. Edkins. (*China Review*, XIX, 1891, No. 4, pp. 255/6.)

JOHN CHALMERS. — An Account of the Structure of Chinese Characters Under 300 Primary Forms; After the *Shwoh-wan*, 100, A. D., and the Phonetic *Shwoh-wan*, 1833. By John Chalmers, M. A., LL. D., Ab. London : Trübner & Co. China : Kelly & Walsh, Hongkong and Shanghai. Aberdeen : John Avery & Co. 1882, in-8, pp. x-199.

— Chinese Running Hand. By John Chalmers. (*China Review*, VII, pp. 301/305.)

— The six Modes of Development of the Chinese written language — 六書. By J. Chalmers. (*China Review*, XVI, pp. 10/18.)

Voir col. 1831.

— On the term 轉注 *Chuan chu* as applied to Chinese Characters. Translated from the Introduction to the Phonetic *Shuo-wên* (1833). — Perhaps the latest and best native Exposition of the Question. By John Chalmers. (*China Review*, XVI, pp. 25/31.)

DIVERS.

— Tableau synoptique en 33 langues des dix premiers nombres cardinaux par l'abbé Louis Martin, prêtre du diocèse de Saint-Brieuc, élève titulaire de l'Ecole pratique des hautes études d'histoire et de philologie de la Sorbonne. CHINOIS, JAPONAIS, MALAIS, feuillet in-4.

— On the History of the Archaic Chinese Writing and Texts. (Extracted from "The Oldest Book of the Chinese and its Authors" in the Journal of the Royal Asiatic Society, Vol. XIV. Pt. IV, pp. 798—806.) By Terrien de La Couperie, M. R. A. S. London, 1882, br. in-8, pp. 11.

Voir col. 1772.

— Did Cyrus introduce Writing into India? By Dr. Terrien de Lacouperie, Professor of Indo-Chinese Philology, (University College, London). London : Published at 51, Knowle Road, Brixton; and by D. Nutt, br. in-4.

[Reprinted from *the Babylonian & Oriental Record*, Vol. I, No. 4.]

(ÉCRITURE.)

— A New Writing from S. W. China. By A. Terrien de Lacouperie. (*Academy*, 9th Feb. 1887.)

— The Non-Chinese Writings of China and Central Asia. Abstract of a Lecture before the Philological Society, 6th March 1891, by Prof. Terrien de Lacouperie. (*T'oung Pao*, II, Avril 1891, pp. 89/90.)

* Sieblist. — Die Schrift der Chinesen. (*Archiv für Post und Telegraphie*, 1887, pp. 369/376.)

— The Nüchens in China. By E. H. Parker. (*China Review*, XVI, pp. 242/243.)

— Chinese current Li Hand. By E. H. Parker. (*China Review*, XIX, 1891, No. 5, p. 326.)

— How to write Chinese. Part I. Containing General Rules for Writing Chinese, and Particular Directions for Writing the Radicals. By J. Dyer Ball . . . . Kelly & Walsh, Hongkong, ... 1888, in-8, pp. 25-76-4-VIII-VI + 5 ff. de caractères chinois. Pub. à Dol. 2.

— How to write the Radicals, by J. Dyer Ball, M. R. A. S., etc., of Her Majesty's Civil Service, Hongkong. Hongkong : Printed by Kelly & Walsh, 1888, in-12, pp. 40/7/XI. Pub. à 75 cents.

Abrégé de *How to write Chinese*.

— Prehistoric China. By Ernst Faber, Dr. Theol. (*Jour. China Br. R. As. Soc.*, XXIV, N. S., 2, 1889—1890, pp. 141/220.)

— A System of Chinese Short-hand. By the Rev. Alex. Gregory, M. A., Amoy. (*Chin. Rec.*, XXIII, Jan. 1892, pp. 20/22.)

— Ministère de l'Instruction publique et des beaux-arts — *Histoire de l'Ecriture dans l'Antiquité* par M. Philippe Berger. Paris, Imprimerie Nationale. — MDCCCXCI, in-8, pp. XVIII—389.

Il y a une 2e édition, in-4, de cet ouvrage.

ESSAIS POUR REPRÉSENTER LES CARACTÈRES CHINOIS.

1° IMPRIMERIE.

— Exemplvm Typographiae Sinicae Figvris Charactervm e typis mobilibvs compositvm. a Ioh. Gottlob Imman. Breitkopf. Lipsiae e typographeo Avtoris MDCCLXXXIX. Pièce in-4 de 4 ff.

— Two lists of selected Characters containing all in the Bible and twenty seven other books with introductory remarks by William Gamble. Shanghai : Presbyterian Mission Press, 1861, 1 *peun* chinois.

Au Musée Guimet. — Voir col. 801.

— Western Appliances in the Chinese Printing Industry. By F. Hirth. (*Jour. China Br. R. As. Soc.*, N. S., Vol. XX, Shanghai, 1886.)

(ECRITURE.)

— Les origines de l'imprimerie dans l'Extrême-Orient, par Ach. Peuvrier. (*Mém. Soc. Sinico-jap.*, etc., VI, Juillet 1887, pp. 181 à 186.)

— The inventor of Printing. By E. H. Parker. (*China Review*, XV, p. 184.)

— E. H. Parker, *China Review*, XIX, 6, p. 395.

— Tchong-kit; the inventor of Letters, and Tchoy-chung, the inventor of Printing. (*Lond. & China Express*, Jan. 27, 1888, pp. 89/90.)

— Imprimerie nationale. — Catalogue des signes chinois corps 10. Paris, Imprimerie nationale. — MDCCCLXXXIX, in-8, pp. 115.

— Die Buchdruckerkunst in China. (*Archiv f. Post u. Tel.*, 1890, 22, pp. 700—2 ; d'après l'*Ostasiat. Lloyd*.)

— Edg. Alston. — Literature and Typography in China. (*Book-Lore*, No. 31, pp. 15/20.)

.˙.

— Mode d'estampage usité en Chine. Par G. Devéria. (*Rev. de l'Ext. Orient*, I, 1882, No. 1, pp. 142/144.)

AMERICAN PRESBYTERIAN MISSION PRESS.

— A Descriptive Catalogue of the Publications of the Presbyterian Mission Press. Shanghai. 1861, br. in-8, pp. 10.

— Catalogue of the Publications of the American Presbyterian Mission Press. — Shanghai : — 1871, br. in-8, pp. 8.

— Catalogue of Books in the Depository of the Presbyterian Mission Press at Shanghai, May 1, 1876. — Shanghai : Presbyterian Mission Press. — 1876, br. in-8, pp. 16.

— Catalogue of Books printed at the Ningpo Mission Press, and for sale at the Depository of the Presb. Mission Shanghae. — Specimens of Chinese Type in use at the Printing Office of the Presbyterian Mission Ningpo. Pièce in fol. de 2 ff. n. c. papier bleu, s. l. n. d.

— The Annual Report of the Presbyterian Mission Press at Shanghai, for the year ending 30th September 1868. Shanghai : 1868, br. in-8, 5 ff. n. ch., couv.

— Annual Report of the Presbyterian Mission Press, at Shanghai, for the year ending September 30, 1873. — 1873, br. in-8, pp. 15.

— Annual Report of the Presbyterian Mission Press, at Shanghai, for the Year ending December 31, 1874. — 1874, br. in-8, pp. 25.

— The Mission Press in China. By Rev. W. S. Holt. (*Chinese Recorder*, X, 1879, pp. 206/219, 270/275.)

2° TÉLÉGRAPHIE.

— V. [Not printed for sale.] Aerial Telegraph to Hong-kong and the open Ports of China, and a new Commerce with the vast West

(ECRITURE.)

60

of that Empire, across Eastern-Pegue, from Rangoon. By Captain Richard Sprye and Reynell-Hele-Fowell Sprye, Esq. London : 1862, br. in-8, pp. 35.

— Le télégraphe en Chine et au Japon. Par C. G[réminaux]. (*Annales de l'Ext. Orient*, 1881—1882, IV, pp. 230/233.)

(ECRITURE.)

— Dr. Macgowan on alleged Chinese Telephones. By X. Y. Z. (*China Review*, XIV, pp. 164/166.)
— Chinese Despatch Style adopted in Modern Telegraphy. (*China Review*, XIII, p. 429.)
— Telegraphy in China. By Rev. Chas. Leaman. (*Chin. Rev.*, XVIII, 1887, pp. 409/418.)
— Les Télégraphes en Chine. Par A. A. Fauvel. (*Revue française de l'Etranger*, 1891, pp. 205/7, carte.)

(ECRITURE.)

LITTÉRATURE

TSAI-TSEU-CHOU 才子書

1°. SAN KOUO TCHE 三國志

— A Deep-laid Plot and a Love Scene — from the San-Kuo. By C. H. Brewitt-Taylor. (*China Review*, XX, No. 1, pp. 33/35.)

4° PING CHAN LING YEN 平山冷燕

— Contes chinois. — Les Hirondelles blanches — les Pivoines avec étude sur la littérature chinoise. Paris, Henri Gautier, s. d., br. in-12, pp. 32.

Forme le No. 77 de la *Nouvelle Bibliothèque Populaire* à 10 Centimes.

Les *Hirondelles blanches* sont tirées des *Deux jeunes filles lettrées*, voir col. 807; et *les Pivoines* ont été traduites par T. Pavie, voir col. 814.

5° CHOUI HOU TCHOUAN 水滸傳

佛牙記 — Il dente di Budda racconto estratto dalla *Storia delle spiagge* e letteralmente tradotto dal cinese da Alfonso Andreozzi. Firenze, Giovanni Dotti, Editore, 1883, in-8, pp. 114.

Trad. du *Sciui-hu-ciuen*, dit la préface.

ROMANS, CONTES ET NOUVELLES.

今古奇觀 KIN KOU KI KOUAN.

Notices par Henri Cordier : *Bibliotheca Sinica*, col. 809—812. — *Trois Nouvelles chinoises*, ... par le Mis d'Hervey-Saint-Denys, pp. XII-XVII. — *T'oung Pao*, I, No. 3, Oct. 1890, pp. 266/273 ; il a été fait un tirage à part de ce dernier article, br. in-8, pp. 8.

Recueils.

— Contes Chinois, traduits par MM. Davis, Thoms, le P. d'Entrecolles, etc., et publiés par M. Abel-Rémusat. A Paris, chez Moutardier, 1827, 3 vol. in-18; grav. en tête de chaque vol. :

I. Avant-propos, pp. V-XI.
L'héroïsme de la piété filiale, pp. 3—129.
Les tendres époux, pp. 133—240.
II. L'Ombre dans l'eau, pp. 7—64.
Les trois Frères, pp. 65—127.
Le Crime puni, pp. 129—147.
La Calomnie démasquée, pp. 151—212.
Histoire de Fan-hi-tcheou, pp. 214—225.
III. San-iu-leou ou les trois étages consacrés, pp. 7—96.
Les deux jumelles, pp. 99—142.
La Matrone du pays de Soung, pp. 144—197.

On trouve des ex. avec *seconde édition* sur la couverture extérieure qui porte également la mention : Imprimerie de Gaultier-Laguionie, hôtel des Termes.

— Chinesische Erzählungen. — Herausgegeben durch Abel Remusat und deutsch mitgetheilt von *r. Leipzig, Ponthieu, Michelsen & Comp. — 1827, 3 vol. in-12.

Mêmes grav. que dans l'éd. française.

— Choix de Contes et Nouvelles traduits du chinois par Théodore Pavie. Paris, B. Duprat, 1839, in-8, pp. VIII-299.

Avertissement. — Les pivoines. — Les pivoines, histoire bouddhique. — Le poète Ly Tai-pe, nouvelle. — Le Bonze Kai-Tsang, sauvé des eaux, histoire bouddhique. — Le Lion de Pierre, légende. — La légende du Roi des Dragons, histoire bouddhique. — Les Renards-Fées, conte Tao-sse. — Le Luth brisé, nouvelle historique.

— Kin-ku Ki-kuan. Neue und alte Novellen der Chinesischen 1001 Nacht. Deutsch von Eduard Grisebach. Stuttgart, Gebrüder Kröner, 1880, pet. in-8, pp. xv-145.

— Chinesische Novellen. — Die seltsame Geliebte ‖ das Juwelenkästchen ‖ deutsch, mit einer bibliographischen Notiz von Eduard Grisebach. Leipzig, Verlag von Fr. Thiel, 1884, in-16, pp. 121.

Imprimé par W. Drugulin.

— Trois Nouvelles chinoises traduites pour la première fois par le Marquis d'Hervey-Saint-Denys, Membre de l'Institut. Paris, Ernest Leroux, 1885, in-18, pp. XVII-220.

Contient : Avertissement. — Nouvelles du *Kin kou ki kouan* traduites et publiées jusqu'à ce jour. — Les Alchimistes. — Comment le Ciel donne et reprend les richesses. — Maringe forcé.

Forme le Vol. XLV de la *Bibliothèque Orientale Elzévirienne*.

— La Tunique de Perles, un Serviteur méritant, et Tang le Kiaï-youen. Trois nouvelles chinoises traduites pour la première fois par le Marquis d'Hervey - Saint - Denys, Membre de l'Institut. Paris, E. Dentu, 1889, in-12, pp. VIII-247.

Notice par G. Schlegel, *T'oung Pao*, I, No. 1, avril 1890, pp. 79/86.

— Six Nouvelles nouvelles traduites pour la première fois du Chinois par le Marquis d'Hervey - Saint - Denys, de l'Institut de

France . . . . . Paris, J. Maisonneuve, 1892, pet. in-8, pp. VIII-333 + 1 f. n. c. p. l. tab.

Forme le Tome XXX de *les Littératures populaires.*

Notices par Henri Cordier, *T'oung Pao*, IV, mai 1893, pp. 233/235; et *Bul. géog. hist. et desc.*, 1892, No. 4, pp. 430/2.

Le Marquis Marie Jean Léon d'Hervey-Saint-Denys, né à Paris, 1823; successeur de St. Julien au Collége de France; professeur titulaire 1er juin 1874; remplaça Boutaric à l'Académie des Inscriptions, 8 fév. 1878; mort à Paris, 3 nov. 1892.

Notice par Henri Cordier, *T'oung Pao*, III, No. 5, déc. 1892, pp. 517/520.

– Chinese Stories by Robert K. Douglas. With Illustrations. William Blackwood and Sons. Edinburgh and London, MDCCCXCIII, in-8, pp. XXXVII-348.

Contient : Introduction, p. XI. — A Matrimonial Fraud, p. 3. — Within his Danger, p. 34. — The Twins, p. 82. — A twice-married Couple, p. 125. — How a Chinese B. A. was won, p. 172. — The Ming's Marriage, p. 202. — A Buddhist Story, p. 231. — Love and Alchemy, p. 321. — A Chinese Ballad, p. 265. — A fickle Widow, p. 249. — A Chinese Girl Graduate, p. 344. — The love-sicken Maiden : a Chinese Poem, p. 347.

Cinq de ces nouvelles sont tirées du *Kin-kou Ki-kouan* 今古奇觀. — Elles avaient paru dans divers recueils périodiques comme *Blackwood's Magazine*, etc.

Notice : *The Athenæum*, No. 3401, Dec. 31, 1892, p. 909.

.·.

Voici la liste des quarante contes que comprend le 今古奇觀:

1º 三孝廉讓產立高名
– Story of the three unselfish Literati. By R. W. Hurst. (*China Review*, XV, pp. 78—90.)

2º 兩縣令競義婚孤女
– L'Orpheline.

Expliqué par M. le Mis d'Hervey-Saint-Denys au Collége de France; n'a pas été publié par lui.

Mr. C. Gardner a traduit et lu ce conte à la deuxième conférence de Ningpo, le 9 oct. 1868, et un extrait de sa traduction est donné dans le *N. C. Herald*, oct. 17, 1868.

– Story of a Chinese Cinderella. [Being a translation of the second tale contained in the *Chin ku Ch'i kuan*.] By R. W. Hurst. (*China Review*, XV, pp. 221—233.)

3º 滕大尹鬼斷家私
– Le Portrait de famille.

Traduit par Stanislas Julien, à la suite de son édition de l'*Orphelin de la Chine* (Paris, 1834) et dans ses *Avadânas* (Paris 1859, 3 vol. in-16). — Inséré dans la *Gazette littéraire*, 9, 16 et 23 déc. 1880.

4º 裴晋公義還原配
– Comment le mandarin Tan-pi perdit et retrouva sa fiancée. (*Six Nouvelles nouvelles* . . . . par le Marquis d'Hervey-Saint-Denys, pp. 117/152.)

5º 杜十娘怒沉百寶箱
– The Casket of Gems. — Translated from the Chinese by Samuel Birch Esq., LL. D. (*The Phœnix*, I, pp. 69, 88, 105.)

(KIN KOU KI KOUAN.)

Tirage à part : London : Published at the Office of the *Phœnix*, 1872, in-12, pp. 44.

– Tu-schi-niang wirft entrüstet das Juwelen-kästchen in die Fluten. (*Chinesische Novellen* . . . . von Eduard Grisebach . . . . Leipzig, 1884, pp. 31 et seq.)

6º 李謫仙醉草嚇蠻書
– Le Poète Ly-Tai-Pe, nouvelle.

Dans le recueil de *Contes et Nouvelles* de T. Pavie.

7º 逞多財白丁橫帶
Numéroté 40 dans les anciennes éditions.

8º 灌園叟晚逢仙女
– Les Pivoines.

Dans le recueil de *Contes et Nouvelles* de Théodore Pavie.

La version de Pavie a été mise en anglais par G. T. Olyphant dans *The Chinese Repository*, XX, pp. 225—246.

Publié également dans les *Contes chinois* de la *Nouv Bibliothèque populaire* à 10 cent., voir supra col. 1859.

9º 轉運漢巧遇洞庭紅
10º 看財奴刀買寃家主
– Richesse mal acquise.

Expliqué par M. le Mis d'Hervey-Saint-Denys au Collége de France et publié, pp. 71—139, de *Trois Nouvelles* du Mis d'Hervey-Saint-Denys, sous le titre de : *Comment le Ciel donne et reprend les richesses.*

11º 吳保安棄家贖友
– Véritable amitié. (*Six Nouvelles nouvelles* . . . . par le Marquis d'Hervey-Saint-Denys, pp. 155/193.)

12º 羊角哀捨命全交
– Yang-kio-ngai fait le sacrifice de sa vie par dévouement pour un ami.

Expliqué par S. Julien au Collége de France; n'a pas été publié.

– Friends till Death. By Samuel Birch.

Au sujet de cette nouvelle, M. d'Hervey-Saint-Denys m'écrivait : «Sur un exemplaire du *Kin kou ki kouan* ayant appartenu à M. Julien et que je possède, M. Julien a écrit au crayon au-dessous du titre de cette nouvelle 12 : *Traduit par Julien, lue à la Société Asiatique. Insérée dans* . . . . (malheureusement l'inscription au crayon qui suit est effacée que je ne parviens à la déchiffrer).» — Au-dessous on lit encore de la main de M. Julien : *J'en ai perdu le manuscrit.*

13º 沈小霞相會出師表
14º 宋金郎團圓破氈笠
– Les tendres époux.

Dans le recueil de *Contes* de Rémusat. I, pp. 139—240.

– The Affectionate Pair, or the History of Sung-kin. — A Chinese Tale. — Translated from the Chinese, by P. P. Thoms, Printer in the Service of the Hon. East India Company, China. — London : Printed for Black . . . . 1820, in-12, pp. IV-104.

Voir col. 816.

(KIN KOU KI KOUAN.)

15° 盧太學詩酒傲公侯
16° 李汧公窮邸遇俠客
17° 蘇小妹三難新郎
18° 劉元普雙生貴子
19° 俞伯牙碎琴謝知音

— Le Luth brisé, nouvelle historique.

Dans le recueil de *Contes et Nouvelles* de T. Pavie.

— Yu-Pe-ya's Lute. A Chinese tale, in English Verse. By Augusta Webster. London: Macmillan, 1874, pet. in-8, pp. 64 s. le tit. et la préf.

Trad. libre de la version de Pavie. — Pub. à 3s. 6d.
Notice dans *The China Review*, III, pp. 184—6.

— The Broken Lute or Friendship's last Offering. (Translated from the Chinese.) By L. M. F(ay). (*The Far East*, Vol. III, 1877.)

20° 莊子休鼓盆成大道

— La Matrone du pays de Soung. Trad. par le P. Dentrecolles.

Dans le recueil de Rémusat, III, pp. 144—197. — Avait d'abord paru dans la *Desc. de la Chine*, de Du Halde, Paris, 1735, III, pp. 324—338. — Voir Grosier, *Desc. de la Chine*, VII, pp. 342 et seq.

— The Chinese Matron. From the French Version published by P. Du Halde, pp. 19—86 de « The Matrons. Six short Histories. London, Dodsley, MDCCLXII », in-16.

Ce petit recueil comprend « The Ephesian, the Chinese, the French, the British, the Turkish, and the Roman Matrons ».

— La Matrone du Pays de Soung. — Les deux Jumelles (contes chinois) avec une préface par E. Legrand, Professeur de l'Enseignement supérieur. Paris, A. Lahure, MDCCCLXXXIV, gr. in-8, pp. xxx-100 + 2 ff. n. c. pour la table.

À la fin, pp. 77 et seq. un app. renferme la *Matrone d'Ephèse*, de Pétrone, la *Matrone d'Ephèse* de La Fontaine, le *Nez*, ext. de *Zadig*. La trad. des contes chinois est celle qui a été donnée dans le recueil de Rémusat. Ce vol. est le 3ᵉ de la *Collection Lahure*; il est illustré de fig. coloriées par Poirson; il a été tiré 225 ex. sur Japon, à 250, 175 et 100 fr.

— The Chinese Widow. Translated from the Chinese by Samuel Birch, Esq. LL. D. London. Published at the Office of the *Phœnix*, 3 George Yard, Lombard Street, 1872, in-12, pp. 26.

— La Veuve, conte chinois. D'après la version anglaise de Mr. le Docteur S. Birch, par F. Chabas de Chalon-sur-Saône. Chalon-sur-Saône, Imprimerie L. Landa, s. d., in-12, pp. v-32.

— Die Treulose Wittwe. Eine Chinesische Novelle und ihre Wanderung durch die

(KIN KOU KI KOUAN.)

Weltlitteratur von Eduard Grisebach. Wien, Verlag von L. Romer, 1873, pet. in-8, pp. 137.

Les pp. 37—137 renferment : « Die Wanderung der Novelle von der treulosen Wittwe durch die Weltlitteratur ».

— Die Treulose Witwe. Eine Chinesische Novelle und ihre Wanderung durch die Weltliteratur von Eduard Grisebach. Dritte umgearbeitete Auflage. Stuttgart, Verlag von A. Kröner, 1877, in-16, pp. 128.

— A Fickle Widow. Adapted from the Chinese. (*Chinese Stories*, ... by R. K. Douglas, pp. 249/264.)

— Dans le supplément littéraire du *Figaro* du samedi 31 janvier 1891, Madame Judith Gautier a donné une adaptation de ce conte sous le titre de : *L'éventail de deuil*, Conte chinois.

21° 老門生三世報恩
22° 鈍秀才一朝交泰
23° 誇妙術丹客提金

— Les Alchimistes. (*Trois Nouvelles* du Mᶦˢ d'Hervey-Saint-Denys, pp. 1/70.). Numéroté 39 dans les anciennes éditions.

— Love and Alchemy. (*Chinese Stories*, ... by R. K. Douglas, pp. 321/343.)

24° 陣御史巧勘金釵鈿

— Une cause célèbre. (*Six Nouvelles nouvelles* ... par le Marquis d'Hervey-Saint-Denys, pp. 257/333.)

25° 徐老僕義憤成家

— Un Serviteur méritant. (La Tunique de Perles..... Trois nouvelles chinoises..... par le Mᶦˢ d'Hervey-Saint-Denys.) — Avait paru dans les *Mémoires de la Soc. Sinico-Japonaise*, Avril 1887, pp. 65—88; Juillet 1887, pp. 154—175.

26° 蔡小姐忍辱報讎

— L'Héroïsme de la Piété filiale. Trad. par S. Julien.

Dans le recueil de *Contes* de Rémusat. I, pp. 3—129.

— Nobilia filia *Ça siao kie* passa verecundiam ad vindicandum posteà. Ms. pet. in-4, sur pap. chinois, composé de 26 feuillets, rel. en carton.

« Nouvelle chinoise extraite du recueil intitulé *Kin-kou-ki-kouan* (ou Histoires merveilleuses anciennes et modernes), traduite en latin par un Chinois converti nommé Abel-yen. Ce manuscrit est autographe, comme on peut le juger d'après la note suivante, qu'on lit sur le dernier feuillet, et qui peut servir à donner une idée des progrès du traducteur dans la langue latine :

Obtuli hunc librum domino Gen ... doctori (sic) *de la frangata francesa dicta Fils de France, etc.*

Amicus intimus Abel-yen filius de Peking de imperio Sinarum.

Cette nouvelle a été traduite en français sur l'original par M. Julien, et se trouve la première du recueil intitulé *Contes*

(KIN KOU KI KOUAN.)

Chinois. Il est question de ce ms. dans la préface de ce recueil. (*Cat. Rémusat.* No. 1681).»

27° 錢秀才錯占鳳凰儔

— Mariage forcé. (Pp. 141—228, de *Trois Nouvelles* du Mis d'Hervey-Saint-Denys.)

28° 喬太守亂點鴛鴦譜

29° 懷私怨狠僕告主

— Le Crime puni.

Dans le Recueil de Rémusat, II, pp. 129—147.

— Within his Danger. (*Chinese Stories* .... by R. K. Douglas, pp. 34/81.)

30° 念親恩孝女藏兒

— La Calomnie démasquée.

Dans le Recueil de Rémusat, II, pp. 151—212.

31° 呂大郎還金完骨肉

— Les Trois Frères.

Dans le Recueil de Rémusat, II, pp. 65—127.

32° 金玉奴棒打薄情郎

— Femme et mari ingrats. (*Six Nouvelles nouvelles* .... par le Marquis d'Hervey-Saint-Denys, pp. 3/45.)

33° 唐解元玩世出奇

— Le mariage du licencié Thang.

Même remarque que pour le No. 2; publié sous le titre de:

— Tang, le Kiaï-youen. (La Tunique de Perles, etc., Serviteur méritant, et Tang, le Kiaï-youen, par le Mis d'Hervey-Saint-Denys.)

— A twice-married Couple. (*Chinese Stories,* .... by R. K. Douglas, pp. 125/171.)

34° 女秀才移花接木

— La Bachelière du Pays de Chu.

Même remarque que pour le No. 2.

— Trad. en partie par G. Schlegel, en tête de son volume le *Vendeur d'huile,* voir col. 1866.

— Die seltsame Geliebte. (*Chinesische Novellen* ... von Eduard Grisebach ...., pp. 5 et seq.)

— A Chinese Girl Graduate. (*Chinese Stories,* .... by R. K. Douglas, pp. 265/320).

35° 王嬌鸞百年長恨

王嬌鸞百年長恨 *Wang keaou lwän pih nëen chăng hăn* or the lasting Resentment of Miss Keaou Lwan wang, a Chinese Tale : Founded on Fact. — Translated

(KIN KOU KI KOUAN.)

from the Original by Sloth .... Canton, 1839. Printed at the Canton Press Office, in-4, pp. VIII + 1 lith. chin. + pp. 66.

Sloth = R. Thom.

— Wang keaou Lwän Pih Nëen Chang Hân, oder die blutige Rache einer jungen Frau. Chinesische Erzählung. Nach der in Canton 1839 erschienenen Ausgabe von *Sloth* übersetzt von Adolf Böttger. Leipzig, Wilhelm Jurany, 1846, pet. in-8, pp. 111.

Notice dans le *Chinese Rep.,* VIII, pp. 54—6.

36° 十三郎五歲朝天

37° 崔俊臣巧合芙蓉屏

— Paravent révélateur. (*Six Nouvelles nouvelles* .... par le Marquis d'Hervey-Saint-Denys, pp. 197/254.)

38° 趙縣君喬送黃柑子

— Chantage. (*Six Nouvelles nouvelles* .... par le Marquis d'Hervey-Saint-Denys, pp. 49/114.)

39° 寶油郎獨占花魁

— Le Vendeur d'huile qui seul possède la Reine-de-Beauté ou Splendeurs et Misères des Courtisanes chinoises. Roman Chinois traduit pour la première fois sur le texte original par Gustave Schlegel, Docteur en Philosophie, Professeur de langue et de littérature chinoise. (Tous les droits réservés.) Leyde, E. J. Brill [et] Paris, Maisonneuve, 1877, in-8, pp. XVII-140 et 79 p. de texte chinois.

Numéroté 7 dans les anciennes éditions.

— Traduit en danois par Vigo von Schmidt.

* Jan ten Brink. — Een Chineesche roman. De vertolking von Dr. Gustaaf Schlegel. De Chineesche Klaasje Zevenster. (J. ten Brink, *Litterarische Schetsen en Kriticken,* (XII), Leïden, 1884, pp. 1/6.)

40° 蔣興哥重會珍珠衫

— Le Négociant ruiné.

Même remarque que pour le No. 2.

— The Pearl-embroidered Garment. Translated from the Chinese by Charles Carroll Esq., H. B. M. Vice-Consul, Foochow. (*The Phœnix,* N° 3, Sept. 1870, pp. 21—23.)

— La Tunique de Perles. (La Tunique de perles .... *Trois nouvelles chinoises* trad. par le Mis d'Hervey-Saint-Denys.)

Numéroté 23 dans les anciennes éditions.

∴

(KIN KOU KI KOUAN.)

聊齋誌異 LIAO-TSAI TCHE-I
par 蒲松齡 Pou Soung-ling, du 山東
Chan-toung, (XVIIIe s.).

— Voir C. F. R. Allen, col. 817.

— Strange Stories from a Chinese Studio. Translated and annotated by Herbert A. Giles, of H. M.'s Consular Service. In two volumes. London: Thos De La Rue & Co. 1880, 2 vol. in-8, pp. XXXII-432, 404.

Strange Stories . . . . = *Liao Chai Chih I.*

"The author of "Strange Stories" was a native of Tzu-chou, in the province of Shan-tung. His family name was P'u; his particular name was Sung-ling; and the designation or literary epithet by which, in accordance with Chinese usage, he was commonly known among his friends was Liu-hsien, or "Last of the Immortals. A further fancy name, given to him probably by some enthusiastic admirer, was Liu-ch'üan, or Willow Spring;" but he is now familiarly spoken of simply as P'u Sung-ling . . ." (Introd., p. XVI.)

"Of the whole [of the *Liao Chai Chih I*], I therefore selected one hundred and sixty-four of the best and most characteristic stories, of which eight had previously been published by Mr. Allen in the *China Review*, one by Mr. Mayers in *Notes and Queries on China and Japan*, two by myself in the columns of the *Celestial Empire*, and four by Dr. Williams in a now forgotten Handbook of Chinese. The remaining one hundred and forty-nine have never before, to my knowledge, been translated into English". (Introd., pp. XXIX—XXX.)

— Les Chinois peints par eux-mêmes. — Contes chinois par le général Tcheng-ki-tong. Paris, Calmann Lévy, 1889, gr. in-18, pp. VIII-340.

2e et 3e éd., 1889.

Dans une notice fort bien faite de l'adaptation de Tcheng Ki-tong (*T'oung Pao*, I, No. 1, avril 1890, pp. 76/79), le Dr. Schlegel s'est donné la peine d'identifier les contes de ce volume avec le recueil original;

1° La voix du sang	王桂菴	N° 215 du Rec. Chin.	
2° Un amour aquatique	白秋練	» 73 » »	»
3° Un Dieu complaisant	陸判	» 17 » »	»
4° Une femme de cœur	喬女	» 171 » »	»
5° Un sacrifice héroïque	青梅	» 107 » »	»
6° Les pivoines enchantées	香玉	» 50 » »	»
7° Une femme extraordinaire	俠女	» 26 » »	»
8° Un bon ennemi	仇大娘	» 85 » »	»
9° Le Vampire	畫皮	» 14 » »	»
10° La maîtresse légitime	恒娘	» 66 » »	»
11° Une princesse de l'onde	羅刹海市	» 109 » »	»
12° Chrysanthème	黃英	» 68 » »	»
13° Un rêve réalisé	雲蘿公主	» 146 » »	»
14° Une jeune rieuse	嬰寗	» 18 » »	»
15° Un bonheur dans le malheur	晚霞	» 72 » »	»
16° Malheurs dans le bonheur	張鴻漸	» 198 » »	»
17° Un nid d'amour	鞏仙	N° 119 du Rec. Chin.	
18° Un enfant terrible	崔猛	» 211 » »	»
19° L'étui merveilleux	聶小倩	» 19 » »	»
20° La lune de miel	蓮花公子	» 133 » »	»
21° La musique après la mort	宦娘	» 148 » »	»
22° Flagrant délit	金生色	» 136 » »	»
23° Avatar	珠兒	» 22 » »	»
24° La vie n'est qu'un rêve	續黃梁	» 80 » »	»
25° Le perroquet	阿寶	» 29 » »	»
26° Une avocate	辛十四娘	» 82 » »	»

金瓶梅 KIN PING MEI.

Un ex. de ce roman, relié en 3 vol. in-4 a été vendu 511 fr. à la vente de Klaproth (2e partie, No. 243); le roman en 100 livres était orné d'une double gravure à chaque livre représentant les principales scènes du roman; le catalogue portait la note suivante: «Dans ce roman, dont le titre fait allusion aux noms des trois principales héroïnes, est racontée l'histoire d'un riche droguiste et de ses intrigues amoureuses. Toute une compagnie d'hommes et de femmes y est présentée dans les différens rapports qui naissent de la vie sociale, et on les voit passer successivement par toutes les situations que l'homme civilisé peut parcourir. La traduction d'un pareil livre rendrait superflu tout autre ouvrage sur les habitudes des Chinois; malheureusement, il renferme trop de passages qui ne sauraient été reproduits dans notre langue, à cause du grand nombre d'expressions chinoises pour lesquelles on ne pourrait pas trouver de termes équivalens en latin. Sous le rapport littéraire, les Chinois regardent le *Kin ping mei* comme un chef-d'œuvre; mais les scènes que l'on y voit représentées sont d'une nature telle, que l'empereur Khang hi lança un décret de prohibition contre l'ouvrage, lorsqu'il parut pour la première fois en 1695; circonstance qui, du reste, n'a fait qu'accroître sa célébrité et, en le rendant plus rare, n'a contribué qu'à la faire rechercher davantage.» Dans cette même collection (790 fr., N° 244) il y avait une traduction mandchoue dont on écrivait: «L'auteur de cette traduction, qui, pour la beauté du style, ne le cède en rien, au dire des Chinois, à l'original, est le frère même de l'empereur, dont un décret venait d'interdire la lecture du *Kin ping mei*, comme dangereuse pour les mœurs. La date de sa publication est de la 47e année de Khang hi (1708).»

— Société Sinico-japonaise et océanienne. (Extrait des Mémoires, t. VII.) L'argot pékinois et le Kin-ping-mei par Maurice Jametel . . . . Paris, Maisonneuve, 1888, br. in-8, pp. 18.

Imp. sur papier de Chine, à la chinoise sur f. double. — Voir col. 1851.

紅樓夢 HOUNG LEOU MENG.

Voir col. 816.

— The Hung lou mêng 紅樓夢: commonly called the Dream of the Red Chamber. By Herbert A. Giles. (*Jour. China Br. R. As. Soc.*, N. S., Vol. XX, No. 1, 1885, Art. I, pp. 1/23.)

". . . the *Dream of the Red Chamber* was probably composed during the latter half of the 18th century. The name of its author is unknown. It is usually published in 24 vols 8vo, containing 120 chapters which average at the least 30 pages each, making a grand total of about 4000 pages."

— The Hung-lou-Méng. (*Jour. China. Br. R. As. Soc.*, N. S., Vol. XX, No. 2, 1885, pp. 51/52.)

«With reference to Art. 1, upon the *Hung-lou-méng* 紅樓夢, commonly called the Dream of the Red Chamber, it does not appear to have been before pointed out that the "Dream of the Red Chamber" is a wholly inaccurate translation of the Chinese title. *Hung* means "red", and *lou* means "an upper chamber", and *méng* means "a dream"; but *Hung-lou-méng* cannot be rendered by a simple English arrangement of these three meanings.

«The author of this novel, whoever he may have been, first chose 石頭記 *Record of the Stone*, as the title of his book, but soon altered it in favour of 情僧錄 *Story of a Love-lorn Priest*, in allusion to Pao-yü. Later on, a Shantung man, named K'ung Mei-ch'i 孔梅溪, of course a remote descendant of Confucius, proposed 風月寶鑑 *The Mirror of Love*; and Ts'ao Hsüeh-ch'in 曹雪芹, who is regarded by some as the author, said that it should be called 金陵十二釵 *The Twelve Beauties* (lit. Hair-pins) of Nan-king. None of these titles however were ever actually adopted. When the book came to be printed it was under the title of the *Hung-lou-méng*, a term which is not found anywhere in the text, and for the meaning of which we must search beyond. The story contains indeed several *dreams*, but none of these occur either in or about a *red chamber*, which words in fact are here used in a purely figurative sense. They may be compared in some sense with the "marble balls" of the famous song, which by the way also form part of a dream. For when the writer says :

"I dreamt that I dwelt in marble balls there is no stress whatever on the fact that the walls were marble in particular; — any other costly material would have done equally well. So with the Chinese term. It is a dream of the wealth and grandeur of the two princely establishments in which the action of the story is laid, and would be more correctly translated by some such equivalent as *A Vision of Wealth and Power*." (Note by H. A. G[iles].)

* Hung-lau-meng; or the Dream of the Red Chamber. A Chinese Novel. Book I. Translated by H. Bencraft Joly, H. B. M. Consular Service, China. Kelly and Walsh, Limited. 1892.

Notice : *China Review*, XX, No. 1, pp. 65/6. By E. J. E[itel].

二度梅 EUL TOU MEI.

Voir T. PIRY, col. 818—819.

— Les Pruniers refleuris, poème tonquinois transcrit par M. Phân-Đú'c-Hóa lettré de la municipalité de Cholon traduit et accompagné de notes par A. Landes administrateur des affaires indigènes. — Saigon, imprimerie du gouvernement. 1884, in-8, pp. 156.

On lit dans l'avertissement :

«La fable n'a rien d'original ; c'est une adaptation quelquefois écourtée d'un roman chinois, dont M. Piry a donné, il y a quelques années, une traduction française sous le titre de : *Les Pruniers merveilleux*. (Dentu, 2 vol. in-18).»

« Les notes ont été empruntées pour la plupart à une petite encyclopédie chinoise dont une édition intitulée : AU HỌC CỔ SỰ TẤM NGUYÊN et munie d'un commentaire étendu se trouve partout dans nos provinces. L'excellent *Chinese Reader's Manual* de Mayers m'a été du plus grand secours. »

Charles Célestin Antony Landes, né 29 sept. 1850 à St. Laurent les Tours, canton de St. Céré (Lot) : élève-stagiaire, 6 nov. 1874 ; administrateur de 3e classe, 1er juin 1876 ; de 2e classe,

22 sept. 1878 ; maintenu à la 2e classe, lors de la réorganisation, 1er mai 1882 ; 1ère classe, 1er janvier 1886. Résident 1ère cl. au Tong-king, 12 janvier 1892 ; maire d'Ha nôi ; noyé dans la rivière de Saigon, au cap St. Jacques dans la nuit du 23 fév. 1893, étant chef du cabinet du Gouverneur-Général, M. de Lanessan.

Notice par Henri Cordier, *T'oung Pao*, IV, No. 2, mai 1893, pp. 231/232; et *Bul. Soc. Géog. hist.*, 1893, No. 1, pp. 20/1.

DIVERS.

— The affectionate Pair . . . .

Transférer col. 810, No. 14 du *Kin kou ki kouan* : *Les tendres époux*. Voir col. 1862.

— Apologues indiens traduits sur une ancienne version chinoise. Par Stanislas Julien. (*Rev. Or. et Am.*, IV, 1860, pp. 461/463 ; V, 1861, pp. 306/308.) — Voir col. 816.

— Etude sur le Sy-Yéou-tchin-tsuen, roman bouddhique chinois, par M. Théodore Pavie. (*J. As.*, 5e S., IX, pp. 357/392 : Premier article; *ibid.*, X, pp. 308/374 : Second article.)

— Chinese Romance — The Elfin Foxes. By Samuel Birch Esq., LL. D., &c., Keeper of the Department of Egyptian and Oriental Antiquities, British Museum. (*Ch. & Jap. Rep.*, No. III, sept. 1863, pp. 91/99.) — Voir col. 817.

— Das schöne Mädchen von Pao. — Eine Erzählung aus der Geschichte China's im 8ten Jahrhundert v. Chr. (Aus dem Chinesischen übersetzt von C. Arendt.) Yokohama. — Buchdruckerei des « Echo du Japon». 3 cahiers in fol. à 2 col., paginés 1/10, 11/22, 23/34.

Einleitung des Historischen Romans «Geschichte der Fürstenthümer zur Zeit der östlichen Chou» *Tung-chou-lié-kuo*.

Voir col. 818.

Col. 818—9.

— The flower-fairies, a chinese fairy tale. By Frederic H. Balfour. (*China Review*, VIII, pp. 284/301.)

— The flower-fairies : a taoist fairy-tale. (Balfour, *Chinese Scrapbook*, 1887, pp. 176/215.)

— The double Nail murders. By G. C. Stent. (*China Review*, X, pp. 41/43.)

— Ssŭ-Lang's visit to his mother. By G. C. Stent. (*China Review*, X, pp. 335/339.)

— Some chinese popular Tales. By G. H. Playfair. (*China Review*, XI, pp. 171/174.)

— Chinese Fables. (*China Review*, XII, pp. 432/433.)

— The restoration of the Jadestone Ring. A tale of unlawful Love. (*China Review*, XIII, pp. 247/250.)

— Cynthia. A Chinese Story. Hongkong, 1879.

Notice : *China Review*, VIII, pp. 180/181.

— The Twins : from the Chinese of Wuming. (*Blackwood's Mag.*, July 1887.) — Voir Douglas. *Chinese Stories*, col. 1861.

— Budget of historical Tales. Examples of foresight. By R. W. Hurst. (Suite.) (*China Review*, XVII, No. 4, pp. 205/212.)

* Ja-z pam. Le bâton du muet. Nouvelle traduite du chinois avec préface et remarques par G. Barone. Louvain, Peeters, 1882. (Extrait du *Muséon*.)

— Trois Contes de Fées traduits du Chinois par M. C. Imbault-Huart. (*Rev. de l'Ext. Orient*, II, 1883, No. 3, pp. 281/286.)

Extrait du *Chen - niu tchouan* : I. La déesse de la Vérité. — II. Les Fées du Temple du roi K'ang. — III. La Fée des Vers à soie.

— Lodovico Nocentini. — Nato-ridendo : Novella trad. dal Cinese. (*Gio. Soc. Asiat. Ital.*, III, pp. 149/153.)

THÉÂTRE.
OUVRAGES DIVERS.

— Chinese Theatricals and Theatrical Plots. (*Journ. China Br. R. A. S.*, XX, N. S., N⁰ˢ 5 et 6, 1885, pp. 193/208.)

F. H. Balfour, G. M. H. Playfair, J. Edkins, H. A. Giles, H. J. Allen, C. H. Brewitt-Taylor, J. Rhein, C. Imbault-Huart, D. J. Macgowan, F. Hirth, etc. — Theatrical Art in China. [Rep. from the *North-China Daily News*, 15 Dec. 1885.]

— Le Théâtre chinois en Amérique. Par A. V. [Henry Burdon Mc. Dowell, *The Century Magazine*]. (*Rev. Brit.*, 1885, I, pp. 459/488.)

Avait paru dans *The Century*, 1884, nov., XXIX, p. 27.
— Chinese Theater. (*Spectator*, LIX, 1683.) — (*Century*, II, 180, by G. H. Fitch.)
* H. Vogelsang. Im Chinesischen Theater. (*Vom Fels zum Meer*, Nov. 1885.)
— L'Art dramatique en Chine. Par Castaing. (*Mém. Soc. Et. jap.*, etc., IV, 15 avril 1885, pp. 141/143.)

— L'art dramatique en Extrême Orient. Par le Comte Meyners d'Estrey. (*Ann. de l'Ext. Orient*, 1885—1886, VIII, pp. 5/8, 33/42, 65/74, 97/102.)

— Histrionic notes. By D. J. Macgowan, M. D. (*Journ. C. B. R. A. S.*, XXI, N. S., 1886, Art. II, pp. 22/29.)

— Les Chinois peints par eux-mêmes. — LE THÉÂTRE DES CHINOIS. Etude de mœurs comparées par le général Tcheng-ki-tong. — Troisième édition. Paris, Calmann Lévy, 1886, in-12, pp. XII-324.

C'est à Bazin, *Théâtre chinois*, Paris, 1838, qu'ont été empruntées les traductions renfermées dans ce volume.
Cet ouvrage ainsi que les autres travaux du général Tcheng Ki-tong ont suscité la publication suivante :
— Foucault de Mondion — Quand j'étais Mandarin. Paris, Savine, 1890 [Déc., 1889], in-12, pp. 380 + 1 f. n. c.

Voir col. 1606.
* In a Chinese Theatre. By G. W. Lamplough. (*Macmillan's Magazine*, November 1887.)
— Le théâtre en Chine et au Japon par Marceron. (*Mém. Soc. Et. jap.*, etc., VI, Janv. 1887, pp. 42/50.)
* Playgoing in China. By Hon. Lewis Wingfield. (*Murray's Magazine*, July 1887.)
— R. v. Gottschall, das Theater und Drama der Chinesen (*Literarisches Centralblatt*, n. 41, 8. Oct. 1887.)

— Ueber chinesisches Theater. — Von v. Minnigerode. — Oldenburg und Leipzig. Schulze'sche Hof-Buchhandlung und Hof-Buchdruckerei (A. Schwartz), br. pet. in-8, pp. 47.

— The Drama in Peking. (*Saturday Review*, LXXII, No. 1865, p. 104.)

PIÈCES DIVERSES TRADUITES DU CHINOIS.

* The Chinese Mother. A Drama. [By Dr. Tanner of Bombay.] London : M DCCC LVII, in-8.

Halkett & Laing.

— 附荐何文秀 The Sacrifice for the Soul of Ho Man-sau, a Chinese play. Dramatis personae. By W. Stanton. (*China Review*, XVII, No. 3, pp. 152/161.)

(THÉÂTRE.)

— 柳緣琴 The Willow Lute, a Chinese Drama in five acts. By W. Stanton. (*China Review*, XVII, No. 6, pp. 311/330.)

— Les deux soles ou acteur par amour, drame chinois en prose et en vers. (XVIIᵉ siècle.) Par C. Imbault-Huart. (*J. Asiat.*, VIIIᵉ sér., XV, 1890, pp. 483/492.)

La pièce est intitulée *Pi-mou-yu* 比目魚.

元人百種曲 YOUEN JIN PE TCHONG KEU.

* The Chinese Orphan : an historical Tragedy, alter'd from a Specimen of the Chinese Tragedy in Du Halde's History of China, interspers'd with Songs after the Chinese manner. [By W. Hatchett.] London, 1741, in-8.

Halkett & Laing.
— La lettre du P. Du Halde à Fourmont que nous signalons col. 824, a été insérée à la prière de ce Père dans les *Jugemens sur quelques ouvrages nouveaux*, t. V, pp. 45/7.

POÉSIE.[1]

— Eloge de la Ville de Moukden . . . . col. 826.

Notices : *Année littéraire*, VII, pp. 145/174. — *Mémoires de Trévoux*, août 1770, pp. 323/341. — *Correspondance de Grimm*, (article de Diderot), t. I, pp. 97/107.

— A Chinese Poem, inscribed on Porcelain, in the twenty-third year of the Cycle, A. D. 1776. With a double translation and notes. By S. Weston, F. R. S., F. S. A. London : Printed by C. Baldwin, 1816, in-8, pp. IV-14 + 3 Pl. de chinois.

— Poeseos Sinensis Commentarii . . . . by J. F. Davis, voir col. 827.

"John Francis Davis, the last link between the old and the new school of sinologists, between ancient and modern China, was born on the 16th of July, 1795, his father being an official of the East-India Company and a member of the mission sent to Tibet by Warren Hastings. When eighteen years old, Davis was appointed writer to the Canton Factory of the E. India Company; in 1816 with Robert Morrison, he went to Peking with Lord Amherst's unlucky embassy an account of which he left under the title : *Scenes in China, exhibiting the Manners, Customs, Diversions, and singular peculiarities of the Chinese . . . . including the most interesting particulars in Lord Amherst's recent Embassy* (Lond., s. a., 12mo). In 1832, he became official President of the Select Committee of the East-India Company at Canton, and he continued in that office till Lord Napier's Mission. When Napier died, in October 1834, Davis took his place as superintendent of the British trade at Canton. Later on, Davis, who had returned to England during the Opium War, replaced Sir Henry Pottinger (Febr. 1844) as chief superintendent of the British trade in China, and as Governor of Hongkong, which had just been ceded to Great Britain by the treaty of Nanking (29th Aug. 1842). During his administration, the Chusan islands were surrendered by the English to

---

[1] * Le Code de la Nature, poëme de Confucius, traduit et commenté par le P. Parennin. Paris, Le Roy, 1788, in-8, pp. 127.

Par La Vicomterie.
«On trouve dans le «Journal des Savans» une curieuse analyse de ce poëme, signée Coqueley de Chaussepierre». (Barbier.)
Inutile de dire que ce livre doit être classé parmi les ouvrages apocryphes.

(THÉÂTRE. — POÉSIE.)

the Chinese. After some troubles with the Celestials (Fat-shan), Davis left China for the last time (1848) and settled near Bristol, where he died on the 13th November 1890 at Holly-wood Tower, Westbury-on-Trym. In 1876, Davis was made a Doctor *honoris causa* of the Oxford University, where he founded a Chinese Scholarship') the particulars of which I give:

Davis Chinese Scholarship. — "This Scholarship is awarded for proficiency in the Chinese language and literature. The stipend is £ 45 (after 1891 £ 40) a year, payable terminally. The Scholarship is open to all members of the University who, on the day of election, have not exceeded the twenty-eighth Term from their matriculation. The Scholar is elected by the Vice-Chancellor, the President of Corpus Christi College (or, if the President be Vice-Chancellor, the Senior Pro-Vice-Chan-cellor), and the Professor of Chinese, after an examination held by such persons as they may appoint for that purpose, the Professor himself being always one of the Examiners. The Scholarship is tenable for two calendar years from the day of election, provided the Scholar keep a statutable residence of not less than seven weeks in each term, Easter and Trinity Terms being reckoned as one, and pursue his studies in Chinese under the advice and Supervision of the Professor. If at the time of holding an election, the Electors do not think any of the candidates worthy of the Scholarship, they have power to postpone the election for any period not exceeding two years, and, in such an event, to grant the annual stipend of £ 50, or any less sum, under the name of an Exhibition, to any person who shall be certified to them as desirous of pursuing the Study of Chinese. The Exhibition is tenable during the period for which the election to the Scholarship shall have been postponed, and under the same conditions of residence and study as are applicable to the Scholarship.

Scholars :

1877 Arthur Anthony Macdonell, Corpus.

1879 William Henry Wilkinson, Balliol.

1881 William Coward Bradley, Queen's.

1884 Colin Campbell Brown, non-collegiate Student.

1886 Richard Henry Geoghegan.

1888 Henry Nickson Ross, Ch. Ch.

1890 Ernest Whitby Burt, non-collegiate Student.

Exhibitioners:

1883 Colin Campbell Brown, non-collegiate Student.

1885 Richard Henry Geoghegan, non-collegiate Student." .

Oxford University Calendar for the year 1891.

(Henri Cordier, *T'oung Pao*, III, Dec. 1892, *Half a Decade*, pp. 535/7, et *Grande Encyclopédie*.) — Voir aussi G. Schlegel. *T'oung Pao*, I, fév. 1891, p. 419.

Col. 828.

— Gedichte aus der Sammlung der zehn-tausend Blätter. Von Dr. A. Pfizmaier ... Wien, 1872, in-4, pp. 92.

(Ext. de *Denkschriften d. phil.-hist. Cl. k. Ak. d. W.*, XXI. Bd.)

— Die Elegische Dichtung der Chinesen von Dr. August Pfizmaier ... Wien, 1887, Carl Gerold's Sohn, br. in-4, pp. 74.

Separatabdruck aus dem XXXVI. Bande der *Denkschriften d. Phil.-hist. Cl. d. kais. Akad. d. Wissenschaften.*

— The sadness of separation, or *Li sao*, By V. W. X. (*China Review*, VII, pp. 309/314.)

Col. 830.

— 廻文詩 Houei wen chi of Paarden-sprong-Doolhof op een stuk zijde gestikt door Sou-Jô-lan echtgenoote van Teou-t'ao, Gouverneur van Ts'in-tcheou, onder de re-geering van Fu-Kien, vorst van het Rijk Ts'in A. D. 357—385. Met eene metrische vertaling en historische Aanteekeningen

(Poésie.)

uitgegeven door G. Schlegel. [Leiden, E. J. Brill], br. in-8, pp. 15.

Ext. du *Kon. Inst. v. d. T.-L. en Volk. v. Ned. Ind.*, D. XI. 1 St., 1876.

— Un labyrinthe chinois par le Dr G. Schlegel. — Overgedrukt uit de *Bijdragen tot de taal-, land- en Volkenkunde van Neerlandsch-Indië,* 1883. — S'Gravenhage, Martinus Nijhoff. 1883, br. in-8, pp. 4.

老翁自嘆廻文詩

— Poem of the emperor Han Wu-ti, B. C. 109, and the History of Shang Sheng and Ch'ü sheng. By J. Edkins. (*China Review*, XV, pp. 285/288.)

— On the Poets of China during the Period of the Contending States and of the Han Dynasty by J. Edkins, D. D. (*Jour. Peking Oriental Society*, Vol. III, N. 4, pp. 201/239.)

— Li T'ai-po. By J. Edkins, voir col. 1605.

— A Mongol Giant. By Herbert A Giles. (*Journ. C. B. R. A. S.*, XXI, N. S., 1886, pp. 110/112.)

— The Pleasance of O-Fang. By H. A. Giles Esq. (*Chin. Rec.*, XVII, Nov. 1886, pp. 416/7.)

"Built by the famous "First Emperor", soon after his accession to power, B. C. 246. The following description is from the pen, and evidently from the imagination, of Tu Mu the poet, who flourished A. D. 803—851."

— Chinese Matrimony in Poetry. By W. Jennings. (*China Review*, XVI, pp. 99/104.)

— Chinese Riddles and Puns. By W. J. (*China Review*, XVIII, No. 2, pp. 128/129.)

— Muk lan's parting. A ballad. By W. Stanton. (*China Review*, XVII, No. 3, pp. 171/172.)

Epoque des T'ang. — Voir S. Julien, col. 827.

— Un poëte chinois du XVIIIe siècle. — Yuan Tseu-Ts'ai, sa vie et ses œuvres. Par Camille Imbault-Huart, Vice-Consul de France. (*Journ. C. B. R. A. S.*, N. S., Vol. XIX, Part II, 1884, Art. I., pp. 1/42.)

— La Poésie Chinoise du XIVème au XIXe siècle. Extraits des poètes Chinois, traduits pour la première fois, accompagnés de notes littéraires, philologiques, historiques et de notices biographiques. Par C. Imbault-Huart, Vice-Consul de France, etc., Paris, Ernest Leroux, 1886.

Notice : *China Review*, XV, pp. 134/135. Par E. J. E[itel].

— Poésies modernes traduites pour la pre-mière fois du chinois, accompagnées du texte original, et d'un commentaire qui en explique les principales difficultés, par C. Imbault-Huart, Consul de France ... Peking, Typ. du Pei-t'ang [et] Paris, E. Leroux, 1892, in-8, pp. VIII-167.

Ces poésies sont extraites de l'œuvre poétique de Yuan Tseu-ts'ai.

* Giovanni Bindi. — Poesie cinesi, tradotte. Pistoia, Bracali, 1888, in-16, pp. 40.

(Poésie.)

— Carl Adolf Florenz. — Beiträge zur chinesischen Poesie, in metrischen Uebertragungen, mit Einleitung, Commentaren und den Originaltexten. (*Mitth. d. D. Ges. f. Natur- u. Völkerkunde Ostas.*, Bd. V, No. 42, pp. 43/68.)

— La Poésie Chinoise par C. de Harlez, membre de l'Académie royale de Belgique, Bruxelles, F. Hayez — 1892, br. in-8, pp. 51.

Ext. des *Bul. de l'Ac. royale de Belgique*, 3ᵐᵉ série, t. XXIV, n° 8, 1892, pp. 161/209.

— La Poésie chinoise. Préceptes et modèles par C. de Harlez. Paris, E. Leroux, 1893, pet. in-8, pp. 120.

Les pp. 1/89 forment les pp. 161/200, 142/178 des *Bulletins de l'Académie royale de Belgique*, 3ᵐᵉ série, t. XXIV, n° 8, 1892 et t. XXV, n° 2, 1893.

E. H. PARKER.

— Chinese Poetry. By E. H. Parker. (*China Review*, XIV, p. 226.)
— Rhymes. By E. H. Parker. (*China Review*, XV, p. 53.)
— Chinese Poetry. By E. H. Parker. (*China Review*, XV, pp. 239/240.)
— A Ballad. By E. H. Parker. (*China Review*, XV, p. 373.)
— Poems of the T'ang Dynasty. By E. H. Parker. (*China Review*, XVI, p. 40.)
— Chinese Poetry. By E. H. Parker. (*China Review*, XVI, p. 162.)

OUVRAGES DIVERS.

— Chinese Tables of Merits and Errors. (*Jour. Ind. Arch.*, Vol. II, N. S., pp. 210/220.)

Extrait de l'*Indo-Chinese Gleaner*, 1821.

— Über einige der neuesten Leistungen in der Chinesischen Litteratur. Sendschreiben an Herrn Professor Ewald in Göttingen von Dr. Heinrich Kurz. Paris, in der Königlichen Druckerei, 1830, in-4, pp. 19.

Voir col. 785.

— Medhurst's Curiosities of Street Literature.

Notices : *The Cycle*, 8 April 1871. — *Shanghai News Letter*, 11 April 1871.

— Jules Arène. La Chine familière et galante. Deuxième édition. Paris, Charpentier, 1883, in-18.

— Inscriptions on red paper, pictures etc. on Chinese Street-Doors. From a Work in Manuscript. By J. J. M. de Groot. (*China Review*, IX, pp. 20/28.)
— A Song to encourage thrift. By G. M. H. Playfair. (*China Review*, XII, pp. 320/322.)
— Celestial Humour. Selections from the 'Hsiao lin Kuang' 笑 林 廣 or Book of Laughter, and Reminiscences of personal narrations. By G. Taylor. (*China Review*, XIV, pp. 81/90.)
— Heroes and Villains in Chinese Fiction. An Episode from the 粉 粧 樓. By G. Taylor. (*China Review*, XV, pp. 29/37.)

(POÉSIE. — OUVRAGES DIVERS.)

— A Chinese Encyclopaedia. By Herbert A. Giles. (*Time, A Monthly Magazine*, No. 43, Oct. 1882, pp. 753/764.)

— Gustav Schlegel. — Philippica des Chinesen Tan-iok-po gegen den Kapitän der Chinesen Li-ki-thai. (*T'oung Pao*, I, Avril 1890, pp. 29/40.)

— On Chinese Signboards and House-Sentences. By Gustav Schlegel. (*T'oung Pao*, I, Août 1890, pp. 118/136.)

— A Discourse on Bad Luck. Translated from the Cantonese Colloquial. By W. G. B. (*Chin. Rec.*, XXI, N° 3, March 1890, pp. 112/118.)
— How a Man's Life was Lengthened. (A Translation from the Cantonese Colloquial.) By G. A. T. (*Chin. Rec.*, XXII, Jan. 1891, pp. 12/14.)

LITTÉRATURE PÉRIODIQUE.

— Translations from Chinese newspapers. (*China Review*, XIII, pp. 87/90.)
* Das Zeitungswesen in China. Von F. Hirth. (*Oesterr. Monatsschr. f. d. Orient*, Jan. 1881.)
— Die chinesische Presse (1881). (*Chinesische Studien*, von Fried. Hirth, I. Bd., 1890, pp. 209/212.)

— La Presse européenne en Chine. Par Henri Cordier. (*Revue de l'Ext. Or.*, I, 1882, No. 1, pp. 121/128.)

Voir col. 831.

— The European Press in China. [By Henri Cordier.] (*London & China Express*, Vol. XXIV, No. 965, 3 feb. 1882.)

Voir col. 1079/1080.

— La Presse en Chine. Par A. A. Fauvel, ex-officier des douanes chinoises. (*Moniteur universel*, 23 nov. 1884.)

— Le Journal et le journalisme en Chine par M. Imbault-Huart Consul de France. — Conférence faite à la 1ʳᵉ Section de la Société de Géographie commerciale. (Extrait du Bulletin. Tome XV. N° 1.) Paris, 1893, br. in-8, pp. 31.

Notice par Guillaume Depping, *Journal Officiel*, 28 juillet 1893.
— La Presse chinoise. Par C. Imbault-Huart. (*La Nature*, No. 630, 27 juin 1885.)
* The Chinese Newspaper Press. (*The Times of India*, 8 sept. 1885.)
— La Presse chinoise. Par Tcheng-ki-tong. (*Revue illustrée*, Paris, 1ᵉʳ avril 1891.) Avec fig.

PROVERBES.

— Букварь кı̆таı̆скои состоящеı̆ изъ двухъ китаı̆скихъ книжекъ, служитъ у Китайцевъ для начальнаго обученı̆я малолѣтныхъ дѣтеı̆ основанı̆емъ. Писанъ на стихахъ и содержитъ въ себѣ много Китайскихъ пословицъ. Перевелъ съ Китайскаго и Манжурскаго на Россı̆ı̆ской языкъ

(LITTÉRATURE PÉRIODIQUE.)

прозою Надворный Совѣтникъ Алексѣй Леонтïевъ. St. Pétersbourg, 1779, in-8, pp. 49.

— On trouvera de nombreux proverbes chinois dans *Capt. Pidding's Chinese Olio* [1].

— Proverbes [en Chine]. Par Henri Cordier. (*Polybiblion*, Juin 1877.)

Extrait de la *Bibliotheca Sinica*.

— Chinese Proverbs. (*China Review*, IX, p. 255.)
— The Wisdom of many and the Wit of one. (*China Review*, X, p. 222.)
— Popular Sayings. (*China Review*, XI, p. 57.)
— A few Cantonese Sayings. (*China Review*, XIII, p. 118.)
— Chinese Proverbs in the Amoy vernacular, romanized. (*China Review*, XV, pp. 298/300.)

— Chinese Proverbs. By M. Schaub. (*China Review*, XX, No. 3, pp. 156/166.)

— Proverbes et dictons chinois. Par Kwong ki chiu. (*Rev. Brit.*, 1882, N. S., V, pp. 404, 436, 498; VI, pp. 386; 1883, I, p. 118.)

Voir col. 1892.

* Ancient Proverbs and Maxims from Chinese Sources; or the Niti Literature of Burmah. By James Gray. London, 1887, in-8, pp. XII-180.

— The Proverbs and Common Sayings of the Chinese. By Rev. Arthur H. Smith. Chinese Prophecies. (*Chin. Recorder*, Vol. XVI, pp. —/326; XVII, May 1886, pp. 187/191.)

1 — Captain Pidding's Chinese Olio, and Tea Talk. "La Chine seule peut faire connaître la Chine." — Pere Amiot. No. 1. To Trade Subscribers, with Supplement, 10s. per Annum. London, Thursday, May 2, 1844. Price 2d. Stamped for Post, 3d. in-4 à 2 col., pp. 8.

Pub. hebdomadaire. — Ce premier numéro contient :

— Address to Friends and Readers [*sig.* John Rhodes Pidding, Hon. E. I. C.'s late Service]   P. 1
— The Chinese Olio :
Chinese Theory of the Creation of the World, and the Origin of Government   2
Chinese Proverbs   2
Government of China, and Order of Succession   3
Medical Science in China   4
Desperation and Ferocity of Chinese Wars   4
Chinese Scriptural Illustrations   5
Translation of an Ink-maker's Shopbill   5
— On the China Trade   6
— Tea Talk :
Weekly View of the Tea Markets   7
Comparative Statement of London Imports, Deliveries and Stock 8
To the Tea Trade   8

Le dernier numéro de l'ex. que nous' avons examiné, celui du British-Museum, porte le No. 57, London, Thursday, May 29, 1845.

On formait des séries de quatre numéros brochés dans une couverture jaune avec titre spécial, par exemple : Part I. Price 8d. Captain Pidding's [*koua*] Chinese Olio and Tea Talk. [Épigraphe — et *Contents* de la série]. London : Published for the Proprietor, by George Berger, 19 Holywell-Street, Strand . . . May 1844.

Ce recueil a publié quelques articles d'assez longue haleine, par ex. : *Life of Candida Hiu*, *Memoirs of the Life of Confucius*, *The Golden Mean*, *History of the Wars* [against the Eleuths], etc.

(PROVERBES.)

— The Proverbs and Common Sayings of the Chinese. By Arthur H. Smith, North China Mission of the American Board. Shanghai : American Presbyterian Mission Press, 1888, in-8, pp. 2/384.

Sauf les 50 dernières pages, a paru dans le *Chinese Recorder*, de 1882 à 1885.

Bib. Nat., $\frac{O^2n}{860}$·

Notices : *Chin. Rec.*, XIX, No. 10, Oct. 1888, pp. 481/487, by Rev. Y. K. Yen. — *China Review*, XVII, No. 1, p. 55, par E. J. E.[itel].

HISTOIRE LITTÉRAIRE PROPREMENT DITE.

— Einiges ergänzende zur Beschreibung der chinesischen Litteratur. Von W. Schott, br. in-8, pp. 7.

Sitzungsb. d. k. preus. Ak. d. Wiss. zu Berlin, 1888, XXXIX.

— Origine e Progresso dello Studio delle Lingue Orientali in Italia. Memoria di Francesco Predari. Milano, Tipografia di Paolo Lampato, MDCCCXLII, gr. in-4, pp. 59 + 2 ff. prél. pour la préf., + 1 f. pour la table.

— Early Chinese Literature. By A. Terrien de Lacouperie. (*Academy*, 28th July, 1883.)
— Chinese Books and Book-Makers. (*Book-Lore*, III, 133.)

— Notes pour servir à l'histoire des études chinoises en Europe, jusqu'à l'époque de Fourmont l'aîné par Henri Cordier. (*Nouveaux Mélanges orientaux*... par les prof. de l'Ecole des Langues orientales ... Paris, 1886, pp. 397/429.)

— Gems of Chinese Literature. By Herbert A. Giles H. B. M. Vice-Consul, Shanghai. .... London : Bernard Quaritch. Shanghai : Kelly & Walsh. — 1884, pet. in-8, pp. XV-254.

Chou and Ch'in Dynasties (6th to 2nd Century B. C.) : K'ung Fu-Tzŭ. — Tso-Ch'iu Ming. — Lieh Tzŭ. — Ku-liang Shu. — Yang Tzŭ. — Chuang Tzŭ. — Ch'ü P'ing. — Sung Yŭ. — T'an Kung. — History of the Contending States. — Meng Tzŭ-Hsŭn Tzŭ. — Li Ssŭ. — *Han Dynasty* (200 B. C. to 200 A. D.) : Ssŭ-ma Ch'ien. — Kao Ti. — Wên Ti. — Ch'ao Ts'o. — Wu Ti. — Tung-fang So. — Ssŭ-ma Hsiang-ju. — Prince of Chung-shan. — Li-Ling. — Lu Wên-shu. — Shu Kuang. — Ku-Yung. — Ma Yüan. — Pan Chieh-Yü. — *Six Dynasties*, &c. (200 A. D. to 600 A. D.) : Wei Ming Ti. — Liu Ling. — T'ao Yüan-ming. — *T'ang Dynasty* (600 A. D. to 900 A. D.) : Chang Yüeh. — Chang Chi. — Li T'ai-Pŭ. — Tu Fu. — Han Wên-Kung. — Liu Tsung-Yüan. — Wang Ch'ang-ling. — Li Hua. — Liu Yŭhsi. — Pŏ Chü-yi. — Li Po-lin. — *Sung Dynasty* (960 A. D. to 1200 A. D.) : Ssŭ-ma Kuang. — Ou-yang Hsiu. — Su Tung-P'o. — Wang An-shih. — Chou Tun-I. — Huang T'ing-Chien. — Yo Fei. — Chu Hsi. — Wên T'ien-hsiang. — *Yüan and Ming Dynasties* : Liu Yin. — Liu Chi. — Fang Hsiao-Ju. — The Lady Chang. — The Lady Chang. — Tsung Ch'ên. — Wang Tao-K'un. — Hsü Hsieh. — *Miscellaneous* : Proverbs, Household Words, &c. — *Index*.

Notices : *Academy*, Nov. 3, 1883. — *Derby Mercury*, Nov. 14, 1883. — *Glasgow Herald*, Nov. 27, 1883. — *London & China Telegraph*, Nov. 22, 1883. — *The Tablet*, Dec. 1, 1883. — *The World*, Dec. 5, 1883. — *The Scotsman*, Dec. 13, 1883. — *Morning Post*, Jan. 10, 1884.

— An attempt to burn Books during the T'ang dynasty. By H. A. Giles. (*Journ. C. B. R. A. S.*, XX, N. S., 1885, p. 279.)

(HISTOIRE LITTÉRAIRE PROPREMENT DITE.)

BIBLIOGRAPHIE.

— Ueber einen Katalog ost-asiatischer Bücher. Von W. Schott. (Erman, *Arch. f. wiss. Kunde v. Russl.*, III. Bd., 1843, pp. 613/629.)

À la suite du Catalogue russe du Département Asiatique.

— Bibliotheca Orientalis... Par J. Th. Zenker.

Zenker est mort le 28 juin 1884.

— Catalogus librorum venalium in orphano-trophio Tou-sai-vai . . . .

Voir col. 500.

— Descriptive Catalogue of the Chinese, Japanese, and Manchu Books in the Library of the India Office. Compiled by the Rev. James Summers, Professor of Chinese in King's College, London. Printed by order of the Secretary of State for India in Council. London : 1872, in-8.

— A Catalogue of Chinese Works in the Bodleian Library by Joseph Edkins. Oxford, at the Clarendon Press, M.DCCC.LXXVI. Price Two Shillings and Six pence, br. in-4, pp. 46 à 2 col.

— Douglas' Catalogue . . . . Voir col. 844.

Notice : *Indian Antiquary* (by S. Beal), Dec. 1881, pp. 373/4.)

— British Museum. — A Guide to the Chinese and Japanese illustrated books exhibited in the King's library. Printed by order of the Trustees. 1887, br. in-8, pp. 16.

Par Robert K. Douglas.

— A Catalogue of the North China Branch of the Royal Asiatic Society. By Henri Cordier. Voir col. 843 et 1070.

— Bibliotheca Sinica . . . par Henri Cordier.

Notices : *London & China Express*, 20 juin 1879 (par A. Wylie) ; *Ibid.*, 18 juin 1880 ; *Ibid.*, 8 juin 1881. — *Trübner's Record* ; réimp. *China Review*, VII, pp. 339/342 (par A. Wylie). — *The Athenaeum*, No. 2694, 14 juin 1879 ; No. 2734, Saturday, 20 mars 1880, pp. 374/5. — *Journal Asiatique*, juillet 1879, p. 58 (par Ernest Renau). — *Journal de la Librairie*, Chronique, No. 39, 27 Sept. 1879, pp. 159/160 (par A. A.[lcan]). — *Etudes religieuses*, sept. 1879, pp. 477/9 (par C. Sommervogel). — *Journal des Débats*, 11 juillet 1886, par D. [James Darmesteter].

— Chinese Bibliography. By O. F. von Möllendorff. (*China Review*, X, pp. 396/402.)

Cet article est une amère critique par un concurrent malheureux du Vol. I de notre *Bibliotheca Sinica*. Nous avons laissé au temps et aux libraires le soin de répondre : la *Bib. Sinica* est presque épuisée ; publiée à 50 francs, l'éditeur l'annonce maintenant à 125 francs. Suivant le précepte de l'illustre maître Littré, si la critique en vaut la peine, il faut en savoir profiter ; si elle est mauvaise, la passer sous silence est le meilleur parti à prendre. C'est ce que nous avons fait. H. C.

— Essai d'une Bibliographie des ouvrages publiés en Chine par les Européens au XVIIᵉ et au XVIIIᵉ siècle par Henri Cordier. Paris, Ernest Leroux, 1883, in-8, pp. 52.

Extrait des *Mélanges orientaux* . . . . par les prof. de l'Ecole des Langues orientales . . . Paris, 1883, pp. 493/546.

(BIBLIOGRAPHIE.)

Il y a des exemplaires sur papier de Hollande.

Notice : *China Review*, XIV, p. 117. Par E. J. E.[itel].

— Manuscrits relatifs à la Chine. Notes bibliographiques. Par Henri Cordier. (*Revue de l'Extrême Orient* :

   I. Londres : *British Museum*. (I, nᵒ 1, Janv.-Mars 1882, pp. 113—120.)
   II. Vienne : *Bibliothèque Palatine* (impériale). (I, nᵒ 2, Avril-Mai-Juin. 1882, pp. 311—315.)
   III. Londres : *British Museum* (Suite). (I, nᵒ 3, Juillet-Août. Sept. 1882, pp. 479—488.)
   IV. Londres : *Royal Asiatic Society*. — Genève : *Bibliothèque publique* (Université) (I, nᵒ 4, Oct.-Nov.-Déc., 1882, pp. 626—629.)
   V. Kasan (II, nᵒ 3, Juil.-Août-Sept. 1884, pp. 399—413, par J. Gottwaldt.)
   VI. Londres : *British Museum* (Suite). (II, nᵒ 4, Oct.-Déc., 1884, pp. 573—581.)
   VII. Londres : *India Office*.

— Bibliographie [des années] 1881 par Henri Cordier. (*Revue de l'Extrême-Orient*, I, pp. 161/171.) — 1882 (*Ibid.*, I, pp. 653/666). — 1889 (*T'oung Pao*, I, pp. 87/94.)

— Half a Decade of Chinese Studies (1886-1891) by Henri Cordier, Professor at the Ecole des Langues Orientales vivantes, Paris. (*T'oung Pao*, III, No. 5, déc. 1892, pp. 532/563.)

— Half a Decade of Chinese Studies (1886—1891) by Henri Cordier, Professor at the Ecole des Langues Orientales vivantes, Paris. — Reprinted from the T'oung Pao, Vol. III, Nᵒ 5. — Read at the Ninth International Congress of Orientalists, held in London in 1891. Leyden, E. J. Brill, 1892, br. in-8, pp. 36.

Tirage à part du précédent ; il y a des ex. sur papier de Hollande.

Notice by L., *China Review*, XX, pp. 332/3.

— An Account of the Department for the Translation of Foreign Books at the Kiang-nan Arsenal Shanghai. With various lists of publications in the Chinese language, by John Fryer. — Shanghai : American Presbyterian Mission Press. — 1880, br. in-8, pp. 32.

Reprinted from the *North China Herald*, January 29th, 1880.

Voir col. 1812.

— Les Indes Orientales. Catalogue de livres sur les possessions néerlandaises aux Indes, avec des divisions sur les Indes anglaises, la Chine et le Japon, Siam, la Perse, Sibérie, l'Afrique, spécialement la Côte de Guinée et le Cap de Bonne-Espérance, Surinam, Guyana et l'Australie. A la fin un Atlas de cartes, de planches historiques et topographiques et de portraits. En vente aux prix marqués chez Frederik Müller & Co. Amsterdam, Doelen-

(BIBLIOGRAPHIE.)

straat 10, 1882. [Pub. en novembre 1881], in-8, pp. 238.

Possessions Néerlandaises aux Indes Orientales, Nos. 1—1786. — Les Indes Anglaises, Indoustan, etc., Nos. 1787—2101. — Les Philippines, Nos. 2102—2105. — Ceilan, Nos. 2106—2144. — La Chine, le Japon, Siam, Cambodge, Formose, Thibet, Mongolie, etc., Nos. 2145—2355. — Les autres parties de l'Asie (La Perse, Afghanistan, Sibérie, Tartarie, etc.), Nos. 2356—2459. — Afrique, etc. — En tout, 8480 numéros.

— Catalogue des livres chinois qui se trouvent dans la bibliothèque de l'Université de Leide. Hommage aux Membres de la Section de l'Asie centrale et de l'extrême Orient du sixième Congrès des Orientalistes. Leide. — E. J. Brill. 1883, in-4, pp. iv-28.

Par G. Schlegel.

— Supplément au Catalogue des livres chinois qui se trouvent dans la bibliothèque de l'Université de Leyde. Leide. — E. J. Brill, 1886, in-4, pp. 11.

Livres de Mr. J. J. M. de Groot qui a dressé le catalogue; préf. de G. Schlegel.

— Catalogue d'une petite collection importante de livres chinois en vente chez E. J. Brill. Leide. — E. J. Brill. 1889, br. in-8, pp. 11.

Imprimé à la chinoise sur papier double. — Par G. Schlegel.

Voir col. 1586.

— Les Bibliophiles et les livres rares de l'Extrême-Orient. Par Léon de Rosny. (*Journal officiel*, 9 juin 1884; réimp. dans la *Bibliographie de la France*, Nos. 34, 36 et 37, 23 août, 6 et 13 sept. 1884.)

— Les livres rares de l'Extrême Orient. Par Léon de Rosny. (*Ann. de l'Ext. Orient*, 1884—1885, VII, pp. 33/40.)

— Le Livre en Chine. — Bouquins et Bouquinistes chinois. Souvenirs de l'Empire du Milieu. Par Maurice Jametel. (*Le Livre*, 10 sept. 1884, pp. 273/289.)

— La Chine des Bouquins. (*La Chine inconnue* par M. Jametel, pp. 97/154.)

— Catalogue de la collection de livres et de manuscrits japonais de feu le D' Mourier. Rédigé par Ch. Leclerc, de la librairie Maisonneuve frères et Ch. Leclerc, à Paris. (*Mém. Soc. Et. jap., etc.*, IV, 15 avril 1885, pp. 161/176; juillet 1885, pp. 257/272; V, janvier 1886, pp. 69/80; avril 1886, pp. 145/152 ....)

— Catalogue de la Bibliothèque japonaise de Mr. Mourier en vente aux prix marqués chez Maisonneuve frères et Ch. Leclerc. — Première partie : *Textes imprimés au Japon*. Nos. 1—358. — Deuxième partie : *Ouvrages européens relatifs au Japon*. Ns. 359—524. Paris, Maisonneuve frères & Ch. Leclerc, 1887, in-8, pp. 88.

A la fin se trouve, pp. 80/88 : Concordance des dates chinoises et japonaises pour les XVII°, XVIII° et XIX° siècles par Alfred Millioud, élève de l'Ecole des Hautes-Etudes.

Tirage à part du précédent.

— Catalogue des livres et manuscrits chinois collectionnés par A. Lesouëf. (*Mém. Soc. Et. jap., etc.*, VI, Janv. 1886, pp. 33/41; avril 1887, pp. 103/116.)

— Catalogue des livres et manuscrits chinois collectionnés par A. Lesouëf, Membre de la Société des études japonaises et chinoises. Leide, Imprimerie orientale de E. J. Brill, 1886, br. in-8, pp. 39.

On lit au verso du faux-titre : «Tiré, pour une distribution privée, à cent exemplaires numérotés, sur papier vergé de Hollande.»

Tirage à part du précédent.

— Bibliography : List of Books and Papers on China, published since 1st January, 1884. Compiled by F. Hirth, Ph. D. (*Journ. C. B. R. A. S.*, XX, N. S., 1885, art. XI, pp. 235/274.)

— Old Chinese Books. By F. H. (*Journ. C. B. R. A. S.*, XX, 1885, N. S. No. 2, pp. 53/4.)

— Chinese Books. By F. H.[irth] [&] J. Edkins. (*Jour. C. B. R. As. Soc.*, XXI, N. S., No. 5 et 6, 1886, pp. 321/5.)

— Chinese Books. By F. Hirth. (*Journ. C. B. R. A. S.*, XXII, N. S., 1887, pp. 109/112.)

The *P'ing-tzŭ-lei-p'ien*.

— Book Trade in China. (*Journ. C. B. R. A. S.*, XX, 1885, N. S., No. 2, p. 57.)

— Ancient Books. By E. H. Parker. (*China Review*, XVII, No. 4, p. 241.)

— A Catalogue of the Chinese Manuscripts in the Library of the Royal Asiatic Society. (*Jour. R. Asiat. Soc.*, Jan. 1890 pp. v-117.)

On lit dans la préface : "The following Catalogue was compiled between 1879 and 1881 by Henry F. Holt, then Joint-Secretary to the Royal Asiatic Society, with a view to afford greater facilities of reference to the valuable Chinese Library of this Society. The Council having decided to print the Catalogue, Mr. Giles, of the Chinese Consular Service, has been kind enough to correct the proofs".

Contient 562 numéros ; environ 5000 volumes.

Voir S. Kidd, col. 837.

— Livres Chinois à Angoulême. Par J. Beauvais. (*T'oung Pao*, III, mai 1892, pp. 181/2.)

Voir col. 1603.

XIV. — MŒURS ET COUTUMES.

OUVRAGES DIVERS.[1]

(Voir le chap. des Ouvrages généraux.)

GÉNÉRALITÉS.

* Museum Adolpho-Fridericianum, quod s. præs. C. Linnæi publ. exam. subm. Laurentius Balk. Stockholm, 1746, in-4, pp. 50, 2 Gravures.

[1] Parmi les ouvrages qui traitent des mœurs et des coutumes, il faut placer les ouvrages de fiction qui ont la Chine pour théâtre, tels que [voir col. 845] :

— Le Dragon impérial par Judith Mendès. Paris, A. Lemerre, M.DCCC.LXIX, in-18, pp. 314.

Il y a des ex. sur papier de Chine.
Une nouvelle édition revue de ce roman, vient d'être donnée (1893) dans la *Bibliothèque de romans historiques* publiée par Armand Colin, Paris, in-18 jésus, 3.50; sur papier de Hollande, 8 fr.

— Les Voyages extraordinaires. — Les Tribulations d'un Chinois en Chine par Jules Verne. J. Hetzel, in-18, pp. 316.

— Édition du *Figaro*. — Le Fleuve des Perles (l'Araignée-rouge) par René de Pont-Jest. — Avec une lettre-préface du Général Tcheng Ki-tong et Cent quatre-vingt-dix-sept dessins d'après nature par Félix Régamey. Paris, E. Dentu, s. d., pet. in-8, pp. XIV-419.

50 ex. sur papier impérial du Japon.
L'Araignée rouge avait paru à Paris, 1875, in-18.

— Trois Contes chinois par S.-E. Robert. — Illustrations par H. Scott, H. Valentine, etc. Paris, Delagrave, 1886, in-8, pp. 123.

En revanche certains ouvrages comme les suivants ne sont que des allusions satiriques, des livres à clef, etc. :

— Les Voyages de Kang-hi. Voir col. 1598.

— Lettres chinoises. [Par le marquis J.-B. de BOYER D'ARGENS.] La Haye, Paupie, 1739—1742, 6 vol. in-12. — Nouv. édition, augmentée de nouvelles Lettres et de quantité de remarques. *Ibid., id.*, 1735, 6 vol. in-12.

« A la page 84 et dernière du t. VI, il y a une réclame pour les « Songes philosophiques ». — *Berlin, suivant la copie d'original.* 1746. La dernière page est chiffrée 187 au lieu de 271. — *La Haye*, 1779, 8 vol. in-12.
« Cet ouvrage a été mis à l'index le 28 juillet 1742.
« M. Damiron, p. 76 (note) de sa « Notice sur le marquis d'Argens », dit que ces « Lettres » sont bien de FRÉDÉRIC II; témoin plusieurs lettres du marquis, celle-ci entre autres, où il est dit : « Si vous voulez, sire, me céder ces six « Lettres Chinoises », je les troque contre dix volumes des « Lettres juives ». » (Barbier.)

— Chinesische Zustände. — Leben und Treiben in China, mit humoristisch-satyrischen Rückblicken auf deutsche Verhältnisse von A. P. — Grimma, Druck und Verlag des Verlags-Comptoirs. 1847. pet. in-8, pp. 196.

Forme le 156ᵉ volume de la collection de la *Europäische Bibliothek der neuen belletristischen Literatur Deutschlands, Frankreichs, Englands, Italiens, Hollands und Skandinaviens.* Grimma, Druck und Verlag des Verlags-Comptoirs. 1847.

— Chinesische Bräuche und Spiele in Europa. Inaugural-Dissertation der philosophischen Facultät der Universität zu Jena zur Erlangung der Doctorwürde in der Philosophie, vorgelegt von Gustav Schlegel, Interpret der chinesischen Sprache beim Niederl. Ostind. Gouvernement zu Batavia. Breslau, Druck von Robert Nischkowsky, 1869, br. in-8, pp. 32.

— Lettres chinoises, indiennes et tartares, à monsieur Pauw, par un Bénédictin [Par Voltaire]. Avec plusieurs autres pièces intéressantes. *Londres*, 1776, in-8, 2 ff. de tit., pp. 182 et 1 f. de table.

« Cet ouvrage est de 1776 ; Voltaire en parle dans sa lettre à d'Argental, du 6 Mars. Les « Mémoires secrets » en font mention dès le 12 avril.
« Les *Lettres chinoises*, etc., ne remplissent que 144 pages. Les autres pièces contenues dans le volume sont :
a) Dialogue de Maxime de Madaure, qui n'est que de 1776, quoique M. Beuchot l'ait d'abord rangé parmi les écrits de 1766.
b) Lettres de M. le chevalier de Boufflers à madame sa mère.
c) Lettres de Voltaire à l'abbé d'Olivet, du 5 janvier 1767.
d) Fragment d'une autre lettre au même.
e) Le Mois d'Auguste, épître (en vers) à M. de Voltaire par François de Neufchâteau.
f) Sentiment d'un académicien de Lyon.
g) Vers sur un bref attribué au pape Clément XIV; par Borde.
h) Les Finances, satire en vers.
i) Fragment d'une Lettre sur les Dictionnaires satiriques et Réponse de M. de Morza. » (Quérard.)

— La Balance chinoise, ou lettres d'un Chinois lettré sur l'éducation, contenant un Parallèle de celle de la Chine avec celle de l'Europe. A Londres, chez Jean Nourse, s. d., pet. in-8, pp. VIII—291, front. grav.

* Ching-Kong, gouverneur du jeune prince Kou-Koul. Lettres chinoises. [Par le Comte René de Bouillé.] Paris, A. Dupont, 1827, in-12, pp. 81.

— La Fête du roi de Lu. Pékin [Paris], 1821, pièce in-8, pp. 25.

Une trad. hollandaise de cette dissertation a été donnée par C. P. Winckel, *Bataviaasch Handelsblad*, Oct. 20, 23 et 27, 1869.

— A Glossary of Reference, on Subjects connected with the Far East. By Herbert A. Giles, of H. M.'s China Consular Service. — Hongkong : — Lane, Crawford & Co. Shanghai & Yokohama : Kelly & Walsh. London : Trübner & Co. — 1878, in-8, pp. III + 1 f. n. c. + pp. 182 + 1 f. er.

— A Glossary of Reference on Subjects connected with the Far East, by Herbert A. Giles H. B. M. Vice-Consul, Shanghai. — [Second Edition.] Hongkong : Lane, Crawford & Co. Shanghai & Yokohama : Kelly & Walsh. London : Bernard Quaritch. — 1886, in-8, pp. IV-283.

— Les peuples étranges par Judith Gautier. Paris, G. Charpentier, 1879, in-12, pp. 333.

On lit au verso du faux-titre : « Il a été tiré 3 exemplaires sur chine.»

Contient : I. *Les premiers hommes.* — II. *Les Chinois* (I. Musique. — II. Poésie et Poëtes. — III. La Loi. — IV. La Médecine légale. — V. La Médecine et les Médecins. — VI. Les Comédiens et la Comédie. — VII. La Peinture. — VIII. Un mariage à Peking. — IX. Cérémonies funèbres. — X. L'Enfer.) — III. *Une journée dans le royaume de Siam.* — IV. *Douze heures dans la baie de Tourane en Cochinchine.* — V. *Le Yo-San-Fi-Rok.* — VI. *Les Poëtes persans.* — VII. *Une ville retrouvée.*

— Miscellanées chinois, par M. Camille Imbault-Huart. (*Journal Asiatique*) :

I. — Un épisode de l'insurrection des Tounganes dans le Turkestan chinois en 1865. — II. Une cérémonie bouddhiste en Chine. — III. Une visite au temple de Confucius à Changhaï. — IV. Une visite à l'établissement religieux et scientifique de Si Ka oué, près Changhaï. — V. Pensées et maximes inédites traduites du chinois. (VIIᵉ Sér., XVI, oct.-déc. 1880, pp. 521/545.)
I. — Une visite à un établissement charitable indigène près Changhaï. — II. Notice sur la vie et les œuvres de Ouéi Yuann. (VIIᵉ Sér., XVIII, août-sept. 1881, pp. 255/277.) — III. Historiettes morales. — IV. Anecdotes et bons mots. — V. Nouvelle. — VI. Les ponts suspendus au Yun nann. — VII. Pensées et maximes inédites. (VIIᵉ Sér., XVIII, oct.-déc. 1881, pp. 534/553.)
I. — La mort d'une impératrice régente en Chine (coutumes chinoises et page d'histoire contemporaine). — II. Anecdotes du temps de la dynastie mongole. — III. Apologue : le renard qui emprunte la force du tigre. (VIIᵉ Sér., XIX, Fév.-Mars 1882, pp. 252/269.)
Fragment d'un voyage dans la province du Kiang-sou. — Les collines, près Changhaï, et la route de Sou-tchéou, capitale de la province. (VIIIᵉ Sér., II, Août-Sept. 1883, pp. 284/303.)
I. — Détails rétrospectifs sur la mort de l'impératrice de l'Est : 1. pétition des barbiers de Changhaï ; 2. instructions du gouverneur de la province du Kiang-sou au sujet du deuil provisoire à observer jusqu'à l'arrivée du testament de l'impératrice. — II. Coutumes et superstitions : 1. Origine de la fête du double-neuf ; 2. la légende de la fileuse et du berger. —. III. Une révolte des courtisanes chinoises à Vou-tchúng-fou. (VIIIᵉ Sér., III, Janv. 1884, pp. 80/94.)
I. — Le pèlerinage de la montagne du pic mystérieux près de Peking. — II. La fête de la mi-automne et le mythe du lapin lunaire. — III. De la condition du paysan dans le nord de la Chine. (VIIIᵉ Sér., V, Janv. 1885, pp. 62/77.)
I. — Les deux soles ou acteur par amour, drame chinois en prose et en vers. (XVIIᵉ siècle.) — II. Les génies des portes. Légende chinoise. (VIIIᵉ Sér., XV, Avr.-Juin 1890, pp. 483/495.)

— Quelques traits de la vie du Céleste Empire. La composition de l'histoire en Chine. Décrets civils et militaires ; par Ch. de Harlez. Membre correspondant de l'Académie royale de Belgique. Pièce in-8, pp. 8.

(OUVRAGES DIVERS.)

Extrait des *Bulletins de l'Académie royale de Belgique*, 3ème série, tome VI, nos 9–10; sept.—oct. 1883.

— International Health Exhibition, London, 1884. — China. Public Health. National Education. Diet, Dress, and Dwellings of the Chinese. Printed and Published for the Executive Council of the International Health Exhibition and for the Council of the Society of Arts by William Clowes ... 1885, in-8, pp. 294.

Contient :
Remarks on certain points relating to public health in China. By Surgeon-General C. A. Gordon.
National Education in China. By Alfred Hippisley.
Diet, Dress, and Dwellings of the Chinese in relation to health. By John Dudgeon.

— Souvenirs d'un collectionneur. — La Chine inconnue par Maurice Jametel ... Paris, lib. de l'Art, J. Rouam, 1886, in-18, pp. 250.

4ᵉ édition, 1886. — 25 ex. sur Hollande.

Contient : I. La Chine des Potiches. — II. La Chine des Bibelots. — III. La Chine des Bouquins. — IV. La Chine des Poissons. — V. La Chine des Viveurs.

Notice : *Revue d'Ethnographie*, V, No. 1, 1886, p. 86, par E. H[amy].

* Pagoda Shadows, or Studies from Life in China, by Adele M. Fielde. Introduction by Joseph Cook. Fifth Edition. Boston ; W. G. Corthell. For sale at the Presbyterian Mission Press, Shanghai.

Notice : *Chin. Rec.*, XVII, Dec. 1886, p. 478.

— Bilder aus dem häuslichen und Familienleben der Chinesen. Von Prof. C. Arendt, vormals Dolmetscher der Kaiserlich Deutschen Gesandtschaft in Peking. Mit einem Plane. — Berlin. H. Reuthers Verlagsbuchhandlung, 1888. Br. in-8, pp. 48.

Notice : *China Review*, XVII, 5, p. 301, par E. J. E[itel].

* Ueber sociale Verhältnisse in Ost-Asien. Vortrag im k. k. Handels-Museum zu Wien, gehalten von Dr. J. Singer, Privatdocent an der Universität. Wien, 1888.

Traduit en Anglais :

— Conditions of social life in Eastern Asia. By Dr. J. Singer, lector of the university of Vienna. (*China Review*, XVII, N° 1, pp. 14/26.)

— Bilder aus dem Leben des Chinesischen Volkes. — Von W. Preiswerk. Basel, Verlag der Missionsbuchhandlung, 1890, br. in-12, pp. 24.

— Général Tcheng-ki-tong. — Les Plaisirs en Chine. — Paris, G. Charpentier et Cie. — 1890, in-12, pp. III-307.

Contient : Préface, p. 1. — L'Intérieur, p. 3. — Fêtes religieuses et nationales, p. 15. — Plaisirs Champêtres, p. 85. — L'éternel féminin, p. 133. — Plaisirs sérieux, p. 165. — La table, p. 201. — Jeux d'adresse, p. 235. — Jeux de hasard, p. 269. — Plaisirs publics, p. 287. — Conclusion, p. 301.

(OUVRAGES DIVERS.)

1887 MŒURS ET COUTUMES. 1888

— Général Tcheng-ki-tong. — Mon Pays.
— La Chine d'aujourd'hui. — Paris, Charpentier. 1892, in-12, pp. 294.

Contient : L'Organisation de la Chine, pp. 1/67. — Une Jeanne d'Arc chinoise, pp. 68/78. — L'écolier chinois, pp. 79/94. — L'histoire de la duchesse Nion, pp. 95/119. — Voyage en Chine, pp. 120/160. — Les insectes utiles de la Chine, pp. 161/183. — L'éducation commerciale en Chine, pp. 184/218. — Les Juifs en Chine, pp. 219/229. — De l'utilisation des eaux en Chine, pp. 230/265. — Les parlements du monde le « Tou-tcha-yang » ou censure de Chine, pp. 266/279. — Le pavillon chinois, pp. 280/294.

— Félix Régamey. — Le Japon vu par un artiste. (*Revue politique et litt.,* XLVI, 21, pp. 648/658.)

— Tcheng Ki-tong. — La Chine vue par un artiste. Réponse à M. Félix Régamey. (*Ibid.,* XLVI, 22, pp. 685/8.)

* Les Chinois chez eux, par J.-B. Aubry, missionnaire apostolique au Kouy-tcheou. — Ouvrage approuvé par S. Em. le cardinal Mermillod et par Mgr. Péronne, évêque de Beauvais. Lille, Soc. St.Augustin, gr. in-8 jésus, pp. 300, 25 grav.

Notice : *Miss. Cath.,* XXIII, 1891, p. 60.
Voir col. 1709.

— Z činské Domácnosti. Obraz z kulturní historie činské podává R. Dvořák. V Praze, 1891, br. in-8, pp. 62.

Přednášky spolku „Domácnost" (Česká škola kuchařská. Čis. 5.)

— Modern China : thirty-one short Essays on Subjects which illustrate the present Condition of the Country. By Joseph Edkins, D. D. — Shanghai : Kelly & Walsh. 1891, br. in-8, 2 ff. n. c. + pp. 55 à 2 col.

Contient :
Numeral Increase of the Chinese Race, p. 1. — The Temple of Heaven, p. 2. — Need of Tree Planting in North-China, p. 4. — The Chinese Language, p. 5. — Foot Binding, p. 7. — The Art of China and Japan, p. 9. — Change in the Chinese Climate, p. 11. — Chinese Views on Science, p. 12. — A Museum at Peking, p. 14. — The Migration of Industries, p. 16. — China's Turkish Province, p. 18. — Medicine in China, p. 20. — Changes in the Agriculture of North-China, p. 21. — Chinese Accounts of the Mammoth, p. 24. — Rice, p. 25. — Industrial Missions, p. 27. — Pawn Brokers, p. 29. — Chinese Opinions on Novels, p. 30. — The Yangtsze River, p. 32. — Fêng-shui, p. 34. — Irrigation, p. 36. — The Floods in the North, p. 37. — The Chinese Treatment of Cholera, p. 39. — The Climate of China, p. 40. — Chinese Educational Colleges, p. 42. — The Mariner's Compass a Chinese Invention, p. 43. — The Use of Cotton Yarn, p. 46. — Chinese and Foreign Medicine, p. 47. — The Chinese Queue, p. 49. — Tartars as Sovereigns, p. 51. — Local Disturbances, p. 53.

* Peeps into China. By the Rev. Gilbert Reid, M. A. Published by the Religious Tract Society of London, pp. 190.

Notice : *Chin. Rec.,* XXIII, Sept. 1892, pp. 437/438, by Timothy Richard.

* Things Chinese, Being Notes on various subjects connected with China, By J. Dyer Ball, M. R. A. S., H. M. Civil Service, Hong-kong, Author of "Cantonese Made Easy', 'How to speak Cantonese', 'How to

(OUVRAGES DIVERS.)

write Chinese", etc. etc. London, Sampson Low. — Hongkong, Kelly & Walsh. 1892.

Notice : *China Review,* XX, No. 1, pp. 64/5. By E. J. E[itel].

— Catalogue de différentes Collections Ethnographiques provenant de la Chine et appartenant à la maison E. J. Brill à Leide, br. in-8, pp. 51.

— Manners and Customs of the Chinese. (*Temple Bar,* LXV, 363; réimp. *Eclectic Magazine,* LXXXXIX, 374 et dans *Popular Science Monthly,* XXI, 679.)

FAMILLE.

— La naissance, le mariage, la mort chez les Chinois. Par O. S. [*Temple Bar.*] (*Rev. Brit.,* 1882, N. S., VI, pp. 353/366.)

O. S. = Octave Sachot.

— La Famille chinoise par G. Eug. Simon. (*Nouvelle Revue,* 15 Mars 1883, pp. 375/415.)

— Chinese Family Life. (*China Review,* XI, pp. 364/366.)

NOMS.

— Les noms en Chine. (*Ann. de l'Ext. Orient,* 1886—1887, IX, pp. 348/349.)

— Surnames. By E. H. Parker. (*China Review,* XV, p. 187.)

— Curious Names. By G. M. H. Playfair. (*China Review,* XVII, N° 4, 1889, p. 240.)

FEMMES.

— Les Femmes en Chine. Par Lord Pilgrim. (*L'Artiste,* 1er avril 1870, pp. 5/14.)

— The Rights of Woman. — By A. Varus. (*China Review,* VIII, p. 392.)

— Louis-Auguste Martin. — La Femme en Chine. — (Œuvre posthume.) — Paris, Sandoz et Fischbacher, 1876, in-12, pp. XI-204.

Les pp. 193/204 ne comprennent que le cat. des éditeurs.

Bib. nat. 0²n / 570

— De la condition de la femme en Chine comme fille, épouse et mère. — Conférence faite à Chartres, le jeudi 6 juin 1878 par M. Ly-chao-pee lettré chinois, sténographiée par M. Émile Pichon. Chartres, Imp. Edouard Garnier. MDCCCLXXVIII, br. in-8, pp. 12.

Bib. nat. 0²n / 075. Voir col. 850.

* Mondière (A. T.) Monographie de la femme annamite, suivie de recherches sur les femmes chinoises, minh-huongs, cambodgiennes. (*Mém. de la Soc. d'Anthropologie de Paris,* 2e sér., t. II, pp. 437—516, 1882.)

— Le Code des femmes chinoises sous l'empereur Hoti. (*Bul. Soc. Géog. Rochefort,* IX, 1887—1888, pp. 113/121.)

D'après un manuscrit de M. Chapron.

(OUVRAGES DIVERS.)

— Les femmes chinoises. Par le Général Tcheng Ki-tong. (*Revue des traditions populaires*, Juillet 1889, pp. 399/401.)

— Die häusliche und gesellschaftliche Stellung der Frauen in China. — Von Prof. C. Arendt. (*Deutsche Rundschau*, Déc. 1891, pp. 421/441.)

— The Women of China. By F. I. W. V. (*Chin. Recorder*, XXIV, March 1893, pp. 115/117.)

— Voir col. 673, 850 et 1787—1788.

EUNUQUES, ETC.

— Voir col. 850.

— Eunuchs Rearing Sons. (*China Review*, XIII, p. 123.)

— Castration. By E. H. Parker. (*China Review*, XIV, p. 226.)

— Self-mutilation. By E. H. Parker. (*China Review*, XV, p. 52.)

ESCLAVAGE.

— Voir col. 849.

— Serfdom in ancient China. By A. Varus. (*China Review*, VIII, p. 321.)

— Slavery in China. By E. J. Eitel. (*China Review*, X, pp. 283/284.)

— Slavery in China. [H. Latham.] (*Overland Monthly*, new series, III, 175.)

— Is Slavery as practised among the Chinese Immoral? By Rev. Thomas McCloy, S. B. M., Canton. (*Chin. Rec.*, XXII, Dec. 1891, pp. 567/578.)

ASSOCIATIONS, ETC.

— Les œuvres de bienfaisance en Chine. Par le R. P. Seckinger, S. J. (*Miss. Cath.*, XII, 1880, pp. 141/3, 177/179.)

— Chinese Guilds and their Rules. By K . . . . (*China Review*, XII, pp. 5/9.)

— Les associations en Chine. Par Maurice Jametel. (*Economiste français*, samedi, 11 fév. 1882, pp. 170/1.)

— Le Travail chez les Chinois. Par G. Eug. Simon. (*Nouvelle Revue*, XXII, 1ᵉʳ juin 1883, pp. 528/567.)

— La question ouvrière chez les Chinois. Par Baudouin. (*Bul. Soc. Géog. com.*, VIII, 1885/6, pp. 491/2.)

— Les asiles de nuit en Chine. Par A. Certeux. (*Revue des traditions populaires*, V, 1890, p. 57.)

— Chinese and Mediaeval Gilds. A Paper by Frederick Wells Williams. [Reprinted from the *Yale Review* for August and November, 1892], br. in-8, [pp. 200 à 233.]

Réimp. dans The Chinese Recorder, XXIV, March 1893, pp. 101/106; April 1893, pp. 151/155.

Notice : China Review, XX, No. 5, p. 331, par L.

— Voir aussi Col. 849 et le chap. SOCIÉTÉS SECRÈTES.

EMBLÈMES, COULEURS, ETC.

— Les Jou-y, ou sceptres symboliques chinois, par G. Dev[éria]. (*Magasin pittoresque*, No. 16, 31 août 1885, pp. 271/2.) Avec grav.

— On the Ju Yi. By J. Edkins. (*China Review*, XV, pp. 308/309.)

— Ancient national flags. By E. H. P. (*China Review*, XIII, p. 482.)

— Imperial Yellow. By E. H. Parker. (*China Review*, XIV, p. 51.)

— National colours. By E. H. Parker. (*China Review*, XV, p. 52.)

— National colours. By E. H. Parker. (*China Review*, XV, p. 253.)

DIVERS.

— Essai sur la longue vie des Hommes dans l'antiquité, spécialement à la Chine. Par

(OUVRAGES DIVERS.)

feu M. Cibot, Missionnaire à Pékin. (*Mém. conc. les chinois*, XIII, pp. 309/375.)

— Chinese Domestic Romance. (Balfour, *Waifs and Strays*, 1876, pp. 153/201.)

— Chinese Modes of Address : A Chapter in Native Etiquette. By Rev. W. Scarborough. (*Chinese Recorder*, X, pp. 187/197, 261/9, 337/348.)

— The Chinese and Civilization. (*Cassell's Family Magazine*, June 1878.)

— Snuff in China. By F. H. (*Journ. C. B. R. A. S.*, XX, 1885, N. S., Nº 2, p. 55.)

— Does Public Opinion exist in China? By R. K. (*Journ. C. B. R. A. S.*, XX, N. S., 1885, Nᵒˢ 5 & 6, p. 287.)

— Chinese Jottings. (*Lond. & China Express*.)

— Feather-brushes (Balfour, *Scrapbook*, 1887, pp. 163/7.)

— China's greatest Tyrant. (Balfour, *Chinese Scrapbook*, 1887, pp. 171/175.)

— The Chinese an Integral Part of Humanity. By Rev. Samuel I. Woodbridge. (*Chinese Recorder*, March 1889, pp. 107/110.)

— Christmas-trees in China by G. Schlegel. (*T'oung Pao*, II, Janv. 1892, pp. 401/403.)

Cf. Easter Eggs, col. 849.

.[.].

— Chaldean Grammamancy. By F. Warrington Eastlake. (*China Review*, IX, pp. 120/122.)

— Curious Custom. By J. J. (*China Review*, IX, p. 397.)

— Housewarming. (*China Review*, X, p. 71.)

— Customs of the Ming dynasty. (*China Review*, X, p. 73.)

— A fantastic Trick. (*China Review*, X, p. 73.)

— Traces of "la Couvade" in South China. By 老廣東 (*China Review*, XI, pp. 401/402.)

— An Odious Comparison. (*China Review*, XII, p. 136.)

— Cries of animals. By J. Edkins. (*China Review*, XVI, pp. 128/129.)

— Mouth-watering. By C. H. Brewitt-Taylor. (*China Review*, XVII, Nº 6, p. 359.)

.[.].

— Human Sacrifices. (*China Review*, X, p. 71.)

— Human Sacrifices. By E. H. Parker. (*China Review*, XVIII, Nº 4, p. 261.)

— Self-Immolation by Fire in China. By D. J. Macgowan, M. D. (*Chin. Rec.*, XIX, No. 10, Oct. 1888, pp. 445/451; *ibid.*, Nº 11. Nov. 1888, pp. 508/521.)

.[.].

— Sedan chairs. By F. H. (*China Review*, XIX, 1890, Nº 1, p. 58.)

— 天下路程 T'ien-hia Lu-ching, a Chinese "Murray" for 1694. By G. Schlegel. [Leyde, 1891], br. in-8, pp. 10.

Tirage à part du T'oung Pao, Juin 1891, pp. 140/8.

— [From the T'oung Pao.] 天下路程, *T'ien-hia Lu-ching*. A Chinese "Murray" for 1694. (3 vols. 8vo. ff. 72, 78 and 91.) By G. Schlegel. (*Chin. Rec.*, XXIII, Nov. 1892, pp. 519/524.)

— Les pigeons éoliens de Pekin (avec gravures). Par le Dr. Ern. Martin. (*La Nature*, 1893, I, pp. 29/30.)

— La voiture à voile des Chinois. Avec gravures. Par le Dr. Ern. Martin. (*La Science moderne*, 28 fév. 1893.)

— Notes sur les principales fourrures qu'on trouve actuellement à Peking et à Tien-

(OUVRAGES DIVERS.)

tsin par M. le Docteur Ernest Martin. (*T'oung Pao*, IV, No. 3, juillet 1893, pp. 298/302.)

∴

— Puns. By E. H. Parker. (*China Review*, XIV, p. 223.)

— Boot removal. By E. H. Parker. (*China Review*, XV, p. 184.)

— Slicing the ear. By E. H. Parker. (*China Review*, XV, p. 253.)

— Manners and Customs. By E. H. Parker. (*China Review*, XVI, p. 125.)

— Shinra. By E. H. Parker. (*China Review*, XVI, pp. 182/183.)

— Manners and Customs. By E. H. Parker. (*China Review*, XVI, p. 183.)

— Cart tents. By E. H. Parker. (*China Review*, XIX, 1890, N° 1, p. 60.)

COSTUME.

— Ueber einige Kleidertrachten des chinesischen Alterthums. Von Dr. A. Pfizmaier ... Wien, 1872, in-8, pp. 78.)

(Ext. de *Sitzung. d. phil.-hist. Cl. d. k. Akad. d. W.*, LXXI. Bd.)

— Sur les ongles chinois, annamites et siamois; par M. E. T. Hamy. (*Bul. Soc. Anthrop.*, 1876, pp. 80/85.)

— Le barbier chinois. (*Ann. de l'Ext. Orient*, 1886—1887, IX, p. 348.)

— Manchu Queue. By E. H. Parker. (*China Review*, XIV, p. 49.)

— A false Beard worn by an Empress. By C. B. T. (*Journ. C. B. R. A. S.*, XX, N. S., 1885, p. 286.)

— L'art capillaire dans l'Inde, à la Chine et au Japon. Par Sp. Blondel. (*Revue d'ethnographie*, VII, N° 5, 1888, pp. 422/448.)

— Über Augenbrauen und Brauenschminke bei den Chinesen. (*Chinesische Studien*, von Fried. Hirth, I. Bd., 1890, pp. 243/258.)

Avait paru, pp. 495/505, *Verhandlungen der Berliner Anthropologischen Gesellschaft*. Sitzung vom 22. Juni 1889.

— Chinesche Mouches. Door G. Schlegel. (*Tijdschrift voor indische taal-, land- en volken.*, Batavia, D. XIV, 1864, pp. 569/572.)

— Hennins or Conical Lady's Hats in Asia, China and Europe by G. Schlegel. (*T'oung Pao*, III, Oct. 1892, pp. 422/429.)

— On Chinese Fans. By H. A. Giles. (*Fraser's Mag.*, May 1879.)

— H. Welcker. Ueber die künstliche Verkrüppelung der Füsse der Chinesinnen. (*Archiv für Anthropologie*, Bd. IV, 1870, in-4, pp. 221/232, Fig. 22—33.)

— W. Stricker. Der Fuss der Chinesinnen. (*Archiv für Anthropologie*, Bd. IV, 1870, in-4, pp. 241/243.)

— De kleine voeten der vrowen in China. Eene bijdrage tot de kennis van Chinesche Gewoonten door M. Schaalje, br. in-8, s. l. n. d. [Batavia, 1870.]

— Sur la déformation des pieds chez la Chi-

noise au point de vue ethnographique, par le Dr. Eugène Verrier. (*Soc. d'Ethnog., L'Alliance scientifique*, 21 Août 1889, pp. 200/208.)

— Lecture Notes on Foot-binding. By a Native Christian. (*Chin. Rec.*, XXI, N° 8, Aug. 1890, pp. 378/9.)

Delivered by a Native Christian in Wesley Chapel, Tientsin.

— Foot-binding. By Rev. E. Faber. (*Chin. Rec.*, XXIV, April 1893, pp. 155/159.)

— The Fur Trade ... by S. W. Williams. Voir col. 1031.

— Fourrures ... Par E. Martin. Voir col. 1890—1891.

— The Oluuch'un. (*China Review*, X, p. 78.)

ALIMENTATION.

— The English-Chinese Cookery Book. Containing 200 receipts in English and Chinese, by J. Dyer Ball .... Hongkong : Kelly & Walsh, 1890, gr. in-8, pp. XVI-149.

* Chinese Cookery. (*Temple Bar Magazine*, Sept. 1891.)

— The Etiquette of a Chinese Dinner. By Gadabout. (*China Review*, IX, pp. 896/897.)

— Chinese Dinner. (*Leisure Hour*, XII, 606.)

* A Tiffin with a Taotai. By E. Bedloe. (*Lippincott's Monthly Magazine*, Oct. 1891.)

— Om Chinesiska Soyan, Af Carl Gustaf Ekeberg, Capitaine vid Ostindiska Companiet. (*Kongl. Svenska Vetenskaps Academiens Handlingar*, För Månaderne Januarius, Februarius, Martius, 1764, Vol. XXV, pp. 38/40.)

— Chinesiska Soyans beredningssätt. Af Michael af Grubbens. (*Kong. Vetenskaps Academiens Nya Handlingar*, XXIV, 1803, pp. 1/7.)

— Alte Nachrichten und Denkwürdigkeiten von einigen Lebensmitteln China's. Von Dr. A. Pfizmaier .... Wien, 1871, in-8, pp. 56.

(Ext. de *Sitzung. d. phil.-hist. Cl. d. k. Akad. d. W.*, LXVII. Bd.)

— Sur les œufs pourris comme aliment en Chine. Par M. Mathias Duval. (*Bul. Soc. Anthrop.*, Paris, 1885, pp. 299/303.)

— L. Bonnemère. — De l'usage des œufs conservés chez les Chinois. (*Bul. Soc. d'Anthropol.*, Paris, 1891, I, 3, pp. 413/5, 447/451.)

— Ketchup, Catchup, Catsup. By T. de L. [Terrien de Lacouperie.] (*Babylonian & Oriental Record*, III, No. 12, Nov. 1889, pp. 284/286.)

— The Etymology of Ketchup. By T. de L. [Terrien de Lacouperie.] (*Babylonian & Oriental Record*, IV, No. 3, Feb. 1890, pp. 71/72.)

Cf. Hilderic Friend, *The Academy*, Nov. 30, 1889.

— Mare's-milk. By E. H. Parker. (*China Review*, XV, p. 185.)

— Wine. By J. Edkins. (*China Review*, XV, p. 309.)

— The Lily Flower. By C. W. Mason. (*China Review*, XIX, N° 3, 1890, pp. 179/182.)

MARIAGE.

— Un mariage en Chine. (*Ann. de l'Ext. Orient*, 1883/1884, VI, pp. 286/287.)

— Curious Marriage Customs. — By Kent. (*China Review*, VIII, p. 184.)

— Chinese Marriages and Betrothals. (*China Review*, X, p. 221.)

— Marriage Ceremonies in France and China. By Amyntas. (*China Review*, XI, p. 332.)

— Wife pawning. By E. H. Parker. (*China Review*, XIV, p. 360.)

— Nuptials of the Emperor. (*Leisure Hour*, XXII, 246.)

— Positivism and Hindu and Chinese widowhood. By D. J. Macgowan. (*China Review*, VII, N° 2, pp. 106/109.)

— Oriental Widowhood and M. Laffitte. By J. C. Hall. (*China Review*, XVII, N° 3, pp. 184/185.)

— J. J. M. de Groot. — The wedding garments of a Chinese Woman. (*Int. Archiv f. Ethnog.*, IV, 4, pp. 182/4, 1 pl.)

Traduit dans le *Globus*, LX, pp. 181/3, 1 pl.)

— Consanguinité et mariage chez les Chinois. Par le Dr. Ern. Martin. (*Journal d'Hygiène*, No. 746, 8 janv. 1891.)

Cf. col. 849.

— Le mariage en Chine dans ses rapports avec l'hygiène. Par le Dr. Ern. Martin. (*Journal d'Hygiène*, No. 806.)

— Le Mariage en Chine il y a 25 siècles. (*Le Muséon*, Août 1891, pp. 449/464.)

Extrait de la trad. de l'*Yli* par C. de Harlez. — Col. 1779.

— Le mariage de l'empereur de la Chine. (Extrait du Rituel Impérial) par C. de Harlez. — Louvain, J.-B. Istas, 1892, br. in-8, pp. 21.

Voir col. 1600.

— The Betrothal and Marriage Customs of China (Foochow). By Miss Ella J. Newton, A. B. C. F. M. (*Chin. Rec.*, XXIII, Aug. 1892, pp. 376/379.)

Read before the Foochow Missionary Union, May 19th, 1892.

FUNÉRAILLES.

— Hien Foung. Voir col. 268 et 1600.

— Les funérailles d'une impératrice de Chine. Par le Dʳ Ern. Martin, Ex-médecin de la Légation de France à Pékin. (*Revue d'ethnographie*, tome I, N° 3, 1882, pp. 230/234.)

Hiao chen, veuve de Hien fong, † 8 avril 1881; avec un portrait par G. Devéria. — Vide infra.

— Funérailles de l'impératrice orientale de la Chine. (*Miss. cath.*, XIV, 1882, pp. 52/54.)

Deuxième femme de Hien foung, † à Peking, 8 avril 1881. — Détails d'après le *N. C. D. News*. — Vide supra.

— Miscellanées chinois, par C. Imbault-Huart, voir col. 1885.

— A Cremation in China. By H. A. Giles. (*Cornhill Mag.*, March 1879.)

— Eene chineesche Begrafenis- en Huwelijks-Onderneming. Door Dr. G. Schlegel, br. in-8, pp. 43.

(Overgedrukt uit de Bijdragen tot *de Taal-, Land- en Volkenkunde van Nederlandsch-Indië*, 4° volgr. Dl. VIII.) [1884.]

泗水媽祖宮功德禮法教條

Chineesche Begrafenis- en Huwelijksonderneming (gevestigd te Soerabaya) door Dʳ G. Schlegel. — (Overgedrukt uit de Bijdragen tot de Taal-, Land- en Volken-

(MARIAGE. — FUNÉRAILLES.)

kunde van Nederlandsch-Indië, 4° Volgr., Dl. VIII.) — Tweede, verbeterde Druk. — Leiden. — E. J. Brill. 1885, br. in-8, pp. 43.

Cette nouvelle éd. a été tirée à 500 ex. pour la Société chinoise des pompes funèbres et des mariages à Sourabaya.

— Iets over chineesche Doodkisten door Prof. G. Schlegel. Leiden. (Met Tafel XII.)

[Separat-Abdruck aus : «Internationales Archiv für Ethnographie», Bd. IV, 1891), br. in-4, pp. 5.

— Mourning Etiquette. By Bidens. (*China Review*, VII, pp. 351/352.)

— Rites performed for the Dead. By J. (*China Review*, IX, p. 397.) D. G. (*Ibid*, X, pp. 145/146.)

— A Caution. (*China Review*, X, p. 221.)

— Chinese Notions as to the moment of Death. By A. L. (*China Review*, X, p. 431.)

— Burial Societies. (*China Review*, XIII, pp. 429/430.)

— Animals in Funeral Processions. By E. H. Parker. (*China Review*, XIV, p. 171.)

— Animals at Funerals. By E. H. Parker. (*China Review*, XVII, N° 2, p. 114.)

— Funeral Rites. By E. H. Parker. (*China Review*, XIV, p. 225.)

— Phraseology of mourning. By E. H. Parker. (*China Review*, XV, p. 188.)

— Funereal Notices. 'Friends will please accept of this intimation.' By G. M. H. Playfair. (*China Review*, XV, pp. 46/49.)

— Mourning Days at the Court of Peking. By J. M. (*China Review*, XV, pp. 181/182.)

— Days of official Mourning in China. By G. M. H. Playfair. (*China Review*, XVII, N° 1, pp. 47/48.)

— T'i Memorials. By E. H. Parker. (*China Review*, XVII, N° 2, pp. 113/114.)

∴

— Cérémonies funèbres et deuils. (C. de Harlez, *Siao-hio*, p. 344.) Col. 1788. — Voir du même *Kia-li*, col. 1785.

— Voir J. J. M. de Groot. col. 1616 : *The Religious System of China*.

* J. J. M. de Groot. De lijkbezorging der Emoy-Chineezen. (*Bijd. Taal-, Land- en Volk. v. Ned.-Ind.*, XLI.)

— Ethnographical Sketches. I. The Demise of an Amoy Gentleman. By J. J. M. de Groot. (*China Review*, XIX, N° 5, 1891, pp. 281/284.)

— Sépultures chinoises. Par Maurice Paléologue. (*Revue des Deux Mondes*, 15 oct. 1887, T. 83, pp. 918/932.)

— Dʳ W. Eatwell. Chinese Burials. (*Journal of the Anthropological Institute*, vol. I, pp. 207/210.)

— Chinese Epitaphs. By Rev. H. P. Perkins. (*Chin. Rec.*, XIX, N° 6, June 1888, pp. 245/250.)

— Chinese Funeral. (*Chambers' Journal*, LX, 221; réimp. dans *Littell's Living Age*, CLVII, 377.)

— Chinese Funerals; Offerings of the Dead. By C. F. G. Cumming. (*British Quarterly Review*, LXXXI, 47.)

CULTE DES ANCÊTRES ET PIÉTÉ FILIALE.

— Voir *Hiao-king*, col. 663, 854—855 et 1779.

— A Critique of the Chinese Notions and Practice of Filial Piety . . . By Rev. Ernest Faber. (*Chinese Recorder*, suite, X, pp. 1/18, 83/96, 163/174, 243/253, 323/329, 416/428 ; XI, 1/12.)

(FUNÉRAILLES. — CULTE DES ANCÊTRES.)

— Bulletin critique des Religions de la Chine. (La Piété filiale en Chine.) Par Henri Cordier. (*Revue de l'Histoire des Religions,* 1881, III, No. 2, pp. 218/227.)

— Du culte des ancêtres en Chine sous la dynastie de Tcheou par M. Ymaïzoumi. (*Congrès provincial des Orientalistes,* Lyon, 1878. II, Lyon, 1880, pp. 68/79.)

* The Worship of Ancestors in China. By Rev. W. A. P. Martin, D.D., L. L. D.

Read before the American Oriental Society, New-York, Oct. 28. Tiré de *Hanlin Papers,* Voir col. 1435.

Notice : *Chin. Rec.,* II, 1881, pp. 145/7.

— Ancestral Worship in China. By J. Edkins. (*Academy,* XXVIII, 187.)

— Mr. Nye on Filial Piety. By Gideon Nye. (*Journ. C. B. R. A. S.,* XX, N. S., 1885, p. 286.)

* Ancestral Worship in the Shuking by Rev. H. Blodget. (*Jour. Peking Oriental Soc.,* III, No. 2.) — Voir col. 1774.

— Kindliche Pietät in China. (*Ostasiat. Lloyd,* VI, 42, p. 672.)

— Lieutenant-Colonel Boüinais et A. Paulus. — Le Culte des Morts dans le Céleste Empire et l'Annam comparé au Culte des Ancêtres dans l'Antiquité occidentale avec une préface par C. Imbault-Huart Consul de France à Canton. Paris, Ernest Leroux, 1893, in-18, pp. xxxiii-267.

Forme le Vol. VI de la *Bibliothèque de vulgarisation* du Musée Guimet. — Pub. à 3 fr. 50.

FOUNG CHOUI.

— Le Feng-Shoui, par M. Ernest Eitel. (Lecture faite par M. E. Milsom.) (*Congrès provincial des Orientalistes,* Lyon, 1878. II, Lyon, 1880, pp. 45/52.)

— Feng-shoui ou Principes de Science naturelle en Chine par Ernest J. Eitel, M. A. Ph. D. of the London missionary Society traduit de l'anglais. Par M. L. de Milloué, directeur du Musée Guimet. (*Annales du Musée Guimet,* I, Paris, Ernest Leroux, 1880, pp. 203/253.)

FOLK-LORE, LÉGENDES, ANIMAUX MONSTRUEUX, SUPERSTITIONS, ETC.

DIVERS.

— De quelques peuples fabuleux selon les Chinois. (*Magasin pittoresque,* 1858, pp. 40, 96.)

D'après le *San-tsaï-tou-hoeï.*

— Superstitions and Customs of the Chinese. (*Jour. Ind. Arch.,* Vol. II, N. S., p. 349.)

Ext. de l'*Indo-Chinese Gleaner,* Vol. II, N. S., pp. 349/363.

— Zur Geschichte der Wunder in dem alten China. Von Dr. A. Pfizmaier . . . . Wien, 1871, in-8, pp. 58.

(Ext. de *Sitzung. d. phil.-hist. Cl. d. k. Akad. d. W.,* LXVIII. Bd.)

(CULTE DES ANCÊTRES. — FOUNG CHOUI.)

— Der Geisterglaube in dem alten China. Von Dr. A. Pfizmaier . . . . Wien, 1871, in-8, pp. 70.

(Ext. de *Sitzung. d. phil.-hist. Cl. d. k. Akad. d. W.,* LXVIII. Bd.)

— La flèche de Nemrod en Perse et en Chine, par M. J. Darmesteter. (*Journ. Asiat.,* VIIIe sér., V, Févr.—Mars—Avril 1885, pp. 220/228.)

D'après Maïlla et le *Livre du Juste* ספר הישר.

* Euphemism and Tabu in China by Rev. Hilderic Friend. (*The Folk-Lore Record,* Vol. IV.)

* The Euphemism and Tabu in China. By the Rev. Hilderic Friend, late of Canton, China. Reprinted from the "Folk-lore Record".

Notice : *China Review,* X, p. 282.

— Modes of consulting the Oracles. By L. M. N. (*China Review,* VII, p. 184.)

— Legends on Soapstone and China ware. By E. J. Eitel. (*China Review,* VII, pp. 138/140.)

— Legends on Chinese Porcelain. By E. J. E. (*China Review,* VII, pp. 204/206.)

— A Bit of Folk-lore about Candles, Lamps and Fire. By J. J. M. de Groot. (*China Review,* VII, pp. 202/204.)

— On Chinese Divination by dissecting written Characters, by J. J. M. de Groot. (*T'oung Pao,* I, Oct. 1890, pp. 239/247.)

— Alchemy in China. By W. A. P. (*China Review,* VII, pp. 242/255.)

— Lions and Bears : A Strange Story. (*China Review,* X, p. 70.)

— The Characteristics of an Animal being transmitted to a Human Being. (*China Review,* XI, pp. 399/400.)

— A curious Superstition. By M. (*China Review,* XII, p. 511.)

— Contributions to the Folk-Lore of China. By J. H. Stewart Lockhart. (*China Review,* XIV, pp. 352/355.)

— Contributions to the Folk-lore of China. By J. H. Stewart Lockhart. (*China Review,* XV, pp. 37/39.)

— Contributions to the Folk-lore of China. By W. Stanton. (*China Review,* XV, pp. 123/125.)

— *Deus ex machina.* One Phase of Chinese Superstition. By G. M. H. Playfair. (*China Review,* XV, pp. 225/232.)

— A famous Horse and how he was measured. By C. H. Brewitt-Taylor. (*China Review,* XVII, N° 6, p. 359.)

— Conjuring. By C. H. Brewitt-Taylor. (*China Review,* XIX, N° 2, 1890, pp. 126/8.)

— Mythical Monsters. By Charles Gould, B. A.,. . . . With Ninety-three illustrations. London : W.H. Allen, 1886, gr. in-8, pp. 407.

— Superstitions chinoises. (*Revue des Traditions populaires,* I. 1886, pp. 292/297.)

D'après l'*Estafette,* du 10 août 1886, où ces croyances ont été données sous ce titre : *Lettre de Chine.* — L'article n'était pas signé.

* M. T. Mansfield. — Chinese Legends. (The Bird Ko Ko-o-o. — The Bird Tee tai tai.) (*Folk-Lore Journal,* V, 2, pp. 124/7.)

* E. Sidney Hartland. — Dafydd William Dafydd and the Fairies. (*Folk-Lore Journal,* VI, 1888, 3, pp. 191/3.)

— Idols and Spirits. By Rev. E. Z. Simmons. (*Chin. Rec.,* XIX, N° 11, Nov. 1888, pp. 500/507.)

— Review of the Imperial Guide to Astrology. [釱定恊紀辨方書 *Hieh ki Pien Fang Shù.*] By Rev. A. P. Parker. (*Chin. Rec.,* XIX, N° 11, Nov. 1888, pp. 493/499; *ibid.,* N° 12, Dec. 1888, pp. 547/554.)

— Chinese Superstitions. (*Leisure Hour,* XXIX, 645.)

— Légendes historiques de l'Annam . . par G. Dumoutier . . Hanoï, 1887. —Voir col. 1516.

(FOLK-LORE.)

— Choix de légendes historiques de l'Annam et du Tonkin. Traduites du Chinois et accompagnées de commentaires. Par M. G. Dumoutier, Directeur de l'Enseignement au Tonkin. (*Revue d'Ethnographie*, VIII, N° 2, 1889, pp. 158/191.)

— La dispute du tigre et du dragon. (Traduit du chinois.) Par G. Dumoutier. (*Annales de l'Ext. Or.*, XIII, 151, pp. 200/7.)

*Indian Myths; or, Legends, Traditions and Symbols of the Aborigines of America compared with those of other Countries, including Hindostan, Egypt, Persia, Assyria and China by Ellen Russell Emerson. London, Trübner, 1889, in-8, grav.

— Chinese Superstition. By Rev. Arthur Elwin. (*Chin. Rec.*, XXI, N° 7, July 1890, pp. 314/320.)
— A Modern Shantung Prophet. By Rev. Henry D. Porter, M. D. (*Chin. Rec.*, XVIII, 1887, pp. 12/21.)

— Trois Contes de Fées ... par C. Imbault-Huart, voir col. 1870.

— Miscellanées chinois ... par C. Imbault-Huart, voir col. 1885.
— La Langouste géante dans les récits Chinois et Arabes. Par G. Schlegel. (*T'oung Pao*, III, Mars 1892, pp. 65/66.)

Voir du même auteur, *Uranographie chinoise*, col. 683, et plus loin *Choui-yang*, col. 1900.

H. A. GILES.

— Chinese Allegory. By Herbert A. Giles. (*China Review*, VI, pp. 380/385.)
— Mesmerism, Planchette and Spiritualism in China. By H. A. Giles. (*Fraser's Mag.*, Feb. 1879.)

F. H. BALFOUR.

— A Chinese "Planchette" Seance. By Frederic H. Balfour. (*China Review*, IX, pp. 362/370.)
— The Peach and its Legends. (Balfour, *Chinese Scrapbook*, 1887, pp. 145/148.)
— Portents. (Balfour. *Chinese Scrapbook*, 1887, pp. 158/162.)

C. ARENDT.

— Chiang-yi's Apologues of the Fox and the Tiger, and the Dog. By C. Arendt. (*China Review*, XII, pp. 322/324.)
— Su tai's Apologue of the Bittern and the Mussel. By C. Arendt. (*China Review*, XII, pp. 362/363.)

Cf. Mayers' *Chinese Reader's Manual*, No. 983 et No. 626.

— On Chinese Apologues. By C. Arendt. (*China Review*, XII, pp. 407/412 ; XIII, pp. 23/41.)
— C. Arendt. — Moderne chinesische Tierfabeln und Schwänke. (*Zeitschrift für Volkskunde*, I, 3, pp. 325/334.)

F. WARRINGTON EASTLAKE.

— Quarles "Emblems" and the Lok Ü. By F. W. Eastlake. (*China Review*, X, pp. 285/286.)
— Cantonese Superstitions about Infants. By F. Warrington Eastlake. (*China Review*, IX, pp. 301/306.)
— Dragon or Crocodile. By F. W. Eastlake. (*China Review*, X, pp. 350/352.)

E. H. PARKER.

— Folklore. By E. H. Parker. (*China Review*, XIV, p. 51.)
L'homme dans la lune.
— Twelve Tartar Beasts. By E. H. Parker. (*China Review*, XV, p. 252.)

(FOLK-LORE.)

— Snake Races. By E. H. Parker. (*China Review*, XVII, N° 6, p. 356.),
— Sea-Monsters. By E. H. Parker. (*China Review*, XVIII, N° 4, p. 262.)
— Conjurors in China. By E. H. Parker. (*China Review*, XIX, 1890, N° 1, p. 61.)

JOSEPH EDKINS.

— Astrology in Ancient China. By Joseph Edkins. (*China Review*, XIV, pp. 345/351.)
— The Introduction of Astrology into China. By J. Edkins. (*China Review*, XV, pp. 126/128.)
— The Parsee five Elements. By J. Edkins. (*China Review*, XVI, pp. 121/122.)

— Ancient Symbolism among the Chinese by Joseph Edkins, D. D. London : Trübner & Co. — Shanghai : Society for the Diffusion of Christian and General Knowledge among the Chinese, 1889, in-12, pp. 26.

Au recto du dern. f. n. c. : The foregoing paper was read before the Shanghai Y. M. C. A., and stereotyped from the columns of the "Messenger", Vol. 2, Nos. 7, 8 and 9.

G. TAYLOR.

— What the Cock crows. By G. T. (*China Review*, XIV, p. 164.)
— What Doctors ought to learn first. By G. T. (*China Review*, XIV, p. 164.)
— A Silvery Plateau. By G. Taylor. (*China Review*, XIV, p. 296.)
— A Mystic Grave. By G. Taylor. (*China Review*, XIV, p. 296.)
— Short Stories. By G. Taylor. (*China Review*, XV, pp. 306/307.)
— Chinese Folk-lore. By G. Taylor. (*China Review*, XVI, pp. 168/177.)
— The Adventures of an Emperor in Hell. By G. Taylor. (*China Review*, XVIII, N° 4, pp. 248/261.)

J. DYER BALL.

— Banian Sap for bad eyes. By J. D. B. (*China Review*, XV, p. 177.)
— 'Waste not'. By J. D. B. (*China Review*, XV, p. 177.)
— A Chinese Version of 'I think your Coat Tails are on fire'. By J. D. B. (*China Review*, XV, p. 177.)
— Children's Smiles. By J. D. B. (*China Review*, XV, pp. 177/178.)
— Bats. By J. D. B. (*China Review*, XV, p. 178.)

D. J. MACGOWAN.

— Alleged avenging Habits of the Cobra in India and China Folklore. By D. J. Macgowan. (*China Review*, XVII, No. 3, pp. 145/151.)
— Child-lore of China. By D. J. MacGowan. (*China Review*, XVIII, No. 1, pp. 58/59.)

— Sociedade de Geographia de Lisboa. — Sociologia chinesa. — Autoplastia transformação do homem em animal estiolamento e atrophia humana, casos de teratologia pelo Dr. Macgowan. — Nota destinada à X sessão do Congresso internacional dos Orientalistas pelo traductor Demetrio Cinatti. Lisboa, Imprensa nacional, 1892, br. in-8, pp. 9.

Traduit du *Daily Press*, de Hong kong, 28 juin 1892.

HENRI CORDIER.

— La légende de Didon. I. La légende de Didon dans l'Extrême Orient. Par Henri Cordier. (*Revue des Traditions populaires*, II, 1887, pp. 295/6.)

(FOLK-LORE.)

— Les Monstres dans la légende et dans la nature. — Nouvelles études sur les traditions tératologiques. Par Henri Cordier. (*Revue des Traditions populaires*, V, 1890, pp. 71/89.)

I. Les Cynocéphales.

Réimp. en partie dans : Congrès international des Traditions populaires. — Première Session. Paris, 1889. — Compte-rendu des séances, Paris, 1891, cf. pp. 115/122.

— Études sur les Traditions tératologiques. — Les Monstres dans la légende et dans la nature par Henri Cordier. Paris, 1890, br. in-8, pp. 23.

Tirage à part à petit nombre; quelques exemplaires sur papier du Japon.
Cf. ODORIC DE PORDENONE, par Henri Cordier.

GIRARD DE RIALLE.

— Un poteau divinisé. Comm. de M. Girard de Rialle. (*Revue des Traditions populaires*, III, 1888, p. 59.)
Extrait du *Shi Pao* (Journal chinois) du 4 oct. 1887.

— Les taches de la lune. Par Girard de Rialle. I. Les figures de la lune en Chine. (*Revue des traditions populaires*, III, 1888, pp. 129/136.)

D'après J. J. M. de Groot, *Fêtes à Emoui*. — Voir col. 1613.

— Extraits et lectures. — Superstitions chinoises. Par Girard de Rialle. (*Revue des Traditions populaires*, VI, 1891, p. 117.)
D'après le *Chinese Times*, du 1er Oct. 1887.)

TCHENG KI-TONG.

— Contes populaires chinois. Par le Général Tcheng Ki-tong. Maîtres et domestiques. (*Revue des Traditions populaires*, III, 1888, pp. 366/370.)

— Les Chinois et les médecins. Par le Général Tcheng Ki-tong. (*Revue des traditions populaires*, Mars 1889, pp. 144/145.)

TERRIEN DE LACOUPERIE.

— The Negrito-Pygmies of Ancient China. By Terrien de Lacouperie. (*Bab. & Oriental Record*, V, N° 8, Aug. 1891, pp. 169/174.)

— The Silk Goddess of China and her Legend. By Terrien de Lacouperie. (*Babylonian & Oriental Record*, Vol. IV, N° 12, Nov. 1890, pp. 270/290; V, No. 1, January 1891, pp. 5/10.)

Tirage à part, br. in-8, pp. 28.

— Several Tutelary Spirits of the silkworms in China : A Supplement to a Paper on the Silk Goddess of China and her Legend. By Terrien de Lacouperie. (*Babylonian & Oriental Record*, Vol. V, No. 4, April, 1891, pp. 89/96.)

— Several Tutelary Spirits of silkworms. By Prof. Terrien de Lacouperie, Ph. & Litt. D. London : D. Nutt; 1892, br. in-8, pp. 8.

CHOUI YANG. 水羊

— The Vegetable Lamb of Tartary : A Curious Fable of the Cotton Plant. To which is added a Sketch of the History of Cotton and the Cotton trade. By Henry Lee, F. L. S., F. G. S., F. Z. S., sometime Naturalist of the Brighton Aquarium, and author of "the Octopus, or the Devil-fish of fiction and of fact", "Sea monsters unmasked", "Sea fables explained", etc. Illustrated. London : Sampson Low, Marston, Searle & Rivington. 1887, in-8, pp. XI-112.

— The Tartarian Lamb. By E. H. Parker. (*China Review*, XVII, N° 4, 1889, pp. 240/241.) 水草 [*shui ts'ao*]

— The Shui-yang or Watersheep in Chinese Accounts from Western Asia and The Agnus Scythicus or Vegetable Lamb of the European mediæval travellers. By Gustav Schlegel. Tiré des Actes du 8e Congrès International des Orientalistes, tenu en 1889 à Stockholm et à Christiania. Leide. — E. J. Brill, 1890, br. in-8, pp. 16.

Shui-yang : 水羊

Cf. ODORIC DE PORDENONE, par Henri Cordier.

INFANTICIDE.

— Edit du préfet de Fou-tcheou. (*Foochow Herald*, 16 nov. 1877; trad. dans les *Miss. Cath.*, X, pp. 146/7 ; Cf. aussi *Miss. Cath.*, 15 déc. 1876, p. 589.)

— The Prevalence of Infanticide in China. (*Journ. C. B. R. A. S.*, XX, N. S., 1885, pp. 25/50.)

Discussion par R. A. Jamieson, F. H. Balfour, T. W. Kingsmill, C. Imbault-Huart, Rev. Dr. Martin, C. F. R. Allen, T. L. Bullock, F. Hirth, Archdeacon Moule, W. M. Cooper, Dr. Eakins, C. Alabaster, P. J. Hughes, etc.

— Prevalence of Infanticide in China. By D. J. Macgowan. (*China Review*, XIV, pp. 205/208.)

— Société de géographie de Lyon. — Séance mensuelle du 8 janvier 1885. — L'infanticide et l'œuvre de la Sainte-Enfance en Chine par le Père Palatre, Rapport par le docteur Chappet Médecin honoraire des hôpitaux de Lyon. — Imp. gén. de Lyon ... 1885, br. in-8, pp. 15, 1 pl.

Bib. nat. O2n/707. — Voir col. 857.

— L'infanticide en Chine d'après les documents chinois par C. de Harlez. — Extrait du *Muséon*. — Louvain, typographie de Ch. Peeters, 1885, br. in-8, pp. 24 et pl. de texte chinois.

— Infanticide in China, according to Chinese Documents. By C. de Harlez. (*Dublin Review*, July 1892, pp. 117/143.)

— L'infanticide en Chine, par le Père Largent,

Prêtre de l'Oratoire, Professeur à l'Institut catholique de Paris. Paris, aux bureaux de l'œuvre de la Sainte-Enfance, 97 Rue du Bac, 1885, in-12, pp. 172.

Bib. nat. 0²n/766.

* L'Infanticide en Chine. Par Charles Piton, ancien missionnaire. Bâle, 1887.

Notice : *China Review*, XVI, pp. 189/190. Par E. J. E[itel].

* Vasseur, S. J. — Un orphelinat chinois de la Sainte-Enfance à l'exposition d'imagerie de Rouen, et l'infanticide en Chine prouvé à M. Tchen-Ki-tong par ses compatriotes, br.

Réponse à un article de Tcheng Ki-tong paru dans la *Revue des Deux Mondes*.

Notice : *Miss. Cath.*, XVI, 1884, p. 363.

FÊTES DIVERSES. — CÉRÉMONIAL, ETC.

* James Christie. — Disquisition upon Etruscan Vases, displaying their probable connection with the Shows at Eleusis and the Chinese Feast of Lanterns. London, 1806, in-fol.

— La fête du Reboutan en Chine. (*Ann. de l'Extr. Orient*, II, pp. 154/155.)

— Greeting the Spring. By J. J. the Elder. (*China Review*, VII, p. 281.)

— Family Festivals. By Jones. (*China Review*, VIII, pp. 391/392.)

— Posturing. By E. H. Parker. (*China Review*, XIV, p. 357.)

— The Prayer of the Viceroy. By J. Chalmers. (*China Review*, XV, pp. 175/176.)

* A Chinese Jubilee. By Robert K. Douglas. (*Asiatic Quart. Review*, July 1887.)

— Chinesische Etiquette. (*Ostasiat. Lloyd*, VII, 7, p. 105.)

JEUX.

— Mémoire sur les danses chinoises, d'après une traduction manuscrite de quelques ouvrages de Confucius. Paris, Lacombe, 1768, in-18.

Voir col. 859.

— Wrestlers. By Pugilist. (*China Review*, VIII, p. 399.)

— Dice. By J. N. J. (*China Review*, IX, pp. 55/57.)

— The Tug-of-war a Chinese Game. (*China Review*, XIII, p. 356.)

— Game of draughts. (*China Review*, XIII, p. 431.)

— Wiskundige verpoozingen door Dr. P. H. Schoute. De Chineesche Ringen. (*Eigen Haard*, pp. 428/431, Haarlem, 1883, No. 35, avec une fig.).

— "Chai Mui", (Hok-kien, "Hoah-koon"). By W. A. P. (*Straits Branch of the Roy. As. Soc.*, Notes and Queries, Nᵒ 2, issued with Nᵒ 15 of the Journal, 1885, pp. 54/56.)

— A Description of the Chinese Lottery known as Hua-Hoey. By C. W. Sneyd

(FÊTES DIVERSES. — JEUX.)

Kynnersley. (*Journ. of the Straits Branch of the Roy. As. Soc.*, Dec. 1885, pp. 205/246.)

花會, jeu des 36 bêtes.

— Bijdrage tot de kennis der Chineesche hazard- en kaartspelen, door J. W. Young. (*Tijdschrift voor Indische taal-, land en volken.*, Batavia, D. XXXI, 1886, pp. 269/302.)

— Publications of the University of Pennsylvania. Series in Philology Literature and Archaeology. Vol. 1. No. 4. — The Gambling Games of the Chinese in America. *Fán t'án*: the Game of Repeatedly Spreading Out. and *Pák Kòp Piú* or, The Game of White Pigeon Ticket. By Stewart Culin, Secretary of the Museum of Archaelogy and Palaeontology in the University of Pennsylvania. Philadelphia : University of Pennsylvania Press, 1891, in-8, pp. 17.

— J. J. M. de Groot, — Fêtes . . . à Emoui, voir col. 1613.

— Origine des jeux. — Le Konen-gen chinois. Par le Dr. Ern. Martin. (*La Nature*, 1893, I, pp. 211/212) [gravure].

Cf. G. Schlegel, *Chin. Bräuche*, col. 1884.

MONNAIES, POIDS ET MESURES, SOCIÉTÉS D'ARGENT,

(*Voir le chap. de la Numismatique*, col. 292/4, 1607/1610.)

— Responce à quelques Questions proposées de Paris sur les poids, les mesures et les habits des Anciens Chinois.

Ms. in-4, de pp. 28 qui nous est signalé par le R. P. C. Sommervogel. Il n'est pas signé, mais on lit à la fin de la dernière page :

«Mon Reverend Pere

Ces deux Cayers sont du P. demailla, à qui j'avois communiqué vos Questions : ce Pere n'a pu repondre aux autres articles, parce que l'Empereur l'a choisi pour travailler cette année à la Carte des Provinces de *Honan* et de *Kiangnan* : en partant il m'a envoyé ces deux cayers pour vous les faire tenir, me chargeant en même temps de vous assurer de ses respects : il est de la Province de Lyon et nons soes bons amis. Je vous ay parlé de ces deux Cayers dans une Lettre de nouvelles, que je vous ay adressée separement, datée d'aoust 1712. Je vous salué encore une fois et me recommande à vos SS. PP.

Tout a vous

Sept. 1712. Estienne LE COUTEULX S. J.»

La suscription porte : *A mon Reverend Pere Le Reverend Pere Estienne Souciet de la Compagnie de Jesus a Paris.*

— Geschichtliches Ueber Maass- und Gewichtssysteme in China und Japan, nach Mittheilungen des Herrn Ninagawa Noritane, von Dr. G. Wagener. (*Mitth. d. deutsch. Gesells. f. Nat. u. Völkerk. Ostas.* 12ᵗᵉˢ Heft. Mai 1877. Yokohama, Buchdruckerei der «Echo du Japon», pp. 35/42, 61.)

— Chinese Bank Notes. By S. W. B. (*China Review*, VII, pp. 134/136; *N. C. Daily News*. (*Ibid.*, IX, p. 257.)

— A new Mint in Chinese Turkestan. By S. W. Bushell. (*China Review*, XI, p. 261.)

— A new Silver Coinage for Chinese Turkistan. By S. W. Bushell. (*China Review*, XIII, pp. 86/87.)

— Porcelain Coins. By M. E. Rogers. (*China Review*, X, pp. 352/3.)

— Introduction of Paper Money. (*China Review*, XI, p. 200.)

— The Derivation and Meaning of the Word "Delhe". By J. M. (*China Review*, XII, p. 435.)

— A Chinese Fathom. By J. M. (*China Review*, XII, p. 512.)

— A Chinese rendering for "Fathom". By J. M. (*China Review*, XIII, pp. 226/227.)

— A Chinese Fathom. By F. H. (*China Review*, XIII, pp. 117/118.)

— Chinese Cash. By Monetus. (*China Review*, XIII, p. 225.)

— The Chinese *Ch'ih* measure. By John Chalmers. (*China Review*, XIII, pp. 332/337.)

— Coinage. (*China Review*, XIII, p. 297.)

— Coinage. By E. H. Parker. (*China Review*, XIV, p. 226.)

— Land-Measures. By E. H. Parker. (*China Review*, XV, p. 53.)

— Hundred-Weight. By E. H. Parker. (*China Review*, XV, p. 250.)

† — Paper money. By E. H. Parker. (*China Review*, XV, pp. 252/253.)

— Cash. By E. H. Parker. (*China Review*, XVII, N° 1, p. 53.)

— The Short Li of Antiquity. By J. Edkins. (*China Review*, XVIII, No. 2, pp. 127/128.)

— Voir sur le papier-monnaie chinois : Henry Harrisse, *Christopher Columbus and the Bank of Saint George*, 1888, in-4 :

Notes and Additions, pp. 109/112; à propos de la communication de Kouo Song-tao au Congrès provincial des Orientalistes (1878), Lyon, 1880, I, in-4, p. 89.

— **La Monnaie en Chine et le commerce européen dans l'Extrême-Orient par Maurice Jametel. (*L'Economiste français*, Samedi 8 Octobre 1881, pp. 451/452.)**

— Le crédit et les banques en Chine. Par E. Juge. (*Ann. de l'Ext. Orient*, 1885—1886, VIII, pp. 48/51.)

— Une banque impériale en Chine. (*Ann. de l'Ext. Orient*, 1885—1886, VIII, pp. 285/286.)

D'après le *Journal des Débats*.

— The Chinese Li. (*Journ. C. B. R. A. S.*, XX, 1885, N. S., No. 2, p. 57.)

— **Circular on Currency and Measures in China. (*Journ. C. B. R. A. S.*, XXIV, N. S., 1889—90, No. 1, pp. 46/135.)**

Réponse de divers : Mgrs. Hamer, Volonteri, MM. H. B. Morse, E. H. Parker, etc.

— **A Handful of Cash. By C. H. Brewitt-Taylor. (*China Review*, XVII, No. 6, pp. 357/359.)**

— **The Copper Cash current in Amoy. By W. J. Clennell. (*China Review*, XX, No. 5, pp. 292/296.)**

SOCIÉTÉS SECRÈTES.

(*Voir aussi le chap. de la guerre des Tai-ping*, col. 268/281, et col. 1600/1603.)

— **Associations de la Chine. Lettres du P. Leboucq missionnaire au Tché-ly-sud-est, Publiées par un de ses amis. Paris, F. Wattelier et Cie, pet. in-8, pp. XIII-312.**

Voir col. 863.

— Secret Societies and their Political Significance. (*Balfour, Waifs and Strays*, 1876, pp. 23/38.)

— **La magie et le nénuphar blanc au Kiang-nan (Chine). Par le P. Palatre. (*Miss. Cath.*, X, 1878, pp. 434/441, 446/450, 458/465.)**

— **Chinese Secret Societies and their Origin. By Mr. W. A. Pickering. Read at a Meeting of the Society, held on the 6th May, 1878. (*Journ. of the Straits Branch of the Roy. As. Soc.*, Part I, July 1878, pp. 63/84; Part II, ibid., July 1879, pp. 1/18.)**

— **Freemasonry in China. By Herbert A. Giles, W. M. Ionic, No. 1781, E. C. and District Grand Senior Warden, Hongkong. Amoy : 1880, in-4, pp. 34 + 4 ff. prél. n. c. p. le titre, etc. et 1 f. n. c. à la fin.**

On lit sur le faux-titre : *With the Compliments of the Ionic Lodge of Amoy, No. 1781, E. C.* et au verso du dernier f. : *Printed by A. A. Marcal, Amoy*.

17 fig. — Tiré à 100 exemplaires. — B. Quaritch, Cat. 53, 1881, £ 1.

Une seconde édition a paru, Shanghai, 1890, in-4, pp. 38. Cette éd. contient un feuillet d'addenda et les termes chinois pour diverses expressions maçonniques.

— Secret Society. By E. H. Parker. (*China Review*, XVI, p. 124.)

— Free-Masonry. By E. H. Parker. (*China Review*, XVII, p. 183.)

— Chinese Rebellions. By E. H. Parker. (*China Review*, XVII, No. 1, pp. 4/13.)

— Secret Societies. By E. H. Parker. (*China Review*, XVII, No. 1, p. 51.)

— **Bijdrage tot de kennis der Chineesche geheime genootschappen, door J. W. Young. (*Tijdschr. voor Ind. Taal-, L. en Volk.*, d. XXVIII, 1883, pp. 546/577.)**

— Les sociétés secrètes en Chine. (*Ann. de l'Ext. Orient*, 1883—1884, VI, pp. 209/211.)

— The Kolao 哥老. — Secret Society. By G. M. H. Playfair. (*China Review*, XV, pp. 129/130; avec une fig.)

— **Les Sociétés secrètes chinoises. Par M. H. Cordier, Professeur à l'Ecole nationale spéciale des langues orientales vivantes. (*Revue d'Ethnographie*, VII, N° 1—2, 1888, pp. 52/72.)**

Tirage à part : Paris, Ernest Leroux, 1888, br. in-8, pp. 21.

Voir *La Réforme sociale*, 1er avril 1888, pp. 424/6.

— **La Franc-Maçonnerie en Chine. Morc∴ d'arch∴ présenté le 13 Février 1891, (E∴ V∴) au chapitre Etoile Polaire par le F∴ S. A. Viguier Membre actif de la R∴ L∴ Etoile des mers, Or∴ de Tréport. Mars 1891, br. in-8, pp. 8.**

— Ferd. Boyle. — Chinese Secret Societies. (*Harper's Mag.*, sept. 1891.)

— The Present Troubles in China and their Cure. A translation of some ideas expressed by a Chinese Preacher. (*Chin. Rec.*, XXII, Nov. 1891, pp. 525/6.)

— Among the Highbinders. An Account of Chinese Secret Societies. By Frederic J. Masters, D. D. (*Chin. Rec.*, XXIII, June 1892, pp. 268/273; ibid., July 1892, pp. 305/315.)

From *the Californian Illustrated Magazine*, holiday number, Jan. 1892, pp. 62/74.

PIRATES.

* De Chinesiske Sjöröfvarne. Reseminnen of Mᵐᵉ Fanny Loviot. Stockholm, 1865, in-8, pp. 126.

Trad. du Français, voir col. 865.

—' Notes and Sketches from the Wild Coasts of Nipon with Chapters on cruising after Pirates in Chinese Waters. By Captain H. C. St. John, R. N. Edinburgh : David Douglas MDCCCLXXX, in-8, pp. XXIII—392, carte et gravures.

— Honour amongst Thieves. By H. A. G[iles]. (*China Review*, XVII, No. 5, p. 298.)

— Honour amongst Thieves. By E. H. Parker. (*China Review*, XVII, No. 6, p. 355.)

OPIUM.

— Georgii Wolffgangi Wedelii, Med. Doctoris, Professoris Publici, et Medici Ducalis Saxonici, OPIOLOGIA ad mentem. Academiae Naturae Curiosorum. Jenae, Sumptibus Johannis Fritschii, Bibliopolae Lipsiensis. Tipis Samuelis Krebsii. Anno M.DC.LXXIV, in-4, pp. 170 + 4 ff. n. c. p. l. tit. etc. + 1 f. n. c. à la fin.

Grav. sur le titre.

— Réflexions sur l'usage de l'Opium, des calmants et des narcotiques, Pour la guerison des Maladies. En forme de Lettre . . . . A Paris, chez Guillaume Cavelier fils . . . . M.DCC.XXVI, in-12, pp. 374 + 4 ff. prél. n. chif. p. le tit., priv., etc. + 7 ff. n. ch. à la fin p. l. table.

— Observations on the Use of Opium in Diseases supposed to be owing to morbid Irritability. By Alexander Grant, senior Surgeon of His Majesty's military Hospitals during the late War in North America. London, Printed by J. Nichols, for the Author, MDCCLXXXV, in-8, pp. 41.

— Mémoire sur l'Opium ; Par Michel Attumonelli, Médecin de Naples, Professeur de Physiologie, membre de la Société de Médecine de Paris. (Lu par l'Auteur à la Société de Médecine de Paris.) A Paris, chez la Vᵉ Panckoucke. An x. — 1802, in-8, pp. 70 + 1 f. n. ch. + pp. IV.

— William Alexander. An Essay, physiological and experimental, on the effects of Opium on the living System. [1799]. (*Memoirs of the Manchester Lit. & Phil. Soc.*, I, 1805, pp. 1/97.)

— De l'emploi de l'Opium dans les Phlegmasies des membranes muqueuses, séreuses et fibreuses, par J.-L. Brachet, ... suivi d'un mémoire sur les fièvres intermittentes

. . . . A Paris, chez Gabon . . . . 1828, in-8, pp. VII-404.

— Crisis in the Opium Traffic : being an Account of the Proceedings of the Chinese Government to suppress that Trade, with the Notices, Edicts, &c., relating thereto. — Printed at the Office of the Chinese Repository, China . . . . 1839, br. in-8, pp. IV-107.

— The Chinese vindicated, or another View of the Opium Question ; being in reply to a pamphlet, by Samuel Warren, Esq. F. R. S. barrister at law in the Middle Temple. By Captain T. H. Bullock, H. H. The Nizam's army. London : Wᵐ. H. Allen & Co., 1840, br. in-8, pp. VII-120.

Voir col. 1149.

— Les bateaux chinois employés à la contrebande de l'opium par C. A. de Challaye. (*Rev. de l'Orient*, V, 1844, pp. 198/202.)

— An Essay on the Opium Trade. Including a Sketch of its history, Extent, Effects, etc., as carried on in India and China. By Nathan Allen, M. D. Boston : Published by John P. Jewett & Co., 1850, in-8, pp. 68.

— What is the Opium Trade. By Donald Matheson, Esq. formerly of China. Edinburgh : Thomas Constable and Co. — Hamilton Adams and Co., London. MDCCCLVII, br. in-8, pp. 20.

— What is the Opium Trade. By Donald Matheson, Esq. formerly of China. Second Edition. Edinburgh : Thomas Constable and Co. — Hamilton, Adams, and Co., London. MDCCCLVII, in-8, pp. 27.

— J. F. A. Albers. Über das Opium, seine Arten und Bestandtheile. (*Verhand. d. Naturhist. Vereins d. Preus. Rheinlande u. Westphalien*, Bonn, Sitz.-Ber. XVIII, 1861, pp. 110/111.)

— With Opium to Hongkong. (*All the Year round*, June 16, 1866, pp. 537/540.)

— Opium. (Balfour, *Waifs and Strays*, 1876, pp. 102/112.)

— The Use of Opium and its Bearing on the Spread of Christianity in China. A paper Read before the Shanghai Missionary Conference 19ᵗʰ May, 1877. By The Rev. A. E. Moule, of the Church Missionary Society. Shanghai : Printed at the "Celestial Empire" office, 1877, in-8, pp. 23 + 1 f. n. c. à la fin.

— Self-cure of Love of Liquor and the Opium Habit, being a full and practical Guide to the best, surest and safest Methods of Self-treatment. To which is added some Notes on the abuse of Chloral, Ether and other

Drugs. New-York : Jesse Haney & Company, publishers, in-8, pp. 90 [1877].

— The Indo-British Opium trade and its effect. A Recess Study by Theodore Christlieb, D. D., Ph. D. Professor of theology and university Preacher, Bonn, Prussia. Authorised Translation from the German by David B. Croom, M. A. London, James Nisbet & Co., 1879, pet. in-8, pp. VII-102.

— England and the Opium Trade with China. 1880. London : Dyer brothers, Price One Penny, in-12, pp. 14.

— Report of the Opium Refuge at Peking for 1878—79. (Chin. Rec., XI, 1880, No. 3, pp. 196/207.)

— The Opium Traffic between India and China. The Debate in the House of Commons, on the resolutions introduced by J. W. Pease, Esq., M. P. Friday, April 29, 1881. Extracted from "Hansard's Parliamentary Debates", Vol. CCLX. Published for the Society for the Suppression of the Opium trade, by Dyer Brothers, .. Price Six Pence, in-8, pp. III-33-VIII.

— Reply to the Defence of the Opium Trade by the Shanghai Correspondent of the "Times". By F. Storrs Turner, Secretary of the Society for the Suppression of the Opium Trade. London : Dyer Brothers, 1881, br. in-8, pp. 12.

— Society for the Suppression of the Opium Trade. Fifth Annual Report, and Proceedings of the Annual Public Meeting, 1881. Dyer Brothers, London, br. in-8, pp. 48.

— The Egyptian Question, India, and the Opium Question, pièce in-4, pp. 8.

Edinburgh, 22d december 1881.

— The Opium Trade and Sir Rutherford Alcock. By B. Fossett Lock. Reprinted from "The Contemporary Review" for April, 1882, and published for the Society for the suppression of the Opium trade by Ward, Lock, & Co., br. in-12, pp. 24.

Rép. à Alcock, Nineteenth Century, Dec. 1881.

— Le Tabac et l'Opium en Chine. Par A. A. Fauvel. (Journal de la Société contre l'abus du Tabac, No. 8, avril 1881, pp. 178 à 181.)

Conférence faite à la Société contre l'abus du tabac, 7 avril 1881.

— Opium-smoking in America and China a study of its prevalence, and effects, immediate and remote on the individual and the nation by H. H. Kane, M. D. New-York, G. P. Putnam's sons, 1882, in-8, pp. XIII-156.

— The Opium Question solved. By Anglo-Indian. Edited by Lester Arnold. With illustrations. London : S. W. Partridge & Co., 1882, in-8, pp. 88.

— The Truth about Opium. Being the substance of three Lectures delivered at St. James's Hall on the 9th, 16th, and 23rd February last. By William H. Brereton, late of Hong kong; solicitor. London : W. H. Allen & Co., Publishers to the India office, 1882, in-8, pp. VIII-275.

— The other Side of the opium question by W. J. Moore, L. R. C. P. Edin., M. R. C. S. Eng., L. S. A. Lond. Deputy surgeon-general H. M. forces, Presidency division, Bombay, honorary surgeon to the viceroy of India. London, J. & A. Churchill, 1882, in-8, pp. 95.

— Poppies : a Talk with English Boys and Girls about opium, in-12, pp. 14 [1882].

— Sur l'emploi de l'opium, dans les accès de fièvre. Note transmise par les missionnaires du vicariat apostolique des Deux Guinées. (Miss. Cath., XIV, 1882, p. 432.)

— The History of opium in China. (The Academy, Dec. 2, 1882, p. 398.)

Lettre du Rév. Joseph Edkins, datée Peking, sept. 2, 1882.

— China. — Imperial Maritime Customs. — II. — Special Series :

No. 1. — NATIVE OPIUM, 1864. (Voir col. 868 et 1035.)

No. 4. — OPIUM, 1881. (Voir col. 1036—1037.)

No. 9. — NATIVE OPIUM, 1887. 1888, in-4.

No. 10. — OPIUM CRUDE AND PREPARED.'— Published by order of the Inspector General of Customs. — Shanghai : Published at the Statistical Department of the Inspectorate General of Customs, ... 1888, in-4, pp. IV-81.

No. 13. — OPIUM : HISTORICAL NOTE; OR THE POPPY IN CHINA. — Ibid., 1889, in-4.

No. 14. — OPIUM TRADE : March Quarter, 1889. — Ibid., 1889, in-4, pp. 56.

Notice par Henri Cordier, Rev. de l'Ext. Orient, I, No. 2, pp. 320/321.

— Le commerce de l'opium, par Maurice Jametel. (Economiste français, samedi 25 mars 1882, pp. 357/8.)

— Les fumeurs d'opium en Chine. (Revue d'Ethnographie, II, N° 5, 1883, p. 476.)

Statistiques des Douanes chinoises.

— All about Opium. Edited by Hartmann Henry Sultzberger, merchant. London : 1884, in-8, pp. xv-207.

— A Vindication of England's Policy with regard to the Opium Trade. By C. R. Haines. London : W. H. Allen & Co. 1884, in-8, pp. IV-140.

— Observations in China, with especial reference to Chinese colonization, the French, the Opium Question, and English Colonies. By Fortescue Fox, M. B. Lond. [Reprinted, with additions, from the "Friends' Quarterly Examiner".] London : Edward Stanford .... 1884, br. in-8, pp. 56. 1/—

— The Indo-Chinese Opium Trade considered in relation to its history, morality, and expediency, and its influence on christian missions. By J. Spencer Hill, B. A., ... Being the Essay which obtained the Maitland prize of the University for 1882. With prefatory note by the Right Hon. Lord Justice Fry. London : Henry Frowde, 1884, in-8, pp. vii-95.

— The Opium Question; or, is India to be sacrificed to China? By Robert Needham Cust. London : Trübner ... 1885, br. in-8, pp. 32.

— The Opium Habit and Alcoholism a Treatise on the Habits of Opium and its compounds; Alcohol; Chloral-Hydrate; Chloroform; Bromides Potassium; and Cannabis Indica : Including their therapeutical Indications : with suggestions for treating various painful complications. By Dr. Fred. Heman Hubbard. A. S. Barnes, New-York, in-8, pp. viii-259.

— Opium Smokers in prisons. (*Journ. C. B. R. A. S.*, XX, N, S., 2, 1885, p. 52.)

— Opium in China. By S. L. Baldwin. (*Methodist Quarterly Review*, xlv, 698.)

— Opium Consumption in China. — By X. Y. Z. (*China Review*, VIII, p. 64.)

— Opium and Opium smoking. By Hugh McCallum. (*China Review*, XI, pp. 278/282.)

— Remedies in Cases of Opium suicide. By E. H. Parker. (*China Review*, XIV, p. 171.)

— Opium and the smoking Extract. By J. G. Kerr, M. D. (*China Review*, XII, pp. 41/47.)

— Tobacco, Whisky and Opium. By Rev. Jas. Gilmour. (*Chin. Rec.*, XIX, No. 4, April 1888, pp. 158/165.)

* Die Genussmittel des Orients. Von Gustav Troll. (*Oest. Monatsschrift f. d. Orient*, Mai 1890.)

— The Cure of Opium Smokers. By Rev. G. King. (*Chin. Rec.*, XXI, Oct. 1890, pp. 458/461.)

(OPIUM.)

— The Opium Question. Report of Committee on Opium traffic. Canton Conference, June 3rd., 1891. Committee : Dr. J. G. Kerr (Chairman), Rev. E. Z. Simmons and G. Hargreaves. (*Chin. Rec.*, XXII, No. 8, Aug. 1891, pp. 371/373.)

* The Opium Question. A Rejoinder. By C. S. Addis, Hongkong and Shanghai Bank, Calcutta. Reprinted from the Indian-Evangelical Review, Oct. 1891.

— X. — The Opium Question. From a Chinese Official standpoint. (*Asiatic Quart. Review*, II, Ser. V, 9, p. 47/9.)

— Die Uebel des Opiumrauchens. (*Ostasiat. Lloyd*, VII. 4, p. 58.)

— Les fumeurs d'Opium. Par le Dr. Ern. Martin. (*La Nature*, 21e année, No. 1054, 12 août 1893, pp. 167/170.)

— Bibliothèque générale de physiologie. — L'OPIUM, ses abus, Mangeurs et fumeurs d'opium, Morphinomanes, par le Docteur Ernest Martin Ex-Médecin-Major de l'Ecole Polytechnique et de la légation de France à Pékin. Lauréat de l'Académie de médecine. — Paris, Société d'éditions scientifiques. — 1893, pet. in-8, pp. 175.

Notice : *China Review*, XX, No. 6, pp. 395/8, par E. H. P.[arker.]

— La Morphinomanie en Extrême-Orient. Par le Dr. Ern. Martin. (*Journal d'Hygiène*, No. 894, 9 nov. 1893, pp. 529/532.)

— Note on the Opium Question, and brief Survey of our Relations with China. By H. N. Lay, C. B., Chinese Secretary to the Earl of Elgin's Special Mission to China, afterwards Inspector-general of Chinese Customs. — Price one shilling. — Printed by M. S. Rickerby, Walbrook, E. C. — 1893. Published by Effingham Wilson & Co., Royal Exchange, E. C., pièce in-fol., pp. 23.

∴

* Index Catalogue of the Library of Surgeon General Office, United States Army. Washington.

Contient une Bibliographie.

(OPIUM.)

DEUXIÈME PARTIE

LES ÉTRANGERS EN CHINE

I. — CONNAISSANCES DES PEUPLES ÉTRANGERS SUR LA CHINE.

TEMPS ANCIENS ET MOYEN ÂGE.

NOTES DIVERSES.

Col. 875.

— Notes on the Oldest Records of the Sea-Route to China from Western Asia. By Colonel H. Yule, C. B., R. E. (*Proc. R. Geog. Soc.,* N. S., Vol. IV, 1882, pp. 649/660.)

A paper read at the Geographical Section, British Association, Southampton Meeting, revised and augmented by the author for the *Proc. R. G. Soc.*

— Notes on the Oldest Records of the Sea-Route to China from Western Asia. By Colonel Yule, C. B., R. E. From Proceedings of the Royal Geographical Society and Monthly Record of Geography : November No., 1882, br. in-8, pp. 12.

— Les voies commerciales avant Gama. Par Achille Mercier. (*Ann. de l'Ext. Orient,* 1884—1885, VII, pp. 353/366.)

BIBLE.

— The Sinim of Isaiah not the Chinese by Terrien de Lacouperie, Ph. & Litt. D. Professor of Indo-Chinese Philology. (University College, London.) [Reprinted from No. 3 of the *Babylonian Record,* Jan. 7, 1887.] London : pièce in-4, 2 ff. n. ch.

— The Land of Sinim, not China. By Terrien de Lacouperie. (*Babylonian & Oriental Record,* I, No. 11, September, 1887, pp. 183/191.)

— The Land of Sinim in Isaiah. By T. K. Cheyne. (*Ibid.,* p. 182.)

— Notes on Missionary Subjects. — No. 4. By Rev. J. Edkins, D. D. THE LAND OF SINIM. (*Chin. Rec.,* XIX, No. 10, Oct. 1888, pp. 479/481.)

GRECS ET ROMAINS.[1]

CAIUS PLINIUS SECUNDUS.

— Allusions to China in Pliny's Natural History by J. Edkins, D. D. (*Journ. Peking Oriental Society,* Vol. I, No. 1, 1885, pp. 1/16.)

PTOLÉMÉE.

— The Sêrica of Ptolemy and its Inhabitants. By Thos. W. Kingsmill. (*Journ. C. B. R. A. S.,* N. S., XIX, Part II, 1884, Art. II, pp. 43/60.)

— Ptolemy's Serica. By Thos. W. Kingsmill. (*China Review,* XV, pp. 254/255.)

* Relations politiques et commerciales entre l'ancien empire Romain et la Chine, di Werdmüller van Elgg. (*Giornale della Società Asiatica Italiana,* Vol. I, 1887.)

1. Voir la IVᵉ Partie de cet ouvrage : LES CHINOIS CHEZ LES PEUPLES ÉTRANGERS. — I. — *Connaissances des Chinois sur les peuples étrangers.*

LES ARABES.
DIVERS.

— Das Chinesische Reich nach dem Türkischen Khatai namèh. Von Dr. J. Th. Zenker. (*Zeit. Deut. Morg. Ges.*, Bd. XV, Hft. 3 u. 4, pp. 785/805.)

Voir col. 1768, CH. SCHEFER.

— كتاب عجايب الهند Livre des Merveilles de l'Inde, par le capitaine Bozorg Fils de Chahriyâr de Râmhormoz. — Texte arabe publié d'après le manuscrit de M. Schefer, collationné sur le manuscrit de Constantinople, par P. A. Van der Lith. Traduction française par L. Marcel Devic. — Avec quatre planches coloriées tirées du manuscrit arabe de Harîri de la collection de M. Schefer, et une carte. — Publication dédiée au sixième Congrès des Orientalistes. Leide. — E. J. Brill. 1883—1886, gr. in-4, pp. xiv-310.

ARMÉNIE ET PERSE.

- Khitay Namèh. — Voir col. 1768 et 1913.
- Early Western Traders in China. (*China Review*, XI, p. 132.)
- Vambery. By Hafiz. (*China Review*, XVII, No. 2, p. 115.)
- Persian Sacrifices in China. By J. Edkins. (*China Review*, XIX, No. 1, 1890, pp. 55/56.)

RACHID EDDIN.

— Histoire des Mongols de la Perse écrite en Persan par Raschid-eldin publiée, traduite en français accompagnée de notes et d'un mémoire sur la vie et les ouvrages de l'auteur par M. Quatremère. Tome I. Paris, Imp. royale, MDCCCXXXVI, in-fol., pp. CLXXV-450.

Ce vol. (seul paru de l'ouvrage) est le premier de la *Collection orientale, manuscrits inédits de la bibliothèque royale traduits et publiés par ordre du Roi.*

Nous apprenons [1893] avec plaisir que l'Imprimerie nationale prépare pour la presse le Vol. II.

CHEMIN DE LA CHINE ET DE LA TARTARIE AU MOYEN ÂGE.

COLLECTIONS GÉNÉRALES DE VOYAGES, ETC.

(Moyen âge et Temps modernes.)

— Les Voyageurs Belges du xiiie au xvie siècle par le baron Jules de Saint-Génois. Bruxelles, A. Jamar, éditeur, pet. in-8, pp. 227.

Guillaume de Ruysbroek, etc.

— Les Voyageurs Belges du xviiie et du xixe siècle . . . . . . *Ibid.*, pp. 210 + 1 f. n. c.

Augor Busbecq, etc.

(TEMPS ANCIENS ET MOYEN ÂGE.)

— Società geografica italiana. — Studi biografici e bibliografici sulla Storia della Geografia in Italia pubblicati in occasione del iiie. Congresso geografico internazionale. — Vol. I. Biografia dei Viaggiatori italiani colla bibliografia delle loro opere par P. Amat di S. Filippo. Edizione seconda. Roma, alla Sede della Società, 1882, in-8, pp. xi-742 + 1 f. n. c. et 3 pl.

— — Volume II. — Mappamondi, Carte nautiche, Portolani ed altri monumenti cartografici specialmente italiani dei secoli xiii—xvii per G. Uzielli e P. Amat di S. Filippo. — Ed. seconda. Ibid., 1882, in-8, pp. xxvi-325 + 1 f. n. c. d'er.

— — Appendice agli Studi biografici e bibliografici sulla Storia della geografia in Italia per P. Amat di S. Filippo pubblicata in occasione del primo Congresso geografico nazionale. Ibid., 1884, in-8, pp. xiii-85.

— Gli illustri Viaggiatori italiani con una Antologia dei loro scritti per Pietro Amat di S. Filippo . . . . Roma, tip. dell' Opinione, 1885, in-8, pp. viii-548.

Je note parmi les voyageurs qui nous intéressent : Giovanni Piano Carpini, 1246—47, pp. 1 et seq. — Marco Polo, 1271—1295, pp. 11 et seq. — Oderico da Pordenone, 1314—1330, pp. 19/31. — Giovanni de Marignolli, 1339—1353, pp. 13 et seq. Nicolò dei Conti, 1404—1444, p. 61 et seq. — Lodovico de Varthema, 1502—1508, pp. 125 et seq. — Antonio Pigafetta, 1519—1522, pp. 171 et seq. — Cesare Fedrici, 1563—1581, pp. 197 et seq. — Matteo Ricci, 1577—1610, pp. 203 et seq. — Gasparo Balbi, 1579—1588, pp. 207 et seq. — Filippo Sassetti, 1583—1588, pp. 217 et seq. — Basilio da Gemona, 1683 —1704, pp. 295 et seq. — Francesco Gemelli Careri, 1693—1698, pp. 299 et seq. — Carlo Horatio da Castorano, 1698—1733, pp. 319 et seq. — Ippolito Desideri, 1712—1727, pp. 341 et seq. — Francesco Orazio da Pennabilli, 1719—1747, pp. 349 et seq.

* Branca (Gaetano). Storia dei Viaggiatori Italiani. Torino, 1873, in-12, pp. viii-500, fac-similes.

Marco Polo, etc.

BENJAMIN DE TUDÈLE.

— Itinerarivm ‖ Beniamini ‖ Tvdelensis; ‖ in qvo ‖ res memorabiles, qvas ‖ ante qvadringentos ‖ annos totum ferè terrarum orbem notatis itineribus di ‖ mensus vel ipse vidit vel à fide dignis suae aetatis hominibus ‖ accepit, breuiter atque dilucidè describuntur; ‖ Ex Hebraico Latinum factum ‖ Bened. Aria Montano ‖ interprete. ‖ Antverpiae, ‖ Ex officina Christophori Plantini, ‖ Architypographi regij. ‖ M.D.LXXV, pet. in-8, pp. 114 + 6 ff. n. c. à l. fin p. l'ind. et la perm.

— Itinéraire juif d'Espagne en Chine au IXe siècle par M. Moïse Schwab . . . . 1891. Voir JUDAÏSME, col. 1768.

Voyage de fantaisie inspiré par celui de Benjamin de Tudèle qui eut lieu trois siècles plus tard.

JEAN DU PLAN DE CARPIN.

— Opera dilettevole ... Vinegia, 1537. Col. 904.

Un ex. a figuré (819) à la vente du Comte de Crawford. (Londres, juin 1887.) — Quaritch, *Rough list*, No. 62, Jan. 15, 1883, £ 18.18/—, provient de la biblioth. Beckford.

— L'ex. de la librairie Maisonneuve est (1893) aujourd'hui dans la bibliothèque de l'Ecole des Langues orientales, à Paris.

— Epistola dei costumi ... Livorno, Vigo, in-8 [1871]. Col. 906.

Publicata per nozze in 80 esemplari per cura di Ottav. Targioni Tozzetti. (Amat di S. Filippo.)

GUILLAUME DE RUBROUCK.

— Voir Saint-Génois, supra col. 1913.

— Über Rubruk's Reise von 1253—55. Inaugural-Dissertation der philosophischen Fakultät der Universität Leipzig zur Erlangung der Doktorwürde, vorgelegt von Franz Max Schmidt. Mit einer Karte. Berlin, Dietrich Reimer, 1885, br. in-8, pp. 93 + 1 f. n. c.

Abdruck aus the *Zeitschrift der Gesellschaft für Erdkunde* zu Berlin. Bd. XX, 1885.

MARCO POLO. — XIIIe Siècle.

ÉDITIONS.

Col. 910.

— L'ex. du Germanisches Museum, à Nuremberg, qui appartient en réalité au Handels-Museum, est renfermé dans une vitrine de la salle LXXI et porte le No. 2170. Il est relié en un seul vol. qui a appartenu au commencement du XVIIIe siècle à un dignitaire de l'Ordre Teutonique suivant une note ms. en tête avec plusieurs autres pièces dont il est à la dernière. Le portrait manque, il ne comprend donc que 57 feuillets. L'ex. est superbe, grand de marges; l'absence du portrait de Marco Polo est la seule imperfection. Le libraire Albert Cohn de Berlin m'a dit jadis avoir vendu ce vol. 900 marks au Museum de Nuremberg.

— Un 6e ex. du Marco Polo, de Nuremberg, 1477, a figuré à la vente Crawford. (Londres, juin 1887, 1359.) Il avait le portrait; et les lettres initiales coloriées; maroquin vert, tr. dor. par Duru. Il a figuré depuis dans le Cat. No. 375, 25 Aug. 1887, de Quaritch (38262), à £ 70.

Col. 913.

— Marco Polo (latin), de Pipino ... Anvers, 1485? in-4.

L'exemplaire de Christophe Colomb est conservé à la Colombina de Séville. Voici les feuillets dont les marges contiennent des annotations autographes du grand navigateur :

9 r.	31 r. et v.	46 v.	55 r. et v.	66 r. et v.
13 v.	36 v.	47 r. et v.	57 r. et v.	67 r. et v.
15 r. et v.	38 v.	48 r. et v.	59 r. et v.	68 r. et v.
17 v.	39 r.	49 r. et v.	60 r. et v.	69 r. et v.
18 r. et v.	40 r. et v.	50 r. et v.	61 r. et v.	70 r. et v.
19 r.	41 r.	51 r. et v.	62 r. et v.	71 r. et v.
23 r. et v.	42 r. et v.	52 r. et v.	63 r.	72 r. et v.
24 r. et v.	43 r. et v.	53 r. et v.	64 v.	73 r. et v.
25 r.	44 r. et v.	54 r.	65 r. et v.	74 r.

Cf. Simón de la Rosa y López, pp. XXIII, XLIII—XLIV du Tome II, Sevilla, 1891, in-4 : *Biblioteca Colombina.* — Catálogo de sus libros impresos publicado por primera vez en virtud de acuerdo del Excmo. é Ilmo. Sr. Deán y Cabildo de la Santa Metropolitana y Patriarcal Iglesia de Sevilla bajo la inmediata dirección de su Bibliotecario el Ilmo. Sr. Dr. D. Servando Arbolí y Faraudo Dignidad de Capellán Mayor de San Fernando.

Col. 914.

— Marco Polo da Vene ‖ sia de le marauelio-se ‖ cose del Mondo. ‖ Petit in-8 de 64 ff.

(PLAN CARPIN. — RUBROUCK. — MARCO POLO.)

non chif., sig. *a—i* : *a—g* par 8 = 56 ff., *h* et *i* par 4 = 8 ff., total 64 ff.

Collation :

Recto 1er f : encadrement; vignette; au dessus de la vig. titre ut supra.

Verso 1er f. com : Tractato delle più marauelliose ‖ cose e delle più notabile : che si ri ‖ trouano nelle pte del môdo. Ra ‖ dutte & racolte sotto breuita . . . .

Recto f. 64 : Impressa la presente opera por el Venerabile mi ‖ ser pre Batista da Farfengo nella Magnifica cita de ‖ Bressa. adi. XX. December. M. CCCCC. ‖

Examiné l'ex. du Dr. Court (225), m. r. comp., à froid et or., dent. int., d. s. tr. (Lortic), fr. 180.

Col. 918.

* Marco Polo. — I Viaggi secondo la lezione del codice Magliabechiano più antico. Milano, Sonzogno, 1886, in-16. — Voir col. 918.

Col. 920.

— Biblioteca universal. Coleccion de los Mejores autores antiguos y modernos, nacionales y extranjeros. Tomo LXVI. Los Viages de Marco Polo veneciano. Madrid. Direccion y administracion, 1880, in-16, pp. 192.

«La edicion que hemos tenido principalmente à la vista, para formar este volúmen de nuestra *Biblioteca*, es la de Ludovico Pasini, Venecia, 1847.»

Col. 921.

— La Description geographique ... de l'Inde Orientale ... Par Marc Paule .... ‖ A Paris, ‖ Pour Jehan Longis tenant sa boutique au Palais en la gallerie par ‖ ou on va à la Chancellerie. ‖ 1556. ‖ Auec Priuilege du Roy. in-4.

Même éd. que celle de Sertenas dont elle reproduit le privilége. Un ex. figure au *Catalogue des livres . . . de . . . James de Rothschild*, II, Paris, 1887, No. 1938. A ce sujet, M. E. Picot remarque que la Préface par F. G. L., ainsi que la devise *Inter utrumque* appartiennent à FRANÇOIS GRUGET, *Lochois*, qui, la même année, publiait chez les mêmes libraires, le *Dodechedron de Fortune*.

— Marco Polo. Un Vénitien chez les Chinois avec étude biographique et littéraire par Charles Simond. Paris, Henri Gautier, s. d. [1888], br. in-8, pp. 32.

Forme le No. 122 de la *Nouvelle Bibliothèque Populaire* à 10 Cent. — Outre une courte notice biographique, contient le texte de Bergeron.

— Le Livre de Marco Polo. — Fac-simile d'un manuscrit du XIVe siècle conservé à la Bibliothèque royale de Stockholm. in-4, 4 ff. n. c. pour le titre ut supra et la préface + 100 ff. n. c. [200 pages] du texte fac-simile.

On lit au verso du titre : « Photolithographie par l'Institut lithographique de l'Etat-Major — Typographie par l'Imprimerie centrale — Stockholm 1882. Nous apprenons par la préface signée du célèbre A. E. NORDENSKIÖLD, que ce facsimile est fait d'après l'un des deux manuscrits de Marco Polo que possède la Bibliothèque Royale de Stockholm, et qu'il a été tiré à 200 exemplaires, dont 2 sur parchemin. Dans cette préface a été intercalée une lettre, Paris, 22 nov. 1881, de M. Léopold DELISLE qui montre que ce manuscrit de Stockholm faisait partie de la collection du roi de France Charles V (qui possédait cinq copies du livre de Marco Polo) et portait le no 317 dans l'inventaire de 1411; il passa au Louvre, à Honfleur et au XVIIe siècle dans la collection de Paul Petau et fut acheté par la reine Christine.

(MARCO POLO.)

— Il libro di Marco Polo fac-simile d'un manoscritto del XIV secolo. Nota del prof. G. Pennesi. (*Bol. Soc. Geog. ital.*, 1882, pp. 949/950.)

Col. 924.

— Voyages and Travels of Marco Polo. — Leipzig, Gressner & Schramm, in-16, pp. 192.

L'introduction est signée H. M. — D'après Pinkerton; voir *B. Sinica*, col. 924. — Édition populaire.

Col. 925.

— The Travels of Marco Polo .... By Hugh Murray .... Edinburgh : Oliver & Boyd ... MDCCCXLIV, pet. in-8, pp. 368.

— The Book of Ser Marco Polo .... By Col. Henry Yule. Col. 925.

— Extrait du compte rendu des Séances de la Société de Géographie (N° 2, 1890). — Notice sur Sir Henry Yule par Henri Cordier. Pièce in-8 de pp. 4, s. l. n. d. [Paris, 1890.]

Tiré à 50 exemplaires.

Communication adressée à la Société de Géographie dans sa séance du 17 janvier 1890.

— Colonel Sir Henry Yule. (*T'oung Pao*, No. 1, avril 1890, pp. 66/8.) [Par H. Cordier.]

— Le Colonel Sir Henry Yule, par M. Henri Cordier. — Extrait du *Journal Asiatique*. Paris, Imprimerie nationale, MDCCCXC, br. in-8, pp. 26.

Notices : *China Review*, XIX, No. 1, 1890, p. 63. By E. J. E[itel].

— *L'Expansion coloniale*, 13 nov. 1893, pp. 541/2, par Henri Monet.

Henry Yule né 1ᵉʳ mai 1820 à Inveresk, Midlothian; † 30 déc. 1889.

BIOGRAPHIES ET COMMENTAIRES.

Col. 928.

— Marco Polo, par M. Delécluze. Extrait de la livraison du 1ᵉʳ Juillet 1832 de la *Revue des Deux-Mondes*. Paris. Au bureau de la Revue des Deux Mondes, 1832, br. in-8, pp. 24.

Etienne Jean Delécluze, né à Paris 20 fév. 1781; † à Versailles, 12 juillet 1863.

Col. 929.

— Changchow, the Capital of Fuhkien in Mongol Times. By Geo. Phillips, F. R. G. S., H. B. M. Consul, Fuchau. (Read before the Society 19th November 1888.) (*Jour. C. B. R. A. S.*, XXIII, N. S., N° 1, 1888, pp. 23/30.)

— The Identity of Marco Polo's Zaitun with Chang chau by Geo. Phillips, F. R. G. S.; H. B. M. Consul Foochow. (*With a sketch-map of Marco-Polo's route.*) (*T'oung Pao*, I, Oct. 1890, pp. 218/238.)

— Zaitun. (*China Review*, XIII, p. 430.)

(MARCO POLO.)

— Marco Polo, il Cristoforo Colombo dell' Asia. — Discorso della Principessa Elena Ghika (Dora d'Istria) gentilmente dedicato alla Società del Gabinetto di Minerva in Trieste e letto nella Società stessa, da uno dei Direttori, nella sera del 14 maggio 1869. Trieste, Tipografia del Lloyd Austriaco, 1869, br. in-8, pp. 39 + 1 f. d'errata.

Bib. Soc. Géog. Paris $\frac{C5}{57}$.

Col. 930.

— Marco Polo's Six Kingdoms or Cities in Java Minor, identified in translations from the ancient Malay Annals. By J. T. Thomson ... Commissioner of Crown Lands, Otago, 1875. (*Proc. R. G. Soc.*, XX, 1875/6, pp. 215/224.)

Translation from the 'Salafat al Salatin perturan segala raja-raja', or Malay Annals.

— La vie et les voyages de Marco Polo par M. Paul Vidal-Lablache. Par Ludovic Drapeyron. (*Rev. de Géog.*, VII, 1880, pp. 302/307.)

Voir col. 930. — Il y a une deuxième éd. du livre de M. Vidal-Lablache.

— Notes on Marco Polo's Itinerary in Southern Persia (Chapters XVI. to XXI., Col. Yule's Translation). By A. Houtum - Schindler. (*Journ. R. As. Soc.*, N. S., Vol. XIII, Art. XX, Oct. 1881, pp. 490/497.)

— La Casa dei Milioni o l'abitazione di Marco Polo. Par L. Seguso. (*Venezia e il Congresso*, 1881.)

— Maison de Marco Polo. [à Venise. — Par Henri Cordier.] (*Revue de l'Extrême-Orient*, I, No. 1, p. 157.)

— Statue de Marco Polo. (*Revue de l'Extrême Orient*, I, No. 1, pp. 156/157.)

Par Henri Cordier; fig. chinoise exposée à Venise d'après l'original de Canton.

Voir *Illustrazione Italiana*, no 38, 18 sept. 1881.

— Marco Polo, ein Weltreisender des XIII. Jahrhunderts. Von Dr. K. Schumann. Berlin S. W. 1885. Verlag von Carl Habel. (C. G. Lüderitz'sche Verlagsbuchhandlung.) br. in-8, pp. 32.

Sammlung gemeinverständlicher wissenschaftlicher Vorträge, herausgegeben von Rud. Virchow und Fr. von Holtzendorff. XX. Serie. Heft 460.

— Kan Fu. By Joseph Edkins. (*China Review*, XV, pp. 310/311.)

— Charchau. By E. H. Parker. (*China Review*, XVIII, No. 4, p. 261.)

— Hunting Lodges. By E. H. Parker. (*China Review*, XVIII, No. 4, p. 261.)

— Barscol. By E. H. Parker. (*China Review*, XVIII, No. 4, p. 261.)

— Life Guards. By E. H. Parker. (*China Review*, XVIII, No. 4, p. 262.)

— Canfu or Canton. By E. H. Parker. (*China Review*, XIV, pp. 221/222.)

— Tho White City. By E. H. Parker. (*China Review*, XIV, pp. 358/359.)

— Kunnchis. By E. H. Parker. (*China Review*, XIV, p. 359.)

— Polo. By E. H. Parker. (*China Review*, XV, p. 249.)

— Marco Polo's Transliterations. By E. H. Parker. (*China Review*, XVI, p. 125.)

— Canfu. By E. H. Parker. (*China Review*, XVI, p. 189.)

* Marco Polo in Cambaluc. By W. S. Ament. (*Jour. Peking Oriental Soc.*, III, No. 2.)

(MARCO POLO.)

BIBLIOGRAPHIE.

* Kritisch-literärische Übersicht der Reisenden in Russland bis 1700, deren Berichte bekannt sind, von Friedrich v. Adelung... St. Petersburg, Leipzig, 1846, 2 vol. gr. in-8.

HETOUM Ier, roi de la Petite Arménie.

— Deux historiens arméniens. KIRACOS de Gantzac, XIIIe S., Histoire d'Arménie; OUKHTANÈS d'Ourha, Xe S., Histoire en trois parties; traduits par M. Brosset, Membre de l'Académie. 1re Livraison. St.-Pétersbourg, 1870, gr. in-4, pp. 1 à 276. — 2e Livraison. Introduction; fin d'Oukhtanès. St.-Pétersbourg, 1871, gr. in-4, pp. lxii, pp. 277 à 351.

Imprimé par ordre de l'Académie des Sciences à St. Pétersbourg, Juillet 1870 et Avril 1871.

Voir HETHOUM, pp. 176 et seq.

— Исторія Монголовъ по Армянскимъ Источникамъ. Выпускъ первый заключающій въ себѣ извлеченія изъ трудовъ Вардана, Стефана Орбеліана и Конетабля Сембата. — Переводъ и объясненія К. П. Патканова. — С. Петербургъ, 1873, in-8, pp. viii-100. — Выпускъ второй заключающій въ себѣ извлеченія изъ исторіи Киракоса Гандзакеци . . . . 1874, in-8, pp. viii-140.

Voir LVI. О томъ, какъ благочестивый царь Гетумъ отправился къ Батыю и къ Мангу-хану, pp. 80 et seq.

RICOLD DE MONTE CROCE.

Col. 932.

— Ricoldi de Monte Crucis ordinis praedicatorum Epistolae V de perditione Acconis 1291 quas ad fidem codicis ms. Vaticani edidit Reinholdus Röhricht. Genuae, Typis surdorum-mutorum, M.D.CCC.LXXX.III, br. gr. in-8, pp. 41.

Extrait des Archives de l'Orient latin, tome II, 2, 1883, pp. 258 à 296.

HETOUM, dit l'HISTORIEN.

Col. 935.

— Historia ‖ degli imperatori ‖ greci, ‖ descritta da Niceta ‖ Acominato da Chone ‖ Gran Secretario dell' Imperio, & Giudice ‖ di Velo in XIX. Libri : ‖ Li quali seguono, doue lascia il Zonara, dal M.CXVII. fino al M.CCIII. ‖ nel qual tempo si uede la declinatione del Imperio. ‖ A questi sono

(HETOUM I[er]. — RICOLD. — HETOUM, l'HISTORIEN.)

aggiunti Gli Annali de gli ‖ Imperatori di Constantinopoli ‖ Con l'Historia delle parti dell'Oriente scritta da Haithone ‖ parente del Re d'Armenia ‖ Tradotti in lingua Italiana da M. Ioseppe Horologgi. ‖ Con privilegio. ‖ In Venetia, Appresso Vincenzo Valgrisi. ‖ M.D.LXII. in-4, 28 ff. n. c. + ff. 280 c. + 1 f. n. c.

Hetoum, ff. 244—279.

ODORIC DE PORDENONE.[1]

Col. 940.

— Here beginneth the iournall of Frier Odoricus, one of the order of the Minorites, concerning strange things which hee sawee among the Tartars of the East. (Voiage and Travayle of Sir John Maundeville... edited by John Ashton... London, Pickering & Chatto, 1887, in-8, pp. 221/265.)

Sans notes, sans valeur.

— Les Voyages en Asie au xive siècle du bienheureux frère ODORIC DE PORDENONE Religieux de Saint-François publiés avec une introduction et des notes par HENRI CORDIER, Professeur à l'Ecole des Langues Orientales vivantes & à l'Ecole des Sciences politiques. — Ouvrage orné de fac-similés, de gravures et d'une carte. Paris, Ernest Leroux. M.D.CCC.XCI, gr. in-8, pp. XIV-CLVIII-602.

Contient : Dédicace à Sir Henry Yule. — Table des matières. — Table des illustrations. — Introduction. — Bibliographie. — Texte. — Index. — Carte.

Forme le Vol. X du Recueil de voyages et de documents pour servir à l'histoire de la géographie depuis le XIIIe jusqu'à la fin du XVIe siècle publié sous la direction de MM. CH. SCHEFER, membre de l'Institut, et HENRI CORDIER. — Cette collection est tirée à 250 exemplaires dont 25 sur papier de Hollande. L'introduction d'ODORIC a été tirée à part à 98 ex., dont 88 papier ordinaire, 5 vergé et 5 japon simili.

Notices : Bibliografia Friulana dans Pagine Friulane, Anno IV, Domenica, 14 Giugno 1891. No. 4, [Vincenzo Joppi]. — La Scintilla, 28 Giugno 1891. [Vincenzo Joppi.] — Biblioth. de l'Ecole des Chartes, LII, juillet-août 1891. [Léopold Delisle.] — Archivio Storico Italiano, Serie V, Tomo VIII, 1891. [Eugène Müntz.] — T'oung Pao, II, Sept. 1891, pp. 260/268. [G. Schlegel]. — Revue critique, No. 11, 13 mars 1893, pp. 197/202. [A. Barth.] — La Scintilla, Venezia 12 nov. 1893, Anno VII, N. 46 et seq. [V. S.]

JOURDAIN DE SÉVERAC.

— Le Vénérable Père Jourdain Cathala de Sévérac Evêque de Coulam (Quilon) sur la côte de Malabar, aux Indes Orientales (1306—1336) par le P. François Balme de l'ordre des Frères-Prêcheurs. Lyon, Imprimerie X. Jevain, 1886, br. in-8, pp. 46.

Extrait de l'Année Dominicaine, 1886, Bulletin des Frères-Prêcheurs de la Province de France.

1. Je renvoie pour de plus grands détails à mon édition d'Odoric où l'on trouvera dans l'introduction une bibliographie complète.

(ODORIC. — JOURDAIN.)

FRANC. BALDUCCI PEGOLOTTI.

— H. Kiepert. Über Pegolotti's vorderasiatisches Itinerar. (*Sitzung der phil.-hist. Kl. d. Königl. Akademie d. W. zu Berlin*, 20 Oct. 1881, pp. 901/913.) Avec une carte.

Il y a un tirage à part. — Bib. Soc. Géog. E $\frac{5}{342}$.

SIR JOHN DE MAUNDEVILLE.

— The Voiage and Travaile of Sir John Maundevile, Kt. which treateth of the Way to Hierusalem; and of Marvayles of Inde, with other Ilands and Countryes. Reprinted from the Edition of A. D. 1725. With an Introduction, Additional Notes, and Glossary, by J. O. Halliwell, Esq., F. S. A., F. R. A. S. London, Reeves and Turner, 1883, in-8.

On lit en tête de l'édition :

"The Publisher thinks that it is due to Mr. Halliwell to state that he is in no way responsible for this reimpression of a work to which he contributed a few notes at the commencement of his literary career, more than twenty-five years since. This professes to be no more than a careful and accurate reprint of the edition of 1839."

Voir col. 945 et 946.

— Cassell's National Library. The Voyages and Travels of Sir John Maundeville K[t.] Cassell & Company, Limited; London, Paris, New York & Melbourne. 1886, in-16, pp. 192.

Edited by Henry Morley.

— The Voiage and Travayle of Sir John Maundeville Knight which treateth of the way towards Hierusalem and of marvayles of Inde with other ilands and countreys. Edited, Annotated, and Illustrated in Facsimile by John Ashton ... London, Pickering à Chatto, 1887, gr. in-8, pp. XXIV-289.

100 ex. imprimés sur grand papier.

— The Buke of John Maundeuill being the Travels of Sir John Mandeville, knight 1322—1356, a hitherto unpublished english version from the unique copy (Egerton Ms. 1982) in the British Museum edited together with the French text, notes, and an introduction by George F. Warner, M. A., F. S. A. Assistant-keeper of Manuscripts in the British Museum. Illustrated with twenty-eight miniatures reproduced in fac-simile from the additional MS. 24,189. Printed for the Roxburghe Club. Westminster, Nichols and Sons, ... MDCCCLXXXIX, gr. in-4, pp. XLVI + 232 + 28 miniatures.

Notices : par Henri Cordier, vide infra, col. 1927. — *The Academy*, Sept. 6, 1890, par Alfred W. Pollard. — *Quarterly Review*, 1891.

— Ce liure est apelle mandeuille.

A la vente Crawford (Londres, juin 1887) (1347) figurait un Mandeville français, ainsi décrit : petit in-folio, *sine ulla nota circa* 1480; grav., 89 ff., 33 lignes par page; sign. *a—l* 9 par 8, excepté le dernier auquel il manque probablement le f. blanc de la fin; vieux cuir de Russie doré. Cette éd., qui semble complètement inconnue à Brunet et aux autres bibliographes,

est malheureusement incomplète, de 10 ff. à savoir A₄, b₂ et 7, h₄, 5 et 6, K₁ et 6, et l₁ et 2. Sur le recto du f. 1 est une grande gravure d'un jeune homme portant une lance, ayant sur un rouleau au-dessus Johannes de Montavilla et sur la marge intérieure et supérieure de a¹¹ se trouve une arabesque. L'ouvrage commence ainsi à a¹¹ avec une lettre capitale C ornée: *Ce liure est apelle mandeuille & fut fait / e compose par messiere iehan de man / deuille cheualier natif dangleterre de / la ville de sainct alein et parle de la ter / re de promissiō cest assauoir de iherusa / lem et de pluseurs autres isles de mer & les diuerses e estranges choses qui sōt / eedictez isles /.*

— Le Cat. de Quaritch, No. 375, 25 Aug. 1887, (38418) indique un Mandeville français qui paraît être de Lyon, 1480; il a au commencement, recto du f. 1, une grande grav. sur bois représentant un jeune homme portant une lance, ayant au-dessus une banderolle avec «Johannes de Montevilla»; à la marge supérieure et intérieure de a¹¹ se trouve un bois représentant une arabesque. L'ouvrage commence à a¹¹ ainsi : «Ce liure est apelle mandeuille & fut fait / e compose par messiere iehan de man / deuille cheualier natif dangleterre de / la ville de sainct alein Et parle de la ter / re de promissiō cest assauoir de iherusa / lem et de pluseurs autres isles de mer & / les diuerses e estranges choses qui sōt / eedictez isles /.»

C'est un pet. in-fol. goth. comprenant les cahiers *a—l* par 8 excepté 1 qui a 9 ff. = 89 ff.; Le 1ᵉʳ f. avec la grav. sur bois seulement; 33 lignes à la page. Manquaient 10 ff. à cet ex. : a₄, b₂ et 7, h₄, 5 et 6, k₁ et 6, l₁ et 2; était marqué dans le cat. £ 15. Cuir de Russie ancien; évidemment le même que celui de Crawford.

— F. 1 *recto* : Ce liure est appelle ‖ mandeuille et fut fait et ‖ compose par monsieur ‖ iehan de mandeuille che ‖ ualier natif dangleterre ‖ de la uille de sainct alein ‖ Et parle de la terre de ‖ promission cest assauoir ‖ de iherusalem et de plu ‖ seurs autres isles de mer ‖ et les diuerses et estran ‖ ges choses qui sont esd' ‖ isles. — *Finit verso* f. 93 : Cy finist ce tresplay ‖ sant liure nōme Mande ‖ uille parlāt moult anté ‖ tiquement du pays r t're ‖ doultre mer Jmprime a ‖ lyō sur le rosne Lan Mil cccc
lxxx le viii iour de ‖ freuier a la requeste de ‖ Maistre Bartholomieu ‖ Buyer bourgoys du dit ‖ lyon.

Pet. in-fol.; à 2 col.; Bibliothèque nationale, réserve 0⅔ f; 93 ff.; sig. ai— piij; ex. incomplet; doit avoir probablement 116 ff. car b et c ne sont représentés que par 3 ff.; o par 6, et l manque = a—o par 8 = 112 ff. + p × 4 = 116 ff. à 30 lignes.

«L'exemplaire que nous décrivons [le même que nous] n'a que 93 ff.; mais les cahiers b. et c. paraissent y manquer. Celui qui a appartenu au duc de La Vallière renferme 113 ff. et, selon la description que nous a communiquée M. Van Praet, il diffère un peu de celui-ci dans l'orthographe des mots de l'intitulé ci-dessus. Par exemple, à la 3ᵉ ligne, il y a *mons'* au lieu de *monsieur*, à la 4ᵉ *iehā* au lieu de *iehan*, à la 6ᵉ *de angleterre* au lieu *dangleterre*, etc.» (Brunet.) L'ex. du duc de la Vallière qui a appartenu ensuite à Benjamin Heywood Bright (Cat. 1845, n° 3614) et à R. S. Turner (Cat. 1878, n° 611) a été acheté à la vente Lacarelle (No. 459, Fr. 4100) pour la bibliothèque du Baron James de Rothschild. Voici comment M. Emile Picot le décrit dans le Cat. de Vol. III, 1893, pp. 441/2, du *Catalogue des livres composant la bibliothèque de feu M. le Baron James de Rothschild* :

— [Le Livre appelé Mandeville.] — [Fol. 2, signé *ai*ᵃ :] Ce liure est appelle ‖ mande-uille Et fut fait et ‖ compose par mous' *[sic]* iehā ‖ de mandeuille cheualier ‖ natif de angleterre de la ‖ ville de sainct alein Et ‖ parle de la terre de pro ‖ missiou *[sic]* cest assauoir De ‖ iherusalem *[sic]* ꝛ de pluseurs ‖ aultres isles de mer ꝛ les ‖ diuerses et estran ges cho ‖ ses qui sont esdictes isles ‖ [C]omme il fust ‖ ainsi que la terre de oult' ‖ mer cest

assa ‖ uoir la terre saincte la t͂ ‖ re de pro-
missiõ .... — [Fol. *piiij^d* :] *Cy finist ce*
tresplay‖sant liure nõme Mande‖uille par-
lãt moult antē [sic] ‖ *tiquement du pays v̄*
t͂re‖doultre mer Imprime a‖lyõ sur le rosne
Lan Mil ‖ CCCC *lxxx* [1481, n. s.] *le viii*
iour de ‖ *freuier* [sic] *a la requeste de* ‖
Maistre Bartholomieu ‖ *Buyer bourgoys*
du dit ‖ *lyon.* In-fol. goth. de 106 ff., impr.
à 2 col. de 30 lignes, mar. r. jans., tr. dor.
(Thibaron et Joly.)

« Cette édition se compose bien de 106 ff. Le 1ᵉʳ f., qui doit être
blanc, manque à l'exemplaire ; les signatures commencent au
2ᵉ f. par *ai.* Le 1ᵉʳ cahier a ainsi 7 ou 8 ff., suivant que l'on
compte ou que l'on ne compte pas le f. blanc. Les 11 cahiers
qui suivent *b̄—k, m, n,* ont 8 ff. ; le cahier *o* en a 6 et le cahier *p,* 4. Il n'y a pas de sign. *l,* ou plutôt l'imprimeur a fondu
en une seule les signatures *k l* (le 4ᵉ f. du cahier porte en
effet *KLiiij*). On remarquera que *Baudouin,* imprimé en 1478
sur les mêmes presses (voir le même catalogue, nᵒ 2626), n'a
pas de sign. *k.*
« On le voit, la description donnée par M. Brunet (III, 1358) doit
être rectifiée. Le présent exemplaire est en effet celui du duc
de La Vallière, auquel Van Praet, dans la note citée au *Manuel*
du libraire, avait compté 113 ff., parce qu'il réduisait le cahier *a*
à 7 ff. et n'avait pas constaté l'absence d'un cahier *l.* Quant à
Hain (nᵒ 10641), il n'a pas vu le volume et le mentionne sans
le décrire.
« L'exemplaire, d'ailleurs incomplet, de la Bibliothèque nationale,
présente avec celui-ci de nombreuses différences, qui donnent
lieu de penser que le volume a été, sinon réimprimé, du moins
profondément remanié. M. Brunet a déjà relevé les variantes du
titre ; on en relève d'autres presque à chaque page. Voici celles
que nous avons trouvées dans une seule colonne, fol. *gvijb* :

Exempl. de la Biblioth. nat. :	*Exempl. de la Vallière :*
Babiloine	Babiloyne
pluseurs autres lieux	plusieurs aultres lieux
Neãt moins ie	Neaumoins ie
vous veul parler	vo' vuel parler
dautres pays	dautres pais
de diuerses choses	de bien diuerses chouses

Sous la même date de 1480 il existe une édition du *Livre de*
Mandeville achevée d'imprimer (probablement à Lyon) le 4ᵉ jour
d'avril. Comme, en 1480, Pâques tombait le 2 avril, M. Brunet
(III, 1357) en a conclu que l'édition dont nous parlons appartenait bien à l'année 1480 et qu'elle était, par conséquent, an-
térieure à la nôtre, qui n'est en réalité que du 8 février 1481
(n. s.). Rien n'est moins sûr que ce raisonnement. Si l'on songe
qu'en 1481 la fête de Pâques tombait le 22 avril, on verra que
les dates du 2 au 21 avril 1480 (v. s.) peuvent correspondre
aussi bien à l'année 1480 qu'à l'année 1480. Or, il n'y a nulle
apparence que l'impression du *Livre de Mandeville* ait été terminée le mardi de Pâques, jour férié ; aussi n'est-il pas douteux
à nos yeux que le volume soit du mois d'avril 1481.»

— F. 1 recto : Mandeuille. — F. 2 recto, *com-*
mence : Ce liure est appelle mandeuille et
fut faict ‖ et compose par monsieur iehan
de mandeuille ‖ cheualier natif dangleterre
de lauile de sainct ‖ alein Et parle de la
terre de promission cest as ‖ sauoir de iherusalem et de pluseurs aultres is ‖ les de
mer ↄ les diuerses et estranges choses q̄ ‖
sont es dites isles. ‖

F. 123 verso : Cy finist ce tres playsant liure
nomme Man- ‖ deuille parlant moult auten-
titquemēt du pais ‖ et terre doultre mer.
Imprime Lan de grace ‖ Mil cccc qutre
vingz et sept le . xxvi . iour ‖ de mars. ‖
Jehan cres.

Pet. in-4 goth. de 123 ff, à longues lignes ; 25, 26 et 27 lignes

(MANDEVILLE.)

à la page ; les ff. 3 verso et 4 recto ont 20 lignes ; sig. a—q̄ ;
u—p par 8 = 120 ff. ; q, 8 ff. [s. l., Lantenac]).

Le titre de départ et l'explicit sont donnés en facsimile dans
les *Premiers monuments de l'imprimerie en France au XVe*
siècle publiés par O. Thierry-Poux... Paris, Hachette, 1890,
in-folio, Pl. XXXIV, 10 et 11. M. Thierry-Poux ajoute, *l. c.*,
p. 19, No. 188 : «Le nom de Lantenac ne figure pas sur cette
impression, mais le nom de l'imprimeur et l'identité des caractères avec ceux employés plus tard par Jean Crès dans un
autre incunable, le *Doctrinal des nouvelles mariées,* daté de
Lantenac, 1491, ne laisse aucun doute sur le lieu de l'impression du Mandeville, qui est ainsi le premier livre connu imprimé à Lantenac. (V. sur ce livre : A de La Borderie, *Ar-*
chives du Bibliophile Breton. T. II, pp. 1—9)».

Exemplaire de la Bibliothèque nationale, Réserve 0½ f., ancien
O. 1271, mar. rouge ; sur les plats : *Bibliothèque royale,* à froid.

* Jehan de MANDEVILLE TRES PLAISANT LIVRE
NOMME MANDEVILLE parlant moult autenti-
quement du Pays et Terre doultre Mer
et du sainct Voiage de Jherusalem, pet.
in-folio.

« 103 *coloured woodcuts (including full-length portrait) wanting*
a few letters in a iii, maroon morocco extra, leather joints,
gilt edges, unique s. l. & d. (circa 1485). — An excessively rare
edition, unknown to Brunet, with signatures a to lvii, having
37 lines to a full page. » B. Quaritch's Rough list. No. 62,
Jan. 15, 1883 ; provient de la Beckford Library.

— JCh Otto von diemeringen ein ‖ Thūm-
herre zū Metz in Lothoringen . han discs
būch verwandelt vsz ‖ welschs vnd vsz
latin zū tütsch durch das die tütschen lüte
ouch mõgent ‖ dar inne lesen von mēnigen
wunderlichen sachen die dor inne geschribē
‖ sind . von fremden landen vn͂ fremden tie-
ren von fremden lüten vnd von ‖ irem glouben . von iren wesen von iren kleidern . vnd
võ vil andern wun ‖ deren als hie noch in
den capitelen geschriben stat. Und ist das
būch in ‖ fünf teil geteilt vnd saget das erst
būch von den landen vnd von den we ‖ gen
vsz tütschen nider landen gen Jerusalem
zū varen . vnd zū sant Ka ‖ ‖ therine grab
vnd zū dem berg Synai . vnd von den
landen vnd von den ‖ wundern die man
vnterwegen do zwischen vinden mag. Jtem
von des ‖ herren gewalt vnd herrschafft
der do heisset der Soldan vnd von sinem ‖
wesen . Das ander būch saget by ymant
wolt alle welt vmbfaren was ‖ lands vnd
was wunders er vinden mõcht . Jn manchen
steten vn͂ in vil ‖ insulen dor inne er kame .
vnd saget ouch von den wegen vnd von
den lā ‖ den vn͂ lüten was in des grossen
herrē land ist . S do heisset zū latin Ma ‖
gnus canis ; das ist zū tütsch der grosz hunt.
der ist so gar gewaltig vnd ‖ so rich das
im vff erden an gold an edlem gestein vn͂
an anderm richtūm ‖ niemant gelichen
mag . on allein priester Johann von Jndia.
Das drit ‖ būch saget von des vor genanten
herren des grossen hūnds glowben vn͂ ‖
gewonheit vnd wie er von erst her komen
ist vnd von andern sachen vil ‖ Das vierde

(MANDEVILLE.)

bůch saget von jndia vnd von priester Johann vnd von siner ‖ herschafft . von sinem vrsprung vnd von siner heiligkeit von sinem glou ‖ ‖ ben von siner gewonheit vnd vil andern wundern die in sinem lande sind ‖ Das fünfft bůch saget von manchen heydischen glouben vnd ir gewon ‖ ‖ heit vñ ouch von menigerlei cristen glouben die gensit mers sint die doch ‖ nit gar vnsern glouben hand. Jtem von menigerlei Jüden glouben vnd ‖ wie vil cristen land sint vnd doch nicht vnsern glouben haltend noch rc ‖ ‖ chte cristen sind.

In-folio gothique, s. l. n. d., sans ch. récl. ni signature; 102 ff. dont le premier blanc, à 38, 41 et 42 lignes à la page entière, avec 130 gr. sur bois dont quelques-unes ont été reproduites dans l'édition d'*Odoric de Pordenone* de Henri Cordier. C'est l'ex. trouvé par Tross et que Brunet assigne à Bâle? vers 1475. Il avait figuré à la vente de M. Grant à Nancy en avril 1833.

1ᵉʳ f. blanc; f. 2 recto, titre ut supra; f. 7 recto, grande grav.; f. 7 verso commence :

«Do ich Johann ‖ von Montauill ‖ ein Ritter geborn vsz Engeland von ‖ einer stat die heisset sant Alban von ‖ heyme zů dem ersten vsz fůre in dem ‖ můte vnd in der meinunge das ich ‖ wolt faren über mere zů dem heilig ‖ ‖ en grab vnd zů dem gesegneten vnd ‖ gebeneditem ertrich das man in lati ‖ ‖ ne nennet terra promissionis . das ist . ‖ das verheissen vnd gelobt land. Und das heisset billich das gesegnet er ‖ ‖ trich vnd das heilig land . . . .»

Le dernier chap. commence au recto du dernier f. et finit au verso, le voici :

«Das . Vij. capitel . im . v. bůch . ‖

Christen lute hant ouch vil vn ‖ derscheid an irem glouben Etlich gloubent an das heilig Sacrament ‖ Etliche hand einen sunderen sitten mesz zů lessent . vnd haltend sunst vil ‖ andere stuck den die anderen christen . Als die kriechen thůnd als man ‖ dar von in dem . XViij. Capitel . des ersten bůchs geschriben vindet. ‖

Etlich gloubent nit an die heiligꝰ drywåtickeit etlich nit an das fegfürr ‖ noch an die heilig Etlich nit an die heiligen ec Etlich nit an gottes heili ‖ gen wan sie hant der heiligen leben vnd ander christene recht mit gelich ‖ geschriben an iren bůchern. Etlich gloubent nit an den bapst vnd einer ‖ sunst der ander so . vnd heissent doch all christen vnd gloube doch an dē ‖ besten got iesum christum vnd an sin gotheit vnd bittent vñ begerent all ‖ siner gnaden vnd zů Jm in sin ewig rich zů kôment . vnd das selbe bitte ‖ ouch ich Johans von Montauil Doctor in der artznye vnd Ritter ge ‖ born vsz Engelland von der stat heisset sant alban der des ersten disz bůch ‖ got zů lob gemacht hat. ‖

Hie hat ein end das. v. bůch. »

Au dessous une gravure.

— Johannes Von Mon- ‖ teuilla. Ritter. sig. miij : *ICH Otto von Diemeringen Thůherre zů Metze in Lothringen ‖ han dises bůch verwandelt vssz Latin vnd welhischer sproch ‖ in teutsch.* ‖ (à la fin) : *Getruckt zů Straszburg ‖ Johannes Prüssz. Anno ‖ Domini.* ꟿ.cccc.lxxxiij [1483]. in-fol. de 86 ff.; 150 grav. sur bois.

Ce vol. relié avec 4 autres pièces rares imprimées à Strasbourg : *Ritter Stauffenberg*, *Mélusine*, *Griseldis*, *Alexander* a figuré dans le cat. 179, *Elsass-Lothringen*, de la librairie Joseph Baer de Francfort sur le Mein, 1886; il est maintenant dans la Bib. ducale de Karlsruhe.

— Johannes von Montevilla.

Un ex. de l'éd. Strassburg, Prüssz, 1484, a figuré à la vente Crawford (Londres, juin 1887, 1848).

— Libro d'las maraui ‖ ‖ llas del můdo y d' l vi ‖ aje de la tierra sancta ‖ de jerl'm. y de

todas las prouincias y ci ‖ bdades de las Jndias. y d' todos los ō ‖ bres mostruos q̄ay por el můdo. Cō muchas otras admirables cosas. ‖

In fol. gothique à 2 col., fig. sur bois; titre ut supra; à la fin :

¶ *A honor ꝛ gloria d' la sanctissima tri ‖ nidad Padre ꝛ Fijo ꝛ Espiritusāto un solo dios verdadero ‖ y de la Sacratissima virgen Maria Madre de dios. Fue ‖ imprimida la presente obra en la metropolitana Ciu ‖ dad de Valencia. Por arte ꝛ industria de Jorge ‖ Costilla Acabose ꝛnl Año delas discordias ‖ de Mill y Quinientos y. xxj.* ‖ *A Quinze de Julio.*

Cette édition de Valence, 1521, appartenait à Salvá (No. 3782); elle a depuis paru à la vente Ricardo Heredia, 3ᵉ partie (No. 2865) et vendue 4000 fr. — Nous extrayons de ce dernier catalogue (Paris, 1893) les renseignements suivants : «Ce volume se compose de 62 ff. ch. très-régulièrement et sign. a—k par 6 et l par 2 ff. C'est donc à tort que Salvá indique 63 ff. et le Supplément au Manuel 63 ff. et 1 f. blanc. — Le titre [ut supra] . . imprimé en rouge et noir, est orné de 4 figures et 8 vignettes gravées sur bois en noir et rouge, d'une nature telle que nous ne pouvons les reproduire ici. (Voir le *Catalogue illustré*.) — Le volume est orné de 130 figures sur bois, fort singulières, représentant des monstres, des phénomènes humains, des animaux fantastiques, que l'auteur déclare avoir vus dans ses voyages. — Marque de l'imprimeur au bas du dernier f.»

— Mandevilles Rejse. I gammeldansk oversaettelse tillige med en vejleder for Pilgrimme, efter håndskrifter udgivet af M. Lorenzen. Kǿbenhavn, S. L. Mollers Bogtrykkeri, 1882, in-8, pp. lxxv-225 + 1 f. d'err.

L'ouvrage a paru en 3 fasc. datés 1881 et 1882; le dernier fasc. paru en 1882 contient l'introduction et la fin du texte. — Forme le No. Vᴵ⁻²⁻³ de la collection *Samfund til udgivelse af gammel nordisk litteratur*.

BIBLIOGRAPHIE, COMMENTAIRES, ETC.

— Bibliographische Untersuchungen über die Reise-Beschreibung des Sir John Maundeville. — Dem Herrn Samuel Gottfried Reiche, Rector und Professor des Gymnasiums zu St. Elisabet in Breslau und Vice-Präses der Schlesischen Gesellschaft für Vaterländische Cultur, Ritter des rothen Adlerordens, zur Feier Seines Amts-Jubelfestes am 30. October 1840 im Namen des Gymnasiums zu St. Maria Magdalena gewidmet von Dr. Carl Schönborn, Director, Rector und Professor. — Breslau, gedruckt bei Grass, Barth und Comp., br. in-4, pp. 24.

— Bibliographia geographica Palaestinae. Zunächst kritische Uebersicht gedruckter und ungedruckter Beschreibungen der Reisen ins heilige Land. Von Titus Tobler. — Leipzig, Verlag von S. Hirzel. 1867, in-8, pp. IV-265. = : C. 1336 (1322—1356). Der englische Ritter John Maundeville, pp. 36/39.

— Bibliotheca Geographica Palaestinae. Chronologisches Verzeichniss der auf die Geographie des Heiligen Landes bezüglichen Literatur von 333 bis 1878 und Versuch einer Cartographie. Herausgegeben von Reinhold Röhricht. — Mit Unterstützung der Gesellschaft für Erdkunde zu Berlin. — Berlin, H. Reuther, 1890, in-8, pp. xx-742 + 1 f. n. c.

— MANDEVILLE, Jehan de, [By Edward Byron Nicholson, M. A., and Col. Henry Yule, C. B.] Ext. from the *Encyclopaed. Britan.*, 9th ed., Vol. xv, 1883] pièce in-4, 2 ff.

— Untersuchungen über Johann von Mandeville und die Quellen seiner Reisebeschreibung. Von Albert Bovenschen. (*Zeit. d. Ges. f. Erdkde. zu Berlin*, Bd. XXIII, Heft 3 und 4, 1888, pp. 177/306.)

La seconde partie de ce travail *Die Quellen seiner Reisebeschreibung* a paru sous forme de thèse.

— Curiosités historiques et littéraires. — Sir John Maundeville. Par Emile Montégut. I. L'homme et le Conteur. (*Revue des Deux Mondes*, 15 nov. 1889, pp. 277/312.) — II. Le Philosophe. (*Ibid.*, 1er déc. 1889, pp. 547/567.)

Les articles de M. Montégut ont été réimp. dans le vol. intitulé *Heures de lecture d'un critique*, Paris, Hachette, 1891, in-18. — Cf. *T'oung Pao*, art. de Henri Cordier, déc. 1890, pp. 344/5.

— Die Ungedruckten Lateinischen Versionen Mandeville's. Von Dr. J. Vogels. (Wissenschaftliche Beilage zum Programm des Gymnasiums zu Crefeld, Ostern 1886.) 1886. Druck von Kramer & Baum in Crefeld, br. in-4, pp. 23.

— Handschriftliche Untersuchungen über die englische Version Mandeville's. Herrn Direktor Dr E. Schauenburg zum Andenken an sein 25jähriges Direktor-Jubiläum in Hochachtung zugeeignet von Oberlehrer Dr. J. Vogels. Wissenschaftliche Beilage zum Programm des Realgymnasiums zu Crefeld. Crefeld, 1891, Druck von Gustav Kühler, in-4, pp. 52.

— Jean de Mandeville par Henri Cordier. — "Extrait du *T'oung Pao*", Vol. II, N° 4. Leide, E. J. Brill, 1891, in-8, pp. 38.

Tiré à 150 exemplaires, dont un certain nombre sur papier de Hollande. — Avait paru dans le *T'oung Pao*, n° 4, Nov. 1891, pp. 288/323.
La portion historique, sans la bibliographie, a paru également dans la *Revue Critique*, No. 43, 26 Oct. 1891, pp. 264/271.
A propos de la publication de G. F. Warner.

RUY GONÇALEZ DE CLAVIJO.

— Ruy Gonzales de Clavijo. — Itinéraire de l'ambassade espagnole à Samarcande en 1403—1406. — Texte, traduction russe suivie de notes et rédigée par I. Sreznevski. — St. Pétersbourg. Imprimerie de l'Aca-

démie impériale des sciences. 1881, in-8, pp. vii-455. (Рюи Гонзалесъ де Клавихо. — Дневникъ путешествія ко двору Тимура въ Самаркандъ въ 1403—1406 гг.)

M. *Khanikoff* dans sa traduction russe de la Géographie de M. Ritter, Iran, 1874, a donné un commentaire de l'itinéraire de Clavijo.

HANS SCHILDTBERGER.

— The Bondage and Travels of Johann Schiltberger, a Native of Bavaria, in Europe, Asia and Africa 1396—1427. Translated from the Heidelberg Ms. edited in 1859 by Professor Karl Friedrich Neumann, by Commander J. Buchan Telfer, R. N., F.S.A., F. R. G. S. With Notes by Professor P. Bruun, of the Imperial University of South Russia, at Odessa; and a Preface, Introduction, and Notes by the Translator and Editor. With a Map. London : Printed for the Hakluyt Society. MDCCCLXXIX, in-8, pp. xxxii-263.

Forme le No. 58 de la collection.

— Hans Schiltbergers Reisebuch nach der Nürnberger Handschrift, herausgegeben von Dr. Valentin Langmantel ... Tübingen, 1885, in-8, pp. v-200.

Forme le No. CLXXII de la *Bibliothek des Litterarischen Vereins in Stuttgart*.

SCHAH-ROKH.

— An account of embassies & letters that passed between the Emperor of China & Sultan Shah Rokh son of Amir Timur. Extracts made from the Matla us Sadeïn by Kamal-ud-din-Rezak — by *William Chambers*. Esq. (*Asiatic Miscellany*, I, 1785, pp. 71 seq., Calcutta.)

Voir aussi à propos de Shah-Rokh, *China Review*, V, pp. 165 et seq., l'article, *Chinese intercourse*, de Bretschneider, voir col. 1268, etc.

— An Embassy to Khata or China. A. D. 1419. From the Appendix to the Rouzat-al-Ssafa of Muhammad Khavend Shah or Mirkhond. Translated from the Persian by Ed. Rehatsek, M. C. E. (*Indian Antiquary*, Vol. II, March 1873, Bombay.)

— Narrative of an Embassy from Persia to China; literally translated from a geographical Treatise of Khondemir; to which are subjoined Explanatory Notes. (*Asiatic An. Reg.*, 1800, *Miscel. Tracts*, pp. 231/243.)

JOSAFA BARBARO.

— Lettere al Senato Veneto di Giosaffatte Barbaro, Ambasciatore ad Usunhasan di Persia. Tratte da un codice originale dell'

I. R. Biblioteca di Vienna, e annotate par Enrico Cornet. Vienna, Libreria Tendler, 1852, br. in-8, pp. v111-128 + 2 ff. n. c.

Bib. Soc. Géog. Paris, D $\frac{5}{209}$.

NICOLO DE' CONTI.

— Die Kenntniss Indiens im fünfzehnten Jahrhunderte, von Dr. Friedrich Kunstmann, ordentlichen Lehrer des Kirchenrechtes an der Hochschule zu München. München, 1863, J. G. Weiss, br. in-8, pp. 66.

* Dr. O. F. Peschel : Die Reisen des Nicolò Conti. (*Das Ausland*, 1863, Nr. 16, pp. 380/3.)
Cité dans *Petermann's Mitth.*, 1864, p. 115.
* W. Heyd. Der Reisende Niccolò de' Conti. (*Das Ausland*, 20 juin 1881, No. 25.)

— Andanças é Viajes de Pero Tafur por diversas partes del mundo avidos. (1435—1439.) Madrid, Imprenta de Miguel Ginesta, 1874, 1 vol. in-8, en deux parties, pp. xxvii, pp. 1 à 320, 321 à 618.

Forme le tome VIII de la *Coleccion de Libros españoles raros ó curiosos*, de la librairie de Murillo, à Madrid.
La préface est signée M. JIMENEZ DE LA ESPADA.
C. De Simoni. Pero Tafur, i suoi viaggi e il suo incontro col veneziano Niccolò de' Conti. (*Atti della Società Ligure di storia patria*, Vol. XV, Genova, 1881.)

— Vincenzo Bellemo. I viaggi di Nicolo de' Conti riscontrati ed illustrati con proemio storico, documenti originali e carte geografiche. Milano, A. Brigola &c., Editori [1883], in-12, pp. 336, 1 carte.

— Il Niccolò de' Conti del sig. Bellemo. Relazione di F. Porena. (*Bol. Soc. Geog. ital.*, XX, 1883, pp. 756/764.)

TOSCANELLI.

— Ricerche intorno a Paolo dal Pozzo Toscanelli. Ricerca 1. — Della confusione di nomi e di persone fra Marco Polo e Paolo Toscanelli, di Gustavo Uzielli. (*Bol. Soc. geog. ital.*, 1873, IX, pp. 114/123.) — Ricerca II. — Della grandezza della terra secondo Paolo Toscanelli. (*Ibid.*, X, Part I, 1873, pp. 13/28.)

— Paolo dal Pozzo Toscanelli e la circumnavigazione dell' Africa secondo la testimonianza di un contemporaneo. In Firenze, pei tipi di Salvadore Landi Direttore dell' Arte della Stampa — 1891, br. pet. in-4, pp. 26.

Par Gustavo Uzielli. — Nozze Carmi-Niemack.
On lit au verso du faux-titre : «Edizione di cento-due esemplari numerati, di cui : 2 in carta azzurra di Pescia, e 100 in carta bianca velina di Fabriano.»

— TOSCANELLI. Notes et Documents concernant les rapports entre l'Italie et l'Amérique. Tome I. — N. 1. — G. Uzielli, Directeur. — Janvier 1893, in-4, pp. 40. [Florence.]

— Christophe Colomb et Toscanelli. Paris, MDCCCXCIII, br. in-8, pp. 12.

Extrait de la *Revue critique d'histoire et de littérature* (No. du 9 octobre 1893). — A propos de *The Journal of Christopher*

(CONTI. — TOSCANELLI.)

Columbus . . . by C. R. Markham. — Art. signé B. A. V. = *Bibliotheca Americana vetustissima* = Henry Harrisse.

ANTONIO PIGAFETTA.

Col. 967.

— Il Viaggio fatto da gli spagniuoli a Torno a'l Mondo. Con gratia per Anni xIIII. *S. l.*, (*Venezia*), 1536, in-4 de 4 ff. lim., et 48 ff.

Ce précieux volume se compose de 2 parties ; la première est la traduction italienne de la relation faite par Maximilianus Transylvanus du voyage de Magellan autour du Monde, de 1519 à 1522, et la seconde est la traduction italienne de la relation de ce même voyage faite par le compagnon et l'ami de Magellan, Ant. Pigafetta.
La relation de Maximilianus Transylvanus est rédigée sous la forme d'une épître adressée à l'archevêque de Salzbourg et écrite de Valladolid. L'original latin vit le jour à Cologne en 1523. (HARRISSE, *Bib. Amer. Vet.*, no. 122.)
La relation de Ant. Pigafetta fut publiée en français, à Paris, vers 1525 (HARRISSE, *Bib. Amer. Vet.*, no 134) ; la traduction italienne est l'œuvre d'Ant. Fabre.
Les 4 ff. prél. comprennent le titre et un avis *A'l lettore*; le dernier f. contient un vocabulaire de 8 mots brésiliens, 38 mots recueillis d'un géant pris au fleuve San Juliano et de 47 mots de l'île Tidore.
Cf. H. Harrisse sous le no. 215 de la *Bibliotheca Americana*.

Col. 970.

AUGER GISLEN DE BUSBECK.

Ogier Ghiselin, s^r de Busbecq ou Bousbecque, né à Commines en 1522 ; † 28 oct. 1592.
Voir la *Bibliotheca Belgica*, de Ferd. Vander Haeghen.

— Den Kaizarlijkken Gezant, Aug. Gisleen Busbeeq, Aan den Grooten Soliman. Vertaald door Adriaan van Nispen. Tot Dordregt, Voor Abraham Andriessz, Boekverkooper vvonende in 't Schrijf-boek, 1652, in-12.

* Dupuis. Etudes sur l'embassade d'Auger de Bousbecques en Turquie. *Lille*, 1860, in-8, br. p. 40 *(extr.)*.

— Quelques notes bibliographiques pour servir à l'étude des ouvrages de Philippe de Comines et d'Auger de Bousbecques. *Lille*, 1871, br. in-8, pp. 45, 9 portr. et vue, *(extrait.)*

VOYAGES DANS LES TEMPS MODERNES.

ANTONIO DE MORGA.

Col. 973.

— Svcesos de las ‖ islas Philipinas ‖ Dirigidos ‖ A Don Christoval Gomez ‖ de Sandoval y Rojas Dvqve ‖ de Cea ‖ Por el Doctor Antonio di Morga ‖ Alcalde del Crimen de la Real ‖ Avdiencia de la Nveva España Cõ- ‖ svltor del S^{to} Officio de la Inqvisicion ‖ in-4, 6 ff. n. c. p. l. tit. etc., + ff. 172.

Le front. *ut supra* et gravé; on lit au coin à gauche : *Samuel Estradanus Antuerpiensis Faciebat* et au coin à droite : *Mexici ad Indos. Anno 1609.* Extrêmement rare. British Museum, 583. c. 11. Traduit par l'Hakluyt Society :

(PIGAFETTA. — BUSBECK. — MORGA.)

— The Philippine Islands, Moluccas, Siam, Cambodia, Japan, and China, at the close of the Sixteenth Century. By Antonio de Morga. Translated from the Spanish, With Notes and a Preface, and a letter from Luis Vaez de Torres, describing his voyage through the Torres Straits. By Hon. Henry E. J. Stanley. — London : Printed for the Hakluyt Society. M.DCCC.LXVIII, in-8, pp. XXIV-431.

FERNÃO MENDES PINTO.

Col. 977.

— Bibliothek geographischer Reisen und Entdeckungen älterer und neuerer Zeit. — Zweiter Band: Fernand Mendez Pinto's abenteuerliche Reise durch China, die Tartarei, Siam, Pegu und andere Länder des östlichen Asiens. — Neu bearbeitet von Ph. H. Külb. Jena, Hermann Costenoble. 1868, in-8, pp. XVI-412.

* The Voyages and Adventures of Ferdinand Mendez Pinto. With Introduction by Prof. Arminius Vambéry. Illustrated. London, T. Fisher Unwin, 1891, in-8, 5/—.

Forme le Vol. VII de « The Adventure Series ».
— Fernão Mendez Pinto, cf. *Copia de vnas Cartas*, 1555, col. 1639—1640.
— Pinto in Corea. By E. H. Parker. (*China Review*, XVI, p. 182.)

.·.

Col. 978.

— Reys ‖ van ‖ Anthony Jenkinson, ‖ Op ordre van de *Engelse Moscovise* Maatschappy, om een weg door ‖ Tartarie naar Catay ‖ Te Ontdekken, in het Jaar 1558. ‖ Aanwijsende sijn koers van Astracan door de Caspische Zee, verval aan ‖ de Noord-Kust tegen over Manguslave, en sijne gevaarlijke ‖ ontmoeting van daar over Land tot Boghartoe. ‖ Als mede een Beschrijving van den Aard en Zeden der Tarters, de ‖ Caspische Zee, Steeden en Rivieren in desen Togt doorreyst. ‖ Door den Reysiger selfs beschreven; ‖ Met seer geleerde aanteekeningen van Michiel Melchisedech Thevenot. ‖ Bibliothecaris van den Koning van Vrankrijk, vercierd. ‖ Nu aldereerst in het Nederduyts vertaald, en met noodig Register verrijkt. ‖ Te Leyden, ‖ By Pieter Vander Aa, Boekverkooper. ‖ — Met Privilegie. (*De aanmerkenswaardigste Zee- en Landreizen*, deel 5, col. 14.)

JAN HUYGEN VAN LINSCHOTEN.

Voir notre note col. 1119. — Nous renvoyons à Tiele; d'autre part, nous croyons devoir citer les principales éditions de Linschot qu'on nous a demandées :

— Itinerario, ‖ Voyage ofte Schipvaert, van Jan ‖ Huygen van Linschoten naer Oost ofte Portugaels In- ‖ dien, inhoudende een corte beschrijvinghe der selver Landen ende Zee-custen, met aen- ‖ wysinge van alle de voornaemde principale Havens, Revieren, hoecken ende plaetsen, tot noch ‖ toe van de Portugesen ontdeckt ende bekent : Waer by ghevoecht zijn, niet alleen die Conter- ‖ feytſels vande habyten, drachten, ende wesen, so vande Portugesen aldaer residerende, als van- ‖ de ingeboornen Indianen, ende huere Tempels, Afgoden, Huysinge, met die voornaemste ‖ Boomen, Vruchten, Kruyden, Speceryen, ende diergelijcke materialen, als ooc die ‖ manieren des selfden Volckes, so in hunnen Godts-diensten, als in Politie ‖ en Huijshoudinghe : maer ooc een corte verhalinge van de Coophan- ‖ delingen, hoe en waer die ghedreven en ghevonden worden, ‖ met die ghedenckweerdichste geschiedenissen, ‖ voorghevallen den tijt zijnder ‖ residentie aldaer. ‖ Alles beschreven ende by een vergadert, door den selfden, seer nut, oorbaer, ‖ ende oock vermakelijcken voor alle curieuse ende Lief- ‖ hebbers van vreemdigheden. ‖ (Planche grav.) t'Amstelredam. ‖ By Cornelis Claesz. op 't Water, in 't Schrijf-boeck, by de oude Brugghe. ‖ Anno cIɔ.Iɔ.xcvi [1596] in-fol.

— Navigatio ‖ ac Itinerarivm ‖ Iohannis Hvgonis Lin- ‖ scotani in orientalem sive Lvsitano- ‖ rvm Indiam. Descriptiones eivsdem terrae ac tractvvm ‖ Littoralium. Praecipuorum Portuum, Fluminum, Capitum, Locorumque, Lusita- ‖ norum hactenus navigationibus detectorum, signa & notae. Imagines habi- ‖ tus gestusque Indorum ac Lusitanorum per Indiam viventium, Temporum, Idolorum, Aedium, Arborum, Fructuum, Herbarum, ‖ Aromatum, &c. Mores gentium circa sacrificia, Poli- ‖ tiam ac rem familiarē. Enarratio Mercature, quo- ‖ modo & vbi ea exerceatur. Memorabilia ‖ gesta suo tempore iis in partibus. ‖ Collecta omnia ac descripta per eundem Belgicè; Nunc vero Latinè reddita, in vsum ‖ commodum ac voluptatem studiosi Lectoris novarum memoriáque ‖ dignarum rerum, diligenti studio ac operâ. ‖ Hagae-Comitis ‖ — Ex officinâ Alberti Henrici. Impensis Authoris & Cornelii Nicolai, ‖ prostantóque apud Aegidium Elsevirum. Anno 1599, in-fol., 4 ff. prél. n. c. p. l. tit., l. préf., l. déd. et le front. + pp. 124.

Suivi de : *Descriptio totius Gvineae tractvs*, etc.

— Histoire ‖ de la Navi-‖ gation de Iean Hu-‖ gues de Linscot Hollandois et de ‖ son voyage es Indes Orientales : contenante diuerses descriptions des ‖ Pays, Costes, Haures, Riuieres, Caps, & autres lieux iusques à présent‖ descouverts par les Portugais : Obseruations des coustumes des na-‖ tions de delà quant à la Réligion, Estat Politic & Domestic, de leurs ‖ Commerces, des Arbres, Fruicts, Herbes, Espiceries, & autres ‖ singularitez qui s'y trouuent : Et narrations des choses ‖ memorables qui y sont aduenues de ‖ son temps. ‖ Avec Annotations de Bernard Palu-‖ danus Docteur en Medecine, specialement sur la matiere des plantes &‖ espiceries : & diuerses figures en taille douce, pour illu-‖ stration de l'œuure. ‖ A quoy sont adioustées quelques au-‖ tres descriptions tant du pays de Guinee, & autres costes d'Ethiopie, ‖ que des nauigations des Hollandois vers le Nord au Vay-‖ gat & en la nouuelle Zembla. ‖ Le tout recueilli & descript par le mesme ‖ de Linscot en bas Alleman, & nouuellement traduict‖ en François. ‖ Amstelredam, ‖ De l'Imprimerie de Henry Laurent. ‖ MDC.X. [1610.] in-fol.

BENOIT DE GOËS.

— Vite‖ Di alcvni religiosi, ‖ fratelli Coadivtori ‖ della Compagnia ‖ di Giesv, ‖ scritte ‖ da diversi avtori, ‖ e nel volgare ‖ italiano. ‖ Tradotte da vn Religioso della medesima ‖ Compagnia. ‖ — in Torino, M.DC.lxiii. ‖ — Per Gio : Giacomo Rustis, ‖ con licenza de' Superiori. in-8, 7 ff. prél. n. c. p. l. front. [Cesare Laurentio Fece], tit. etc. + pp. 364.

Benedetto Goez, pp. 262/309. Né en *1552* dans l'île St. Michel. Par le P. Marius Clément Baratta. Cet ouvrage, dit Sommervogel, contient 17 notices traduites des *Claros Varones* du P. Nieremberg.

DE FEYNES.

Col. 980.

— Le Voyage de Montferran de Paris à la Chine publié d'après un Manuscrit de la Bibliothèque de la Faculté de Médecine de Montpellier par L.-Marcel Devic. Paris,

Maisonneuve Frères et Ch. Leclerc, 1884, br. in-8, pp. 36.

Extrait du Bulletin de la *Société Languedocienne de Géographie* (Mars 1884).

Notice par Henri Cordier, *Revue Critique*, 8 déc. 1884, No. 50, pp. 469/471 et *Revue de l'Extrême Orient*, III, pp. 332/334.

JEAN ALBERT DE MANDELSLO.

— Beschrijvingh ‖ Vande Nieuwe Parciaensche ofte O-‖ rientaelsche Reyse, welck door gelegentheyt ‖ van een Holsteynsche Ambassade, aen den ‖ Koningh in Persien gheschiet is. ‖ Waer inne ‖ De ghelegentheyt der plaetsen en Landen, door welcke de ‖ reyse gegaen is, als voornamelijck Ruslant, Tar-‖ tarien en Persien. ‖ Mitsgaders, ‖ Der selver inwoonders nature, Leven, wesen ‖ en Religie, vlytigh beschreven is. ‖ Item : Een schrijven van den Wel-Edelen, &c. Jo-‖ han Albrecht van Mandelslo, waer in de Oost-Indische ‖ Reys van den selven over den Oceanus verhaelt wort. ‖ Als oock een Kort bericht van de tegenwoordige gele-‖ gentheydt van 'tuyterste Orientaelsche Koningh-rijck ‖ China: in 't Hooghduyts beschreven‖ Door Mr. Adamus Olearius, ‖ Van Aschersleben uyt Saxen, Mathematicus van ‖ 't Vorstelijk Schleswijk Holsteynsche Hof. ‖ Ende nu in onse Tael overgeset, ‖ Door‖ Dirck van Wageninge. ‖ Met een Register verbetert, en kopere ‖ Platen verciert. ‖ Tot Utrecht, ‖ — Gedruckt by Lambert Roeck, wo-‖ nende in de Lange-Nieustraet, 1651. Pet. in-12, 7 ff. n. c. p. l. tit., avert., tab. + pp. 924; front. gravé et 10 port. ou pl.

Suivi de :

— Hier volght het schrijven van den ‖ Wel Ed. Getrouwen en Vesten ‖ Iohan Albrecht ‖ van Mandelslow,‖ Welck hy uyt 't Eyland Madagascar ‖ Aen ‖ Mʳ. Adamus Olearius ‖ Gedaen heeft, in welcken hy sijn Reyse ‖ uyt Persien nae Oost-Indien, door ‖ den Oceanus, Sumarischer ‖ wijse verhaelt. ‖ Tot Utrecht, ‖ — Gedruckt by Lambert Roeck, wo-‖ nende in de Lange-Nieustraet, 1651, in-12, pp. 66.

JEAN MOCQUET.

Col. 980.

* Voyages en Afrique, Asie, etc. . . . . . Paris, Heuqueville, 1616, pet. in-8. — *Ibid.*, 1617, pet. in-8.

— Voyages en Afrique, Asie, Indes orientales et occidentales faits par Jean Mocquet,

garde du cabinet des singularités du Roy,
aux thuilleries. Divisés en six livres et enrichis de figures. A Rouen chés Jacques Cail-
lové dans la court du Palais. — M.DC.XXXXV,
pet. in-8.

— Voyages ‖ en ‖ Afriqve, Asie, ‖ Indes Orientales, ‖ & Occidentales. ‖ Faits ‖ Par Iean
Mocqvet, Garde ‖ du Cabinet des singularitez ‖ du Roy, aux Thuilleries. ‖ Divisez
en six livres, ‖ & enrichis de Figures. ‖ A
Roven, ‖ Chez Antoine Ferrand, aux de- ‖
grez du Palais, ‖ — M.DC.LXV, pet. in-8,
4 ff. n. c. p. l. tit. et l. tab. + pp. 442 +
6 ff. n. c. p. l. tab. [index].

Sur la *Chine et les Chinois*, voir pp. 839—347. — Mocquet n'est
pas allé en Chine.

— Voyages en Afrique, Asie, Indes Orientales et Occidentales, faits par Jean Mocquet,
garde du cabinet des singularités du Roi,
aux Tuileries. Divisés en six livres. Paris,
Imprimé aux frais du gouvernement pour
procurer du travail aux ouvriers typo-
graphes. Août 1830, in-8, pp. 281.

— Reysen ‖ in ‖ Afrique | Asien | Oost- en ‖
West-Indien | gedaen door ‖ Jan Mocquet, ‖
Bewaerder van 't Cabinet der ongemeene
Aerdigheden ‖ van den Koninck van
Vranckrijck in de Tuillerie binnen Paris. ‖
Gedeylt in ses Boecken | ende verciert met
Koopere Platen |‖ overgeset uyt de Fran-
sche Tale. ‖ Tot Dordrecht, ‖ Voor Abraham Andriessz . Boeck-verkooper, 1656.
in-4, 7 ff. n. c. + pp. 153.

— Travels and Voyages into Africa, Asia,
and America, the East- and West-Indies;
Syria, Jerusalem, and the Holy-Land. Performed by Mr. John Mocquet, Keeper of the
Cabinet of Rarities, to the King of France,
in the Thuilleries. Divided into Six Books,
and Enriched with Sculptures. Translated
from the French, By Nathaniel Pullen,
Gent. London: Printed for William Newton, Bookseller, in Little-Britain; and Joseph Shelton; and William Chandler, Booksellers, at the Peacock in the Poultry, 1696.
pet. in-8, 16 ff. n. c. p. l. t., déd. et préf.
+ pp. 352.

— Wunderbare ‖ Jedoch ‖ Gründlich- und
warhaffte Geschichte ‖ und Reise Begeb-
nisse ‖ In Africa | Asia | Ost- und ‖ West-
Indien ‖ von ‖ Jan Mocquet aus Frankreich |
‖ Ihrer Königlichen Majestät Heinrichs des
Grossen oder IV. ‖ und Ludwigs des XIII.
daselbst gewesnen geheimen Hof- und Cam-

mer- ‖ Apotheckers | wie auch wolbestellten
Verwesers | derer daselbst befindlichen
fremden |‖ ausländischen | und in unsern
Landen unbekannten Früchten | Gewäch-
sen | Kräutern ‖ und Blumen | in dero kö-
niglichen Residenz-Stadt zu Paris |‖ in der
Tuillerie. ‖ Nebst eigentlicher Beschreibung
derer Städte | Königreiche | Inseln und
Provinzen | wie selbige itziger Zeit annoch
zu befinden | und Er zu verschiednen ‖
malen mit langwirigen Sorgen | Mühe und
Beschwernissen zu Wasser und Lande
in Hitz und ‖ Frost | Hunger und Durst
Armuth und Mangel | nach unzehlich er-
dultetem Elend und ‖ Ungemach | in höch-
ster Lebens-Gefahr | Krankheit und Ge-
fängnissen | auch endlich erlittnen ‖ Schiff-
bruch | ganzer zwanzig Jahr | durch Gottes
Gnade | durchzureisen ‖ über sich genom-
men | ausgestanden und geendiget. ‖ Allen
Liebhabern verwundersamer Begebnissen
und Reise-Geschichten ‖ zu angenehmer
Ergötzlichkeit in unterschiednen Büchern
aus dem Französischen ‖ in Hochteutsche
Sprache übersetzet und entdecket ‖ durch
‖ Johann Georg Schochen. ‖ Lüneburg ‖
In Verlegung Johann Georg Lippers. in-4,
30 ff. n. c. p. l. tit., préf. etc. + pp. 632,
front. et grav.

ALEXANDRE DE RHODES.

Col. 983.

— Alexandre de Rhodes . . . 1653.

Un ex. mar. rouge, fil., tr. dor., aux armes et aux chiffres du
Prince Eugène de Savoie, Rouquette, Paris, fév. 1888, (1089),
400 fr.

— Voyages et Missions du Père A. de Rhodes,
S. J., en la Chine et autres royaumes de
l'Orient, avec son retour en Europe par la
Perse et l'Arménie. — Nouvelle édition,
conforme à la première de 1653, annotée
par le Père H. Gourdin, de la même Compagnie, et ornée d'une carte de tous les
voyages de l'auteur. — Collection des
voyages. — Société de Saint-Augustin,
Desclée, De Brouwer et Cie, Imprimeurs
des Facultés catholiques de Lille. 1884,
in-8, pp. VIII-III-366.

J. JANSSEN STRUYSS (Jans Janszoon Strauss.)

Col. 986.

— Les Voyages de Jean Struys, en Moscovie, etc.

Le cat. de A. Claudin, de Paris, Sept. 1887, indique (No. 45879)
une éd. de Lyon, 1684, 3 vol. in-12.

PEDRO CUBERO.

— Descripcion ‖ general ‖ del mvndo, ‖ Y notables sucessos dèl. ‖ Compuesto por el Dotor ‖ Don Pedro Cvbero Sebastian ‖ Missionario Apostolico del Asia, Familiar de Su ‖ Santidad, y Canonigo Doctoral de la Santa ‖ Iglesia Catedral de Tarazona. ‖ Dedicalo ‖ a la Serenissima Reyna de los Angeles ‖ Maria ‖ Señora Nvestra, ‖ del Pilar de Zaragoza; ‖ Vnica Protectora del Reyno de Aragon. ‖ En Napoles, Por Saluador Castaldo ‖ Regio Impressor M.DC.LXXXIV. ‖ Con Licencia de los Superiores, in-4, pp. 446 + 4 ff. n. c. au com. pour le tit. etc. et 4 ff. n. c. à la fin pour l. tab. — Front. grav., Grav. all. de la Vierge, et Port. de Cubero.

On lit p. 1 : *Breve Relacion de la Peregrinacion . . . Segunda Parte.* — British Museum, 493, g, 10. — L'ex. du Dr. Court (No. 97) fait partie de ma collection particulière. H. C.

— Segvnda ‖ Peregrinacion ‖ del Dotor ‖ D. Pedro Cvbero ‖ Sebastian, ‖ Missionario Apostolico ‖ del Asia, y Confessor General Apos- ‖ tolico de los Exercitos del Augustissi ‖ mo Señor Emperador contra el ‖ Turco en Vngria por la Santi- ‖ dad de Innocencio ‖ Papa XI. ‖ Donde refiere ‖ los svcessos mas memorables, ‖ assi en las Guerras de Vngria, en el Assedio de Bu ‖ da, Batalla de Arsan, y otras : como en los vlti ‖ mos tumultos de Ingalaterra, deposicion del Rey ‖ Iacobo, y introducion del Principe Guillel ‖ mo de Nassao; hasta llegar à Valencia, de ‖ quien refiere la cosas notables. ‖ Valencia : Por Iayme de Bordazar, 1697. ‖ A expensas de Rafael Camañes Librero, y se venden en ‖ su casa junto à San Martin. in-4, pp. 175 + 4 ff. n. c. au com. pour le tit. &c.

British Museum, 10106, e.

Col. 989.

— Epitome ‖ de los arduos ‖ viages qve ha hecho ‖ el Doctor Don Pedro ‖ Cubero Sebastian, Presbytero, Mis- ‖ sionario Apostolico, y Confessor ‖ General de los Exercitos Christia- ‖ nos en las quatro partes del mundo, ‖ Asia, Africa, America, y ‖ Europa. ‖ Con las cosas mas memorables, que ha ‖ podido inquirir. ‖ Escrito por el Mismo, ‖ quien lo dedica, y consagra ‖ al M. Ilvstre Sr. ‖ Don Raymvndo ‖ de Saldivar, ‖ Conde de Sauzedilla, Cavallero del

(CUBERO.)

‖ Orden de Alcantara, &c. ‖ Con licencia en Cadiz en la Imprenta de ‖ Christoval de Requena, año 1700. ‖ in-4, pp. 112 + 8 ff. n. c. au com. pour le tit., etc.

British Museum, 10025, bb. 3.

∴

— Fünf französischer Jesuiten Reisen von Ning po fu nach Peking. Im Jahre 1687. (J. J. Schwabe, *Allg. Hist. d. Reisen*, Bd. V, 1749, pp. 427/453.)

D'après Astley.

— Johann von Fontaney, eines Jesuiten, Reise von Peking nach Kyang chew, in der Provinz Shan si, und von dar nach Nan king, im Jahre 1688. (J. J. Schwabe, *Allg. Hist. d. Reisen*, Bd. V, 1749, pp. 454/468.)

D'après Astley.

Col. 990.

— Joachim Bouvet, eines Jesuiten, Reise von Peking nach Kan ton, da ihn der Kaiser Kang hi im Jahre 1693 nach Europa sandte. (J. J. Schwabe, *Allg. Hist. d. Reisen*, Bd. V, 1749, pp. 469/477.)

D'après Astley.

— Anton Gaubils, eines Jesuiten, Reise von Kan ton nach Pe king. Im Jahre 1722. Jtzo erstlich aus dem Französischen übersetzt. (J. J. Schwabe, *Allg. Hist. d. Reisen*, Bd. V, 1749, pp. 536/540.)

D'après Astley.

PHILIPPE AVRIL.

Né à Angoulême, 21 juillet 1654; † en 1698 dans un naufrage. Voir col. 990—991.

— *Journal des Savans*, 1692, pp. 126/137. — *Acta Eruditorum*, 1694, pp. 60/64. — *Bibliothèque Universelle*, XXIV, pp. 203/222.

* Reize Door verscheidene staten van Europa en Asia, als Turkyen, Persien, Armenien, het Zuider-Tartaryen, Muscovien, Poolen, beide de Pruissens en Moldavien. Gedaan zedert den Jaare 1685 . tot 1692 . Behelzende Veele naaukeurige aanmerkingen, zoo in de Natuurkunde, Land en Zee- beschrijvinge, als in de Historien. Nevens de beschrijvinge van Groot-Tartaryen, en de Volkeren die het zelve bewoonen. Door Phil. Avril, Priester onder de Societeit van Jesus, en Mathematicus van sijn Aller-Christelijkste Majesteit. Met koopere Plaaten verciert. Uit het Frans overgebragt door H. v. Quellenburgh. Tot Utrecht, By Anthony Schouten, 1694, in-4, pp. 191, front. gr. par J. Doesburgh et 4 pl.

* Podróż do różnych krajów Europy i Azyi

(DIVERS. — AVRIL.)

przez missionarzów, tłum. Rem. Ladow-
skiego. Warszawa, Dufour, 1791.

∴

Col. 991.

— Ghirardini, voir BEAUX-ARTS, col. 1813.

— Voyage à la Chine, fait en 1698, sur le
vaisseau l'*Amphytrite*, commandé par le
Chevalier de la Rocque. (Dans le vol. I, *la
Chine mieux connue, ou les Chinois, tels
qu'il faut les voir*. Voir col. 1424—5.)

GEMELLI-CARERI.

— Gemelli Careri. — Voyage... Paris, 1719.
Un ex. mar. rouge, fil., dent., tr. dor., aux armes de la comtesse
d'Artois, Rouquette, Paris, fév. 1888, (874), 250 fr.

— Des Doctor Johann Franciscus Gemelli
Careri Reisen in China, im Jahre 1695.
Aus dem Italienischen übersetzt. (J. J.
Schwabe, *Allg. Hist. d. Reisen*, Bd. V,
1749, pp. 478/511.)

Col. 993.

— Travels in China, by the Russian Ambassador, Father Navaretti, Father Duhalde,
Father Lecompte, &c. (*A new complete
collection of Voyages and Travels* . . . By
John Hamilton Moore . . . London, Alexander Hogg, 2 vol. in-fol., cf. pp. 586/609.)

— A New Account of the East Indies, being
the Observations and Remarks of Capt.
Alexander Hamilton, Who spent his Time
there from the Year 1688. to 1723. Trading
and Travelling, by Sea and Land, to most
of the Countries and Islands of Commerce
and Navigation, between the Cape of *Good-
hope*, and the Island of *Japon*. Edinburgh,
Printed by *John Mosman* One of His Majesty's Printers, and sold at the King's
Printing-house in *Craig*'s Closs. MDCCXXVII,
2 vol. in-8, pp. XXIX-VIII-396/VII-309-10.

— A New Account of the East Indies. Giving An exact and copious Description of
the Situation, Product, Manufactures, Laws,
Customs, Religion, Trade, &c. of all the
Countries and Islands, which lie between
the Cape of Good Hope, and the Island of
Japon. Interspersed with An entertaining
Relation not only of the principal Events,
which happened during the Author's Thirty
Years Residence in those Parts; but also
of the most remarkable Occurrences and
Revolutions in those vast Dominions, for
this Century past. Comprehending also

(DIVERS.)

Many curious and interesting Particulars
relating to our Commerce with those Countries, and the Affairs of the East India Company. Illustrated with Maps and Sculptures.
By Captain Alexander Hamilton. In two
volumes. London: Printed for C. Hitch...
and A. Millar . . M.DCC.XLIV, 2 vol. in-8.

* Anmärckningar samlade under en Resa
till China . . . af *Israel Reinius*. Dissert.,
Abo, 1749. in-8, pp. 48.

Col. 995.

* J. H. H. [Joh. Henr. Huusman], En kort
Beskrivelse over Skibets *Cron Printz Chri-
stian's* lykkelige giorde Reyse baade til og
fra China, d. 25 Oct. 1730—25 Junii 1732.
Kbh. 1733. [Med. Træsn.] — Sst. 1735. —
Sst. 1744. — Sst. 1760.

* — Kurtze Beschreibung über des Schiffs
Cron-Printz Christians glücklich gethane
Reise nach und von China, d. 25 Octob.
1730—25 Junii 1732. Kph. u. Leipz. 1750.
[Med kobberst. Titelvign.]
Chr. V. Bruun, *Bibliotheca Danica.*

* Boje, Jens. — Journal paa den anden Reyse
til China met Skibet *Dronningen af Dan-
mark*, indeh. de merkvaerdigste Ting, som
fra Reysens Begyndelse 1742 og til dens
Ende 1744 ere arriverede. Kbh. 1745.
Chr. V. Bruun, *Bibliotheca Danica.*

— Capt. Alex. Hamilton. East Indies. — (A
supprimer, vide supra.)

GEORGE ANSON.

— A ‖ Voyage ‖ round the ‖ World, ‖ In the
Years MDCCXL, I, II, III, IV. ‖ By ‖ George
Anson, Esq., ‖ Commander in Chief of a
Squadron of His ‖ Majesty's Ships, sent
upon an Expedition to ‖ the *South-Seas.* ‖
Compiled ‖ From Papers and other Mate-
rials of the Right⸴ Honourable George Lord
Anson, and ‖ published under his Direction.
‖ By Richard Walter, M. A. ‖ Chaplain of
his Majesty's Ship the *Centurion*, in that‖
Expedition. ‖ The Second Edition. ‖ With
Charts of the Southern Part of *South* ‖
America, of Part of the *Pacific Ocean*, and
of the ‖ Track of the *Centurion* round the
World. ‖ — London : ‖ Printed for John
and Paul Knapton, in Ludgate- ‖ Street.
MDCCXLVIII, in-8, 12 ff. n. c. p. l. tit., introd.,
+ pp. 548.

— A ‖ Voyage ‖ round the ‖ World, ‖ In the Years MDCCXL, ⸴
II, III, IV. ‖ By ‖ George Anson, Esq; ‖ Commander in Chief
of a Squadron of His ‖ Majesty's Ships, sent upon an Expedi-

(GEORGE ANSON.)

tion to ‖ the *South-Seas*. ‖ Compiled ‖ From Papers and other Materials of the Right ‖ Honourable George Lord Anson, and published under his Direction. ‖ By Richard Walter, M. A. ‖ Chaplain of his Majesty's Ship the *Centurion*, in that ‖ Expedition. ‖ The Fourth Edition, ‖ With Charts of the Southern Part of *South* ‖ *America*, of Part of the *Pacific Ocean*, and of the ‖ Track of the *Centurion* round the World. ‖ — London : ‖ Printed for John and Paul Knapton, in Ludgate- ‖ Street. MDCCXLVIII, in-8, 12 ff. n. c. p. L tit., introd. + pp. 548.

Je note les autres éditions anglaises suivantes : Seventh Ed., Dublin. 1748, in-8. — Sixth ed., Lond., 1749, in-8. — Eighth ed., Lond., 1756, in-8. — Fourteenth ed., Lond., 1769, in-8. — Fifteenth ed.. Lond., 1776, in-4. — Ninth ed., Dublin, 1790, in-12. — Ayr, 1790, 2 vol. in-12. — Edinburgh, 1823, in-8.

S. Halkett and . . . . John Laing (*Dict. An. and Pseud. Lit. of Gt. Britain*) : «In reality [au lieu de R. Walter] by Benjamin Robins, F. R. S.»

— A Voyage round the World, in the Years 1740, 41, 42, 43, 44. By George Anson, Esq. Commander in-Chief of a Squadron of His Majesty's Ships, sent upon an Expedition to the South Seas. To which are prefixed, A memoir of Lord Anson, and preface. London : Ingram, Cooke, and Co. 1853. in-8, pp. XII-128.

Fait partie du premier volume de : *The Universal library*. — *Voyages and Travels*. London : Nathaniel Cooke, 1853.

— Voyage ‖ autour ‖ du monde, ‖ fait dans les années MDCCXL, I, II, III, IV. ‖ Par George Anson, ‖ Présentement Lord Anson, Commandant en Chef d'une Escadre ‖ envoyée par Sa Majesté Britannique ‖ dans ‖ la Mer du Sud. ‖ Tiré des Journaux & autres Papiers de ce Seigneur, ‖ & Publié ‖ Par Richard Walter. ‖ Maître ès Arts & Chapelain du Centurion dans cette Expédition. ‖ Orné de Cartes & de Figures en Taille douce. ‖ Traduit de l'anglois. ‖ A Geneve, ‖ Chez Barrillot et fils Libraires & Imprimeurs. ‖ — M.DCC.L., in-4, pp. XXIV-363; l'avis au relieur n'est pas ch. [p. 364].

Suivi du *Voyage à la mer du Sud*.

Traduit de l'anglais par Elie de Joncourt.

Autres éd. françaises : Amsterdam, 1749, in-4. — Paris, 1764, 4 vol. in-12.

— Voyage ‖ autour ‖ du monde, ‖ fait dans les années MDCCXL, I, II, III, IV. ‖ Par George Anson, ‖ Presentement Lord Anson, ‖ Commandant en chef d'une escadre envoyée ‖ par sa Majesté Britanique dans la ‖ Mer du Sud. ‖ Tiré des Journaux & autres Papiers de ce Seigneur, & publié ‖ Par Richard Walter, ‖ Maître ès Arts & Chapelain du Centurion dans cette Expédition. ‖ Orné de Cartes & de Figures en Taille douce. ‖ Nouvelle edition. ‖ A Amsterdam et à Leipzig, ‖ Chez Arkstée & Merkus. ‖ MDCCLI, in-4, 3 ff. n. c. p. L tit. + pp. XIV-330.

— «Le même voyage, dit Barbier (de la même traduction, revue par l'abbé de Gua de Malves). Paris, Quillau, 1750, in-4 et 4 vol. in-12.»

— Viaggio ‖ attorno ‖ al Mondo ‖ fatto negli anni MDCCXL. I. II. III. IV. ‖ dal signore ‖ Giorgio Anson ‖ Presentemente Lord Anson, allora Comandante in capite ‖ di una Squadra di Navi da Guerra di S. M. B. ‖ Ricavato dal suo proprio giornale ‖ e da altri suoi fogli ‖ da Riccardo Walter ‖ maestro nelle arti ‖ E Cappellano della Nave Centurione in quella Spedizione ‖ Tradotto dall'

(GEORGE ANSON.)

inglese in italiano ‖ da Hambly Pope. ‖ In Livorno MDCCLVI. ‖ — Per Gio. Paolo Fantechi e Compagni ‖ Con Licenza de' Superiori, in-4, pp. X-428.

* Amiralen Lord Ansons Resa rundt omkring jorden åren 1740, 41, 42, 43, 44 ... Stockholm, 1761. in-8, pp. 516.

.·.

P. OSBECK, etc.

— Col. 995. 996. Osbeck, Toreen, Ekeberg, Sparrmann. Voir : *Early European Researches into the Flora of China*. pp. 88—118 et pp. 37—62. Par E. Bretschneider.

Voir col. 1545.

* Gustaf Fredrik Hjortberg. Minnesteckningar af Trenne till Canton i China gjorda Resor samlade af G. F. H. 1 vol. in-4. (Dat.: 6./XII. 1753.) : Cap. 1. Om Ost-Indiska handelens början. Skieppen och Capitainers namn, som varit uti Compagniets tjenst . Cap. 2. Om djur och fåglar. Cap. 3. Om Fiskar och Kråk eller Amphibier. Cap. 4. Om Insecter och Matskar. Cap. 5. Om de mäst under en Ost-Indisk resa förekommande Vindar, Passader och Moussons. Cap. 6. Om Magnetens Inclination och ett till dess Observationer inventerat instrument med tabeller . . .

— Tableaux appartenant à l'ouvrage précédent. In vivis par G. F. H. Tab. 1—12. in-4. Coloriés.

* — Idem Auctor. — Ost-Indisk Resa 1748 och 1749 förrättad och beskrefwen af Gust. Fr. Hjortberg. pp. 1—80. in-4 av. 5 Cartes. Appendix : Dessins coloriés sur des pays et îles pendant le voyage et sur des objets d'histoire naturelle, des machines et des ustensiles etc. etc. dessinés par G. F. H. in-4. — Tab. 1—45.

G. F. Hjortberg, Aumônier de la Comp. des I. O. — MS. Inédit.

* Carl Johan Gethe. Dagbok hållen på Resan till Ostindien. Begynt den 18 October 1746 och slutad den 20 Juni 1749. in-4, pp. 1—156. 1 carte et 20 tableaux coloriés sur des objets d'histoire naturelle, vues du pays, objets ethnographiques; assez beaux. Relié en cuir.

Första Delen. Om utresan til China. Ifrån den 18 Octob. 1746 till den 16de Dec. 1747, pp. 1—36.

Andra Delen. Om wistandet i Canton i China ifrån den 10 Octob. 1747. til den 18 De-

(SUÉDOIS.)

cemb. 1748. (Avec un Dictionnaire Cantonnais.) pp. 37—118.

Tredje Delen. Om Hemresan till Europa.
pp. 119—156.

[Dédié au Prince Royal Charles (Carl XIII).]
C. G. Gecte né en 1728. Officier de marine; employé à la Compagnie des I. O. — MS. Inédit.
Je dois à M. August Strindberg ces renseignements sur les MSS.
inédits ci-dessus de la Bib. royale de Stockholm.

Col. 996.

— Capitaine Carl Gustav Ekebergs Ost-
indiska Resa, åren 1770 och 1771. Beskrefven uti Bref til Kongl. Svenska Vet.
Academiens Secreterare. Stockholm, 1773.
Tryckt på eget förlag hos Henr. Fougt,
Kongl. Boktryckare, in-8, pp. 170 + 3 ff.
prél. n. c., cartes et grav. hors texte.

* Carl Gustav Ekeberg's Ostindische Reise
in den Jahren 1770 und 1771. — Nebst
einem Anhange geographischer, natur-
historischer und wissenswerther Nachrichten. Schina und die Schinesische Tartarey
betreffend. Dresden und Leipzig, 1785,
in-8, pp. 271.

Dans l'*Einleitung*, on lit que le livre est une traduction de :
Eloge de la ville de Moukden et de ses environs . . . Accompagné de Notes curieuses . . Paris. 1770. — Voir col. 826.

Col. 997.

* En Resa til Africa och Ost-Indien . . . Hem-
sänd . . . af en Svensk man som följt med
Holländske Ost-Indiske Comp⁵ skepp och
warit : dess tjenst. Aftryckt efter den nu-
mera afledne Törf : s egen Handskrift.
Stockholm, 1764, in-8, pp. 92.

* Dissertatio Academica sistens Iter in Chinam, moderante Car. v. Linné, publ. exam.
submissa ab Andrea Sparrmann. Upsala,
1768, in-4, pp. 16.

— Min Son på Galejan . . . . Stockholm, 1781,
2 vol. in-12. — Voir col. 997.

A eu plusieurs éditions. — N'est pas de C. G. Ekeberg, mais de
Jacob Wallenberg, aumônier de la Cie. des Indes orientales.

— A Voyage to the East Indies in 1747 and
1748. Containing An account of the islands
of St. Helena and Java. Of the city of Batavia. Of the government and political conduct of the Dutch. Of the empire of China,
with a particular description of Canton;
and of the religious ceremonies, manners
and customs of the inhabitants. Interspersed
with many useful and curious Observations
and Anecdotes; And illustrated with Cop-
per-plates. London : Printed for T. Becket
and P. A. Dehondt, at Tully's Head; and

T. Durham, at the Golden Ball, near Nor-
folk-Street, in the Strand. M,DCC,LXII, in-8,
pp. xv-341 + 1 f. n. c.

Le Cat. du British Museum, 980, 1, 21, attribue ce livre à Ch.
Fred. Noble.

PIERRE POIVRE.

— Voyages d'un Philosophe . . . . Londres
et Lyon, 1769.

— The Travels of a Philosopher. Being Observations on the Customs, Manners, Arts,
Agriculture, and Trade of several Nations
in Asia and Africa. Translated from the
French of M. Le Poivre . . . London : Printed for J. Davidson in the Strand. MDCCLXIX,
in-12, pp. 175.

— Travels of a Philosopher : or, Observations
on the Manners and Arts of various nations
in Africa and Asia. Translated from the
French of M. Le Poivre, late Envoy to the
King of Cochinchina, and now intendant
of the Isles of Bourbon and Mauritius. London : Printed for T. Becket and Co. in the
Strand. M.DCC.LXIX, pet. in-8, pp. VIII-191.

Traduction différente de la précédente. — Brit. Museum, 10026, aaa.

— Travels of a Philosopher; or Observations
on the Manners & Arts of various nations
in Africa and Asia. By M. Le Poivre, late
envoy to the King of Cochin-china, and
President of the Royal Society of Agriculture at Lyons. Baltimore : Published by
N. G. Maxwell. P. & R. W. Edes, Printers,
1818, in-12, pp. 105.

Reproduit la trad. publiée en 1769 par Becket. — Frontispice.

— Œuvres complettes de P. Poivre, Intendant des Isles de France et de Bourbon,
correspondant de l'académie des sciences,
etc.; Précédées de sa vie, et accompagnées
de notes. A Paris, Chez Fuchs, libraire,
rue des Mathurins, N°. 334. 1797, in-8, pp.
IV-310.

— Pierre Poivre. — Sa vie & ses voyages
par H. Castonnet des Fosses Membre Correspondant, Membre de la Société de Géographie, Président de section de la Société
de Géographie commerciale de Paris. —
Extrait du Bulletin de la Société de Géographie de Lyon. — Lyon, Imprimerie
Vitte et Perrussel. — 1889, br. in-8, pp. 54.

Col. 999.

— Benyowsky . . . . voir col. 146—147.

— Voyage from New South Wales to Canton, in the year 1788, with Views of the

Islands discovered. By Thomas Gilbert, Esq. Commander of the Charlotte. [Grav. représentant *Matthew's Rock*]. London: Printed by George Stafford, for J. Debrett, ... M.DCC.LXXXIX, in-4, pp. x-85.

JOHN MEARES.

— Voyages made in the Years 1788 and 1789. From China to the North West Coast of America. To which are prefixed, an introductory narrative of a Voyage performed in 1786, from Bengal, in the Ship *Nootka*; Observations on the probable existence of a North West Passage; and some account of the trade between the north west coast of America and China; and the latter country and Great Britain. By John Meares, Esq. London: Printed at the Logographic Press; and sold by J. Walter .... M.DCCXC, in-4.

— Remarks on the Voyages of John Meares, Esq. In a letter to that Gentleman, by George Dixon, late Commander of the Queen Charlotte, in a Voyage round the World. London: ... MDCCXC, in-4, pp. 37.

— An Answer to Mr. George Dixon, late Commander of the Queen Charlotte in the service of Messrs. Etches and Company; By John Meares, Esq. In which the remarks of Mr. Dixon on the voyages to the North West coast of America, &c. lately published, are fully considered and refuted. London ... MDCCXC, in-4, pp. 32.

— Further Remarks on the Voyages of John Meares, Esq. in which several important Facts, misrepresented in the said Voyages, relative to Geography and Commerce, are fully substantiated. To which is added a letter from Captain Duncan, containing a decisive Refutation of several unfounded Assertions of Mr. Meares, and a final Reply to his Answer. By George Dixon, late Commander of the Queen Charlotte in a voyage round the world. London ... MDCCXCI, in-4, pp. 80.

British Museum, 454, h, 18.

— Viaggi dalla China alla Costa Nord-ovest d'America fatti negli anni 1788 e 1789 dal capitano G. Meares. Prima traduzione italiana arricchita di note istoriche, scientifiche, di vedute, marine, ritratti, carta geografica ec. Firenze MDCCXCVI. A spese di Giovacchino Pagani Con Approvazione. 4 vol. in-8.

On a ajouté au titre du t. II: *Estratto della Relazione dell' Ambasciata di Lord Macartney alla China;* du t. IV : *Un breve Vocabolario di Marina.*

* Tvänne Resor från Ostindien till Americas Nordvåstra Kust, åren 1786, 1788 och 1789, af Johan Meares. Sammandrag utur Engelska originalet. Stockholm, 1797, in-8, pp. 404.

Trad. abrégée de l'Anglais.

Col. 1000.

— Observations and remarks made during a voyage to the islands of Teneriffe, Amsterdam, Maria's Islands near Van Diemen's Land; Otaheite, Sandwich Islands; Owhy-

hee, the Fox Islands on the North West Coast of America, Tinian, and from thence to Canton, In the brig *Mercury*, commanded by John Henry Cox, Esq. Illustrated with a sketch of the Island of Amsterdam, a Plan of Oyster Harbour at the Maria Islands, with some views of the Land; a curious medal; and a club accurately engraved. By Lieut. George Mortimer, of the Marines. London: Printed for the author and sold by T. Cadell .... MDCCXCI, in-4, pp. VIII + 4 ff. n. c. + pp. 71.

* Resa omkring Jorden af Herr De La Perouse. Åren 1785 och följande. Sammandrag. Stockholm, 1799, in-8, pp. 342.

* Franske Kapitenen Etienne Marchands Resa omkring Jorden Åren 1790, 1791 och 1792. Ofversättning i Sammandrag af A. J. Segerstedt. Vol. 1. 2. Strengnäs, 1803, in-8, pp. 122/110.

Col. 1001.

— An Account of a Voyage to India, China, &c. in His Majesty's Ship *Caroline* performed in the years 1803-4-5, interspersed with Descriptive Sketches and cursory remarks. — By an Officer of the *Caroline*. London: Printed for Richard Phillips ... By J. G. Barnard .. 1806, in-8, pp. 138 + iii.

Cf. J. Johnson, col. 1001.

— Wreck and Loss of the ship *Fanny*, Capt. Robertson, on her passage from Bombay to China, November 29, 1803, including particulars of the tremendous hurricanes called Typhons, and the Wonderful Preservation of the greater part of the crew, After remaining near Six Weeks on a Reef composed of sharp Rocks and their surprising Voyage of Eleven Hundred Miles In Two Ill-constructed Rafts; also escape of three Officers, in an open boat, from the Cannibals of Tate Island. — London: Printed for Thomas Tegg, 111, Cheapside. Price only sixpence, br. in-12, pp. 28, 1 pl.

Col. 1002.

— Daniell ... A pict. voy. to India ... 1810.

Greppe (Paris), Mai 1888, No. 1574, d. rel. dos et coins cuir de Russie, ex. de la *Duchesse de Berry*, avec son chiffre frappé en or sur les plats.

— Sketches of Chinese Customs and Manners, In 1811-12, taken on the spot; and interspersed with a variety of Curious occurences, during a Voyage to the Cape of Good

Hope, Pulo Penang, China, Canton, Whampoa, and Saint Helena: with some account of the Ladrones; in a series of letters to a friend at Palermo, and dedicated to Sir George Staunton, Bart. By George Wilkinson, Esq. Bath: Printed by J. Browne . . . 1814, in-8, pp. xvi-370.

Portrait de l'auteur en tête. Voir col. 46.

Col. 1003.

— Zeereis van het Engelsche oorlogsfregat de *Alceste*, langs de stranden van Corea, naar het eiland Loochoo; benevens een Verhaal betreffende de schipbreuk van genoemde fregat. Uit het Engelsch, van John M'Leod, wondheeler op de Alceste. Te Rotterdam, by Arbon & Krap, 1818, in-8, pp. ɪɪ+1 f. n. c.+pp. 215.

* Capitaine Maxwells Resa på Gula Hafvet, längs kusterne af Corea och öarne Liutchiu . . . . beskrifven af John Mac-Leod. Ofvers. fr. Franskan. Upsala, 1820, in-8, pp. 168.

Trad. du Français.

∴

— Reize naar de Oost-en-Westkust van Zuid-Amerika en, van daar, naar de Sandwichs- en Philippijnsche Eilanden, China enz. gedaan, in de jaren 1826, 1827, 1828 en 1829. Met het koopvaardijschip *Wilhelmina en Maria*, door J. Boelen, Joh. Zoon, destijds Luitenant ter zee, 1ᵉ Klasse en Ridder der Militaire Willems-orde, 4ᵉ Klasse, thans Kapitein Luitenant. Te Amsterdam, bij Ten Brink & de Vries. ᴍᴅᴄᴄᴄxxxv-xxxvɪ, 3 vol. in-8, cartes et pl.

Col. 1004.

* Vues pittoresques de l'Inde, de la Chine et des bords de la mer rouge, d'après les dessins de R. Elliot. Londres, Fisher, s. d., 2 vol. in-4.

62 gravures sur acier. — Publié en 16 livraisons.

Col. 1005.

K. GÜTZLAFF.

— Voir col. 1753–4.

* Nyaste Underrättelser om Ostra Indien och China eller Missionären C. Gützlaffs treåriga vistelse i Konungariket Siam, jämte hans trenne resor i China, åren 1831, 1832 och 1833. Ofversåttning i Sammandrag med Tillågg af J. Ekelund. Stockholm, 1836, in-8, pp. 96. Av. Carte.

Trad. d'après les voyages de Gützlaff, Basel. 1835.

(Dɪᴠᴇʀs. — Gütᴢʟᴀғғ.)

* Karl Gützlaff. — Verslag van den driejarig verblijf in Siam en van eene reize langs de Kust van China naar Mantchou-Tartarije. Rotterdam, 1833, in-8.

— Reizen langs de Kusten van China, en bezoek op Corea en de Loo-choo-eilanden, in de jaren 1832 en 1833, door K. Gutzlaff, benevens een overzigt van China en Siam en van de verrigtingen der protestantsche zendelingen, in deze en aangrenzende landen, door W. Ellis, en twee andere historische bijlagen. Met Plaat en Kaart. Te Rotterdam, bij M. Wijt & Zonen. 1835, in-8, pp. vɪ-354.

— C. Gützlaffs Missionärs der evangelischen Kirche | dreijähriger Aufenthalt im Königreich Siam nebst einer kurzen Beschreibung seiner drei Reisen in den Seeprovinzen Chinas in den Jahren 1831—1833. Im Verlag des evangelischen Missionsinstituts zu Basel | gedruckt bei Felix Schneider. 1835, in-8, pp. 327+2 ff. n. c. p. la table, 1 carte.

— Jahrbuch der Reisen für junge Freunde der Länder- und Völker-Kunde. Herausgegeben von E. Wendt und Th. Vockerode. Erster Jahrgang. Gützlaff's Reisen in China. Leipzig, 1843. Carl Friedrich Dörffling, in-16, pp. 342+vɪɪɪ. Cartes et Planches.

Col. 1006.

— James Cunningham's Chusan, voir col. 136.

— Magazin für die neueste Geschichte der evangelischen Missions- und Bibel-Gesellschaften. — Jahrgang 1836. Zweites Quartalheft. — Reise des Nordamerikanischen Missionärs Herrn David Aʙᴇᴇʟ, in den Ländern Hinterindiens in den Jahren 1830 —1833. — Im Verlage des Missions-Institutes zu Basel, und gedruckt bei Felix Schneider, Buchdrucker, in-8, pp. 155 à 341.

* De Lurcy Lafond (Cap. G.). Quinze ans de voyages autour du Monde. Iles du Cap Vert, Java, Iles Philippines, Chine, Cap de Bonne-Espérance, Détroit à l'Est de Java, Puissance hollandaise dans la Malaisie, Manille et Iles Philippines; notice géographique et flore. Paris, 1840, 2 vol. in-8. Portrait et planche.

Col. 1007.

— Sketches of China . . . By John Francis Davis.

Ces essais ont été réimprimés comme *Supplementary Volumes*, London, Charles Knight, 1845, in-12, à l'ouvrage de Davis, *The Chinese*, London, Knight, 1844, 3 vol. in-12.

(Gütᴢʟᴀғғ. — Dɪᴠᴇʀs.)

Col. 1008.

— A Narrative of an Exploratory Visit to each of the Consular Cities of China, and to the islands of Hong kong and Chusan, in behalf of the Church Missionary Society, in the years 1844, 1845, 1846. By the Rev. George Smith, M. A., of Magdalen Hall, Oxford, and late missionary in China. New York: Harper & brothers, publishers, 1847, in-12, pp. xv-467.

— Resa till Kap, Ostindien och Kina, åren 1844—1846, berättad af G. W. von Düben. Stockholm, L. J. Hjerta, 1847, in-12, pp. viii-159. — Voir col. 1233.

Col. 1012.

HUC ET GABET.

— Wanderungen durch die Mongolei nach Thibet zur Hauptstadt der Tale Lama. Von Huc und Gabet. In deutscher Bearbeitung herausgegeben von Karl Andree. — Neue Ausgabe. — Leipzig, 1867, G. Senf, in-8, pp. xxxii-360.

— Recuerdos de un viaje a la Tartaria y el Thibet, por Mr. Huc. (N. Fernandez Cuesta, *Nuevo Viajero Universal*, II, Madrid, 1860, pp. 69/247.)

— Erläuternde Bemerkungen zu den in Huc's *Souvenirs d'un Voyage dans la Tartarie* vorkommenden tibetischen Wörtern und Namen. Von H. A. Jäschke. (*Zeit. d. M. G.*, xxiv, 1870, pp. 628/631.)

* Resa i Mongoliet och Tibet af M. Huc. Ofversättning. Stockholm 1862, in-8, pp. 443.
[*Familje-Bibliotek*, I.]

— The Chinese Empire: forming a sequel to the work entitled "Recollections of a Journey through Tartary and Thibet". By M. Huc, formerly missionary apostolic in China. London: Longman, 1855, 2 vol. in-8.

— The Chinese Empire. A Sequel to Recollections of a Journey through Tartary and Thibet. By M. Huc, formerly missionary apostolic in China. New Edition. London, Longman, 1859, pet. in-8, pp. xxviii-556.

— Wanderungen durch das Chinesische Reich. Von Huc und Gabet. In deutscher Bearbeitung herausgegeben von Karl Andree. Leipzig, Carl B. Lorck, 1855, in-8, pp. xxxii-364.

Forme le Vol. 8 de la *Hausbibliothek für Länder- und Völkerkunde*, Herausgegeben von Dr. Karl Andree.

— Imperio chino, por M. Huc, antiguo misionero apostolico en China. (N. Fernandez Cuesta, *Nuevo Viajero Universal*, II, Madrid, 1860, pp. 248/289.)

— Les derniers jours de la Chine fermée par Frédéric Baudry. — Extrait de la *Revue de Paris*. — Paris, A. Durand, 1855, br. in-8, pp. 48.

D'après le P. Huc.

— Voir la Préface de Yule à l'ouvrage de Prejvalsky, *Mongolia*, Lond., 1876, sur l'ouvrage de Huc.

— Le Père Huc et ses Critiques par Henri Ph. d'Orléans. Paris, Calmann Lévy, 1893, in-12, pp. 65+1 f. n. c.

Réimpression des articles suivants, sans la planche du *T'oung Pao* :

— Le père Huc et ses Critiques. Par Henri d'Orléans. (*Revue française*, XIV, 1er Oct. 1891, pp. 353/368.)

Carte.

— A propos du Père Huc, par le Prince Henri d'Orléans. (*T'oung Pao*, IV, Mai 1893, pp. 115/136.)

Avec une planche.

.·.

Col. 1013.

* W. H. Macaulay. Kathay, a Cruise in the China seas. New York, 1852, in-12.

— Путешествіе въ Китай Е. Ковалевскаго. Часть I. St. Pétersbourg, 1853, in-8, pp. iii-199. 2 grav. hors texte.

— China in den Jahren 1849 und 1850. (Erman, *Arch. f. wiss. Kunde v. Russl.*, XIII, 1854, pp. 587/594.)

Aus Kowalewski's *Reisenotizen*.

* Borta är bra, men hemma är bäst. Berättelse om en färd till Ostindien, Nord-Amerika, Kalifornien, . . . åren 1852-1857. Af C. Ax. Egerström. Söderköping, 1859, in-8, pp. 326.

C. A. E., Officier de marine.

Col. 1015.

— Utazás Kelet-Indiákon, Ceylon, Java, Khina, Bengal. Gróf Andrásy Manó. Pesten, in-fol., pp. 166 à 2 col.

Au v. du dernier f. on lit : *Pesten, 1853. Emich Gusztáv könyvnyomdája.*

— Reise des Grafen Emanuel Andrásy in Ostindien, Ceylon, Java, China und Bengalen. Aus dem Ungarischen übersetzt. Mit Holzschnitten und 16 colorirten Gemälden nach den Originalskizzen in lithographischem Farbendruck ausgeführt. Pest, Hermann Geibel, 1859, in-fol.

Col. 1016.

* W. F. Gragg. Cruise in the U. S. Steam Frigate Mississippi to China and Japan, 1857—60. Boston, 1860, in-8.

* Resa omkring verlden. En Familjebok af Fredrik Gerstäcker. Ofversättning från andra originalupplagan af C. D. (Dans Vol. 6. Stockholm, 1860, in-8, pp. 136, avec grav.)

Col. 1017.

— A. Michie. Siberian Overland Route.
Notice : *N. C. Herald*, 762, 4 March 1865. [By S. M.]

— Notes sur le Japon, la Chine et l'Inde . . . par Chassiron, voir col. 1231.

Col. 1018.

— Een vlugtige blik op Java, Saigoen, Zuidelijk China en Bombay, door Mr. R. W. J. C. Bake. — Te Arnhem, bij H. A. Tjeenk Willink. 1863, br. in-8, pp. 45.

* Resan kring verlden. För barn af M. Castillon Professor vid Collége Sainte-Barbe. Ofvers. från Fransyskan. Stockholm, 1864, in-8, pp. 206. Avec 12 grav. color.

— Travels and Adventures of an Officer's wife in India, China, and New Zealand. By Mrs. Muter, wife of Lieut.-Colonel D. D. Muter, thirteenth (Prince Albert's) Light Infantry. London : Hurst and Blackett . . . 1864, 2 vol. in-8.

Col. 1019.

— Un Parisien en Asie. — Voyage en Chine, au Japon, dans la Mantchourie russe et sur les bords de l'Amoor par M. Camille de Furth. Paris, Lib. générale des auteurs, 1866, in-12, pp. 311.

Col. 1020.

— Abbé Armand David, voir col. 183-186.

* Ett besök i Japan och Kina . . . Af *Anton Backström*. Stockholm, 1871, in-8, pp. 391. Avec 63 gravures.

Col. 1022.

* Aus brieflichen Nachrichten des Freiherrn Ferdinand v. Richthofen. (*Zeit. der Ges. f. Erd. zu Berlin*, VI. Bd. 1871, 2. Hft., pp. 151/8.)

* Richthofen's Travels in China (E. Cunningham) (*Nation*, XVI, 282, 299, 314). — (R. Pumpelly) (*Nation*, XXVI, 231, 243). — (*Nature*, XVI, 206.)

— Journeys in North China, by Rev. Alexander Williamson. London, 1870. Col. 1022.

(Divers.)

Notice : *Shanghaï Evening Courier*, Monday, 12 December 1870.
— Voir aussi le même journal, Tuesday, 7 Feb. 1870.

Col. 1023.

— Henri Jouan. — Notes de voyage sur Aden, Pointe-de-Galles, Singapore, Tchéfou. (*Mém. Soc. Sc. Nat.*, Cherbourg, XV, 1870, pp. 169/198.)

— Palladius, voir col. 1765—6.

* H. Annerstedt. Bilder från fjerran länder.
Dans le Journal *Framtiden*. Stockholm. 1871. [H. A., officier de marine.] — Voir col. 1236.

* Bernáth (G.), Kelet-ázsiai utazás. (Ost-Asiatische Reise.) Budapest, 1872, in-8, pp. 234.

Col. 1024.

— Alexis Clerc, marin, jésuite et otage de la Commune. Fusillé à la Roquette, le 24 Mai 1871. — Simple biographie par le R. P. Charles Daniel de la Compagnie de Jésus. Paris, J. Albanel et Ed. Baltenweck, in-12, pp. ix-562.
Né à Paris, le 12 déc. 1819, Alexis Clerc, avait visité la Chine en qualité d'officier de marine.

BARON DE HÜBNER.

Col. 1025.

— A Ramble round the World, 1871. By M. Le Baron de Hübner, formerly ambassador and minister, and author of "Sixte Quint". Translated by Lady Herbert. In two volumes. London: Macmillan and Co., 1874, 2 vol. in-8, pp. xi-463, 491.

— A Ramble round the World, 1871. By M. Le Baron de Hübner, Formerly Ambassador and Minister, and author of "Sixte Quint". Translated by Lady Herbert. London: Macmillan and Co. 1878, in-8, pp. xv-657.

— Ein Spaziergang um die Welt von Alexander Freiherrn von Hübner. Deutsche Ausgabe vom Verfasser. In zwei Bänder. Leipzig, T. O. Weigel. 1874, 2 vol. in-8, pp. 396, 433.

— Ein Spaziergang um die Welt von Alexander Freiherrn von Hübner, vorm. k. k. Österreichischem Botschafter in Paris und am päpstlichen Stuhle etc. etc. — Mit 317 Abbildungen und dem Porträt des Verfassers. Leipzig, Heinrich Schmidt & Carl Günther, 1882, gr. in-4, pp. 459+4 ff. prél. n. c.

(Divers. — Hübner.)

* Hübner. — Passeggiata intorno al mondo, 1871, trad. del prof. Michele Lessona. Torino, Unione tip., 1873, gr. in-8.

— Biblioteka Najnowszych Podróży. — VI. Przechadzka Naokoło Ziemi odbyta w roku 1871 przez Barona Hübnera . . . Przekład z Francuzkiego. Warszawa. Drukiem Józefa Ungra . . . 1874, 3 vol. in-8.

∴

* P. Bocca. — L'Estremo Oriente. Impressioni di viaggio. Boscomarengo, tip. del Riformatorio dei Giovinetti, 1875, in-8.

Col. 1026.

— Bibliothèque des Ecoles et des familles. — J. Thomson. L'Indo-Chine et la Chine. Récits de Voyages abrégés par H. Vattemare. Paris, Hachette, 1879, in-8, pp. 190+1 f. n. c. p. l. tab.

Bib. nat. $\frac{O^2 n}{677}$

— Deuxième édition. *Ibid.*, 1885, in-8, pp. 190+1 f. n. c. p. l. tab.

Bib. nat. $\frac{O^2 n}{677 A}$.

Col. 1027.

* Новѣйшія франц. сочиненія о Китаѣ. — 1. Пекин, par le Comte J. de Rochechouart, Paris, 1878; voir *Bib. Sinica*, col. 1027. — 2. Pékin, Yeddo, San Francisco, par le Comte de Beauvoir, Paris, 1884; voir *B. Sin.*, col. 1020. — 3. Le Fleuve Bleu, par G. de Bezaure, Paris, 1879; voir *B. Sin.*, col. 1028. — 4. Voyage en Chine de la *Bayonnaise*, par Jurien de la Gravière, Paris, 1872; voir *B. Sinica*, col. 1011. — Сборникъ геогр., топогр. и статистич. матеріаловъ по Азіи. Изд. воен-учен. Комитета. Гл. Шт. Спб., 1884. Вып. 14; стр. 177 —178.

Mejov, *Библіог. Азіи*, 1805.

— De Paris à Pékin par terre. Sibérie-Mongolie par Victor Meignan. — Ouvrage enrichi d'une carte et de quinze gravures dessinées par L. Breton d'après des croquis de l'auteur et des photographies. Paris, E. Plon, 1876, in-12, pp. x-394+1 f. n. c.

L'ouvrage a eu une seconde édition.

— De Paris à Pékin par terre. (*Ann. de l'Ext. Orient*, 1882-1883, V, pp. 307/311.)

D'après Meignan.

— From Paris to Pekin over Siberian Snows. A Narrative of a Journey by sledge over the snows of European Russia and Siberia, by caravan through Mongolia, across the Gobi Desert and the Great Wall, and by mule palanquin through China to Pekin. By Victor Meignan, edited from the French by William Conn. With supplementary notes not contained in the original edition. With a Map and numerous illustrations from sketches by the author and others. London: W. Swan Sonnenschein and Co. 1885, in-8, pp. xix-428.

∴

— Aus den Reiseberichten S. M. Kbt. „Nautilus", Corv.-Capt. Valois. 1) Segelanweisung für die Reise von Hongkong nach Pak-hoï, durch Anlaufen der Taya-Inseln. Von Corv.-Capt. Valois. 2) Beschreibung der Insel Guie-chow oder Why-chow mit der Bucht von Nam-wan. Von Capt.-Lieut. Claussen von Finck. 3) Bemerkungen über die Insel Guie-Chow (Tcheou-toune). Von Corv.-Capt. Valois. (*Ann. d. Hydrog.*, V, 1877, pp. 467/476.)

* W. G. Palgrave. Three Cities. (*Cornhill Mag.*, March 1878.)

Hongkong, Canton, Macao.

* Homeward; or Travels in the Holy Land, China, India, Egypt and Europe. By J. M. W. Farnham, A. M. With numerous illustrations, Shanghai, 1878.

Notice : *China Review*, VII, p. 337.

Col. 1028.

— De Marseille à Shanghaï et Yedo. Récits d'une Parisienne par Mᵐᵉ Laure Durand-Fardel. Deuxième édition. — Avec une carte. Paris, Hachette, 1881, in-18, pp. xii-424.

Voir col. 1028. — Une 3ᵉ éd. a paru : Paris, Challamel, in-12.

— Le Fleuve bleu.... Par Gaston de Bezaure Interprète Chancelier en Chine. . . . . Paris, E. Plon. 1879, in-12. — Voir col. 1028.

Notice : *Ann. de l'Extr. Orient*, II, pp. 214/216.

— Auf dem «Blauen» Flusse. — Reise in das Westliche China. Von Gaston de Bezaure. — Autorisirte deutsche Uebersetzung von Th. Schwarz. Mit 5 Holzschnitt-Illustrationen und einer Karte in Lithographie. Leipzig, Paul Frohberg, 1880, in-8, pp. iv-132.

* Reizen door Chinesche zee en het westelijk gedeelte van & Noord-Pacific, en ondersoekingen aangaande winden, zeestroomingen enz. Sec. ed., grav. Utrecht, 1879, in-4, pp. 8—154.

Notice : *China Review*, IX, p. 119.

(1873—1876.)　　　　　　(1877—1879.)

— Notes and Sketches from the Wild Coasts of Nipon with Chapters on cruising after Pirates in Chinese Waters. By Captain H. C. St. John, R. N. Edinburgh: David Douglas, MDCCCLXXX, in-8, pp. XXIII-392.

Carte et gravures. — Voir col. 1905.

— An Itinerary of the Siberian overland Route. By James Acheson (*China Review*, XII, pp. 455/468).

— Across Europe and Asia, by John Milne. (*Trans. Asiatic Society Japan*, Vol. VII, Pt. I, Feb. 1879.)

— Mr. Hillier's Journey in North-China. (*Proc. R. Geog. Soc.*, N. S., Vol. I, 1879, pp. 517/519.)

EDWARD COLBORNE BABER.

— Voir col. 1520.

Notice : *Jour. China Br. R. As. Soc.*, XXIV, N. S., No. 2, 1889/90, pp. 221/2. — *T'oung Pao*, 1, 1890, p. 164 [par Henri Cordier].

∴

— Piasetsky, voir col. 1213.

— A Journey Overland from Amoy to Hankow in 1879. By E. Fitzgerald Creagh. (*J. R. Geog. Soc.*, L, 1880, pp. 275/306, carte.)

— Mr. George King's Journey in Western China. (*Proc. R. Geog. Soc.*, N. S., Vol. II, 1880, pp. 188/9.)

— Un voyage en Chine. (*Ann. de l'Extr. Orient*, II, pp. 347/348.) Voyage du Cap. Unterberger du Peiho au Yang tseu kiang.

— Journeys in the Interior of China. By G. James Morrison, C. E. (*Proc. R. Geog. Soc.*, N. S., Vol. II, 1880, pp. 145/166.)

Avec carte, p. 208.

— Rejse i China, Japan og Indien. — Af V. Hoskiaer. Med 5 Kort. Kjøbenhavn, Wilhelm Priors Hof-Boghandel. 1880, in-8, pp. 415.

— Im fernen Osten. Reisen des Grafen Béla Széchenyi in Indien, Japan, China, Tibet und Birma in den Jahren 1877—1880. Von Gustav Kreitner, k. k. Oberlieutenant und Mitglied der Expedition. Mit zweihundert Original-Holzschnitten und drei Karten. Wien, 1881. Alfred Hölder, k. k. Hof- und Universitäts-Buchhändler, in-8, pp. VIII-1013.

Gustav Kreitner, né à Odrau (Silésie autrichienne) 2 août 1843; † 21 nov. 1893; consul d'Autriche à Chang haï, 1883; consul à Yokohama, 1884. — Notice, *T'oung Pao*, No. 1, 1894, par G. S.[chlegel].

— Langt Mod Øst. Rejseskildringer fra Indien, Kina, Japan, Tibet og Birma, af G. Kreitner. Deltager i Grev Béla Széchenyis Expedition i Aarene 1877—80. Med 194 Illustrationer og i Kort. Forlagsbureauet i Kjøbenhavn. (O. H. Delbanco. G. E. C. Gad. F. Hegel. C. C. Lose.) 1882, in-8, pp. 851.

* B. Széchenyi. — Die Wissenschaftlichen Ergebnisse der Reise in Ostasien 1877—1880. — Nach dem im Jahre 1890 erschienenen Ungarischen Originale. 2 vol. in-4.

(I. Die Beobachtungen während der Reise, pp. CCLIII-851.) — Nebst Atlas zur Reiseroute. Original Aufnahme von G. Kreitner. Wien, 1893.

— A Cruise in Chinese Waters. Being the Log of "The Fortuna", containing tales of adventure in foreign climes by land and sea. By Captain Augustus F. Lindley, author of "Ti-ping-tien-kwoh', the History of the Ti-ping revolution", &c. &c. Fourth edition. Cassell, Petter, Galpin & Co.: London, Paris & New-York, in-8, pp. 256 [1882].

— Aus den Reiseberichten S. M. S. «Hertha», Kapt. z. See von Kall. 1) Bemerkungen über die Ansegelung von Apia. 2) Wind- und Stromverhältnisse während der Reise von Apia nach Yokohama (Mai und Juni 1881). 3) Die Wusung-Barre. 4) Reise von Amoy nach Foochow (Dezember 1881). 5) Segelanweisung für die Route von Pinghai nach Hai-Head und für die Einfahrt in den Min-Fluss. 6) Reise von Foochow nach Nagasaki (Dez. 1881 bis Jan. 1882). (*Ann. d. Hydrog.*, X, 1882, pp. 290/5.)

— Francis Garnier. De Paris au Tibet, notes de voyage. Ouvrage contenant 40 gravures et une carte. — La Méditerranée, Suez — la Mer rouge, Aden, la Cochinchine française, Saigon, la côte orientale de la Chine, Shanghai — la Chine du Nord, Pekin — la Chine centrale, le Yang-tse — le lac Tong-ting — le Yuen kiang, le Wou-kiang — Tchong-kin-fou. — Retour à Saigon — départ pour le Tong-king. Paris, librairie Hachette et Cⁱᵉ, 1882, pet. in-8, pp. XLIII-422.

L'article de Garnier *Le Rôle de la France en Chine*, voir col. 1226, est réimp. à la fin de ce vol., pp. 365 et seq. — La notice en tête du vol. est de Léon Garnier, frère de Francis.

— Giappone e Siberia. Note di Viaggio del conte Luchino dal Verme Tenᵗᵉ. Colonnello di Stato Maggiore con una carta geographica della Siberia. Milano, Ulrico Hoepli, 1882, in-8, pp. IX-552.

— Giappone e Siberia. Note d'un Viaggio nell'Estremo Oriente al seguito di S. A. R. il Duca di Genova del Conte Luchino dal Verme, colonnello di stato maggiore. —

Opera illustrata da 229 incisioni e 12 carte. Milano, Treves, 1885, gr. in-4, pp. 487+ 4 ff. prél. n. c.

— Fragmens d'un voyage dans l'intérieur de la Chine. Par C. Imbault-Huart, Interprète du Gouvernement Français. (*Journ. N. C. B. R. A. S.*, N. S., XVIII, 1883, Art. IV, pp. 55/139) :

I. — Excursion à la ville de Sou-tcheou, capitale de la province du Kiang-sou, pp. 55/99.

II. — Les environs de Sou-tchéou, pp. 100/139.

— Von Californien bis zur Chinesischen Mauer. — Aus dem Reisetagebuche eines Wieners von H. D. Schmid. Wien, Druck und Verlag von L. W. Seidel & Sohn, 1883, in-8, pp. 222.

— De Paris au Japon à travers la Sibérie, voyage exécuté du 6 mai au 7 août 1881 par Edmond Cotteau... Contenant 28 gravures et 3 cartes. Paris, Hachette, 1883, in-18, pp. 450.

— Un touriste dans l'Extrême Orient, Japon, Chine, Indo-Chine et Tonkin (4 août 1881 —24 janvier 1882) par Edmond Cotteau .... Contenant 38 gravures et 3 cartes. Paris, Hachette, 1884, in-18, pp. 448.

— Quatre semaines sur la côte de Chine. Notes d'un touriste par Arthur de Claparède. — Genève, Imprimerie Charles Schuchardt, 1884, in-12, pp. 100.

Bib. nat. $\frac{O^2 n}{771}$.

Tiré à 50 exemplaires.

— Old Highways in China. By Isabelle Williamson of Chefoo, North China. The Religious Tract Society, 1884, in-8, pp. 227.

— Talofa. Letters from foreign parts by C. E. Baxter. London : Sampson Low, Marston, Searle & Rivington, 1884, pet. in-8, pp. 195.

China. — Australia, New-Zealand, and the Pacific. — Egypt.

— Von Hankau nach Sutschou. Reisen im mittlern und westlichen China, 1879-81. Von Hermann Michaelis. (Ergänzungsheft No. 91 zu « Petermann's Mitteilungen ».) Gotha : Justus Perthes, 1888, in-4, pp. 58.

Notice: *Lond. & China Express*, Dec. 7, 1888.

Michaelis avait été engagé par le Vice-roi Tso Tsong-tang pour étudier les richesses minérales du Kansou, et l'or en particulier.

* F. Rondina. — Viaggio nell' India e nella Cina. Flora, Fauna, Costumi e Avventure. Prato, Giachetti, 1884, in-16.

— Souvenirs de notre tour du monde par Hugues Krafft. — Ouvrage illustré de 24 phototypies et contenant 5 cartes. Paris,

Librairie Hachette et Cie — 1885. Droits de propriété et de traduction réservés, gr. in-8, 3 ff. prél. p. le tit., f. tit., et préf.+pp. 399.

50 ex. ont été imprimés sur papier du Japon.

— English Life in China. By Major Henry Knollys Royal Artillery .... London, Smith, Elder & Co., 1885, in-8, pp. ix-333.

— A. Salles. — A bord de l'*Eclaireur* en escadre de l'Extrême-Orient (Novembre 1884—Octobre 1885). Extrait de l'Annuaire du Club Alpin Français, 12ᵉ volume. — 1885. Paris, typ. Georges Chamerot, 1886, pp. 40.

Avait paru dans l'*Annuaire du club Alpin français*, XIIᵉ année, pp. 298/335; signé A. Salles, Aide commissaire de la Marine.

— Ling-nam or interior views of Southern China including explorations in the hitherto untraversed island of Hainan by B. C. Henry, A. M. author of "the Cross and the Dragon". London, S. W. Partridge and Co. 1886, in-8, pp. 511.

— Exploration in Southern and South-Western China. By Archibald R. Colquhoun, C. E. (*Roy. Geog. Soc., Supplementary Papers*, Vol. II, Part I, 1887, pp. 1/40.)

Avec carte, p. 126.

1. Wuchan to Pe-sê. — 2. Pe-sê to Ssŭ-mao. — 3. Ssŭ-mao to Ta li.

Voir col. 1521.

— Potanin's Journey in North-Western China and Eastern Tibet. (*Proc. R. Geog. Soc.*, N. S., Vol. IX, 1887, pp. 233/235.)

— China. Travels and investigations in the «Middle Kingdom». A Study of its civilization and possibilities with a glance at Japan by James Harrison Wilson, late Major-General United States Volunteers, and Brevet Major-General United States Army. New York, D. Appleton, 1887, in-12, pp. xx-376. Carte.

— China. Travels and investigations in the «Middle Kingdom». A Study of its civilization and possibilities with a glance at Japan by James Harrison Wilson, late Major-General United States Volunteers, and Brevet Major-General United States Army. New York, D. Appleton, 1888, in-12, pp. xx-376.

Bib. nat. $\frac{O^2 n}{823}$.

Notice : *The London and China Telegraph*, Febr. 20, 1888.

— De Shanghai à Péking. Souvenirs de voyage. Par L.-H. Courvoisier-Guinand. (*Bul. de l'Ass. des anciens élèves de l'école sup. de commerce et de tissage de Lyon*, No. 28, janvier 1888, pp. 81/92.)

* Around the World on a Bicycle: From

Teheran to Yokohama. By Thomas Stevens. London, Sampson Low, 1888.

Notice: *Lond. & China Express*, Dec. 28, 1888.

— De Chang-hai à Brindisi par Calcutta et Aden par Dr. Anger. (*Revue française*, V, févr. 1887, VI, août, X, 1ᵉʳ Nov. 1889, 15 Nov. 1889.)

— Through the Yang-tse Gorges or Trade and Travel in Western China by Archibald John Little, F. R. G. S. London, Sampson Low, 1888, in-8, pp. xv-368.

Bib. nat. $\frac{O^2n}{829}$.

* Turbans and Tails; or, Sketches in the Unromantic East. By A. J. Bamford. London: Sampson Low, 1888, in-8, 7/6.

Notice: *Chin. Rec.*, XIX, pp. 388/9. By J. N. B. S.

— A Visit to T'ai Shan. 泰 山 By Rev. Paul D. Bergen.

(*Chin. Rec.*, XIX, No. 12, Dec. 1888, pp. 541/546.)

* China. Skizzen von Land und Leuten, mit besonderer Berücksichtigung kommerzieller Verhältnisse von A. H. Exner, vormaliger Delegierter der deutschen Bank im deutschen Eisenbahnkonsortium für China. Illustrirt. Leipzig, T. O. Weigel Nachfolger, 1889.

— Report of a journey overland from St. Petersburg to Peking. By P. E. O'Brien-Butler. (*China Review*, XVII, No. 2, pp. 83/105.)

— The Land of the Dragon. My boating and shooting excursions to the Gorges of the Upper Yangtze. By William Spencer Percival, H. B. M.'s Civil Service, China. With Map of the Author's Route. London: Hurst and Blackett, 1889, in-8, pp. vii-338.

Bib. nat. $\frac{O^2n}{849}$.

— A. Hosie. — Voir col. 1524.

Notice: *China Review*, XIX, No. 6, pp. 400/402. By N. N.

* Wanderings in China. By C. F. Gordon-Cumming. Third edition. With portrait and numerous illustrations. Complete in 1 vol. London: Blackwood. 10/.

— New China and old Personal recollections and observations of thirty years by the Ven. Arthur E. Moule, B. D. C. M. S. missionary in Ningpo, Hangchow, and Shanghai, and Archdeacon in Mid China. With thirty-one Illustrations. London, Seeley and Co. 1891, pet. in-8, pp. xii-312.

Voir *Chin. Rec.*, XXIII, Aug. 1892, pp. 367/369. — Cf. col. 1756.

(1888—1891.)

* To the Snows of Tibet through China. By A. E. Pratt, F. R. G. S. Gill Memorialist, 1891. With 33 Illustrations and a Map. in-8, pp. 286, price 18 s. [April 29, 1892.]

«Mr. Pratt conceived the bold plan of taking his wife and family with him up the Yangtse River and leaving them in the westernmost treaty port of Ichang, while he penetrated for an indefinite period into the byways of Western China and Tibet. At Ichang, which is 1100 miles up the river, he procured a boat in which a large part of the year 1887 was spent in the pursuit of birds, insects, plants, and fishes. Then, leaving his family, he went to Chung-Yang in order to collect specimens in the mountain forests there, and constructed a house for the accommodation of himself and collections. Here he stayed several months, at some risk from the natives, who tried to boycott him, and who threatened to beat him if he did not go away. The remainder of 1888 was spent in expeditions on the Yangtse and in building a house-boat for an ascent of the river towards Tibet. Then, after despatching his wife and family down the river *en route* for home, he started away up the famous gorges. The navigation is risky, but Chung-King was safely reached at last. At Kia-Ting-Fu the boat was left in charge of a trustworthy Chinese, and, adopting the Chinese dress, Mr. Pratt and his assistant started overland towards Tibet —reversing the routes usually taken. Away up in the remote city of Tatsien-lu, where the population is a mixture of all the nations of Asia, Tibetan predominating, he found an American, attached to the Legation at Pekin, who had been exploring the Tibetan boundary. He found also, and was much indebted to, French missionaries, of whom he speaks in terms of strong commendation. A stay of some time was made at this interesting town, as a centre for sport, collecting, and exploring. He returned to Ichang at the end of the year, and then made a second journey into Tibet in 1890. On this occasion he met Prince Henri of Orleans and M. Bonvalot, who had just crossed Tibet from Kuldja on their way to Tonquin. The object of the journey being mainly scientific, Mr. Pratt gives the following details in an Appendix.

CONTENTS.

1. List of Birds collected in China by A. E. Pratt.

2. List of the Species of Reptiles and Fishes collected by Mr. A. E. Pratt on the Upper Yang-tze-kiang and in the province Szechuen, with description of the new species. By Albert Günther, M. A. M. D. Ph. D. F. R. S.

3. List of Lepidoptera collected by the Author at Kiu-kiang. Extracts from a Paper by J. H. Leech, Esq. B. A. F. L. S. &c. Trans. Ent. Soc. Lond. March. 1889.»

(Longman's *Notes on Books*, May 31, 1892.)

— Voyage autour du Monde. Inde et Ceylan — Chine et Japon 1887 — 1890 — 1891. Texte et dessins par M. AlbertTissandier... 88 gravures et 24 planches. Paris, G. Masson, MDCCCXCII, gr. in-4, pp. viii-298.

—Lieutenant-Colonel Bouinais de l'Infanterie de Marine. — De Hanoï à Pékin. — Notes sur la Chine avec une préface de M. A. Rambaud, professeur à la Faculté des Lettres de Paris. Berger-Levrault et Cⁱᵉ, éditeurs Paris & Nancy, 1892, pet. in-8, pp. xlv-376.

— Un Voyage au Yunnan par Le Dʳ Louis Pichon (de Shanghaï). — Avec une carte. Paris, librairie Plon. — 1893, in-12, pp. vii-286.

Il a paru une deuxième éd. la même année.

* L. Nocentini. — Nell' Asia Orientale. Impressioni Note di Viaggio. Firenze, 1893, in-8, pp. 212.

— Up the Yang-tse. — By E. H. Parker. — (Reprinted from the 'China Review'.) —

(1891—1893.)

With Sketch Maps. Hongkong. Printed at the 'China Mail' Office. 1891, in-8, pp. 308-vi.

Contents : The Yang-tse Gorges and Rapids in Hu-pei. — The Rapids of the Upper Yang-tse. — A Journey in North Sz Ch'uan. — Nan-Ch'uan and the Kung-t'an River. — Up the Kia-ling River. — The Great Salt Wells. — North Kwei Chou. — The Wilds of Hu-peh. — Sz Ch'uan Plants. — Index.

(1891.)

— China. — Imperial Maritime Customs. — II. — Special Series : No. 17. — ICHANG to CHUNGKING : 1890. — Published by order of the Inspector General of Customs...
Shanghai, 1892, in-4, pp. 46.

Voyage de H. E. Hobson, par bateau, et de A. E. von Rosthorn, par terre.

(1892.)

II. — COMMERCE.

OUVRAGES DIVERS.

— Voir AMBASSADE de LAGRENÉ, col. 1227—1231 : A. HAUSSMANN, NATALIS RONDOT, ISIDORE HEDDE, etc.

— Voir Captain Pidding's *Chinese Olio*, col. 1877.

* *Tio Tusen Chinesiska Ting*. Beskrifvande Förterning åfver En Chinesiskt Målningsgalleri samt en stor samling af Chinesiska Konst-, Industri- och Naturalster. Stockholm, 1849, in-8, pp. 42.

Catalogue d'une exposition d'objets divers Chinois. Par C. F. Liljewalch. — Voir Liljevalch, col. 1033, 1236 et 1431.

— On modes of Banking in America, Manchooria, and China. By Colonel Sykes. (*British Ass. for the Advancement of Science*, 1866, *Trans.*, pp. 134/5.)

— The Extension of Foreign Trade. (Balfour, *Waifs and Strays*, 1876, pp. 88/97.)

— Foreign Trade During the Sung. (*China Review*, XI, p. 59.)

— The Foreign Trade of China during 1880. By Hongkong. (*China Review*, X, pp 1/18.)

— Les Postes en Chine. (*Annales de l'Ext. Orient*, 1881—1882, IV, pp. 39/43.)

Par le Comte Dilhan. — Facsimile des timbres-poste.

— Histoire du commerce du Levant au Moyen-Âge par W. Heyd Bibliothécaire en chef à la Bibliothèque royale de Stuttgart. Edition française refondue et considérablement augmentée par l'auteur, publiée sous le patronage de la Société de l'Orient latin par Furcy Raynaud. Leipzig, Otto Harrassowitz, 1885—1886, 2 vol. in-8, pp. xxiv-554, 799.

Notice : *Journ. C. B. R. A. S.*, XXII, N. S., 1887, pp. 106/109. By F. Hirth.

MAURICE JAMETEL.

— Le commerce extérieur de la Chine en 1881 ; son présent et son avenir. Par Maurice Jametel. (*Economiste français*, 1882.)

— Le commerce extérieur de la Chine en 1882. Par Maurice Jametel. (*Economiste français*, 1883.)

— Les débouchés nouveaux du commmerce européen en Chine. Par Maurice Jametel. (*Economiste français*, 1882.)

— L'industrie des transports maritimes dans l'extrême Orient. Par Maurice Jametel. (*Economiste français*, 1883.)

F. HIRTH.

— Handel und Kunstindustrie in China. Ein Vortrag von F. Hirth. Veröffentlicht vom

(DIVERS.)

Centralverein für Handelsgeographie und Förderung deutscher Interessen im Auslande zu Berlin. Berlin. Gedruckt bei Julius Sittenfeld, 1882, br. in-8, pp. 14.

— 呢 *Ni*, Broadcloth. By G. M. H. P.[layfair]. (*Journ. C. B. R. A. S.*, XXI, N. S., 1886, pp. 229/230.)

— Zur Geschichte des antiken Orienthandels. (*Verhandlungen der Gesellschaft f. Erdkunde*, Berlin, 1889, Vol. XVI, p. 46.)

Réimp. dans les *Chinesische Studien*, de Hirth, pp. 1/24.

— Contributions to the History of ancient oriental Trade. A Lecture delivered before the Geographical Society at Berlin. On 8th December, 1888, by Dr. Friedrich Hirth. (*China Review*, XVIII, No. 1, 1889, pp. 41/54).

Trad. des *Verhand. d. Ges. f. Erdk. zu Berlin*, 1889, No. 1.

— Zur Geschichte des Orienthandels im Mittelalter. Von Dr. Friedrich Hirth. (*Globus*, Bd. LVI, 1889, No. 14, pp. 209/211 ; *Ibid*, No. 15, pp. 236/239.)

Réimp. dans les *Chinesische Studien*, de Hirth, pp. 25/43.

— Contributions to the History of the Oriental Trade during the Middle Ages. By F. Hirth. (*China Review*, XVIII, No. 5, pp. 307/318.)

Notice : *Ibid.*, pp. 318/319. By E. J. E.

— China's Handelsverhältnisse. (*Chinesische Studien*, von Fried. Hirth, I. Bd., 1890, pp. 102/117.)

— The Hoppo Book, voir CANTON, port ouvert.

— Wissenschaftliche Rundschau. Friedrich Hirth's sinologische Forschungen. Von Karl Himly. (*Münchner Neueste Nachrichten*, 26. u. 29. Oktober 1889.)

∴

— Sur le prix des livres chinois. (*Mém. Soc. Et. jap., etc.*, IV, 15 avril 1885, pp. 149/152.)

(F. HIRTH.)

— Chinese Guilds or Chambers of Commerce and Trades Unions. By D. J. Macgowan, M. D. (*Journal C. B. R. A. S.*, XXI, N. S., 1886, Art. viii, pp. 133/192.) ✦

— La Mer — A bord du Courrier de Chine par Hacks. — Dessins et Illustrations de Fillol. Paris, Marpon & Flammarion, s. d. [1891], in-12, pp. 288.

Reproductions par la Glyptographie Silvestre. — La dédicace à M. Paul Lecat, Directeur de la «Compagnie des Messageries Maritimes», est signée : Dr. Charles Hacks.

Ce livre est l'historique de la Cie. des Messageries et d'une façon générale le récit des voyages ordinaires sur les bâtiments de cette Compagnie. A ce titre il appartient au chap. COMMERCE.

— Die Kommercielle Entwickelung Chinas in den letzten 25 Jahren. Von Dr. Joseph Grunzel. Leipzig 1891. Verlag von Wilhelm Friedrich, K. R. Hofbuchhändler, in-8, pp. iv-97.

DOUANES IMPÉRIALES.
(Imperial Maritime Customs.)

I. — STATISTICAL SERIES.

No. 3 et 4. — *RETURNS OF TRADE.*

— China. — Imperial Maritime Customs. I. — Statistical Series : No. 3 and 4. — Returns of Trade and Trade Reports for the year 1892. — Part II. — Reports and Statistics for each Port. With the Reports and Statistics for Corea. 34th—28th Issue. Published by order of The Inspector General of Customs. Shanghai, 1893, in-4.

Cette année 1892 renferme en appendice, pp. 611/680 : *Index to Annual Trade Reports*, 1864—92.

II. — SPECIAL SERIES.

No. 2. — *MEDICAL REPORTS.*

— An Epitome of the Reports of the Medical Officers to the Chinese Imperial Maritime Customs Service, from 1871 to 1882. With Chapters on the History of medicine in China; Materia Medica; Epidemics; Famine; Ethnology; and Chronology in relation to Medicine and public health. Compiled and arranged by Surgeon-General C. A. Gordon, M. D., C. B., Honorary Physician to Her Majesty the Queen, author of "China from a medical point of view; our trip to Burmah, . " . London : Baillière, Tindall, and Cox, 1884, gr. in-4, pp. xvi-435.

No. 5. — *NOTICES TO MARINERS.*

* China. — Imperial Maritime Customs. — II. — Special Series : No. 5. NOTICES TO MA-

RINERS : Second Issue (First Issue, 1883)... Shanghai . . . 1884, in-4.

No. 6. — *CHINESE MUSIC.*

— China. — Imperial Maritime Customs. — II. — Special Series : No. 6. — CHINESE MUSIC. By J. A. Van Aalst (Chinese Imperial Customs Service). Published by order of the Inspector General of Customs. Shanghai : Statistical Department of the Inspectorate General . . . 1884, in-4.

No. 7. — *INSTRUCTIONS FOR MAKING METEOROLOGICAL OBSERVATIONS, AND THE LAW OF STORMS IN THE EASTERN SEAS.* 1887.

— China. — Imperial Maritime Customs. — II. — Special Series : No. 7. — Instructions for making Meteorological Observations, prepared for use in China; and the Law of Storms in the Eastern Seas. By W. Doberck. — Published by order of The Inspector General of Customs. Shanghai . . . 1887, in-4, pp. 38.

Voir col. 1531.

No. 8. — *MEDICINES, ETC., EXPORTED FROM HANKOW AND THE OTHER YANGTZE PORTS, WITH TARIFF OF APPROXIMATE VALUES.* 1888.

— China. — Imperial Maritime Customs. — II. — Special Series : No. 8. — List of MEDICINES exported from Hankow and the other Yangtze Ports; compiled by R. Braun, Assistant Examiner, Chinese Customs Service, and Tariff of approximate Values of Medicines, etc., exported from Hankow. — Published by order of The Inspector General of Customs. Shanghai : . . . . . 1888, in-4, pp. xiii-82.

Voir pp. 79/82 : List of Furs.

No. 9. — *NATIVE OPIUM,* 1887. — 1888.

— China. — Imperial Maritime Customs. — II. — Special Series : No. 9. — NATIVE OPIUM, 1887. With an Appendix : Native Opium, 1863. — Published by order of The Inspector General of Customs. — Shanghai . . . . 1888, in-4, pp. iv-70.

No. 10. — *OPIUM : CRUDE AND PREPARED.* 1888.

— China. — Imperial Maritime Customs. — II. — Special Series : No. 10. — OPIUM : Crude and prepared. — Published by order of The Inspector General of Customs.

Shanghai : Statistical Department of the Inspectorate General. — 1888, in-4, pp. IV-81.

No. 11. — *TEA*, 1888. — 1889.

No. 12. — *SILK : STATISTICS*, 1879—88. — 1889.

— China. — Imperial Maritime Customs. — II. — Special Series : No. 12. — SILK : Statistics, 1879—88. — Published by order of The Inspector General of Customs. — Shanghai : Statistical Department of the Inspectorate General. — 1889, in-4, pp. 21.

No. 13. — *OPIUM : HISTORICAL NOTE; OR THE POPPY IN CHINA.* 1889.

— China. — Imperial Maritime Customs. — II. — Special Series : No. 13. — OPIUM : Historical Note, or the Poppy in China. — Published by order of The Inspector General of Customs. — Shanghai . . . 1889, in-4, pp. IV-50-XXVII.

Par le Dr. Edkins.

No. 14. — *OPIUM TRADE : MARCH QUARTER*, 1889. — 1889.

— China. — Imperial Maritime Customs. — II. — Special Series : No. 14. — OPIUM TRADE : March Quarter, 1889. — Published by order of The Inspector General of Customs. — Shanghai : Statistical Department of the Inspectorate General. — 1889, in-4, pp. 56.

No. 15. — *WOOSUNG BAR.* 1890.

— China. — Imperial Maritime Customs. — II. — Special Series : No. 15. — WOOSUNG Bar : Dredging Operations. — Published by order of The Inspector General of Customs. — Shanghai : Statistical Department of the Inspectorate General. — 1890, in-4, pp. 26.

No. 16. — *CHINESE JUTE.* 1891.

— China. — Imperial Maritime Customs. — II. — Special Series : No. 16. — CHINESE JUTE. — Published by order of The Inspector General of Customs. — Shanghai : Statistical Department of The Inspectorate General. — 1891, in-4, pp. 8.

By Augustine Honry.

No. 17. — *ICHANG* to *CHUNGKING.* 1892.

— China. — Imperial Maritime Customs. — II. — Special Series : No. 17. — ICHANG to CHUNGKING : 1890. — Published by order of The Inspector General of Customs. — Shanghai : . . . . 1892, in-4, pp. 46.

No. 18. — *CHINESE LIFE-BOATS.* 1893.

— China. — Imperial Maritime Customs. — II. — Special Series : No. 18. — CHINESE LIFE-BOATS, etc. — Published by order of The Inspector General of Customs. — Shanghai : . . . . 1893, in-4, pp. VI-68-CXVII.

III. — MISCELLANEOUS SERIES.

No. 10. — *NAMES OF PLACES.*

— China. — Imperial Maritime Customs. — III. — Miscellaneous Series : No. 10. — Names of Places on the China Coast and the Yangtze River. First Issue. — Published by order of The Inspector General of Customs. — Shanghai : Statistical Department . . . MDCCCLXXXII, in-4.

No. 11. — *LONDON FISHERIES EXHI-BITION.*

Voir PISCICULTURE, col. 1809—1810.

— China. — Imperial Maritime Customs. — III. — Miscellaneous Series : No. 11. — Special Catalogue of the Chinese Collection of Exhibits for the International Fisheries Exhibition, London, 1883. — Published by order of The Inspector General of Customs. Shanghai : Statistical Department . . . MDCCCLXXXIII, in-4.

No. 12. — *NOTARIAL ACTS.*

* . . . III. — Miscel. Series : No. 12. — Rules regarding Notarial Acts to be performed by Commissioners of Customs, and Forms of Protest . . .

Second Issue, 1883 (First Issue, 1882 : Circular No. 187).

No. 13. — *LONDON HEALTH EXHIBI-TION CATALOGUE.*

— China. — Imperial Maritime Customs. — III. — Miscellaneous Series : No. 13. — Illustrated Catalogue of the Chinese Collection of Exhibits for the International Health Exhibition London, 1884. — Published by order of The Inspector General of Customs. — London : William Clowes and Sons, 1884. Price One Shilling. In-8, pp. 189.

No. 14. — *NEW ORLEANS EXPOSITION CATALOGUE.*

— China. — Imperial Maritime Customs. — III. — Miscellaneous Series : No. 14. Catalogue of the Chinese Collection of Exhibits for the New Orleans Exposition, 1884—5. — Published by order of the Inspector General of Customs. Shanghai : Statistical Department of the Inspectorate General. — MDCCCLXXXIV, in-8, pp. XVIII-119, carte.

No. 15. — *ENGLISH-CHINESE GLOSSARY OF TECHNICAL ("LIGHTS", etc.) EXPRESSIONS.*
First Issue, 1885.

No. 16. — *CATALOGUE OF CUSTOMS PUBLICATIONS, WITH PRICES.*

— China. — Imperial Maritime Customs. — III. — Miscellaneous Series : No. 16. — Catalogue of Customs Publications, with prices. — First issue. — Published by order of The Inspector General of Customs. — Shanghai : Statistical Department of the Inspectorate General. — M DCCC lxxxvii. In-8, pp. 10.

No. 17. — *LIST OF CHINESE MEDICINES.*
Pub. 1889.

No. 18. — *THE TARIFF TABLES.*
Pub. 1885; second issue, 1889.

No. 19. — *TREATIES, REGULATIONS, etc., BETWEEN COREA AND OTHER POWERS,* 1876—89.
Pub. 1891.

— China. — Imperial Maritime Customs. — III. — Miscellaneous Series : No. 19. — Treaties, Regulations, etc., between COREA and other Powers. — 1876—1889. — Published by order of The Inspector General of Customs. — Shanghai : . . . . 1891, in-4, pp. VIII-386.

No. 20. — *TYPHOON ANCHORAGES.* 1893.

— China. — Imperial Maritime Customs. — III. — Miscellaneous Series : No. 20. — TYPHOON ANCHORAGES. — Published by order of The Inspector General of Customs. — Shanghai : . . . . 1893, in-4, pp. 17.

IV. — SERVICE SERIES.

No. 1. — *SERVICE LIST.*

— Service List. — Tenth Issue. (Corrected to 1st July 1884.) . . . MDCCCLXXXIV, in-8.
Se continue.
First Issue, 1875; Sixteenth Issue, 1890.

No. 2. — *INSTRUCTIONS FOR OUTDOOR STAFF.*
Second Issue, 1883.

No. 3. — *INSTRUCTIONS FOR LIGHTHOUSE-KEEPERS.*
Third Issue, 1884.

No. 4. — *INSTRUCTIONS FOR LIGHTSHIP-KEEPERS.*
Third Issue, 1884.

No. 5. — *INSTRUCTIONS FOR IN-DOOR STAFF.*
Second Issue, 1883.

No. 6. — *INST. FOR KEEPING AND RENDERING ACCOUNTS.*
Fourth Issue, 1883.

No. 7. — *INSPECTOR GENERAL'S CIRCULARS.*
First Series, 1861—75.

No. 8. — *INSTRUCTIONS FOR PREPARING RETURNS OF TRADE AND REVENUE, etc.*
Second Issue, 1883 (First Issue, 1879).

No. 9. — *INSPECTOR GENERAL'S CIRCULARS.*
Second Series (Nos. 1—200), 1876—82.

No. 10. — *THE WORKING OF THE SHANGHAI OFFICE.*
Second Issue, 1883 (First Issue, 1881).

No. 11. — *ALPHABETICAL ARRANGEMENT OF TARIFF AND PRACTICE QUESTIONS SETTLED,* 1881—86.

No. 12. — *INSPECTOR GENERAL'S CIRCULARS.*
Second Series (Nos. 201—317), 1882—85.

No. 13. — *INSPECTOR'S GENERAL'S CIRCULARS.*
Second Series (Nos. 318—450), 1885—89.

∴

— Les douanes intérieures et le commerce étranger en Chine. Par Maurice Jametel. (*Economiste français,* samedi 17 déc. 1881, pp. 761/3.)
— Les douanes chinoises et l'Annam. Par Maurice Jametel. (*Economiste français,* 1883.)
— Die Verwaltung der chinesischen Seezölle (1881). (*Chinesische Studien,* von Fried. Hirth, I. Bd., 1890, pp. 189/208.)
— Le commerce, en 1880, des ports de la Chine, ouverts aux navires étrangers. (*Ann. de l'Ext. Orient,* 1882—1883, V, pp. 26/27.)
— Le commerce extérieur de la Chine. Par Pierre Christi. (*Ann. de l'Ext. Orient,* 1882 —1883, V, pp. 36/45.)
— Le commerce étranger en Chine pendant 1883. (*Ann. de l'Ext. Orient,* 1884—1885, VII, pp. 366/369.)

— Les douanes en Chine. (*Ann. de l'Ext. Orient*, 1885—1886, VIII, p. 191.)

∴

Sir Robert Hart, Bart., G. C. M. G.

Robert Hart, fils de Henry Hart, de Portadown, comté d'Armagh, né en fév. 1835; élevé à Queen's College, Belfast; M. A., 1875; épouse, 1866, Hester Jane, fille d'Alexander Bredon, de Portadown; entré dans le service consulaire anglais en Chine, 1854; secrétaire de la commission des Alliés à Canton, 1858; entré en 1859 dans les Douanes chinoises en qualité de Député-Commissaire. Nommé Inspecteur général en 1863. Nommé C. M. G., 1880; K. C. M. G., 1882; G. C. M. G., 1889. Nommé Ministre d'Angleterre à Peking, 1885, à la mort de Sir Harry Parkes, mais donna sa démission; Baronet en 1893.

— Sir Robert Hart et les Douanes impériales chinoises. Par A.-A. Fauvel. (*Samedi Revue*, 16 mars 1889, pp. 166/171.)

Albert Auguste Fauvel, né à Cherbourg 7 nov. 1851; arrivé en Chine 2 déc. 1872; quitte les Douanes impériales chinoises en 1884; devient inspecteur des Messageries Maritimes.

— Le Céleste Empire et Sir Robert Hart. Par Lionel Radiguet. (*Revue Française*, XIV, No. 127, 1ᵉʳ Oct. 1891, pp. 378/382.)

— Sir Robert Hart at Peking. By Julius M. Price. (*Illustrated London News*, Sept. 19, 1891; *T'oung Pao*, II, Nov. 1891, pp. 330/4.)

— Robert Hart. (*London & China Express*, June 9, 1893, p. 519.)

(Douanes.)

TABLES DE CHANGE, POUR FACILITER OU ABRÉGER LES CALCULS, ETC.

— Tables showing the approximate Cost of Tea (minus Freight,) laid down in New-York. Bought in China by the Pecul For Taels of Sycee or Dollars, and sold in New-York by the pound avoirdupois for U. S. Currency. Exchange between China and London from 4 s. to 9 s. Tea from 1 to 70 Taels or Dollars. Compiled by P. Loureiro.
— New-York : George F. Nesbitt & Co., 1858, in-8, pp. 51.

* The Merchants' and Bankers' Companion, or, Tables for Calculating Interest, Commission, Freight, and Exchanges, &c., by Mánekji Kávasji Todiválá. Shanghai : Kelly & Walsh.

Notice: *N. C. Herald*, Aug. 3, 1880, pp. 107/8.

(Tables de change.)

III. — PORTS OUVERTS AU COMMERCE ÉTRANGER.

NOMS			PROVINCES	DATE DE L'OUVERTURE	ANNÉES de l'ouverture du bureau des douanes maritimes
en français	en anglais (usités dans les douanes)	chinois			
			I. — Sur la Côte		
1 Niou-tchouang.	Newchwang.	牛 莊	Ching-king (Mand-chourie).	Traité anglais de Tien-tsin, 1858.	Mai 1864.
2 Tien-tsin.	Tien-tsin.	天 津	Tche-li.	Conventions anglaise et française de Peking, 1860.	Mai 1861.
3 Tche-fou.	Chefoo.	芝 罘	Chan-toung.	Traités anglais et français de Tien-tsin, 1858.	Mars 1862.
4 Chang-haï.	Shang-haï.	上 海	Kiang-sou.	Traité de Nanking, 1842.	1854.
5 Ning-po.	Ning-po.	寧 波	Tche-Kiang.	—	Mai 1861.
6 Wen-tcheou.	Wen-chow.	溫 州	—	Convention de Tche-fou, 1876.	Avril 1877.
7 Fou-tcheou.	Foo-chow.	福 州	Fou-Kien.	Traité de Nanking, 1842.	Juillet 1861.
8 Amoy (Emoui).	Amoy.	厦 門	—	—	Avril 1862.
9 Chan-teou.	Swatow.	汕 頭	Kouang-toung.	Traités anglais, français et américain de Tien-tsin, 1858.	Janvier 1860.
10 Canton.	Canton.	廣 州	—	Traité de Nanking, 1842.	Octobre 1859.
11 Kao-loun.	Kowloon.	九 龍	—	—	—
12 Lappa.	Lappa.	拱 北	—	—	—
13 Pakhoi.	Pakhoi.[1]	北 海	—	Convention de Tche-fou, 1876.	Avril 1877.

1. La prononciation est cantonnaise; en *kouan hoa* lire *Pe-haï*.

NOMS			PROVINCES	DATE DE L'OUVERTURE	ANNÉES de l'ouverture du bureau des douanes maritimes
en français	en anglais (usités dans les douanes)	chinois			

II. — SUR LE YANG-TSEU KIANG

14	Tchen-kiang.	Chinkiang.	鎮 江	Kiang-sou.	Traité anglais, 1858.	Avril 1861.
15	Wou-hou [1].	Wuhu.	蕪 湖	Ngan-houei.	Convention de Tche-fou, 1876.	Avril 1877.
16	Kiou-kiang.	Kiukiang.	九 江	Kiang-si.	Règlements provisoires de 1861.	Janvier 1862.
17	Han-keou.	Hankow.	漢 口	Hou-pé.	—	
18	I-tchang.	Ich'ang.	宜 昌	—	Convention de Tche-fou, 1876.	Avril 1877.
19	Tchoung-king.	Ch'ung-ch'ing.	重 慶	Se-tchouan.		Nov. 1890.

III. — DANS L'ILE FORMOSE

20	Tai-ouan. [2]	Taiwan. } Sur la côte ouest au sud.	臺 灣	Formose. }	Traités français, anglais et américain de Tientsin, 1858.	Septembre 1863.
21	Ta-kao.	Takow.	打 狗		Règlements provisoires des douanes, 1863.	Mars 1864.
22	Tam-soui [3].	Tamsui. } Au nord.	淺 水	Fou-kien. }	Traité français de Tien-tsin, 1858.	Septembre 1863.
23	Ki-loung.	Kelung.	雞 龍		Règlements provisoires des douanes, 1863.	—

IV. — DANS L'ILE HAI-NAN

24	Kioung-tcheou.	Kiungchow.	夐 州	Kouang-toung.	Traité anglais et français de Tientsin, 1858.	Avril 1876.

V. — CHINE MÉRIDIONALE

25	Long-tcheou.	Lungchow.	龍 州	Kouang-si. } A la suite du traité avec la France après la guerre du Tong-king.		1888.
26	Mong-tseu.	Mêngtszŭ.	蒙 自	Yun-nan. }		

1. Nanking, qui devait être ouvert au commerce étranger en vertu du traité de Tien-tsin de 1858, ne l'a pas été d'une manière effective.

2. Taï-ouan et Ta-kao forment la nouvelle circonscription de Taï-nan.

3. Tam-soui et Ki-loung forment la nouvelle circonscription de Taï-peï.

OUVRAGES DIVERS.

— Note sur les ports ouverts de la Chine par le traité de Nanking, 1842, par Ch. Antoine, lieut. de vaisseau. (*Bul. Soc. Géog. de l'Est,* III, 1881, pp. 432/453.)

— Les établissements maritimes de l'Extrême Orient. Par Cabany, Sous-ingénieur de la marine. (*Rev. mar. et col.,* Vol. 66, 1880, pp. 540/598.)

— Le commerce dans les ports du sud de la Chine. Par M. Haïtce. (*Bul. Soc. Géog. comm.,* VI, 1883/4, pp. 321/329.)

— Le commerce étranger en Chine (Voie des ports ouverts et de Sibérie). Par M. R. Haïtce. (*Bul. Soc. Géog. comm.,* VII, 1884/5, pp. 137/143.)

— Ministère de la Marine et des Colonies. (Service des Colonies.) — Note sur les ports chinois ouverts au commerce étranger. Pièce in-4, s. l. n. d., pp. 28.

Au bas de la dernière page : «Paris — Imp. du *Journal Officiel* …». — En tête une lettre imprimée du Sous-Sec. d'Etat de la marine et des colonies Félix Faure, datée Paris, 14 août 1884, dans laquelle je lis : «Le document que j'ai l'honneur de vous adresser est extrait d'un travail que M. Lacôte, administrateur des affaires indigènes en Cochinchine, vient de faire parvenir au Département. — J'y joins le tableau des importations et exportations par les ports chinois pendant les années 1881 et 1882.»

Bib. nat. $\frac{O^2 n}{819}$.

— Les Douanes maritimes chinoises. Par M. Camille Gauthier. Avec carte. (*Bul. Soc. Géographie commerciale*, Paris, 1891, pp. 380/431.)

— La Société étrangère en Chine. Par A.-A. Fauvel, Ancien fonctionnaire des Douanes chinoises. (Extrait de *Samedi Revue*.) — Paris, Imprimerie de la société de typographie, Noizette, directeur — 1889, br. in-12, pp. 35.

Tiré à part 50 ex.

— La Presse européenne en Chine. (*Mém. Soc. Et. jap.*, etc., IV, 15 avril 1885, pp. 156/160.)

Trad. de l'article publié en anglais par Henri Cordier dans le *London & China Telegraph.*

Voir col. 1079/1080, 1876.

— Liste des publications périodiques en Extrême-Orient. Par Henri Leduc. (*T'oung Pao*, IV, No. 4, Oct. 1893, pp. 371/2.)

PIDGIN ENGLISH.

* Pidgin-English Sing-song; or, Songs and Stories in the China-English Dialect. With a Vocabulary. By C. G. Leland. London, 1876, pet. in-8, pp. VIII-140.

— Pidgin English und sein Verhältniss zu anderen Mischsprachen. Von Charles G. Leland. (Actes VIII° Cong. Int. des Orientalistes, 1889, *Sect. Asie centrale et Ext. Orient*, pp. 97/103.)

— "Pidgin" English. By N. B. Dennys. Ph.D. Read at a Meeting of the Society held on the 9th Dec. 1878. (*Journ. of the Straits Branch of the Roy. As. Soc.*, Dec., 1878, pp. 168/174.)

— English 'as she is spoke' in China. By L. (*China Review*, XX, No. 3, pp. 303/4.)

— Chinese English. (*T'oung Pao*, IV, mai 1893, p. 240.)

TIEN TSIN.

— *The Chinese Times.*

Premier no. publié à Tien-tsin 6 nov. 1886. — Tientsin Printing Co. — A cessé de paraître au mois de mai 1891. — Le *Shih Pao* 時 報, journal chinois quotidien, a cessé de paraître en même temps que le *Chinese Times*. Il est depuis quelques mois (1893) réédité dans les mêmes conditions.

CHANG HAI.

OUVRAGES DIVERS.

— Plants and Gardens of the English at Shanghae... by R. Fortune. Voir col. 192.

— Sketches in the Foreign Settlements and Native City of Shanghai. — By W. Mac-

farlane. Reprinted from the "Shanghai Mercury". — Shanghai : 1881, in-4, pp. 113 à 2 col.

* The Celestial "Boulevards" of Shang hai, or Foochow Road by Day and Night. By B. R. A. Navarra. Reprinted from the *Shanghai Mercury.*

Notice: *Chin. Rec.*, XVII, Jan. 1886, p. 38.

— La Vie réelle en Chine (Chang-haï) par Paul Antonini. Paris, Letouzey et Ané, s. d. [1887], in-12, pp. 348.

Bib. nat. $\frac{O^2 n}{821}$. — Pub. à 3.50.

— Le Chang-hai chrétien et le Chang-hai payen par le R. P. Ravary, de la Compagnie de Jésus, missionnaire au Kiang-nan. (*Miss. Cath.*, XXIV, 1892, pp. 16/18, 28/30, 45/47, 56/9, 64/6, 75/77, 88/90, 100/102, 116/118, 124/8, 139/142, 148/152, 163/165, 177/9, 190/2, 196/7, 214/5, 219/221.)

HISTOIRE.

— Arthur Millac [Camille Imbault-Huart]. Voir col. 1227.

— The Story of Shanghai from the Opening of the Port to foreign Trade. — By J. W. Maclellan. — Shanghaï : "North-China Herald" Office. 1889, in-8, pp. II-124.

CONSEIL MUNICIPAL FRANÇAIS.

— Ville de Shanghai. Concession française. Plan cadastral. Présidence de Mr. E. G. Vouillemont. Août 1881.

Photographié en 5 sections.

* La France dans l'Extrême-Orient. La concession française de Chang-Haï. Réponse de M. Ernest Millot, ancien président du Conseil d'administration municipale de la concession française de Chang-Haï aux membres actuels de ce Conseil. Challamel aîné, Paris, 1882, br. in-8, pp. 30.

Cité *Ann. de l'Ext. Orient*, 1882—1883, V, p. 254.

ÉGLISES PROTESTANTES.

TRINITY CHURCH.

— A Charge delivered to the Anglican Clergy in Trinity Church at Shanghae, On March 16th, 1860. By the Right Reverend George Smith, D. D. Bishop of Victoria. Shanghae: Printed at the North-China Herald Office. 1860, br. in-8, pp. 19.

DIVERSES SOCIÉTÉS SAVANTES.

SOCIÉTÉ ASIATIQUE.

(North-China, maintenant *China Branch of the Royal Asiatic Society.)*

JOURNAL.

— Journal of the North-China Branch of the Royal Asiatic Society. 1881. New Series, Vol. XVI. Part I... Printed by Noronha & Sons, Shanghai, in-8, pp. 247.

Contents.

Art. I. — Notes on the Hydrology of The Yang-tse, the Yellow River and the Peï-ho by H. B. Guppy, M. B., Surgeon H. M. S. "Hornet". pp. 1/12. Read Sept. 21, 1880.

Art. II. — Some Notes on the Geology of Takow, Formosa. By H. B. Guppy, M. B., H. M. S. "Hornet." pp. 13/17. Read Sept. 21, 1880.

Art. III. — BOTANICON SINICUM. — Notes on Chinese Botany from Native and Western Sources. By E. Bretschneider, M. D. pp. 18/229.

Art. IV. — The Climate of Shanghai. Its Meteorological Condition. — By the Rev. Father M. Dechevrens, S. J., Director of the Zi-ka-wei Observatory. pp. 231/246. Read Oct. 28, 1881.

Miscellaneous. — List of Ferns found in the Valley of the River Min, Foochow. By G. C. Anderson, p. 247.

— 1881. New Series, Vol. XVI. Part II. (Concluding the volume.) Shanghai : Printed by Noronha & Sons . . . 1882, in-8, pp. xix — A/U.

Contents.

Report for the year 1881, etc.

— 1882. New Series, Vol. XVII. Part I. Printed by Noronha & Sons, Shanghai, in-8, pp. 246.

Contents.

I. — Notes on Chinese Composition. By Herbert A. Giles. pp. 1/21. Read before the Society on the 28th October, 1881.

II. — Notes on the Geology of the Neighbourhood of Nagasaki. By J. B. Guppy, M. B., surgeon R. N. pp. 23/34. Read before the Society on the 31st March, 1882.

III. — Notes on the South Coast of Saghalien. By Geo. C. Anderson. pp. 35/39. Read before the Society on the 26th September, 1881.

IV. — Annam and its minor Currency. By Ed. Toda. pp. 41/220. Read before the Society on the 15th December, 1881.

V. — The Hoppo-book of 1753. By F. Hirth, Ph. D. pp. 221/235. Read before the Society on the 29th August, 1882.

— Bibliography. pp. 237/246. By F. Hirth.

— 1882. New Series, Vol. XVII, Part II. (Concluding the volume.) Shanghai : Printed by Noronha & Sons. . . . 1884, in-8, pp. xviii + 5 ff. n. c.

Report for the year 1882, etc.

— 1883. New Series, Vol. XVIII. Shanghai : Printed by Noronha & Sons. 1884, in-8, pp. xxix-197.

Contents.

Report for the year 1883, pp. I/VIII.

List of Birds represented in the Shanghai Museum, pp. XI/XXIX.

Art. I. — What did the ancient Chinese Know of the Greeks and Romans. By Joseph Edkins, D. D. pp. 1/23. Read Jan. 9th, 1883.

Art. II. — Corea. Extracts from Mr. F. Sherzer's French Translation of the *Chao-hsien-chih,* and Bibliographical Notice. Translated into English by Charles Gould. pp. 25/36. Read Feb. 27, 1883.

(CHANG HAI.)

Art. III. — Researches into the Geology of Formosa. By George Klein-wächter, Esq. Of the Chinese Imperial Maritime Customs Service. pp. 37/53. Read April 17, 1883.

Art. IV. — Fragmens d'un voyage dans l'intérieur de la Chine. Par C. Imbault-Huart, Interprète du Gouvernement français. pp. 55/139.

Art. V. — Some Notes on a Trip to Corea, in July and August, 1883. By G. James Morrison, Esq. pp. 141/157.

Art. VI. — Notes on some Dikes at the Mouth of the Nankow Pass. By H. B. Guppy, M. B. Surgeon, R. N. pp. 159/161.

Art. VII. — Samshu-brewing in North China. By H. B. Guppy, M. B. Surgeon, R. N. pp. 163/4.

Art. VIII. — Notes on Szechuen and the Yangtse Valley. By Archibald J. Little, Esq. Read 3rd December 1883. pp. 165/182.

App. I. List of Members, Corrected up to 30th September 1884. pp. 185/188.

App. II. Members of the Council, 30th September 1884. p. 189.

App. III. Revised Rules of the China Branch of the Royal Asiatic Society. Instituted 24th September 1857. Passed at a General Meeting held on the 7th November, 1882. pp. 190/195.

App. IV. Rules for the Issue of Books from the Library. pp. 196/97.

— Journal of the China Branch of the Royal Asiatic Society, for the year 1884. New Series, Vol. XIX, Part I. Shanghai: Published by the Society. 1885, in-8, pp. x-115.

Contents.

Report for the year 1884, pp. I/IX.

Art. I. — Animal, Fossil, Mineral, and Vegetable Products of the Ichang Consular District. By C. T. Gardner, Esq., H. B. M.'s Consul, pp. 1/26.

Art. II. — A Journey in Chêkiang. By E. H. Parker, Esq., Of H. B. M.'s Consular Service. pp. 27/53. Read 28th March and 16th April, 1884.

Art. III. — A Journey in Fukien. By E. H. Parker, Esq., Of H. B. M.'s Consular Service. pp. 54/74.

Art. IV. — A Journey from Foochow to Wênchow, through Central Fukien. By E. H. Parker, Esq., pp. 75/93.

Art. V. — A Buddhist Sheet-Tract, Containing an Apologue of Human Life. Translated with Notes, by Bishop Moule of Hang-chow. pp. 94/102. Read 22 Jan., 1884.

Art. VI. — Trade Routes to Western China. By Alex. Hosie, Esq., Of H. B. M.'s Consular Service. pp. 103/114. Read 25th March, 1884.

Errata. — P. 115.

— 1884. New Series, Vol. XIX, Part II, Shanghai : Published by the Society. 1886, in-8, pp. 60.

Contents.

Art. I. — Un poête chinois du XVIIIe siècle. Yuan Tseu-ts'ai, sa vie et ses œuvres. Par Camille Imbault-Huart, Vice-Consul de France. pp. 1/42.

Art. II. — La Sêrica of Ptolemy and its Inhabitants. By Thos. W. Kingsmill. pp. 43/60.

— 1885. New Series, Vol. XX, No. 1. — Issued at Shanghai : 11th June, 1885, in-8, pp. 23.

Contents.

Art. I. — The Hung Lou Mêng 紅 樓 夢 commonly called the Dream of the Red Chamber. By Herbert A. Giles, President. pp. 1/23. Read 16th April, 1885.

— 1885. New Series, Vol. XX, No. 2. — Issued at Shanghai : 4th July 1885, in-8, pp. 25 à 68.

Contents.

Art. II. — The Prevalence of Infanticide in China. pp. 25/50. Open Meeting of the Society. 14th May 1885.

Notes and Queries, pp. 51/57.

(CHANG HAI.)

In Memoriam, pp. 58/62.

Items, pp. 68/64.

Literature, pp. 64/68.

**— 1885. New Series, Vol. XX, Nos. 3 & 4.
— Issued at Shanghai, in-8, pp. 69 à 192.**

Contents.

Art. III. — The Mystery of Ta-Ts'in. By G. M. H. Playfair, pp. 69/80.

Art. IV. — How Snow inspired Verse, and a rash order made the Flowers bloom! By C. B. T.. pp. 81/86.

From the *Ching-Hua-yuan*, 鏡花緣

Notes and Queries, pp. 87/98.

Chinese Rudeness. [H. A. G.] — Prefectures, Districts and Chief towns of Japan in Chinese and Romanised Japanese. [G. M. H. P.(layfair)]. Ginger in China. [G. M. H. Playfair.] — Chinese Land Measures. [T. W. K.(ingsmill)]. — Extinct Title. [G. M. H. P.(layfair)]. — A Mistranslation. [G. M. H. P.(layfair)]. — Chinese Characters as Dress Ornaments. [G. M. H. P.(layfair)]. — Inspectorate of Customs in Peking. [H. A. G.(iles)] — Snuff in China. [F. H.(irth)] — Derivation of the word Hoppo. [F. H.(irth)]. — South Pointing Needle. [C. B. T.]. — Rekem-Petra-Likan. [E. W. G.]. — In Memoriam. [Th. Mc Clatchie]. By T. W. K.(ingsmill], pp. 98/100.

Literary Items, pp. 101/104.

List of Officers and Members, pp. 105/114.

Art. V. — What is Filial Piety, pp. 115/144.

Art. VI. — Is China a Conservative Country? By Moromastix, pp. 145/154.

Art. VII. — Sinology in Italy. By L. Nocentini, pp. 155/162.

Art. VII [sic]. — Western Appliances in the Chinese Printing Industry. By F. Hirth, Ph. D., pp. 163/177.

Notes and Queries, pp. 178/191.

Foreign Art in China. [Gideon Nye.] — Guild Terrorism. [G. M. E. P.(layfair).] — Hereditary Jurisdiction in the South-west of China [G. M. H. P.(layfair).] — Were the K'i-tan 契丹 Fire Worshippers? [C. I. H.(uart)]. — Birth of Tsêng Kuo-fan [C. I. H.(uart)]. — Kung 公 used as a personal Pronoun by Han Kao-Tsu. [C. I. H.(uart)]. — Popular Designation of Chinese Radicals. [G. M. H. P.(layfair)]. — Rekem-Petra-likan. [F. H.(irth)]. — The German word «Hühnerauge». [F. H.(irth)]. — A Chinese Proverb about Ships' Crews. [F. H.(irth)]. — Ancient China in America. [F. H.(irth)]. — The New Star in Nebula *Andromedae*. [H. D. F.] — Early Foreign Coins in China. [H. D. F.] — 神仙雜記 [Shen-hsien-tsa-chi]. By C. Imbault-Huart.

**— 1885. New Series, Vol. XX, Nos. 5 & 6.
— Issued at Shanghai : May 1886, in-8, pp. 193 à 316.**

Contents.

Art. VIII. — Chinese Theatricals and Theatrical Plots. pp. 193/208. Read 22nd Dec., 1885.

Art. IX. — The Seaports of India and Ceylon, described by Chinese Voyagers of the Fifteenth Century, together with an Account of Chinese Navigation. By George Phillips, Esq., H. B. M.'s Consul at Swatow. pp. 209/226.

Art. X. — Some Additions to my Chinese Grammar, by Georg von der Gabelentz. pp. 227/234.

Art. XI. — Bibliography : List of Books and Papers on China, published since 1st January, 1884. Compiled by F. Hirth, Ph. D. pp. 235/274.

Notes and Queries, pp. 275/287.

In Memoriam. By C. A. pp. 287/8.

Notices on new Books & literary notes, pp. 289/291.

Proceedings, pp. 292/316.

**— 1886. New Series, Vol. XXI, Nos. 1 & 2.
— Issued at Shanghai : August 1886, in-8, pp. 131.**

Contents.

Art. I. — The Advisability, or the Reverse, of endeavouring to convey western Knowledge to the Chinese through the Medium of their own language. pp. 1/21.

Art. II. — Histrionic Notes by D. J. Macgowan, M. D. pp. 22/29.

Art. III. — The Seaports of India and Ceylon, described by Chinese Voyagers of the Fifteenth Century, together with an account of Chinese Navigation from Sumatra to China. By George Phillips, Esq., H. B. M.'s Consul at Swatow. — Part II. pp. 30/42.

Art. IV. — Roadside Religion in Manchuria. By Rev. John Macintyre. pp. 43/66.

Art. V. — Alphabetical List of the dynastic and reign-titles of Chinese emperors, (compiled from Mayers' *Chinese Readers' Manual*). Dates are after Christ, unless otherwise indicated. By G. M. H. Playfair. pp. 67/88.

Art. VI. — Where was Ta-ts'in? By Herbert J. Allen. pp. 89/97.

Art. VII. — Reply to Mr. H. J. Allen's Paper "where was Ta-ts'in?" By F. Hirth, Ph. D. pp. 98/104.

Notes and Queries, pp. 105/112.

Literary Notes, pp. 113/122.

Proceedings, pp. 123/131.

**— 1886. New Series, Vol. XXI, Nos. 3 & 4.
— Issued at Shanghai : March, 1887, in-8, pp. 133 à 254.**

Contents.

Art. VIII. — Chinese Guilds or Chambers of Commerce and Trades Unions. By D. J. Macgowan, M. D. pp. 133/192.

Art. IX. — Is Confucius a Myth? By Herbert J. Allen. pp. 193/198.

Art. X. — Philological importance of Geographical Terms in the *Shi-ki*. By Joseph Edkins, pp. 199/203.

Art. XI. — Ta-ts'in and Dependent States. By Herbert J. Allen. pp. 204/208.

Art. XII. — Reply to Mr. H. J. Allen's paper "Ta-ts'in and Dependent States". By F. Hirth, Ph. D. pp. 209/213.

Art. XIII. — Chinese equivalents of the letter "R" in foreign names. By F. Hirth, Ph. D. pp. 214/223.

Notes and Queries, pp. 224/232.

Literary Notes, pp. 233/236.

Correspondence, pp. 237/240.

Proceedings, pp. 241/254.

**— 1886. New Series, Vol. XXI, Nos. 5 & 6.
— Issued at Shanghai : July, 1887, in-8, pp. 255 à 370.**

Contents.

Art. XIV. — The Family Names. By Herbert A. Giles. pp. 255/288.

Art. XV. — Manchu Relations with Tibet, or Si-tsang. By E. H. Parker. pp. 289/304.

In Memoriam, pp. 305/313.

Notices of new Books & Literary Notes, pp. 314/325.

Proceedings, pp. 326/359.

Appendix, p. 361.

List of members, pp. 363/370.

**— 1887. New Series, Vol. XXII, Nos. 1 & 2.
— Issued at Shanghai : January 1888, in-8, pp. 128.**

Contents.

— The Military Organization of China prior to 1842, As described by Wei Yüan. Translated by E. H. Parker. pp. 1/14. Read 18th Nov. 1887.

— Appendix. pp. 15/21.

— Notes on the mineral Resources of Eastern Shantung. By H. M. Becher, Assoc. M. Inst. C. E., F. G. S. pp. 22/38. Read 25th Oct. 1887.

— Chinese Partnerships : Liability of the individual members. pp. 39/52. Read 18th Nov. 1887.

— 1891— 92. New Series, Vol. XXVI, No. 1. — Issued at Shanghai : December 1892, in-8, pp. 128.

Contents.

— 1. — The Fish-skin Tartars. By M. F. A. Fraser. pp. 1/43.

— 2. — A Comparative Table of the ancient Lunar Asterisms. By T. W. Kingsmill. pp. 44/79.

— 3. — Wei-ch'i. By Z. Volpicelli. pp. 80/107.

— 4. — Militant Spirit of the Buddhist Clergy in China. By J. J. M. de Groot, Ph. D. pp. 108/120.

— 5. — Notes and Queries. pp. 121/128.

BIBLIOTHÈQUE.

— Catalogue of Chinese Books in the Library of the China Branch of the Royal Asiatic Society. (*Jour. C. B. R. As. Soc.*, XXI, N. S., Nos. 5 & 6, 1886, pp. 358/9.)

MUSEUM.

— List of Birds represented in the Shanghai Museum. By F. W. Styan. (*Jour. N. China Br. R. As. Soc.*, N. S., XVIII, 1883, pp. XI-XXIX.)

CONFÉRENCES.

(Lectures.)

— The Shanghai Vernacular. Address of the Rev. Y. K. Yen at the annual meeting of the Christian Vernacular Society of Shanghai. (*Chin. Rec.*, XXIII, Aug. 1892, pp. 386/388.)

PUBLICATIONS PÉRIODIQUES.

— *The Shanghae Almanack and Directory,* for the year 1856. Shanghae : J. H. de Carvalho. Price two dollars, pet. in-8, pp. 126.

Col. 1075.

— *The Shanghai Recorder.*

"Its stock was sold by auction on the 19th January 1867." (Maclellan, p. 92.)

Voir col. 1076.

— *The Shanghai Mercury.*

Col. 1079. — Commence le 17 avril 1879; quotidien le soir.

— *The Shanghaï Courier.*

"Was published in the morning as well as in the evening in 1879, and continued its early issue for a year or so." (Maclellan, p. 92.)

— *L'Echo de Shanghai.*

"A French paper, was published in the morning for a few months in 1885 and 1886." (Maclellan).

— *Der Ostasiatische Lloyd.*

"Has been issued in German, at first as a separate sheet in the morning, but latterly as a part of the *Shanghai Courier* in the evening." (Maclellan, p.92.)

— *Temperance Union Weekly Newspaper.* — 成酒新聞紙.

"Represents the party to which it owes its name." (Maclellan). — Hebdomadaire.

* *The St. John's Echo.* Published every month

(CHANG HAI.)

by the Students of St. John's College, Shanghai. 50 cents a year.

Notice : *Chin. Rec.*, XXII, July 1891, p. 332.

BARRE DE WOUSONG.

— Voir col. 1965, Imp. Maritime Customs, Special Series, No. 15.

ÉTABLISSEMENTS CHINOIS DANS LES CONCESSIONS ÉTRANGÈRES.

— The Custom House, Shanghai. (*The Far East*, Vol. II, No. 8, p. 70, une phot.)

KIOU KIANG.

— A Trip from Kiukiang to the Lushan Hills. By J. Neumann (*China Review*, XVII, No. 4, pp. 212/216).

HAN KEOU.

— Eglise St. Joseph, à Han-keou (*Miss. Cath.*, X, 1878; vues, pp. 264, 270, 271; inauguration, p. 267).

Première pierre posée, 8 déc. 1874; dédiée 19 mars 1877.

WEN TCHEOU.

— Lekin Regulations for the Wenchow District. (*N. C. Herald*, 1 Sept. 1877.)

FOU TCHEOU.

— Early Reminiscences of Foochow. By Rev. Stephen Johnson. (*Chin. Rec.*, XI, 1880, No. 2, pp. 94/103.)

PUBLICATIONS PÉRIODIQUES.

— *The Chinese Recorder and Missionary Journal.*

— Dans le no. de Mai-Juin 1880, le Rev. A. P. Happer, pp. 229/231, prend possession de la direction (Editor) du *Chinese Recorder*, XI.

— Dans le no. d'avril 1890, p. 191, nous apprenons que le Dr. Gulick cesse de diriger le *Chin. Recorder*. Nous notons en avril 1893, que publié depuis longtemps à Chang-haï (voir col. 1089), il a maintenant atteint son Vol. XXIV : il a pour éditeur le Rev. L. N. Wheeler, D. D.

— Index to the Chinese Recorder. Vols. I— XX. — 1867—1889 — By Henry Kingman. Shanghai : American Presbyterian Mission Press. 1893, in-8, 2 ff. prél. n. c. p. l. tit. et l. préf. + pp. 70.

— *The Foochow Daily Echo.*

Foochow Printing Press, proprietors.

CANTON.

— Peking the Goal. — Voir col. 1091.

Gideon Nye est mort à Canton le 25 janvier 1888.

— The Hoppo Book of 1753. By F. Hirth. (*Jour. China Br. R. A. S.*, N. S., XVII, Part I, Shanghaï, 1882, pp. 221/235.)

— Derivation of the Word Hoppo. By F. H.[irth]. (*Journ. C. B. R. A. S.*, N. S., XX, 1885, pp. 96/97.)

— Hoppo. By E. H. Parker. (*China Review*, XVIII, No. 1, p. 55.)

— The word Qua [家]. By E. H. Parker. (*China Review*, XVII, No. 1, pp. 53/54.)

— The Use of 蒙 for 奉. By E. H. Parker. (*China Review*, XVIII, No. 5, p. 320.)

(KIOU KIANG. — HAN KEOU. — WEN TCHEOU. — FOU TCHEOU. — CANTON.)

— Canton Trade in the Tenth Century. By E. H. Parker. (*China Review*, XVIII, No. 6, p. 379.)

— A Cat. of the Library of the British Factory at Canton was published in 1832. The library was scattered when the factory broke up in 1834. *Vide* the *Ch. Rep.*, IV, June, 1835, p. 97.

— The Canton Chinese, or the American's Sojourn in the Celestial Empire. — By Osmond Tiffany, Jr. — Boston and Cambridge: James Munroe and Co. MDCCCXLIX, in-8, pp. 271.

— The 'Fan kwae' at Canton before Treaty Days 1825—1844 by an Old Resident. London, Kegan Paul, 1882, pet. in-8, pp. 158.

Photographie de Houqua.

Old Resident : William C. Hunter.

Notice : *The Athenaeum*, No. 2882, Jan. 20, 1883.

— Bits of Old China by William C. Hunter

(CANTON.)

Author of 'Old Canton'. London, Kegan Paul, 1885, pet. in-8, pp. VIII-280.

Col. 1093.

— Allocution de Monseigneur Guillemin à l'occasion de la pose de la première pierre de l'église de Canton. Paris, Imp. de A. Guyot et Scribe, s. d. [1864], br.in-4, pp. 8.

Bib. nat. $\frac{O^2n}{650}$.

— Le Cimetière catholique de Canton. (*Missions Cath.*, XI, 1879, pp. 64/68, grav.)

PAK HOI.

— Pak-hoï et Hoï-how entre Chine et Tongking. Par Charles Labarthe. (*Rev. de Géog.*, XIV, 1884, pp. 8/15.)

(PAK HOI.)

TROISIÈME PARTIE

RELATIONS DES ÉTRANGERS AVEC LES CHINOIS

I. — OUVRAGES DIVERS.

— Le Antiche Relazioni della Cina. — L. Nocentini. (*L'Oriente*, I, N. 1, 1 Gennaio 1894, pp. 3/12.)

— China and the English : or the character and manners of the Chinese, as illustrated in the History of their intercourse with Foreigners. By Jacob Abbott, author of the *Young Christian*. London : T. Allman, 42, Holborn Hill, 1837, in-16, pp. VI-219.

Voir col. 50.

— Intercourse with China. (From a Correspondent in China.) (*Asiatic Journal*, pp. 101/108, Vol. 13, 1834.)

Donne une liste des principales villes commerçantes au N. de Canton.

— La Conquête de la Chine. Londres, Williams et Norgate. — Bruxelles & Leipsig, C. Muquardt, 1856, br. in-8, pp. 78 + 1 f. p. l. tab.

— L'Europe devant la Chine par Charles Gay. Paris, Henri Plon, 1859, in-8, pp. 156.

Réponse au Mis d'Hervey-Saint-Denys, voir col. 1099.

— A General View of Chinese Civilization, and of the Relations of the West with China. From the French of M. Pierre Laffitte.

(Director of Positivism.) Translated by John Carey Hall, M. A., Assistant Japanese Secretary to H. B. M.'s Legation, Tōkyō. London : Trübner & Co., in-8, pp. x-127-2. *A la fin* : R. Meiklejohn & Co., Printers, ... Yokohama ... — Voir col. 1100.

— Retrospect of Events in the North of China during the year 1864. (*N. C. Herald*, 754, Jan. 1865, etc.)

Voir col. 1100.

— 程章約和 . Treaties of Peace, &c., &c., &c. I. Treaty between Her Majesty the Queen of Great Britain and the Emperor of China, Signed in the English and Chinese languages at Nanking, August 29th, 1842. Pages 1—10. II. Supplementary Treaty Signed by their Excellencies Sir Henry Pottinger and Kíying, at the Bogue, October 8th, 1843. Pages 11—27. III. Treaty concluded between the United States of America and the Ta tsing Empire, Signed in the English and Chinese languages, at Wánghiá, by their Excellencies Caleb Cushing and Kíying, July 23d, 1844, Pages 29—55. IV. Treaty between

(DIVERS.)

(DIVERS.)

His Majesty the King of the French and the Emperor of China, Signed in the French and Chinese Languages at Whampoa, October 24th, 1844, Pages 56—86. V. General regulations under which the British trade is to be conducted at the five ports of Canton, Amoy, Fuchau, Ningpo, and Shánghái. Reprinted from the *Chinese Repository,* br. pet. in-8, pp. 101, s. l. n. d. [Canton, 1844?]

— De la réception des ambassadeurs européens à la cour de Chine, par M. Gabriel Devéria. (*Magasin pittoresque,* No. 12, 30 juin 1883.)

(DIVERS.)

— Early Foreign Coins in China. By H. D. F. (*Journ. C. B. R. A. S.,* N. S., XX, 1885, pp. 189/191.)

* China's Intercourse with Europe. (*The Pagoda Library,* No. 2.) By E. H. Parker, 1890. Kelly and Walsh, Limited.

Transl. from the *Si-Chung Ki-shi.*

Notice : *Chin. Rec.,* XXII, March 1891, pp. 134/137. — *China Review,* XIX, pp. 331/2, par E. J. E.[itel].

— Translation from the "King Sz Ven". Book III. Foreign Affairs. Chap. II. The Gradual Entrance of Disturbing Influences into China (From 事紀西中). By Rev. D. L. Anderson. (*Chin. Rec.,* XXII, Oct. 1891, pp. 470/474; *ibid.,* Nov. 1891, pp. 510/518; *ibid.,* Dec. 1891, pp. 559/567.)

(DIVERS.)

II. — PORTUGAL.

OUVRAGES DIVERS.

— Historiale ‖ description ‖ de l'Ethiopie, ‖ contenant vraye relation des terres, & païs du ‖ grand Roy, & Empereur Prete-Ian, l'assiette de ses ‖ Royaumes & Prouinces, leurs coutumes, loix, & ‖ religion, auec les pourtraits de leurs temples & au-‖tres singularitez, cy deuant non cogneues. ‖ Auec la table des choses memorables contenues en icelle. ‖ En Anvers, ‖ De l'Imprimerie de Christofle Plantin; ‖ à la licorne d'or. ‖ 1558. ‖ Avec privilege royal, in-12.

— Lettre d'Andre ‖ Corsal florentin, ‖ a tres illvstre signevr ‖ Ivlian de Medicis : ‖ ecritte en Cochin, ‖ Ville des Indes, le sisiéme Iour de ‖ Ianuier, en l'an M. D. XV. ‖ Touchant ses Voyages faitz es dites ‖ parties.

— Lire dans la *Bib. Sinica,* col. 1101, André Corsali à *Julien* de Médicis, au lieu d'André Corsalis à *Laurent* de Medicis.

— Duarte Barbosa.

Trad. en anglais d'après un ms. espagnol de Barcelone, par the Hon. E. J. Stanley en 1866 dans les publications de la Hakluyt Society, No. 35.

FERNÃO LOPES DE CASTANHEDA.

Col. 1101—1103.

— Le Cat. 375, 25 Aug. 1887, de Quaritch, mentionne deux ex. complets des huit premiers vol. de Castanheda en éd. originales, Coimbra, Barreyra. (38458) relié en 3 vol. in-fol., exemp. du Duc de Sunderland, veau, armes du duc sur les plats; autog. de Castanheda à la fin du 1er et du 5e livre. £ 150. — (38459) relié en 5 vol. in-fol., ex. de Lord Crawford (No. 632, Lond., Juin 1887), en veau. Cet ex. incomplet avait appartenu

(DIVERS. — CASTANHEDA.)

à Colbert, au Chevalier de Fleurieu (200 fr.) et Hohor (£ 19). En 1835 il passa entre les mains du Earl of Crawford (alors Lord Lindsay) qui le compléta; autog. de l'auteur sur la p. blanche à la fin du livre V. £ 100. — Le premier vol. était cependant de la réimpression de 1554.

— Col. 1105, au lieu de S. G. S. = Simon Goulard, *Sencitie,* lire *Sentisien.*

JOÃO DE BARROS.

— L'Asie de Barros, ou l'histoire des Conqvestes des Portvgais avx Indes Orientales. Partie premiere, pp. 16. (*Relations de divers Voyages curieux* . . . . *par* M. Melchisedec Thevenot . . . . II, Paris, M. DC. XCVI, in-fol.)

— Geschichte der Entdeckungen und Eroberungen der Portugiesen im Orient, vom Jahr 1415 bis 1539 nach Anleitung der Asia des João de Barros. Von Dietrich Wilhelm Soltau. In Fünf Theilen. Braunschweig, bey Friedrich Vieweg, 1821, 5 vol. in-8.

A. LLUNGSTEDT.

— Contribution to an historical sketch of the Roman Catholic Church at Macao; and the Domestic and Foreign Relations of Macao. — By A. L. Knt. — Canton-China. 1834, br. in-8, pp. 53. — Voir col. 1110.

— Portuguese Settlements in China . . . By Sir Andrew Ljungstedt . . . Boston, 1836, col. 1110.

L'ouvrage a été traduit en portugais en 1893 dans le journal de Macao : *Echo Macaense,* sous le titre de :

— Esboço historico dos estabelecimentos por-

(BARROS. — LLUNGSTEDT.)

tuguezes na China, por Sir Andrew Ljung-stedt, publicado em Boston no anno de 1836. (Vertido do inglez.)

Ljungstedt, né à Linköping (Suède), en 1759, ancien employé de la Cie. suédoise des I. O., était consul de sa nation à Canton. — Voir ses lettres à l'archevêque d'Upsal, J. A. Lindblom insérées dans *Brefväxling* [Correspondance] par Gjörwell, Vol. VI, p. 101 et p. 152 : *a*) Canton, 4 janvier 1807 (relation de l'état présent de la religion chrétienne en Chine). — *b*) Canton, 24 février 1809 (relation des luttes entre l'Angleterre et la Chine).

DIVERS.

— *Papers relating to Portugal, etc.* 16th. and 17th. cent. Span. and Portug.

British Museum, Ms. *Add.* 28461, Cf. *Revue de l'Extrême-Orient*, II. No. 4, 1884, p. 580.

Le premier mémoire de ce vol. in-fol., occupe 3 ff. 1/2 et a pour titre :

Breve informação sobre algu'as cousas das Ilhas da China.

Voir ff. 164/170 : Relação da fortaleza poder etrato com os Chinas, que os Olandeses têm na Ilha fermosá dada por Saluador Diaz natural de Macao, que la esteue Catius efugio em húa soma em Abril do anno de mil e seis centos e vinte seis.

* Prodigieux événements de notre temps arrivés à des Portugais dans un voyage extrêmement dangereux du côté de la Chine par J. B. Maldonade. Mons, 1693.

Portugal e os Estrangeiros, No. 801 : Jean-Baptiste Maldonado, S. J., né à Mons, 15 oct. 1634 ; † au Cambodge, 5 août 1699.

— Résumé des Voyages, découvertes et conquêtes des Portugais en Afrique et en Asie, aux XVme et XVIme siècles, par Mme H. Dujarday. Paris, H. Fournier jeune, 1839, 2 vol. in-8, pp. II-400, 331.

— Indice chronologico das Navegações, Viagens, Descobrimentos, e Conquistas dos Portuguezes nos Paizes ultramarinos desde o principio do seculo XV. Lisboa, Na Imprensa nacional, 1841, in-8, pp. VIII-283.

— The Discoveries of Prince Henry the Navigator, and their results; being the Narrative of the discovery by sea, within one century, of more than half the World. By Richard Henry Major, F. S. A. Keeper of the Department of maps and charts in the British Museum, Hon. Sec. of the Royal Geographical Society. Illustrated with Portraits, Maps, etc. Second edition. London : Sampson Low, Marston, Searle, & Rivington, 1877, in-8, pp. X + 1 f. n. c. + pp. 326.

* Os Portuguezes em Africa, Asia, America, e Oceania ou historia chronologica dos descobrimentos, navegacões, viagens é conquistas dos Portuguezes nos paizes ultramarinos desde o principio da Monarchia até ao seculo actual. Lisboa, 1877, 7 tomes, gr. in-8.

— Malaca l'Inde méridionale et le Cathay. — Manuscrit original autographe de Godinho

de Eredia, appartenant à la Bibliothèque royale de Bruxelles reproduit en fac-simile et traduit par M. Léon Janssen, membre de la Société de Géographie de Bruxelles avec une préface de M. Ch. Ruelens, Conservateur à la Bibliothèque royale, membre du Comité de la Société de Géographie de Bruxelles. — Bruxelles, C. Muquardt, 1882, gr. in-4.

Tiré à 120 exemplaires.

La préface de Ruelens est reproduite dans les *Annales de l'Ext. Orient*, 1881–1882, IV, pp. 337/347.

— Les possessions portugaises dans l'Extrême-Orient. Par C. G. (*Ann. de l'Ext. Orient*, 1882–1883, V, pp. 321/339, 353/369.)

C. G. = Ch. Grémiaux.

Notice : *Revue d'Ethnographie*, III, No. 1, 1884, pp. 82/83. (Par J. M.[ontano].)

— Portuguese Nomenclature in China. By E. H. Parker. (*China Review*, XVIII, No. 4, p. 261.)

— Early Portuguese Trade in Fuhkien. By Geo. Phillip. — Voir col. 1993.

— Carta chorographica das Possessões Portuguezas ao sul do imperio da China feita e desenhada pelo tenente Ramiro da Roza S. S. G. L. 1891. 1891. — Lithographia da Imprensa Nacional. 1 feuille in plano.

* Orsey (J.-D. d'). — Portuguese Discoveries Dependencies and Missions in Asia and Africa. London, Allen, 1893. In-16, pp. XVI-434. Prix : 3 *sh.* 6*d*.

AMBASSADES.

FRANCISCO DE ASSIS PACHECO DE SAMPAIO.

Col. 1113.

— Relação da jornada . . . Lisboa, 1754.

Le missionnaire français dont parle le titre n'est pas un P. Neuville, mais le P. Jean Sylvain de Neuville, né le 1er fév. 1696, † 30 avril 1764, en mer. — Silva, IV, 352, nomme le traducteur anonyme : Jose Freire de Monterroyo Mascarenhas.

MACAO.
OUVRAGES DIVERS.

— Nota bibliográfica sobre un libro impreso en Macao en 1590 por José Toribio Medina. Sevilla, Imprenta de E. Rasco, Bustos Tavera, núm. 1, MDCCCXCIV, br. in-4, pp. 15.

Tirada de cien ejemplares.

Cette plaquette a pour but de prouver que le livre du P. de Sande n'est *pas le premier imprimé à Macao*. — Voir col. 1114.

Col. 1115.

— Copia de diez y siete capitvlos qve Ioseph de Naveda Alvarado, regidor ‖ de la insigne, y leal Ciudad de Manila propuso al Ayuntamiento de aquella Ciudad, en los quales representa los da ‖ ños, y inconuenientes q̄ se siguen, y se han experimentado de q̄ los Portugueses de Macan continuē el trato que tienē em ‖ peçado a introduźir en aquella Ciudad : los quales se presentaron a don Iuan Niño de Tauora, y despues a don Iuan Ce- ‖ rezo de Salamanca Gouernador de aquellas Islas : l qual auiendolos visto escriuio a su Magestad su parecer, y quan ‖ conueniente era que se cerrasse el trato de Macan con la dicha ciudad de Manila, como consta de dicha carta. s. l. n. d., pièce in-fol., de 2 ff. n. c.

British Museum, $\frac{1324,\ i,\ 7}{8}$

Col. 1119.

— Macao. (*Miss. Cath.*, XI, 1879, pp. 119/120, 134/5.)

Grav. : Ancienne église des Jésuites; vue générale; jardin et grotte de Camoens.
— The Portuguese Sovereignty over Macao. By C. (*China Review*, VII, p. 140.)
— A curious Fact about Macao, by Historiographer. (*China Review*, IX, p. 193.) H. L. D. (*Ibid.*, p. 256.)
— Louis de Camoens. By L. P. Marques. (*China Review*, IX, pp. 14/20.)

— Apontamentos para a Historia de Macau por J. Gabriel B. Fernandes, Bacharel formado em direito pela Universidade de Coimbra, empregado no ministerio dos negocios da fazenda e natural da cidade de Macau. Lisboa, typ. universal, 1883, in-8, pp. 78 + 1 f. n. c. p. l. tab., carte.

— Historical Landmarks of Macao . . . . . (*Chin. Rec.*, XVIII, 1887, pp. 175/182, 213/219, 264/274, 385/394, 423/434, 474/480; XIX, 1888, pp. 30/36, 74/8, 121/129, 168/177, 317/321, 371/376, 451/457; XX, pp. 84/6, 176/181.)

By Rev. J. C. Thomson, M. D., American Presbyterian Board, Canton.

— Les Portugais à Macao. Par le Dr. Comte Meyners d'Estrey. (*Rev. de Géog.*, XX, 1887, pp. 331/338.)

(MACAO.)

— La souveraineté du Portugal à Macao. Par le Conseiller Duarte Gustavo de Nogueira Soares, Ministre Plénipotentiaire, Directeur Général du Ministère des Affaires Etrangères de Portugal, Membre Correspondant de la Société. (*Bull. Soc. Acad. Indo-Chinoise*, 2e sér., III, 1890, pp. 1/56.)

— Société de géographie de Lisbonne. — Sur le dialecte portugais de Macao. — Exposé d'un mémoire destiné à la 10ème session du Congrès international des Orientalistes par J. Leite de Vasconcellos, Professeur à la Bibliothèque Nationale de Lisbonne.... Lisbonne, Imp. nationale, 1892, br. in-8, pp. 9.

— Macao's Deeds of Arms. By C. A. Montalto de Jesus. (*China Review*, XXI, No. 3, pp. 146/159.)

PUBLICATIONS PÉRIODIQUES.

— *Boletim Official do Governo de Macao.*

1838. September 5th.

«The *Boletim Official do Governo de Macao* issued its first number under the patronage of the Government. In January, 1839, the name was changed to *Gazeta de Macao* and not long afterwards again to *O Portuguez na China*. It was issued every Friday and took the place of the *Macaista Imparcial* and the *Chronica de Macao*, both of which had ceased publication. A few months after the first issue of the *Boletim Official* the *O Commercial* was commenced, and continued till near the middle of 1842, when it went the way of its predecessor to the tomb of the Capulets (see 1834, 1836, *Repos.*, XII, 110).» (*Hist. landmarks of Macao, Chin. Rec.*, XIX, 1888, p. 77.)

— *Boletim da Provincia de Macao e Timor.* Typographia Mercantil, N. T. Fernandes, 25 Praia Grande.

— *O Correio Macaense.*

A. da Silva Telles.

— *O Independente.*

J. da Silva.

— *Echo Macaense*, Semanario luso-chinez. Macao. — Hebdomadaire. — No. 1, 18 juillet 1893.

(MACAO.)

III. — ESPAGNE.

— Noticia de lo que antes era el comercio de Manila con Acapulco, el aumento actual y perjuicios que ocasiona a las flotas que surgen en la Vera Cruz.

MS. du XVIIIe siècle, de pp. 26 in-fol. — Signalé dans le Cat. du libraire Dufossé, Paris, avril 1893. — Donne une idée des difficultés de la navigation du Port d'Acapulco à Manille à la fin du 17e siècle et une liste des marchandises qui étaient expédiées; il signale, en outre, les visites faites par les navires de la flotte dans les ports de Chine, Canton et Pékin? Aussi

(ESPAGNE.)

le commerce qui se faisait avec Surate et autres ports de l'Inde. — Ce Manuscrit est aujourd'hui dans ma collection particulière. H. C.

— Spain v. China. By E. H. Parker. (*China Review*, XVIII, No. 4, pp. 263/264.)

— Early Spanish Trade with China. By E. H. Parker. (*China Review*, XIX, 1891, No. 5, pp. 324/326.)

— Early Spanish Trade with Chin Chco

(ESPAGNE.)

(Chang Chow). By Geo. Phillips. (*China Review*, XIX, 1891, No. 4, pp. 243/255.)

— Is the Chincheo of Mendoza Chinchew or Changchow? By Geo. Phillips. (*China Review*, XX, No. 1, pp. 25/28.)

— Congreso internacional de Orientalistas Lisboa, 1892. — Escritos de los Portu-

gueses y Castellanos referentes a las lenguas de China y el Japón. — Estudio bibliográfico por El Conde de la Viñaza. Lisboa, M. Gomes .... Madrid, M. Murillo...Londres, B. Quaritch, in-4, pp. 139.

On lit au verso du faux titre : *Tirada de 150 ejemplares numerados*. — Au verso du dernier f. : *Acábóse de imprimir esta «Memoria» el dia 30 de Octubre de 1892 en la tipografia de «La Derecha» de Zaragoza*.

IV. — HOLLANDE.

OUVRAGES DIVERS.

WILLEM IJSBRANTSZ BONTEKOE.

Col. 1128.

— Le ‖ Voyage ‖ de G. Ysbrants ‖ Bontekoe ‖ aux ‖ Indes Orientales, ‖ Où les romps de vent dont il s'est servi ‖ dans les routes qu'il a tenuës, sont ‖ décrits par Journal. ‖ Avec une Clef à la fin, pour l'intelligen‖ce des termes de marine. ‖ A Amsterdam, ‖ chez Daniel Du Fresne, ‖ Marchand Libraire dans la porte des vieil‖les gens, proche le Heer-logement.‖M,DC,LXXXI,in-12, pp. 94 + 1 f. n. c. pour la clef.

Le traducteur, J. Rousseau, dédia le livre à Monseigneur l'abbé de Gravel, Ambassadeur pour Sa Majesté Très-Chrétienne à Bade en Suisse. Ce vol. est très rare; l'ex. de la Bib. royale de Munich, It. Sing., 107 m est le seul que j'aie jamais rencontré.

Le Voyage de Bontekoe a été également traduit en français du *Regin ende Voortgangh* (voir col. 1130) dans le Vol. VIII, du *Recueil des Voyages ... de la Compagnie des Indes Orientales*, Rouen, 1725 (voir col. 1128 et 1132).

Col. 1130.

— An Account of Missionary Success in the Island of Formosa published in London in 1650 and now reprinted with copious appendices by Rev. Wm. Campbell, F. R. G.S. English Presbyterian Mission Taiwan foo. In two volumes. London, Trübner, 1889, 2 vol. pet. in-8, pp. 1 à 330*, 331 à 670.

(Voir Sibellius, col. 1130 et Campbell, col. 1483.)

Col. 1133.

— Astley's *Col. of Voyages* ...

Ces voyages ont été traduits de la collection d'Astley en allemand dans celle de Schwabe.

— Der Seezug der Holländer, das Eyland Formosa in Vereinigung mit den Tartarn wieder zu erobern. (J. J. Schwabe, *Allg. Hist. d. Reisen*, Bd. V, 1749, pp. 300/324.)

— Eine Erzählung von der Gesandtschaft

der Holländer im Jahre 1655, und von denen Kunstgriffen, welche die Jesuiten gebrauchet haben, die Absichten derselben zu hintertreiben. Aus den Briefen zwoer Personen genommen, welche in diese Händel mit eingeflochten gewesen. (J. J. Schwabe, *Allg. Hist. d. Reisen*, Bd. V, 1749, pp. 378/393.)

— Erste Versuche der Holländer, nach China zu handeln, und ihr Handelssitz zu Taywan. Jetzo zuerst aus dem Französischen übersetzt. (J. J. Schwabe, *Allg. Hist. d. Reisen*, Bd. V, 1749, pp. 393/403.)

Col. 1134.

— Fastes militaires des Indes-Orientales néerlandaises, par A. J. A. Gerlach, capitaine d'artillerie au service de S. M. le Roi des Pays-Bas. Avec Cartes, portraits et planches. Zalt-Bommel, Jean Noman, 1859. — Paris, C. Borrani, gr. in-8, front. lith., 4 ff. n. c. + pp. IV-VIII-IV-720-40-20-VIII-II, port., cartes, etc.

— Levensbericht van Dr. Pieter Anton Tiele door Martinus Nijhoff. Leiden. — E. J. Brill. 1889, br. in-8, pp. 55.

Overgedrukt uit de Levensberichten van de *Maatschappij der Nederlandsche Letterkunde te Leiden*, 1888—1889.

— Pieter Anton Tiele. Par G. Schlegel. (*T'oung Pao*, Vol. I, avril 1890, pp. 69/70.)

Tiele né à Leyde, 18 janvier 1834; † à Utrecht, 22 janvier 1889.

— Notes on the Dutch Occupation of Formosa. By Geo. Phillips. (*China Review*, X, pp. 123/128.)

— Archief voor de Geschiedenis der Oude Hollandsche Zending. Utrecht, C. van Bentum, 1884—1890, 5 vol. in-8.

Voir col. 1476—7.

— Biographisch Woordenboek van Oost-Indische Predikanten door C. A. L. van Troostenburg de Bruijn Predikant te Heeze (nabij Eindhoven). Nijmegen, P. J. Milborn, 1893, in-8, pp. VII-521.

— De Betrekkingen tusschen Nederland en China volgens Chineesche Bronnen. Door Prof. G. Schlegel. — Overgedrukt uit de *Bijdragen tot de Taal-, Land- en Volkenkunde van Ned.-Indië*, 5ᵉ volgr., VIIIᵉ deel., br. in-8, pp. 32.

— Nalezing op mijn stuk over de Betrekkingen tusschen Nederland en China. Door G. Schlegel. — Overgedrukt uit de *Bijdragen tot de Taal-, Land- en Volkenkunde van Ned.-Indie*, 5ᵉ volgr., VIII° deel. 1 page in-8.

AMBASSADES.

PIETER VAN GOYER ET JACOB VAN KEYSER.

NIEUHOF.

Col. 1135.

— Le manuscrit de la relation de l'ambassade de P. de Goyer et de J. de Keyser par J. Nieuhof est indiqué dans le cat. 27, *Orientalia*, 1887, de E. J. Brill, de Leyde :

« Journaal van zommige voorvallen, in de voyagie van de Heeren *Pieter de Goyer en Jacob Keyzer*, ambassadeurs aan de grootmachtige Keizer van Chyna en Tartaryen in de jaaren 1655, 56 en 57. In-4, obl. d. veau dos orné, fiorins 120.

Beau Manuscrit de 229 pages, écrit par *J. Nieuhof*, auteur de la célèbre relation de l'ambassade, envoyée en 1655 à l'empereur de la Chine par le Gouverneur-Général des Indes Néerlandaises, *J. Maatsuyker*.

J. Nieuhof, plus tard gouverneur de Ceilan, était attaché à cette ambassade comme maître d'hôtel et composa l'ouvrage mentionné sous le numéro suivant sur ce manuscrit qui forme la première partie de l'ouvrage complet.

Le volume est orné de 81 jolis dessins au lavis représentant les mêmes vues, etc. de l'édition imprimée; il est intact et excepté deux pet. taches, très bien conservé. »

— Peters von Goyer und Jacobs von Keyzer Gesandtschaft, von der holländischen ostindischen Compagnie, an der Kaiser in China, im Jahre 1655, Beschrieben durch Johann Neuhof. Aus dem Holländischen übersetzt. (J. J. Schwabe, *Allg. Hist. d. Reisen*, Bd. V, 1749, pp. 229/283.)

JAN VAN CAMPEN ET CONSTANTIN NOBEL.

— Die Gesandtschaft Johann von Campen und Constantin Nobles an den Unterkönig von Fo Kyen Sing la mong. Herausgegeben von Arnold Montanus. (J. J. Schwabe, *Allg. Hist. d. Reisen*, Bd. V, 1749, pp. 283/299.)

PIETER VAN HOORN.

— Die Gesandtschaft des Herrn van Hoorn an Kang hi, Kaiser in China und der ostlichen Tartarey. (J. J. Schwabe, *Allg. Hist. d. Reisen*, Bd. V, 1749, pp. 325/377.)

TITSINGH.

VAN BRAAM.

— Reise ‖ der Gesandtschaft ‖ der holländisch-ostindischen Gesellschaft ‖ an den ‖ Kaiser von China, ‖ in den Jahren 1794 und 1795; ‖ worinn man eine Beschreibung von mehrern den Europäern ‖ unbekannten Theilen dieses Reiches findet. Aus dem Tagebuche ‖ des ‖ Herrn André Everard Van-Braam Houckgeest, ‖ Chefs der Direktion dieser Gesellschaft und zweyten Person ‖ bey der Gesandtschaft ‖ ausgezogen und herausgegeben ‖ von ‖ M. L. E. Moreau von Saint-Méry. ‖ Aus dem Französischen. ‖ Mit Anmerkungen von dem Uebersetzer. ‖ Leipzig, ‖ bey Johann Samuel Heinsius 1798—1799, 2 vol. in-8, pp. XXXII-320, IV-252.

DE GUIGNES.

— Voyages a Peking . . . Paris, MDCCCVIII, 3 vol. in-8 (voir col. 1141).

Un ex. de cet ouvrage avec les planches en deux états (noires et coloriées), relié en demi mar. rouge, non coupé, a paru à la vente de la bibliothèque Beckford, Hamilton Palace. Les planches en noir étaient avant la lettre. Une lettre autographe de De Guignes reliée avec l'atlas, marquait que c'était le seul ex. avec ces pl. avant la lettre. — Voir Cat. B. Quaritch, 89, avril 1888, £ 12.

V. — ANGLETERRE.

PREMIÈRES RELATIONS AVEC LA CHINE. — EAST-INDIA COMPANY. — OUVRAGES DIVERS.

— The Dawn of British Trade to the East Indies as recorded in the Court Minutes of the East India Company 1599—1603 Containing an account of the formation of the Company. The first Adventure and Waymouth's Voyage in search of the North-West Passage now first printed from the original Manuscript by Henry Stevens of Vermont. With an introduction by Sir George Birdwood K†C SI. MD. London, Henry Stevens & Son, 115 St. Martin's Lane Over against the Church of St. Martin in the Fields, MDCCCLXXXVI, in-4, pp. XXIV-331.

— Calendar of State Papers, Colonial Series, East Indies, China and Persia, 1625—1629. Preserved in Her Majesty's Public Record Office, and elsewhere. Edited by W. Noël Sainsbury, of the Public Record Office....

London : Longman .... 1884, gr. in-8,
— 1630—1634 .... 1892, gr. in-8.
Voir col. 1144.

— Report on the Miscellaneous Old Records
of the India Office. November 1, 1878. Br.
in-fol.

Préparé par G. Birdwood en 1878. — Henri Cordier a réimprimé,
Revue de l'Extrême-Orient, III, pp. 571/642, une partie de ce
rapport.
Réimp. en 1889 par F. C. Danvers.

— Report on The Old Records of the India
Office, with supplementary Note and Appendices, by Sir George Birdwood, M. D.,
K. C. I. E., ... Second Reprint. London : W. H. Allen & Co. — 1891, in-8,
pp. XII-316.

— Report to the Secretary of State for India
in Council on the Records of the India
Office. By Frederick Charles Danvers,
Registrar and Superintendent of Records.
— Records relating to Agencies, Factories,
and Settlements not now under the Administration of the Government of India.
London : Printed for Her Majesty's Stationery Office, by Eyre and Spottiswoode.
— 1888, in-8.

Une grande partie de ce volume, forme un volume parlementaire
de 1887, sous la cote C. — 5055.

Col. 1145.

— Chinese Monopoly examined. London :
James Ridgway, MDCCCXXX, in-8, pp. 96.
By John Crawfurd.

— Substance of the Speech of Charles Mack-
innon, Esq. At the East India House,
16th April, 1833, on the China Trade, br.
in-8, pp. 8.

Col. 1151.

— Colonel Sykes : Notes on the Progress of the
Trade of England with China since 1833,
and its present Condition and Prospects.
Read before the British Association at
Manchester, Sept. 1861, in-8, pp. 17.

— Les marines de France et d'Angleterre
sur les côtes de la Chine. Par Ch. Chabaud-
Arnault, Lieut. de vaisseau. (*Rev. mar. et
col.*, 1876, Vol. 48, pp. 5/25.)

— English influence in China. An additional
Chapter to "Greater Britain". By Charles
Wentworth Dilke. (*Macmillan's Mag.*,
Vol. XXXIV. May 1876, to Oct. 1876,
pp. 557/568.)

— China and her Apologist. — A short Rejoinder to Sir Charles Dilke's article in

"Macmillan's Magazine", on English influence in China. By N. B. Dennys, Ph.
D., F. R. G. S., etc., etc. Hongkong : Printed at the "China Mail" Office, 1876, br.
in-8, pp. 20.

— England and China. — I. Historical view
of the Relations of England with China.
II. Chinese civilisation and history. — Conclusion. — Notes. By John Henry Bridges.

Cet essai occupe les pp. 221/305 d'un vol. d'essais dans lequel il
porte le No. V, vol. intitulé : International Policy. Essays on
the Foreign Relations of England. Second Edition. London :
Chapman and Hall, 1884, pet. in-8. — Les autres essais sont :
I. The West. By Richard Congreve. II. England and France.
By Frederic Harrison. III. England and the Sea. By E. S. Beesly.
IV. England and India. By E. H. Pember. VI. England and the
uncivilised communities. By Henry Dix Hutton.

— English Policy in the Far East. Being
The Times Special Correspondence. By
Archibald R. Colquhoun ... 1885. Lon-
don : Field & Tuer, br. in-8, pp. 32. *6 d.*

— Civil Service Commission Open Competition for Student Interpretership in China
and Japan : February 1884. Regulations,
Examination Papers, and Table of Marks.
London : 1884, br. in-8, pp. 27.

— "Where Chinese drive". English Student-
Life at Peking. By a Student Interpreter.
— With examples of Chinese Block-print-
ing, and other illustrations. — London :
W. H. Allen & Co., 1885, in-8, pp. 275.
(Voir col. 1471.)

— Early English Enterprise in the Far East.
By Demetrius Boulger. (*The Asiatic Quarterly Review*. January, 1886. Vol. I. No. 1,
pp. 180/199.)

— The Meeting of India and China. By Demetrius Boulger. (*The Asiatic Quarterly
Review*. April, 1886. Vol. I. No. 2, pp. 275/
296.)

— England's two Allies in Asia. By Demetrius Boulger. (*The Asiatic Quarterly
Review*. October, 1886. Vol. II. No. 4,
pp. 283/299.)

— The first English Settlement in Chusan.
By Demetrius Boulger. (*The Asiatic Quarterly Review*. April, 1887. Vol. III. No. 6,
pp. 292/330.)

* Early English Voyages to Chusan. Edited by Demetrius Boulger.
(*Asiatic Quart. Review*, July 1887.)

— Sir Harry Smith Parkes.

Né à Birchill's Hill, Staffordshire, 1828; † 22 mars 1884.
Notice : *Journ. China Br. R. As. Soc.*, XX, N. S., No. 2, 1885,
pp. 60/62. By P. J. H.[ughes].

— The Life of Sir Harry Parkes, K. C. B.,
G. C. M. G., sometime Her Majesty's Mi-

nister to China & Japan. In Two Volumes. By Stanley Lane-Poole. With a Portrait and Maps. London, Macmillan and Co. 1894, 2 vol. in-8.

Vol. I. — Consul in China, pp. XXVI-512.
Vol. II. — Minister Plenipotentiary, pp. XXI-477.
By Stanley Lane-Poole and F. Victor Dickins.
Notice : *London and China Express,* March 9, 1894.

— Sir Walter Medhurst.

Notice : *Journ. China Br. Roy. As. Soc.,* XX, N. S., Nos. 5 & 6, 1885, pp. 287/88. By C. A.

— Note on the Opium Question . . . . by H. N. Lay . . . 1893. Voir col. 1910.

— A. Michie. — The Alliance of China and India. (*Imp. and Asiatic Quart. Review,* Oct. 1893.)

GUERRE D'OPIUM.

— The Word "Good Faith" (信) in Commissioner Lin's Proclamation of 18th March 1839. By G. Schlegel. (*T'oung Pao,* III, No. 1, Mars 1892, pp. 67/73.)

— La position des Anglais aux Indes, et de l'expédition contre la Chine. Par H. Ternaux-Compans. (Extrait des *Nouvelles Annales des Voyages,* octobre 1840.) — Paris. Arthus Bertrand, 1840, br. in-8, pp. 19.

— Chusan and Hong-kong : with remarks on the treaty of peace at Nankin in 1842, and on our present position and relations with China. By Sir James B. Urmston, formerly President of the Honourable East India Company's Affairs at China. London : James Madden, MDCCCXLVII, in-8, pp. 57.

— Chinese Account of the Opium War. By E. H. Parker. Shanghai : Kelly & Walsh, 1888, in-8, pp. II-82.

"The following story of the Opium War is to all intents and purposes a translation of the last two chapters of the *Shéng Wu-Ki,* or "Military Operations of the present Dynasty". The author is Wei Yüan . . ." (Preface.)
Forme le No. 1 de *The Pagoda Library.*
Voir col. 1596—1597.

LORD ELGIN ET L'EXPÉDITION DE 1860.

— Questions of the Day. No. 1. — INDIAN Revenue from Indian OPIUM; CHINESE Money at the Expense of Chinese LIFE; BRITISH honour or British DISGRACE; Questions which should be considered in the TREATY to be concluded with CHINA. By Captain Tyler, R. E. London : James Ridgway, 1857, br. in-8, pp. 45.

(GUERRE D'OPIUM. — LORD ELGIN.)

— The "China Question" dispassionately considered. By an Asiatic. London : Edward Stanford, 1857, br. in-8, pp. 52.

— Commodore Armstrong's War in China, A. D. 1856 and 1857. Hongkong : Printed by J. M. da Silva, 1858, br. in-12, pp. 26.
Tiré sur papier bleu.

— A Foreigner's Evidence on the China Question. Second Edition. With a Preface. London : Smith, Elder and Co., M.DCCC.LIX, br. in-8, pp. 16.
Par Robert S. Sturgis. La préface est datée, Paris, Oct. 20, 1859.

— Une Caricature Chinoise. (*Miss. Cath.,* XIII, 1881, pp. 282/3, 287/8.)
Sur l'attaque du Pei-ho, 25 juin 1859.

— Letter on Mr. Bruce's Mission. Pièce in-8, s. l. n. d., pp. 48.
En tête : (Private). China, 15th August, 1859. — Signée T. F. W.[ade].
— G. W. Cooke. Par H. C.[ordier]. (*T'oung Pao,* IV, No. 4, Oct. 1893, p. 388.)
Note. — George Wingrove Cooke, † 18 juin 1865.

LAURENCE OLIPHANT.

— De Zending van Graaf van Elgin naar China en Japan in 1857, 1858, 1859, beschreven door Laurence Oliphant, Bijzonder secretaris van Lord Elgin, ... vertaald door Mr. J. van der Leeuw, Naar de tweede Engelsche uitgave. Utrecht, Nolet & Zoon, s. d., 2 vol. in-8, pp. XII-382 + 3 ff. n. c. p. la tab. — 361.

— La Cina e il Giappone. Missione di Lord Elgin negli anni 1857, 1858 e 1859 raccontata in inglese da Lorenzo Oliphant. Milano, Corona e Caimi editori, 1868, 2 vol. in-16, pp. 307, 441.

Forme les vol. 40 et 41 de la série *Collana di Storie e Memorie contemporanee diretta da Cesare Cantù.*
Laurence Oliphant, fils de Sir Anthony Oliphant, C. B., pendant longtemps Chief Justice de Ceylan, né en 1829 dans cette île; † 23 déc. 1888 à York House, Twickenham, chez Sir Mountstuart Grant-Duff; enterré le 27 déc. 1888 à Twickenham New Cemetery.
Notice : *Lond. & China Express,* Dec. 28, 1888.

∴

— Life of General Sir Hope Grant, with Selections from his Correspondence. Edited by Henry Knollys, Colonel (h. p.) R. A., his former A. D. C. . . . . With Portraits of Sir Hope Grant, and Maps and Plans. In two Vols. William Blackwood and Sons, Edinburgh and London, MDCCCXCIV, 2 vol. in-8, pp. XI-359, IX-362.

(LORD ELGIN.)

AMBASSADES.

LORD MACARTNEY.

SIR GEORGE LEONARD STAUNTON.

— A Journal of His Majesty's Ships LION beginning the 1st of october 1792 and ending the 7th september 1794. British Museum, Ms. *add.* 21106; cf. *Revue de l'Extrême-Orient,* II, No. 4, 1884, p. 578.

C'est le journal de sir Erasmus Gower qui commandait le LION, l'un des navires qui portaient lord Macartney et sa suite dans la première ambassade anglaise en Chine. Ce Ms. est un gr. in-folio de 157 ff. c. et on y a ajouté 29 dessins ou aquarelles.

Nous extrayons cette petite note caractéristique à la date du samedi 15 juin 1793, dans la baie de Tourane :

«There is no attempting to give the Prices of any of the Productions that we met with, for the Chinese are the most notorious cheats, and the most difficult to deal with of any people in the world, they at first asked 25 spanish dollars, for a buffaloe, which we afterwards got for nine, the animal weighing when ready to be dressed from three to four hundred weight, and we latterly got 12 ducks for a dollar which at first we paid the same price for four, everything else in proportion, except Pine Apples, which never exceeded a dollar for 100, and they were extremely good, their other fruits are Water Melons, Jacks, Cocoa Nuts, Limes and Bananas: there are very few vegetables, the sweet Potatoe, a very small Onion, Garlic, Cucumbers and Pumkins were the only ones we knew.»

— Reise der englischen Gesandtschaft an den Kaiser von China, in den Jahren 1792 und 1793. Aus den Papieren des Grafen von Macartney, des Ritter Erasmus Gower und andrer Herren zusammengetragen von Sir George Staunton Baronet, königl. Sekretare bey der chinesischen Gesandtschaft. Aus dem Englischen übersetzt von Johann Christian Hüttner, Mitgefährten dieser Gesandtschaftsreise. Zürich, bey Heinrich Gessner, 1798—1799, 2 vol. in-8. — Voir col. 1167.

* G. Staunton. — Viaggio nella Cina e nella Tartaria di Lord Macartney negli anni 1792, 1793 e 1794. Palermo, Gabinetto tipografico all' insegn. di Meli, 1832, 2 vol. in-12.

Voir col. 1167.

* О нѣкоторыхъ обыкновеніяхъ китайскихъ. Отрывокъ изъ путешествія въ Китай англійскаго посла графа Макартнея. *Вѣстникъ Европы.* 1805, Ч. 22; No. 25; pp. 195/206.

Mejov, 1848.

SAMUEL HOLMES.

* S. Holmes. — Viaggio eseguito negli anni 1792 e 1793, versione dal francese con tav. in rame, colorate. Milano, Raccolta di viaggi Sonzogno, 1866, in-16.

Voir col. 1170.

(LORD MACARTNEY.)

OUVRAGES DIVERS.

— Die Gesandtschaftsreise nach China, von C. F. van der Velde. Wien, 1826, Anton v. Haykul, in-12, pp. 194.

On lit sur le f. 2 : Die Gesandtschaftsreise nach China. — Eine Erzählung aus der letzten Hälfte des achtzehnten Jahrhunderts.
— A Burning Lens sent to China. By F. & E. T. (*Journ. C. B. R. A. S.,* XX, N. S., 1885, Nos 5 & 6, pp. 286/7.)

LORD AMHERST.

— Hudibrastic History of Amherst's embassy to China by W. A. Kentish . . . . London : published by Davis & Co., s. d. [1840?], in-8, pp. 180.

Illustré par R. Cruikshank.

HENRI ELLIS.

* H. Ellis. — Viaggio di lord Amherst alla China, o giornale dell' ultima Ambasciata inglese alla Corte di Pekin. Milano, Sonzogno G. B., 1819, 3 vol. in-16.

— Voir AMHERST, *Grande Encyclopédie,* par Henri Cordier.

HONGKONG.

GOUVERNEMENT.

— The Ordinances of Hongkong. — By Authority. — London : Printed by George E. Eyre and William Spottiswoode, 1866, in-8, pp. x-600.

Depuis 1844 jusqu'au 30 juin 1865.

— The Ordinances of Hongkong. — By Authority. — Hongkong : Printed by Noronha & Sons, printers to Hongkong Government. — 1868, etc., in-8.

Depuis le 1er Juillet 1865 jusqu'au 9 déc. 1873.

— The Ordinances of the Legislative Council of the Colony of Hongkong. — Concise Edition from the year 1844 to the end of 1890. Compiled for the government of Hongkong, by A. J. Leach, Barrister-at-Law. — By Authority. — Hongkong : Printed by Noronha & Co., Government Printers. — Vol. I., 1891. — Vol. II., 1892, 2 vol. in-8.

— The Ordinances of the Legislative Council of the Colony of Hongkong, commencing with the year 1844. — Vol. I. Containing Ordinances No. 1 of 1844 to No. 13 of 1864, together with Regulations, Rules and Orders in Force on the 31st October, 1890. — Compiled for the Government of Hongkong, by A. J. LEACH, Of Lincoln's Inn, Barrister-at-Law, under the general supervision of the Law Revision commission. — By Authority. — Hongkong : Printed by Noronha & Co., Government Printers. — 1890.

(LORD AMHERST. — HONGKONG.)

— Vol. II. Containing Ordinances No. 1 of 1865 to No. 18 of 1873, together with Regulations, Rules and Orders in Force on the 31st December, 1890. — ..... Hongkong ... 1890. — Vol. III. Containing Ordinances No. 1 of 1874 to No. 22 of 1884, together with Regulations, Rules and Orders in Force on the 31st December, 1890. : — .... Hongkong .... 1891. — Vol. IV. Containing Ordinances No. 1 of 1885 to No. 24 of 1887, together with Regulations, Rules and Orders in Force on the 31st March 1891. — 4 vol. in-4.

.·.

— Thirty years of Colonial Government a selection from the despatches and letters of the right hon. Sir George Ferguson Bowen, G. C. M. G. Hon. D. C. L. Oxon., Hon. Ll. D. Cantab. Governor successively of Queensland, New Zealand, Victoria, Mauritius, and Hongkong edited by Stanley Lane Poole. With Portrait. Two vol. London, Longmans, Green & Co. 1889, 2 vol. in-8, pp. viii-460, viii-467.

PUBLICATIONS DIVERSES.

— Logicae institutiones quae in collegio urbano de Propaganda fide traduntur nec non documenta rationis editum in gratiam alumnorum collegii generalis missionum gallicarum ad exteras gentes A. J. L. Taberd, episcopo Isauropolitano edita. Hongkong: ex typis Delfini Noronha. 1849, in-8, pp. 187—III pour l'index.

— Rev. G. Smith's Report on Hongkong, more especially in reference to missionary facilities there and in the contiguous parts of Canton Province. London : Church Missionary House, Salisbury Square. 1845, br. in-8, pp. 28.

For private circulation only.

— Hongkong. Par Gochkewicz (*Trav. de la Mission ecclés. russe de Peking*, III, 1857). — Voir col. 634.

— Under the Peak; or, Jottings in Verse, written during a lengthened Residence in the colony of Hongkong. By William T. Mercer, M. A. Oxon . . . London : John Camden Hotten, Piccadilly. 1869, in-8, pp. x-305.

— Hongkong. Par Mgr. Raimondi.

I. L'Église de Tei-chea-ha. — II. Les religieuses canossiennes. . (*Miss. Cath.*, X, 1878, pp. 394/5.) — III. Le Cimetière Catholique. (*Ibid.*, pp. 406/7.) — IV. Victoria. (*Ibid.*, pp. 418/9.) — The so-called Blockade of Hongkong. (*China Review*, XI, pp. 267/278.)

— Hongkong. Par E. Avalle, chef de bureau au ministère de la marine et des colonies. (*Rev. mar. et col.*, Vol. 74, 1882, pp. 282/4.)

— Travels in a strange Land. — By J. Dyer Ball, M. R. A. S., &c. of H. M.'s Civil Service, Hongkong, China. Author of "Cantonese Made Easy", and "Easy Sentences in the Hakka Dialect". — Published for the Author by the National Temperance Publication Depot, 337, Strand, London, W. C. — Price one penny, in-12, pp. 15.

Lecture made at Hongkong.

— Young Collector Series. Coins and Tokens of the English Colonies and Dependencies by Daniel F. Howorth F. S. A. Scot. With An Introductory Chapter by Samuel Smith Jun., Member of the Numismatic Society of London. Second Edition. London, Swan Sonnenschein, 1890, in-8, pp. 94.

Hong-Kong. pp. 35/36.

* Flores historiae ecclesiasticae seu sanctorum historicae lectiones e variis breviariis excerptae, necnon juxta ordinem chronologicum dispositae. — Hongkong, typis Societatis missionum ad exteros, 1891. — in-12, pp. 480.

Publié par M. Cosserat, provic. apostolique du Tong-king occidental.

Notice : *Miss. Cath.*, XXIII, 1891, p. 480.

— Materials for a History of Education in Hong-Kong. By E. J. E[itel]. (*China Review*, XIX, No. 5, 1891, pp. 308/324; No. 6, pp. 335/368.)

— Select Chapters from an unpublished History of Hongkong, by E. J. Eitel, Ph. D. (*China Review*, XX, No. 3, pp. 173/201; No. 4, pp. 211/245; No. 5, pp. 273/292; No. 6, pp. 346/371; XXI, No. 1, pp. 1/14.)

— Mr. Alexander Falconer — In Memoriam. (*China Review*, XVII, No. 1, pp. 1/4.)

— La colonisation de l'Indo-Chine. L'expérience anglaise par J. Chailley-Bert. Armand Colin et Cie, [Paris, 1892], in-12, pp. xvi-398.

Préface (à M. Léon Say). — Introduction. — Les Anglais à Hong-Kong. — Les Anglais en Birmanie. — Table des matières.

— Karte der zur Provinz Canton gehörigen Kreise Tuñ, kon', Sin, on, und Kwui, šen', einschliesslich der britischen Kolonie Hongkong. — Verlag der Missionsbuchhandlung Basel. (Zu haben bei F. Kircher, Basel Missionhouse, Hongkong.) — Druck der geograph. Anstalt v. Wagner & Debes, Leipzig. 1 feuille.

— Cérémonial du Séminaire des Missions Etrangères. *Célébrant*. Hongkong, Imprimerie de Nazareth, 1892, pièce in-18, pp. 39.

— Cérémonial du Séminaire des Missions Etrangères. *Diacre.* Hongkong, Imprimerie de Nazareth, 1892, pièce in-18, pp. 51.

— Hongkong, Canton & Macao Steam-boat Company, limited, and China Navigation Company, limited. — Information of general interest to travellers visiting Canton and Macao by the Steamers of the above Companies. — Office : 18, Bank Buildings, Queen's Road, Hongkong. (Opposite Hongkong Hotel. Entrance from Wyndham Street.) — Hongkong : Noronha & Co. — 1893, pièce in-8, pp. 21.

— A Hand-book to Hongkong. Being A Popular Guide to the various Places of Interest in the Colony, for the Use of Tourists. — Hongkong : Kelly & Walsh, ... 1893, in-8, pp. ii-ii-137.

Notice : *China Review*, XX, No. 6, p. 400. Par E. J. E[itel].

— Our Island. A Naturalist's Description of Hongkong. By Sydney B. J. Skertchly, F. G. S., M. A. I. (Late of H. M. Geological Survey.) Hongkong, Kelly and Walsh, 1893, pet. in-8, pp. ii-56-xxxii.

Notice : *China Review*, XX, No. 6, pp. 399/400. Par E. J. E[itel].

— Photographic Views of Hongkong. Kelly & Walsh, 1893, plaquette in-4 de 12 ff. pliés en éventail.

Notice : *Ibid.*, p. 400. Par E. J. E[itel].

PESTE, 1894.

— Voir les journaux de Hong-kong et de Chine, et le *London & China Express.*

— A rapprocher de :

— E. C. BABER, *China* (No. 3), 1878, voir col. 1204.
— Yun-nan par L. ROCHER, col. 1487.
— Épidémies au Yun-nan, col. 1488.
— A. P. HAPPER, Junr., Customs Report, 1889.
— Voyage au Yun-nan par L. PICHON, col. 1960.

PUBLICATIONS PÉRIODIQUES.

— *The China Directory* for 1861. Second Annual Publication. Hongkong : Printed by A. Shortrede & Co., 1861. Price two dollars, in-8.

— *Hongkong Telegraph.*
Quotidien. — Robert Fraser Smith, editor and proprietor.

— *O Extremo Oriente.*
Hebdomadaire. — F. D. Guedes, rédacteur en chef et propriétaire.

— *O Hongkong Alegre.*
Hebdomadaire.

PARLIAMENTARY PAPERS.
(Blue Books.)

Col. 1206.

1882.

[C. — 3395.] *China.* No. 3 (1882). — Correspondence respecting the Agreement between the Ministers plenipotentiary of the Governments of Great Britain and China, signed at Chefoo, September 13, 1876. [In continuation of "China No. 2 (1880)"] 1 *s.* 1 *d.*

[C. 3348.] *China.* No. 2 (1882). (Trade Reports.) — Commercial Reports by Her Majesty's Consuls in China : 1881. Part I (in-8) .... 8¹/₂ *d.*

[C. — 3348-I.] ... Part II (in-8) ... 5¹/₂ *d.*

[C. — 3378.] *Opium* (Negotiations with China). — Correspondence with the Government of India respecting the Negotiations with China on the Subject of Opium . 6 *d.*

1883.

[C. — 3457.] *China.* No. 1 (1883). — Despatch from Her Majesty's Chargé d'Affaires at Peking, forwarding a Report by Mr. A. Hosie, Student Interpreter in the China Consular Service of a Journey through the Provinces of Kueichow and Yünnan 5 *d.*

[C. — 3458.] *China.* No. 2 (1883). (Trade Reports.) — Commercial Reports by Her Majesty's Consuls in China : 1881—82 (in-8) .... 1¹/₂ *d.*

[C. — 3594.] *China.* No. 4 (1883). (Trade Reports.) — Commercial Reports by Her Majesty's Consuls in China : 1882. Part II (in-8) .... 2¹/₂ *d.*

[C. — 3626.] *China.* No. 5 (1883). (Trade Reports.) ... Part III (in-8) ..... 2¹/₂ *d.*

[C. — 3667.] *China.* No. 6 (1883). (Trade Reports.) ... Part IV (in-8) ..... 1¹/₂ *d.*

[C. — 3730.] *China.* No. 7 (1883). (Trade Reports) ... Part V (in-8) ...... 2¹/₂ *d.*

1884.

[C. — 3830.] *China.* No. 1 (1884). (Trade Reports.) — Commercial Report by Her Majesty's Consuls in China : 1882—83. Part I (in-8) .... 4¹/₂ *d.*

[C. — 3833.) *China.* No. 2 (1884). — Report by Mr. Hosie of a Journey through the

Provinces of Ssu-ch'uan, Yünnan, and Kuei chou: February 11 to June 14, 1883 .... 1 *s.* 1 *d.*

[C. — 3846.] *China.* No. 3 (1884). — Correspondence respecting the Co-operation of Neutral Powers for the Protection of their Subjects in China in Case of Necessity .... 2¹/₂ *d.*

[C. — 4029.] *China.* No. 4 (1884). (Trade Reports.) — Commercial Reports by Her Majesty's Consuls in China : 1883. Part II (in-8) .... 10 *d.*

[C. — 4134.] *China.* No. 5 (1884). (Trade Reports) ... Part III (in-8) .... 7 *d.*

[C. — 4174.] *China.* No. 6 (1884). (Trade Reports) ... Part IV (in-8) .... 1 *d.*

[C.—4174—1.] *China.* No. 6 A (1884). (Trade Reports) ... Appendix to Part IV [with 20 Illustrations] (in-8) ...... 2 *s.* 2 *d.*

1885.

[C. — 4245.] *China.* No. 1 (1885). — Correspondence respecting the State of Affairs in China .... 10¹/₂ *d.*

[C. — 4247.] *China.* No. 2 (1885). — Report by Mr. Hosie of a Journey through Central Ssu-ch'uan in June and July, 1884. .... 5 *d.*

[C. — 4248.] *China.* No. 3 (1885). — Report by Mr. L. C. Hopkins on the Island of Formosa, dated October 12, 1884 (in-8) .... 7 *d.*

[C.— 4440.] *China.* No. 4 (1885). (Trade Reports). — Commercial Reports by Her Majesty's Consuls in China : 1884. Part I (in-8) .... 5¹/₂ *d.*

[C. — 4448.] *China.* No. 5 (1885). — Correspondence respecting the Duties on Opium in China .... 2¹/₂ *d.*

[C. — 4594.] *China.* No. 6 (1885). (Trade Reports). — Commercial Reports by Her Majesty's Consuls in China : 1884. Part II (in-8) .... 1 *s.* 1 *d.*

[C. — 4595.) *China.* No. 7 (1885). (Trade Reports) ... Part III (in-8) ..... 3¹/₂ *d.*

1886.

[C. — 4655.] *China.* No. 1 (1886). — Correspondence respecting the French Treaty with Annam, and Negotiations between France and China .... 8 *d.*

[C. — 4658.] *China.* No. 2 (1886). (Trade Reports.) — Commercial Reports by Her Majesty's Consuls in China : 1885. Part I (in-8) .... 2¹/₂ *d.*

[C. — 4735.] *China.* No. 3 (1886). — Agreement between the Governments of Great Britain and China for the Settlement of the Yünnan Case, official Intercourse, and Trade between the two countries. Signed in the English and Chinese languages, at Chefoo, September 13, 1876. With an additional article thereto for regulating the traffic in opium. Signed in London, July 18, 1885 .... 1¹/₂ *d.*

[C. — 4762.] *China.* No. 4 (1886). (Trade Reports.) — Commercial Reports by Her Majesty's Consuls in China : 1885. Part II (in-8) .... 6 *d.*

1887.

[C. — 4991.] — *China.* No. 1 (1887). — Correspondence respecting the temporary Occupation of Port Hamilton by Her Majesty's Government .... 6 *d.*

[C. — 5048.] — *China.* No. 2 (1887). — Despatch from Her Majesty's Minister at Peking, forwarding a Report by Mr. H. E. Fulford, student interpreter in the China Consular Service, of a Journey in Manchuria .... 5¹/₂ *d.*

1888.

[C. — 5371.] *China.* No. 1 (1888). — Report by Mr. F. S. A. Bourne of a Journey in South-Western China ...... 4 *s.* 6 *d.*

[C. — 5374.] *China.* No. 2 (1888). — Return of Clauses in Treaties between Great Britain and China relating to the Treatment of Immigrants .... 1 *d.*

1890—91.

[C. — 6216.] *China.* No. 1 (1890—91). — Additional article to the Agreement between Great Britain and China of September 13, 1876. Signed at Peking, March 31, 1890 .... ¹/₂ *d.*

[C. — 6208.] *Commercial.* No. 2 (1890—91). — Convention between Great Britain and China relating to Sikkim and Tibet. Signed at Calcutta, March 17, 1890 .. ¹/₂ *d.*

1891.

[C. — 6366.] *China.* No. 2 (1891). — Report

by Mr. C. W. Campbell of a Journey in
North Corea in September and October
1889 . . . . 9 *d.*

[C. — 6431.] *China.* No. 3 (1891). — Correspondence respecting anti-foreign Riots
in China . . . . 4 *d.*

1892.

[C. — 6585.] *China.* No. 1 (1892). — Further
Correspondence respecting anti-foreign
Riots in China. [In continuation of "China
No. 3 (1891)" : C. — 6431] . . 1 *s.* 5 *d.*

[C. — 6814.] *China.* No. 2 (1892). — Report
by Mr. Clennell of an overland Journey
from Amoy to Fochow and back . . 9 *d.*

[C. — 6816.] *China.* No. 3 (1892). — Report
by Consul Parker on Annam . . . . 6 *d.*

1893.

[C. — 7104.] *Commercial.* No. 11 (1893). —
Report by Mr. Hosie on the Island of
Formosa with special reference to its Re-
sources and Trade. [With a Map] . 9 *d.*

FOREIGN OFFICE. ANNUAL SERIES.
DIPLOMATIC AND CONSULAR REPORTS ON
TRADE AND FINANCE : CHINA.

in-8, one penny.

1886.

No. 12. — Canton, 1885.
— 13. — Newchwang, 1885.
— 14. — Shanghai, 1885.
— 15. — Tientsin, 1885.
— 40. — Chefoo, 1885.
— 41. — Foreign Trade of China, 1885.

1887.

No. 112. — Kewkiang, 1886, etc.

1888.

— — — Shanghai, 1887, etc.

1889.

No. 539. — Tientsin, 1888.
— 566. — Newchwang, 1888.
— 574. — Canton, 1888.
— 579. — Shanghai, 1888, etc.

1890.

No. 679. — Tamsui, 1889.
— 704. — Kewkiang, 1889.
— 716. — Newchwang, 1889.

No. 717. — Chinkiang, 1889.
— 725. — Tientsin, 1889.
— 755. — Shanghai, 1889

1891.

No. 838. — Wênchow, 1890.
— 850. — Swatow, 1890.
— 858. — Ichang, 1890.
— 864. — Wuhu, 1890.
— 875. — Tainan (Formosa), 1890.
— 876. — Pakhoi, 1890.
— 880. — Kiukiang, 1890.
— 888. — Hankow, 1890.
— 890. — Amoy, 1890.
— 897. — Foochow, 1890.
— 898. — Kiungchow, 1890.
— 905. — Chinkiang, 1890.
— 920. — Tamsui, 1890.
— 926. — Chefoo, 1890.

1892.

No. 1010. — Wênchow, 1891.
— 1012. — Amoy, 1891.
— 1013. — Kiukiang, 1891.
— 1026. — Kiungchow, 1891.
— 1034. — Swatow, 1891.
— 1036. — Ichang, 1891.
— 1037. — Pakhoi, 1891.
— 1038. — Foochow, 1891.
— 1044. — Hankow, 1891.
— 1048. — Wuhu, 1891.
— 1061. — Tainan, 1891.
— 1066. — Chefoo, 1891.
— 1093. — Tamsui, 1891.
— 1101. — Shanghai, 1891.
— 1107. — Canton, 1891.

1893.

No. 1187. — Chefoo, 1892.
— 1192. — Tainan, 1892.
— 1193. — Amoy, 1892.
— 1197. — Pakhoi, 1892.
— 1199. — Kiungchow, 1892.
— 1202. — Swatow, 1892.
— 1211. — Ichang, 1892.
— 1212. — Wênchow, 1892.
— 1216. — Foochow, 1892.
— 1217. — Wuhu, 1892.
— 1228. — Chinkiang, 1892.
— 1229. — Newchwang, 1892.
— 1231. — Hankow, 1892.
— 1258. — Tientsin, 1892.
— 1266. — Shanghai, 1892.
— 1280. — Foreign Trade of China, 1892.

No. 1284. — Canton, 1892.

— 1287. — Foreign Trade of China, 1892 (Supplement).

FOREIGN OFFICE. MISCELLANEOUS SERIES.

REPORTS ON SUBJECTS OF GENERAL AND COMMERCIAL INTEREST : CHINA.

in-8.

1886.

No. 19. — Report on the native cloths in use in the Amoy consular district . . . . 1 *d.*

No. 20. — Report on the native cotton fabrics manufactured in the Shanghai consular district . . . . 1 *d.*

No. 21. — Report on the native cotton manufactures of Hankow . . . . 1 *d.*

No. 22. — Report on the native cotton manufactures of the district of Ningpo . . 1 *d.*

1887.

No. 38. — Report on the manufactures of native cloth in the consular district of Pakhoi . . . . 1 *d.*

(PARLIAMENTARY PAPERS.)

1892.

No. 247. — Report on public works in the consular district of Hankow . . . . ¹/₂ *d.*

1893.

No. 305. — Report on the effect of the fall in value of silver on prices of commodities in China . . . . 2 *d.*

HONG KONG.

— Colonial Reports. — Annual.
  — No. 29. — Hongkong, 1890 . . 1¹/₂ *d.*
  — No. 85. —   —   1892 . . . . 1 *d.*

— Her Majesty's Colonial Possessions.
  — No. 77. — Hongkong. — Report on the Blue Book for 1888 . . . 1¹/₂ *d.*
  — No. 84. — . . . . 2 *d.*
  — No. 117. — . . . Blue Book for 1889 ¹/₂ *d.*

∴

[C. — 7160.] *Commercial.* No. 14 (1893). — Index to Reports of Her Majesty's Diplomatic and Consular Representatives abroad on Trade and Subjects of General Interest. (With Appendix.) — 1886 —1893. London, 1893, in-8, pp. 402 1 *s.* 7 *d.*

∴

Voir CORÉE.

(PARLIAMENTARY PAPERS.)

VI. — RUSSIE.

OUVRAGES DIVERS.

— Evesko Petlin. Col. 1205.

Ivan Petlin, cosaque de Tomsk, envoyé en 1620, par le tsar Michel Fedorovitch, en Chine par la Mongolie. Son récit, dont Bergeron a estropié les noms, a été publié exactement dans le Сибурскій Вѣстникъ. 1818.

* Историко-статистическое обозрѣніе торговыхъ сношеній Россіи съ Китаемъ. (Revue historico-statistique des relations commerciales entre la Russie et la Chine.) Par A. Korsak. 1858.

— Dr. F. Marthe. Die Wege des Landhandels zwischen Russland und China. (*Zeitschrift der Gesellschaft für Erdkunde zu Berlin*, Tome II, 1867, Nr. 10, pp. 305—324.)

(DIVERS.)

— Col. 1212. Au lieu de Путиныхъ, lire Вутиныхъ. Irkoutsk, 1871, in-8.

— Colonel Sosnoffsky's Expedition to China in 1874-5. Abridged and tabulated from the Russian by Capt. F. C. H. Clarke, R. A., (*Journ. of the R. Geog. Soc.*, XLVII, 1877, pp. 150/187.)

— Placer la trad. française de Piassetsky à la suite de l'original russe, 1880, même col. 1213.

— Voyage en Chine, par le docteur P. Piassetzky. 1874-75. — Texte et dessins inédits. (*Tour du Monde*, 1882, II, pp. 1/128.)

Trad. de M. Kuscinzki.

— Un mandarin chinois d'après le docteur Piassetzky (1874). Par Ludovic Drapeyron. (*Rev. de Géog.*, XI, 1882, pp. 295/304.)

— Russian Travellers in Mongolia and China. By P. Piassetsky. Translated by J. Gor-

(DIVERS.)

don-Cumming. In two vol. London : Chapman & Hall, 1884, 2 vol. in-8, pp. vi-321, vi-315.

— Progrès de la civilisation dans l'Asie centrale dus aux conquêtes de la Russie. Par M. Venukoff. (*Rev. de Géog.*, XVI, 1886, pp. 338/342.)

— Aperçu historique des découvertes géographiques faites dans la Russie d'Asie depuis les temps les plus reculés jusqu'à nos jours. Par M. Venukoff. (*Rev. de Géog.*, V, 1879, pp. 58/64, 199/205, 359/365; VI, 1880, pp. 40/44, 197/202).

— Russie et Chine. Par Henri Cordier. (*Journal des Débats*, 10 & 28 juin, 1880.)

— La Chine pendant le conflit russo-chinois. (*Rev. Brit.*, 1881, N. S., V, pp. 5/64.)

— Traité entre la Russie et la Chine Concernant le rétablissement de l'autorité du gouvernement chinois dans le pays d'Ili. (*Rev. de l'Extr. Orient*, I, 1882, No. 1, pp. 129/142.)

— Le traité entre la Russie et la Chine. 1881. (Texte, *Annales de l'Extr. Orient*, 1881—1882, IV, pp. 119/121.)

— La Chine et les puissances européennes : le traité de 1881 avec la Russie. Par Maurice Jametel. (*Economiste français*, 1882.)

— «M. Kh. Troussevitch vient de publier à Moscou (librairie Mamontov) une histoire des relations diplomatiques et commerciales entre la Russie et la Chine (vol. in-8 de 304 p.). L'ouvrage est fait avec soin d'après les sources. Il se divise en dix chapitres : I. Commencement des relations diplomatiques avec la Chine. II. Histoire des relations diplomatiques avec la Chine. III. Routes qui menaient en Chine; leur état. Prix des transports. IV. Commerce officiel; ses objets. V. Organisation des caravanes aux frais de l'État. VI. Commerce privé. VII. Histoire des objets de commerce. VIII. Histoire des prix. IX. Avantages du commerce russo-chinois. X. Obstacles qui s'opposent à son développement. Conclusions et Appendice. — Cet ouvrage intéressant est malheureusement imprimé sur un mauvais papier qui en rend la lecture presque impossible. Deux juges compétents, M. de Vogüé, dans la *Revue des Deux-Mondes*, M. Jean Fleury, dans la *Nouvelle Revue*, ont signalé récemment l'état d'infériorité de la librairie russe vis-à-vis des autres industries. Nous n'exagérons rien en déclarant que certaines parties du livre de M. T. sont absolument illisibles. Ce défaut tient non pas à la nature des caractères, mais à la détestable qualité du papier.» (*Revue historique.*)

— Les Ghiliaks d'après les derniers renseignements par J. Deniker. Paris, Ernest Leroux, éditeur, 1884, br. in-8, pp. 22.

Bib. Soc. Géog. Paris, C $\frac{5}{228}$

— La Russie en Extrême-Orient. (*Ann. de l'Ext. Orient*, 1886—1887, IX, p. 94.)

— Institut de France. — Séance publique annuelle des cinq Académies du jeudi 25 Octobre 1888. — Discours de M. le Marquis d'Hervey de Saint-Denys, président. Paris, Typographie de Firmin-Didot et Cie. MDCCCLXXXVIII, br. in-4, pp. 18.

(DIVERS.)

— Сборникъ Договоровъ Россіи съ Китаемъ. 1689—1881 гг. — Изданіе Министерства иностранныхъ дѣлъ. St. Pétersbourg, 1889, gr. in-4, pp. 270 + 2 ff. prél. et 1 f. à la fin n. c.

— [From *the New Englander and Yale Review* for May, 1891.] — A Sketch of Russo-Chinese Intercourse. By F. Wells Williams, br. in-8.

Forme l'art. III, de la *New Englander ... Review* for May 1891, pp. 403/430.

AMBASSADES.

NICOLAS SPATAR MILESCU.

«Dans les annales russes on l'appelle *Nikolaï Gavrilovitch Spafary*. Spafary était interprète au Ministère des Affaires Étrangères. Il fut envoyé, en 1675, comme ambassadeur à la cour de l'empereur de Chine. Il arriva à Péking le 15 Mai 1676. Le célèbre historien russe, Soloviev, dans son *Histoire de Russie*, XIIe vol., donne des détails très intéressants sur l'ambassade de Spafary et son audience chez l'empereur Kang hi d'après des documents officiels russes.»

(Note MS. du Dr. E. Bretschneider.)

EVERT ISBRAND IDES.

— Kurtze Chinesische Chronologia ... von Christiano Mentzelio ... 1696. Voir col. 224.

— Dreyjährige Reise | Nach | China/ | Von | Moscau ab zu lande durch gross | Ustiga/ Siriania/ Permia/ Sibirien/ | Daour/ und die grosse Tartarey; | gethan durch den/Moscovitischen Abgesandten | Hrn. E. Yssbrants Ides: | Nebst einr landcharte und vielen kupffer= | stichen/ so von dem abgesandten selbst auff der | reise auffgezeichnet worden; | Wie auch | Einer beschreibung von China durch einen | Chineser in seiner sprache geschrieben. | Alles aus dem Holländischen übersetzet. | Franckfürt/ | bey Thomas Fritschen/ 1707. | petit in-8, pp. 466 + 17 pp. n. c. p. l. tab.; front., carte in-fol. et 27 grav.

— Eberhard Isbrand Ides, russischen Gesandten, Reise nach China, im Jahre 1693. Aus dem Holländischen übersetzt. (J. J. Schwabe, *Allgem. Hist. d. Reisen*, Bd. V, 1749, pp. 512/526.)

— Voir Corneille Le Brun. — Voyages en Moscovie . . . . Amsterdam, 1718, 2 vol. in-fol.

— The Mammoth. By F. W. Mayers. [sic] (*China Review*, VII, pp. 136/137.)

L. V. ISMAILOV.

LORENZ LANGE.

— Lorenz Langens, russischen Bothschafters, Reise nach China, im Jahre 1717. Aus dem Hochdeutschen. (J. J. Schwabe, *Allgem. Hist. d. Reisen*, Bd. V, 1749, pp. 526/535.)

(DIVERS.)

— Die | Gesandschafft | Ihro Kåyserl. Majest. | von | Gross=Russland | an den | Sinesischen Kåyser/ | Wie solche Anno 1719. aus St. Pe= | tersburg nach der Sinesischen Haupt= und | Residentz=Stadt Pekin abgefertiget; Bey dessen Er= | zehlung die Sitten und Gebräuche der Chineser, Mon- | galen (sic!) und anderer Tartarischer Völcker zugleich be- | schrieben, und mit einigen Kupffer=Stücken | vorgestellet werden, | Von | Georg Johann Unverzagt. | Lûbeck, | Bey Johann Christian Schmidt. 1725. | pet. in-8, 4 ff. n. c. p. l. préf. + pp. 168; front.; 9 grav.

GOLOVKIN. 1805.

Ne pas confondre avec Golovin, 1688.

EGOR FEDOROVITCH TIMKOVSKI.

— Podroż do Chin przez Mongolija w latach 1820 i 1821 przez Jérzego Tymkowskiego

(DIVERS.)

odbyta z rossyjskiego zaś na polski język przez T. W. Kochańskiego . . . We Lwowie, Piotra Pillera, 1828, 2 vol. in-8.

Bib. nat. $\frac{O^{2}n}{786}$

∴

— Société impériale russe de Géographie. — Aperçu des Travaux géographiques en Russie par le Baron Nicolàs Kaulbars. St.-Pétersbourg, Imp. Trenké et Fusnot, 1889, in-8, pp. IV-292.

— Библіографія Азіи. — Указатель книгъ и статей объ Азіи на русскомъ языкѣ и однѣхъ только книгъ на иностранныхъ языкахъ, касающихся отношеній россіи къ азіатскимъ государствамъ. Составилъ В. И. Межовъ. С.-Петербургъ. 1891. — Т. II, 1892. — 2 vol. in-8.

I. — L'Orient en général. La Chine, la Mandchourie, la Mongolie, la Djoungarie, la Corée, le Thibet, le Japon, l'Inde, la Perse, le Béloukistan, la Turquie, l'Arabie, l'Afghanistan, l'Asie centrale.

(DIVERS.)

VII. — FRANCE.

OUVRAGES DIVERS.

— Les navigations françaises et la révolution maritime du XIVe au XVIe siècle. D'après les documents inédits tirés de France, d'Angleterre, d'Espagne et d'Italie par Pierre Margry. Paris, Librairie Tross, 1867, in-8, pp. 443.

Le Chemin de la Chine et les pilotes de Jean Ango, pp. 181/222.

— La politique coloniale sous l'ancien régime d'après des documents empruntés aux archives coloniales du ministère de la marine et des colonies par Louis Pauliat. Paris, Calmann Lévy, éditeur, ancienne maison Michel Lévy frères, 1887, in-18, pp. XV-328.

— Lettres patentes du roy. Portant établissement d'une Compagnie Royale pour le Commerce de la Chine. Registrées en la Cour de Parlement le 1er Fevrier 1706. A Paris, Chez Pierre Gissey, Imp. — Lib., sur le Pont S. Michel, du costé du Marché-Neuf, à l'Ecrevisse Royale. M.DCCVI., pièce in-4, pp. 8.

— Le Rôle de la France en Chine . . . par Francis Garnier.

(DIVERS.)

Cet article est reproduit dans le vol. De Paris au Tibet, voir col. 1956.

* Les grands négociants bordelais au XVIIIe siècle. Esquisses biographiques. Bordeaux, Vve Moquet, 1888, in-8, 6 frcs.

— Nos intérêts commerciaux en Chine. Par un Français qui connaît ce pays. (Bull. Soc. Géog. comm., Paris, XIII, 1890—91, pp. 184/189.)

Réponse à un article de la Nouvelle Revue du 1er nov. 1890.

— Guerre contre la France. (Choix de Documents . . . par S. Couvreur, 1894, pp. 243/289.)

Textes chinois et trad. de pièces relatives aux événements de 1884—5.

LE BARON GROS ET LA GUERRE DE 1860.

— Traité de 1858. (Choix de Documents . . . par S. Couvreur, 1894, pp. 35/41.)

Textes chinois et traduction.

— Notice biographique sur M. Charles Foullon-Grandchamps, Colonel d'artillerie, mort dans l'expédition de Chine, par M. H. Corne, ancien député. 2e édition. Caen, A. Hardel, 1861, br. in-8, pp. 22.

(EXP. DE 1860.)

On lit au verso du titre : «*Extrait de l'Annuaire de l'Association normande pour 1862.*» — Charles Foullon-Grandchamps, né à Caen, 11 nov. 1808; victime du guet-apens de Toung-tcheou.

— Paul Varin, pseud. de M. Dupin. — col. 1233.

— Relation de l'expédition de Chine en 1860 rédigée au dépôt de la guerre d'après les documents officiels sous le ministère de S. E. le maréchal Comte Randon étant directeur le général Blondel. Paris, Imprimerie Impériale, MDCCCLXII, in-4, pp. 202.

— Examen critique et réfutation d'une relation de l'expédition de Chine en 1860 rédigée par le lieutenant de vaisseau Pallu. — Publié avec l'autorisation de Son Excellence le maréchal ministre de la guerre. Paris, E. Dentu, 1864, pet. in-8, pp. 35.

Signé à la fin : J. Chanoine, Capitaine à l'Etat-major général du corps expéditionnaire de Chine.

— Souvenirs d'une campagne en Chine par le Bᵒⁿ E.-V. Deslandes. — Nantes, imprimerie Henri Charpentier, rue de la Fosse, Nos 32 & 34. — 1863, in-folio, pp. 33.

Expéditions de 1858-1859.

Voici la préface :

«A mon retour d'une campagne en Chine et en Cochinchine, qui n'avait pas duré moins de quatre ans, j'avais rapporté quelques croquis dont l'originalité était le seul mérite. Je n'ai point voulu y ajouter un récit de voyages, toujours dangereux par les redites obligées, mais je me suis borné à faire un extrait, sans prétention, de la correspondance que j'avais à cette époque et qui n'a d'autre but que de servir d'explication aux dessins qui précèdent.»

Ce livre a été fait évidemment pour être distribué à des parents ou à des amis. Le texte est précédé de 48 photographies des croquis de l'auteur; les légendes sont écrites à la main, ainsi que dans le texte les références aux planches. Je n'ai vu qu'un exemplaire de ce livre qui est plutôt un keepsake qu'un ouvrage de renseignements.

— Notre situation en Chine. — Paris, le 1ᵉʳ Juillet 1863. — Souvenir du Japon. Br. in-fol., pp. 103 autographiées.

Signée Aᵗᵉ TRÈVE, Capitaine de Vaisseau, Ancien Capitaine du *Kienchan.* N'a pas été mis dans le commerce. — S. l. n. d., Lith. Merckel, 18 r. St. Placide [Paris, 1883?]. — Auguste Hubert Stanislas Trève, né le 1ᵉʳ nov. 1829; † à Paris, 28 nov. 1885. Sa brochure a été faite pour être distribuée lors de sa candidature à l'Académie des Sciences.

— Souvenirs de l'expédition de Chine en 1860. Par H. de Mondy. (*Revue Contemporaine Mensuelle,* 25 avril 1865, pp. 612/638; 25 mai 1865, pp. 62/90.)

— L'expédition de Chine, d'après la correspondance confidentielle du général Cousin de Montauban, comte de Palikao, publiée par le Comte d'Hérisson. Paris, E. Plon, 1883, in-8.

Un ex. de ce livre, hommage de l'auteur, a été vendu d. mar. r. jans., coins, dor. en tête, n. rog. (Allô), 38 fr. à la Salle

(EXP. DE 1860.)

Silvestre, le lundi 21 déc. 1885, — Cet ouvrage a été saisi au nom de M. le Ministre de la Guerre. Cf. *Rev. de l'Extrême-Orient,* I, No. 3, pp. 493/4; II, Nos. 5 & 6, p. 276.

— Journal d'un interprète en Chine par le Comte d'Hérisson. Paris, Paul Ollendorff, 1886, gr. in-18, pp. 442.

— A French Military Sinologue. By G. M. H. Playfair. (*China Review,* XV, pp. 130/131.)

À propos du *Journal* de M. d'Hérisson.

— Vᵗᵉ H. Begouen. La France et l'Angleterre pendant la campagne de Chine en 1860, d'après la correspondance inédite du général Cousin de Montauban. Paris, 1891, br. in-8, pp. 19.

Extrait du *Correspondant.*

— Le 2ᵉ Bataillon de Chasseurs à pied par le Lieutenant Paul Delagrange. — Berger-Levrault, Paris-Nancy, 1889, pet. in-8, pp. 232.

AFFAIRES D'ANNAM.

— Voir col. 1493—1518.

— Journal d'un Mandarin. Lettres de Chine et documents diplomatiques inédits par un fonctionnaire du Céleste empire. Paris, E. Plon, Nourrit & Cⁱᵉ, 1887, in-12, pp. VII-310.

Réunion de lettres parues dans le *Journal des Débats.*
Foucault de Mondion, † 14 juin 1894.

— La vérité sur Foucault de Mondion. — Sa vie, ses missions politiques, sa mort. Par René de Pont-Jest. (*Le Figaro,* mercredi 11 juillet 1894.)

— France and China. By D. C. Boulger. (*The Nineteenth Century,* May 1883, pp. 886/895.)

— Le différend franco-chinois. Par Maurice Jametel. (*Economiste français,* 1883.)

— La France dans l'extrême Orient et le traité de Tien-Tsin. Par Maurice Jametel. (*Economiste français,* 1884.)

— Les intérêts économiques de la France en Chine. Par Maurice Jametel. (*Economiste français,* 1884.)

— L'alliance française en Afrique et en Extrême Orient. Par Charles Grémiaux. (*Ann. de l'Ext. Orient,* 1884—1885, VII, pp. 257—262.)

— Les Préliminaires de la paix avec la Chine. — I. Du 11 janvier au 19 mars 1885. (*Revue Bleue,* No. 24, 10 déc. 1887.) — II. Mars 1885; retraite de Lang-Son. (*Ibid.,* No. 25, 17 déc. 1887.) — III. Les préliminaires de la paix avec la Chine en 1885. (*Ibid.,* No. 26, 24 déc. 1887.)

— *Sinicae res.* — Les délimitations de frontières et les traités avec la Chine. Paris, librairie militaire de L. Baudoin et Cⁱᵉ, 1889, br. in-8, pp. 51.

(EXP. DE 1860. — ANNAM.)

VIII. — SUÈDE ET NORVÈGE.

* En verldsomsegling skildrad i bref af N. J. Andersson. Stockholm, 1853—54. 3 vol. in-8. Avec une carte.

N. J. Andersson. Professeur de Botanique. Accompagnait en botaniste la Frégate *Eugenie* dans son tour du monde 1851, 52, 53.

* En Verdensomseiling. Uddrog af . . . N. J. Anderssons Optegnelser paa en Reise rundt Jorden med den Svenske Fregat *Eugenie* i Aarene 1851—1853. Christiania, 1854. in-8, pp. 506.

* J. A. C. Hellstenius. — Bidrag till der Svenska Ost-Indiska Compagniets Historia 1731 —1766. Dissertation. Upsala, 1860, in-8, pp. 49.

Manuscrits relatifs à la Compagnie Suédoise aux Indes Orientales. Collection *Nordin*. Bibliothèque de l'Académie d'Upsal.

Collection *Braad*. Ibidem.

Documents de la *Comp.* a. l. O. Archivo Royale à Stockholm.

Sur la Compagnie aux Indes Orientales. Voir : *Magazin* de Büsching. 1776.

Je dois ces renseignements à M. August Strindberg.

— Les Débuts de la Compagnie royale de Suède dans l'extrême Orient au XVIIIe siècle, par Henri Cordier. (*Recueil de l'École des Langues Orientales*, 1889, II, pp. 301/343.)

Il a été fait un tirage à part.

Notice : *China Review*, XVIII, No. 3, p. 199. By E. J. E.[itel].

IX. — DANEMARK.

* Fr. Thaarup — Historiske og statistiske Efterretninger om det Kgl. octr. Danske Asiatiske Compagnie; forbundet met Korte Efterretninger om de danske ostindiske Etablissementer, saavelsom om China, og om fremmede Staters asiatiske Handel; samt de vigtigste Love og Anordninger, de danske ostindiske Besiddelser, og den danske asiatiske Handel vedkommende.

I. Hefte [det eneste, som udkom]. Kbh., 1824.

Chr. V. Bruun, *Bibliotheca Danica*.

* H. Randulff. — Tordenrøsten! Noget om den chinesiske Handel til det asiatiske Compagnies Interessentere, og i den Anledning Tanker om hvad der for dem maatte vaere at foretage. Kbh., 1825.

Chr. V. Bruun. *Bibliotheca Danica*. — On trouvera dans cette excellente bibliographie, Copenhague, 1886, col. 1050/1062, tout ce qui est relatif à la *Asiatiske Kompagni*.

X. — ÉTATS-UNIS.

OUVRAGES DIVERS.

— Die Expedition in die Seen von China, Japan und Ochotsk unter Commando von Commodore Collin Ringgold und Commodore John Rodgers, im Auftrage der Regierung der Vereinigten Staaten unternommen in den Jahren 1853 bis 1856, unter Zuziehung der officiellen Autoritäten und Quellen. — Deutsche Original-Ausgabe von Wilhelm Heine . . . Gera, C. B. Griesbach, 1867, 2 vol. gr. in-8, pp. xx-330, viii-391.

Grav., cartes, etc.

(DIVERS.)

Cet ouvrage qui fait partie de la *Bibliothek neuerer Reisen und Entdeckungen in Original-Ausgaben*, a été publié en six fascicules.

— Die Expedition in die Seen von China, Japan und Ochotsk unter Commando von Commodore Calw. Ringgold und Commodore John Rodgers, und die Erforschung des Amurgebietes durch Dr. P. Collins, im Auftrage der Regierung der Vereinigten Staaten unternommen in den Jahren 1853 bis 1857, unter Zuziehung der officiellen Autoritäten und Quellen. — Deutsche Original-Ausgabe von Wilhelm Heine . . . . Dritter oder Supplement-Band. Zugleich

(DIVERS.)

Fortsetzung der Reise um die Erde nach Japan .... Leipzig. Otto Purfürst, gr. in-8, pp. VIII-424.

Grav., cartes, etc.

— Diplomatic Relations of China and the United States. By J. B. Angell. (*American Journal Social Science*, XVII, 24.)

* A Century of American Commerce with China. By Gideon Nye.

Extrait *Jour. C. Br. R. As. Soc.*, XX, N. S., Nos. 5 & 6, 1885, pp. 290/1.

— Samuel Wells Williams. — Voir col. 620 et 1758.

Col. 1241.

— By Authority. — The Statutes at Large and Treaties of the United States of America, passed — at the Second Session of the Thirty-Fifth Congress; 1858-9 carefully collated with the originals at Washington. Edited by George P. Sanger. — To be continued annually. — Boston, Little Brown & C., 1859, in-8.

Voir p. 408, March 3, 1859, Chapter 77 : « An Act to carry into Effect the Convention between the United States and China concluded on the 8th of November, 1858 at Shanghai. »

XI. — ALLEMAGNE.

— Die Geschichte der See- und Kolonialmacht des grossen Kurfürsten Friedrich Wilhelm von Brandenburg in der Ostsee, auf der Küste von Guinea und auf den Inseln Arguin und St. Thomas, aus archivalischen Quellen dargestellt von Dr. P.

F. Stuhr, Professor an der Friedrich-Wilhelms-Universität zu Berlin. — Berlin, 1839. Bei A. W. Hayn, in-8, pp. VI-174.

— L'Allemagne et l'Extrême Orient. Par C. G.[rémiaux]. (*Annales de l'Ext. Orient*, 1881—1882, IV, pp. 34/39.)

— La nouvelle convention commerciale, de 1881 entre la Chine et l'Allemagne. Par Maurice Jametel. (*Économiste français*, 1882.)

XIII. — BELGIQUE.

— Le commerce de la Chine. — Rapport adressé à M. le Ministre des Affaires étrangères par M. Auguste T' Kint, Envoyé ad

hoc en mission extraordinaire en Chine. Bruxelles, Deltombe, 1868, 2 parties in-8, pp. 193 + 1 p. n. ch.

XIV. — ITALIE.

— V. Arminjon. — La China e la Missione Italiana del 1866. Firenze, Uffizio della *Rassegna Nazionale*, 1885, coi tipi di M. Cellini e c. in-8, pp. 116 + f. d'er. n. ch.

— Voir L. dal Verme, col. 1956.

COLLÉGE DES CHINOIS (Naples).

Voir col. 363, 1659.

Voir Ripa, col. 1733.

— Sinology in Italy. By L. Nocentini. (*Journ. C. B. R. A. S.*, N. S., XX, 1885, Art. VII, pp. 155/162.)

— Programma del Collegio asiatico di Napoli. Napoli, Fratelli de Angelis, 1868, br. in-8, pp. 23.

Signé : Prof. Napoleone La Cecilia Segretario del Collegio Asiatico, Napoli 24 novembre 1868.

— Discorso inaugurale pronunziato in occasione della solenne apertura del collegio asiatico di Napoli addi 25 Novembre 1868 dal R. P. Galiano, Superiore della Congregazione de Cinesi. Napoli, Fratelli de Angelis, 1868, br. in-8, pp. 24.

— III. Congresso geografico internazionale (Settembre 1881). — Italia e China Colle-

(DIVERS.)   (DIVERS.)

gio dei Cinesi (Regio Collegio Asiatico di Napoli). — Relazione del Professore Alberto Errera dell' Università e dell' Istituto Tecnico di Napoli. Roma, Giuseppe Civelli, 1881, br. in-8, pp. 19.

— Intorno al R. Collegio Asiatico (dei Cinesi) in Napoli e ai nuovi studî diplomatici-consolari presso l'Università di Napoli nel 1881. Monografia del prof. Alberto Errera. (*Bol. Soc. Geog. ital.*, XVIII, 1881, pp. 648/663.)

Avec un app. sur l'industrie sérigène.

(ITALIE.)

— L' Istituto dei Gesuiti e quello dei FRATI RIPA o padri cinesi Contribuzione agli studi per la legge richiesta dalla camera (ordine del giorno BONGHI dei 9 decembre 1881) sul cosidetto real collegio asiatico di Napoli per Vincenzo Gioberti (partenopeo). Napoli, Comm. G. de Angelis e Figlio, 1884, br. in-8, pp. 119.

Vincenzo Gioberti = Gherardi de Vincentiis.

(ITALIE.)

XVII. — PEUPLES DE L'ASIE.

JAPON.

— Early Japanese Invasions of China. (Balfour, *Waifs and Strays*, 1876, pp. 70/74.)
— Japanese Influence on China. (Balfour, *Waifs and Strays*, 1876, pp. 75/87.)
— The Japanese make a Raid on Che kiang. (*China Review*, X, p. 72.)

Ming Dynasty.

— Japanese Terms for China. By E. H. Parker. (*China Review*, XV, p. 250.)
— Extracts from the P'ei-Wen Yun-Fu. By E. H. Parker, Esq. (*Chin. Recorder*, XVII, April 1886, pp. 137/138.)
— JAPANESE IN CHINA. — The Wei-yüan Fort on the Chao-pao Hill (Ningpo River) was built by the Ming Dynasty as a defence against the Japanese. (Note by E. H. Parker, *China Review*, No. 1, July & Aug. 1888, p. 54.)
— Japanese Notes. By E. H. Parker. (*China Review*, XVIII, No. 1, pp. 57/58.)
— Japanese Invasions. By E. H. Parker. (*China Review*, XIX, 1890, No. 1, p. 60.)
— The ancient Relation between the Japanese and Chinese Languages and Peoples. By E. H. Parker. (*China Review*, XVIII, No. 2, pp. 82/117.)
— Diplomatic Relations of China and Japan with the Western Powers. [J. B. Angell]. (*Bibliotheca Sacra*, XLII, 101.)

ANNAM.

— Giornale d'un Ambasciatore chinese spedito in Cocincina dall' Imperatore Tac-kwang (1840—41). (*Bol. Soc. geog. ital.*, I, 1868, pp. 277/294.)

Tac-kwang, pour Tao-kwang.

Dalla traduzione manoscritta (versione francese fatta sul testo chinese) dal Fontanier, volta in italiano dal prof. Filippo De Filippi, con note del prof. C. Puini.

— Les Chinois en Annam. (*Rev. Brit.*, 1888, IV, pp. 273/308.)
— De la conciliation de la Suzeraineté chinoise avec le protectorat français sur l'Annam. (*L'Union*, 8 juin 1883.)

Lettre de F. Romanet du Caillaud, Limoges, 6 juin 1883.

Bib. Soc. Géog. Paris, C$\frac{5}{199}$.

— La Chine et l'Annam. (*Ann. de l'Ext. Orient*, 1883—1884, VI, pp. 176/179.)
— La suzeraineté de la Chine sur l'empire d'Annam. Par H. Castonnet Desfosses. (*Moniteur Universel*, 30 août et 5 sept. 1883.)

Bib. Soc. Géog. Paris, C$\frac{5}{211}$.

— Les relations de la Chine et de l'Annam,

Par H. Castonnet des Fosses Avocat à la Cour d'Appel, Membre du Conseil de la Société. (*Bull. Soc. Acad. Indo-Chinoise*, 2e sér., III, 1890, pp. 205/264.)

— Manchu Relations with Annam. By E. H. Parker. (*China Review*, XVIII, No. 1, 1889, pp. 36/39.)

— Tribut du Roi d'Annam. (*Choix de Documents* ... par S. Couvreur, 1894, pp. 207/215.)

Textes chinois et traduction.

BIRMANIE.

* La Birmanie et la Chine méridionale d'après les documents anglais, par A. R. Havet. Avec deux notices générales sur le commerce de la Birmanie anglaise par L. Vossion. In-8.

Cité *Ann. de l'Ext. Orient*, 1885—1886, VIII, p. 192.

— China and Burmah. By Professor Robert K. Douglas. (*The Asiatic Quarterly Review.* January, 1886. Vol. I, No. 1, pp. 141/164.)
— Conventions anglo-chinoises relatives à la Birmanie. (*Ann. de l'Ext. Orient*, 1886—1887, IX, pp. 65/69.)
— La Birmanie et la Chine. Par M. d'E. (*Ann. de l'Ext. Orient*, 1886—1887, IX, pp. 169/174.)
— China and Burmah. By E. H. Parker. (*China Review*, XVI, pp. 122/123.)
— Burmah v. China. By E. H. Parker. (*China Review*, XVIII, No. 4, p. 264.)

— Burma with special Reference to her Relations with China by Edward Harper Parker, H. M. Consul, Kiung chow, officiating Adviser on Chinese Affairs in Burma. — Printed and published at the "Rangoon Gazette" Press. — 1893, in-12, pp. 3, 103.

— A Sketch of Burmese History. By E. H. Parker. (*China Review*, XXI, N° 1, pp. 40/53.)

NEPAL.

— History of Nepāl, translated from the Parbatiyā by Munshī Shew Shunker Singh and Pandit Shrī Gunānand: With an Introductory Sketch of the Country and People of Nepāl by the Editor, Daniel Wright, M. A., M. D., Late Surgeon-Major H. M.'s Indian Medical Service, and Residency Surgeon at Kāthmandū. Cambridge: At the University Press, 1877, gr. in-8, pp. xv-324.

— Un épisode des relations diplomatiques de la Chine avec le Nepâl en 1842 par Camille Imbault-Huart, Vice-consul de France à Hankeou. (*Rev. de l'Extr. Orient*, III, No. 1, Janv.-Mars, 1885, pp. 1/23.)

— The Relations between China and Nepaul. (*Times* Weekly Edition, July 29th, 1887.)

— Un coin des Himalayas. — Le royaume de Nepal par M. Saleure, des Miss. étrangères de Paris, missionnaire au Thibet. (*Miss. Cath.*, xx, 1888, pp. 550/1, 560/2, 572/4, 583/4, 593/6, 605/8.)

Voir col. 1718, SALEURE.

(NEPAL.)

DIVERS.

— China's Relations with foreign Tribes. By E. H. Parker. (*China Review*, XIV, pp. 12/14.)

— More about Chinese Relations with Tartar Tribes. By E. H. Parker. (*China Review*, XIV, pp. 281/284.)

— Chinese Relations with Tartars. By E. H. Parker. (*China Review*, XIV, pp. 339/345.)

— Chinese and Tartars, Tibetans, &c. By E. H. Parker. (*China Review*, XV, pp. 23/29.)

— Turkestan Influences on China. By E. H. Parker. (*China Review*, XVIII, No. 6, pp. 377/378.)

— The early Laos and China. By E. H. Parker. (*China Review*, XIX, 1890, No. 2, pp. 67/106.)

— SIAMESE ROYAL FAMILY. — The *Repository* for 1834, page 534 says that as late as 1850 'one of the descendants of an Amoy man ascended the throne of Siam'. Perhaps this is the 鄭 Dynasty mentioned in a previous note, and, if so, is probably one of the Koxinga family. — (Note by E. H. Parker, *China Review*, XVII, No. 1, July & Aug. 1888, p. 54.)

* India and Chinese Central Asia. (*Times* Weekly Edition, Dec. 25th, 1887.)

— Malais et Chinois. Coup d'œil sur leurs relations mutuelles antérieures à l'arrivée des Portugais dans les Indes Orientales par Aristide Marre. Paris, A. Picard, 1892, br. in-8, pp. 12.

Ext. du *Compte-rendu de l'Académie des Sciences morales et politiques.*

(DIVERS.)

XVIII. — QUESTIONS CONTEMPORAINES.

OUVRAGES DIVERS.

— Chine. De quelques faits qui se lient à l'histoire, à la Géographie, et à l'économie politique de l'Empire chinois, par O. Mac Carthy. (*Rev. de l'Orient*, II, 1843, pp. 23/36.)

— Le Commerce de l'Extrême Orient et la Question du Tonkin, par M. Charles Lavollée. (*Revue des Deux Mondes*, 1ᵉʳ Sept. 1883, pp. 188/205.)

* La Chine depuis le traité de Nankin. Paris, Panckoucke, 1853, br. in-8, pp. 63.

Opuscule, tiré à 40 ex., pour l'auteur M. C. de Mickelberg.

Col. 1257.

— The Treaty Illegality of the Coast Trade Duties levied by the Chinese government on British and Foreign Shipping. By a British Merchant, Chefoo. Shanghai: Printed at the «North-China Herald» Office. 1877, br. in-8, pp. 21.

(DIVERS.)

— The Future of China. By Demetrius Charles Boulger. (*Nineteenth Century*, VIII, 1880, pp. 266/274.)

— The Foreigner in China. By L. N. Wheeler, D. D. with introduction by Prof. W. C. Sawyer, Ph. D. Chicago: S. C. Griggs and Company. 1881, in-12, pp. 268.

— La Politique religieuse de l'Occident en Chine . . . par Maurice Jametel . . Paris, Ernest Leroux, 1883, br. in-8, pp. 41.

Ext. de la *Philosophie positive*, mars-avril 1883.
Notice par Henri Cordier, *Rev. de l'Ext. Orient*, II, No. 4, p. 585.)

— Observations in China, with especial reference to Chinese Colonization, the French, the Opium Question, and English Colonies. By Fortescue Fox, M. B. Lond. [Reprinted, with additions, from the "Friends' Quarterly Examiner".] London: Edward Stanford, 1884, br. in-8, pp. 56.

— The Opening of China. Six Letters reprinted from *The Times* on the Present

(DIVERS.)

Condition and Future Prospects of China. By A. R. Colquhoun . . . With an Introduction by S. H. Louttit. London : Field & Tuer, s. d. [1884], in-8, pp. xi-102.

— Events in Hongkong and the Far East. 1875 to 1884. — Hongkong: "Daily Press" Office, 1885, in-8, pp. 163.
— Voir col. 1100, A Retrospact . . . . 1868 to 1872.

— Modern China. By J. N. Jordan. (*Nineteenth Century*, XX, 1886, pp. 40/50.)

— China and its foreign Relations in two chapters. Chapter I. By Sir Rutherford Alcock, K. C. B. Chapter II. By William Lockhart, M. D. (*The Asiatic Quarterly Review*. April, 1887. Vol. III. No. 6, pp. 443/460, 460/466.)

— *Sinicae Res.* — Les Délimitations de frontières et les traités avec la Chine. Paris, Baudoin, 1889, br. in-8, pp. 51. — Voir col. 2018.

— Waifs and Strays from the Far East; *Being a Series of Disconnected Essays on Matters relating to China*. By Frederic Henry Balfour, Honorary Member of the International Congress of Orientalists. — London : Trübner & Co., 1876, in-8, 4 ff. n. c. + pp. 223.
— Different Views of the Chinese. (Balfour, *Waifs and Strays*, 1876, pp. 1/4.)
— The Doctrine of Previous Rights. (Balfour, *Waifs and Strays*, 1876, pp. 98/101.)
— Chinese Views of Foreign Culture. (Balfour, *Waifs and Strays*, 1876, pp. 130/133.)

* The *Wu-Shih-Shan* Affair impartially considered, with the Original Agreements, and Counsel's opinion thereon, by "Fair Play". Hongkong, 1878.
— A plea for "Fan-Kwai". By Theos. Sampson. (*China Review*, VII, pp. 194/197.)
— The term *Kwai*. By Satan. (*China Review*, VII, p. 282.)
— Residence in the Interior and the Transit Trade. By Hongkong. (*China Review*, X, pp. 265/272.)

— An international Court for China, by James Joseph Henderson, LL. B., Counsellor at Law. Shanghai : American Presbyterian mission press. MDCCCLXXIX, in-8, pp. 27.
Notice : *China Review*, VIII, pp. 126/7. — *Chin. Recorder*, X, 1879, p. 478.
— A Treaty Phrase. (*China Review*, XI, p. 400.)
— The Tributary Nations of China. By G. Jamieson. (*China Review*, XII, pp. 94/109.)
— L'Europe tributaire de la Chine. (*Ann. de l'Ext. Orient*, 1883—1884, VI, pp. 283/284.)
D'après G. Jamieson.
— The Memorial of Chang-Chih-tung. By Behindhand. (*China Review*, VIII, p. 392.)
— Chine & Japon. Le privilège d'exterritorialité. (*Ann. de l'Ext. Orient*, 1880—1881, III, pp. 161/164.)
— La civilisation chinoise. (*Ann. de l'Ext. Orient*, 1883—1884, VI, pp. 360/365.)

— Chine. (*Ann. de l'Ext. Orient*, 1885—1886, VIII, p. 349.)
— La Chine et l'Occident. Par Emile Delbard. (*Ann. de l'Ext. Orient*, 1886—1887, IX, pp. 138/147.)
— Le socialisme en Chine. Par Emile Delbard. (*Ann. de l'Ext. Orient*, 1886—1887, IX, pp. 211/216.)
— Le Progrès en Chine. Par Ly-Chao-Pee. (*Bul. Soc. Géog. com. Bordeaux*, 1882, pp. 56/8, 108 et seq.)
— Is China a Conservative Country? By Moromastix. (*Journ. C. B. R. A. S.*, N. S., XX, 1885, Art. VI, pp. 145/154.)
— Foreign Art in China. By Gideon Nye. (*Journ. C. B. R. A. S.*, N. S., XX, 1885, pp. 178/180.)

— The Political Geography of Asia. By Major-General Sir F. J. Goldsmid, K. C. S. I., C. B. (*The Asiatic Quarterly Review*, April 1886. Vol. I. No. 2, pp. 354/371.)
— La rencontre de l'Inde et de la Chine. (*Rev. Brit.*, 1886, IV, pp. 37/54.)

— The March of the Mongol. By William B. Dunlop. (*As. Quart. Review*, VII, Jan.-April 1889, pp. 19/45.)
— Troubles in Chinkiang. By Rev. G. W. Woodall. (*Chinese Recorder*, XVII, May 1886, pp. 197/200.)
— The Chinkiang Riot. By Rev. R. T. Bryan. (*Chin. Rec.*, XX, No. 3, March 1889, pp. 129/132.)
— Riots in China. By D. W. N. (*Chin. Rec.*, XXII, Oct. 1891, pp. 468/470.)
— Concerning Missionaries and the Troubles in China. By the Hon. Charles K. Tuckerman. (*The New Review*, Nov. 1891.)
— The Chinese Atrocities. By R. S. Gundry. (*The National Review*, Nov. 1891.)
— The Riots in China. (*Blackwood's Magazine*, No. 913, Nov. 1891.)

— Correspondance sur les émeutes de Ou-hou, etc., 1891. (*T'oung Pao*, II, 5 janv. 1892, pp. 447/558.)
Voir Col. 1701.

* The Anti-Foreign Riots in China in 1891. With an Appendix. Shanghai : Printed at the "North-China Herald" Office. 1892.
Notice : *Chin. Rec.*, XXIII, Nov. 1892, p. 533.

— The Riots in China. (*Blackwood's Mag.*, cl, Nov. 1891, pp. 736/748.)

— The Scene of the Riots in China; twelve hundred miles on the Yangtze-Kiang. By Walter B. Harris. (*Blackwood's Mag.*, cl, Dec. 1891, pp. 787/807.)

— China. The Sleep and the Awakening. By the Marquis Tseng. (*The Asiatic Quarterly Review*. January 1887, Vol. III. No. 5, pp. 1/10. — *London & China Express*. — *Chinese Recorder*, XVIII, 1887, pp. 146/153.)
* Letter from H. E. the Marquis Tséng to Mr. Giles. Republished and circulated in China.
Notice : (Par St. Jeames), *China Review*, VIII, p. 314.

— Contemporary Life and Thought in China. By "A Resident in Peking". (*Contemporary Review*, July, 1887, p. 137/152.)

— Lettre adressée à l'Empereur par Sie, ministre représentant la Chine auprès des gouvernements européens (1890). (*Choix de*

(DIVERS.)

(DIVERS.)

Documents . . ., par S. Couvreur, 1894, pp. 411/417.)

Texte chinois et traduction.

— Neutral Zone. By E. H. Parker. (*China Review*, XVIII, No. 1, p. 55.)

— Audience. Décret du 12 déc. 1890. (*T'oung Pao*, II, Juin 1891, pp. 164/5.)

— The Ch'eng Kwang Tien. By E. H. Parker. (*China Review*, XIX, No. 6, pp. 396/7.)

承光殿. — Audience autrichienne, 1892.

— [Audience de M. O'Conor; discours]. (*T'oung Pao*, IV, mars 1893, pp. 89/90.)

— *Le Temps*, 28 mars 1893; réimp. *T'oung Pao*, IV, mai 1893, pp. 219/220.

— China's Place in Sociology. By E. T. C. Werner. (*China Review*, XX, No. 5, pp. 305/310.)

— "Those foreign Devils!" A Celestial on England and Englishmen, by Yuan Hsiang-fu. Translated by W. H. Wilkinson, Of H. M. Consular Service in China; Davis Chinese Scholar, Oxford, 1879 : Author of "Where Chinese drive". — 1891. London : The Leadenhall Press, . . . Simpkin, Marshall . . . . & Co. — New York : Charles Scribner's Sons, pet. in-8, pp. xxii-191.

Pub. à 2/6.

— Lettre du Prince Henri d'Orléans à M. Edouard Hervé, sur la situation actuelle en Chine. (*Le Soleil*, 15 sept. 1891; *T'oung Pao*, II, Nov. 1891, pp. 335/340.)

* A Critical Digest of "Indulgent Treatment of Foreigners". By China's True Friend. Shanghai : Printed and Published at the "Shanghai Mercury Office".

Notice : *Chin. Rec.*, XXIII, July 1892, p. 341.

— China and her Neighbours. — France in Indo-China. — Russia and China. — India and Thibet. By R. S. Gundry. . . . With Maps. London : Chapman and Hall, 1893, in-8, pp. xxi-408, 9/—

Notice : *The Athenaeum*, No. 3443, Oct. 21, 1893.

(DIVERS.)

MASSACRE DE TIEN TSIN.

— Troubles de Tien tsin. (*Choix de Documents . . . .*, par S. Couvreur, 1894, pp. 119/139.)

Textes chinois et traduction.

CHEMINS DE FER.

— Voir col. 1252.

— Le premier chemin de fer chinois. (*Ann. de l'Ext. Orient*, 1885—1886, VIII, pp. 350/351.)

Petit chemin de fer à Peking dans les palais.

— Chine. (*Ann. de l'Ext. Orient*, 1885—1886, VIII, p. 377.)

Lettre de Sir R. Hart au Chev. de Scherzer sur les chemins de fer.

— Les chemins de fer en Chine. (*Ann. de l'Ext. Orient*, 1886—1887, IX, p. 95.)

— Le premier chemin de fer en Chine. (*Bul. Soc. Géog. com.*, IX, 1886/7, pp. 296/7.)

Lettre de Tientsin, au sujet du chemin de fer de Tientsin à Tching-yang.

* Die Chinesischen Zukunfts-Eisenbahnen. Von G. von Kreitner. Mit einer Karte. (*Revue Coloniale Internationale*, Vol. V, No. 2, Aug. 1887.)

— Railroads in China. (*Saturday Review*, LVIII, 471.)

— Railways — their future in China. By William B. Dunlop. (*Blackwood's Mag.*, cxlv, March 1889, pp. 394/403.)

— A Chinese View of Railways in China. By Fung Yee, Late Secretary of the Chinese Legation in London. (*Nineteenth Century*, XXVII, 1890, pp. 225/239.)

— Les Chemins de fer chinois. Avec une carte. Par Albert Perquer. (*Le Correspondant*, 25 mai 1890, pp. 735/762.)

— Chemins de fer. (*Choix de Documents . . . .* par S. Couvreur, 1894, pp. 321/405.)

Textes chinois et traduction.

(MASSACRE DE TIEN TSIN. — CHEMINS DE FER.)

QUATRIÈME PARTIE

LES CHINOIS CHEZ LES PEUPLES ÉTRANGERS

I. — CONNAISSANCES DES CHINOIS SUR LES PEUPLES ÉTRANGERS

Col. 1264.

— Handelsstrassen von China nach dem Westen, von K. F. Neumann.

C'est une traduction du 隋西域圖記 *Si yu t'ou ki* de la Dynastie des *Soui* (589—618). L'auteur chinois s'appelle 裴矩 *Pei kiu.*

Col. 1265.

— Ceylon. An Account of the Island, physical, historical, and topographical with Notices of its Natural History, Antiquities and Productions by Sir James Emerson Tennent, K. C. S. LL. D. &c. Illustrated by Maps, Plans and Drawings. Fourth edition, thoroughly revised. London, Longman, 1860, 2 vol. in-8.

Part V. MEDIAEVAL HISTORY. Chap. III. *Ceylon as known to the Chinese.* Vol. I, pp. 607/628. Ce chapitre est rédigé en grande partie d'après des notes fournies par A. Wylie.

Col. 1267.

— Les Peuples orientaux connus des anciens Chinois par Léon de Rosny. — Mémoire couronné par l'Académie des Inscriptions et Belles-Lettres. — Seconde Edition, revue et augmentée. Paris, Ernest Leroux, 1886, in-12, pp. XII-287.

(DIVERS.)

Forme le Vol. XLIX de la *Bibliothèque orientale elzévirienne.* Sans les cartes de la première édition de 1881.

Col. 1268.

— Origine de l'un des noms . . . Empire romain . . . par E. Jacquet, 1832. [Voir col. 880.]

— Relations . . . de l'Empire Romain . . . par M. Reinaud, 1863. [Voir col. 880.]

FRIEDRICH HIRTH.

— China and the Roman Orient : Researches into their ancient and mediaeval relations as represented in old Chinese Records. By F. Hirth, Ph. D. Leipsic & Munich : Georg Hirth. Shanghai & Hongkong : Kelly & Walsh. 1885, in-8, pp. XVI-329.

— The Mystery of Ta-ts'in. By G. M. H. Playfair. (*Journ. C. B. R. A. S.*, N. S., XX, 1885, Art. III, pp. 69/80.)

Notices : *Celestial Empire*, 10 July 1885. — *N. C. Herald*, 15 July 1885. — *Proceedings Amer. Orient. Soc.*, 28 Oct. 1885; [Dr. W. A. P. Martin]. — *China Review*, XIII, p. 425. — *Chinese Recorder*, XVI, Oct. 1885, p. 361; [Dr. J. Edkins].

— The Ta-Ts'in Question. By F. Hirth, Ph. D. (*Chinese Recorder*, Nov. 1885, XVI, p. 413.)

Tirage à part, br. in-8, pp. 8. — Rép. à l'article précédent d'Edkins.

— *Hongkong Daily Press*, 28 Aug. 1885. — *Literaturblatt f. orient. Philologie*, Vol. III, p. 1; [G. v. d. Gabelentz]. — *Revue internationale*, 3ᵉ année, t. IX, No. 5, 25 fév. 1885 ; [L. Noccetini]. — *Oesterr. Monatsschrift f. d. Orient*, 1885, p. 280; [R. von Scala]. — *Scottish Geog. Magazine*, Vol. I (Nov. 1885), p. 585.

(DIVERS.)

— *Saturday Review*, 3 July 1886. — *Götting. gelehrte Anzeigen*, 1 sept. 1886; [K. Himly]. — *Deutsche Literaturzeitung*; [W. Grube]. — *Archiv der Pharmacie*, Bd. 24, No. 20, 1886, p. 1; [F. A. Flückiger]. — *Zeitschrift des deutschen Palästina-Vereins*, 1887, Bd. X; [H. Guthe]. — *Berliner philologische Wochenschrift*, 3 Aug. 1889, p. 1024; [Ferd. Justi].

— Where was Ta-ts'in? By Herbert J. Allen. (*Journ. C. B. R. A. S.*, XXI, N. S., 1886, Art. VI, pp. 89/97.)

— Reply to Mr. H. J. Allen's paper "Where was Ta-ts'in"? By F. Hirth, Ph. D. (*Journ. C. B. R. A. S.*, XXI, N. S., 1886, Art. VII, pp. 98/104.)

— Ta-ts'in and Dependent States. By Herbert J. Allen. (*Journ. C. B. R. A. S.*, XXI, N. S., 1886, Art. XI, pp. 204/208.)

— Reply to Mr. H. J. Allen's paper "Ta-ts'in and Dependent States". By F. Hirth, Ph. D. (*Journ. C. B. R. A. S.*, XXI, N. S., 1886, Art. XII, pp. 209/213.)

— The Chinese Oriental College. By F. Hirth, Ph. D. (*Journ. C. B. R. A. S.*, XXII, N. S., 1887, pp. 203/223.)

Cf. Terrien de Lacouperie, *The Djurtchen of Manshuria, J. R. As. Soc.*, April 1889. — A lost Script. (*St. James's Gazette*, 18 July 1888.)

— T'iao-chih and Diar-bekr. By F. H. (*China Review*, XIX, 1890, No. 1, p. 58.)

— Rekem-Petra-Likan. By E. W. G. (*Journ. C. B. R. A. S.*, N. S., XX, 1885, pp. 97/98.)

— Rekem-Petra-Likan. By F. H.[irth]. (*Journ. C. B. R. A. S.*, N. S., XX, 1885, pp. 186/7.)

— The Andaman Cannibals in Chinese Literature. By F. Hirth. (*Journ. C. B. R. A. S.*, XXII, N. S., 1887, pp. 103/104.)

TERRIEN DE LACOUPERIE.

— Tin-yût not India. By A. Terrien de Lacouperie. (*Academy*, 2nd May 1885.)

Voir Thos. W. Kingsmill, infra.

— India from China. By A. Terrien de Lacouperie. (*Academy*, 5th Sept., 1885.)

E. BRETSCHNEIDER.

Col. 1269.

— Mediaeval Researches from Eastern Asiatic Sources. Fragments towards the knowledge of the Geography and History of Central and Western Asia from the 13th to the 17th Century. By E. Bretschneider, M. D. Late Physician to the Russian Legation at Peking; membre corresp. de l'Institut de France (Académie des Inscriptions et Belles Lettres). London, Trübner, 1888, 2 vol. in-8.

Vol. I. With a Map of Middle Asia, pp. XII-334. — Vol. II. With a Reproduction of a Chinese Medieval Map of Central and Western Asia, pp. x-352.

Nouv. édition revue, mais sans caractères chinois, des trois articles : *Notes on Chinese Mediaeval Travellers*, 1875; *Notices of the Medieval Geography* .... 1876; *Chinese Intercourse* ... 1877. Voir *Bib. Sinica*, col. 1268, 1270 et 1280.

Ces deux vol. font partie de *Trübner's Oriental Series.*

(DIVERS.)

— The Kaaba or Great Shrine at Mecca. As described by Chinese; with Notes on the old arab Trade, and Remarks on Mahomedanism in China. By H. Kopsch. (*China Review*, XIV, pp. 95/104.)

Complète E. Bretschneider, *China Review*, V, p. 175. — Voir col. 1268.

GEO. PHILLIPS.

— The Seaports of India and Ceylon, described by Chinese Voyagers of the fifteenth Century, together with an Account of Chinese Navigation. By George Phillips, Esq., H. B. M.'s Consul at Swatow. Part I. (*Journ. C. B. R. A. S.*, XX, N. S., 1885, Art. IX, pp. 209/226. — Part II, *Ibid.*, XXI, N. S., 1886, Art. III, pp. 30/42.)

— The term K'un lun ts'eng szu. By Geo. Phillips. (*China Review*, VIII, pp. 188/190.)

THOS. W. KINGSMILL.

Col. 1270.

— The Migrations and Early History of the White Huns; principally from Chinese Sources. By Thos. W. Kingsmill. (*Journ. R. As. Soc.*, N. S., Vol. X, Part II, Art. XIV, April 1878, pp. 285/304.)

— The Intercourse of China with Eastern Turkestan and the Adjacent Countries in the Second Century B. C. By Thos. W. Kingsmill. (*Journ. R. As. Soc.*, N. S., Vol. XIV, Art. VIII, January 1882, pp. 74/104.)

Cf. Terrien de La Couperie : *Tin-yât not India* (*The Academy*, 2 May 1885).

— Ta Ts'in and Likien. By Thos. W. Kingsmill. (*China Review*, XIX, No. 3, 1890, pp. 194/5.)

— Relations with the Roman Empire. By T. W. Kingsmill. (*Academy*, XXVI, 12.)

JOSEPH EDKINS.

— What did the Ancient Chinese know of the Greeks and Romans. By Joseph Edkins, D. D. (*Jour. N. C. Br. R. As. Soc.*, N. S., Vol. XVIII, 1883, Art. I, pp. 1/16.)

Avec un «Supplementary Statement», pp. 16/19, réimp. du *N. C. Herald*, du 14 mars 1883 et une «Discussion on Dr. Edkins's Paper», pp. 19/23.

— More about Fu-Lin. By J. Edkins. — F. Hirth. (*Journ. C. B, R. A. S.*, XX, N. S., 1885, pp. 283/284.)

— Fu-lin, a Persian Word. By J. Edkins. (*Journ. C. B. R. A. S.* XXI, N. S., 1886, pp. 109/110.)

— The five Elements in Persia. By J. Edkins. (*China Review*, XVII, No. 1, p. 49.)

— Eastern Barbarians. By J. Edkins. (*China Review*, XVII, No. 1, p. 49.)

— Who was Po-to-li? By J. Edkins. (*Journ. C. B. R. A. S.*, XX, N. S., 1885, pp. 282/283.)

— Philological importance of geographical Terms in the *Shi-ki*. By Joseph Edkins. (*Journ. C. B. R. A. S.*, XXI, N. S., 1886, Art. X, pp. 199/203.)

(DIVERS.)

— Ancient Navigation in the Indian Ocean. By the Rev. Joseph Edkins, D. D., Peking, Honorary Member of Royal Asiatic Society. (*Journ. R. As. Soc.*, N. S., Vol. XVIII, Art. I, January, 1886, pp. 1/27.)

Notice : *China Review*, XVI, pp. 191/2; E. J. E.[itel].

— The Yue-ti or Massagetae. By J. Edkins. (*Journ. C. B. R. A. S.*, XXI, N. S., 1886, p. 227.)

— The Getae [月氏]. By J. Edkins. (*China Review*, XVIII, No. 1, p. 60.)

— The Ephthalites. By J. Edkins. (*Journ. C. B. R. A. S.*, XXI, N. S., 1886, pp. 227/228.)

— Note on the Ephthalites A. D. 450. By J. Edkins. (*Journ. C. B. R. A. S.*, XXII, N. S., 1887, pp. 227/9.)

— Areas of Races. By J. Edkins. (*Journ. C. B. R. A. S.*, XXI, N. S., 1886, pp. 228/229.)

— The name 大秦 Ta-ts'in. By J. Edkins. (*China Review*, XIX, 1890, No. 1, p. 57.)

G. SCHLEGEL.

— Einige Anmerkungen zu Groeneveldt's: "Notes on the Malay Archipelago and Malacca, compiled from Chinese Sources." Von F. W. K. Müller. (*T'oung Pao*, IV, Mars 1893, pp. 81/3.)

Voir col. 1270.

— Iets omtrent de betrekkingen der Chinezen met Java voor de komst der Europeanen aldaar door Dr. G. Schlegel. — Batavia, Lands-Drukkerij. 1870, br. in-8, pp. 23-xI.

— Note, pièce in-8, 1 f. (*Notulen Bat. Gen. van K. & W.*, 1885.)

Voir col. 1295.

— Problèmes géographiques. Les peuples étrangers chez les historiens chinois.

I. FOU-SANG KOUO. 扶桑國 *Le Pays de Fou-sang.* Par Gustave Schlegel, Professeur de Langue et de Littérature chinoises à l'Université de Leide. «Extrait du *T'oung-Pao*, Vol. III, n° 2.» Leide, E. J. Brill, 1892, in-8, pp. 68.

Avait paru dans le *T'oung Pao*, III, No. 2, Mai 1892, pp. 101/168.

II. WEN-CHIN KOUO. 文身國 *Le Pays des Tatoués.* —

III. NIU KOUO. 女國 *Le Pays des Femmes.* Par Gustave Schlegel . . . . «Extrait du *T'oung Pao*, Vol. III, n° 5.» Leide, E. J. Brill, 1892, in-8, pp. 23.

Avait paru dans le *T'oung Pao*, III, No. 5, Déc. 1892, pp. 490/510.

IV. SIAO-JIN KOUO. 小人國 *Le Pays des Petits Hommes.*

— V. TA-HAN KOUO. 大漢國 *Le Pays de Tahan (de l'Est).* — VI. TA-JIN KOUO ou TCHANG-JIN KOUO. 大人國 ou 長人國 *Le Pays des Hommes Grands ou Longs.* — VII. KIUN-TSZE KOUO. 君子國 *Le Pays des Gentilshommes.* — VIII. PÉH-MIN KOUO. 白民國 *Le Pays du Peuple blanc.* Par Gustave Schlegel . . . . «Extrait du T'oung-pao, Vol. IV, No. 4.» Leide, E. J. Brill, 1893, in-8, pp. 42.

Avait paru dans le *T'oung Pao*, IV, No. 4, Oct. 1893, pp. 323/362.

IX. TS'ING-K'IEOU KOUO. 青丘國 *Le Pays des Collines vertes.* — X. HEH-TCHI KOUO. 黑齒國 *Le Pays aux Dents noires.* — XI. HIOUEN-KOU KOUO 元股國 *Le Pays des Cuisses noires.* — XII. LO-MIN KOUO ou KIAO-MIN KOUO 勞民國 ou 教民國 *Le Pays du peuple Lo ou du peuple Kiao.* Par Gustave Schlegel. . . . . «Extrait du T'oung-pao, Vol. IV, No. 5.» Leide, E. J. Brill, 1893, in-8, pp. 15.

Avait paru dans le *T'oung Pao*, IV, No. 5, Déc. 1893, pp. 402/411.

XIII. NI-LI KOUO 泥難國 *Le Pays de Ni-li.* — XIV. PEI-MING KOUO. 背明國 *Le Pays des Antihéliens.* — XV. YOUH-I KOUO. 鬱夷國 *Le Pays des Barbares puants.* — XVI. HAN-MING KOUO. 含明國 *Le Pays Plein-de-lumière.* — XVII. WOU-MING KOUO. 吳明國 *Le Pays de Wou-ming.* Par Gustave Schlegel . . . . . «Extrait du T'oung-pao», Vol. V, No. 3. Leide, E. J. Brill, 1894, in-8, pp. 57.

Avait paru dans le *T'oung Pao*, V, No. 3, Juillet 1894, pp. 179—233.

· ·
· ·

— Les peuples tributaires de l'empire chinois. Par C. Imbault Huart. (Avec reproduction d'une ancienne peinture chinoise, *Magasin Pittoresque*, 2° série, tome II, 29 fév. 1884.)

— The Tribe of Pu-lu-k'o-pa (布魯克巴) or Bhotan. By C. Imbault-Huart. (*Journ. C. B. R. A. S.*, XX, N. S., 1885, p. 282.)

— Is 夏 Bactria? (*China Review*, XI, p. 61.) — By Ch. Piton. (*Ibid.*, pp. 131/132.)

大夏 and 夏 (*China Review*, XI, p. 131).

— Bactria and Parthia. (*China Review*, XIII, p. 226.)

— The Term Arsaces. (*China Review*, XIII, p. 226.)

— Getae . . (*China Review*, XIII, pp. 357/358.)

— Hira. (*China Review*, XIII, p. 358.)

— Parthian Civilization. (*China Review*, XIII, p. 361.)

— A Chinese Fragment. Containing an enquiry into the present state of religion in England. With Notes by the Editor. London : Printed by J. Davis, MDCCLXXXVI, in-8, pp. 369.

Par Ely Bates. — Pub. à 5/-cart.

EDOUARD SPECHT.

— Etudes sur l'Asie centrale d'après les historiens chinois, par M. Edouard Specht. (*Jour. Asiatique*, Oct.-Déc. 1883, VIII° sér., II, pp. 317/350.)

— Note sur les Yué-tchi, par M. Edouard Specht. (*Journ. Asiat.*, VIII° sér., XV, Fév.-Mars 1890, pp. 180/185.)

E. H. PARKER.

— Tunguses and Japanese. By E. H. Parker. (*China Review*, No. 4, p. 263.)

— Scythians. By E. H. Parker. (*China Review*, XIV, p. 215.)

— Babylonia, Assyria and Syria. By E. H. Parker. (*China Review*, XIV, p. 217.)

— Gandhara. By E. H. Parker. (*China Review*, XIV, p. 218.)

(DIVERS.)

_ Egypt and China. By E. H. Parker. (*China Review*, XIV p. 219.)

_ Yueh-chi. By E. H. Parker. (*China Review*, XIV, p. 219.)

_ T'iao-chi. By E. H. Parker. (*China Review*, XIV, p. 220.)

_ The Lost Tribes. By E. H. Parker. (*China Review*, XIV, pp. 219/220.)

_ Sacae. By E. H. Parker. (*China Review*, XIV, p. 222.)

_ Yavanas. By E. H. Parker. (*China Review*, XIV, p. 359.)

_ Samara. By E. H. Parker. (*China Review*, XIV, p. 359.)

_ Spirit Markets. By E. H. Parker. (*China Review*, XIV, p. 359.)

_ Upper Burmah. By E. H. Parker. (*China Review*, XV, p. 187.)

_ Cambodja. By E. H. Parker. (*China Review*, XV, p. 251.)

_ Greece. By E. H. Parker. (*China Review*, XV, p. 376.)

_ The Royal Family of Siam. By E. H. Parker. (*China Review*, XVI, p. 188.)

_ Chinese Knowledge of Europe. By E. H. Parker. (*China Review*, XVI, pp. 243/244.)

_ Kwai-fang 〔鬼方〕. By E. H. Parker. (*China Review*, XVIII, No. 4, p. 263.)

_ All the Hias. 〔諸夏〕 By E. H. Parker. (*China Review*, XVIII, No. 5, p. 320.)

(DIVERS.)

_ K'un-lun. By E. H. Parker. (*China Review*, XVIII, No. 6, p. 378.)

Poulo-Condor.— Cf. le mémoire de Klaproth, cité *B. Sinica*, col. 165.

_ T'iao-chi. 〔條支〕 By E. H. Parker. (*China Review*, XVIII, No. 6, p. 380.)

_ Si Hia. 〔西夏〕 By E. H. Parker. (*China Review*, XVIII, No. 6, pp. 380/1.)

_ Chinese Knowledge of the West. By E. H. Parker. (*China Review*, XIX, 1890, No. 1, p. 61.)

UNIVERSITÉ DE PEKING.

Voir col. 1270.

— Gründung einer Universität in Peking. (*Zeit. D. M. G.*, XXII, 1868, pp. 249/260.)

— Peking University. Organization of the Board of Managers. By L. W. P.[ilcher]. (*Chin. Rec.*, XXIII, Jan. 1892, pp. 28/29.)

(DIVERS.)

II. — VOYAGES & AMBASSADES.

PÉLERINS BOUDDHISTES.

CHI FA-HIAN ET SUNG YUN
(Fo kouo ki).

— Fa-hsien and his English translators. By T. Watters. (*China Review*, VIII, pp. 107/116, 131/140, 217/230, 277/284, 323/341.)

— Some Remarks on the Narrative of Fâ-hien. By the Rev. S. Beal, M. R. A. S. (*Journ. R. As. Soc.*, N. S., Vol. XIX, Art. VI, April 1887, pp. 191/206.)

— A Record of Buddhistic Kingdoms being an account of the Chinese monk Fâ-hien of his Travels in India and Ceylon (A. D. 399—414) in search of the Buddhist books of Discipline. Translated and annotated with a Corean recension of the Chinese Text by James Legge, M. A., LL. D. Professor of the Chinese Language and Literature. Oxford, at the Clarendon Press, 1886, pet. in-4, pp. xv-123 et 45 pp. de texte chinois.

Notices : *China Review*, XV, pp. 57/58. Par E. J. E.[itel]. — *Jour. China Br. R. As. Soc.*, XXI, N. S., Nos. 5 & 6, p. 314. Par Herbert A. Giles.

— Record of Buddhistic Kingdoms. By Thomas W. Pearce. (*China Review*, XV, pp. 207/213.)

Notice de la trad. de Legge.

— Fa-Hien's Description of the image of Maitreya Buddha (Bodhisattva). By Robert K. Douglas. (*The Athenaeum*, March 12, 1887, p. 359.)

(FA HIAN.)

— The Image of Maitreya Bôdhisattva. By James Legge. (*Ibid.*, March 19, 1887, p. 390 et p. 454.)

HOEI CHIN (Question du Fou sang).

Col. 1274.

— Pilgerfahrten Buddhistischer Priester von China nach Indien. — Aus dem Chinesischen übersetzt, mit einer Einleitung und mit Anmerkungen versehen von D. Carl Friedrich Neumann, ordentlichem Professor der allgemeinen Literaturgeschichte und einiger lebenden Asiatischen Sprachen, sowie der allgemeinen Länder- und Völkerkunde an der Universität zu München, Mitgliede der Asiatischen Gesellschaften zu London und Paris, der Armenischen Akademie auf St. Lazaro, der historisch-theologischen Gesellschaft zu Leipzig und correspondirendem Mitgliede der Akademie der Wissenschaften zu Berlin. — Erste Abtheilung. — Aus dem dritten Bande der *Zeitschrift für die historische Theologie* besonders abgedruckt. — Leipzig, 1833, br. in-8, pp. 66.

Col. 1275.

— Über die Sammlung der aufgelesenen Blätter des Fusang. Von Dr. A. Pfizmaier . . . . Wien, 1871, in-8, pp. 38.

(Ext. do *Sitzung. d. phil.-hist. Cl. d. k. Akad. d. W.*, LXVII. Bd.)

(HOEI CHIN.)

— Lucien Adam. — Du Fousang. — *(Congrès international des Américanistes)* (Comptes-rendus) Nancy et Paris, 1875, 2 vol. in-8, I, pp. 144/163.

Col. 1276.

— An inglorious Columbus; or, Evidence that Hwui shän and a Party of Buddhist Monks from Afghanistan Discovered America in the Fifth Century, A. D. by Edward P. Vining. New York : D. Appleton, 1885, in-8, pp. xxiii-788.

Voir pp. 711/740, *List of Authorities and References*.
Notice : *China Review*, XIV, pp. 172/4. Par C. G.
— Ancient China in America. By F. H.[irth]. (*Journ. C. B. R. A. S.*, N. S., XX, 1885, pp. 187/8.)
— The Chinese alleged early Voyages to America. [W. H. Dall]. (*Science*, VIII, 402.)

*Edmund Naumann. — Geographische Tagesfragen. III. Das fabelhafte Land Fusan. (*Allg. Zeitg.*, Beil. 1889, 20, pp. 289/290; 21, pp. 298/9.)

— Where is Fusang? (*Korean Reposit.*, I, Dec. 1892, pp. 359/364.)

— The true Foosang. By Dr. J. Edkins in the "Messenger". (*Korean Reposit.*, I, Sept. 1892, pp. 287/289.)

— Problèmes géographiques. Les peuples étrangers chez les historiens chinois. — I. Fou-sang Kouo 扶桑國. *Le Pays de Fou-sang*. Par Gustave Schlegel, Professeur de Langue et de Littérature chinoises à l'Université de Leide. — «Extrait du *T'oung-Pao*, Vol. III, No. 2.» — Leide, E. J. Brill, 1892, br. in-8, pp. 68.

Tirage à part, à petit nombre, sur papier fort de l'article paru dans le *T'oung Pao*, III, No. 2, Mai 1892, pp. 101/168.
— Foo-sang. By G. S.[chlegel]. (*T'oung Pao*, IV, No. 4, Oct. 1893, p. 390.)
Notices : *Globus*, LXII, No. 5, par le Dr. Johannes Hoops. — *American Geog. Soc.*, 30 juin 1892, par Geo. C. Hurlbert. — *Proc. R. Geog. Soc.*, Lond., Aug. 1892, p. 570, par H. J. Allen. — *T'oung Pao*, III. Oct. 1892, pp. 447/8, *An inconsiderate Critic*, rép. de G. Schlegel. — *Revue critique*, 17—24 juillet 1893, par Henri Cordier.

— On the Corean, Aïno and Fusang Writings by Terrien de Lacouperie. (*T'oung Pao*, III, Dec. 1892, pp. 449/465.)

— L'Amérique a-t-elle été découverte par les Chinois? (*Intermédiaire des Chercheurs et curieux*, XX, 9, 87, 109, 138, 307, 364, 557.)

— La scoperta dell' America, attribuita ai Cinesi. Relazione di Lodovico Nocentini, br. in-8, pp. 12.

Estratto dagli ATTI del primo Congresso Geografico italiano, Genova 1892. — Genova — Tip. Sordo-muti.
Notice par G. Schlegel, *T'oung Pao*, V, No. 3, juillet 1894, pp. 291/295.

(HOEI CHIN.)

HIOUEN TSANG.

— Note on Hiouen-Thsang's Dhanakacheka. By Robert Sewell, M. G. S., M. R. A. S. (*Journ. R. As. Soc.*, N. S., Vol. XII, Art. III, January 1880, pp. 98/105.)
Avec des remarques de Jas. Fergusson, pp. 105/109.

— On the Identification of Nagarahara, with reference to the Travels of Hiouen-Thsang. By William Simpson, F. R. G. S. (*Journ. R. As. Soc.*, N. S., Vol. XIII, Art. VII, April 1881, pp. 183/207.)

— *Si-yu-ki*. — Buddhist Records of the Western World. Translated from the Chinese of Hiuen Tsiang (A. D. 629). By Samuel Beal, ... in two volumes. London : Trübner & Co. 1884. 2 vol. in-8, pp. cviii-242, vii-368.

Ces vols. font partie de *Trübner's Oriental Series*. Dans l'introduction, l'éditeur reproduit le *Fo kouo-ki* (Fa hian & Sung-yun); voir la première éd. de cette publication, col. 1272.

— The Life of Hiuen-tsiang. By the Shamans Hwui li and Yen-tsung. With a Preface containing an account of the works of I-tsing by Samuel Beal . . . London : Trübner, 1888, in-8, pp. xxxvii-218.

Fait partie de *Trübner's Oriental Series*. — Pub. à 10/-
Notice : *Lond. & China Express*, Dec. 24, 1888.

— The Shadow of a Pilgrim, or, notes to the Ta-t'ang Hsi-yü-chi 大唐西域記 of Yuan-chwang. By T. Watters. (*China Review* XVIII, No. 6, pp. 327/347; *ibid.*, XIX, No. 2, pp. 107/126; *ibid.*, No. 3, pp. 182/189; *ibid.*, No. 4, pp. 201/224; *ibid.*, No. 6, pp. 376/383; *ibid.*, XX, No. 1, pp. 29/32.)

— On Hiuen-tsang instead of Yüan Chwang, and the necessity of avoiding the Pekinese Sounds in the quotations of ancient proper Names in Chinese. By Dr. Terrien de Lacouperie, professor of Indo-Chinese Philology (late University College). [From the 'Journal of the Royal Asiatic Society of Great Britain and Ireland'], br. in-8.

— Sur un passage de la préface du 西域記 *Hsî yü ki* par James Legge, professeur de Chinois à l'Université d'Oxford. (*Mém. Soc. Et. jap., etc.*, V, Nov. 1886, pp. 263/266.)

— The marvellous Genealogy of Hsuen Tseng. By G. Taylor. (*China Review*, XVII, No. 5, 1889, pp. 258/265.)

I TSING 義淨

— Deux chapitres extraits des mémoires

(HIOUEN TSANG.)

d'I-tsing sur son voyage dans l'Inde, par M. Ryauon Fujishima. (*Journ. Asiat.*, VIII° sér., XII, Nov.-Déc. 1888, pp. 411/ 439.)

Chap. XXXII et XXXIV du *Nan-haï khi-kouei-neï-fa-tchouen* (Histoire de la loi intérieure envoyée de la mer du Sud) composée par I-tsing sous les T'ang.

— Index des mots sanscrits-chinois contenus dans les deux chapitres d'I-tsing, par M. Ryauon Fujishima. (*Journ. Asiat.*, VIII° sér., XIII, Avr.-Mai-Juin 1889, pp. 490/ 496.)

— Voir S. Julien, col. 1277.
— Voir Samuel Beal, supra, col. 2040.

— Voyages des pèlerins bouddhistes. — Les Religieux éminents qui allèrent chercher la loi dans les Pays d'Occident, mémoire composé à l'époque de la grande dynastie T'ang par I-tsing traduit en français par Edouard Chavannes, Professeur au Collège de France. Paris, Ernest Leroux, 1894, in-8, pp. xxi-218.

I-tsing, né en 634; † en 713.

WANG NIEH 王業

— Itinerary to the Western Countries of Wang-nieh in A. D. 964 by G. Schlegel. (*Mém. du Comité Sinico-japonais*, XXI, 1893, pp. 35/64.)

Tirage à part à 25 exemplaires, Paris, Maisonneuve, br. in-8.

DIVERS.

Col. 1279.

— Relation de l'expédition d'Houlagou.

Traduit en anglais par le Dr. Bretschneider dans ses *Mediaeval Travellers*, pp. 57—99.

(I TSING. — WANG NIEH.)

Col. 1280.

— Notes on Chinese Mediaeval Travellers... by E. Bretschneider. . . .

Réimp. voir supra, col. 2033.

— Une mission chinoise à Venise au XVII° siècle par Girard de Rialle. (*T'oung Pao*, I, No. 2, août 1890, pp. 99/117.)

Le Père Boym.

— Le vol. du British Museum 6573. i. 4 est un recueil factice de pièces relatives à la naturalisation comme écossais de William Macao, Accountant of Excise, natif de la Chine [Edinburgh, 1819], in-4.

Col. 1281.

— A Chinese Munchausen. (Balfour, *Waifs and Strays*, 1876, pp. 149/152.)

Col. 1282.

— Diary of Liu Ta-jên's Mission to England. By F. S. A. Bourne (translator). (*Nineteenth Century*, VIII, 1880, pp. 612/621.)

— Journal du Marquis Tseng. (*Le Figaro*, Supp., Samedi 8 Déc. 1883.)

(Extrait du *Nineteenth Century*). — Voir col. 1606.

— A Version in Chinese, by the Marquis Tseng, of a Poem written in English and Italian by H. W. Freeland, M. A., M. R. A. S., late M. P. Commander of the Order of The Crown of Siam. (*Journ. R. As. Soc.*, N. S., Vol. XIX, Art. III, January, 1887, pp. 136/137.)

— Le marquis Tseng et l'ambassade chinoise. (*Ann. de l'Ext. Orient*, 1883—1884, VI, pp. 112/114.)

— Réflexions d'un voyageur Chinois sur l'Europe et les Européens. Traduction d'une brochure chinoise. (*Missions Catholiques*, XXII, 1890, pp. 104/106, 117/119.)

« Le traducteur de cette curieuse relation est un jeune missionnaire parti au mois d'oct. 1885 pour la Chine. Les gravures qui accompagnent ce travail sont l'œuvre d'un jeune Chinois, le maître de langue du missionnaire. — Son auteur est un nommé Fou, *Sien-sien* (secrétaire) d'un mandarin qui, en 1884, fit son tour d'Europe . . . »

(DIVERS.)

III. — ÉMIGRATION.

OUVRAGES DIVERS.

— Die Chinesen in der Zerstreuung. (K. L. Biernatzki, *Beiträge zur Kunde China's*, 1853, pp. 9/26, 108/118.)

Pulo Penang oder Prinz Wales Insel : 1. Chinesisches Quartier und Theater in Georgetown. — 2. Chinesische Sclaven und Wohnungen ausserhalb Georgetown. — *Sincapore* : 1. Chinosische Bevölkerung; geheime Verbindungen. 2. Ein Chinesisches Spielhaus und eine Opiumkneipe. — *Chinesen in Californien*.

— Why and How. — Why the Chinese emigrate, and the means they adopt for the purpose of reaching America. With Sket-

(DIVERS.)

ches of Travel, Amusing Incidents, Social Customs, &c. By Russell H. Conwell. 商 人 先 生 營 店 With Illustrations by Hammatt Billings. Boston : Lee and Shepard, 1871, in-16, pp. 283.

— The Chinese as Colonists. By W. H. Medhurst. (*Nineteenth Century*, IV, 1878, pp. 517/527.)

— L'émigration chinoise par M. F. Leseur, Membre de la Société de Géographie de

(DIVERS.)

Lille. — Lille, Imp. L. Danel, 1884, br. in-8, pp. 24.

Bib. nat. $\frac{0^a n}{765}$.

— Les Chinois partout (Question de l'Immigration Chinoise) par le Baron Etienne Hulot. (Extrait de la *Revue du Monde latin*, Sept.-Oct. 1888.) Paris, 1888, br. gr. in-8, pp. 46.

Bib. Nat. $\frac{0^a n}{838}$.

— L'immigration chinoise. (*Ann. de l'Ext. Orient*, 1885—1886, VIII, pp. 61/62.)

Extrait du *Novosti*.

— Minister 薛福成 [Sieh] on Chinese Emigrants abroad. (*China Review*, XXI, No. 3, pp. 138/141.)

Mémorial à l'Empereur traduit du *Shen Pao*.

ÉTATS-UNIS.

— Chinese Immigration. — The Social, Moral, and Political Effect of Chinese Immigration. — Testimony taken before a Committee of the Senate of the State of California, Appointed April 3d, 1876. Reported by Frank Shay, official Reporter of said Committee, and published under an order of the Senate by F. P. Thomson, State Superintendent of Public Printing. Sacramento : State Printing Office. 1876, in-8, pp. vii-173.

— The Chinese in America. By Rev. O. Gibson, A. M. 唐人在金山 T'ong Yán Choi Kam Shán. Cincinnati : Hitchcock & Walden, 1877, in-16, pp. 403.

Bib. Nat. $\frac{0^a n}{645}$.

— Chinese immigration by S. Wells Williams, LL. D. A Paper Read before the Social Science Association, at Saratoga, September 10, 1879. New York, Charles Scribner's Sons, 1879, in-8, pp. 48.

Notice : *Chin. Rec.*, X, 1879, p. 481.

— The Chinese and the Chinese Question by James A. Whitney, LL. D. New York, Thompson & Moreau, printers, 1880, br. in-8, pp. 87.

"This monograph comprises three lectures delivered by the author before the *New York Academy of the Useful Arts* on August 25th, September 29th and October 27th of the present year. Of these the first two (pages 1 to 62 hereof inclusive) have appeared in the *National Quarterly Review* for October ultimo. The third (pages 63 to 87 hereof inclusive) is added in the belief that an exposition of the legal principle involved in the remedy of existing evils, is hardly less necessary or desirable than is the consideration of their nature and tendencies." (Pref. Note.)

— China in America : a Study in the Social Life of the Chinese in the Eastern Cities of the United States. By Stewart Culin. Read before the American Association for the Advancement of Science (Section of Anthropology), at the thirty-sixth meeting, New York, 1887. Philadelphia : 1887, br. in-8, pp. 16 + 1 pl.

— The Religious Ceremonies of the Chinese . . . By Stewart Culin . . . . Voir RELIGION, col. 1614.

— Immigration of Chinese. [A. Kinney] (*Overland Monthly*, new series, I, 449). [E. W. Gilliam] (*North American Review*, cxlm, 26). — (*Spectator*, LV, 717). — [G. L. Lansing] (*Popular Science Monthly*, XX, 721). — [G. F. Seward] (*North American Review*, cxxxiv, 562). — [F. E. Sheldon] (*Overland Monthly*, new series, VII, 113).

— The Chinese in America. [B. J. Church]. (*American Catholic Quarterly*, IX, 57.)

— The Chinese in the United States. (*American*, IV, 23. — *Foster's Monthly Reference Lists*, II, 13.)

— A Chinaman on the Chinese Exclusion Question. (*Chin. Rec.*, XX, No. 12, Dec. 1889, pp. 561/565.)

— L'émigration chinoise. (*Ann. de l'Ext. Orient*, II, pp. 15.)

— Les Chinois aux Etats-Unis. (*Revue française*, No. 173, 1er sept. 1893, XVIII, pp. 215/218.)

— Die bevorstehende Revolution in den Vereinigten Staaten von Nord-Amerika. Von Curt A. Musgrave. — Berlin. Verlag von Walther & Apolant. 1886, in-8, pp. 42.

— The Expulsion of the Chinese. What is a Reasonable Policy for the Times? — A Sermon Delivered by the Rev. Charles D. Barrows, D. D. Pastor First Congregational Church, San Francisco, Sunday evening, February 14, 1886. — San Francisco: Samuel Carson & Co., publishers, 1886, in-8, pp. 19.

— La Ville chinoise dans San Francisco. Par O. S. [*Cornhill Mag.*] (*Rev. Brit.*, 1886, IV, pp. 321/333.)

O. S. = Octave Sachot.

— The Chinese in California. (*All the Year Round*, xlviii, 321. — (*Leisure Hour*, XXII, 174.)

— Chinese and Japanese Missions in California. By Dr. A. B. Leonard. (*Chin. Rec.*, XXI, No. 1, Jan. 1890, pp. 27/28.)

— Chinese Mythology in San Francisco. By L. A. Littleton. (*Overland Monthly*, new series, I, 612.)

— Les Chinois à Boston. Par G. Schlegel. (*T'oung Pao*, IV, mai 1893, p. 241.)

CANADA.

— Commission royale. — Rapport sur l'immigration chinoise. — Rapport et témoignages. Ottawa; imprimé par ordre de la commission. — 1885, in-8, pp. ccxlv-532.

AMÉRIQUE MÉRIDIONALE.

— Aprigio Cesarino-Conferencia realisada em São Carlos do Pinhal Provincia de S. Paulo sobre a Immigração chineza no dia 18 de Março de 1888. — S. Paulo-Typographia do Diario popular, 1888, in-8, pp. 23.

DÉTROIT DE MALACCA, ETC.

— A Singapore Streetscene by Professor G. Schlegel, Leiden. (With plate IX.) [Separat-Abdruck aus «Internationales Archiv für Ethnographie», Bd. I, 1888], br. in-4, pp. 9.

— Chinese Mission Work in Singapore. (*Chinese Recorder*, XVII, June 1886, pp. 223/227.)

ILES DE LA SONDE, MOLUQUES, PHILIPPINES, ETC.

Col. 1295.

— Voir col. 1270, Notes on the Malay Archipelago, . . by W. P. Groeneveldt.

Col. 1296.

— L'instruction primaire chez les Chinois dans l'île de Java. Mémoire de M. J. E. Albrecht, de Batavia. Traduit du hollandais et annoté par Aristide Marre . . . . . Communication faite à la Société académique Indo-Chinoise, dans ses séances des 30 avril et 31 juillet 1880. (*Ann. de l'Ext. Orient*, 1880—1881, III, pp. 225/240.)

— Los Chinos en Filipinas. — Males que se experimentan actualmente y peligros de esa creciente inmigracion. — Observaciones, Hechos y Cifras que se encuentran en artículos que *La Oceania Española* Periódico de Manila ha dedicado al estudio de este problema social. — Manila. — Establecimiento tipográfico de «La Oceania Española», 1886, in-8, pp. 130 + 1 f. n. c.

* Soerat Ketrangan dari pada hal Kaädaän Bangsa Tjina di negri Hindia-Olanda, terkarang oleh padoeka toean J. E. Albrecht, dahoeloe President Weeskamer di Batawi. Bijblad 4017.

C'est la traduction malaise publiée par les éditeurs Albrecht et Rusche, de Batavia, du mémoire publié par J. E. Albrecht, président de la Chambre des Orphelins à Batavia, dans le *Bijblad van het Staatsblad van Nederlandsch-Indië*, No. 4017, et republié avec des annotations, jusqu'à l'année 1886 par M. Albrecht à Leyde, chez A. W. Sijthoff.

Le travail d'Albrecht a été traduit en français par Meijer :

— La condition politique des Chinois aux Indes néerlandaises par J. J. Meijer. (*T'oung Pao*, IV, Mars 1893, pp. 1/32; *ibid.*, Mai 1893, pp. 137/173.)

— The Chinese in Borneo. (*Illustrated Travels*, ed. by Bates, V, 1873, Part XLIX, pp. 23—26.)

— Het Kongsiwezen van Borneo. — Eene Verhandeling over den Grondslag en den Aard der Chineesche Politieke Vereenigingen in de Koloniën, met eene Chineesche Geschiedenis van de Kongsi Lanfong. door Dr. J. J. M. de Groot, ... Uitgegeven door het Kon. Inst. v. de T.-, L.- en Volk. van Ned.-Indië. 'S Gravenhage, Martinus Nijhoff, 1885, in-8, pp. VIII-193.

Notice : *Revue Coloniale intern.* d'Amsterdam, déc. 1885 [par G. Schlegel].

* De Kongsi's van Montrado. Bijdrage tot de geschiedenis en de kennis van het wezen der Chineesche vereenigingen op de westkust van Borneo. Met eene schetskaart, door S. H. Schaank, Controleur bij het binnenlandsch bestuur. (*Tijds. voor Ind. Taal-, Land- en Volkenkunde*, Deel XXXV. Batavia, Albrecht & Rusche, 1893, pp. 105.)

Notice par G. Schlegel, *T'oung Pao*, IV, No. 3, juillet 1893, pp. 312/4.

— Chinese oaths in the Colonies. By Java. (*China Review*, IX p. 397.)

— On chinese Oaths in Western Borneo and Java. By J. J. M. de Groot. (*China Review*, X, pp. 212/218.)

— The Chinese in Borneo. (*China Review*, VII, pp. 1/11.)

— De Feestdagen der Chineezen door Tshoà tsoe koàn. Naar den Maleischen tekst bewerkt door J. W. Young, tolk voor de Chineesche Taal. (*Tijdschr. voor Ind. Taal-, L. en Vk.*, XXXII, p. 88.)

— The feast of lanterns at Padang (Sumatra). By W. Young. (*China Review*, IX, pp. 320/321.)

— 送字紙 Processions for written paper at Padang (Sumatra). By T. W. Young. (*China Review*, X, pp. 428/431.)

— Chinese-Malay and Javanese Literature in Java. By G. Schlegel. (*T'oung Pao*, II, Juin 1891, pp. 148/151.)

— Un calendrier indonésien-chinois. Par G. Schlegel. (*T'oung Pao*, II, Juin 1891, pp. 175/7.)

AUSTRALIE.

— The Chinese Question in Australia, 1878-79. Edited by L. Kong Meng. Cheok Hong Cheong. Louis Ah Mouy. Melbourne : F. F. Bailliere, Publisher in Ordinary to the Victorian Government, 1879, br. in-8, pp. 31.

— The Chinese Question in Australia 1880-81. Edited by J. Hurst, Formerly Secretary to the Mutual Trade Protection Association of South Australia. Sydney : "The Australian" Printing Works, 1880, pièce in-8, pp. 4.

— Work among the Chinese in Victoria, Australia. By Mr. A. Gordon. (*Chin. Rec.*, XII, 1881, pp. 115/118.)

— The Chinese in Australia. By Sir John Pope Hennessy. (*Nineteenth Century*, April 1888, pp. 617/619.)

— Is Australia to the Chinese ? (*The Spectator*, 12 mai 1888.)

— Chinese in Australasia. (*Lond. & China Express*, May 18, 1888, pp. 473/5.)

CINQUIÈME PARTIE

LES PAYS TRIBUTAIRES DE LA CHINE

I. — TARTARIE.

OUVRAGES DIVERS.

— Dissertation sur la célèbre terre de Kamtschatka et sur celle d'Yéço : sur l'étendue de la domination moscovite : sur la Tartarie Moscovite et Chinoise : sur la communication ou non communication des continents de l'Asie et de l'Amérique, et le passage dans les mers d'Orient par les mers du Nord. Par le P. Castel, S. J. (*Mémoires de Trévoux*, juillet 1737, pp. 1156/1226 et une carte.)

— Latitudes et Longitudes observées par les Missionnaires Jésuites, 1710—16, dans la Tartarie orientale et occidentale :

Du Halde, IV : 8 positions dans la province de Leao tong ou Quan tong hors de la grande muraille.

De Mailla, XII, 314, 315 : 36 positions de la Tartarie orientale — 93 positions de la Tartarie occidentale.

De Mailla, XI, 575 : *Mém. conc. les Chinois*, I, 399 : Position des principaux lieux du royaume des Eleuthes. 43 positions.

Voir aussi : Petermann, *Geogr. Mittheilungen*, 1880, p. 467, Deux lettres inédites des Pères Amiot et Gaubil sur les lat. et long. prises dans la Dzoungarie par les pères d'Espinha et da Rocha en 1756 (Brucker, Lyon, 1880). Voir col. 1351.

— The Northern Frontagers of China. Part I. The Origines of the Mongols. By H. H. Howorth. (*Journ. R. As. Soc.*, N. S. Vol. VII, Art. XI, 1875, pp. 221/242.) Part II. The Origines of the Manchus. (*Ibid.*, Art. XIV, 1875, pp. 305/328.) Part III. The

Kara Khitai. (*Ibid.*, Vol. VIII, Art. VII, April 1876, pp. 262/290.) Part II. The Manchus. Supplementary Notice (*Ibid.*, Vol. IX, Art. IX, July 1877, pp. 235/242.) Part IV. The Kin or Golden Tatars. (*Ibid.*, Vol. IX, Art. X, July 1877, pp. 243/290.) Part V. The Khitai or Khitans. (*Ibid.*, Vol. XIII, Art. VI, April 1881, pp. 121/182.) Part VI. Hia or Tangut. (*Ibid.*, Vol. XV, Art. XVIII, October 1883, pp. 438/482.) Part VII. The Shato Turks. (*Ibid.*, Vol. XVII, Art. XII, April 1885, pp. 293/338.)

Voir col. 1327.

Notice : *China Review*, XVIII, No. 1, pp. 62/63, by E. H. P.[arker].

— On the Turks, Tattars, and Mughals par H. G. Raverty, Major, Bombay Army (retired). (*Travaux de la troisième session du Congrès des Orientalistes*, St. Pétersbourg, 1876, II, pp. 71/124.)

— Les Ghiliaks d'après les derniers renseignements. Par M. J. Deniker, Membre des Sociétés de Géographie et d'Anthropologie. (*Revue d'Ethnographie*, Tome II, No. 4, 1883, pp. 289/310.)

— Tartars. By E. H. Parker. (*China Review*, XIV, p. 224.)
— Tartars. By E. H. Parker. (*China Review*, XV, p. 187.)
— Hippophagy among the Tartars. (Balfour, *Chinese Scrapbook*, 1887, pp. 79/82.)

(DIVERS.)

— Khan, Khakan, and other Tartar Titles.
— By Prof. Dr. Terrien de Lacouperie.
— December 1888. — London : "Babylonian & Oriental Record." D. Nutt, br.
in-8, pp. 15.

— The Fish-Skin Tartars. By M. A. Fraser.
(*Journ. C. B. R. A. S.,* XXVI, N. S., No.
1, 1891—92, pp. 1/43.)

HISTOIRE.
TARTARES ORIENTAUX.

— W. Vasiliev. — L'histoire et les antiquités
de la partie moyenne de l'Asie orientale (c.
à. d. la Mongolie orientale et la Mandchourie) du Xᵉ au XIIIᵉ siècle, 1857 (publié dans
les mémoires de la Soc. archéol. de St. Pétersbourg).

C'est un ouvrage très important quant à l'origine des Mongols,
Kitan (Liao), Niutchi (Kin), in-8, pp. 140.

TOBA.

— Tobas and T'ufas. By E. H. Parker. (*China Review,* XVIII,
No. 1, pp. 56/57.)

SIEN-PI ET TOUNGOUSES.

— Tungusian tribes. (*China Review,* XIII, p. 224.)

— The History of the *Wu-wan* or *Wu-hwan*
Tunguses of the first Century. Followed
by that of their Kinsmen the *Sien-pi.* By
E. H. Parker. (*China Review,* XX, No. 2,
pp. 71/100.)

LIAO, 遼 (K'i-tan, 契丹).

— Kitan. By J. (*Chin. Rec.,* IX, 1868, pp. 419/445.)

— Geschichte der grossen *Liao* aus dem
Mandschu übersetzt von H. Conon von der
Gabelentz. — Herausgegeben von H. A.
von der Gabelentz. St. Pétersbourg, 1877,
in-8, 4 ff. n. c. + pp. 225.

— Were the *K'itan* 契丹 Fire Worshippers? By C. I.
H. [uart.] (*Journ. C. B. R. A. S.,* N. S., XX, 1885, p. 184).

— The Kitans. By E. H. Parker. (*China Review,* XV, p. 249.)

— Kitan Customs. By E. H. Parker. (*China Review,* XIX, 1890,
No. 1, p. 60).

SI LIAO, 西遼 (Kara-k'itaï).

— Kitai, Kara-Kitai und der Priester Johannes. (*Archiv f. wiss. K. v. Russl.,* XXIII,
1865, pp. 517/527.)

— On the Kitai and Kara-Kitai. By Dr. Gustav Oppert. (*Journ. Ethn. Soc.,* New Series,
Vol. II, Session 1869—70, pp. 97/106.)

— E. Bretschneider. — Notice of the Kara-
Khitai or *Si-Liao* (Western Liao). (*Notices
of the Mediaeval Geography, etc.,* of Cen-

(HISTOIRE.)

tral & Western Asia, I, pp. 22—24.) —
Voir col. 2033.

— Archim. Palladius. — Notice sur les Kara
Khitai et leur capitale dans le Turkestan
occidental (en russe. Bulletin [izvestia] de
la Soc. de Géogr. de St. Pétersb., X, 1874,
p. 354).

— Kitai und Karakitai, ein Beitrag zur Geschichte Ost- und Innerasiens. Von W.
Schott. Aus den Abhandlungen der Königl.
Akademie der Wissenschaften zu Berlin
1879. — Berlin, Buchdruckerei der Königl.
Akademie der Wissenschaften (G. Vogt).
Universitätsstrasse 8. 1879. — In Commission bei F. Dümmler's Verlags-Buch-
handlung (Harrwitz und Gossmann).

— Voir Gaubil-Cordier, HOLIN, col. 2061.

KIN, 金 (Niu-tchen, 女眞).

— Voir col. 1305 et 1307.

— Voir col. 1607, DEVÉRIA, Stèle de Yen-t'aï.

— Shang Jing (上京) of Kin (金). (*Chin.
Rec.,* IX, 1878, pp. 161/169.)

— The Kin Dynasty of Tungusic Origin. (*China Review,* X, p. 222.)

— The Origin of the Nuchen Tartars. (*China Review,* XI, pp. 62.)

— Constitution de l'empire de Kin. Livre final
de l'*Aisin-Gurun-I-Suduri Bithe* traduit
par M. C. de Harlez. (*Journ. Asiat.,* VIIIᵉ
sér., VII, Mai-Juin 1886, pp. 469/476.)

Fondé par les Niu-tchi en 1115.

— Histoire de l'Empire de Kin ou Empire
d'Or. Aisin-Gurun-I-Suduri Bithe, traduite
du Mandchou par C. de Harlez, avec une
carte. Louvain, Charles Peeters, 1887, in-8,
pp. XVI-288.

«L' histoire des Mongols ou plutôt de la dynastie mongole (Yuen)
qui régna sur la Chine est toute entière dans les annales de
cet empire : on l'y trouvera sans peine. Celle du royaume de
Taï-liao a été traduite par le savant orientaliste de Leipzig
M. Conon von der Gabelentz. Restaient les annales de l'empire
d'Or, qui n'avaient point encore été traduites. Le père de Mailla,
dans son *Histoire générale de la Chine* et le P. Visdelou dans
la *Bibliothèque orientale d' Herbelot* (t. IV) en ont donné, ce
semble, des extraits ; mais, en réalité, ils ont suivi généralement
les écrivains chinois que les historiographes tartares contredisent
fréquemment, ce qui donne un intérêt de plus à ces annales»
(p. VI).

Notice par L. Foer, *Journ. Asiat.,* VIIIᵉ sér., XI, Avr.-Mai-Juin
1888, pp. 539/542.

— Niu-tchis et Mandchous, rapports d'origine et de langage, par M. C. de Harlez.
(*Journ. Asiat.,* VIIIᵉ sér., XI, Fév.-Mars
1888, pp. 220/249.)

— Niu-tchis et Mandchous, rapports d'origine et de langage, par M. C. de Harlez.
— Extrait du Journal Asiatique. Paris. Imprimerie Nationale. — MDCCCLXXXVIII, br.
in-8, pp. 32.

(HISTOIRE.)

— The Djurtchen of Mandshuria: their Name, Language, and Literature. By Prof. Terrien de Lacouperie, Ph. & Litt. D., M. R. A. S. [From the "Journal of the Royal Asiatic Society of Great Britain and Ireland", XXI, April 1889, pp. 433/460], br. in-8.

Cf. F. Hirth, *Chinese Oriental College*, supra, col. 2033.

— A Simplified Account of the Progenitors of the Manchus. By E. H. Parker, Esq., H. B. M. Consul, Hoihow. (*Chinese Recorder*, XXIV, Nov. 1893, pp. 502/513.)

— Mr. W. Grube a lu un mémoire intéressant sur ce sujet au Congrès des Orientalistes de Genève. (Sept. 1894.)

TARTARES OCCIDENTAUX.

HUNS.

— Voir col. 1303.

TURCS.

— The White Huns. By E. H. Parker. (*China Review*, XVI, p. 244.)
— The Turks. By E. H. Parker. (*China Review*, XVI, p. 245.)

— The Turko-Scythian tribes. By E. H. Parker. (*China Review*, XX, No. 1, pp. 1/24; *ibid.*, No. 2, pp. 109/125; XXI, No. 2, pp. 100/119; No. 3, pp. 129/137.)

— Voir sur la trad. de E. H. Parker des Turco-Scythian Tribes (*China Review*, XX, pp. 1/24, 71/100), Thos. W. Kingsmill (dans le *Jour. C. B. R. A. S.*, XXVI, N. S., No. 1, 1891—92, pp. 121/126).

MONGOLS.

— Histoire de Tamerlan, Empereur des Mogols et Conquerant de l'Asie. A Paris, chez Hippolyte Guerin, rue S. Jacques, vis-à-vis les Mathurins, à Saint Thomas d' Aquin. M.DCC.XXXIX. Avec Approbation & Privilege du Roy. 2 parties in-12.

L'épitre au Comte de Maurepas est signée «MARGAT, M. de la C. de J.»

«Publiée par le P. Brumoy. Picot dit dans ses «Mémoires» que le P. Brumoy fut obligé de quitter Paris après la publication de cette Histoire dans laquelle le Régent était fort maltraité.» (Barbier, II, 1874, col. 736.)

— Ahmedis Arabsiadae Vitae & rerum gestarum Timuri, qui vulgo Tamerlanes dicitur, Historia. Lvgdvni Batavorvm, Ex Typographia Elseviriana clɔ lɔ c xxxvi, in-4.

Texte arabe précédé d'une étude de Golius (4 pages). L'exemplaire de la Bibliothèque de la Ville de Caen, que j'ai examiné, contient quelques notes manuscrites (principalement des noms de villes et de pays) de Bochart.

— Исторія Монголовъ по армянскимъ источникамъ *К. П. Патканова* (Histoire des Mongols d'après les écrivains arméniens. Par *K. P. Patkanov*), St. Pétersbourg, 1874.

— Geschichte der Mongolen bis zum Jahre 1206. Ein Beytrag zur Berichtigung der Geschichte und Erdbeschreibung des mittlern Asiens. Von Karl Dietrich Hüllmann.

(HISTOIRE.)

Berlin, 1796. Bei Karl Ludwig Hartmann, in-8, pp. xvi-144.

YOUEN 元.

— Voir col. 1321, 1593.

— Une page de l'histoire des Mongols. — Proemium du Dai-yuwan Gurun-i suduri bithe. Traduit du mandchou par M. C. de Harlez. (*Journal Asiatique*, VIII° Sér., II, Août-Sept. 1883, pp. 309/314.)

Col. 1319.

— Histoire ‖ du grand ‖ Genchizcan ‖ premier empereur ‖ des anciens Mogols ‖ et tartares. ‖ Divisée en quatre livres. ‖ Contenant ‖ La Vie de ce Grand Can. Son Elevation. Ses ‖ Conquêtes, avec l' Histoire abregée de ses ‖ Successeurs qui regnent encore à present. Les ‖ Moeurs, les Coûtumes, les Loix des anciens ‖ Mogols & Tartares, & la Geographie des ‖ vastes Païs de Mogolistan, Turquestan, Caps ‖ chac, Yugurestan, & de la Tartarie Orientale ‖ & Occidentale. ‖ Traduite et compile'e. ‖ De plusieurs Auteurs Orientaux & de Voyageurs Euro ‖ péens, dont on voit les noms à la fin, avec ‖ un Abrégé de leurs Vies. ‖ Par feu M. Pe'tis de la Croix le pere, ‖ Secretaire Interprete du Roy és Langues ‖ Turquesque & Arabesque. ‖ A Paris, ‖ Chez Michel Estienne David, fils, Quay ‖ des Augustins, du côté du Pont Saint Michel ‖ au Prophète Royal. ‖ M.DCCXI. ‖ Avec Approbation & Privilege du Roy. in-12, 10 ff. n. c. p. l. t. tab., etc. + pp. 564.

Même éd. que la précédente, sauf le titre.

* Yoshitsune and Genghis Khan; a historical thesis on the identity of the Chinese Conqueror with the Chinese Hero. By K. Suyematz. (*Japan Weekly Mail*, 25 Juin—7 août 1880.)

— Genghis Khan, a Japanese. By E. H. Parker. (*China Review*, XVI, p. 124.)

— Genghiz Khan. By E. H. Parker. (*China Review*, XVI, p. 188.)

— Исторія Монголовъ Рашидъ-Эддина. Переводъ И. Н. Березина. (L'Histoire des Mongols de Rachid-eddin, traduite du persan par I. N. Berezine avec le texte persan et des notes. I. Races turques et mongoles. — II. Histoire de Tchinghizkhan (inachevée). (Mémoires de la Société archéologique de St. Pétersbourg, 1858.)

— Mémoire sur un ancien document historique sino-mongol, le *Yuen tchao mi chi*, par A.

(HISTOIRE.)

Pozdnieyev (en russe). (*Mémoires de la Soc. archéologique de St. Pétersbourg*, 1884.)

Voir sur le *Yuen tchao mi chi*, Brctschneider, *Notices on the mediaeval Geogr.* etc., p. 14. M. Pozdnieyev a réussi à rétablir l'ancien texte mongol de ce document, qu'il se propose de publier prochainement avec une traduction.

* G. N. Potanine. — L'anniversaire de Tchinghis-Khan (*Izviestia de la Soc. imp. russe de géogr.*, Saint-Pétersbourg, 1887). Br. in-8 (en russe).

Cité *Compte-rendu Soc. Géog.* 1888 No. 3.

— Cérémonial de Khoubilaï ... par G. Pauthier, voir col. 1099.

OUIGOURS.

— Voir col. 1304. — Tha-tha-toung-'o, col. 1325.

وداتقو بیلیک Uigurische sprach-monumente und das *Kudatku bilik.* Uigurischer Text mit transscription und übersetzung nebst einem uigurisch-deutschen wörterbuche und lithografirten facsimile aus dem originaltexte des Kudatku bilik von Hermann Vámbéry, o. ö. Professor der orientalischen Sprachen an der königlichen Universität zu Pest. — Gedruckt mit Unterstützung der Ungarischen Akademie der Wissenschaften. Innsbruck. Druck der Wagner'schen Universitäts-Buchdruckerei. — In Commission bei F. A. Brockhaus in Leipzig, 1870, in-4, pp. iv-260 + 1 pl. facs. + 1 f. n. c. p. les errata.

— Das *Kudatku Bilik* des Jusuf Chass-Hadschib aus Bälasagun. — Theil I. Der Text in Transscription herausgegeben von Dr. W. Radloff. — St. Petersburg, 1891. Commissionaire der Kaiserlichen Akademie der Wissenschaften, gr. in-4, pp. xciii + pp. 252 de texte.

— E. Bretschneider. — The Uigurs (drawn from Chinese writings). 1876. (*Notices of the Mediaev. Geogr. of Central & Western Asia*, pp. 115—132.)

— Alphabet ouïgour. Notice de Thao-tsong-y (XIVᵉ siècle) par M. Gabriel Devéria. (*Rev. de l'Ext. Orient*, II, 1883, No. 3, pp. 287/88.)

— Déchiffrement et interprétation de l'inscription ouïgoure, découverte par M. Pognon. Par J. Halévy. (*Journ. Asiatique*, VIIIᵉ Sér., XX, Sept.-Oct. 1892, pp. 291/2.)

— Uighurs. By E. H. Parker. (*China Review*, XV, p. 187).

LANGUES TARTARES.

— The Ghilyak Language. — [Giljakisches Wörterverzeichniss nebst gram. Bemerkungen von Dr. W. Grube. St. Peters-

burg, 1892, II, pp. 150, in-4.] By P. G. von Moellendorff. (*China Review*, XXI, No. 3, pp. 141/146.)

— Einiges zur vergleichenden etymologie von wörtern des s. g. Altai'schen sprachengeschlechtes im weitesten sinne. Von W. Schott, br. in-8, pp. 9.

Sitzungsb. d. k. preus. Ak. d. Wiss. zu Berlin, 1887, xlix.

EPIGRAPHIE.

— Inscriptions de l'Iénissei recueillies et publiées par la Société finlandaise d'Archéologie. — Helsingfors, Imprimerie de la Société de Littérature finnoise, 1889, in-fol.

Texte rédigé par J. R. Aspelin, archéologue de l'Etat; inscriptions publiées par le Prof. O. Donner.

— Wörterverzeichniss zu den Inscriptions de l'Iénissei. Nach den im Jahre 1889 von der finnischen Expedition an dem oberen Jenissei genommenen neuen Abklatschen und photographischen Aufnahmen zusammengestellt von O. Donner. Helsingfors, Druckerei der finnischen Litteratur-Gesellschaft, 1892, br. in-8, pp. 69.

Suomalais-Ugrilaisen Seuran Toimituksia. IV. — *Mémoires de la Société Finno-Ougrienne.* IV.

— Anciens caractères, trouvés sur des pierres de taille et des monuments au bord de l'Orkhon dans la Mongolie orientale par l'expédition de Mr. N. Jadrintseff en 1889. St. Pétersbourg. 1890, in-4 oblong, de 10 pages autog.

On y ajoute 2 photog. de transcriptions chinoises.

— A Journey to the Upper Waters of the Orkhon and the Ruins of Karakorum. By M. N. Yadruntseff. (*Jour. China Br. R. As. Soc.*, XXVI, N. S., No. 2, 1891—92, pp. 190/207.)

Traduit du Russe par M. F. A. Fraser.

— Inscriptions recueillies à Kara-Koroum. Relevé des différents signes figurant dans les copies rapportées par M. Yadrintzoff. Par G. Devéria. (*T'oung Pao*, i, Oct. 1890, pp. 275/6.)

— Inscriptions sibériennes, par M. G. Devéria. (Séance du 21 nov. 1890.) (*Acad. des Inscriptions et Belles-Lettres*, Comptes rendus 1890, IVᵉ Sér., XVIII, pp. 448/458.)

— Deux pierres avec inscriptions chinoises par E. Koch. — Traduit du Bulletin de l'Académie impériale des Sciences de Russie (Juin 1890) par M. P. Lemosof, de la Société de Géographie de Paris. (*T'oung Pao*, II, Juin 1891, pp. 113/124.)

— Note sur les inscriptions Chinoises de Kara Balgasoun par Gustave Schlegel. (*T'oung Pao*, II, Juin 1891, pp. 125/126.)

— Note on the Yenisei Inscriptions. By John Abercromby. (*Babylonian & Oriental Record*, V, No. 2., Feb. 1891, pp. 25/30.)

— The Yenissei Inscriptions. — Part II. By Robert Brown, Jun. (*Babylonian & Oriental Record*, V, No. 3, April 1891, pp. 73/78.)

— La Stèle funéraire de Kiuèh T'eghin. Notice de Ye-lu-tchou (XIIIe siècle). Extraite de l'ouvrage intitulé *Choang-ki-tsouei-intsi* (雙溪醉隱集) traduction de Gabriel Devéria, Professeur à l'Ecole des Langues Orientales. (*T'oung Pao*, II, Sept. 1891, pp. 229/231.)

Avec une planche. — Voir lettre de J. Deniker, pp. 232/3.

— Observations de M. Devéria sur l'écriture turke-altaïque, la stèle de Gueuk Téghin et l'emplacement de Karakoroum, communiquées par M. Hamy. (Séance du 25 sept. 1891.) (*Acad. des Inscrip. et Belles-Lettres*, Comptes-rendus 1891, IVe Sér., XIX, pp. 365/368.)

— Lettre de Iadrintzev à J. Deniker, Irkoutsk, 15 oct. 1891. (*T'oung Pao*, III, Mars 1892, pp. 98/100.)

— Inscriptions de l'Orkhon recueillies par l'expédition finnoise 1890 et publiées par la Société Finno-Ougrienne. Helsingfors, Imp. de la Soc. Littéraire finnoise, 1892, in-fol. à 2 col., pp. xlix—48+66 tab., 1 pl. et 1 carte.

Sommaire : Voyage jusqu'à l'Orkhon, par A. Heikel. — Les monuments près de l'Orkhon, par A. Heikel. — Antiquités diverses dans la Transbaïkalie, par A. Heikel. — Les Toukioux et les deux premiers monuments, par A. Heikel. — Les Ouïgours et le 3^u monum. Kharakorum, par A. Heikel. — L'inscription chinoise du premier monument, par G. v. d. Gabelentz. — Transcription, analyse et traduction des fragments chinois du second et du troisième monument, par G. Devéria. — Les inscriptions en caractères de l'Iénisséi. Système d'écriture. Langue, par O. Donner. — Texte typographique du I, II, III monument. — Vocabulaire du I et du II monument, par O. Donner. — Tableaux No. 1—66.

Notice par G. Schlegel, *T'oung-Pao*, III, No. 5, Déc. 1892, pp. 529/531.

G. Schlegel a traduit le premier monument déjà donné ci-dessus par G. v. d. Gabelentz, sous le titre de :

— La Stèle funéraire du Téghin Giogh et ses Copistes et traducteurs chinois, russes et allemands par Gustave Schlegel, Professeur de Chinois à l'Université de Leide. — "Extrait du *Journal de la Société Finno-Ougrienne* de Helsingfors." Leide. — E. J. Brill. 1892, br. in-8, pp. 57 et 1 pl.

Notice par J. L. [egge], *The Academy*, 28. Jan. 1893 ; réimp. *T'oung Pao*, IV, mars 1893, pp. 87/89.

— Ueber alttürkische Dialekte. — I. Die Sel-

dschukischen Verse im Rebâb-Nâmeh. — Von W. Radloff. — (*Mélanges asiatiques*, T. X, livraison 1.) — St. Pétersbourg, Imp. de l'Ac. imp. des Sciences, 1890, br. gr. in-8, pp. 17 à 77.

— Arbeiten der Orchon-Expedition. — Atlas der Alterthümer der Mongolei. — Im Auftrage der kaiserlichen Akademie der Wissenschaften herausgegeben von Dr. W. Radloff. St. Petersburg. Buchdruckerei der Akademie der Wissenschaften ... 1892, in-fol., 7 ff. n. c. p. l. tit., la préf., &c. et 70 pl.

— Die Inschrift von Karakorum. Eine Untersuchung über ihre Sprache und die Methode ihrer Entzifferung von Dr. Georg Huth, Privatdocent an der Universität Berlin. Berlin. Ferd. Dümmlers Verlagsbuchhandlung. 1892, br. in-8, pp. 25 autog.

— Déchiffrement des inscriptions de l'Orkhon et de l'Iénisséi. Notice préliminaire par Vilh. Thomsen. Extrait du Bulletin de l'Académie royale des Sciences et des Lettres de Danemark, 1893. Copenhague, Bianco Luno (F. Dreyer), 1894, br. in-8, pp. 15.

Séance du 15 décembre 1893.

Notices par G. Schlegel, *T'oung Pao*, V, No. 2, Mai 1894, pp. 171/174, et T. de L. [acouperie], *Bab. & Or. Record*, VII, No. 4, Déc. 1893.

— Inscriptions de l'Orkhon déchiffrées par Vilh. Thomsen, professeur de philologie comparée à l'Université de Copenhague. — (I. L'Alphabet. II. Transcription et traduction des textes.) — Helsingfors. Imprimerie de la Société de Littérature finnoise, 1894, br. in-8, pp. 54.

Suomalais-Ugrilaisen Seuran Toimituskia. V. — Mémoires de la Société Finno-Ougrienne. V.

— Die alttürkischen Inschriften der Mongolei. Von W. Radloff. Erste Lieferung: Die Denkmäler von Koscho-zaidam. Text, Transscription und Übersetzung. St. Petersburg, 1894, br. gr. in-8, pp. 83. — Zweite Lieferung: Die Denkmäler von Koscho-zaidam. Glossar, Index und die Chinesischen Inschriften, übersetzt von W. P. Wassiljew. St. Petersburg, 1894, Comm. der kais. Ak. der Wissenschaften, br. gr. in-8, pp. 83 à 174 et 2 pl. de chinois pour les monuments de Küe-Tegin et de Meki-lien.

Remplace la publication provisoire de Radloff : *Die alttürkischen Inschriften der Mongolei. I. Das Denkmal zu Ehren des Prinzen Kül Tegin.*

MANDCHOURIE.

OUVRAGES DIVERS.

— Voir Supra TARTARES ORIENTAUX, KIN, col. 2050.

* Описаніе Манчжуріи, Васильева. Description de la Mandchourie par W. Vassiliev. (*Mémoires* [zapisky] *de la société de géographie de St. Pétersbourg*, XII, 1857, pp. 1—79.)

* Записки о Нингутѣ Васильева. Mémoires sur la ville (et province) de Ningouta (Mandchourie) p. Mémoires d'un chinois exilé vers 1657. Traduits du chinois par W. Vassiliev. (*Mém. de la soc. du géogr. de St. Pétersbourg*, XII, 1857, pp. 79—111.)

— Die amtliche Beschreibung von Schöngking. Besprochen von K. Himly. (*Zeit. f. wissensch. Geog.*, Redaction von J. J. Kettler in Karlsruhe, Jahrg. IV.)

— An extensive Squeezing Ground. (*China Review*, XIII, p. 118.)

— Levies at Kirin. (*China Review*, XIII, pp. 118/119.)

* E. Teza. — Mangiurica, note raccolte. Pisa.

— Roadside Religion in Manchuria. By Rev. John Macintyre. (*Journ. C. B. R. A. S.*, XXI., N. S., 1886, Art. IV, pp. 43/66.)

— La religion nationale des Tartares orientaux Mandchous et Mongols, comparée à la religion des anciens Chinois, d'après les textes indigènes, avec le rituel tartare de l'empereur K'ien-long, traduit pour la première fois par Ch. de Harlez, Correspondant de l'Académie. Bruxelles, F. Hayez, 1887, in-8.

Ext. du tome XI des *Mém. couronnés et autres Mémoires* publiés par l'Acad. roy. de Belgique, 1887.

Notice par L. Feer, *Journ. Asiat.*, VIII° sér., XI, Avr.-Mai-Juin 1888, pp. 539/542.

— Port Arthur. (*Broad Arrow*, 14 avril 1888; trad. *Revue maritime et coloniale*, XCVII, 1888, pp. 569/570.)

— Etudes sur la Mandchourie par Henry de Rosny. (*Le Lotus*, IX, Avril 1890, pp. 111/126 . . . .)

Henry de Rosny, † 1er juillet 1894, à l'âge de 21 ans.

— The Russian Acquisition of Manchuria. (*Blackwood's Mag.*, CLIII, May 1893, pp. 631/646.)

— Russian Progress in Manchuria. (*Blackwood's Mag.*, CLIV, Aug. 1893, pp. 199/214.)

— Balance of Power in Eastern Asia. (*Blackwood's Mag.*, CLIV, Sept. 1893, pp. 397/415.)

— A travers la Mandchourie. (*Missions Catholiques*, XXV, n° 1269, 29 sept. 1893, pp. 463/467).

Communication de l'abbé Marchand, curé-doyen de Delle (diocèse de Besançon), d'après des renseignements du P. Saudrin dont le portrait est donné p. 463.

— Putjatas Schilderung der Mandschurei. Von Krahmer. Wernigerode. I. (*Globus*, lxv, 1894, No. 7, pp. 114/116.) II. (*ibid.*, lxv, 1894, No. 8, pp. 130/133.)

HISTOIRE.

— Voir col. 254 et seq., 1594 et seq.

E. H. PARKER.

— Manchu Relations with Mongolia. By E. H. Parker. (*China Review*, XV, pp. 319/328.)

— Manchu Relations with Russia. By E. H. P.[arker]. (*China Review*, XVI, pp. 41/46.)

— Hala. By E. H. Parker. (*China Review*, XVI, p. 189.)

— Hat'ang. By E. H. Parker. (*China Review*, XVI, p. 189.)

— Financial. By E. H. Parker. (*China Review*, XVII, No. 1, p. 54.)

Province de Tsitsihar 額項

— Manchu Relations with Tibet, or Si-tsang. By E. H. Parker. (*Journ. C. B. R. A. S.*, XXI, N. S., 1886, pp. 289/304.)

— The Manchu Relations with Corea. By Edward Harper Parker. [Read Dec. 15, 1886.] (*Trans. As. Soc. Japan*, XV, Pt. I, June 1887, pp. 93/95.)

— The Manchus. By Edward Harper Parker. [Read Dec. 15, 1886.] (*Trans. As. Soc. Japan*, XV, Pt. I, June 1887, pp. 83/92.)

VOYAGES.

* Путешествіе въ Уссурійскомъ краѣ. 1867—1869. Н. Пржевальскаго (*N. Prjevalsky*. Voyage dans le pays de l'Oussouri [Mandchourie russe] 1867—1869). St. Pétersbourg, 1870, in-8. Avec une carte, pp. 356.

— Un voyage en Mandchourie par M. de Mailly-Chalon. (*Bull. Soc. Géog. Paris*, VII° Sér., VI, 1885, pp. 5/24.)

— A Journey in Manchuria, to the Pei-shan Mountains and the sources of the Sungari. (*Proc. R. Geog. Soc.*, VIII, 1886, Dec., pp. 779/80.)

H. E. M. James.

— A Journey in Northern and Eastern Manchuria. (*Proc. R. Geog. Soc.*, N. S., Vol. IX, 1887, pp. 235/239.)

Par MM. James, Younghusband et Fulford.

— A Journey in Manchuria. By H. E. M. James, of the Bombay Civil Service. (*Proc. R. Geog. Soc.*, IX, 1887, Sept., pp. 531/567; carte, p. 594.)

— The Long White Mountain or a Journey in Manchuria with some account of the

History, People, Administration and Religion of that Country by H. E. M. James of Her Majesty's Bombay Civil Service. With Illustrations and a Map. London, Longmans, 1888, in-8, pp. xxiv-202.

長白山

Voir col. 1308.

— [C. — 5048.) — *China*. No. 2 (1887). — Despatch from Her Majesty's Minister at Peking, forwarding a Report by Mr. H. E. Fulford, student interpreter in the China Consular Service, of a Journey in Manchuria . . . . 5¹/₂ d.

— Excursion aux mines d'or de la Mandchourie. Par E. N. (*Bull. Soc. Géog. Comm.*, Paris, XIII, 1890—91, pp. 256/264.)
Blagovestchinsk, 20 Août 1890.

— Journey through Central Manchuria. By the Rev. J. A. Wylie. (*Geog. Journal*, II, 1893, Nov., pp. 443/451.)
Wylie a été assassiné en Mandchourie par les Chinois, 1894.

LANGUE.

— *Dictionnaire Mantchou-chinois-français par le P. Amiot*.

Ms. du dictionnaire publié en 1789 par Langlès. — *Presented by Lord Viscount Kingsborough*, november 5, 1825. — C'est sans doute le ms. qui a figuré en mars 1825 à la vente de Langlès, numéro 1070 du catalogue et qui a été vendu 321 fr. Voici l'avertissement :

«AVERTISSEMENT. — Ce dictionnaire mantchou-chinois, que j'ai traduit en françois et que j'ai écrit tout entier de ma propre main, n'est pas tel qu'il devroit être, et qu'il eût été, sans doute, si j'avois pû prévoir qu'il passeroit, un jour, les mers, pour aller se placer dans un coin de la bibliothèque d'un grand ministre, qui, par manière de délassement, daigne s'occuper quelquefois des productions littéraires des climats éloignés.

Je n'avois d'autre vûe, en me mettant à ce pénible ouvrage, que celle de me mettre en état de pouvoir me passer du secours des lettrés chinois pour lire et entendre leurs livres, parce que ces livres ou presque tous ces livres sont traduits en mantchou. Ainsi sans trop m'arrêter à chercher le mot françois correspondant au mot mantchou, je me suis contenté de traduire l'explication chinoise, quand j'ignorois le mot propre, ou quand ce mot propre ne se présentoit pas sur-le-champ. Le lecteur peut y suppléer aisément. Je le prie de vouloir bien excuser les fautes d'orthographe et autres qu'il pourra rencontrer. Je me suis attaché à traduire exactement l'explication chinoise. Si je n'avois pas travaillé pour moi seul, j'aurois mieux fait. Je crois cependant que tel qu'il en est, ce dictionnaire peut être de quelque utilité. Les mots chinois et mantchoux y sont écrits comme on les prononce à la cour; et l'explication en est sûre, quoiqu'elle soit quelquefois en termes impropres. Il contient tous les mots de la langue des Mantchoux jusqu'à la 12ᵉ année de Kien-long. Tous les mots qui ont été ajoutés depuis, ou qui ne sont pas originairement de la langue se trouvent dans le dictionnaire universel dont j'envoie un exemplaire en compagnie de celui-ci. Le dictionnaire universel est d'un usage moins facile, parce qu'il est par ordre des matières, ou par classes, au lieu que celui-ci est par ordre alphabétique.

AMIOT, M. A. à Péking. le 24 avril 1784.»

Il est conservé dans la Bib. de la Royal Asiatic Society, à Londres.
— Cf. *Revue de l'Ext. Orient*, I, No. 4, 1882, p. 628; et *Bib. Sinica*, col. 1312.

— History of the Manchu Language, from the Preface to Professor I. Zacharoff's

Manchu-Russian Dictionary, 1875. Translated from the Russian. By M. F. A. Fraser. (*Chin. Rec.*, XXII, No. 3, March 1891, pp. 106/113; *Ibid.*, No. 4, April 1891, pp. 149/157.)
Voir col. 1315.

* G. Hoffmann. Grammatica mancese compendiata dall' opera zinese *Zing wen ki mung*. Turin, 1883, in-8, pp. 36.
Voir Wylie, col. 1314.

* C. de Harlez. Manuel de la langue mandchoue . . . . . 1884, Paris.

— Etudes mandchoues. — TZE-TONG-TI-KIYÒN. *Butui Sain de Karulame acabure bithe* « Le Livre de la récompense des bonnes œuvres cachées ». — *Manju gisun i buleku bithe*. — *Sivi* « Le Miroir de la langue mandchoue ». Préface de l'empereur Kanghi. Par C. de Harlez. (*Journ. Asiat.*, VIIIᵉ sér., III, Févr.-Mars 1884, pp. 282/289.)

— Traductions mandchoues d'ouvrages chinois par Stanislas Julien. Article posthume, publié par C. de Harlez. (*Le Lotus*, Janv. 1889, pp. 5/19.)

— Notes de bibliographie tartare-mandchoue. (*Mém. Soc. Et. jap.*, etc., V, Janv. 1886, pp. 61/63; Avril 1886, pp. 132/135; Juillet 1886, pp. 208/209; VI, Janv. 1887, pp. 54/56; Avril 1887, pp. 126, . . .)

— Mandschurica von Willy Bang. (*T'oung Pao*, I, Dec. 1890, pp. 329/334.)

— Essay on Manchu Literature. By P. G. von Möllendorff. (*Journ. C. B. R. A. S.*, XXIV, N. S., 1889—90, No. 1, pp. 1/45.)

— A Manchu Grammar, with analysed Texts, by P. G. von Möllendorff, Chinese Customs Service. — Shanghaï : Printed at the American Presbyterian Mission Press. — 1892, br. in-4, 3 ff. n. c. + pp. 52 + 1 f. n. c.
Notice par W. Bang, *T'oung Pao*, V, No. 1, Mars 1894, pp. 87/9.

MONGOLIE.

OUVRAGES DIVERS.

— La Grande Muraille, voir col. 116, 1329, 1468.

— A question on assimilation and on the eyes of Mongolians. By Hyde Clarke. (*Jour. Anth. Inst.*, VI, Lond., 1877, p. 191.)

— The Country of the White Horde of Kipchak. By H. H. Howorth. (*Geog. Mag.*, July, 1878, pp. 171/175.)

— Mongol and Yuan-Pao. By J. G. Deveria. (*China Review*, VII, pp. 282/283.)

— The Mongols and their Territory. (*China Review*, XI, p. 200.)

— The Mongolian Superintendency. By E. H. Parker. (*China Review*, XIV, p. 226.)

— The Black Mongols. By E. H. Parker. (*China Review*, XVI, pp. 244/245.)

— On a Bagspa Legend on Coins of Ghazan. By A. Terrien de Lacouperie. (*Catalogue of Oriental Coins, British Museum*, Vol. VI, 1881.)

— The Origin of the word "Tangutan". By W. W. R. (*Journ. C. B. R. A. S.*, XX, N. S., 1885, pp. 278/279.)

— Unter den Mongolen. — Von J. Hesse. Basel. Verlag der Missionsbuchhandlung. 1885, br. in-8, pp. 22.

JAMES GILMOUR.

— Voir col. 1318, 1751.

— Mongolian Ruins. By Hoinos. (*Chin. Rec.*, XI, 1880, pp. 57/9.)

— Doctoring the Mongols. By Hoinos. (*Chin. Rec.*, XI, 1880, pp. 120/123.)

— Mongols Stories. By Hoinos. (*Chin. Rec.*, XI, 1880, pp. 260/272.)

— Mongolian Meteorology. By Hoinos. (*Chin. Rec.*, XI, 1880, pp. 342/349.)

— A Mongol Wizard. By Hoinos. (*Chin. Rec.*, XII, 1881, pp. 57/8.)

— Delusions about Mongolia. By Hoinos. (*Chin. Rec.*, XII, 1881, pp. 109/113.)

— A Chinese Execution in Mongolia. By Rev. J. Gilmour, M. A. (*Chin. Rec.*, XX, No. 6, June 1889, pp. 248/254).

— Among the Mongols. By the Rev. James Gilmour, M. A. London Mission, Peking. London : The Religious Tract Society, pet. in-8, pp. xviii-383.

Voir col. 1333.

— More about the Mongols by James Gilmour Author of 'Among the Mongols'. Selected and arranged from the Diaries and Papers of James Gilmour by Richard Lovett, M. A. Author of 'James Gilmour of Mongolia', etc. London, The Religious Tract Society, 1893, pet. in-8, pp. 320.

∴

— Karakorum. (*China Review*, XI, p. 62.)

— Situation de Ho-lin en Tartarie, Manuscrit inédit du Père A. Gaubil, S. J., publié avec une introduction et des notes par Henri Cordier (avec une carte). (*T'oung Pao*, IV, Mars 1893, pp. 33/80.)

Tirage à part, 150 ex. sur Papier de Hollande Van Gelder, br. in-8, Leide, E. J. Brill, 1893, in-8, pp. 50, carte.

— Le Ou-loung Kiang 烏龍江; By G. Schlegel. (*T'oung Pao*, III, Août 1892, pp. 320/1.)

— The Insurrection in Mongolia. (*Blackwood's Mag.*, clI, June 1892, pp. 894/903.)

ཧྐ་ཆོས་འབྱུང Geschichte des Buddhismus in der Mongolei. Aus dem Tibetischen des oJigs-med nam-mk'a herausgegeben, übersetzt und erläutert von Dr. Georg Huth. — Erster Teil: Vorrede. Text. Kritische Anmerkungen. — Strassburg, Karl. J. Trübner, 1893, in-8, pp. x-296. — Zweiter Teil: Uebersetzung und Erläuterungen. — *Ibid.*, 1894, in-8, pp. x-323.

Notice : *Jour. Asiat.*, IXᵉ sér., II, Sept.-Oct. 1893, pp. 367/368. Par L. Feer.

(MONGOLIE.)

— Die Inschriften von Tsaghan Baišin. Tibetisch-Mongolischer Text mit einer Uebersetzung sowie sprachlichen und historischen Erläuterungen, herausgegeben von Dr. Georg Huth, Privatdocent an der Universität zu Berlin. Gedruckt auf kosten der Deutschen Morgenländischen Gesellschaft. — Leipzig, F. A. Brockhaus, 1894, in-8, 3 ff. prél. + pp. 63.

VOYAGES.

— Schreiben des P. Gerbillon, eines Französischen Jesuiten vom 22. August 1689. (*Mag. f. d. neue Hist. u. Geog.* ang. v. D. Ant. Fried. Büsching, Th. XIV, Halle, 1780, pp. 385/408.)

Le titre seul est en allemand; le texte de la lettre est en français. — Voir col. 1327.

— Journey through the Himma-leh Mountains to the sources of the River Jumna, and thence to the confines of Chinese Tartary, performed in April-October 1827. By William Ainsworth and C. Johnson. (*Jour. Geog. Soc.*, IV, 1834, pp. 41/71.)

— Дорожныя замѣтки на пути по Монголіи въ 1847 и 1859 гг. — Архимандрита Палладія. Съ введеніемъ доктора Е. В. Бретшнейдера и замѣчаніями профессора, сотр. А. М. Позднѣева. — Санктпетербургъ, Тип. Имп. Акад. Наукъ, 1892, in-8, pp. ix-238, carte.

Voir col. 1766.

— Viaggio attraverso la Russia e la Mongolia, di Lorenzo Inselvini. (*Bol. Soc. Geog. ital.*, VI, 1871, pp. 86/100.)

N. M. PRJEVALSKY.

— Voir col. 1331, 1332, 1351, 2069—70.

— Viaggi di N. Prejevalski nella Mongolia. (*Bol. Soc. Geog. ital.*, 1876, pp. 322/326.)

— Voyage en Mongolie et au pays des Tangoutes. Par M. le Lieut. Col. de Prjéwalski. 1870—1873. — Extraits d'une trad. inédite. (*Tour du Monde*, 1877, II, pp. 161/192, 193/208.)

Abrégé de la trad. de M. du Laurens par H. Cahun.

— Изъ Зайсана черезъ Хами въ Тибетъ и на верховья желтой рѣки, Н. М. *Пржевальскаго*. De Zaïsan par Hami au Thibet, aux sources du fleuve jaune, par N. M. *Prjevalsky*. Troisième voyage dans l'Asie centrale. St. Pétersbourg, 1883. (Soc. de Géographie de St. Péters.) 2 cartes, 118 illustrations. In-4, pp. 470.

— Il terzo viaggio di Prscevalski. Relazione del prof. F. Guidi. (Con carta.) (*Bol. Soc. geog. ital.*, 1884, pp. 133/155).

(MONGOLIE.)

PADERIN.

— Le mémoire original de M. Paderin sur son voyage aux ruines de Karakoroum (en russe) se trouve dans le Bulletin (izvestia) de la Soc. de Géographie de St. Pétersbourg, tome IX, 1873, pp. 355 seq.

— Voir col. 1330.

POTANIN.

— Voir col. 1958.

— Gregor N. Potanin's journey through the Altai mountains. (*Geog. Mag.*, May, 1877, pp. 118/119.)

— Aperçu de la Mongolie du nord-ouest. Résultats d'un voyage exécuté aux frais de la Société de Géographie russe en 1876 et 1877, par G. N. *Potanin* (en russe). St. Pétersbourg, 1881—1883, 4 volumes.

Le meilleur ouvrage sur la Mongolie. Avec plusieurs cartes; illustrations.

* G. N. Potanine. — Renseignements par informations obtenues sur la région entre le Nan-chan, le Khangaï, le Hami et l'Outaï-chan (*Izviestia de la Soc. imp. russe de géogr.* Saint-Pétersbourg, 1887). Br. in-8 (en russe).

* G. N. Potanine. — Rapport préliminaire sur une expédition à Hansou. (*Izviestia de la Soc. imp. russe de géogr.* Saint-Pétersbourg, 1887.) Broch. in-8 (en russe).

PEVTSOV.

— Pévtsof's Expedition in North-Western Mongolia. By E. Delmar Morgan. (*Proc. R. Geog. Soc.*, N. S., Vol. I., 1879, pp. 701/705.)

— Expédition du Colonel Pevtsof dans le Nord-Ouest de la Mongolie par M. Millot. (*Bul. Soc. Géog. de l'Est*, II, 1880, pp. 267/271.)
Trad. des *Proc. R. Geog. Society*.

— Voyage en Mongolie et dans les provinces septentrionales de la Chine 1878 et 1879, par M. W. *Pevtsov*. Avec une carte. Omsk, 1883 (en russe).

— Voyage en Mongolie et au Tibet. (*Rev. Brit.*, 1879, N. S., IV, pp. 43/70, 375/411.)

— Die Wege von Ansi fan durch die Wüste Gobi nach Hami von Oberlieut. G. *Kreitner*. (Petermann's *Geogr. Mittheil.*, 1882, p. 416, avec une carte.)

Contient le voyage de M. Mandl en 1880 de Ansi fan à Hami.

— Through Siberia. By Henry Landsdell. With Illustrations and Maps. Second Edition. London, Sampson Low, 1882, 2 vol. in-8, pp. xxiv-376, pp. 377 à 811.

(MONGOLIE.)

Trad. en allemand : Jena, Hermann Costenoble; suédois : Stockholm, Albert Bonnier; danois : Copenhague, O. H. Delbanco.

— Voyages de Bruxelles en Mongolie. Voir col. 1660.

— Une promenade à travers la Mongolie. Par M. Louis Roofthooft, des miss. ét. de Scheut-lez-Bruxelles. (*Miss. Cath.*, XV, 1883, pp. 2/5, 14/17, 26/30, 38/41, 50/53, 62/66.)

— Zeereis naar Ili, door Emile Indemans, Apostolisch Missionaris, en Verslag van de Ili-Missie, door Mgr. D. B. Van Koot. — Ten voordeele van de Mongoolsche Missiën uitgegeven door A. H. Potberg, R. K. PR. — Kerkelijk Goedgekeurd. — Utrecht, W. Anton Abels, 1890, br. in-8, pp. IV-79.

— Landreis naar Ili, door Emile Indemans, Apostolisch Missionaris. — Ten voordeele van de Mongoolsche Missiën uitgegeven door A. H. Potberg, R. K. PR. — Kerkelijk Goedgekeurd. — Utrecht, W. Anton Abels, 1891, br. in-8, pp. IV-140.

Voir col. 1660 et MISSIONS BELGES, col. 1730—1732.

— Obrutschews Reise von Peking nach Ordos. Von H. H. (*Globus*, lxv, 1894, No. 2, pp. 37/38.)

LANGUE.

— Краткая грамматика Монгольскаго книжнаго языка, составленная Осипомъ Ковалевскимъ .... Казанъ, въ Унив. Типогр. 1835, in-8, pp. 197+2 ff. n. c. p. la table.

— Монгольская Хрестоматія, изданная...... Проф. Осипомъ Ковалевскимъ ... Казанъ, 1836—1837, 2 vol. in-8, pp. xvi-591 et 595.

— Dictionnaire Mongol-Russe-Français ...
...... par J. E. Kovalevski.

Notice : *Erman's Archiv*, VIII, 1850, pp. 651—655.
Voir col. 1334—5.

— Mongolische Märchen. — Die neun Nachtrags-Erzählungen des Siddhi-Kûr und die Geschichte des Ardschi-Bordschi Chan. Eine Fortsetzung zu den «Kalmükischen Märchen». Aus dem Mongolischen übersetzt mit Einleitung und Anmerkungen von Prof. Dr. Bernhard Jülg. Innsbruck, 1868, in-8, pp. xvi-132.

Voir col. 1338.

— Mongol Alphabets. By G. D. (*China Review*, VII, p. 353.)

(MONGOLIE.)

II. — TIEN CHAN PE LOU. — TIEN CHAN NAN LOU.[1]

* Carte de la Dzoungarie, dressée par le Suédois *Renat* pendant sa captivité chez les Kalmouks de 1716—1733. Edition de la Société impériale russe de géographie. 1881, avec 43 pages de texte.

— Bericht über Pierre de Tchihatcheff : *Voyage scientifique dans l'Altaï oriental fait par ordre de Sa Majesté l'Empereur de Russie*. Erstattet von K. C. von Leonhard. Aus den *Heidelberger Jahrbüchern der Literatur* mit Zusätzen besonders abgedruckt. — Heidelberg. Akademische Verlagsbuchhandlung von J. C. B. Mohr. 1846, in-8, pp. II-140.

Voir col. 1344.

VALIKHANOV.

Voir col. 1212, 1346.

— Die Reise Walichanof's nach Kaschgar, ergänzt durch neuere russische Reiseberichte. Von F. Marthe. (*Zeit. d. G. f. Erdk.*, V, 1870, pp. 151/180.)

SIR HENRY C. RAWLINSON.

Voir col. 1350.

— Observations on two Memoirs recently published by M. Veniukof on the Pamir Region and the Bolor Country in Central Asia. By Major-Gen. Sir H. C. Rawlinson, K. C. B., M. P., &c. (*Proc. R. Geog. Soc.*, X, 1865—66, pp. 134/153.)

1. Quoique nous ayons étendu ce chapitre vers l'O. en dehors des 天山, nous renvoyons pour une bibliographie plus complète, en dehors de ce que nous donnons, col. 1341—1354, aux bibliographies citées plus loin de Lansdell et de Curzon et surtout à :

— Recueil du Turkestan comprenant des livres et des articles sur l'Asie centrale en général et le (sic) province du Turkestan en particulier. Composé sous les auspices du général gouverneur du Turkestan K. P. von Kaufmann par V. J. Méjow. — Tomes I-150. L'indicateur systématique et alphabétique. — St. Pétersbourg. — 1878, gr. in-8, pp. VIII-184.

V. E. Méjov est † 1894. — Cf. H. Cordier, *T'oung Pao*, V, 1894, pp. 287/8.

(DIVERS. — VALIKHANOV. — RAWLINSON.)

— On Trade Routes between Turkestan and India. By Major-General Sir H. C. Rawlinson, K. C. B., &c. (*Proc. R. Geog. Soc.*, XIII, 1868—69, pp. 10/23.)

— The Russian Advance in Central Asia. By H. C. Rawlinson. (*Nineteenth Century*, XVII, 1885, pp. 557/574.)

— The Dragon Lake of Pámír. By Major-General Sir Henry S. Rawlinson, K. C. B. (*Proc. R. Geog. Soc.*, N. S. Vol. IX, 1887, pp. 69/71.)

∴

— Khiva oder Kharezm. Seine historischen und geographischen Verhältnisse. Von P. Lerch. — Mit einer Karte von Khiva. — St. Petersburg, 1873, Verlag der Kaiserlichen Hofbuchhandlung H. Schmitzdorff (Carl Röttger), in-8, pp. 55, carte.

Cf. de P. Lerch (Petr Ivanovitch Lerkh) son voyage archéologique dans le Turkestan, publié en 1867 par la commission archéologique à St. Pétersbourg, 1870.

THOMAS DOUGLAS FORSYTH.

Voir col. 1348—1349.
Né à Birkenhead, 7 Oct. 1827; † à Eastbourne, 17 Déc. 1886.

* Sir T. D. Forsyth. — Trade Routes between Northern India and Central Asia. [Exeter, 1869], in-8.

— Progress of Mr. Forsyth's Mission to Eastern Turkestan. (*Proc. R. Geog. Soc.*, XVIII, 1873—74, pp. 222/226.)

— Extracts of Letters from Members of Mr. Forsyth's Mission to Kashgar relating to the Geographical Results of the Mission. With Remarks by Major-General Sir H. C. Rawlinson, K. C. B., &c. (*Proc. R. Geog. Soc.*, XVIII, 1873—74, XVIII, pp. 414/444.)

— Lahore to Yárkand. Incidents of the Route and Natural History of the Countries traversed by the Expedition of 1870, under T. D. Forsyth, Esq., C. B. by George Henderson, M. D., ... Medical Officer to the Expedition, Officiating Superintendent of the Botanic Gardens, Calcutta; and Allan O. Hume, Esq., C. B., F. Z. S. Secretary to the Government of India, for the Department of Agriculture, Revenue and Com-

(DIVERS. — FORSYTH.)

merce. London : L. Reeve & Co., 1873, in-8, pp. xiv-370.

— Spedizione di Forsyth sugli altipiani asiatici da Leh a Yarkand. (*Bol. Soc. Geog. ital.*, XI, 1874, pp. 224/232.)

— The Watershed of Central Asia, East and West. By Lieut.-Col. T. E. Gordon, R. E. (*J. R. Geog. S.*, XLVI, 1876, pp. 381/396.)

Lu à la Section géog. de la British Association à Bristol, Août 1875.

— On the Buried Cities in the Shifting Sands of the Great Desert of Gobi. By Sir T. Douglas Forsyth. (*Proc. R. G. Soc.*, XXI, 1876/7, pp. 27/46.)

— On the Geographical Results of the Mission to Kashgar, under Sir T. Douglas Forsyth, in 1873—4. By Capt. H. Trotter, R. E. (*Proc. R. G. Soc.*, XXII, 1877/8, pp. 287/291.)

— On the Geographical Results of the Mission to Kashghar, under Sir T. Douglas Forsyth in 1873—74. By Capt. H. Trotter, R. E. (*J. R. Geog. Soc.*, XLVIII, 1878, pp. 173/234, Carte.)

— Ost-Turkestan und das Pamir-Plateau nach den Forschungen der Britischen Gesandtschaft unter Sir T. D. Forsyth 1873 und 1874. Bearbeitet nach dem offiziellen «Report of a Mission to Yarkund in 1873, under command of Sir T. D. Forsyth, K. C. S. I., C. B., Bengal Civil Service, with historical and geographical Information regarding the Possessions of the Ameer of Yarkund. Calcutta, 1875». Mit einer Karte. (Ergänzungsheft No. 52 zu Petermann's «Geographischen Mittheilungen».) Gotha : Justus Perthes. 1877, in-4, pp. 76.

— Souvenirs d'une ambassade anglaise à Kachgar (Asie centrale), par MM. Chapman et Gordon, membres de l'ambassade. 1873—1874. — Texte et dessins inédits. (*Tour du Monde*, 1878, I, pp. 65/80, 81/96, 97/112, 113/128.)

Extrait et trad. par Em. Delerot.

— Kashmir and Kashgar. A Narrative of the Journey of the embassy to Kashgar in 1873 —74. By H. W. Bellew, C. S. I. Surgeon-Major, Bengal Staff Corps, ... London : Trübner & Co., 1875, in-8, pp. xix-419.

— The History of Kashgaria, by Dr. H. W. Bellew, a member of the late Yarkund mission. — Calcutta : Printed at the foreign Department Press. 1875, in-4, pp. ii-107-18.

Voir col. 1349.

— Autobiography and Reminiscences of Sir Douglas Forsyth, C. B., K. C. S. I., F. R. G. S. Edited by his Daughter. London :

(FORSYTH.)

Richard Bentley and Son, 1887, in-8, pp. v-283.

Yarkund. — Kashgar. — Narrative of a Mission to Mandalay in 1875, etc.

∴

* G. Hayward. Statements of Routes between Yarkand, Kashgar, Khotan, and British Territory. 1869, in-8.

Voir col. 1347.

— A Month's Journey in Kokand in 1873. By Eugene Schuyler, Esq. (*Proc. R. Geog. Soc.*, XVIII, 1873—74, pp. 408/413.)

Voir col. 1330, 1350.

— Russian Exploration in Central Asia. (*Proc. R. Geog. Soc.*, XIX, 1874—75, pp. 422/429.)

ROBERT B. SHAW.

Voir col. 1348.

— A Prince of Kâshgar on the Geography of Eastern Turkistan. By R. B. Shaw. (*Jour. R. G. Soc.*, XLVI, 1876, pp. 277/298.)

— A Prince of Kâshgar on the Geography of Eastern Turkistan. By R. B. Shaw. [Abrégé.] (*Proc. R. G. Soc.*, XX, 1875/6, pp. 482/492.)

— On the Hill Canton of Sálár — the most Easterly Settlement of the Turk Race. By Robert B. Shaw. (*Journ. R. As. Soc.*, N. S. Vol. X, Part III, Art. IV, July, 1878, pp. 305/316.)

N. SEVERTSOV.

Voir col. 1349.

— N. Sewerzow's Erforschung des Thian-schan-gebirgs-systems 1867. Nebst kartographischer darstellung desselben gebietes und der See'nzone des Balkasch-Alakul und Siebenstromlandes nach den originalen und offiziellen russischen aufnahmen von A. Petermann. Erste Hälfte, mit einer chromolithographirten karte. (Ergänzungsheft No. 42 zu Petermann's «Geographischen Mittheilungen».) Gotha : Justus Perthes. 1875, in-4, pp. vi 50.

— — Zweite Hälfte, mit einer chrom. karte. (Erg. No. 43 ...) Gotha : Justus Perthes, 1875, in-4, pp. 102.

— Russian Expedition to the Alais and Pamir. By Robert Michell. (*Geog. Mag.*, June, 1878, pp. 154/156.)

— M. Severtsof's Journey in Ferghana and the Pamir in 1877—8. (*Proc. R. Geog. Soc.*, N. S., Vol. II, 1880, pp. 499/506.)

(FORSYTH. — SHAW. — SEVERTSOV.)

— Etudes de géographie historique sur les anciens itinéraires à travers le Pamir : Ptolémée, Hiouen-thsang, Song-yuen, Marco-Polo par Le Dr Nicolas Severtzow. (*Bull. Soc. Géogr.*, 7° Sér., XI, 1890, pp. 417/467, 553/610.)

Severtzov est mort, dans la nuit du 9 au 10 février 1885, à la suite d'un accident de voiture dans la rivière Ironetz, affluent du Don.

N. M. PRJEVALSKY.

Voir col. 1331, 1332, 1351, 2062.

Né à Kimbrovo, gouvernement de Smolensk, 31 mars, 1839 ; † 20 oct. (1 nov. N. S.) 1888. (*Proc. R. Geog. Soc.*, XI, 1889, pp. 44/46.)

- Un Viaggio nel Tibet. (*Bol. Soc. Geog. ital.*, 1873, X, Part. VI, pp. 12/16.)

- Col. Prejevalsky in Northern Tibet. (*The Athenaeum*, No. 2924, Nov. 10, 1883, pp. 605/606.)

D'après les *Mitth.* de Petermann.

- Brief Notice of M. Prejevalsky's recent Journey to Lob-Nor and Tibet, and other Russian Explorations. By E. Delmar Morgan. (*Proc. R. G. S.*, XXII, 1877/8, pp. 51/53.)

— Reise des Russischen Generalstabs-Obersten N. M. Przewalsky von Kuldscha über den Thian-schan an den Lob-nor und Altyntag 1876 und 1877. Uebersetzung des an die K. Russ. Geographische Gesellschaft in St. Petersburg gerichteten offiziellen Berichtes von Przewalsky, d. d. Kuldscha 18. August 1877. Mit zwei Karten. — (Ergänzungsheft No. 53 zu Petermann's «Geographischen Mittheilungen».) Gotha : Justus Perthes. 1878, in-4, pp. IV-31.

— Herr v. Richthofen : Bemerkungen zu den Ergebnissen von Oberstlieutenant Prjewalski's Reise nach dem Lop-noor und Altyn-tagh. (*Verhand. d. Ges. f. Erdk. zu Berlin*, Bd. V, 1878, pp. 121/144.)

- Richthofen on Prejevalsky's journey in Central Asia. By C. E. D. B. (*Geog. Mag.*, August 1878, pp. 224/227, 261/263.)

- Prejevalsky's explorations in Central Asia. (*Geogr. Mag.*, May, 1878, pp. 109/112.)

- Les déserts de l'Asie. (*Ann. de l'Ext. Orient*, 1884—1885, VII, pp. 318/319.)

D'après Prjevalsky.

— Letters from Colonel Prjevalsky. (*Proc. R. Geog. Soc.*, VII, 1885, March, pp. 167/172.)

D'après l'*Invalide russe*, du 14 janvier N. S.

— Letters from Colonel Prjevalsky. (*Proc. R. Geog. Soc.*, VII, 1885, Dec., pp. 807/815.)

— Современное положеніе центральной Азіи. — Н. М. Пржевальскаго. — Москва. — 1887, br. in-8 pp. 65.

Cf. un article dans le *Восточное обозрѣніе*, No. 6, 1887.

— Prjevalsky's Journeys and Discoveries in

Central Asia. By E. Delmar Morgan. (*Proc. R. Geog. Soc.*, N. S., Vol. IX, 1887, pp. 213/232.)

— General Prjevalsky on Central Asia. By N. Prjevalsky. (*As. Quart. Review*, IV, July-Oct. 1887, pp. 393/452.)

Trad. par Cap. Francis Beaufort, R. A.

— Prjevalski's last Journey. By Charles Johnston. (*Imp. and Asiatic Quart. Review*, July 1894, pp. 133/140.)

HUGO STUMM.

— Russia in Central Asia — Historical Sketch of Russia's Progress in the East up to 1873, and of the Incidents which led to the Campaign against Khiva ; with a Description of the military Districts of the Caucasus, Orenburg, and Turkestan. By Hugo Stumm, Captain in the Hessian Hussars, Knight of the Iron Cross, &c., &c. — Translated into English by J. W. Ozanne and Captain H. Sachs, Knight of the Iron Cross. — With Maps. — London : Harrison and Sons — 1885, in-8, pp. IX-359.

— Russia's Advance eastward containing the Despatches of the German military Commissioner attached to the Khivan expedition, and other information on the subject, with a minute account of the Russian army by C. E. Howard Vincent, F. R. G. S. . . . . . . Henry S. King & Co. London, 1874, pet.-8, pp. VIII-187.

D'après *Aus Khiva*, de Hugo Stumm.

∴

— The Russian Expedition to the Alai and Pamir in 1876. By Robert Michel. [Abstract.] Captain Kostenko's Account. (*Proc. R. G. Soc.*, XXI, 1876/7, pp. 122/140.)

D'après l'*Invalide Russe*, Nos. 206, 211, 229, 235, 239, 244, 250; Oct. & Nov. 1876.

— Lev Th. Kostenko, Col. d'Etat major. — * Le Turkestan. St. Pétersbourg, 1880, 3 vol., 3 cartes [en russe].

— Le Kachgar, le Pamir et le Thibet. Par O. S. [*Quarterly Review*] (*Rev. Brit.*, 1876, N. S., V, pp. 183/214.)

O. S. = Octave Sachot.

— Les possessions russes dans l'Asie centrale. Par F. de Rocca. (*Rev. Brit.*, N. S., III, 1877, pp. 389/459.)

— Yacoub Bey, Emir du Kachgar. Par O.

S. *[Westminster Review.] (Rev. Brit.*, 1878, N. S., V, pp. 399/442.)

O. S. = Octave Sachot.

— The ancient Silk-traders' route across Central Asia. (*Geog. Mag.*, Jan. 1878, pp. 10/14.)

A propos de Richthofen à la Soc. de Géog. de Berlin, 5 Mai 1877.

— The Russian "Times" on the political situation. — Translated from the St. Petersburgh "Golos" of 21st November (3rd December) 1877. By Captain W. E. Gowan, Bengal Infantry. — Calcutta : Wyman & Co., publishers, — 1878. Price eight annas per copy, br. in-8, pp. 23.

— Russia and England in Central Asia. By F. de Martens D. C. L. Professor of International Law at the Imperial University of St. Petersburg, &c., &c., &c. — London : William Ridgway, 1879, br. in-8, pp. 130.

ARMINIUS VAMBÉRY.

Voir col. 1348.

— Skizzen aus Mittelasien. — Ergänzungen zu meiner Reise in Mittelasien. — Von Hermann Vámbéry, Professor der orientalischen Sprachen und Literaturen an der K. Universität zu Pesth. — Deutsche Originalausgabe. Leipzig: F. A. Brockhaus. — 1868, in-8, pp. vi + 1 f. n. c. + pp. 358.

— Sketches of Central Asia. Additional Chapters on my Travels, Adventures, and on the Ethnology of Central Asia. By Arminius Vámbéry, professor of oriental languages in the University of Pesth. London : Wm. H. Allen & Co., — 1868, in-8, pp. viii-444.

— England and Russia in Asia. By A. Vámbéry. (*Nineteenth Century*, VII, 1880, pp. 917/928.)

— The Coming Struggle for India. Being an account of the encroachments of Russia in Central Asia, and of the Difficulties sure to arise therefrom to England. By Arminius Vambery. — Cassell & Co., 1885, in-8, pp. viii-214.

— La lutte future pour la possession de l'Inde. Aperçu des progrès de la Russie dans l'Asie centrale Et des difficultés qui en découleront pour l'Angleterre. Par Arminius Vambéry — Ouvrage accompagné d'une carte — Paris, E. Dentu, in-12, pp. vi-294 + 1 f. n. c.

— The Geographical Nomenclature of the

disputed country between Merv and Herat. By Arminius Vambéry. (*Proc. R. Geog. Soc.*, VII, 1885, Sept., pp. 591/596.)

— Central Asian Politics. By A. Vambéry. (*Asiatic Quart. Review*, IV, July 1887, pp. 42/60.)

— The Future of Russia in Asia. By Arminius Vambéry. (*Nineteenth Century*, XXVII, 1890, pp. 196/212.)

— Russia and Northern Asia. By A. Vambéry. (*Imp. & Asiatic Quart. Review*, Second Series, I, Jan.-Apr. 1891, pp. 13/27.)

— The Situation in Central Asia. By A. Vambéry. (*Nineteenth Century*, XXXII, 1892, pp. 104/117.)

∴

— О Бассейнѣ Лобъ-нора. Извлеченіе изъ китайскаго сочиненія подъ заглавіемъ «Си-юй-шуй-дао-цзи». — В. М. Усиенскаго. (Записки .... Соc. imp. russe de Géog., Ethnographie, VI, 1880, pp. 91/150.)

Le Bassin du Lob-nor d'après le *Si-yu choui tao ki.*

* Le pays de Kouke-nor ou Tsing haï et son histoire. Avec l'histoire des Oïrats et des Mongols après leur expulsion de la Chine; par V. M. *Ouspensky*. [En russe.] (*Ibid.*, pp. 57—196.)

* Notice du district de Hami d'après les auteurs chinois anciens et modernes, par V. M. *Ouspensky* (v. supra). En russe. (*Bulletin [izvestia] de la Soc. de Géogr. de St. Pétersb.*, IX, 1873.) Voir aussi Petermann, *Geogr. Mitth.*, 1873, p. 319.

— La Russie et l'Angleterre dans l'Asie centrale. — Etude géographique, historique, statistique et militaire sur les Possessions russes, les Possessions anglaises, la Perse, l'Afghanistan, le Bélouchistan et le Kaschgar par Paquin, Capitaine au 135ᵉ de ligne. — Extrait du *Journal des Sciences militaires* (Numéro d'avril 1878). Paris, J. Dumaine, 1878, br. in-8, pp. 67.

CH. E. DE UJFALVY.

Voir col. 1352—1353.

— M. Ujfalvy's Travels in Central Asia. (*Geog. Mag.*, Nov. 1878, pp. 288/289.)

— D'Orenbourg à Samarkand. Le Ferghanah, Kouldja et la Sibérie occidentale. Impressions de voyage d'une Parisienne, par Madame Marie de Ujfalvy-Bourdon. 1876—1878. — Texte et dessins inédits. (*Tour du Monde*, 1879, I, pp. 1/96; II, pp. 49/96.)

— Voyage de M. de Ujfalvy dans l'Asie centrale. (*Ann. de l'Ext. Orient*, 1882—1883, V, pp. 183/184.)

— Lettre de M. Ch. de Ujfalvy, chargé d'une mission dans l'Asie centrale, au Secrétaire général. (*Bull. Soc. Géog.*, Mars 1881, pp. 257/260.)

Orenbourg, le 23/11 janvier 1881.

— Les Aryens au Nord et au Sud de l'Hindou-Kouch. Par Ch. E. de Ujfalvy. (*Revue d'ethnographie*, Tome II, No. 2, 1883, pp. 137/153.)

DEMETRIUS C. BOULGER.

Voir col. 1353.

— Central Asian Questions. Essays on Afghanistan, China and Central Asia, by Demetrius C. Boulger, Author of "The History of China", "England and Russia in Central Asia", etc., etc. With portrait and maps. London, T. Fisher Unwin, 1885, in-8, pp. xvi-457.

— The Kuldja Question. (*Geog. Mag.*, Nov. 1878, pp. 279/281.) Voir le même recueil, juillet et août 1874.

— Our Relations with the Himalayan States. By Demetrius Boulger. (*As. Quart. Review*, V, Jan.-April 1888, pp. 296/311.)

E. O'DONOVAN.

— The Merv Oasis. —Travels and Adventures east of the Caspian during the years 1879—80—81 including five month's Residence among the Tekke's of Merv by Edmond O'Donovan, Special Correspondent of the 'Daily News'. With Portrait, Maps and Facsimiles of State Documents. In two volumes. London, Smith, Elder & Co., 1882, 2 vol. in-8, pp. xx-502, xiv + 1 f. n. c. + pp. 500.

— Merv. A Story of Adventures and Captivity epitomised from 'the Merv Oasis'. By Edmond O'Donovan, Special Correspondent of 'the Daily News'. With a Portrait. London, Smith, Elder & Co., 1883, pet. in-8, pp. xi-348.

CHARLES MARVIN.

Né à Plumstead, 10 juin 1854; † 5 déc. 1890.

— The Eye-witnesses' Account of the disastrous russian Campaign against the Akhal Tekke Turcomans. Describing the March across the burning Desert, the Storming of Dengeel Tépé, and the disastrous retreat to the Caspian. By Charles Marvin. — London : W. H. Allen & Co., 1880, in-8, pp. xii-377.

— Alphabetical Index to Mr. C. Marvin's works and translations about Central Asia generally, Prepared by Major W. E. Gowan, Bengal Infantry. — No. III. "Eye-witnesses' Account of the Disastrous Russian Compaign (*sic*) against the Akhal-

Tekke Turcomans, describing the March across the Burning Desert, the Storming of Dengeel-Tepe, and the Disastrous Retreat to the Caspian." N. B. — This Index does not pretend to point to All the information in the work named, but only to such matter as is likely to be useful in a strictly military sense. — Calcutta : Published by the Calcutta Central Press Company, — 1883, in-8, pp. 224.

— Merv, the Queen of the World; and the Scourge of the man-stealing Turcomans. With an exposition of the Khorassan question. By Charles Marvin, ... London : W. H. Allen & Co. — 1881, in-8, pp. xx-451.

— The Russian Advance towards India. Conversations with Skobeleff, Ignatieff, and other distinguished Russian Generals and Statesmen, on the Central Asian Question. By Charles Marvin, ... London : Sampson Low, . . . 1882, in-8, pp. xx-338.

— The Russians at Merv and Herat, and their power of invading India. By Charles Marvin, ... London : W. H. Allen & Co. — 1883, in-8, pp. xvi + 1 f. n. c. + pp. 470.

— Reconnoitring Central Asia : Pioneering Adventures in the Region lying between Russia and India. By Charles Marvin, ... London : W. Swan Sonnenschein & Co. — 1884, in-8, pp. xviii + 1 f. n. c. + pp. 421.

Voir *List of Works*, pp. 417/421.

— The Railway Race to Herat. An Account of the Russian Railway to Herat and India. By Charles Marvin, ... London : W. H. Allen & Co., — 1885, in-8, pp. vi-31.

— Russia's Power of Attacking India. By Charles Marvin, ... Tenth Thousand. London : W. H. Allen & Co. — 1886, in-8, pp. vi-32.

— The Russians at the Gates of Herat by Charles Marvin, ... With Illustrations and Maps. London and New York : Frederick Warne and Co., pet. in-8, pp. iv-176.

— Marvin's Letters to the "Morning Post". Written during the years 1888—90. Being a Series of special Articles by the late Mr. Charles Marvin, contributed to and solely published in the "Morning Post", Allahabad, India. — Edited by Louis

Tracy. — Printed and published at the offices of the "Morning Post", Allahabad, N.-W. P. 1891, in-8, pp. iii-ii-427-x.

— Charles Marvin and Central Asia. By Louis Tracy. (*Calcutta Review*, XCII, April 1891, pp. 262/274.)

.·.

— Russia's next Move towards India. By an Old Campaigner who knows the country. — With an Original Map, showing Routes hitherto unmarked. — London : Simpkin, Marshall & Co. — Price Sixpence, in-8, pp. iv-27.

— Kuldja. By Major F. C. H. Clarke. (*Proc. R. Geog. Soc.*, N. S., Vol. II, 1880, pp. 489/499.)

— A Journey through Semirétchia to Kuldja in 1880. By E. Delmar Morgan. (*Proc. R. Geog. Soc.*, N. S., Vol. III, 1881, pp. 150/169.)

— Dr. Regels's Expedition from Kuldja to Turfan in 1879—80. By E. Delmar Morgan. (*Proc. R. Geog. Soc.*, Vol. III, 1881, pp. 340/352.)

— Einiges über das Si Yü Shui Tao ki. Von K. Himly. (*Zeit. d. G. f. Erdk.*, XV, 1880, pp. 182/194, 287/298; XVII, 1882, pp. 401/418.)

— Dix années de voyages dans l'Asie centrale et l'Afrique équatoriale par Le Docteur Potagos. Traduction de MM. Adolphe Meyer, Membre de l'Académie de Marseille, Jules Blancard, Professeur de l'Université, à Aix et Laur. Labadie, helléniste, Avec des notes et des observations Par M. Emile Burnouf, Directeur honoraire de l'Ecole française d'Athènes. — Publié aux frais de l'auteur. — Tome premier. — Paris, En Dépôt à la librairie Fischbacher, 1885, in-8, pp. xii-416, cartes, etc.

— Le Pamir (Juin 1870) par Le docteur Potagos. (*Bull. Soc. Géog.*, 1886, pp. 281/319.)
— Ancient geographical names in Central Asia. By Thos. W. Kingsmill. (*China Review*, VIII, pp. 163/166.)
— Origin of Coffins. — By Circa. (*China Review*, VIII, p. 256.)
— Lobnor Customs. By Circa. (*China Review*, VIII, p. 256.)
— An Heir to Prince Mahomet of Hamil. (*China Review*, XI, 334.)
— Kashgaria. (*China Review*, XIII, p. 225.)
— Kashgar. (*China Review*, XIII, pp. 430/431.)

E. H. PARKER.

— Contributions towards the topography and ethnology of Central Asia. I. Extracts from the *P'êi-Wên Yün-fu*. By E. H. Parker. (*China Review*, XIII, pp. 337/346, 375/386; XIV, pp. 39/49.)

— Dungans and Cossacks. By E. H. Parker. (*China Review*, XIV, p. 218.)
— Ili. By E. H. Parker. (*China Review*, XV, p. 249.)
— Kashgaria. By E. H. Parker. (*China Review*, XV, p. 250.)
— Oelot. By E. H. Parker. (*China Review*, XVI, p. 188.)

.·.

— Ultima Thule. England und Russland in Central-Asien. — Von K. K. General-Major Alois Ritter von Haymerle. — Separat-Abdruck aus Streffleur's Österreichischer militärischer Zeitschrift. Wien, 1885. Verlag von Streffleur's österr. militär. Zeitschrift. — In Commission bei L. W. Seidel & Sohn, in-8, pp. 136, carte.

HENRI MOSER.

— A travers l'Asie centrale. La steppe Kirghize — Le Turkestan russe — Boukhara — Khiva — Le pays des Turcomans et la Perse. — Impressions de voyage par Henri Moser. — Ouvrage orné de plus de 170 gravures dont 117 dessins de M. E. Van Muyden et 16 héliotypies avec une carte itinéraire du voyage à travers l'Asie centrale. Paris, Librairie Plon, S. d. [1885], in-4, pp. xi-463.

— Durch Central-Asien. Die Kirgisensteppe — Russisch-Turkestan — Bochara — Chiwa. — Das Turkmenenland und Persien. Reiseschilderungen von Heinrich Moser. — Autorisirte deutsche Ausgabe. — Mit 160 Abbildungen, 16 Lichtdrucktafeln und 1 Karte von Central-Asien. Leipzig : F. A. Brockhaus. — 1888, in-4, pp. xi-441.

Le Portrait-frontispice et la dédicace de cette traduction sont différents de celui de l'original français.

— Catalogue des collections ethnologiques rapportées de l'Asie centrale par Henri Moser. Neuchatel, imp. de la soc. typographique, 1887, br. in-8, pp. 28.

— Les Russes en Asie. — Exposition à Paris des collections ethnologiques rapportées de l'Asie centrale par Henri Moser. — Panorama Marigny (Champs-Elysées). Paris, Plon, 1891, br. in-8, pp. 17.

Par Hippolyte Buffenoir.

— Catalogue de la Collection de Photographies faite en Asie-Centrale par Henri Moser. Br. in-8, pp. 8 autog.

— Bibliothèque générale de géographie. — L'irrigation en Asie centrale, étude géographique et économique par Henri Moser. Paris, Soc. d'éditions scientifiques, 1894, in-8, pp. 379, carte.

BONVALOT, CAPUS, HENRI D'ORLÉANS.

— En Asie centrale. — De Moscou en Bactriane par Gabriel Bonvalot. — Ouvrage enrichi d'une carte et de gravures. — Paris, Plon, 1884, in-12, 2 ff. n. c. + pp. 309 + 1 f. n. c.

— En Asie centrale. — Du Kohistan à la Caspienne par Gabriel Bonvalot. Ouvrage enrichi d'une carte et de gravures. Paris, E. Plon — 1885, in-12, 2 ff. n. c. + pp. 300 + 1 f. n. c.

— Gabriel Bonvalot. — Du Caucase aux Indes à travers le Pamir. — Ouvrage orné de 250 dessins et croquis par Albert Pépin avec une carte itinéraire du voyage. Paris, Plon, 1889, gr. in-8, pp. xii-458.

— Through the Heart of Asia over the Pamir to India. By Gabriel Bonvalot. With 250 illustrations by Albert Pépin. Translated from the French by C. B. Pitmann. In two volumes. London : Chapman and Hall, 1889, 2 vol. gr. in-8, pp. xxii-281, x-255.

— Gabriel Bonvalot. By Coutts Trotter. (Blackwood's Mag., cxlv, April 1889, pp. 536/545.)

— Gabriel Bonvalot — De Paris au Tonkin à travers le Tibet inconnu. Ouvrage contenant Une Carte en Couleurs et cent huit illustrations gravées d'après les photographies prises par le Prince Henri d'Orléans. Paris, Librairie Hachette et Cie, — 1892, gr. in-8, pp. 510 + 1 f. n. c.

— Across Thibet. Being a translation of "De Paris au Tonkin à travers le Tibet inconnu", by Gabriel Bonvalot. With Illustrations from Photographs taken by Prince Henry of Orleans, and Map of Route. Translated by C. B. Pitman. — Cassell & Co. : London, 1891, 2 vol. gr. in-8, pp. xii-218, viii-230.

— Bibliothèque des Merveilles — Le Toit du monde (Pamir) par Guillaume Capus, Docteur ès sciences, Chargé de missions scientifiques. — Ouvrage illustré de 31 gravures sur bois et d'une carte. — Paris, Librairie Hachette — 1890, in-16, pp. xv-289.

— A travers le Royaume de Tamerlan (Asie centrale). Voyage dans la Sibérie occidentale, le Turkestan, la Boukharie aux bords de l'Amou-Daria, à Khiva et dans l'Oust-Ourt par Guillaume Capus, Docteur ès Sciences, Chargé de missions scientifiques par le ministère de l'instruction publique — Illustré de 66 gravures par Paul Merwart d'après les documents de l'auteur avec deux cartes, dont une coloriée. Paris, A. Hennuyer, 1892, in-8, pp. xvi-434.

Voyage avec Bonvalot, 1880—82.

— Les ruines de la vallée du Sourkhane. Par G. Bonvalot. (Revue d'Ethnog., II, 1884, pp. 385 et seq.)

— Voyage dans l'Asie centrale et au Pamir par Gabriel Bonvalot. (Bull. Soc. Géog., 7e sér., XI, 1890, pp. 469/498.)

— Pamir et Tchitral par M. Guillaume Capus. (Bull. Soc. Géog., 7e sér., XI, 1890, pp. 499/533.)

Carte.

— Observations et notes météorologiques sur l'Asie centrale et notamment les Pamirs par Guillaume Capus. (Bull. Soc. Géog., 7e sér., XIII, 1892, pp. 316/338.)

Carte.

∴

— Auszüge aus fünf in der handschriftlichen Ausgabe der Peking-Zeitung vom 9. September 1882 (Kuangsü, 8. Jhr., 7. Mt., 27. Tg.) veröffentlichten Berichten, die Neu-Organisation der Thienschan-Länder betreffend. (Zeit. d. G. f. Erdk., XIX, 1884, pp. 65/73.)

— Promenade à travers l'Asie centrale de Liang-tschon (Kan-sou) à Kouldja, par le R. P. Constant de Deken. (Miss. Cath., XVI, 1884, pp. 376/8, 389/392, 399/401.)

Voir un résumé de ce voyage, ibid., p. 65, par le P. André Janssen.

* Heumann [Capitaine A.]. — Les Russes et les Anglais dans l'Asie centrale. Paris, 1885, in-8.

Publications de la Réunion des Officiers.

— The Kara-kum, or Desert of Turkomania. By M. Paul Lessar. (Proc. R. Geog. Soc., VII, 1885, April, pp. 231/238.)

Trad. du russe.

— The true 'scientific Frontier' of India. By John Slagg. (Nineteenth Century, XVIII, 1885, pp. 151/159.)

HENRY LANSDELL.

— Russian Central Asia including Kuldja, Bokhara, Khiva and Merv, by Henry Lansdell, D. D. . . With Frontispiece, Maps, and Illustrations. In two volumes. London, Sampson Low, 1885, 2 vol. in-8, pp. xxxii-684, xvi-732.

Bibliography, II, pp. 654—684.

— Chinese Central Asia. A Ride to Little Tibet by Henry Lansdell, D. D., M. R. A. S., F. R. G. S. .... With Three Maps and Eighty Illustrations. In two Volumes. London. Sampson Low, Marston & Company, 1893, 2 vol. in-8, pp. xl-456, xiii + 1 f. n. c. + pp. 512.

Cet ouvrage contient une importante bibliographie, Vol. II. pp. 439/476.

.˙.

— Mémoires de l'Académie impériale des Sciences de St.-Pétersbourg, VIIᵉ série. — Tome XXXIV, No. 4. — Syrische Grab-inschriften aus Semirjetschie, herausgege-ben und erklärt von D. Chwolson. — Mit einer Tafel. — Présente à l'Académie le 1 Avril 1886. — St.-Pétersbourg, 1886. Commissionnaires de l'Académie Impériale des sciences, in-4, pp. 30.

Notice par Rubens Duval, Jour. As., VIIIᵉ Sér., VIII, No. 3, Nov.-Déc. 1886, pp. 551/8.

— Mémoires de l'Académie impériale des Sciences de St.-Pétersbourg, VIIᵉ série. Tome XXXVII, No. 8. — Syrisch-nestoria-nische Grabinschriften aus Semirjetschie, herausgegeben und erklärt von D. Chwol-son. — Nebst einer Beilage; über das tür-kische Sprachmaterial dieser Grabinschrif-ten vom Akademiker Dr. W. Radloff. — Mit drei phototypischen Tafeln und einer ebensolchen von Prof. Dr. Julius Euting aus-gearbeiteten Schrifttafel. — (Lu le 8 Mars 1888.) — St.-Pétersbourg, 1890. Commis-sionnaires de l'Académie Impériale des Sciences, gr. in-4, pp. ii-168.

— F. Hirth. — Alte Kaiser-Gräber in Cen-tralasien. (*Verhand. d. Berliner anthro-pologischen Gesellschaft*, 11. Jan. 1890, pp. 52/55.)

Comp. à Aspelin, Ibid., 1889, p. 744.

.˙.

— The Herat Valley and the Persian Border, from the Hari-rud to Sistan. By Colonel C. E. Stewart, C. M. G., C. I. E. (*Proc. R. Geog. Soc.*, VIII, 1886, March, pp. 137/156; carte, p. 216.)

— La Russie et l'Angleterre en Asie centrale. — D'après la brochure de M. Lessar. — Par M. H. L. Paris, librairie militaire de L. Baudoin et Cᵉ. — 1886, in-8, pp. 241.

Extrait du *Journal des Sciences militaires*. (Années 1885—1886.) A propos de la brochure :

(LANSDELL. — DIVERS.)

— Quelques considérations sur les territoires contestés et sur la situation générale de la Russie et de l'Angleterre en Asie centrale.

— Afghanistan und Seine Nachbarländer. Der Schauplatz des letzten russisch-engli-schen Konflikts in Zentral-Asien. Nach den neuesten Quellen geschildert von Dr. Her-mann Roskoschny. Erster Band. Mit 64 Abbildungen und 4 Karten. — Leipzig. Greszner & Schramm, in-4, 2 ff. n. c. + pp. 1 à 176. — Zweiter Band. Mit 39 Ab-bildungen und einer Buntdruck-Karte ... 2 ff. n. c. + pp. 177 à 336.

—Description de la Chine occidentale (mœurs et histoire). Par un voyageur. Traduit du chinois par M. Gueluy, missionnaire. Ex-trait du *Muséon*. Louvain, typ. Charles Peeters, 1887, in-8, pp. 155.

— A Journey round Chinese Turkistan and along the Northern Frontier of Tibet. By A. D. Carey. (*Proc. R. Geog. Soc.*, IX, 1887, Dec., pp. 731/752; carte, p. 790.)

— Journey of Carey and Dalgleish in Chi-nese Turkistan & Northern Tibet (Mr. Dalgleish's Itinerary); and General Prje-valsky on the Orography of Northern Ti-bet. With introductory Remarks by Mr. E. Delmar Morgan. = 1. Introductory Re-marks. By Mr. E. Delmar Morgan. — 2. Journey of Carey and Dalgleish; Mr. Dalgleish's Itinerary. — 3. The Orogra-phy of Northern Tibet. (Royal Geog. Soc., *Supplem. Papers*, Vol. III. Part I, Lond., 1890, pp. 86.)

Carte.

— Transkaspien und seine Eisenbahn. — Nach Acten des Erbauers Generallieute-nant M. Annenkow, bearbeitet von Dr. O. Heyfelder, Staatsrath in St. Petersburg, ehemals Chefarzt der Skobelew-Achal-Teke-Expedition. Hannover 1888. Hel-wingsche Verlagsbuchhandlung. (Th. Mier-zinsky, Königl. Hofbuchhändler.) In-8, pp. x-159, carte et grav.

— Around the World on a Bicycle by Tho-mas Stevens. From Teheran to Yokohama. With numerous illustrations. London, Samp-son Low, 1888, in-8, pp. xiv-477.

F. E. YOUNGHUSBAND.

— A Journey across Central Asia, from Man-churia and Peking to Kashmir, over the Mustagh Pass. By Lieut. F. E. Younghus-

(DIVERS.)

band, King's Dragoon Guards. (*Proc. R. Geog. Soc.*, X, 1888, Aug., pp. 485/518; carte, p. 548.)

— Journeys in the Pamirs and adjacent Countries. By Captain F. E. Younghusband, C. I. E. (*Proc. R. Geog. Soc.*, XIV, 1892, April, pp. 205/234; carte, p. 272.)

∴

— The Earthquakes of May and June, 1887, in the Verny (Vernoe) District, Russian Turkestan, and their Consequences. (*Proc. R. Geog. Soc.*, X, 1888, Oct., pp. 638/646.)

— Military Balance of Power in Asia. (*Blackwood's Mag.*, cxliii, June 1888, pp. 877/892.)

— Is Russia vulnerable in Central Asia? (*As. Quart. Review*, VIII, July-Oct. 1889, pp. 64/81.)

— China in Central Asia. By Mark Bell. (*As. Quart. Review*, IX, Jan.-April 1890, pp. 327/347.)

— Fables, Legends, and Songs of Chitral (called Chitrár by the Natives). Collected by H. H. Sirdar Nizám-ul-Mulk, Raja of Yasin, etc., and by Dr. G. W. Leitner, and translated from Persian or Chitráli. (*Imp. & Asiat. Quart. Review*, 2nd Series, I, Jan.-April 1891, pp. 145/158.)

— The Kashmir Railway. By Diplomaticus. (*Imp. & Asiat. Quart. Review*, 2nd Series, I, Jan.-April 1891, pp. 275/282.)

— Rough Accounts of Itineraries through the Hindu-Kush and to Central Asia. By Dr. G. W. Leitner. (*Imp. & Asiat. Quart. Review*, 2nd Series, II, July-Oct. 1891, pp. 243/248.)

— The Races and Languages of the Hindu-Kush. By Dr. G. W. Leitner. (*Imp. & Asiat. Quart. Review*, 2nd Series, II, July-Oct. 1891, pp. 139/156.)

— Russian Contributions to Central Asian Cartography and Geography. By R. Michell. (*Imp. & Asiat. Quart. Review*, 2nd Series, II, July-Oct. 1891, pp. 249/254.)

— Colonel Grambcheffsky's Pamir Explorations and the Indian Government. By W. Barmes Stevens. (*Imp. & Asiat. Quart. Review*, 2nd Series, II, July-Oct., 1891, pp. 255/260.)

— The Russians on the Pamirs. (*Blackwood's Mag.*, cl, Dec. 1891, pp. 755/766.)

(DIVERS.)

EDGAR BOULANGIER.

— Voyage à Merv. — Les Russes dans l'Asie centrale et le chemin de fer transcaspien, par Edgar Boulangier, Ingénieur des Ponts et Chaussées. Ouvrage contenant 84 gravures et 14 cartes. — Paris, Hachette et Cⁱᵉ, 1888, in-16, pp. 451.

— Notes de Voyage en Sibérie. — Le chemin de fer transsibérien et la Chine par Edgar Boulangier. Paris, Société d'Editions scientifiques, 1891, gr. in-8, pp. xii-397 + 1 f. n. c., cartes et grav.

∴

* Max von Proskowetz. — Vom Newastrand nach Samarkand. Durch Russland, auf neuen Geleisen nach Inner-Asien .... Mit einer Einleitung von H. Vambéry .... Original-Illustrationen, ... zum Theil nach Skizzen des Verfassers ..... Wien, 1889, pp. xxv-532, in-8.

— L'Asie centrale (Thibet et régions limitrophes). Texte et Atlas par J.-L. Dutreuil de Rhins. — Ouvrage publié sous les auspices du Ministère de l'Instruction publique et des Beaux-Arts (Comité des Travaux historiques et scientifiques, section de Géographie historique et descriptive). — Paris, Ernest Leroux — 1889, in-4, pp. xvi-620 et Atlas.

GEORGE NATHANIEL CURZON.

— The Transcaspian Railway. By the Hon. G. Curzon, M. P. (*Proc. R. Geog. Soc.*, XI, 1889, May, pp. 273/295; carte, p. 324.)

— The fluctuating Frontier of Russia in Asia. By George N. Curzon. (*Nineteenth Century*, XXV, 1889, pp. 267/283.)

— British and Russian commercial Competition in Central Asia. By George N. Curzon. (*As. Quart. Review*, VIII, July-Oct. 1889, pp. 438/457.)

— Russia in Central Asia in 1889 and the Anglo-Russian Question by the Hon. George N. Curzon, M. P. Fellow of All Souls College, Oxford. With Appendices, Maps, Illustrations, and an Index. London, Longmans, Green and Co., and New York, 1889, in-8, pp. xxiii-477.

L'App. VII contient une *Bibliography of Central Asia,* divisée en quatre parties : I. Central Asia in General. — II. The Transcaspian Railway. — III. Afghanistan. — IV. Persia, pp. 440/468.

— Persia and the Persian Question by the

(BOULANGIER. — DIVERS. — CURZON.)

Hon. George N. Curzon, M. P. Late Fellow of All Souls College, Oxford, Author of 'Russia in Central Asia'. In two volumes. London, Longmans, Green and Co., and New York : 1892, 2 vol. in-8, pp. xxiv-639, xii-653.

PEVTSOV.

— Progress of the Russian Expedition to Central Asia under Colonel Pievtsoff. By Vsevolod Roborovsky. (*Proc. R. Geog. Soc.*, XII, 1890, Jan., pp. 19/36.)

D'après l'*Invalide russe*, 11/23 oct. 1889.

— The Russian Expedition to Central Asia under Colonel Pievtsoff. Yarkand to Nia. (*Proc. R. Geog. Soc.*, XII, 1890, March, pp. 161/166.)

— The Russian Expedition to Central Asia under Colonel Pevtsof. Translated from the Russian by E. Delmar Morgan, F. R. G. S. (*Proc. R. Geog. Soc.*, XIII, 1891, Feb., pp. 99/105.)

— The Pevtsof Expedition and M. Bogdanovitch's Surveys. By E. Delmar Morgan. (*Geog. Journal*, II, 1893, July, pp. 55/63; carte, p. 96.)

∴

— Kachgarie et Dzoungarie, rôle de la Chine. (*Revue française*, X, 15 Nov. 1889, pp. 609/615.)

— En Asie centrale à la vapeur. La Mer Noire — La Crimée — Le Caucase — La Mer Caspienne. Les chemins de fer sibériens et asiatiques. Inauguration du chemin de fer transcaspien. — L'Asie centrale-Merv-Bokhara-Samarkand. — Notes de voyage de Napoléon Ney. Préface de Pierre Véron, Dessins de Dick de Lonlay, avec deux cartes. — Deuxième édition. Paris, Garnier frères, in-8, pp. viii-467.

— Отъ Парижа до предѣловъ Индіи. — Закаспійская желѣзная Дорога, Русскія среднеазіатскія владѣнія и Краткій очеркъ Индіи. — Составлено по графу Шолле, Эдг. Буланжье, Бонвалло и др... Москва, Ѳ. И. Анскаго, 1890, in-8, pp. xxv-404.

Par le Comte Armand Pierre de Cholet.

— Сибирская транзитная желѣзная дорога. St.-Pétersbourg, 1890, br. in-fol.

Rapport fait, [par Henri Cordier], sur la demande de M. le lieutenant-général Michel Annenkov, sur les relations commerciales et les moyens de transport entre la Russie et la Chine.

— Des ressources que l'Asie centrale pourrait

offrir à la colonisation russe par Le Lieutenant-général Annenkof, Constructeur du Chemin de fer Transcaspien. (*Bull. Soc. Géog.*, 7ᵉ sér., XI, 1890, pp. 237/254.)

— The Tashkent Exhibition, 1890. By Captain A. C. Yate. (*Proc. R. Geog. Soc.*, XIII, 1891, Jan., pp. 21/27.)

— Russia Railway Advance into Central Asia. Notes of a Journey from St. Petersburg to Samarkand by George Dobson, Author of the Letters in the 'Times' on the Central Asian Railway. Illustrated. London, W. H. Allen & Co., and at Calcutta — 1890, pet. in-8, pp. xxii + 1 f. n. c. + pp. 439.

— The Great Central Asian Trade Route from Peking to Kashgaria. By Colonel Mark S. Bell, R. E., V. C., A. D. C. (*Proc. R. Geog. Soc.*, XII, 1890, Feb., pp. 57/93; carte, p. 128.)

— Asie étrangère. Voyage de M. Edouard Blanc. Par Édouard Blanc. (*Bull. Soc. Géog. comm.*, Paris, XIII, 1890—91, pp. 248/253.)

Paris, 10 juin 1891.

— Notes de voyage en Asie centrale. — La question du Pamir. Par Edouard Blanc. (*Rev. des Deux Mondes*, 1ᵉʳ déc. 1893, pp. 575/609.)

— Expedition of the Brothers Grijimailo to the Tian Shan Oases and Lob-nor. Translated, with Notes and Introductory Remarks, by E. Delmar Morgan, F. R. G. S. (*Proc. R. Geog. Soc.*, XIII, 1891, April, pp. 208/226; carte, p. 248.)

— The Pamir : a geographical and political Sketch. By E. Delmar Morgan. (With a Map), br. in-8, pp. 9.

Reprinted from *The Scottish Geographical Magazine* for January 1892.

On trouvera, pp. 8/9, une chronologie des voyageurs dans l'Asie centrale.

— Central Asian Explorations in past Centuries. [Chiefly from Greek, Chinese, Arabic and Russian Authorities.] By C. J. (*Calcutta Review*, xciv, Jan. 1892, pp. 83/108.)

— Dislocations-Karte der Indo-britischen Streitkräfte in Ost-Indien und der Russischen Streitkräfte in Asien nebst tabellarischer Uebersicht der Organisation dieser Streitkräfte im Frieden und im Kriege. — Bearbeitet und Sr. Excellenz Herrn k. u. k. FZM. Freiherrn von Beck, Chef des k. u. k. Generalstabes, ehrerbietigst gewidmet von Hauptmann Eugen Schuler. Wien, Artaria, 1892.

— Exploration dans l'Asie centrale par Henri Dauvergne. (*Bull. Soc. Géog.*, 7ᵉ sér., XIII, 1892, pp. 5/40.)

Carte.

— Notes on M. Dauvergne's Travels in Chinese Turkestan. By General J. T. Walker, C. B., F. R. S. (*Proc. R. Geog. Soc.*, XIV, 1892, Nov., pp. 779/785; carte, p. 816.)

— A Journey across the Pamir from North to South. By St. George Littledale. (*Proc. R. Geog. Soc.*, XIV, 1892, Jan., pp. 1/35; carte, p. 68.)

— Mr. Conway's Karakoram Expedition. (*Proc. R. Geog. Soc.*, XIV, 1892, Nov., pp. 753/770.)

— The crossing of the Hispar Pass. By W. M. Conway. (*Geog. Journal*, I, 1893, Feb., pp. 131/138.)

— Exploration in the Mustagh Mountains. By W. M. Conway. (*Geog. Journal*, II, 1893, Oct., pp. 289/303.)

— The Pamirs being a Narrative of a year's Expedition on horseback and on foot through Kashmir, Western Tibet, Chinese Tartary, and Russian Central Asia. By the Earl of Dunmore, F. R. G. S. With Maps and illustrations. In two Vols. London : John Murray. 1893, 2 vol. in-8, pp. xx-360, x+1 f. n. c. + pp. 340 + 2 ff. n. c. p. l'app.

Appendix. — Table of comparative heights of Passes with the Summit of Mont Blanc.

— Journeyings in the Pamirs and Central Asia. By The Earl of Dunmore. (*Geog. Journal*, II, 1893, Nov., pp. 385/402; carte, p. 480.)

— Where three Empires meet. A Narrative of recent Travel in Kashmir, Western Tibet, Gilgit, and the adjoining Countries.

(DIVERS.)

By E. F. Knight, Author of 'the Cruise of the Falcon', 'the Cruise of the Alerte', 'the Falcon on the Baltic', 'Save me from my friends' etc. With a map and 54 illustrations. Second edition. London, Longmans, Green and Co., 1893, in-8, pp. xvi-495.

3rd edition, 1893.

— Nord-Tibet und Lob-Nur-Gebiet in der Darstellung des *Ta-Tshing I-thung Yü thu,* unter Mitwirkung des Herrn Karl Himly in Wiesbaden, herausgegeben von Dr. Georg Wegener (*Zeitschrift der Gesellschaft für Erdkunde in Berlin*, Band XXVIII, 1893), br. in-8.

Notice par G. Schlegel, *T'oung Pao*, V, mars 1894, pp. 89/93.

— The Bower Manuscript. Facsimile leaves, Nagari transcript, Romanised transliteration and English translation with notes, edited by A. F. R. Hoernle. 1893, in-fol.

— The Chinese Conquest of Songaria. By Ch. Denby, Jr. (*Jour. Peking Oriental Soc.*, III, No. 2, pp. 159/181.)

— Récit officiel de la Conquête du Turkestan par les Chinois (1758—1760). Par C. Imbault Huart, Consul de France.

MS. — Sous presse. — Traduit textuellement du Livre III du *K'in-ting Sin-kiang tche-lio*, 欽定新疆識略, rédige par ordre de Tao-Kouang. — D'où il avait déjà donné le *Pays de Ha-mi*, Bul. Section de Géog., 1892.
Cf. H. Cordier, *Bib. Sinica*, col. 1266, 265. — Ouei-yuan, *Cheng-vou-ki*, col. 1596—1597.

— Chitral. (*Geogr. Journal*, I, 1893, Jan., pp. 51/53.)

— Dr. Diener's Expedition to the Central Himalaya. (*Geogr. Journal*, II, 1893, Sept., pp. 258/261.)

— Die Expedition der kaiserl. russischen Geogr. Gesellschaft nach Mittelasien. Von Generalmajor z. D. Krahmer. (*Petermann's Mitt.*, 1894, 40 Bd., pp. 106/112, 199/203.)

I. Die Expedition (Haupt-Expedition) von Roborowski.
II. Die Expedition Koslows.

(DIVERS.)

III. — TIBET.

OUVRAGES DIVERS.

衞藏圖識 *Wei Tsang tou chi.* — Description du Tubet, col. 1356.

C'est la traduction de l'ouvrage en russe, supra col. 1356, sans nom d'auteur, mais qui est du P. Bitchourin. — Voir au bas de la même col. 1356, *Wei-Tsang too sheih*, par C. Gützlaff.

(DIVERS.)

— La tradizione delle formiche che scavano l' oro e i minatori, del Tibet, di A. Brunialti. (*Bol. Soc. Geog. ital.*, XI, 1874, pp. 370/376.)

— The Early History of Tibet. From Chinese Sources. By S. W. Bushell, M. D., Physician to H. B. M. Legation, Peking.

(DIVERS.)

(*Journ. R. As. Soc.*, N. S., Vol. XII, Art.
XVIII, October 1880, pp. 435/541.)

Voir col. 1359.

— Thibet. — I. La petite vérole au Thibet.
— II. Le peuple se faisant justice à lui-
même. — III. Le baptême d'une femme
thibétaine.(*Miss.Cath.*,XIII,1881,pp.506/
508.)

DUTREUIL DE RHINS.

Jules Léon D. de R., né à Lyon, 2 janvier 1846 ; assassiné près
de Si-ning 西寧, 1894.

Voir col. 2082.

Cf. Charles Maunoir, *T'oung Pao*, V, No. 4, oct. 1894, pp. 356/
359.)

— A propos de la position de Nab Tchou (Thibet), lettre de M.
Dutreuil de Rhins au Secrétaire général. (*Bull. Soc. Géog.*,
VII⁰ série, I, Mai 1881, pp. 490/491.)

— Carte du Thibet oriental. Mémoire géographique sur cette contrée. Par J. L. Dutreuil de Rhins. (*Bull. Soc. Géog. com.*, IX,
1886/7, pp. 169/170.)

— Mémoire géographique sur le Thibet oriental. Par J. L. Dutreuil de Rhins. (*Bull. Soc.
Géog., Paris*, VII⁰ Sér., VIII, 1887, pp. 172/
240, 381/437.)

Carte.

— Lettre du général J.-T. Walker, Ancien
« Surveyor general » de l'Inde à propos de
la notice de M. de Rhins sur le Thibet.
(*Bull. Soc. Géog.*, 7⁰ sér., IX, 1888, pp. 521/
529.)

— Réponse à la lettre de M. le général
Walker, par M. J.-L. Dutreuil de Rhins.
(*Bull. Soc. Géog.*, 7⁰ sér., IX, 1888, pp. 530/
543.)

— L'Asie centrale (Thibet et régions limitrophes). — Texte et atlas par J.-L. Dutreuil de Rhins. — Ouvrage publié sous
les auspices du ministère de l'instruction
publique et des beaux-arts (Comité des
Travaux historiques et scientifiques, section
de Géographie historique et descriptive).
— Paris, Ernest Leroux, 1889, in-4, pp. xvi-
620 et gr. atlas.

GENERAL J.-T. WALKER.

— Notes on Mont Everest. By General J. T.
Walker, C. B., late Surveyor-General of
India. (*Proc. R. Geog. Soc.*, VIII, 1886,
Feb., pp. 88/94.)

— Further Notes on "Mont Everest". By
Douglas W. Freshfield, Sec. R. G. S. (*Proc.
R. Geog. Soc.*, VIII, 1886, March, pp. 176/
188.)

(DUTREUIL DE RHINS. — WALKER.)

— A Last Note on Mont Everest. By Gene-
ral J.-T. Walker, C. B., late Surveyor-
General of India. (*Proc. R. Geog. Soc.*,
VIII, 1886, April, pp. 257/263.)

— The Hydrography of South-Eastern Tibet.
By General J. T. Walker, C. B., F. R. S.,
LL. D. (*Proc. R. Geog. Soc.*, X, 1888,
Sept., pp. 577/584; carte, p. 612.)

— Note on the R. G. S. Map of Tibet. By
General J. T. Walker, R. A., C. B., F. R.
S., Late Surveyor-General of India. (*The
Geog. Journal*, July 1894, pp. 52/54; carte,
p. 96.)

.˙.

— En Asie ; Kachmir et Tibet. Étude d'ethnographie ancienne et
moderne ; par M. Ollivier Beauregard. (*Bul. Soc. Anthrop.*,
Paris, 1882, pp. 241/291.)

— En Asie. — Kachmir et Tibet, étude d'ethnographie ancienne et moderne, par Olli-
vier-Beauregard. — Paris, Maisonneuve,
... 1883 ... in-8, pp. II-144.

E. H. PARKER.

— Tartars, Tibetans, Turks, Hindoos, &c. By E. H. Parker. (*China
Review*, XIII, pp. 42/49, 274/280.)

— Tibetan Tribes. By E. H. Parker. (*China Review*, XIV, pp. 169/
170.)

— Passports for Tibet. By E. H. Parker. (*China Review*, XIV,
p. 170.)

— The Boorkba Tribe. By E. H. Parker. (*China Review*, XIV,
p. 170.)

— Ecclesiastical Tribute. By E. H. Parker. (*China Review*, XIV,
p. 295.)

— Tibetan Tribes. By E. H. Parker. (*China Review*, XV, pp. 51/52.)

— Remarks on some of Mr. Parker's Notes. By G. M. H. Playfair. (*China Review*, XV, pp. 131/132.)

— Tibetans. By E. H. Parker. (*China Review*, XV, p. 187.)

— The Preaching of the Gospel in Tibet. By E. H. Parker.
(*China Review*, XVIII, No. 5, pp. 279/284.)

.˙.

— Man-bote among a Tibetan Tribe. (*China Review*, X, p. 222.)

— Tibet, Nepaul and China. (*China Review*, XI, p. 261.)

— Tibetan tribes. By J. M. (*China Review*, XV, pp. 244/245.)

.˙.

— The Sisters of Thibet. By Laurence Oliphant. (*Nineteenth Century*, XVI, 1884,
pp. 715/730.)

— The Cloister in Cathay. By the Hon. G. N. Curzon, M. P.
(*Fortnightly Review*, June 1888.)

— Thibet. By Charles H. Lepper. (*Nineteenth Century*, XVIII, 1885, pp. 408/431.)

* G. N. Potanine. — Renseignements par informations sur le Thibet oriental. (*Izviestia
de la Soc. imp. russe de géogr.* Saint-Pétersbourg, 1887.) Broch. in-8 [en russe].

Cité *Compte-rendu Soc. Géog.*, 1888, No. III.

— Inscription commémorative du meurtre
de deux ambassadeurs chinois au Tibet

(BEAUREGARD. — PARKER. — DIVERS.)

(en 1752). Par Maurice Jametel. — Paris, Ernest Leroux, 1887, br. in-8, pp. 7.

Tiré de la *Revue d'histoire diplomatique*, 1887. — D'après le *Cheng-vou-ki*.

— Inscription gravée sur une stèle élevée dans la salle des exercices militaires de Kiang-tze (Tibet antérieur) par Maurice Jametel. (*Recueil de l'École des Langues Orientales*, 1889, II, pp. 345/354.) Appendice. Liste chronologique des ministres chinois résidents au Tibet sous les règnes de Kienn-Long et de Kia-king (*Ibid.*, pp. 355/363.)

— Chinese Policy in Thibet. By H. Gibson. (*Month*, LXV, 43.)
— Thibet and India. By R. S. Gundry. (*National Review*, IX, 93.)
— English Position in Thibet. By R. S. Gundry. (*National Review*, XII, 1.)
— Sikhim and the Thibetan Question. By R. S. Gundry. (*Westminster Review*, CXXXI, 417.)

— The City of Lhása. By Graham Sandberg. (*Nineteenth Century*, XXVI, 1889, pp. 681/694.)

— Report on the External Trade of Bengal with Nepal, Tibet, Sikkim and Bhutan for the year 1888—89. (*Calcutta Review*, XC, Jan. 1890, pp. 195/6.)

— Sikkim and Tibet. By H. H. Risley. (*Blackwood's Mag.*, cxlvii, May 1890, pp. 655/674.)

— Monks and Monasteries in Tibet. By Graham Sandberg. (*Calcutta Review*, XCI, July 1890, pp. 14/31.)

— Our present Knowledge of the Himalayas. By Colonel H. C. B. Tanner (Indian Staff Corps). (*Proc. R. Geog. Soc.*, XIII, 1891, July, pp. 403/423.)

— Nord-Tibet und Lob-Nur-Gebiet in der Darstellung des *Ta-thsing I Thung Yü Thu* (erschienen zu Wu-thsang-fu, 1863) unter Mitwirkung des Herrn Karl Himly in Wiesbaden, herausgegeben von Dr. Georg Wegener. Mit einer Tafel. Sonderabdruck aus der Zeitschrift der Gesellschaft für Erdkunde zu Berlin. XXVIII. Band. 1893. — Berlin 1893. Druck von W. Pormetter, br. in-8, chif. pp. 201 à 242, carte.

Voir supra, col. 2086.

* Marriage Customs of Tibet. Parts 1 and 2; by B. S. Chandra Das. (*Journ. As. Soc. of Bengal*, lxii, Pt. III, 1893.)

— D. V. Ritchie. A Race of Hairy Savages in Tibet. (*Imp. and Asiatic Quart. Review*, Oct. 1893.)

(DIVERS.)

VOYAGES ET MISSIONS.

— Beschreibung ‖ Einer weiten vñ ‖ gefährlichē Reisz ‖ ‖ so ein Priester der Societet Je- ‖ sv P. Antonivs de Andrade ‖ genant ‖ ausz der Mission beim gros- ‖ sen Mogor in Asia ‖ ‖ inn ersuchung ‖ desz grossen Cataio vnd der Kônig- ‖ reich Tibet, den Christlichen Glau- ‖ ben indenselben biszher vnbekandē ‖ Landen zuuerkûnden ‖ einen anfang ‖ zu machen ‖ mit vnglaublicher ‖ mûhe vnd arbeit im 1624. ‖ Jahr verricht. ‖ Den guthertzigen Gottes ehr ‖ ‖ vnnd Christlichen Glaubens ausz ‖ braitung enferigliebenden ‖ Teûtschenzugefal- ‖ ‖ len. ‖ Ausz Spanischer Sprach inn ‖ die Teûtsche vbergesetzt. ‖ 1627, pet. in-12, 41 ff. n. c.

Au verso du dernier f. : Nach gedruckt zu Augspurg ‖ bey Michael Stör ‖ Im ‖ Jahr 1627.

B. Nat. $\frac{0^2m}{62}$

Voir col. 1362.

— Col. 1364. — Ligne 3, au lieu de *P. Simon*, lire le *P. Sirmond*, c'est le célèbre P. Jacques Sirmond.

SAMUEL TURNER.

Voir col. 1368—1369.

— Samuel Turners, Capitains in Diensten der ostind. Compagnie. Gesandtschaftsreise an den Hof des Teshoo Lama durch Bootan und einen Theil von Tibet. — Aus dem Englischen übersetzt. — Mit 1 Karte und 4 Kupfern. — Berlin und Hamburg. 1801, in-8, pp. 391.

— Samuel Turner's Gesandtschaftsreise an den Hof des Teschu Lama in Tibet, in-12, pp. 140 à 192.

Forme le No. 4 de : Sämmtliche Kinder- und Jugendschriften von Joachim Heinrich Campe. — Vierte Gesammtausgabe der letzten Hand. — Neun und zwanzigstes Bändchen. — Neue Sammlung merkwürdiger Reisebeschreibungen. Erster Theil. — In der Reihe die fünfte Original-Auflage. — Braunschweig, Verlag der Schulbuchhandlung. 1832.

Voir la suite, *ibid.*, II Th., No. I, pp. 1/110.

* S. Turner. — Ambascieria al Tibet e al Batan. Milano, Raccolta di viaggi Sonzogno, 1817, 3 vol.

.·.

— Travels in Great Tibet, and Trade between Tibet and Bengal. By C. R. Markham, C. B., F. R. S., Secretary R. G. S. (*Proc. R. Geog. Soc.*, XIX, 1874—75, pp. 327/347.)

— Wanderings and wild sport beyond the Himalayas. (*Blackwood's Mag.*, cxliii, May 1888, pp. 650/668.)

— Travels through Tibet, Western Tartary, Karazn, and Bukharias, By Thevenot, Kircher, Duhalde, Gruebar, Dorvile, &c. (J.

(VOYAGES. — DIVERS.)

H. Moore's *New complete collection of Voyages,* cf. pp. 609/637.)

— Narrative of a Journey to the lakes Cho Lagan, or Rákas Tal, and Cho Mapan, or Mánasaówar, And the Valley of Pruang, in Tibet, In September and October, 1846. By Henry Strachey, Lieut. 66th Bengal N. I. — Published in the Journal of the Asiatic Society of Bengal for July, August and September, 1848, in-8, pp. 103.

Calcutta : Printed by J. Thomas, Baptist Mission Press, 1848.

Voir col. 1869.

— Western Himalaya and Tibet; a Narrative of a Journey through the Mountains of Northern India, during the years 1847—8. By Thomas Thomson, M. D., F. L. S., Assistant Surgeon Bengal Army. London : Reeve and Co., — 1852, in-8, pp. xii-501.

— Travels in Ladâk, Tartary, and Kashmir. By Lieut.-Colonel Torrens, 23rd Royal Welsh Fusileers. Second edition. London : Saunders, Otley, and Co., 1863, in-8, pp. iv-367.

A. DESGODINS.

Voir col. 545, 1714 et 1371.

— The abbé Desgodins on Tibet. (*Geog. Mag.,* Jan. 1877, pp. 14/15.)

— Le Thibet d'après la correspondance des missionnaires par C. H. Desgodins. — Deuxième édition. — Paris, Librairie catholique de l'œuvre de Saint-Paul, 1885, in-8, pp. 475.

Notice : *Miss. Cath.,* XVIII, 1886, p. 84.

— Le Thibet d'après la correspondance des missionnaires par H. Desgodins. Rapport par M. Ollier. (*Bul. Soc. Géog.,* Lyon, VI, 1886, pp. 210/6.)

— Monographie du travailleur bouddhiste par M. l'abbé A. Desgodins. (*Ibid.,* pp. 217/222.)

— Ruine de la Mission du Thibet. (*Miss. Cath.,* XX, 1888, pp. 193/7.)

— Du Bouddhisme, par M. Auguste Desgodins, Yerkalo, 5 janvier 1876. Réponse à un article de M. Léon Cahun sur le cours de Tibétain et de Mongol de M. Léon Féer, publié dans la *Revue politique et littéraire* du 16 janvier 1875, p. 684. (*Miss. Cath.,* VIII, 1876, pp. 378/380, 391/393, 404/407.)

— Note sur le Bouddhisme au Tibet, par l'abbé Desgodins, Yer-ka-lo, 27 août 1878. (*Miss. Cath.,* XI, 1879, p. 83.)

A propos d'un passage d'Odoric.

— Du Thibet. Divers objets du culte bouddhique. (*Miss. Cath.,* XII, 1880, pp. 383/4.) [Dessins.]

Par l'abbé Desgodins.

— Du Thibet. Sur le mariage et la constitution de la famille. Par M. Desgodins, des Missions étrangères de Paris . . . (*Miss. Cath.,* XIII, 1881, pp. 298/9, 311/312.)

— Notes sur l'état actuel des lamaseries au Thibet par l'abbé Desgodins, des miss. étr. de Paris. (*Miss. Cath.,* XIII, 1881, pp. 549/550, 574/5, 581/4, 619/622.)

— Thibet ou Tibet. Lettre de M. l'abbé Desgodins à l'éditeur de l'*Indo-European Correspondence.* (*Bul. Soc. Géog. de l'Est,* 1887, pp. 119/122.)

— Notes ethnographiques sur le Thibet, par M. l'abbé Desgodins, missionnaire apostolique à Yerkalo (Thibet). — Extraits d'une lettre communiquée à la Société Académique Indo-Chinoise dans sa séance du 30 Novembre 1878, par M. C. H. Desgodins, ancien inspecteur des forêts. (*Ann. de l'Extrême-Orient,* II, pp. 10/12.)

Supplément à la p. 284 de la *Mission du Thibet.*

— Le Thibet. Notes linguistiques. Par M. l'Abbé A. Desgodins, Missionnaire apostolique à Yer-Ka-Lo (Thibet). Communication faite à la Société Académique Indo-Chinoise dans sa séance du 29 Juin 1879. (*Ann. de l'Extr. Orient,* II, pp. 225/230.)

Yer-ka-lo, 25 déc. 1878.

— Le Thibet. — Notes ethnographiques. Par M. l'Abbé A. Desgodins, Missionnaire apostolique à Yer-Ka-Lo (Thibet). Communication lue à la Société Académique Indo-Chinoise dans sa séance du 29 Juin 1879. (*Ann. de l'Extr. Orient,* II, pp. 129/135.)

Yer-ka-lo, Thibet, 25 déc. 1878.

— Exposé sommaire de la Mission du Thibet par M. Desgodins, inspecteur des forêts en retraite. (*Bul. Soc. Géog. de l'Est,* I, 1879, pp. 71/75.)

Notice : *Ann. de l'Ext. Orient,* II, pp. 150/1.

— Notes sur le Tibet par M. l'abbé Desgodins. (*Bull. Soc. Géog.,* 7ᵉ sér., XI, 1890, pp. 255/279.)

∴

— The Abode of Snow. Observations on a Journey from Chinese Tibet to the Indian Caucasus, through the Upper Valleys of the Himálaya by Andrew Wilson. William Blackwood and sons, Edinburgh and London, MDCCCLXXV, in-8, pp. xxvi-475, carte.

— The Abode of Snow. Observations on a Journey from Chinese Tibet to the Indian Caucasus, through the Upper Valleys of the Himálaya by Andrew Wilson. Second edition. William Blackwood and sons, Edinburgh and London, MDCCCLXXVI, pet. in-8, pp. xxviii-436, carte.

— H. Wichmann. Reise des Punditen A. K. durch das östliche Tibet 1878—82. (*Petermann's Mittheilungen*, Vol. xxxvii, No. 1.)

N. M. PRJEVALSKY.

Voir col. 1351 et 2069—70.

A. A. KINLOCH.

— Large Game Shooting in Thibet and the North West. By Alexander A. A. Kinloch, (The Prince Consort's Own) Rifle Brigade. Illustrated by Photographs taken by Arthur Lucas, of Wigmore Street. — London : Harrison — 1869, in-4, pp. viii-68.

— Large Game Shooting in Thibet and the North West. By Alexander A. A. Kinloch, C. M. Z. S., Captain 60th Royal Rifles (Late Rifle Brigade). Illustrated by Photo-Tint. — 2nd series. — London : Harrison, — 1876, in-4, pp. viii-64.

— Large Game Shooting in Thibet, the Himalayas, and Northern India. By Colonel Kinloch, The King's Royal Rifle Corps. — Illustrated by Photo-Gravures. — Calcutta : Thacker, Spink and Co. London : W. Thacker and Co. — 1885, in-4, pp. vi-237. Carte.

∴

— Explorations in Western Tibet, by the Trans-Himalayan parties of the Indian Trigonometrical Survey. (*Proc. R. Geog. Soc.*, N. S., Vol. I, 1879, pp. 444/452.)

— Four Years' Journeyings through Great Tibet, by one of the Trans-Himalayan Explorers of the Survey of India. By General J. T. Walker, C. B., F. R. S., late Surveyor-General of India. (*Proc. R. Geog. Soc.*, VII, 1885, Feb., pp. 65/92; carte, p. 136.)

L. C. SALEURE.

Voir col. 1718.

— Mission du Thibet. — Dans les Himalayas. — Notice de M. Saleure, de la Soc. des Miss. étr. de Paris. (*Missions Catholiques*, XVIII, 1886, pp. 221/5, 232/3, 249/251, 274/276.)

— Lettre de Pédong, avril 1886. (*Ibid.*, pp. 278/9.)

— Un coin des Himalayas-Darjeeling & le

(DIVERS.)

Sikkim. Notice de M. Saleur, de la Soc. des Miss. Etrangères de Paris, missionnaire au Thibet. (*Miss. Cath.*, XIX, 1887, pp. 449, 464/6, 474/7, 486/9, 497/501, 509/513.)

— Mr. A. D. Carey's Travels in Turkistan and Tibet. (*Proc. R. Geog. Soc.*, N. S., Vol. IX, 1887, pp. 175/6.)

Voir *Ibid.*, pp. 377/8. — Voir col. 2080.

— Work of the Native Explorer M—H in Tibet and Nepal in 1885—86. (*Proc. R. Geog. Soc.*, X, 1888, Feb., pp. 89/91.)

BONVALOT, HENRI D'ORLÉANS.

Voir TIEN CHAN, col. 2077—78.

— Traversée du Tibet par G. Bonvalot, le prince Henri d'Orléans et le père Dedéken. (*Bull. Soc. Géog.*, 7e sér., XII, 1891, pp. 328/350.)

Carte.

— Prince Henri d'Orléans. — Les missionnaires français au Thibet. — Extrait du *Correspondant*. — Paris, De Soye et fils, 1891, br. in-8, pp. 24.

W. W. ROCKHILL.

Voir col. 1629.

— The Tale-Lamas. By W. W. R. (*Journ. C. B. R. A. S.*, XX, N. S., 1885, pp. 277/278.)

— The Land of the Lamas. Notes of a Journey through China Mongolia and Tibet with Maps and Illustrations by William Woodville Rockhill. London, Longmans, Green & Co. 1891, in-8, pp. viii-399.

Notices : par A. A. Fauvel, *Etudes religieuses* . . . *par les Pères de la Cie. de Jésus*, 30 sept. 1893, partie bibliographique, pp. 682/692. — *The Academy*, Nov. 7, 1891, No. 1018, by Stephen Wheeler. — *Journal Asiatique*, VIIIe Série, XX, Sept.-Oct. 1892, pp. 295/7, par L. Feer.

— Tibet. A Geographical, Ethnographical, and Historical Sketch from Chinese Sources. By W. Woodville Rockhill, M. R. A. S. (*Jour. Roy. Asiatic Soc.*, XXIII, pp. 1/133, 185/291.)

— Mr. Rockhill's attempt to reach Lhassa. (*Proc. R. Geog. Soc.*, XI, 1889, Dec., pp. 730/734.)

Cf. *ibid.*, p. 439.

— Mr. Rockhill's Travels in North-East Tibet. (*Proc. R. Geog. Soc.*, XIV, 1892, Nov., pp. 777/779.)

— Travels in Tibet. (*Edinburgh Review*, April 1892, pp. 540/558.)

A propos de Bonvalot et de Rockhill.

— An American in Thibet. (*Century*, XIX, 3.)
— Eastern Thibet. (*Century*, XIX, 720.)
— Northern Thibet and the Yellow River. (*Century*, XIX, 599.)

∴

(DIVERS.)

— Wanderings and Wild Sport beyond the Himalayas. (*Blackwood's Mag.*, CXLIII, 650; CXLIV, 238.)

— To the Snows of Tibet through China by A. E. Pratt, F. R. G. S. Gill memorialist 1891. With illustrations and a map. London, Longmans, Green and Co. 1892, in-8, pp. XVIII-268.

Voir col. 1960.

— Two Journeys to Ta-tsien-lu on the Eastern Borders of Tibet. By A. E. Pratt. (*Proc. R. Geog. Soc.*, XIII, 1891, June, pp. 329/343.)

— A Journey across Tibet. By Captain H. Bower, 17th Bengal Cavalry. (*Geog. Journal*, I, 1893, May, pp. 385/408; carte, p. 480.)

* H. Bower. — Diary of a Journey across Tibet. With Illustrations. 1894, London, in-8, pp. 302.

· Voir col. 2086.

* Annie W. Marston. — The Great Closed Land. A Plea for Tibet. With Preface by Rev. B. La Trobe. London, 1894, in-4, pp. 120; 1s 6d.

* Occult Science in Thibet. By H. Hensoldt. (*The Arena*, July 1894.)

LANGUE.

H. A. JAESCHKE.

Né à Herrnhut, 17 mai 1817; † 24 sept. 1883 dans la même ville.
— Heinrich August Jaeschke. Par L. Feer. (*Jour. As.*, 1883, pp. 314/315.)
— H. A. Jäschke. (*The Athenaeum*, Oct. 20, 1883, p. 496.)

— Probe aus dem tibetischen Legendenbuche : die hundert tausend Gesänge des Milaraspa, mitgetheilt von H. A. Jäschke. (Mit 2 lithogr. Tafeln.) (*Zeit. D. M. G.*, XXIII, 1869, pp. 543/558.)

— Handwörterbuch der Tibetischen Sprache von H. A. Jäschke. — Gnadau, Universitätsbuchhandlung. 1871, in-4, pp. 6 et XX* — 671 autog.

— A Tibetan-English Dictionary, etc. . . . . London, 1881.

Voir col. 1375.
Notice : *Journal Asiatique*, VIIᵉ Sér., XX, Août-Sept. 1882, pp. 245/251. Par L. Feer.

CSOMA DE KÖRÖS.

Né 4 avril 1784, à Körös, comté de Háromszék, en Transylvanie; † à Darjeeling, 11 avril 1842.

— Some Remarks on the Life and Labours of Alexander Csoma de Körös, delivered

on the occasion when his Tibetan Books and MSS. were exhibited before the Royal Asiatic Society on the 16th June, 1884. By Surgeon-Major Theodore Duka, M. D., F. R. C. S., late of the Bengal Army. (*Journ. R. As. Soc.*, N. S., Vol. XVI, Art. XXII, October, 1884, pp. 486/493.)

— Life and Works of Alexander Csoma de Körös. A Biography compiled chiefly from hitherto Unpublished Data; with a brief notice of each of his published works and essays, as well as of his still extant Manuscripts. By Theodore Duka, M. D. . . . . London : Trübner & Co. 1885, in-8, pp. XII-234.

Fait partie de *Trübner's Oriental Series.*
Notice par L. Feer, *Journ. Asiat.*, VIIIᵉ sér., VI, Août-Sept.-Oct. 1885, pp. 384/394.

— Csoma de Körös, fondateur des études tibétaines. Par Léon Feer. (*Ann. de l'Ext. Orient*, 1885—1886, VIII, pp. 74/77.)

D'après le vol. de Th. Duka, chez Trübner.

— A Manual of Tibetan being a Guide to the Colloquial speech of Tibet, in a Series of progressive Exercises prepared with the assistance of Yapa Ugyen Gyatsho a learned Lama of the monastery of Pemiongchi. By Major Thomas Herbert Lewin, F. R. G. S., of the Bengal Staff Corps. Deputy Commissioner of Darjeeling. — Calcutta : Printed by G. H. Rouse, at the Baptist Mission Press, 1879, gr. in-8 oblong, pp. XI + 1 f. n. c. + pp. 176.

— On Tibeto-Burman Languages. By Capt. C. J. F. S. Forbes, of the Burmese Civil Commission. (*Journ. R. As. Soc.*, N. S. Vol. X. Part II, art. IX, April, 1878, pp. 210/227.)

— Thibet oriental. — Vocabulaire de plusieurs tribus des bords du Lan-Tsang-Kiang ou Haut Me-Kong, Lou-Tsé-Kiang ou Haute-Salouen et Haut Irraouaddy, Par l'Abbé Desgodins, missionnaire apostolique au Thibet. Communication faite à la Société Académique Indo-Chinoise dans sa séance du 29 Janvier 1879. (*Ann. de l'Ext. Orient*, 1880—1881, III, pp. 42/48.)

— Beginnings of Writing in and around Tibet. By Terrien de Lacouperie, M. R. A. S. Professor of Indo-Chinese Philology (University College, London). (*Journ. R. As. Soc.*, N. S., Vol. XVII, Art. XVII, July, 1885, pp. 415/482.)

— Etymologie, histoire, orthographe du mot Tibet. Par M. Léon Feer. (*Verhand. d. VII. Int. Orient. Cong.* ... Wien ... 1886. *Hochasiat. u. Malayo-Polyn. Sect.*, pp. 63/81.)

(LANGUE.)

— Caractères tibétains sur des feuilles d'arbre. Par A. A. Fauvel. (*T'oung Pao*, IV, No. 4, Oct. 1893, p. 389.)

— The Characters on the Leaves and Bark of the sacred Trees at the Lama Temple at Kounboum. [By H. Kern and G. Schlegel.] (*T'oung Pao*, IV, No. 5, déc. 1893, pp. 457/8.)

(LANGUE.)

IV. — CORÉE.

OUVRAGES DIVERS.

Voir MISSIONS CATHOLIQUES, Vies : Berneux, col. 540; Blanc, col. 1710; Deguette, col. 1713; Imbert, col. 548; Petitnicolas, col. 1385; Ridel, col. 551, 1718; Robert, col. 1718, etc.

— Position de Kong-Ki-Tao, Capitale de la Corée [par le P. Gaubil]. (*Observ. Mathém.*, par le P. E. Souciet, I, p. 141.)

Voir col. 1889.

— Nachrichten von den alten Bewohnern des heutigen Corea. Von dem wirkl. Mitgliede Dr. A. Pfizmaier. (*Sitzb. d. phil.-hist. Cl.* LVII. Bd. II. Hft.)

* Attilio Brunialti. — La Corea, secondo gli ultimi viaggi. Roma, Civelli, in-8.

— La Corée. Par un Japonais de Fousan. (Traduit du *Tchoya-Chimboun*.) (*Ann. de l'Extr. Orient*, I, pp. 267/272.)

— Corea : its Institutions and social Condition. (*China historical and descriptive*, by Charles H. Eden, pp. 281/332.)

"The Chapters on *Corea* are entirely from another pen, and written independently of the preceding portion of the volume." C. H. EDEN.

ᵃ Korea. (*Das Ausland*, Vol. LVIII, Nos. 4 and 5, etc.)

— Legendary Corea. (*Balfour, Waifs and Strays*, 1876, pp. 63/69.)

— Histoire de l'Eglise de Corée. Voir col. 1385.

Claude-Charles Dallet, né à Langres, 18 Oct. 1829; † à So-kien (Tong-king occidental), 25 avril 1878. — Notice : *Miss. Cath.*, X, 1878, pp. 417/8, portrait.

— Tchao-sien-tche, mémoire sur la Corée, par un Coréen anonyme, traduit pour la première fois du chinois, avec un commentaire perpétuel, par M. F. Scherzer, consul de France à Canton. (*Journ. Asiat.*, VIIIᵉ sér., V, Août-Sept.-Oct. 1885, pp. 160/242; VII, Fév.-Mars-Avr. 1886, pp. 223/332.)

Cet ouvrage *Tchao-sien-tche*, 朝鮮志 fait partie de la collection *Y-haé-tchou-tchen* 藝海珠塵 compilée au milieu du XVIIIᵉ s. par *Ou Chan-lan* 吳省蘭

Notice : *Revue d'Ethnographie*, V, No. 3, 1886, pp. 274/5, par E. H.[amy]. — Voir col. 1386.

— Corea. Extracts from Mr. F. Scherzer's

(DIVERS.)

French translation of the *Chao-hsien-chih*, and Bibliographical Notice. Translated into English by Charles Gould. (*Jour. N. C. Br. R. As. Soc.*, 1883, N. S., Vol. XVIII, Art. II, pp. 25/36.)

— Korea and the ten lost Tribes of Israel with Korean, Japanese and Israelitish illustrations dedicated to Great Britain, America, Germany, France and the other Teutonic nations of Europe, the supposed representatives of the Royal House of Judah, and the seed only of the Royal House of Ephraim, and the children of Israel their companions, and to the Jews or Judah, who are with them, also to China, Japan and Korea. The Shin dai or Celestial race of which are supposed to represent the Royal House of Israel or Ephraim and the ten Lost Tribes; or all the House of Israel called Jacob his companions and fellows. Published for the author partly at C. Levy and the Sei Shi Bunsha Co., Yokohama and engraved in Tokio. 1879. — The right of translation and reproduction is reserved, gr. in-8 oblong, 3 ff. n. c. + pp. 23 + 23 pl. + 1 f. n. c.

Le texte est signé N. M. = N. Macleod.

— Notes sur l'île Quelpart (Corée). (*Rev. mar. et col.*, Vol. 62, 1879, pp. 509/512.)

Ext. du *Nautical Magazine* par L. Fustier, lieut. de vaisseau.

— Mémoire sur les guerres des Chinois contre les Coréens de 1618 à 1637. D'après les documents chinois par M. Camille Imbault-Huart. (*Jour. Asiat.*, Oct.-Déc. 1879, pp. 308/340.)

— Corea. By John Ross. (*China Review*, XVI, pp. 19/25.)

— The Gods of Corea. By Rev. J. Ross. (*Chin. Rec.*, XIX, No. 2, Feb. 1888, pp. 89/92.)

— The Products of Corea. By Rev. J. Ross. (*Chin. Rec.*, XIX, No. 4, April 1888, pp. 165/167.)

— Les lettres (voir col. 1386) insérées dans le *North China Daily News* et signées *Philo-Coreanus* ne sont pas de Mr. Ross: écrites en français par Mgr. Ridel sur les renseignements qu'il

(DIVERS.)

recevait de Corée soit par des Chrétiens, soit par des missionnaires, puis envoyées par lui à Mr. Bush, négociant anglais de
Niou tchouang, elles étaient traduites en anglais, puis expédiées
par ce dernier au journal de Changhai.

— La Corée. Notes historiques par M. Armbruster, directeur au Séminaire des Missions Etrangères de Paris. (*Miss. Cath.*,
XII, 1880, pp. 563/4, 573, 586/7.)

* Ein verschlossenes Land. Reisen nach Korea. Von E. Oppert. Mit 38 Abb. in Holz-
schn. und 2 Karten. Leipzig, 1880, in-8.

— Una missione italiana sulle coste di Corea.
Notizie estratte da un rapporto di S. A. R.
il Duca di Genova comandante la « Vettor
Pisani ». (*Bol. Soc. geog. ital.*, 1881, pp. 28/
39.)

— Histoire abrégée de la Corée. (*Annales de l'Ext. Orient*,
1881—1882, IV, pp. 196/199.)

* W. E. Griffis. The Corean Origin of Japanese Art. (*The Century Illustrated Monthly
Magazine*, XXV, pp. 224/229, fig.; dec.
1882.)

— La Corée et les puissances européennes. Par Maurice Jametel.
(*Economiste français*, 1882.)

Voir col. 1387.

— La Corée avant les traités. Par M. Jametel. (*Rev. de Géog.*, XV, 1884, pp. 97/111,
261/276; XVI, 1885, pp. 88/111; XVII,
1885, pp. 186/198, 252/264.)

— La Corée avant les traités. Souvenirs de
Voyages par Maurice Jametel . . . Extrait
de la *Revue de Géographie* dirigée par M.
L. Drapeyron. Paris, Institut Géographique
de Paris, Ch. Delagrave, 1885, br. in-8,
pp. 81 + 1 f. n. c. p. l. tab.

— Le commerce de la Corée. (*Ann. de l'Ext. Orient*, 1882—1883,
V, pp. 60/61.)

— A Visit to Corea, in October 1882. By J.
C. Hall, Acting Consul, Nagasaki. (*Proc.
R. Geog. Soc.*, N. S., Vol. V, 1883, pp. 274/
284.)

"Abridged from Mr. Hall's Report to Sir Harry Parkes, H. M.
Minister in Japan, communicated to the Society by the Foreign
Office."

— Some Notes of a Trip to Corea, in July
and August, 1883. By G. James Morrison.
(*Jour. N. C. Br. R. As. Soc.*, 1883, N. S.,
Vol. XVIII, Art. V, pp. 141/157.)

* Wirthschaftliche Zustände von Corea. —
Bericht, erstattet an das k. und k. Ministe-
rium des Aeussern von Joseph Haas. Wien,
1883, br. in-8, pp. 32.

— La Corée. Par O. S. [*Quarterly Review.*]
(*Rev. Brit.*, 1883, II, pp. 5/42.)

O. S. = Octave Sachot.

— La Corée. (*Ann. de l'Ext. Orient*, 1883—1884, VI, pp. 189/190.)

(DIVERS.)

— La Corée et son commerce. Par Charles
Grémiaux. (*Ann. de l'Ext. Orient*, 1883—
1884, VI, pp. 321/329.)

— A Trip from Söul to Peng yang. By S. B.
Bernerston, U. S. Navy. (*Jour. Am. Geog.
Soc.*, XVI, 1884, pp. 234/241.)

— The Navigation of the Seoul River. By Capt. F. W. Schultz.
(*Shanghai Mercury*, 17 & 18 Dec. 1884.)

— Notes on Corea, by A. W. D. — Reprinted from "The Star in the East". — 1884 :
Printed at the "Shanghai Mercury" Office,
br. in-12, pp. 81, sur papier de couleur.

A. W. D. = A. W. Douthwaite.

— Ein Besuch in Korea im October 1883 von P. Mayet. (*Mitth.
d. deutsch. Gesells. f. Nat. u. Völkerk. Ostas.* 31stes Heft. Sept.
1884, pp. 18/29. *Ibid.* 33stes Heft. August 1885, pp. 145/152.)

— Corean Mints. By H. L. D. (*Journ. C. B. R. A. S.*, XX, N. S.,
1885, Nos. 5 & 6, p. 287.)

— Détails sur la dernière révolution de Corée. (*Miss. Cath.*, XVII, 1885, pp. 99/101.)

Seoul, 16 déc. 1884.

* A full Account of the late Disturbance at
Seoul. Corea. (Translated from the Japanese.) (1885) broch. in-8, pp. 27.

* A Trip to Corea. Reprinted from the "North
China Daily News". Shanghai, 1885, in-12,
pp. 57.

W. R. CARLES.

— Recent Journeys in Korea. By W. R. Carles, H. M. Vice-Consul, Korea. (*Proc. R.
Geog. Soc.*, VIII, 1886, May, pp. 289/312;
carte, p. 352.)

— A Corean Monument to Manchu cle-
mency. By W. R. Carles. (Read before
the Society 22nd October 1888.) (*Journ.
C. B. R. A. S.*, XXIII, N. S., No. 1, 1888,
pp. 1/8.)

— Voir le texte mandchou, *ibid.*, No. 3, p. 285.

Cf. *Cheng Wou ki* 聖 武 記, *Chinese Times*, Sept. 8, 1888.

— Life in Corea by W. R. Carles, F. R. G.
S., H. M. Vice Consul at Shanghai and formerly H. M. Vice-Consul in Corea. With
illustrations and map. London, Macmillan,
1888, in -8, pp. XIV-317.

Une portion de l'ouvrage avait paru dans des "Blue Books, in a
paper read before the Royal Geographical Society, and in the
columns of the *Field*". (Préf., p. VII.)

∴

— Une fête en Corée. (*Miss. Cath.*, 1886.) Voir COSTE, Eugène,
col. 1713.

— Chosön. — The Land of the Morning Calm.
A Sketch of Korea by Percival Lowell, late
Foreign Secretary and Counseller to the
Korean special mission to the United States

(DIVERS.)

of America, Member of the Asiatic Society of Japan. Illustrated from photographs by the author. London, Trübner, s. d. [1886], gr. in -8, pp. x-412.

Bib. nat. $\frac{O^{2n}}{788}$.

* Land und Leute in Korea. Vortrag . . . von Dr. C. Gottsche. Mit einer Karte. Berlin, W. Pormetter, 1886, broch. in-8, pp. 20.

E. H. PARKER.

Voir MANCHUS, col. 2058.

— Corea. By E. H. Parker. (*China Review*, XIV, pp. 28/33.)
— Corea. The reigning Dynasty. By E. H. Parker. (*China Review*, XIV, pp. 61/64.)
— Corea. By E. H. Parker. (*China Review*, XIV, pp. 126/134.)
— Corean Measures. By E. H. Parker. (*China Review*, XIV, p. 170.)
— Flattening the heads of Infants. By E. H. Parker. (*China Review*, XIV, p. 171.)
— Corean Etiquette. By E. H. Parker. (*China Review*, XIV, p. 216.)
— Curfew in Corea. By E. H. Parker. (*China Review*, XIV, p. 224.)
— Human Sacrifices in Corea. By E. H. Parker. (*China Review*, XIV, pp. 224/225.)
— Corean Surplus Treasury. By E. H. Parker. (*China Review*, XIV, p. 297.)
— Corea. By E. H. Parker. (*China Review*, XIV, pp. 356/357.)
— Priests as Founders of Dynasties. By E. H. Parker. (*China Review*, XV, p. 52.)
— Corean Marriages. By E. H. Parker. (*China Review*, XV, pp. 188/189.)
— Irenicon. By E. H. Parker. (*China Review*, XV, pp. 189/190.)
— Corean Marriage Customs. By E. H. Parker. (*China Review*, XV, p. 376.)
— A Corean Prophecy. By E. H. Parker. (*China Review*, XV, pp. 376/377.)
— Corea: — military Officers. By E. H. Parker, Esq. (*Chin. Recorder*, XVII, Jan. 1886, pp. 11/15.)
— Hens in Corea. By E. H. Parker. (*China Review*, XVII, No. 1, p. 51.)
— Extracts from the Great Concordance relating to Corea. By E. H. Parker, Esq. (*Chin. Recorder*, XVII, March 1886, pp. 92/93.)
— A Chinese View of Corea. By E. H. Parker. (*Chin. Rec.*, XVIII, No. 2, Feb. 1887, pp. 70/73.) — A Chinese Account of Corea. By E. H. Parker, Esq. (*Ibid.*, No. 4, April 1887, pp. 156/157; No. 6, June 1887, pp. 220/223.)

— The Propagation of the Faith in Corea. By E. H. Parker. (*China Review*, XIX, No. 1, 1890, pp. 1/36.)

— On Race Struggles in Corea by E. H. Parker. [Read 16 April 1890.] (*Trans. As. Soc. Japan*, XVIII, Pt. II, Oct. 1890, pp. 157/228.)

D'après les sources historiques chinoises.

— Note in Reply to Mr. E. H. Parker by W. G. Aston, C. M. G. [Read 10 June 1891.] (*Trans. As. Soc. Japan*, XIX, Pt. III, pp. 505/6.)

∴

— China in Alliance with Corea. (*China Review*, XI, p. 200.)
— Coreans Pay Land-Rent in Kind. (*China Review*, XI, p. 262.)
— The Corean Frontier Custom. (*China Review*, XIII, p. 121.)

(DIVERS.)

— The first King of Corea. (*China Review*, XIII, p. 224.)
— Corean mountain Lore. By J. Macintyre. (*China Review*, XIII, pp. 280/283.)

∴

— The Miryeks or Stone-men of Corea. With a plate. By Terrien de Lacouperie, ... Hertford: Stephen Austin & Sons. — 1887, br. in -8, pp. 7. (Reprinted from the *Journal of the Royal Asiatic Society of Great Britain and Ireland*, N. S., Vol. XIX, 1887.)

Miryek = 石人.

— The Miryeks, or "Stone Men" of Corea. By J. Edkins. (*Journ. C. B. R. A. S.*, XXII, N. S., 1887, pp. 224/229.)
— The Seven Wonders of Corea. (Balfour, *Chinese Scrapbook*, 1887, pp. 167/170.)
— "The Seven Wonders" of Corea. (*The St. James's Gazette*, Thursday, Sept. 24, 1891; *T'oung Pao*, II, Nov. 1891, pp. 355/6.)

— Names of the Sovereigns of the old Corean States, and chronological Table of the present Dynasty. Compiled by Ludovico Nocentini. (*Journ. C. B. R. A. S.*, XXII, N. S., 1887, pp. 90/99.)

— Port Hamilton e Quelpart. Memoria del Sig. Lodovico Nocentini. (*Bol. Soc. geog. italiana*, Serie II, Vol. XII, Maggio 1887, pp. 389/398.)

— Short Travels in Asiatic Countries. I. A trip to North China and Corea. By J. D. Rees. (*As. Quart. Review*, III, Jan.-April 1887, pp. 356/376.) — II. A Journey in Eastern Siam. By Holt S. Hallett. (*Ibid.*, pp. 376/395.)

— La Corée et ses religions par A. Millioud, élève titulaire de l'Ecole des Hautes-Etudes. (Section des Sciences Religieuses.) (*Mém. Soc. Sinico-jap.*, etc., VI, Juillet 1887, pp. 129/153.)

— A Law in Corean. By Rev. J. Edkins, D. D. (*Chin. Rec.*, XVIII, 1887, pp. 22/25.)

* A Visit to Corea. By Bishop Scott. (*Church Work Magazine*, Jan. 1888. London: Wells Gardner & Co.)

— De Séoul à Quelpaërt et voyage de retour par Fou-san, Wôn-san et Vladivostok par Le Colonel Chaillé-Long Chargé d'affaires par intérim des Etats-Unis d'Amérique en Corée. (*Bull. Soc. Géog.*, 7ᵉ Sér., X, 1889, pp. 425/444.)

Carte. — Séoul, 31 décembre 1888.

— Note sur la Corée et les Coréens par le Colonel Chaillé-Long Bey. (*Bulletin de l'Institut Egyptien*, 3ᵉ Sér., No. 2, Année 1891, pp. 141/143.)

— La Corée ou Chöson (la Terre du Calme matinal) par M. le Colonel Chaillé-Long-

(DIVERS.)

Bey. Rouen, imp. Espérance Cagniard, 1893, br. in-4, pp. 54.

Extrait du *Bulletin de la Société normande de Géographie.*

— La Corée ou Tchösen (la Terre du Calme matinal) par M. le Colonel Chaillé-Long-Bey, ancien Secrétaire de Légation et Consul général Chargé d'affaires ad intérim des États-Unis en Corée, Membre de l'Institut égyptien. Paris, Ernest Leroux, 1894, in-4, pp. 75 + 1 p. n. c.

Extrait du Vol. XXVI des *Annales du Musée Guimet.*

— Mission Work in Korea. By H. B. Hulbert. (*Chin. Rec*, XX, No. 5, May 1889, pp. 227/8.)

— A Sketch of the Roman Catholic Movement in Korea. By Professor H. B. Hulbert, Seoul, Korea. (*Chin. Rec.*, XXI, No. 12, Dec. 1890, pp. 531/536.)

* C. Duncan. Corea and the Powers; a Review of the Far Eastern Question. Shang hai, 1890, in-8.

* Aus Korea über Nagasaki (*Kölnische Zeitung*, 31 Juli 1890.)

— Corée. Par Henri Cordier. (*Grande Encyclopédie*, XII, pp. 962/4.)

— 朝鮮. The Morning Calm. — Being the Monthly Magazine of Bishop Corfe's Mission to Korea, Chronicle of the Associations and Funds in connection with it, and General Record of the Foreign Missions of the Church of England. — No. 1. July A. D. 1890. London, Griffith, Farran, Okeden & Welsh, pièce in-8, pp. 1/16. One Penny.

No. 6, Déc. 1890.

— P. L. Jouy. The Collection of Korean Mortuary Pottery in the U. S. National Museum. (*Smithsonian Report*, U. S. National Museum for 1888, pp. 589/596, Pl. 82—86.) Washington, 1890.

— T. H. Holland. Notes on rock-specimens, collected by W. Gowland in Korea. (*Quart. Journ. Geolog. Soc.*, 1891, Vol. 47, pp. 171/196.)

— Zwei Jahre in Korea von Dr. Masanao Koike, Stabsarzt. Tokio, Japan. Aus dem Japanischen übersetzt von Dr. Rintaro Mori. Tokio, Japan. (*Int. Archiv f. Ethnog.*, Leiden, Bd. IV, Hft. I & II, 1891, pp. 1/44.)

— Die Sammlungen aus Korea im ethnographischen Reichsmuseum zu Leiden von J. D. E. Schmeltz. (*Ibid.*, pp. 45/66; 3 pl. et grav. Hft. III, pp. 105/138.)

— Corea in B. C. 1122. By J. Edkins. (*China Review*, XIX, 1891, No. 4, pp. 256/7.)

— A Journey through North Korea to the

Ch'ang-pai Shan. By Charles W. Campbell, H. M. Consular Service, China. (*Proc. R. Geog. Soc.*, XIV, 1892, March, pp. 141/161; carte, p. 204.)

Voir col. 2008, 2008—2009.

— Voyage en Corée, par M. Charles Varat, explorateur chargé de missions ethnographiques par le Ministère de l'instruction publique. 1888—1889. (*Le Tour du Monde*, 1892, Mai 7, 14, 21, 28; Juin 4.)

Charles Louis Varat est mort le 22 avril 1893, en son domicile, Boulevard de la Madeleine 17, Paris, dans sa 51e année. Notice: *T'oung Pao*, IV, No. 3, juillet 1893, p. 311, par H. C. [ordier].

— Dr. W. J. Hall's Tour in Korea. (A Private Letter to a Friend.) (*Chin. Rec.*, Sept. 1892, pp. 416/418.)

— To the Yaloo and beyond. By J. S. Gale. I. (*Korean Reposit.*, I, Jan. 1892, pp. 17/24; II. *Ibid.*, Feb. 1892, pp. 51/56; *Ibid.*, March, 1892, pp. 75/85.)

— The Japanese Invasion. By G. Heber Jones. I. The Preliminaries. (*Korean Reposit.*, I, Jan. 1892, pp. 10/16); II. Diplomatic negotiations. (*Ibid.*, Feb. 1892, pp. 46/50); III. The Invasion. (*Ibid.*, April 1892, pp. 116/121); IV. The royal flight. (*Ibid.*, May 1892, pp. 147/152); V. The fall of Pyöngyang. (*Ibid.*, June 1892, pp. 182/188); VI. China to the rescue. (*Ibid.*, July 1892, pp. 217/222); VII. Conclusion. (*Ibid.*, Oct. 1892, pp. 308/311.)

— Notes on recent Russian archaic Researches adjacent to Korea, and Remarks on Korean Stone implements. By D. J. Macgowan. (*Korean Reposit.*, I, Jan. 1892, pp. 25/30.)

— Petroleum in Korea. By D. J. Macgowan. (*Korean Reposit.*, I, April 1892, pp. 125/126.)

— Kitchen Mounds &c. (*Korean Reposit.*, I, Aug. 1892, pp. 251/261.)

— Korean Schools. By X. (*Korean Reposit.*, I, Feb. 1892, pp. 37/40.)

— A Visit to a famous Mountain. By Daniel L. Gifford. (*Korean Reposit.*, I, Feb. 1892, pp. 41/45.)

— Ancestral Worship as practiced in Korea. By Daniel L. Gifford. (*Korean Reposit.*, I, June 1892, pp. 169/176.)

— The Opening of Korea: Admiral Shufeldt's Account of it. By H. G. Appenzeller. (*Korean Reposit.*, I, Feb. 1892, pp. 57/62.)

— The Beginnings of Seoul. By H. G. Appenzeller. (*Korean Reposit.*, I, May 1892, pp. 143/146.)

— Eventful Days of 1892, and most critical Days of the present Century. By F. H.

Mörsel. (*Korean Reposit.*, I, March 1892, pp. 86/88.)

— Review of the Trade of Corea for 1891 in comparison with that of 1890. By F. H. Mörsel. (*Korean Reposit.*, I, June 1892, pp. 189/193.)

— Buddhism in Korean History and Language. (*Korean Reposit.*, I, April 1892, pp. 101/108.)

— A Buddhist Fanatic. (*Korean Reposit.*, I, May 1892, pp. 153/155.)

— Discovery of an important Monument. By Z. (*Korean Reposit.*, I, April 1892, pp. 109/111.)

650 ap. J. C.

— What is the Population of Korea? A Symposium. By Jas. S. Gale. (*Korean Reposit.*, I, April 1892, pp. 112/115.)

— Data on the Population of Korea. By Conservative. (*Korean Reposit.*, I, Oct. 1892, pp. 312/314.)

— Korea: — A Plea and a Growl. By G. (*Korean Reposit.*, I, May 1892, pp. 133/142; *Ibid.*, June 1892, pp. 177/181; Population; *Ibid.*, Sept. 1892, pp. 278/285.)

— Korean Ports. By F. R. G. S. (*Korean Reposit.*, I, July 1892, pp. 206/211.)

— Flying Comments. I. Andromeda. By Viator. (*Korean Reposit.*, I, June 1892, pp. 165/168.) II. Korea Formosa. (*Ibid.*, July 1892, pp. 212/216.) III. Witches Cauldron. (*Ibid.*, Aug. 1892, pp. 245/250.)

— The three female Sovereigns of Korea. By Bertha S. Ohlinger. (*Korean Reposit.*, I, July 1892, pp. 223/227.)

— Missions in Korea. By W. F. Mallalieu. (*Korean Reposit.*, I, Sept. 1892, pp. 286/287.)

— Suggestions on travelling in Korea. By Samuel A. Moffett. (*Korean Reposit.*, I, Nov. 1892, pp. 325/330.)

— A Map of the World. By Yi Ik Seup. (*Korean Reposit.*, I, Nov. 1892, pp. 336/341.)

— The Beginnings of medical Work in Korea. (*Korean Reposit.*, I, Dec. 1892, pp. 353/358.)

— The Inventor of the En-Moun. By Jas. S. Gale. (*Korean Reposit.*, I, Dec. 1892, pp. 365/368.)

— A true Story of Korea. By H. N. Allen.

(DIVERS.)

(*Korean Reposit.*, I, Dec. 1892, pp. 372/373.)

— Korea from its Capital: with a Chapter on Missions. By the Rev. George W. Gilmore, A. M. — Philadelphia: Presbyterian Board of Publication and Sabbath-School work, pet. in -8, pp. 328.

— M. von Brandt. — Das Land der Morgenruhe. (*Deutsche R.*, Juli 1893, pp. 57/64.)

— Pioneer Mission Work in the Interior of Korea. By Rev. W. G. Hall, M. D. [Methodist Episcopal Mission, Seoul.] (*Chin. Rec.*, XXIV, March 1893, pp. 117/119.)

— Note historique sur les diverses espèces de monnaie qui ont été usitées en Corée, par M. Maurice Courant, interprète de la légation de France à Peking. (*Jour. Asiat.*, IXe Sér., II, Sept.-Oct. 1893, pp. 270/289.)

«Ces notes sont tirées du *Moun hen pi ko*, 文獻備考 (liv. 70), ouvrage en 40 volumes, qui forme 100 livres et a été compilé par divers fonctionnaires coréens, à la suite d'un décret du roi *Yeng tjong*, 英宗, de 1770.»

— Tirage à part, Paris, Imprimerie nationale, MDCCCXCIII, br. in-8, p. 24.

Notice par E. Drouin, *Revue numismatique*, 1894, pp. 133/4.

M. Courant a sous presse en ce moment (août 1894) une *Bibliographie coréenne* et la *Cour de Corée*.

— Un assassin politique en Corée. Par Félix Régamey. (*T'oung Pao*, V, No. 3, Juillet 1894, pp. 260/271.)

Portraits de Hong Tjong-ou, du roi de Corée, de sa famille.

— Claims to the Hermit Nation. (*The Graphic*, July 14, 1894, p. 46.)

Portraits du roi de Corée, de son fils et de son père.

— A Trip to the Mont Blanc of Corea. By H. Goold-Adams. (*Korean Reposit.*, I, Aug. 1892, pp. 237/244; *Ibid.*, Sept. 1892, pp. 269/277; *Ibid.*, Oct. 1892, pp. 300/307.)

— Korea and the Sacred White Mountain Being a brief Account of a Journey in Koréa in 1891 By Captain A. E. J. Cavendish, F. R. G. S. 1st Argyll and Sutherland Highlanders Together with an Account of an Ascent of the White Mountain By Captain H. E. Goold-Adams, R. A. With forty original Illustrations and two specially prepared Maps. London, Georg Philip & Son, 1894, in-8, pp. 224.

— Neue Special-Karte von Korea, Nordost-China und Süd-Japan. Mit Plänen der Hauptstädte Söul, Peking, Tokio und deren weiteren Umgebungen. Nach den neuesten russischen, englischen, französischen und deutschen Quellen bearbeitet von A. Herrich. Massstab 1 : 4500000. — Glogau. Verlag von Carl Flemming. 4. Auflage. Preis 50 Pfennig. 1 feuille, s. d. [1894.]

(DIVERS.)

— A Visit to Corea by A. Savage Landor. (*Fortnightly Review*, August 1894.)

— Ed. Chavannes. — La Guerre de Corée. (*Revue de Paris*, I, No. 14, 15 août 1894, pp. 753 et seq.)

— Les Evénements de Corée. (*Missions catholiques*, XXVI° année, 12 Oct. 1894, pp. 486/488.)

— Toeridjéné. — Dertien jaar gevangen in Korea. [Feuilleton extrait du journal quotidien hollandais «Nieuws van den Dag».]

— Hollanders in Korea (1653—1666) door J. F. L. de Balbian Verster. Avec gravures. [Article paru dans «Avertentiën Eigen Haard» N°s 40 et 41 des 6 et 13 Octobre 1894.]

∴

— THE KOREAN REPOSITORY. — Vol. I, 1892, in-8, pp. VII-380.

Les pp. I-VII contiennent l'index.

The Korean Repository. — Vol. I. No. 1. January 1892. Address Publisher, Seoul, Korea, br. in-8, pp. 36. — $ 2.00 per vol.

Contient : 1. The Korean Alphabet, its origin, etc. (Prof. H. B. Hulbert.) — 2. The Japanese Invasion. (Rev. G. Heber Jones.) — 3. To the Yaloo and beyond. (R. J. S. Gale.) — 4. Notes on recent russian archaic Researches &c. (D. J. Macgowan M. D.) — 5. 1891. Retrospect. (Editor.) — 6. Correspondence. [Opium in Korea. (Rev. A. S. Moffett.) — The Purchase of a King.] — 7. Notes and Queries. [Epochs deserving of Study. (J. Edkins L. L. D.)] — 8. Record of Events.

— Vol. I. No. 2. February 1892. Address Publisher. Seoul, Korea, br. in-8, pp. 37 à 68.

Contient : 1. Korean Schools. (X.) — 2. A Visit to a famous Mountain. (Rev. Daniel L. Gifford.) — 3. To the Yaloo and beyond. (Rev. J. S. Gale.) — The Japanese Invasion. [II. Diplomatic Negotiations. (Rev. G. Heber Jones.)] — 5. The Opening of Korea; Admiral Shufeldt's Account of it. (Rev. H. G. Appenzeller.) — 6. Review. [English-Corean Dictionary. (H. G. A.)] — 7. Editorial Notes. [Contract for coining Money. — "Romanizing" Korean Words. &c. &c. &c.] — 8. Record of Events.

— Vol. I. No. 3. March 1892. Address Publisher, Seoul, Korea, br. in-8, pp. 69 à 100.

Contient: 1. The Korean Alphabet. (H. B. Hulbert.) — 2. To the Yaloo and beyond. (J. S. Gale.) — 3. Eventful days of 1892, and most critical days of the present century. (F. H. Mörsel.) — 4. What shall we teach in our girls' schools? (L. C. Rothweiler.) — 5. Extracts from the Daily Gazette. — 6. Notes and Queries. — 7. Editorial Notes. — 8. Record of Events.

— Vol. I. No. 4. April, 1892. Address Publisher, Seoul, Korea, br. in-8, pp. 100 à 132.

Contient: 1. Buddhism in Korean history and language. (Editor.) — 2. Discovery of an important Monument. (Z.) — 3. What is the Population of Korea? (A Symposium.) — 4. The Japanese invasion. [III. The invasion. (Rev. G. Heber Jones.] — 5. Loss of the *Idzumo-Maru*. — 6. Petroleum in Korea. (D. J. Macgowan Esq. M. D.) — 7. Curious Customs. — 8. Extracts from the Daily Gazette. — 9. Notes and Queries. — 10. Editorial Notes. — 11. Record of Events.

— Vol. I. No. 5. May 1892. Address Publisher, Seoul, Korea, br. in-8, pp. 133 à 164.

Contient : 1. Korea: — a plea and a growl. (G.) — 2. The beginnings of Seoul. (H. G. Appenzeller.) — 3. The japanese invasion. [IV. The royal flight.] (Geo. Heber Jones.) — 4. A buddhist fanatic. — 5. Extracts from the Daily Gazette. — 6. Notes and Queries, &c. — 7. Editorial Notes. — 8. Record of Events.

— Vol. I. No. 6. June 1892. Address Publisher, Seoul, Korea, br. in-8, pp. 165 à 196.

Contient : 1. Flying Comments. I. Andromeda. (Viator.) — 2. Ancestral worship as practiced in Korea. (Daniel L. Gifford.) — 3. Corea, — a plea and a growl. [Continued.] (G.) — 4. The japanese invasion. [V. The fall of Pyöngyang.] (Geo. Heber Jones.) — 5. Review of the trade of Corea for 1891. (F. H. Mörsel.) — 6. Extracts from the Daily Gazette. — 7. Editorial Notes. — 8. Record of Events.

— Vol. I. No. 7. July 1892. Address publisher, Seoul, Korea, br. in-8, pp. 197 à 236.

Contient : 1. The Persians in the Far East. (Rev. J. Edkins.) — 2. Korean Ports. (F. R. G. S.) — 3. Flying Comments. [II. Korea Formosa.] (Viator.) — 4. The japanese invasion. [VI. China to the rescue.] (Geo. Heber Jones.) — 5. The three female sovereigns of Korea. (Bertha S. Ohlinger.) — 6. Extracts from the Daily Gazette. — 7. Notes, Queries, &c. — 8. Editorial notes. — 9. Record of Events.

— Vol. I. No. 8. August 1892. Address publisher, Seoul, Korea, br. in-8, pp. 237 à 268.

Contient : 1. A trip to the Mont Blanc of Korea. (H. Goold-Adams.) — 2. Flying comments. [III. Witches Cauldron.] (Viator.) — 3. Kitchen mounds. &c. — 4. Extracts from the Daily Gazette. — 5. Notes and Queries. — 6. Editorial notes. — 7. Record of Events.

— Vol. I. No. 9. September 1892. Address publisher, Seoul, Korea, br. in-8, pp. 269 à 292.

Contient : 1. A Visit to the Mont Blanc of Korea. (H. Goold-Adams.) — 2. Korea — a plea and a growl. [Continued. Population.] (G.) — 3. Missions in Korea. (W. F. Mallalieu.) — 4. The true Foosang. (Dr. J. Edkins.) — 5. Extracts from the Daily Gazette. — 6. Editorial Notes. — 7. Record of Events.

— Vol. I. No. 10. October 1892. Address publisher, Seoul, Korea, br. in-8, pp. 293 à 324.

Contient : 1. The Alphabet. [Panchul.] (Yi Ik Seup.) — 2. A visit to the Mont Blanc of Korea. (H. Goold-Adams.) — 3. The japanese invasion. [VII. Conclusion.] (Geo. Heber Jones.) — 4. Data on the population of Korea. (Conservative.) — 5. Extracts from the Daily Gazette. — 6. Notes and Queries. — 7. Editorial Notes. — 8. Record of Events.

— Vol. I. No. 11. November 1892. Address publisher, Seoul, Korea, br. in-8, pp. 325 à 352.

Contient : 1. Suggestions on travelling in Korea. (Samuel A. Moffett.) — 2. Studies in Korean. [Korean Etymology.] (Geo. Heber Jones.) — 3. A map of the world. (Yi Ik Seup.) — 4. Korean proverbs, epithets and common sayings. [I. Proverbs derived from Buddhism.] — 5. Review. — 6. Extracts from the Daily Gazette. — 7. Editorial Notes. — 8. Record of Events.

— Vol. I. No. 12. December 1892. Address publisher, Seoul, Korea, br. in-8, pp. 353 à 380.

Contient : 1. The beginnings of medical work in Korea. — 2. Where is Fusang? — 3. The inventor of the En-Moun. (Jas. S. Gale.) — 4. En pan Chyel. — 5. A true story of Korea. (H. N. Allen.) — 6. Extracts from the Daily Gazette. — 7. Editorial Notes. — 8. Record of Events.

On lit dans le *Chinese Recorder*, XXIV, March 1893, p. 192: "The Editor of the *Korean Repository* announces the suspension of that publication with its 12th issue. We heartily second the hope expressed by Mr. Ohlinger that it may be continued later on as a quarterly."

TRAITÉS.

— CHINA. — Imperial Maritime Customs. — III. — Miscellaneous Series : No. 19. — Treaties, Regulations, etc., between COREA and other Powers. — 1876—1889. — Published by order of The Inspector General of Customs. — Shanghai : Published at the Statistical Department of the Inspectorate General of Customs, and sold by Kelly & Walsh, Limited : Shanghai, Hongkong, Yokohama, and Singapore. London : P. S. King & Son, Canada Building, King Street, Westminster, S. W. — 1891, in-4, pp. VIII-386.

CONTENTS : *JAPAN : 1876.* Treaty of Kang-hoa (26th Feb. 1876); Addit. Articles, with Trade Regulations, appended to Treaty of Kang-hoa (24th Aug. 1876); Correspondence with Jap. Gov. concerning certain Provisions of the Treaty of Kang-hoa (24th Aug. 1876); Notifications of Jap. Gov. regarding Trade at Fusan and with Corea generally (14th Oct. 1876); — *1877.* Agreement concerning the Japanese Settlement at Fusan (30th Jan. 1877); Agreement with Japan regarding Corean Shipwrecks (3rd July 1877); Agreement with Japan concerning the Establishment of Coal Depôts (20th Dec. 1877); — *1878.* Corr. with Jap. Gov. regarding Repayment of Expenses for Shipwrecked Coreans (14th and 20th May 1878); — *1879.* Conv. with Japan regarding the Opening of the Port of Yuensan (30th Aug. 1879); — *1881.* Agreement with Japan regarding the Land Rent of the Settlement at Yuensan (4th Aug. 1881). = *UNITED STATES : 1882.* Treaty of Jen-chuan (22nd May 1882); Letter and Despatch from the King of Corea to the Pres. of the U. S. of America. = *GREAT BRITAIN : 1882.* Treaty (unratified) of Jen-chuan (6th June 1882). = *JAPAN : 1882.* Add. Convention (30th Aug. 1882). = *CHINA : 1882.* I. Regulations for Mar. and Overland Trade between Chinese and Corean Subjects (Sept. 1882); — *1883.* II. Twenty-four Rules for the Traffic on the Frontier between Liao-tung and Corea, etc. (March 1883). = *JAPAN : 1883.* Regulations under which Japanese Trade is to be conducted in Corea (15th July 1883); Tariff, in Chinese and Japanese; Tariff, English Translation; Agreement with Japan regarding the Treaty Port Limits (25th July 1883); Regulations for the Treatment of Japanese Fishermen committing Offences on the Corean Coast (25th July 1883); Agreement concerning the Jap. Settl. at Jenchuan (30th Sept. 1883). = *GREAT BRITAIN : 1883.* Treaty of Seoul (26th Nov. 1883); Regulations under which British Trade is to be conducted in Corea; Protocol; Tariff, in English; Tariff, in Chinese; Despatch from the King of Corea to the Queen of Great Britain. = *GERMANY : 1883.* Treaty of Seoul (26th Nov. 1883); Regulations under which German Trade is to be conducted in Corea; Tariff, in German; Tariff, in Chinese; Protocol; Despatch from the King of Corea to the Emperor of Germany. = *ITALY : 1884.* Treaty of Seoul (26th June 1884); Regulations under which Italian Trade is to be conducted in Corea; Tariff, in Italian and English; Tariff, in Chinese; Despatch from the King of Corea to the King of Italy. = *RUSSIA : 1884.* Treaty of Seoul (25th June/7th July 1884); Regulations under which Russian Trade is to be conducted in Corea; Tariff, in Russian and English; Tariff, in Chinese; Protocol; Despatch from the King of Corea to the Emperor of Russia. = *GENERAL : 1884.* Agreement respecting a General Foreign Settlement at Jenchuan (Chemulpo) (3rd Oct. 1884). = *JAPAN : 1884.* Corresp. with Jap. Gov. respecting the Partial Remission of the Indemnity due by Corea to Japan (9th and 11th Nov. 1884); — *1885.* Convention with Japan regarding the Disturbance at Seoul (9th Jan. 1885). = *FRANCE : 1886.* Treaty of Seoul (4th June 1886); Trade Regulations; Protocol; Tariff, in French; Tariff, in Chinese; Despatch from the King of Corea to the Pres. of the French Republic. = *RUSSIA : 1888.* Regulations for the Frontier Trade on the River Tumen (8th/20th Aug. 1888). = *GENERAL : 1889.* Provisional Regulations for the Control of Sailing Vessels proceeding to Mapu (7th Nov. 1889). = *JAPAN : 1889.* Corean and Japanese Fishery Regulations (12th Nov. 1889).

Ce vol. forme le No. 19 des *Miscellaneous Series*, des Douanes chinoises, voir col. 1967.

— Traité entre les Etats-Unis et la Corée. (*Ann. de l'Ext. Orient*, 1882—1883, V, pp. 86/87.)

8ᵉ année de Kotcho, de l'ère chinoise et coréenne, correspondant à l'année 1882 de l'ère chrétienne.

— Traités de commerce avec la Corée. (*Ann. de l'Ext. Orient*, 1883—1884, VI, p. 287.)

— Traité d'Amitié, de Commerce et de Navigation entre la France et la Corée, signé à Séoul le 4 juin 1886, ratifié le 30 mai 1887, br. in -4, pp. 26, s. l. n. d.

BLUE BOOKS.

Voir : Port Hamilton, col. 2006; C. W. CAMPBELL, col. 2007; W. R. Carles, col. 2100.

— Foreign Office. 1888. *Miscellaneous Series.* — N° 84. Reports on Subjects of general and commercial interest. — KOREA.

(TRAITÉS. — BLUE BOOKS.)

— *Report of a Visit to Fusan and Yuensan* .... 1888. [C. — 5253—20], br. in-8, 1 *d.*

— Foreign Office. 1891. *Annual Series.* — No. 918. Diplomatic and Consular Reports on Trade and Finance. — CORBA. — *Report for the year 1890* on the Trade of Corea .... 1891. [C. — 6205— 149], br. in-8, 1 *d.*

— Foreign Office. 1892. *Annual Series.* — No. 1088 ...... CORBA. — *Report for the year 1891* ..... 1892. [C. — 6812—13], br. in-8, 1 *d* ¹/₂.

— Foreign Office. 1893. *Annual Series.* — No. 1227 .... CORBA. — *Report for the year 1892* .... 1893. [C. — 6815—114], br. in-8, 1 *d* ¹/₂.

DOUANES.

Les Douanes furent établies dans les trois ports ouverts de la Corée : JENCHUAN 仁川 FUSAN 釜山 et YUEN-SAN 元山 par les soins du service des douanes impériales maritimes chinoises dès l'année 1883, mais leurs statistiques n'ont commencé à paraître que depuis l'année 1885. Ces statistiques paraissent en appendice dans les RETURNS OF TRADE qui forment les nos. 3 et 4 de la *Statistical Series* des Imperial Maritime Customs. — Voir col. 1968.

LANGUE ET LITTÉRATURE.

— Notes on the Corean language. By John MacIntyre (*China Review*, VIII, pp. 149/156, 230/234, IX, pp. 28/33, 89/95, 219/223.)

Voir col. 1388.

— Corean Tone Book. By Rev. John MacIntyre. (*Chin. Rec.*, XI, 1880, pp. 124/8, 442/5.)

Voir col. 1388.

— Korean pronunciation of Chinese. (*China Review*, VIII, pp. 34/38.)

— Chinese, Corean and Japanese. By E. H. Parker. (*China Review*, XIV, pp. 179/189.)

— Tone distinctions in Corean and Chinese. By Ernest Satow. (*China Review*, XV, p. 128.)

MISSIONS ÉTRANGÈRES.

Voir col. 1388—1389.

— Dictionnaire Coréen-Français. Par les Missionnaires de Corée. . . .

Notice: *Ann. de l'Ext. Orient*, 1880—1881, III, pp. 245/248.

— Grammaire coréenne . . . 1881.

Notice: *Annales de l'Ext. Orient*, 1881—1882, IV, pp. 141/145. (Par Meyners d'Estrey.)

— A Comparative Study of the Japanese and Korean Languages. By W. G. Aston, Assistant Japanese Secretary H. B. M.'s Legation, Yedo. (*Journ. R. As. Soc. N. S.*

(DOUANES. — LANGUE.)

Vol. XI, Art. XIII, August, 1879, pp. 317/ 364.)

— Corean Popular Literature. By W. G. Aston, C. M. G. [Read 22 Jan. 1890.] (*Trans. As. Soc. Japan*, XVIII, Pt. I, April 1890, pp. 104/118.)
Voir col. 1388.

JAMES SCOTT.

* *En-moun Mai Ch'aik*. A Corean Manual or Phrase Book with Introductory Grammar. By James Scott, M. A., H. B. M. Consular Service. Shangbai, Statistical Department of the Inspectorate General of Customs. 1887.

Notice: *China Review*, XVI, p. 60. Par E. J. E.[itel.]
— 2d ed., 1893, in-4, pp. XXI-241.

* English-Corean Dictionary. Being a Vocabulary of Corean Colloquial Words in Common Use. By James Scott, M. A., H. B. M.'s Consular Service. Corea: Church of England Mission Press. 1891.

Notices: *Chin. Rec.*, XXIII, July 1892, p. 341. — *China Review*, XX, No. 2, pp. 130/1. By E. J. E.[itel.]

∴

— Korean Tales being a collection of Stories translated from the Korean folk lore together with introductory chapters descriptive of Korea by H. N. Allen, M. D. Foreign Secretary of Legation for Korea. New York & London, G. P. Putnam's Sons, The Knickerbocker Press, 1889, in-8, pp. 193.

— Manuel de la langue coréenne parlée à l'usage des Français, par M. Camille Imbault-Huart, Consul de France, Secrétaire-Interprète pour la langue chinoise, etc. — I. Introduction grammaticale. II. Phrases et dialogues faciles. III. Recueil des mots les plus usités. Paris. Imprimerie nationale. — MDCCCLXXXIX, in-8, pp. 108.

— Korea. — Märchen und Legenden nebst einer Einleitung über Land und Leute, Sitten und Gebräuche Koreas. — Deutsche autorisierte Uebersetzung von H. G. Arnous am Royal Coreum Custom in Fusan. Mit 16 Abbildg. im Text nach Originalphotogr. u. dem Korean. Nationalwappen.

(LANGUE.)

Leipzig, Verlag von Wilhelm Friedrich. in-8, pp. 147.

H. G. UNDERWOOD.

— A Concise Dictionary of the Korean Language (Pocket edition in two volumes). — Volume I. Korean-English by Horace Grant Underwood, A. M. assisted by James S. Gale, A. B. — Kelly & Walsh, Yokohama, Shanghaï, ... 1890, in-12, pp. x-196 + 1 f. pour les errata.

On lit au verso du titre: Printed at the Yokohama Seishi Bunsha, 1890.

— Volume II. English-Korean by Horace Grant Underwood, A. M. assisted by Homer B. Hulbert, A. B. — *Ibid.*, 1890, in-12, pp. 293 + 2 ff. n. c.

Notice: (*China Review*, XVIII, No. 6, pp. 383/384. By E. J. E. [itel.]

— An Introduction to the Korean Spoken Language by Horace Grant Underwood, A. M. — In two parts: Part I. Grammatical Notes. Part II. English into Korean. — Kelly & Walsh, Yokohama, Shanghai, ... 1890, pet. in-8, pp. x-425 + 1 f. n. c.

On lit au verso du titre: Printed at the Yokohama Seishi Bunsha, 1890.

Notice: *China Review*, XVIII, No. 6, p. 383. By E. J. E. [itel.]

∴

— The Korean Alphabet. By H. B. Hulbert. (*Korean Reposit.*, I, Jan. 1892, pp. 1/9; *ibid.*, March 1892, pp. 69/74.)

— The Alphabet. (Panchul.) By Yi Ik Seup. (*Korean Reposit.*, I, Oct. 1892, pp. 293/ 299.)

— Studies in Korean. Korean Etymology. By Geo. Heber Jones. (*Korean Reposit.*, I, Nov. 1892, pp. 331/335.)

— Korean Proverbs, Epithets and Common Sayings. I. Proverbs derived from buddhism. (*Korean Reposit.*, I, Nov. 1892, pp. 342/346.)

— En Pan Chyel. (*Korean Reposit.*, I, Dec. 1892, pp. 369/371.)

— Doubts about the Corean Writing. By Terrien de Lacouperie. (*T'oung Pao*, IV, mars 1893, p. 86.)

(LANGUE.)

V. — ILES LIEOU KIEOU, ETC.

* B. Hall. — Relazione d'un viaggio di scoperte alla costa occidentale della Corea ed alla grand' isola Lutsciù. Prima trad. dall' inglese di F. Contarini. Milano, Raccolta di viaggi, Sonzogno, 1820, in-16, fig. col., carte géog.

— Le premier Missionnaire du Japon au XIXme siècle par Mgr. Forcade, archevêque d'Aix. (*Miss. Cath.*, XVII, 1885, 24 avril, etc.)

— Voir également la lettre de M. Forcade sur la grande Loutchou dans les *An. Prop. Foi*, XVIII, 1846, pp. 365/383. — cf. col. 1392.

— Col. 1395. Sur Formose et sur les îles appelées en chinois Lieou-Kieou, par M. le Marquis d'Hervey de Saint-Denys, voir col. 144.

— Une visite aux îles Lou-tchou, par M. J. Revertegat. 1877. — Texte et dessins inédits. (*Tour du Monde*, 1882, II, pp. 250/256.)

— Notes on Loochoo, by E. Satow . . . Col. 1395.

Réimp. dans *The N. C. Herald and S. C. Gazette*, April 10, 1873, pp. 315/317, d'après le *Daily Press*.

— The Kingdom of Liuchiu. (Balfour, *Waifs and Strays*, 1876, pp. 55/62.)

— Le Bouddhisme aux îles Lou-tchou (Japon). (*Miss. Cath.*, X, 1878, pp. 164/5.)

— Coronation of the King of Loochoo. By Japan. (*China Review*, VII, pp. 283/284.)

— The Lewchew Islands. By Herbert J. Allen. (*China Review*, VIII, pp. 140/143.)

— Les îles Liou-Kiou & le Japon. (*Ann. de l'Extr. Orient*, II, pp. 13/16.)

— La Chine et les îles Liou-Kiou. (*Ann. de l'Extr. Orient*, II, pp. 123/124.)

Extrait du *Shen-Pao*, de Shanghaï.

— Le différend des îles Liou-Kiou. (*Ann. de l'Extr. Orient*, II, pp. 189/190.)

— Die Liu-Kiu-Insel Amami Oshima von Dr. L. Doederlein. (*Mitth. d. deutsch. Ge-*

(DIVERS.)

sells. f. Nat. u. Völkerk. Ostas. 23tes Heft. März 1881, pp. 103/117. *Ibid*, 24tes Heft. Juli 1881, pp. 140/156.)

Tirage à part : Yokohama, Buchdruckerei des « Echo du Japon ». 1881, in-fol., pp. 31 à 2 col., carte et 2 planches.

— F. G. Müller-Beeck. — Geschichte der Liu-Kiu-Inseln nach japanischen Berichten. (*Verhandlungen der Berliner Ges. f. Anthrop., Ethnol.*, ... Jahrg. 1883, pp. 156/164.)

— Geographie der Liu-Kiu-Inseln. Nach japanischen Berichten bearbeitet von F. George Müller-Beeck. Hierzu eine Karte, Tafel VII. (*Zeit. d. G. f. Erdk. zu Berlin*, XIX, 1884, pp. 303/315.)

— Loochoo. (*China Review*, XIII, p. 225.)

— Loochoo. By E. H. Parker. (*China Review*, XVII, No. 2, p. 114.)

— Protestant Mission Work in the Loochoo Islands. By H. T. Whitney, M. D. (*Chin. Rec.*, XVIII, No. 2, Dec. 1887, pp. 468/472.)

— Die Liukiu-Inseln. Von Dr. O. Warburg. (*Mitth. d. Geog. Ges. in Hamburg*, 1889—90, Hft. II, Hamburg, 1890, pp. 121/145.)

— Ueber eine Graburne von den Liukiu-Inseln. Von Dr. M. Haberlandt. (Mit 2 Text-Illustrationen.) (*Mitth. d. Anthrop. Ges. in Wien*, Bd. XXXIII, Hft. 1, 1893, pp. 39/42.)

— On the Manners and Customs of the Loochooans. — By Basil Hall Chamberlain. (*Trans. Asiat. Soc. Japan*, XXI, Nov. 1893, pp. 271/289.)

(DIVERS.)

FIN.

DERNIÈRES ADDITIONS

PREMIÈRE PARTIE

LA CHINE PROPREMENT DITE

I. — OUVRAGES GÉNÉRAUX.

— Thesavri ‖ rervmpvblicarvm ‖ Pars Prima. ‖ Continens Regna Hispaniae, Lvsitaniae; Regna ‖ Asiae; Regnum Iaponicvm; Tartaricvm; Chinen-‖ se; Magni Mogoris; Persiae, Tvrciae; Tarta-‖ riae; Regnum Fessanvm ᴢ Maroccanvm, denique ‖ Regnum Abyssinorvm. ‖ In hoc pernecessario, utilissimo, pariter ac jucundissimo Opere ‖ Historico-Politico, ad hodiernum Seculi genium directo, quid Rerum ‖ Civilium studiosissimis & curiosissimis Rimatoribus exhibeatur, ac ‖ repraesentetur, indicabit Praefatio ad perbenevolos Lectores. ‖ Cura ᴢ Studio ‖ Philippi Andreae Oldenbvrgeri, ‖ ICti, & Iurisprudentiae tam Publicae, quám Privatae ‖ in Inclyta Genevensi Republica Professoris. ‖ Cum Gratia ᴢ Privilegio Serenissimi ac Potentissimi Electoris Saxoniae. ‖ Genevae. ‖ Apud Samvelem De Tovrnes. ‖ — M.DC.LXXV, in-8, 15 ff. n. c. prél. + pp. 827 + 42 ff. n. c. p. l'index.

. . . . De regno Iaponico, pp. 393/406. — De regno Tartarico, pp. 407/446. — De regno Chinensi, pp. 447/501.

Le titre général de l'ouvrage est : *Thesavrvs rervmpvblicarvm totivs orbis qvadripertitvs.* Il comprend 4 vol. in-8, tous de 1575.

— Memoir concerning the Chinese. By John Francis Davis, Esq., F. R. S., M. R. A. S.

(1575—1823.)

Read May 17, 1823. (*Trans. Royal Asiatic Society,* pp. 1 à 18.)

* The Chinese. By Uncle Adam. [George Mogridge.] London, [1845], in-32. Voir col. 1429.

— The Chinese; or, some short accounts of the Country and People of China. By Uncle Adam. London : The Religious Tract Society; s. d. [1863], in-32, pp. 127.

— The Hand Book of China, being a concise Manual of the ancient History — scientific Discoveries — present Condition — and future Prospects of that Country, with a succinct Account of the Rise & Progress of the pending Revolution in China; and Notices of the past and present efforts made for the spread of the Gospel in that vast Empire. By Richard Ball, One of the Secretaries of the Chinese Evangelisation Society . . . London : J. Nisbet, 1854, pet. in-8, pp. 98.

— La Vie réelle en Chine . . .

Extrait de Milne dans la *Correspondance littéraire,* pp. 241/4, 5 sept. 1858.
Voir col. 68.

(1823—1858.)

* L' Impero Chinese. Roma, tip. Claudiana, 1882, in-16.

— Les Français dans l'Extrême Orient. Chine, Japon, Indo-Chine, Annam, etc. Par A. S. de Doncourt accompagné de 2 cartes et de 41 gravures. J. Lefort, Lille [et] Paris, s. d. [1885], gr. in-8, pp. 318.

— Aus China. — Skizzen und Bilder von Leopold Katscher. (Nach den neuesten Quellen.) Leipzig, Verlag von Philipp Reclam jun., in-16, pp. 118, s. d. [1887.]
Forme le No. 2256 de *Universal-Bibliothek*.
Voir col. 1485.

— China. By Robert K. Douglas, of the British Museum, and Professor of Chinese at King's College, London. With Map. Second Edition, revised. — Published under the direction of the Committee of General Literature and Education appointed by the Society for Promoting Christian Knowledge. — London : Society for Promoting Christian Knowledge, 1887, in-8, pp. VIII-433.
Voir col. 1435—6.

— Society in China. By Robert K. Douglas, Keeper of the Oriental Books and Manuscripts in the British Museum, Professor of Chinese at King's College. With twenty-two illustrations. London : A. D. Innes & Co., 1894, in-8, pp. XIV-415.

— Second ed., 1894, in-8.
Notices by J. L., *Journ. Roy. As. Soc.*, Oct. 1894, pp. 851/865. — By C. J. Ball, *The Academy*, Oct. 6, 1894, No. 1170, p. 250. — *The Athenaeum*, Aug. 4, 1894, No. 3384, pp. 149/150.)

— China : A Sketch of its Social Organization and State Economy. By Tsheng-ki-tong. (*As. Quart. Review*, X, July-Oct. 1890, pp. 258/272.)

— Chinese Culture, as compared with european Standards. I. Chinese : Literary and Commercial. By Tcheng-ki-tong. (*Imp. & Asiat. Quart. Review*, 2nd Series, I, Jan.-April, 1891, pp. 380/397.)
Voir col. 1486.

— China : its Social, Political, and Religious Life. From the French of G. Eug. Simon.

(1882—1891.)

London : Sampson Low, Marston, Searle, & Rivington, 1887, in-8, pp. 342.
Voir col. 1438.

— Paul Antonini. — Les Chinois .... Seconde édition. Paris, 1886, gr. in-8. — Voir col. 1438.

— Au Pays de Chine par Paul Antonini. — Le Pays de Chine. Ses habitants. Mœurs, usages, institutions. L'œuvre du Catholicisme. Persécuteurs et Martyrs. — Paris, Librairie Bloud et Barral, in-8, pp. 300 + 1 f. n. c.
Notice : *Études religieuses*, 30 nov. 1890, pp. 838/842, par A. A. Fauvel.

— El progreso editorial. — La vida en el Celeste Imperio por Eduardo Toda. — Ilustraciones de José Riudavets. Madrid, Imprenta de el progreso editorial. — 1887, in-8, pp. 339 + 1 f. n. c.

— Важность изученія Китая. — Сергѣй Георгіевскій. — С.-Петербургъ ... 1890, in-8, 2 ff. n. c. + pp. 286 + 1 f. n. c.

— The Chinese, their Present and Future : Medical, Political and Social. By Robert Coltman, Jr., M. D. Illustrated with Fifteen Fine Photo-Engravings. Philadelphia and London, F. A. Davis, 1891, in-8, pp. 212.

— China. — Von einem früheren Instructeur in der chinesischen Armee. — Leipzig, Verlag von Otto Wigand. 1892, in-8, pp. 80.

* L'Asie, décrite et illustrée par les missionnaires. Lille, 1894, 2 vol. in-4.

— Chats about China. By M. von Brandt. Late German Minister in China. (*London and China Express*) :
I. — About nothing in particular. — Hongkong and the Voyage there. — Pidgin English. — The Chinaman and Squeezing. — Concerning Justice. (24 Aug. 1894.) — II. The Korean Question. — Characteristic Differences in the two Nations. — Chinese Suzerainty over Korea. — Japanese Intervention. — The War. (7 Sept. 1894.) — III. How China eats and drinks. — The Method of Serving. — Civilisation by Champagne and Electric Light. — Ducks, Pigs, and Chinoiseries. — Vegetables, Fruits and Tea. (21 Sept. 1894.) — IV. Social Questions and others. — Detestable Principles. — The Tables Turned. — Officials and Expectant Officials. — The Examinations. — The Gentry. — Religions. — Fêng-shui. (2 Nov. 1894.) — V. Peking. — To Reach the Capital. — The Journey by Water. — The Tribute Rice. (14 Dec. 1894.) [A suivre.]

(1887—1894.)

II. — GÉOGRAPHIE.

A. — GÉOGRAPHIE ANCIENNE.

— 山海經 — Chan-Haï-King. — Le Livre des Montagnes et des Eaux, antique géographie chinoise, traduite pour la première fois sur le texte original par Léon de Rosny. (*Le Lotus*, Avril 1889, pp. 65/93; *ibid.*, Juillet 1889, pp. 167/191; .... Avril 1890, pp. 65/91; Déc. 1890, pp. 213/246.)

Voir col. 1487—8.

— Prolegomena to the Shan Hai King, translated from original Sources by E. J. Eitel, Ph. D. (Tubing), Inspector of Schools, Hongkong. (*China Review*, XVII, No. 6, pp. 330/348.)

— Voir la trad. de deux préfaces du *Chan-haï-king*, dans *Mythical Monsters*, by Charles Gould, Lond. 1886, pp. 384/391. Cet ouv. donne également des grav. d'après le livre chinois. — Voir col. 1896.

— Le Tcheou-li et le Shan-hai-king. Leur Origine et valeur historique par C. de Harlez. (*T'oung Pao*, V, mars 1894, pp. 11/42; mai 1894, pp. 107/122.)

B. — CHINE MODERNE.

FLEUVES:

1° *LE TCHOU KIANG.*

— A Survey of the Tigris from Canton, to the Island of Lankeet .... By J. Huddart. [London,] 1786.

— Steel's new Chart of the Coast of China from St. John's Island to Pedra Branca, shewing the entrances to, and course of the River Tigris to Canton. 1810.

— Chart of Choo-Keang or Canton River and the different passages leading to Macao Roads. (City and Suburbs of Canton. Map of the Town and Harbour of Macao.) Drawn from Horsburgh's Chart of the Canton River, combined with Lieuts. D. Ross and P. Maughan's Chart of the different Passages leading to Macao Roads. [By] J. B. Tassin. Calcutta, 1840, 2 feuilles.

— Carta esférica del Rio Chou-kiang ó Canton desde ou Embocadura con los Canales del S. y SO. é Isla de Hong Kong hasta la Ciudad de Canton, etc. Construida .... segun los trabajos egecutados en 1840 por

el Capitan ... E. Belcher, etc. .... por ... D. M. Roca de Togores. Madrid, 1849.

— Eine Fahrt auf dem Ostfluss in der Provinz Canton. (Petermann's *Geogr. Mittheilungen*, 1862, Hft. V, pp. 161/4.)

Voir col. 74.

* Canton Boat Life. Traits of the Chinese River-Dwellers. (*The Sunday Chronicle*, San Francisco, Jan. 20, 1884.)

3° *LE TSIEN-TANG KIANG.*

— The Bore of the Tsien-tang Kiang (Hangchau bay). By Commander Moore, R. N., H. M. S. "Rambler." (*Journ. C. B. R. A. S.*, XXIII, N. S., 1888, No. 3, pp. 185/247.)

— A Visit to the Hangchow Bore. By Rev. G. F. Fitch. (*Chin. Rec.*, Nov. 1894, pp. 521/524.)

4° *LE TA KIANG.*

— Les bouches du Kiang (fleuve bleu) par le R. P. Augustin Colombel, de la Compagnie de Jésus, missionnaire au Kiangnan (Chine). (*Miss. Cath.*, XX, 1888, pp. 436/8, 450/1.)

— Through the Yang-tsz Gorges and Christian Mission. By ***. (*Chin. Rec.*, XIX, No. 9, Sept. 1888, pp. 485/437.)

— The Estuary of the Yang-tsze. By E. H. Parker. (*China Review*, XVII, No. 6, pp. 356/857.)

— Mouths of the Yangtsze. By E. H. Parker. (*China Review*, XVIII, No. 4, p. 263.)

— The word Yangtz-Kiang. By E. H. Parker. (*China Review*, XVIII, No. 6, p. 378.)

5° *LE HOANG HO.*

* The Great Yellow River Inundation. By C. F. Gordon-Cumming. With Chinese Map. (*Leisure Hour*, March, 1888.)

* Memorandum relative to the Improvement of the Hwang-ho or Yellow River in North-China by J. G. W. Fijnje van Salverda, and Report of Captain P. G. van Schermbeek and A. Visser on their inspection of the Yellow River and its flooded districts in 1889. Translated from the Dutch by W. G. Dickinson. Haag, 1891, in-4, pp. 104.

Pas dans le commerce.

Notice par Georg Wegener, *Petermann's Mitt.*, III, 1898, pp. 40/1.

— Projet pour remédier aux inondations dans le Nord de la Chine par le baron G. de Contenson. (*Bul. Soc. Géog.*, VIIᵉ Sér. —XIV, 3ᵉ trim. 1893, pp. 367/375.)

6° *LE PEI HO.*

— Le Pei-ho et Tientsin. Par Paul Delaroche-Vernet. Membre du Groupe d'histoire et de diplomatie. (*Annales de l'École des*

Sciences Politiques, 15 Oct. 1889, pp. 687/ 693.)

7° *LE YUN HO.*

— Variétés sinologiques No. 4. — Le Canal Impérial. Etude historique et descriptive par le P. Domin. Gandar, S. J. — Chang-hai. Imprimerie de la Mission Catholique à l'orphelinat de T'ou-sè-wè. 1894, in-8, pp. ii-78, 19 cartes ou plans.[1]

Notice : *China Review,* XXI, No. 3, pp. 209/218. Par E. H. P.[arker].

MERS DE CHINE. — PUBLICATIONS POUR EN FACILITER LA NAVIGATION, ETC.

— Carta esférica de una parte del Mar de China que comprende el Rio y Ciudad de Canton, con las costas al E. y O. del mismo desde la Isla Namoa, hasta el Puerto de Tienpak. — Construida . . . por . . . D. M. Roca de Togores. Madrid, 1848—62.

— Carta esférica de la Costa y Mar de China comprendida entre el Cabo Batangan y el Canal de Formosa con parte de la Isla de Luzon. 1862.

Nouv. édition, 1869.

— Carta esférica de la Costa y Mar de China que comprende todo el Canal de

---

1. — VARIÉTÉS SINOLOGIQUES N° 1. — *L'île de Tsong-ming à l'embouchure du Yang-tse-kiang.* — Par le P. Henri Havret, S. J. — Chang-hai. Imprimerie de la Mission catholique à l'orphelinat de T'ou-sè-wè. 1892, in-8, pp. 59 + 1 f. n. c. p. l'index [11 cartes et 7 grav. hors texte].

— — N° 2. — *La Province de Ngan-hoei* (avec 2 cartes hors texte), par le P. Henri Havret, S. J. — Chang-hai. *Ibid.,* 1893, in-8, 4 ff. prél. n. c. + pp. 130 + 1 f. n. c. p. l. corrigenda.

— — N° 3. — *Croix et Swastika en Chine,* par le P. Louis Gaillard, S. J. — Chang-hai. *Ibid.,* 1893, in-8, pp. iv-282 [fig.].

— — N° 4. — *Le Canal Impérial.* Etude historique et descriptive par le P. Domin. Gandar, S. J. — Chang-hai. *Ibid.,* 1894, in-8, pp. ii-78, 19 cartes ou plans.

— — N° 5. — *Pratique des Examens civils en Chine,* par le P. Etienne Zi (Siu), S. J. — Chang-hai. *Ibid.,* 1894, in-8, pp. iii-278, pl., grav. et 2 plans hors texte.

Sous presse : N° 6. — *Tchou hi, sa doctrine, son influence,* par le P. Stanislas Le Gall, S. J.

(YUN HO. — MERS DE CHINE.)

Formosa, Islas de Meiaco-Sima y parte de la Isla de Luzon. 1863.

— Carta del Mar de China desde el Golfo de Siam hasta Cabo Batangan y Estrecho de Balabac. Madrid, 1864—67.

— Carta del Mar de China, comprendido entra la Isla de Borneo y la Peninsula de Malaca. Madrid, 1864—67.

Nouv. éd., Madrid, 1869.

— Carte General del Mar de China y gran parte del Archipielago Asiatico. Madrid, 1869.

— Laurie's Chart of the Coast of China from Canton to Nanking . . . . By Isaac Purdy. 1865.

— The "Bokhara" Typhoon. By the Rev. S. Chevalier, S. J. Shanghai, *N. C. Herald Office.* — Voir col. 2143/4.

Notice : *China Review,* XXI, No. 3, pp. 208/9. Par E. H. P'[arker].

— Typhons de 1892. Juillet, Août-Septembre. Par le R. P. S. Chevalier, S. J. Shanghai, *N. C. Herald Office,* in-8, pp. 90, 15 pl.

Notice : *China Review,* XXI, No. 3, p. 209. Par E. H. P.[arker].

OUVRAGES DE GÉOGRAPHIE GÉNÉRALE.

— Road Map from Pekin to Kiachta. Col. 114.

L'original de cette carte relevée par un topographe russe qui accompagnait en 1858 le général Ignatiev à travers la Mongolie, se trouve à la Légation de Russie à Peking.

— A Vocabulary of Proper Names ... col. 115.

Dr Frederick Porter Smith, s'est empoisonné avec de l'acide prussique à Shepton Mallet, le jeudi 29 mars 1888.

— The Church Missionary Atlas . . . . Voir col. 1736.

— Карта Собственнаго Китая, составлена по современнымъ свѣдѣніямъ. [St. Pétersbourg], 1885.

Échelle : 100 verstes = 1 pouce anglais.

— La frontière sino-annamite . . . . . par G. Devéria. Voir col. 1468.

Notice : *Revue d'Ethnographie,* VII, No. 4, 1888, pp. 373/377. par E. T. Hamy.

— Карта Южной Пограничной Полосы Азіятской Россіи. St. Pétersbourg, Bureau topographique militaire, 1887, etc.

Carte des frontières du Sud-Russie d'Asie. — Echelle 1 : 1.680.000. — Grand in-folio, en feuilles 0^m 59 × 0^m 52 ; en cours de publication.

— Географическое Обозрѣніе Китайской Имперіи съ картою на четырехъ листахъ и пятью приложеніями въ текстѣ. З. Матусовскаго. — С.-Петербургъ, 1888, gr. in-8, pp. xx + pp. 358 + pp. 387. — 6 руб.

— Карта Китайской Имперіи составленная по современнымъ свѣдѣніямъ Матусов-

(MERS DE CHINE. — GÉOG. GÉNÉRALE.)

скимъ и Никитинымъ. — Масштабъ 125 вер. въ Дюймѣ. — 1889, 4 feuilles.

— Een nieuw werk over China door F. G. Kramp. — Leiden. — E. J. Brill. 1889, br. in-8, pp. 28.

Overgedr. uit het *Tijdschr. v. h. Kon. Nederl. Aardr. Genootsch. Verslagen en Aardrijkskundige Mededeelingen* jaarg. 1889.
Sur l'ouvrage de Matousovsky; voir supra.

* H. Fischer. — Zur Karte von Ostasien. (*Festschrift Richthofen*, 1893, pp. 365/370.)

皇朝直省地輿全圖 Carte générale de la Chine, par le P. Stanislas Chevalier, S. J. T'ou-sè-wè, 1894. Larg. 0ᵐ 67; haut. 0ᵐ 73.

Grande Muraille.

— D. D. ‖ Murvm ‖ Sinensem ‖ Brevi disser-tatione adumbratum; ‖ Consentiente Am-plissima Facultate ‖ Philosophica Acade-miae Upsa- ‖ lensis, ‖ Sub Praesidio ‖ Viri Celeberrimi ‖ M. Haraldi Vallerii, ‖ Geo-metr. Profess. Ordin. & h. t. ‖ Decani Spec-tabilis, ‖ Pro honoribus in Philosophia, ‖ Publico committit Examini ‖ In Auditorio Gustaviano Majori ‖ ad diem 21 Nov. 1694. ‖ Jonas Locnaeus ‖ Angerman. ‖ Upsaliae ‖ Excudit Henricus Keyser, S : ae ‖ R : ae M : tis & Academ. Typographus. Pièce in-12, pp. 24 + 2 ff. prél.

— Notes on some Dikes at the mouth of the Nankow pass. By H. B. Guppy, M. B. Surgeon, R. N. (*Journ. N. C. B. R. A. S.*, 1883, N. S., Vol. XVIII, pp. 159/161.)

* The Chinese Wall a Fact. By Rev. J. H. Roberts. (*Missionary Herald*, March 1888, p. 239.)
— The Great Wall not a Myth. (*Chin. Rec.*, XIX, 1888, p. 239.) By Mr. C. F. Hogg.

— La vérité sur la Grande Muraille de la Chine par le Dr. E. Martin, Ex-médecin de la légation de France à Pékin. (*L'An-thropologie*, Juillet-Août 1891, No. 4, pp. 438/444.)

— The Great Wall of China. By Romyn Hitchcock. (*The Century Ill. Monthly Mag.*, Jan. 1893, pp. 327/332.)

— A Winter Ride to the Great Wall of China. By N. B. Dennys. (*The Century Ill. Month-ly Mag.*, Jan. 1893, pp. 332/337.)

DESCRIPTION PARTICULIÈRE DES PROVINCES.

1° *TCHE LI.*

— Карта Чжилійской Губерніи. No. 1. Юж-ная Часть. Составлена К. Веберомъ . . . .

Масштабъ въ 1 : 1.022.000 долю. [Avec] Пояснительная Записка картѣ Чжилійской Гусберніи. С. Пет., 1871—72.

— Ch. Waeber. Map of North-Eastern China. — 1893. Sᵗ Petersburg, Geographical Esta-blishment of A. Ilyin.

— К. Веберъ. Карта Сѣверо-восточнаго Ки-тая. — С. Петербургъ, Картографическое заведеніе А. Ильина.

4 feuilles; échelle : 1 : 1,355,000 = 1 inch = 18,5 miles.

— Алфавитный Указатель географическихъ Именъ помѣщенныхъ на Картѣ Сѣверо-восточнаго Китая К. Вебера. — Вѣна. И. и К. придворная и универ. Тип. А. Гольц-гаусена. 1894, gr. in-4, pp. xxi-112.

L'index anglais paraîtra plus tard.

— Carte de la Mission de la Compagnie de Jésus au Tcheu ly Sud-Est Chine. Publiée par le Père Carrez, de la Compagnie de Jésus, d'après les documents Chinois four-nis par les Pères de la Mission. 1890, 2 feuilles.

Echelle : $\frac{1}{400.000}$.

Ces deux feuilles renferment comme cartes accessoires : 1. Envi-rons de la Mission-Province entière du Pe Tcheu ly, Parties du Chan toung au S-E; du Ho nan au S-O; du Chan si, à l'O; de la Mongolie, au N; de la Mandchourie, au N-E. — 2. Plan de T'ien tsin. — 3. Résidence et village de Tchang kia tchouang.

— A Journey to the Sacred Mountain of Siao-outai-shan, in China. By A. Henry Savage-Landor. (*Fortnightly Review*, sept. 1894, pp. 393/409.)

PE KING.

— Планъ Пекина. Plan de la Ville de Peking, levé en 1817. [St. Pétersbourg? 1818?]

Voir col. 125.

— Plan of Peking in 1817. Printed at the Li-thographic Establishment, Quarter Master General's Office, 1842. Copied by the Anastatic Process in 1860 at the Ordnance Survey Office. Southampton, 1860.

— Fac Simile of a Chinese Plan of the Tatar, or Inner City, Nuyching and the Imperial Palace Kingtoo of Peking or Chun Thien Foo. Lithographed and printed under the direction of Major T. B. Jervis. London, 1843.

— Планъ столичнаго города Пекина съ о-крестностію. Литографированный со съем-ки Полковника Ладыженскаго, при Воен-но-Топографическомъ Депо, etc. [St. Pé-tersbourg], 1848.

— Pekin and its environs. Copied from the Survey of Colonel Ladyjenski of the Russian Army. Topl. Dépôt, War Office : [London] 1860.

Ladyjensky avait passé huit mois à Peking en 1830.

— Map of the Country round Pekin. Copied from the Chinese Map of Asia, 1760. Names of places translated by the Rev. W. Milne. Topogl. Dépôt, War Office. [London] 1859.

* Дневникъ поѣздки въ Пань шань. St. Pétersbourg, 1874.

Par M. Bakhmetiev, qui en 1872, visita le Pan chan, au N. E. de Peking avec le général Vlangaly et l'Archimandrite Palladius.

— Rules of the Peking Club. 1878, br. in-8, pp. 13.

— Visit to two celebrated Peking Temples. (*Chin. Rec.*, XII, 1881, pp. 363/372.)

— "Where Chinese drive." . . . Col. 1471.

Par W. H. Wilkinson.

— Peking und die Westlichen Berge. Stadt- und Landschaftsbilder aus dem Nördl. China. Von Prof. C. Arendt. Mit einem Plan von Peking. (*Mitth. der Geog. Gesellschaft in Hamburg*, 1889—90, Hft. I, pp. 57—96.)

— Léon Caubert. — Souvenirs Chinois avec dix-sept planches hors texte. Paris, librairie des Bibliophiles, MDCCCXCI, in-8 carré, pp. 180.

Contient un plan de la légation de France à Peking (1886—1887), etc.

— La Cour de Péking . . . . par M. Courant . . . 1891. — Voir col. 1565.

— Pékin. Par Maurice Paléologue. (*Les Capitales du Monde*, No. 10, Hachette, [Paris, 1892], pp. 245 à 268.)

— Les tombeaux des Ming près de Peking par Camille Imbault-Huart. (Avec trois photogrammes.) (*T'oung Pao*, IV, Déc. 1893, pp. 391/401.)

— Autour du Monde. — La Société de Péking. Par J. d'A. (*Le Figaro*, Feuilleton, Supp. littéraire, samedi 24 mars 1894.)

Cet article intéressant est attribué à M. Gachet, secrétaire d'ambassade.

— A Threatened City — Pekin. By M. Rees Davies. (*Fortnightly Review*, December 1894, pp. 793/802.)

∴

— Journal of the Peking Oriental Society. — Peking, Pei-t'ang Press. — Voir col. 1471.

Volume I. N. 5. — Abstract of a communication (I. Eyeless fishes — II. Blood-sweating Horses in ancient Turkestan. — III. A monoceros horse) by D. J. Macgowan. — Supplement to Mr. Arendt's Paper on Parallels in Greek and Chinese Literature. — The ancient Cult of the Chinese as found in the Shu-Ching by the Rev. G. Owen. — Rules, etc.

Volume II. N. 4. 1889. — I. On the Poets of China, during the period of the contending States and of the Han Dynasty, by J. Edkins, D. D. — II. Diplomacy in Ancient China, by Dʳ W. A. P. Martin. — III. The Origin of the Paper Currency (鈔 ch'ao) of China, by Shioda Saburo. — IV. Specimens of Ancient Chinese Paper Money, by S. W. Bushell, M. D., pp. 201/316.

— N. 5. 1890. — I. On Li T'ai-po, with examples of his poetry, by J. Edkins, D. D. — II. Programme d'histoire de Chine, par L. Verbaeghe de Naeyer, pp. 317/398.

Volume III. N. 1. 1890. Traité sur les Sacrifices Fong et Chan de Se ma T'sien par Edouard Chavannes, pp. XXXI-95.

— N. 2. 1892. — I. Marco Polo in Cambaluc : a Comparison of foreign and native accounts by W. S. Ament. — II. Ancestral Worship in the Shu king by Rev. H. Blodget. D. D. — III. The Chinese Conquest of Songaria by Ch. Denby Jr., pp. 97/181.

— N. 3. 1893. — I. On the Population of China by Dr. Dudgeon. — II. Yang-chu, the Epicurean in his relation to Lieh-tse the Pantheist by Dr. A. Forke. — III. On two Inscriptions obtained in Japan by Dr. Martin.

2° CHAN TOUNG.

— La province chinoise du Chan-toung. Géographie et histoire naturelle par A.-A. Fauvel, ancien fonctionnaire des Douanes impériales maritimes chinoises. — Extrait de la *Revue des questions scientifiques*, 1890-91-92. — Bruxelles, Imprimerie Polleunis et Ceuterick, 1892, in-8, pp. 313.

Tirage à part à 100 ex.

Voir col. 129.

山東省地理全圖 — Province du Shantung, Chine. Par A. A. Fauvel D'après la Carte du P. Duhalde 1711. Les Cartes des Amirautés Française, Anglaise et Américaine. La Carte du Fleuve Jaune par Ney Elias 1868. Les annales Chinoises du Shantung et plusieurs cartes Chinoises. La Carte manuscrite du Rᵈ Dʳ Williamson pour les routes et les minéraux. — Lanée, éditeur géographe, 8 Rue de la Paix. — Paris. — Gravé et imprimé par Erhard, Paris. — 1 feuille.

Dédié à Robert Hart, 1ᵉʳ Mars 1876.

— Le port chinois de Wei-haï-wei. (*Shanghaï Mercury;* trad. *Rev. mar. et col.*, CIX, 1891, pp. 337/8.)

* U-tai, ego proschloe i nastoyachee; Par D. Pokotilov. St. Pétersbourg, 1893, in-8, pp. 152.

Wou-taï 五臺

Notice par D. Pozdneyeff, *Journ. Roy. As. Soc.*, Jan. 1894, pp. 181/2.

— The Poverty of Shantung. — Its Causes and Treatment. By Rev. A. G. Jones. (English Baptist Mission, Chou-p'ing. (*Chin. Rec.*, 1894, April, pp. 181/7, May, pp. 214/220.)

4° HO NAN.

— Travelling in Honan. By A. S. Annaud. (*Lond. & China Telegraph, Supp.*, Oct. 31, 1893, p. 2.)

5° KIANG SOU.

— Quelques jours au Nord du Kiang. Relation du R. P. Havret . . . voir col. 1440.

— L'île de Tsong-ming. Lettre du R. P. Gouraud, de la Cie. de Jésus. (*Miss. Cath.*, XX, 1888, pp. 423/4; carte, p. 426.)

— Variétés sinologiques No. 1. — L'île de Tsong-ming à l'embouchure du Yang-tse-Kiang. Par le P. Henri Havret, S. J. — Chang-hai. Imprimerie de la Mission catholique à l'orphelinat de T'ou-sè-wè. 1892, in-8, pp. 59 + 1 f. n. c. p. l'index [11 cartes et 7 grav. hors texte].

Notices : *Revue Critique*, No. 29—30, 17—24 juillet 1893. Par Henri Cordier. — *China Review*, XXI, No. 1, pp. 59/60. Par E. J. E.[itel]. — *China Review*, XXI, No. 2, pp. 121/3. Par E. H. Parker.

KIANG-NING ou NAN-KING.

— Nanking. — Ses origines — son histoire — sa destruction — sa renaissance — (Gravures). Par le Dr. Ern. Martin. (Journal *La Nature*, 8 nov. 1890.)

CHANG HAI.

— Le Chang-haï chrétien . . . . par le R. P. Ravary . . . Voir col. 1974.

Chang hai (environs).

* Map of the Shooting Districts between Shanghai and Wuhu, by H. T. Wade, and R. A. de Villard. Shanghai, October, 1893.

Arsenal de Kiang-nan 江南製造總局 *Kao-tchang miao.*

Voir col. 133, 1812, 1880.

— Catalogue of Educational Books, Works of General Knowledge, Scientific and Technical Treatises, &c., &c., &c., in the Chinese Language. — Translated or written By John Fryer, LL. D., Of the Chinese Imperial Government Service, Kiangnan Arsenal, Shanghai. — Sold at the Chinese Scientific Book Depot, 407 Hankow Road, opposite the Cathedral, Shanghai. (Established in 1884.) — Shanghai : Printed at the Presbyterian Mission Press. — 1894, br. in-8, pp. 11.

6° NGAN HOUEI.

— Variétés sinologiques No. 2. — La Province de Ngan-hoei (avec 2 cartes hors texte) par le P. Henri Havret, S. J. — Chang-hai. Imprimerie de la Mission catholique à l'orphelinat de T'ou-sè-wè. 1893, in-8, 4 ff. prél. n. c. + pp. 130 + 1 f. n. c. p. l. corrigenda.

Notices : *Études religieuses*, partie bibliographique, 31 Octobre 1893, pp. 767/768. Par A.-A. Fauvel. — *China Review*, XXI, No. 1, pp. 59/60. Par E. J. E.[itel].

7° KIANG SI.

— A Trip from Kiukiang to the Lushan hills. By J. Neumann. (*China Review*, XVII, No. 4, 1889, pp. 212/216.)

8° TCHE KIANG.

ILES CHOUSAN, POUTOU.

— D. C. BOULGER, voir col. 1908.

* Aperçu géologique sur l'île Tschou-sän (Tché-kiang). Par Natalis Rondot. (*Séances Acad.*, Reims, VI, 1847, pp. 412/6.)

Voir col. 1475.

* Pouto von Dr. O. Franke. (*Globus*, LXIII, No. 8.)

9° FO KIEN.

— Every day Life in China or Scenes along River and Road in Fuh-Kien. By Edwin Joshua Dukes. With a map and illustrations from Sketches by the Author. The Religious Tract Society, 1885. [London], in-8, pp. xiii + pp. 240.

— [C. — 6814.] *China*. No. 2 (1892). — Report by Mr. Clennell of an overland Journey from Amoy to Foochow and back . . 9d.

Voir col. 2009.

— Some Fuh-Kien Bridges by George Phillips. (With two illustrations.) (*T'oung Pao*, V, Mars 1894, pp. 1/10.)

— Some Episodes in the History of Amoy. (*China Review*, XXI, No. 2, pp. 80/100.)

Traduit du chap. 舊事 du 廈門志 *Hia-men-tchi.*

* Chart of Amoy Harbour. Survey by W. C. Howard. Imp. Maritime Customs. Shanghai, 1893.

PESCADORES.

— A few notes from the Pescadores. By Rev. W. Campbell, F. R. G. S. (*Chin. Rec.*, XVIII, No. 2, February 1887, pp. 62/70.)

Voir col. 1476.

TAI OUAN *(Formose)*. 1° *Ouvrages divers.*

— Verhaal ‖ Van de verövering van ‖ 't Eylant ‖ Formosa, ‖ Door de ‖ Sinesen, ‖ Op den 5 Julii, 1661. ‖ Uyt het Frans vertaalt, door I. V. K. B. Pièce in-4 de pp. 12.

P. 1, titre ut supra et commencement du texte.

— L'île Formose. Histoire et description, par C. Imbault-Huart, ouvrage accompagné de dessins, cartes et plan, précédé d'une introduction bibliographique, par Henri Cordier. Paris, Leroux, 1893, in-4, pp. lxxxiv-323.

Notices : *Études religieuses*, partie bibliographique, 23 déc. 1893, pp. 912/913. Par A. A. Fauvel. — *Revue critique*, No. 29—30, 17—24 juillet 1893, pp. 47/8. Par Henri Cordier. — *Petermann's Mitt.*, 1894, Hft. 7, p. 103. Par Kirchhoff.

A obtenu le Prix Jomard à la Soc. de Géographie. — Rapport par Henri Cordier. (*Bul. Soc. Géog.*, VII° sér., XV, 2° trim. 1894, pp. 192/196.)

— Bibliographie des ouvrages relatifs à l'île Formose par Henri Cordier, Professeur à l'Ecole spéciale des Langues Orientales Vivantes. Chartres, Imprimerie Durand. — 1893, in-4, pp. 59.

Tiré à part de l'ouvrage précédent à 150 ex., dont 50 sur papier vergé de Hollande.

— Biographisch Woordenboek ... door C. A. L. van Troostenburg de Bruijn .. 1893. — Voir col. 1994—5.

— A Pasquinade from Formosa. By G. M. H. Playfair. (*China Review*, XVII, No. 3, pp. 131/135.)

— E. C. Taintor. Les aborigènes du nord de Formose, 1874. — Voir col. 144.

Notice par Dr M. d'E. [Meyners d'Estrey.] (*L'Anthropologie*, V, 1894, No. 3, pp. 348/352.)

— Wilhelm Joest. — Beiträge zur Kenntniss der Eingebornen der Inseln Formosa und Ceram. (*Verhandl. d. Berliner Ges. f. Anthrop.* .... Jahrg. 1882, pp. 53/93.)

Voir col. 1479.

* Die Insel Formosa. (*Das Ausland*, XXXVIII, 1884, No. 12.)

— China. No. 3 (1885). — Report by Mr. L. C. Hopkins on the Island of Formosa, dated October 12, 1884. Presented to both Houses of Parliament by command of Her Majesty. 1885. London, Printed by Harrison and Sons, br. in-8, pp. 9.

Carte.

— Formosa : Characteristic Traits of the Island and its Aboriginal Inhabitants. By George Taylor, Imperial Chinese Customs Service. (*Proc. R. Geog. Soc.*, XI, 1889, April, pp. 224/239.)

— [C. — 7104.] *Commercial*. No. 11 (1893). — Report by Mr. Hosie on the Island of Formosa with special reference to its Resources and Trade. [With a Map.] 9*d*.

Voir col. 2009.

— Formosa. (*Geog. Journal*, II, 1893, Nov., pp. 441/443.)

— Proposed administrative changes in Formosa. By G. M. H. Playfair. (*Journ. C. B. R. A. S.*, XXI, N. S., 1886, pp. 105/106.)

— Col. Alexander Man : Formosa : an Island with a Romantic History. (*Imp. and Asiatic Quarterly Review*, July 1892.)

* Map of Formosa. Scale 1 : 700,000 or 11 stat. miles to an inch. Drawn for the Imperial Chinese Government. R. A. de Villard, Inspectorate General of Customs. Shanghai, 1894.

Voir FRANCE, col. 1480, 1516, etc.

PSALMANAZAR (George).
Voir col. 145—146, 1480—1481.

— J. Vinson. — Psalmanaazaar et la langue formosane. (*Revue de linguistique*, XXI, 2, pp. 191/7.)

2° FORMOSE. *Voyages*.

BENIOVSKI.
Voir col. 147 et 1481.

— The Memoirs and Travels of Mauritius Augustus Count de Benyowsky in Siberia, Kamchatka, Japan, the Liukiu Islands and Formosa from the Translation of his original Manuscript (1741—1771), by William Nicholson, F. R. S., 1790. Edited by Captain Pasfield Oliver. Illustrated. London : T. Fisher Unwin. New York : Macmillan & Co. MDCCCXCIII, in-8, pp. 399.

Forme le Vol. 17 de *The Adventure Series*.

— Gróf Benyovszky Móricz életrajza [par M. Jókai], saját emlékiratai és útleírásai. Képekkel, Térképekkel, Autographokkal stb. Budapest, 1887 [et seq.] Kiadja Ráth Mór. in-8.

Trad. de l'anglais; paraît en livraisons in-8.

.·.

— Journey in the Interior of Formosa. By Arthur Corner, Amoy. (*Proc. R. Geog. Soc.*, XIX, 1874—75, pp. 515/517.)

Voir col. 148 et 1482.

— Notes of an Overland Journey through the Southern Part of Formosa, from Takow to the South Cape, in 1875, with an Introductory Sketch of the Island. By M. Beazeley, M. Inst. C. E. (*Proc. R. Geog. Soc.*, VII, 1885, Jan., pp. 1/23; carte, p. 64.)

3° FORMOSE. *Langue*.

— W. Campbell. — Voir col. 1483, 1733, 1993.

* Leerstukken en Preeken in de Favorlangsche Taal (Eiland Formosa) vervaardigd door Jac. Vertrecht. — Afgedrukt naar een Handschrift uit de reventiende eeuw, toebehoorende aan het Bataviaasch Genootschap van Kunsten en Wetenschappen. Batavia, Landsdrukkerij, 1888, gr. in-8, pp. 124.

— Comparative Tables of Formosan Languages. By G. Taylor. (*China Review*, XVII. No. 2, pp. 109/111.)

12° *KOUANG TOUNG.*

* History of Kwantung. By E. C. Bowra.

A été tiré à petit nombre d'exemplaires.

— Die Handelsprodukte von Kuang-tung. (*Chinesische Studien*, von Fried. Hirth, I Bd., 1890, pp. 76/101.)

— Ueber chinesische Quellen zur Geographie von Kuang-tung, mit besonderer Berücksichtigung der Halbinsel Lei-chou. (*Chinesische Studien,* von Fried. Hirth, I. Bd., 1890, pp. 118/169.)

— A Sketch of the Lien-chow River in Canton Province. By Rev. B. C. Henry, M. A. (*Chin. Rec.,* XII, 1881, pp. 344/363.)

— A Rare Canton Coinage. By S. W. Bushell. (*China Review,* XX, No. 1, pp. 58/9.)
— Ile de Sancian. Voir col. 537—538, 1708. — St. François-Xavier.
— A Ride in Hakkaland. By E. A. Irving. (*Blackwood's Mag.,* No. 949, Nov. 1894.)

CANTON.

— A Plan of the City of Canton and its suburbs, shewing the principal streets and some of the conspicuous buildings, from a Chinese Survey; on an enlarged scale with additions and references. By W. Bramston. London, 1840.

— Plan of the City and Suburbs of Canton, compiled by the Quarter Master General's Department, Chinese Expeditionary Force, 31st Oct. 1857. Lithographed & printed at the Topogl. Depot, War Dept., under the direction of Capt. Elphinstone. [London,] 1858.

* The City of Canton. By Miss Florence O' Driscoll. (*Century,* Nov. 1894.)

HAI NAN.

— Hainan. By E. H. Parker. (*China Review,* XVIII, No. 5, p. 320.)

— Hainan. — Fauna. — Zoology. By E. H. Parker. (*China Review,* XIX, No. 6, pp. 369/376.)

— The Flora of Hainan. List of Plants collected by Mr. E. H. Parker and identified by Mr. C. Ford. (*China Review,* XX, No. 3, pp. 167/8.)

— The Reptiles of Hainan. By E. H. Parker. (*China Review,* XX, No. 3, pp. 168/172.)

— The *Li* Aborigines of *K'iung-shan.* By E. H. Parker. (*China Review,* XIX, No. 6, pp. 383/387.)

— Notes on the Hainanese Dialect. By Frank P. Gilman. (*China Review,* XIX, 1890, No. 3, p. 194.)
— The Languages and Dialects of Northern and Western Hainan. By Frank P. Gilman. (*China Review,* XX, N., No. 2, p. 128.)

— The Capture of a Lee stockade. By Sandal-Wood. (*China Review,* XIX, No. 6, pp. 387/394.)

— Loi Aborigines of Hainan and their Speech. By Carl C. Jeremiassen. (*China Review,* XX, No. 5, pp. 296/305.)

14° YUN NAN.

— Map of the Countries lying between the

21¹/₂ and 29¹/₂ N. Lat. and 90° and 98° E. Long, . . . comprising the Chinese Provinces of Yun-nan and Thibet. 1830.

— La province chinoise de Yün-nan par E. Rocher. — Voir col. 1487.

— Note sur un voyage au Yun-nan. (*Bul. Soc. Géog. com., Hâvre,* 1890, pp. 39/46.) D'après E. Rocher.

— The Province of Yün-nan, past, present and future. — The aboriginal Tribes of Western Yün-nan. — Biography of the Mahometan Prince Hsien yang. — From Ta-li-fu to Shanghai. — Shanghai. Printed at the "Shanghai Mercury" Office, in-12, pp. 88.
Cette brochure est signée à la fin G. W. C.[larke] et datée July 2nd 1885.

— Mes premières impressions dans le Yunnan, par M. Boutmy, de la Société des Missions Etrangères, missionnaire au Yunnan. (*Missions Catholiques,* XXI, 1889, pp. 406/408, &c., 561/564.)

— Mêngtzǔ Trade Report for the year 1889. By A. P. Happer, Jr. (*Returns of Trade* . . . . for 1889, pp. 533/540.)
Carte du Yun-nan de E. Rocher, 1871—1873; Copied by Mʳ C. de Beriguy With some omissions and a few alterations, 1890.

— Yunnan : its Treasures and Trade Routes. By General Mesny. (*Jour. China Br. R. As. Soc.,* XXV, N. S., No. 2, 1890—1, pp. 482/496.)

— The Old Thai or Shan Empire of Western Yünnan. By E. H. Parker. (*China Review,* XX, No. 6, pp. 337/346.)
Voir, *ibid.,* p. 394, *Ai-lao.*

APPENDICE. — Les routes de la Chine par les Indes et l'Indo-Chine.

2° EDWARD B. SLADEN.
† 4 janvier 1890.

— Anatomical and zoological Researches : comprising an Account of the zoological Results of the two Expeditions to Western Yunnan in 1868 and 1875; and a Monograph of the two Cetacean Genera, *Platanista* and *Orcella.* By John Anderson, M. D., Edin., Superintendent Indian Museum, and Professor of Comparative Anatomy, Medical College, Calcutta; Medical Officer to the Expeditions. First Volume — TEXT. London : Bernard Quaritch, 1878, gr. in-4, pp. xxv-984 + 1 f. n. c. — Second Volume — PLATES (84 Plates). London : Bernard Quaritch, 1878, gr. in-4, Pl. et pp. xI-29.

«The First Expedition was despatched in the end of 1867 from Caloutta, and returned in November 1868; and the Second Expedition left Mandalay on the 3rd January 1875, and returned thither on the 10th March of the same year.» (Introduction.)

3° DOUDART DE LAGRÉE & FRANCIS GARNIER.

— M. le Docteur Joubert par M. H. Cordier. (*Bull. Géogr. hist. et descrip.*, 1893, No. 4, pp. 391/92.)

Lucien-Eugène Joubert, né le 26 janvier 1832 à Primacette (Isère); † en 1893 à Bagnoles de l'Orne.

5° DUPUIS et le Tong-king.

— Voyage au Yun-nan par J. Dupuis. — Extrait du Bulletin de la Société de Géographie. — Paris, Société de Géographie, 1877, br. in-8, pp. 88, carte.

Voir col. 161, 1491.

5bis LA FRANCE, L'ANNAM ET LA CHINE.

— France and China. — Map of China Tonquin and Cochin-China with a Chart extending from China to Western Europe and Statistical Notes. — W. & A. K. Johnston, Edinburgh, 1883, 1 feuille.

福州地理形圖 Plan et Description de la Bataille de Fou-tcheou.

Image chinoise.

基隆凶形圖 Plan de la Bataille de Ki loung.

Image chinoise.

— L'expédition française de Formose 1884—1885 par Le Capitaine Garnot du 31° d'infanterie. — L'Ile de Formose. — Premières opérations contre Formose. Occupation de Kelung. — L'échec de Tamsui. — L'installation à Kelung. La fièvre algide. — Reprise des opérations actives devant Kelung. Arrivée du colonel Duchesne. — L'arrivée des renforts. — L'affaire du 10 janvier. Les combats du 25 au 30 janvier. — Les Postes avancés. Les combats de mars. — La prise des Pescadores. — L'armistice. La mort de l'amiral Courbet. — Le traité de paix. — L'évacuation. — Avec 30 gravures et un atlas de 10 cartes en couleurs. Paris, Ch. Delagrave. — 1894, in-8, pp. 10 + 234 + 3 f. n. c.

On lit sur la couverture extérieure : L'expédition française de Formose 1884—1885 par Le Capitaine Garnot du 31e d'infanterie. — Avec 30 gravures hors texte et un atlas de 10 cartes en couleurs. Paris, Ch. Delagrave.

— Capitaine Garnot. — L'expédition française de Formose 1884—1885. — Atlas (10 cartes, dont 9 en couleurs et une Vue panoramique en noir) : 1. Ile et Détroit de Formose. (D'après les Cartes du dépôt de la Marine.) — 2. Le Nord de Formose, échelle du $\frac{1}{463,000}$. — 3. Environs de Kelung,

échelle du $\frac{1}{40,000}$. (Région qui fut occupée par le corps expéditionnaire, en 1884—1885.) — 4. Kelung, échelle du $\frac{1}{10,000}$. — 5. Panorama de Kelung. — 6. Entrée du port de Tamsui (Combat du 8 octobre 1884), échelle du $\frac{1}{20,000}$. — 7. Les lignes de l'Ouest, échelle du $\frac{1}{10,000}$. — 8. Le secteur Sud, le fort Tamsui, échelle du $\frac{1}{15,000}$. — 9. Les Positions Sud et Sud-Est de Kelung, échelle du $\frac{1}{15,000}$. — 10. Les Pescadores (Mouillages intérieurs et île Ponghou), échelle du $\frac{1}{60,000}$. — Paris, Ch. Delagrave, in-4.

— L'Amiral Courbet, d'après ses lettres. Par Henry de Gaillard. (*Le Correspondant*, 25 janv. 1889, pp. 333/339.)

A propos du livre de F. Julien, voir col. 1512.

— Mgr. Freppel. — L'Amiral Courbet. Le général Lamoricière. La révolution et le militarisme. Henri Gautier, Paris, s. d., br. in-12, pp. 36.

Forme le No. 239 de la *Nouvelle Bibliothèque Populaire* à 10 Cent.

6° Le Col. HORACE BROWNE.

— Extracts of Letters from Mr. Margary. (*Proc. R. Geog. Soc.*, XIX, 1874—75, pp. 288/291.)

7° OUVRAGES DIVERS.

— Letter to the Liverpool Chamber of Commerce on the prospects of a direct Trade Route to China through Moulmein, by John Coryton, esq. Recorder of Moulmein. With an Appendix containing Suggestions for amendments in the Law relating to foreign-grown Salween-borne timber, and a scheme for the prevention of frauds in the Timber trade of Moulmein and the adjustment of disputes between foresters and forest chiefs. — Moulmein : Printed by T. Whittam, at the Advertiser Press. — 1870, in-8, pp. 102-xlvii.

— Trade Routes between British Burmah and Western China. By J. Coryton. (*Proc. R. Geog. Soc.*, XIX, 1874—75, pp. 264/288.)

— Itinéraire de W. Gill en Chine et au Thibet 1877. (*Bull. Soc. Géog.*, Mai 1881, pp. 448/465.)

Par Dutreuil de Rhins. — Carte.

— Exploration Survey for a Railway Connection between India, Siam, and China. By Holt S. Hallett, C. E. (*Proc. R. Geog. Soc.*, VIII, 1886, Jan., pp. 1/20; carte, p. 64.)

— Address of Mr. Holt S. Hallett, C. E., F. R. G. S., M. R. A. S., upon Burmah : our Gate to the Markets of Western and Central China; treating with the proposed connection of Burmah with China by railway. Delivered before the Birmingham Chamber of Commerce on the 26th May, 1887, Mr. Henry W. Elliott, President of the Chamber, in the Chair. London : P. S. King & Son, Parliamentary Agency. — 1887, in-8, pp. 20.

Voir col. 1521—1522.

— The Burmah-Siam-China Railway. By Holt S. Hallett. (*Blackwood's Mag.*, cxlvi, Nov. 1889, pp. 647/659.)

— The Remedy for Lancashire. A Burma-China railway. By Holt S. Hallett. (*Blackwood's Mag.*, clii, Sept. 1892, pp. 348/363.)

— Exploration in Southern and South-Western China. By Archibald R. Colquhoun, C. E. — 1. Wuchau to Pe-sê. — 2. Pe-sê to Ssŭ-mao. — 3. Ssŭ-mao to Tali. (Royal Geog. Society — *Supp. Papers*. Vol. II. Part 1, London, 1887), in-8, pp. 40.

— Note sur les moyens et les voies de communication des provinces de la Chine avoisinant le Tong-King. (*T'oung Pao*, III, Mai 1892, pp. 169/180.)

Rapport [corrigé] publié dans le *Journal officiel de la République française*, 16 fév. 1892.

— Routes commerciales de la province du Yun-nan. Par M. Georges Lallemant-Dumoutier. (*T'oung Pao*, IV, Mars 1893, pp. 83/85.)

17° *KAN SOU*.

— Le Pays de 'Hami ou Khamil. Description,

(YUN NAN.)

histoire, d'après les auteurs chinois par M. C. Imbault-Huart. (*Bull. géogr. hist. et descr.*, 1892, No. 2, pp. 121/195.)

Documents extraits principalement de 回疆通志 *Houéï-kiang t'oung-tche*, 新疆識略 *Sin-kiang tche-lio*, 西域圖志 *Si-yu t'ou tche*, 西域同文志 *Si-yu t'oung-ouen-tche*. Ces quatre ouvrages sont décrits avec soin.

18° *SE TCHOUAN*.

— A Journey in South-Western China, from Ssŭ-ch'uan to Western Yünnan. By Alex. Hosie, H. B. M. Consular Service, China. (*Proc. R. Geog. Soc.*, VIII, 1886, June, pp. 371/384; carte, p. 416.)

Voir col. 1524.

— Hosies Forschungen in Süd-China. Von Prof. Dr. A. Kirchoff. (*Petermann's Mitt.*, 37. Bd., 1891, pp. 23/7.)

— The Key of Western China. By William B. Dunlop. (*As. Quart. Review*, VII, Jan.-April 1889, pp. 290/320.)

* Voyage d'un missionnaire, de Paris au Sutchuen oriental (Chine) par l'abbé J. M. Serre, des Missions étrangères; avec introduction, sommaires, notes et épilogue, par l'abbé Lesmarie, chanoine honoraire de Saint-Flour. 2ᵉ édition illustrée. Tours, Cattier. 1893. Gr. in-8, pp. 350.

Notice : *Études religieuses*, partie bibliographique, 23 déc. 1893, pp. 913/14. Par F. Biesse, S. J.
— Chen-tu, or the Forest City of the West. By Geo. E. Hartwell. (*Chin. Rec.*, XXIV, Jan. 1893, pp. 24/5.)
,— Tshöng-tu-fu in West-Sz'schwan. Von H. H. (*Globus*, lxv, 1894, No. 12, pp. 199/200.)

Voir W. M. Upcraft, col. 2144.

Voir A. von Rosthorn, col. 1962.

(KAN SOU. — SE TCHOUAN)

IV. — ETHNOGRAPHIE.

OUVRAGES DIVERS. — ÉTUDES COMPARÉES.

*B. Hagen. — Ueber Körpergrösse u. Wachsthumsverhältnisse der Süd-Chinesen. Amsterdam, 1884.

— Матерьялы для Исторіи инородцевъ юго-западнаго Китая (Туберній юнь, Гуй чжоу, Сы чуань и Отчасти ху Гуань). Томъ I. — Часть вторая. — Выпускъ второй.

(Свѣдѣнія этнографическія.) А. Иваноскаго. — С.-Петербургъ, 1887, in-8, pp. 123 + 1 f. n. c. + pp. 7 de texte chinois. — Часть первая. — Первый Періодъ. (Отъ древнихъ временъ до конца династіи Сунъ.) А. Ивановскаго . . . . . 1887, in-8, pp. xvii-214 + pp. п.

— The Cradle of the Shan Race. — By Terrien de Lacouperie, br. in-8, s. d., pp. 35.

(DIVERS.)

(DIVERS.)

— De l'influence des milieux dans la lutte pour l'existence chez les Chinois, par Georges Raynaud. (*Le Lotus*, Juillet 1889, pp. 151/162.)

— Finnish Races. By E. H. Parker. (*China Review*, XVII, No. 1, p. 53.)

— Daltonisme chez les Chinois. (*L'Anthropologie*, I, 1890, p. 768.) D'après *Science* de New-York. — Voir col. 1527.

— The Black River of upper Tonquin and Mount Ba Vi. By G. Dumoutier. (*China Review*, XIX, 1890, No. 3, pp. 139/168.)

— The Muong Language. By E. H. Parker. (*China Review*, XIX, No. 5, 1891, pp. 267/280.) D'après G. Dumoutier.

— Dealings with Foreign Tribes at Frontier Stations. By J. W. Jamieson. (*China Review*, XIX, 1890, No. 1, pp. 58/59.)

— Ethnologie und Weltgeschichte. Von Dr. Friedrich Müller. Wien. (*Globus*, lxv, 1894, No. 1, pp. 15/17.)

HAK-KA.

— Une visite au pays des Hakka dans la province de Canton. Conférence donnée à la Société Neuchâteloise de Géographie le 16 avril 1891. Par M. Ch. Piton, ancien missionnaire en Chine. (*Bul. Soc. neuchâteloise de Géographie*, VII, 1892 –3, pp. 31/51.)

— Ethnographical Sketches of the Hakka Chinese. — [Republished, with emendations by the Author, from *Notes and Queries*, Vol. I. 1867.] By E. J. Eitel. (*China Review*, XX, No. 4, pp. 263/7.)

Voir col. 168.

— Les Hak-ka par le docteur Eitel. Traduction annotée de M. G. Dumoutier. (*L'Anthropologie*, 1893, IV, No. 2, pp. 129/181.)

— Hak Ka Syuk wa' Pho' Hok. First Lessons in Reading and Writing the Hakka Colloquial. — Price 12 cents. — Basel 1869, printed for the Evangelical Missionary Society, C. Schultze, printer, in-12, pp. 60.

— Proverbs in daily use among the Hakkas of the Canton province. Collected by M. Schaub, Lilong. (*China Review*, XXI, No. 2, pp. 73/79.)

— Voir E. A. Irving, col. 2137.

LOLOS ET SI FAN.

— Un tournoi chez les sauvages Lolos. Lettre de M. Paul Vial, des miss. étrangères de Paris, missionnaire au Yun-nan. (*Miss. Cath.*, XX, 1888, pp. 445/8.)

— Etude sur l'écriture des Lolos du Yûn-nân par Paul Vial. (*Le Lotus*, IX, Janv. 1890, pp. 30/49.)

Voir col. 1530.

— Si-Fan or Siamese. By E. H. Parker. (*China Review*, XVIII, No. 1, p. 56.)

MAN-TSEU.

— The Man [蠻] tribes. By E. H. Parker. (*China Review*, XVIII, No. 1, p. 55.)

— The Wild Men of Szchuan. By Rev. W. M. Upcraft, A. B. M. U., Sui-fu. (*Chin. Rec.*, XXIII, Oct. 1892, pp. 475/478.)

A Liang Chan 梁山.

V. — CLIMAT ET MÉTÉOROLOGIE.

— Dürren in China. — Bemerkungen von W. Krebs. — Entgegnung von Prof. Dr. E. Brückner. (*Petermann's Mitt.*, II, 1893, pp. 44/5.)

— Schnee und Eis in Südchina im Januar 1893. Von Prof. Dr. Fr. Ratzel. (*Petermann's Mitt.*, 1894, 40. Bd., pp. 17/19.)

— Zi-ka-wei Observatory. — The "Bokhara" Typhoon October 1892 read before the Shanghai Meteorological Society by the Rev. S. Chevalier, S. J., Director of the

(DIVERS.)

Zi-ka-wei Observatory, President of the Shanghai Meteorological Society. — Shanghai : Printed at the "North China Herald" Office, 1893, in-8, pp. 43.

— Shanghai Meteorological Society. Second Annual Report for the year 1893 on the Typhoons of the Year 1893 by the Rev^d. F. S. Chevalier S. J. Director of the Zi-ka-wei Observatory President of the S. M. S. — Zi-ka-wei Printed at the Catholic Mission Press Tou-sè-wè Orphan's Asylum. — 1894, in-8, pp. II-1. f. n. c., pp. 97.

(DIVERS.)

VI. — HISTOIRE NATURELLE.

ZOOLOGIE.

— Coleopterum . . . . etc.; *au lieu de* Sichuckino c provincia Ir-
kutzh, *lire* Stuckino . . . . Irkutsk. — Voir col. 174.

— Beschreibung eines chinesischen Schwammes *Lingtschi* genannt; aus Briefen eines
Missionärs in Pekin. (Pallas, *Neue Nordische Beyträge*, Vol. V, IV, pp. 105/108.)
Voir col. 189.

— Voir J. Anderson, col. 2138.

— Extrait du Journal *Le Naturaliste* (N°s 26
—28, Avril-Mai 1880.) Bureaux à Paris,
23, Rue de la Monnaie. — Batraciens et
Reptiles recueillis en Chine par M. V. Collin de Plancy attaché à la légation de Pékin
par Ferdinand Lataste. Pièce in-8, pp. 8.
Saint-Ouen (Seine). — Imp. Jules Boyer.

— Drei neue Clausilia-Arten aus China. Von
P. Vinc. Gredler in Bozen. Pièce in-8, pp. 6.
A la fin : Bozen, au 10. Dezember 1888.

* Zur Conchylien Fauna von China. Von V.
Gredler. Mit Illustrationen. Wien, 1887.

— Abstract of a Communication by D. J. Macgowan M. D. Read
before the Peking Oriental Society February 24th. 1886. (*Jour.
Peking Or. Soc.*, Vol. I, N. 5, pp. 196/8.)
I. Eyeless Fishes in China. — II. Blood-sweating Horses in Ancient Turkestan. — III. A Monocaros Horse.

— The Horse in China. (Balfour, *Chinese Scrapbook*, 1887, pp. 72/78.)
Voir col. 1579.

— Jumping Hare. By E. H. Parker. (*China Review*, XVII, No. 1,
p. 53.)

— Musk. By E. H. Parker. (*China Review*, XVIII, No. 4, p. 264.)

— Supplementary note on the Cobra. By D. J. Macgowan. (*China
Review*, XVIII, No. 2, p. 128.)

BOTANIQUE.

— Henry Fletcher Hance, col. 192.
† à Amoy, 1886.
Notice : *Journ. China Br. Roy. As. Soc.*, XXI, N. S., Nos. 5 & 6,
1886, pp. 309/313. By E. H. P.[arker].

— Henna in China. (*Notes & Q. on C. & J.*, I,
p. 40; II, pp. 11, 29, 33, 41, 46, 78, 180 : voir
col. 198 passim; III, p. 30, par G. Schlegel.)

— Catalogue de plantes recueillies aux environs de Tchefou par M' A. A. Fauvel, dé-
terminées par M' A. Franchet, attaché à
l'herbier du Museum de Paris. (*Mém. Soc.
Nat. des Sciences naturelles . . .* de Cherbourg, T. XXIV, 1882.)

— Botanicon Sinicum. Notes on Chinese Botany, from Native and Western Sources.
By E. Bretschneider, M. D. (*Journ. C. B.*

R. A. S., XXV, N. S., 1890—91, No. 1,
pp. 1/468.)
Voir col. 1545.
Notice : *China Review*, XX, No. 1, pp. 61/2; par E. H. P.[arker].

— Botanicon Sinicum. Notes on Chinese Bo-
tany, from Native and Western Sources.
By E. Bretschneider. Part II. The Botany
of the Chinese Classics with annotations,
appendix and index by Rev. Ernst Faber,
. . . . Shanghai, 1892, in-8, pp. II-468.
Tirage à part du précédent.
Notice par H. Cordier, *Revue critique*, No. 29—30, 17—24 juillet
1893, pp. 43/4.
Le Dr. B. a une troisième Partie sous presse.

— Les plantes du Père d'Incarville dans l'herbier du Muséum d'histoire naturelle de Paris, par M. Franchet, br. in-8, pp. 13.
Extrait du *Bulletin de la Société botanique de France*. Tome XXIX.
Séance du 13 janvier 1882.

— Francis Blackwell Forbes. — On the Chinese Plants collected by d'Incarville (1740
—1757). (*Journal of Botany*, XXI [12],
1883, pp. 9/15.)

—. — On Cudrania triloba, *Hance*, and its uses
in China. (*Ibid.*, XXI [12], 1883, pp. 145/9.)

—. — Asplenium germanicum, *Weiss.*, in
Hong-kong. (*Ibid.*, XXI [12], 1883, pp. 209/
210.)

— Ginger in China. By G. M. H. Playfair. (*Journ. C. B. R. A.
S.*, N. S., XX, 1885, p. 91.)

* Notes on Economic Botany of China. By
Augustine Henry. Shanghai, 1893.
Notice : *China Review*, XXI, No. 1, p. 59. Par E. J. E.(itel).

— On Hemp from Central Asia to Ancient
China, 1700 B. C. By Terrien de Lacou-
perie. (*Bab. & Or. Record*, Vol. VI, No. 11,
May 1893, pp. 247/253.)

— On Quinces from Media to Ancient China
(660 B. C.). By Terrien de Lacouperie.
(*Bab. & Or. Record*, Vol. VI, No. 12, June
1893, pp. 265/271.)

— The Home of the Pomegranate. By E. H. Parker. (*China Review*, XVIII, No. 6, p. 378.)

— The Indian Jack Fruit in China. By Terrien de Lacouperie. (*Bab. & Or. Record*,
VII, No. 8, April 1894, pp. 169/172.)

— Le Bétel par Camille Imbault-Huart.
(*T'oung Pao*, V, Oct. 1894, pp. 311/317.)
— La Noix d'Arec. (*Ibid.*, pp. 317/328.)

— W. B. Hemsley. — On two small Collection of dried plants from Tibet. With an Introductory Note by Lieut.-Gen. Strachey. (*Jour. Linnean Soc. of London*, Botany, 6. April 1893, XXX, p. 101.)

— Flora from Tibet. Von Dr. O. Drude. (*Petermann's Mitt.*, 1894, 40. Bd., pp. 92/3.)

BAMBOU.

— The square Bamboo. (*Chin. Recorder*, XVII, April 1886, pp. 140/141.)

From *Nature*, Aug. 27, 1885, by W. T. Thiselton Dyer, Director of Kew Gardens. — Cf. Macgowan, *Chin. Rec.*, April 1885.

— The Bamboo in North China. By J. Edkins. (*China Review*, XVIII, No. 1, pp. 59/60.)

— Bamboo in North China. By J. Edkins. (*China Review*, XVIII, No. 2, p. 128.)

— The Bamboo. By P. Hordern. (*Blackwood's Mag.*, cxlviii, Aug. 1890, pp. 228/232.)

GÉOLOGIE ET MINÉRALOGIE.

— Les produits de la nature japonaise . . . . par A. J. C. Geerts . . . . 2ᵉ Partie : Yokohama, L. Lévy & S. Salabelle, 1883, in-8. Comprend les pages 297 à 262. — Voir col. 1562.

* China. — Ergebnisse eigener Reisen und darauf gegründeter Studien. Von Ferdinand Freiherrn von Richthofen. — Vierter Band. *Paleontologischer Theil*. Enthaltend Abhandlungen von Dr. Wilhelm Dames, Dr. Emanuel Kayser, Dr. G. Lindström, Dr. A. Schenk und Dr. Conrad Schwager. Berlin, Dietrich Reimer, 1883, in-4, pp. 288, 15 grav. et 54 Lithographies.

(BAMBOU. — GÉOLOGIE.)

Notice : *Geolog. Mag.*, N. S., Decade III, Vol. I, Feb. 1884, pp. 138/141. Par G. J. H.

— A Chinese Mediaeval Account of Western Precious Stones. (E. Bretschneider, *Mediaeval Researches from Eastern Asiatic Sources*, London, 1888, I, pp. 173/6.)

— On Yakut precious Stones from Oman to North China, 400 B. C. By Terrien de Lacouperie. (*Bab. & Or. Record*, Vol. VI, No. 12, June 1893, pp. 271/4.)

* F. Omori. — A Note on early Chinese Earthquakes. (*Seismolog. Journal Japan*, 1893, I, pp. 119, 126.)

* V. Obroutchev. — Courte description géologique de la route de Fœntcheou (Chan-si) à Lantchéou [en russe]. (*Izviestia*, 1893, V, pp. 391, 407.)

CHARBON.

山東煤礦論 *Chan-toung Mei koung loun.*
— Les mines de charbon du Chan toung. Par A. A. Fauvel. Shanghaï, Statist. Dep. Chinese Imperial Maritime Customs, 1878, in-8, pp. 18 [en chinois].

— La Houille et le Chauffage chez les Chinois. Par le Dr. Ernest Martin. (*Journal d'Hygiène*, Jeudi 26 fév. 1891, pp. 97/102.)

— La houille en Asie et le feu grisou chez les Chinois. Avec gravure. Par le Dr. Ern. Martin. (*La Science moderne*, 6 Mai 1893.)

— Le Charbon en Extrême-Orient. Par G. Fontaine, Mécanicien principal de 1ʳᵉ classe. (*Rev. mar. et col.*, CXV, 1892, pp. 539/559.)

(GÉOLOGIE. — CHARBON.)

VII. — POPULATION.

— Estimating the Population of China. By Rev. Arthur H. Smith, Shantung. (*Chin. Rec.*, XXIV, Jan. 1893, pp. 29/31.)
D'après *The Missionary Review*.

— On the Population of China. By Dr. Dudgeon. (*Journ. Peking Oriental Soc.*, III, No. 3, 1893, pp. 183/201.)

VIII. — GOUVERNEMENT.

— A Chinese Doyen. By E. H. Parker. (*China Review*, XVII, No. 1, p. 53.)

— The terms Kung-shi [公使] and Tien-shi [天使]. By E. H. Parker. (*China Review*, XVIII, No. 6, p. 379.)

(DIVERS.)

— Sale of Office in China. By E. H. P.[arker]. (*Journ. C. B. R. A. S.*, XXII, N. S., 1887, p. 100.)

— Chinese Views on Civil Service Reform.

(DIVERS.)

By J. W. Jamieson. (*China Review*, XIX,
1890, No. 1, pp. 37/42.)

— Le Koteou en Russie. (*T'oung Pao*, IV, mars 1893, p. 114.)

— Chinese Postal Service. (*T'oung Pao*, V, Mars 1894, pp. 63/64;
d'après le *North China Herald*.)

COUR IMPÉRIALE.

— A Phase of Court Etiquette. (Balfour, *Chinese Scrapbook*, 1887,
pp. 55/58.)

— Dowager Empress. By E. H. Parker. (*China Review*, XVII,
No. 2, p. 114.)

— La Cour de Péking . . . . par M. Courant
. . . 1891. — Voir col. 1565.

Notice : *China Review*, XX, No. 2, p. 131, par E. J. E.[itel].

GABELLE.

— The Salt Administration of Ssŭch'uan. By
Arthur von Rosthorn. (*Journ. C. B. R. A.
S.*, XXVII, N. S., No. 1, 1892/93, pp. 1/32.)

(COUR IMP. — GABELLE.)

EXAMENS.

— Competitive Examinations in China. By
T. L. Bullock. (*Nineteenth Century*, July
1894.)

— Variétés sinologiques No. 5. — Pratique
des examens littéraires en Chine par le P.
Etienne Zi (Siu), S. J. — Chang-hai. Imprimerie de la Mission Catholique à l'Orphelinat de 'T'ou-Sé-Wè. — 1894, in-8,
pp. III-278. Pl.

GAZETTE DE PEKING.

— Voir : Choix de Documents . . . par S. Couvreur . . . IV Partie.

— Official Polytheism in China. By A. C.
Lyall. (*Nineteenth Century*, XXVIII, 1890,
pp. 89/107.)

(EXAMENS. — GAZETTE.)

IX. — JURISPRUDENCE.

* W. Schott. Ueber eine illustrierte Bekannt-
machung der strafenden Gerechtigkeit in
China. (*Sitzungsber. der kgl. preuss. Akad.
d. Wissensch.*, Berlin, 1884, No. 9.)

— Hereditary Jurisdiction in the Southwest of China. By G. M.

(DIVERS.)

H. P.[layfair]. (*Journ. C. B. R. A. S.*, N. S., XX, 1885, pp. 182/
184.)

— Diplomacy in Ancient China. By Dr W.
A. P. Martin. (*Jour. Peking Oriental Society*, Vol. III, N. 4, pp. 241/262.)

(DIVERS.)

X. — HISTOIRE.

ORIGINE ET ANTIQUITÉ DES CHINOIS.

— Fortia d'Urban . . . col. 231.

«Hier 4 août 1843 vers 9 h. du matin est mort dans sa maison
rue de la Rochefoucauld le digne Mr de Fortia, atteint d'un
catarre aigu. Il a vu venir sa fin plein de sérénité, il avait
87 ans lorsqu'il s'est atteint.»

Note MS. de Mr. Ferd. Denis à la fin du Tome X des *Mémoires
pour servir à l'histoire ancienne du globe terrestre*. Son exemplaire lui avait été donné par le Mis de Fortia lui-même.

— The Ancient Dynasties of Berosus and
China compared with those of Genesis. By
Rev. T. P. Crawford, D. D. (*Chin. Rec.*,
XI, 1880, pp. 411/429.)

— On the 'enormous Antiquity' of the East.
By F. Max Müller. (*Nineteenth Century*,
XXIX, 1891, pp. 796/810.)

— China or Elam by G. Schlegel. (*T'oung Pao*, II, Sept. 1891,
pp. 244/246.)

(ORIGINE.)

TERRIEN DE LACOUPERIE.

— Première introduction de la civilisation
occidentale en Chine (vers 2282 av. n. è.)
d'après les légendes et les traditions. Par
Terrien de Lacouperie. [Londres, Octobre
1892], br. in-8, pp. 23.

Tiré du *Muséon*.

— The Black-Heads of Babylonia. By Prof.
Terrien de Lacouperie . . . London; D.
Nutt, 1892, br. in-8.

— Origin of the early Chinese Civilisation
and its western Sources. By Terrien de
Lacouperie. (*Bab. & Or. Record*, Vol. VII,
No. 1, Sept. 1893, pp. 8/16.)

Continued from Vol. VI, p. 185.

— Elamite Origin of Chinese Civilisation. By W. St. Chad Boscawen. (*Bab. & Or. Record*, Vol. VII, No. 1, Sept. 1893, p. 17.)

(TERRIEN DE LACOUPERIE.)

— Western Origin of the Early Chinese Civilisation from 2,300 B. C. to 200 A. D.
or, Chapters on the Elements derived from
the old civilisations of West Asia in the
formation of the Ancient Chinese Culture.
By Terrien de Lacouperie. London: Asher
& Co., 1894, in-8, pp. xiii-418.

Réunion de travaux parus dans le *Bab. & Or. Record* avec l'addition de nouveaux chapitres s'étendant de la p. 259 à la p. 397,
d'un index et d'un erratum, pp. 399/418, d'une table des matières
et d'une introduction, pp. XIII.

Notice par C. de Harlez, *J. As.*, IXᵉ Sér. IV, sept.-oct. 1894,
pp. 375/8.

HISTOIRE GÉNÉRALE.

— Mémoire lu dans la Séance publique de la
Société philotechnique, le 2 Mai 1813, sur
cette question : « Par quelle cause doit-on
expliquer la longue durée de l'Empire Chinois? » Par M. Paganel, De la Société Philotechnique, de celle d'Agriculture, Sciences
et Arts d'Agen, et de l'Académie Celtique.
— Paris, De l'imprimerie de J. B. Sajou,
1813, in-8, pp. 27.

Extrait du *Magasin Encyclopédique*, No. de Juillet 1813.

— Die Erdkunde im Verhältnisz zur Natur
und zur Geschichte des Menschen, oder
allgemeine vergleichende Geographie, als
sichere Grundlage des Studiums und Un-
terrichts in physicalischen und historischen
Wissenschaften von Carl Ritter, Dr. und
Prof. p. Ord. an der Universität und allgem. Kriegsschule in Berlin und Mitglied
der Königl. Academie der Wissenschaften
&c. — Siebenter Theil. Drittes Buch. *West-
Asien.* — Zweite stark vermehrte und umgearbeitete Ausgabe. — Berlin, 1837. Gedruckt und verlegt bei G. Reimer, in-8.

Avec le titre suivant :

— Die Erdkunde von Asien, von Carl Ritter.
— Band V. Drittes Buch. *West-Asien.*
Uebergang von Ost- nach West-Asien. —
Berlin, 1837. Gedruckt und verlegt bei
G. Reimer.

鳳洲綱鑑 A Compendium of History in
thirty volumes. By Wong Shi-ching, an
eminent Scholar of the Ming Dynasty, A.
D. 1526—1590. By Rev. T. P. Crawford,
D. D., of Tungchow. (*Chinese Recorder*,
XII, 1881, pp. 77/86, 193/201, etc.)

— A short History of China being an Account
for the general Reader of an ancient Empire and People by Demetrius Charles
Boulger . . . . London, W. H. Allen & Co.,
1893, in-8, 4 ff. n. c. + pp. 436.

Voir col. 1584.

— Chinese History. By Frederic H. Balfour.
(*As. Quart. Review*, X, July-Oct. 1890,
pp. 53/86.)

Voir L. Verhaege de Nayer, col. 1585.

* E. Toda. — Historia de la China. Madrid,
1893, in-4.

— Providential Indications in Chinese History. By Rev. William
S. Ament, Peking. (*Chin. Rec.*, XXV, Feb. 1894, pp. 51/7.)

HISTOIRE PARTICULIÈRE.

— Hoang-ti. Par Henri Cordier. (*Grande Encyclopédie*, XX, p. 157.)

吏記 *Chi-ki*, par 司馬遷 SE-MA Ts'IEN.

— Ssŭma Ch'ien's Historical Records. Introductory Chapter. By Herbert J. Allen, M.
R. A. S. (*Jour. R. As. Soc.*, April 1894,
pp. 269/295.)

Sans caractères chinois.

— M. Ed. Chavannes a commencé (août 1894) l'impression des

吏記

3º DYNASTIE *TCHEOU*, 周紀

— La nationalité du peuple de Tcheou. Par C. de Harlez. (*Journ.
Asiatique*, VIIIᵉ Sér., XX, Nov.-Déc. 1892, pp. 335/6.)

— Koue-yü [國語] (Discours des Royau-
mes), par M. C. de Harlez. (*Jour. Asiat.*,
IXᵉ Sér., II, Nov.-Déc. 1893, pp. 373/419;
III, Janv.-Fév. 1894, pp. 5/91.)

— The Downfall of the Emperor Yu-Wang.
By R. W. Hurst. (*China Review*, XX, No. 6,
pp. 371/381.)

Tiré du Roman historique 東周列國志 *Toung Tcheou
lieh-kouo-tchi.*

— The Decree of B. C. 403. — A Historical
Essay about the first entry in the "Chinese
National Annals". By Rev. Ch. Piton. 資
治通鑑綱目. (*Chin. Rec.*, XII, 1881,
pp. 430/437.)

4º DYNASTIE *TS'IN*, 秦紀

— Leaves from my Chinese Scrapbook. By
F. H. Balfour. — Voir col. 1590.

Notices : *The Academy*, July 9, 1887 (by James Legge). — *The
Athenaeum*, July 9, 1887.

— Les Inscriptions des *Ts'in*, par M. Edouard Chavannes. (*Jour.
As.*, IXᵉ Sér., I, No. 3, 1893, pp. 473/521.) — Voir col. 2155.

5º DYNASTIE *HAN*, 漢紀

— *Kung* 公 used as a personal Pronoun by Han Kao-tsu 漢
高祖. By C. I. H.[uart]. (*Journ. C. B. R. A. S.*, N. S.,
XX, 1885, p. 184.)

DYNASTIE *YOUEN*, 元紀

— Shun Ti's Vision, or a Presage of the approaching Dawn. Translated from the

Chronicles of 'Heroes and Heroines'. By C. Alabaster. (*China Review*, XX, No. 6, pp. 392/3.)

DYNASTIE MING, 明紀

— A Sketch of the Growth of Science and Art in China to the Ming Dynasty. By Dr. J. Edkins. (*Journ. Peking Orient. Soc.*, II, No. 2, 1888, pp. 142/154.)

DYNASTIE DES TS'ING, 大淸朝

— Sépultures Impériales de la Dynastie Ta Ts'ing par Gabriel Devéria. (*T'oung Pao*, III, Oct. 1892, pp. 418/421.)
Extrait du Ta-Tsing Hoei-tien Che-li.

KIEN LONG.

— A Chinese Jubilee. By Robert K. Douglas. (*As. Quart. Review*, IV, July-Oct. 1887, pp. 61/84.)

KOUANG SU.

— The Marriage of the Chinese Emperor. By W. H. Wilkinson. (*As. Quart. Review*, VIII, July-Oct. 1889, pp. 82/93.)
Voir col. 1600.

INSURRECTION DES T'AI PING 太平

— R. P. Mercier. — Campagne du «Cassini» dans les mers de Chine 1851—1854 d'après les rapports, lettres et notes du Commandant de Plas enrichie de plusieurs cartes pour l'intelligence du texte. Paris, Retaux-Bray, 1889, in-8, pp. XII-433.
François de Plas, † à Brest 19 avril 1888.
Voir col. 274 et 1603 (Livres chinois à Angoulême).

CHARLES GEORGE GORDON.
Voir col. 1602—1603.
Gordon, né à Woolwich, 28 janv. 1833; † 26 janvier 1885.
Notice : *Proc. R. Geog. Soc.*, VII, 1885, pp. 184/9.

— Gordon Anecdotes. A sketch of the Career, with illustrations of the Character of Charles George Gordon R. E. By Dr. Macaulay . . . . The Religious Tract Society, s. d. [1885], pet. in-8, pp. 159.
Fourth ed., London, 1887, pet. in-8. — Autre éd. illustrée, London, Religious Tract Society, 1886, in-16.

— The Mandarin's Daughter : a Story of the great Taiping Rebellion, and Gordon's "ever-victorious army". By Samuel Mossman, ... With numerous illustrations. London : Griffith and Farran. — M.DCCC.lxxvi, pet. in-8, pp. X + 1 f. n. c. + pp. 340.

— Chinese Gordon. A succinct Record of

his Life by Archibald Forbes. London, George Routledge and Sons, 1884, pet. in-8, 2 ff. n. c. + pp. 252, portrait phot.

— The Story of Chinese Gordon. By A. Egmont Hake, ... With two Portraits and two Maps. Seventh edition. London : Remington and Co., 1884, in-8, 3 ff. prél. + pp. 407.

— The Story of Chinese Gordon. By A. Egmont Hake . . . . With Portraits and Maps. Second volume. London : Remington and Co. 1885, in-8, 3 ff. prél. + pp. 221-lxxvii.

— Charles George Gordon. A Sketch. Reginald H. Barnes, Vicar of Heavitree. Charles E. Brown, Major R. A. With facsimile letter. London, Macmillan and Co. 1885, pet. in-8, pp. 106 s. l. ff. prél. n. c.

— Gordon : the Christian Hero. A Book for the Young, by Abraham Kingdon. — London : S. W. Partridge & Co., s. d. [1885], in-12, pp. 96.

— The Life and Work of General Gordon at Gravesend. By W. E. Lilley, (Clerk in the Royal Engineer Department during General Gordon's Command). With a preface by Miss Gordon. And an Introduction by the Rev. H. Carruthers Wilson, M. A. (Formerly one of the Chaplains to the Forces at Gravesend.) — Dedicated, by permission, to Miss Gordon. — London : Abraham Kingdon & Co., pet. in-8, pp. 111, s. d. [1885].

— The World's Workers. — General Gordon. — By the Rev. S. A. Swaine. — Cassell & Company, London, ... 1885, in-8, pp. 128.

— Events in the Life of Charles George Gordon from its Beginning to its End by Henry William Gordon . . London, Kegan Paul, Trench & Co., 1886, in-8, pp. XIV + 1 f. n. c. + pp. 463.

— Some Letters from General Gordon. (*As. Quart. Review*, VI, July-Oct. 1888, pp. 200/219.)

— Charles George Gordon by Colonel Sir William F. Butler. London, Macmillan and Co., 1889, in-8, pp. VI-255.
Forme le premier vol. de la série *English Men of Action*.

— With Gordon in China. Letters from Thomas Lyster, Lieutenant Royal Engineers. With Portrait. Edited by E. A. Lyster. London, T. Fisher Unwin, 1891, pet. in-8, pp. 296.

BIOGRAPHIE.

CONFUCIUS.

— Bibliothèque Gilon-Louis Hymans-CONFU-CIUS, Le Moraliste et le Législateur de la Chine. — Bureau : 23, Pont St Laurent, Verviers, pet. in-8, pp. 99, s. d. [1882].

HOANG NGAN-CHI 王安石

— The Edward Bellamy of China : or The Political Condition of the Middle Sungs. By Rev. Isaac T. Headland. [Methodist Episcopal Mission.] (*Chin. Rec.*, XXV, May 1894, pp. 205/213; June 1894, pp. 259/264.)

TCHEN KI-TONG.

Cf. *T'oung Pao*, III, No. 1, mars 1892, pp. 80/85; IV, No. 4, oct. 1893, pp. 379/380.

TCHONG-HEOU.

— Tchong - Heou [宗顏崒厚]. Par Tching-tchang. (*T'oung Pao, IV*, No. 4, Oct. 1893, pp. 385/6.)

Né en 1824; † avril 1893.

TSENG KOUO-FAN.

— Birth of Tsêng Kuo-fan. By C. I. H.[uart]. (*Journ. C. B. R. A. S.*, N. S., XX, 1885, p. 184.)

Né le 11ᵘ jour du 10ᵉ mois de la 16ᵉ année de Kia-king = Mardi, 26 nov. 1811.

求闕齋弟子記 *Kiéou-kiué tsi ti tse ki.*

(Biographie [en Chinois] de Tseng Kouo-fan, par son fils le marquis Tseng.) — S. l. n. d., 16 *peun* en 4 *tao*, in-8.

ANTIQUITÉS.

1° EPIGRAPHIE.

3° OUVRAGES DIVERS.

— Note by Dr. Martin on two Inscriptions obtained in Japan. Inscription I. The mysterious Water Vessel. Inscription II. A Hymn to the Chuzengi Waterfall. (*Journ. Peking Oriental Soc.*, III, No. 3, 1893, pp. 259/264.)

* On a Slab of Chinese Agglomerate bearing a Chinese Inscription discovered in St. John's Churchyard, Calcutta. By T. H. Holland. (With Plate VII.) (*Journ. As. Soc. of Bengal*, lxii, Pt. II, No. 3, 1893.)

— Les inscriptions des *Ts'in*, par M. Edouard Chavannes. — Extrait du *Journal Asiatique*. — Paris, Imprimerie nationale. — MDCCXCIII, br. in-8, pp. 51.

— Les Inscriptions des *Ts'in*, par M. Edouard Chavannes. (*Jour. As.*, IXᵉ Sér., I, N° 3, 1893, pp. 473/521.)

(BIOGRAPHIE. — ANTIQUITÉS.)

— Note préliminaire sur l'inscription de Kiu-yong koan, par Éd. Chavannes et Sylvain Lévi. (*Jour. Asiatique*, IXᵉ Sér. IV, Sept.-Oct. 1894, pp. 354/373.)

Kiu-yong koan, 居庸關. — Voir col. 1607.

2° NUMISMATIQUE.

— Catalogue of Chinese Coins . . . . by Terrien de Lacouperie.

Notices : *T'oung Pao*, par G. Schlegel, réimp. *Bab. & Or. Record*, Vol. VI, No. 12, June 1893, pp. 287/288. — *Revue numismatique*, 3ᵉ trim. 1893, pp. 425/431, par E. Drouin. — *Revue critique*, No. 29—30, 17—24 juillet 1893, par Henri Cordier.

— Coins and Medals. Their Place in History and Art by the Authors of the British Museum Official Catalogues edited by Stanley Lane-Poole. Second Edition. With numerous Illustrations. London : Elliot Stock, 1892, in-8, pp. x-286.

IX. Coins of China and Japan. By Terrien de Lacouperie, pp. 190/235.

Une troisième édition est en préparation.

— A Symbol on Turko-Chinese Coins. By E. Drouin. (*Bab. & Or. Record*, Nov. 1892, pièce in-8.)

Suite de l'article « Quelques monnaies turco-chinoises », col. 1610.

* C. Kainz. — Die ältesten chinesischen Staatsmünzen. Ein Beitrag zur Münzkunde der chinesischen Alterthums. Berlin, 1893, in-8, pp. 36, grav.

Tirage à part.

— A Strange Coin or Medal. By Numisma. (*China Review*, XXI, No. 3, pp. 204/205.)

— The ancient Coinage of China. By Numisma. (*China Review*, XXI, No. 4, pp. 230/252; à suivre.)

3° OUVRAGES DIVERS.

— Chaldean and Egyptian Trees on Chinese Sculptures of 147 A. D. By Terrien de Lacouperie. (*Bab. & Or. Record*, Vol. VI, No. 12, June 1893, pp. 283/287.)

— Inscriptions from the tombs of the Wu Family from the Tzu-yun-shan (Purple Cloud hills), 28 li south of the city Chia-hsiang-hsien in the Province of Shantung. By Dr. S. W. Bushell. (*Abh. des V. Int. Orient. Cong.*, II, Ostasiat. sect., pp. 79/80.)

— Ancient Sculptures in Shantung. By Rev. J. Edkins. (*Chinese Times.* — *Chin. Rec.*, XVIII, pp. 116/118.)

Visite du lieutenant Dudley A. Mills.

— La Sculpture sur pierre en Chine au temps des deux dynasties Han, par Edouard Chavannes. Paris, Leroux, 1893, in-4, pp. xl-88 et pl.

Notice par Henri Cordier, *Revue Critique*, No. 29—30, 17—24 juillet 1893.

(ANTIQUITÉS.)

XI. — RELIGION.

OUVRAGES GÉNÉRAUX. — MÉLANGES.

— An Analysis of religious Belief by Viscount Amberley. London, Trübner & Co., 1876, 2 vol. in-8, pp. xvi-496, vii-512.

Cf. Vol. I. — Second Part : Means of Communication downwards. V. Holy Persons. Sect. 1. Confucius. — Sect. 2. Laò-tsè. — Sect. 3. Gautama Buddha.

— Catalogue du Musée Guimet . . . par L. de Milloué . . . 1883 . . . Voir col. 1612.

Notice : *Revue d'Ethnographie*, II, No. 4, 1883, pp. 367/369. (Par J. Montano.)

— Kouan-ti. (*Miss. Cath.*, XIV, 1882, p. 147.)

— Kouan ti, le dieu de la guerre chez les Chinois. Par C. Imbault Huart. (*Revue de l'histoire des Religions*, t. XIII, No. 2, mars-avril 1886.)

— Chrestomathie religieuse de l'Extrême Orient publiée sous les auspices de la Société des Études japonaises. (*Le Lotus*, V, 1886, pp. 153/202.)

Voir col. 1614.

* F. A. von Langegg. Krypto-Monotheismus in den Religionen der alten Chinesen und anderen Völker. — Leipzig, Engelmann, 1892, in-8, pp. iii-79.

— On the ancient Cult of the Chinese as found in the Shu Ching by Rev. G. Owenn [sic]. (*Journ. Peking Or. Soc.*, Vol. I, No. 5, pp. 203/224.)

— La religion chinoise à propos d'un ouvrage de M. de Harlez. Par Albert Réville. (*Revue Hist. des Religions*, XXVII, No. 2, mars-avril 1893, p. 226.)

Religions de la Chine par C. de Harlez. — Voir col. 1615.

神仙書 *Shĕn-Siĕn-Shū*. Le Livre des Esprits et des Immortels. Essai de Mythologie chinoise d'après les textes originaux par Ch. de Harlez, Membre de l'Académie royale de Belgique. Bruxelles, F. Hayez, 1893, in-4, pp. 492.

On lit au verso du faux titre : Extrait du tome LI des *Mémoires de l'Académie royale des sciences, des lettres et des beaux-arts de Belgique.* — 1893.

Cf. 集說詮眞 *Tsi chou tsiuen tchen*, Veritatis collectis textibus demonstrata, auctore P. Petro Hoang Sacerdote ex Clero Missionis Nankinensis. Edit. anno 1880, No. 18 dans *Cat. lib. venalium in Orphan. Tou-sai-wai* . . . 1889, voir col. 1693—1. — C. Imbault Huart, *Jour. Asiat.*, 1884, nov.-déc., p. 393.

— The Night of the Gods. An Inquiry into Cosmic and Cosmogonic Mythology and Symbolism. By John O'Neill. Volume I. — London, Printed by Harrison & Sons, Saint-Martin's Lane and Published by Ber-

nard Quaritch, 15 Piccadilly, 1893, in-8, pp. 581.

Notice par G. Schlegel, *T'oung Pao*, IV, No. 5, déc. 1893, pp. 444/452.)

— By-Paths of Bible Knowledge. XIX. — The early Spread of Religious Ideas especially in the Far East by Joseph Edkins, B. A., D. D. Shanghai, China . . . . . . The Religious Tract Society, 1893, pet. in-8, pp. 144.

— THE RELIGIOUS SYSTEM OF CHINA . . . . By J. J. M. de Groot, Ph. D. . . . . . — Volume II. — BOOK I. DISPOSAL OF THE DEAD, Part III. *The Grave* (First Half). Leyden, E. J. Brill, 1894, gr. in-8, pp. viii-361 à 827.

Voir col. 1616.

JOU KIAO 儒教

— The State Religion of China. By Inquirer. [A. P. Happer.] (*Chin. Rec.*, XII, 1881, pp. 149/192.)

Voir col. 1617.

— Letter by Wm. Muirhead. (*Chin. Rec.*, XII, 1881, pp. 302/306.)

— Le Confucianisme. Par Z. Peisson. (*Revue des Religions*, Paris, 1890.)

大清祭禮 *Tà Ts'ing tsi lì*. — La Religion et les Cérémonies impériales de la Chine moderne d'après le Cérémonial et les décrets officiels par Ch. de Harlez, Membre de l'Académie. (Présenté à la Classe des lettres dans la séance du 7 août 1893), in-4, pp. 556, s. l. n. d. [Bruxelles, Académie de Belgique.]

TAO KIAO 道教

— The Remains of Lao tzŭ. By Herbert A. Giles. — Hongkong : Printed at the 'China Mail' Office. 1886, in-8, pp. 50 à 2 col. + 1 f. n. c. pour les er.

Tirage à part de la *China Review*. — Voir col. 1619.

— Chinesische Begründungen der Taolehre. — Von Dr. A. Pfizmaier . . . . Wien, 1886, in-8, pp. 69.

Aus dem Jahrgange 1885 der Sitzungsber. d. phil.-hist. Cl. d. k. Akad. d. Wiss. (CXI. Bd., II. Hft. S. 801) besonders abgedruckt.

道言內外秘訣全書 *Tao-yen nei-wai pi-kue*

t'siuen-chou. — 傳道集 *t'souen-lao-tsì* par 呂巖
Liù yen, des T'ang.

— Foreign Origin of Taoism. By J. Edkins. (*China Review*, XIX, No. 6, pp. 397/399.)

— Ueber das taoistische Werk Wên-tsì [文子]. Von G. v. d. Gabelentz. (*Berichte der K. sächs. Ges. d. Wiss. phil.-hist. Cl.*, pp. 434 à 442.)

Séance du 10 Déc. 1887.

— La lampe de la Salle obscure (Gan-shih-tang). Traité de morale taoïste. La piété filiale, l'infanticide, le respect du ciel, les biens de la fortune. Par C. de Harlez. (*Rev. de l'hist. des Religions*, XXVII, No. 3. — Mai-juin 1893, pp. 294/314.)

— The Use of the Term 玉皇, *Yu-hwang*, addressed to Mathetes. By J. Edkins. (*Chin. Rec.*, XXV, Feb. 1894, pp. 91/92.)
Voir col. 302, Mayer's *Manual*, No. 891.

TAO TE KING 道 德 經

— *Tao Te king.*

MS. de la Bib. de Kazan, No. 15322.

Brouillon d'une traduction russe du *Lao-tse Tao-Te-king* ou brièvement du *Tao-Te-king*, sur la loi et la vertu, écrit par Lao-tse, contemporain de Confucius, et antagoniste des doctrines de ce philosophe.

Le traducteur a distribué l'original en 4 divisions, ayant en tout 70 chapitres, tandis que l'auteur l'avait fait en deux parties et 81 chapitres. Il apparaît du manuscrit, que d'abord le P. Daniel avait traduit littéralement en laissant subsister la partition de l'original; mais en repassant la traduction et ajoutant différentes remarques, il s'avisa de changer l'ordre.

Cahier de 36 feuillets; en bas on trouve cette date : « Cette traduction a été finie le 19 décembre 1828 par le moine Daniel. » conséquemment treize ans avant la publication de la traduction française par Stan. Julien.

Cf. *Revue de l'Extrême-Orient*, II, No. 3, 1884, p. 412.

— L'esprit des races jaunes. — Le Tao de Laotseu traduit du Chinois par Matgioi (Albert de Pouvourville). Paris, librairie de *l'Art indépendant*, 1894, in-8, pp. 46.

On lit au verso du titre : « A collaboré à la traduction du Tao, pour la paraphrase du terme des caractères, le xuâtđồi *Nguyen van cang, hi*, fils puîné du thay-thuoc *Nguyen the duc, luat*, Tongsang du Rite de Laotseu. — Tirage restreint à 300 exemplaires. »

— Le taoisme contemporain par Albert de Pouvourville. (*Bul. Soc. d'Ethn.*, Juin 1894, No. 82, pp. 229/231.)

— Le texte du Tao-Teh-king et son histoire par M. Léon de Rosny. (Biblioth. Ecole Hautes Etudes, *Sciences religieuses*, I, 1889, pp. 323/340.)

FO KIAO 佛 教 (Bouddhisme).

— 西方公據 *See fang kung keu.* "Public Proofs from the West." (*Indo-Chinese Gleaner*, No. VI, Oct. 1818.)

— *Fo niu tsin han tsin.*

MS. de la Bib. de Kazan, No. 13523.

Brouillon d'une traduction du livre : *fò niu dsin han dsin*, c'est-à-dire le diamant ou livre semblable au diamant, des doc-

trines de Fô; 3 feuillets, renfermant un dialogue de Fô avec un de ses disciples (*pou-ça*), nommément un çoui-pou-ti, prêtre âgé et émérite de Fô, sur différents objets de morale. Ecrit de la main de l'archimandrite Daniel.

Cf. *Revue de l'Extrême-Orient*, II, No. 3, 1884, p. 412.

— La transmigration des âmes chez les Bouddhistes. Par Ph. Ed. Foucaux, professeur au Collège de France. (*Le Lotus*, Mém. Soc. Sinico-Japonaise, VII, 1888, pp. 107/115.)

— Notices bouddhiques par Ph. Ed. Foucaux. — I. — Le Tripitaka des Chinois et des Japonais. — II. — Le Bouddhisme du Nord et du Sud. — III. — Définition du Nirvâna par Subhadra Bhikshu. (*Le Lotus*, IX, Janv. 1890, pp. 50/61.)

— Hand-Book of Chinese Buddhism being a Sanskrit-Chinese Dictionary with Vocabularies of Buddhist Terms in Pali, Singhalese, Siamese, Burmese, Tibetan, Mongolian and Japanese by Ernest J. Eitel, M. A., Ph. D. (Tubing.) Inspector of Schools, Hongkong. Second edition, Revised and enlarged. Hongkong, Lane Crawford & Co., 1888, in-8, 5 ff. n. c. p. l. tit., l. préf., etc. + pp. 231 à 2 col. + 1 f. n. c.

Au verso du titre : Hongkong : Printed by Guedes & Co., D'Aguilar Street.

Voir col. 1626—7.

— The Obligations of the New Testament to Buddhism. By J. Estlin Carpenter. (*Nineteenth Century*, VIII, 1880, pp. 971/994.)

— Buddha. Sein Leben, seine Lehre, seine Gemeinde. Von Hermann Oldenberg. — Berlin, Verlag von Wilhelm Hertz. (Bessersche Buchhandlung.) 1881, in-8, pp. VIII-459.

— Buddha : his Life, his Doctrine, his Order, by Dr. Hermann Oldenberg, Professor at the University of Berlin, Editor of the Vinaya Pitakam and the Dîpavamsa in Pâli. Translated from the German by William Hoey, M. A., D. Lit., Member of the Royal Asiatic Society, Asiatic Society of Bengal, etc. Of Her Majesty's Bengal Civil service. Williams and Norgate, ... London . . . and . . . Edinburgh. 1882, in-8, pp. VIII-454.

— Le Bouddha, sa vie, sa doctrine, sa communauté par H. Oldenberg, Professeur à l'Université de Kiel, traduit de l'allemand d'après la seconde édition par A. Foucher, Agrégé de l'Université. Avec une préface de M. Sylvain Lévi Chargé de cours à la Faculté des lettres de Paris. Paris, Félix Alcan, 1894, in-8, pp. VIII-392.

Notice : *Revue Hist. des Religions*, XXIX, No. 3. — Mai-juin 1894, pp. 357/9, par Jean Réville.

— Liturgie bouddhique. Par G. Devéria. (*Rev. de l'Ext. Orient*, I, 1882, No. 2, p. 318.)

— A. Andreozzi. — Il Dente di Buddha .... 1883 . . Voir col. 1859.

— Over het Boeddhisme in China door J. Van der Spek. (Deel II, 1883, pp. 263/273; 414/435.)

— Udânavarga : A Collection of Verses from the Buddhist Canon. Compiled by Dharmatrâta. Being the Northern Buddhist Version of Dhammapada. Translated from the Tibetan of the Bkah-hgyur. With notes and extracts from the Commentary of Pradjnâvarman. By W. Woodville Rockhill. London : Trübner & Co., 1883, in-8, pp. xvi-224.

Fait partie de *Trübner's Oriental Series.*

— The Life of the Buddha and the early History of his Order. Derived from Tibetan works in the Bkah-hgyur and Bstan-hgyur. Followed by Notices on the early History of Tibet and Khoten. Translated by W. Woodville Rockhill, Second Secretary U. S. Legation in China. London : Trübner & Co., 1884, in-8, pp. xii-273.

Fait partie de *Trübner's Oriental Series.*

— Buddhism. By Reginald Stephen Colombo. (*Nineteenth Century*, XXIV, 1888, pp. 119/135.)

— Western Buddhism. By Helen Graham McKerlie. (*As. Quart. Review*, IX, Jan.-April 1890, pp. 192/227.)

— Extraits d'un glossaire bouddhique sanscrit-chinois par Léon de Rosny. (*Le Lotus*, IX, Juillet 1890, pp. 129/192.)

— Vajracchedikâ. (Prajñâpâramitâ.) Traduite du texte sanscrit avec comparaison des versions chinoise et mandchoue, par M. C. de Harlez. (*Journ. Asiatique*, VIIIᵉ Sér., XVIII, Nov.-Déc. 1891, pp. 440/509.)

— The Introduction of Buddhism into China. By Terrien de Lacouperie. (*The Academy*, Oct. 3, 1891, pp. 289/290.)

Réponse à Herbert J. Allen's article «Similarity between Buddhism and Early Taoism ». (*Academy*, sept. 12, 1891.)

Voir col. 1690—1.

— Militant Spirit of the Buddhist Clergy in China. By J. J. M. de Groot, Ph. D. (*Journ. C. B. R. A. S.*, XXVI, N. S., No. 1, 1891—92, pp. 108/120.)

Voir col. 1631.

— Miséricorde envers les animaux dans le bouddhisme chinois par J. J. M. de Groot. (*T'oung Pao*, III, Déc. 1892, pp. 466/489.)

— Le Code du Mahâyâna en Chine. Son influence sur la vie monacale et sur le monde

(Fo kiao.)

laïque par J. J. M. De Groot. — Verhandelingen der Koninklijke Akademie van Wetenschappen te Amsterdam. Afdeeling letterkunde. Deel I, No. 2. — Amsterdam, Johannes Müller. 1893, gr. in-8, pp. x-270 + 1 f. de corrections.

— A new Book by J. J. M. de Groot. By O. Franke. (*China Review*, XXI, No. 2, pp. 63/73.)

A propos du *Mahâyâna* de J. J. M. de Groot.

— Esoteric Buddhism. By F. Max Müller. (*Nineteenth Century*, XXXIII, 1893, pp. 767/788.)

— Esoteric Buddhism (a Reply to Professor Max Müller). By A. P. Sinnett. (*Nineteenth Century*, XXXIII, 1893, pp. 1015/1027.)

— Esoteric Buddhism. A Rejoinder. By F. Max Müller. (*Nineteenth Century*, XXXIV, 1893, pp. 296/303.)

— Le Bouddhisme dans le monde. Origine — Dogmes — Histoire par L. de Milloué, Conservateur du Musée Guimet. Avec une préface par M. Paul Regnaud, professeur de sanscrit à la Faculté des Lettres de Lyon. — Paris, Ernest Leroux — 1893, in-12, pp. ix-257.

— Variétés sinologiques. No. 3. — Croix et Swastika en Chine par le P. Louis Gaillard, S. J. — Chang-hai. Imprimerie de la Mission catholique à l'orphelinat de T'ou-sè-wè, 1893, in-8, pp. iv-282 [fig.].

Notices : *Études religieuses*, partie bibliographique, 28 février 1894, pp. 100/1. Par F. Biesse, S. J. — *China Review*, XXI, No. 2, pp. 124/6. Par E. H. P.[arker].

— Sur trois X en fer trouvées en Chine. Par Louis Gaillard. (*Études religieuses*, LX, Oct. 1893, pp. 208/246.)

Extrait du No. 3 des *Variétés sinologiques*, de Chang-hai : *Croix et swastika en Chine;* vide supra.

— The Indian Buddhist Cult of Avalokita and his Consort Tārā 'the Saviouress', illustrated from the Remains in Magadha. By L. A. Waddell, M. B., M. R. A. S. (*Journ. Roy. As. Soc.*, Jan. 1894, pp. 51/89.)

— The Buddhism of Tibet or Lamaism with its Mystic Cults, Symbolism and Mythology, and in its Relation to Indian Buddhism. By L. Austine Waddell, M. B., F. L. S., ... London : W. H. Allen, 1895, in-8, pp. xviii + 1 f. n. c. + pp. 598.

— L'empire chinois. — Le Bouddhisme en Chine et au Thibet. Par E. Lamairesse.... Paris, G. Carré, 1894, in-12, pp. ii-440.

Notice : *Études religieuses*, partie bibliographique, 28 février 1894, pp. 98/100. Par F. Biesse, S. J.

(Fo kiao.)

— Recherches sur le Bouddhisme par I. P. Minayeff traduit du russe par R. H. Assier de Pompignan. Paris, Ernest Leroux — 1894, in-8, pp. iiiij-xv-315 + 1 f. n. c. p. l. tab.

Avant-propos par E. Senart.

Fait partie des : ANNALES DU MUSÉE GUIMET — *Bibliothèque d'Études* — Tome IV.

Ivan Pavlovitch Minayeff, 9 oct. 1840 — 1er juillet 1890.

— Early Buddhism in China. By E. H. Parker, Esq., H. B. M. Consul, Hoihow. (*Chin. Rec.*, XXV, May 1894, pp. 224/234; June 1894, pp. 282/8; ....)

"Translation of a Chapter in the *Tsih-shwoh Ts'üan-chên T'i-yao,* 集說詮眞埏要, a very valuable work composed by the Chinese Jesuits *Hwang* and *Tsiang* and printed by the Sicawei Mission at Shanghai."

Voir HARLEZ, col. 2157.

— Eine neue buddhistische Propaganda von O. Franke. (*T'oung Pao*, V, No. 4, oct. 1894, pp. 299/310.)

CHRISTIANISME.

HISTOIRE GÉNÉRALE. — ORIGINE. — MÉLANGES.

— Vestiges de Dogmes chrétiens .... Col. 322.

Bonnetty, le fondateur des *Annales de philosophie chrétienne* est mort à Paris, le 29 mars 1879. Il n'était pas abbé. Cf. *L'Intermédiaire des Chercheurs et des Curieux,* XXIX, 10 mars 1894, col. 273.

PIERRE DE SI NGAN FOU.

唐景教碑頌正詮 *Tang king kiao pai song tcheng tsiuen.* 1 peun en chinois, in-8, ff. 68.

Explication de l'inscription de Si-ngan fou, par le P. Emmanuel Diaz, S. J. 陽瑪諾 *Yang Ma-no;* voir le cat. de Fourmont, CCLXXVIII; a été réimprimé à Tou-sai-wai en 1878.

— The Nestorian Tablet. Letter from J. Thorne, from Si-ngan fu, 16 June 1886. (*Chin. Rec.*, XVII, Sept. 1886, p. 361.)

* Descriptive Notes on the Nestorian Tablet. By Rev. Evan Bryant. (*Monthly Reporter of B. and F. Bible Society,* Nov. 1887.) With Lithograph.

— Nestorian Missions in China. (*Chin. Rec.*, XVIII, 1887, pp. 118/9.)

— The Si-ngan-fu Christian Monument. By Henry Hayman, D. D. (*Calcutta Review,* LXXXIX, July 1889, pp. 43/52.)

I. — MISSIONS CATHOLIQUES.

1° OUVRAGES DIVERS.

許太夫人傳 *Hiu tai fou jen tchouan.* (Vie [en chinois] par le P. Couplet de Candide Hiu.)

A été réimprimé à Tou-sai-wai en chinois, en 1889, in-16, ff. 16 ;

cette traduction chinoise est du père indigène Jean-Baptiste Hiu,

許靖邦 *Hiu Tsing-pang.*

Voir col. 357/8.

— Synodus Vicariatus Sutchuensis habita in districtu civitatis Tcong king tcheou Anno 1803 diebus secunda, quinta, et nona septembris. Romae, ex Typographia polyglotta S. C. de Propaganda Fide, 1891, in-8, pp. 134 + 1 f. n. c.

Voir col. 362—363.

— Considerações sobre o estado das Missões e da Religião Christã na China, seguidas de dois artigos publicados no Boletim do Governo de Macao, relativos ao mesmo assumpto. Por Carlos José Caldeira. Lisboa : Typ. de Borges, — Rua da Condessa n° 3. 1851, in-8, pp. 27.

聖教要理 — Doctrine de la Sainte Religion à l'usage des Missionnaires en Chine et de leurs néophytes. — Ouvrage traduit du Chinois. Par Dabry, Capitaine au 35° de ligne, Membre de la Société asiatique de Paris. Paris, Henri Plon, 1859, in-8, pp. 122.

Voir col. 365.

— Notes on the Roman Catholic Terminology. By Rev. G. L. Mason. (*Chinese Recorder,* August 1889, pp. 352/354.)

— Catholic Missions in China. By Hugh P. McElrone. (*Chin. Rec.*, XX, No. 12, Dec. 1889, pp. 549/553.)

2° QUESTION DES RITES.

* Atti imperiali autentici di varii Trattati, passati nella Regia Corte di Pekino tra l'Imperatore della Cina e M. Patriarca Antiocheno al presente sign. Cardinale di Tournon negli anni 1705 e 1706. A la fin : In Colonia Per Gio. Hermann Sciomberk.

Traduction partielle des *Acta Pekinensia,* voir col. 407.

— Les Jésuites convaincus d'obstination à permettre l'idolâtrie dans la Chine. Lettres. — M.DCC.XLIV, s. l., in-12, pp. 135.

Par M. Gautier.

— The Jesuits in China and the Legation of Cardinal de Tournon. An Examination of conflicting evidence and an Attempt at an impartial Judgment by Robert C. Jenkins, M. A. Rector and Vicar of Lyminge, Hon. Canon of Canterbury. London, David Nutt, 1894, in-8, 3 ff. n. c. p. l. tit. etc. + pp. 165.

3° LETTRES ÉDIFIANTES-ANNALES, Etc.

LETTRES ÉDIFIANTES.

— Edifying and Curious ‖ Letters ‖ of some ‖ Missioners, ‖ of the ‖ Society ‖ of ‖ Jesus, ‖

from ‖ Foreign Missions. ‖ — Printed in the Year 1707, pet. in-8, 8 ff. prél. n. c. + pp. 258 + 2 ff. n. c.

— — Vol. II. — ‖ Printed in the Year 1709, pet. in-8, 12 ff. prél. n. c. + pp. 173 + 1 f. n. c.

— The ‖ Travels ‖ Of several ‖ Learned Missioners ‖ of the ‖ Society of Jesus, ‖ into ‖ Divers Parts ‖ of the ‖ Archipelago, ‖ India, China, and America. ‖ Containing a general Description of the most remarkable ‖ Towns; with a particular Account of the Customs, ‖ Manners and Religion of those several Nations, the ‖ whole interspers'd with Philosophical Observations and ‖ other curious Remarks. ‖ — Translated from the French Original publish'd at Paris ‖ in the year 1713. ‖ — London, ‖ Printed for R. Gosling, at the Mitre and Crown, over aginst ‖ St. Dunstan's Church, in Fleetstreet, MDCCXIV. 8 ff. n. c. + pp. 335 + 8 ff. n. c. p. l'ind.

Voir col. 1681.

4° VIES DES MISSIONNAIRES CATHOLIQUES.

COMPAGNIE DE JÉSUS.

Desjacques, † *19* juin; voir col. 1698.

Desroberts, né à Montmédy, le *13* juin 1703; voir col. 1698.

Incarville, *Pierre d'*.

J. Brucker. — A Scientific Correspondence in the last Century. (*The Month,* July 1881, pp. 428/436; *Revue des Questions historiques,* avril 1885.)

— Epistola Pekino Chinae transmissa, 15 novemb. 1751, varia recensens corpora naturalia. (*Philosophical Transactions,* 1753, XLVIII, pp. 253/260.)

Languillat.

* Histoire de la vie et des œuvres de Mgr. H. A. Languillat, S. J., évêque de Sergiopolis, vicaire apostolique de Nan-king, par l'abbé Pierre, curé de Poulangy. Belfort, Pélot; Paris, Retaux, 1893. 2 vol., in-8, pp. 505 et 484.

Notice : *Études religieuses,* 30 Juin 1893, pp. 433/436. Par J. Brucker, S. J.

Massa.

— Une famille napolitaine. — Notice historique sur les cinq frères Massa de la Compagnie de Jésus, missionnaires en Chine et leur famille par le R. P. Louis-Marie Sica De la Compagnie de Jésus, missionnaire

(LET. ÉDIF. — VIES DES MISS. CATH.)

en Chine traduite de l'italien par le R. P. Henri le Chauff de Kerguenec De la même Compagnie. Paris, V. Retaux, 1892, in-12, pp. 195 + 2 ff. n. c.

Noël, † à *Lille* (Nord); voir col. 1704.

Poiresson.

— Extraict d'une lettre escrite de Leyde le 18e novembre 1658 par le P. Nicolas Poiresson.

Bib. de Bruxelles, 4021; copie du XVIIIe s. reliée avec un grand nombre d'autres pièces.

Porquet, né à *Calais;* voir col. 1705.

Rho, *Jac.*, né en 1592; entré le 24 août 1614; voir col. 530.

Terenz, *Jean*, voir col. 534.

Terenz n'est qu'une retraduction du nom latin *Terentius*, lui-même la traduction du vrai nom de ce missionnaire SCHRECK.

Dans : Reale Accademia dei Lincei Anno CCLXXIV (1876—77). — Di Giovanni Eckio e della instituzione dell'Accademia dei Lincei con alcune note inedite intorno a Galileo — Comunicazione di Domenico Carutti — Roma, coi tipi del Salviucci, 1877, in-4, pp. 35. (Ext. des *Memorie della Classe di Scienze morali, storiche e filologiche,* Vol. 1°. — Seduta del 21 gennajo 1877.)

On lit, p. 30 : «VII. — *Iohannes Terrentius alias Schreck,* Lyncaeus Sebasti Fil. Constantensis actatis mene anno XXXV sal. 1611 manu propria scripsi. (Nel Cat. I. die Maii 3 Romae.)»

— Dans le *Przegląd powszechny,* des PP. Jésuites de Galicie : «*Przebieg pojęć religijnych u Chińczyków*» (Développement des notions religieuses en Chine). — Par le P. Wladislas Zaborski, — t. XLIII (1894), pp. 313—36, — t. XLIV, pp. 23—43, 222—49.

Je dois ces renseignements au R. P. Sommervogel, S. J.

CONGRÉGATION DES MISSIONS ÉTRANGÈRES.

日誦之經 Manuale precum et instructionum ad usum Alumnorum Missionis Quangtong. Parisiis, apud J. Vermot, 1858, in-16, pp. XVI-256.

* Launay, A., de la Société des Missions étrangères. — Les cinquante-deux serviteurs de Dieu, français, annamites, chinois, mis à mort pour la foi en Extrême-Orient (1815—1856), dont la cause de béatification a été introduite en 1840—1843, 1857. Paris, Téqui, 1893. 2 vol. in-8, pp. XII-354 et 344. Prix : chaque volume, 3 francs.

— Histoire générale de la Société des Missions Etrangères par Adrien Launay de la même Société. Paris, Téqui, 1894, 3 vol. in-8, pp. IX-595, 594, 646.

Notice : *Miss. Cath.,* XXVI, 1894, pp. 543/4.

Jozeau, *Jean Moïse*, né à la Boissière-Thouarsaize, canton de Parthenay (Deux-Sèvres), 8 fév. 1866; arrivé en Corée, 16 fév. 1889; assassiné en Corée, dimanche 29 juillet 1894.

— L. de Mgr. Mutel [sur le meurtre de l'abbé Jozeau]. (*Miss. Cath.,* XXVI, 1894, pp. 553/6.)

Renou, *Charles René*, né à Vernantes, 22 août 1812, entré 14 sept. 1836 au séminaire des Missions Etrangères; ordonné prêtre 20 mai 1837; † à Bonga, 18 oct. 1863.

— Charles Renou Missionnaire au Thibet par H. Castonnet Des Fosses.... Angers, Imp. Lachèse et Dolbeau, 1888, br. in-8, pp. 39.

Ext. des *Mémoires de la Soc. nat. d'Agriculture, Sciences et Arts d'Angers.*

(VIES DES MISS. CATH.)

CONGRÉGATION DE LA MISSION (LAZARISTES).

Clet, *François-Régis.*

* Vie du vénérable François-Régis Clet, prêtre de la Congrégation de la Mission, martyrisé en Chine le 18 février 1820, par M. Demimuid, docteur-ès-lettres, directeur général de l'Œuvre de la Sainte-Enfance. Paris, Gaume, 1893. In-8, pp. VI-435.

Notice : *Études religieuses*, partie bibliographique, 31 Octobre 1893, pp. 740/741. Par F. Biesse, S. J.

Mouly, *Joseph Martial.*

— Address of Mgr. Mouly, vicar apostolic of Peking. Delivered in the Chapel of the Lazarists, in Paris, on Thursday, 25th July, 1861. [Literally translated from the French, by Rev. Charles Piton, Basel Missionary.] (*Chinese Recorder*, X, 1879, pp. 198/203.)

DOMINICAINS.

Morales, *Jean-Baptiste de.*

— La vie ‖ du grand apotre ‖ de la Chine ‖ le venerable pere ‖ Jean-Bâtiste ‖ de Moralès, ‖ profès ‖ Du Convent de Saint Paul d'Exiga, ‖ de l'Ordre de S. Dominique. ‖ Seconde edition. ‖ A Cologne, ‖ Chez la Vefve & les Heritiers de Corneille ‖ ab Egmont, Libraire. ‖ M.DCCI. ‖ pet. in-8, 2 ff. n. c. p. l. tit. et l'ap. + pp. 116.

Voir col. 575.

Sanz, *Pierre Martyr.*

Col. 1729. — *Au lieu de col. 361, lire col. 362.*

— Noticia ‖ certa de hum ‖ successo ‖ acontecido ‖ no ‖ Imperio ‖ da ‖ China, ‖ aonde se referem ‖ os tormentos, trabalhos, e martyrios que alli padessem ‖ os Catholicos; e os que passou ‖ o muito reverendo padre ‖ Fr. Joam de Santa Maria, ‖ Religioso da Veneravel Ordem de S. Domingos. ‖ E onde tamben morrerão martyres o Illustrissimo ‖ Bispo de Maricastro, ‖ Dignissimo Filho da mesma Sagrada Religião; ‖ E outros Religiosos : escrito tudo para mayor honra, ‖ e gloria de nossa Santa Fé. Pièce in-4, de pp. 7.

Au bas de la p. 7 : Lisboa : ‖ Com todas as licenças necessarias; Anno de 1757.

Voir col. 362.

* Le Bienheureux Pierre Sanz et ses quatre compagnons de l'ordre des Frères prêcheurs, martyrisés en Chine au XVIII° siècle et béatifiés par S. S. Léon XIII, par le R. P. Fr. Henri-Marie Iweins, des Frères Prêcheurs, in-18, pp. 60.

Notice : *Missions Catholiques*, 16 juin 1893, pp. 287/8.

— El Beato Sanz y Compañeros Mártires del

Orden de Predicadores por el P. Fr. Evaristo Fernández Arias del mismo Orden (publica este libro la provincia de Santísimo Rosario en las solemnes fiestas de su Beatificación). — Manila. — 1893. — Establecimiento tipográfico del Colegio de Santo Tomás, in-4, pp. IX-802-XXVII; front., Mapa de las provincias de China en que evangelizaron los Beatos Mártires.

* Panégyriques des bienheureux Martyrs Dominicains et Jésuites Pierre Sanz et ses compagnons, O. P.; Rodolphe d'Acquaviva et ses compagnons, S. J., prononcés dans l'église métropolitaine de Toulouse, par le R. P. Crozes, O. P., le R. P. Van den Brule, S. J., et S. G. Mgr. de Cabrières, évêque de Montpellier. Toulouse, Privat, in-8, pp. 64.

* Le Bienheureux Pierre Sanz et ses compagnons martyrs, O. P. Panégyrique prononcé dans la primatiale de Bordeaux, par le R. P. Farjou, S. J. Bordeaux, Coussau, 1894, in-8, pp. 30.

MISSIONS ÉTRANGÈRES DE MILAN.

Raimondi, *Timoléon*, évêque d'Acanthe depuis le 22 nov. 1874; † à Mission House, Glenealy, Hongkong, 27 sept. 1894.

Notices : *Miss. Cath.*, XXVI, p. 556, d'après le *London and China Telegraph*. — *T'oung Pao*, V, 1894, p. 412, par Henri Cordier.

II. — MISSIONS PROTESTANTES.

1° *OUVRAGES DIVERS.*

— China as a Mission Field. By the Rev. Arthur E. Moule, B. D., C. M. S. Missionary, ... London : Church Missionary House, br. in-8, s. d. [1881], pp. 75.

— China as a Mission Field. By the Ven. Arthur E. Moule, B. D., Archdeacon in Mid-China, and C. M. S. Missionary at Ningpo, Hangchow, and Shanghai, ... Second Edition, revised. London : Church Missionary House. 1891, br. in-8, pp. 80.

Voir col. 1739.

— The Value of Attention to Chinese Etiquette, by Foreign Missionaries in their Intercourse with natives. A Paper read before the Shanghai Missionary Association. Dec. 29, 1891. By the Ven. Archdeacon Moule, B. D. (*Chin. Rec.*, XXIII, February 1892, pp. 51/57.)

— What shall we teach in our girls' Schools? By L. C. Rothweiler. (*Korean Reposit.*, I, March 1892, pp. 89/93.)

— Improve the Time! or How to set our Clocks. By David W. Stevenson, M. D., Canadian Methodist Mission, Chentu. (*Chin. Rec.*, XXIV, May 1893, pp. 212/216.)

— The New Missionary. — His Relation to the Work and Workers. By W. H. Curtiss, M. D., Methodist Episcopal Mission, Peking. (*Chin. Rec.*, XXIV, May 1893, pp. 217/223; June 1893, pp. 275/280.)

Read before the Peking Missionary Association, Dec. 6th, 1892.

— Is He not the God of Gentiles also? By Rev. J. Genähr, Rhenish Mission. (*Chin. Rec.*, XXIV, May 1893, pp. 229/249.)

— How to preach to the Heathen. By Rev. W. Muirhead, London Mission, Shanghai. (*Chin. Rec.*, XXIV, June 1893, pp. 253/9; July 1893, pp. 303/313.)

An address delivered at a Meeting of the Missionary Association, Shanghai, May 2, 1893.

— In Defence. By Rev. J. Genähr. (Translated from *Der Ostasiatische Lloyd.*) (*Chin. Rec.*, XXIV, June 1893, pp. 281/5; July 1893, pp. 318/323.)

— "The Spirits in Prison." By Rev. William Ashmore, D. D. Baptist Missionary Union. (*Chin. Rec.*, XXIV, July 1893, pp. 313/318.)

— Heathenism. A Scriptural Study. By Rev. Martin Schaub, Basel Mission. (*Chin. Rec.*, XXIV, Aug. 1893, pp. 353/361.)

— Localized Work. By George Miller, Ning-kueh-fu. (*Chin. Rec.*, XXIV, Aug. 1893, pp. 362/369.)

— Untempered Mortar. By Rev. William Ashmore, D. D. Baptist Missionary Union. (*Chin. Rec.*, XXIV, Aug. 1893, pp. 370/372.)

— Churches and the Commission. By T. P. Crawford, D. D., Southern Baptist Mission, Tengchow. (*Chin. Rec.*, XXIV, Sept. 1893, pp. 408/412.)

— Jesus as a Teacher and Trainer. By Rev. A. Sydenstricker, Southern Presbyterian Mission. (*Chin. Rec.*, XXIV, Sept. 1893, pp. 417/419.)

— Lum Foon and His Wife; or, Grace Triumphing. By Rev. Frederic J. Masters, D. D., of San Francisco. (*Chin. Rec.*, XXIV, Sept. 1893, pp. 419/423.)

— Christian Missions and the World's Progress. By Rev. James S. Dennis, D. D., Syria. (*Chin. Rec.*, XXIV, sept. 1893, pp. 428/431.)

— Foochow and Vicinity. By Rev. J. H. Worley, A. M., Ph. D. (*Chin. Rec.*, XXIV, sept. 1893, pp. 433/5.)

— Future Probation and Christ's "Descensus ad Infernos" of the Apostles' Creed. By Martin Schaub, Basel Mission. (*Chin. Rec.*, XXIV, oct. 1893, pp. 451/7.)

— "Work in China" at the Arima Conference. By Dr. J. Frazer Smith. (*Chin. Rec.*, XXIV, oct. 1893, pp. 463/6.)

— The Measure of Our Faith. By Rev. D. W. Nichols, M. E. M. Nanking. (*Chin. Rec.*, XXIV, nov. 1893, pp. 514/521.)

— The Motive, Spirit and Methods of Foreign Missions at the Close of the Nineteenth Century. By Rev. F. L. Hawks Pott, B. D., Am. Episcopal Mission. (*Chin. Rec.*, XXIV, nov. 1893, pp. 522/8.)

Reprinted from the *Protestant Episcopal Review*.

— The Bearing of Religious Unity upon the Work of Missions. By Rev. G. T. Candlin, Methodist New Conexion Mission. (*Chin. Rec.*, XXIV, dec. 1893, pp. 553/567.)

Read before Chicago Congress of Religions, Sep. 25th, 1893.

— To what Extent should we teach the Chinese Classics in our Mission Schools? By Rev. C. Hartwell, American Board's Mission. (*Chin. Rec.*, XXIV, dec. 1893, p. 567.)

Read before the Foochow Missionary Union, 19th Oct. 1893.

— **Church Missionary Society. — Notes on China and its Missions. By Constance F. Gordon-Cumming, ... London : Church Missionary House, 1889, br. in-8, pp. 43.**

— **Work for the Blind in China : showing How Blind Beggars may be transformed into useful Scripture Readers. By C. F. Gordon-Cumming, ... — Gilbert & Rivington, Ld., London, in-16, pp. 39.**
Voir col. 1742.

— **Work for the Blind in China; showing How Blind Beggars may be transformed into useful Scripture Readers. By C. F. Gordon-Cumming, ... — London : James Nisbet & Co., in-16, pp. 39.**
Voir col. 1742 et supra.

.·.

— First Triennial Report of the Educational Association of China. From May, 1890, to May, 1893. (*Chin. Rec.*, XXIV, June 1893, pp. 268/275.)

— The Moral Influence of Christian Education in China. By Right Rev. Bishop Graves, Protestant Episcopal Mission. (*Chin. Rec.*, XXIV, July 1893, pp. 323/331.)

Read before the Educational Association of China at its triennial session in Shanghai, May 2—4th, 1893.

— The Work of our Association. By Rev. J. C. Ferguson, Methodist Episcopal Mission, Nanking. (*Chin. Recorder*, XXIV, Aug. 1893, pp. 379/386.)

Read before the First Triennial Meeting of the Educational Association of China.

— Our Opportunity. By Rev. A. P. Parker, Methodist Episcopal (South) Mission, Soochow. (*Chin. Rec.*, XXIV, sept. 1893, pp. 423/8.)
Ditto.

HOU PÉ.

— Murders in China. (*Blackwood's Mag.*, CLIV, Oct. 1893, pp. 592/596.)
Missionnaires suédois.

KOUANG TOUNG.

* Fifty years in Amoy. A History of the Amoy Mission. Ph. W. Pitcher. New York, 1894. 6s.

— Gebiet der Berliner Mission in China Provinz Canton. — Namen nach der Hakka Aussprache. 1 feuille, s. d., Berliner lithogr. Institut.

2° THE TERM QUESTION.

— The early Settlement of the Term Question. By Hampden C. Du Bose. (*Chin. Rec.*, XXIV, sept. 1893, pp. 435/6.)

— Thoughts on the Divine Names. By Rev. R. H. Graves, Canton. [Southern Baptist Mission.] (*Chin. Rec.*, XXV, April 1894, pp. 158/5.)

— *Chin. Recorder*, Nov. 1894, p. 552.

.·.

— Bible Translation. — Methods of Work. (*Chin. Rec.*, XXIV, May 1893, pp. 227/8.)
From the *Malaysia Message*.

— [Letter from] John Darroch, Lu an chao, April 8, 1893. (*Chin. Rec.*, XXIV, May 1893, pp. 241/2.)

— The American Bible Union Version of the New Testament. By W. A. P. Martin. (*Chin. Rec.*, XXIV, June 1893, pp. 235/7.)
834 Main St., Racine, Wis., U. S. A., March 4, 1893.

— The Word [生] for Life in Chinese. By Rev. J. M. W. Farnham, D. D. (*Chin. Rec.*, XXIV, July 1893, pp. 331/6.)

4° VIES DES MISSIONNAIRES.

Abeel, *David.*
— David Abeel, Pioneer Missionary to China. By Rev. John G. Fagg, Amoy. [American Reformed Mission.] (*Chin. Rec.*, XXV, April 1894. pp. 160/4.)

Carter, *John*, né à Herland Cross, parish of Breage, Cornwall, 17 dec. 1864; embarqué pour la Chine, 23 janv. 1890; † à Ngan-kin, 26 août 1890.

— John Carter, Missionary to China : A Biographical Sketch. By D. Murley. Bible Christian Book Room, 1894, pet. in-8, pp. VI + 1 f. n. c. + pp. 74.

Diament, *Miss Naomi*, né à Cedarville, New Jersey, 1834; American Board; † à Kalgan, 3 Mai 1893.
— In Memoriam. (*Chin. Rec.*, XXIV, July 1893, pp. 338/9.)

Dowsley, *Andrew*, né à Brockville, 21 juillet 1844; Church of Scotland Mission, I-tchang; † au Canada, 1894.
— *Chin. Rec.*, Aug. 1894, pp. 413/4.

Edkins, *Joseph.*

* The Early Spread of Religious Ideas, especially in the Far East. By Rev. Joseph Edkins, D. D.

Notice : *Chinese Recorder*, XXIV, Nov. 1893, pp. 546/547. Par W. M.

Edkins, *Mrs. Jane R.*

* Jane Edkins. — Ein Missionsleben. Herausgegeben v. ihrem Vater. Nebst Jos. Edkins' Bericht über e. Besuch in Nanking. A. d. Engl. Gütersl. 1871, in-8.

Gilmour, *James.*

— James Gilmour of Mongolia. His Diaries Letters and Reports Edited and arranged by Richard Lovett M. A., Author of 'Norwegian Pictures' etc. With three portraits, two maps and four Illustrations. London, The Religious Tract Society, 1892, in-8, pp. 336.

— James Gilmour and his Boys by Richard Lovett, M. A. . . . . . With a Map and many illustrations. London, The Religious Tract Society, 1894, pet. in-8, pp. 288.

— The Story of James Gilmour and The Mongol Mission by Mrs. Bryson of Tientsin. . . . . . . — London, The Sunday School Union, pet. in-8, pp. 144, s. d. [1894].

Fait partie de la *Splendid Lives Series.*

Goldsbury, *Jr., James,* M. D., Chan si Mission, American Board; né à Davenport, Iowa, Etats-Unis, 1860; † 23 mars 1893. Notice par J. B. T., *Chin. Rec.,* XXIV, July 1893, pp. 337/8.)

Graves, *Rosewell Hobart.*

— Bible Birds. By Rev. R. H. Graves, D. D. (*Chin. Rec.,* XXII, April 1891, pp. 157/161; June 1891, pp. 253/5.)

— Bible Reptiles. By Rev. R. H. Graves, M. D., D. D., Canton. (*Chin. Rec.,* XXIII, April 1892, pp. 158/162.)

Guinness, *Geraldine.*

— In the Far East. Letters from Geraldine Guinness in China. Edited by her Sister. London : Morgan & Scott, gr. in-8 carré [1889], pp. xv-120-viii.

On lit sur le faux-titre :

In the Far East. Letters from Geraldine Guinness. From the Mediterranean to the Po-yang Lake, China. 1888—1889.

— Im fernen Osten. Briefe von Geraldine Guinnesz in China. Herausgegeben von ihrer Schwester. Autorisierte Uebersetzung. Gotha. Friedrich Andreas Perthes. 1891, gr. in-8 carré, pp. xx-168 + 2 ff. n. c., grav.

— The Story of the China Inland Mission . . . by M. Geraldine Guinness . . . . Vol. II. London : Morgan & Scott, 1894, in-8, pp. xi-512.

Voir col. 1754.

John, *Griffith.*

Voir col. 1755.

— Griffith John. Founder of the Hankow Mission, Central China, by William Robson, Of the London Missionary Society. London, S. W. Partridge & Co., s. d. [1888], pet. in-8, pp. 160, grav., 1/6.

Krolczyk, *Mrs.,* fille du Rév. R. Lechler, épousa le rév. F.

Genähr, † 1864, puis le rév. A. Krolczyk, de la mission rhénane; † 6 Janv. 1893.

— In Memoriam. By R. Lechler. (*Chin. Rec.,* XXIV, Aug. 1893, pp. 386/389.)

Lörcher, *Mrs.,* né en 1846 dans le Wurtemberg; épousa le Rév. Lörcher en 1868; † 23 juillet 1893, dans son pays.

— In Memoriam. By Martin Schaub. (*Chin. Rec.,* XXIV, nov. 1893, pp. 540/2.)

Morrison, *Robert.*

— Robert Morrison. The Pioneer of Chinese Missions. By William John Townsend, General Secretary of the Methodist New Connexion Missionary Society . . . . London, S. W. Partridge & Co., s. d. [1888], pet. in-8, pp. 160, grav., 1/6.

Nevius, *John L.,* Am. Presb. Mission, † à Tche-fou, 19 oct. 1893.

— In Memoriam. By Fanny Corbett Hays. (*Chin. Rec.,* XXIV, nov. 1893, pp. 549/51.)

— San-poh, or North of the Hills. A Narrative of Missionary Work in an Out Station in China. By Rev. John. L. Nevius. — Philadelphia : Presbyterian Board of Publication, in-12, pp. 144.

山北 (dans le Tche-kiang).

Pilcher, *Leander William,* né à Jackson, Michigan, 2 août 1848; † à Peking, 24 nov. 1893.

— In Memoriam. By H. H. Lowry. (*Chin. Rec.,* XXV, Feb. 1894, pp. 72/81.)

Scarborough, *William,* arrivé à Chang-haï, mars 1865, à Han-keou, 3 avril 1865; English Wesleyan Missionary Society; † à Darlington, Angleterre, 16 sept. 1894.

Stevens, *Leslie,* né à Morley, Mescota Co., Michigan; Central China Methodist Episcopal Mission; † 26 juillet 1894 à Nanking, âgé de 36 ans.

— In Memoriam. By John R. Hykes. (*Chin. Rec.,* XXV, Sept. 1894, pp. 445/7.)

Thwing, *E. P.*

— Letter from Macao. By E. P. Thwing. (*Chin. Rec.,* XXIV, Jan. 1893, pp. 23/4.)

Le Rév. E. P. Thwing avait quitté Brooklyn le 12 sept. 1892.

* Grandeur of the Great Commission, a Discourse by the Rev. E. P. Thwing, M. D., Ph. D., at the Ordination of his son. At Memorial Presbyterian Church, Brooklyn, N. Y. May 1, 1892, as a Missionary to China, br. in-12, pp. 18.

— China's Awakening. By Rev. E. P. Thwing, M. D., Ph. D. [Extracts from a Paper read before the April Conference at Canton.] (*Chin. Rec.,* XXIV, May 1893, pp. 224/226.)

Wang, *Jing ming,* né près de Peking; † à Moukden, Mandchourie, 24 sept. 1885.

— Old Wang. The first Chinese Evangelist in Manchuria. A Sketch of his Life and Work with a Chapter upon native Agency in Chinese Missions by Rev. John Ross, Missionary of the United Presbyterian Church of Scotland, Manchuria. With a portrait and illustrations. The Religious Tract Society, 1889, pet. in-8, pp. 128.

Wheeler, *Lucien Nathan,* American Methodist Episcopal Missionary Soc.: arrivé à Fou-tcheou, 27 mai 1866; † à Chang haï, 20 avril 1898, à 54 ans.

— In Memoriam. (*Chin. Rec.,* XXIV, May 1893, pp. 243/4.)

Wiley, *Isaac William,* M. D., Missionary Society of the Methodist Episcopal Church in the United States; arrivé à Hongkong, 17 juin 1851, et à Fou tcheou, 9 juillet 1851; rentré aux Etats-Unis, en 1854, il fut nommé évêque en 1872 et visita de nouveau la Chine en 1877 et en 1884.

* A Record of Observations made during several Years' Residence in China by Rev. I. Wiley. Cincinnati, 1879, in-12.

Wylie, *James Allan,* Scotch United Presbyterian Mission; attaqué par des soldats chinois, 10 août 1894, † des suites, 16 août 1894, à Liao-yang, Mandchourie.

— *N.-C. Daily News.* — *Chin. Rec.,* Sept. 1894, pp. 460/1.

— For Christ's Sake in Manchuria. In Memoriam. Rev. James Allan Wylie, M. A. Obiit Aug. XVI, M DCCC XCIV. By G. D. [George Douglas.] (*Chin. Rec.,* XXV, Nov. 1894, pp. 525/7.)

III. — MISSION ECCLÉSIASTIQUE RUSSE DE PE KING.

Col. 1765. — La deuxième livraison de l'Histoire de la Mission ecclésiastique du P. Nicolas Adoratsky (1745—1808) a paru en 1887. Le manuscrit de la troisième et dernière partie est terminé. Le P. Adoratsky est aujourd'hui, 1894, évêque de Balta (Podolie).

— Itinéraires en Mongolie, par M. E. Bret-

(Miss. Prot. — Mission russe.)

schneider, traduit du russe par M. Paul Boyer. (*Journal Asiatique,* IXᵉ Sér., I, No. 2, 1893, pp. 290/336.)

Tirage à part, br. in-8, Paris, Imprimerie nationale, M DCCC XCIII, br. in-8, pp. 51.

Voir col. 1766.

— L'Archimandrite Palladius. — Deux traversées de la Mongolie 1847—1859. — Notes de Voyage traduites du russe par les Elèves du cours de russe de l'Ecole des Langues Orientales vivantes. — (Extrait du *Bulletin de géographie historique et descriptive.* — 1894.) — Paris, Imprimerie nationale — M DCCC XCIV, in-8, pp. 79, carte.

Préface signée : PAUL BOYER.

Bul. géog. hist. et descriptive, Année 1894. — No. 1, pp. 35/111.

JUDAÏSME 刀筋教

— Note on the Inscriptions of the Chinese Jews. By M. Gaster. (*Bab. & Or. Record,* Vol. VI, No. 12, June 1893, p. 288.)

— The Jewish Colony. By A. S. Annaud. (*Lond. & China Telegraph,* Supp., Oct. 31, 1893, p. 2.)

— Testimony of the Chinese Jews as to the Date of the Exodus. By Rev. A. Kingsley Glover. (*Biblia,* Vol. VII, No. 6, Sept. 1894.)

— The Tablet Inscriptions of the Jews in China. By Rev. A. Kingsley Glover. (*Biblia,* Vol. VII, No. 7, Oct. 1894.)

(Mission russe. — Judaïsme.)

XII. — SCIENCES ET ARTS.

SCIENCES MORALES ET PHILOSOPHIQUES.

LIVRES CANONIQUES 經 KING.

JAMES LEGGE. — The Chinese Classics. — Voir col. 1770.

— Les Livres sacrés de la Chine. Par Barthélémy-Saint Hilaire. (*Journal des Savants,* 1894, fév., pp. 65/78; juin, pp. 321/331; juillet, pp. 381/392; sept., pp. 509/520.)

Y KING 易 經

— Le Yi : king . . . . par P.-L.-F. Philastre, col. 1771—1772.

Notice : *Revue d'Ethnographie,* IV, No. 5, 1885, pp. 457/460. (Par Gustave Dumoutier.)

— Le texte originaire du 易 經 Yih-king par C. de Harlez. (*Le Lotus,* VII, pp. 212/218.)

— C. de Harlez. — The True Nature and Interpretation of the Yi-King. (*Imp. and Asiatic Quart. Review,* April 1894.)

— The Construction of the Yih king. By Tho. W. Kingsmill. (*China Review,* XXI, No. 4, pp. 272/275.)

(Y-KING.)

CHOU KING 書 經

— Kong-tze et le Chou-king. Par C. de Harlez. (*T'oung Pao,* IV, No. 4, Oct. 1893, pp. 887/8.)

— The Ancient Cult of the Chinese as found in the Shu Ching by Rev. G. Owenn [sic]. (*Jour. Peking Or. Soc.,* Vol. I, No. 5, pp. 203/224.)

CHI KING 詩 經

— Sir John Lubbock's Hundred Books 11 詩經 The SHI KING the old "Poetry Classic" of the Chinese. A Close Metrical Translation, with Annotations by William Jennings, M. A. Vicar of Beedon, Berks, late Colonial Chaplain, Incumbent of St. John's Cathedral, Hongkong. — London, George Routledge and Sons, 1891, in-8, pp. 383.

Voir col. 1775.

— The Book of Chinese Poetry being the Collection of Ballads, Sagas, Hymns, and other Pieces known as The Shih Ching or Classic of Poetry. Metrically translated by Clement-Francis Romilly Allen, Her Majesty's Consul, Chefoo, China; Member of

(CHOU-KING. — CHI-KING.)

the Royal Asiatic Society. London, Kegan Paul, Trench, Trübner & Co. 1891, in-8, pp. xxviii-528.

LI KI 禮記

— L'âge du Li-ki, ou Mémorial des rites chinois. Par Monseigneur C. de Harlez, Professeur à l'Université de Louvain. (*Muséon*, II, 1894, pp. 581 à 612.)

TCHOUN TSIEOU 春秋

春秋地理孜寶圖 *[Tchoun-Tsieou Ti-li Kao chi Tou]*. Carte en chinois de la Chine à l'époque du *Tchoun tsieou* (Annales de Lou, 722—481 av. J. C.) par les PP. Ignace Lorando, S. J. 焦賓華 et J. Bapt. P'é, S. J. 潘谷聲.

Carte de 1ᵐ de largeur et de 0ᵐ83 de hauteur. — Voir col. 1776.

TCHEOU LI 周禮

— Le Tcheou-li et le Shan-hai-king. Leur origine et valeur historique par C. de Harlez. (*T'oung Pao*, V, Mars 1894, pp. 11/42; *ibid.*, Mai 1894, pp. 107/122.)

HIAO KING 孝經

— What is Filial Piety? (*Journ. C. B. R. A. S.*, N. S., 1885, Art. V, pp. 115/144.)

OUVRAGES DIVERS.

Dissertations sur Confucius et ses doctrines. — Philosophes orthodoxes. — Philosophes hétérodoxes. — Traités de morale.

— Familiar Sayings of Kong-fu tze, par C. de Harlez. (*Bab. & Or. Record*, suite, . . . fini.) Voir col. 1781.

— Confucius dévoilé . . . . Voir col. 1781.

Notice par A. A. Fauvel, *Études religieuses* . . . . *par les Pères de la Cie. de Jésus*, 30 sept. 1893, partie bibliographique, pp. 689/692.

M. Fauvel attribue l'ouvrage aux abbés Delmasure [*sic*, Delomasure] et Fioretti.

— Принципы жизни Китая. — Сергѣй Георгіевскій. — С.-Петербургъ. . . 1888, in-8, pp. xxi —494 + pp. xvi de texte chinois autographié.

— Ancient Symbolism Among the Chinese, by Joseph Edkins, D. D. — London : Trübner and Co. Shanghai : Society for the Diffusion of Christian and General Knowledge among the Chinese. 1889, in-12, pp. 26.

On lit au recto du dernier f. : "The foregoing paper was read before the Shanghai Y. M. C. A., and stereotyped from the columns of the "Messenger", Vol. 2, Nos. 7, 8 and 9."

— Das Leben und die pädagogische Bedeutung des Confucius. — Inaugural-Dissertation, verfasst und der philosophischen Fakultät der Universität Leipzig zur Erlangung der Doktorwürde vorgelegt von Hidesaburo Endo. — Leipzig. Verlag von Karl W. Hiersemann. 1893, br. in-8, pp. 56.

Hidesaburo Endo, né à Tokio, 15 avril 1862; bouddhiste.

— The Ancient Chinese Books of Divination. By the Right Reverend Monseigneur C. de Harlez, . . . (*Imp. and Asiatic Quart. Review*, July 1894, pp. 107/116.)

KOUAN TCHOUNG 管仲 (Vᵉ s. av. J. C.)

管子 L'œuvre du philosophe Kuàn-tsï; spécimen du texte, traduction et notes par Georg von der Gabelentz. (*Le Lotus*, V, 1886, pp. 81/103.)

YANG TCHOU 楊朱. — Voir col. 667.

— Yang-chu the Epicurean in his Relation to Lieh-tse the Pantheist. By Dr. A. Forke. (*Journ. Peking Oriental Soc.*, III, No. 3, 1893, pp. 203/258.)

TCHOU HI 朱熹

— Variétés sinologiques No. 6. — 朱熹 Le philosophe Tchou hi, sa Doctrine, son Influence par le P. Stanislas Le Gall, S. J. — Chang-hai. Imprimerie de la Mission Catholique à l'orphelinat de T'ou-sè-wè. 1894, in-8, pp. iii-134.

Première Partie : Court exposé historique. — Deuxième Partie : Points principaux de la Doctrine de Tchou hi. — Troisième Partie : Texte et traduction de la section 49ᵉ des Œuvres de Tchou hi, d'après le 23ᵉ volume de l'édition impériale.

Voir col. 1784—5, et *Sing-li* 性理, col. 1785.

EDUCATION.

OUVRAGES DIVERS.

— The Government Colleges of Suchow. By Rev. A. P. Parker, D. D., Methodist Episcopal Mission (South). (*Chin. Rec.*, XXIV, nov. 1893, pp. 534/540; dec. 1893, pp. 579/584.)

LIVRES ÉLÉMENTAIRES.

2° *San tseu king* 三字經

三字經國語演歌 Tam tự kinh quốc ngũ diễn ca. Le Tam tự kinh transcrit et traduit en prose et en vers annamites. P. J. B. Tru'o'ng-vĩnh-ký. — Saigon, Imp. C. Guilland et Martinon, 1884, br. in-8, pp. 47.

— Le commentaire du San-ze-king, Le Recueil des phrases de Trois Mots. Version mandchoue avec notes et variantes par François Turrettini. Genève, H. Georg, 1892—1894, in-8, pp. VIII-115.

Extrait du *Ban-zai-sau.* — Voir col. 676.

SCIENCES MATHÉMATIQUES.

ASTRONOMIE CHINOISE.

— T. S. Bayeri ... de Horis Sinicis ...1735; voir col. 680.

Traduit en français par E. de Villaret, *Bul. Soc. Géog.*, Rochefort, XIV, 1892, pp. 183/198.

— Catalogue des Comètes observées en Chine depuis l'an 1230 jusqu'à l'an 1640 de notre ère, Faisant suite au Catalogue de *Ma-touan-lin*, qui finit à l'an 1222, et Extrait du Supplément du *Wen-hian-thoung-khao*, et de la grande Collection des vingt-cinq historiens de la Chine; par M. Edouard Biot. (Extrait des *Additions à la Connaissance des Temps* pour 1846), br. in-8, pp. 43.

— L'Astronomie en Chine. L'Observatoire de Pékin. Par W. de Fonvielle. (*La Nature*, No. 808, 24 nov. 1888, pp. 406/410, grav.)

OBSERVATIONS EUROPÉENNES.

— Ein Beitrag zur Geographie und Lehre vom Erdmagnetismus Asiens und Europas. Resultate aus astronomisch - geographischen, erdmagnetischen und hypsometrischen Beobachtungen, angestellt an mehr als tausend verschiedenen Orten in den Jahren 1867 bis 1883, nebst einer Instruktion zur Anstellung solcher Beobachtungen auf Reisen. Von Dr. H. Fritsche, pens. Direktor des K. russischen Observatoriums zu Peking. — Mit 5 Karten. — (Ergänzungsheft No. 78 zu «Petermanns Mittheilungen».) — Gotha: Justus Perthes. 1885, in-4, pp. 73.

— The New Star in Nebula Andromedae. By H. D. F. (*Journ. C. B. R. A. S.*, N. S., XX, 1885, pp. 188/9.)

BOUSSOLE.

— South-Pointing Needle. By C. B. T. (*Journ. C. B. R. A. S.*, N. S., XX, 1885, p. 97.)

— Note sulla Bussolo cinese. Per Dott. Bernardino Frescura. (*Bull. della Sez. Fiorentina della Soc. Africa d'Italia*, IX, 5 maggio 1894, pp. 194/217.)

* Frescura. — Note sulla Bussolo cinese. — Per nozze. — Firenze, 1894.

Notice par M. O., *Rivista geografica italiana*, Ann. I, Maggio 1894, pp. 335/6.

(SCIENCES MATHÉMATIQUES.)

SCIENCES MÉDICALES.

LE POULS.

— Die Pulslehre Tschang-ki's. — Von Dr. August Pfizmaier ... Wien, 1866, br. in-8, pp. 207 à 252.

Aus dem Märzhefte des Jahrganges 1866 der Sitzungsber. d. phil.-hist. Cl. d. k. Ak. d. Wiss. (III. Bd. S. 207) besonders abgedruckt.

— Die chinesische Lehre von den regelmässigen Pulsen. Eine Ergänzung zu der Pulslehre Tschang-ki's. Von dem wirkl. Mitgliede Dr. A. Pfizmaier. Br. in-8, pp. 553 à 601.

Sitzb. d. phil.-hist. Cl. d. k. Ak. d. Wiss., Wien, LV. Bd. III. Hft.

THÉRAPEUTIQUE.

— A Chinese Receipt against Articular Rhumatism. By G. Schlegel. (*T'oung Pao*, IV, Déc. 1893, pp. 415/419.)

— The Chinese Bean-curd and Soy and the Soya-bread of Mr. Lecerf. By G. Schlegel. (*T'oung Pao*, V, Mai 1894, pp. 135/146.)

LÈPRE.

— The Detection of Leprosy by means of Light. By G. Schlegel. (*Notes & Q. on C. & J.*, Aug. 1868, p. 122.)
— The Opium Habit among Lepers. By N. H. Choksy. (*China Medical Journal*, VIII, March 1894.)

FEMMES.

— De la pratique des accouchements chez les peuples de race Jaune. Par le Dr. E. Verrier. (*Le Lotus*, V, 1886, pp. 138/141.)

DIVERS.

* The Practice of Medicine by the Chinese in America. By Stewart Culin. Reprinted from the *Medical and Surgical Reporter*, March 19, 1887, br. in-8, pp. 3.

— The Origin and Growth of the Healing Art. A Popular History of Medicine in all Ages and Countries. By Edward Berdoe, ... London, Swan Sonnenschein, 1893, in-8, pp. XII-509.

Medicine in China, Tartary and Japan, pp. 125/144.

— La police des épidémies en Chine. (*T'oung Pao*, IV, No. 5, Déc. 1893, pp. 432/3.)

Ext. du *Temps*, 26 mai 1893.

— Miscellanées chinois. — I. La médecine dans la Chine antique. — II. La médecine dans la Chine moderne. L'observation du pouls, l'acupuncture. — III. Quelques pensées sur la poésie. Par C. de Harlez. (*Giornale della Soc. Asiat. Italiana*, VII, 1893, pp. 173/196.)

— A modern Chinese Anatomist. By John Dudgeon. (*China Medical Journal*, VIII, March 1894.)

(SCIENCES MÉDICALES.)

— La tuberculose dans la race jaune. Par le Dr. Ern. Martin. (*Revue scientifique*, 17 nov. 1894, pp. 623/627.)

AGRICULTURE ET ÉCONOMIE RURALE.

— André Victor Alcide Jules Itier, né en 1805; † 16 oct. 1877; — Voir col. 701.

* Staatliche und wirthschaftliche Verhältnisse von China im Jahre 1880, mit besonderer Rücksicht auf Shanghai, Bericht .... von Joseph Haas. Wien, 1882, br. in-8, pp. 48.

CANNE A SUCRE.

— Monographie de la Canne à sucre de la Chine .... par A. Sicard ....

La première édition est de Marseille, Arnaud, 1856, in-8, pp. 169 + 1 f. n. c. p. l. tab.

Voir col. 705.

CHINA GRASS. — RAMIE.

— Description et culture de l'ortie de la Chine précédée d'une notice sur les diverses plantes qui portent ce nom leurs usages et leur introduction en Europe par Ramon de la Sagra, Membre correspondant de l'Institut, etc. Paris, lib. centrale d'Agriculture, Auguste Goin, in-18, pp. 64.

Fait partie de la *Bibliothèque de l'Agriculteur praticien.*

— La Ramie. Par Napoléon Ney. (*Bul. Soc. Géog. commerciale de Paris*, X, 1887—8, pp. 190/7.) — La Ramie au Tonkin. Par Ch. Crozat de Fleury. (*Ibid.*, pp. 198/203.)

— Nouveau mode de traitement des écorces de la Ramie. Par Vial. (*Bul. Soc. Géog. commerciale de Paris*, X, 1887—8, pp. 642/4.)

INDUSTRIES DIVERSES.

— Chemical Nomenclature. By Rev. G. A. Stuart, M. D. (*Chin. Rec.*, XXV, Feb. 1894, pp. 88/90.)

— Scientific Confectionary by G. Schlegel. (*T'oung Pao*, V, Mai 1894, pp. 147/151.)

MÉTAUX.

— Hr. Schott. — Altchinesische Erzählung von Metallschmelzern am Altaï. (*Verhandl. d. Berliner Ges. f. Anthrop.* ..., Jahrg. 1883, pp. 242/243.)

VERRE.

— A. Pabst. — Chinesische Glasarbeiten. (*Zeitschrift für bildende Kunst*, Vol. XX, Leipzig, 1885, in-4.)

PORCELAINE.

— Ernest Grandidier. — La Céramique chinoise — Porcelaine orientale : Date de sa

découverte. — Explication des sujets de décor. — Les usages divers. — Classification. — Héliogravures par Dujardin reproduisant cent vingt-quatre pièces de la collection de l'auteur. — Paris, Firmin-Didot, 1894, gr. in-4, pp. ii-232.

Notice par Louis Gonse, *Gaz. des Beaux-Arts*, 439, 1er janv. 1894, pp. 93/4.

SOIERIES. — CULTURE DU MURIER. — VERS À SOIE.

要輯蠶桑 Dell' Arte di coltivare i Gelsi e di governare i bachi da seta secondo il metodo chinese. — Sunto di libri chinesi tradotto in francese da Stanislao Julien membro del Real Instituto di Francia. — Versione italiana con note e sperimenti del Cavaliere Matteo Bonafous, dottore in medicina, direttore dell' orto agrario di Torino, Socio del Reale Instituto di Francia. Torino, coi tipi di Giuseppe Pomba e C. 1837, in-8, pp. viii-208, front. et 10 pl.

— The Yama-mai. A practical Guide to the cultivation of the Oak-silk-worm in England compiled and translated from the works of M. Guérin-Méneville, Directeur de sériciculture comparée à la ferme impériale de Vincennes, etc., etc., by T. Ogier Ward, M. A. M. D. Oxon. — Caen, Le Blanc-Hardel [and] London, Baillière, 1866, br. in-8, pp. vi-18, 1 pl. en couleur.

— Rapport à S. M. l'Empereur sur les travaux entrepris par ses ordres pour introduire le ver à soie de l'aylanthe en France et en Algérie par F. E. Guérin-Méneville .... Paris, Imp. Impériale, MDCCCLX, in-8, pp. 100.

臭椿 Rapport à S. E. le Ministre de l'Agriculture du Commerce et des travaux publics sur les progrès de la culture de l'ailante et de l'éducation du ver à soie (*Bombyx cynthia*) que l'on élève en plein air sur ce végétal par M. F.-E. Guérin-Méneville ... Paris, Imp. Impériale, MDCCCLXII, gr. in-8, pp. 104.

On trouvera, pp. 99/101, une liste d'ouvrages relatifs à l'ailante.

* Hippolyte Morellet, propriétaire à Bourg (Ain). De la culture du ver à soie de l'ailante ou vernis du Japon, br.

— Les Origines de la Soie, son Histoire chez les Peuples de l'Orient, par J.-B. Giraud, conservateur des Musées Archéologiques de Lyon. Lyon, 1883, in-8, pp. 76.

* Die Seidenproduction der Erde. Mittheilungen aus dem Werke « l'Art de la Soie » von Natalis Rondot, übersetzt und bearbeitet von Franz Bujatti sen. Wien, Niederöstr. Gewerbeverein, 1890, in-8.

— Les Séricigènes sauvages de la Chine. Par Albert A. Fauvel... Paris, Ernest Leroux, 1895, in-4.

ART MILITAIRE ET NAVIGATION.

— G. Schlegel. — Chineesche Mitrailleuses. (*Java-bode*, 20 Dec. 1870.)

— La Chine militaire par le Lt.-Col. Debize. (*Bul. Soc. Géog.*, Lyon, V, 1884, pp. 250/270.)

— La Chine militaire par M. L.-B. Rochedragon. (*Bul. Soc. Géog.*, Lyon, X, 1891, pp. 507/526; XI, 1892, 62/92, 149/176.)

* The Fighting Force of China. By Col. W. E. Gowan. (*New Review*, Nov. 1894.)

* China's Reputation Bubble. By Col. Henry Knollys. (*Blackwood's Mag.*, Nov. 1894.)

— Unter Chinesischer Flagge. — Schilderungen der Erlebnisse eines ehemaligen deutschen Seeoffiziers. Kiel. Verlag von H. Eckardt, 1894, br. in-8, pp. 63.

MARINE.

其夜威捼炯知 A Description of the Chinese Junk "Keying". — Printed for the Proprietors of the Junk, and sold only on board. — London, 1848. Price sixpence. [J. Such, Printer, 29 Budge Row, Watling Street, City], br. in-12, pp. 31.

Jonque exposée aux East India Docks, Londres.

(ART MILITAIRE ET NAVIGATION.)

ARSENAL DE CHANG HAI.

— Voir BOTTU, col. 2184.

BEAUX-ARTS.

— Chinese Art, an Index to the National Character. By the Rev. W. A. Cornaby. (*Contemporary Review*, Oct., 1893, pp. 549/562.)

ARCHITECTURE.

— A History of Architecture in all Countries, from the Earliest Times to the Present Day. By James Fergusson, D. C. L., F. R. S., M. R. A. S., Fellow Royal Inst. Brit. Architects, &c. &c. &c. In four volumes. — Second edition. London : John Murray, 1874, 4 vol. in-8.

— Een Chineesche Wachttoren. (Met Plaat.) Bij G. Schlegel. — Overgedrukt uit den Feestbundel van Taal-, Letter-, Geschied- en Aardrijkskundige Bijdragen ter Gelegenheid van zijn tachtigsten Geboortedag aan Dr. P. J. Veth, Oud-Hoogleeraar, door eenige vrienden en oud-leerlingen aangeboden. Pièce in-fol., 3 pages + 1 pl.

MUSIQUE.

* Exposé de la Musique des Chinois par J. A. Van Aalst. Bordeaux, *l'Echo Musical*, 1890, br. in-8.

— On Antique and Sacred Bronze Drums of Non-China. By Terrien de Lacouperie. (*Bab. & Or. Record*, VII, No. 9, May 1894, pp. 193/204.)

(BEAUX-ARTS.)

XIII. — LANGUE ET LITTÉRATURE.

ORIGINES. — ÉTUDES COMPARÉES.

— The German Word "Hühnerauge". By F. H.[irth]. (*Journ. C. B. R. A. S.*, N. S., XX, 1885, p. 187.)

— The Evolution of the Chinese Language as exemplifying the Origin and Growth of Human Speech, by Joseph Edkins, D. D. 1887. (*Jour. Peking Oriental Society*, Vol. II, N. 1, 1887, pp. 1/91, une table.)

— The Evolution of the Hebrew Language by Joseph Edkins, D. D. Author of "Evolution of the Chinese language", "China's

(ORIGINES. — ÉTUDES COMPARÉES.)

Place in Philology", "Chinese Buddhism", etc. — London — Trübner and Co., 1889, in-8, pp. ix-150.

— Effect of Nomad Life on the growth of Language. By John Edkins, D. D. (*Imp. & As. Quart. Review*, Oct. 1891, pp. 288/304.)

— A Comparative Study of northern Chinese Dialects. By Dr. A. Forke. (*China Review*, XXI, No. 3, pp. 181/203.)

(ORIGINES. — ÉTUDES COMPARÉES.)

— Touching Burmese, Japanese, Chinese, and Korean. — By E. H. Parker. (*Trans. As. Soc. Japan*, Vol. XXI, Nov. 1893, pp. 136/151.)

LEXICOGRAPHIE.

DICTIONNAIRES ET VOCABULAIRES.

— Die neuesten Leistungen der Englischen Missionäre auf dem Gebiete der Chinesischen Grammatik und Lexicographie von Dr. August Pfizmaier ... Wien, 1867, br. in-8, pp. 10.

Aus dem Maihefte des Jahrganges 1867 der Sitzungsber. d. phil.-. hist. Cl. d. k. Ak. d. Wiss. [LVI. Bd.] besonders abgedruckt.

A propos des travaux de Lobscheid.

— A Swatow Index to the Syllabic Dictionary of Chinese by S. Wells Williams, LL. D. and to the Dictionary of the Vernacular of Amoy by Carstairs Douglas, M.A., LL. D. By John C. Gibson, M. A. — Swatow, English Presbyterian Mission Press, 1886, in-4, pp. 18 + VIII + pp. 171.

— 英粵字典 An English and Cantonese Dictionary, for the use of those who wish to learn the spoken language of Canton Province. By John Chalmers, LL. D. Sixth Edition. With the Changing Tones marked. — Hongkong : Kelly & Walsh — 1891, in-8, pp. VII + 1 f. n. c. + pp. 296.

— G. Schlegel. — Nederlandsch-Chineesch Woordenboek ... col. 1823.

Notices : *Lond. & China Express*, 19 janv. 1883, p. 65; 23 mai 1884, p. 551. — *Nieuwe Rotterdamsche Courant*, 13 mai 1883. — *Jour. R. A. S.*, 1887, p. 542.

— The Cantonese Made Easy Vocabulary : a small Dictionary in English and Cantonese, containing only words and phrases used in the spoken language, with the Classifiers indicated for each Noun, and Definitions of the different shades of meaning, as well as Notes on the different uses of some of the words where ambiguity might otherwise arise. Second Edition, Revised and Enlarged, By J. Dyer Ball, M. R. A. S., &c., Author of "Cantonese Made Easy,"....... — Hongkong : Kelly and Walsh, — 1892, in-8, 4 ff. n. c. + pp. 40.

— English and Chinese Dictionary of the Amoy Dialect by Rev. J. Macgowan, London Missionary Society, Author of "A Manual of the Amoy Colloquial". — Amoy : China, A. A. Marcal, London : Trübner & Co., pet. in-4, pp. VII + pp. 611 à 2 col. + 1 f. n. c., s. d. [1883].

(LEXICOGRAPHIE.)

— A Pocket Dictionary, [Chinese-English] and Pekingese Syllabary. By Chauncey Goodrich. — Peking : 1891, in-16, pp. VI-237.

Introduction signée : "T'ungchow", near Peking, April 25, 1891.

MANUELS DE CONVERSATION.

無師自明 Chinese without a Teacher, being a Collection of easy and useful sentences in the Mandarin Dialect. With a Vocabulary. By Herbert A. Giles, H. B. M. Consul, Tamsui. — Second & enlarged. Edition. — Shanghai : Kelly & Walsh, 1887, in-8, pp. ii + 1 f. n. c. + pp. 65.

On a ajouté les caractères chinois qui ne se trouvaient pas dans la première. — Voir col. 736.

GRAMMAIRES, ETC.

— P. Premare, Marshman und Abel Remusat; Würdigung der Verdienste dieser Sinologen um die chinesische Grammatik. Von Carl Friedrich Neumann, ordentlichem Professor an der Ludwig-Maximilians Universität zu München. — München, 1834, br. in-4, pp. 14 à 2 col.

Au verso du titre : «Aus den Annalen eigens abgedruckt.»

範規文法 Grammaire française à l'usage des élèves chinois. Par A. Bottu, ancien Professeur de Français et de Droit international à l'École impériale de l'Arsenal du Kiang-nan, Assisté de M. Ouann Tsoung-Yuen (萬鍾元) Lettré Chinois. Shanghaï : Imprimerie de Noronha and Sons. — 1894, in-8, 2 ff. prél. n. c. + pp. 248.

CHRESTOMATHIES. — MANUELS.

— A Manual of the Amoy Colloquial, by Rev. J. Macgowan, of the London Missionary Society. Second Edition. — Amoy : Printed by Man Shing, 1880, in-8, pp. iii + 1 f. n. c. + pp. 206.

Voir col. 138 et 779.

* Æsop's Fables. Compiled for the use of Chinese studying English; and English studying Chinese. In three Parts. Part I. (By Alfred J. May.) Hongkong, *China Mail*, 1891, in-8.

— Mandarin Primer prepared for the use of Junior Members of the China Inland Mission, by F. W. Baller. Second Edition Enlarged. Shanghai, American Presbyterian Mission Press, 1891, in-8, pp. xxx + 1 f.

(LEXICOG. — GRAMMAIRES. — CHRESTOMATHIES.)

tab. of sounds + 1 f. blanc + pp. 326 +
1 carte de la Chine.

"Medical Lists have been kindly furnished by Dr. Douthwaite of
Chefoo."

En partie, interfolié de papier blanc.

— A Course of Mandarin Lessons, based on
Idiom, by Rev. C. W. Mateer, D. D., LL.
D. — Shanghai : American Presbyterian
Mission Press. — 1892, in-4, pp. xlix-714
+ 1 f. d'errata.

Voir col. 1847.

— Handbuch der Nordchinesischen Umgangssprache mit Einschluss der Anfangsgründe des Neuchinesischen Officiellen
und Briefstils von Prof. Carl Arendt,
Lehrer des Chinesischen am Seminar.
Erster Theil. Allgemeine Einleitung in das
Chinesische Sprachstudium mit einer Karte.
Stuttgart & Berlin, W. Spemann, 1891, in-8,
pp. xxi-535.

Lehrbücher des Seminars für Orientalische Sprachen zu Berlin.
Band VII.

Voir col. 1847.

— Einführung in die Nordchinesische Umgangssprache. Praktisches Uebungsbuch
zunächst als Grundlage für den Unterricht
am Seminar von Prof. Carl Arendt, Lehrer
des Chinesischen am Seminar. I. Abtheilung. Laufender Text. Stuttgart & Berlin,
W. Spemann, 1894, in-8, pp. xx-625 + 1
p. n. c.

— — II. Abtheilung. Chinesischer Text der
Uebungsbeispiele. Stuttgart & Berlin, W.
Spemann, 1894, in-8, pp. 188.

Lehrbücher des Seminars für Orientalische Sprachen zu Berlin.
Band XII, 1 & 2.

Notice par G. Schlegel, *T'oung Pao*, V, mai 1894, pp. 164/169.

* Introduction to the Wênchow Dialect. By
P. H. S. Montgomery, Imperial Maritime
Customs. Kelly and Walsh, Lt., 1893.

Notice : *Chinese Recorder*, XXIV, Nov. 1893, pp. 544/545. Par J.
Edkins.

— Choix de Documents, lettres officielles,
proclamations, édits, mémoriaux, inscriptions, ... Texte chinois avec traduction en
français et en latin par S. Couvreur S. J. —
Ho kien fou, Imprimerie de la Mission catholique. 1894, in-8, pp. iv-560.

Divisé en cinq parties : Iʳᵉ. *Lettres officielles.* — IIᵉ. *Proclamations.* — IIIᵉ. *Edits et mémoriaux.* — IVᵉ. *Gazette de Pékin.*
— Vᵉ. *Mélanges.*

OUVRAGES DIVERS. — DISSER-
TATIONS.

— Essays on the Chinese Language, by T.
Watters. — Shanghai, Presbyterian Mission

Press. — 1889, in-8, pp. vi-496 pp. + iii
+ ii + iii.

Contents : I. Some Western Opinions. — II. The Cultivation of
their Language by the Chinese. — III. Chinese Opinions about
the Origin and Early History of the Language. — IV. On the
Interjectional and Imitative Elements in the Chinese Language.
— V. The Word *Tao.* — VI. Terms relating to Death and Burial. — VII. Foreign Words in Chinese. — VIII et IX. The influence of Buddhism on the Chinese language.

Voir col. 789 et 1349.

— G. Schlegel. — Antiphrasis, col. 1853.

Deuxième édition, Leide, E. J. Brill, 1892, in-8.

— Notes on Chinese Composition. By Her-
bert A. Giles, H. B. M.'s Consular Service.
(*Journ. N. C. B. R. A. S.*, N. S., XVII, 1882,
Pt. I, pp. 1/21.)

— Chinese Letter-writing. (*Saturday Review*, LXXI, No. 1849,
p. 410.)
— Popular Designation of Chinese Radicals. By G. M. H. P.[lay-
fair]. (*Journ. C. B. R. A. S.*, N. S., XX, 1885, p. 185.)
— The Mandarin a modern form of Speech. By O. Franke. (*China
Review*, XXI, No. 3, pp. 203/204.)
— Some Thoughts on the Study of Chinese. By Rev. O. F. Wis-
ner, American Presbyterian Mission, Canton. (*Chin. Rec.*, XXIV,
May 1893, pp. 203/211; June 1893, pp. 260/263.)
Read before the Canton Missionary Conference, Feb. 6th, 1893.
— Phonetic Representation of Chinese Sounds. By Rev. J. A.
Silsby. (*Chin. Rec.*, XXIV, oct. 1893, pp. 472/9.)

* Ueber einige Klippen bei Uebersetzungen
aus dem Chinesischen; von F. Kühnert.
(*Wiener Zeitschrift f. d. Kunde des Morg.*,
VIII, 3, p. 211.)

* Fr. Kühnert. Einige Bemerkungen über die
Shëng im Chinesischen und den Nanking-
Dialect. 1894.

Cheng 聲

Voir col. 1851.

ÉCRITURE.

OUVRAGES DIVERS.

— *Eugraphia Sinensis;* or, the Art of Writ-
ing the Chinese Character with Correct-
ness : contained in Ninety-two Rules and
Examples. To which are affixed, Some
Observations on the Chinese Writing. By
John Francis Davis, Esq., M. R. A. S., F. R.
S., &c. Read June 18, 1825. (*Trans. Royal
Asiatic Society*, pp. 304 à 312 + XI pl.)

— Beginnings of Writing in Central and
Eastern Asia, or Notes on 450 Embryo-
Writings and Scripts. By Terrien de Lacouperie . ... London : D. Nutt, 1894, in-8,
3 ff. prél. n. c. + pp. 208.

INTRODUCTORY : "The present work is made up of several parts,
which have been printed successively since 1885. The pages
1—67 are reprints from the *Journal of the Royal Asiatic Society* for 1885, vol. XVII, pp. 415—482. Pages 68—144, printed
in 1887, have never been published; and pages 145—189, long
left in type, were as much as possible re-cast in January of
the present year, thanks to the kindness of Messrs. Stephen
Austin and Sons, the long famous Oriental printers of Hertford. The result in the work is a great inequality, which a complete alphabetical index of the writings referred to is intended
to obviate to a certain extent."

Notice par Isaac Taylor, *The Academy,* Nov. 24, 1894, pp. 425/6.

ESSAIS POUR REPRÉSENTER LES CARACTÈRES CHINOIS.

1° *IMPRIMERIE.*

— Western Appliances in the Chinese Printing Industry. By F. Hirth, Ph. D. (*Journ.*

(ÉCRITURE.)

C. B. R. A. S., N. S., XX, 1885, art. VII, pp. 163/177.)

— L'Imprimerie en Chine et au Japon. (*Mém. Soc. Et. jap. et chin.,* IV, 1885, pp. 79/80.)

2° *TÉLÉGRAPHIE.*

— Carte des communications télégraphiques du régime extra-européen dressée d'après des documents officiels par le Bureau International des Administrations Télégraphiques. Berne 1892, 4 feuilles.

Dessinée et gravée par C. v. Hoven, Berne. — Lith. Lips, Berne.

(ÉCRITURE.)

LITTÉRATURE.

TSAI-TSEU CHOU 才子書

5° CHOUI HOU TCHOUAN 水滸傅

佛牙記 — Il Dente di Budda racconto estratto dalla *Storia delle Spiagge* e letteralmente tradotto dal Cinese da Alfonso Andreozzi. Milano, Edoardo Sonzogno, 1885, pet. in-8, pp. 94 + 1 f. n. c.

Forme le vol. 142 de la *Biblioteca universale.*

Voir col. 1859.

8° HOA TSIEN KI 花箋記

花箋記 Hoa Tsien ki. — Historien om det blomstrede Brevpapir Chinesisk Roman oversat fra originalen af Dr. G. Schlegel. Fra Nederslandsk ved Viggo Schmidt. — Kjøbenhavn. Otto B. Wroblewskys Forlag, G. S. Wibes Bogtrykkeri, 1871, gr. in-8, pp. 143.

Dédié à Herr Rodolphe de Oppen-Schilden.

ROMANS, CONTES ET NOUVELLES.

KIN KOU KI KOUAN.

1° Piae fraternitatis pagus. (Zottoli, *Cursus litt. sinicae,* I, pp. 412/441.)

11° Geminae virtutis fanum. (Zottoli, *Cursus litt. sinicae,* I, pp. 442/483.)

32° Inhumanus maritus. (Zottoli, *Cursus litt. sinicae,* I, pp. 483/511.)

33° A twice-married Couple. A Tale from the Chinese. By Robert K. Douglas. (*Black-*

wood's Mag., cxlviii, Nov. 1890, pp. 637/658.)

37° Hibisci tabella. (Zottoli, *Cursus litt. sinicae,* I, pp. 511/555.)

39° Le Vendeur d'huile . . .

Notices : Jan ten Brink, *Zondagsblad van het Nieuws van den Dag* 29 sept. 1878. — *De Locomotief* (Samarang), 9 oct. 1878. — *Minerva* [Journal des étudiants de Leyde], 22 mai 1878.

DIVERS.

— Boekoe tjerita doeloe kala di benoewa negri Tjina di tjerita-in KHOUW hAN BOEN antara « 2 Siloeman Biang oeler » ja-itoe (*Ouwtjoa dan Petjoa*) tatkala tempo merk goan tiauw. Tersalin dari boekoe tjerita tjina bagian jang ke-ampat. 4. terbit pada boelan September 1893. Tertjitak di tokonja Toean-Toean Albrecht & Rusche Maart 1886—1893. Betawi. Br. in-12, chif. pp. 81/106, A—F.

Trad. malaise du 白蛇精記. — Voir col. 815.

— How Snow inspired Verse, and a rash order made the Flowers bloom! By C. B. T. (*Journ. C. B. R. A. S.,* N. S., XX, 1885, pp. 81/86.)

Translated from chapter IV of the *Ching-Hua-yuan* 鏡花緣.

— The Twins. From the chinese of Wu ming. (*Blackwood's Mag.,* cxlii, July 1887, pp. 49/68.)

— The Late Appearance of Romances and Novels in the Literature of China; with the History of the Great Archer, Yang Yûchî. By Professor Legge. (*Journal Roy. Asiatic Society*, Oct. 1893, pp. 799/822.)

— Chinese Nights' Entertainment. Forty Stories told by Almond-eyed Folk Actors in the Romance of the Strayed Arrow by Adele M. Fielde. Illustrated by Chinese Artists. — G. P. Putnam's Sons, New York [&] London, in-8, pp. VIII + 1 f. n. c. + pp. 194, s. d. [1893].

THÉÂTRE.

OUVRAGES DIVERS.

— M. A. Perk. — Het Tooneel in China. (*De Gids*, Dec. 1883, No. 12, IV Deel, pp. 389/427.)

POÉSIE.

— La Poésie chinoise du XIVème au XIXe siècle . . . . . Par C. Imbault-Huart. Paris, Ernest Leroux, 1886, in-18, pp. XXXIII-93.

Forme le vol. XLVI de la *Bibliothèque orientale elzévirienne*. Voir col. 1674.

— Chinese Poetry in english verse. By Herbert A. Giles. (*Nineteenth Century*, XXXV, 1894, pp. 115/125.)

— Essai de Rythmique chinoise. Par Raoul de la Grasserie. (*Revue de linguistique*, XXVI, 15 juillet 1893, pp. 183/212.)

LI SAO, 離 騷. — Voir col. 828.

— The Lî Sâo Poem and its Author. By the Rev. Professor Legge, Oxford. (*Journ. Roy. Asiatic Soc.*, Jan. 1895, pp. 77/92.)

OUVRAGES DIVERS.

— A Manual of Chinese Quotations, being a translation of the *Ch'êng yü k'ao* (成語考), with the Chinese Text, Notes, Explanations and an Index for easy reference. By J. H. Stewart Lockhart, Registrar General, Chairman of the Board of Examiners in Chinese, Hongkong, F. R. G. S., M. R. A. S. — Hongkong : Kelly & Walsh, 1893, in-8, pp. IV + 1 f. n. c. + pp. 425 + pp. lxxxiii pour l'index.

Notice : *China Review*, XXI, No. 3, pp. 205/207, par E. H. P.[arker].

LITTÉRATURE PÉRIODIQUE.

— La Presse européenne en Chine. Par P. de Lucy-Fossarieu. (*Mém. Soc. Et. jap. et chin.*, IV, 1885, pp. 156/8.)

D'après l'article de H. Cordier dans le *London and China Telegraph*, voir col. 1876.

(THÉÂTRE. — POÉSIE. — OUV. DIVERS. — LITT. PÉR.)

PROVERBES.

— Ancient Proverbs . . . By James Gray . . . col. 1877.

A supprimer. — Appartient à la Birmanie.

— A Chinese Proverb about Ship's Crews. By F. H.[irth]. (*Journ. C. B. R. A. S.*, N. S., XX, 1885, p. 187.)

— Chinese proverbial Sayings. By Wong Fan. (*China Review*, XX, No. 6, pp. 381/391.)

— Voir M. Schaub, col. 2144.

HISTOIRE LITTÉRAIRE PROPREMENT DITE.

— G. Schlegel. — Chineesche Letterkunde in England. (*Bataviaasch Handelsblad*, 10 & 24 Dec. 1866.)

— Parallels in Greek and Chinese Literature. By C. Arendt. (*Journ. Peking Orient. Soc.*, I, No. 2, 1886, pp. 29/60.)

— Supplement to Mr. Arendt's Paper on Parallels in Greek and Chinese Literature. (*Jour. Peking Or. Soc.*, Vol. I, No. 5, pp. 199/202.)

Dr. Martin et Dr. Edkins.

— Edouard Chavannes. — Du rôle social de la littérature chinoise. — Leçon d'ouverture faite au Collège de France le 5 décembre 1893. Paris, aux bureaux de la *Revue Bleue*, 1893, br. in-8, pp. 31.

On lit au verso du faux-titre : « Extrait de la *Revue bleue* du 16 décembre 1893. »

Voir *Revue bleue*, 16 déc. 1893, pp. 774/782.

BIBLIOGRAPHIE.

— BIBLIOTHECA SINICA. (*Indo-Chinese Gleaner*, 1820—1822.) :

To the Editor, pp. 157/160. — No. I. 明心寶鑑 *Ming sin paou këen*, i. e. a precious mirror to reflect light (on the heart, or the mirror of the mind, pp. 160/165. (No. V, August, 1818.)

Letter, pp. 200/1. — No. II. 西方公據 *See fang kung keŭ*, i. e. "Public Proofs from the West"; intimating that the work contains the common evidences of the religion of Fŭh, or Buddah, pp. 201/8. (No. VI, Oct. 1818.)

Letter, pp. 28/9. — No. III. 聖俞廣訓 *Shing-yu Kwang-hiun*, i. e. "An Amplification of the Shing-yu", pp. 29/36. (No. VII, Jan. 1819.)

Letter, p. 88. — No. IV. 三字經 *San-tsze-king*, i. e. "the three character Classic". (No. VIII, April 1819, pp. 88/94.)

Letter, pp. 159/161. — No. V. 征製律曆淵源 *Yu che leŭh leih yuen yuen*, or the profound sources of numbers and of music, composed by Imperial authority. (No. IX, July 1819, pp. 161/2.) — No. VI. 三才圖會 *San tsae too hwuy*, a collection of plates, in the THREE departments of knowledge, viz. Heaven, Earth, and man. (*Ibid.*, pp. 162/3.)

No. VII. 高厚蒙求 *Kaou how mung kew*. (No. X, Oct. 1819, pp. 219/220.)

(PROVERBES. — HIST. LITT. — BIBLIOGRAPHIE.)

Letter, pp. 270/1. — No. VIII. 論語 *Lun-yu*, "Discourses, or Dialogues". (No. XI, Jan. 1820, pp. 271/279.)

No. IX. 佩文韻府 *Pei-wăn-yun-foo*, Dictionary of Quotations, arranged according to the Chinese Sounds and Tones. (No. XII, April 1820, p. 339.)

Letter, p. 379. — No. X. 中庸 *Chung-yung*, "the due Medium". (No. XIII, July 1820, pp. 379/391.)

Letter, pp. 453/454. — No. XI. 大學 *Ta-heŏh*, i. e. "the great Science". (No. XIV, Oct. 1820, pp. 455/460.)

Letter, pp. 77/80. — No. XII. 孟子 *Mang-tsze* or the works of the Philosopher Mang. (No. XVI, April 1821, pp. 80/92.)

Letter, pp. 147/8. — No. XIII. 功過格 *Kung-kwo-kĭh*, i. e. "Merits and Errors scrutinized", or a set of tables in which to record and balance the good and evil actions of every day and year. (No. XVII, July 1821, pp. 148/165.)

Letter, pp. 255/6. — No. XIV. 天然和尚同往訓格 *Teen jen Ho shang Tung chu heun kĭh*, i. e. "Rules for those who live together". (No. XIX, Jan. 1822, pp. 256/265.)

Nous avons indiqué la plupart de ces ouvrages dans le corps du nôtre, mais nous avons pensé qu'il serait intéressant d'en donner la liste générale; ils sont du Rév. William Milne qui a rédigé presque en entier l'*Indo Chinese Gleaner*, et il a signé les lettres du pseudonyme de TOO-YU (ver de livre).

Il y a des ex. complets de l'*Indo-Chinese Gleaner* dans ma Bibliothèque particulière et dans celle de l'Ecole des Langues orientales de Paris. Ce dernier a appartenu successivement à Abel Rémusat, 85 fr., à S. Julien, et au Mis. d'Hervey St. Denys.

∴

— Sur le prix des livres chinois. (*Mém. Soc. Et. jap. et chin.*, IV, 1885, pp. 149/152.)

— Bibliotheca Sinica . . . . Par Henri Cordier. Supplément. Fasc. I. . . . .

Notice : *China Review*, XXI, No. 1, p. 59. Par E. J. E.[itel].

(BIBLIOGRAPHIE.)

— Les Etudes chinoises (1891—1894) par Henri Cordier, Professeur à l'Ecole des Langues Orientales vivantes, Paris. « Extrait du *T'oung-pao* », Vol. V, No. 5 et Vol. VI, No. 1. — Leide, E. J. Brill, 1895, br. in-8.

— Catalogue de la Bibliothèque chinoise de feu M. le Marquis d'Hervey de Saint-Denys, Membre de l'Institut, Professeur au Collège de France. — La vente aura lieu les Lundi 19 et Mardi 20 Mars 1894, Hôtel des Commissaires-Priseurs . . . . Paris, Ernest Leroux. — 1894, in-8, pp. VIII-72.

454 numéros.

M. E. Specht qui a acheté un certain nombre de manuscrits de Stanislas Julien à la vente du Mis d'Hervey les a présentés à la Bibliothèque de l'Institut à la séance du 18 mai 1894 de l'Académie des Insc. et Belles-Lettres :

— Note sur les Manuscrits de Stanislas Julien par M. Specht. (Séance du 18 mai 1894.) (Acad. des Insc. et B.-L., *Comptes rendus*, 1894, pp. 219/228.)

— Les papiers de Stanislas Julien par Edouard Specht. — Extrait des Comptes rendus de l'Académie des Inscriptions et Belles-Lettres (Séance du 18 mai 1894). Paris, Imprimerie nationale — MDCCCXCIV, br. in-8, pp. 16.

(BIBLIOGRAPHIE.)

XIV. — MŒURS ET COUTUMES.

OUVRAGES DIVERS.

GÉNÉRALITÉS.

— Les Chinois chez eux. Par J.-B. Aubry, Missionnaire apostolique au Kouy-Tchéou. Société Saint-Augustin. — Desclée, De. Brouwer et Cie, Lille. — MDCCCLXXXIX, in-4, pp. 300.

Voir col. 1709 et 1887.

— Viajes del Chino Dagar-Li-kao por los paises bárbaros de Europa, España, Francia, Inglaterra y otros. Traducido del Chino al Castellano por el Ermitaño de las Peñuelas. Madrid, Imprenta de Manuel Minuesa de los Rios, ... 1880, in-8, pp. 240.

(OUVRAGES DIVERS.)

— Pagoda Shadows : Studies from Life in China. By Adele M. Fielde. With an Introduction by J. Oswald Dykes, D. D. — T. Ogilvie Smith, 1887, pet. in-8, pp. XVI-208.

— Pagoda Shadows. Studies from Life in China. By Adele M. Fielde. Introduction

— Las dinastías Chinas (Hipótesis histórico-novelesca) y Lluvia tempestuosa (drama histórico en dos actos) por Eduardo Arias J. Bogotá, Imprenta de Lleras, 1893, br. in-8, pp. 30.

* L. C. Smithers. — The Transmigrations of the Mandarin Fum Hsam. Chinese Tales. In-8, 1894, pp. 258.

(OUVRAGES DIVERS.)

by Joseph Cook. Sixth edition. Boston :
W. G. Corthell. 1890, pet. in-8, 1 f. n. c.
+ pp. 285.

* A Corner of Cathay : Studies from Life
among the Chinese. By Adele M. Fielde.
Illustrated by Artists in the celebrated
School of Go Leng at Swatow, China.
New York and London, Macmillan & Co.,
1894, in-8, pp. viii-286, grav., 8/6.

— Peeps into China. By the Rev. Gilbert
Reid, M. A. Of the American Presbyterian
Board Chi-nan-fu. With illustrations. London, The religious Tract Society, pet. in-8,
pp. 191.

— Chinese Characteristics by Arthur H.
Smith. — Shanghai : Printed and published
at the "North-China Herald" Office. —
1890, in-8, pp. ii-427 + ii.

— Chinese Characteristics by Arthur H.
Smith. — London, Kegan Paul, Trench,
Trübner & Co. 1892, in-8, pp. ii-427 + ii.
Même édition que la précédente avec un titre différent.

* The Natural History of the Chinese Boy
and of the Chinese Girl : a study of Sociology. By the Author of "Chinese Characteristics". Shanghai, "North China Herald",
1890, br. in-8, pp. 27.

— Things Chinese being Notes on various
Subjects connected with China by J. Dyer
Ball, M. R. A. S. H. M. Civil Service, Hong-
kong. Author of "Cantonese Made Easy",
.... — London : Sampson Low,
Marston, and Company — 1892, in-8, pp. 2
+ 1 f. n. c. + pp. xiii.

— Things Chinese being Notes on various
Subjects connected with China by J. Dyer
Ball, M. R. A. S. H. M. Civil Service, Hongkong. Author of "Cantonese Made Easy",
..... — Second Edition Revised and Enlarged. — London : Sampson Low, Marston and Company. — 1893, in-8, pp. 4 +
1 f. n. c. + pp. 497 + pp. xiv.

* Chinese Mandarins and People. By R. K. Douglas. (English
Illustrated Magazine, Christmas Number, 1894.)

— Peeps into China; or The Missionary's
Children. By E. C. Phillips . . . . Fifth
Edition. Cassell & Co., London, s. d. [1894],
in-8, pp. 224.

FAMILLE.

— Chinese Relationships. By Alfred J. May.
(China Review, XXI, No. 1, pp. 15/39.)
Voir col. 849.

(OUVRAGES DIVERS.)

FEMMES.

— Captured Brides in far Cathay. (Blackwood's Mag., cxlii, Nov. 1887, pp. 691/
696.)

— La femme chinoise. Par Motoyosi-Saizau. (Le Figaro, supp.,
samedi, 24 nov. 1894.)

— La Couvade. Par Ern. Martin. (Revue scientifique, 24 Mars 1894,
pp. 366/369.) Avec une grav.
Voir col. 1890.

— Dr G. A. Wilken. La couvade chez les
peuples de l'archipel Indien. (Bijdragen
de l'Inst. royal des Indes, 5e sér., t. IV,
p. 250. M. Nijhoff, La Haye.)
Notice par Dr. M. d'E. [Meyners d'Estrey.] (L'Anthropologie, V,
1894, No. 3, pp. 352/357.)

ASSOCIATIONS, ETC.

— Chinese and Mediaeval Gilds . . . . by F.
W. Williams . .
Notice : T'oung Pao, IV, pp. 99/101, par G. Schlegel.

— Des Associations et des Corporations de
l'Extrême Orient comparées aux Institutions similaires de l'Empire romain d'Auguste à Justinien par M. Paulus. Extrait
du Bulletin du Comité des Travaux historiques et scientifiques. (Section des Sciences
économiques et sociales, n° 1, 1892.) Paris,
Ernest Leroux, 1893, br. in-8, pp. 19.

— Serment d'amitié chinois par Henri Borel.
(T'oung Pao, IV, Déc. 1893, pp. 420/426.)

TABAC.

— Snuff in China. By F. H.[irth]. (Journ. C. B. R. A. S., N. S.,
1885, pp. 95/6.)

— Tobacco. By E. H. Parker. (China Review, XVIII, No. 3, p. 198.)

— Tobacco. By Rev. Jas. Gilmour. (Chin. Rec., XX, No. 5, May
1889, pp. 204/208.)

— Come Brothers, let us smoke. By Rev. J. E. Walker. (Chin.
Rec., XX, No. 12, Dec. 1889, pp. 553/558.)

— Smokiana. Historical. Ethnographical. —
R. T. Pritchett. 1890, pet. in-4, 102 pages
lith., avec 47 ill. dont plusieurs en couleur.
Sur le cartonnage extérieur : Ye "Smokiana". By R. T. Pritchett.
Publisher, Bernard Quaritch.

DIVERS.

— Chinese Rudeness. By H. A. G. (Journ. C. B. R. A. S., N. S.,
XX, 1885, p. 87.)

— Gardening as a Blind. By C. H. Brewitt-Taylor. (China Review,
XVII, No. 6, p. 359.)

— Literary Merit. By E. H. Parker. (China Review, XVIII, No. 5,
p. 320.)

— Chinese Calendar Pride. By E. H. Parker. (China Review,
XVIII, No. 6, pp. 379/380.)

— Pipalo. By F. H. (China Review, XIX, 1890, No. 1, p. 58.)

— Peking Eunuchs. By R. Coltman. (China Medical Journal,
VIII, March 1894.)
Voir col. 850, 1889.

COSTUME.

* The Meaning of the Chinese Button. By Alfred J. Bamford, B. A.
(Cassell's Magazine, Dec. 1894.)

(OUVRAGES DIVERS. — COSTUME.)

ALIMENTATION.

— Sur quelques sujets d'histoire et d'érudition chinoise. Par l'Amiral 周懋琦 Tcheou Meou-ki. (*Le Lotus*, IX, Janv. 1890, pp. 5/15.)

I. — Sur le Thé. — II. — Sur le Vin.

— A. G. Vorderman. — Catalogus van eenige Chineesche en Inlandsche voedingsmiddelen van Batavia. Analecta op Bromotologisch Gebied. Overgedrukt uit het Geneeskundig *Tijdschrift van Nederlandsch-Indië*, Deel XXXIII, Aflevering 3, Batavia en Noordwijk, Ernst & Co., 1893.

MARIAGE.

— The Wedding Garments of a Chinese Woman. By J. J. M. de Groot. (*Int. Arch. f. Ethnog.*, Bd. IV, Hft. IV, Leiden, 1891, pp. 182/4, 1 grav.)

— A Pair of Chinese Marriage Contracts by B. A. J. Van Wettum, Dutch Chinese Student-interpreter. (*T'oung Pao*, V, n° 5, Déc. 1894, pp. 371/385.)

FUNÉRAILLES.

— Les ensevelissements de personnes vivantes et le *loess* dans le nord de la Chine par M. Ch. Piton, ancien missionnaire en Chine. (*Bul. Soc. neuchâteloise de Géographie*, VII, 1892—3, pp. 52/62.)

— Les sépultures dans l'Extrême-Orient. Par Ern. Martin. (*Revue Scientifique*, 9 déc. 1893, pp. 753/756.)

CULTE DES ANCÊTRES ET PIÉTÉ FILIALE.

— Le culte des ancêtres, le culte des morts et le culte des funérailles chez les Chinois. Par le Dr Ernest Martin. (*Journal d'Hygiène*, Jeudi 2 et 9 juillet 1891, pp. 313/320, 325/332.)

— Ancestral Worship in the *Shu King* by Rev. H. Blodget, D. D. (*Journ. Peking Orient. Soc.*, III, No. 2, 1892, pp. 123/157.)

— Bouinais et Paulus. — Le Culte des Morts . . . . Voir col. 1895.

Notice par Jean Réville, *Rev. Hist. des Religions*, XXVIII, No. 2, sept.-oct. 1893, pp. 198/207.

— Une imitation de la famille chinoise. — Le Major Poore et les villages du Wiltshire. Par Eugène Simon, ancien consul de France. (*La Réforme Sociale*, liv. du 16 août et 1er sept. 1893, pp. 304/321.)

(ALIMENTATION. — MARIAGE. — FUNÉRAILLES. — CULTE DES ANCÊTRES.)

— Ancestral Worship in China and "Family Worth-ship" in England, as a practical Basis of efficient State Administration. By Major R. Poore. (*Imp. and Asiatic Quart. Review*, July 1894, pp. 141/149.)

FOLK-LORE, LÉGENDES, ANIMAUX MONSTRUEUX, SUPERSTITIONS, ETC.

— Col. 1896, au bas de la colonne, au lieu de 釼, lire 欽

— Indian Myths or Legends, Traditions, and Symbols of the Aborigines of America Compared with Those of Other Countries including Hindostan, Egypt, Persia, Assyria, and China by Ellen Russell Emerson. Illustrated. Boston, James R. Osgood and Co., 1884, in-8, pp. XVIII-677.

— Dragon Myths of the East. By E. M. Clerke. (*As. Quart. Review*, IV, July-Oct. 1887, pp. 98/117.)

— On the Ancient History of Glass and Coal and the legend of Nü-Kwa's coloured Stones in China by Terrien de Lacouperie. (*T'oung Pao*, II, Sept. 1891, pp. 234/243.)

— Le Coco du roi de Yueh et l'arbre aux enfants. Note de mythologie populaire en Extrême-Orient. Par Terrien de Lacouperie. (*Trans. Ninth Oriental Congress*, London (1892), Vol. II, 1894, pp. 897 à 905.)

— Superstitions of the Chinese. By Rev. Dr. E. R. Jellison, Methodist Episcopal Mission. (*Chin. Rec.*, XXIV, Aug. 1893, pp. 373/9.)

* C. Arendt. — Aus dem Aber- und Geisterglauben der Chinesen. (*Zeitschrift des Vereins für Volkskunde*, II, 3, 1892.)

* Bezold. Blutaberglauben in China. (*Globus*, No. 15, 1892.)

INFANTICIDE.

— L'infanticide et l'œuvre de la Sainte-Enfance en Chine par le Père Palatre. Rapport par le Docteur Chappet, Médecin honoraire des hôpitaux de Lyon. (*Bul. Soc. Géog.*, Lyon, V, 1884, pp. 377/391.)

— L'infanticide en Chine . . . . . par Mgr. de Harlez . . . . Louvain, ... 1893.

Notice : *Études religieuses*, partie bibliographique, 23 déc. 1893, pp. 914/5. Par F. Biesse, S. J.

JEUX.

— G. Schlegel. — Een Chineesche Speelclub. (*Notulen Bat. Gen. voor Kunsten en Wetenschappen*, 1866, T. IV, p. 238.)

— G. Schlegel. — Allerlei Spielzeug. (*Int. Archiv f. Ethnog.*, Bd. VI, 1893, pp. 197/8.)

(FOLK-LORE. — INFANTICIDE. — JEUX.)

— Mededeeling omtrent de chineesche Poppenkast door J. Rhein, Secretaris-tolk der Nederl. Legatie te Peking. Met Plaat XIV en XV. (*Int. Archiv f. Ethnog.*, Leiden, Bd. II, 1889, pp. 277/282.)

— Chinese Games with Dice. By Stewart Culin. — Read before The Oriental Club of Philadelphia. March 14, 1889. — Philadelphia. 1889, br. in-8, pp. 21.

MONNAIES, POIDS ET MESURES, SOCIÉTÉS D'ARGENT.

— Péking et la Chine. Mesures, Monnaies et Banques chinoises par M. Natalis Rondot, Ancien Délégué du Commerce attaché à la Mission de France en Chine. — (Extrait du *Dictionnaire du Commerce et de la Navigation*.) — Paris, Guillaumin, 1861, gr. in-8, pp. 19 à 2 col.

Voir col. 125—126.

* Memorandum on the Currency of China by George F. Seward. Peking, February 20th, 1878, br. in-fol., pp. 14.

— Chinese Land Measures. By T. W. K.[ingsmill]. (*Journ. C. B. R. A. S.*, N. S., XX, 1885, pp. 91/94.)

— Les monnaies chinoises. Par le Dr. Ern. Martin. (*La Science moderne*, Paris, Didot, 9 déc. 1893, pp. 375/8, fig.)

SOCIÉTÉS SECRÈTES.

— Of the Tea Sect, translated from the Peking Gazette. (*Indo-Chinese Gleaner*, No. 1, May 1817, pp. 19/22.)

清茶門教　*Tsing-tcha men kiao.*

— Guild Terrorism. By G. M. H. P.[layfair]. (*Journ. C. B. R. A. S.*, N. S., XX, 1885, pp. 181/182.)

— The Triad Society, or Heaven and Earth Association. By William Stanton. (*China Review*, XXI, No. 3, pp. 159/181; No. 4, pp. 217/230.)

— Secret Societies in China. By Mr. F. H. Balfour. (*Jour. Manchester Geog. Soc.*, VII, 1891, pp. 40/56.)

OPIUM.

— Der indobritische Opiumhandel und seine Wirkungen. Eine Ferienstudie von Theodor Christlieb, Doctor der Theologie und Philosophie, der ersteren ord. Professor an der Universität Bonn. Neue Ausgabe. Gütersloh. Druck und Verlag von C. Bertelsmann. 1878, br. in-8, pp. 64.

Voir col. 1907.

— A fresh Word on the Opium Question in China and the false Ideas held on the subject refuted. — Reprinted from the "Inverness Courier". Shanghai : 1878, br. in-8, pp. 7.

Signé WANDERER et daté : Chefoo, June 1878.

— Opium and common Sense. By Rutherford Alcock. (*Nineteenth Century*, X, 1881, pp. 854/868.)

— The Opium Controversy. By Alexander J. Arbuthnot. (*Nineteenth Century*, XI, 1882, pp. 403/413.)

— Les abus de l'opium. Morphinomanie. — Opiophagie. — Fumage. Par Ernest Martin. (*Revue scientifique*, 16 juillet 1892, pp. 75/81.)

— L'Opium, ses abus; mangeurs et fumeurs d'opium, morphinomanes, par le Dr E. Martin. In-8, pp. 175. Paris, 1893. Société d'éditions scientifiques. — Voir col. 1910.

Notice : *Études religieuses*, 30 Juin 1893, pp. 421/422. Par A.-A. Fauvel.

— A Letter to the Opium Commission. By G. W. Des Vœux. (*Nineteenth Century*, XXXV, 1894, pp. 323/329.)

* China and the Opium Traffic. (*India*, April 1894.)

— Increase in the Cultivation of Opium in China. By L. (*China Review*, XXI, No. 4, pp. 270/1.)

— The Rev. Griffith John, D. D., on Opium in China. (*Chin. Rec.*, XXV, April 1894, pp. 194/200.)

Rep. from the *Shanghai Mercury*.

— OPIUM COMMISSION. — First Report of the Royal Commission on OPIUM; with Minutes of Evidence and Appendices. — Presented to both Houses of Parliament by Command of Her Majesty. — London : Printed for Her Majesty's Stationery Office, by Eyre and Spottiswoode, ... 1894. [C. — 7313.] Price 1 s. 6 d. in fol., pp. 176.

DEUXIÈME PARTIE

LES ÉTRANGERS EN CHINE

I. — CONNAISSANCES DES PEUPLES ÉTRANGERS SUR LA CHINE.

TEMPS ANCIENS ET MOYEN ÂGE.

GRECS ET ROMAINS.

* Der Verkehr zwischen China und dem Römischen Reiche. Vortrag zur Winckelmannsfeier am 9. December 1893 in Bonn. Von H. Nissen. Bonn, 1894.

Notice par G. Schlegel, *T'oung Pao*, V, Oct. 1894, pp. 365/369.

ARMÉNIE ET PERSE.

— The Persians in the Far East. By J. Edkins. (*Korean Reposit.*, I, July 1892, pp. 197/205.)

CHEMIN DE LA CHINE ET DE LA TARTARIE AU MOYEN ÂGE.

— The Travels of Benjamin of Tudela, in the Twelfth Century. By the Rev. Dr. Jacob. Voorsanger. (*Bul. Geog. Soc. California*, Vol. II, May, 1894, pp. 77/96.)

MARCO POLO. — XIIIᵉ siècle.

BIOGRAPHIES ET COMMENTAIRES.

— Notices of Southern Mangi. By George Phillips, H. M. Consular Service, China.

[Abridgment.] (*Proc. R. Geog. Soc.*, XVIII, 1873—74, pp. 168/173.)

Voir col. 929.

— Marco Polo. (*Blackwood's Mag.*, cxlii, sept. 1887, pp. 373/386.)

— Marco Polo in Cambaluc : a Comparison of foreign and native Accounts. By W. S. Ament. (*Journ. Peking Orient. Soc.*, III, No. 2, 1892, pp. 97/122.)

— The Early Cartography of Japan. By George Collingridge. (*Geographical Journal*, May, 1894, pp. 403/9.)

* Japan or Java? an Answer to Mr. George Collingridge's Article on "The Early Cartography of Japan". By F. G. Kramp. Overgedrukt uit het «Tijdschrift van het Koninklijk Nederlandsch Aardrijkskundig Genootschap, Jaargang 1894». Leiden, E. J. Brill, 1894, in-8, pp. 14.

— The Early Cartography of Japan. By H. Yule Oldham. (*Geographical Journal*, Sept. 1894, pp. 276/9.)

— Ueber den Schiffsverkehr von Kinsay zu Marco Polo's Zeit von Friedrich Hirth. (*T'oung Pao*, V, Déc. 1894, pp. 386/390.)

RICOLD DE MONTE CROCE.

— Viaggio in Terra Santa di Fra Riccoldo da Monte di Croce volgarizzamento del Secolo XIV secondo un manoscritto della Biblioteca Imperiale di Parigi. — Siena. Stab. tip. di A. Mucci, 1864, br. in-8, pp. xiv-27.

Au recto du faux-titre : Per nozze Loreta-Zambrini (Febbraio MDCCCLXIV). — Au verso : Edizione di 150 esemplari ordinatamente numerati. — L'introduction est signée F. L. Polidori, F. Grottanelli, L. Banchi.

Voir col. 932.

* P. Mandonnet. — Fra Ricoldo de Monte-Croce. (*Revue biblique trimestrielle*, 1893; publiée par la mission dominicaine de Jérusalem.)

SIR JOHN DE MAUNDEVILLE.

— Incipit itinerarius Terrae sanctae et aliarū terrarū edita a dūo Johē de Mādeuille, milite anglicano et ab alio in latino translatus.

A la fin : Explicit itinerarius terrae sanctae et .... in gallico et demum translatus ab alio in latinum.

Bib. de Bruxelles. 1163, ms. latin, XVᵉ s., in-fol., vélin, 80 ff. à la suite de trois autres ouvrages. — Il y a f. 34 recto une note étrangère au ms., mais ancienne qui établit un rapprochement entre le texte de Mandeville et le récit d'Odoric; cette note assez longue est intéressante.

BIBLIOGRAPHIE, COMMENTAIRES, ETC.

— Mandeville, Sir John. By G. F. W.[arner]. (*Dict. of National Biography*, XXXVI, London, 1893, pp. 23/29.)

.˙.

F. 1, blanc. — F. 2, commence : Questo e el Viazo de misier Ambrosio contarin ambasador de ‖ la illustrissima signoria de Venesia al signor Vxuncassam Re de ‖ Persia. ‖ .... in-4 de 24 ff. n. c., sig. a—f par 4 = 24 ff. — *Au bas du verso du dernier f.* : Impressum Venetiis per Hānibalem Fosium parmensem anno ‖ incarnationis domini. Mcccclxxxvii . die . xvi . Ianuarii.

Cf. Col. 964.

VOYAGES DANS LES TEMPS MODERNES.

— The Voyages and Adventures of Ferdinand Mendez Pinto, the Portuguese. (Done into English by Henry Cogan.) With an introduction by Arminius Vambery. An abridged and illustrated edition. London : T. Fisher Unwin, MDCCCXCI, in-8, pp. xxxii-464.

Forme le Vol. 7 de *The Adventure Series*, 5/—.

— Mendez Pinto. By Stephen Wheeler. (*Geog. Journal*, I, 1893, Feb., pp. 139/146.)

.˙.

— Reys ‖ van ‖ Anthony Jenkinson .... col. 1931.

Tirage à part; titre ut supra, col. 1931; Te Leyden, ‖ By Pieter van der Aa, Boekverkoper 1707. ‖ Met Privilege. — Pet. in-8, pp. 30 + 1 f. n. c. p. l. tab.

* G. Gherardini. — Relazione di un viaggio fatto alla China nel 1698. Bologna, Soc. tip. Bol., 1854, in-8.

Voir col. 991.

— Reise um die Welt in den Jahren 1844—1847. Von Carl Grafen von Görtz. Dritter Band. *Reise in China, Java, Indien und Heimkehr*. Stuttgart und Tübingen, J. G. Cotta, 1854, in-8.

— Ferdinand v. Hochstetter's Gesammelte Reise-Berichte von der Erdumsegelung der Fregatte «Novara» 1857—1859. — Mit einer Einleitung und einem Schlusswort von V. v. Haardt, einem Portrait Ferdinand v. Hochstetter's in Heliogravure und einer Uebersichtskarte der Reise-Route. — Wien, Eduard Hölzel, 1885, in-8, pp. viii-340.

Voir col. 1016.

— Du fleuve Bleu au fleuve Jaune par Léon Rousset. — Extrait du *Correspondant*. — Paris, Charles Douniol, 1877, br. in-8, pp. 32.

Voir col. 1027.

— Round the World by Andrew Carnegie. London, Sampson Low, s. d. [1879?], in-8 carré, pp. vi + 1 f. n. c. + pp. 360.

China ... Japan ... Singapore ...

— Eine Segelfahrt um die Welt an Bord der Yacht «Sunbeam» in elf Monaten ausgeführt und geschildert von Mrs. A. Brassey. Frei übersetzt nach der achten Auflage des Originals von A. Helms. Mit 9 Tonbildern, 104 Textillustrationen und einer Karte der Reiseroute. Leipzig, Ferdinand Hirt, 1879, in-8, pp. viii-432.

Japan ... Canton ... Macao .. Singapore ...

— Eene Reis om de Wereld door D. Hellema, Doctor Med., ... Zr. Ms. Schroefstoomschip Ie kl. Curaçao in 1874 en 1875, onder bevel van den Kapitein ter zee J. A. Vandevelde. Nieuwediep, J. C. de Buisonjé, 1880, in-8, pp. iv + 1 f. n. c. + pp. 246.

— Um die Erde. — Reiseberichte eines Naturforschers. — Von Dʳ Otto Kuntze. Leipzig, Paul Frohberg, 1881, in-8, pp. iv-514.

— Die Wissenschaftlichen Ergebnisse der Reise des Grafen Béla Széchenyi in Ostasien 1877—1880. Erster Band. *Die Beob-*

achtungen während der Reise. Mit 175 Figuren, 10 Tafeln und einer geologischen Uebersichtskarte. Nach dem im Jahre 1890 erschienenen ungarischen Originale. Wien, Ed. Hölzel, 1893, gr. in-8, pp. cclm-851.

Voir col. 1955—1956.

— Eene Reis om de Wereld in vier honderd en tachtig dagen door G. Verschuur. Haarlem, H. D. Tjeenk Willink, 1882, in-8, pp. vii-424.

— Eine Weltumsegelung. Reise der Corvette «Erzherzog Friedrich» in den Jahren 1874 bis 1876. — Von Josef Ritter von Lehnert, k. k. Linienschiffs-Lieutenant. Mit 7 Original-Illustrationen und einer Karte. Wien, 1882, Alfred Hölder, pet. in-8, pp. 161 + 1 f. n. c.

— Journal of a Lady's Travels round the World. By F. D. Bridges .... With Illustrations from Sketches by the Author. London, John Murray, 1883, in-8, pp. xi + 1 f. n. c. + pp. 413.

... Burmah ... Rangoon ... Canton ... Japon ... Pekin, etc.

— Gaspar, Editores. — Los Paises del extremo Oriente por el Excmo. Sr. D. Juan Manuel Pereira, Enviado extraordinario y Ministro Plenipotenciario que fué de España en el Imperio de la China y en los reinos de Annam y de Siam — Obra adornada con profusion de grabados que representan tipos, costumbres, personajes y edificios de los paises recorridos por el autor y reproducidos con arreglo à fotografias sacadas en los mismos sitios visitados Por D. Enrique Alba Gaspar, editores Madrid, 1883, in-4, pp. 235 à 2 col. + 3 ff. n. c.

— De Shanghaï à Peking. (Souvenirs de voyage.) Par L. H. Courvoisier-Guinand. (*Bul. Soc. neuchâteloise de Géographie*, III, 1887, pp. 15/34.)

— Ulysses or Scenes and Studies in Many Lands by W. Gifford Palgrave, H. M. Minister Resident in Uruguay .... London, Macmillan, 1887, in-8, 3 ff. n. c. + pp. 385 : . . . .

Phra-Bat, pp. 169—199. [Siam, Buddha.]
The Three Cities, pp. 200/216. [Hongkong, Canton, Macao.]
Avait paru dans *Cornhill Mag.*, March 1878.
Kioto, pp. 217/245.
Avait paru dans la *Fortnightly Review*, Dec. 1881. . . . .

— Georges Lieussou. — Dix Mois Autour du Monde. Notes de Voyage du 28 septembre 1884 au 25 juillet 1885. — Ouvrage

(1882—1887.)

illustré de 20 gravures et contenant 4 cartes. Paris, Paul Ollendorff, 1887, in-12, pp. 395.

— Reise um die Welt. — Beschreibung von Land und Meer nebst Sitten und Kulturschilderungen mit besonderer Berücksichtigung der Tropennatur von Reinhold Graf Anrep-Elmpt. Leipzig, Greszner & Schramm. 1887, 2 vol. in-8, pp. x-318, viii-352.

Erster Band. Triest. — Der Suez-Kanal. — Britisch-Indien. — China. — Japan. — Seefahrt nach San Franzisko.
Zweiter Band. Kalifornien. — Mexico. — Zentral-Amerika. — Süd-Amerika von der West- und Ostküste. — Pernambuco über Gorée und Lissabon, Bordeaux und Triest.

— Ueber Länder und Meere oder eine Missionsreise um die Welt von Bischof J. J. Escher. Stuttgart, Verlag der Evangelischen Gemeinschaft, 1887, in-8. pp. xx-647.

. . . Japan . . . Hongkong . . . Singapore.

— Turbans and Tails; or, Sketches in the Unromantic East. By Alfred J. Bamford, B. A. London : Sampson Low, Marston, Searle, & Rivington, 1888, pet. in-8, pp. vi-322.

Voir col. 1959.

— A Trip round the World in 1887—8, by W. S. Caine, M. P. Illustrated by John Pedder, H. Sheppard Dale, Geo. Bickham, and the Author. London, George Routledge, 1888, in-8, pp. xxiv-398 + 1 f. n. c.

.... Yokohama — Nikko — Japan — Hongkong — Singapore ....

— China. — Skizzen von Land und Leuten mit besonderer Berücksichtigung kommerzieller Verhältnisse. Von A. H. Exner, vormaligem Delegierten der deutschen Bank im deutschen Eisenbahn-Konsortium für China. Mit einem Portrait in Stahlstich, 6 in lithographischem Farbendruck ausgeführten Bildern, 17 autotypischen Illustrationen, einem Plane der Stadt Peking, usw. Leipzig, T. O. Weigel Nachfolger (Chr.) Herm. Tauchnitz. 1889, in-8, pp. viii + 1 f. n. c. + pp. 298.

Voir col. 1959.

— Voyage en Chine. Conférence faite devant la Société, le 23 Novembre 1889 par M. le Général Tcheng-ki-tong. (*Bul. Soc. Géog. commerciale du Hâvre*, 1889, pp. 326/347.)

— Notes of my Journey round the World by Evelyn Cecil, B. A. With fifteen full-page Illustrations. London, Longmans, 1889, in-8, pp. vi + 1 f. n. c. + pp. 207.

.... Japan — Hongkong — Singapore — Java ...

— Wanderings in China by C. F. Gordon Cumming . . . . With illustrations.

(1887—1889.)

In two volumes. William Blackwood and Sons, Edinburgh and London, MDCCCLXXXVI, 2 vol. in-8, pp. VI + 1 f. n. c. + pp. 382, VI + 1 f. n. c. + pp. 370.

Voir col. 1959.

— Some eventful voyages. By C. F. Gordon Cumming. (*Blackwood's Mag.*, CXLVII, March 1890, pp. 372/383.)

— Briefe aus dem Fernen Osten von E. Haffter. — Vierte Auflage. Mit dem Porträt des Autors. Frauenfeld. J. Hubers Verlag, 1890, pet. in-8, pp. VIII-312.

Lettres adressées à la *Thurgauer Zeitung.*

— From the Arctic Ocean to the Yellow Sea. The Narrative of a Journey in 1890 and 1891, across Siberia, Mongolia, the Gobi Desert, and North China. By Julius M. Price, F. R. G. S., Special Artist of the "Illustrated London News". With one hundred and forty-two illustrations from Sketches by the Author. New and cheaper edition. London : Sampson Low, 1893, in-8, pp. XIII-XXIV-384.

— Exposé d'une communication sur Tientsin — Peking. — La grande muraille de Chine. — Résidence impériale de Djehol (Mongolie intérieure). — Les tombeaux des Mings. — La passe de Nan-Koou — faite à la Société de Géographie de Genève le 6 Janvier 1893 par Alfred Bertrand, Membre de la Société de Géographie de Genève, Membre de la Société royale de Géographie de Londres, Membre de la Société de Géographie de Paris. — Souvenirs de Voyage. — Genève, Imprimerie Aubert Schuchardt 1893, br. in-8, pp. 32.

(1886—1893.)

Extrait du *Globe,* Journal géographique, Organe de la Société de Géographie de Genève, Tome XXXII, fév. 1893, pp. 79/108.)

— D.-V. Poutiata. — Expeditsiia v Khingan 1891 g. Opisanie pouti sliédovaniia. St. Pétersbourg, 1893, in-8, pp. 67.

Carte 20 verstes = 1 pouce : 1/840.000.

— A travers le Monde — De ci de là par Arthur de Claparède, Docteur en Droit, Ancien Secrétaire du Département politique (Affaires étrangères) de Suisse, Président de la Société de Géographie de Genève, etc. — Genève, Georg et Cⁱᵉ. — Paris Librairie Fischbacher, 1894, in-12, pp. X-419.

Voir col. 1957.

— Um die Erde. — Eine Reisebeschreibung von Dr. J. Hirschberg, a. o. Prof. a. d. Univ. zu Berlin. — Leipzig. Verlag von Georg Thieme, 1894, in-8, 4 ff. n. c. p. l. tit., &c. + pp. 531.

* C. Cradock. — Sporting Notes in the Far East. With Illustrations and Maps. 1894. In-8, pp. 220.

* Mrs. H. Vincent. — China to Peru over the Andes. In-8, 1894.

— De Pékin à Paris. Par M. Charles Vapereau. (*Le Tour du Monde*, 1894, LXVII, pp. 177, 193, 209, 225, 241, 257; LXVIII, pp. 193, 209, 225.)

— Vingt-huit jours en Chine. Par Félix Régamey. (*Revue bleue*, 13 oct. 1894, pp. 449/456; 20 oct. 1894, pp. 496/499; 3 nov. 1894, pp. 559/563; pp. 596/599.)

(1893—1894.)

II. — COMMERCE.

OUVRAGES DIVERS.

Voir ANGLETERRE, *Blue Books;* FRANCE : *Rapports commerciaux.*

— Le progrès économique dans l'Extrême Orient. Expansion internationale. — Système colonial. — Libre échange, protection. Par M. Louis Desgrand. (*Bul. Soc. Géog.*, Lyon, V, 1884, pp. 305/334.)

— La Chine industrielle et commerciale. Par

(DIVERS.)

M. H. Castonnet Des Fosses. (*Bul. Soc. Géog.*, Lyon, VII, 1887, pp. 331/365.)

— Die Einnahmequellen und der Credit Chinas nebst Aphorismen über die Deutschostasiatischen Handelsbeziehungen von A. H. Exner, s. Zt. Delegirter des Deutschen Eisenbahn-Consortiums für China. — Berlin. Verlag von A. Asher & Co. 1887, in-8, pp. 71.

(DIVERS.)

— The P. and O. Company. By Demetrius Boulger. (*As. Quart. Review*, VII, Jan.-April 1889, pp. 241/258.)

— Sherriff's Illustrated Route Charts and Travellers' Hand-book. — Routes from London, Liverpool and Plymouth, The Mediterranean, Egypt and Suez Canal, including Gravesend to the North Foreland. — Views and Plans of London, Plymouth and Plymouth sound, Gibraltar Rock and harbour, Valetta and harbour, Alexandria and harbour, Cairo, Town of Suez and Docks, Sketches of various places of interest on the Route, visible from the Deck of the Steamer. And Including a Traveller's Diary, Descriptive Notes, and General Information for the Guidance of Travellers to and from the East. — Sherriff's Illustrated Route Charts, London, in-8 oblong.

— Une compagnie maritime chinoise. Par L.-B. Rochedragon. (*Bul. Soc. Géog.*, Lyon, X, 1891, pp. 372/380.)

— Les grandes Compagnies de Commerce. — Etude pour servir à l'histoire de la colonisation par Pierre Bonnassieux. — Ouvrage récompensé par l'Académie des Sciences morales et politiques. Paris, E. Plon — 1892, in-8, pp. 562 + 1 f. d'errata.

*Wright's Australia, India, China, and Japan. Trade Directory and Gazetteer, including Canada, South and Central America, Mexico, West Indies, and South Africa. A

(DIVERS.)

Handbook of Trades, Professions, Commerce, and Manufactures in the Australian Colonies, India, China and Japan, Canada, South America, Central America, West Indies, Mexico, and South Africa. Fourth Edition. New York: Geo. Wright. London: Thos. Cook and Son, 1893—94, pp. cxxiv-3035.

DOUANES IMPÉRIALES.

(Imperial Maritime Customs.)

— Decennial Reports, 1882—91. — Reports on the Trade, Navigation, Industries, etc., of the Ports open to Foreign Commerce in China and Corea, and on the condition and development of the Treaty Port Provinces.

Subjects treated :—Aids to Navigation, Banking, Botany, Calamities, Coast Trade, Disturbances, Education, Exchange, Export Trade, Foreign Trade, Geography, Guilds, Imports, Industries, Inland Transit and Traffic, Literary Honours, Local Improvements, Mining, Missionaries, Money Market, Native Products, Opium (Foreign and Native), Pilotage, Population, Postal Facilities, Railways, Review of past Decade, Shipping, Silk, Tea.

With Map of Chinese Empire and adjacent parts of Russia, India, Burma, etc., delineating Telegraph and Railway Communications, Courier Routes, etc.; sundry other Maps; and Sketch Plans of the Treaty Ports. Also Ten-year Statistical Tables relative to the Shipping; the Values of the Import, Export, and Coast Trade; the Purchasing Power of Silver; and the Population (Chinese and Foreign) at those Ports, in-4, pp. 789. Prix $8.

— Inspectorate of Customs in Peking. By H. A. G.[iles]. (*Journ. C. B. R. A. S.*, N. S., XX, 1885, p. 95.)

(DOUANES.)

III. — PORTS OUVERTS AU COMMERCE ÉTRANGER.

OUVRAGES DIVERS.

PIDGIN-ENGLISH.

— Pidgin-English Sing-Song or Songs and Stories in the China-English Dialect. With a Vocabulary. By Charles G. Leland. London : Trübner & Co., 1876, pet. in-8, pp. VIII-139.

CHANG HAÏ.

* Shanghai Land Assessment Schedule .... English Settlement. 1890. Shanghai, 1890, in-4.

(CHANG HAI.)

* Six Essays on the Trade of Shanghai; reprinted from "the Celestial Empire". Shanghai, "Gazette" Office, br. in-8, pp. 73.

* Sketches in and around Shanghaï. Shanghai : *Shanghai Mercury* Offices.

By J. D. Clark. — Notice : *Lond. & China Express*, Dec. 14, 1894.

∴

— Journal of the China Branch of the Royal Asiatic Society. — 1891—92. New Series, Vol. XXVI, No. 2. — Issued at Shanghai, December 1893, in-8, pp. 129 à 297.

(CHANG HAI.)

Contents.

— Proceedings, pp. 129/236.

— List of Members, pp. 236/245.

— A Classified Index to the Articles printed in the Journal of the (North.) China Branch of the Royal Asiatic Society, from the Foundation of the Society, 1858, to the end of 1893. (Compiled by Joseph Haas, Hon. Librarian), pp. 246/297.

Cf. Index by H. Cordier, col. 1068.

— — 1891—92. New Series, Vol. XXVI, No. 3. — Issued at Shanghai: August 1894, in-8, pp. xviii + 281 + ii.

Contents.

— Catalogue of the Library of the China Branch of the Royal Asiatic Society (Including the Library of Alex. Wylie, Esq.) systematically classed. — Third edition. — Shanghai : Printed by Kelly and Walsh, limited. — 1894.

Edition publiée par Joseph Haas. — Voir 1ère éd. par H. Cordier, col. 1070.

— — 1892—93. New Series, Vol. XXVII, No. 1. — Issued at Shanghai : May 1894, in-8, pp. 69.

Contents.

— The Salt Administration of Ssŭch'uan. By Arthur von Rosthorn, pp. 1/32.

(CHANG HAI.)

— Early Portuguese Commerce and Settlements in China. By Z. Volpicelli, pp. 33/69.

.·.

* History of the Shanghai Recreation Fund, from 1860 to 1882, with an account of the Shanghai Driving Course of 1862 (now the Bubbling Well Road) and of the Public Garden. Shanghai, "Celestial Empire", 1882, in-8.

WEN TCHEOU.

— Ethnographie chinoise. Wenchow. — L'île de la Pagode. — Le commerce français. Par le Dʳ E. Martin. (*Magasin pittoresque*, 15 nov. 1894, p. 363/4, 1 grav.)

CANTON.

— The Canton Directory, compiled by J. G. Kerr, M. D. — Canton : Printed by James Parker, Canton Printing Office. 1873, in-12, pp. 16, 3 plans.

(CHANG HAI. — WEN TCHEOU. — CANTON.)

TROISIÈME PARTIE

RELATIONS DES ÉTRANGERS AVEC LES CHINOIS

I. — OUVRAGES DIVERS.

— La civilisation européenne en Chine depuis le XIIIᵉ siècle par M. Valérien Groffier. (*Bul. Soc. Géog.*, Lyon, V, 1884, pp. 278/303.)

— Foreign Ships in China. By E. H. Parker. (*China Review*, XVII, No. 1, p. 51.)

(DIVERS.)

— A White Barbarian. By E. H. Parker. (*China Review*, XVIII, No. 1, p. 56.)

— Tributary States. By E. H. Parker. (*China Review*, XVIII, No. 1, p. 56.)

— Name of Europeans. By J. Edkins. (*China Review*, XIX, No. 1, pp. 57/58.)

— Syrian Products. By Thos. W. Kingsmill. (*China Review*, XIX, No. 4, 1891, pp. 258/9.)

(DIVERS.)

II. — PORTUGAL.

— Early Portuguese Commerce and Settlements in China. By Z. Volpicelli. (*Journ. C. B. R. A. S.*, XXVII, N. S., No. 1, 1892/93, pp. 33/69.)

— Portuguese Discoveries Dependencies and

(PORTUGAL.)

Missions in Asia and Africa compiled by the Rev. Alex. J. D. D'Orsey B. D. Cambridge ... London, W. H. Allen, 1893, pet. in-8, pp. xvi-434.

(PORTUGAL.)

IV. — HOLLANDE.

— Jan Helenus Ferguson. (*Tijdschrift voor Ned. Indïe*, 22ᵉ Jaarg., April 1893, pp. 317/8.)

(HOLLANDE.)

(HOLLANDE.)

V. — ANGLETERRE.

PREMIÈRES RELATIONS AVEC LA CHINE. — EAST-INDIA COMPANY. — OUVRAGES DIVERS.

— Early English Voyages to Chusan. Edited by Demetrius Boulger. (*As. Quart. Review,* IV, July-Oct. 1887, pp. 142/212.)
Voir col. 1998.

— English Policy in the Far East. Being The Times special Correspondence. By Archibald R. Colquhoun, F. R. G. S., &c. 1885. London : Field & Tuer, br. in-8, pp. 32, 6 *d.*

— The Development of Asiatic Countries with English Capital. (*As. Quart. Review,* IX, Jan.-April 1890, pp. 241/256.)

— Life of Sir Harry Parkes . . . . By Stanley Lane-Poole . . . Voir col. 1998.
Notice : *China Review,* XXI, No. 4, pp. 282/286. By E. J. E.[itel]

GUERRE D'OPIUM.

* Caged in China. By Lane-Poole. (*English Illustrated,* Nov. 1894.)
Capt. Anstruther, Mrs. Noble, &c. &c. pendant la guerre d'Opium.

LORD ELGIN ET L'EXPÉDITION DE 1860.

— Sketch to illustrate the movements of the Allied Forces in China, from the landing at Pehtang on the 1st August to the capture of the Taku Forts on the 21st, 1860, By Capt. L. Brabazon. [London, 1860.]

HONG KONG.

幼學初階 [Premier Livre de Lecture à l'usage des écoles publiques à Hongkong par Ch. Piton, missionnaire évangélique. — 3ᵉ édition. — Hongkong, Imprimé pour le compte du Gouvernement anglais de la Colonie, 1878] 1 *peun* chinois, in-8.

* Hongkong. — Report of the Commissioners appointed by His Excellency John Pope Hennessy, C. M. G., Governor and Commander-in-Chief of Hongkong . . . . . . to enquire into the working of "The Contagious Diseases Ordinance, 1867", together with an Appendix . . . . Hongkong, 1879, in-fol. — (Voir col. 1204.)

* Catalogue of the Articles in the City Hall Museum, Hongkong. 1883, br. in-8, pp. 40.

(DIVERS. — OPIUM. — ELGIN. — HONG KONG.)

* The Colonization of Indo - China. Translated from the French of J. Chailley-Bert. By Arthur Baring Brabant. London, A. Constable & Co., 1894, in-8, pp. xxiv-389-12, cartes, 7/6.
Voir col. 2004.

— Hongkong. (*The Times,* 20 oct. 1894.)

— *The China Review* . . . . Voir col. 1189.

— Index to the China Review from Volumes I to XII. — 1. — List of Contributors. — 2. — Articles. — 3. Reviews of Books. — 4. — List of Authors reviewed. — Hongkong : Printed at the 'China Mail' Office. — 1886, br. in-8, pp. 28 à 2 col.

— La peste bubonique à Hong-kong. D'après le Dr. Yersin. (*Revue scientifique,* No. 15, 13 oct. 1894, pp. 475/7.)

— *Hong kong.* — Correspondence relative to the Outbreak of Bubonic Plague at Hong kong. — Presented to both Houses of Parliament by Command of Her Majesty. 13 July 1894. — London : Printed for Her Majesty's Stationery Office, by Eyre and Spottiswoode . . . . 1894. [C. — 7461.] Price 2¹/₂ *d,* in-fol., pp. 19.

— *Hong kong.* — Further Correspondence relative to the Outbreak of Bubonic Plague at Hong kong. (*In continuation of* [C. — 7461] July 1894.) — Presented . . . . August 1894. — London : Printed . . . . 1894. [C. — 7545.] Price 2¹/₂ *d,* in-fol., pp. 16.

PARLIAMENTARY PAPERS.

(Blue Books.)

— Treaty Series. No. 19. — 1894. Convention between Great Britain and China, giving effect to Article III of the Convention of July 24, 1886, relative to Burmah and Thibet. Signed at London, March 1, 1894. [Ratifications exchanged at London, August 23, 1894.] — Presented to both Houses of Parliament by Command of Her Majesty. August 1894. — London : Printed for Her Majesty's Stationery Office, by Harrison and Sons, ... [C. — 7547.] Price 7*d,* br. in-8, pp. 9, carte.

(HONG KONG. — PARLIAM. PAPERS.)

VII. — FRANCE.

— France and China. By Demetrius Charles Boulger. (*Nineteenth Century*, XIII, 1883, pp. 886/895.)

— France, China and the Vatican. By Rutherford Alcock. (*Nineteenth Century*, XX, 1886, pp. 617/632.)

— La France et la Chine. — I. Les échanges entre les deux pays. Par Albert Perquer. (*Le Correspondant*, 25 Oct. 1894, pp. 346/377.)

RAPPORTS COMMERCIAUX.

— (Annexe au *Moniteur Officiel du Commerce* du 22 Septembre 1892 . . . . etc.) — Rapports commerciaux des Agents diplomatiques et consulaires de France publiés Par le Ministère des Affaires étrangères et le Ministère du Commerce et de l'Industrie :

— Année 1892. — No. 53. — CHINE. — Mouvement commercial de *Shanghaï* en 1891. 10 centimes, br. in-8, pp. 10.
[Par Wagner.]

— Année 1892. — No. 77. — CHINE. — Commerce de *Foutchéou* en 1892. 10 cent., br. in-8, pp. 11.
[Par T. Frandon.]

(FRANCE.)

— Année 1893. — No. 92. — CHINE. — Mouvement de la Navigation dans les *ports ouverts de la Chine*. 20 cent., br. in-8, pp. 27.
[Par Maurice Dejean de la Batie.]

— Année 1893. — No. 118. — CHINE. — Mouvement commercial de *Longtchéou* en 1892. 10 cent., br. in-8, pp. 14.
[Le Consul de France.]

— Année 1893. — No. 129. — CHINE. — Situation commerciale de *Mongtze* et de la province du *Yunnan* pendant l'année 1892. 10 cent., br. in-8, pp. 12.
[Par Rocher.]

— Année 1893. — No. 139. — CHINE. — Commerce et navigation de *Canton* en 1892. 10 cent., br. in-8, pp. 16.
[Par Imbault-Huart.]

— Année 1894. — No. 215. — CHINE. — Commerce et navigation du port de *Canton* en 1893. 10 cent., br. in-8, pp. 14.
[Par C. Huart.]

Direction. Ministère du Commerce . . . . . Abonnements et vente au numéro : Paul Dupont, 4 Rue du Bouloi.

(FRANCE.)

VIII. — SUÈDE ET NORVÈGE.

— De Svenska Ostindiska Kompanierna. Historisk-statistisk Framställning af Joh. Fr. Nyström. — Belönad med Göteborgs

(SUÈDE ET NORVÈGE.)

K. Vetenskaps och Vitterhets Samhälles guldmedalj. s. l. n. d., in-8, pp. 161.

(SUÈDE ET NORVÈGE.)

XIV. — ITALIE.

— Viaggio intorno al Globo della R. Pirocorvetta italiana *Magenta* negli anni 1865-66-67-68 sotto il comando del Capitano di Fre-

(ITALIE.)

gata V. F. Arminjon. — Relazione descrittiva e scientifica pubblicata sotto gli auspici del Ministerio di Agricoltura, Industria e

(ITALIE.)

Commercio dal Dottore Enrico Hillyer Giglioli, Professore di Zoologia ed Anatomia comparata dei Vertebrati nel Regio Istituto di Studj Superiori di Firenze già membro della Commissione Scientifica imbarcata su quella nave. Con una Introdu-

(ITALIE.)

zione Etnologica di Paolo Mantegazza. — Milanese, V. Maisnere Ca., Editori, in-4, pp. xxxviii-1031.

Singapore . . . Malaisie anglaise . . . Cochinchine . . . Japon . . . Chine . . .

(ITALIE.)

XIVBIS. — SUISSE.

—La participation des Suisses dans les études relatives à l'Extrême-Orient par Henri Cordier, Vice-Président de la Ve section (Extrême-Orient). — Lu au Xe Congrès international des Orientalistes, le lundi 10 sep-

(SUISSE.)

tembre 1894. Genève, MDCCCXCIV, br. in-8 carré, pp. 26.

Tiré à cent ex. non mis dans le commerce; dédié à Edouard Naville; imprimé pour l'auteur, en oct. 1894, par W. Kündig & fils, à Genève.

(SUISSE.)

XVII. — PEUPLES DE L'ASIE.

JAPON.

— Conflit SINO-JAPONAIS, voir CORÉE, col. 2230—2232.

(JAPON.)

XVIII. — QUESTIONS CONTEMPORAINES.

— Le Progrès en Chine par Ly-Chao-pee, Lettré chinois. — Extrait du *Journal des Economistes* (Novembre 1881). Paris, Guillaumin, 1881, br. in-8, pp. 11.

— Onveiligheid van Europeanen in China. (*Tijdschrift voor Ned. Indië*, 22° Jaarg., Oct. 1893, pp. 317/320.)

— England and France in Asia. By Lepel Griffin. (*Nineteenth Century*, XXXIV, 1893, pp. 673/687.)

(DIVERS.)

— Problems of the Far East by the Hon. George N. Curzon, M. P. . . . . . — Japan — Korea — China — London, Longmans, 1894, in-8, pp. xx-441.

—Ostasiatische Probleme. Von M. von Brandt. (*Deutsche Rundschau*, Nov. 1894, pp. 241/273.)

(DIVERS.)

QUATRIÈME PARTIE

LES CHINOIS CHEZ LES PEUPLES ÉTRANGERS

I. — CONNAISSANCES DES CHINOIS SUR LES PEUPLES ÉTRANGERS.

女國 Le Pays des Amazones par Léon de Rosny. (*Mém. Soc. Et. jap. et chin.*, IV, 1885, pp. 234/245.)

D'après le *Pien-i-tien*.

— Description de la Chine occidentale (Mœurs et histoire) par un Voyageur. Traduit du chinois par M. Gueluy, missionnaire. — Extrait du *Muséon* — Louvain, Typ. de Charles Peeters, 1887, in-8, pp. 155, 2 cartes.

Voir col. 2080.

Traduit du *Si-yu Wen-kien lou*, 西域聞見錄

(DIVERS.)

Cf. Klaproth et Timkovsky, *Voyage à Peking, à travers la Mongolie*, col. 1222, en ont donné des traductions partielles.

— Cartografia dell' estremo Oriente. — Un Atlante Cinese della Magliabechiana di Firenze, per Bernardino Frescura ed Assunto Mori. (*Rivista Geografica Italiana*, I, Luglio 1894, pp. 417/422; Agosto 1894, pp. 475/486.)

— Die Länder des Islam nach Chinesischen Quellen von Friedrich Hirth. — I. — (*T'oung Pao*, Supp. au Vol. V, Déc. 1894, pp. 64.)

(DIVERS.)

II. — VOYAGES ET AMBASSADES.

PÉLERINS BOUDDHISTES.

HOEI CHIN (Question du Fou-sang).

— Zur Amerikanischen Jubelfeier. Von Prof. Karl von den Steinen. (*Deutsche Rundschau*, 1892.)

(HOEI CHIN.)

— La Scoperta dell' America, attribuita ai Cinesi. Relazione di Lodovico Nocentini. (*Atti del primo Congresso geografico italiano tenuto in Genova dal 18 al 25 set-*

(HOEI CHIN.)

tembre 1892 . . . . Genova, 1894, II, Parte Prima, pp. 312/323.)

Voir col. 2089.
— Rép. de L. Nocentini à G. Schlegel, *L'Oriente*, Anno I. — N. 4, 1 Ottobre 1894, pp. 248/250. — Rép. de G. Schlegel à L. Nocentini, *T'oung Pao*, VI, No. 1.

— Il Fusang. Per Dott. Bernardino Frescura. (*Bull. della Sezione Fiorentina della Soc. Africa d'Italia*, IX, 20 giugno 1893, pp. 51/61.)

— Did a Chinaman Discover America? By Rev. Frederick J. Masters, D. D. (*Bul. Geog. Soc. California*, Vol. II, May 1894, pp. 59/76.)

Voir *Overland Monthly*, June 1894.
— Jottings from Canada. Antiquarian and philological researches. By E. H. Parker. (*China Review*, XXI, No. 4, pp. 268/9.)

HIOUEN TSANG.

— Chinesische Pilgerfahrten. Histoire de la vie de Hiouen-thsang . . . . par Stanislas Julien . . . . . Von Fr. Spiegel. (*Allg. Monatsschr. f. Wiss. u. Lit.*, October 1853, Braunschweig, pp. 789/802.)

— A propos d'une préface. — Aperçu cri-

(HOEI CHIN. — HIOUEN TSANG.)

tique sur le bouddhisme en Chine au 7ᵉ siècle par A. Gueluy. — Extrait du *Muséon*, Tome XIII, Novembre 1894. — Louvain, J.-B. Istas, 1894, br. in-8, pp. 15.

— Hiouen-tsang, par Sylvain Lévi, *Grande Encyclopédie*, XX, pp. 105/6.

I TSING.

— Voyages des pèlerins bouddhistes . . . par E. Chavannes. — Voir col. 2041.

Notices : *Revue de l'Hist. des Religions*, XXIX, No. 3. — Mai-juin 1894, pp. 359/361, par Jean Réville. — *China Review*, XXI, No. 4, pp. 281/2, par E. H. Parker. — *Revue Critique*, No. 1, 7 janv. 1895, pp. 1/3, par Sylvain Lévi.
— I-tsing, par E. Chavannes, *Grande Encyclopédie*, XX, p. 1137.

DIVERS.

安南紀遊 *Ngan-nan ki yeou*. Relation d'un voyage au Tonkin, par le lettré chinois *P'an Ting-kouei* (潘鼎珪), traduite et annotée par A. Vissière, premier interprète de la Légation de France en Chine. (Extrait du *Bulletin de Géographie historique et descriptive*, tome IV, nᵒ 2.) Paris, Ernest Leroux, 1890, br. in-8.

Notice : *T'oung Pao*, IV, p. 99, par G. Schlegel.

(I TSING. — DIVERS.)

III. — ÉMIGRATION.

OUVRAGES DIVERS.

— The Chinaman abroad. By Edmund Mitchell. (*Nineteenth Century*, oct. 1894, pp. 612/620.)

— The Chinese as Fellow Colonists. By R. W. Egerton Eastwick. (*The Humanitarian*, London, Dec. 1894.)

ÉTATS-UNIS.

— La Chine en Amérique. Etude sur la vie sociale des Chinois dans les villes orientales des Etats-Unis. Par Stewart Culin. Résumé

(DIVERS. — ETATS-UNIS.)

par M. B. C. (*Bul. Soc. Anthrop.*, Lyon, VI, 1887, pp. 199/202.)

— Chinoiserie d'Amérique. Par André Chevrillon. (*Figaro*, Supp. litt., 4 nov. 1893.)

— Scènes de la vie chinoise à New-York. Par Mathilde Shaw. (*Nouvelle Revue*, XCI, 15 nov. 1894, pp. 327/360.)

CANADA.

— Missions to the Chinese. By Captain H. J. May, B. C., R. N., H. M.'s ship *Hyacinth*. (*Chin. Rec.*, XXIV, oct. 1893, pp. 458/461.)
British Columbia.

(ETATS-UNIS. — CANADA.)

CINQUIÈME PARTIE

LES PAYS TRIBUTAIRES DE LA CHINE

I. — TARTARIE.

HISTOIRE.

— Recherches ethnographiques sur la race toungouse par J. Klaproth. (*Le Lotus*, IX, Déc. 1890, pp. 193/211.)

— Turko-Scythian Tribes. — After Han Dynasty. By E. H. Parker. (*China Review*, XXI, No. 4, pp. 253/267 . . . . .)

— Note préliminaire sur la langue et l'écriture Jou-tchen par W. Grube. (*T'oung Pao*, V, Oct. 1894, pp. 334/340.)

Voir col. 2051.

MANDCHOURIE.

OUVRAGES DIVERS.

— Dergi hese jakôn gôsa de wasimbuhangge. (*Ching-yu pa ki.*) 聖諭八旗 Décret suprême adressé aux huit bannières. Traduit du mandchou par C. de Harlez. (*Mém. Soc. Et. jap. et chin.*, IV, 1885, pp. 177/191.)

— Port-Arthur. (*Bul. Soc. Géog. commerciale du Havre*, 1889, pp. 14/18.)

— La Chine et la Mandchourie. (*Bul. Soc. Géog. commerciale du Havre*, 1889, pp. 272/280.)

— Southern Manchuria. A few facts about the Country. (*Lond. & China Express*, Nov. 23, 1894, pp. 991/2.)

D'après une conférence du Cap. John Eccleston, Douanes chinoises, à la Balloon Society, 13 nov. 1894.

— Our Commercial Relations with Chinese Manchuria. By A. R. Agassiz, of the Imperial Chinese Customs, Shanghai. (*The Geographical Journal*, Dec. 1894, pp. 534/556.)

LANGUE.

— Grammaire tartare mandchou traduite du latin du Père Gerbillon, revue & augmentée par M. Abel-Rémusat.

MS. autog. de Rémusat, in-4, pp. VIII-138 chif. «Cette grammaire est la traduction de celle du *Père Gerbillon*, insérée à la fin du 4e vol. du *Recueil* des Voyages de Thévenot sous le titre d'*Elementa linguae tartaricae* avec plusieurs additions et quelques légers changemens.»

Cod. Or. mixt. 112, Bib. royale de Munich.

— P. G. von Möllendorff . . . Manchu Grammar, Voir col. 2061.

Réponse à W. Bang, *T'oung Pao*, V, Oct. 1894, pp. 361/5. — Rép. à Möllendorff par C. de Harlez, *Ibid.*, Déc. 1894, pp. 416/8; par W. Bang, *Ibid.*, pp. 418/9.

MONGOLIE.

OUVRAGES DIVERS.

— Le pays de 'Hami ou Khamil. Description, histoire, d'après les auteurs chinois par M. C. Imbault-Huart. (*Bull. de géog. hist. et descr.*, 1892, No. 2, pp. 121/195.)

* V. Obroutchev. — Quelques mots sur la composition géologique de la Mongolie

orientale, route de caravanes de Kiakhta à Kalgan [en russe]. (*Izviestia Irkoutsk,* 1893, III & IV, pp. 104/108.)

* V. Obroutchev. Courte description géologique de la route de caravanes de Kiakhta à Kalgan, avec un profil géologique [en russe]. (*Izviestia,* 1893, V, pp. 347—390.)

VOYAGES.

— Reisen in Tibet und am oberen Lauf des Gelben Flusses in den Jahren 1879 bis 1880 von N. von Prschewalski, Oberst im Russischen Generalstab. Aus dem Russi-

(MONGOLIE.)

schen frei in das Deutsche übertragen und mit Anmerkungen versehen von Stein Nordheim. Mit zahlreichen Illustrationen und einer Karte in Farbendruck. — Jena, Hermann Costenoble, 1884, in-8, pp. XIV-281.

Voir col. 2062.

* N. Potanine. — Tangoutsko-tibetskaiia Okraïna Kitaiia i tsentralnaiia Mongoliia. St. Pétersbourg, A. S. Suvorin, 1893, 2 vol., 3 cartes, 43 phototypies.

Voyage de 1884—1886.
Voir col. 1958—2062, 2173/4.

(MONGOLIE.)

II. — TIEN CHAN PE LOU. — TIEN CHAN NAN LOU.

— Auszüge aus fünf in der handschriftlichen Ausgabe der Peking-Zeitung vom 9. September 1882 (Kuangsü, 8. Jhr. 7. Mt. 27. Tg.) veröffentlichen Berichten, die Neu-Organisation der Thienschan-Länder betreffend. (*Zeit. d. Ges. f. Erdk. zu Berlin,* XIX. Bd., 1884, pp. 65/73.)

* A. Alexandrov. — Excursion dans les Tian Chan de l'Est et au glacier de Séménov en 1886 [en russe]. (*Zapiski Omsk,* 1893, I.)

— Col. 2081. — Col. Grambcheffsky .... lire *W. Barnes Steveni* au lieu de *W. Barnes Stevens.*

— Die geographische Nomenklatur Zentralasiens. Von H. Vambéry. (*Petermann's Mitt.,* 37. Bd., 1891, pp. 263/272.)

Voir col. 2071—2072.

— The Turco-Tatars. An ethnographical Sketch. By Professor Armenius Vambéry. (*Jour. Manchester Geog. Journal,* VIII, 1892, pp. 1/18.)

— The Journey of M. Bonvalot and Prince Henry of Orleans across Thibet. By Mr. Mark Stirrup. (*Jour. Manchester Geog. Soc.,* VII, 1891, pp. 63/71.)

— Кульджа и Тянь-шань. — Путевыя Замѣтки Сергѣя Алфераки, ... Санкт Петербургъ, 1891, in-8, pp. II + 192 + 1 f. n. c. p. l'er.

* K.-J. Bogdanovitch. — Geologitscheskiia

(DIVERS.)

izliédovaniia v vostochnam Tourkestanié. Pétersbourg, 1892.

Voir PEVTSOV, col. 2083.

— M. Henri Dauvergne's Explorations in the Pamirs. By C. E. D. Black. (*Scottish Geog. Mag.,* VIII, 1892, pp. 362/367.)

Voir col. 2085.

* Sven Hedin. — Genom Khorasan och Turkestan, minnen från en resa i Centralasien 1890 och 1891. Stockholm, Samson & Walin, 1892.

Paraît en fascicules.

— The Bower Manuscript. Col. 2086.

«En 1886, dit A. Barth, *Revue de l'Hist. des Religions,* XXVIII, Nov.-Déc. 1893, le manuscrit de Bakhshâli, dans le territoire encore indien des Yusufzaïs, nous rendait le premier ouvrage profane écrit dans ce dialecte des gâthâs ou sanscrit mixte, qui fut, pendant plusieurs siècles après l'ère chrétienne, la langue du bouddhisme septentrional. En 1890, le lieutenant Bower en trouvait de plus anciens encore, les plus anciens qu'on connaisse jusqu'ici, en partie du Vᵉ, peut-être du IVᵉ siècle de notre ère, à Mingaï, dans la Kashgarie. ¹ En 1892, M. Serge d'Oldenburg ² publiait le fac-similé d'un feuillet envoyé à Saint-Pétersbourg par M. Petrowski, consul de Russie à Kashgar. L'écriture était en un alphabet inconnu, d'origine évidemment indienne, mais qui ne se prêtait au déchiffrement dans aucune langue de l'Inde. En même temps arrivait à Calcutta, envoyée par M. Weber, missionnaire morave à Leh en Ladak, une liasse de feuillets de vieux papier indigène, comme celui de Kashgar, et écrits en divers alphabets, tous fort anciens, dont l'un était l'alphabet du feuillet de M. Petrowski, mais appliqué cette fois à des textes en partie sanscrits, ce qui permit à M. Hoernle de le déchiffrer, ainsi que le restant de la liasse.³ Quant à la langue de ces textes non sanscrits qui n'est ni du tibétain, ni un dialecte turc, elle est jusqu'à présent inconnue. Dans l'intervalle M. d'Oldenburg avait obtenu le reste de la collection de M. Petrowski, une liasse de fragments écrits sur l'écorce de bouleau, sur du cuir, sur du papier, dans les mêmes alphabets que les *Weber Manuscripts,* et il était arrivé de son côté au déchiffrement de son alphabet inconnu.⁴»

Voici la bibliographie du sujet d'après M. Barth :

1. «*Proceedings of the As. Soc. of Beng.,* novembre 1890. — Rudolf Hoernle, *Remarks on a Birch Bark Manuscript (Ibidem,*

(DIVERS.)

avril 1891). — Le même, *On the date of the Bower Manuscript* (*Journ. of the As. Soc. of Beng.*, IX [1891], 79); reproduit avec additions dans l'*Ind. Antiq.*, XXI (1892), 29. — G. Bühler, *The new Sanskrit M. S. from Mingai* (*Wiener Zeitsch. f. d. K. des Morgenl.*, V [1891], 108, 802) et la note de M. A. Stein, *Ibidem*, 343. — R. Hoernle, *An instalment of the Bower Manuscript* (*Journ. of the As. Soc. of Beng.*, IX [1891] 135). — Le même, *Another instalment of the Bower Manuscript* (*Ind. Antiq.*, XXI [1892], 129). — Le même, *The third instalment of the Bower Manuscript* (*Ibidem*, 349). — En ce moment, le manuscrit entier, reproduit en fac-similé par la photogravure, avec double transcription et la traduction de M. Hoernle, est en cours de publication aux frais du gouvernement anglo-indien.» C'est le titre du premier fascicule que nous donnons, col. 2086.

2. *Manuscrit de Kashgar de M. Petrowski*, dans les *Zapiski*, ou *Mémoires de la Section orientale de la Société impériale russe d'archéologie*, t. VII. Saint Pétersbourg, 1892 (en russe). Pour cet écrit, ainsi que pour les autres travaux en langue russe que j'aurai à citer plus loin, j'ai été heureux de pouvoir recourir à l'obligeance de MM. Leger et Volkov qui ont bien voulu me les traduire ou résumer.

3. Rudolf Hoernle, *The Weber Manuscripts, another collection of Ancient Manuscripts from Central Asia* (*Journ. of the As. Soc. of Beng.*, LVII [1893] 1).

4. Serge d'Oldenbourg, *Fragments des manuscrits sanscrits de Kashgar de la collection de M. N. Petrowski*. Dans les *Zapiski* de la Section orientale de la Soc. imp. russe d'archéologie, t. VIII. Saint-Pétersbourg, 1893 (en russe). — Pour les deux liasses, qui renferment deux pièces communes et parmissent être les débris d'une seule et même collection, cf. en outre, G. Bühler : *New Manuscripts from Kashgar* (*Wiener Zeitsch. f. d. K. d. Morgenl.*, VII [1893], 260.)

* G. Capus. Nomadismus und Sedentarismus in Centralasien. (*Oesterr. Monatssch.*, fév. 1893.)

(DIVERS.)

— Les migrations ethniques en Asie centrale au point de vue géographique par G. Capus. (*L'Anthropologie*, V, 1894, No. 1, pp. 35/53.)

— The Mountain Systems of Central Asia. By E. Delmar Morgan. (With a Map.) (Read at a Meeting of the Society in Edinburgh, April 1894.) (*Scottish Geographical Magazine*, X, July 1894, pp. 337/352.)

— Société nationale d'Agriculture de France . . . . . Extrait du tome CXXXVI des *Mémoires*. — Note sur le Kendir (*Apocynum sibiricum*) par M. Edouard Blanc. [Paris, 1894], br. in-8, pp. 11.

— Société nationale d'Agriculture de France . . . . . La culture du Coton en Asie centrale et en Algérie par M. Edouard Blanc. — Extrait du tome CXXXVI des *Mémoires*. Paris, Chamerot et Renouard, 1894, br. in-8, pp. 29.

(DIVERS.)

III. — TIBET.

OUVRAGES DIVERS.

— Bouddhisme thibétain. Par A. Desgodins. (*Revue des Religions*, 2ᵉ année, No. 7. — Mai-Juin 1890, pp. 193/216; N° 9. — Sept.-Oct. 1890, pp. 385/410; N° 10. — Nov.-Déc. 1890, pp. 481/511.)

— Dutreuil de Rhins, né à Roche-Morlière, près St. Etienne, 2 janv. 1846, a été tué le 5 juin 1894 dans le Kan-sou. — Voir col. 2087.

* G. Wegener. — Die Entschleierung der unbekanntesten Teile von Tibet und die tibetische Centralkette. (*Festschrift Richthofen*, 1893, pp. 388/418.)

— A Trilingual List of Nāga Rājās, from the Tibetan. By L. A. Waddell, M. B., M. R. A. S. (*Journ. Roy. As. Soc.*, Jan. 1894, pp. 91/102.)

— Lāmaist Graces before Meat. By L. A. Waddell. (*Journ. Roy. As. Soc.*, April 1894, pp. 265/268.)

— Buddha's Secret from a Sixth Century Pictorial Commentary and Tibetan Tradi-

(DIVERS.)

tion. By L. A. Waddell, M. B., M. R. A. S. (*Journ. Roy. As. Soc.*, April 1894, pp. 367/384.)

Voir col. 2162.

— Sanskrit Manuscripts in China. By F. Kielhorn. (*Journ. Roy. As. Soc.*, Oct. 1894, pp. 835/838.)

Réimp. de *The Academy*, 16th June 1894.

— Brian Houghton Hodgson. By R. N. C. [ust]. (*Journ. Roy. As. Soc.*, Oct. 1894, pp. 843/849.)

Né à Lower Beech, près Macclesfield, 1 fév. 1800; † 23 Mai 1894.

VOYAGES ET MISSIONS.

— A Journey through Lesser Tibet. By Mrs. Bishop, F. R. G. S. (*Scottish Geog. Mag.*, VIII, 1892, pp. 513/528.)

— My Experiences in Tibet. By Annie R. Taylor. (Read at Meetings of the Society in Edinburgh and Glasgow, December 1893.) (*Scottish Geographical Magazine*, X, January 1894, pp. 1/8.)

(DIVERS. — VOY. ET MISSIONS.)

IV. — CORÉE.

OUVRAGES DIVERS.

— Ein verschlossenes Land. — Reisen nach Corea. — Nebst Darstellung der Geographie, Geschichte, Producte und Handelsverhältnisse des Landes, der Sprache und Sitten seiner Bewohner. Von Ernst Oppert. — Deutsche Originalausgabe. — Mit 38 Abbildungen in Holzschnitt und 2 Karten. — Leipzig : F. A. Brockhaus, 1880, in-8, pp. xx-313 + 1 f. n. c.

Voir col. 2099.

— La Corée ou Tchöseu [sic]. Par le Colonel Chaillé-Long. (Nouvelle Revue, 15 sept. 1894, pp. 334/346.)

Voir col. 2102—3.

— A recent Journey in Northern Korea. By C. W. Campbell, H. M. Consular Service, China. (Read at Meeting of British Association, 1892.) (Scottish Geog. Mag., VIII, 1892, pp. 579/591.)

Voir col. 2104.

— Pioneer Medical Missionary Work in the Interior of Korea. By Rev. W. J. Hall, M. D., American Methodist Episcopal Mission, Seoul, Korea. (Chin. Rec., XXIV, sept. 1893, pp. 401/3.) — Voir col. 2106.

— Woman's Medical Mission Work, Seoul, Korea. By Rosetta Sherwood Hall, M. D. . . . . (Ibid., pp. 403/8.)

— A Visit to Corea. By A. Henry Savage-Landor. (Fortnightly Review, Aug. 1894, pp. 184/190.)

* Corea; or Cho-sen, the Land of Morning Calm. By A. H. Savage-Landor. With numerous Illustrations from Drawings by the Author. London, Wm. Heinemann, 1894, in-8.

— La Corée, territoire, population, conditions économiques. (L'Economiste français, 1 sept. 1894.)

— Le commerce de la Corée. (Rev. du Commerce extérieur, No. 5, 8 sept. 1894, pp. 208/211.)

* Wer sind die Koreaner? — Neuester authentischer Bericht von einem Kenner. Berlin, 1894, br. in-8.

— The Japanese Invasion of Corea in 1592. By Dr. Ireland. (Macmillan's Magazine, No. 421, Nov. 1894.)

— Two Months in Korea By Captain A. E. J. Cavendish, 1st Argyll and Sutherland Highlanders. (Read at a Meeting of the Society in Edinburgh, May 1894.) (With a Map.) (Scottish Geog. Mag., Nov. 1894, pp. 561/574.)

Voir col. 2106.

* Map of Korea. Scale 1 : 2,700,000 or 42.5 stat. miles to an inch. Drawn for the Imperial Chinese Government. R. A. de Villard, Inspectorate General of Customs. Shanghai, 1894.

— Korea. Eine Sommerreise nach dem Lande der Morgenruhe 1894. Von Ernst von Hesse-Wartegg. — Mit zahlreichen Abbildungen und einer Spezialkarte Koreas mit den angrenzenden Ländern. Dresden und Leipzig. Carl Reissner, 1895, gr. in-8, pp. iv + 1 f. n. c. + pp. 220, avec la carte de Carl Flemming, de Glogau.

Voir col. 2106.

— Fleurs de Corée par un Missionnaire de la Congrégation des Missions Étrangères. (Missions Cath., 4 Janv. 1895, pp. 6/9, ...)

— Korea. — Von M. A. Pogio, Kaiserlich Russischer Geschäftsträger. — Aus dem Russischen übersetzt von St. Ritter von Ursyn-Pruszyński, k. u. k. Rittermeister im k. u. k. Dragoner-Regimente Herzog von Lothringen Nr. 7. — Mit einer Karte von Korea. — Wien und Leipzig, Wilhelm Braumüller, 1895, in-8, pp. viii-248.

CONFLIT SINO-JAPONAIS.

— Der Conflict in Korea. (Die Gegenwart, 28 Jul. 1894.)
— The Corean Difficulty. (The Statist, 28 July 1894.)
— Chine et Japon. (Mémorial diplomatique, 28 juillet 1894.) — Le conflit sino-japonais. (Ibid., 4, 11, 18 août 1894.)
— La question coréenne, par M. Toru-Terao, professeur de droit à l'Université de Tokio. (Revue Politique et Parlementaire, No. 3, sept. 1894.)

— Les effets de la guerre Sino-Japonaise. (Rev. du Commerce extérieur, 22 sept. 1894, pp. 261/265.)

— The Question of Korea. By Henry Norman. (Contemporary Review, No. 345, sept. 1894, pp. 305/317.)

— Die koreanische Frage. Von M. von Brandt.

(*Deutsche Rundschau,* Sept. 1894, pp. 459/463.)

— Herr von Richthofen : Der Schauplatz des Krieges zwischen Japan und China. (13 Oktober 1894.) (*Verhandlungen der Ges. für Erdkunde zu Berlin,* Bd. XXI — 1894 — No. 8, pp. 456/476.)

— China, Japan, and Korea. By Baron F. von Richthofen. (*The Geographical Journal,* Dec. 1894, pp. 556/561.)
Abstract of paper read before the Berlin Geographical Society, Oct. 13, 1894.

— La guerre de Corée. Par Aimé Etienne. (*Revue du Monde Catholique,* 1er oct. 1894.)

— A propos de la guerre de Corée. Par Léo Dex. (*Revue scientifique,* No. 17, 27 oct. 1894, pp. 520/526.)

— War in Korea. A Brief Treatise upon the Campaign now in Progress : its Origin, and probable Results. By J. Morris, (Long Resident in the East) .... with Map of the Seat of War and sixteen full-page Illustrations. Second Edition. Ward, Lock and Bowden, London, 1894, in-8, pp. 108.

— Het geschil tusschen China en Japan in Korea. Door G. Schlegel. — Overgedrukt uit de Verslagen en Mededeelingen der Koninklijke Akademie van Wetenschappen, Afdeeling *Letterkunde,* 3de Reeks, Deel XI. — Amsterdam, Johannes Müller, 1894, br. in-8, pp. 16.
— Korea. Door G. Schlegel. (*Nieuwe Rotterdamsche Courant,* 18 nov. 1894.)

— Corea, China and Japan. By R. S. Gundry. (*Fortnightly Review,* Nov. 1894, pp. 618/635.)

— Burning Questions of Japan. By A. Henry Savage-Landor. (*Fortnightly Review,* nov. 1894, pp. 636/650.)

— The Corea Crux. A Word for China. By Demetrius C. Boulger. (*Nineteenth Century,* Nov. 1894, pp. 781/789.)

— Portraits jaunes : Coréens, Japonais, Chinois. Par un ancien Chinois. (*Revue du Monde Catholique,* 1er nov. 1894.)

— The Chino-Japanese Conflict — and After. A Conversation With Sir Thomas Wade. (*Contemporary Review,* No. 347, Nov. 1894, pp. 609/625.)
— Le Japon moderne et la question coréenne, par M. Motoyosi Saizau. (*Revue Politique et Parlementaire,* No. 5, nov. 1894.)

(CONFLIT SINO-JAPONAIS.)

* The Case of Japan. By T. Ourakami. (*United Service Mag.,* Dec. 1894.)

— La Corée et les Coréens par R. d'Aunis. (*Revue Encyclopédique,* 15 nov. 1894, pp. 493/7; 1er déc. 1894, pp. 518/524.)

— The Position of Japan, by an Ex-Diplomatist. (*Blakwood's Mag.,* No. 950, Dec. 1894.)

— La guerre Sino-japonaise aujourd'hui et demain par Albert A. Fauvel, Ancien fonctionnaire des Douanes chinoises. — Extrait du *Correspondant* (10 décembre 1894). — Paris, De Soye et fils, imprimeurs, 1894, br. in-8, pp. 29.

.·.

— Sketch Map of Korea. Lithd at the I. D. W. O. Nov. 1892. Completed July 1894. 2nd Edition Aug. Published on behalf of the War Office by Edward Stanford .... London .... 1/6.
Scale 1/2.914.560 = 46 miles = 1 inch.
Based on the Map published in the *Proceedings R. G. S.,* 1886. — Voir col. 2100.

— Outline Map of Countries adjoining Korea. Lithographed at I. D. W. O. July 1894. 3rd Edition Aug. 1894. Published on behalf of the War Office by Edward Stanford .... London .... 1/— 1 feuille.
Scale 1/15.000.000 = 1 inch = 236.74 Miles.

— Stanford's Map of Eastern China, Japan, and Korea, the Seat of War in 1894. London : Edward Stanford, 1 feuille.
Scale of Map 110 Miles = 1 inch.
Avec cartouche, carte spéciale *Korea.*

— Payne's Perspective View of Japan, Korea, China & Adjacent Territories. Martynne & Co., 12, Walbrook, E. C., 1 feuille.

— Special War Map of China, Corea and Japan. — Compiled from the most Recent and Authentic Sources. — London : George Philip & Son, 1 feuille, s. d. [1894.] Price 1/—

朝鮮輿地圖 Corea. — Shanghai. Septbr. 1894, 1 feuille en chinois et en anglais.
Carte générale de la Corée avec petites cartes : Seoul City. — Environs of Seoul — Yuensan — Fusan — Jenchuau. — Chart of Reference.

— Bartholomew's Special War Map of China, Japan and Korea. John Bartholomew & Co., The Edinburgh Geographical Institute. 1 feuille, 1/—
Scale 1 : 6.000.000.

(CONFLIT SINO-JAPONAIS.)

F I N

POSTFACE

L'impression de la BIBLIOTHECA SINICA, commencée en 1877, a été terminée en 1885. — Le présent SUPPLÉMENT, avec les DERNIÈRES ADDITIONS, conduisent l'ouvrage jusqu'à la fin de 1894. On remarquera que nous donnons une part beaucoup plus grande que par le passé aux travaux écrits en langue chinoise et aux manuscrits.

Nous mettrons sous presse cette année l'INDEX ALPHABÉTIQUE des auteurs.

.˙.

Rappelons que nous avions annoncé dans la Postface de la BIBLIOTHECA SINICA que cet ouvrage aurait pour suites :

BIBLIOTHECA INDO-SINICA — Dictionnaire bibliographique des ouvrages relatifs aux pays de l'Indo-Chine.

BIBLIOTHECA JAPONICA — Dictionnaire bibliographique des ouvrages relatifs à l'Empire japonais.

Il a fallu vingt-cinq années pour terminer la BIBLIOTHECA SINICA; que nos lecteurs nous montrent encore un peu de patience pour ses suites.

.˙.

Notre ASIA CHRISTIANA ORIENTALIS marche parallèlement avec nos autres travaux. — D'autre part, nous donnons — en attendant sa publication intégrale — un abrégé de notre HISTOIRE GÉNÉRALE DES RELATIONS POLITIQUES ET COMMERCIALES DES NATIONS DE L'OCCIDENT AVEC LES PEUPLES DE L'EXTRÊME ORIENT dans l'HISTOIRE GÉNÉRALE publiée sous la direction de MM. Ernest Lavisse et Alfred Rambaud.

HENRI CORDIER.

Paris, 3, Place Vintimille, Janvier 1895.

TABLE DES MATIÈRES

DU

SUPPLÉMENT

PREMIÈRE PARTIE

LA CHINE PROPREMENT DITE

DEUXIÈME PARTIE

LES ETRANGERS EN CHINE

TROISIÈME PARTIE

RELATIONS DES ETRANGERS AVEC LES CHINOIS

QUATRIÈME PARTIE

LES CHINOIS CHEZ LES PEUPLES ETRANGERS

CINQUIÈME PARTIE

LES PAYS TRIBUTAIRES DE LA CHINE

DERNIÈRES ADDITIONS

Voir le détail dans les colonnes à droite, *supra*.

BIBLIOTHECA SINICA

DICTIONNAIRE BIBLIOGRAPHIQUE

DES OUVRAGES

RELATIFS A L'EMPIRE CHINOIS

PAR

Henri CORDIER

PROFESSEUR A L'ÉCOLE SPÉCIALE DES LANGUES ORIENTALES VIVANTES, ET A L'ÉCOLE LIBRE DES SCIENCES POLITIQUES
MEMBRE DU COMITÉ DES TRAVAUX HISTORIQUES ET SCIENTIFIQUES, MEMBRE DU CONSEIL DE LA SOCIÉTÉ ASIATIQUE
MEMBRE DE LA COMMISSION CENTRALE DE LA SOCIÉTÉ DE GÉOGRAPHIE,
HONORARY MEMBER OF THE ROYAL ASIATIC SOCIETY OF GREAT BRITAIN AND IRELAND,
CORRESPONDING MEMBER OF THE CHINA BRANCH OF THE ROYAL ASIATIC SOCIETY,
SOCIO DELLA R. DEPUTAZIONE VENETA DI STORIA PATRIA.

Cet ouvrage a obtenu à l'Institut le prix Stanislas Julien en 1880.

SUPPLÉMENT

FASCICULE II

PARIS

ERNEST LEROUX, ÉDITEUR

LIBRAIRE DE LA SOCIÉTÉ ASIATIQUE DE PARIS
DE L'ÉCOLE DES LANGUES ORIENTALES VIVANTES, ETC.
28, RUE BONAPARTE, 28

1893.

BIBLIOTHECA SINICA

DICTIONNAIRE BIBLIOGRAPHIQUE

DES OUVRAGES

RELATIFS A L'EMPIRE CHINOIS

PAR

HENRI CORDIER

PROFESSEUR A L'ÉCOLE SPÉCIALE DES LANGUES ORIENTALES VIVANTES, ET A L'ÉCOLE LIBRE DES SCIENCES POLITIQUES
MEMBRE DU COMITÉ DES TRAVAUX HISTORIQUES ET SCIENTIFIQUES, MEMBRE DU CONSEIL DE LA SOCIÉTÉ ASIATIQUE
MEMBRE DE LA COMMISSION CENTRALE DE LA SOCIÉTÉ DE GÉOGRAPHIE,
HONORARY MEMBER OF THE ROYAL ASIATIC SOCIETY OF GREAT BRITAIN AND IRELAND,
CORRESPONDING MEMBER OF THE CHINA BRANCH OF THE ROYAL ASIATIC SOCIETY,
SOCIO DELLA R. DEPUTAZIONE VENETA DI STORIA PATRIA.

Cet ouvrage a obtenu à l'Institut le prix Stanislas Julien en 1880.

SUPPLÉMENT

FASCICULE III

PARIS

ERNEST LEROUX, ÉDITEUR

LIBRAIRE DE LA SOCIÉTÉ ASIATIQUE DE PARIS
DE L'ÉCOLE DES LANGUES ORIENTALES VIVANTES, ETC.
28, RUE BONAPARTE, 28

1895.

ERNEST LEROUX, ÉDITEUR

28, RUE BONAPARTE, 28.

PUBLICATIONS DE L'ÉCOLE DES LANGUES ORIENTALES VIVANTES

PREMIÈRE SÉRIE

www.ingramcontent.com/pod-product-compliance
Lightning Source LLC
Chambersburg PA
CBHW071953270326
41928CB00009B/1428